CW01655738

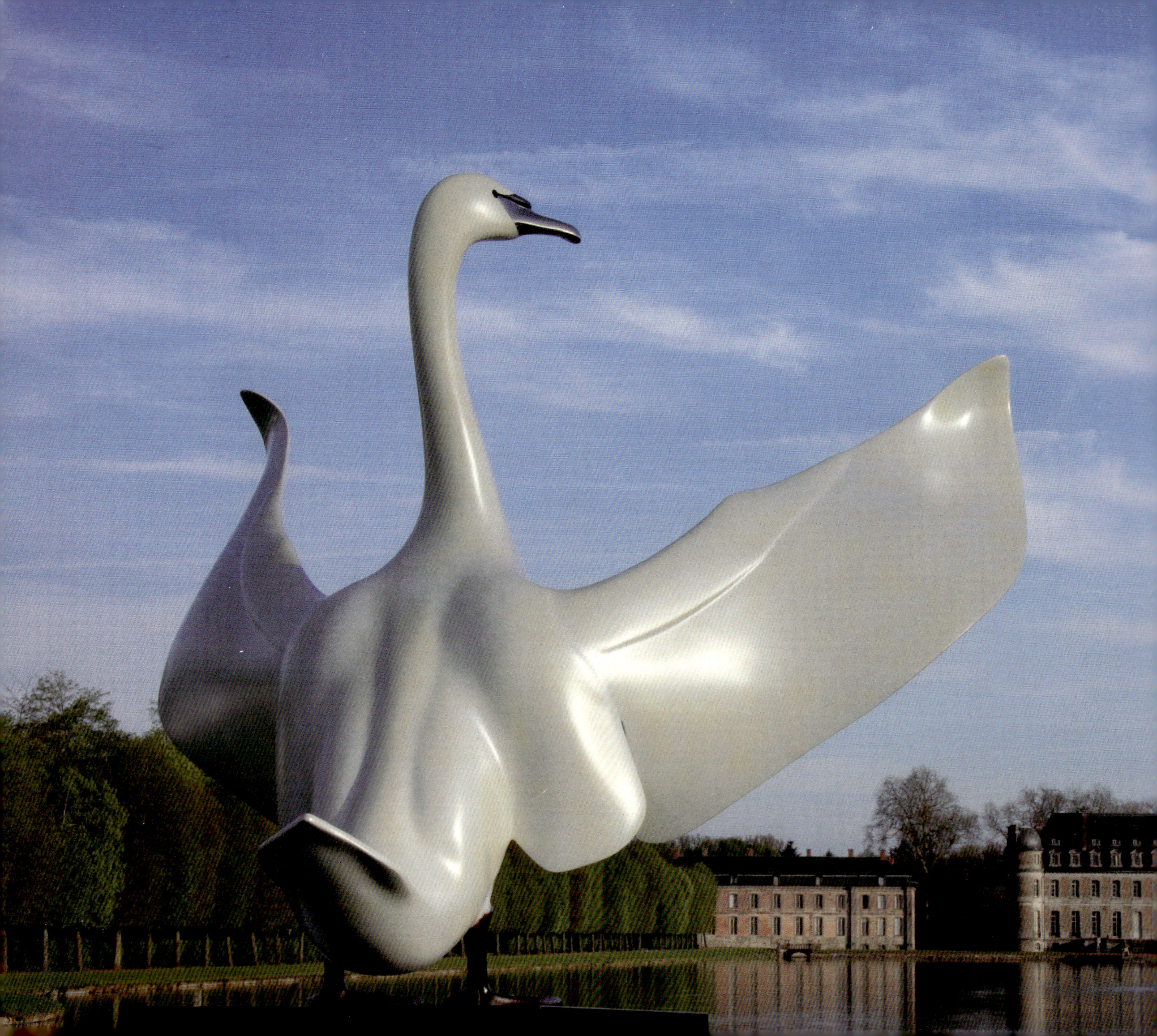

Marcel van Jole
Frans Boenders
Robin d'Arcy Shillcock

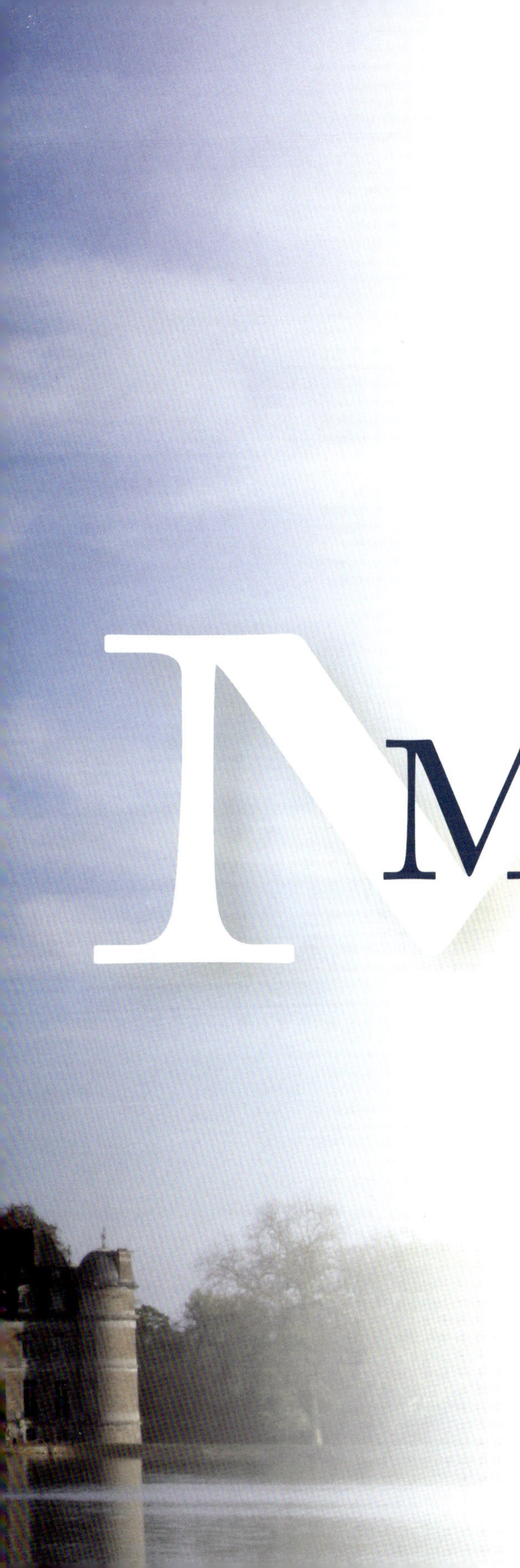

Mark Dedrie

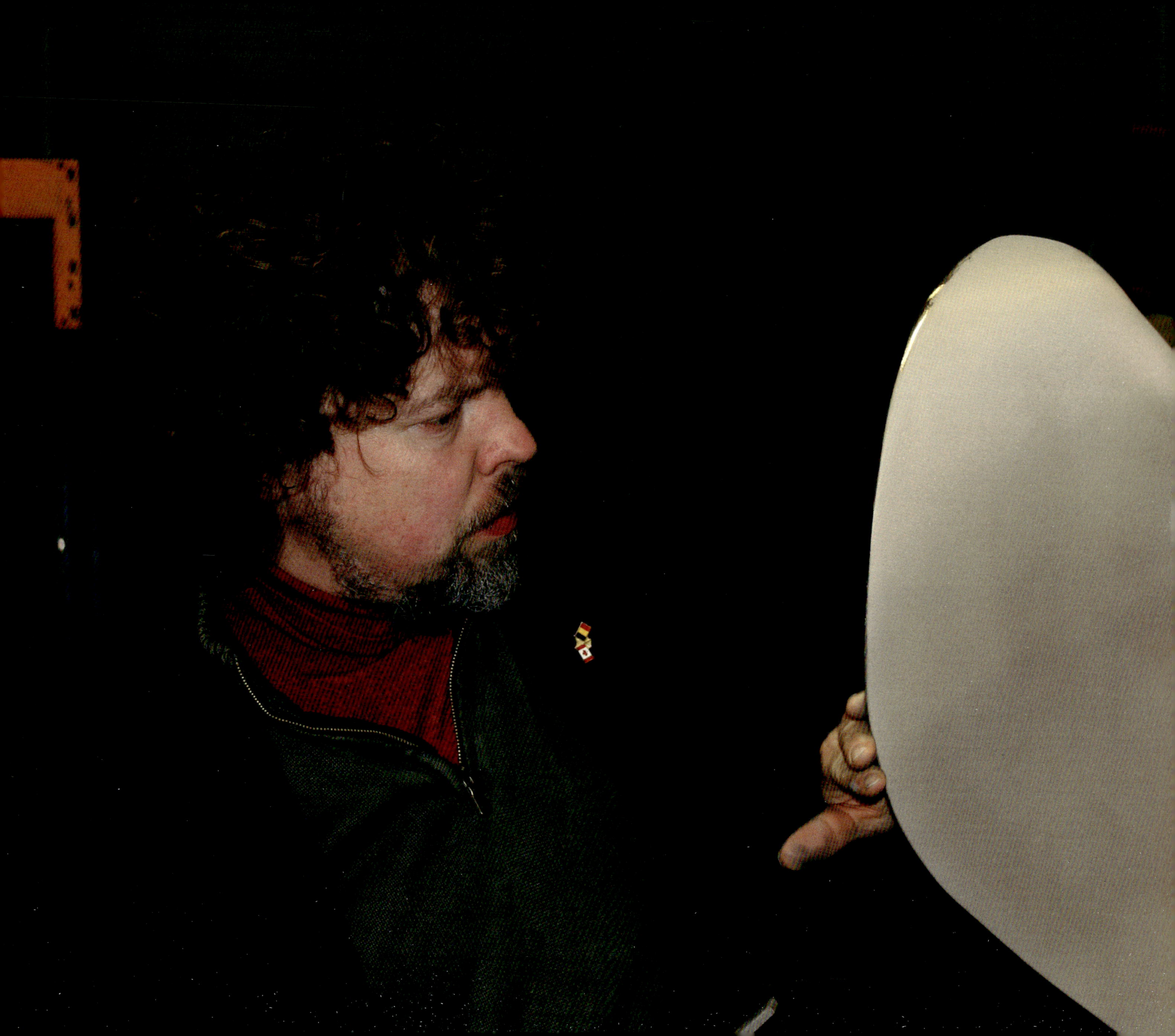

Introductie

Om een biografie te beginnen zijn er veel impulsen; een "coup de foudre" is er één van (George Grard, Folon), de kunstenaar aan het begin van zijn carrière leren kennen en hem gedurende jaren volgen (Pol Mara, Paul Delvaux, Jacky De Maeyer, Guy Van den Bulcke, Jack Godderis, Guy Vandenbranden, Jef Van Tuerenhout, André Goezu, Monique en Herman Muys, Christian Silvain en anderen. Confrontatie met het werk kan evenzeer een kritiek geschrift opleveren (Walter Brems, Pinchas Shaar, Hugo Duchateau...) maar wat mij tot nog toe niet overkomen was, is dat een collega-kunstenaar mij aanspoort naar een artiest te gaan, in casu naar Mark Dedrie. Die collega was Guy Van den Bulcke, zelf bekroond met de Prijs van Rome en eveneens met de Prijs van de Jonge Belgische Schilderkunst, de enige in België met deze dubbele, bijna contradictoire onderscheidingen.
Hij heeft mij begeleid en overtuigd.
Het werk van Dedrie vertoont preciesheid en tederheid, een bijna fotografische zin voor realiteit.

De Vlaamse kunst is niet uitsluitend verbeelding en fantasie; zij is eveneens en vooral observatie en natuurgetrouwe afbeelding van het getemperd licht van de Lage Landen met de schakeringen waarin het gemoed zijn stemmingen laat glijden.
De manier om zich uit te drukken is een wijze van "zijn", als zijn oeuvre, authentiek. Zijn wereld is een schelp met grillige vormen, maar het gaat over de realiteit van de schelp, het gaat over zijn omgeving, zijn wereld met momenten van ultieme schoonheid waarin de toeschouwer tot rust en bezinning komt. Beeldend is zijn werk een poging tot het opwekken van een synesthetische ervaring: zien, ruiken, tasten, horen. Zijn vormen zijn "beeldende poëzie". Zijn sculpturen hebben de hartenklop van al wat leeft geabsorbeerd. Ze lijken ervan doortrild. Onkreukbaar gaat deze kunstenaar, trouw aan de grote tradities zijn weg.

Mark Dedrie volgt duidelijk de klassieke toer, een Bugatti, een Barye, een Dupon, een Pompon indachtig. De werkelijkheid is niet enkel een bron van inspiratie, maar ook een mogelijkheid tot interpretatie, een studieobject, een bron van contemplatieve beschouwingen. Mark Dedrie realiseert een compromis tussen natuur en kunst.

Deze relatie is nieuw ten overstaan van de verhouding die de kunst eeuwenlang beleden heeft tegenover de natuur. De schoonheid in de natuur en de schoonheid in de kunst kristalliseerden zich traditioneel in een theologie van de schoonheid: de idee van volmaaktheid refereerde aan de hoogste Volmaaktheid.
Toch is het niet onbelangrijk dat de klassieke filosofie de esthetische ervaring zowel in de beleving van het natuurschoon als in deze van de kunst meende aan te treffen. Natuur en kunst appelleren blijkbaar op een gelijkaardige wijze aan de menselijke geest. Deze vaststelling moeten we ook vandaag niet verwaarlozen.

Wat bezielt een hedendaags kunstenaar dan om natuur en kunst weer als één, als verbonden te zien? Vooreerst: waarom zou het hem verboden zijn te getuigen van zijn eerbied voor de natuur? Waarom zou hij deze stellingname moeten legitimeren?
Als we toch een poging ondernemen tot een dergelijke verantwoording, dienen we vooral rekening te houden met de sterk gewijzigde visie op de natuur en op de kunst. Er is geen sprake meer van een mimetische aanwezigheid van de natuur in het kunstwerk. De natuur is niet meer het voorwerp van een ideaalideële nabootsing. Natuur en kunst zouden heden ten dage weer metaforisch kunnen samenvallen in de notie van het spel.

Marcel van Jole (AICA)

De vragenlijst van Proust voor Mark Dedrie

De Proust-vragenlijst is een persoonlijkheidstest, vermaard geworden door de antwoorden die de Franse schrijver Marcel Proust er bij gaf.
Ongeveer 40 jaar lang al, bij het interviewen van kunstenaars, waar ik een monografie aan wijdde, doe ik beroep op de vragenlijst van Proust. De première daarvan viel te beurt aan Paul Van Hoeydonck, de beeldhouwer met een beeldje op de maan, voor het opstellen van "Kosmo Notes". Ik realiseerde dit werk in samenwerking met de inmiddels overleden Franse kunstcriticus, Pierre Restany, die bijzonder gecharmeerd werd door de originaliteit van deze psychologische test. Een maand voor zijn overlijden vroeg hij me nog of het me zou storen indien ook hij deze vragenlijst zou gebruiken.

Op het einde van de negentiende eeuw ontdekt de adolescent Proust een tekst. Die tekst komt voor in een Brits album van zijn vriendin, Antoinette, dochter van de toekomstige Franse president, Félix Faure. De originele titel: "An Album to Record Thoughts, Feelings etc..."
(Een album voor het vastleggen van gedachten, gevoelens enz...). In die tijd waren deze soort tests erg in trek bij welgestelde families: de trend komt uit Engeland, de ondervraagden kunnen hun voorliefdes en verlangens ontsluieren.

Proust waagde er zich meermaals aan en met verve. Het originele manuscript van zijn antwoorden dateert uit 1890, toen hij zijn vrijwillige dienst deed, of kort daarna. Het werk met de titel "Marcel Proust par lui-même" werd in 1920 teruggevonden. Het werd per opbod verkocht op 27 mei 2003 voor de ronde som van 102.000 €.

Bernard Pivot, de presentator van de Franse TV, maakte er dankbaar gebruik van om de verschillende aspecten van het oeuvre en de persoonlijkheid van beroemde schrijvers te onthullen. Aan het einde van de uitzending "Apostrophes" onderwierp hij traditioneel zijn genodigden aan de vragenlijst van Proust.

Geïnspireerd door Bernard Pivot onderwerpt ook James Lipton, de presentator van "Inside the Actor's Studio" de Amerikaanse sterren van het witte doek aan een vrij bewerkte versie van de Proust vragenlijst.

Interview met Mark Dedrie

Marcel van Jole (AICA)

Beschikken je ouders over artistiek talent?

Mijn vader heeft inderdaad enige artistieke aanleg. Hij was banketbakker en met gesmolten suiker maakte hij bloemstukken voor speciale gelegenheden zoals trouwfeesten en geboortes. Met marsepein boetseerde hij dierenfiguren voor de jaarlijks wederkerende paastijd en sinterklaasfeesten. Ook mijn moeder is best trots op de tekeningen die ze vroeger gemaakt heeft. Maar de drang zal onvoldoende sterk geweest zijn om haar talent verder te ontwikkelen.

Lijk je het meest op je vader of je moeder?

Op mijn vader, we hebben onze rustige en observerende houding gemeen.

Als je iets aan jezelf kon veranderen, wat zou dat zijn?

Kun je wel iets ten gronde veranderen? Mocht ik de klok kunnen terugdraaien, dan zou ik me liefst iets vroeger bewust geworden zijn van mijn bestaan op deze wereld. Ik ben een laatbloeier. Nu voel ik me meestal wel goed in mijn vel.

Waar ben je het meest trots op?

Op mijn eigen weg! Ik ben er fier op dat ik mezelf gevormd heb tot wie ik nu ben en tot wat ik als beeldhouwer bereikt heb. Als ik terugblik op alle beelden die ik tot vandaag gemaakt heb, dan vind ik dat ik mijn mooiste beeld bij mijn debuut heb verwezenlijkt. Maar die trots verdwijnt snel als ik nieuwe uitdagingen aanga!

Wat zijn je favoriete materialen?

Om te beginnen draag ik plastiline in hart en 'handen' – een kleisoort op basis van vet. Plastiline geeft je de kans om er langdurig in te werken. Als je wil pauzeren, hoef je niet meteen vochtige doeken en plasticfolie om je kleiontwerp te wikkelen. Je kan weer makkelijk de draad van je boetseerwerk opnemen, na twee dagen of zelfs na verscheidene weken.
Je ontwerp kan dus langzaam groeien, langs lijnen van geleidelijkheid. Voor iemand zoals ik, die graag de dingen laat rijpen, biedt dat een groot voordeel. Ook het hergebruiken van plastiline is eenvoudig. Er zitten nooit harde, laat staan aangekoekte en opgedroogde stukken in je klei. Het belangrijkste van al vind ik overigens de inschikkelijkheid van dit materiaal. Plasticine laat zich zo vlot kneden! Het is een fantastisch materiaal voor een eerste ruwe schets.
Verder gebruik ik ook nog gietwas. Bij fijne constructies is dit materiaal dan weer ideaal. Afhankelijk van de aard van het

beeld dat ik voor ogen heb, kies ik de stoffen waarmee ik werk. Het kan soms gebeuren dat ik een heel beeld in gietwas bouw. Mijn derde favoriete materie is brons. Dat komt natuurlijk door zijn schier 'eeuwige' en nobele karakter, maar ook en misschien vooral doordat ik jaren als bronsgieter actief was. Ik heb toen ook de diverse legeringen van brons leren kennen. Het brons, waar mijn beelden sedert twaalf jaar in gegoten worden, bezit eigenschappen die nauw aansluiten bij mijn drang naar perfectie. Een 90/10 legering, waarin ik vroeger beelden goot, geldt best als een fraai brons. Maar ik ben blijven verder zoeken. Mijn beelden worden nu gegoten in een legering die qua hardheid optimaal is. Ook de afwerkingsgraad is zeer hoog. Ik sta nog dagelijks in bewondering voor de bronsgieterij Art Casting Belgium, die er zorg voor draagt dat mijn beelden volmaakt aan elkaar gelast worden. Hun 'finishing touch' maakt ze tot een ware streling voor het oog.

Wat is je grootste angst?

Ik zou het uiteraard heel erg vinden als ik niet meer in staat zou zijn om actief kunst te maken.

Waaraan ben je het meest gehecht?

Mijn familie ligt me het naast aan het hart. Maar ik ben ook aan heel wat andere mensen gehecht. Ik ben erg loyaal ten opzichte van vrienden en heb talrijke contacten.
Alhoewel ik heel sociaal ben, bewaar ik toch altijd een zekere discretie en intimiteit.

Voel je je aantrekkelijk?

Nee, daar ben ik niet mee bezig. Ik hecht meer belang aan emoties en bekwaamheden dan aan uiterlijkheden.

Wat is je definitie van liefde?

Ik ben geen voorstander van al te veel theorie. Liefde betekent voor mij 'geven en nemen' in balans met elkaar. Je kunt liefde ook samenvatten volgens de Chinese wijsbegeerte als 'yin yang'.

Welke opleiding heb je gevolgd?

Tot mijn achttiende heb ik tuinbouwkunde gestudeerd, met vooral oog voor sculpturen. Daarna ben ik bij een bronsgieter in de leer gegaan. Twaalf jaar lang heb ik het bronsgieten met geestdrift gedaan. Ongewild hebben de twee bronsgieters-kunstenaars met wie ik die jaren heb samengewerkt, me in de richting van het beeldhouwen geloodst. Zo kwam mijn besluit vast te staan: ik zou zelf beelden maken en mijn eigen weg gaan! Vrij snel kreeg ik de opdracht van de gemeente Schoten om het ontwerp, dat ik had ingediend voor een wedstrijd, uit te werken op ware grootte.

Wat is je tijdverdrijf?

Dit is eigenlijk een woord dat niet in mijn woordenschat staat. Mijn dag moet dubbel zo lang zijn om alles te kunnen realiseren wat ik voor ogen heb.

Wat is volgens jou de grootste, beangstigde ellende in de wereld?

Het baart me het meest zorgen dat we het milieu voor de volgende generaties naar de verdoemenis helpen, dat onze kinderen en kleinkinderen voor grote problemen als gezondheid en gebrek aan gezond voedsel en drinkwater komen te staan. Hoe raar dit ook mag klinken, het gaat eigenlijk om een luxe probleem voor ons, westerlingen. Mensen en kinderen uit ontwikkelingslanden krijgen immers niet de kansen die wij bezig zijn te verknoeien. We spenderen miljarden aan de verkenning van het heelal, maar we slagen er niet in iedereen op deze planeet gelijke kansen aan te bieden.

Heb je een maatschappelijk ideaal?

Mijn ideale maatschappij bestaat uit gras dat overal even groen is, uit een samenleving die met z'n allen werkt aan een milieugezonde en -vriendelijke maatschappij, uit gezonde structuren voor derdewereldlanden, ten aanzien waarvan de westerse wereld zijn verantwoordelijkheid opneemt en niet enkel aan eigen gewin denkt maar aan een situatie waarvan beide partijen profiteren.

Bestaat er vrijheid?

Splits je het op in verschillende onderwerpen zoals denken, levenswijze, omgeving, vrienden of werk, om er maar enkele te noemen, dan kom je zeker het woord vrijheid en de definitie ervan tegen. Vrijheid impliceert de afwezigheid van regels en krijtlijnen. We kunnen deze laatste enigszins vieren; maar altijd en ergens rijst een grens op, waar dan de vrijheid tegenaan stormt.

Hou je van reizen?

Ja, maar momenteel beschik ik over te weinig tijd om 'grote' reizen te maken. Een paar jaar geleden kreeg ik wel de kans om naar Canada te gaan. Ik heb toen talrijke impressies opgedaan en het verlangen gevoeld om er zeker terug te keren. Als bronsgieter-beeldhouwer heb ik gieterijen bezocht die me heel wat nieuwe inzichten bijbrachten.
Via een bevriende kunstenaar ben ik ook op studiereis geweest naar Texas. Dit was ook een bijzondere ervaring. Reizen schept ruimte in je geest. Ook krijg je een bredere kijk op culturele diversiteit.

Hoe sta je tegenover de natuur?

Als kind leerden vader en grootvader me vissen. Zo bracht ik uren, ja dagen door nabij vijvers en rivieren, ik hield me bezig met de observatie van al wat zich in de omgeving afspeelde. O, ik vertoefde dolgraag in een groene, riviernabije omgeving! Vandaar ook mijn keuze voor de tuinbouwschool. Sinds dan heeft de natuur me mateloos geïnspireerd en gevoed. Uitgestrekte valleien met velden, bossen en in de verte een valk die aan het "bidden" is, de zwaan die op het water van de vijver te slapen drijft, jonge haasjes of konijnen die vrolijk rondhuppelen in de weide. Winterlandschappen hebben ook steeds tot mijn verbeelding gesproken. De sneeuw snijdt een landschap stilistisch uit en vervaagt de details...
Ook kan ik enorm genieten van een strandwandeling met een unieke omgeving van zand, zee en zon. Dan besef ik volop dat *'less is more.'*

Voor welke bloem heb je een voorliefde?

Ik heb niet echt een bepaalde voorkeur, er bestaan teveel prachtige bloemen om er één uit te pikken.

Van welke vogel hou je het meest?

Vogels die mijn bijzondere aandacht trekken zijn pinguïns, kiwi's, uilen, sternen, ijsvogeltjes, zwanen en reigers. Ze fascineren me mateloos.

Welke dieren bewonder je?

Vogels trekken me het sterkst aan. Ze staan voor vrijheid. Hoe ze zich schijnbaar moeiteloos verplaatsen over immense afstanden, met weidse blik op de wereld maar ook met een oog voor detail! Vrienden van mijn ouders hadden in hun tuin een grote volière met een enorme diversiteit aan vogels; telkens wanneer ik daar op bezoek ging observeerde ik de vogels.
Ook de film van Jonathan Livingstone over een meeuw toont prachtige beelden,... de muziek en zang van Neil Diamond klinken weer in mijn oren! Het doet me dromen.

Welke innerlijke trekken wil je bij jezelf vooral ontwikkelen?

Empathie.

Wat is je meest opvallende karaktertrek?

Doorzettingsvermogen.

Wie had je willen zijn?

Mezelf, maar dan twintig jaar jonger, met een fit en gezond lichaam. Ach, wie droomt daar niet van? Terug naar de realiteit kerend ben ik best tevreden met wie en wat ik ben.

Wat is je grootste fout?

Voor mijn achttiende jaar was ik me onvoldoende bewust van mijn capaciteiten en sudderde ik wat aan. Leren was niet echt mijn ding. Daarom heb ik geen hogere studies aangevat.

Hoe belangrijk is vriendschap voor jou?

Ze is onmisbaar. Ik mag dan een kunstenaar zijn, ik wil vooral een sociaal geëngageerd mens blijven die geen kluizenaarsbestaan leidt.

Wat schat je het meest naar waarde bij je vrienden?

Eerlijkheid, openheid en een vrije geest.

Voor welke fouten van anderen heb je het meeste begrip?

Ik ben heel tolerant. Menselijke fouten zijn onvermijdelijk en hebben meestal een oorzaak.

Wat boezemt je de grootste afkeer in?

Oneerlijkheid, andere mensen gebruiken zonder enig respect voor hun individuele wensen.

Wat moet een kunstwerk volgens jou evoceren?

Schoonheid, kracht, emotie, beweging, passie en liefde voor het ambacht.

Hoe sta je tegenover de kunstkritiek?

Ik sta open voor kritiek en probeer elke kritische beoordeling een plaats in mijn bewustzijn te geven.

Wat denk je van de critici?

Het bespreken en beoordelen van kunst is een vak apart. Het feit dat de media aandacht besteden aan kunst is zeker positief. Je dient er wel voor te waken niet met de critici in het achterhoofd te werken, maar gewoon je eigen lijn te blijven volgen.

Ben je gevoelig voor reacties van het publiek?

Jazeker! Liefst hoor ik kritiek die niet gekleurd is door mijn aanwezigheid.

Streef je een ideaal na hier op aarde?

De wereld kan ik niet veranderen, daar ben ik al achter gekomen. Ik ben best tevreden als ik vaststel dat ik een steen kan verleggen in een rivier, zodat die nooit meer stroomt als voorheen.

Wat zou jezelf de diepste drijfveer voor je werk noemen?

Drang.

Wat is je motto?

Wat ik vandaag goed doe wil ik morgen evenaren en liefst verbeteren.

Hebben dromen een betekenis voor je werk?

Ik tracht iedere dag een stuk van mijn dromen te realiseren.

Wat kan een kunstenaar verwezenlijken in deze wereld?

Via de kunst kan je de aandacht trekken voor humanitaire projecten. Ik heb daar ook al aan meegewerkt.

Op welke tijd van de dag werk je het liefst?

Meestal werk ik tussen 8 uur en 24 uur. Ik verkies het daglicht om te boetseren.

De keus van je onderwerpen lijkt eerder beperkt: met opzet?

Het maken van één beeld neemt zoveel tijd in beslag dat ik jaarlijks maar een beperkt aantal beelden kan afleveren. Van zodra ik me in een bepaald onderwerp verdiep, ontdek ik telkens opnieuw andere houdingen, bewegingen en vormen die me ertoe aanzetten dezelfde vogel of hetzelfde dier opnieuw, maar ànders te maken. Zo tref je in mijn collectie verschillende pinguïns, ijsvogels, uilen of mandarijneenden aan.

Kunstenaars verklaren mij dat er tijdens hun creatief proces wel eens iets verkeerd loopt, gevolgd weliswaar door een positief effect. Ze nemen dan het heft in handen: alles opbouwen, niets of weinig van buiten uit verwachten...Is dat bij jou ook zo?

Ook mijn creatieve ideeën veranderen voortdurend. Toen ik twee jaar in de gieterij aan de slag was maakte ik mijn eerste beeld in brons. Het kreeg een plek in mijn tuin. Tien jaar later haalde ik het van de sokkel en wierp het terug in de smeltpot, ik vond het niet goed genoeg. Ik herwerkte het. Pas toen het helemaal af was gaf ik mezelf krediet om verder te gaan als beeldhouwer, ook al had ik ook dan nog geen idee of ik er wel mijn boterham mee kon verdienen. Eén ding stond als een paal boven water: ik deed alles ontzettend graag, van het mentaal ontwerpen van het beeld, via het mouleren, de opbouw in het was, het retoucheren, het maken van de gietvorm, de afwerking in brons – tot het uiteindelijke patina dat je de bronzen sculptuur geeft.

In hoeverre denk je dat het leven door toevalligheden geleid wordt?

Toeval bestaat maar in belangrijke mate bepaal je echter zelf je route en die wordt doorkruist/betreden/gekneed/ervaren door diverse invloeden: mensen/dieren/emoties/relaties...

Indien je, utopisch, één schilderij mocht kiezen om aan de wand te hangen, zó dat je het je hele leven zou zien, welk werk kies je dan?

Een heel moeilijke vraag! Wat dat betreft heb ik een niet te stillen honger. Voor me ligt de foto van een schilderij van Lorenzo D' Andrea, een Italiaan wiens werk beïnvloed is door Picasso.Wat mij in dat werk aanspreekt is de gelaagdheid; en die lagen vloeien volmaakt samen tot een prachtig geheel. Ik kan ernaar blijven kijken en steeds nieuwe aspecten ontdekken. Voor Monet, Manet, Emile Claus wil ik ook graag een plaatsje maken.

Ben je graag alleen in je atelier?

Ja, al vind ik gezelschap zeker zo prettig. Maar als ik voor een moeilijkheid of probleem sta ben ik het liefst alleen.

Voel je er iets voor om met collega's over kunst te praten?

Ik heb regelmatig contact met verschillende kunstenaars en dan praten we vrijuit. Meestal gaat het over zaken die niet met het strikt scheppende werk te maken hebben maar die er wel bijhoren. Soms bespreken we praktische problemen en zoeken we uit hoe ze op te lossen.

Doe je moeilijk afstand van een werk en, zo ja, wil je het dan graag terugzien?

Ja, als het om een uniek stuk gaat.

Zou je je verplaatsen om het terug te zien?

Natuurlijk wil je je kinderen blijven zien... Elk werk blijft een stuk van jezelf waar ook ter wereld.

Besef je de invloeden uit het verleden in je werken?

Alles is het resultaat van het verleden. Maar in het bijzonder wordt ik beïnvloed door artiesten zoals Auguste Rodin, Henri Moore en Constantin Brancusi.

Wil je een bepaalde boodschap meegeven in je kunst?

Mijn liefde voor de natuur.

Wat zegt jou het kunstenaarschap?

Het omvat verschillende dingen. Inspiratie en creatie zijn onontbeerlijke facetten. Maar daarnaast komt ook transpiratie kijken...
Gezien het mijn passie is, ga ik er voluit voor.

Ben je het eens dat wiskundigen, wetenschappers en kunstenaars eenzelfde doel nastreven: het onderzoek?

Ja, al hoef je die research niet per se onder een of andere kunstvorm te exploiteren.

Welke zijn naar jouw mening de belangrijkste artistieke ideeën?

Creaties die jaren later nog bewonderd en gewaardeerd worden.
Het is belangrijk om je niet te laten leiden door 'trends' van de consumptiemaatschappij.

Over "kunst" bestaan er tientallen definities: heb jij een persoonlijke?

Kunst is een gemoedstoestand of geestesgerichtheid die de scheppende mens in alle mogelijke vormen en kleuren gestalte geeft en wil delen. Kunst kan ook de verbluffende en soms verbijsterende spiegel van het individu in confrontatie met zijn milieu zijn.

Heeft muziek een bijzondere betekenis?

Absoluut, voor mij is muziek zo onmisbaar als eten en drinken.
In mijn vroegere werken zag je hiervan in belangrijke mate de invloed. Maar ook nu ik me toeleg op dieren is ze nog altijd een inspiratiebron.

Wanneer je voor een klomp klei staat, weet je dan al wat het worden zal?

In elk geval is er meteen dat gevoel dat je je pure zelf in beeldentaal gaat omzetten. Eerst uitte ik me als abstract beeldhouwer. Daarna voelde ik de drang om mijn liefde voor de natuur, voornamelijk voor de dierenwereld, een zichtbare én herkenbare vorm te geven. Zo denk ik aan beelden als 'RAM' en 'Swan'.
Steeds vertrek ik uit impressies die ik eerder opdeed, deze inspiratie ga ik volledig uitdiepen. Zo zet ik me aan het plastiline of het boetseerwas. Het ultieme dat ik dan kan bereiken als kunstenaar is voor mij uiteindelijk het vinden van verlichting in je werk.

Welke factoren bespoedigen de veranderingen in de scheppende oriëntatie van de hedendaagse kunstenaar?

Ik blijf trouw aan mijn ideeën en werk deze uit in mijn beelden. Maar ik hecht daarnaast erg veel belang aan de hoge' technische' kwaliteit van mijn sculpturen. De ontdekking van nieuwe producten en procédés voor onder meer de afwerking van de beelden kunnen hiertoe bijdragen.

Voel je de noodzaak je werk aan het publiek te tonen of zou je alleen voor jezelf kunnen werken?

Beelden maken is mijn wijze van communiceren. Om ze te tonen, ben ik zeer bescheiden begonnen. Eerst in huiselijke kring en daarna met kleine exposities.
Als gevolg van de waardering die mijn beelden oogsten, heb ik nu talrijke tentoonstellingen in binnen- en buitenland.

Je ogen zijn beslist je geweten, je dagelijkse creativiteit kennende, moet dat een rijke accumulatie van "visueel geweten" zijn?

Inderdaad, mijn ogen lijken wel sponzen die alle vloeistof opzuigen. Maar je moet ze ook dagelijks autokritisch oefenen.

De natuur is een georganiseerde entiteit, een intelligentie op zich, door de menselijke geest gefilterd wordt het iets anders, zo ook in je werken, is dat bewust?

De natuur kan ik onmogelijk evenaren. Kijk naar hoe een vogel vliegen kan, naar de pracht van een bloem, naar de wonderlijke vorm van een zwam. De mens heeft van oudsher getracht het zichtbare geheim van de natuur na te bootsen en vast te leggen op doek, paneel en papier of in klei en brons. Ook ik tracht de schoonheid ervan te verwerken in mijn beelden met mijn eigen interpretatie.

Wat is de grootste verrassing van je leven?

Extreme verwondering ken ik niet. Ik ben nuchter genoeg om me niet door extreme toestanden van de kook te laten brengen. Als ik iets onderneem vertrek ik inderdaad meestal van een basis, fundering of geraamte, waardoor ik altijd al voorbereid ben op kleine verrassingen die zich voordoen in de loop van onze levensweg.

Wat is je mooiste ervaring?

Een langdurige! Ze begon twaalf jaar geleden, toen ik mijn eerste in het was geboetseerde beelden binnendroeg in bronsgieterij Art Casting te Oudenaarde. Je moet weten dat ik, over al die jaren heen, alles bij elkaar wel zo om en bij 100.000 km van Schoten naar Oudenaarde en terug heb afgelegd in m'n halve vrachtwagen – maar dat ik die afstand nog steeds met genoegen afleg, wegens de kick van de transformatie van wassen schepping naar perfect bronzen sculptuur.
Een andere prachtervaring beleefde ik in maart 2007, op de openingsdag van de tentoonstelling 'Art in Nature'. Ik kwam sterk onder de indruk van het samengaan van mijn beelden met de onderwaterfotografie van Dos Winkel! Ons beider werk mocht zich trouwens verheugen op een enorme belangstelling: op drie weekends kreeg de tentoonstelling ruim vierduizend bezoekers. In maart 2009 heeft onze tweede expositie 'Art in Nature' plaats.

Wat is je grootste zwakte?

Dat ik alles ontzettend graag zelf doe... maar mogelijk is die lichte ondeugd tevens mijn sterkte aangezien ik daardoor ben gekomen tot wat ik nu ben.

Wie zou je voor één dag willen zijn?

Zanger – tekstschrijver en misschien ook gitarist. Prachtig om al je gevoelens daarin te kunnen uiten, ook zonder publiek voor je neus! Ook enkele goede vrienden zitten wat dat betreft op dezelfde golflengte. Maar denk nu niet dat ik zulke ambities koester want ik bezit nu eenmaal onvoldoende talent terzake.

Wat zou je doen mocht je een dag onzichtbaar zijn?

't Lijkt me leuk om dan allerlei grappen uit te halen bij vrienden en familie.

Als je een politicus was, wat zou je veranderen?

Je moet eigenlijk wel meer dan een beetje gek zijn om politicus te worden. Je hele privéleven trachten de media en hun op sensatie beluste lezers en kijkers constant binnenste buiten te keren. Als het maar enigszins kan, probeert men je dagelijks als onbekwaam af te schilderen.
Eigenlijk verdienen politiek geëngageerde mensen, die het écht menen, een enorm respect.
Streven naar een harmonieuze maatschappij is een nobel doel. We moeten ook zorgzaam omspringen met de aarde. Haar beperkte rijkdom en bedreigde gezondheid, is ook onze zorg.

Wat doe je in de weinige vrije tijd die je rest?

Vrije tijd moet ik màken en die wordt vervolgens gulzig opgesoupeerd voor en door gezin en familie.

Klopt het dat je van allround beeldhouwer geleidelijk een exclusieve animalier geworden bent?

Wat is allround? Ik kan weliswaar al op zekere verdiensten bogen; maar ik kan en wil me zeker nog verder ontwikkelen. Ik debuteerde met abstracte beelden. Daarna ging het geleidelijk richting gestileerde mens en dierfiguren. De jongste vijf jaar boetseer ik exclusief dieren, met een voorkeur voor vogels.

Spelen de Antwerpse Zoo en de dierentuin van Planckendael dan een belangrijke rol voor jou?

Af en toe bezoek ik de dierentuin. Maar ik heb ook contacten met uilenverzamelaars en ik neem graag mijn tijd om de uilen rustig en aandachtig te observeren in hun mooie, grote kooien. Ook Professor Louis Beyens heeft me al heel wat didactisch materiaal aangeboden uit de habitat van de pinguïns.
Verder laat ik me verleiden door pakkende foto's. Zo werd ik een half jaar geleden, bladerend in een boek, 'verliefd' op een prachtige foto van een valk. Enkel voor die foto moest en zou ik het boek kopen. Aangezien het boek uitverkocht bleek moest ik vier maanden wachten op de herdruk ervan. Maar dat had ik er best voor over. Mijn volgende project wordt vast en zeker: een Valk!

Welk dier zou jij willen zijn?

Wat dacht je? Een vogel om de weidse schoonheid van onze planeet te bewonderen...
Maar ook een vis lijkt me best wat! Dan zou ik de diepste plekken van de onafzienbare oceanen ontdekken, de prachtige onderzeese wereld aanschouwen, en ondertussen hopen niet, gekookt of gebakken, op één of ander bord te eindigen.
Ach, laat me liever blijven wie ik ben. Laten we vertrouwen dat we met onze steeds ingenieuzere technologie straks in staat zullen zijn ons letterlijk als een vis in het water te bewegen of juichend mee te vliegen op de rug van een vogel!

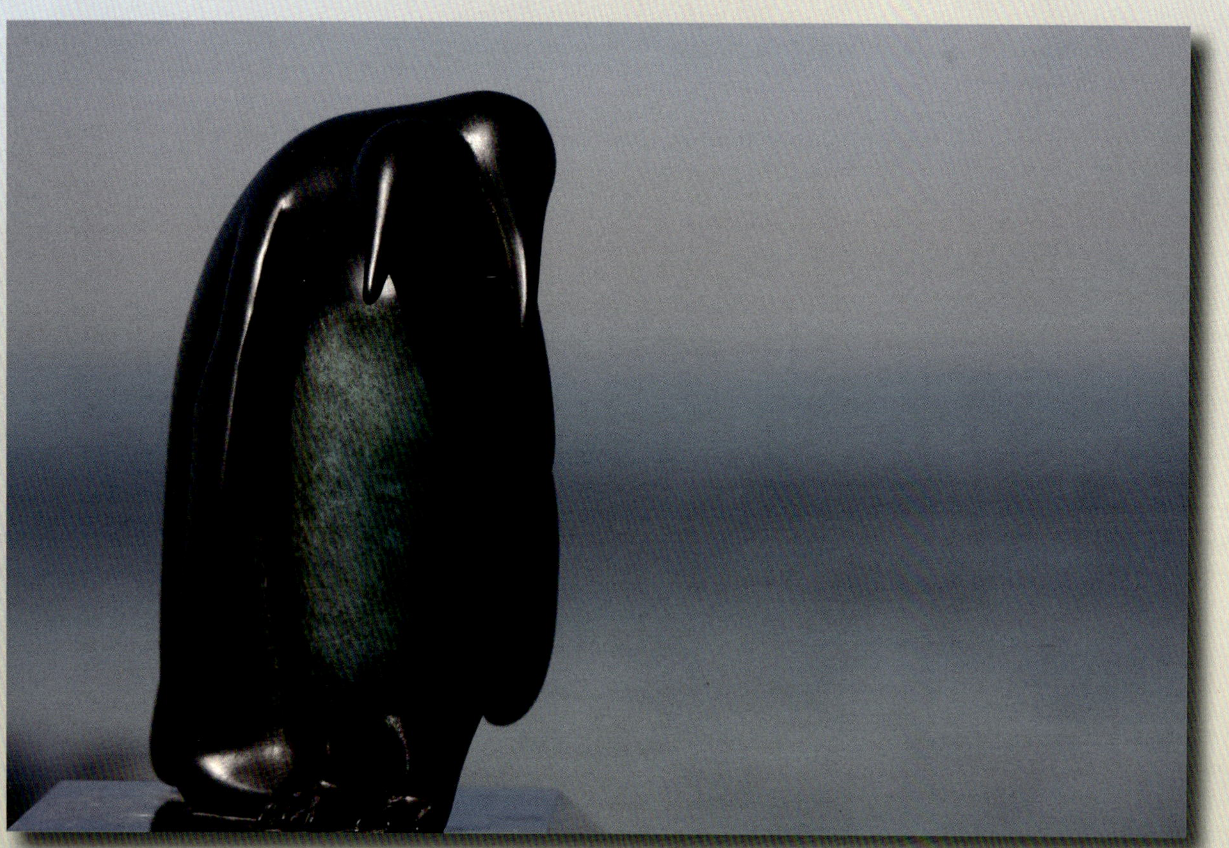

"Charming"

18 x 12 x 12 cm

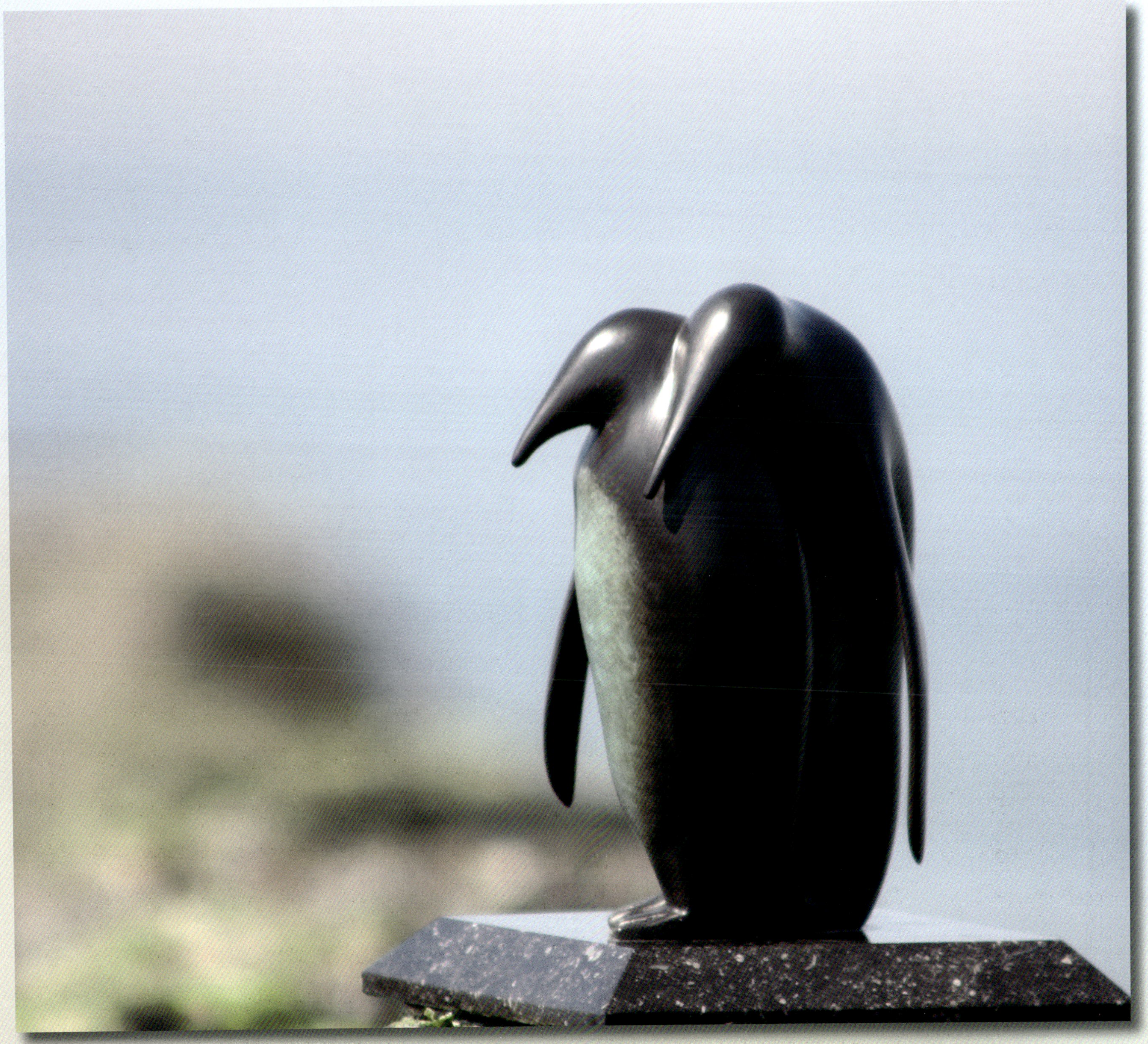

"Dinner time"

10 x 18 x 4 cm

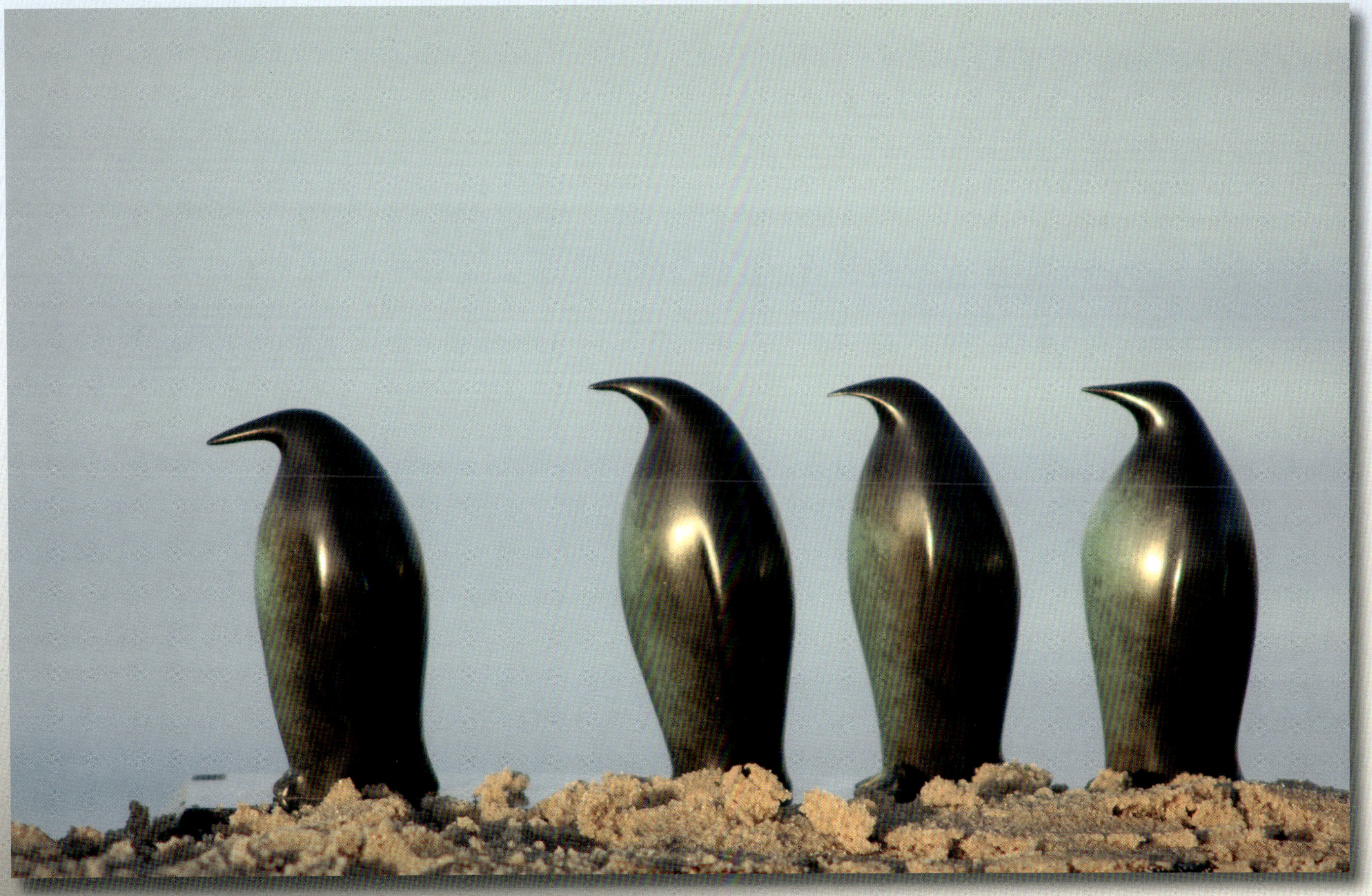

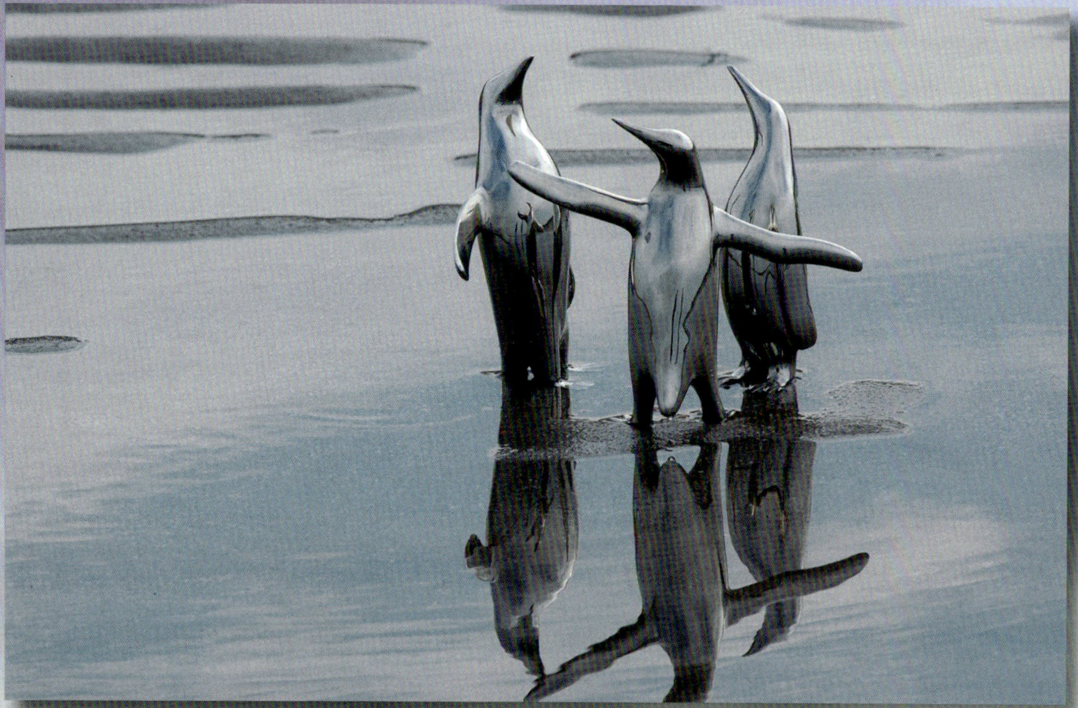

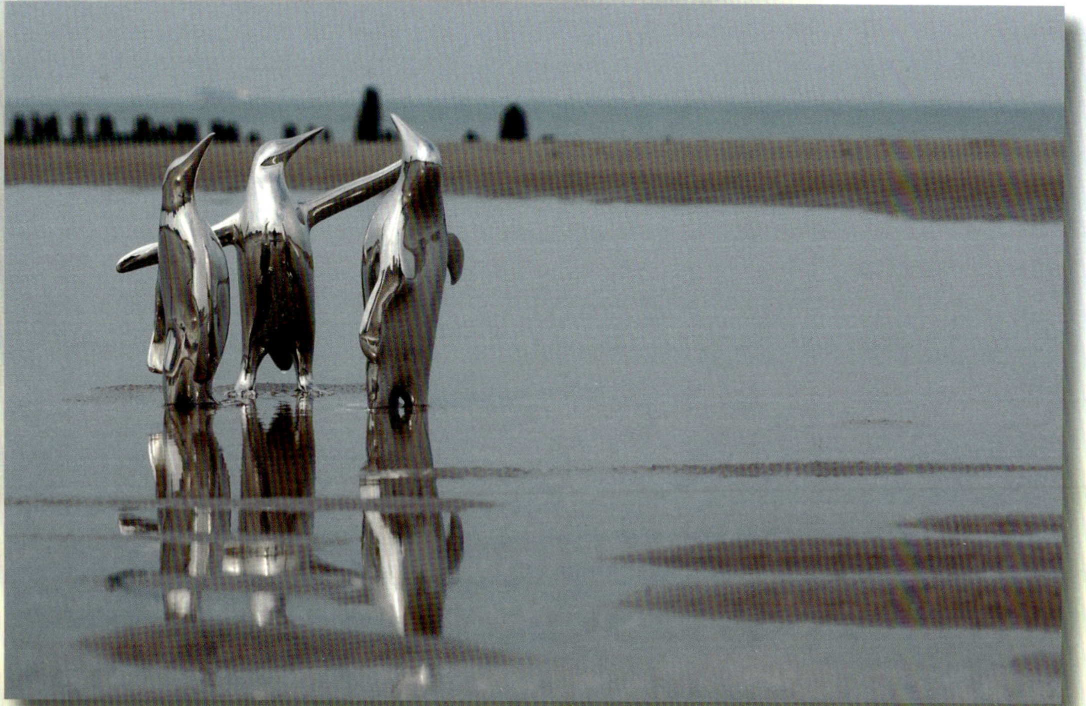

"Meeting"

Pinguïns

Penguins

Pingouins

17 x 20 x 8 cm

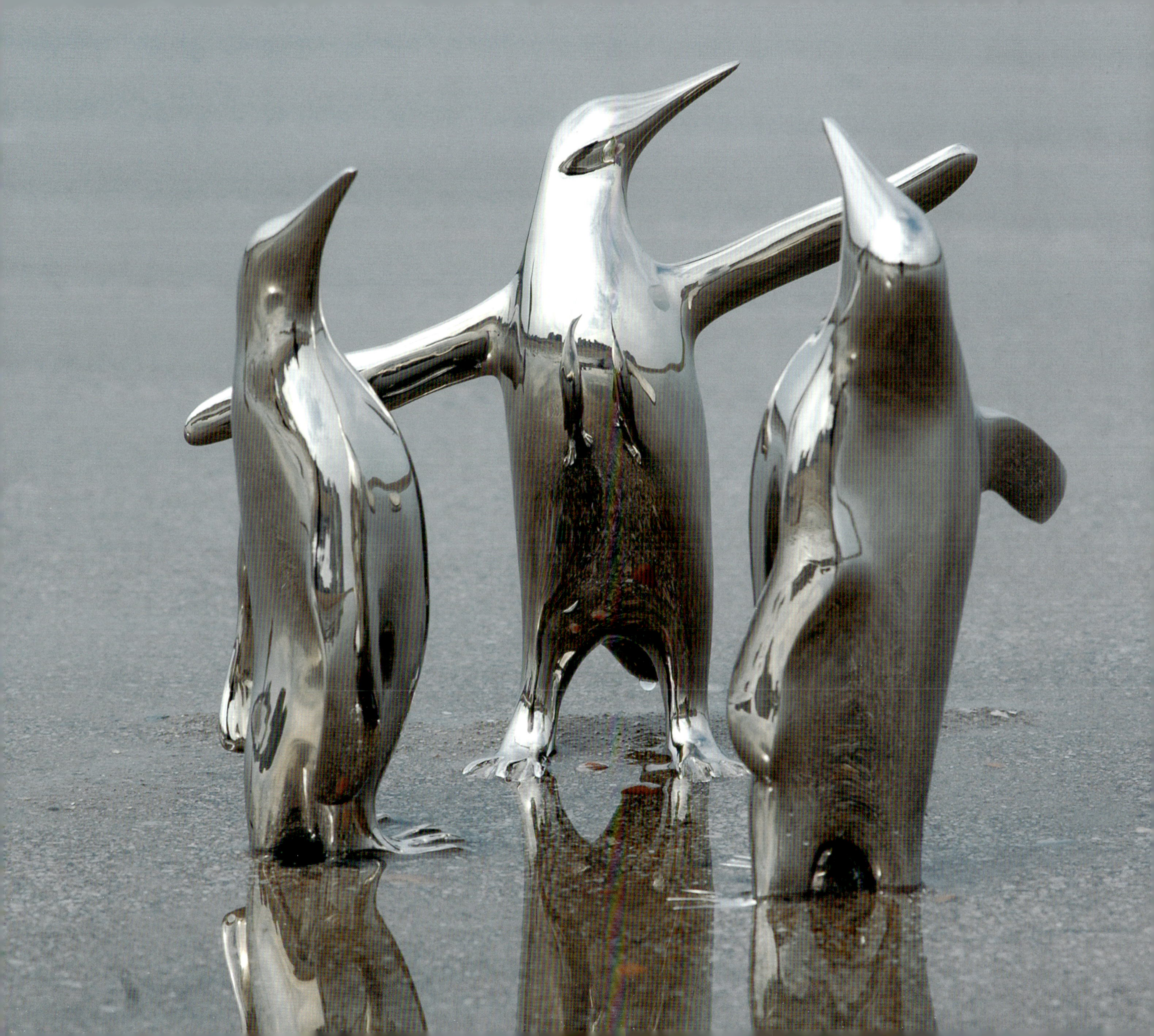

Keizerpinguïn

Emperor penguin

Pingouin - empereur

35 x 20 x 20 cm

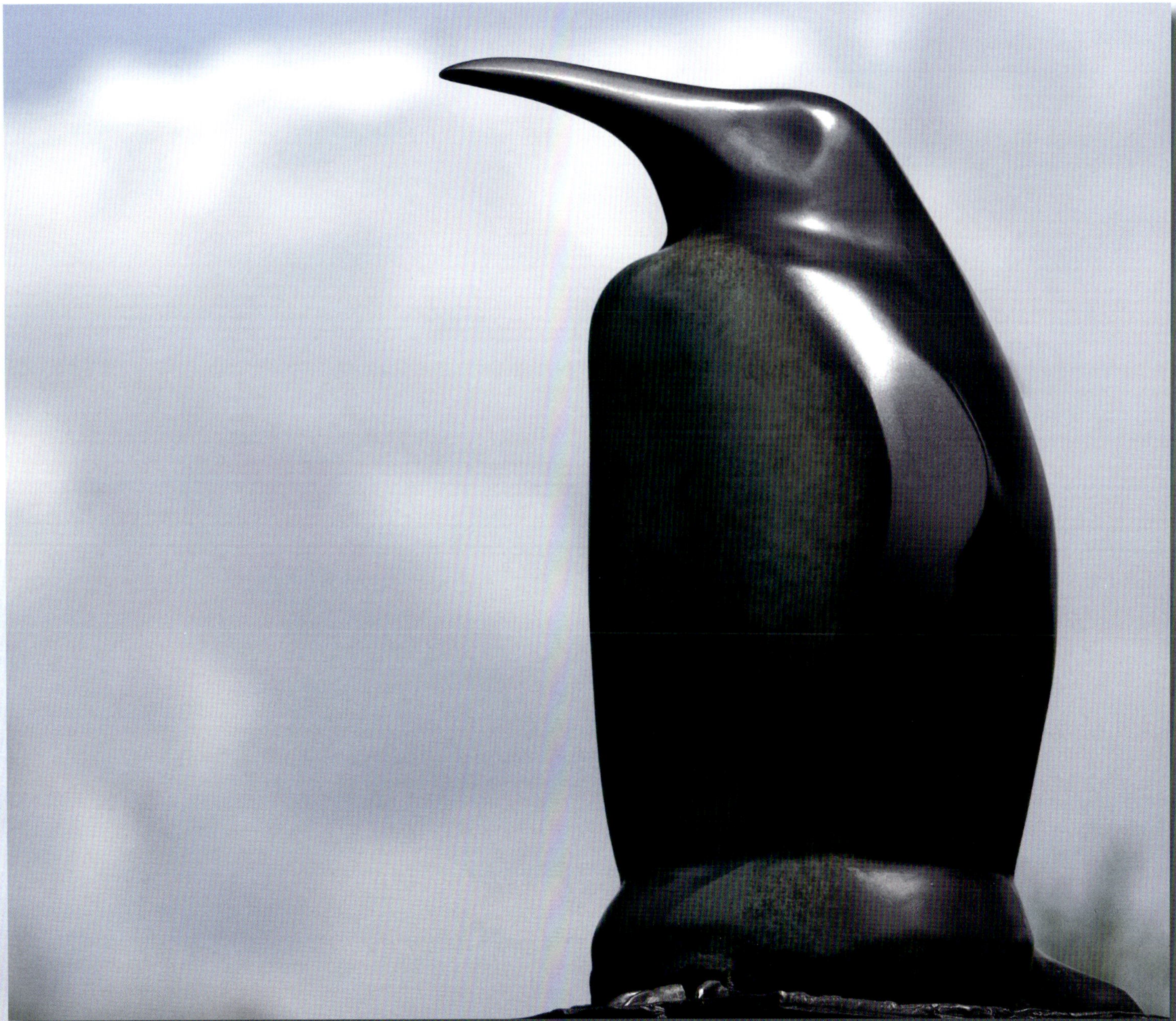

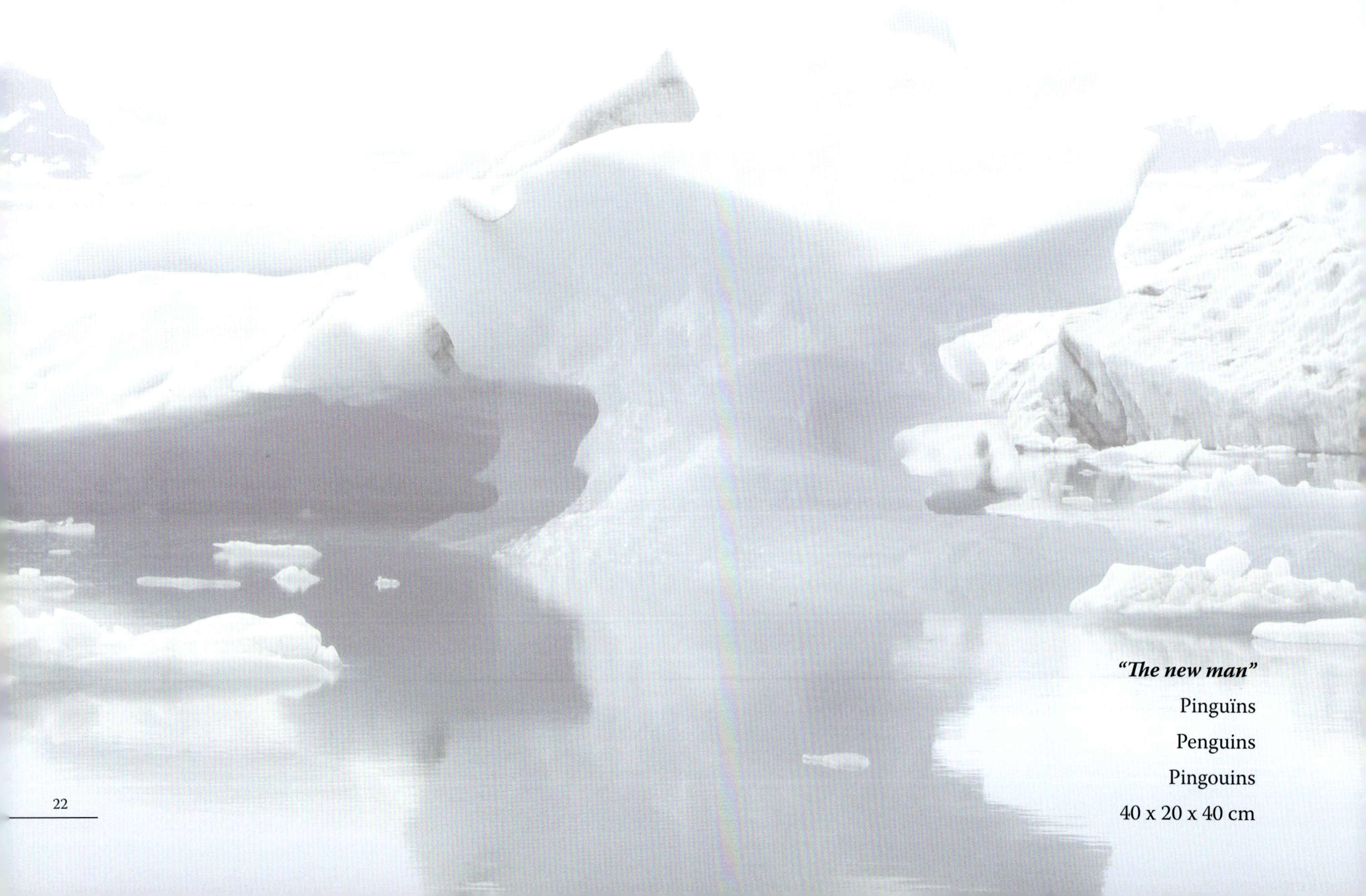

"The new man"

Pinguïns

Penguins

Pingouins

40 x 20 x 40 cm

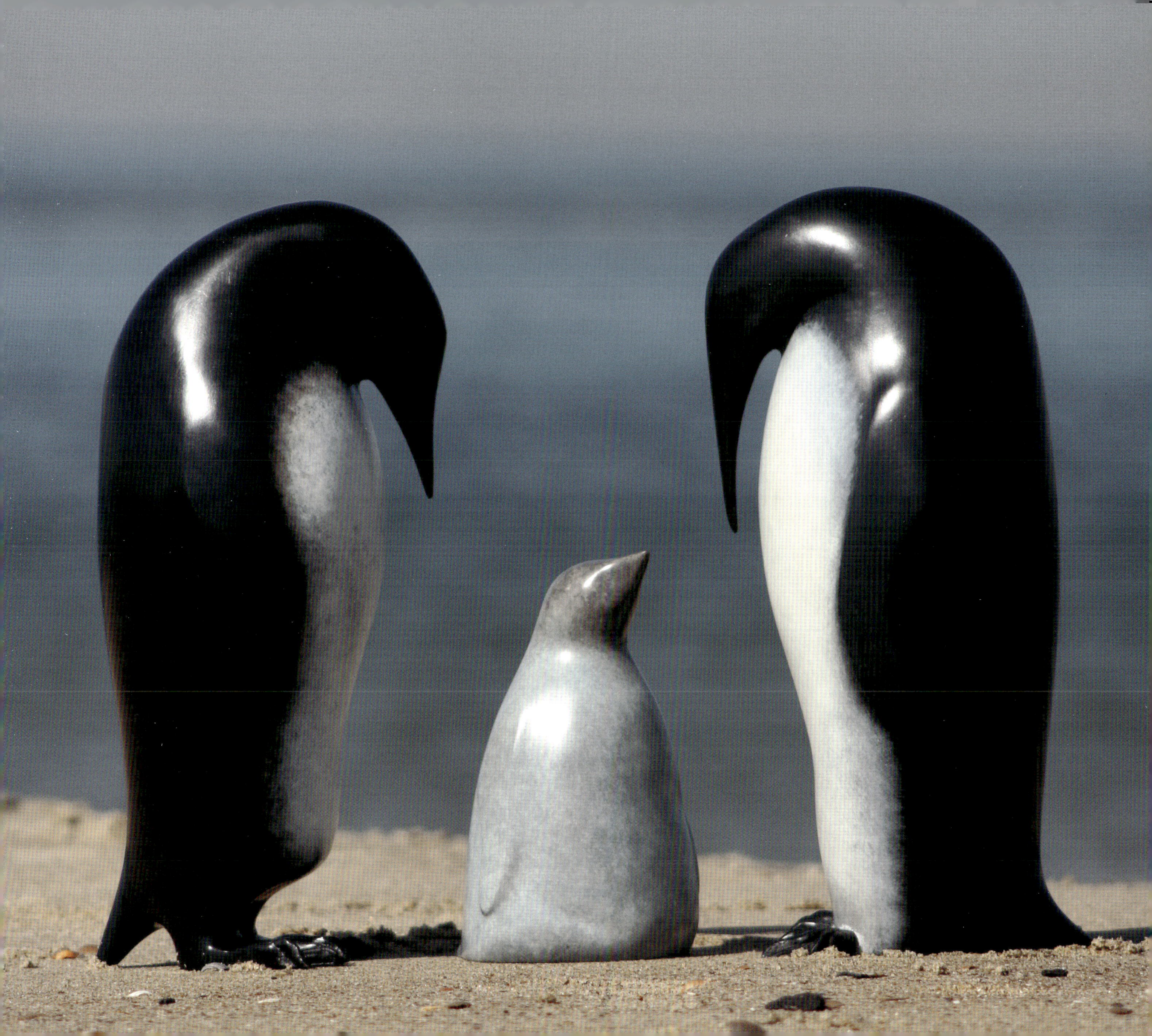

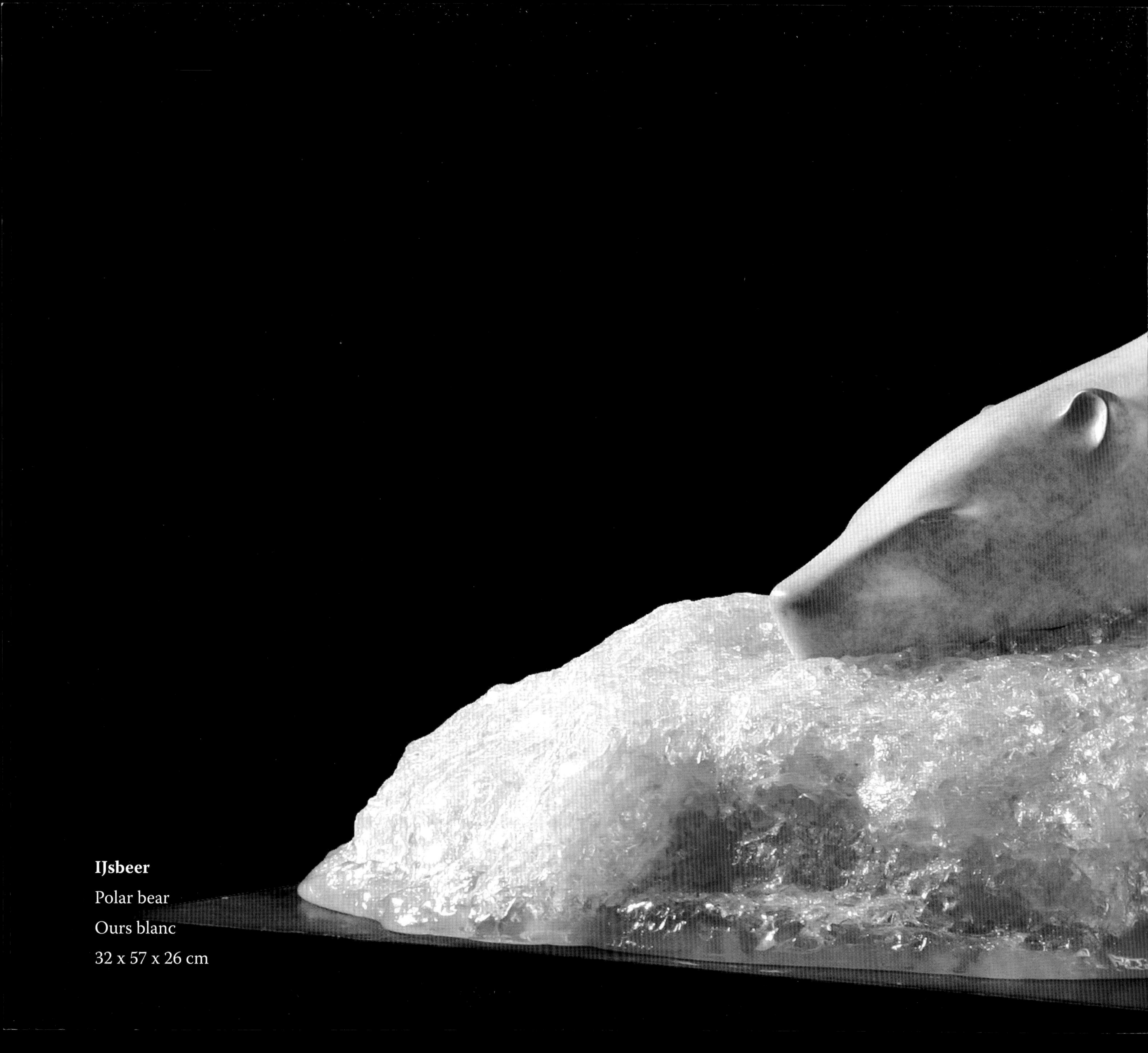

IJsbeer

Polar bear

Ours blanc

32 x 57 x 26 cm

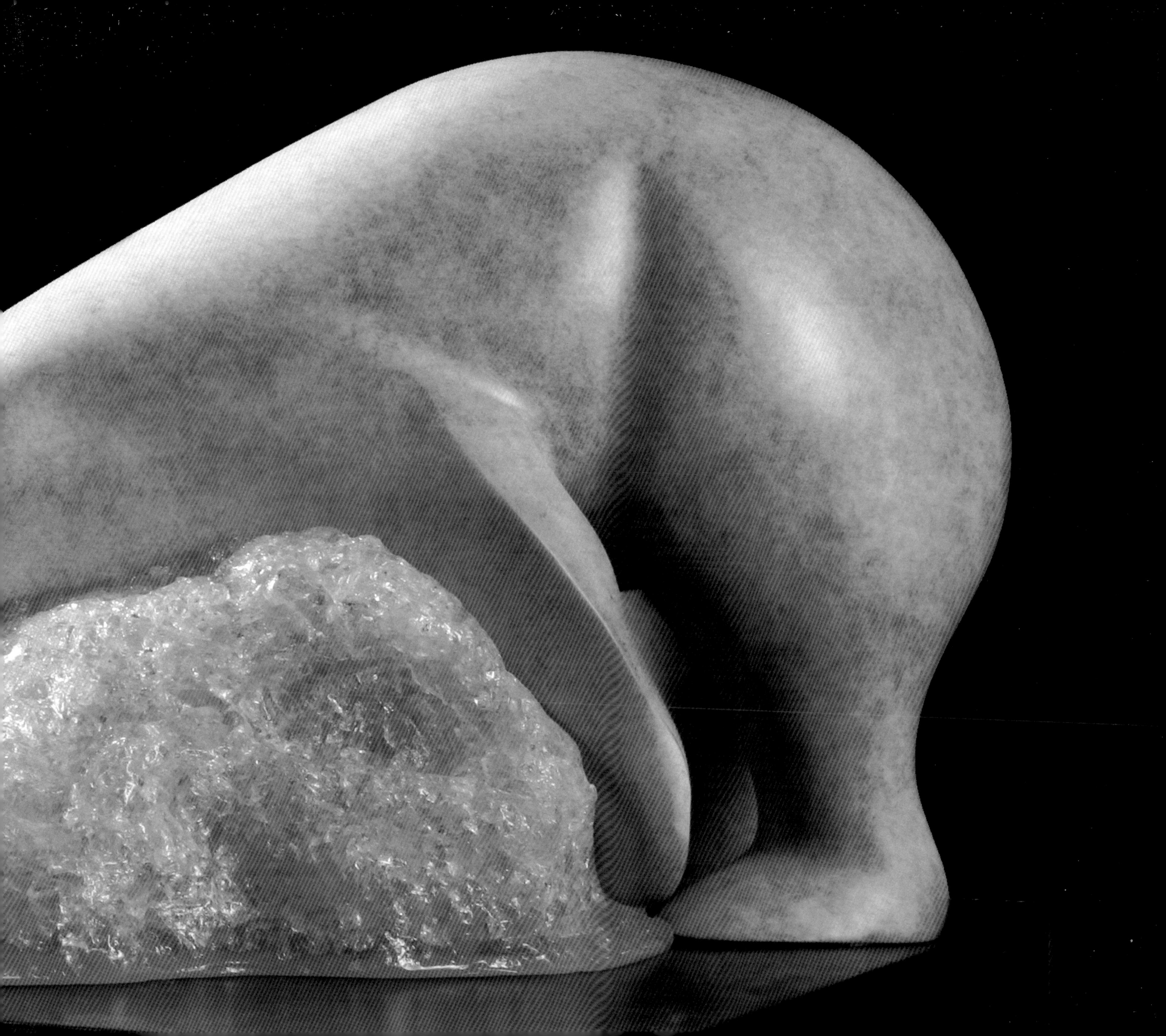

GEBALDE KRACHT

Mark Dedrie en de Europese dierenkunst

Frans Boenders

A man and a woman
Are one.
A man and a woman and a blackbird
Are one.

(Wallace Stevens, 1879-1955)

De bronzen sculptuur *Inner Pressure*, zesentachtig centimeter hoog, bleek medio jaren negentig voor de debuterende beeldhouwer Mark Dedrie meteen een schot in de artistieke roos. Het beeld oogt abstract, maar je streelt het in gedachten als een organisch lichaam. Het bezit een glanzend patina, een huid die een gedroomd koppel ideeën – gebalde kracht en energetische elegantie – nauw omsluit in een subliem opwaartse buiging. *Inner Pressure* behoort onmiskenbaar tot de platonisch georiënteerde kunst van de vorige eeuw; het werk brengt een waardig eresaluut aan Brancusi, de vader van de modernistische beeldhouwkunst.

Dedrie, zo scheen het toen even, had zijn weg als abstracte beeldhouwer gevonden.
De vraag waarom hij enkele jaren later, aanvankelijk schoorvoetend maar vervolgens steeds uitgesprokener, dierensculpturen ging maken, blijft tot op heden onopgehelderd, ook al wijst hij zelf op een paar dingen in zijn gesprek met Marcel van Jole. Misschien wil Dedrie ook in zijn dierenkunst trouw blijven aan het idealisme van zijn debuut? En wie weet zoekt hij ooit opnieuw aansluiting bij het debuutspoor van weleer – onder een niet te ontlopen innerlijke druk. Een waarachtige kunstenaarsweg is immers geen saaie, aan conventionele regels gebonden autostrade, maar integendeel een avontuurlijk en meanderend pad.

Dit Dedrie-essay gaat over dieren, en hoe ze in de kunst zijn terechtgekomen. Logisch, aangezien Dedries oeuvre sedert tien jaar het werk is geworden van een eigenzinnige hedendaagse *animalier*. Op die Franse term kom ik nog terug. Daarvoor gaan we het historische pad op: de dieren en wij.

De oude Egyptenaren, Grieken en Romeinen effenden de grond voor onze omgang met dieren. Hun geloof in zielsverhuizing beschouwt het dier, net als de mens, als een geschikte zieldrager, een wezen met gevoelens en ook wat verstand. Mensentypes corresponderen bovendien psychisch met specifiek diergedrag. Een dappere krijger wordt herboren als leeuw, een luiwammes als koekoek, een slokop of zuiplap als varken, een maagd als hinde, een platbroek als haas, een sopraan als nachtegaal, een gluiperd als wolf, een mooiprater als vos, een boer als beer, een hoer als matras – pardon, een matras is geen dier.
Het kan natuurlijk evengoed omgekeerd: een dier dat als zich herboren weet als mens. De mens staat in de samsarische

reïncarnatiecirkel van het boeddhisme weliswaar boven het dier, maar ook in de van-mens-naar-dier richting kan je naar mijn gevoel verhuizen naar iets hogers, zeg maar een plompe dikkerd die herboren wordt als slanke, witte kraanvogel of jubelende leeuwerik. Anderzijds komt de traditioneel nagestreefde klim van dier naar mens je al gauw te staan op talloos veel verhuizingen van een op zich al twijfelachtige ziel. Zekerheid bestaat in dezen ten enenmale niet. Vast staat alleen dat de kosmos blijft draaien, wat je ook uitvreet.
Wie eerbied of liefde voelt voor de medemens zal ook gelijkaardige gevoelens kunnen ontwikkelen ten aanzien van het dier. Dedries dierenbeelden ontstaan onmiskenbaar uit zulke edele emoties – vandaar de platonische inslag van zijn werk. In Dedries wereldbeeld zitten alle levende wezens in hetzelfde schuitje; tegelijk is elke mens, elk dier uniek wegens zijn ingeboren, onvervangbare psyché. Voorts beseft elk mens, eerlijk met zichzelf, dat hij zich in bepaalde omstandigheden wreed kan gedragen jegens zijn medemens. En hij ervaart dat hij vroeg of laat zulk negatief gedrag ook tegenover dieren kan vertonen. Uit noodzaak of plezier doodt hij ze.
Voor alle duidelijkheid: Dedries beelden gaan in tégen zulke negatieve toestanden, althans ze gaan zulke heikele kwesties uit te weg. Maar onze beeldhouwer weet, evengoed als u en ik, dat liefde en haat zich onderling verhouden als de dag en de nacht. Het ene bestaat niet zonder het andere, hoezeer je dat ook zou willen. Licht en duisternis, mededogen en wreedheid roepen elkaar op. Zo, en niet anders zit de werkelijkheid in elkaar.

Tot de werkelijkheid van de geschiedenis behoort dat, hoe verder je in gedachte naar vroeger terugrent, hoe edelmoediger de mens dieren behandelt. In het aards paradijs tinkelt het van harmonie en peis. Adam en Eva, naakt tussen naakte dieren, doden vissen noch kruipenden, viervoeters noch vogels, en peuzelen ze al helemaal niet op. Je ziet het mensenpaar en de dieren juist vredig naast elkaar grazen in de tuin van Eden. Helaas, de altoos onbetrouwbare schepper zaait een desastreus en vérstrekkend misverstand, door het pas geschapen mensenpaar te benoemen tot heersers over de dieren. Deze oervergissing zal de mensheid haar geschiedenis lang zuur opbreken. De zondvloed? Elk dier mag weliswaar met zijn liefje gezellig de ark in. Maar na de catastrofe weer veilig op de grond, slaat de mens het dier de schedel in en verscheurt het. Wie is nu feitelijk het wildste beest? De jacht is permanent open, zoveel staat vast. Dieren zijn voortaan vogelvrij verklaard. Arme vogels, ook hen maait de mensenkatapult weg uit het vrije luchtruim. En enige vermelding op de tafelen der tien geboden mogen de dieren op hun buik schrijven. Voor Mozes bestaan ze niet.
Gelukkig, de oude Egyptenaren lusten van monotheïsme geen brood, Echnatons kortstondige misstap terzijde gelaten. Elk dier bezit voor hen een genster van het goddelijke licht. Een dode kat, hond, ja ook een moordlustige krokodil mogen zich verheugen in de eeuwigheid, gebalsemd en wel. De pythagoreeërs eten vegetarisch. De Grieken danken de muilezels, die tempelstenen voor hen aanslepen, door ze na gedaan gesjouw ongestoord te laten rondlopen. Alexander de Grote laat zelfs een heuse stad bouwen om zijn geliefde paard Bucephalos en hond Peritas te eren! De Romeinen voeren ganzen op staatskosten, want die hadden dankzij hun waakzame inborst ooit het Capitool gered, terwijl de keizers – paroxisme van dierenliefde – christenen voeren aan de leeuwen.

Misschien niet onbegrijpelijk: zulke criminele dierenbeelden blijven het christelijke Westen ruim een millennium lang een gruwel! Na de Oudheid komt pas in de zestiende eeuw het dier terug in de mode. Humanisten gaan dan dierentraktaten van Aristoteles, Plinius de Oudere en Ailianos heruitgeven. Er verschijnen nieuwe, geïllustreerde werken, zoals Pierre Belons *Portraits d'Oyseaux* (1557). Dedrie kan er ook vandaag nog zijn profijt mee doen! Leonardo da Vinci bestudeert proporties en anatomie van het paard. Albrecht Dürer, wat een kunstenaar!, tekent en schildert varkens, leeuwen, honden, geiten, kreeften, hazen, eenden, reebokken, neushoorns, ja zelfs de machtige vleugel van een scharrelaar. Tegen het einde van de eeuw, nog altijd de zestiende, ontstaat een ware *theriofilie*, een moeilijk woord dat wijst op liefde voor wilde dieren. Die laatste paraderen in koninklijke privé-dierentuinen en worden door sommige *theriofielen* hoger aangeslagen dan mensen. Want leven de wilde beesten in flagrante tegenstelling tot ons, overbeschaafden, niet spontaan volgens de natuurwetten: gematigd, zonder de kwelling van onze buitensporige verlangens? Wij, zogeheten redelijke wezens, verstoren daarentegen de natuurlijke staat. Terwijl de dierlijke rede, onwetend van pretentie, slechts dient ter perfectionering van de onderlinge communicatie. Denk maar aan de harmonisch verlopende taakverdeling in het broedende en opvoedende pinguïnkoppel, dat ook nog eens keurig monogaam waggelt zolang de jongen hun eigen weg nog niet zijn gegaan. Of denk aan de strikt geometrisch formatie waarin eenden en ganzen zich verplaatsen. Ook de sociale, zeg maar communistische mieren leven in een heilstaat zonder enige onderdrukking. En de uilen, die Dedrie zo veelsoortig boetseert, nu eens een kerkuil, dan weer een schuuruil, een oehoe, een dwerg- en een langooruil? Welnu, de uilen organiseren een gedroomde vuilnisverwerking door hun onverteerbare voedselresten in welgevormde ballen uit te braken. Wolven en olifanten plegen rationeel overleg in tijden van gevaar en stellen zich strategisch op tegen de vijand. Toppunt van slimheid: sommige kleine dieren redden hun hachje door zich voor dood te houden. Afrikaanse zangvogels vlechten schitterende nesten en heten terecht wevervogels. IJver en spontane samenwerking alom in het dierenrijk!

De vader van alle essayisten, Montaigne, stelt terecht dat ook dieren gevoelens en deugden als vriendschap, liefde, dankbaarheid en trouw kennen, dat ze geen oorlog voeren en bijna altijd mooier ogen dan mensen. Net als de oude taoïsten in China raadt Montaigne de medemens aan zijn arrogantie af te leggen en zich even spontaan te bewegen als de dieren. De Vlaamse kunstenaar Achilles Cools neemt Montaignes raad ter harte en verhaalt in *De kauwentuin* (1999) hoe hij kauw met de kauwen wordt. Zijn collega Mark Dedrie, onbevooroordeelde vogelwaarnemer die zich in zijn dierensculpturen ontpopt als een scherpzinnig essentialist, slaagt erin het wezen van vogels te vatten in één verstild gebaar.

Overigens moet Dedries eminente voorganger Frans Snyders zowat de eerste dierenkunstenaar zijn geweest die een uil de leiding gaf van zogeheten vogelconcerten. Onder die term verstaat men schilderijen met uiteenlopende vogelsoorten in een parkachtig landschap of verzameld op de takken van een boom. De uil, in eerdere Vlaamse afbeeldingen vaak bespot door andere vogels, wordt door Snyders zowaar gepromoveerd tot dirigent! Zoals de superieure Christus wordt bespot door zijn laaghartige folteraars, zo vergaat het ook de rustige uil: als een uil onder de bonte kraaien, zegt het spreekwoord. Onaangedaan door zoveel agressie bewijst de uil zijn superieure wijsheid. In een van zijn mooiste beelden plaatst Dedrie zijn tot dusver favoriete vogel – hij portretteert hem sedert 2005 in niet minder dan zeven verschillende sculpturen –bovenop een stapeltje boeken. Aha, oehoe beschermer van kennis? Jazeker, geheel in de antieke, humanistische geest die de uil ziet als de vogel van de wijsheidsgodin Athena of Minerva, een traditioneel gegeven dat doorklinkt in de uitdrukking: uilen naar Athene dragen. Dedrie verheft de uil tot mascotte van de kamergeleerde, die vaak om zijn onhandigheid uitgelachen intellectueel. Maar doordat Dedrie de vogel op boeken laat tronen, impliceert hij ook een dreigende bevuiling van die kennisdragers... en stelt daarmee op speelse wijze het primaat van de natuur boven de eruditie. Wie zich boven de natuur verheft krijgt geheid het effect van een primaire natuurwet op z'n kanis!

Dat Dedrie zo verzot is op uilen vind ik zowel veelbetekenend als paradoxaal. Het wijsheidssymbool domineert de kennis, maar kent tevens de waan van de dominantie. De uil incarneert bezonnenheid, maar is er daarom niet minder roofzuchtig om. De kerkuil ziet er op Dedries sculptuur aandoenlijk uit; maar hij doodt zonder pardon andere dieren zoals oogstplunderende muizen en ratten – wat hem, o paradox, terzelfder tijd tot dierenmoordenaar én tot mensenvriend maakt. In de oude kunst mogen zijn medevogels de uil dan wel bespotten, hij blijft trouw aan de gebalde kracht van zijn stoïcijnse inborst. Waar gewone vogels stomweg zitten op prozaïsche telefoon- en elektrische draden, neemt de uil plaats op het instrument van kennisoverdracht, het boek. Hij beseft het belang van weten en kunst, maar toont zich allicht ook iets te aanmatigend – een uil kan tenslotte niet lezen: wat baten kaars en bril als de uil niet lezen wil, alweer een spreekwoord. In nog een andere volkswijsheid moet de uil naast de valk het onderspit delven: ieder meent dat zijn uil een valk is. Geen Europeaan haalt het vandaag nog in het hoofd om uilen te pesten of te doden. Maar op de markt in het Chinese Canton zitten deze roofvogels desniettemin in manden geprangd te wachten op een koper-doder. Die altijd opdaagt.

In Nederlands gouden zeventiende eeuw boren rijke stedelingen een kunstmarkt met nieuwe genres aan. Naast zogeheten onbijtjes en banketten komt ook dierenkunst in de mode. Met verf en brons beelden artiesten wild en vee af, kleine huisdieren, vogels en vissen. In effigie aan de salonwand, op het dressoir en de schoorsteenmantel. Kunsthandelaren verdienen er volop daalders aan. Je kan in die tijd dieren in drie stijlen bestellen. De romantische stijl volgt het voorbeeld van voorloper Roelant Savery, de natuurgetrouwe dat van Jan I 'de fluwelen' Brueghel, de dramatische dat van Rubens en Snyders.
Ook de Fransen volgen. 'Wie levende dieren afbeeldt verdient grotere waardering dan wie levenloze dingen weergeeft,' aldus André Félibien in 1669. Een kwarteeuw eerder heeft Crispijn van de Passe in Amsterdam een modellenboek gepubliceerd ter lering van dierenkunstenaars, die dan al goed hun brood verdienen. In een aan vogels gewijde afdeling worden de enorm uiteenlopende vogelsoorten aan vijf paradigma's gekoppeld: arend, uil, zwaan, ooievaar, haan. Alleen aan het kraaiende pluimveemodel heeft Dedrie zich vooralsnog niet gewaagd. (Wat vroeger opstaan, Mark!) Van de Passe trapt een open deur in als hij schrijft dat vogels lastig te tekenen vallen wegens hun beweeglijkheid. Maar, vervolgt hij, kunstenaar Scholten lost dat probleem vernuftig op: eerst een schets op papier, op één na alle luiken en ramen van het atelier dicht, dode vogels in diverse houdingen vastgespijkerd op een blok, touwtjes aan zulke vogelkrengen met behulp waarvan men de dieren in de gewenste houding langdurig kan waarnemen.
Dat gedoe hoeft vandaag voor Dedrie niet langer op dezelfde omslachtige manier. Zoals hij duidelijk maakt in het in dit boek opgenomen interview, observeert hij gefascineerd de levende vogels in de lucht en bij kennissen in hun gespecialiseerde kooien. Voorts werkt hij, zoals vrijwel alle figuratieve kunstenaars vandaag, met foto's, films en gespecialiseerde boeken. Uiteraard waardeert Mark ook het werk van de taxidermist. Wie dieren rustig wil bestuderen, maakt dankbaar gebruik van goed bewaarde, opgezette dieren. Na de voorbereidende studie begint het scheppende boetseerwerk, dat Dedrie dankzij de plastiline – de kwaliteiten ervan beschrijft hij elders in dit boek – schier eindeloos kan hernemen en verfijnen. Tot het als ideale volplastiek klaar staat voor transformatie in brons of een ander metaal. Het hele eieren eten (een met het oog op ons vogelonderwerp gepast volkse zegswijze) komt neer op wat de schilder en handboekschrijver Samuel van Hoogstraten in 1678 omschrijft als 'de ware natuur van de dieren tonen om zodoende hun vorm en karakter waarheidsgetrouw te kunnen weergeven'. Naar het leven werken, zo luidt het parool en, als het om grootvee gaat, 'de koetjes in 't veld, zoo als zy lagen en erkauden' uitbeelden.

Dedrie is evenwel geen schilder, hij leeft bovendien in de eenentwintigste eeuw en wil allerminst Paulus Potter naar de kroon steken. Hij is wat men noemt een *animalier*, zij het een van bijzondere soort. Voor het opduiken van dat Franse woord moet je wachten tot de jaren dertig van de negentiende eeuw. Net zoals de term 'impressionist', ook aan een kritische pen ontsproten, geldt *animalier* aanvankelijk als een scheldwoord, in dit geval voor Barye's en Fratins dierplastieken. In hun tijd gebruikt men het nobele brons liefst voor de statusverhoging van de in volplastiek geportretteerde mens, en voorts voor kopieën van Griekse, Romeinse en Renaissancebeelden. Dieren tekenen en schilderen, vooruit maar, maar in duur brons vereeuwigen? Alles verandert evenwel snel als officiële instanties beeldhouwer Barye overladen met opdrachten. Op publieke plaatsen verrijzen dan monumentale bronzen beesten – Senegalese olifanten, herten, arenden, paarden en hondenmeutes. De aristocratie volgt de nieuwe mode. Rond 1850 wordt *animalier* een eretitel, trots gedragen door Barye, Mêne, Fratin, Jacquemart, Valton, Gardet.

In het jonge België heb je allereerst dieren*schilders*, van de idyllische Paul Ommeganck en Eugène Verboeckhoven tot de meer realistische Jozef Stevens, Charles Verlat, Alfred Verwee en Jan Stobbaerts. Met dierensculpteurs bronst het tot 1880 eerder moeizaam. In het kielzog van de Parijse mode evenwel zet zich, na Simonis en Bouré, een stroomversnelling in. De nieuwe stedenbouw van koning Leopold II zaait immers met kwistige hand parken, tuinen en plantsoenen in het rond; de triomferende industrie van het jonge België levert bronsingrediënten in overvloed; beeldhouwers zien de kans schoon hun in klei en was

geboetseerde dieren massaal te verbronzen. Hun favoriete dieren zijn niet, zoals vandaag bij Dedrie, het fijngeschapen gevogelte dat in de luchten vertoeft; de smaak van de late negentiende eeuw buigt zich integendeel volgaarne over het wilde beest uit de Afrikaanse rimboe en savanne – en over het schonkige, stoere inlandse paard dat platbodems door kanalen, ploegen door polders en kolenwagons door mijnschachten trekt. De Belgische dierenplastiek legt zwaar romantische accenten en verheerlijkt de ongetemde natuurkracht in concrete poten en klauwen, liefst in extreme actie die spiermassa's indrukwekkend laat rollen, zwellen en krimpen onder de glimmende bruinbronzen huid. IJzingwekkende taferelen: leeuw verscheurt geitje, tijger peuzelt zwaan op. Vast staat dat het sociaal realisme de Belgische dierenkunst een paradoxale dimensie verleent: het humaniseert de dieren die de beestige arbeid van de werkman verlichten. Zulke wederzijdse tegemoetkoming tussen mens en dier groeit in de bronzen van Constantin Meunier uit tot indrukwekkende synergieën. Zijn oud mijnpaard is als uitgemergeld beest niet langer 'la plus belle conquête de l'homme', zoals paardenverheerlijker Rik Poot het Franse cliché graag citeerde, maar 's mensen medestander in diens onmenselijke industriële arbeid. Ik wil onderstrepen dat Dedrie in zijn hedendaagse sculpturen met zulke aandoenlijke sociaal-retorische kritiek volstrekt niets gemeen heeft. De tragische arbeidsheroïek in België behoort tot de voltooid verleden tijd, en Dedrie kan zich vandaag volop wijden aan de poëzie van watervogels en aan het ogenschijnlijk knuffelgehalte van ijsberen en pinguïns.
Na Meunier heet de Belgische revelatie van het dierenstuk Josuë Dupon. Dit West-Vlaamse talent trekt op twintigjarige leeftijd naar Antwerpen, waar hij zich in het pas opgerichte Nationaal Hoger Instituut voor Schone Kunsten bekwaamt onder Thomas Vinçotte, meer bepaald in dierenanatomie. Dupon, een pionier van de ivoorsnijkunst in combinatie met brons, blijft een van Belgiës grote *animaliers*. Hij trekt ampel profijt van zijn vriendschap met de jong gestorven Italiaan Rembrandt Bugatti, die tot 1914 boetseert in de Antwerpse dierentuin. Ook Philippe Wolfers, iets ouder dan Dupon, verwerkt de via koning Leopold II geïmporteerde olifantstanden in zijn bronzen zwanen, slangen en feniksachtige pelikanen. Na de Eerste Wereldoorlog bloeit de dierenplastiek in de werken van Dominique Ingels, Albéric Collin en Raymond de Meester de Betzenbroeck. Deze laatste, net als Dedrie een selfmade boetseerder, oefent zich in de Zoo, doet zijn voordeel met Collins adviezen, verwerft internationale faam en krijgt een ereplaats op de animalierstentoonstelling van 1937 in het Brusselse Paleis voor Schone Kunsten.

Animaliers profiteren vandaag van de waarachtige revival van de dierenwereld. Onder invloed van de internationale dierenlobby ontstaat een hedendaagse versie van de zestiende-eeuwse *theriofilie*, zij het nu op wereldschaal. Beren, dieren met een notoir onberekenbaar karakter, worden door onze kinderen geknuffeld tot ze – de kinderen – nagenoeg volwassen zijn. Beren en ijsberen prijken rond de kerst op de voorpagina's van kranten, om in ons een vredesgevoel los te weken. Panda's, evenmin dieren die je zonder kleerscheuren kan benaderen, doen zelfs bikkelharde Chinezen, die zonder verpinken menige Tibetaan een poot uitdraaien, kwijlen van bedenkelijke sentimenten. Onlangs zijn reuzenpanda's zelfs ingezet als diplomatiek glijmiddel dat de Taiwanezen moet aanporren naar de Pekinese schaapstal terug te keren. Wijst die algemene, ten dele verdachte dierenliefde niet op een lang onderdrukt schuldgevoel? Je zou haast gaan denken dat Dedrie zijn vogels zo lieflijk boetseert en patineert om in te spelen op onze nieuwe sentimentaliteit. Vast staat dat zijn sculpturen ons vooral de kans bieden scherper te kijken naar de bewoners van het vrije luchtruim. En dat zijn beelden het werk van zijn tijdgenoten op unieke wijze aanvult. In zijn interview brengt Dedrie een eresaluut aan de heuse Vlaamse *animaliers*, voorwaar een zelden geziene vorm van collegialiteit. Zelf houdt hij zich bescheiden op de achtergrond, in de wetenschap dat zijn dierenkunst inderdaad een andere snaar beroert dan die van zijn medestanders.
Ik onderscheid in de huidige dierensculptuur drie types. De voortreffelijke Ronald de Winter reken ik met zowel zijn kleine als zijn monumentale beelden tot de impulsieve *animaliers*. Hij gaat het verst in viscerale schouwing, gevolgd door een spontane fixering van het waargenomene. Daarnaast gedijt vooral de analytische dierenkunst, waarin onder anderen Greta van Puyenbroeck excelleert. Haar aanpak, en die van andere analytici, wil tot de specifieke anatomische, psychologische en ethologische kenmerken van het dier

doordringen dankzij geduldige observatie *in situ.*
Dedrie zou ik een synthetische *animalier* willen noemen. Ik bedoel dat hij juist niet impulsief en niet ontledend tewerk gaat, maar integendeel zoekt naar de idee àchter de vorm die hij boetseert. Hij sluit niet aan bij hen die met realistische boetseersporen het dier vastleggen in een specifieke houding of een efemere beweging. Hij houdt integendeel het dier in suspensie en tilt het op tot een staat van sublimiteit – een perfecte vorm die alle momentopnames in zich samenbalt. Marks beelden zijn net zoals die van de analytici de vrucht van een grondige benadering, die bij hem echter tot een synthese uitgroeit van beschouwende, reflectieve en wijsgerige aard.
In dat ideële opzicht lijkt Dedrie enigszins verwant met de aanpak van een andere outsider in de hedendaagse dierensculptuur, de keramist wijlen José Vermeersch. Deze stoere West-Vlaming ziet in de hond – want in diens werk beperkt het dier zich tot die ene soort – de sparringpartner van de mens. Mens noch hond bezitten bij Vermeersch een heldere persoonlijkheid die zich zou kunnen laten aflezen in een anekdotisch gebaar of typisch gedrag, net zoals ook Dedrie niet maalt om de realistische weergave van de romp van een ram – een van zijn knapste vroege werken! –of om een vertederend moment in de starre maar alerte blik van de uil. Zowel Vermeersch als Dedrie is het niet begonnen om natuurgetrouwheid, wél om het raadsel van het blote bestaan. Met uitzondering van het in staatsopdracht gemaakte borstbeeld van Wilfried Martens, staan geen levende mensen en honden model voor Vermeersch' keramische beelden, geen historisch en cultureel gesitueerde mensengestalten en geen rashonden. Vermeersch bouwt prototypes.
De essentalist Dedrie maakt al evenmin dierenportretten: zijn dieren zijn in zichzelf gekeerde vertegenwoordigers van ideeën die de kijker confronteren met het fascinerende enigma van de schier eindeloze levensvariëteit op deze planeet. Het synthetische van zijn werk bestaat dan precies in de zoektocht naar de paradoxale eenheid van het leven, dat uiteindelijk alle biologische variëteiten in dezelfde schoot verenigt. Vandaar de eenvouds verlichte versregels van de Amerikaanse dichter Wallace Stevens die als motto boven dit essay staan:

> *A man and a woman*
> *Are one.*
> *A man and a woman and a blackbird*
> *Are one.*

Dedrie, de rustige beeldenmaker, heeft een beperkte maar beproefde jaarproductie van zes à twaalf nieuwe bronssculpturen. 2008 blijkt hem en ons een buitengemeen rijk jaar, met een uitgelezen oogst aan zwanen, sternen, ijsvogels, uilen en een watersnip. Hij zou hun vrijheid vanbinnen uit willen kennen, hun wiekslag meemaken, door hun blikveld kijken. Ja, hij zou liefst zelf een vogel zijn! Het luchtruim doorklieven om onze planeet uit de hoogte waar te nemen zonder hinderlijk raam tussen oog en ruimte. Licht geamuseerd om onze dagelijkse lachjes en snikjes, maar ook terecht vergramd wegens alomtegenwoordige kwade wil, milieuverontreiniging, haat en oorlog.
Vogels! Ze spelen ons het luchtige leven dagelijks voor. Op zoek naar voedsel kammen ze methodisch land, water en grond af. Ze kijken een kwartseconde later alweer opwaarts naar de hemel, waar de vrijheid wenkt. Ze tonen ons wat de vlucht is van de ziel. Ze spelen ons deugden voor die we ter overleving behoeven. Met dat alles in het achterhoofd drukt Dedrie zijn vingers in het plastiline, tot de vorm 'alles' samenvat in een synthese die in brons moet herrijzen.
Het wonderlijk gedrag van vogels betovert hem mateloos. Dat van de meeuw bijvoorbeeld. Opdat het meeuwenembryo niet te vast aan de eischaalbinnenkant gaat kleven, duwen broedende ganzen en meeuwen hun eieren geregeld om. Wéét zo'n meeuw feitelijk waarom ze haar eieren omrolt? Aangeboren gedrag dat neurologisch wordt opgewekt, stellen ethologen ons gerust. Toch neemt zo'n meeuw na deliberatie een beslissing; of had ze evengoed haar eieren ongemoeid kunnen laten? Gaat het om respons op een prikkel in

een aangeboren zenuwbedrading? Of komt het toch neer op slimheid en inzicht in een situatie?

Vogels! Ze kunnen Dedrie in vervoering brengen. Ze vervoeren zijn dromen, en omgekeerd droomt Mark hoe, als in sprookjes, de vogels hem letterlijk vervoeren. In het oude Griekenland golden de spreeuw en de zeemeeuw als heilige vogels van de orgiastische maangodin Afrodite, in die gestalte ook bekend als Leukothea, de 'Witte Godin'. In het hindoeïsme vervoert de gans Brahma, de goddelijke schepper. Aangezien ganzen en zwanen dichte familie van elkaar zijn, vervoert de zwaan Brahma's vrouw Sarasvati. De oude Indiërs beelden in hun tempelkunst en boekverluchting trouwens de versmelting af van gans en zwaan in de mythische vogel Hamsa, die uit twee één wordt – de volmaakte levensharmonie waarvan Mark Dedrie in zijn majesteitelijke zwaansculptuur droomt. In de gestalte van de perfecte, godgelijke zwaan, kan oppergod Zeus de verblindend schone Leda verleiden en bezwangeren. Zo verwerft de zwaan de geloofsbrieven die hem toegang geven tot de mooiste goden- en mensenvrouwen. Hij verschijnt trots naast de liefdesgodin Afrodite en trekt samen met een partner haar wagen. Summa summarum: in weerwil van al dat vrouwelijk schoon blijft de zwaan standvastig in zijn emoties. Als zijn geliefde sterft kwijnt hij weg van droefheid.

Vogels! Ganzen en zwanen fungeren als *psychopompos*: zielenstuwers die het zwervende bewustzijn in zijn reis langs hemelen en hellen de goede kant opstuwen. Hermes, boodschapper van Zeus en goddelijke *psychopompos*, neemt vaak de gedaante van een zwaan aan. Deze vogel helpt de sjamaan in de onderwereld af te dalen, en er ook ongeschonden weer uit op te stijgen. Van alle vogels is de zwaan het dier dat moeiteloos het hogere met het lagere verbindt.

Vogels! Ze voeren boodschappen aan uit den hoge. De oude Chinezen beweren dat hun unieke karakterschrift een geschenk is van de Hemel, aangebracht door vermoeide vogels die uitrusten op lössgrond en rul zand, waarin ze met hun poten de hemelse karakters drukken. De langzame, zachte en schier geruisloze vleugelslag van de uil tilt hem bij de oude Grieken op, zoals boven al aangestipt, tot halfgoddelijke vogels gewijd aan Athena Pronoia: de godin die in de toekomst kan zien. De arend – een vogel waaraan Dedrie in het jaar 2009 zijn beste krachten wil wijden – geldt voor de Azteken in precolumbiaans Mexico als keizer van een speciale commandotroep, voor Amerikaanse westkust-Indianen als kosmische Dondervogel, voor middeleeuwse Byzantijnen als spirituele bedwinger van sluipend kwaad gesymboliseerd door de slang.

Een van de recente vogels in Dedries productie is een ontwapenend ijsvogeltje. Laat ik mijn bijdrage afsluiten met de diepere, mythische betekenis van deze wonderbaarlijke vogel, misschien de elegantste in zijn golvende scheervlucht boven het water, de ontroerendste in zijn zeldzame rust op een rietstengel.
Alcyone, dochter van de hoeder der winden Aeolos, huwt Ceyx, zoon van de ochtendster. Ze kennen een diep geluk. Alcyone raakt echter zo overmoedig in haar liefdesroes dat ze zich vereenzelvigt met de oppergodin Hera. Uiteraard stoort die verwaandheid de jaloerse Hera en haar man Zeus! Om haar te straffen ontketenen beide oppergoden een tsunami die het schip, waarmee Ceyx op weg is naar het orakel, doet vergaan. Als het lijk van de verdronken geliefde aanspoelt voor de wachtende Alcyone springt ze, overmand door verdriet, in zee. Een meedogende god, die uit angst voor Zeus' wraak anoniem wil blijven, geeft echter beide gestorven geliefden een nieuw leven – als ijsvogels.
De Latijnse dichter Ovidius heeft de onverwoestbare liefde van het ijsvogelpaar Alcyone en Ceyx in zijn *Metamorphosen* in verzen vereeuwigd (*)

...De branding brengt de man dichtbij. Hoe meer zij van hem ziet,
hoe minder zij zichzelf beheerst; ze ziet daar voor haar voeten,
daar op dat strand de man aanspoelen die zij nu herkent:
haar eigen man! "t Is Ceyx!' roept ze en ze rukt zich haren
en kleren los, beukt zich het hoofd, strekt beide armen bevend
naar Ceyx uit en roept: 'Mijn arme man, mijn allerliefste,
zo kom je dus, zo kom je bij mij terug?' – Er lag in zee
een dam, door mensen opgeworpen om de eerste golven
te breken en de aanval van de zee te matigen.
Daar sprong ze recht op af – op zich een wonder, want ze vloog!
Wiekend op nieuwgegroeide vleugels door de ijle lucht
streek ze vlak langs de rug van 't water, een bedroefde vogel...

Plinius de Oudere, die zoveel over dieren te melden heeft, beweert dat de halkyon of het ijsvogeltje enkel tijdens de twee zonnewenden te zien valt, wat aangeeft dat het oorspronkelijk een dubbele verschijning van de maangodin was: in hartje winter godin van het leven-in-de-dood, in hartje zomer godin van de dood-in-het-leven.
'Mythen,' schrijft een Italiaanse meester in deze materie, 'bestaan uit handelingen die hun eigen tegendeel insluiten.' Wat leeft gaat onherroepelijk naar de dood. Wat dood is komt opnieuw tot leven. Voor wie het inzicht heeft, voor de dichter en de ware kunstenaar, is alles één.
Misschien mag ik de verzen van Wallace Stevens even aanpassen:

A man and a woman and a kingfisher
Are one.

Misschien gaat Mark Dedries kunst precies daarover. Over alles dat, hoe verscheiden ook, uiteindelijk één is. Over bronzen vogels die in hun schoonheid bevroren lijken, maar die wij met onze liefdevolle blik tot nieuw leven wekken.

Nokere, 2009

(*) Ik citeer de vertaling van M. d'Hane-Scheltema (Amsterdam 1993).

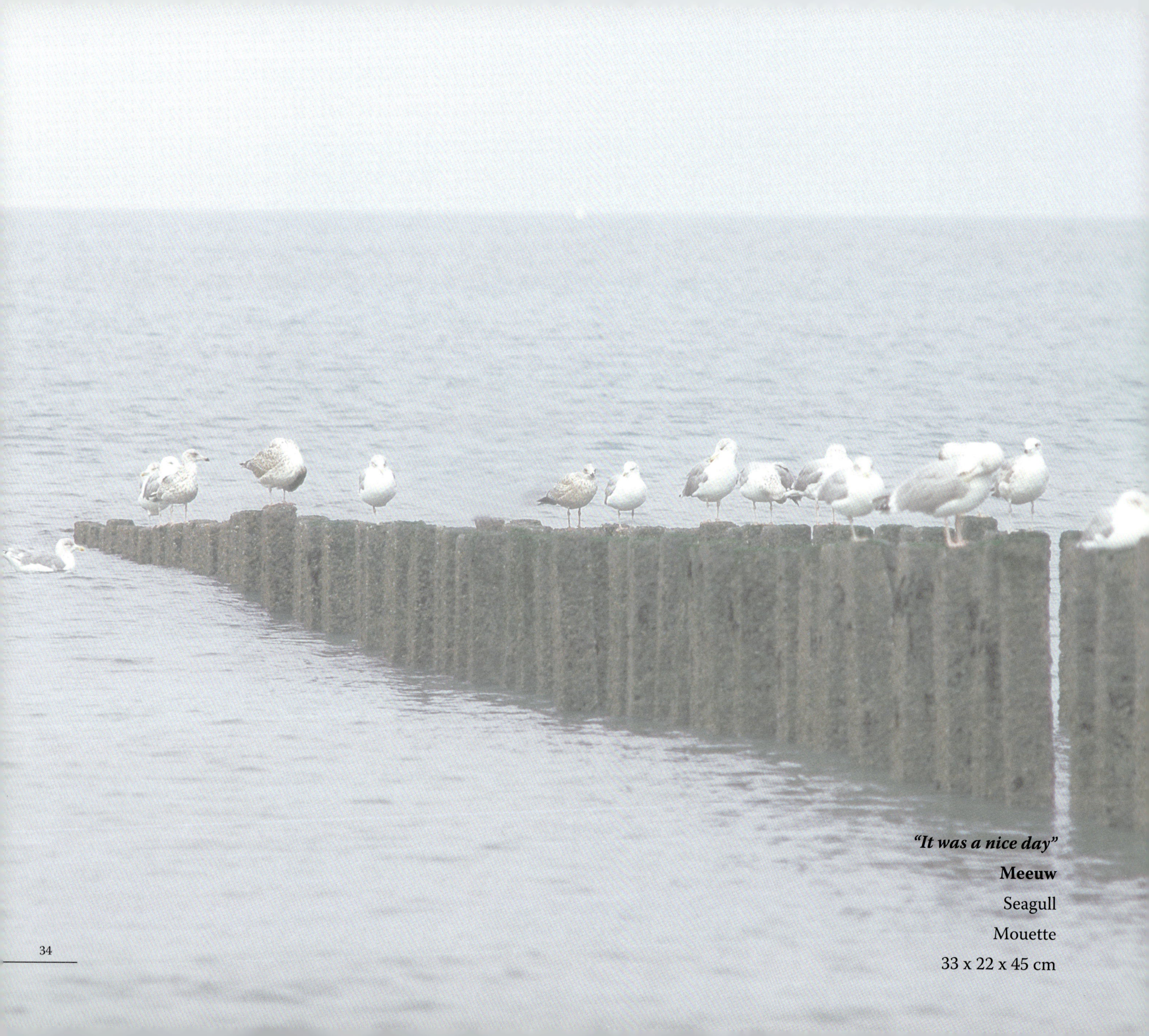

"It was a nice day"

Meeuw

Seagull

Mouette

33 x 22 x 45 cm

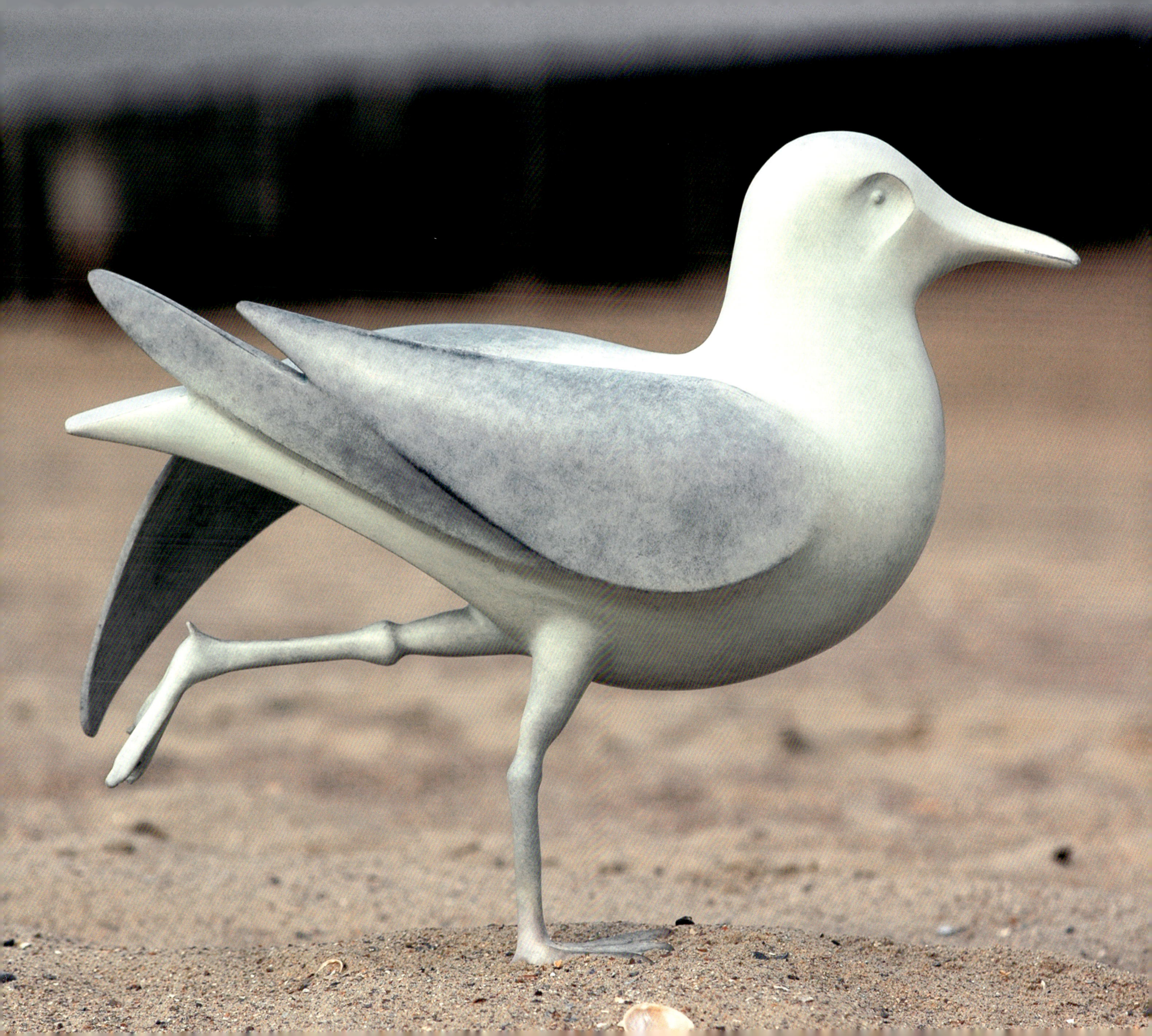

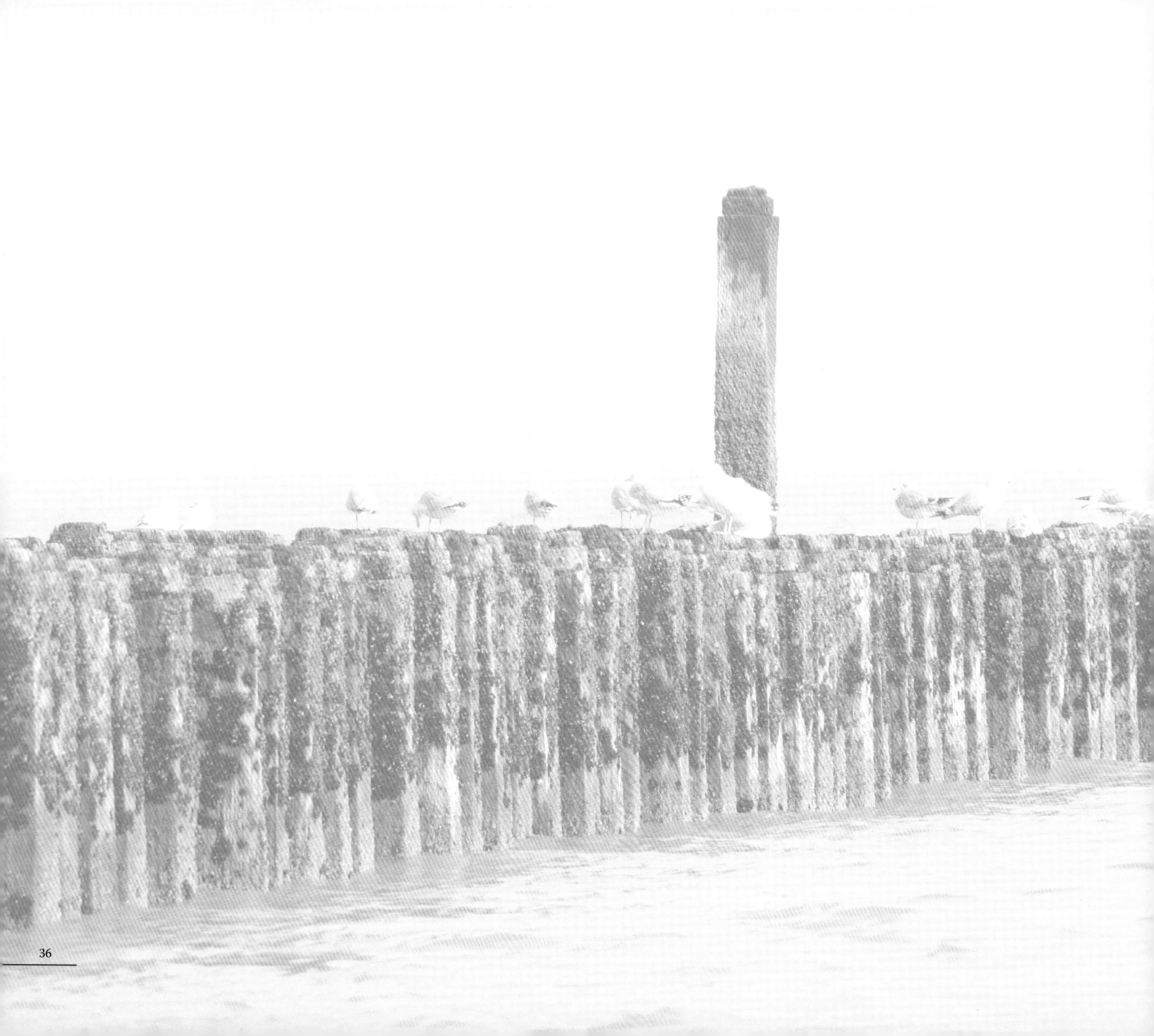

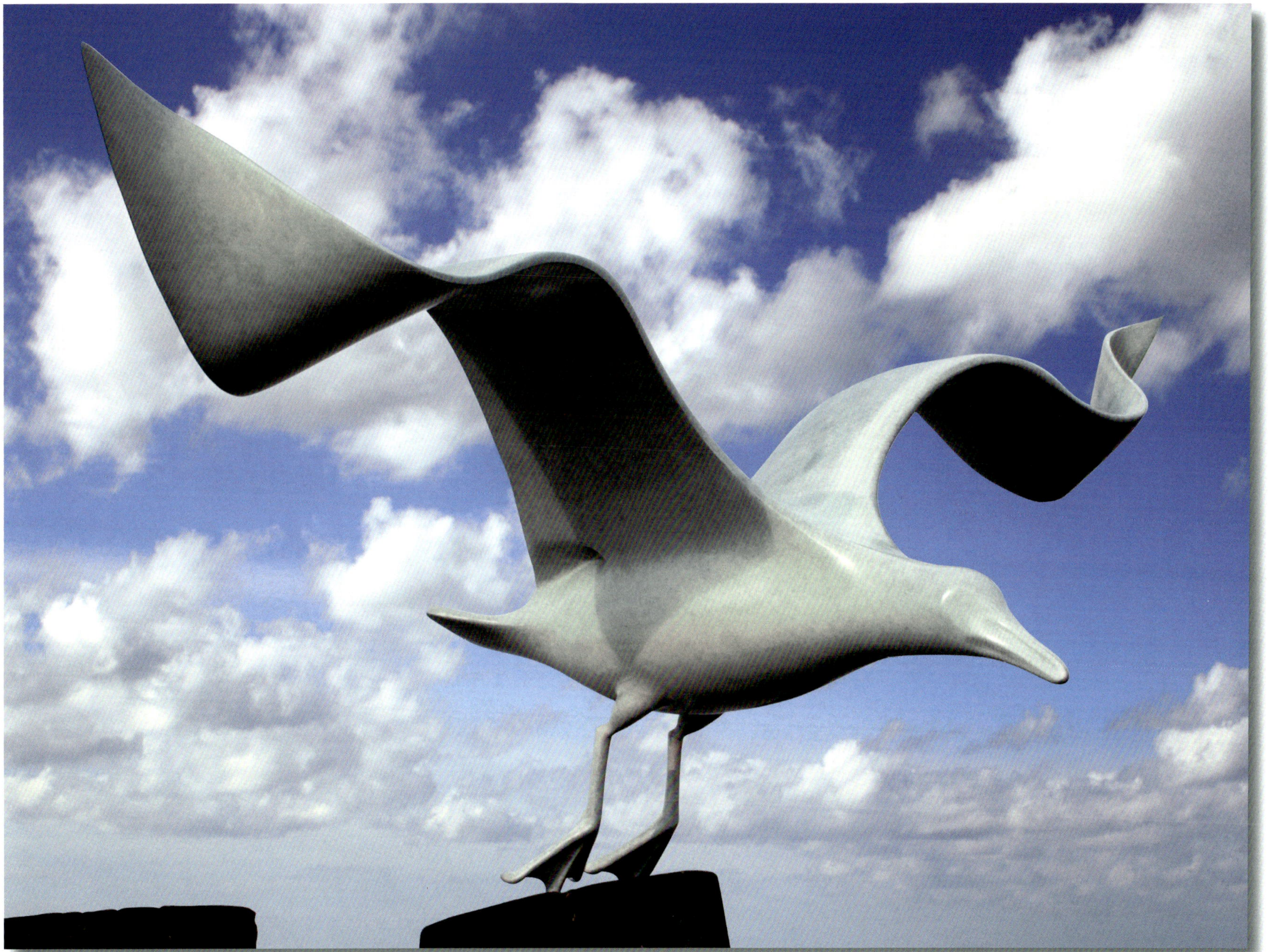

"Wings of dreams"

120 x 60 x 60 cm

Mark Dedrie, kunstenaar in beweging

Robin d'Arcy Shillcock

Wat meteen opvalt in het werk van de Belgische beeldhouwer Mark Dedrie (1962) is de gladde afwerking en de sterk vereenvoudigde vormen van zijn sculpturen. Hoewel hij werkt in de traditie waarbij kleur achterwege wordt gelaten ten dienste van de vorm, is zijn benadering minder klassiek en letterlijk, eerder een verfijnde 'destillatie' van de zichtbare werkelijkheid tot een sculpturaal *statement*. Hij transformeert een wereld van kleur en actie naar een wereld van presentie, van volume en zuivere lijn, van vederlichtheid naar een zwaar materiaal: brons. Het resultaat zijn visueel én tactiel aantrekkelijke beelden.

Ze zijn met weinigen, de beeldhouwers die dieren goed weten te stileren. Nog minder zoeken naar de hoge graad van verfijning waarnaar Dedrie streeft. Het levert hem zachte, sensuele beelden op die de uitzonderlijke gratie van vogelsoorten als eenden en langbenige kustvogels versterken. Eerlijk gezegd kan ik slechts enkelen opnoemen. François Pompon (Frankrijk 1855-1933), uitvoerder van Rodins marmeren beelden, wordt als een van de grootste moderne dierbeeldhouwers beschouwd. Zijn werk vond navolging in wat ik de Stroming van de Vorm noem, een reactie op het werk van verhalende *Animaliers* als Barye en Fremiet, die vooral bezig waren met de Strijd der Titanen: Gorilla ontvoert schone deerne (het thema *Beauty and the Beast* wat later leidde tot de film *King Kong*), Panter vecht met slang, enz. Verder zijn er dan Adrian Sorrel (Engeland 1932) en Claude Lhoste (Frankrijk 1929) bij wie we eenzelfde streven naar fluïditeit van lijn en vorm zien als bij Dedrie, al beweegt de Fransman zich op een breder terrein, wat niet zo vreemd is gezien zijn leeftijd.

Uit de catalogi van de jaarlijkse *Birds in Art* tentoonstelling dat meer dan vijfentwintig jaar plaatsvindt in het Leigh Yawkey Woodson Art Museum in Wausau, USA, vis ik uit honderden namen slechts enkele die te vergelijken zijn met Mark Dedrie: Emily Parlman (USA 1927), Burt Brent (USA 1938), een plastisch chirurg, dus gladheid en precisie behoren tot zijn domein; Charles Almond (USA 1938), Geoffrey Dashwood (VK 1947) en Ross Matteson (USA 1957). Deze laatste komt het dichtst bij Dedrie, maar is scherper en killer in de uitvoering van zijn vogels.

In zijn streven naar sensualiteit staat Dedrie eigenlijk dichter bij beeldhouwers die in hout werken, die het materiaal polijsten en oliën zodat de onderliggende houtnerf goed tot zijn recht komt, zoals bijvoorbeeld Hank Tyler (USA 1944), en de Nederlander Jaap Deelder (1952).

Goede kunstenaars komen nooit zomaar uit de lucht vallen. Ook Dedrie is het product van verschillende spanningsvelden, van indrukken en invloeden waarvan sommige niet meer te achterhalen zijn en andere hooguit vermoed kunnen worden. Ongetwijfeld heeft hij invloeden ondergaan in de jaren dat hij werkzaam was in een bronsgieterij –zijn leerjaren. We hebben dus in wezen te maken met een *selfmade man* die streeft naar werk dat zijn kundigheid en visie laat zien, en zijn emotie voor vogels op de beschouwer kunnen overbrengen.

Vogels

De vogel staat symbool voor de vrijheid, zegt Mark Dedrie. En toch lijkt in zijn huidige beelden symboliek te verdwijnen. Zijn symbolische, androgyne mensfiguren hebben plaats gemaakt voor vogels en andere dieren, die meteen herkenbaar zijn en waar niet naar een diepere betekenis hoeft te worden gezocht. Desondanks alles wat we over vogels weten, het blijven toch ongrijpbare, mysterieuze wezens, en voor de mens in de 21e eeuw nog altijd dragers van symbolische betekenis. Bovendien: van alle schepsels uit het dierenrijk staan vogels toch heel dicht bij de engelen, nietwaar?
Mark Dedrie kijkt met empathie naar vogels, maar hij doet meer dan alleen kijken. Hij bestudeert ze levend en opgezet, zoekt naar houdingen en proporties, bestudeert ook foto's, tracht inzicht te verwerven. Hij denkt na over hun wezen, droomt, fantaseert. Alle informatie over een mandarijneend, of wulp, wordt gefiltreerd door de verschillende lagen, door de ogen, de hersenen, voordat hij met boetseren begint. Hij maakt ze op min of meer natuurlijke grootte in was of plastiline, elk onderdeel vormend met zijn handen en vingers, als in een liefkozing.
Met elk nieuw beeld stort hij zich weer in de misère van het ontwikkelen van zijn visie op dat ongrijpbare, dat pure en lichte van vogels. Hij is ervan overtuigd in de vereenvoudiging het beste de *état d'esprit* van het dier te kunnen vangen. Vogels werken ook niet echt mee. Zeker, elk heeft een typerende vorm dat 'uil' of 'zwaan' zegt in de nabootsing, maar er is ook het karakter en de karakteristieke houding, en het karakteristieke gedrag. Bovendien vormen alle uitstekende delen –poten en snavels– een artistiek want vormtechnisch probleem. Uitsteeksels hebben de neiging af te leiden van het sculpturale ontwerp of haar te doorbreken. Ondanks de sterke reductie die Dedrie toepast, geven zijn beelden genoeg houvast om de soort te herkennen: mandarijneend, wulp, steenuil. Prachtige zittende ijsvogel. Imposante zwaan.
Hier kun je zeggen dat er geen evenwicht in de woordgroepen is: bij ijsvogel en zwaan staat een aanvulling, bij mandarijneend, wulp enz. niet.
De indruk van zijn zwaan is overweldigend. De man die besloot 'Crescendo' te kopen terwijl Mark en ik door de galerie wandelden, zal vermoedelijk er niet gauw op uitgekeken raken. Het beeld is een 'echte' Dedrie en toch ook weer anders. Uitbundiger, grootser. Een krachttoer; gemaakt om te imponeren. Volgens IJslandse sagen vlogen zwanen na het broedseizoen naar de maan; in de zwaan heeft Dedrie iets van die magische, haast lunaire kwaliteit weten te vangen. Op eigen wijze verbeeldt hij de anatomie van een zwaan, de anatomische realiteit ten dele loslatend in de vleugels, mogelijk om een stijve, heraldische houding te vermijden. In de 'beweging' van de vleugels lijkt hij beïnvloedt te zijn door de moderne fotografie. Denk aan foto's van vogels in de vlucht waarop de beweging van de vleugels onscherp is vastgelegd. Het suggereren van bewegende vleugels in een beeld is in de regel een moeilijke opgave voor een beeldhouwer. De manier waarop Dedrie met dit probleem omgaat is eigentijds te noemen en zeker het gevolg van zijn onderzoek met alle middelen die ons tegenwoordig ten dienste staan. Zijn vleugels zijn meer dan het anatomische silhouet alleen, ze lijken licht op te bollen en lucht te vangen alsof ze werkelijk deze vogel door de derde dimensie zouden kunnen dragen.
Hierdoor zie ik overeenkomsten met de benadering van Lhoste in zijn beelden van vliegende vogels, zoals zijn marmeren Pelikaan uit 1966 en bronzen Vogel uit 1988. Zowel Lhoste als Dedrie kiezen voor de beweging van de vleugel in de ruimte. Omdat dat door het menselijke oog niet of nauwelijks opgevangen wordt, biedt het de kunstenaar meer speelruimte in de uitvoering.
Op heel eenvoudige wijze, lijkt het, geven deze kunstenaars ons een impressie van een vogel, nee, het is meer dan een impressie, het is een verbéélding van wat in wezen enigmatische schepsels blijven, altijd actief aan de periferie van ons bestaan, altijd bezig zich aan ons oog te onttrekken.

De alchemie in het atelier

Less is more is duidelijk de achterliggende gedachte in het werk van Mark Dedrie.
Makkelijk gezegd, maar om te komen tot overtuigende, gestileerde beelden gaat er een heel proces aan vooraf: van experimenteren; keuzes maken; ervaring opdoen in het 'handwerk'. Omdat zijn beelden het product zijn van handwerk moet je ze niet alleen bekijken, maar ook aanraken –om te voelen wat de maker voelde, zo heb ik geleerd van een bevriende beeldhouwer. Eens, in het Musée d'Orsay in Parijs zijn goede voorbeeld volgend, betastten wij allerlei beelden totdat wij werden aangehouden door woedende suppoosten en zowat uit het museum werden geknikkerd. Nee, dan toch liever naar beeldenpark Middelheim, net buiten Antwerpen, waar je alles mag aanraken –eveneens de door mij bewonderde ijsbeer van Pompon– zonder bij de kraag gevat te worden. Beelden van steenuil, mythische metgezel van de Griekse godin van wijsheid en kunsten Pallas Athene, van wulp met lange gebogen snavel, van ijsvogel, glad in de veren als was ze klaar om zich in het water te storten, ze vragen erom aangeraakt te worden.
In het zoeken naar hetgeen hijzelf als de essentie ziet, heeft hij zijn onderwerp als het ware 'gepureerd', zonder de suggestie van leven in de gracieuze houding en zachtheid van het plompe lichaam in het parelgladde brons te verliezen.
Kwaliteiten die het gevolg zijn van liefde voor het vak, voor het materiaal, voor het kundig gebruiken van gereedschap. Het gaat om de manier waarop het was wordt verwarmd en glad gemaakt, en hoe zuiver de mal wordt vervaardigd en vervolgens hoe fijn het wasmodel wordt afgewerkt. Tijdens het proces van smelten en gieten van het brons gaat het wasmodel verloren —*cire perdue*— om na stolling als een feniks uit de as te verschijnen.
Komen zijn beelden op afstand goed tot hun recht, ook van dichtbij is dat het geval. Van nabij valt de parelachtige 'huid' pas goed op. Hier is de uitdaging om de patina zodanig aan te brengen dat het interessant is zonder opzichtig te worden. Het is een chemisch proces dat met vuur op gang wordt gebracht en levert resultaten op die ver verwijderd staan van de poepbruine patina's die zo gewild zijn in Nederland.
Van nabij zien we ook heel goed hoe hij omgaat met de spaarzame details die het beeld tot leven moeten wekken. Een oog bijvoorbeeld geeft aan een beeld; bij Dedrie kan het slechts een ondiepte zijn of een vlak dat van richting verandert. Het gaat hem om de synthese van grote vormen, niet om feitelijkheden. Eigenlijk is het pas in het brein van de toeschouwer dat de holte een oog wordt en het beeld leven krijgt.
Lichtheid en elegantie weet hij te bewerkstelligen door het uitkienen van minimale punten van bevestiging. Het balanspunt moet al vroeg in het ontwerp goed overwogen worden. Die bouwkundige prestatie, in combinatie met de mooie, gevlekte patina's die lichtheid, zelfs luchtigheid, suggereren in wat een zwaar, tamelijk rigide materiaal is, helpen ook om de tactiele kwaliteit van zijn beelden te versterken.
De eenvoud van de beelden doen ons tè makkelijk vergeten wat voor langdurig proces hieraan vooraf is gegaan. Het vervaardigen van beelden in RVS of brons is een tijdrovende en dure bezigheid. (Zou dat verklaren waarom aan Nederlandse academies weinig tot geen animo is voor de beeldhouwersopleidingen?) Het is nog altijd zoals het vroeger was, het ouderwetse handwerk, manueel en zwaar.
Om te komen waar Dedrie wil komen, bij wat voor hem de essentie is, dat spel van zelfgekozen subtiliteiten en harmonie, moet veel werk verzet worden, veel tijd besteed worden aan waar je later weinig van ziet, veel bijzonderheden bestuderen om ze later weg te laten. Het doel is méér bereiken door minder te laten zien. *Less is more.*

Kunstenaar in beweging

Met kunstenaars weet je het maar nooit. Dat maakt hen tot interessante wezens. Ze kunnen plots van stijl veranderen, of van richting, als ze zich laten leiden door een nieuwe passie. Vijf jaar geleden begon Mark Dedrie met vogelsculpturen, en is sindsdien dat pad blijven volgen. Symboliek en beslotenheid en charmante anekdote maken plaats voor een steviger figuratie. Het is geenszins een unilaterale figuratie, geen documentatie van geziene diersoorten, want hij wil blijven balanceren tussen extremen, tussen figuratie en abstractie.

Kijken we naar zijn werk zoals zich dat ontwikkeld heeft in de laatste vijf jaar, dan zien we dat zijn vormen zich zijn gaan openen, zoals een vogel dat uit het ei kruipt en kennis neemt van de wereld. Van besloten, ineenvloeiende, in zichzelf gekeerde vormen, nemen zijn beelden nu de ruimte in. Ze krijgen lucht.

Diep in zijn hoofd begint het, dat kronkelige proces van creatie dat zich aan ons oog onttrekt. Geheimzinniger dan alchemie. Ik zou graag het schedeldak van de kunstenaar willen lichten, om te zien welke ideeën in die grijze massa rondspoken. Ziet hij elk nieuw beeld scherp in gedachten, zoals het worden moet, of zoals het worden kán? Of juist vaag? Of ziet hij naast elkaar de verschillende mogelijkheden? Helaas, bij hem naar binnen kijken gaat niet; ik moet me tevreden stellen met zijn ideeën zoals ze in metaal hun beslag hebben gekregen.

Als ik met hem praat geeft hij duidelijk blijk van de drang tot zichzelf verder te ontwikkelen, zich te vernieuwen. Zegt een stap dichter in de richting van het naturalisme te willen zetten.

"Ik denk aan het toevoegen van een enkel detail." Hij wacht even, voegt er dan aan toe, "Een enkel detail dat symbool staat voor al die details die ik weglaat, die deel uitmaken van de totale vogel."

Er zijn nog afstanden af te leggen, verfijningen toe te passen. Zonder die intentie groeit geen enkele kunstenaar, en evenmin de mens. Zonder groei stilstand. In zijn ogen licht een verre horizon op. Hij zegt: "Ik wil verder. Ik kán verder. Ik gá verder."

In het reiken naar moeilijker opgaven slaat Mark Dedrie zijn vleugels als het ware krachtiger uit en lonkt naar einders die wij niet kunnen zien. Zijn gevoel voor vormgeving en esthetiek in aanmerking nemend, ben ik benieuwd naar wat er komen gaat.

Dat betekent dan ook dat dit boek, en de tentoonstelling waarbij dit boek gepresenteerd wordt, een tussenstop is. Een *benchmark* zeggen we in het Engels, de kunstenaar markeert tot waar hij is gekomen, zonder te vergeten dat hij op een gegeven moment ook weer verder wil. Uit ervaring weet ik dat zo'n overzichtstentoonstelling een krachtsinspanning is van jewelste. Het is tevens moment voor bezinning, voor op adem komen na vijf jaar hard werken. Een moment van waarheid ook, want hier gaat de kunstenaar staan, en zegt hardop: "Hier sta ik voor. Kijk, dit ben ik."

Groningen, januari 2009

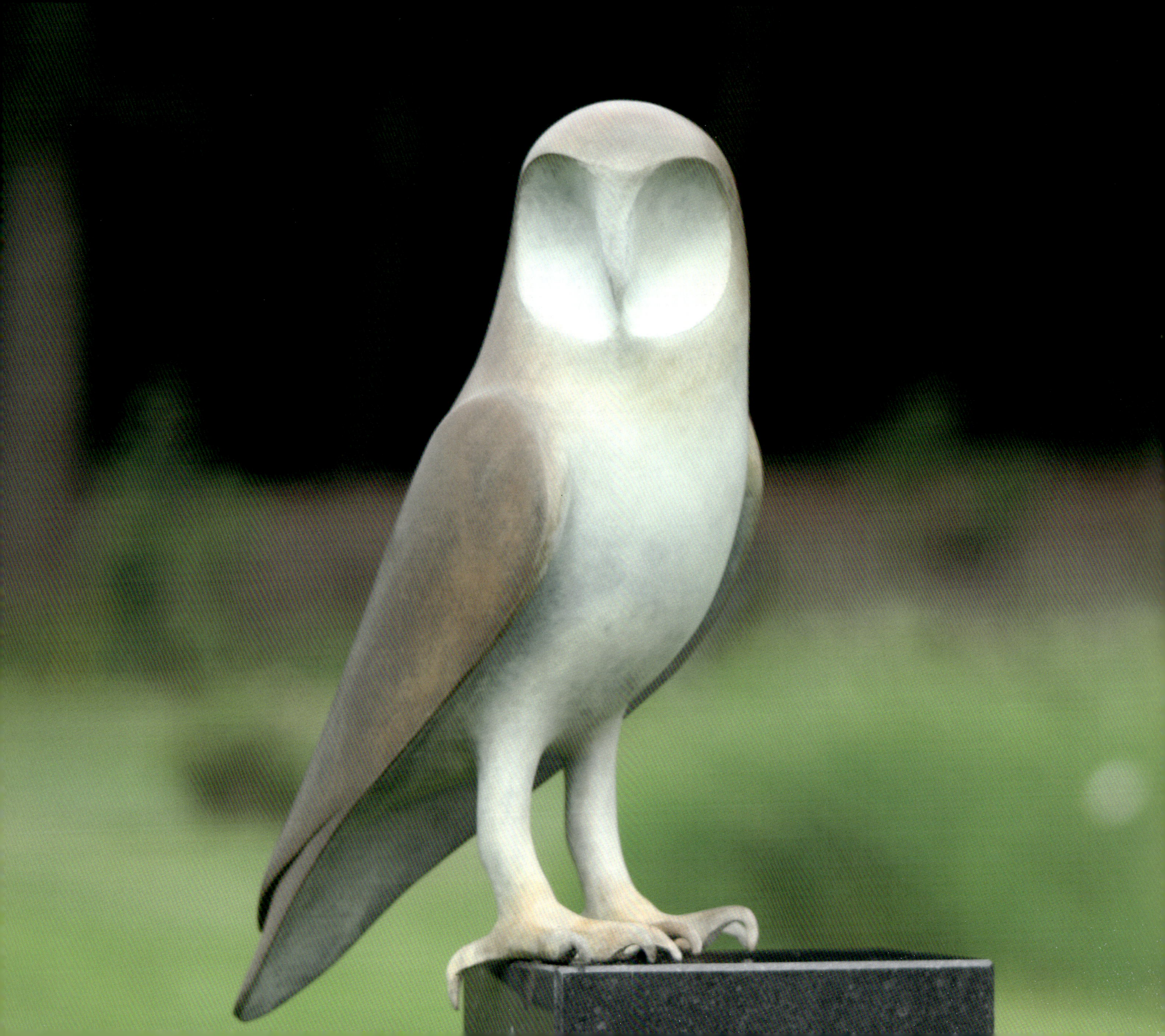

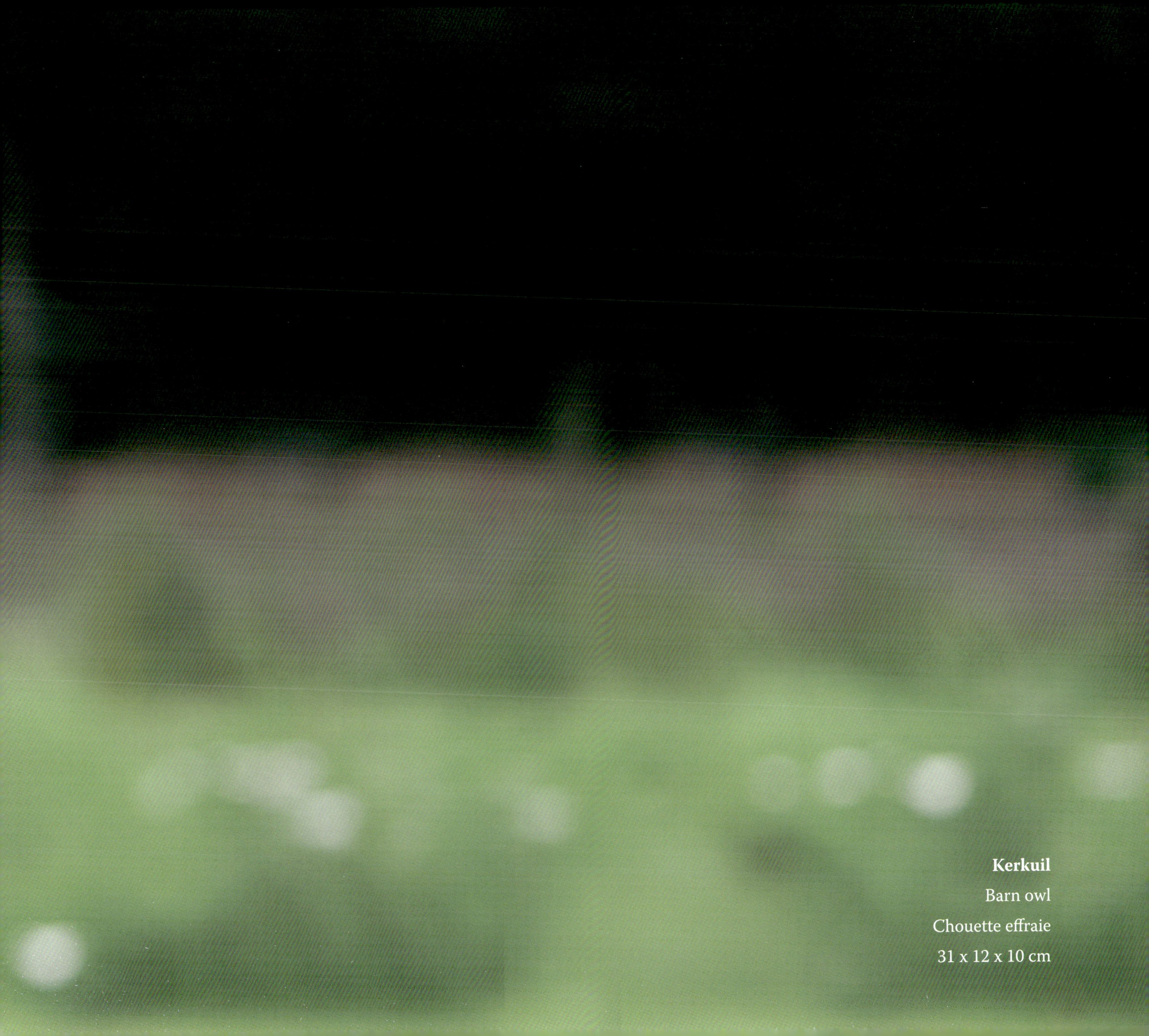

Kerkuil

Barn owl

Chouette effraie

31 x 12 x 10 cm

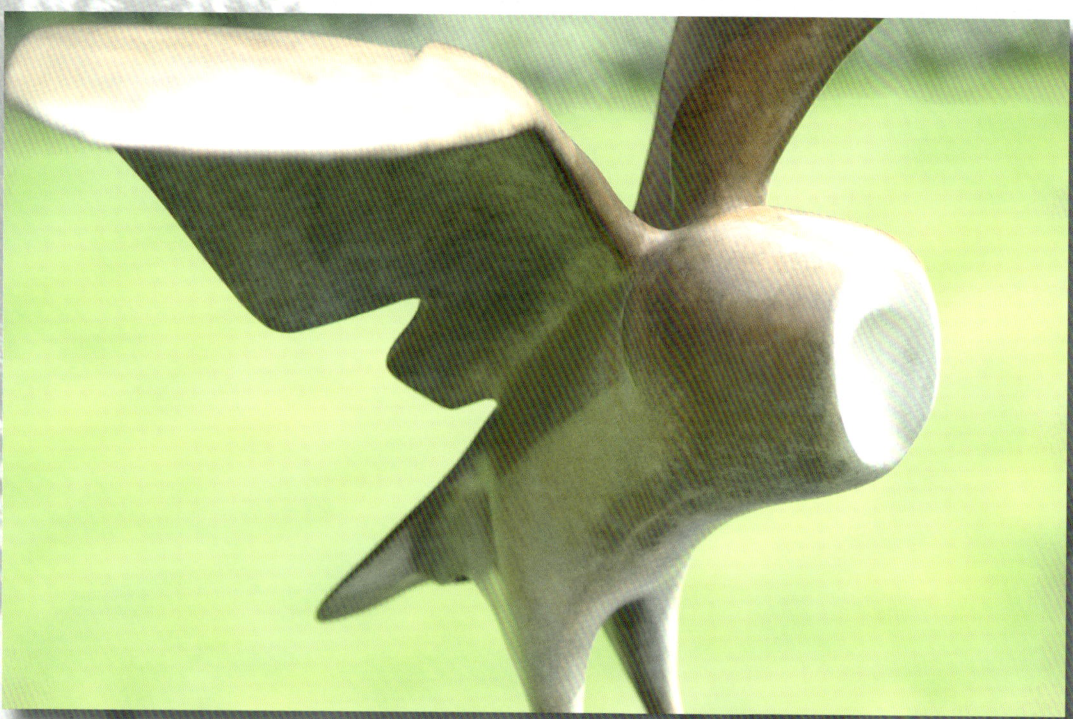

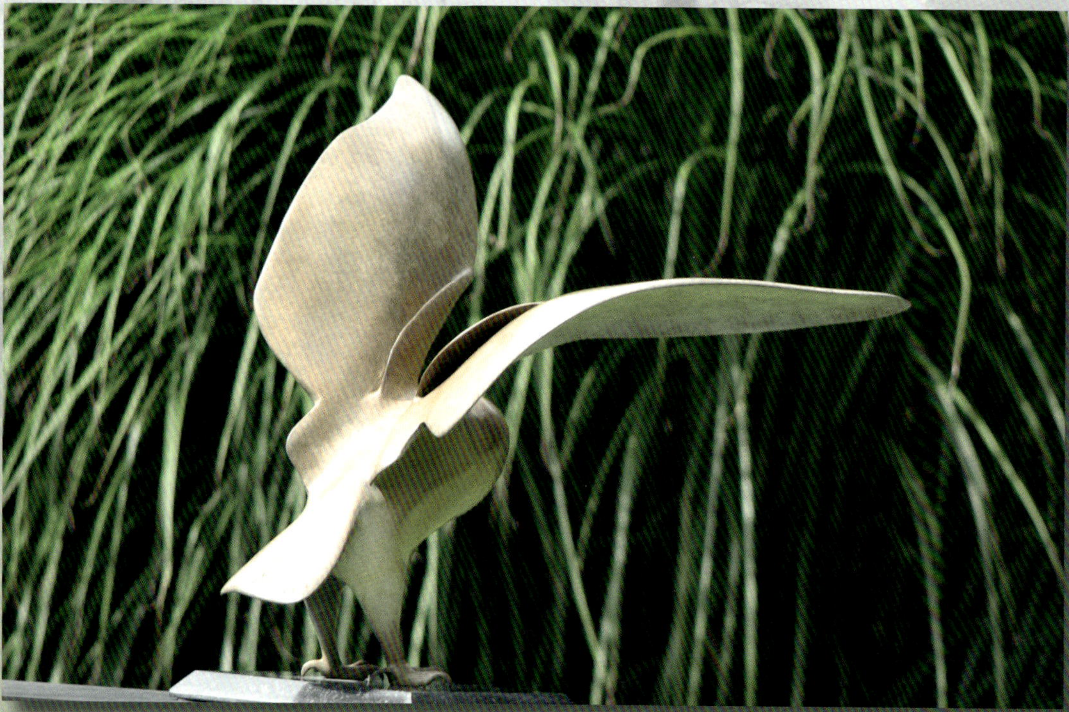

Kerkuil III

Barn owl III

Chouette effraie III

54 x 44 x 40 cm

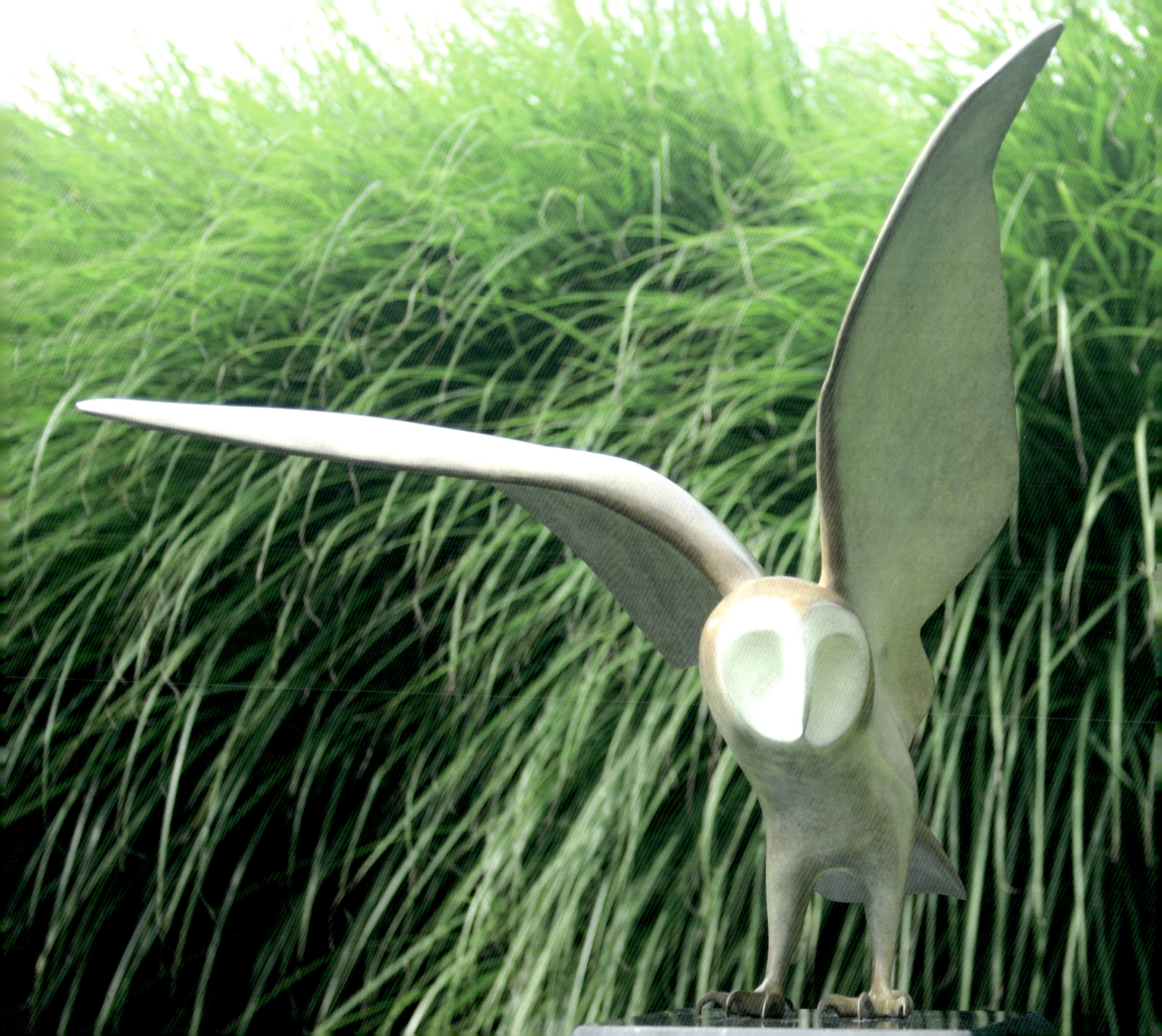

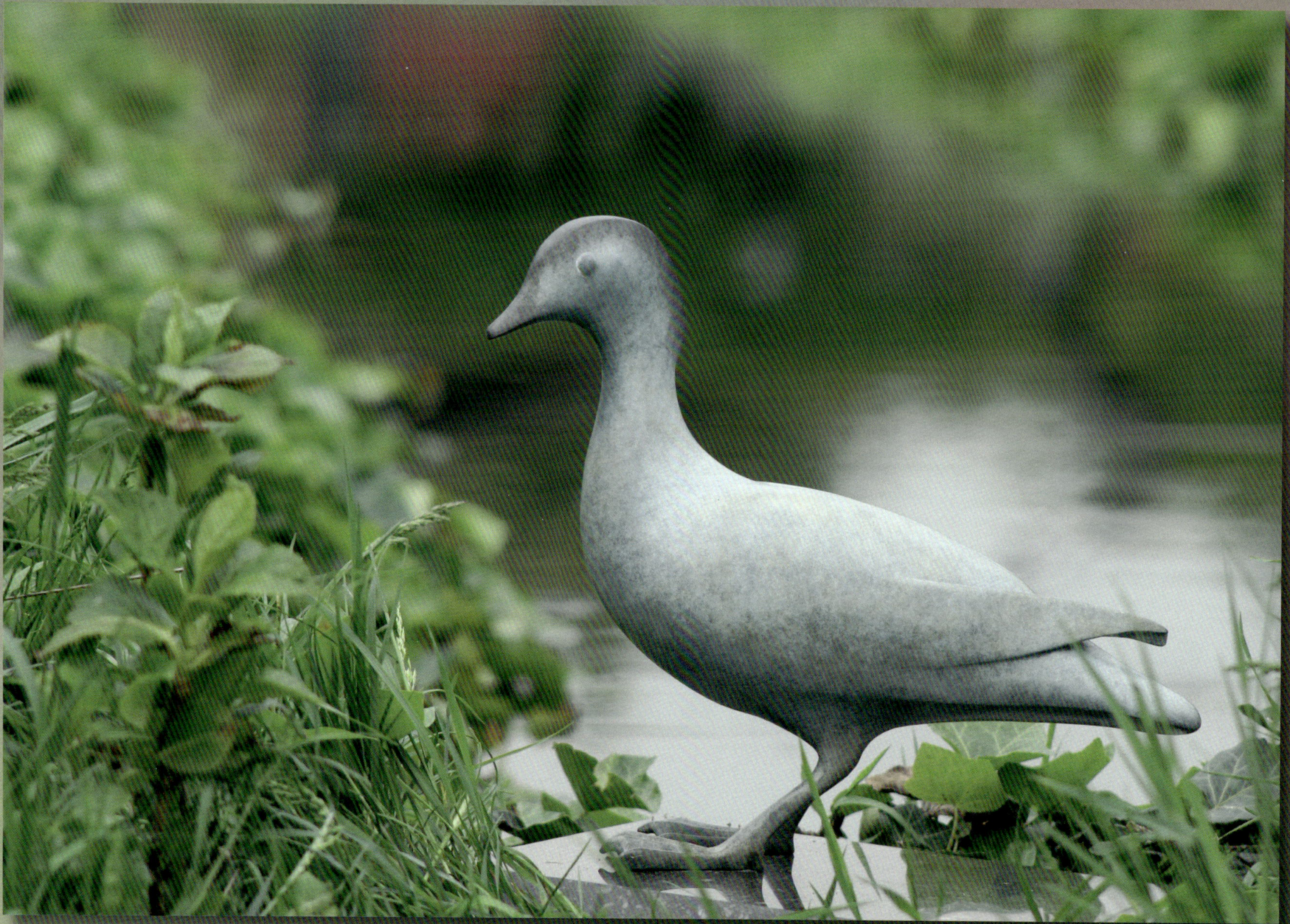

Mandarijneend
Mandarin duck
Canard mandarin
28 x 44 x 25 cm

Introduction

Pour commencer une biographie il y a beaucoup d'impulsions; un coup de foudre en est une (George Grard, Folon), connaître l'artiste au début de sa carrière et le suivre pendant des années (Pol Mara, Paul Delvaux, Jacky De Maeyer, Guy Van den Bulcke, Jack Godderis, Guy Vandenbranden, Jef Van Tuerenhout, André Goezu, Monique et Herman Muys, Christian Silvain et autres). La confrontation avec l'oeuvre peut également engendrer un écrit critique (Walter Brems, Pinchas Shaar, Hugo Duchateau...), mais ce qui ne m'était pas arrivé jusqu'à présent, c'est qu'un collègue-artiste m'a poussé à aller voir un artiste, dans ce cas Mark Dedrie. Ce collègue était Guy Van den Bulcke, lui-même couronné du Prix de Rome et également du Prix de la Jeune Peinture Belge, le seul en Belgique qui ait obtenu ces doubles distinctions presque contradictoires. Il m'a accompagné et convaincu.
L'oeuvre de Dedrie présente précision et tendresse, un sens presque photographique pour la réalité.

L'art flamand n'est pas uniquement imagination et fantaisie ; il est également et surtout observation et représentation fidèle de la lumière douce des Pays Bas avec les nuances où l'âme laisse glisser ses humeurs.

La façon de s'exprimer est une manière d'être, comme son oeuvre, authentique. Son monde est une coquille aux formes capricieuses, mais il s'agit de la réalité de la coquille, il s'agit de son entourage, son monde aux moments d'une ultime beauté dans lequel le spectateur se ressaisit et trouve la sérénité. Imagée son oeuvre est un essai d'éveiller une expérience synesthétique : voir, sentir, toucher, entendre. Ses formes sont de la 'poésie imagée'. Ses sculptures ont absorbé le battement du coeur de tout ce qui vit. Elles en paraissent imbibées.
Intègre, cet artiste, fidèle aux grandes traditions, suit sa voie.

Mark Dedrie suit clairement le tour classique, se souvenant d'un Bugatti, d'un Barye, d'un Pompon, d'un Dupon. La réalité n'est pas uniquement une source d'inspiration, mais également une possibilité d'interprétation, un sujet d'étude, une source de considérations contemplatives. Mark Dedrie réalise un compromis entre la nature et l'art.

Cette relation est nouvelle en présence du rapport que l'art a professé depuis des siècles face à la nature. La beauté dans la nature et la beauté dans l'art se cristallisent traditionnellement dans une théologie de la beauté : l'idée de la perfection se réfère à la Perfection suprême.
Pourtant il n'est pas sans importance que la philosophie classique croyait trouver l'expérience esthétique tant dans la connaissance de la beauté de la nature que dans celle de l'art. Nature et art en appellent manifestement de manière égale à l'esprit humain. Cette constatation il ne faut pas non plus la négliger de nos jours.

Qu'est-ce qui inspire alors un artiste contemporain à voir de nouveau la nature et l'art unis, comme reliés? D'abord : pourquoi lui serait-il défendu de témoigner son respect de la nature? Pourquoi devrait-il justifier cette prise de position?
Si tout de même nous tentons une telle justification, il nous faut surtout tenir compte de la vision fortement modifiée de la nature et de l'art. Il n'est plus question d'une présence mimétique de la nature dans l'oeuvre d'art. La nature n'est plus l'objet d'une imitation idéale-idéelle. Nature et art pourraient de nos jours converger dans la notion du jeu.

Marcel van Jole (AICA)

Le questionnaire de Proust pour Mark Dedrie

Le questionnaire de Proust est un test de personnalité devenu célèbre par les réponses qu'y a apporté l'écrivain français Marcel Proust.

Histoire
Proust découvre ce test à la fin du XIXe siècle, alors qu'il est encore adolescent. Il figure dans un album en anglais de sa camarade Antoinette, fille du futur président Félix Faure, dont le titre original est « An Album to Record Thoughts, Feelings, &c » (un album pour garder pensées,sentiments,etc.). A cette époque, ce genre de test est en vogue au sein des grandes familles : la mode en vient d'Angleterre : les questionnés peuvent y dévoiler leurs goûts et leurs aspirations.

Proust s'y essaye à plusieurs reprises, toujours avec esprit.
Le manuscrit original de ses réponses de 1890, à l'époque de son volontariat ou quelque temps après, et intitulé « Marcel Proust par lui-même » est retrouvé en 1924. Il est vendu aux enchères le 27 mai 2003 pour la somme de 102 000 euros.

L'animateur de télévision Bernard Pivot, y voyant l'occasion pour un écrivain de dévoiler à la fois des aspects de son œuvre et de sa personnalité, soumettait traditionnellement ses invités au questionnaire de Proust à la fin de l'émission Apostrophes.

Inspiré par Bernard Pivot, James Lipton, l'animateur de l'émission télévisée Inside the Actor's Studio, soumet toujours des vedettes du grand écran américain à une version à nouveau adaptée du questionnaire de Proust.

Depuis près de 40 ans, je fais de même avec les artistes pour qui j'écris des monographies. La première intitulée « Kosmo Notes », consacrée à Paul Van Hoeydonck, le sculpteur dont une petite sculpture se trouve sur la lune, fut réalisée avec la collaboration du regretté critique d'art français, Pierre Restany. Celui-ci fut charmé par l'originalité de ce test psychologique.

Marcel van Jole en conversation avec Mark Dedrie

Vos parents possédaient-ils des dons artistiques?

En effet, mon père avait des dispositions artistiques. Il était boulanger-pâtissier. Il faisait des ensembles fleuris avec du sucre fondu pour des occasions spéciales: mariages, naissances,... Il modelait toutes sortes de figurines d'animaux avec du massepain pour les fêtes de Pâques et de Saint-Nicolas. Au fond, chacun a des dons artistiques, l'un est plus talentueux que l'autre. Ainsi ma mère était fière des dessins qu'elle avait faits pendant sa jeunesse mais elle n'a pas eu le désir de développer ce talent.

A qui ressemblez-vous le plus, à votre père ou à votre mère?

Je ressemble plus à mon père à cause de son attitude tranquille et de son esprit observateur.

Si vous pouviez changer quelque chose en vous-même, qu'est-ce que ce serait?

On ne peut pas se changer... mais si l'occasion se présentait, j'aurais aimé être conscient plus tôt de mon existence dans ce monde.

Qu'est-ce qui vous rend le plus fier?

Le fait de d'être autodidacte et d'avoir atteint mon niveau actuel. Lorsque je passe en revue les sculptures que j'ai faites jusqu'à présent, je trouve une de mes premières statues la plus réussie. Néanmoins cette fierté disparaît rapidement face à d'autres défis.

Quel sont vos matériaux préférés?

J'apprécie beaucoup la plastiline, une sorte d'argile à base de graisse qui a l'avantage d'être longtemps malléable. Il ne faut pas directement après la pause envelopper la statue avec des toiles humides et du plastique. On peut facilement poursuivre son projet sans complications pendant deux jours ou plusieurs semaines. Le réemploi de la plastiline est également très simple.Il n'y a jamais de morceaux plus durs ou secs dans l'argile. Peut-être, le plus important, c'est qu'on peut bien la façonner.
Selon le degré de difficulté de la statue, il se peut que je construise ma statue originale complètement en cire fondue. Celle-ci a des qualités exceptionnelles, se rapprochant le plus du résultat voulu et ce en opposition avec la plastiline qui sert uniquement pour la première ébauche. Ma troisième matière favorite, c'est le bronze. Cet amour du bronze je l'ai acquis en travaillant dans une Fonderie d'Art. Je connais donc à fond ses différents alliages. Depuis douze ans je fais couler mes statues dans ce bronze exceptionnel, correspondant étroitement à mon penchant à la perfection. Un alliage 90/10 avec lequel je réalisais mes statues autrefois est un beau bronze, mais tendre comme la rosée en comparaison avec le bronze dans lequel mes statues actuelles sont coulées. Chaque jour encore je suis en admiration devant la fonderie de bronze Art Casting Belgium, qui veille à ce que les statues aient un parfait 'finishing touch'.

Qu'est-ce qui pourrait arriver de plus grave?

C'est de ne pas pouvoir rester actif dans le domaine de l'art.

A quoi êtes-vous le plus attaché?

Ma famille m'est la plus chère. Je suis très social et loyal vis à vis de mes amis mais aime quand même conserver une certaine discrétion et intimité.

Vous sentez-vous attrayant?

Non, cela ne me préoccupe pas, j'accorde plus d'importance aux émotions et aux capacités qu'aux apparences.

Quelle est votre définition de l'amour?

Concernant l'amour, je n'aime pas trop de théorie. Pour moi l'amour c'est 'donner et prendre' selon la philosophie chinoise 'yin et yang'.

Quelle formation avez-vous suivie?

Jusqu'à mes dix-huit ans, j'ai suivi des cours d'horticulture. Ensuite j'ai fait des moules pour différents sculpteurs. C'est avec passion que j'ai assisté ces artistes pendant douze ans. Grâce à leur influence j'ai décidé de devenir sculpteur. Peu après je remis un projet pour un concours organisé à Schoten.
C'est ainsi que je reçus la commande de ma première sculpture monumentale.

Quel est votre passe-temps favori?

Ce mot ne figure pas dans mon vocabulaire. Il me manque tous les jours quelques heures pour faire ce que j'aimerais faire.

Quelle est, d'après vous, la plus grande misère, qu'est-ce qui est le plus angoissant dans le monde?

Il y a un grand problème pour les générations à venir, nous sommes en train de détruire notre environnement et nos enfants et petits-enfants seront confrontés à des problèmes de santé de manque d'eau et de nourriture saine. C'est au fond un problème de luxe pour les gens du monde occidental. Le tiers-monde ne reçoit pas les chances que nous avons. Nous dépensons des milliards pour explorer l'espace, mais ne réussissons pas à offrir des chances égales à chacun sur cette planète.

Avez-vous un idéal social?

Ma société idéale consiste en ce que l'herbe puisse être aussi verte partout, que tous nous puissions travailler à une société saine et agréable et qu'il y ait de bonnes structures pour les pays du tiers-monde. Le monde occidental devrait assumer sa responsabilité et ne pas penser uniquement à son propre profit, mais à une situation 'win-win'.

La liberté existe-t-elle?

Si on la divise en différents sujets tels que la pensée, la façon de vivre, l'entourage, les amis ou le travail, pour n'en nommer que quelques-uns, on rencontre certainement le mot liberté et sa définition. La liberté implique qu'il n'y a pas de règles. Nous pouvons donner plus de place à ces règles mais il y a toujours des limites et c'est là que la liberté s'arrête.

Aimez-vous voyager?

Pour le moment je dispose de trop peu de temps. Il y a quelques années j'ai eu l'occasion d'aller au Canada. Les nombreuses impressions que ce voyage m'a laissé me donnent l'envie d'y retourner. J'y ai visité des fonderies qui m'ont fort enrichi point de vue technique. J'ai également fait un voyage d'études au Texas grâce à un ami artiste.
'Voyager est un art', cela permet de découvrir différentes cultures et de développer des idées 'Dedrie'.

Quelle est votre attitude envers la nature?

Etant jeune, mon père et grand-père m'ont appris à pêcher. J'ai donc passé une partie de mon enfance au bord d'étangs et de rivières observant l'environnement. De là mon amour pour la nature: les vallées, les champs et dans le lointain un faucon en train de 'prier', un cygne endormi sur l'étang ou de jeunes lièvres sautillant joyeusement dans le pré... Les paysages d'hiver ont également toujours frappé mon imagination.

Je peux jouir énormément d'une promenade sur la plage où je ne suis entouré que de sable, de mer et de soleil... *less is more.*

Quelle est votre fleur préférée?

Je n'ai pas de préférence, il y a trop de belles fleurs pour en choisir une seule.

Quel est votre oiseau préféré?

J'aime les oiseaux qui, un certain moment, ont attiré mon attention: un pingouin, un kiwi, un hibou, une sterne, un martin-pêcheur, un cygne ou un héron. Ils exercent sur moi une grande fascination.

Quels animaux admirez-vous?

Les oiseaux m'attirent le plus, il sont la liberté. La façon dont ils se déplacent dans le monde me paraît magique. Des amis à mes parents possédaient une volière dans laquelle il y avait une grande diversité d'oiseaux. A chaque visite je les observaient intensément.
Dans le film de Jonathan Livingstone nous avons l'occasion de voir des prises de vue extraordinaires d'une mouette, accompagné de la musique et du chant de Neil Diamond. Ce film me fait encore rêver aujourd'hui.

Quels traits intérieurs voulez-vous surtout développer en vous?

L'empathie.

Quel est le trait de caractère que vous croyez prépondérant?

La persévérance.

Qui auriez-vous voulu être?

Moi-même, mais alors vingt ans plus jeune dans un corps sain et en pleine forme. Qui n'en rêve pas?
Je suis satisfait de qui je suis et de ce que je suis.

Quel est votre défaut capital?

A dix-huit ans je ne me rendais pas compte de mes capacités, je n'ai donc pas fait d'études supérieures.

L'amitié est-elle importante pour vous?

Indispensable. J'ai beau être artiste, mais je veux surtout être un homme/artiste socialement engagé qui ne mène pas une vie d'ermite.

Qu'est-ce que vous appréciez le plus chez vos amis?

L'honnêteté, la franchise et un esprit libre.

Pour quels défauts des autres êtes-vous le plus indulgent?

Je suis très tolérant, les défauts humains sont inévitables et ont le plus souvent une cause.

Qu'est-ce qui vous inspire le plus de répulsion?

La malhonnêteté, abuser des autres sans aucun respect pour l'individu.

Qu'est-ce qu'une oeuvre d'art doit évoquer d'après vous?

La beauté, la force, l'émotion, la passion et l'amour.

Quelle attitude observez-vous à l'égard de la critique d'art?

Je suis ouvert à la critique et j'essaie donc de lui donner une place en moi.

Que pensez-vous des critiques d'art?

Etre critique d'art est une profession en soi.. Les médias accordent beaucoup d'attention à l'art, chose très positive. Il ne faut naturellement pas travailler en fonction des critiques mais essayer de suivre sa propre voie.

Etes-vous sensible aux réactions du public?

J'y suis très sensible, et de préférence je l'entends inaperçu de sorte que la critique n'est pas colorée par ma présence.

Tendez-vous vers un idéal ici sur terre?

J'ai découvert que je ne peux pas changer le monde
Je suis donc content si je parviens à déplacer une pierre dans la rivière afin qu'elle ne coule plus comme auparavant.

Qu'est-ce que vous appelleriez vous-même le plus grand mobile de votre oeuvre?

'Inner Pressure'.

Quelle est votre devise?

Ce que je fais de bien aujourd'hui, je veux l'égaler demain et l'améliorer ensuite.

Les rêves ont-ils un sens pour votre oeuvre?

Chaque jour j'essaie de réaliser une partie de mes rêves.

Qu'est-ce qu'un artiste peut réaliser dans ce monde?

Grâce à l'art on peut faire beaucoup de bien sur le plan humanitaire.

Quand avez-vous le plus d'inspiration?

Je travaille le plus souvent entre 8 heures et minuit. La lumière du jour est celle que je préfère.

Souvent des artistes m'ont déclaré avoir l'impression que pendant leur processus créatif beaucoup tournait mal, suivi d'un effet positif ou ils devaient prendre les rênes en main eux-mêmes. Tout construire, ne rien attendre de l'extérieur ou très peu... Etait-ce également ainsi pour vous?

Mes idées sont en perpétuelle évolution.
Après avoir travaillé deux ans dans la fonderie, j'ai réalisé ma première statue en bronze et l'ai placée dans mon jardin. Dix ans après, j'ai enlevé la statue de son socle et je l'ai jetée dans le creuset, elle n'était pas assez bonne. J'ai refait cette statue et quand elle était finie, j'ai découvert que je voulais devenir sculpteur. A ce moment là je ne savais pas si je pourrais gagner ma vie en tant qu'artiste. Une chose était sûre, j'aimais beaucoup ce métier: de la création de la statue, le moulage, la fabrication du modèle en cire, les retouches, le coulage en moule, la finition du bronze jusqu'à la patine finale de la sculpture.

Jusqu'où pensez-vous que la vie est menée par le hasard?

Le hasard existe, mais on détermine souvent soi-même sa route et celle-ci est certainement croisée/ suivie/ rencontrée/ vécue par des influences/ des émotions/ des hommes/ des animaux différents...

C'est une utopie, mais si vous pouviez choisir un tableau pour l'accrocher au mur de sorte que vous le voyiez toute votre vie, quelle oeuvre choisiriez-vous?

C'est une question très difficile car à cet égard j'ai une faim inassouvie. Devant moi il y a une photo d'une peinture de Lorenzo D'Andréa, un peintre italien dont l'oeuvre a été influencée par Picasso. Ce qui m'attire dans ce tableau c'est la stratification qui converge en une unité parfaite. En admirant ce tableau on y découvre toujours d'autres aspects. Je ne refuserais point un tableau de Monet, Manet ou d' Emile Claus.

Aimez-vous être seul dans votre atelier?

Oui, mais j'aime aussi la compagnie. Lorsque je suis confronté à une difficulté ou un problème, je préfère être seul.

Parler de l'art avec les collègues, cela vous tente?

Régulièrement je suis en contact avec de nombreuses artistes afin d'échanger des idées. Nous discutons de problèmes pratiques et comment les résoudre.

Vous est-il parfois difficile de prendre du recul d'une oeuvre?

Oui, lorsqu'il s'agit de pièces uniques.

Si oui, est-ce que vous vous déplaceriez pour la revoir?

Bien sûr... Elle reste une partie de moi-même où qu'elle se trouve dans le monde.

Etes-vous conscient des influences du passé?

Nous sommes le fruit du passé. Des artistes comme Auguste Rodin, Henri Moore, Constantin Brancusi
ont une influence quotidienne sur moi.

Voulez-vous exprimer un message particulier avec votre art?

Je veux transmettre à tout ceux qui admirent mes sculptures l'amour de la nature.

« Etre artiste », qu'est-ce que cela signfie pour vous?

C'est beaucoup de choses à la fois. C'est l'inspiration, la création, la transpiration,... L'équilibre se fait automatiquement lorsqu'on a la passion de sa profession.

Etes-vous d'accord que les mathématiciens, les scientifiques et les artistes poursuivent un même but: la recherche?

Oui, mais cela ne doit pas nécessairement être exploité comme genre artistique.

Qu'est-ce que vous considérez comme esthétique?

Je ne les ai pas vus de mes propres yeux, mais je les trouvais beaux et impressionnants ces coléoptères verts, qui comme un fléau, collaient partout.

Quelles sont d'après vous les idées artistiques les plus importantes?

Des oeuvres doivent pouvoir être appréciées et garder leur valeur à travers les siècles.

Je trouve qu'il est important de ne pas se laisser influencer, donc de ne pas créer des oeuvres en fonction de la société de consommation.

Il existe des dizaines de définitions de l'art: en avez-vous une personnelle?

L'art est un état d'esprit que l'artiste retransmet dans toutes ses formes et couleurs. Il est le miroir de l'individu en accord avec son environnement et son milieu.

La musique a-t-elle une signification particulière?

Pour moi, la Musique représente 'Les nourritures terrestres'.
Celle-ci est toujours une source d'inspiration et exerce une profonde influence sur mon oeuvre.

Quand vous vous trouvez devant une motte d'argile, savez-vous déjà ce qu'elle deviendra?

En tous les cas on a le sentiment de se transformer soi-même en sculpture. Au départ, j'étais considéré comme un sculpteur 'abstrait'. Ensuite, l'amour pour la Nature a pris le dessus surtout en ce qui concerne les animaux. confer mes sculptures 'RAM' et 'Swan'.
Mon point de départ sont des impressions du passé que j'essaie d'approfondir ensuite. Ainsi je travaille la plastiline ou la cire. La dernière étape c'est de pouvoir trouver l'illumination dans ce que je fais.

Quels facteurs accélèrent les changements dans l'orientation créatrice de l'artiste contemporain?

Je reste fidèle à mes idées et je les réalise dans mes sculptures. La découverte de nouveaux matériaux et procédés me permet d'améliorer la 'technique' de mes oeuvres.

Sentez-vous la nécessité de montrer votre oeuvre au public ou pourriez-vous travailler uniquement pour vous-même?

Faire des sculptures c'est ma façon de communiquer. J'ai commencé de façon très modeste d'abord en petit comité, ensuite par des expositions dans des galeries.
Grâce à mon succès j'expose maintenant beaucoup à l'étranger.

Vos yeux sont sans aucun doute votre conscience. Quand on connaît votre créativité quotidienne, cela doit être une riche accumulation de ' conscience visuelle '?

En effet, ils sont comme des éponges qui absorbent tout liquide. Avec ces yeux il faut s'entraîner chaque jour et tout remettre en question.

La nature est une entité organisée, une intelligence en soi. Filtrée par l'esprit humain elle devient quelque chose de différent. C'est aussi le cas dans vos oeuvres, est-ce conscient?

La nature est inégalable, regardez le vol d'un oiseau, la splendeur d'une fleur, la beauté de la forme d'un champignon. De tout temps, l'homme a essayé de l'imiter, de la fixer sur toile, papier ou en argile. J'essaie d'interpréter toute cette beauté dans mes oeuvres.

Quelle est la plus grande surprise de votre vie?

Je ne connais pas l'extrême étonnement. Je suis assez réaliste pour ne pas me laisser dérouter par des situations extrêmes. Quand j'entreprends quelque chose, je pars en effet le plus souvent d'une base solide. Je suis toujours préparé à de petites surprises qui se produisent au cours de notre vie.

Quelle est votre plus belle expérience?

Une de longue durée! Elle a commencé il y a douze ans, quand j'ai apporté mes premières sculptures modelées en cire à la fonderie de bronze Art Casting à Oudenaerde. Il faut savoir que, au cours de toutes ces années, j'ai parcouru somme toute 100.000 kilomètres de Schoten à Oudenaerde aller retour dans mon camion, mais que je parcours cette distance encore avec plaisir, à cause de l'excitation que me cause la transformation de la création en cire en une sculpture parfaite en bronze.
Une autre expérience fantastique, je l'ai vécue en mars 2007 au vernissage de l'exposition 'Art in Nature'. J'étais fortement impressionné par la compatibilité entre mes sculptures et la photographie sous-marine de Dos Winkel! Notre oeuvre a joui d'un énorme intérêt: en trois semaines cette exposition a attiré plus de quatre mille visiteurs. En mars 2009 aura lieu notre deuxième exposition *'Art in Nature'.*

Quelle est votre plus grande faiblesse?

Que j'aime faire tout moi-même... mais, ce 'vice' est peut-être aussi ma force, puisque grâce à cela je suis arrivé à ce que je suis maintenant.

Qui voudriez-vous être pour un jour?

Chanteur ou peut-être guitariste. C'est magnifique de pouvoir exprimer tous ses sentiments, même sans public! Quelques amis sont aussi sur la même longueur d'onde. Mais ne pensez pas que j'ai de telles ambitions car je ne possède pas aucun talent dans ce domaine.

Que feriez-vous si vous pouviez être invisible pour un jour?

Cela me semblerait amusant de pouvoir jouer des sales tours à des amis et à la famille.

Si vous étiez politicien, que changeriez-vous?

Il faut être un peu fou pour devenir politicien. Les média, les spectateurs et les lecteurs avides de sensation essaient de mettre votre vie privée sens dessus dessous. On essaie de prouver quotidiennement votre incapacité à gouverner. Les personnes engagées politiquement méritent un énorme respect s'ils le font vraiment avec âme et conscience. Aspirer à une société harmonieuse est un but noble. Nous devons veiller à ce qu'on prenne bien soin de notre vieille Terre.

Que faites-vous dans le peu de temps libre qui vous reste?

Je n'ai pas de temps libre. Celui-ci est totalement englouti par la famille.

Est-il exact que du sculpteur' allround' vous êtes devenu peu à peu un animalier exclusif?

'Allround'? C'est un compliment mais je tiens quand même encore à développer certaines idées et mes dons. J'ai débuté comme sculpteur 'abstrait'. Ensuite je me suis dirigé vers les animaux en donnant la priorité aux oiseaux.

Est-ce que le Zoo d'Anvers et le parc zoologique de Planckendael jouent un rôle aussi important pour vous?

De temps en temps je visite le jardin zoologique. J'ai également des contacts avec des collectionneurs de hiboux. Je prends mon temps pour les observer dans leurs belles et grandes cages. Le Professeur Louis Beyens m'a aussi offert du matériel didactique concernant l'habitat des pingouins. Il y a six mois, je suis tombé amoureux d'une splendide photo d'un faucon. Cette photo paraissait dans un livre qui était épuisé. J'ai du attendre quatre mois pour acquérir ce livre. Pas de problème, j'ai attendu. Vous l'avez deviné: mon prochain projet sera un Faucon!

Quel animal aimeriez-vous être?

Un oiseau, pour pouvoir admirer la somptueuse beauté de notre planète.
Un poisson me paraît aussi agréable! Alors je découvrirais les lieux les plus profonds des océans incommensurables. Je contemplerais le monde sous-marin, en espérant ne pas finir, poché ou frit, sur une assiette.
Ah, laissez-moi rester ce que je suis. Espérons que dans un proche avenir, grâce à notre technologie, nous serons capables de nous mouvoir comme un poisson dans l'eau ou de nous envoler sur le dos d'un oiseau en poussant des cris de joie.

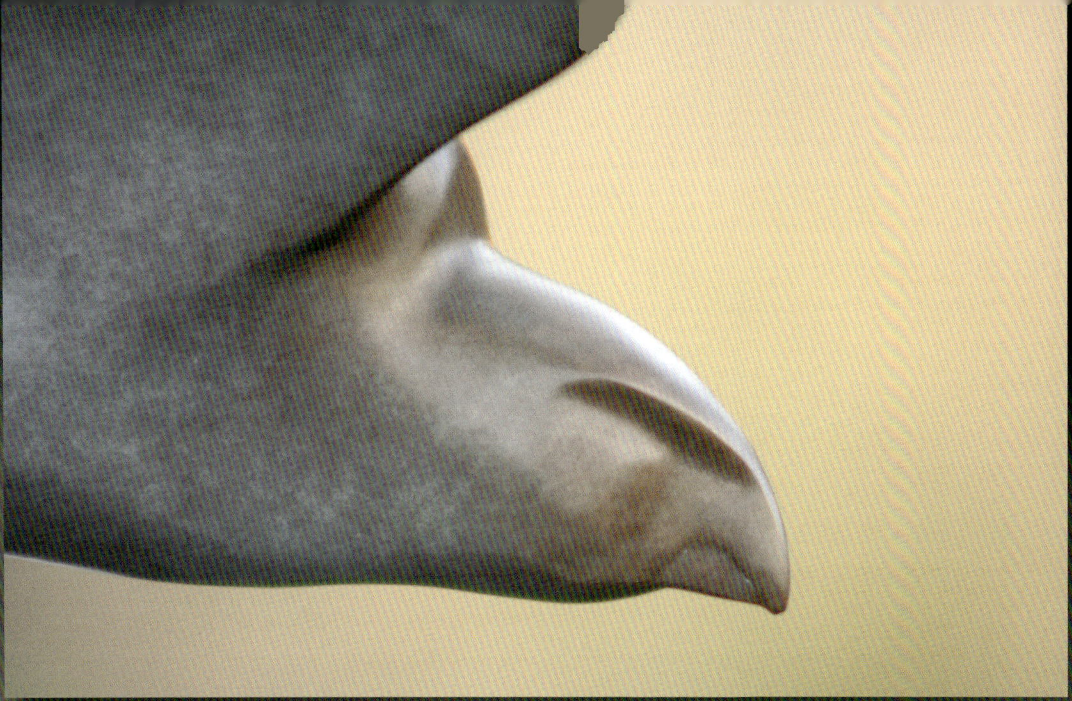

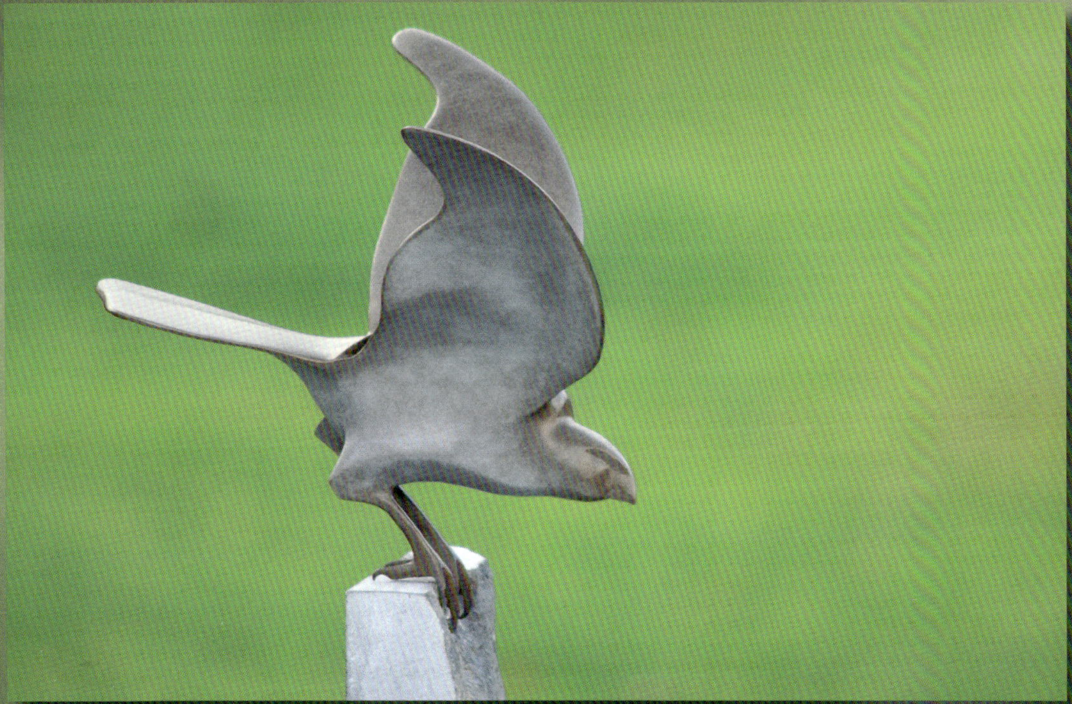

Valk

Falcon

Faucon

28 x 32 x 31 cm

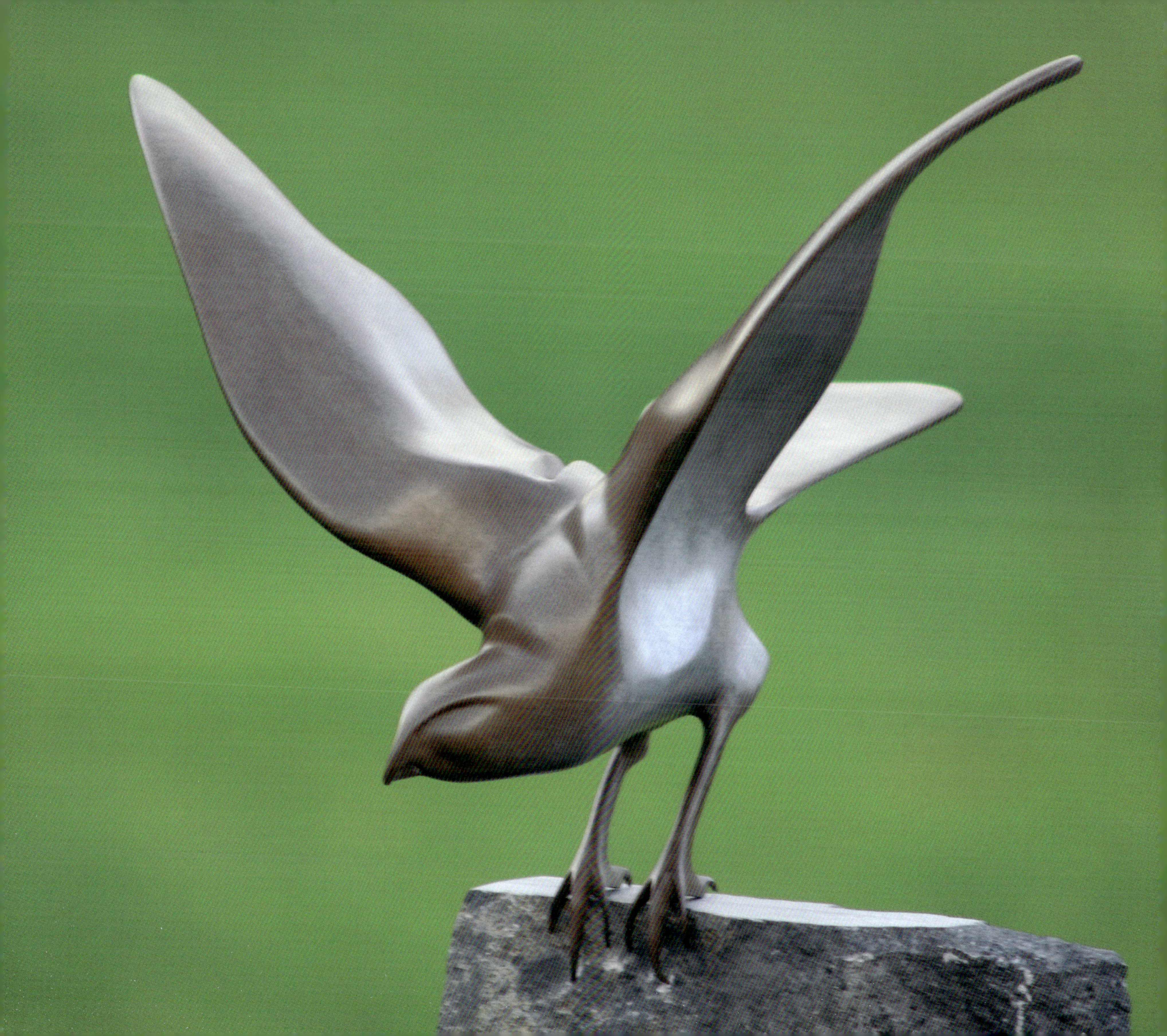

Ransuil

Long eared owl

Hibou moyen-duc

39 x 30 x 24 cm

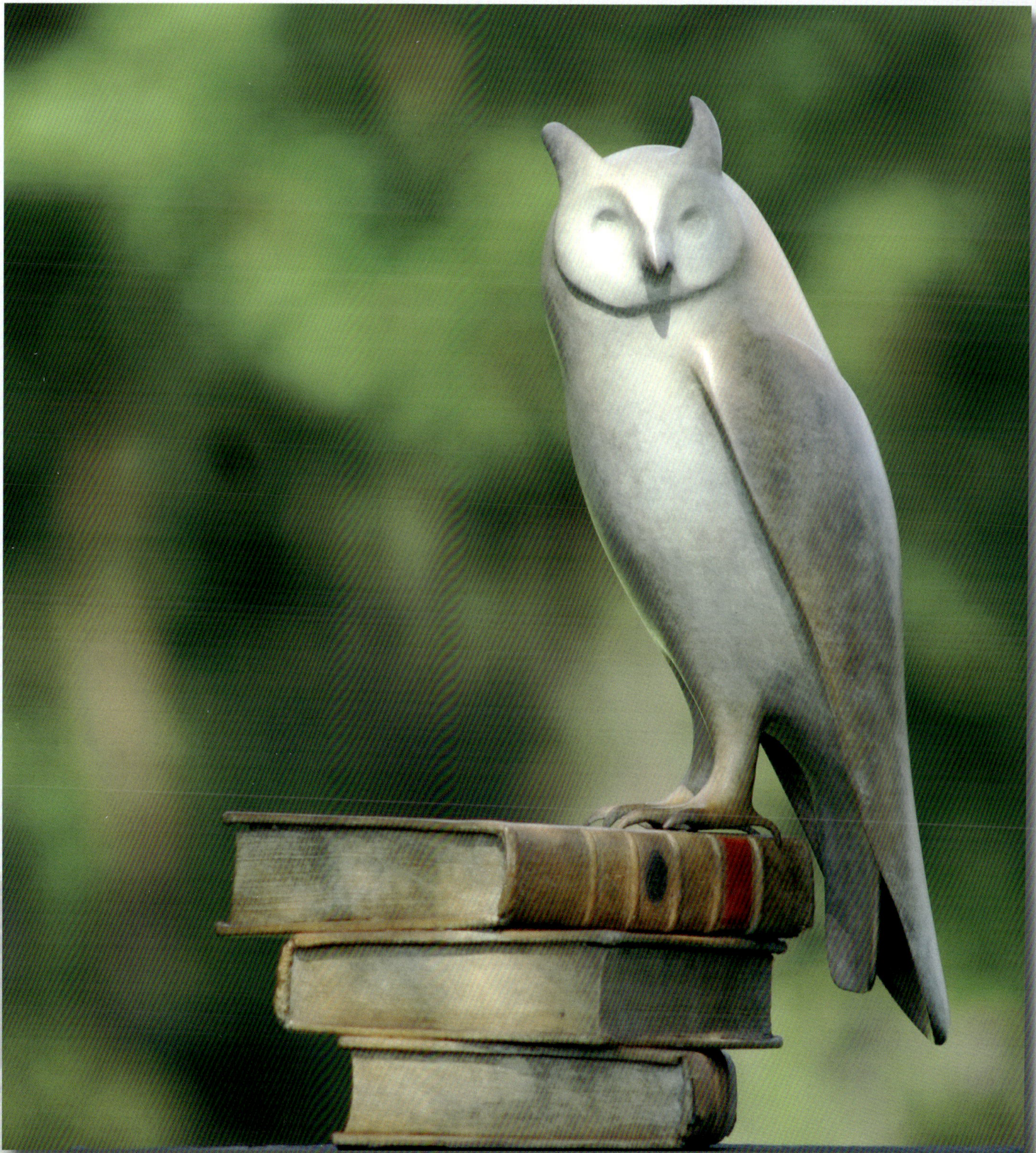

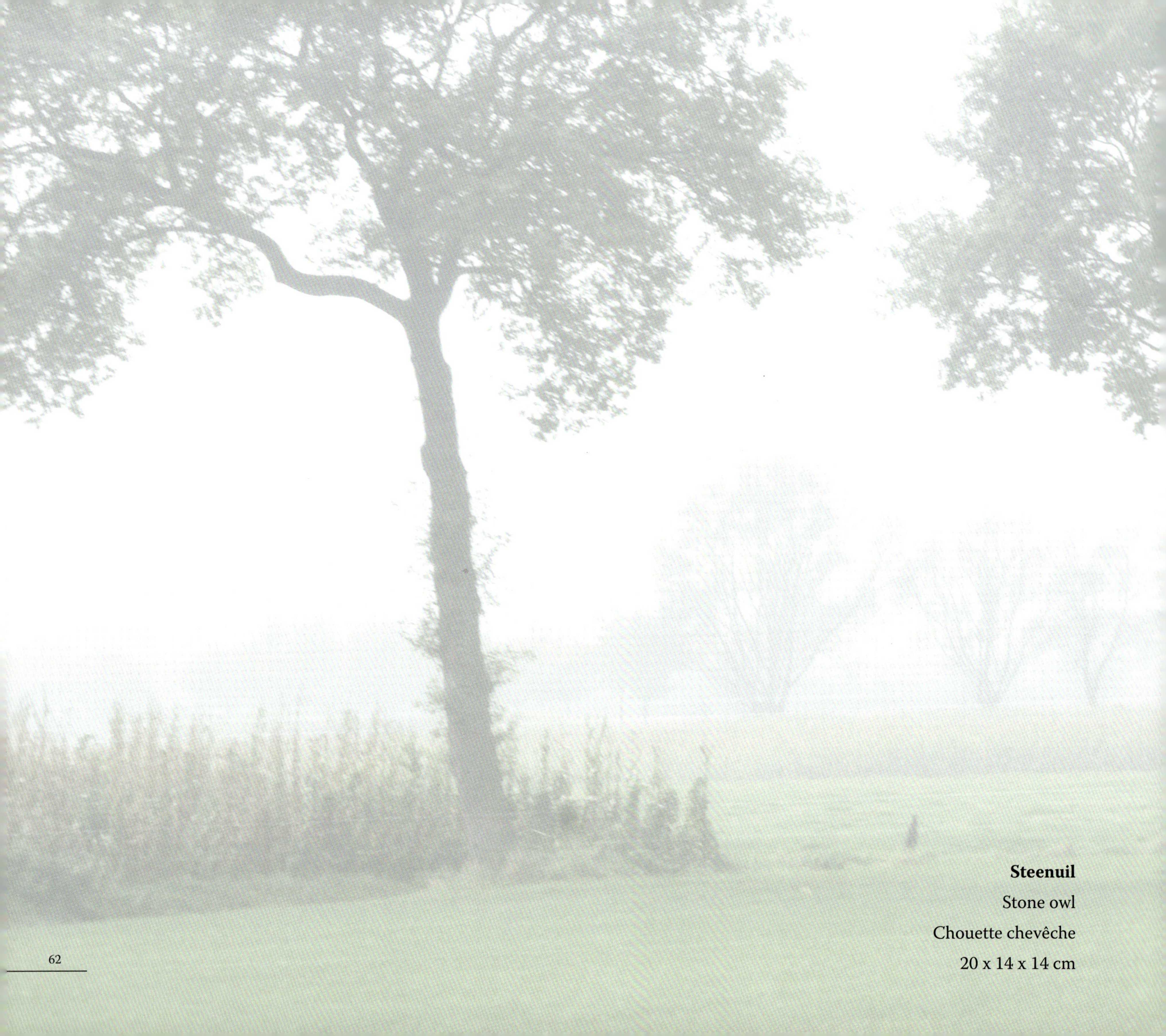

Steenuil

Stone owl

Chouette chevêche

20 x 14 x 14 cm

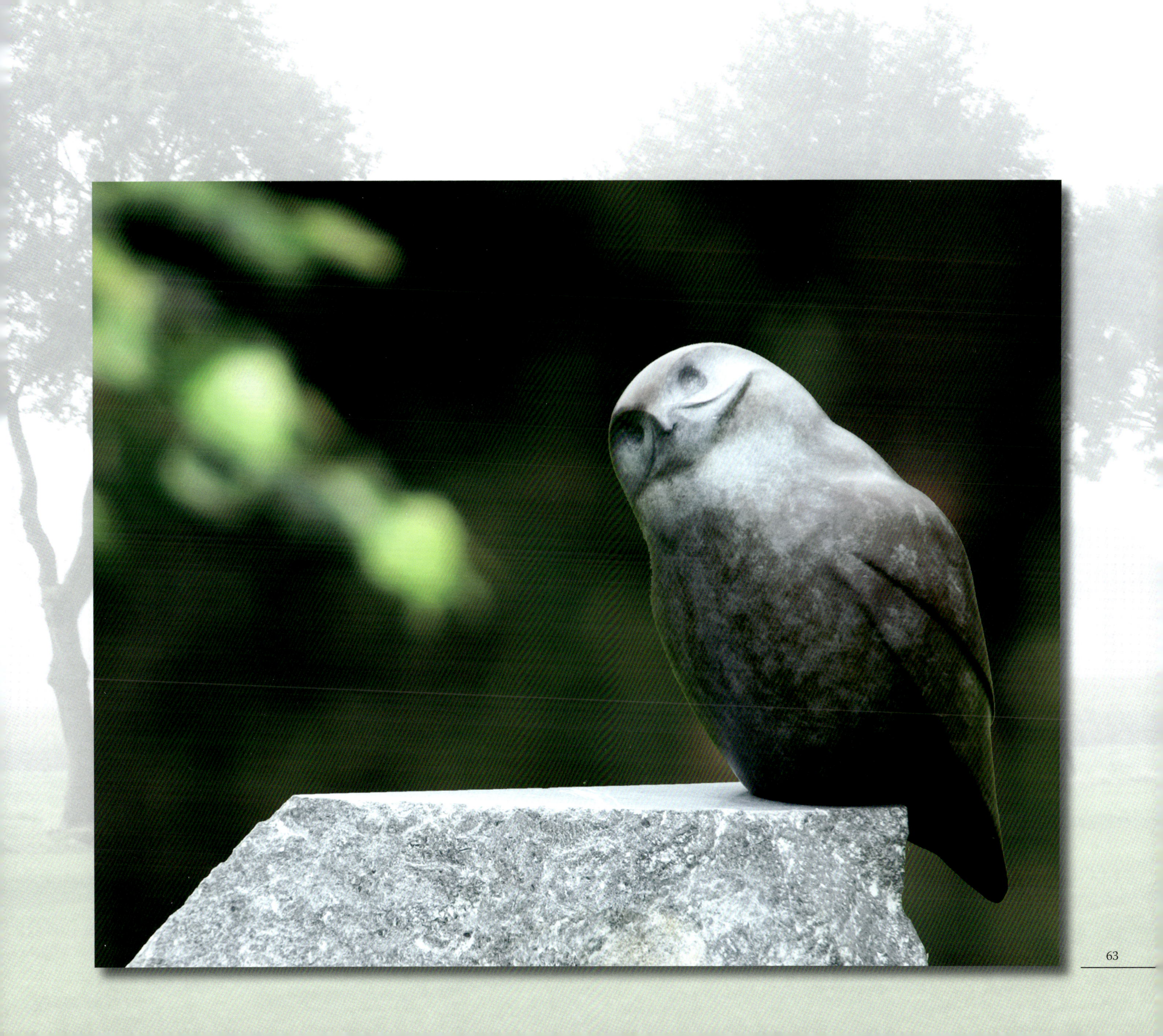

UNE FORCE DÉPOUILLÉE

Mark Dedrie et l'art animalier en Europe

Frans Boenders

A man and a woman
Are one.
A man and a woman and a blackbird
Are one.

(Wallace Stevens, 1879-1955)

Lorsque le sculpteur débutant Marc Dedrie réalisa au milieu des années quatre-vingt-dix *Inner Pressure* (Pression intérieure), la sculpture en bronze, haute de quatre-vingt-six centimètres, fit mouche immédiatement. L'oeuvre paraît abstraite, mais en pensée elle se laisse caresser tel un corps organique. Elle possède une patine brillante, une peau qui embrasse étroitement deux idées rêvées - la force cachée et l'élégance énergétique - dans un superbe mouvement ascendant. *Inner Pressure* appartient sans aucun doute à la tendance platonicienne dans l'art du siècle dernier; l'oeuvre rend un digne hommage à Brancusi, le père de la sculpture moderniste.

Dedrie sembla avoir trouvé brièvement sa voie dans la sculpture abstraite. La question pourquoi quelques années plus tard il se voua, d'abord de manière hésitante, mais par après de plus en plus franchement, à la sculpture animalière, reste sans réponse à ce jour, même s'il indique quelques raisons dans son entretien avec Marcel van Jole. Peut-être Dedrie désire-t-il, aussi dans son art animalier, rester fidèle à l'idéalisme de ses débuts. Et, qui sait? un jour peut-être retournera-t-il à ses premières amours - incapable de résister à une pulsion irrépressible. En effet, le parcours authentique de l'artiste n'est pas une espèce d'autostrade soporifique, soumise à des règles conventionnelles, mais, au contraire, une route sinueuse et aventureuse.

Le présent essai traite des animaux et de quelle façon ils ont abouti dans l'art. C'est la logique même puisque, depuis dix ans déjà, l'oeuvre de Dedrie est celle d'un *animalier* contemporain particulier, et donc obstiné. Je reviendrai sur ce terme par après. Avant cela, nous entamons un parcours historique: les animaux et nous.

Les anciens Egyptiens, Grecs et Romains nous ont préparé le chemin pour nos rapports avec les animaux. Leur croyance dans la métempsychose prône que l'animal, tout comme l'homme, est un porteur d'âme légitime, un être doué d'émotions et de quelque intelligence. En outre, les types humains correspondent psychiquement à un comportement animal spécifique. Un guerrier courageux renaît comme lion, un flemmard comme coucou, un glouton ou soûlard comme cochon, une vierge comme biche, un froussard comme lièvre, une soprano comme rossignol, un sournois comme loup, un baratineur comme renard, un paysan comme ours, une pute comme matelas - mille excuses, un matelas n'est pas un animal.

L'inverse est aussi possible, bien sûr: un animal qui renaît comme homme. Il est vrai que dans le cercle samsarien de réincarnation du bouddhisme l'homme est supérieur à l'animal, mais également dans le sens de l'homme vers l'animal, je pense que l'on peut atteindre un état plus élevé. Ainsi, par exemple un gros patapouf se réincarnerait – à condition d'un karma positif – en une grue élancée ou une alouette exultante. D'autre part, l'ascension traditionnellement recherchée de l'animal vers l'homme suppose de multiples réincarnations d'une âme, l'existence de laquelle soulève d'ailleurs déjà en soi quelques problèmes. La certitude n'existe pas dans cette matière. Ce qui est sûr, c'est que le cosmos continue à tourner quoi que l'on fasse. Celui qui éprouve du respect ou de l'amour pour son semblable pourra aussi développer des sentiments similaires envers les animaux. Chez Dedrie, les sculptures d'animaux trouvent clairement leur origine dans des émotions aussi nobles - d'où la portée platonicienne de son oeuvre. Dans la vision du monde de Mark Dedrie, les créatures vivantes sont toutes embarquées dans la même galère; en même temps chaque homme, chaque bête est unique par sa psyché innée et irremplaçable. En outre, s'il est honnête avec lui-même, chaque homme reconnaît qu'à certaines occasions il traite son semblable avec cruauté. Et il se rend compte que tôt ou tard ce comportement négatif se manifestera aussi à l'encontre des animaux. Il les tue, par nécessité ou par plaisir. Que ceci soit bien clair: les sculptures de Dedrie refusent des situations aussi négatives, du moins elles évitent ces questions épineuses. Mais notre sculpteur sait bien, tout comme vous ou moi, que l'amour et la haine se rapportent comme le jour et la nuit. L'un n'existe pas sans l'autre, il faut vous en faire une raison. Lumière et obscurité, compassion et cruauté s'interpellent. Telle est la réalité, sans conteste.

La réalité de l'histoire montre, elle, que plus vous remontez en pensée dans le temps, plus l'homme traite les animaux avec mansuétude. Dans le paradis terrestre paix et harmonie tintinnabulent doucement. L'on imagine le couple humain vivant paisiblement dans le jardin d'Eden en compagnie des animaux, se nourrissant ensemble dans les mêmes prés. Hélas! Le perfide créateur sème un malentendu désastreux et lourd de conséquences donnant au couple à peine créé le pouvoir sur les animaux. Cette erreur fondamentale poursuivra à jamais l'histoire de l'humanité. Le déluge? Certes chaque animal peut entrer dans l'arche en bonne compagnie. Mais, après la catastrophe, lorsque l'homme, sain et sauf, remet pied à terre, il brise le crâne de l'animal et le déchire. Qui donc ici est l'animal féroce? La chasse est ouverte, en permanence. C'est certain. Les animaux sont mis hors-la-loi, les malheureux oiseaux décimés par la catapulte des humains. Pas la moindre mention de leur existence sur la table des dix commandements! Pour Moïse, les animaux n'existent pas. Heureusement que les Egyptiens, mise à part la brève erreur d'Akhnaton, sont peu enclins au monothéisme. Pour eux, chaque animal détient une étincelle de la lumière divine. Un chat ou un chien mort, même un crocodile meurtrier, peuvent escompter l'éternité, embaumement compris. Les pythagoriciens sont végétariens. Les Grecs remercient leurs mulets pour avoir traîné les pierres des temples en les laissant courir librement une fois leur travail accompli. Alexandre le Grand fait même construire une vraie ville en l'honneur de Bucéphale, son cheval favori, et de son chien Péritas! Les Romains nourrissaient leurs oies aux frais de l'état car celles-ci avaient un jour sauvé le Capitole, grâce à leur vigilance. Tandis que les empereurs - dans un paroxysme d'amour bestial - jettent les chrétiens en pâture aux lions.

Peut-être n'est-ce pas incompréhensible: de pareilles images traumatisantes continuent à marquer l'Occident chrétien pendant plus d'un millénaire. Ce ne sera pas avant le seizième siècle que l'animal reviendra sur la scène. Les humanistes republieront les traités d'Aristote, de Pline l'Ancien et d'Elien. De nouveaux ouvrages illustrés paraissent comme les *Portaits d'Oyseaux* de Pierre Belon. Dedrie pourrait aujourd'hui encore s'en inspirer. Léonard de Vinci étudie les proportions et l'anatomie du cheval. Le merveilleux artiste Albrecht Dürer dessine et peint cochons, lions, chiens, chèvres, homards, lièvres, canards, chevreuils, rhinocéros et même l'aile puissante du rollier. Vers la fin du siècle, toujours le seizième, surgit une véritable *thériophilie*, un mot savant signifiant l'amour des fauves. Ceux-ci se pavanent dans les jardins zoologiques des rois; certains thériophiles les apprécient plus que les humains.

Car, en contradiction flagrante avec nous, les hyper-civilisés, les animaux sauvages ne vivent-ils pas spontanément selon les lois de la nature: avec modération, sans connaître le supplice de nos désirs extravagants? Par contre, nous, les êtres prétendûment raisonnables, dérangeons l'ordre naturel. La raison animale, elle, ignorant toute prétention, sert uniquement à perfectionner la communication mutuelle. Il suffit de penser à la répartition harmonieuse des tâches dans un couple de pingouins qui couve et nourrit les jeunes et qui, en plus, se dandine irréprochablement dans la monogamie aussi longtemps que ceux-ci n'ont pas trouvé leur propre chemin. Ou bien, pensez à la formation strictement géométrique dans laquelle les canards et les oies se déplacent. Les fourmis, sociales ou même communistes, vivent dans un état idéal, sans oppression aucune. Et les hiboux, que Dedrie modèle sous des formes si diverses: l'une fois une chouette effraie ou un hibou grand-duc, un hibou petit-duc ou un oreillard. Hé bien, les hiboux organisent le traitement des déchets rêvé en vomissant leurs restes de nourriture non digérés sous forme de boules bien formées. Les loups et le éléphants se consultent rationnellement en périodes de danger et se rangent en position stratégique face à l'ennemi.

Comble d'ingéniosité: certains petits animaux font le mort afin de sauver leur peau. Les oiseaux-chanteurs africains tissent de magnifiques nids et sont à juste titre appelés tisserins. Partout dans le royaume des animaux diligence et collaboration triomphent! Montaigne, le père de tous les essayistes préconise à juste titre que les animaux aussi éprouvent des émotions et possèdent des vertus telles que l'amitié, l'amour, la reconnaissance et la fidélité, qu'ils ne se font pas la guerre et qu'ils sont presque toujours plus attirants que les humains. A l'instar des anciens taoïstes en Chine, Montaigne conseille à son semblable d'abandonner son arrogance et de se mouvoir aussi spontanément que les animaux. L'écrivain flamand Achilles Cools prend le conseil de Montaigne à coeur et raconte dans *'De kauwentuin'* (1999) (Le jardin des choucas) comment il devient choucas parmi les choucas. Son collègue Mark Dedrie, observateur d'oiseaux libre de préjugés, se manifeste dans ses sculptures animalières comme un essentialiste averti et réussit à saisir la quintessence de l'oiseau en un seul mouvement calme. D'ailleurs Frans Snyders, un éminent prédécesseur de Dedrie, est probablement le premier à promouvoir le hibou au rang de chef d'orchestre de ce que l'on appelle 'les concerts d'oiseaux'. Ce terme désigne des peintures représentant diverses espèces d'oiseaux dans un paysage champêtre ou rassemblés sur des branches d'arbre. Le hibou, souvent ridiculisé par d'autres oiseaux, est élevé au rang de chef d'orchestre par Snyders. Tout comme le Christ est conspué par ses infâmes bourreaux, ainsi le paisible hibou se fait maltraiter par ses moindres. Indifférent à tant d'agressivité le hibou prouve la supériorité de sa sagesse. Dans une de ses plus belles oeuvres Dedrie place son oiseau favori - depuis 2005 il l'a représenté dans pas moins de sept sculptures différentes - sur un tas de livres. Et alors, le hibou grand-duc protecteur de la science? Bien sûr, et ceci est entièrement dans l'esprit antique et humaniste, qui voit le hibou comme l'oiseau d'Athéna ou Minerve, la déesse de la sagesse, une donnée traditionnelle dont l'équivalent se traduit par 'porter de l'eau à la mer'. Dedrie élève le hibou au rang de mascotte du savant en chambre, cet intellectuel souvent moqué pour sa maladresse. Par le fait que Dedrie fait trôner son oiseau sur des livres, il implique également une souillure menaçante des porteurs de connaissance … et ainsi il établit de manière ludique la primauté de la nature sur l'érudition. Celui qui s'élève au-dessus de la nature reçoit à coup sûr l'impact d'une loi naturelle primaire sur la caboche!
Que Dedrie soit à ce point passionné par les hiboux me semble aussi significatif que paradoxal. Le symbole de la sagesse domine la science, mais connaît en même temps l'illusion de la domination. Le hibou incarne la pondération, mais il n'en est pas moins rapace. La sculpture de Dedrie montre une chouette effraie attendrissante, mais elle occit impitoyablement d'autres animaux tels que les rats et souris qui saccagent les moissons - et ainsi, ô paradoxe - il se montre en même temps tueur d'animaux et ami des hommes. Dans l'art ancien, ses congénères se moquent du hibou, mais il reste fidèle à la force rentrée de sa nature stoïcienne. Là où le commun des oiseaux s'installe bêtement sur les câbles prosaïques du téléphone ou de l'électricité le hibou, lui, s'assied sur le livre, l'instrument par excellence de transfert de connaissance. Il comprend l'importance de la science et de l'art mais se montre sans doute trop arrogant - un hibou est incapable de lire: il n'y a de pire aveugle que celui qui ne veut pas voir. Un proverbe de plus! Dans une autre fable de

sagesse populaire, le hibou doit mordre la poussière face au faucon. Aujourd'hui aucun Européen n'aurait l'idée d'asticoter ou de tuer un hibou, mais sur le marché de Canton en Chine, ces oiseaux de proie, serrés, encaqués dans leurs paniers, attendent leur acheteur-assassin, qui toujours se matérialise.

Au dix-septième siècle, l'Age d'Or aux Pays-Bas, de riches citadins s'enthousiasment pour de nouveaux genres artistiques. En plus des petits déjeuners et des banquets, l'art animalier fait rage. Au moyen de la peinture et du bronze les artistes représentent gibier et bétail, animaux domestiques, oiseaux et poissons, soit en effigie sur la paroi du salon, soit sur le dressoir ou la tablette de la cheminée. Les marchands d'art gagnent gros. A cette époque, il était possible de commander des animaux en trois styles différents. Le style romantique suit l'exemple du précurseur Roelant Savery, le style fidèle à la nature celui de Jan Brueghel, dit 'de velours', le style dramatique celui de Rubens et Snyders.

Les Français suivent le mouvement. Ainsi André Félibien écrit en 1699: 'Celui qui représente des animaux vivants mérite de plus grands éloges que celui qui montre des objets inanimés'. Un quart de siècle avant, Crispijn van de Passe avait publié à Amsterdam un ouvrage de modèles à l'intention des animaliers qui, déjà à ce moment-là, gagnent bien leur vie. Dans une section vouée aux oiseaux, les espèces extrêmement variées sont liées à cinq paradigmes: l'aigle, le hibou, le cygne, la cigogne, le coq. Seul au modèle de la volaille chantante, Dedrie ne s'est pas encore risqué. (Il faut se lever plus tôt, Mark!) Van de Passe enfonce des portes ouvertes lorsqu'il écrit que les oiseaux sont difficiles à dessiner à cause de leur mobilité. Mais, poursuit-il, l'artiste Scholten résout ingénieusement ce problème: d'abord tracer une esquisse sur papier, volets et fenêtres fermés, à une exception près, ensuite clouer les oiseaux morts sur un bloc dans diverses attitudes, des ficelles permettant de maintenir ces charognes dans la position requise afin de les observer longuement.

Aujourd'hui Dedrie n'a plus besoin de toute cette mise en scène. Comme il l'indique clairement dans l'interview reprise dans ce livre, il observe avec fascination les oiseaux évoluant dans le ciel et aussi chez des amis dans des cages spécialisées. En outre, comme pratiquement tous les artistes figuratifs actuels, il travaille avec des photos, des films et des ouvrages spécialisés. Bien évidemment Mark apprécie aussi le travail du taxidermiste. Celui qui souhaite étudier tranquillement les animaux fait appel à des animaux empaillés bien conservés.

Après l'étude préparatoire commence le modelage créateur, que Dedrie, grâce à la plastiline - dont il décrit les avantages ailleurs dans ce livre - peut retoucher quasiment sans fin jusqu'au moment où le modèle est prêt pour la transformation en bronze ou un autre métal. Point d'omelette sans oeufs: cette expression populaire bien adaptée à notre sujet, rejoint ce que le peintre et rédacteur de manuels Samuel van Hoogstraten décrit en 1678 comme 'montrer la véritable nature des animaux afin de pouvoir représenter avec véracité leur forme et leur caractère'. Travailler d'après la réalité, tel est l'axiome et, lorsqu'il s'agit de bétail, peindre 'les vaches dans le pré comme elles étaient couchées et ruminaient'.

Toutefois, Dedrie n'est pas peintre. En plus, il vit au vingt-et-unième siècle et ne veut certes pas rivaliser avec Paulus Potter. Il est ce qu'on appelle un *animalier*, bien que d'une espèce particulière. Ce terme ne fit son apparition que dans les années trente du dix-neuvième siècle. Tout comme le terme 'impressionniste', émanant également de la plume d'un critique d'art, l'épithète *animalie*r était considérée comme une injure, destinée dans ce cas aux sculptures d'animaux de Barye et Fratin. A leur époque la préférence allait vers le bronze pour valoriser la personne portraiturée ainsi que pour réaliser des copies de sculptures grecques ou romaines ou Renaissance. Dessiner et peindre des animaux, d'accord, mais les immortaliser en bronze coûteux? Cependant, tout change rapidement lorsque les instances officielles comblent Barye de commandes. Des bêtes monumentales en bronze surgissent alors sur les places publiques - des éléphants sénégalais, des cerfs, des aigles, des chevaux et des meutes de chiens. L'aristocratie suit la nouvelle mode; vers 1850, *animalier* devient un titre d'honneur porté fièrement par Barye, Mêne, Fratin, Jacquemart, Valton, Gardet

Dans la jeune Belgique apparaissent d'abord des *peintres* animaliers: des artistes idylliques Paul Ommeganck et Eugène Verboeckhoven aux plus réalistes Jozef Stevens, Charles Verlat, Alfred Verwee et Jan Stobbaerts. Le bronze coule parcimonieusement pour les sculpteurs d'animaux jusque vers 1880. Dans la foulée de la mode parisienne, une accélération survient après Simonis et Bouré. Le nouvel urbanisme du roi Léopold II sème avec profusion parcs, jardins et parterres; l'industrie triomphante de la jeune Belgique livre en abondance des ingrédients pour le bronze. Les sculpteurs en profitent pour couler en bronze leurs animaux modelés en argile ou cire. Leurs animaux favoris ne sont pas, comme aujourd'hui chez Dedrie, les oiseaux délicats qui volètent dans le ciel; non, le goût de la fin du dix-neuvième siècle penche au contraire vers le fauve qui vit dans la brousse et la savanne africaine - et vers le cheval ossu et solide qui hale les barges sur les canaux, tire les charrues dans les polders et les wagons de charbon dans les puits des mines. La plastique animalière belge pose des accents lourdement romantiques et exalte la force indomptée de la nature en pattes et griffes bien concrètes, de préférence en pleine action qui, de manière impressionnante, fait rouler, se gonfler et rétrécir la masse musculaire sous la peau bronzée et brillante. Des tableaux horrifiants s'offrent à nous: un lion déchirant un cabri ou un tigre se régalant d'un cygne. Il est certain que le réalisme social confère une dimension paradoxale à l'art animalier belge: il humanise les animaux qui allègent le travail abject de l'ouvrier. Cette concession réciproque entre l'homme et l'animal mène à des synergies impressionnantes dans les bronzes de Constantin Meunier. Son vieux canasson de mine - décharné - n'est plus 'la plus belle conquête de l'homme', comme Rik Poot, le glorificateur par excellence du cheval, aimait à citer le cliché français, mais le partenaire de l'homme dans son labeur industriel inhumain.
Je tiens à souligner que dans ses sculptures actuelles, Dedrie n'a absolument rien en commun avec ces émouvantes critiques socio-rhétoriques. En Belgique, l'héroïsme tragique du travail appartient définitivement au passé et aujourd'hui Dedrie peut se vouer totalement à la poésie des oiseaux aquatiques et à l'apparente qualité câline des ours polaires et des pingouins.
Après Meunier, la révélation belge de la sculpture animale sera Josuë Dupon. A vingt ans ce talent, originaire de Flandre occidentale, part pour Anvers où il se perfectionne à l'Institut National Supérieur des Beaux-Arts dans l'étude de l'anatomie animale chez Thomas Vinçotte. Pionnier de l'art de travailler l'ivoire en combinaison avec le bronze, Dupon reste un des grands *animaliers* belges. Il profite amplement de son amitié avec l'Italien Rembrandt Bugatti, prématurément décédé, et qui pratique l'art du modelage au Zoo d'Anvers jusqu'en 1914. Un rien plus âgé que Dupon, Philippe Wolfers intègre également dans ses cygnes, serpents et pélicans énigmatiques en bronze les défenses d'éléphants importées par l'entremise du roi Léopold II. Après la Première Guerre Mondiale, la plastique animalière prend son essor dans les oeuvres de Dominique Ingels, Albéric Collin et Raymond de Meester de Betzenbroeck. Ce dernier, tout comme Dedrie un artiste autodidacte, s'exerce au Zoo. Il profite des conseils de Collin et acquiert une renommée internationale, qui lui vaut une place d'honneur lors de l'exposition animalière de 1937, au Palais des Beaux-Arts de Bruxelles.

Les *animaliers* bénéficient aujourd'hui de la véritable renaissance de monde animal. Sous l'influence du lobby international pour les animaux, une version contemporaine de la *thériophilie* du seizième siècle renaît aujourd'hui, cette fois pourtant à l'échelle mondiale. Nos enfants cajolent les ours, des animaux bien connus pour leur nature imprévisible, jusqu'à ce qu'ils soient - les enfants - quasiment adultes. Vers Noël, ours et ours polaires trônent à la une des journaux afin d'éveiller en nous un sentiment de paix. Les pandas, des animaux dont on ne s'approche pas non plus sans risquer gros, font même baver d'émotion douteuse, les durs à cuire que sont les Chinois, qui sans sourciller cassent les pattes à maints Tibétains. Récemment des pandas géants ont même été recrutés comme lubrifiant diplomatique pour exhorter les Taiwanais à retourner au bercail pékinois. Cet amour généralisé, partiellement suspect, pour les animaux n'indique-t-il pas un sentiment de culpabilité longtemps réprimé? L'on aurait presque tendance à croire que Dedrie modèle et patine ses oiseaux si suavement pour satisfaire à notre nouvelle sentimentalité. Il est certain que ses sculptures nous offrent surtout la possibilité de jeter un regard plus aigu sur les habitants de l'espace aérien. En plus, ses sculptures complètent à merveille l'oeuvre des ses contemporains. Dans son interview, Dedrie rend hommage aux animaliers flamands, une forme de confraternité rarement vue. Il reste lui-même modestement à l'arrière-plan, sachant que son art animalier touche une autre fibre que celle de ses collègues.

Je distingue trois types dans la sculpture animalière actuelle. Pour moi, Ronald de Winter, un artiste remarquable, se range tant avec ses petites sculptures qu'avec ses oeuvres monumentales auprès des *animaliers* impulsifs. C'est lui qui va le plus loin dans son approche viscérale, suivie d'une fixation spontanée de sa perception. En outre, c'est surtout l'art animalier analytique qui prospère; Greta van Puyenbroeck y excelle parmi d'autres. Son approche, et celle d'autres analystes, veut pénétrer les caractéristiques anatomiques, psychologiques et éthologiques de l'animal grâce à une observation patiente *in situ*.

L'appellation *animalier* synthétique sied à Dedrie. Je veux dire qu'il n'est précisément ni impulsif ni analytique dans son travail, mais, au contraire, qu'il cherche l'idée derrière la forme qu'il modèle.

Il ne se joint pas aux artistes qui, par leurs traces de modelage réalistes, figent l'animal dans une attitude spécifique ou un mouvement éphémère. Il garde au contraire l'animal en suspens et l'élève à un état subliminal - une forme parfaite qui concentre tous les instantanés. Tout comme celles des analystes les statues de Mark naissent d'une approche en profondeur, qui chez lui néanmoins culmine en une synthèse de nature contemplative, réflective et philosophique. Sur le plan des idées, Dedrie semble quelque peu s'apparenter au céramiste José Vermeersch, cet autre hors-la-loi de la sculpture animalière actuelle. Ce robuste Flandrien voit le chien - car dans son oeuvre l'animal se limite à cette seule espèce - comme le partenaire de combat de l'homme. Ni l'homme ni le chien ne possèdent chez Vermeersch une personnalité limpide qui se révèlerait dans un geste anecdotique ou un comportement typique, tout comme Dedrie ne s'inquiète pas non plus de la représentation réaliste du torse d'un bouc - une de ses meilleures oeuvres du début! - ou d'un instant d'émotion dans le regard fixe, mais alerte du hibou. Chez Vermeersch, comme chez Dedrie, ce n'est pas la reproduction fidèle qui prime, mais l'énigme de l'existence. A l'exception du buste de Wilfried Martens, réalisé sur commande d'état, aucun homme ni chien réel n'a servi de modèle aux sculptures de Vermeersch, aucun personnage historiquement ou culturellement situé, aucun chien de race. Vermeersch construit des prototypes. L'essentialiste qu'est Dedrie ne réalise pas non plus des portraits d'animaux: ses animaux sont les représentants d'idées qui confrontent le spectateur avec l'énigme fascinante de la variété de vie quasiment infinie qui peuple notre planète. L'aspect synthétisant de son oeuvre réside précisément dans la quête d'une unité paradoxale de la vie, qui, au bout du compte, réunirait toutes les variétés biologiques dans un même sein. De là le choix de ces vers simples et clairs du poète américain Wallace Stevens qui se trouvent en exergue au présent essai:

A man and a woman
Are one.
A man and a woman and a blackbird
Are one.

Dedrie, le sculpteur tranquille, produit bon an mal an six à huit nouvelles sculptures en bronze, une production limitée, certes, mais sûre. 2008 nous paraît une année particulièrement opulente, présentant une moisson choisie de cygnes, sternes, martins-pêcheurs, hiboux et une bécassine. Il aimerait vivre leur liberté de l'intérieur, ressentir leur battement d'aile, voir par leurs yeux. Par-dessus tout, il souhaiterait être lui-même un oiseau! Fendre l'espace aérien afin d'observer notre planète d'en haut, sans la contrainte d'une vitre entre l'oeil et l'espace. Légèrement amusé par nos rires ou sanglots de tous les jours, mais à juste titre également courroucé par la mauvaise foi universelle, la pollution, la haine et la guerre.

Les oiseaux! Chaque jour ils nous montrent une vie légère. Ils écrèment méthodiquement la terre, le sol et l'eau à la recherche de nourriture. Un quart de seconde plus tard ils lèvent à nouveau les yeux vers le ciel où la liberté appelle. Ils nous montrent l'essor et la fuite de l'âme. Ils nous révèlent des vertus indispensables à notre survie. Tenant compte de tout ceci dans son for intérieur, Dedrie presse ses doigts dans la plastiline jusqu'à ce que la forme résume 'tout' dans une synthèse qui doit ressurgir dans le bronze. Il est littéralement fasciné par le comportement merveilleux des oiseaux, celui des mouettes par exemple. Afin d'éviter que l'embryon ne s'attache trop fort à l'intérieur de la coquille de l'oeuf, les oies et les mouettes retournent régulièrement leurs oeufs. Une mouette sait-elle pourquoi elle retourne ses oeufs? D'après les éthologues il s'agit d'un comportement naturel. Néanmoins la mouette prend une décision après délibération; ou bien, aurait-elle tout aussi bien pu laisser ses oeufs en paix? Ou est-ce tout de même une question d'intelligence et de compréhension de la situation?

Les oiseaux! Ils plongent Dedrie dans l'extase. Ils transportent ses rêves et, inversément, Mark rêve que les oiseaux le transportent littéralement, comme dans les contes de fées. Dans la Grèce ancienne l'étourneau et la mouette étaient considérés comme les oiseaux sacrés d'Aphrodite, la déesse lunaire orgiaque, également connue comme Leukothée, la 'déesse blanche'. Dans l'hindouïsme, une oie transporte Brahma, le divin créateur. Puisque les cygnes et les oies sont cousins, c'est le cygne qui transporte Sarasvati, la femme de Brahma. Dans l'art de leurs temples et dans leurs enluminures, les anciens Indiens représentent la fusion de l'oie et du cygne dans Hamsa, l'oiseau mythique - une harmonie de vie parfaite dont Mark Dedrie rêve dans sa sculpture majestueuse du cygne. Sous l'apparence d'un cygne parfait, Zeus, le dieu des dieux, parvient à séduire l'éblouissante Léda et à l'engrosser. Ainsi le cygne acquiert ses lettres de crédit qui lui donnent accès aux plus belles femmes humaines et divines. Il apparaît à côté d'Aphrodite, la déesse de l'amour, et tire son attellage. Summa summarum: le comble c'est que, malgré toute cette beauté féminine, le cygne reste constant et fidèle dans ses sentiments. Lorsque la bien-aimée meurt, il languit et se meurt de tristesse.

Les oiseaux! Oies et cygnes font fonction de *psychopompos*: meneurs d'âmes qui poussent la conscience errante dans la bonne direction lors de son voyage par les cieux et les enfers. Hermès, le messager de Zeus et divin psychopompos, adopte souvent l'apparence d'un cygne. Cet oiseau aide le chaman à descendre aux enfers et à en revenir indemne. Le cygne est de tous les oiseaux celui qui relie aisément le supérieur à l'inférieur.

Les oiseaux! Ils amènent des messages célestes. Les anciens Chinois prétendent que leur écriture unique est un cadeau du ciel, apporté par des oiseaux épuisés qui se reposent sur la terre meuble où leurs pattes impriment les caractères célestes. Le battement d'ailes du hibou - long, doux et feutré - l'élève chez les anciens Grecs au rang des oiseaux semi-divins dédiés à Athéna Pronoia, la déesse qui peut voir l'avenir. L'aigle - un oiseau auquel Dedrie souhaite consacrer en 2009 le plus clair de ses forces - signifie pour les Aztèques dans le Mexique précolombien l'empereur d'un commando spécial, pour les Indiens américains du sud-ouest l'oiseau-tonnerre cosmique, pour les Byzantins médiévaux le vainqueur spirituel d'un mal insidieux, symbolisé par le serpent.

Un des récents oiseaux dans la production de Dedrie est l'attendrissant martin-pêcheur. J'aimerais conclure ma contribution par la signification profonde et mystique de ce merveilleux oiseau, peut-être bien le plus élégant dans son vol en rase-mottes au-dessus de l'eau, le plus émouvant dans sa rare tranquillité perché sur un roseau.
Alcyoné, fille d'Aélos le gardien des vents, épouse Céyx, fils de l'Aurore. Ils sont profondément heureux. Cependant, Alcyoné s'enorgueillit tellement de son ivresse amoureuse qu'elle s'identifie à Héra, la déesse suprême. Bien évidemment pareille vanité dérange la jalouse Héra et Zeus, son époux. Pour la punir, les dieux déclenchent un tsunami faisant couler le bateau de Céyx qui

faisait route vers l'oracle. Lorsque le corps de son bien-aimé est rejeté sur le rivage, Alcyoné, folle de douleur, se jette à la mer. Un dieu compatissant, qui par peur de la vengeance de Zeus veut rester anonyme, donne aux deux amants morts une nouvelle vie - comme martins-pêcheurs.
Dans ses '*Métamorphoses*'(livre XI) le poète latin Ovide immortalise l'amour indestructible du couple de martins-pêcheurs Alcyoné et Céyx (*)

> *... Mais, poussé par les flots, le corps se rapproche. Et plus elle regarde, moins elle est sûre de sa raison. Maintenant que le flot l'a amené dans le voisinage de la terre, maintenant elle le voit assez bien pour pouvoir le reconnaître: c'était son époux! «C'est lui!» s'écrie-t-elle; et en même temps elle déchire son visage et ses vêtements, arrache ses cheveux, et, tendant ses mains tremblantes vers Céyx: «C'est donc dans cet état, ô mon époux bien-aimé, dans cet état, déplorable Céyx, que tu me reviens?» dit-elle. Il est, au bord de l'eau une jetée, oeuvre de la main de l'homme, qui brise les premiers élans furieux de la mer et amortit les assauts des flots. Alcyoné y bondit. Même - et ce fut un prodige qu'elle pût - elle volait, et frappant l'air léger d'ailes qui venaient de naître, elle rasait, oiseau bien digne de pitié, la surface des ondes; et, dans son vol, sa bouche, aux claquements de son bec effilé, fit entendre une sorte de chant triste et plaintif...*

Pline l'Ancien, qui s'y connaît à merveille en oiseaux, prétend que l'alcyon ou martin-pêcheur ne se voit que pendant les deux solstices, ce qui indique que originalement il s'agissait d'une double apparition de la déesse de la lune: au coeur de l'hiver, déesse de la vie-dans-la-mort, au coeur de l'été déesse de la mort-dans-la-vie.
Un Italien, maître en cette matière, écrit: 'Les mythes se composent d'actes qui renferment leur propre contradiction'. Ce qui est vivant va inévitablement vers la mort. Ce qui est mort renaît à la vie. Pour celui qui possède la vraie vision, le poète et l'artiste, tout forme une unité.
Peut-être puis-je adapter quelque peu les vers de Wallace Stevens?

> *A man and a woman and a kingfisher*
> *Are one.*

Peut-être que l'art de Mark Dedrie traite précisément de cela. De tout ce qui, aussi différent que ce soit, se fond finalement en une seule entité. Des oiseaux en bronze qui paraissent figés dans leur beauté, mais auxquels notre regard aimant rend la vie.

Nokere, 2009

(*) Traduction Joseph Chamonard (éd.Garnier-Flammarion 1966)

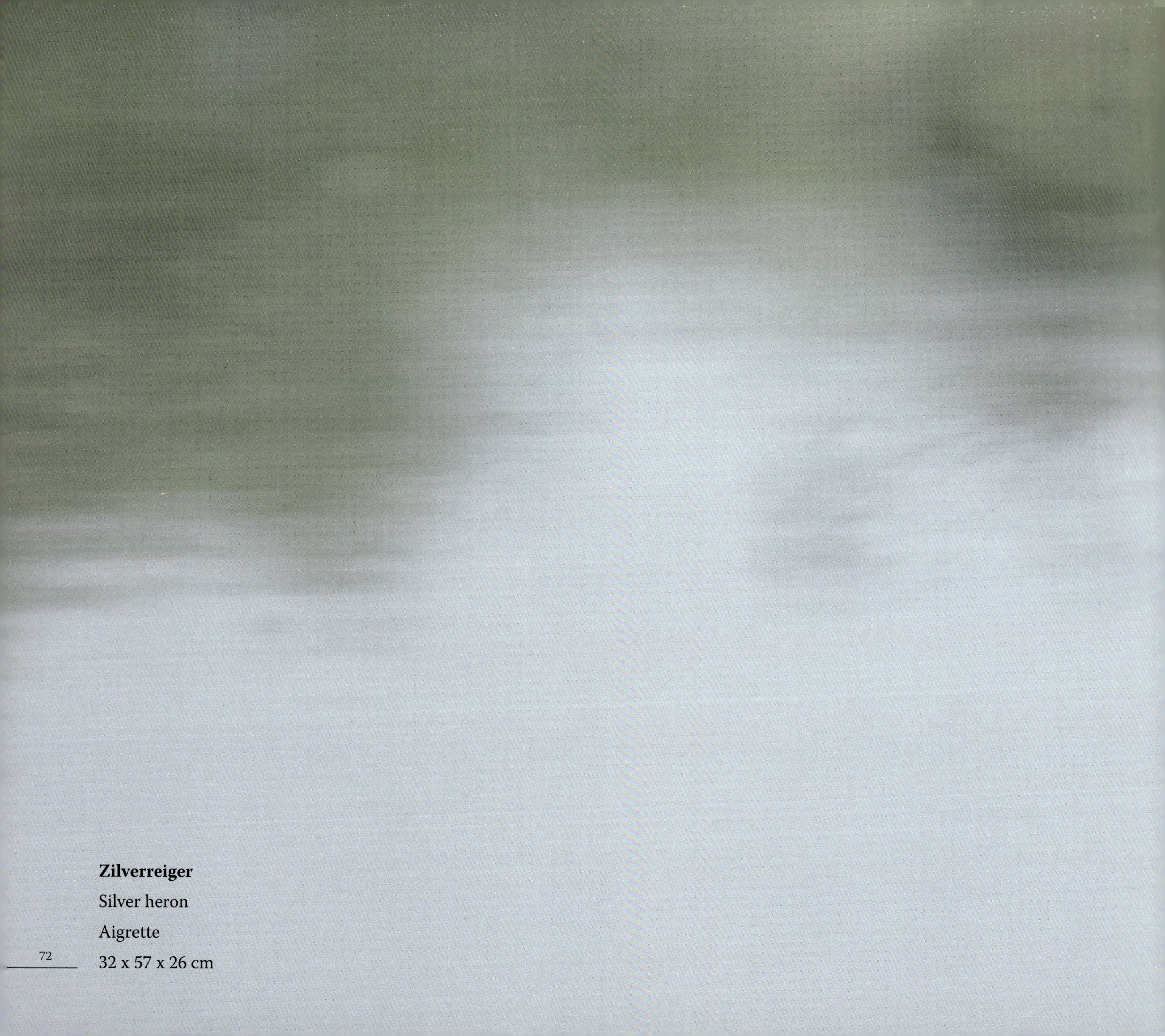

Zilverreiger

Silver heron

Aigrette

32 x 57 x 26 cm

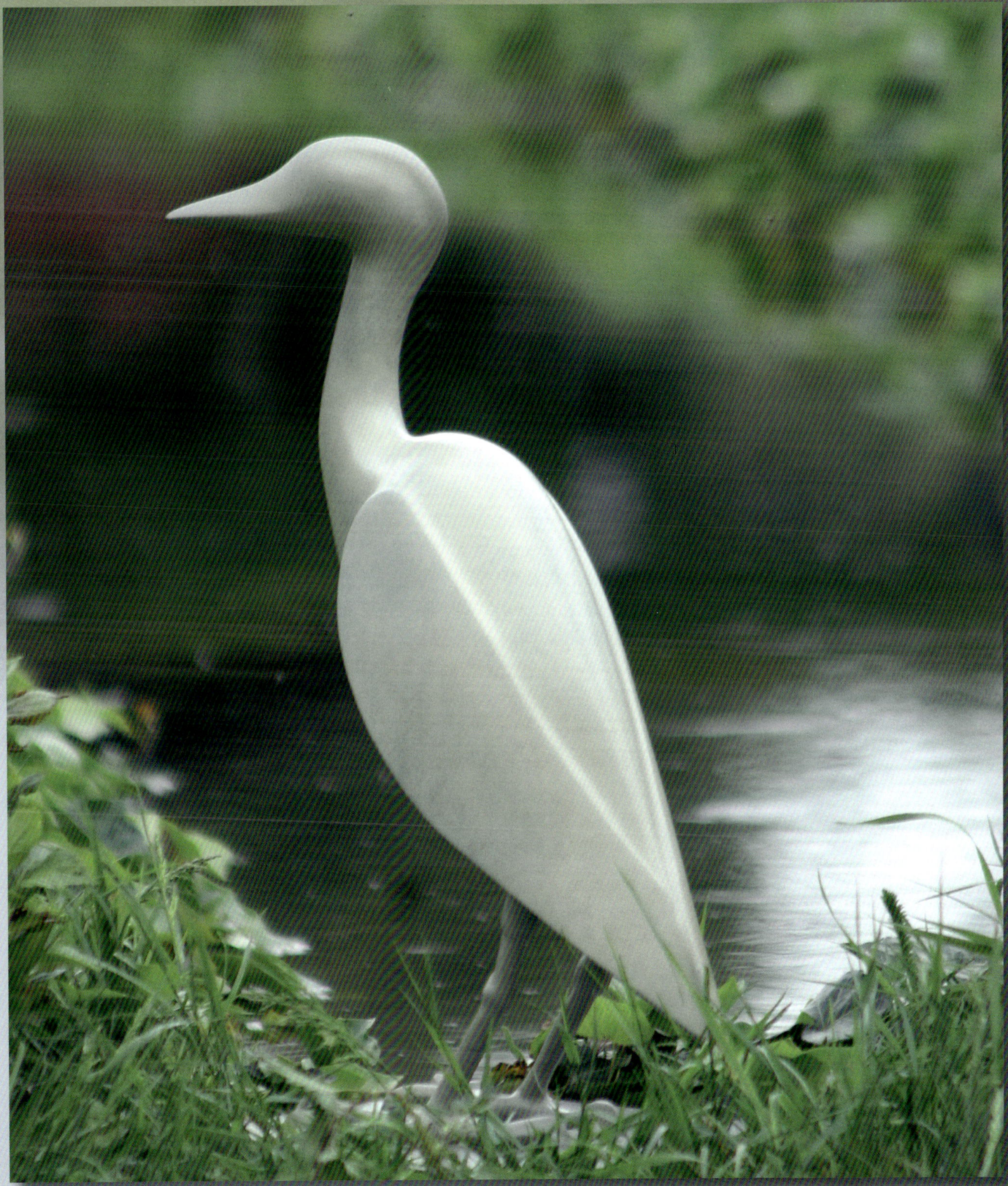

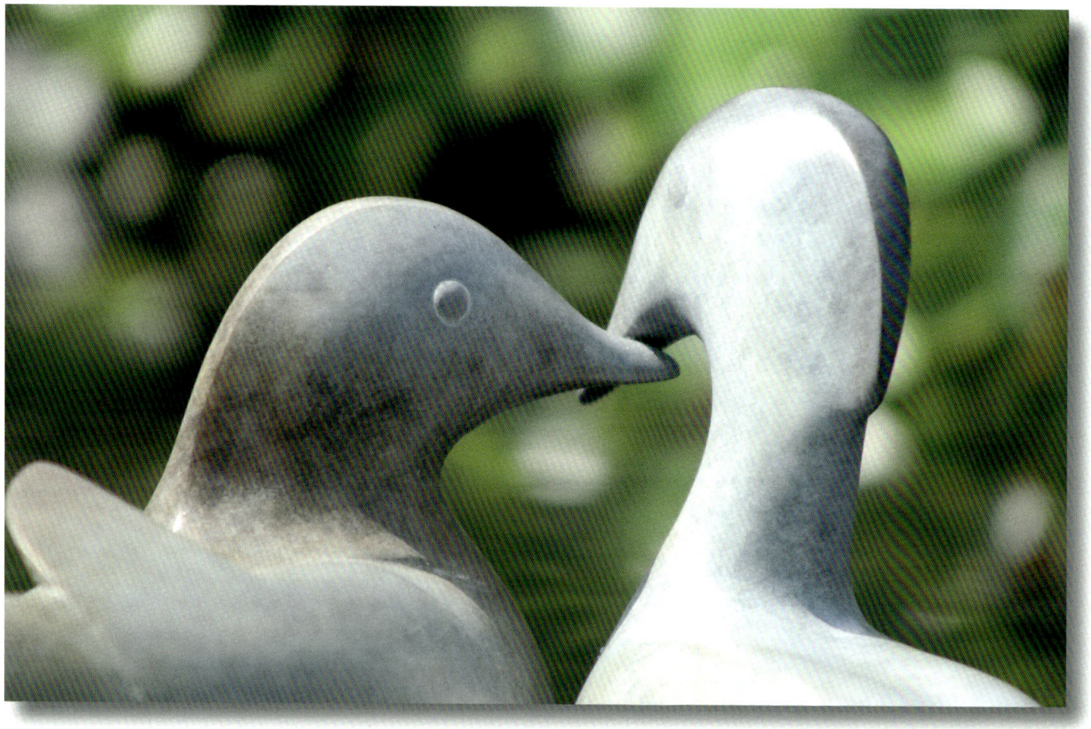

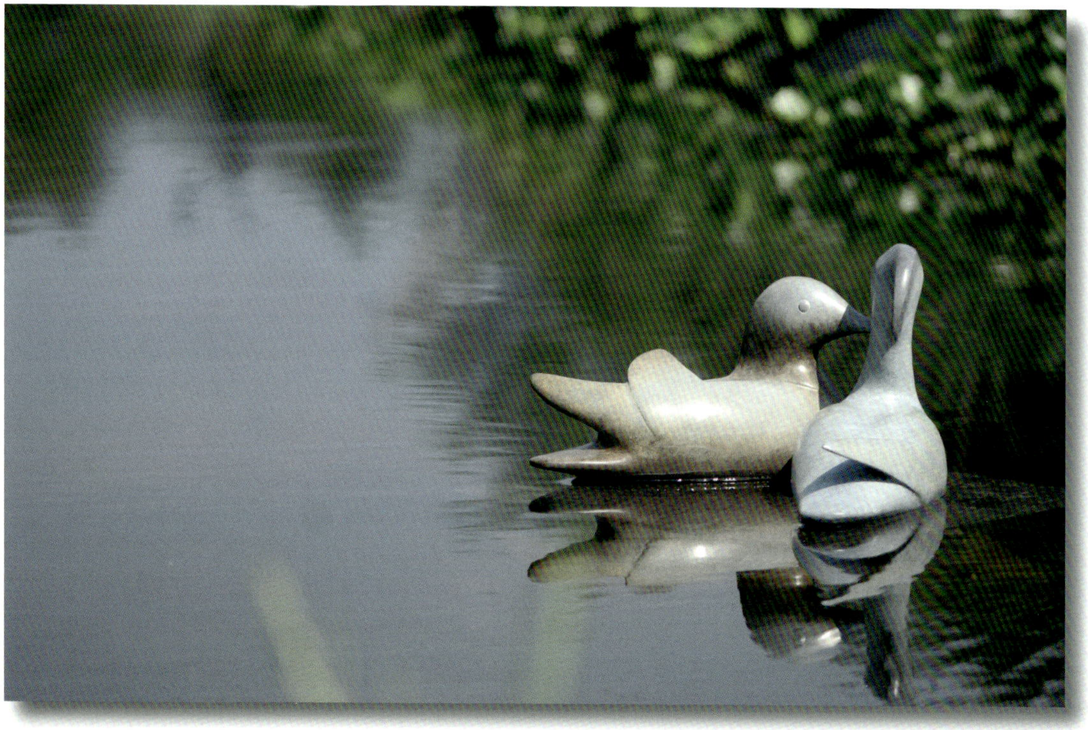

Mandarijneenden

Mandarin ducks

Canards mandarins

14 x 26 x 22 cm

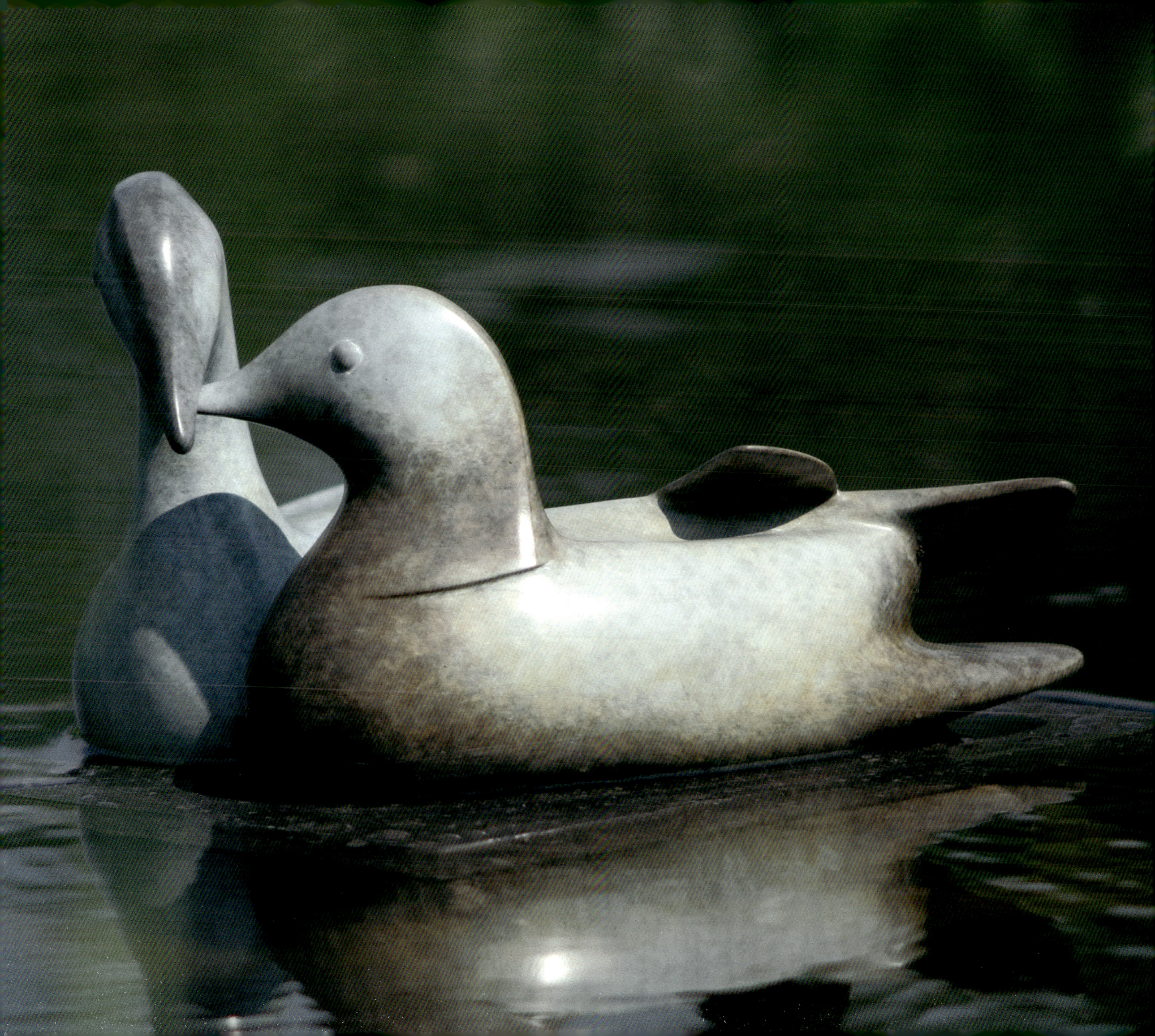

Mandarijneend man

Mandarin duck

Canard mandarin

20 x 28 x 16 cm

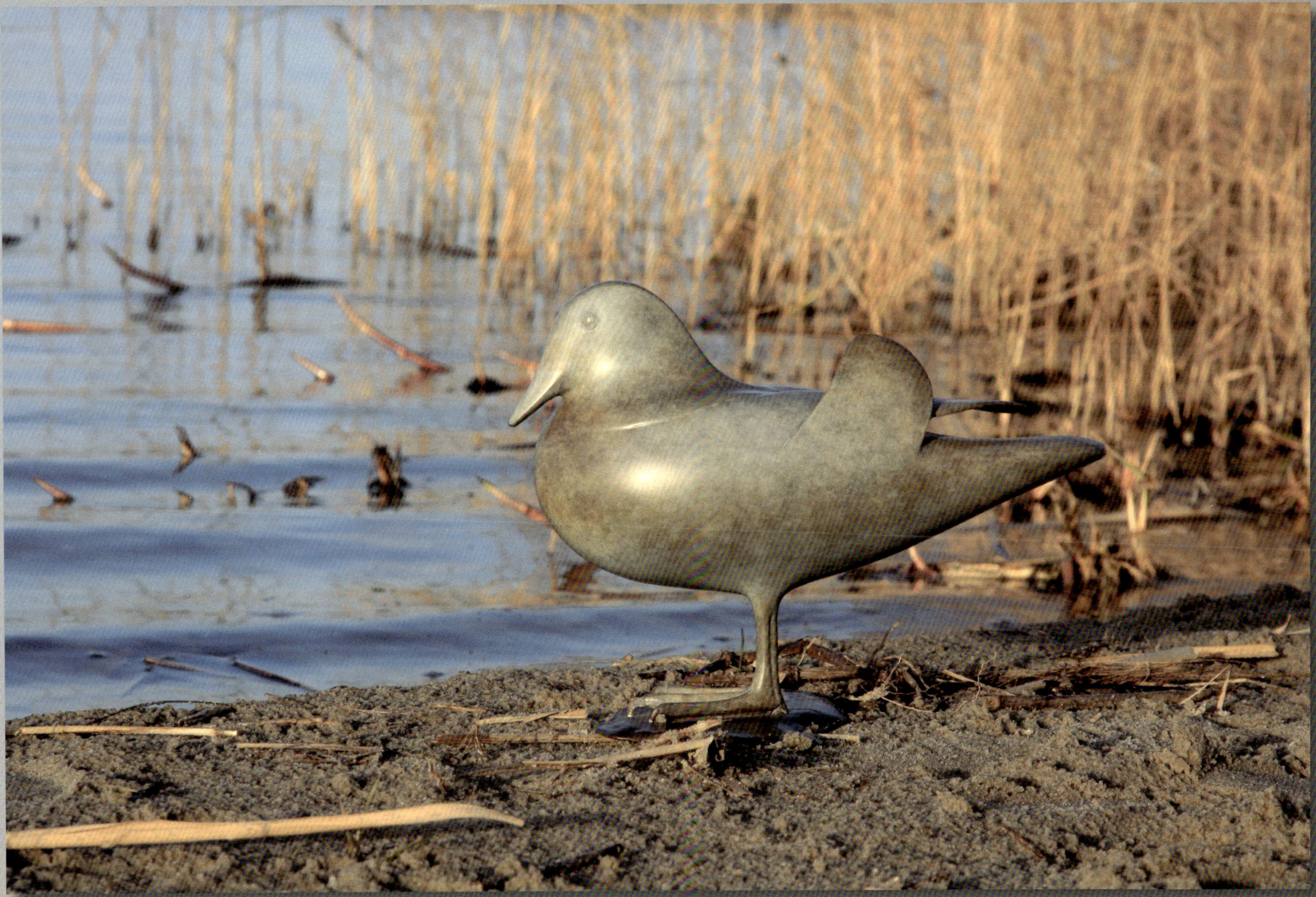

Mark Dedrie, artiste en mouvement

Robin d'Arcy Shillcock

De prime abord, l'attention du spectateur étudiant les sculptures de Mark Dedrie (1962) est attirée par l'aspect lisse et la stylisation poussée de celles-ci. En effet, malgré le fait que chez Dedrie, la couleur cède le pas à la forme, son approche n'est pas à proprement parler classique. Il s'agit plutôt ici de la transfiguration d'un monde de couleur et d'action en un univers de présences, de volumes et de lignes pures, et il parvient à évoquer la légèreté à l'aide d'un matériau lourd: le bronze. Il en résulte des sculptures visuellement attrayantes et agréables au toucher. Ils ne sont guère nombreux les sculpteurs capables de capter effectivement le style et l'allure des animaux, et encore moins d'atteindre le raffinement de Mark Dedrie. Le résultat sont des sculptures fines et sensuelles, traduisant avec grâce le style des canards et autres échassiers.
Très sincèrement, je ne puis en citer que quelques-uns. François Pompon (France 1855-1933), réalisa les marbres de Rodin, avant de s'affirmer comme l'un des sculpteurs animaliers les plus importants de son temps. Son œuvre suscita le courant que je qualifierais de 'Mouvement de la Forme', en réaction aux travaux des Animaliers anecdotiques tels que Barye et Fremiet qui s'intéressaient surtout à la Lutte des Titans; Gorille enlevant la belle innocente (thème de 'La Belle et la Bête' et plus tard King Kong), Léopard en lutte avec le serpent etc. Je citerai ensuite Adrian Sorrel (Angleterre, 1932) et Claude Lhoste (France, 1929) qui recherchent le même niveau de fluidité et de perfection que Dedrie. Son champ d'action s'étend à une série de sujets plus vaste, ce qui s'explique par sa longue expérience. Dans le catalogue de l'exposition annuelle *Birds in Art*, (Les oiseaux dans l'art) qui est organisée depuis 25 ans au Musée d'art Leigh Yawkey Woodson Art à Wausau (USA), je découvre quelques artistes dont l'œuvre est comparable à celle de Mark Dedrie : Emily Parlman (USA,1927), Burt Brent (USA, 1938), chirurgien plastique dont les sculptures portent l'empreinte de son activité professionnelle, Charles Almond (USA, 1938), Geoffrey Dashwood (UK, 1947) et Ross Matteson (USA, 1957). Ce dernier est le plus proche de Dedrie, mais plus dur et distant dans la représentation des oiseaux. En fait, la sensualité de Dedrie se rapproche plus de celle des sculpteurs sur bois, tels que Hank Tyler (USA 1944) et le Néerlandais Jaap Deelder (1952), qui polissent leurs sculptures en les enduisant d'huile, rendant ainsi visible la nervure du bois.

Les artistes de qualité ne nous tombent pas du ciel. Ainsi Dedrie, lui aussi, est le produit d'impressions, d'influences et de courants variés. Certains d'entre eux ne sont pratiquement plus décelables, alors que d'autres se laissent uniquement deviner. Dedrie subit certainement les influences de ses années d'apprentissage, à l'époque où il était couleur de bronze – son métier de base. Nous avons donc affaire à un autodidacte qui cherche à transmettre sa vision et son émotion au spectateur, grâce à son savoir-faire et à sa connaissance parfaite des moyens techniques disponibles, mais aussi par son empathie avec les oiseaux.

Les Oiseaux

L'oiseau est symbole de liberté, déclare Mark Dedrie, mais paradoxalement toute forme de symbolisme disparaît peu à peu de son œuvre. Ses figures humaines, symboliques et androgynes, cèdent la place à des oiseaux et des animaux reconnaissables, certes, mais qui requièrent la quête d'un sens plus profond. Et pourtant, malgré une certaine connaissance du monde des oiseaux, celui-ci reste mystérieux et insaisissable aux yeux de l'homme du 21ième siècle, tout en restant le messager d'une signification symbolique. De toutes les créatures du monde animal les oiseaux se rapprochent les plus des anges! Mark Dedrie regarde les oiseaux avec empathie, même s'il transcende ce regard. Il observe l'oiseau vivant aussi bien que le spécimen empaillé. Il étudie leur silhouette, leur stature. Il fait appel à la photographie pour tenter de pénétrer dans leur monde et se laisse bercer par ses rêves et ses phantasmes. Avant même qu'il n'entame son travail, les différentes couches de ses yeux et de son cerveau filtrent et interprètent toutes les caractéristiques plastiques propres au canard mandarin ou au courlis. Il conçoit les sculptures en cire ou plastiline grandeur nature et en utilisant ses mains et ses doigts comme dans un acte d'amour. Chaque nouvelle sculpture procède d'une gestation douloureuse, alors qu'il s'efforce de capter ce qui rend ces créatures si inaccessibles: leur pureté et leur légèreté. Il croit que c'est en simplifiant ses sujets qu'il réussira le mieux à transmettre leur état d'esprit. Car les oiseaux eux-mêmes ne collaborent pas. Bien sûr, chaque espèce présente une silhouette typique qui permet de reconnaître le 'hibou' ou la 'corneille'. Pourtant un oiseau est bien plus que cela - il y a aussi la personnalité, l'attitude particulière et le comportement caractéristique. En outre, les parties protubérantes, telles que les pattes et le bec, posent un problème de transposition, de recréation sur le plan technique et artistique et risquent même de rompre l'unité de la sculpture. Malgré ces transpositions, l'on identifie aisément le courlis, le mandarin, le petit hibou, le gracieux martin-pêcheur. Et le cygne si fascinant.

Il émane de ce cygne une présence saisissante. L'homme qui décida d'acquérir la sculpture de grande taille 'Crescendo', pendant que Mark et moi-même déambulions dans la galerie, ne se lassera pas de sitôt d'admirer cette œuvre. Celle-ci est un vrai Dedrie, et pourtant elle est différente: exubérante, majestueuse, un tour de force, créé dans le but d'impressionner. A en croire les saga islandaises les cygnes migraient vers la lune après la couvaison; c'est exactement ce que Dedrie a réussi à capter, la qualité magique, quasi lunaire du cygne. Il traduit l'anatomie du cygne de façon personnelle, tout en s'écartant de la réalité morphologique des ailes, ceci peut-être afin d'éviter une pose trop héraldique. En suggérant le 'mouvement' des ailes, il semble bien que le sculpteur ait été inspiré par des phographies d'oiseaux en plein vol, leurs ailes estompées et floues. Tenter de suggérer le mouvement dans un bronze présente souvent un problème difficile à résoudre. Dedrie l'aborde par ce que nous pourrions appeler un angle moderne, utilisant tous les moyens actuellement à notre disposition. Le profil des ailes dépasse l'exactitude anatomique: elles semblent gonfler et capter l'air comme si, à chaque instant, elles pourraient emporter l'oiseau à travers l'espace tridimensionnel. L'on découvre ici des concordances avec l'approche de Lhoste, notamment son Pélican en marbre de 1966 et son Oiseau en bronze de 1988. Du fait que l'œil humain ne capte pas parfaitement ce mouvement, l'artiste peut faire appel à de nouvelles possibilités sculpturales. D'une manière très simple, semble-t-il, ces deux artistes nous donnent une impression ou, plus fort même, une évocation imaginaire de ces créatures énigmatiques, évoluant à la périphérie de notre monde, essayant toujours d'échapper à notre attention.

L'alchimie de l'atelier

Less is more (Moins c'est plus) telle est la pensée sous-jacente de Mark Dedrie. Facile à dire. Produire des sculptures d'animaux convaincantes et stylisées exige un long processus préliminaire au cours duquel il s'agit d'expérimenter, de prendre des décisions ardues, de faire des choix douloureux. Puisque ses sculptures sont, en effet, réalisées avec tant de soin et de précision, il faut, pour pouvoir les apprécier pleinement, non seulement les regarder de loin, mais aussi pouvoir les toucher afin de ressentir ce que l'artiste avait éprouvé - c'est ce qu'un ami sculpteur m'a appris il y a belle lurette. Je suivis son conseil lors d'une exposition au Musée d'Orsay à Paris et touchai bon nombre de sculptures … jusqu'au moment où des gardiens furieux nous en empêchèrent en nous menaçant de nous jeter dehors. J'opte donc pour une visite au musée en plein air du Middelheim à Anvers, où l'on peut caresser les sculptures, tel mon favori, l'Ours polaire de Pompon, sans se faire apostropher par les gardiens. Les sculptures de Marc Dedrie, tel Stone Owl, le prince-consort de Pallas Athéna, la déesse grecque de la sagesse et des arts, ou l'élégant courlis au long bec et le gracieux martin-pêcheur qui semble prêt à plonger dans quelque mystérieux ruisseau, toutes supplient qu'on les touche. Dans sa recherche inlassable de l'essentiel, Mark Dedrie a apuré son sujet tout en lui conservant sa vivacité dans sa gracieuse coquille de bronze nacré.
Ceci découle de son amour du métier, du choix des matériaux et des outils qu'il utilise. Beaucoup dépend de la manière dont il chauffe et aplatit la cire et de la précision avec laquelle il façonne le moule et lisse le modèle en cire qui en résulte. Durant le processus de la fonte du bronze, le modèle original se perd - cire perdue. Mais il ressurgit après démoulage, comme un sphinx renaissant de ses cendres. Si les sculptures peuvent être admirées à distance, elles gardent cependant toutes leurs qualités lorsqu'elle sont observées de près. La qualité nacrée de la matière apparaît alors avec netteté. La gageure consiste à appliquer la patine - causée par une réaction chimique au feu - de manière à la rendre intéressante sans qu'elle ne devienne criarde. (Et fort éloignée des patines à couleur d'excréments que les sculpteurs néerlandais semblent préférer).

En gros plan un manque de détails se manifeste. Ainsi les yeux qui pourtant donnent vie à une sculpture ne sont ici souvent que de simples creux orientés en fonction de la lumière. Le sculpteur s'intéresse à la synthèse de grands volumes, non pas aux détails aux faits. Seul le regard du spectateur reconnaît un oeil dans un creux, conférant ainsi vie à l'oeuvre.

L'élégance et la légèreté de l'oiseau sont suggérées. Le point d'équilibre du volatile doit être fixé dès le début du processus de création de la sculpture. Cette performance, en combinaison avec l'attrayante patine marbrée, qui suggère légèreté et apesanteur, cache habilement le fait qu'il s'agit de matériaux lourds et rigides. En fin de compte, ladite patine augmente ainsi la qualité tactile des sculptures.
La simplicité et la légèreté des sculptures font aisément perdre de vue ce qui précéda. La production de sculptures en bronze ou en acier inoxydable représente un travail de longue haleine, supposant un processus lent et coûteux.. (Ceci expliquerait-il le manque d'intérêt pour la sculpture de la part des Académies des Beaux-Arts aux Pays-Bas?) Le travail du bronze reste tel qu'il a toujours été depuis la nuit des temps: un métier manuel et exigeant. Afin d'atteindre un degré élevé de perfection, de subtilité et d'harmonie, l'artiste doit effectuer une succession de travaux longs et délicats, étudier des particularités qui disparaîtront dans le résultat final. Il faut donc, pour atteindre plus, montrer moins… *Less is more* (Moins c'est plus).

Un artiste en mouvement

Les artistes sont des individus imprévisibles, c'est justement ce qui les rend intéressants; ils évoluent, modifient leur style, ou se laissent entraîner par de nouvelles passions. Il y a cinq ans d'ici, Mark Dedrie a entamé sa série de sculptures d'oiseaux; depuis lors, il n'a pas dévié de sa route. Les symboles, les anecdotes et également une forme d'hermétisme ont cédé la place à une figuration bien charpentée. Il ne s'agit pas d'une figuration unilatérale, d'un documentaire banal des espèces animales, car Mark Dedrie désire évoluer en restant à mi-chemin entre la figuration et l'abstraction pure. Lorsque l'on étudie son œuvre telle qu'elle a évolué depuis cinq ans, l'on constate que les formes s'en sont épanouies, tel un poussin émergeant de l'œuf et découvrant le monde environnant. Les formes strictes et compactes du début qui caractérisaient ses sculptures, ont évolué vers plus de légèreté. En quelque sorte, elles sont devenues plus aériennes. Elles pourraient, un jour, se mettre à respirer!
Le processus mystérieux de la création se déroule dans le subconscient de l'artiste, et ce processus est plus mystérieux que l'alchimie. J'aimerais pouvoir découvrir et comprendre la mystérieuse macération qui se déroule dans le cerveau de l'artiste et quelles idées le hantent. Imagine-t-il anticipativement avec précision chaque nouvelle création telle qu'elle se matérialisera plus tard, ou telle qu'il la souhaiterait? Ou ne l'entrevoit-il que vaguement ? Ou voit-il simultanément les différentes possibilités qui s'offrent à lui? Hélas, toute forme d'introspection dans le mental de l'artiste est impossible, il faut se satisfaire de ses idées traduites dans le métal.
Lors des échanges d'idées que j'ai eus avec lui, il a exprimé l'intention de vouloir évoluer, de se renouveler. Il déclare avoir l'intention de se rapprocher du naturalisme. « Je pense ajouter un seul détail. » Il s'arrête de parler, hésite et ajoute, « Ce détail devrait remplacer et symboliser ceux que j'omets et qui font partie de la totalité de l'oiseau. » Il y a encore des distances à franchir, des raffinements à apporter. Aucun artiste, aucun homme peut-être ne peut progresser sans ces aspirations. Le manque de croissance signifie l'arrêt total. Un horizon lointain brille dans son regard. Il déclare: « Je désire progresser. J'en suis capable. Je le ferai. »
Dans sa confrontation aux problèmes compliqués qu'il lui faut résoudre Mark Dedrie s'élance vers une destinée que nous ne pouvons discerner. Compte tenu de ses qualités et de son sens esthétique aigu, je demeure curieux de suivre son évolution. Ceci signifie que le livre que nous vous présentons ce jour, ainsi que l'exposition qu'il accompagne, ne constitue qu'une étape, un cliché momentané, un bilan, tenant compte des intentions et des ambitions de l'artiste. Nous apprécions à sa juste valeur le fait qu'une rétrospective signifie, en fait, un tour de force, mais également un moment de réflexion, une prise de conscience au bout de cinq années de dur labeur. C'est aussi le moment de vérité. Car l'artiste nous dit: 'Voilà où j'en suis. Me voici'.

Groningue, janvier 2009

Konijn

Rabbit

Lapin

40 x 14 x 17 cm

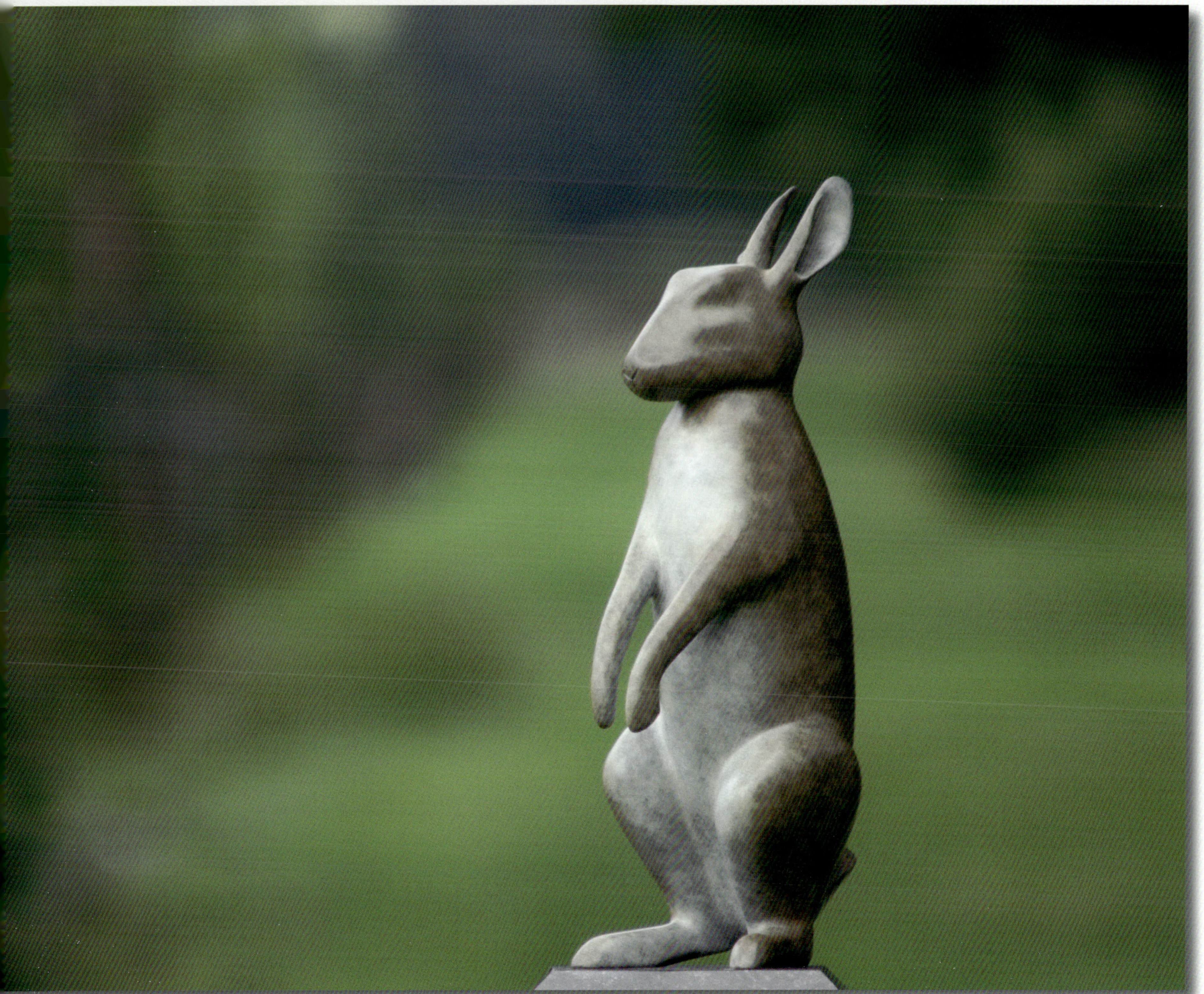

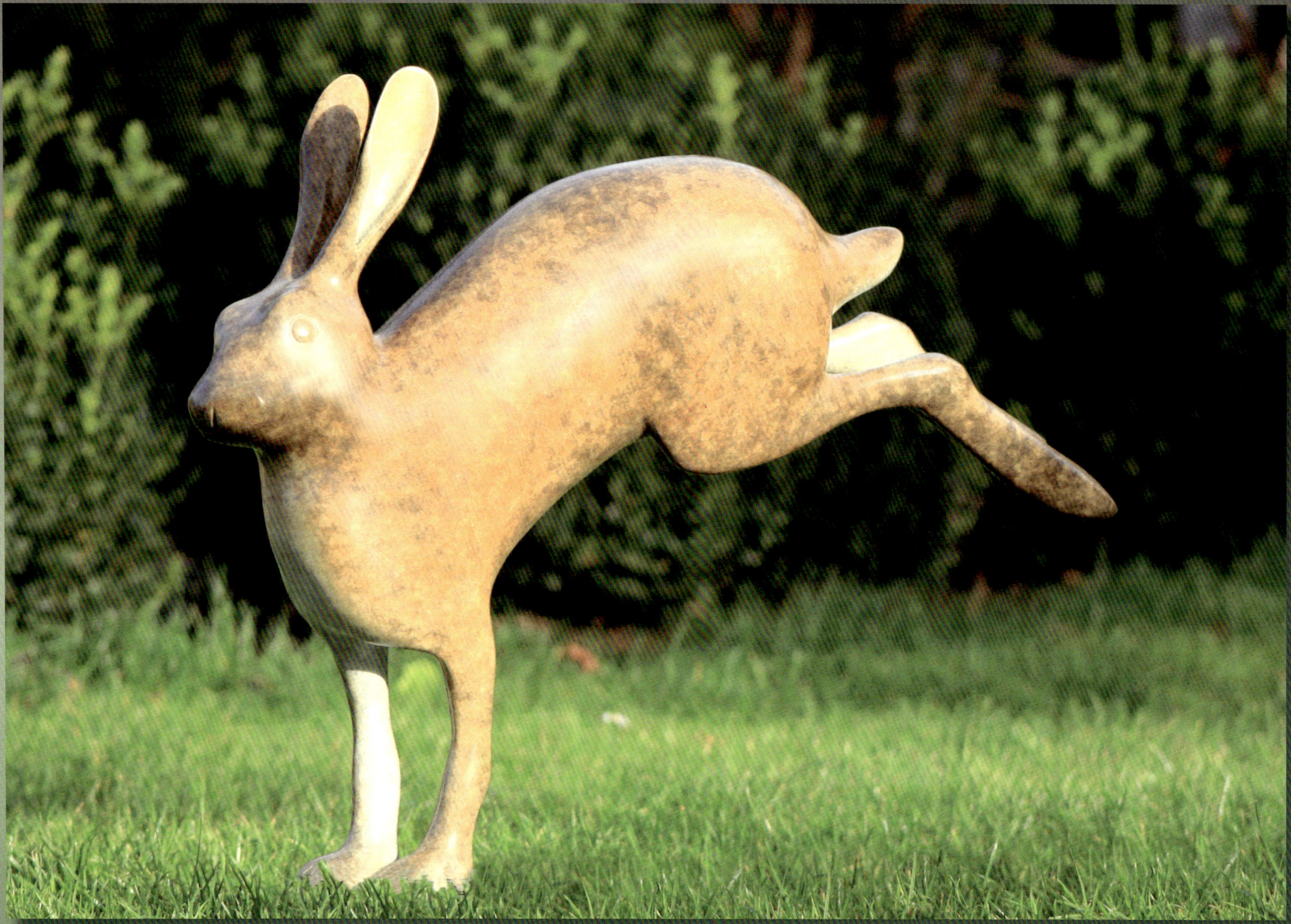

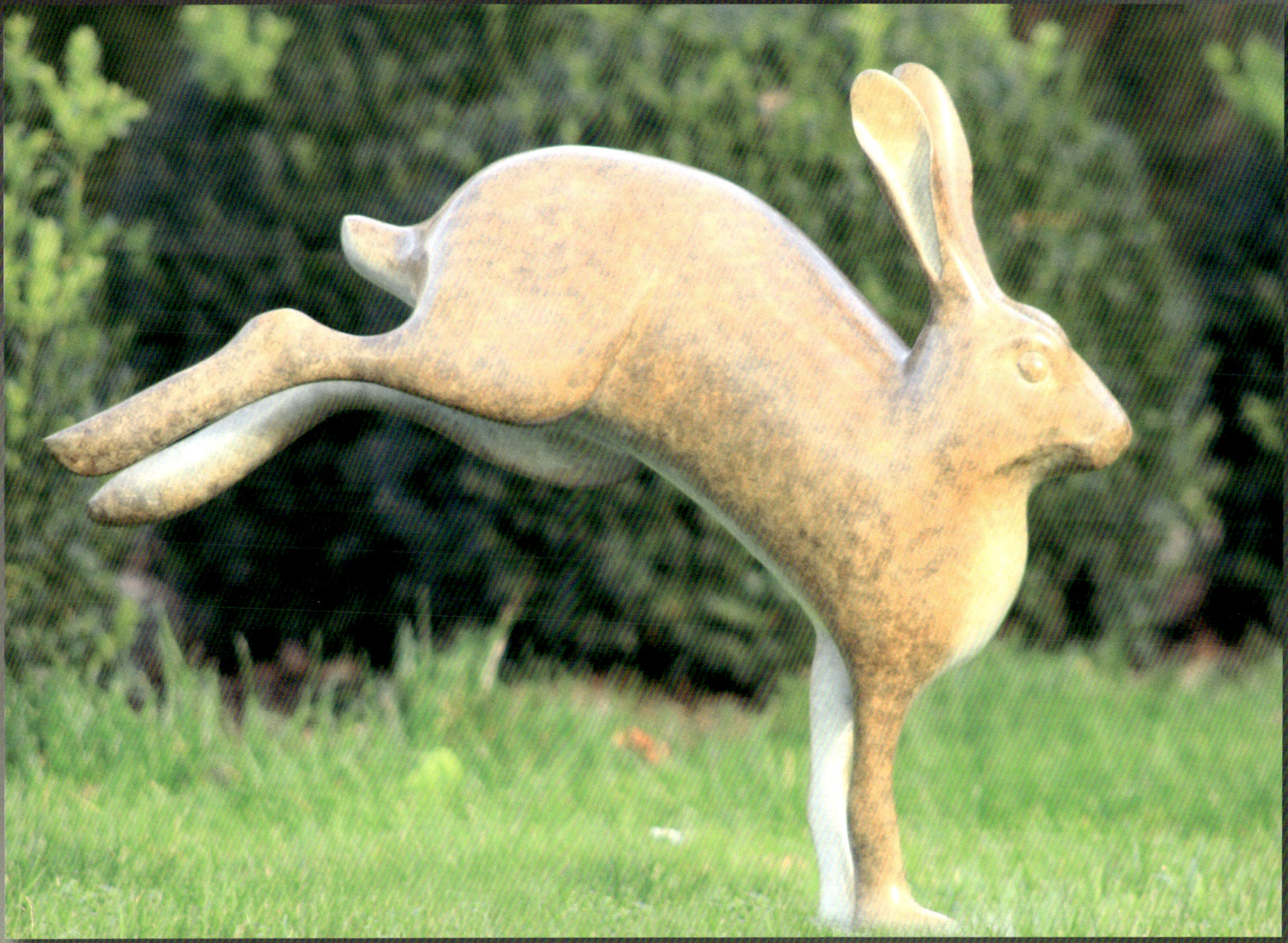

Haas

Hare

Lièvre

43 x 56 x 13 cm

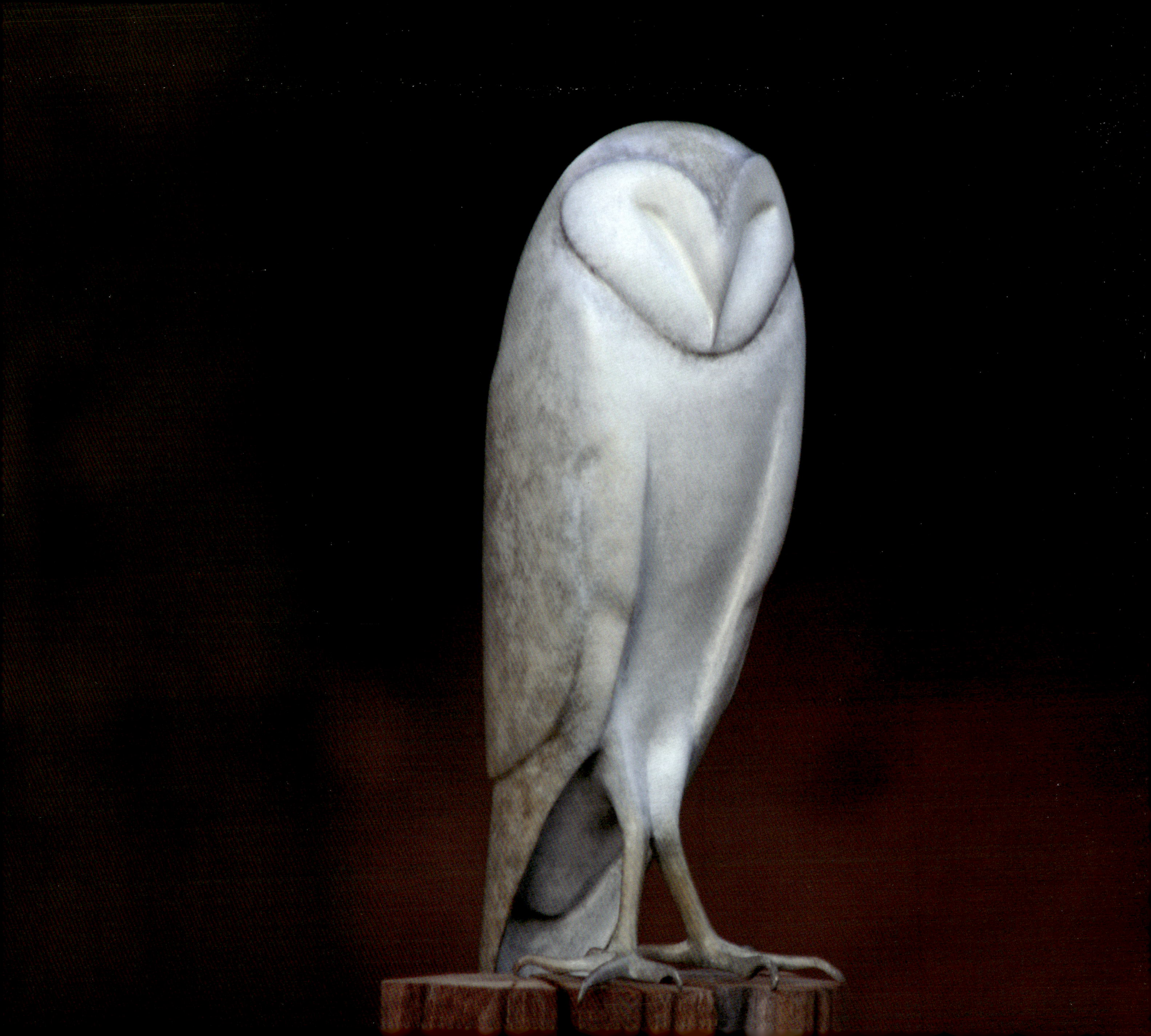

Slapende kerkuil

Sleeping barn owl

Chouette effraie endormie

38 x 11 x 10 cm

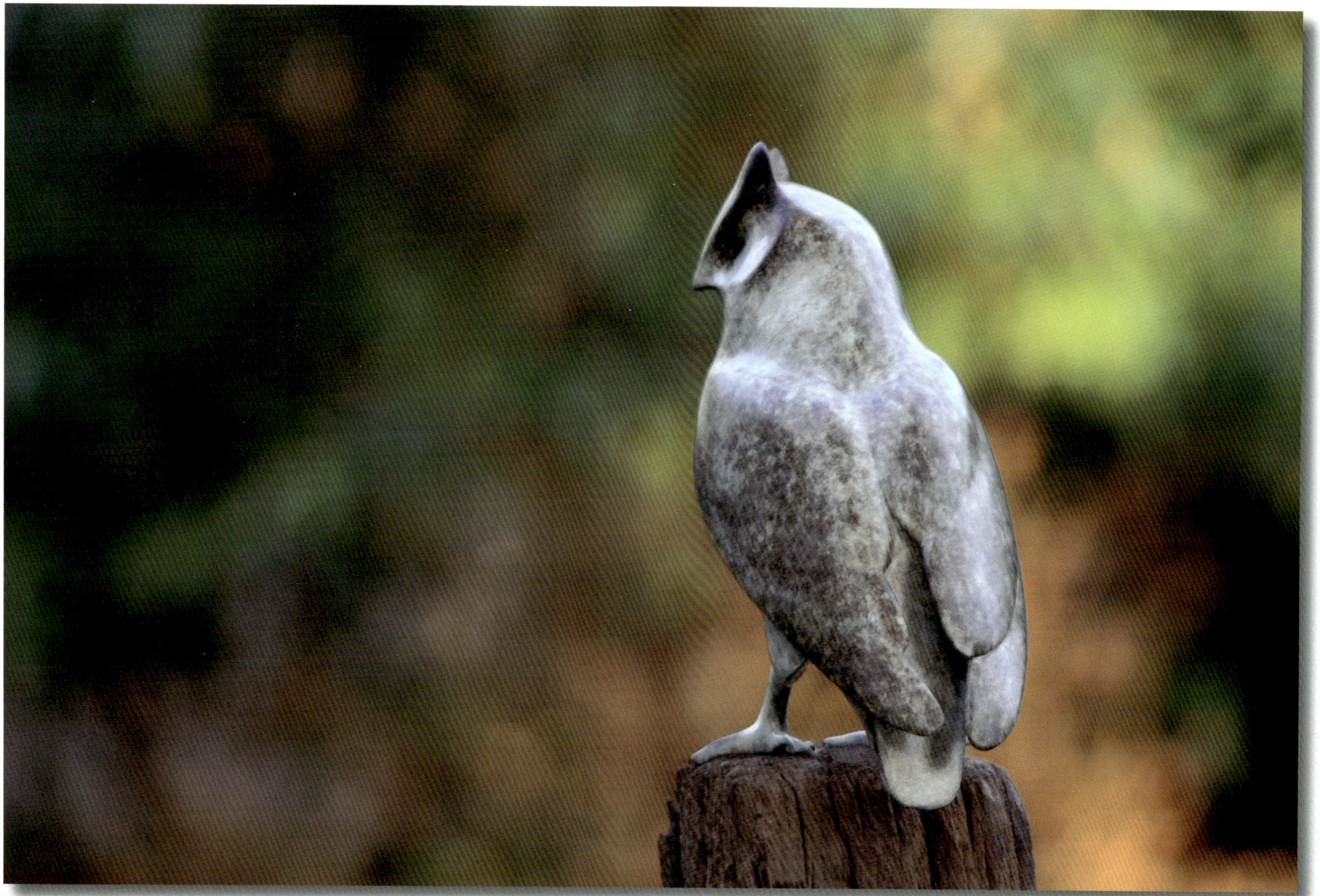

Dwergooruil

Eurasian scops owl

Hibou petit-duc

24 x 10 x 8 cm

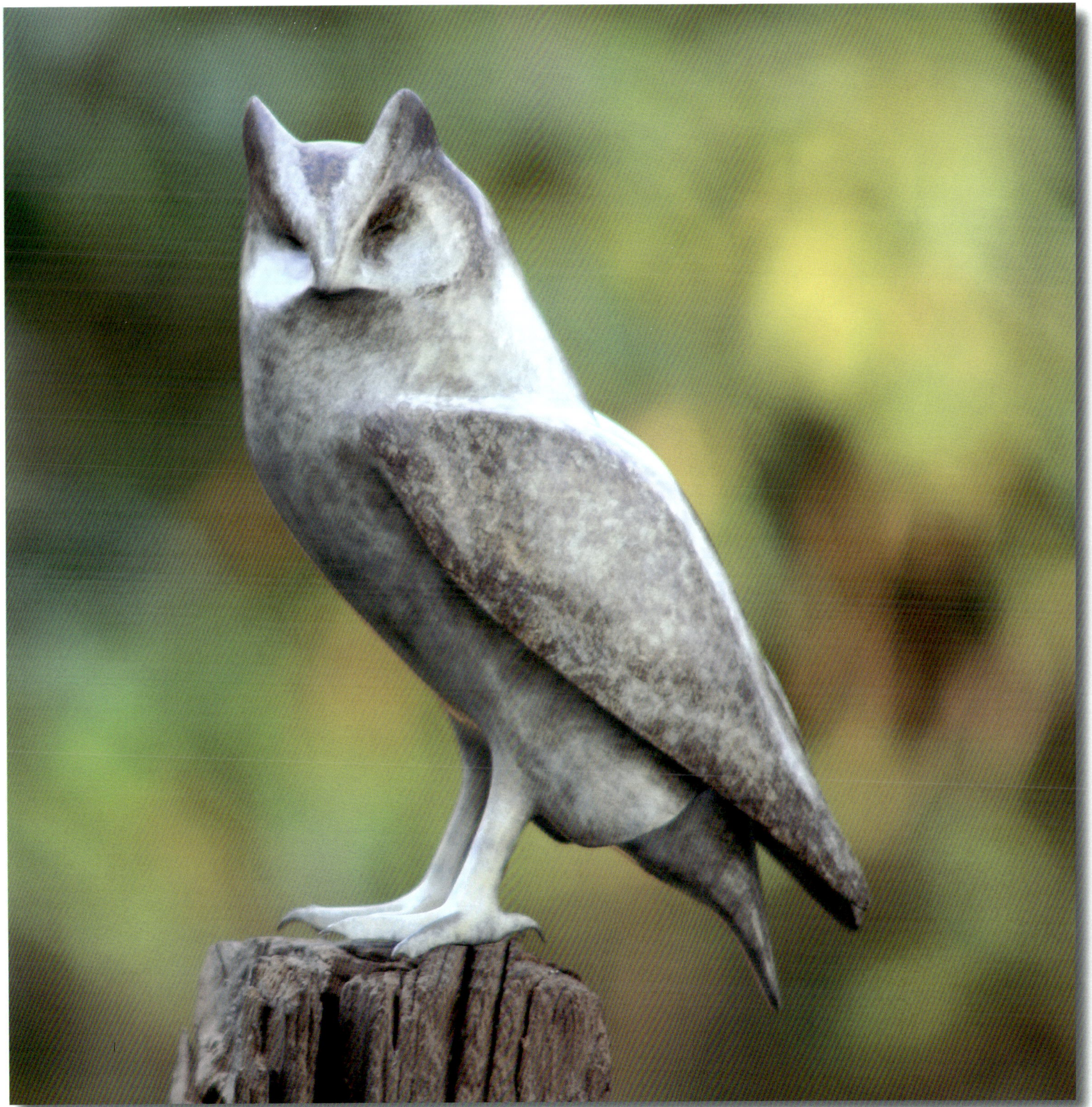

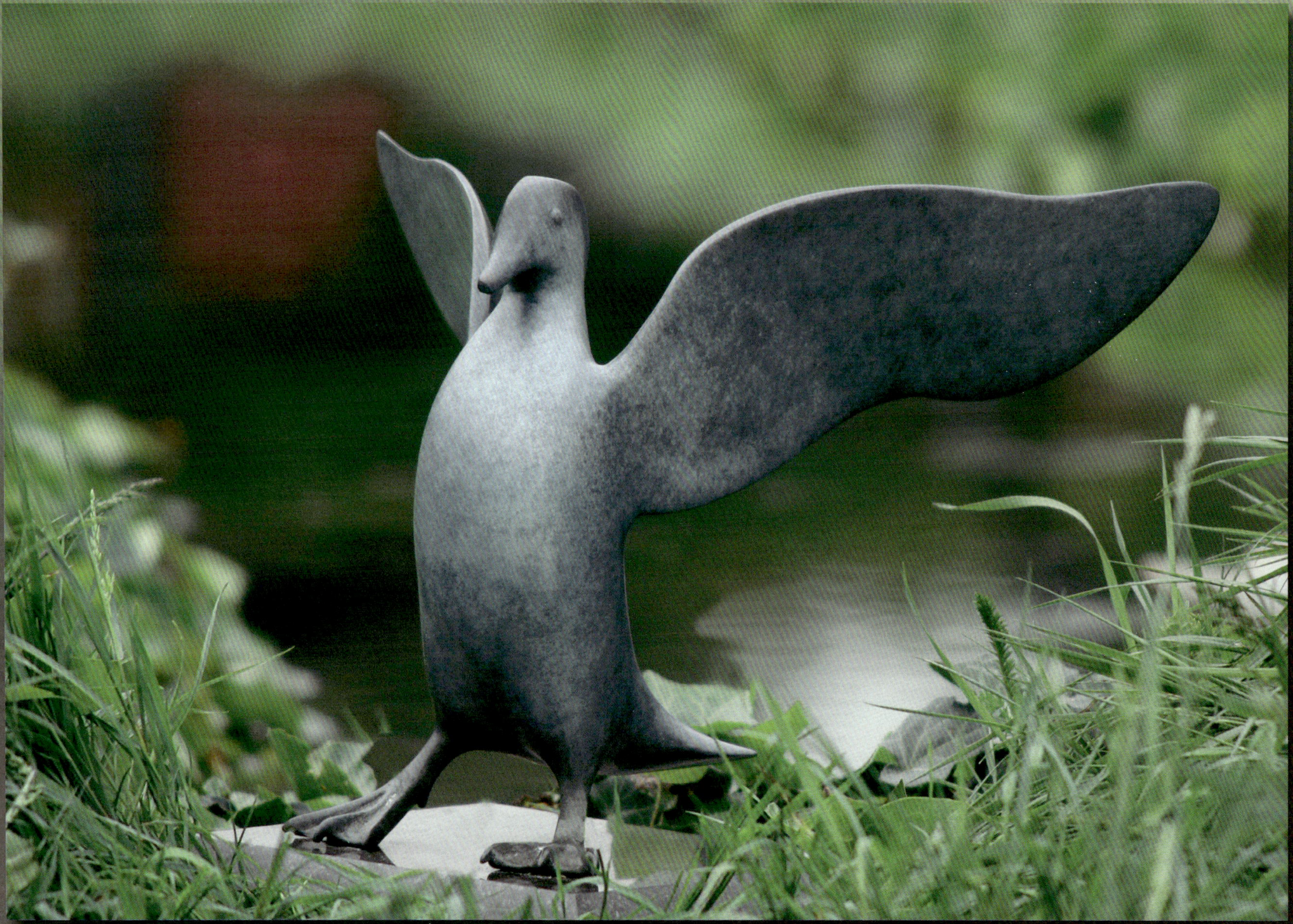

Mandarijneend III

Mandarin duck III

Canard mandarin III

14 x 26 x 22 cm

Introduction

There are many motivations for starting a biography; a "coup de foudre" is one of them (George Grard, Folon): getting to know the artist at the beginning of his career and following him over the years (Pol Mara, Paul Delvaux, Jacky De Maeyer, Guy Van den Bulcke, Jack Godderis, Guy Vandenbranden, Jef Van Tuerenhout, André Goezu, Monique and Herman Muys, Christian Silvain and others). Equally, confrontation with the work itself can result in a critique (Walter Brems, Pinchas Shaar, Hugo Duchateau...), but what had never happened to me before was an artist colleague urging me to visit an artist, in this case Mark Dedrie. The colleague was Guy Van den Bulcke, himself winner of the Rome Prize and the Young Belgian Painters Award, the only artist in Belgium to have been awarded both of these almost contradictory distinctions.
He accompanied me and convinced me.
Dedrie's work displays precision and tenderness, an almost photographic sense of reality.

Flemish art is not limited to imagination and fantasy; it is also, and primarily, the observation and true to life depiction of the tempered light of the Low Countries with hues that induce the emotions that flit across the mood.
The method of expression is a way of "being", as authentic as his oeuvre. His world is a shell with jagged shapes, but it is about the reality of the shell, about his environment, his world with moments of ultimate beauty in which the viewer is brought to rest and reflection. His work is evocative of an attempt to induce a synthesthetic experience: seeing, smelling, tasting and hearing. The forms he creates are 'expressive poetry". His sculptures have absorbed the heartbeat of every living thing - they seem to reverberate with it. This artist works with integrity, faithful to the great traditions of the path he has taken.

Clearly, Mark Dedrie is following the classical tradition, mindful of a Bugatti, a Barye, a Dupon, or a Pompon. The reality is not just a source of inspiration, but also an opportunity for interpretation, a study object, a source of contemplative observations. Mark Dedrie achieves a compromise between nature and art.

That achievement is new, when compared with the relationship art has had with nature over the centuries. Traditionally, the beauty of nature and the beauty of art crystallised into a theology of beauty: the idea of perfection referred to the ultimate Perfection. Nevertheless, it is not insignificant that classical philosophy felt it encountered the aesthetic experience both in the perception of natural beauty and of art. Nature and art evidently have an equal appeal to the human spirit. We must not neglect this conclusion today.

What, then, possesses a contemporary artist to once again see nature and art as a single entity, as being connected? First of all, why should he be forbidden from demonstrating his respect or nature? Why should he be forced to justify this position?
If we do undertake an attempt at such a justification, the main thing to be borne in mind is the enormous change in the perception of nature and of art. There is no longer any mimetic presence of nature in art. Nature is no longer the subject of an idealistic mimicry. Nowadays, nature and art be able to coincide metaphorically once again in the idea of the performance.

Marcel van Jole (AICA)

The Proust Questionnaire for Mark Dedrie

The Proust Questionnaire is a personality test, made famous by the answers given by French author Marcel Proust.
I have used the Proust Questionnaire for around 40 years in my interviews of artists to whom I dedicated a monograph. The first of them was Paul Van Hoeydonck, the sculptor with a sculpture on the moon, for the composition of "Kosmo Notes". I collaborated on that work with the late French art critic Pierre Restany, who was absolutely enchanted by the originality of this psychological test. A month before his death, he asked me if I would mind if he also used this questionnaire.

At the end of the nineteenth century, the adolescent Proust discovered a text. It appeared in a British album belonging to his girlfriend, Antoinette, daughter of the then French President, Félix Faure. The original title was "An Album to Record Thoughts, Feelings etc...". In those days, this sort of text was extremely fashionable for wealthy families: this fashion came from England, and the interviewees can divulge their predilections and desires.

Proust made several enthusiastic attempts at answering the questionnaire. The original manuscript of his answers dates from 1890, when he was doing voluntary service. The work, entitled "Marcel Proust par lui-même", was recovered in 1920 and sold at auction on 27 May 2003 for the round sum of €102.000.

Bernard Pivot, the French TV presenter, made grateful use of the questionnaire to reveal various aspects of the oeuvre and personality of famous authors. At the end of the "Apostrophes" broadcast, he customarily subjected his guests to the Proust Questionnaire.

Inspired by Bernard Pivot, James Lipton, the presenter of "Inside the Actor's Studio" also subjected American stars of the screen to a freely revised version of the Proust Questionnaire.

Interview with Mark Dedrie

Marcel van Jole (AICA)

Are your parents artistic?

My father certainly had artistic talent. He was a patissiere and would make ornamental flowers from melted sugar for special occasions like births and weddings, and sculpt various animal figures from marzipan for the annual Easter and Christmas celebrations. I actually think that everyone has some measure of artistic talent, but some are more talented than others. My mother, for example, was quite proud of her early drawings, but seemingly she did not have the drive to develop her talent.

Who do you take after more, your mother or your father?

My father: we share the same placid and circumspect demeanour.

If there was one thing you could change about yourself, what would it be?

You can't change your destiny - but if I could, I would have preferred to be aware of my existence in this world at a younger age.

What are you most proud of?

Of the path I have taken! From the moment I became conscious of who I am, I started to mould the person I have become today - and what I have achieved as a sculptor. When I look back over all the sculptures I have created up until now, I would say that I realised my best sculpture, in terms of both form and content, at the beginning of my career. But that pride, however well-placed it might be, soon evaporates when I am faced with new challenges!

What is your favourite material?

To start with, I love working with plastiline – a type of oil-based modelling clay. Plastiline is a non-hardening clay that allows you to keep going back to your work: if you want to do something else or take a break, you don't have to wrap it in damp cloths and plastic. It is easy to return to your work after a short break, or after a few days or even a few weeks, and this means the design can grow gradually. For someone like me, who prefers to allow things to evolve at their own pace, this is a great advantage. Plastiline can also be reused indefinitely – there are never hard, baked-on or dried-out lumps in the clay. Most important of all, this material is very accommodating. Plastiline can be kneaded so easily!
Of course there are other materials. Depending on the complexity of the sculpture I have in mind, I sometimes construct it entirely of casting wax, a material with special attributes, at least special to me, which bring me close to the desired result; this is in contrast with plastiline which, as I have said, is a fantastic material that is equally helpful for creating an initial rough outline.
The third of my favourite materials is bronze: because of its sheer timelessness and nobility of character naturally, but mainly, I think, because I spent years casting bronze. That was when I learned about the many different bronze alloys. The bronze used to cast my sculptures for the last twelve years has

specific properties that chime with my own perfectionism. A 90/10 alloy, like I used in the past to cast bronzes, can certainly be described as a wonderful bronze but its finish is extremely soft in comparison with the bronze used to cast my sculptures nowadays. I am full of admiration for the Art Casting Belgium art foundry, where they ensure that my sculptures, and those of other artists, are welded perfectly and that what I see and feel of the skin of my sculptures so closely resembles reality.

What is your greatest fear?

That I cannot actively continue producing my art.

What do you feel most attached to?

I am sure that the purpose of this question is to delve deeper into my psyche, but it cuts my heart into a myriad of pieces. If what you are searching for is attachment, I can only envision the emotions and affects that I imagine I share with many other people. Yes, of course my family is closest to my heart. The rest is too intimate to put into words.

Do you consider yourself attractive?

God, no: that is not something I think about. I value emotions and skills more highly than appearance. Nevertheless, I am convinced that the skin, the outer surface of the human body, mirrors what is inside. I am sure we could talk happily about tastes and colours, but not discuss them in depth.

How do you define love?

Doing and being what you want to do or be, without getting too involved in the theory. If you do that, words like passion and desire will come out spontaneously. There must be a balance between give and take. As a single concept, love is called *yin yang*.

What is your educational background?

I studied horticulture until I was eighteen. When I was twenty I became an apprentice with a bronze casting foundry, where I worked enthusiastically for twelve years. Two bronze casters, artists with whom I had worked for years, unwittingly set me on the path towards becoming a sculptor. I had not tired of the casting itself, but was fed up with the utterly unprofessional attitude in the profession as a whole. I had made my decision: I would create my own sculptures and go my own way!
Some weeks later I received my first commission from the municipality of Schoten, to develop a full-size sculpture of a design that I had submitted in a competition. When I was older I studied at night school to obtain my certificate in photography.

What is your favourite pastime?

That word is not even in my vocabulary! For every day that passes I could fill three others with the things I want to do.

What, in your view, is the most frightening global problem?

That we are ruining the environment for future generations; that our children and grandchildren will be faced with major problems with their health, and a lack of healthy food and clean drinking water. However odd this might sound, the main issue is really a problem of luxury for us in the West. Adults and children in developing countries are never given the chances that we are just wasting. We spend billions on exploring the universe, but we cannot manage to provide everyone on *this* planet with equal opportunities.

Do you have a social ideal?

In my ideal society, the grass would not be greener in one place than in another. It would be a society in which everybody works together towards an environmentally healthy and environmentally friendly way of life, with healthy structures for third world countries, for which everyone in the Western world would accept their responsibility and think not only of personal profit, but of a situation from which both sides gain.

Is there such a thing as freedom?

No, not if you are talking about freedom of existence in its entirety. If you divide it into different components like thought, way of life, environment, friends or work, to name but a few, then the word freedom and its definition certainly apply. Freedom implies the absence of rules and boundaries. We can celebrate the latter to some extent, but freedom will always run up against a boundary somewhere.

Do you like to travel?

Yes, but at the moment I don't have the time. Some years ago an artist friend organised an introduction in Texas. It was an exceptional experience. One year previously, I had travelled to Canada. Despite the grey winter days and my limited time there, it had made an impression on me and I certainly wanted to go back. Being a bronze caster and artist, I visited foundries that gave me a lot of new ideas. I was always received with hospitality that we do not have here, and given a lot of technical information. Travel broadens the mind, and broadens your vision of cultural diversity.

How do you feel about nature?

I will answer your question from where I am now, although my attitude has not changed greatly over the past twenty years. I have always had a great respect for nature. That invariably starts by recycling and ensuring that waste goes in the right containers, but the story goes back to my years studying at the horticulture college. Since then, nature has inspired and nurtured me immensely. I can also derive enormous enjoyment from a walk on the beach, with its unique environment of sea, sun and sand: that is when I fully realise that *less is more.*

Vast expanses of valleys with fields, woods and a falcon hovering somewhere in the distance, a swan floating sleepily on a lake, young hares or rabbits hopping across the fields. Winter landscapes have always appealed to my imagination, not for the cold but because of the stylised landscape carved out by the snow. As a young boy, I was taught to fish by my father and grandfather. I spent hours, perhaps days, at nearby lakes and rivers, spending my time observing everything happening around me. I did love to spend time in such a verdant environment so close to the river!

What is your favourite flower?

I don't have one particular favourite – there are too many beautiful blooms to choose only one.

What is your favourite bird?

That is the bird that has captured my attention at a given moment, whether it be a penguin, or a kiwi, an owl, a tern, a kingfisher, a swan or a heron.

What animals do you admire?

Birds attract me the most. They represent freedom. How they can apparently move effortlessly over enormous distances, with a panoramic view of the world, but at the same time an eye for detail. Friends of my parents had a large aviary in their garden with a huge variety of birds; I went to watch the birds whenever I visited. Now you ask me this, I automatically recall a film and music by Jonathan Livingstone about a seagull. A wonderful film.... I can still hear the music, with Neil Diamond singing!

What inherent traits would you like most to develop within yourself?

Empathy.

What is your most remarkable characteristic?

Perseverance.

Who would you have liked to be?

Myself, but twenty years younger, and fit and healthy – but who doesn't have that dream? Back to reality, and I am quite content with who and what I am.

What do you think was your greatest mistake?

That I did not spend enough time on my own development before I was eighteen, and that I can never make up for that.

How important do you consider friendship?

It is indispensable. I may be an artist, but I want to be socially engaged and not live like a hermit.

What do you value most in your friends?

Honesty, openness and a free spirit.

What mistakes are you most sympathetic to?

Human errors are unavoidable and there is usually a reason. If someone admits his or her shortcoming, he or she is open to learning something from it and resolving the matter, or deals with things differently the next time.

What disgusts you most?

Dishonesty, using other people without any respect for their own feelings.

What, in your opinion, must an artwork evoke in the beholder?

Beauty, power, emotion, movement, passion and a love of the craft.

What do you feel about art criticism?

I am open to criticism and try to create a place in my consciousness for all constructive criticism.

What do you think of the critics?

Being a critic of art is a profession for itself. Art is appreciated by the media what seems quite positive. Naturally you don't have to work looking at what the critics say but try to follow your own ideas.

Are you sensitive to public reaction?

Certainly! What I like most is to hear comments and observations unnoticed, so that my presence does not affect the criticism.

Are you striving for an ideal world?

I have already discovered that I can't change the world, so my ambitions have changed. That is why I am quite happy when I look back and realise that I have been able to throw a stone in a river, knowing that it will never flow in the same pattern again.

What would you describe as the main motivational pressure for your work?

Drive.

What is your motto?

To equal tomorrow what I do well today, and if possible improve on it.

Are dreams significant for your work?

Every day I try to realise a part of my dream.

What can an artist achieve in this world?

The higher you climb the ladder of fame and fortune, the more opportunities you have to make a difference to humanitarian issues. That satisfaction is usually reserved for musicians, who can use their communicative skills in different spheres.

What time of the day do you most like to work?

I usually work between 8 a.m and midnight, and make the most of the daylight.

The choice of your subjects seems limited: is that deliberate?

Because it takes so long to make one sculpture, I can only make a limited number each year. As soon as I become absorbed in a certain subject, I discover more and more new positions, movements and forms and that pushes me to make the same bird or the same animal again, but *differently*. That is why you will find different penguins, kingfishers, owls or mandarin ducks in my collection.

Artists have often told me that they have the idea that everything had gone wrong during their creative process. The end result was a success, because they felt the need to start the process again: building everything up from scratch, expecting little or no external contribution... Was, or is, that the same for you?

I never followed a specific art course: I trained myself by observing. I made my first sculpture in bronze after working two years in the foundry. I put it in my garden. Ten years later, I took it off the pedestal and threw it back into the melting pot: I didn't think it was good enough. I revised it. Only when it was finished did I allow myself to move forward as a sculptor, even though at that time I had no idea if I could make a living at it. One thing was certain: I loved every step, from the imaginary design of the sculpture, to modelling, constructing in wax, retouching, making the mould, finishing in bronze, right up to the final patina that you put on the sculptures.

To what extent is life determined by coincidence?

Coincidence certainly exists. It is an enormous paradox, because coincidence leads to uncertainty! To a great extent you determine your own path, which is undoubtedly crossed/walked/kneaded/experienced by various influences: people/animals/emotions/relationships – all of them are a part of a bigger, incomprehensible whole.

Imagine, you could choose one painting to hang on the wall that would always define your life. Which would you choose?

That is a very difficult question! As far as that is concerned, my appetite is insatiable. I am looking now at a photo of a painting by Lorenzo D' Andrea, an Italian whose work is influenced by Picasso. What appeals to me most in this work is the layering, and those layers flow perfectly together to form a wonderful unity. I can keep looking it and still discover new facets. I would also make room for old masters like Monet, Manet, Emile Claus!.

Do you like to work alone?

Yes, although I enjoy company. But if I come across a problem or a difficulty, I prefer to be alone.

Do you like talking to your colleagues about art?

I have regular contacts with different arts and we talk freely. Mostly the things we talk about are not strictly to do with creative work, but they are related. Sometimes we discuss practical problems and look for solutions.

Is it difficult for you to let go of your work and, if so, would you like to see it again?

Yes, if it is a unique piece. And you always want to see your children.... they are still a part of you, wherever they are standing or hanging.

Do you recognise the influences from the past in your works?

Of course, it is like breathing. The air you breathe in becomes a part of you for a moment, you filter it and what you don't need, you breathe back out. It happens with our eyes, they select what interests us – we probably haven't even noticed what is hanging next to it. So you are working with the past and the present every day, and the end result is a sculpture that you prefer most at that time.

Do you want your art to carry a particular message?

People who see my sculptures will already have noticed my love of nature. My earlier works also contain a humanist message that was often related to my situation at that time. They are my signs of the times, if I look back now.

What does being an artist mean to you?

Marcel, given our age difference, I am only a youngster for you. But I am sure of one thing after working for twenty-six years as an artist: 95 % transpiration, 5% inspiration. But I hold out the hope that I will achieve a better balance between the two. Realistically, I feel that there are enormous opportunities for progression. Don't get me wrong, I like physical work but would like to expand my horizons and to do that, you need more inner space.

Do you agree that mathematicians, scientists and artists have the same objective: research?

Yes, although you don't necessarily have to conduct that research in one specific art form.

What do you understand by aesthetics?

I have never seen them myself, but I imagine that they have an impressionist beauty: the green beetles that would stick to everything like a plague.

What, in your opinion, are the most important artistic ideas?

As an autodidact, I regard the art world from an unusual perspective in that context. Despite my youth, as an artist I am an old man, in the sense that what I love most are the old masters, both in music and in the visual arts. Despite the fact that they were created so long ago, when this sort of art had its origins, they have survived and are still youthful and everyone can enjoy them every day, for nothing! That is a bitter contrast to some of the contemporary art that is purely a child of its time... the throw-away society.

Countless definitions exist for art: do you have your own?

Art is a return. I mean a state of mind or spiritual orientation that creative people depict in every possible form and colour. Art is the astonishing and sometimes baffling mirror of the individual confronting his environment.

Does music have a special significance for you?

Absolutely, it is probably the most direct art form. Indispensable food for the soul! Music embraces life in all its aspects and shapes my life, even my existence as an artist, to an important extent.

When you select your clay, do you already know what it will become?

When I started as an abstract sculptor, I had no idea what would emerge. It is your pure self translated into an image! Then, however, I felt an urge to illustrate my love for nature, and especially the animal world, in a visible and identifiable form – for example the sculptures *R A M* and *Swan*. I was even able to discover animal figures in other sculptures! These days I work mostly from earlier ideas and impressions. I use everything in my power to explore the subject in depth and only when I have achieved that do I progress to the plastiline or modelling wax.

What factors accelerate the changes in the creative orientation of the contemporary artist?

Certainly the discovery of new finishing materials and products - in contrast to what most contemporary artists make (or order), I remain faithful to the technical quality of my sculptures. I refuse to put a 'creation date' on my sculptures. Apparently, a lot of people think it is important to have a date on an artwork, to reassure that the product is recent. For years, science has been portrayed to the public as if it were art: apparently the critics see it as the absolute.

Do you feel the need to exhibit your work to the public, or could you work purely for your own enjoyment?

I do need to exhibit my work to the public. I am not a subsidised artist! I did not choose to become an artist to earn a living, but that has come about from the appreciation my works enjoy. Creating sculptures is my way of communicating; I like to talk but I realise that I do not have an enormous skill with languages.

Your eyes are definitely your conscience. Knowing your own creativity, does that then provide a rich accumulation of visual conscience?

Indeed, my eyes work like sponges absorbing all the moisture. But they must also practice self-criticism every day.

Nature is an organised entity; an intelligence in itself. Once it has been filtered by the human mind, it changes, even in your works. Is that deliberate?

It would be impossible for me to match nature. Look at how a bird can fly, at the beauty of a flower, at the incredible shape of a fungus. Since time immemorial, people have been trying to imitate the perceptible secrets of nature and to capture them on canvas, panel or paper and in clay and bronze.

What was the biggest surprise of your life?

I am not a person who surprises easily. I am level-headed enough not to be put off my stroke by sudden events or circumstances. Whenever I undertake anything, I generally start from a basis, foundation or structure and as a result I am always prepared for those small surprises that crop up during the course of our life.

What is the best experience you have ever had?

One that lasted a long time! It started twelve years ago when I took my first wax sculptures to the Art Casting art foundry in Oudenaarde. I should tell you that over all those years, I have probably covered around 100,000 km travelling in my van between Schoten and Oudenaarde and back, and that I still enjoy the journey, because of the kick I get from how the wax creations are transformed into perfect bronze sculptures. My only regret is the countless hours I waste behind the wheel, forced into inactivity by the awful traffic jams.
I had another wonderful experience in March 2007, at the opening of the *Art in Nature* exhibition. I was so impressed by the marriage between my sculptures and Dos Winkel's underwater photography! And it was gratifying that our works attracted such enormous interest: more than four thousand people visited the exhibition over three weekends. Our second *Art in Nature* exhibition at Schoten Castle in March 2009, once again with underwater photographs by Dos, coincides with the publication of this book, which the reader is now holding. I hope that he or she, whoever is reading my story, has enjoyed one of these very memorable exhibitions.

What is your major weakness?

That I like to do everything myself. There again, that slight defect is also my strength, since it is the reason I have become what I am today. As the years pass, you are forced to work on such weaknesses. I have learned to leave more and more to the excellent craftsmen at the foundry

Who would you like to be for a day?

A singer, lyricist or maybe even a guitarist. It must be wonderful to be able to express your emotions like that, even without an audience! Some of my good friends have the same ideas. But please don't think that I cherish such ambitions, because I just don't have enough talent.

What would you do if you could become invisible for a day?

I think it would be fun to play all sorts of tricks on my friends and family.

If you were a politician, what would you change?

You have to be more than a little crazy to become a politician: the media and their sensation-seeking readers and viewers are forever trying to turn your entire private life inside out. Given the slightest opportunity, they will do anything to depict you as incompetent every day. I would most like to be a 'purple' Minister, who focuses on the cohesion of health and welfare, education, sport and art in a harmonious society. Green is the colour of my starting point, because everything revolves around our planet, for which we bear responsibility: that is where everything begins and ends, and that is why we must be caring about its limited resources and its threatened health, because they are also ours.
Then we come to the colour blue. This is something different: trade and enterprise. Finally, red stands for social contact and for protection of those weaker and less fortunate than ourselves. I would love, as Minister, to be responsible for a change to green: sufficient knowledge and technology exists to allow a more environmentally friendly approach to everything. Unfortunately, I realise that it will take a long time before the political world has the courage to see that we have to renounce our bad ways and follow a different path.

What do you do in the little free time you have?

I have to make free time, and what I have is swallowed up hungrily by my family or doing things for my family.

Is it true to say that you have gradually changed from an all-round sculptor to being exclusively an animalier?

Marcel, you flatter me with this question! I might be able to pride myself in the sort of sculptures I make, but I certainly want to, and can, continue to develop. I am certainly not an ´all-round´ sculptor. I would have to live my life many times over before I could make sculptures like Greta Van Puyenbroeck, Ronald De Winter, Wilfried Pas, Lotta Blokker, Henri Moore, Auguste Rodin or Constantin Brancusi. I am happy to salute them as a humble colleague.
I started as an abstract sculptor who included animals in his imagery. Then my work gradually moved towards stylised figures of people and animals. Over the past five years I have only modelled animals, with a preference for birds. In this book, Frans Boenders has attempted to explore what he sees as my special and unique place in the history of the relationship between man and animal, and in the modern situation of specifically animal art, which is enjoying increasing popularity. I just keep working, placidly and tirelessly. I am as curious as you and my public and clients to see how this current trend will develop. As I have already said, nature and the animal world have an infinite fascination for me, so it seems to me that there is a realistic chance that my work will continue in this direction.

Do the Antwerp Zoo and the Planckendael zoological gardens play an important role for you?

I visit the zoo from time to time, although there are long gaps between visits. The only time that a visit played a significant role for me was when I spent time there closely observing the penguins. I made a private photo album that forms the basis for my penguin series. A lot of people think, mistakenly, that I was inspired by the film *The March of the Penguins*. I did not actually see that documentary until December 2008. Professor Louis Beyens had helped me along years earlier with didactic material on the habitat of the penguin. For many artists, zoos undoubtedly form a rich source of inspiration and an anchor for their creations, as it would appear from Boenders' essay. Personally, if I am concentrating on owls, I pay regular visits to owl collectors who keep the birds at home, just so that I quietly watch them in their big cages. Sometimes I can be influenced by a fascinating photo. For example, six months ago, thumbing through a book, I was drawn by a wonderful photograph of a falcon. I had to buy the book, just for that photo. Because the book had sold out, I had to wait four months for a new edition. I have had it now for several weeks. I am hoping that I can start on my falcon interpretation towards the end of April 2009, and hopefully present the new work at the end of 2009. To do that, I want to study exactly what the real animal looks like.

What animal would you like to be?

A bird that could admire the vast beauty of our planet. Or perhaps a fish! Then I could discover the deepest places of the immense oceans observe the wonderful undersea world and keep hoping that I would not end life boiled or friend on a plate.
Oh, I think I would prefer to stay as I am. Let us have faith that, with our increasingly incredible technology, we will soon be able to literally move through the water like a fish, or rejoice at taking a lift on the back of a bird!

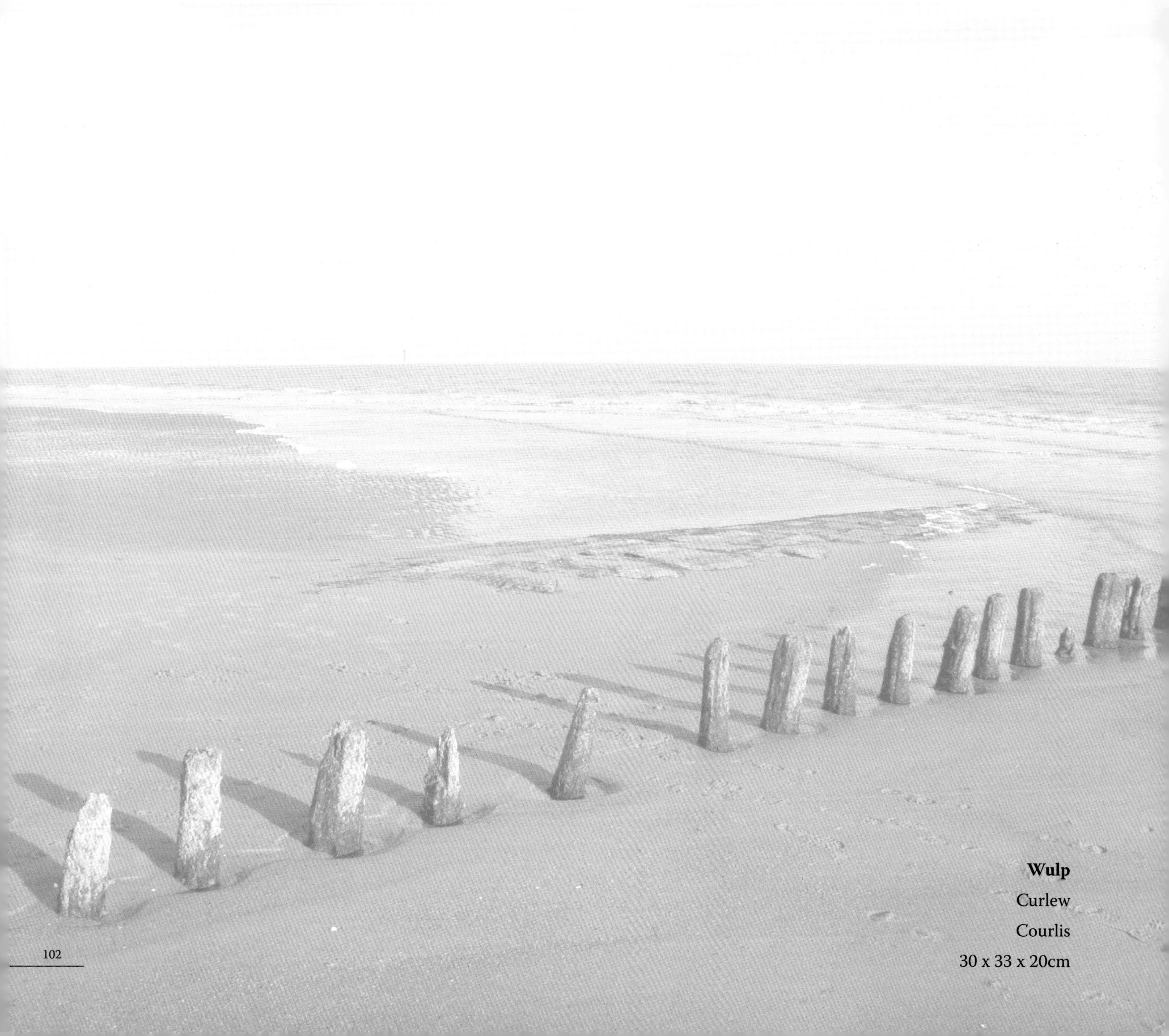

Wulp

Curlew

Courlis

30 x 33 x 20cm

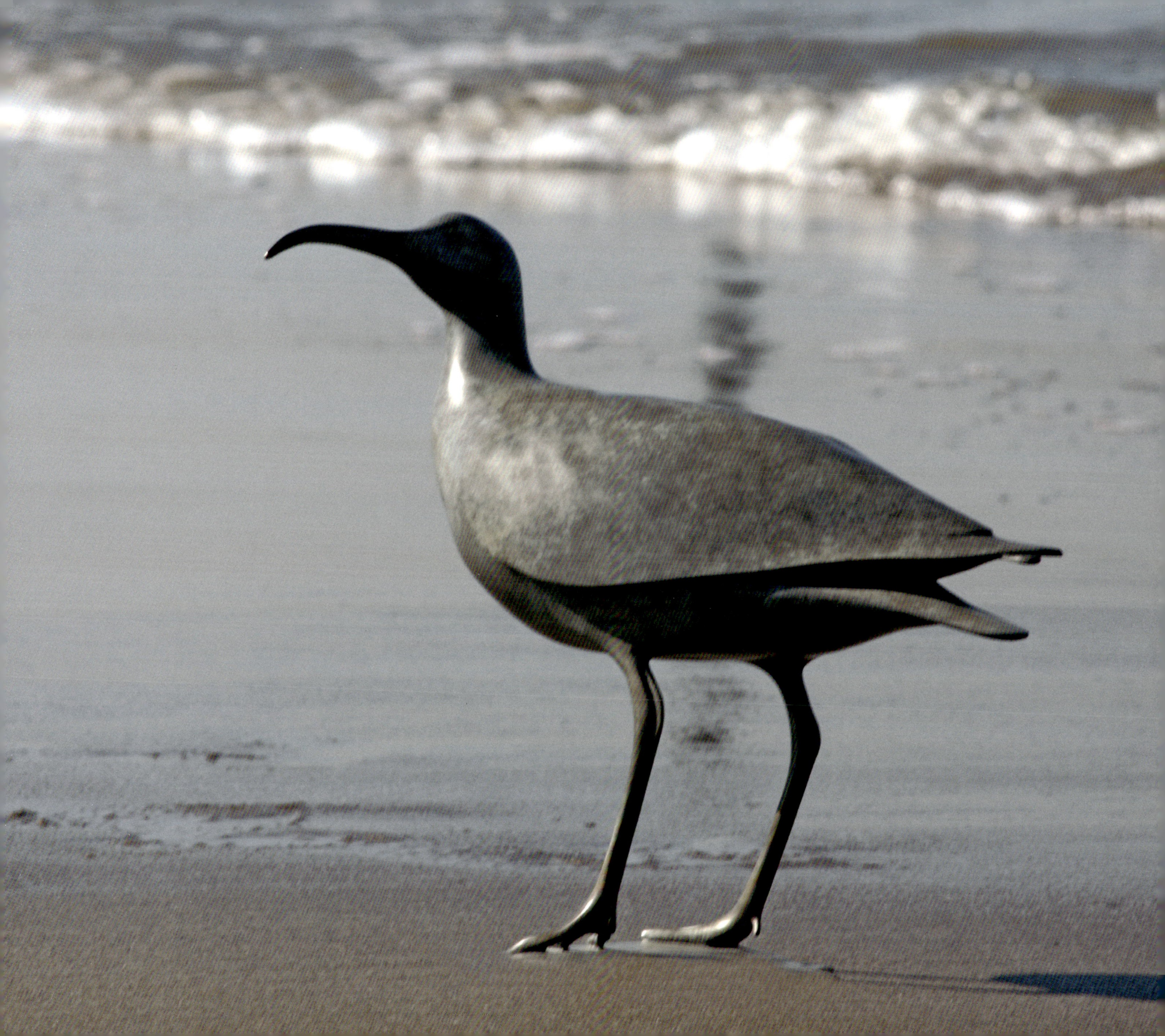

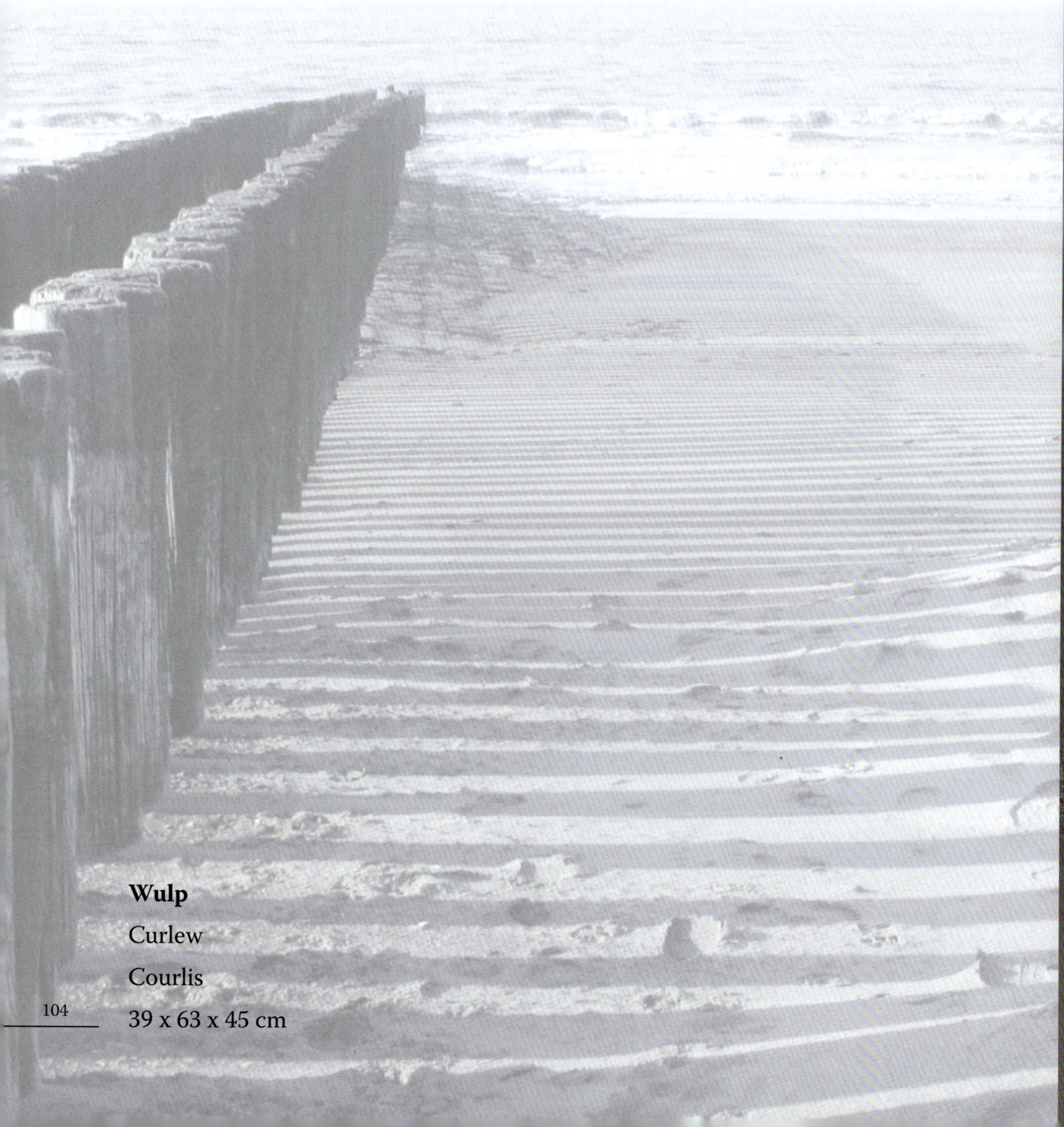

Wulp

Curlew

Courlis

39 x 63 x 45 cm

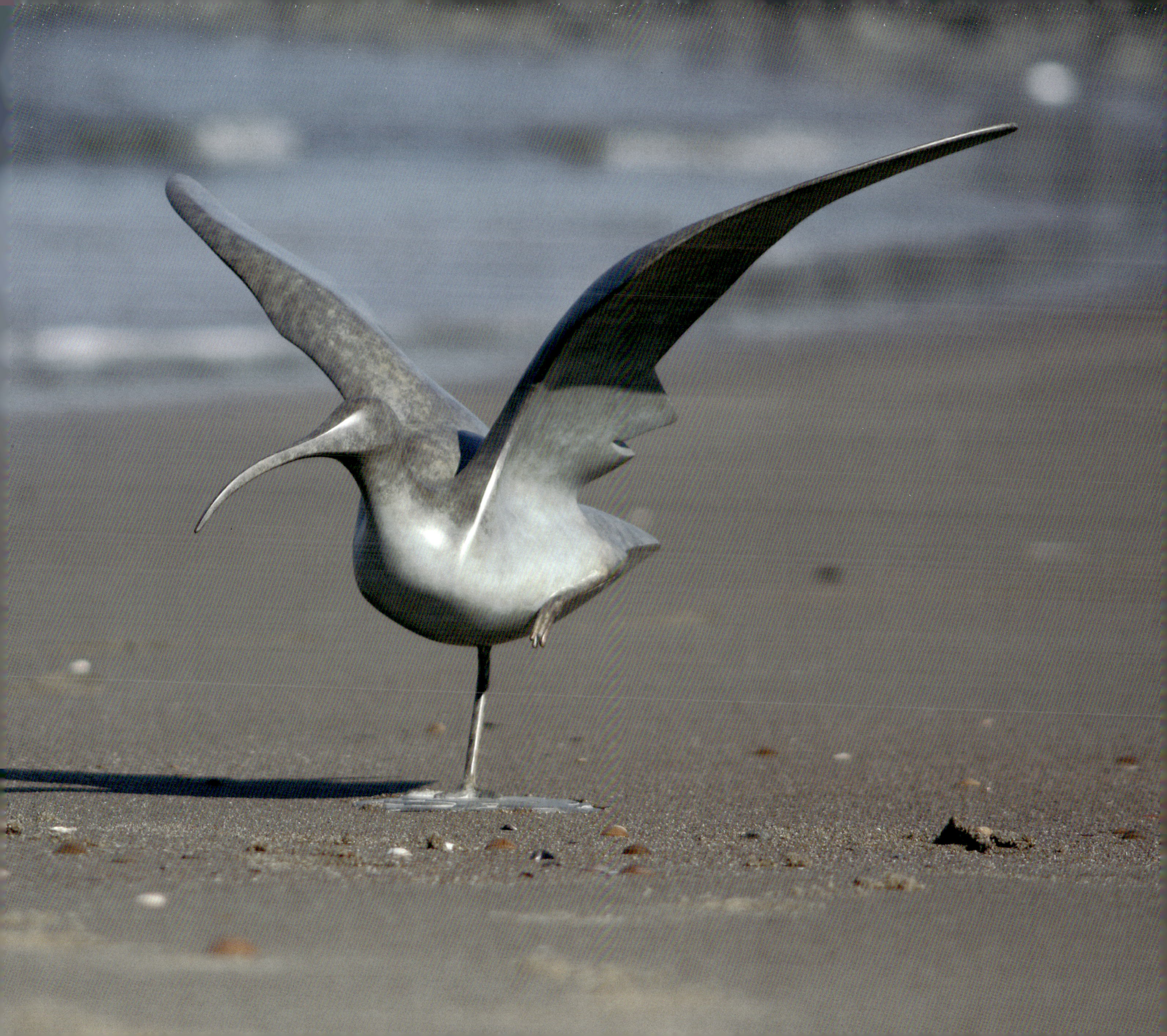

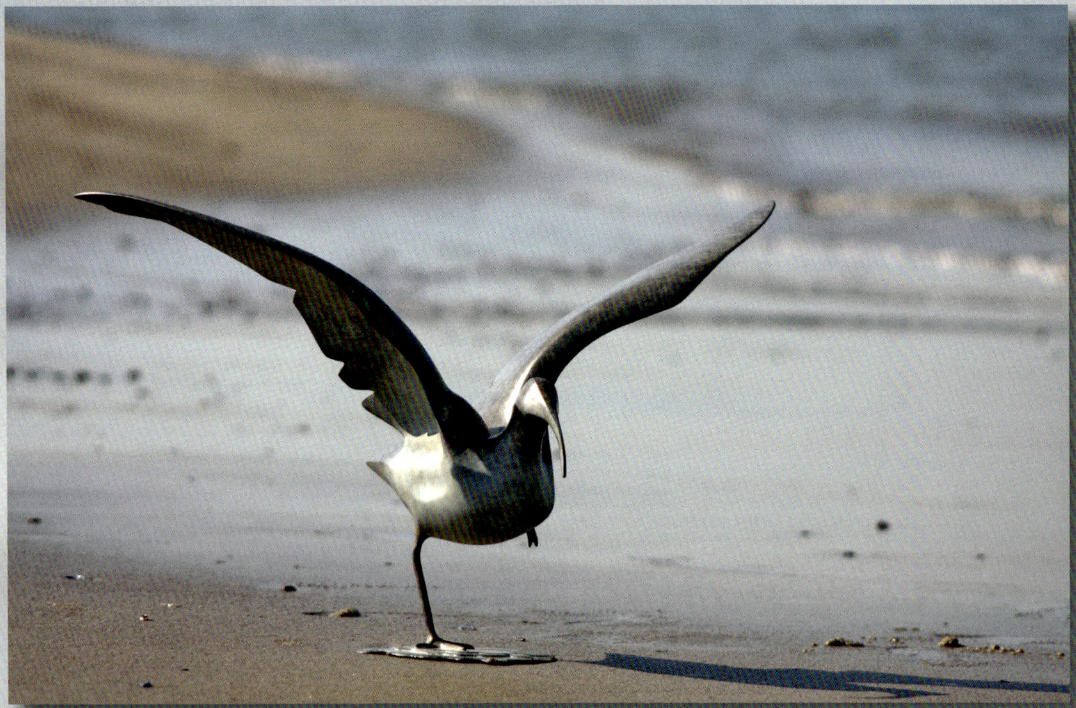

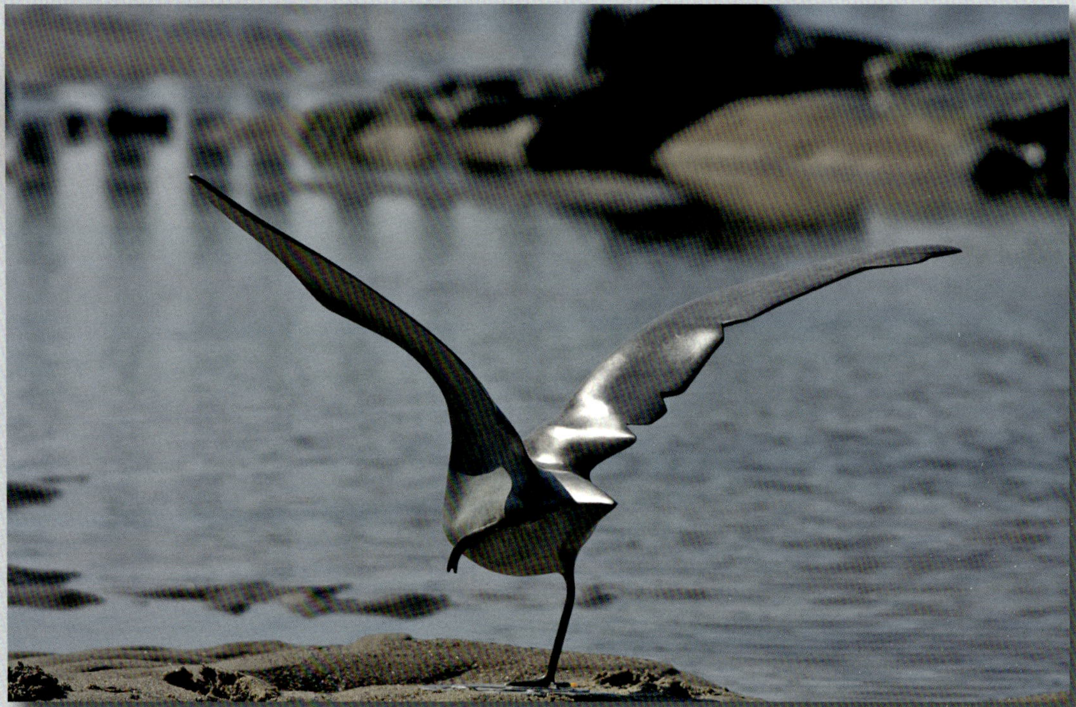

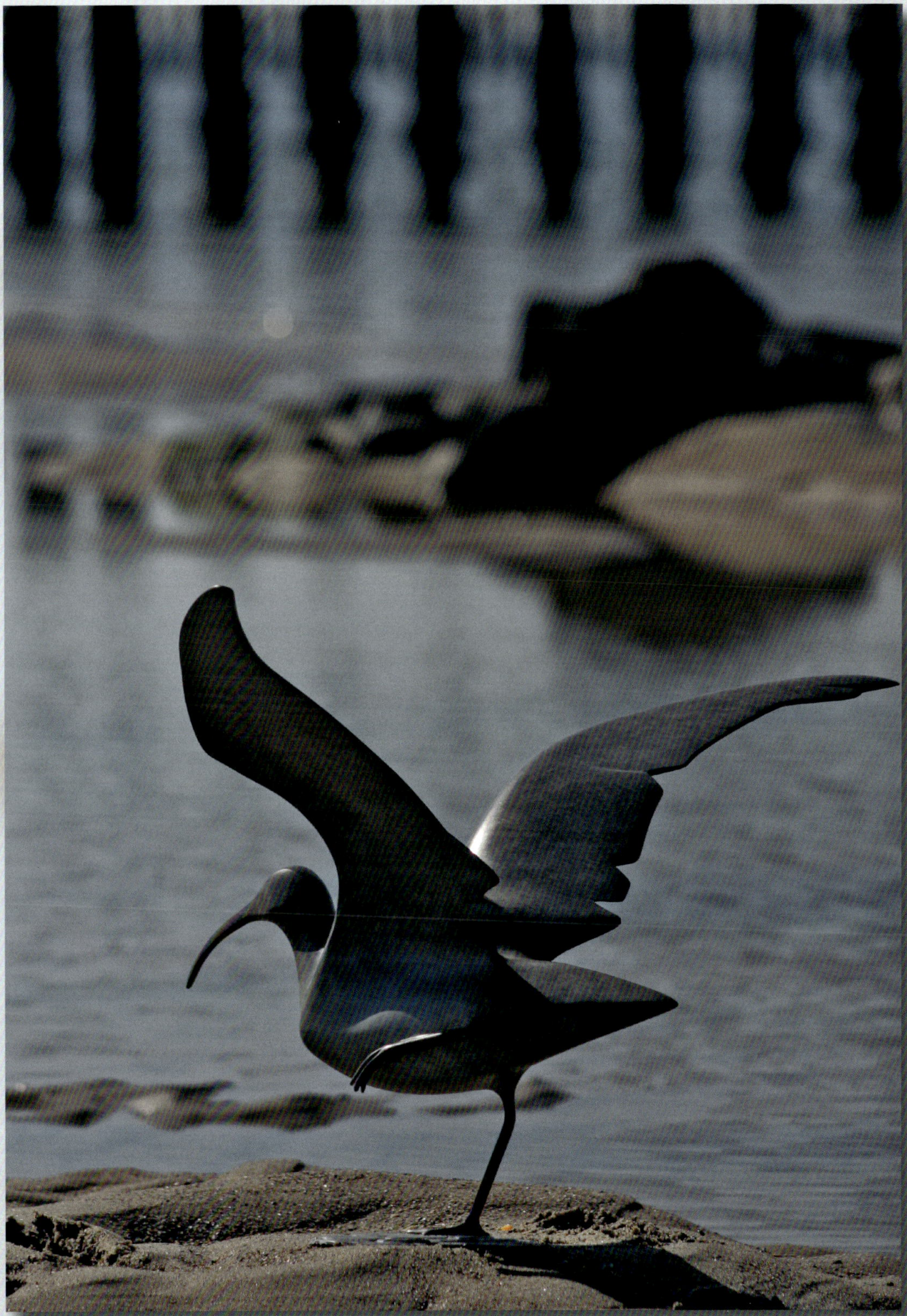

Wulp

Curlew

Courlis

39 x 63 x 45 cm

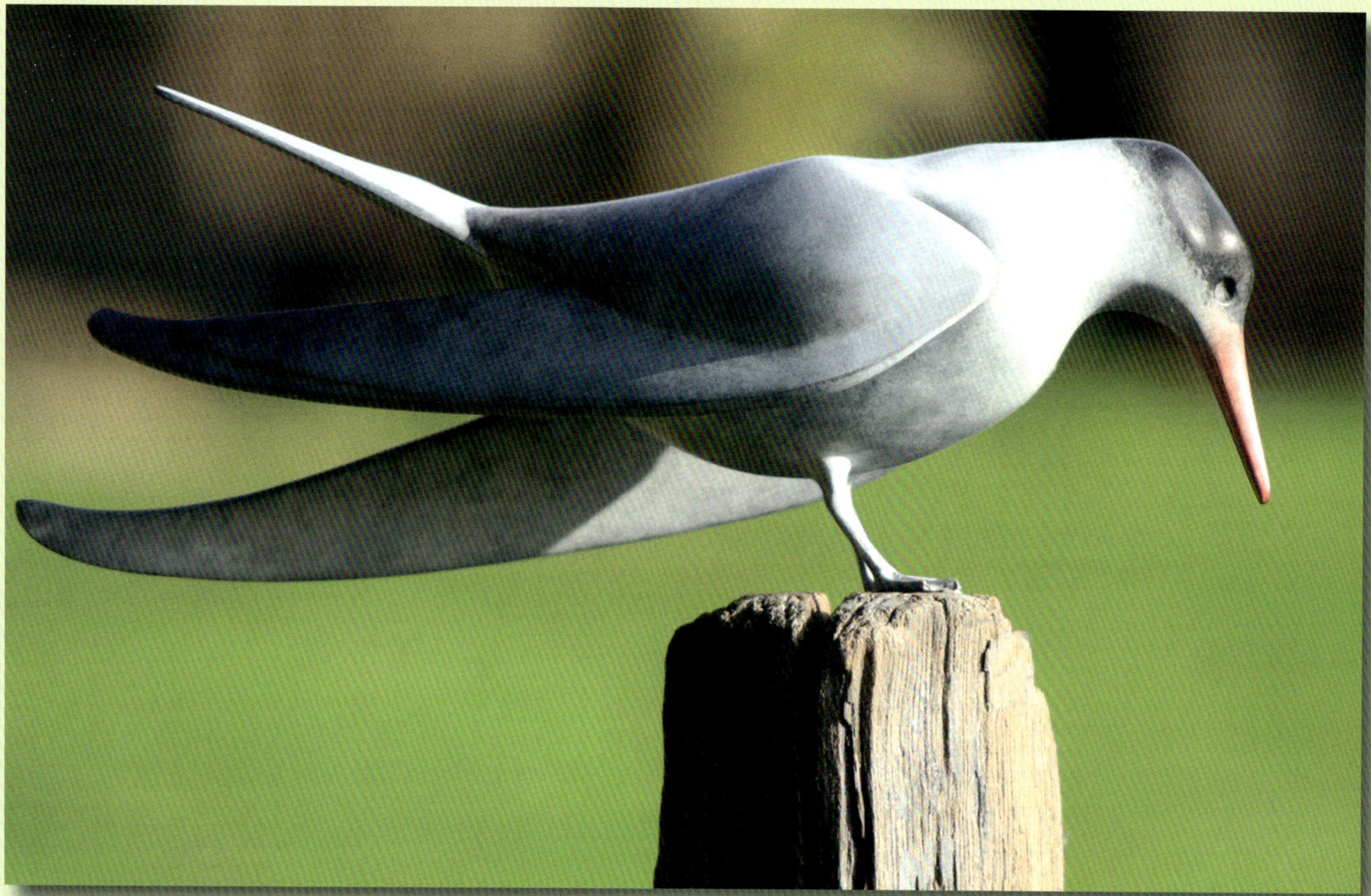

Visdiefje

Tern

Sterne

18 x 15 x 32 cm

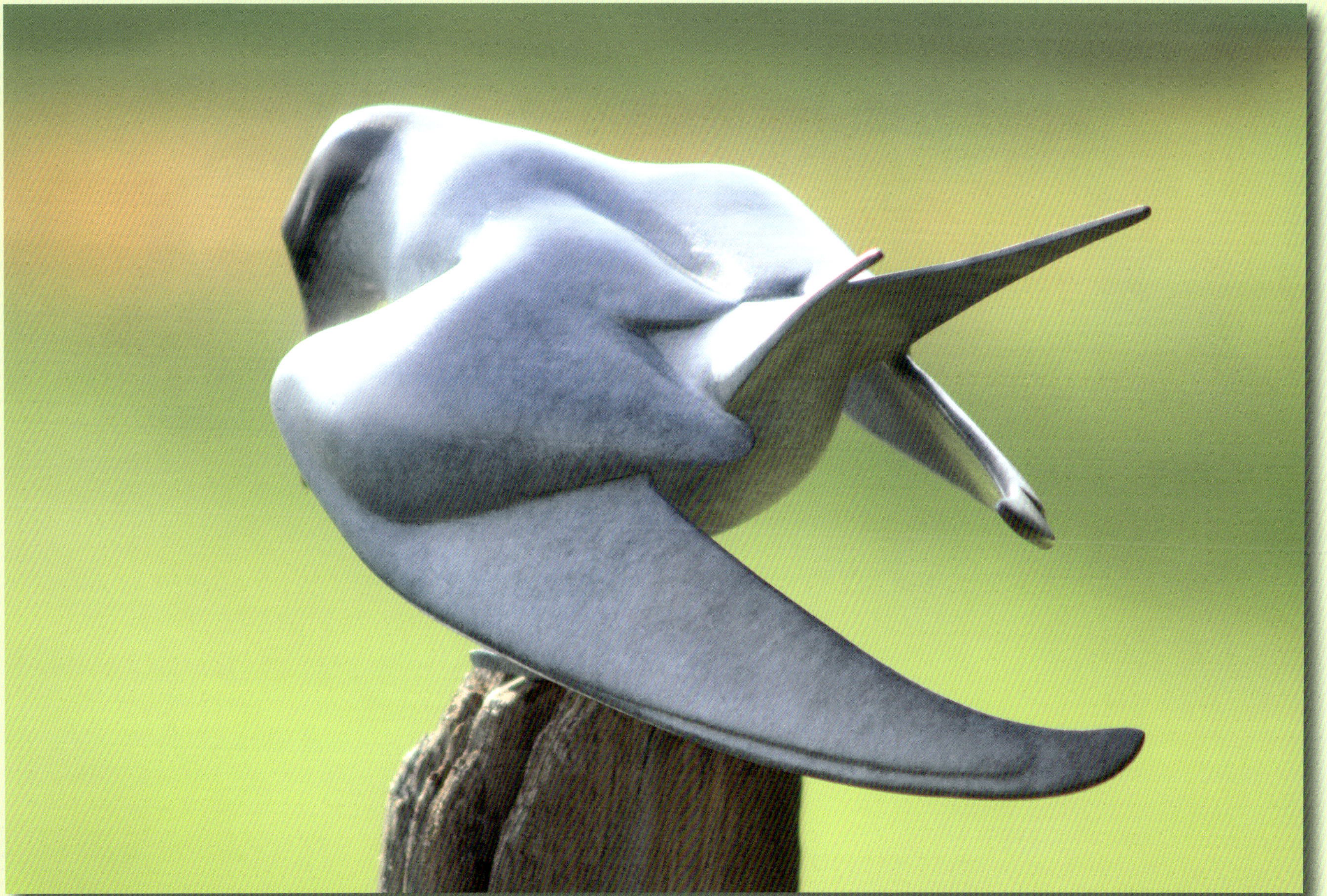

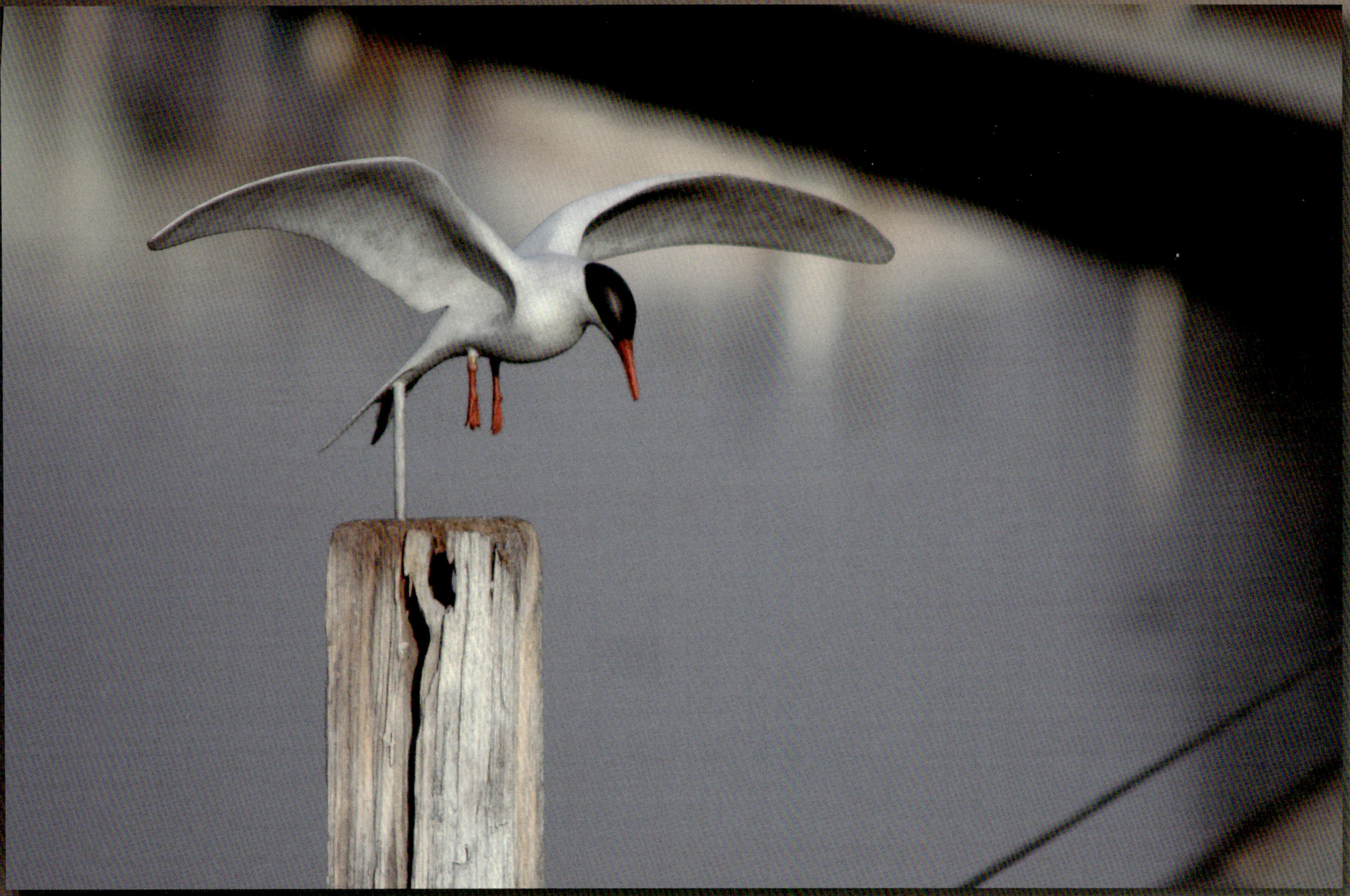

Visdiefje II

Tern II

Sterne II

25,5 x 72 x 15 cm

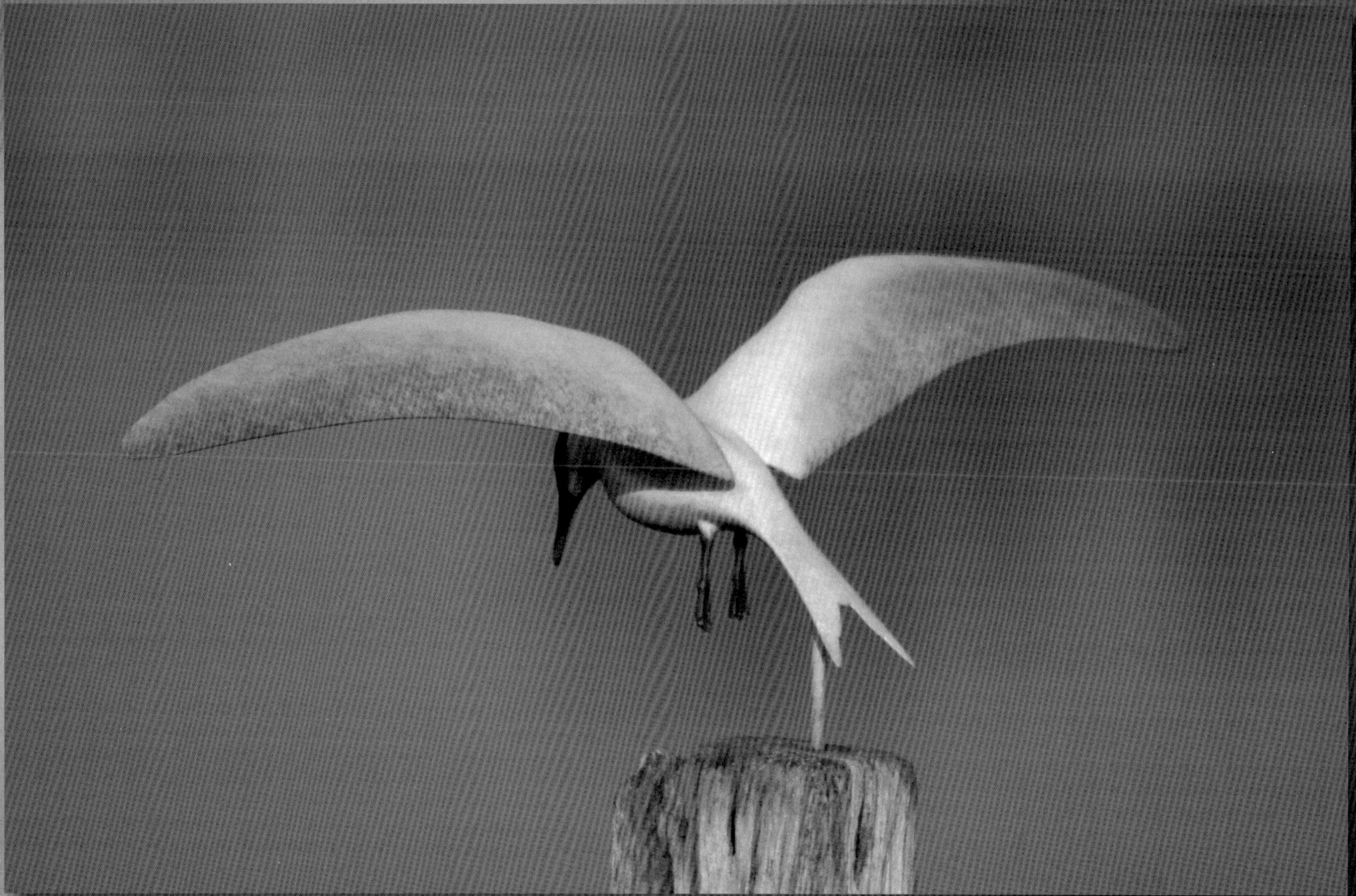

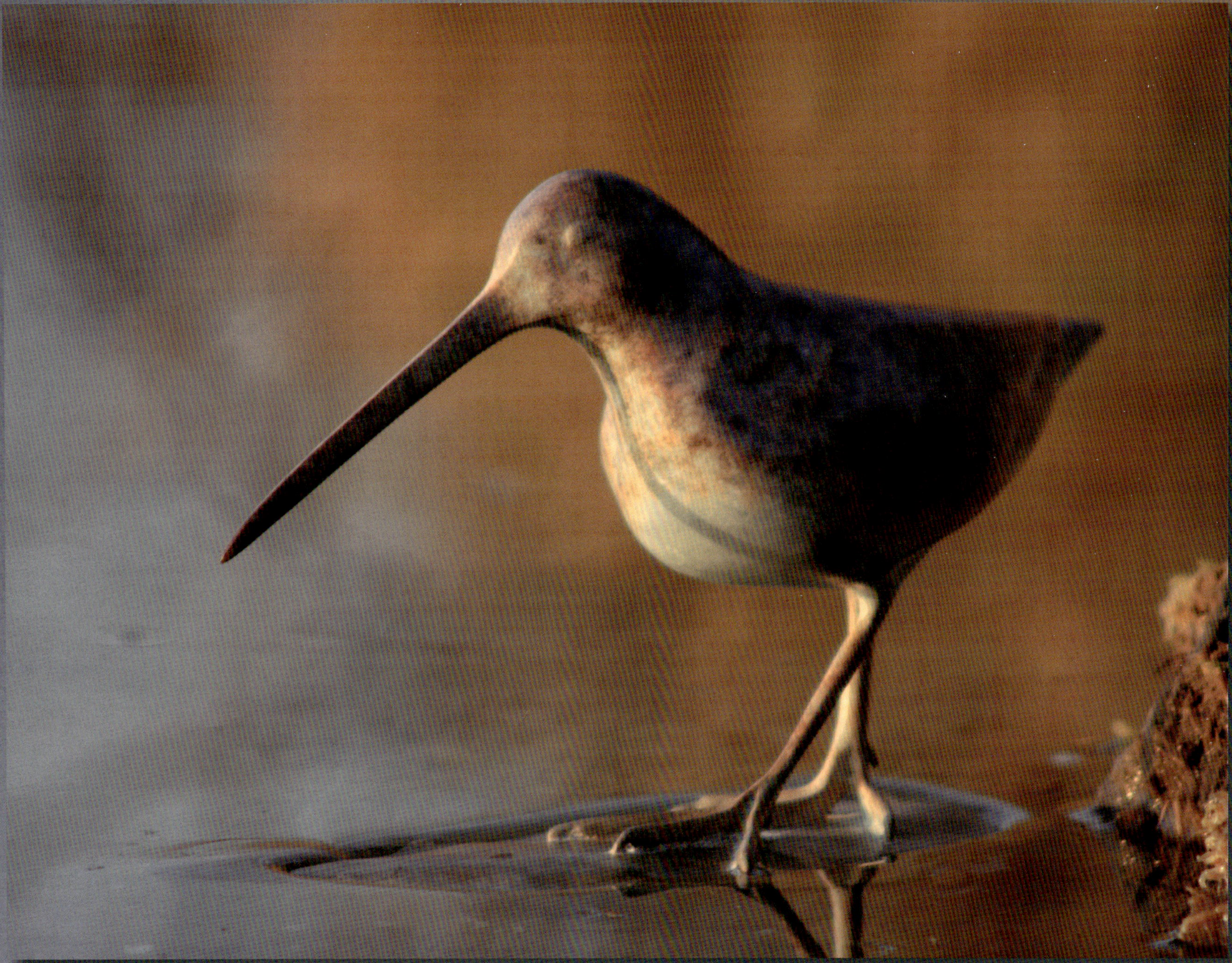

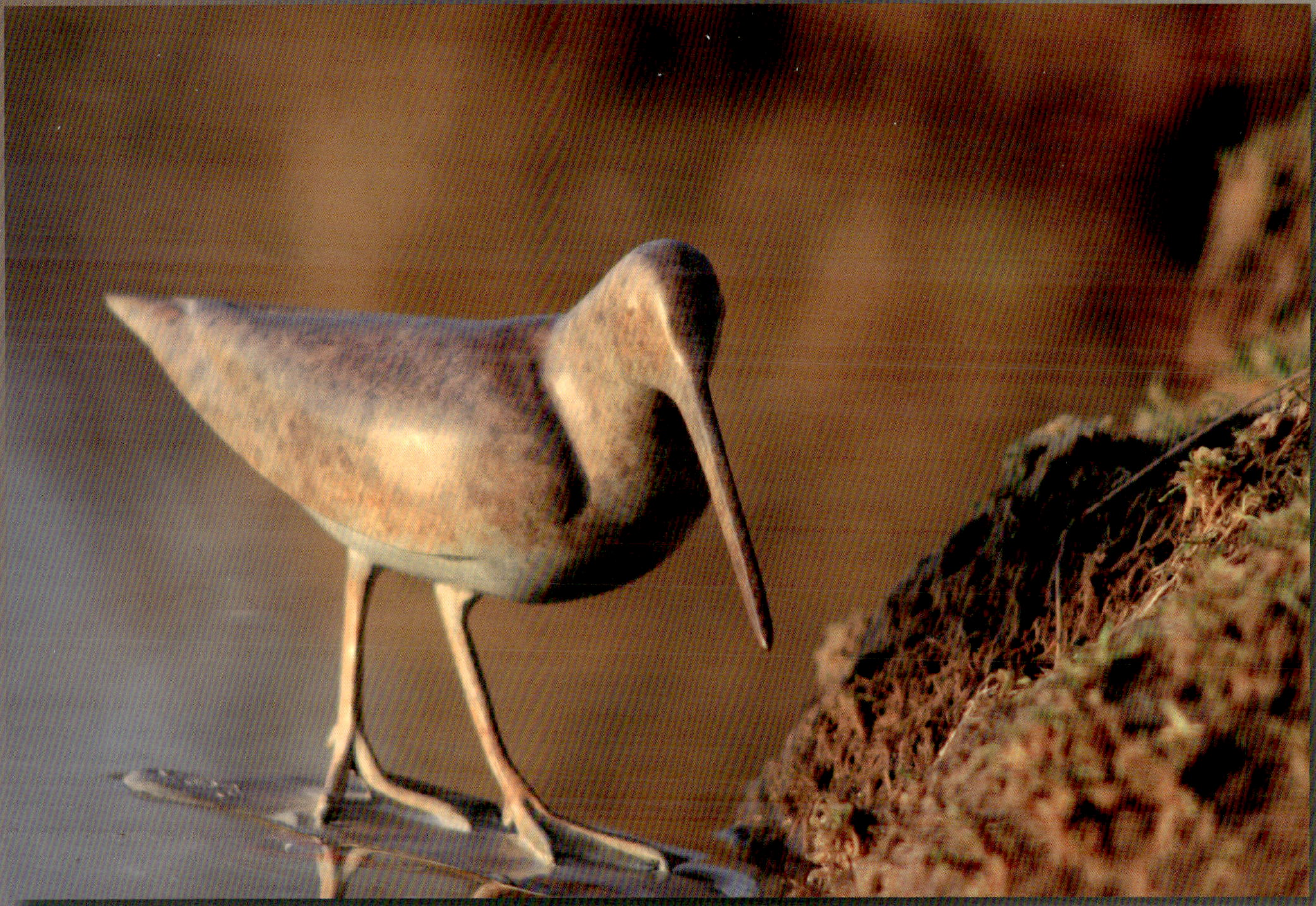

Watersnip

Common snipe

Bécassine des marais

14 x 6 x 24 cm

CLENCHED POWER

Mark Dedrie and Animal Art in Europe

Frans Boenders

A man and a woman
Are one.
A man and a woman and a blackbird
Are one.

(Wallace Stevens, 1879-1955)

In the mid-nineties, the eighty-six centimetre high bronze sculpture *Inner Pressure* was an artistic ´bulls-eye´ for newcomer sculptor Mark Dedrie. Although the sculpture appears to be abstract, your imagination strokes it like an organic body. It has a glowing patina, a skin that tightly encompasses an imaginary link of ideas – clenched power and energetic elegance – in a sublime upward movement. *Inner Pressure* belongs unequivocally to the platonic oriented art of the previous century; the work offers a worthy salute to Brancusi, the father of modernistic sculpture.

It appeared then that Dedrie had found his way as an abstract sculptor.
Why he started making animal sculptures some years later, haltingly at first but subsequently much more positively, is a question that remains unanswered to this day, although he does give us some clues in his interview with Marcel van Jole. Perhaps Dedrie wants his animal art to stay true to the idealism of his debut? Who knows, maybe one day he will find himself driven by an inescapable 'inner pressure' to reconnect with the style of his early career. The path of a true artist is never along a characterless motorway bound by conventional rules; on the contrary, it is a meandering path, full of adventure.

This essay on Dedrie is about animals, and their origins in art: a logical association, given that over the last ten years, Dedrie's oeuvre has become the work of a purposeful contemporary *animalier*. I will come back to that French term, but before I do, we are going on a tour of history: the animals and us.

The ancient Egyptian, Greek and Roman civilizations paved the way for the way we behave towards animals today. Their belief in metempsychosis regarded the animal, like man, as a suitable soul carrier, a being with feelings and a certain level of intelligence. In addition, human typology corresponds psychologically with specific animal behaviour. A brave warrior is reborn as a lion, a sluggard as a cuckoo, a glutton or drunkard as a pig, a virgin as a hind, a coward as a hare, a soprano as a nightingale, a sneak as a wolf, a smooth talker as a fox, a farmer as a beer, a prostitute as a mattress… whoops - excuse me, a mattress isn't an animal!
Of course, the reverse is equally possible: an animal can be reborn as a human. While in Buddhism it stands to logic to say that

humans are superior to animals in the Samsaric cycle of reincarnation, in my opinion you can just as well gain a higher incarnation in the ´human to animal´ direction - for example, a fattish person who betters his karma could well be reborn as a lithe, white crane or a trilling lark. On the other hand, the traditionally-aspired transition from animal to human would involve countless incarnations of what is in itself already a questionable soul. In these delicate matters, nothing is certain: the only thing we can be sure of is that, whatever you do, the cosmos will continue to revolve, well into the future.

Anyone who can feel respect or love for their fellow man can develop similar feelings for animals. Dedrie's animal sculptures are undeniably born of such noble emotions – hence the platonic leanings in his work. In Dedrie's view of the world, all living beings are in the same boat; at the same time, their innate, irreplaceable psyche makes every person and every animal unique. And in all honesty, every person realises that in specific circumstances he may act cruelly towards his fellow man; he senses, moreover, that sooner or later he might display such antagonistic conduct with animals. He then kills them, either out of necessity or just for pleasure.

To make things perfectly clear: Dedrie's sculptures confront such antagonistic situations, or in any event make no attempt to evade this sort of thorny topic. But our sculptor knows, as well as you and I, that love and hate are as inextricably linked as night and day. One cannot exist without the other, however fervently you might wish it were otherwise. Light and dark, mercy and cruelty - one follows on from the other. That is the harsh reality.

It is part of the reality of history that the further you go back in time, the more dignity animals enjoyed. Peace and harmony reigned in the earthly paradise. Adam and Eve, naked among the naked animals, killed neither insect nor fish, neither four-legged creature nor bird, and would never have eaten them. You see them grazing peacefully alongside the animals in the Garden of Eden. Alas, the ever unreliable Creator gave rise to a disastrous and pervasive misunderstanding, by telling the newly created human couple that they would rule over the beasts. Mankind will regret this dreadful error for the rest of time. The Flood? Well, it is true that every animal was allowed to enter the ark with his loved one. But once safely returned to dry land after the disaster, man beats them to death and tears them apart. Who, then, is the wilder beast? One thing is clear: the hunting season is permanently open. Animals have been outlawed. Poor birds, even they are shot out of the air by human catapults. And the animals can forget any mention on the tablets bearing the Ten Commandments: they just did not exist for Moses.

Happily, apart from Echnaton's short-lived lapse, the ancient Egyptians would have no truck with monotheism. They believed that every animal possessed the divine light. A dead cat or dog, even a deadly crocodile could look forward to an embalmed eternity. The Pythagoreans were vegetarians. The Greeks repaid the mules that had dragged the rocks to the temples for them, by allowing them to roam freely after they had done their work. Alexander the Great even had an actual city built in honour of his beloved stallion Bucephalos and dog Peritas! The Romans fed geese at state expense, because it was thanks to their alertness that the Capitol was saved from attack, and the emperors, in a paroxysm of love for animals, fed Christians to the lions.

Perhaps understandably: the horror of such criminal images of animals has haunted the Christian West for more than a millennium! After the ancient civilizations, the animal did not return to fashion until the sixteenth century. Humanists republished animal treatises by Aristotle, Pliny the Elder and Ailianos. New illustrated works appeared, such as Pierre Belon's *Portraits d'Oyseaux* (1557), which Dedrie can still benefit from today! Leonardo da Vinci studied the proportions and anatomy of the horse. Albrecht Dürer (what an artist!) drew and painted pigs, lions, dogs, goats, lobsters, hares, ducks, deer, rhinoceros, even the strong wings of a roller. The end of the sixteenth century saw the beginnings of true *theriophilia,* a difficult word meaning the love of wild animals. The latter paraded in private royal zoos and some *theriophiles* even held them in higher regard than humans: after all, in blatant contrast to our own over-civilization, don't animals live naturally and according to the laws of nature: moderately, and without the afflictions of our excessive desires? We, as so-called reasonable beings, disrupt the natural order whereas animal intellect, innocent of pretension, serves only to perfect mutual communication. Just think of the harmonious division of tasks and labour in the breeding and feeding penguin couple, which even waddles on monogamously until the young have left. Or, consider for a moment the strict geometrical formation of migrating ducks and geese. The social, or should I say communist, ants also live in a utopia with no oppression. And the owls that Dedrie models in so many varieties – a barn owl, then an eagle owl, a pygmy owl or a long-eared owl? Well, owls have an ideal system for waste processing, regurgitating the indigestible parts of their food in perfectly formed pellets. When danger looms, wolves and elephants consult rationally and take up strategic positions against the enemy. And the peak of ingenuity: some small animals save themselves by playing dead. African songbirds weave wonderful nests, hence their name weaver birds. This industrious and natural cooperation is found throughout the animal world!

The father of all essayists, Montaigne, is correct in stating that animals also experience feelings and virtues like friendship, love, gratitude and loyalty; that they do not wage war and are almost always more attractive than people. Like the old Taoists in China, Montaigne recommends that his fellow human beings cast off their arrogance and behave as naturally as the animals. The Flemish artist Achilles Cools took Montaigne's advice to heart and in *De kauwentuin (The Garden of Jackdaws)* (1999) relates how he "became a jackdaw among the jackdaws". His colleague Mark Dedrie, an impartial observer of birds whose animal sculptures show him to be a shrewd essentialist, succeeds in capturing the essence of birds in a single serene gesture.

Dedrie's eminent seventeenth-century predecessor Frans Snyders was probably also the first animal artist to give the owl the lead role in so-called bird concerts. The term bird concerts is used to denote paintings with different varieties of bird in a park landscape or gathered together on the branches of a tree. The owl, in earlier Flemish illustrations often ridiculed by the other birds, is as good as promoted to the post of conductor by Snyders! Just as his vile tormentors ridiculed Christ, although he was their better, the same is the case with the tranquil owl: an owl amidst the crows, as the saying goes. Unmoved by so much aggression, the owl demonstrates its superior wisdom. In one of his most stunning sculptures, Dedrie places his favourite bird to date (he has portrayed it in no less than seven different sculptures since 2005) atop a pile of books. Aha, the eagle owl as the defender of knowledge? Oh yes; in the ancient, humanist spirit in which the owl was the companion of the goddess of wisdom Athena or Minerva, a conventional wisdom echoed in the expression "bringing owls to Athens". Dedrie elevates the owl to mascot of the armchair scholar, the intellectual often derided for his awkwardness. But by enthroning the bird on books, Dedrie also implies a threatened fouling of those vessels of knowledge… whimsically placing the primacy of nature above erudition. Anyone who proclaims himself above nature will feel the effect of a primary law of nature on his head in no uncertain terms!

I find the fact that Dedrie is so captivated by owls significant and paradoxical at the same time. The symbol of wisdom dominates knowledge, but also recognizes the illusion of that dominance. The owl incarnates sensibility, but he is no less a bird of prey because of it. The barn owl in Dedrie's sculpture looks endearing, but would kill other animals like harvest-plundering mice and rats without a second thought, making him simultaneously, and paradoxically again, an animal *and* a friend to man. The owl may be ridiculed by his fellow birds in traditional art, but remains constant to the clenched power of his stoical disposition. While ordinary birds simply sit on banal telephone and electricity cables, the owl takes up position on the tool used to convey knowledge: the book. He realises the importance of knowledge and art, but is probably demonstrating a little too much arrogance – an owl cannot read, after all: *what use the candles and spectacles if the owl does not want to read,* as the Dutch proverb says; in another, the owl comes off second to the falcon: everyone thinks his owl is a falcon (the English equivalent of which is *the owl thinks her own young fairest*). No European would dream of baiting or killing owls nowadays, but even today, at the market in the Chinese city of Canton these birds of prey sit crushed in cages waiting for a buyer/killer. Who will always come.

In the Dutch golden age of the seventeenth century, rich city dwellers opened up an art market with new genres. Animal art was now in fashion, alongside the breakfast and banquet paintings. Artists depicted game and cattle in paint and bronze; small domestic animals, birds and fish. Likenesses adorned the salon wall, the dresser and the mantelpiece – art dealers made a fortune. In those days, you could commission animals in three styles, all inaugurated by Flemish painters: the romantic style followed the example of forerunner Roelant Savery, the true-to-life one followed that of Jan I 'Velvet' Brueghel, and the dramatic one that of Rubens and Snyders.
The French also followed suit. 'Anyone who portrays living animals deserves more appreciation than those who illustrate inanimate objects,' according to André Félibien in 1669. Twenty-five years previously Crispijn van de Passe had published a model book as an instruction for animal artists, who were already earning a good living. In a section devoted to birds, the enormously divergent bird varieties were linked to five paradigms: eagle, owl, swan, stork and rooster. The only model Dedrie has not yet attempted is the crowing poultry. (You'll have to get up earlier, Mark!) Van de Passe is stating the obvious when he writes that birds are difficult to draw because of their incessant movement. But, he says, the artist Scholten solves that problem ingeniously by first making a sketch on paper, closing all but one of the studio shutters and windows, with dead birds in various positions nailed to a block, and attaching strings to them to allow them to be observed in the desired position for longer periods.
These days, Dedrie does not have to go to such extraordinary lengths. As he explains in the interview in this book, he observes the living birds in the air and in their special cages at the homes of his friends. Like almost all figurative artists these days, he also works from photographs, films and specialist books. Naturally, Mark appreciates the work of the taxidermist. Anyone who wants to take time to study animals is grateful for the opportunity to use well-preserved stuffed animals. After the preparatory study, Dedrie starts the creative modelling process, which can be resumed and refined almost indefinitely, thanks to plastiline (whose qualities he describes elsewhere in this book), until the full sculpture is ready for transformation into bronze or another metal. The entire thing boils down to what painter and manual writer Samuel van Hoogstraten described in 1678 as 'displaying the true nature of the animals so as to enable a faithful illustration of their form and character'. Working true to life was the maxim and, where cattle were concerned, depicting 'the cows in the field, as they lay chewing the cud'.

Dedrie is not a painter, he lives in the twenty-first century and the last thing he wants is to vie with Paulus Potter. He is what is known as an *animalier*, although a very special type. That French word did not emerge until the thirties of the nineteenth century. Like the term 'impressionist', which also originated from a snappy critic's pen, *animalier* was originally a derogatory term, in this case directed at Barye's and Fratin's animal sculptures. In their era, people preferred to use the noble bronze to elevate the status of portrayed person in sculptures, and for copying Greek, Roman and Renaissance sculptures. Drawing and painting animals, that was okay, but immortalising them in costly bronze? Everything changed rapidly when official institutions overloaded sculptor Barye with commissions. Monumental beasts rose up in public squares – Senegalese elephants, deer, eagles, horses and packs of hounds. The aristocracy followed the new trend. *Animalier* became a title of honour, borne proudly by Barye, Mêne, Fratin, Jacquemart, Valton, and Gardet.

In the young nation-state of Belgium, the animal *painters* came first, from the idyllic Paul Ommeganck and Eugène Verboeckhoven to the more realistic Jozef Stevens, Charles Verlat, Alfred Verwee and Jan Stobbaerts. Their success left their sculptural counterparts far behind. Things changed, however, around 1880. In the wake of Parisian fashion, after Simonis and Bouré, the trend for animal sculptors gained momentum. New urban development by the ambitious King Leopold II lavishly created a wealth of parks and public gardens; the triumphant industry of small Belgium provided an abundance of bronze ingredients; en masse, sculptors saw the chance to have their clay and wax animal models cast in bronze. Unlike Dedrie today, their favourite animals were not the finely-sculpted birds of the air; in contrast, late nineteenth century taste gravitated towards the wildebeest of the African bush and savannah – and towards the bony, stalwart native horse that pulled barges through canals, ploughs through polders and coal wagons through mineshafts. Belgian animal sculptures were heavily romanticised and glamorised the unbridled natural force in concrete paws and claws, preferably in extreme movement which allowed muscles to flex, swell and writhe impressively under the gleaming bronze skin. Gruesome tableaux: a lion tearing a goat from limb to limb, a tiger devouring a swan. Social realism definitely gives Belgian animal art a paradoxical dimension: it humanises the animals which lighten the brutal workload of the manual labourer. Such mutual rapprochement between man and animal develops into impressive synergies in the bronzes of Constantin Meunier. As an emaciated beast, his old pit pony is no longer 'la plus belle conquête de l'homme', as horse worshipper Rik Poot liked to quote the French cliché, but rather man's companion in his brutal industrial labour.

I want to emphasise that in his present-day sculptures, Dedrie has absolutely nothing in common with such moving socio-rhetorical criticism. The tragic heroism of labour in Belgium has been consigned to the past, and nowadays Dedrie can devote all of his time to the poetry of waterbirds and to the seemingly cuddly qualities of polar bears and penguins.

After Meunier, the new Belgian discovery was animal artist Josuë Dupon. At the age of twenty, this West Flemish talent went to Antwerp, where he studied at the newly-established Nationaal Hoger Instituut voor Schone Kunsten [National Higher Institute for Fine Art] under Thomas Vinçotte, specialising in animal anatomy. Dupon, a pioneer of ivory carving in combination with bronze, is still one of Belgium's greatest *animaliers*. He profited enormously from his friendship with Italian Rembrandt Bugatti, who sculpted until 1914 at the then famous Antwerp Zoo. Philippe Wolfers, slightly older than Dupon, used the elephant tusks imported by King Leopold II in his bronze swans, snakes and phoenix-like pelicans. After the First World War, animal sculpture flourished in the works of Dominique Ingels, Albéric Collin and Raymond de Meester de Betzenbroeck. The latter, like Dedrie a self-taught sculptor, practiced in the Zoo, followed Collin's advice, gained international fame and fortune and was given place of honour at the animalier exhibition of 1937 in the Brussels Paleis voor Schone Kunsten (Palace of Fine Arts).

Nowadays, *animaliers* are profiting from a definite revival of the animal world. A present-day version of sixteenth-century *theriophilia* has been born under the influence of the international animal lobby, although now on a global scale. Bears, animals with a notoriously unpredictable character, are cuddled by our children until they (the children) are almost adults. During the Christmas period, bears and polar bears cover the front pages of newspapers to elicit the spirit of peace. The giant panda, another animal you would not want to get too close to, even brings out the sentimental in the tough Chinese, who do not as much as blink at cheating countless Tibetans. Recently, giant pandas were even used as a diplomatic lubricant to spur the Taiwanese into returning to the Pekinese fold. Does that general, slightly suspect animal love not demonstrate a long-suppressed feeling of guilt? You might almost suspect that Dedrie models and patinates his birds so lovingly in response to our new sentimentality. His sculptures definitely offer us the opportunity of a closer look at the winged inhabitants of the air, and they are definitely a unique augmentation to the work of his peers. In his interview, Dedrie offers a salute of honour to the true Flemish *animaliers*, a seldom seen gesture of collegiality. Dedrie himself remains modestly in the background, in the knowledge that his animal art indeed moves something different in the heart of his audience than the work of his colleagues.

I distinguish three types of present-day animal sculptures. I count the excellent Ronald de Winter, with both his small sculptures and his monumental statues, amongst the impulsive *animaliers*. He goes to the absolute limit of visceral examination, and then spontaneously frames his observations. Alongside him flourishes analytical animal art, in which Greta van Puyenbroeck is one of those who excels. Her approach, and that of the other analysts, uses patient observation in situ to penetrate the specific anatomical, psychological and ethological characteristics of the animal.

I would like to call Dedrie a synthesist *animalier*, by which I mean that he is not impulsive, nor does he dissect the animal analytically; on the contrary, he seeks the *idea* behind the form he is creating. He does not belong to the group of artists who sculpt their animals, leaving in the bronze finish realistic traces of modelling, in a specific position or an ephemeral movement. In contrast, he suspends the animal and lifts it to a state of sublimity – a perfect form that embraces every fleeting moment. Like those of the analysts, Mark's sculptures are the result of a thorough approach, although his works develop into a synthesis of a contemplative, reflective and philosophical nature. In that idealistic respect, Dedrie seems to align to a certain extent with the approach of another outsider in contemporary animal sculpture, the late ceramist José Vermeersch. This stalwart West Fleming sees the dog, because his work was limited to that animal, as man's sparring partner. For Vermeersch, neither man nor dog possesses a clear personality that can be read from an anecdotal gesture or typical behaviour, just as Dedrie is not concerned with the realistic depiction of the body of a ram (one of his cleverest early works!) or an endearing moment in the glassy but watchful gaze of the owl. True to life rendering was not the ambition of either Vermeersch or Dedrie, but the mystery of naked existence. With the exception of the state-commissioned bust of Wilfried Martens, no living people or dogs were the model for Vermeersch' ceramic sculpture, no historically or culturally positioned human figures and no thoroughbred dogs. Vermeersch builds prototypes. The essentialist Dedrie does not make animal portraits either: his animals are introverted representatives of ideas that confront the viewer with the fascinating enigma of the almost infinite variety of living things on our planet. The synthesism of his work comes precisely from that search for the paradoxical unity of life that ultimately unites all biological varieties. Hence the simple enlightened lines of verse by American poet Wallace Stevens as the maxim at the top of this essay:

A man and a woman
Are one.
A man and a woman and a blackbird
Are one.

Dedrie, the quiet sculptor, has a limited but tried and tested annual output of six to twelve new sculptures. 2008 was an exceptionally rich year for him, and for us, with a superior crop of swans, terns, kingfishers, owls and a snipe. He wants to know their freedom from within, experience their wing beat, and view the world from their perspective. Yes, he would prefer to be a bird! To cleave through the air and view our planet from the altitude with no windows to hinder the view, slightly amused by our daily joys and woes, but justifiably disillusioned at the ubiquitous ill will, environmental pollution, hate and wars.
Birds! They act out life for us in the air every day. Searching for food, they comb the countryside, water and land, methodically. A quarter of a second later, they look upwards again towards the heavens, where freedom beckons. They show us the meaning of the flight of the soul. They demonstrate to us the virtues we need for our survival. With all this in mind, Dedrie presses his fingers into the plastiline, until the form embraces ´everything´ in a synthesis that must rise again in bronze.
He is endlessly fascinated by the miraculous behaviour of birds, for example of the seagull. Brooding geese and seagulls turn their eggs regularly to prevent the embryo attaching too firmly to the eggshell. Does the seagull actually know why she rolls her eggs? This instinctive behaviour is neurological, ethologists assure us. Nevertheless, the seagull, after deliberation, takes a decision; or might she just as well have left her eggs undisturbed? Is this a response to a stimulus in inherent nerve circuitry? Or does it boil down to ingenuity and insight in a certain situation?

Birds! They have the power to move Dedrie. They transport his dreams and, inversely, Mark dreams how the birds literally transport him, like in the fairytales. In ancient Greece, the starling and the seagull were the sacred birds of the orgiastic Moon goddess

Aphrodite, also known in that form as Leukothea, the 'White Goddess'. In Hinduism the goose transports Brahma, the God of Creation. Since geese and swans are closely related, the swan transports Brahma's wife Sarasvati. In their temple art and book illumination, the ancient Indians depict the merging of goose and swan in the mythical Hamsa bird, which unites the two into one – the perfect harmony of life to which Mark Dedrie aspires in his majestic swan sculpture. In the form of the perfect, god-like swan, ruler of the gods Zeus is able to seduce and impregnate the ravishingly beautiful Leda. The swan acquires the credentials allowing him access to the most beautiful mortals, god or mortal. He appears proudly alongside the Goddess of Love, Aphrodite, and draws her chariot with a partner. *Summa summarum*: despite all that feminine beauty, the swan's emotions are enduring. When his beloved dies, he pines away from grief.

Birds! Geese and swans act as *psychopompos*: providers of safe passage to newly-deceased souls on their journey through the afterlife. Hermes, messenger of Zeus and an Olympian *psychopompos*, often takes on the form of a swan. This bird helps the shamanistic venture into the underworld and to rise again unscathed. Of all the birds, the swan effortlessly connects the higher with the lower.

Birds! They deliver messages from on high. The ancient Chinese maintained that the unique characters used in their writing are a gift from Heaven, brought in by exhausted birds which rested on loessial soil and loose sand, imprinting the heavenly characters with their feet. The slow, soft and almost silent wingbeat of the owl lifts it amongst the ancient Greeks, as I have stated above, to the demi-godlike birds sacred to Athena Pronoia (the Foreseeing). The eagle, a bird Dedrie hopes to turn his talents to during 2009, was considered by the Aztecs of pre-Columbian Mexico to be the emperor of a special commando troop, by the American West Coast Indians as a cosmic Bird of Thunder, and by mediaeval Byzantines as the spiritual conqueror of insidious evil, symbolised by the snake.

One of Dedrie's most recently created birds is a disarming kingfisher. Let me conclude my contribution with the deeper, mythical meaning of this miraculous bird, perhaps at its most elegant when skimming the waves in flight, at its most poignant as it rests in solitude on a reed stem.
Alcyone, daughter of Keeper of the Winds Aeolos, married Ceyx, son of the Morning Star. They were very happy, but in her profound love, Alcyone became so reckless that she compared herself with the Goddess Hera. Of course, this arrogance angered the jealous Hera and her husband Zeus! As punishment, both Gods raised a hurricane, causing the shipwreck of the ship in which Ceyx was sailing to consult an oracle. When the body of her drowned beloved washed ashore in front of the waiting Alcyone she jumped, overcome with grief, into the sea. However, a merciful god, who wanted to remain anonymous for fear of Zeus' revenge, granted the dead lovers a new life – as kingfishers.
The Latin poet Ovidius immortalised the love of the kingfisher pair Alcyone and Ceyx in his *Metamorphoses* in verse*:

> *"At early dawn, she went from her abode down to the seashore, where most wretchedly, she stood upon the spot from which he sailed, and sadly said; "He lingered here while he was loosening the cables, and he kissed me on this seashore when he left me here." And while she called to recollection all that she had seen when standing there, and while she looked far out on flowing waves from there, she noticed floating on the distant sea—what shall I say? At first even she could not be sure of what she saw. But presently although still distant—it was certainly a floating corpse. She could not see what man he might be, but because it seemed to her it surely was a shipwrecked body, she was moved as at an omen and began to weep; and,*

moaning as she stood there, said:—"Ah wretched one, whoever it may be, ah, wretched is the wife whom you have left!" As driven by the waves the body came still nearer to her, she was less and less the mistress of herself, the more she looked upon it; and, when it was close enough for her to see its features, she beheld her husband. "It is he," she cried and then she tore her face, her hair, her royal robe and then, extending both her trembling hands towards Ceyx, "So dearest one! So do you come to me again?" She cried, "O luckless mate."

[728] A mole, made by the craft of man, adjoins the sea and breaks the shoreward rush of waves. To this she leaped—it seemed impossible—and then, while beating the light air with wings that instant formed upon her, she flew on, a mourning bird, and skimmed above the waves. And while she lightly flew across the sea her clacking mouth with its long slender bill, full of complaining, uttered moaning sounds: but when she touched the still and pallied form, embracing his dear limbs with her new wings, she gave cold kisses with her hardened bill. All those who saw it doubted whether Ceyx could feel her kisses; and it seemed to them the moving waves had raised his countenance. But he was truly conscious of her grief; and through the pity of the gods above, at last they both were changed to flying birds, together in their fate. Their love lived on, nor in these birds were marriage bonds dissolved, and they soon coupled and were parent birds. Each winter during seven full days of calm Halcyone broods on her floating nest—her nest that sails upon a halcyon sea: the passage of the deep is free from storms, throughout those seven full days; and Aeolus restraining harmful winds, within their cave, for his descendants' sake gives halcyon seas."

Pliny the Elder, who has so much to say about animals, maintains that the kingfisher can only be seen between the two solstices, which indicates that it was originally a double manifestation of the moon goddess: the goddess of life in death in the middle of winter and the goddess of death in life in the middle of summer.
'Myths,' wrote an Italian expert on the subject, 'consist of actions which embrace their own antithesis.' Because life turns irrevocably into death, what was dead comes back to life. For anyone with the insight, for the poet and the true artist, everything is one.
Perhaps, I may now slightly adapt the verses of Wallace Stevens:

A man and a woman and a kingfisher
Are one.

Because, perhaps that is just what Mark Dedrie's art is about. About everything, however humble, that is ultimately a single whole. About bronze birds that, although they appear frozen in their beauty, are brought back to life by one loving glance from us.

Nokere, 2009

(*) I have quoted from the A.D Melville translation of Ovid's Metamorphoses on the biography pages of *Theoi.com*.

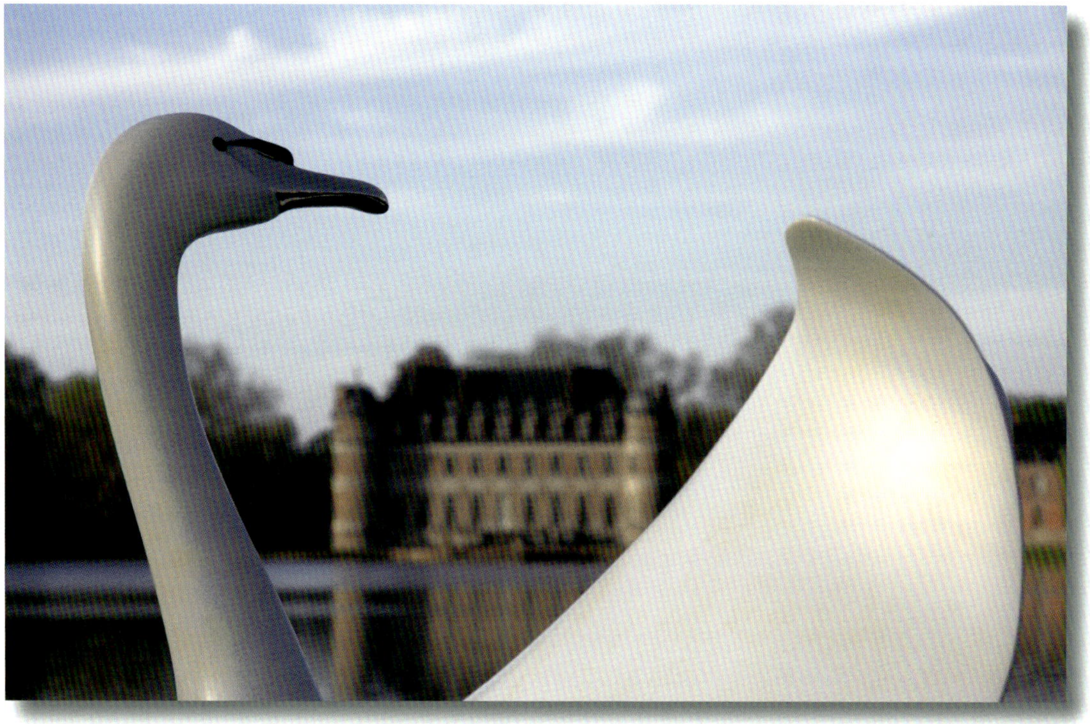

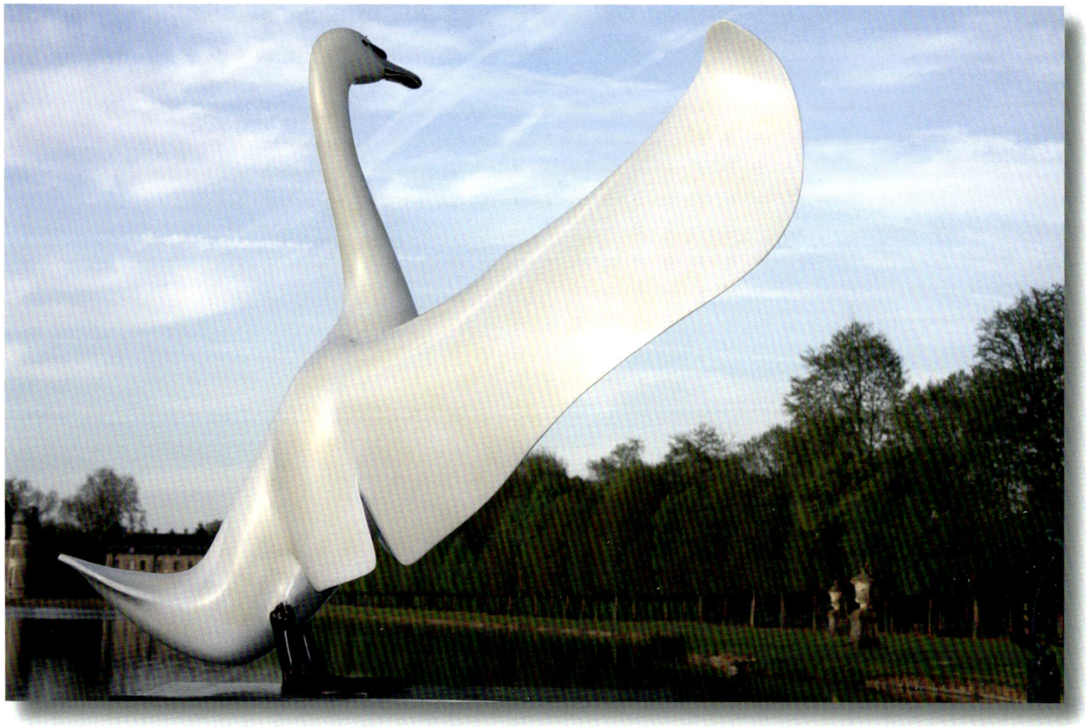

"Crescendo"

Op het kasteel van Beloeil

At the castle of Beloeil

Au château de Beloeil

110 x 130 x 130 cm

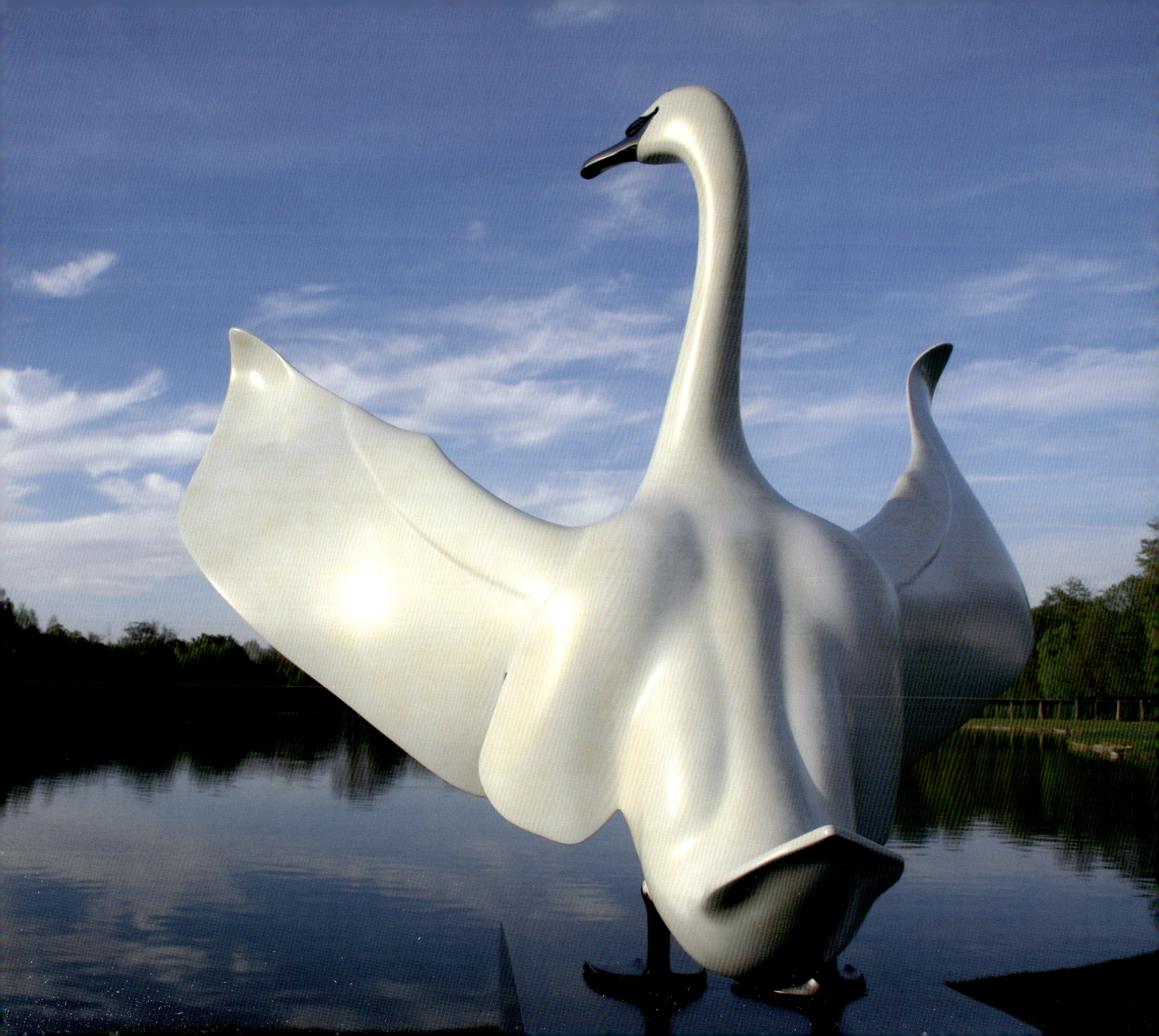

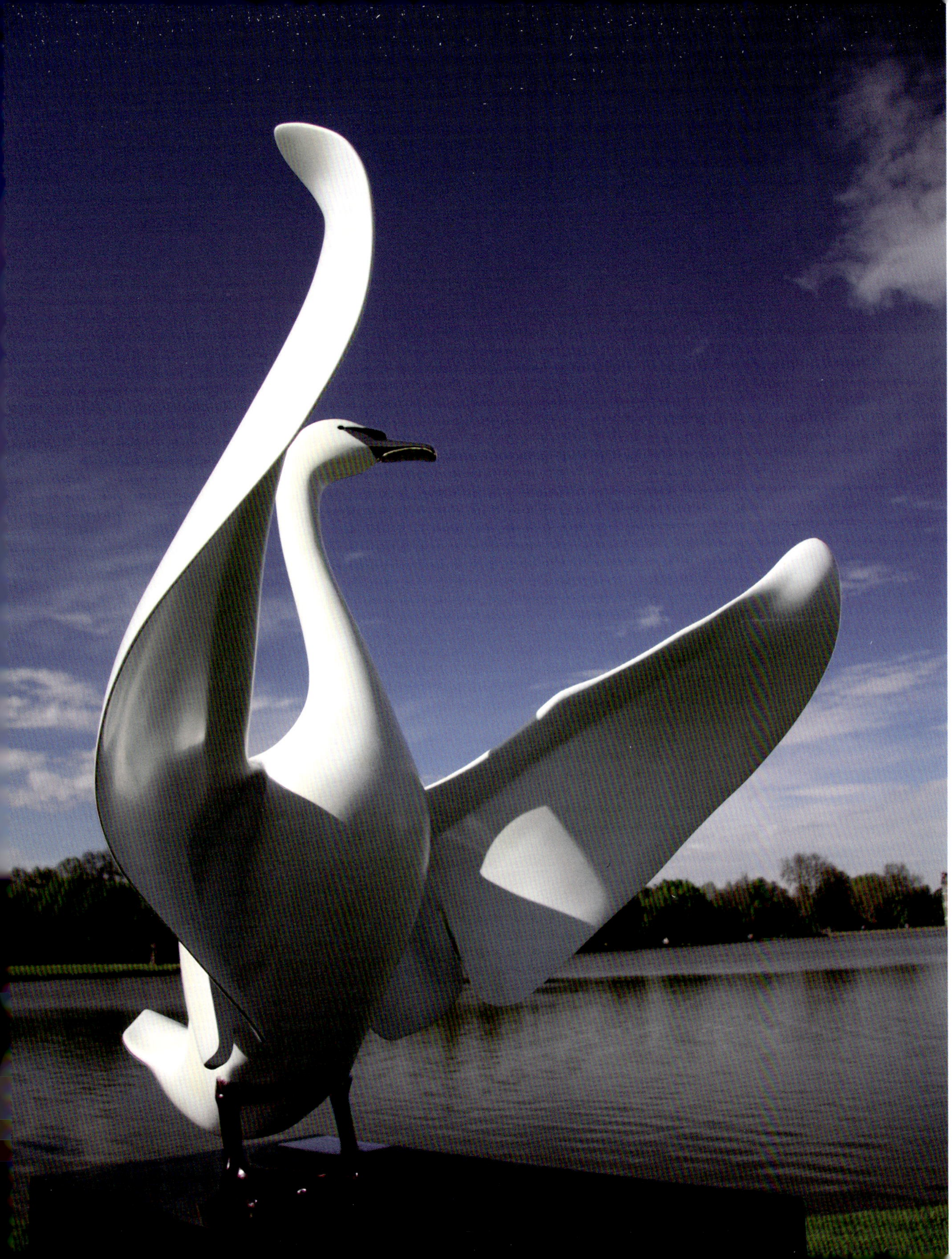

"Crescendo"

Zwaan

Swan

Cygne

110 x 130 x 130 cm

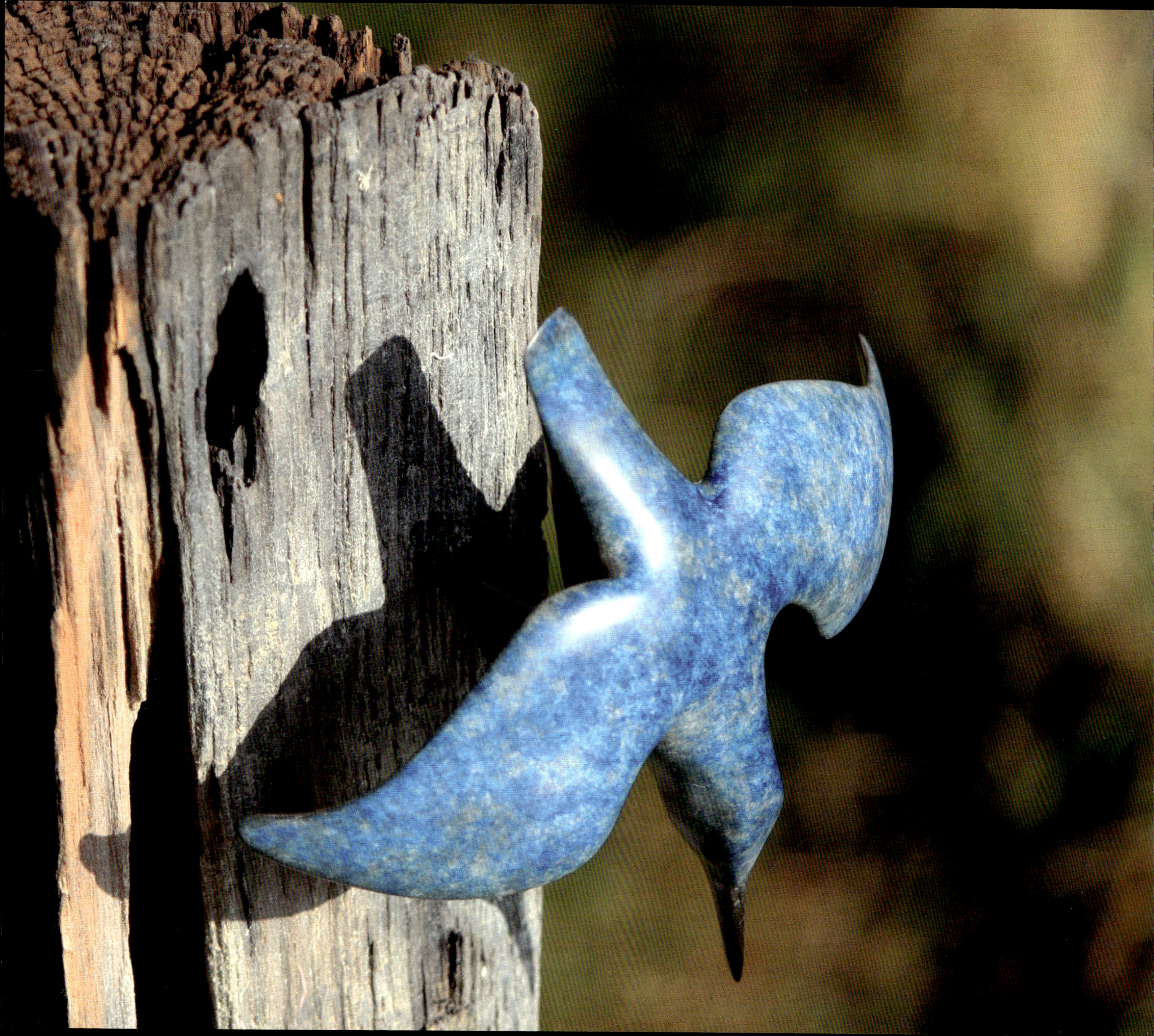

IJsvogel

Kingfisher

Martin-pêcheur

3,5 x 21 x 16,5 cm

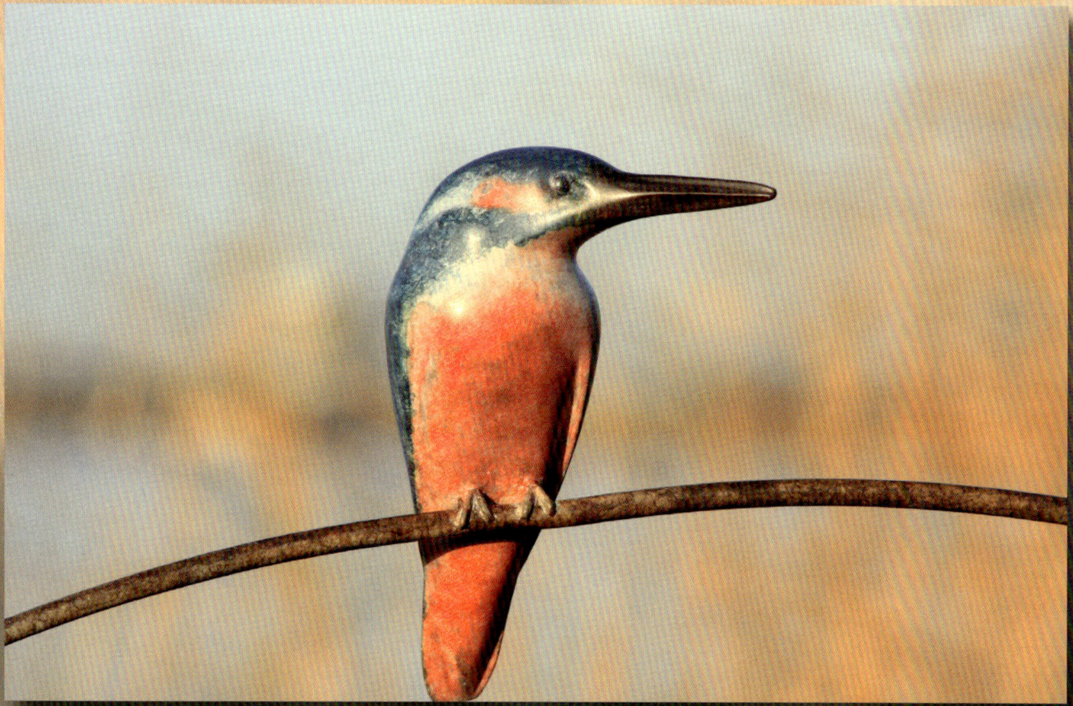

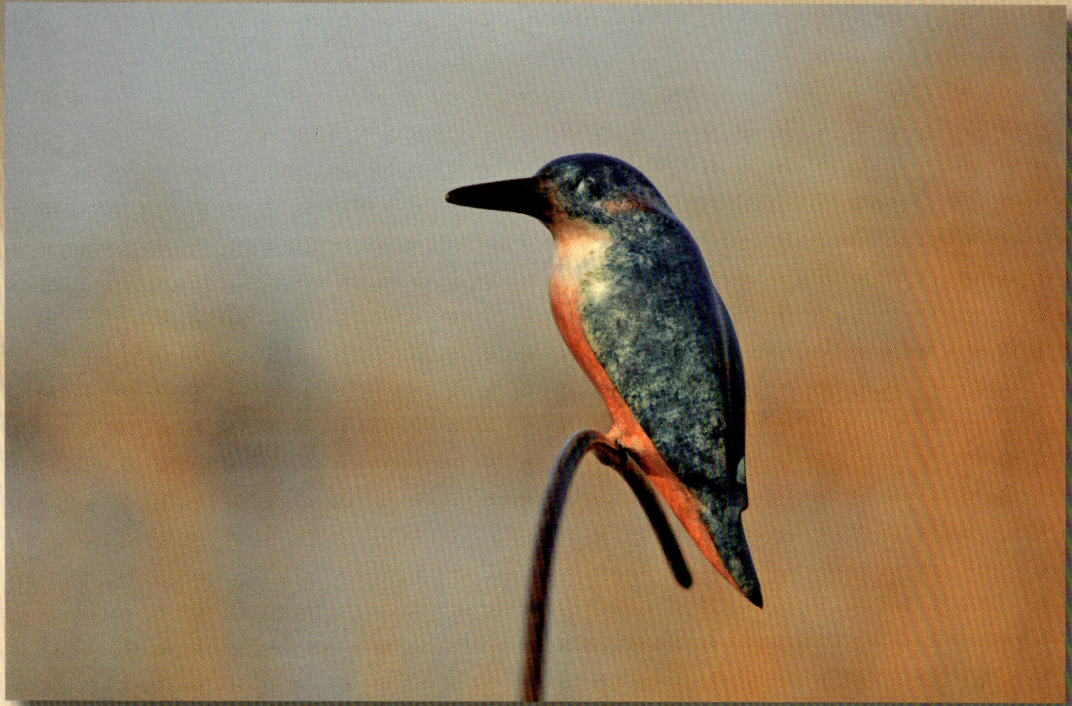

IJsvogel II

Kingfisher II

Martin-pêcheur II

14 x 11 x 5 cm

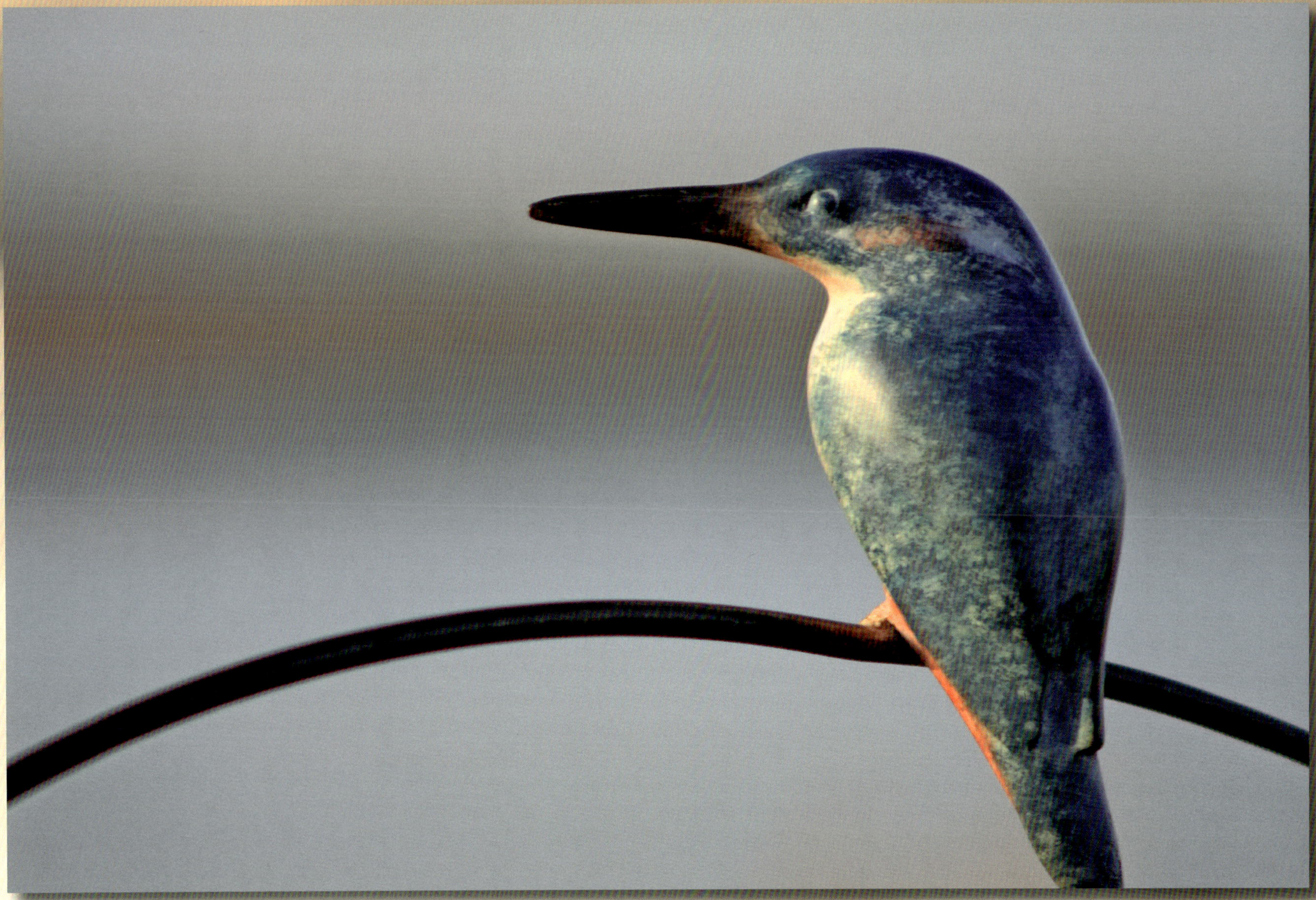

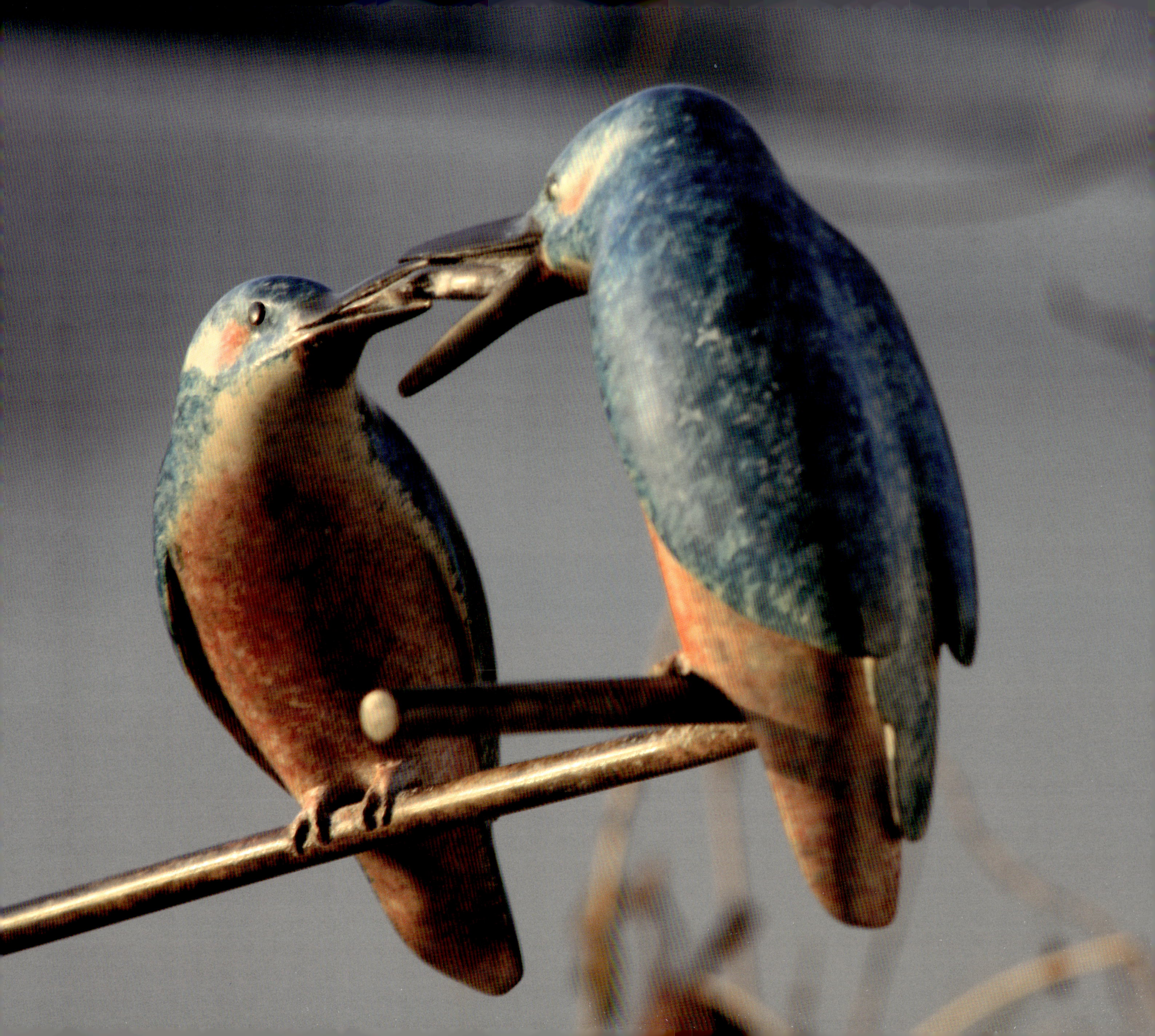

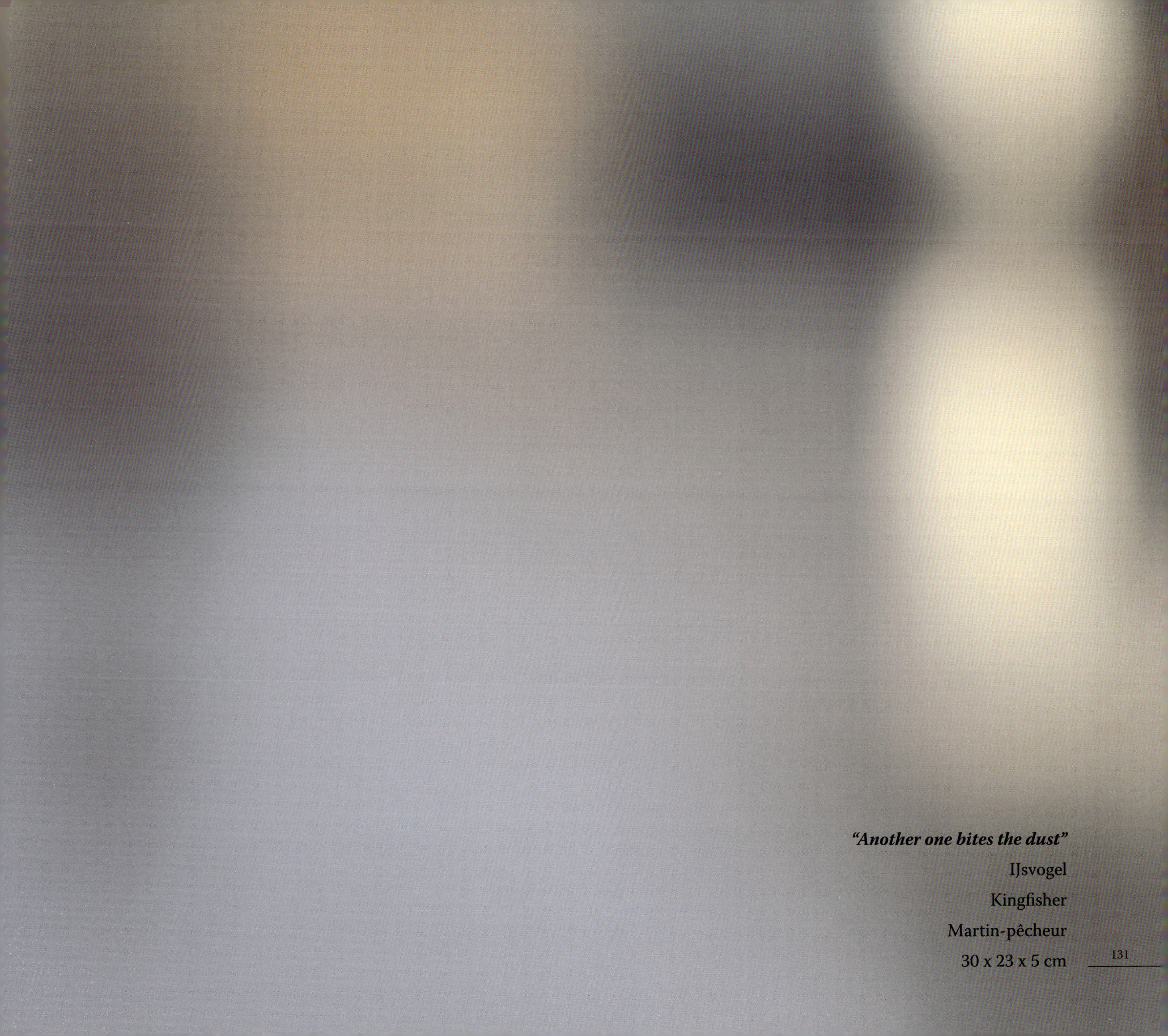

"Another one bites the dust"

IJsvogel

Kingfisher

Martin-pêcheur

30 x 23 x 5 cm

Mark Dedrie, an artist in motion

Robin d'Arcy Shillcock

The first things you notice when confronted by work of Belgian sculptor Mark Dedrie (1962) are the stylized shapes and their highly polished finish. Although working within the tradition in which colour is omitted in favour of form, his approach is not so much classical an literal as turning a refined distillation of visual reality into a sculptural statement. He transforms a world of colour and movement into a world of presences, of volumes and elegant lines, and manages weightlessness in heavy bronze. This results in tactile, visually attractive sculptures.

There aren't too many sculptors who know how to stylize animal shapes well, and even fewer that seek the degree of refinement Dedrie is striving for. It results in soft and sensual surfaces that underline the exquisite grace of birds like ducks and long-legged waders.

There are honestly merely a few I can name. François Pompon (France 1855-1933) worked on Rodin's marble sculptures before becoming one of the greatest animal sculptors of the modern era. His work instigated what I call the Movement of Form, comprising the sculptors who preferred to distance themselves from *Animaliers* like Barye and Fremiet who focused on the anecdotal Battle of the Titans: Gorilla abducts fair maiden (a Beauty and the Beast theme which eventually led to the making of *King Kong*), Panther devours snake etc. In the work of Adrian Sorrel (UK 1932) and Claude Lhoste (France 1929) we find a comparable exploration of fluidity of shape and line as may be found in Dedrie's work. The Frenchman however moves across a wider range of subjects, not so surprising when his age is considered.

From the vast number of artists presented in the catalogues of the annual exhibition *Birds in Art* held for over twenty-five years at the Leigh Yawkey Woodson Art Museum in Wausau, USA, I manage to sift a few whose work compares with that of Mark Dedrie. Emily Parlman (USA 1927), Burt Brent (USA1938), a plastic surgeon, comfortable in the domain of precision and smoothness; Charles Almond (USA1938), Geoffrey Dashwood (UK1947) and Ross Matteson (USA1957). Matteson comes closest to Dedrie but the birds he executes are sharper, and less warm. In his search for the sensual shape and line Dedrie is nearer to sculptors working in wood, like Hank Tyler (USA 1944) and Dutchman Jaap Deelder (1952), who prefer polishing the surface to such a degree that the underlying grain underpins the sculpture.

Fine artists never come dropping out of the blue sky. Dedrie too, is a product of various currents, impressions and influences. Some of these cannot be retraced, while others can only be suspected. Undoubtedly the years he spent at an art foundry worked upon him to great effect; these were the formative years. We are however, dealing with a self-made artist here, attempting to produce sculptures that show not only his abilities and vision but also convey his empathy for birds.

Birds

Birds symbolize freedom, Dedrie tells us. It seems evident that in his recent works symbolism is disappearing. The symbolic, androgenic humanoid figures have been replaced by birds and other animals, immediately recognizable subject matter that requires searching for deeper meaning. And yet, in spite of all we know about birdlife, these creatures remain elusive and mysterious and, for 21st century man, enduring transmitters of symbolic meaning. And consider this: of all creatures in the animal kingdom birds are closest to the angels!

Mark Dedrie looks at birds with empathy. He does more than just look. He studies the live bird as well as the mounted specimen, observing attitude and proportion; he also uses photographs in trying to obtain an insight into their nature. He reflects on their character, sees them in his dreams and imagination. All he can get on species like a mandarin duck or a curlew filters through the different layers of eye and brain, before he can begin to sculpt. Working in plastiline or wax to roughly life-size, he shapes every part of a bird's body with his hands and fingers, like in an endless caress. With each new project he immerses himself in misery as he tries to capture that which is so unattainable in these creatures, their purity and lightness of being. He believes that by greatly simplifying his subjects he can best convey their *état d'esprit*. Birds never really co-operate, either. Sure, each species has that typical outline that, when reproduced, says "owl" or "crow", but there is rather more to a bird than that —there's personality, the tell-tale posture and characteristic behaviour. To complicate things more, all projecting parts such as bills and legs tend stick out, causing problems in the design. Such small, jutting shapes tend to detract from and even rupture the sculpture's unity.

Dedrie's pieces, in spite of the extremes of simplification he goes to, give us enough to recognize individual species, such as mandarin duck, curlew, little owl, beautiful perching kingfisher. And impressive swan.

His swan has an overwhelming presence. The man that decided to buy it during the time Mark and I sauntered around the gallery has acquired an eye-catcher. It is a typical Dedrie and yet it is different. More exuberant, majestic. A *tour de force*, made with the intention to impress. According to Icelandic sagas swans flew to the moon after the breeding season; Dedrie's swan has magical, lunar quality. In his own way he represents the anatomy of a swan, but lets go of anatomical reality in the wings, possibly to avoid a stiff heraldic pose. In suggesting 'movement' in the wings he appears to have been inspired by photographs of flying birds, their wings blurred into unexpected shapes. Attempting to suggest movement in a bronze is often a difficult problem to solve. Dedrie approaches it from what may be called a modern angle, using all the means nowadays at our disposition. The wings exceed the anatomically correct, appearing to bulge and catch the air as if at any moment they could carry this bird through three-dimensional space. This calls to mind the sculptures of flying birds by Lhoste, notably in his marble Pelican from 1966 and his bronze sculpture Bird from 1988. Because such motion cannot be captured by the human eye it is here the artist can make use of new sculptural possibilities.

In the simplest possible way, so it appears, both artists offer us an impression, or, more than that, an imaginative image of these enigmatic creatures, always active at the periphery of our existence, always trying to evade our gaze.

Studio magic

Less is more is clearly the thought underlying Mark Dedrie's approach. Easier said than done. To produce convincing, stylized sculptures of animals requires a long preliminary process of exploration, taking hard decisions, gaining experience the hard way. Because his pieces are so carefully crafted they are worth touching besides appreciation from a distance, to feel what the artist felt is what a sculptor friend long ago taught me. (Once, in the Musée d'Orsay in Paris, in following his example I felt many of the sculptures in the exhibit until we both were stopped by furious guards —and nearly thrown out of the museum. One of the reasons I enjoy visiting Middelheim sculpture park near Antwerp; here you can run your hands over any sculpture, including that favourite of mine, Pompon's polar bear, without getting pounced upon.) Sculptures of Dedrie, like Stone Owl, the consort of Pallas Athena Greek deity of wisdom and the arts, like the slender, long-billed curlew and the streamlined kingfisher which seems ready to dive into some hidden stream, beg to be touched.

In his ongoing quest for essence, Dedrie appears to boil down every part of his subject to a highly simplified shape, without losing the spark of life in the gracefully pearly-soft bronze shell.

This results from his insistence on craftsmanship, in the use of the materials and tools he works with. A lot depends on how well he warms and flattens the wax, on how precise he is in shaping the mould and smoothening the subsequent wax model. In the pouring of the red-hot molten bronze the model is lost — *cire perdue* — but arises anew from the molten mass like a phoenix.

His sculptures look as good from a distance as they do from close up. Close inspection reveals the pearly 'skin'. The challenge is to apply the patina, caused by a chemical reaction brought about with fire, in such a way that it is interesting without becoming gaudy. (And so far removed from faeces-coloured patinas which Dutch sculptors seem to prefer.)

A close up look also shows this remarkable lack of details. An eye, for instance, known to make a sculpture come alive, Dedrie may suggest with a shallow depression, or a plane in a slightly different direction. The sculptor is concerned with the synthesis of large shapes, not facts. It is in the eyes of the beholder that a dent become an eye, thus giving life to the piece.

Lightness and elegance he achieves by calculating minimal points of attachment. The sculpture's equilibrium needs to be considered early on in the process. It is a small feat of engineering and combined with the attractive, mottled patina helps to achieve lightness, even airiness, in what is essentially a heavy and rigid material, and finally strengthens the tactile quality of his sculptures.

The clarity and lightness of the sculptures make it easy to forget what went before. The production of sculptures in bronze or stainless steel is a lengthy, time-consuming and expensive occupation. (Could that explain the lack of interest for sculpture at fine art academies in the Netherlands?) Working in bronze is as it always has been, an age-old manual and strenuous craft.

To get where Dedrie wants to be in art, at that exact point where, subtlety and harmony is in perfect balance, requires a great effort, and a great investment of time in the study of particulars of which little remains visible in the final work. His aim: to get more by showing less. Less is more.

An artist in motion

You can never tell with artists. It makes them what they are, interesting creatures. They can suddenly change their style, or follow some new passion. Five years ago Mark Dedrie began sculpting birds, and he stayed on that path. Symbolism and seclusion and charming anecdote are slowly making way for a more powerful form of representation. Not unilateral, in that he documents a species observed, but multifaceted because of his aspirations to achieve a fine balance between extremes, between representation and abstraction.

If we see how his work has developed during the last five years, how shapes have opened up, a little like a chick creeping out of its egg and nest, and takes in the world. His sculptures have changed from retiring, inward-flowing shapes to works that embrace space. One day they may begin to breathe.

Deep within the brain, hidden from prying eyes, is where everything begins, in a sinuous process called creation that is more mysterious than alchemy. I wish I could lift the artist's cranium to try and see which ideas simmer in the grey matter. What does he see? Each new sculpture sharply defined the way he wants it to become, or the way it might become? Is it a fleeting shadow? Can he see different possibilities side by side? Unfortunately, it cannot be done. I'll have to satisfy myself with the ideas conveyed to solid metal.

During my interview he expresses an urge to learn, to develop and renew himself. Says he wants to take a step closer towards naturalism.

"I consider adding a single detail." He pauses, then says: "One little detail symbolizes all the details that make up the complete bird and which I suppress."

He still has distances to cover. Refinements to apply. No artist, perhaps no man can develop without such aspirations. No growth means coming to a standstill. In his eyes a far horizon glimmers. He says, "I want to advance. Go forward. I'm going to go forward."

In reaching for complicated problems he needs to solve Mark Dedrie is spreading his wings to catch the wind, his eyes on a crest we cannot see. Taking into account his sense of design and esthetics, I am curious to know what will be.

That means that this book, and the exhibition it celebrates, is an in-between stop. A benchmark. The artist marks what he has so far reached, but intends to go on. Such a retrospective exhibition is an achievement. It is also a moment of reflection, a moment to catch your breath after five years of hard work. It is also moment of truth. Because it is where the artist says: "Here I stand. Look, this is me."

Groningen, January 2009

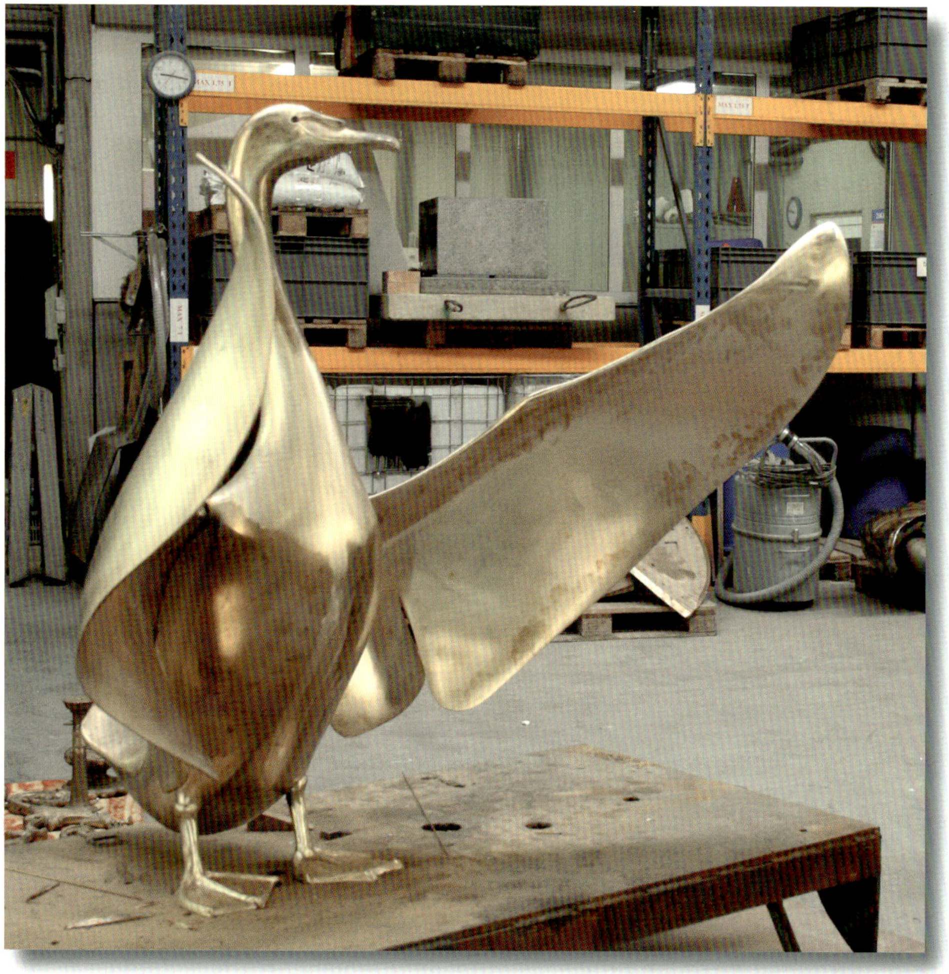

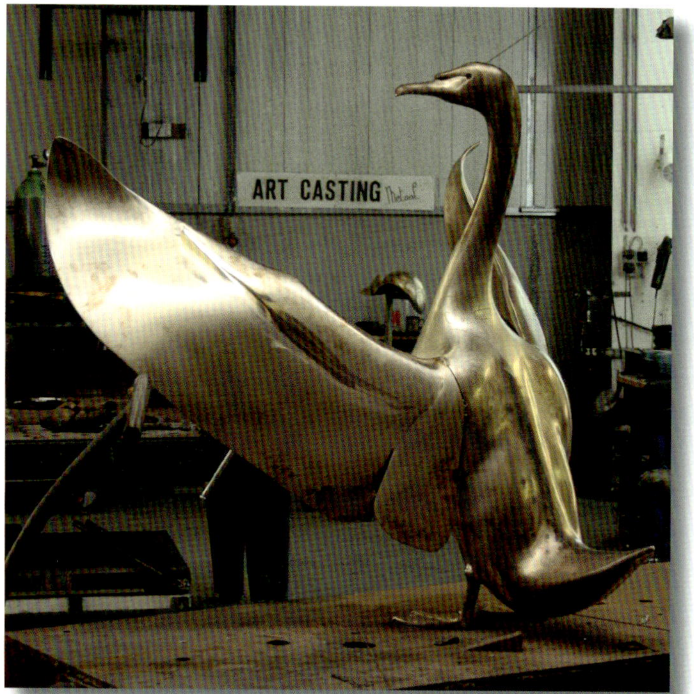

Afwerking van de zwaan

Finishing of the swan

La finition du cygne

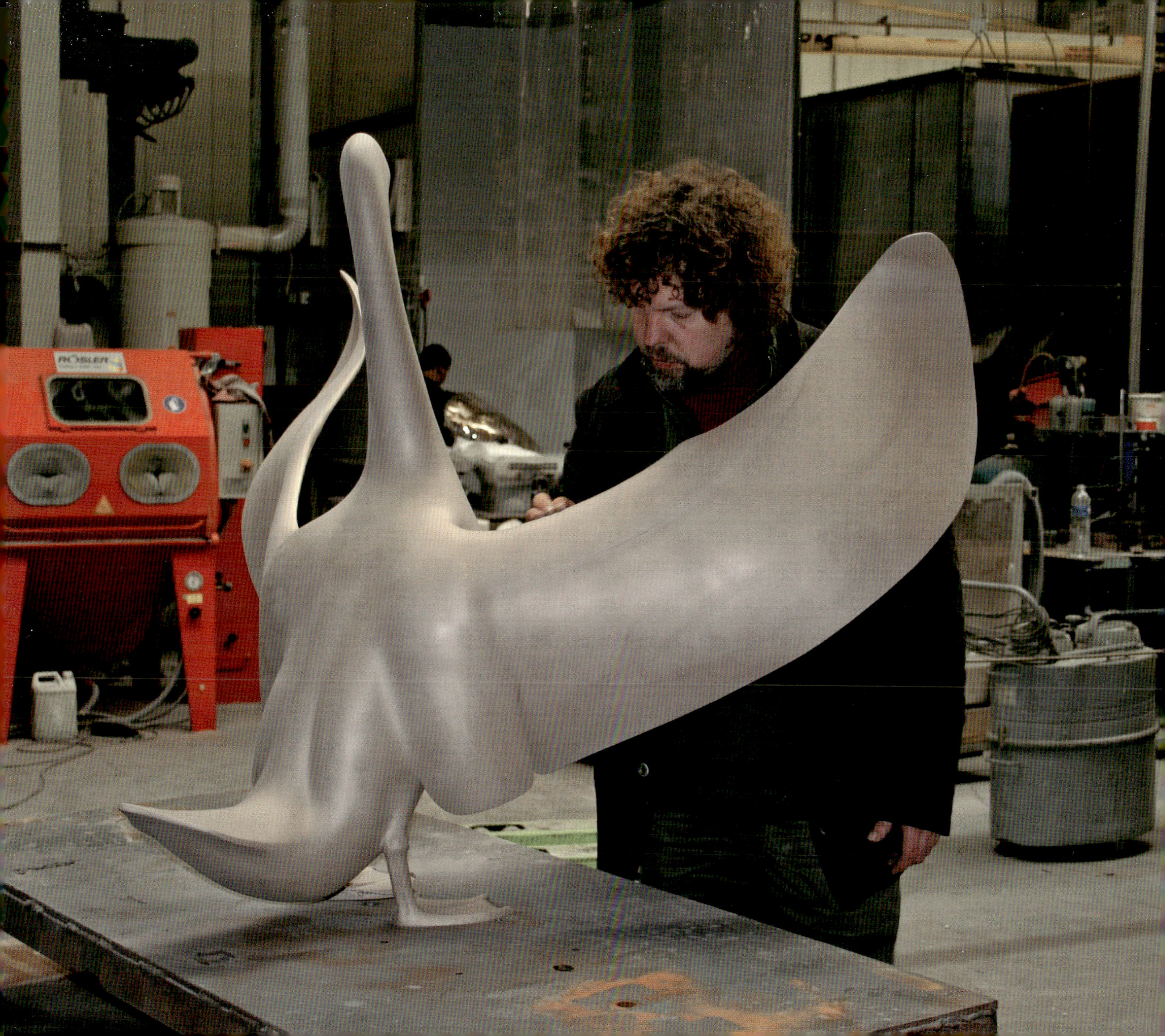
RÖSLER

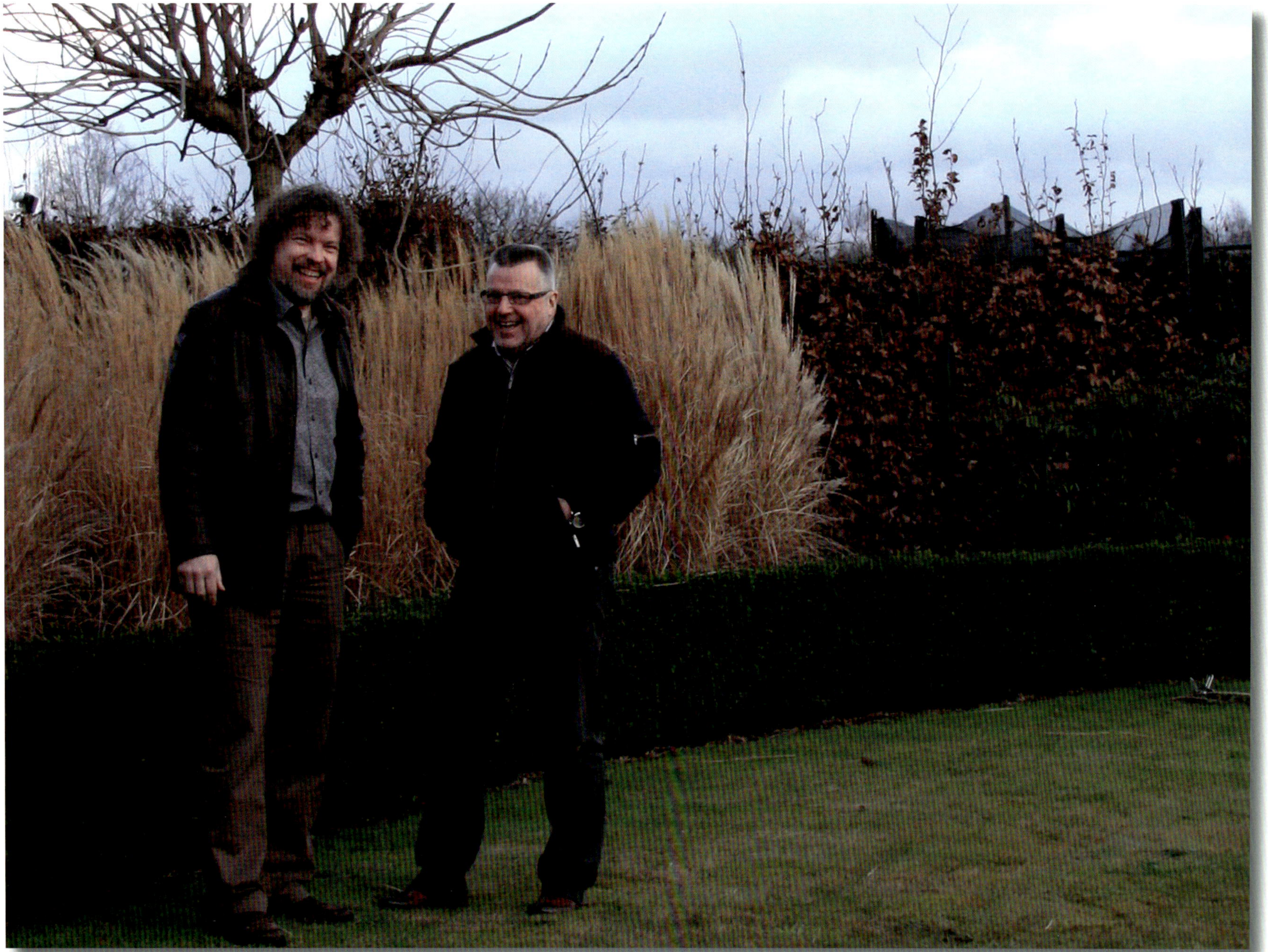

Pauls
CONVOY - SERVICE

Uw transport in veilige handen met onze begeleiding.

Uw partner voor vergunningsaanvragen en begeleidingen in de Benelux F - E - D - A - GB

www.paulsconvoyservice.be

Rik & Anne

Dank voor jullie steun!

Un grand merci pour votre soutien!

Thanks for all the support!

Authors

Marcel van Jole (AICA), Frans Boenders,
Robin d'Arcy Shillcock

Translation

Guy Van den Bulcke, Tina Guy, Marie-Claire Nuyens,
Wim Fryns, Robin d'Arcy Shillcock

Photography

Mark Dedrie

Coordination

Marcel van Jole, Freddy Hofmans

Final editing

Marcel van Jole

Lay-out

Brigid Sullivan, Paul Sevenhuysen, Mark Dedrie

Printing office

Albe De Coker, Hoboken - Belgium

This edition has been made possible thanks to

Ingrid Peeters
Ze Zhang
Paul F.T.M. Sevenhuysen
Jos Hofmans
Art casting Belgium
Coca-Cola Enterprises Belgium

ISBN 978-90-783-2209-2

D/2009/2700/1

Art in Nature was published in March 2009
Copyright by Mark Dedrie

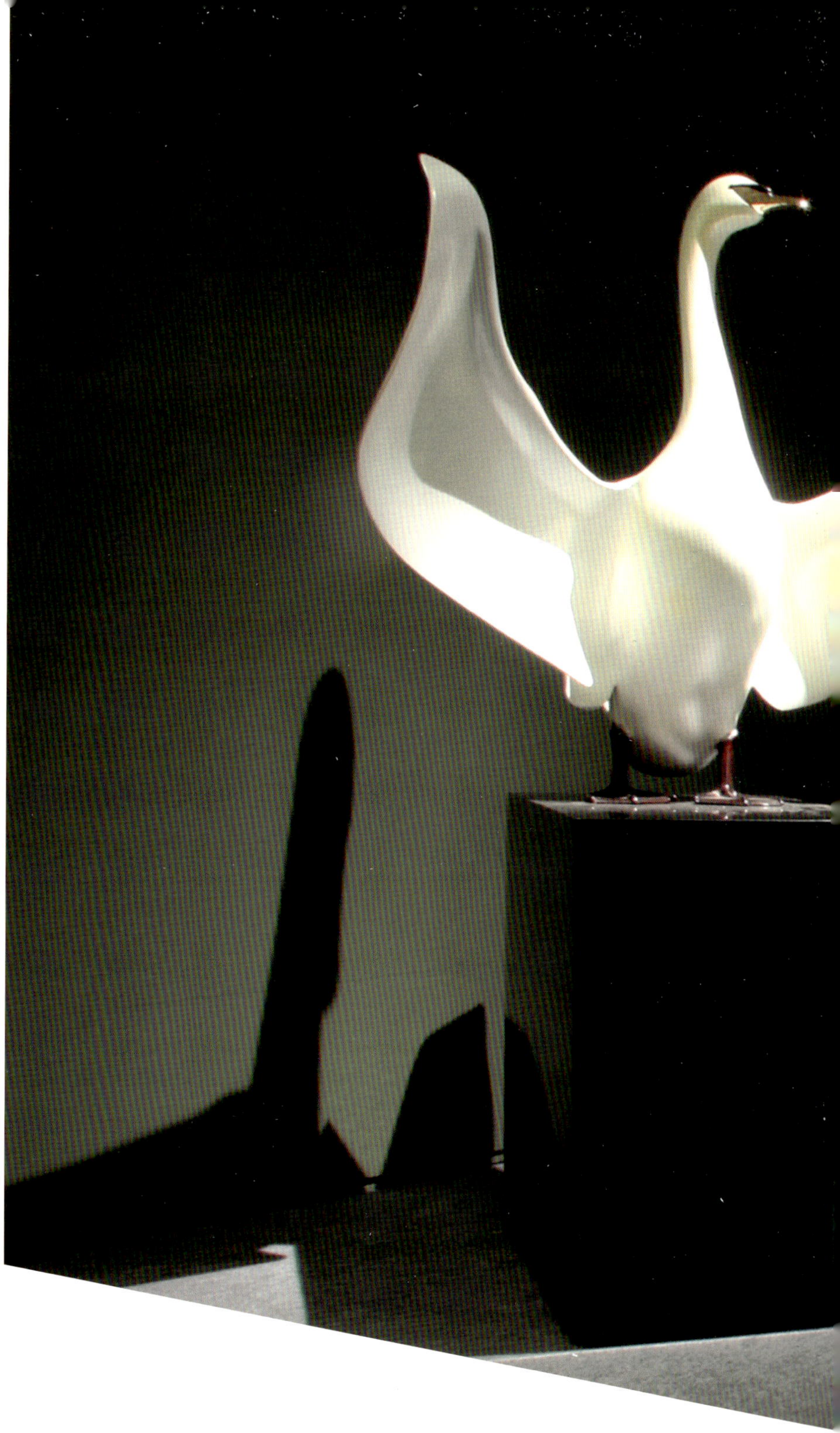

Lineart 2008
Belgium calling

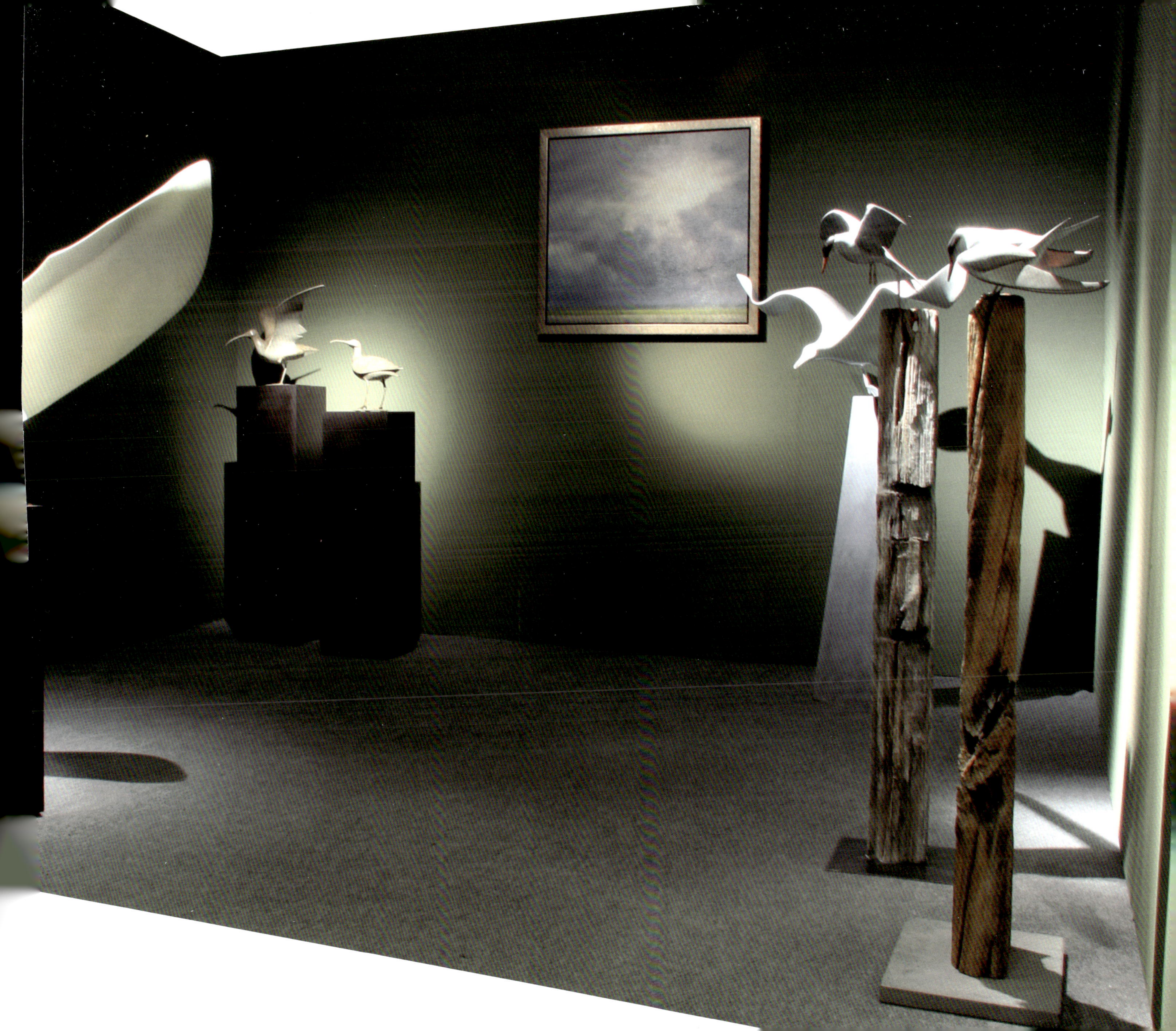

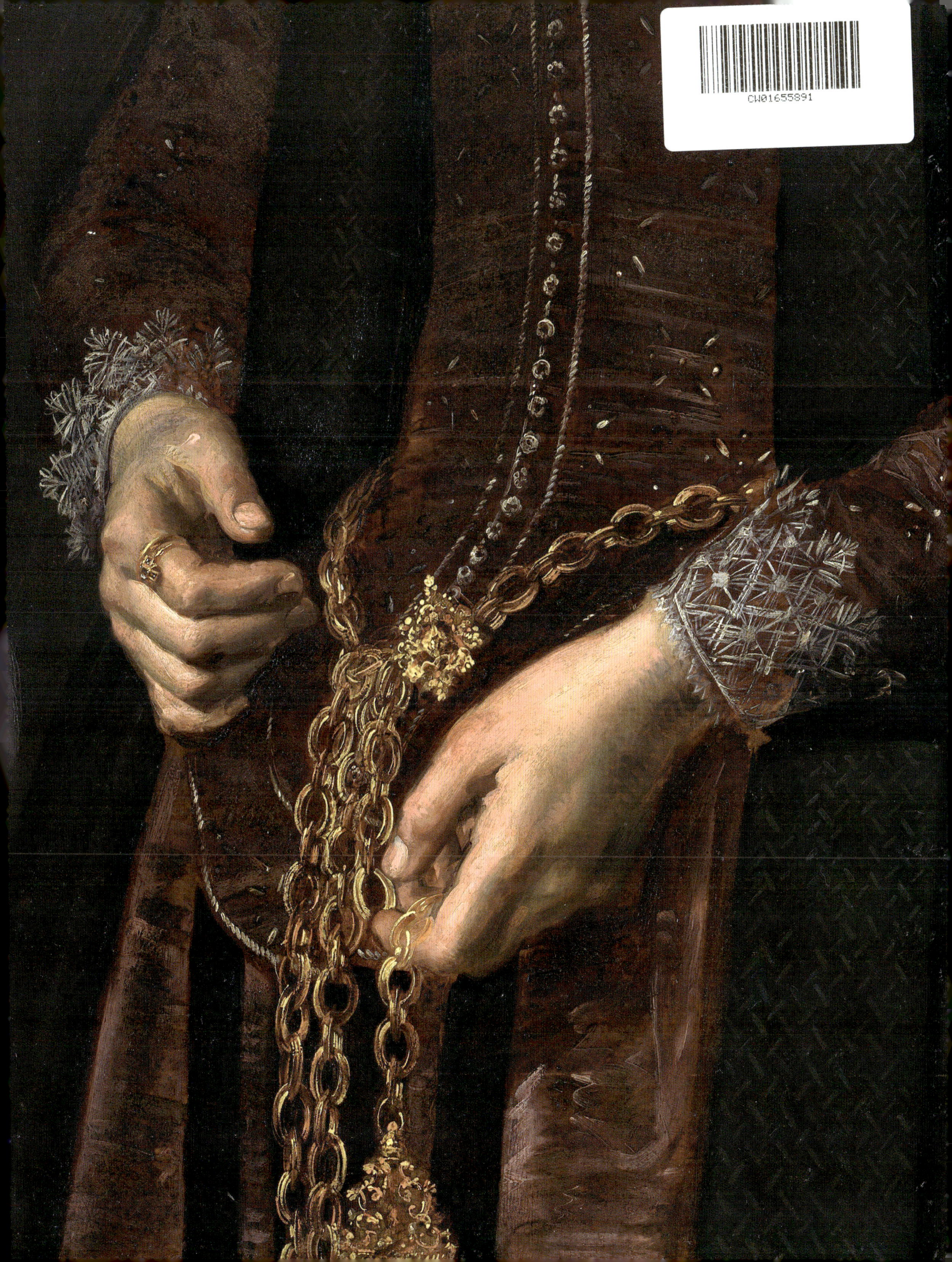

CW01655891

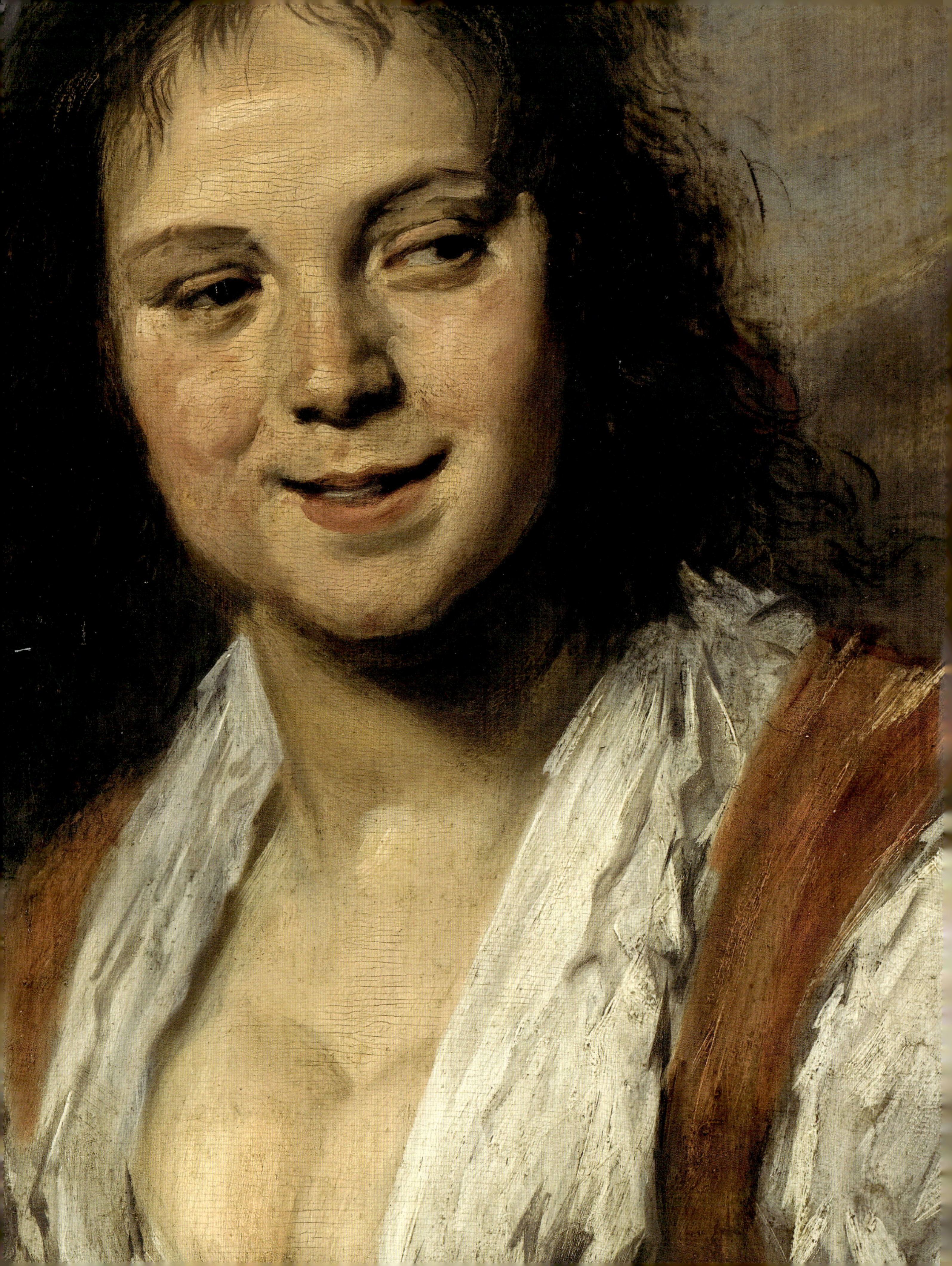

Frans Hals

Master of the Fleeting Moment

Edited by
Dagmar Hirschfelder
Katja Kleinert
Erik Eising

HATJE CANTZ

Gemäldegalerie
Staatliche Museen zu Berlin

Contents

Authors of the Catalogue Entries

Christopher Atkins [CA]
Pieter Biesboer [PB]
Bart Cornelis [BC]
Erik Eising [EE]
Michiel Franken [MF]
Anina Gröger [AG]
Karen Hearn [KH]
Dagmar Hirschfelder [DH]
Katja Kleinert [KK]
Justus Lange [JL]
Norbert Middelkoop [NM]
Justine Rinnooy Kan [JRK]
Christian Tico Seifert [CTS]
Emilie den Tonkelaar [EdT]
Femke Valkhoff [FV]

Lenders

Amsterdam	Rijksmuseum
Antwerp	Royal Museum of Fine Arts Antwerp – Flemish Community
Berlin	Kupferstichkabinett, Staatliche Museen zu Berlin
	Nationalgalerie, Staatliche Museen zu Berlin
Birmingham	The Henry Barber Trust, the Barber Institute of Fine Arts, University of Birmingham
Cambridge	The Syndics of the Fitzwilliam Museum, University of Cambridge
Chatsworth	The Devonshire Collections, Chatsworth
Cleveland	The Cleveland Museum of Art
Edinburgh	National Galleries of Scotland
Enschede	Rijksmuseum Twenthe
Fort Worth	Kimbell Art Museum
Frankfurt am Main	Städel Museum
Haarlem	Frans Hals Museum
The Hague	Mauritshuis
Hamburg	Hamburger Kunsthalle
Kassel	Hessen Kassel Heritage, Gemäldegalerie Alte Meister
	Hessen Kassel Heritage, Neue Galerie
Leipzig	Museum der bildenden Künste Leipzig
London	English Heritage, The Iveagh Bequest (Kenwood, London)
	The National Gallery
	The Wallace Collection
Munich	Bayerische Staatsgemaldesammlungen München – Neue Pinakothek
New York	The Metropolitan Museum of Art
Nuremberg	Germanisches Nationalmuseum
Odessa	Odessa Museum of Western and Eastern Art
Paris	Musée du Louvre, Département des Peintures
Pittsburgh	Carnegie Museum of Art
Prague	National Gallery Prague
Schwerin	Staatliche Schlösser, Gärten und Kunstsammlungen Mecklenburg-Vorpommern
Toledo	Toledo Museum of Art
Toronto	Art Gallery of Ontario
Vienna	Kunsthistorisches Museum Wien, Gemäldegalerie
Washington	National Gallery of Art

And all those private lenders
who wish to remain anonymous.

Foreword and Acknowledgments

Dagmar Hirschfelder

With nine works, the Berlin Gemäldegalerie has one of the world's largest and finest holdings of paintings by Frans Hals. Along with Rembrandt and Vermeer, the painter is one of the outstanding Dutch artists of the seventeenth century. His works, painted in a breathtakingly free manner, were enthusiastically rediscovered in the nineteenth century by art historians and artists alike. Within a few years, Hals attained the status of cult painter whose works were in great demand and were increasingly traded for ever-rising prices. Even today, his artistic virtuosity and extraordinary power of observation still have the ability to impress.

The Berlin exhibition *Frans Hals – Master of the Fleeting Moment* is the first comprehensive exhibition in Germany on the work of this great portraitist and genre painter. We owe the fact that fifty of his most important and exceptional paintings can be presented in Berlin to a cooperation with London's National Gallery and its director Gabriele Finaldi and the Rijksmuseum in Amsterdam and its general director Taco Dibbits in collaboration with the Frans Hals Museum of Haarlem and its director Lidewij de Koekkoek. The works come from over thirty public and private collections in Europe, the United States, and Canada and comprise such highlights as *Portrait of a Couple* from the Rijksmuseum, *Young Man Holding a Skull* from the National Gallery, London, and *The Lute Player* from the Musée du Louvre. For making this convergence of artworks possible, we owe a great debt of gratitude to our cooperating partners and all the lenders. The exhibition also features paintings that have never been shown in Germany: for instance, the over four-meter-wide militia group portrait *The Meager Company* from the Rijksmuseum, *The Laughing Cavalier* from the Wallace Collection in London, and the Evangelists *St. Luke* and *St. Matthew* from the Odessa Museum of Western and Eastern Art.

Unlike the exhibitions in London and Amsterdam, in each of which about fifty major works by Frans Hals were presented, the Berlin exhibition also includes works from Hals's artistic milieu—by his Haarlem competitors as well as by his pupils and assistants. In this way, viewers will be able to appreciate the master as an exceptional phenomenon in the context of his era and experience him as an artistic personality and teacher. Important painters like Adriaen Brouwer, Adriaen van Ostade, and Judith Leyster worked in his studio. Their paintings illustrate the extent to which he encouraged their individual talents and specialization within a variety of genres. In total, the Berlin show comprises nearly eighty exhibits. These also include nineteenth- and early twentieth-century works that demonstrate Frans Hals's influence on modern painting. It is primarily because of his virtuoso brushwork and the spontaneity and directness of his paintings that Hals may be regarded as a forerunner of modernism. Realists and Impressionists like Max Liebermann, Wilhelm Leibl, and Lovis Corinth felt they were reflected in his painting technique and used his pictures as a source of inspiration. When their works are juxtaposed with the oeuvre of Hals, we discover not only the specific quality of his pictures but also their far-reaching effect on the development of the European art of painting.

The unparalleled loose painting style, which Hals uses in his portraits and genre pieces, makes him one of the most innovative artists of his time. With his free brushwork he attains a high degree of illusionism and vibrancy. Instead of conventional poses, he reproduces the fleeting moment of a movement or facial expression. The sitters seem to breathe, and we believe ourselves capable of sensing their personality and character. Hals devotes himself to the individual quirks of his models without prejudice, with curiosity, humor, and empathy. In doing so, a key element of his work is laughter or smiles: Hals possesses the incomparable skill of portraying laughing people as true-to-life. Moreover, he paints social outsiders with the same devotion as he does members of the urban elite. With his genre pieces and life-size character studies, he helps marginalized groups of society—such as prostitutes, people with intellectual disabilities, working children, and performers—achieve, until then, unprecedented visibility. This, too, is what makes him so modern.

In addition to our cooperating partners, our thanks go first and foremost to our sponsors, without whose extremely generous support the exhibition and catalogue could not have been realized: the Fontana Stiftung, the Kuratorium Preußischer Kulturbesitz, the Kaiser Friedrich Museumsverein, the Ernst von Siemens Kunststiftung, and the Stiftung Heinz Kuckei Collections Berlin. We are also very grateful to our lenders, who have entrusted us with their precious works and thus made the exhibition possible. We would also like to thank the President of the Stiftung Preußischer Kulturbesitz, Hermann Parzinger, and its Vice President, Gero Dimter, for their firm support of the project from the very start.

I should like to express my special thanks to the curators of the exhibition, Katja Kleinert and Erik Eising. Despite the tight schedule, they superbly realized the project with enthusiasm, directness, and focus. Most enriching was the collegial exchange with the curators of the exhibitions in London and Amsterdam, Friso Lammertse of the Rijksmuseum and Bart Cornelis of the National Gallery, to whom we extend our thanks. We would also like to thank the authors of this publication as well as all those who contributed to the planning and realization of the exhibition and catalogue, especially the staff of the Gemäldegalerie, the Staatliche Museen zu Berlin, and the Stiftung Preußischer Kulturbesitz, the architect, the technical planners of the exhibition, and the staff and collaborators of Hatje Cantz.

Thanks to

Paul Ackroyd
Frank Adam
Thomas Albrecht
Sébastien Allard
Susanne Anger
Christopher Atkins
Nadine Barabas
Stefan Baumgartner
Pierre Becker
Ines Bellin
Lutz Bertram
Markus Bertsch
Pieter Biesboer
Brigit Blass-Simmen
Xavier Bray
Caroline Breunesse
Wendela Brouwer
Laurence Brugger
Jan Buchholz
Koen Bulckens
Quentin Buvelot
Laurence des Cars
Bart Cornelis
Julian Cox
Eric Crosby
Anja Deller
Philipp Demandt
Anne Dette
His Grace the Duke of Devonshire
Florentine Dietrich
Taco Dibbits
Heiko Döhler
Daria Doppelstein
Blaise Ducos
Ellis Dullaart
Adam Eaker
Martin Eberle
Nancy E. Edwards
Andreas Ehrlich
Maren Eichhorn
Heribert Eisenhardt
Simone van Elst
Markus Farr
Kaywin Feldman
Helen Ferguson
Gabriele Finaldi
Randy Fink
Ramona Föllmer
Robert Franke
Michiel Franken
Fabian Fröhlich
Wang Fu
Rutger Fuchs
Georg von Gayl
Yvonne Geister
Dorothee Gerkens
Ralph Gleis
Nina Goldt
Martine Gosselink
Frans Grijzenhout
Claus Grimm
William M. Griswold
Anina Gröger
Sabine Haag
Lea Hagedorn
Yasmin Halm
Babette Hartwieg
Christian Haubner
Konstanze Hausstätter
Karen Hearn
Eva Hermans
Daniel Hess
Uwe Heuer
Jan Hillebrecht
Martin Hoernes
Max Hollein
Willem Jan Hoogsteder
Nico Van Hout
Nuria Jetter
Stephan Jost
Susanne Karau
Andreas Kebelmann
Victor Kégli
Larry Keith
Stephan Kemperdick
Svenja Lilly Kempf
Kati Klaeske
Christi Klinkert
Alicja Knast
Lidewij de Koekkoek
Dagmar Korbacher
Wolf Koschwitz
Olga Kotková
Oliver Kramer
Rebekka Krieger
Sabine Krieger
Sina Krol
Mechtild Kronenberg
Robert Krug
Beate Kuckei-Funke
Friso Lammertse
Justus Lange
Sabine Lata
Eric Lee
Margot Leerink
John Leighton
Adam M. Levine
Louise Lippincott
Bertram Lorenz
Bernhard Maaz
José Enrique Macián
Lisa Malkowski
Jennifer Mand
Franziska May
Wolfgang Matzat
Fred G. Meijer
Christien Melzer
Hans-Jürgen Meyer
Norbert Middelkoop
Skaistis Mikulionis
Katherine Miller
Dana Mokaddem
Wendy Monkhouse
Anna Mosig
Helen Müller
Ilze Mueller
Jan Nicolaisen
Sibylle Niekisch
Kordelia Nitsch
Karin Osbahr
Lelia Packer
Elsa Pavel
Sabine Pénot
Harald Pöhle
Jennifer Powell
Igor Poronyk
Frauke Probst
Tobias Renner
Karin Rhein
Tamar van Riessen
Marrigje Rikken
Justine Rinnooy Kan
Anja Robbel
Pieter Roelofs
Daniel Rosengarten
Herbert W. Rott
Julie Rowlins
Tomas Ručys
Corinna Salmen-Mies
Sarah Salomon
Jochen Sander
Stephan Scherer
Lorena Schierer
Robert Schindler
Christoph Schmidt
Thomas Schmieder
Tobias Schmiegel
Gero Seelig
Christian Tico Seifert
Carolin Stanneck
Alexander Stark
Ute Stehr
Maria Stein
Petra Steiner
Astrid Steiniger
René Stelzer
Sandra Stelzig
Walter Straten
Luke Syson
Detlev Täger
Angelika Thill
Maria Thomassen
Emilie den Tonkelaar
Anna Tummers
Dirk Ueckert
Sarah Unger
Femke Valkhoff
Jaap van der Veen
Jörg Völlnagel
Nelleke de Vries
Sophia Theresa Wagner
Henrietta Ward
Julia Wendt
Robert Wenley
Stefan Weppelmann
Arthur K. Wheelock Jr.
Betsy Wieseman
Carmen Willems
Alexander Winner
Tobias von Wolffersdorff
Sigrid Wollmeiner
Jennifer Wübbena
Johann Zehentmaier
Anna Zimmermann
Pirko Kristin Zinnow
Agnes Zsiros

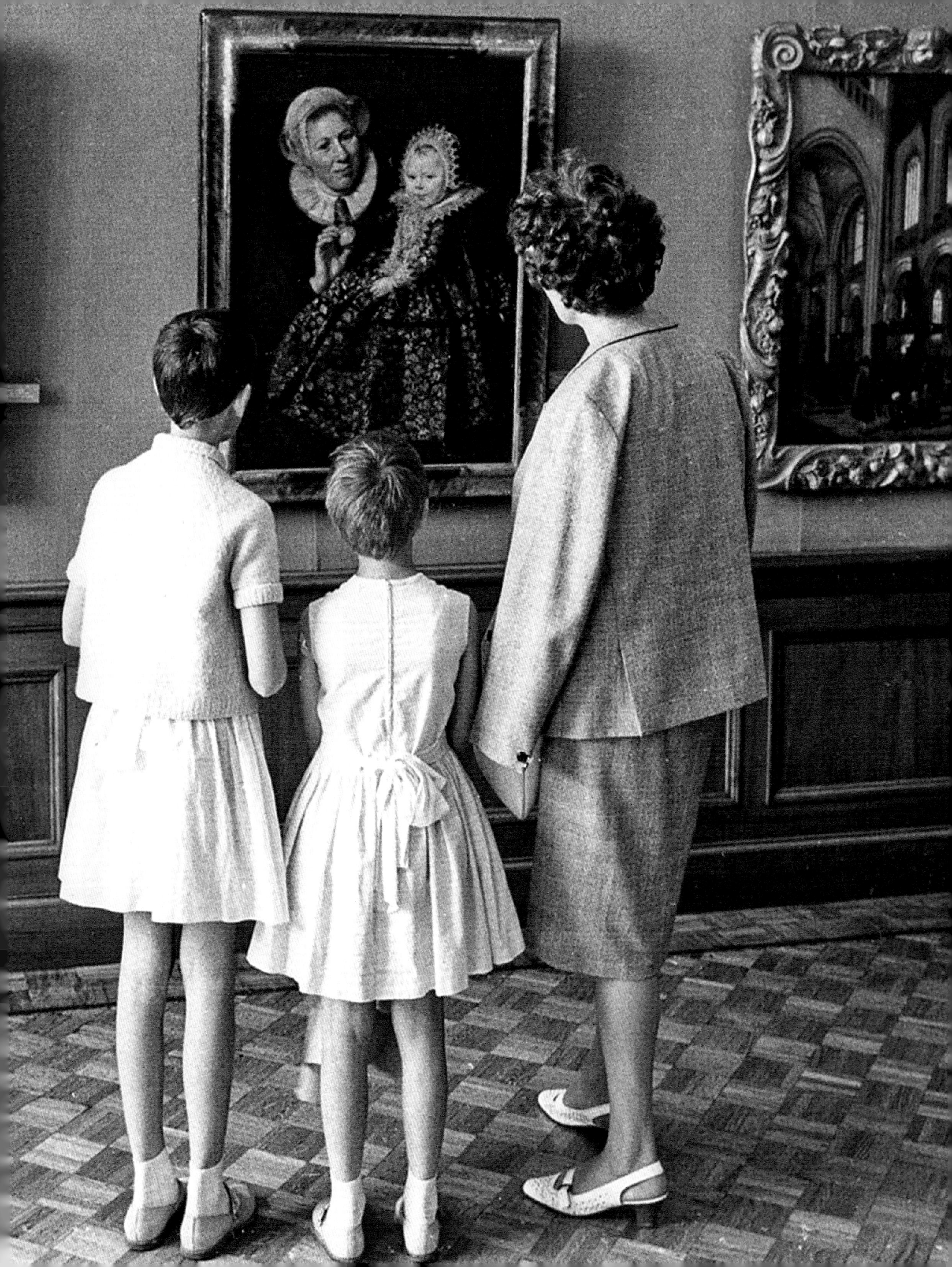

Introduction
Frans Hals in Berlin

Katja Kleinert

Fig. 1 Exhibition of the *Portrait of Catharina Hooft with Her Nurse* (cat. 2) at the Gemäldegalerie Berlin-Dahlem, ca. 1967–77

Nowadays, we find Frans Hals's work highly captivating particularly because of the unconstrained immediacy of the brushwork and the expressiveness of his depictions. The figures in Hals's paintings appear genuine, natural, and sincere—qualities that are becoming increasingly valued in contemporary society, geared as it is toward self-improvement.

It is precisely those traits, however, that meant Hals's art was long regarded as second-rate and "inferior";[1] by the late eighteenth century, his works were considered to display a slapdash, "negligible" execution[2] and classed as unacceptable to the era's prevailing tastes.[3] Fending off financial loss, leading French art dealer Jean-Baptiste Pierre Lebrun (1748–1813), for instance, admonished that in his view Hals's hastily and carelessly painted works would only fetch appropriately low prices, for they lacked the requisite meticulous care.[4] Nevertheless, Lebrun still bought and sold works by Frans Hals, including two now in the collection of the Berlin Gemäldegalerie.[5]

During the nineteenth century, Frans Hals was gradually rediscovered, which little by little triggered a fresh appreciation of his importance as one of the greatest seventeenth-century Dutch painters. To begin with, the 1862 inauguration of Haarlem's Stedelijk Museum van Schilderijen en Oudheden made the painter's magnificent group portraits accessible to the general public. Art scholar and critic Théophile Thoré-Bürger (1807–69) was among the first visitors with a professional background to explore the museum. His groundbreaking research on Dutch artists of the seventeenth century played a major part in Frans Hals's rediscovery at the time and the recognition of his importance. In two landmark publications from 1868 and 1869, Thoré-Bürger elucidated the outstanding role Frans Hals played within the Dutch school, providing a new perspective on his artistic approach, which had previously often been attacked.[6] In addition, he viewed Frans Hals as a fitting role model for contemporary artists. As an advisor and mediator, Thoré-Bürger also promoted targeted purchases of Hals's paintings and helped ensure that they were integrated into prominent art collections.[7]

This growing interest and renewed appreciation were also manifested in the rising prices regularly fetched by Hals's works. In 1865, for example, after a fierce bidding war between Lord Hertford and Baron James de Rothschild, *The Laughing Cavalier* (cat. 20) was sold to Hertford for the incredible sum of 51,000 francs.[8] As well as being an extremely high price for the era, it was also several times that paid for works by Hals during the eighteenth and early nineteenth century. The auction marked a decisive turning point in the reception of Hals's work: "the boom was around the corner," to cite Hals scholar Seymour Slive.[9] As early as 1914, Wilhelm von Bode commented that, while it was hard to acquire a good Rembrandt, it was even more difficult to buy a good Hals.[10]

The I. Internationale Kunstausstellung (First International Art Exhibition), held in Munich in 1869, was another important milestone in the engagement with Frans Hals. At the time, there were still scarcely any works by Hals in collections open to the public. The Munich exhibition showed five of his paintings from private collections at once, including *Malle Babbe* from the Barthold Suermondt Collection (cat. 45), which attained cult status not least due to the copy that Gustave Courbet made while in Munich (cat. 48). Thoré-Bürger was also enthusiastic about this "impassioned painting" and expressed his hope that Hals would one day be represented in Paris too.[11] Indeed, in that very same year, another painting by Hals, *Young Woman ("La Bohémienne")* (cat. 7), was donated to the Louvre as part of the La Caze Collection. Seven years later, the National Gallery in London acquired its first work by Frans Hals.[12]

The collection history of the works by Hals held in Berlin offers an emblematic reflection of this shifting appreciation. That makes it a fitting prism through which to gain a clearer view when recounting the intriguing narrative of the rediscovery and reception of Frans Hals's oeuvre, as well as the wrangling over valuations and attributions of his works. Despite wartime losses, revised views on the authorship of some works, the deaccessioning of one painting, and a still unsolved theft, Berlin still has one of the most extensive and highest-quality Frans Hals's collections the world over. Noteworthy is that Berlin has not only amassed a comparatively large number of Hals's works, but also began acquiring them at a surprisingly early stage.

When the Berlin Gemäldegalerie was founded in 1830, its collection already included what was then believed to be an outstanding work by Frans Hals: *Portrait of a Married Couple in the Park* (fig. 2). This imposing portrait, originally belonging to the Prussian royal family, is now attributed to the Flemish painter Gonzales Coques (1614–84).[13] In 1830, however, Gustav Friedrich Waagen (1794–1868), the museum's first director, still listed it as an authentic work by Hals.[14] This attribution, which surprises scholars today, testifies to the limited knowledge of Hals's oeuvre in that period, partly because virtually none of his works figured in the major courtly collections or their publicly accessible counterparts.[15] Waagen rapidly made up for this deficit and secured important works by the artist for the Berlin Gemäldegalerie. Between 1840 and 1869, he acquired a total of five paintings by Hals.[16] In 1838, Waagen had already made an unsuccessful attempt to purchase a *Portrait of a Man* by Frans Hals that he considered to be among "the good and more painstakingly painted works" by the artist. That acquisition was, however, thwarted by conservator Johann Jakob Schlesinger, then a member of the acquisition commission, who considered the painting to be "a mediocre, highly besmeared work" and voted decisively against the purchase.[17] The unquestionably deep-seated dislike of the Haarlem painter apparent in Schlesinger's words also reflects the long-established, then still widespread, view of Hals as a "slipshod" artist.

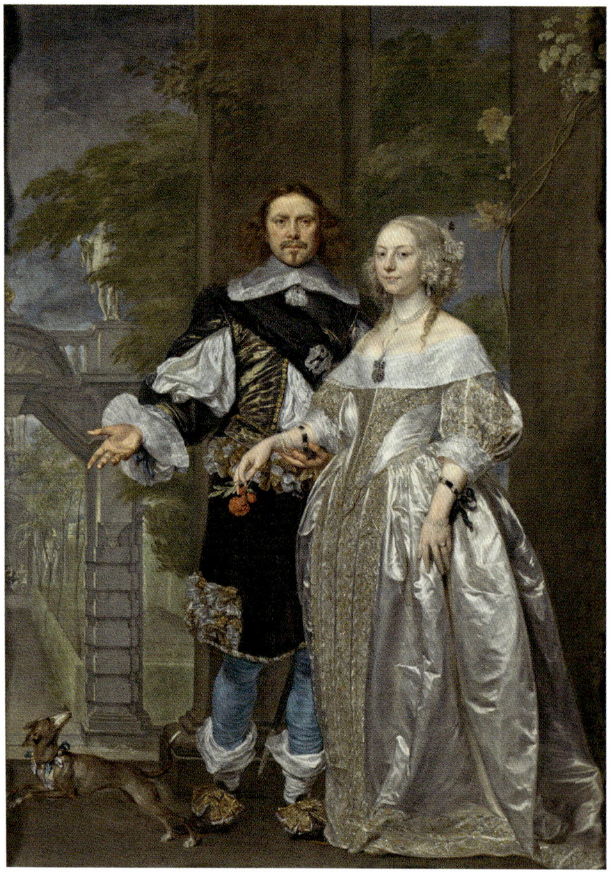

Fig. 2 Gonzales Coques, *Portrait of a Married Couple in the Park*, 1655–60, Gemäldegalerie, Staatliche Museen zu Berlin

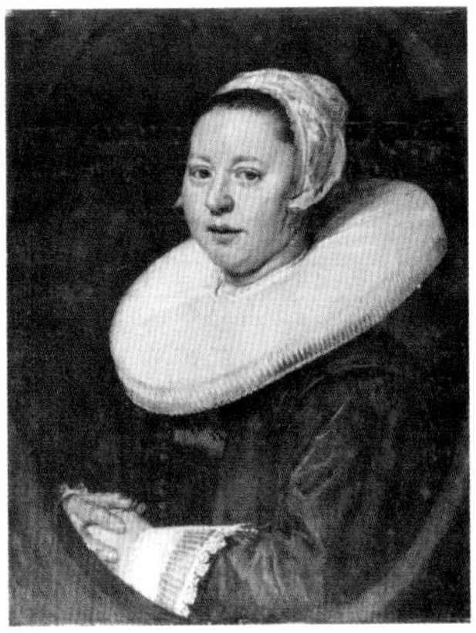

Fig. 3 Frans Hals, *Portrait of a Lady*, ca. 1638–40, formerly Gemäldegalerie Berlin

Just two years later, in 1840, a pair of portraits by Frans Hals depicting an unknown man (cat. 56) and an unknown woman (cat. 25) were acquired for the Berlin Gemäldegalerie. The paintings came from the collection of the Baltic Baron Karl von Essen and were purchased together for the small sum of 300 reichsthalers.[18] Interestingly, during discussions on the purchase, almost everyone involved on the acquisition committee agreed that work by Hals would represent a valuable addition to the collection.[19] From the outset, the Berlin museum aspired to focus on art-historical considerations in assembling its collection rather than reflecting the private predilections of a collector or ruler, and by this point in time, Hals certainly numbered among the canon of important Dutch masters.

In 1843, the extensive collection of Berlin publisher Georg Andreas Reimer was sold at auction.[20] Despite international interest, the bids fell well short of expectations, enabling the Berlin picture gallery to acquire an impressive thirty-two paintings.[21] To this end, Waagen had submitted buying recommendations with a price limit. Almost all of the paintings he proposed, including two by Frans Hals, could be purchased. The prices paid for the works by Hals—153 thalers in the case of *Portrait of a Man* (cat. 13);[22] 21 thalers and 15 silver groschen for *Portrait of Johannes Acronius* (cat. 14)[23]—meant that they entered the collection of the Berlin Gemäldegalerie "for next to nothing in today's terms."[24] Sixteen years later, in 1869, *Portrait of a Lady* (fig. 3) was also added to the museum's collection for a ridiculously low price. Auguste Schneiderreit purchased this oval portrait for only 60 reichsthalers.[25] Although today it is classed as an original work by Hals,[26] it seems to have been held in scant regard in Berlin at the time. Wilhelm Bode (1845–1929) had already considered including the portrait in a possible barter transaction in 1876. Ultimately, however, the work remained in storage until 1880,[27] when it was restored and displayed in the collection. In 1883, a permanent loan of the picture to the Düsseldorf Academy of Fine Arts was arranged. That may have been because the painting had been cropped, as would have been immediately apparent when looking at the trimmed painted oval frame, which would have disturbed the intended visual effect.[28] It is no longer possible to determine precisely the state of the work at the time, as it was stolen in Düsseldorf in 1972 and has not yet reappeared.[29]

The 1874 purchase of the Suermondt Collection, when Julius Meyer (1830–93) was the museum's director, proved to be a real stroke of luck.[30] Over the course of just a few years, Barthold Suermondt (1818–78), an Utrecht-born entrepreneur and art collector later based in Aachen, had assembled an outstanding collection of Dutch and Flemish paintings, including works by Rembrandt, Rubens, Vermeer, Van Goyen, and Frans Hals.[31] Suermondt met Thoré-Bürger in 1859. The relationship between the two quickly developed into "an alliance of mutual support when it came to studying, promoting, and collecting paintings by the artists they both admired."[32] Like Vermeer, Frans Hals numbered among the still undiscovered painters they held in particular esteem. Through lively dialogue with Thoré-Bürger, Suermondt became one of the leading art collectors in mainland Europe and brought together a notable seven works by Frans Hals, still before the prices for the artist's work rose sharply.[33] However, the impact of the financial crisis forced Suermondt to part with most of his artworks. In 1874, he sold his collection to the Königliche Museen (Royal Museums) in Berlin. As a consequence, the entire lot of 218 paintings, including the seven works by Frans Hals, entered the Gemäldegalerie.[34] Several of these pictures still rank among the artist's major works, including *Portrait of Catharina Hooft with Her Nurse* (cat. 2), *Boy with Flute* (cat. 42), and *Malle Babbe* (cat. 45).

During Julius Meyer's time as museum director, one last painting by Hals was acquired for the Berlin Gemäldegalerie in 1877. *Portrait of Tyman Oosdorp* (cat. 29) was bought for just 9,000 marks from the Liphart zu Ratshoff Collection.[35] That meant the gallery now owned twelve paintings attributed to Frans Hals and thus, along with Haarlem's Stedelijk Museum van Schilderijen en Oudheden, already boasted the largest and most outstanding collection of Hals's works (fig. 4). The acquisition of paintings by Hals for the Berlin collection was therefore concluded at a time when other large collections were only just beginning to take notice of the artist. After 1877, however, the Berlin-based selection of Frans Hals's works gradually began to dwindle for a number of reasons.

Firstly, *The Merry Trio* from the Suermondt Collection was classed as a freely interpreted copy and by 1878 was no longer attributed to Hals.[36] A similar situation arose in 1904 for *The Merry Drinker* (cat. 54), also from the Suermondt Collection, which was recognized as a work by Judith Leyster (1609–60).

Finally, in October 1927, *Portrait of an Elderly Man* (fig. 5),[37] also from the Suermondt Collection, was exchanged for Rubens's *Landscape with Cows and Duck Hunters* in a transaction with the art dealers Kunsthandlung Böhler-Cassirer.[38] Four years after hyperinflation in Germany, Berlin no longer had sufficient funds to buy a top-notch work like the Rubens landscape. There was apparently a conviction that Hals was sufficiently represented in the collection and that the loss of one of his works could therefore be tolerated. Wilhelm Valentiner also expressed this assumption when writing to Paul Reinhardt, the new owner of the Berlin portrait, congratulating him on purchasing this excellent work. In the letter, he also expressed his great astonishment at the trade: "I never thought that he [Bode] would let this great portrait by Frans Hals, of his late period, go." Valentiner's surprise stemmed from the fact, he commented, that paintings from this period were extremely rare and document the extraordinary stylistic development in Frans Hals's late work.[39] Others shared this view. In 1929, by which time the portrait had been sold on to the Statens Museum for Kunst in Copenhagen,[40] an anonymous author took stock, noting that from the perspective of the art market it had been a poor deal for Berlin, as well as being detrimental for the collection from an artistic point of view.[41]

During the Second World War, the Berlin Gemäldegalerie suffered extensive losses: a total of 434 paintings deposited in the Friedrichshain antiaircraft bunker were most likely destroyed, or at least they remain missing to this day. Those works included the painting formerly attributed to Hals, *The Merry Trio* (p. 206, fig. 3),[42] as well as *Banquet in a Park* (fig. 6).[43] The latter had been donated to the Gemäldegalerie in 1912 as a work by Dirck

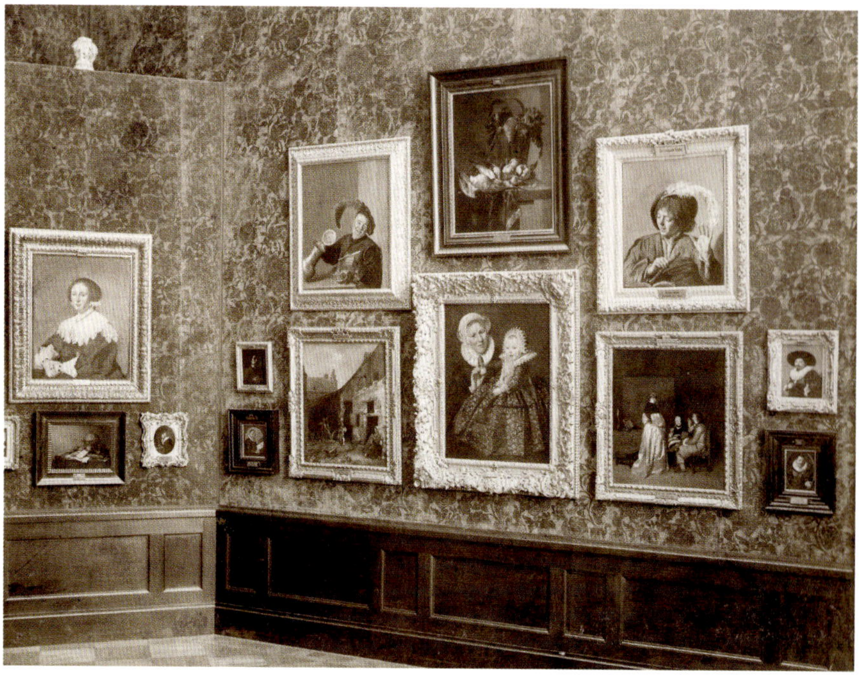

Fig. 4 Display at the Gemäldegalerie in the Kaiser-Friedrich-Museum, Berlin, with works by Frans Hals, 1904

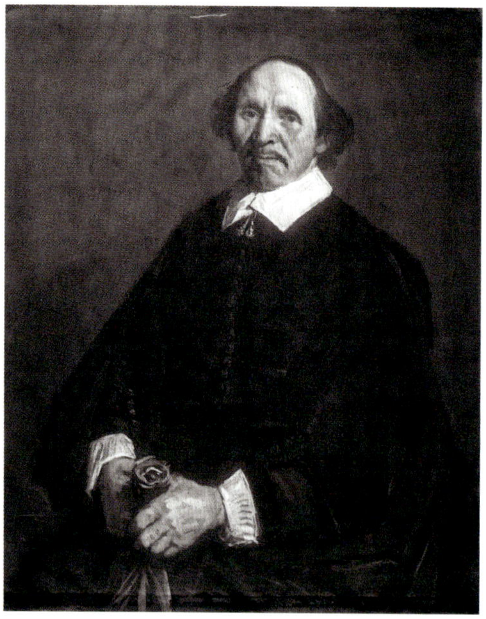

Fig. 5 Frans Hals, *Portrait of an Elderly Man*, 1655–60, Statens Museum for Kunst, Copenhagen

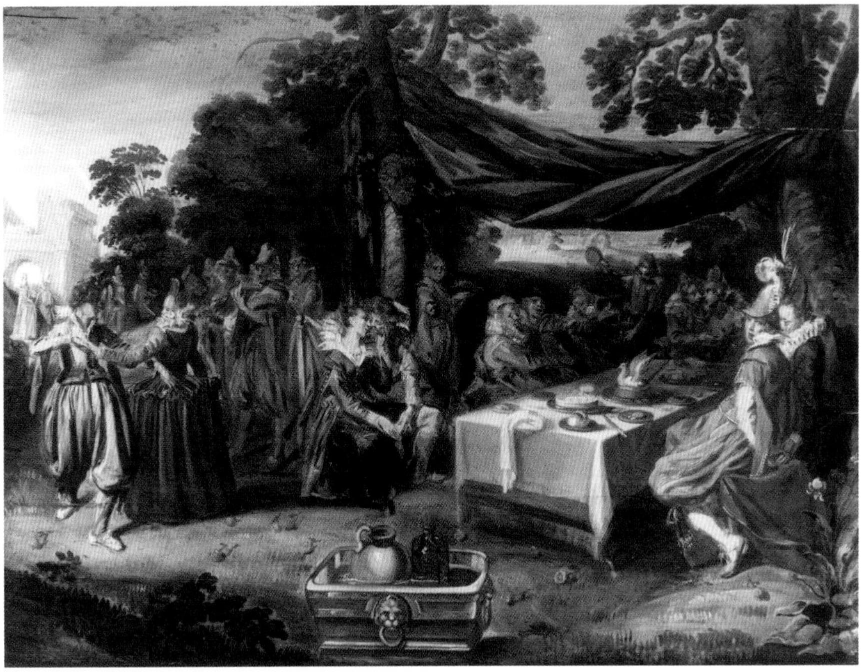

Fig. 6 Frans Hals (?), *Banquet in a Park*, ca. 1610–24, formerly Gemäldegalerie Berlin

Hals (see cat. 50). Wilhelm von Bode suggested that very year that the painting should instead be attributed to the young Frans Hals.[44] Other art historians, however, argued that it was more likely a work by Willem Pietersz Buytewech (1591–1624) and this attribution initially prevailed.[45] Due to its loss, there is now no means of studying the original to ascertain whether the attribution to Frans Hals is correct. However, scholars increasingly take the view that the painting was most probably Hals's earliest known work.[46] Its loss is thus all the more painful.

The last alteration to the attribution of a painting from the Berlin collection considered to be by Frans Hals was in 1956 and concerned the *Portrait of Johannes Acronius* (cat. 14). It must have been at this point that the respected Hals scholar Seymour Slive made a verbal statement to the Gemäldegalerie expressing his belief that the work was not an authentic painting from Hals's hand.[47] However, it is fair to assume that Slive did not have an opportunity to study the original work at this time, as the museum's paintings had been placed into storage for safekeeping during the Second World War and were not returned to Berlin until the last quarter of 1956. Nevertheless, the *Portrait of Johannes Acronius* had its original attribution removed and was entered in the records as a copy. Although Slive did ultimately include the painting in his 1974 monograph as an indubitably authentic work by Hals,[48] it remained in the gallery's depot, and the 1956 appraisal that removed its attribution from Hals went uncorrected for decades. Only in connection with this 2024 Frans Hals exhibition was the small painting examined in detail and reclassed in the inventory as an authentic work by Hals.

1 Gaethgens and Paul 1997, vol. 1, p. 54.
2 For example, the art dealer Nieuwenhuis in 1834. See Jowell 1989, p. 63n26.
3 On the history of the reception of Frans Hals, see in detail Jowell 1974; Jowell 1989.
4 Lebrun 1792–6, vol. 1, p. 71; see also Jowell 1989, p. 63.
5 The reference is to *Portrait of a Woman* (cat. 25) and *Portrait of Jan Miense Molenaer (?)* (cat. 56). Auction in Paris (Jean-Baptiste Pierre Lebrun), May 3, 1786 (and subsequent days), lot 22 (Lugt nos. 4025, 4040).
6 Thoré-Bürger 1868; Thoré-Bürger 1869.
7 Jowell 2018.
8 Packer 2021c, pp. 61–3.
9 Slive 1970–4, vol. 3, no. 30, p. 19.
10 Bode 1914, p. 11.
11 Thoré-Bürger 1869, p. 164.
12 Frans Hals, *Portrait of a Woman*, ca. 1635/40, The National Gallery, London. Slive 1970–4, no. 131.
13 Gemäldegalerie, Staatliche Museen zu Berlin, Kat.Nr. 858. See, in greater detail on the painting, Ferrier, Kleinert, and Walters 2024.
14 Waagen 1830, no. 333, p. 210. This attribution was made in 1790 by the painter and gallery inspector Johann Gottlieb Puhlmann, who believed the picture to be one of Frans Hals's best works. Puhlmann 1790, no. 24, pp. 26–7.
15 Waagen quickly made up for this shortcoming in his expertise and some twenty years later, in his seminal survey *Treasures of Art in Great Britain*, he wrote about Hals in a highly laudatory and, for his time, nuanced manner. See Waagen 1854.
16 1840: Frans Hals, *Portrait of Jan Miense Molenaer (?)*, 1632–6, Kat.Nr. 800 (here cat. 56); Frans Hals, *Portrait of a Woman*, 1632–5, Kat.Nr. 801 (here cat. 25); 1843: Frans Hals, *Portrait of Johannes Acronius*, ca. 1627, Kat.Nr. 767 (here cat. 14); Frans Hals, *Portrait of a Man*, 1627, Kat.Nr. 766 (here cat. 13); 1869: Frans Hals, *Portrait of a Lady*, ca. 1638–40, Kat.Nr. 801J, stolen in 1972.
17 See Stehr 2011, p. 73; Stockhausen 2000, p. 109.
18 See Stockhausen 2000, p. 109, no. 278, p. 272, no. 279, p. 273.
19 Ibid., p. 109.
20 Fouquet-Plümacher and Kawaletz 1996.
21 Stockhausen 2000, pp. 109–10.
22 Ibid., no. 277, p. 272.
23 Ibid., no. 282, p. 273.
24 Stock 1930, p. 220.
25 Stockhausen 2000, no. 280, p. 273.
26 Slive 1970–4, no. 132; Grimm 1989, no. 104.
27 The painting appears to have been placed in the collection's depot immediately after its acquisition. See Bode 1871a, p. 17.
28 See, on this point, Valentiner 1921, pp. 166, 317; Slive 1970–4, no. 132.
29 Gemäldeakte, Dokumentation der Verluste (documentation of losses), Gemäldegalerie, SMB.
30 See Aachen 2018.
31 See ibid., pp. 335–7, nos. 161–5, 167.
32 Jowell 2018, p. 64. On the special relationship between Suermondt and Thoré-Bürger, see the detailed account in Jowell 2018.
33 Brink 2018, p. 26.
34 On the purchase of the Suermondt Collection, see the detailed account in Lepper 1988–9.
35 Stockhausen 2000, p. 273, no. 281.
36 Meyer and Bode 1878, p. 158, Kat.Nr. 801D.
37 Frans Hals, *Portrait of an Elderly Man*, 1655–60, Gemäldegalerie, SMB, formerly Kat.Nr. 801E.
38 Peter Paul Rubens, *Landscape with Cows and Duck Hunters*, 1635/8, Gemäldegalerie, SMB, Kat.Nr. 2019. On the exchange, see Dokumentation der abgegebenen Werke (documentation of works surrendered), Gemäldegalerie, SMB.
39 Dokumentation der abgegebenen Werke (documentation of the works surrendered), Gemäldegalerie, SMB.
40 Slive 1970–4, no. 202.
41 Chronik 1929.
42 Michaelis 1995, p. 36.
43 Wood, 65 × 78.7 cm, formerly Gemäldegalerie Berlin, Kat.Nr.1691; Michaelis 1995, p. 19.
44 Bode 1912.
45 Manteuffel 1920–1; Poensgen 1926, p. 90.
46 Slive 2014, pp. 31, 71; Tummers 2013, p. 16.
47 Gemäldeakte, Dokumentation der Gemäldegalerie, SMB.
48 Slive 1970–4, no. 47.

Frans Hals, the Innovator

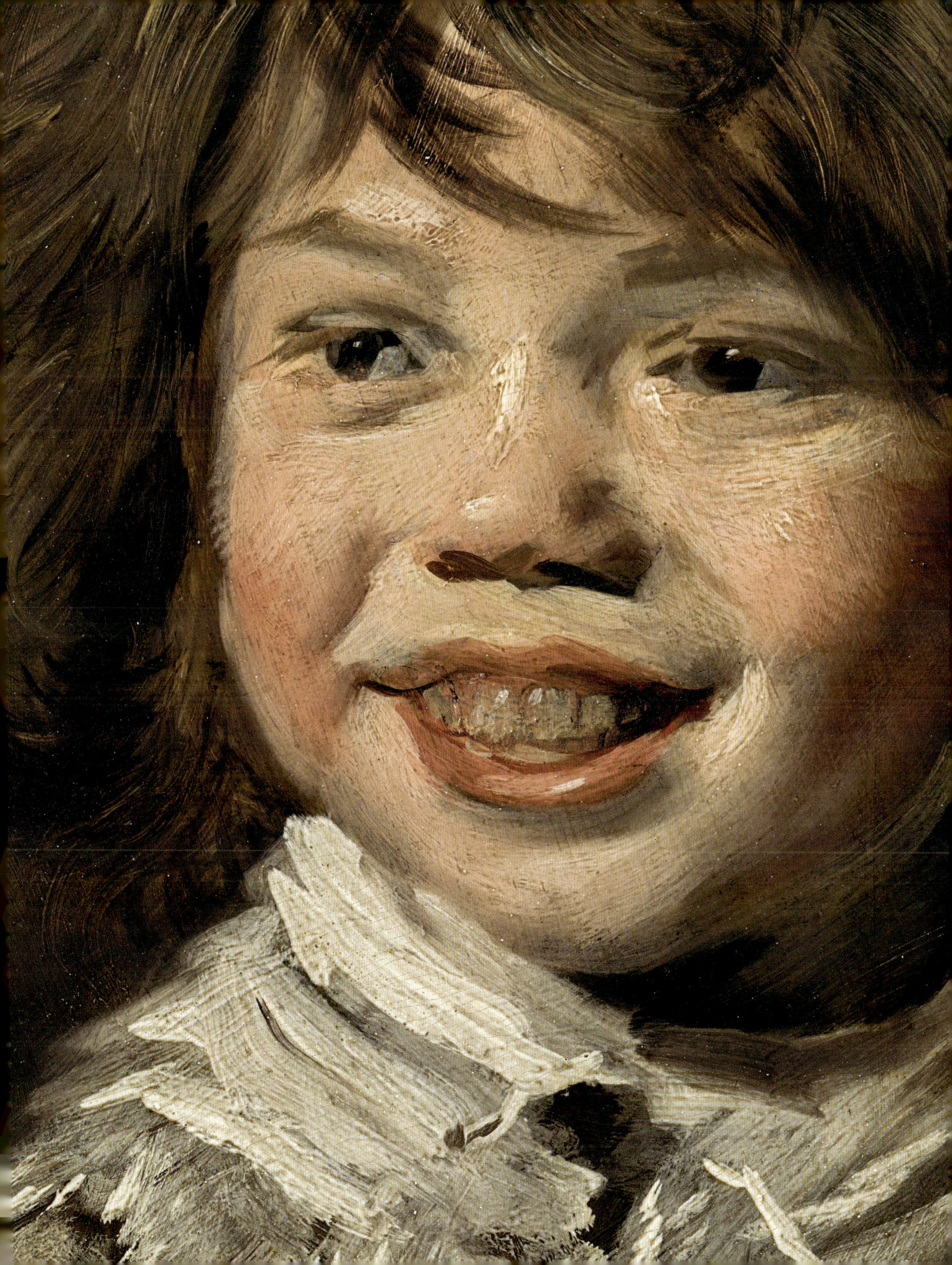

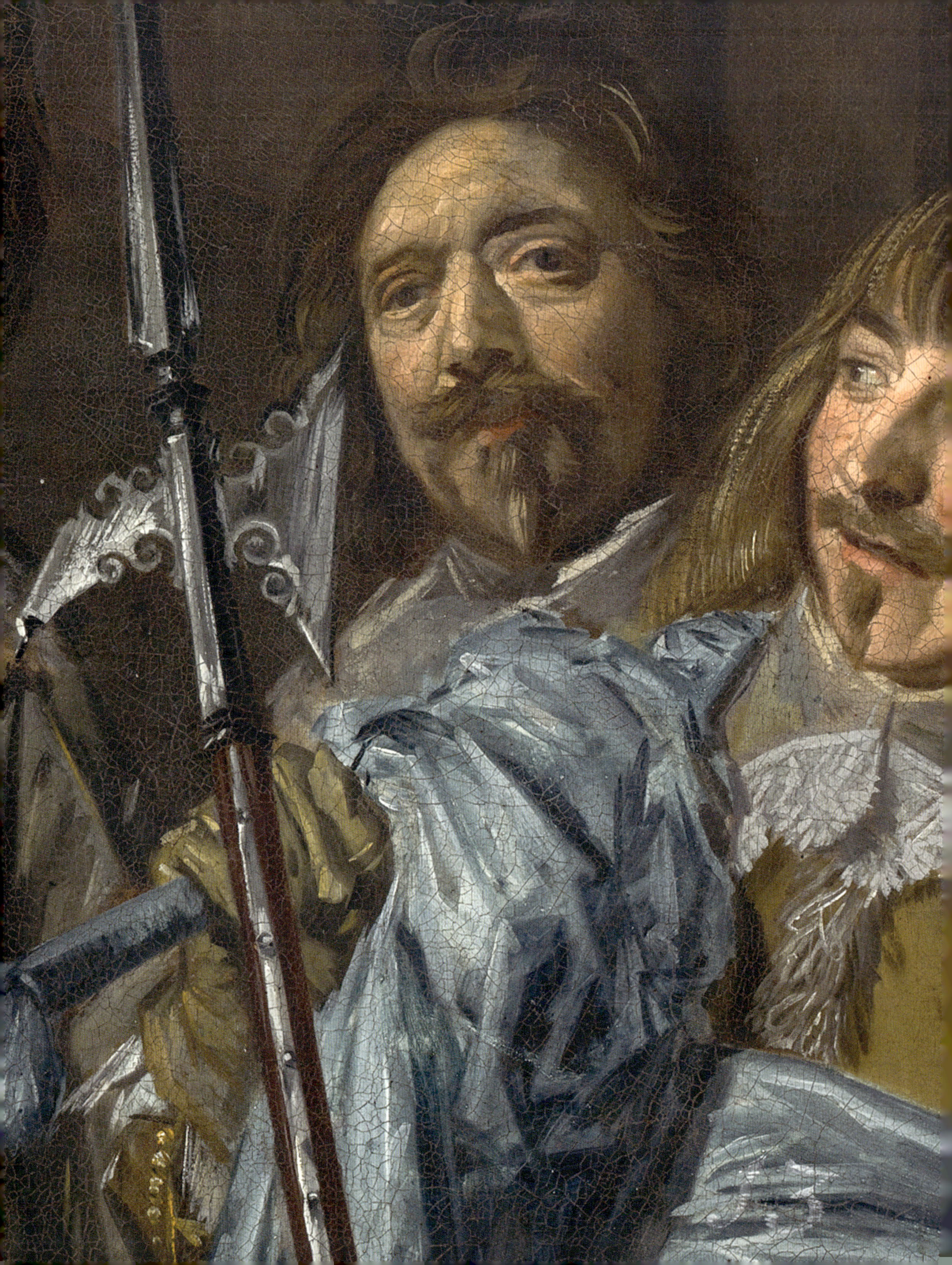

The Life of Frans Hals

Jaap van der Veen

In 1679, the painter Matthias Scheits, born and later active in Hamburg, scribbled a few notes about painters he considered significant in his copy of Karel van Mander's *Schilder-Boeck* (Book of Painting, 1604): Rubens, Jacob Jordaens, Rembrandt, Frans Hals, and Philips Wouwerman. He qualified these artists as "outstanding masters whose art I, M. S., have known and who are deceased."[1] Wouwerman's name jars somewhat among such renowned artists but was probably included because he had been Scheits's teacher. This period of instruction took place sometime between 1640 and 1651 in Haarlem, where Scheits would have interacted directly with Hals.[2] He would have heard a thing or two about this painter, not least from his own master, for Wouwerman had been taught, in turn, by Frans Hals (see cat. 62).[3] After his apprenticeship, Scheits returned to Hamburg but he stayed in touch with his colleagues in the Dutch Republic, some of whom visited him in his hometown.[4] He traveled at least once more to the Netherlands: in 1669, he visited Jordaens at his home in Antwerp and may well have gone north on the way there or on his journey home. Scheits was aware, for example, that Rembrandt had died in Amsterdam in September of that year.[5]

The fact that Scheits knew personally the leading artists of his time, with the exception of Rubens, is what makes his annotations so valuable, however summary. "The exceptional portrait painter Frans Hals of Haarlem," he writes, "studied under Carel Vermander of Molebeke." He may have heard about this during his period of training in Haarlem and was later able to read about it in Van Mander's book. The second edition of the *Schilder-Boeck* (1618) includes an anonymous biography of the author, by then deceased, listing Frans Hals among his prominent students.[6]

The course of Frans Hals's life can be traced in broad outline thanks to documents found about him and his relatives.[7] He was born in the Southern Netherlands and moved with his parents at a young age to Haarlem, where he worked as a portrait painter between 1610 and 1666. Little is known about the lives of virtually any seventeenth-century Dutch painters, in particular concerning the day-to-day operations of their studios. This is no different for Hals. In his case, we do not even have the kind of source material that has survived for many of his colleagues, such as a will or an estate inventory. The sparse information that we do have seldom concerns his activities as a painter, including how he acquired clients as a portraitist. We do know what he looked like: he pictured himself in *Officers and Sergeants of the St. George Civic Guard* around 1639 (figs. 1–2). The image of Hals that has emerged over time was defined to a significant degree by details mentioned by the artist biographer Arnold

Fig. 1 Frans Hals's self-portrait among the *Officers and Sergeants of the St. George Civic Guard*, ca. 1639 (see fig. 2)

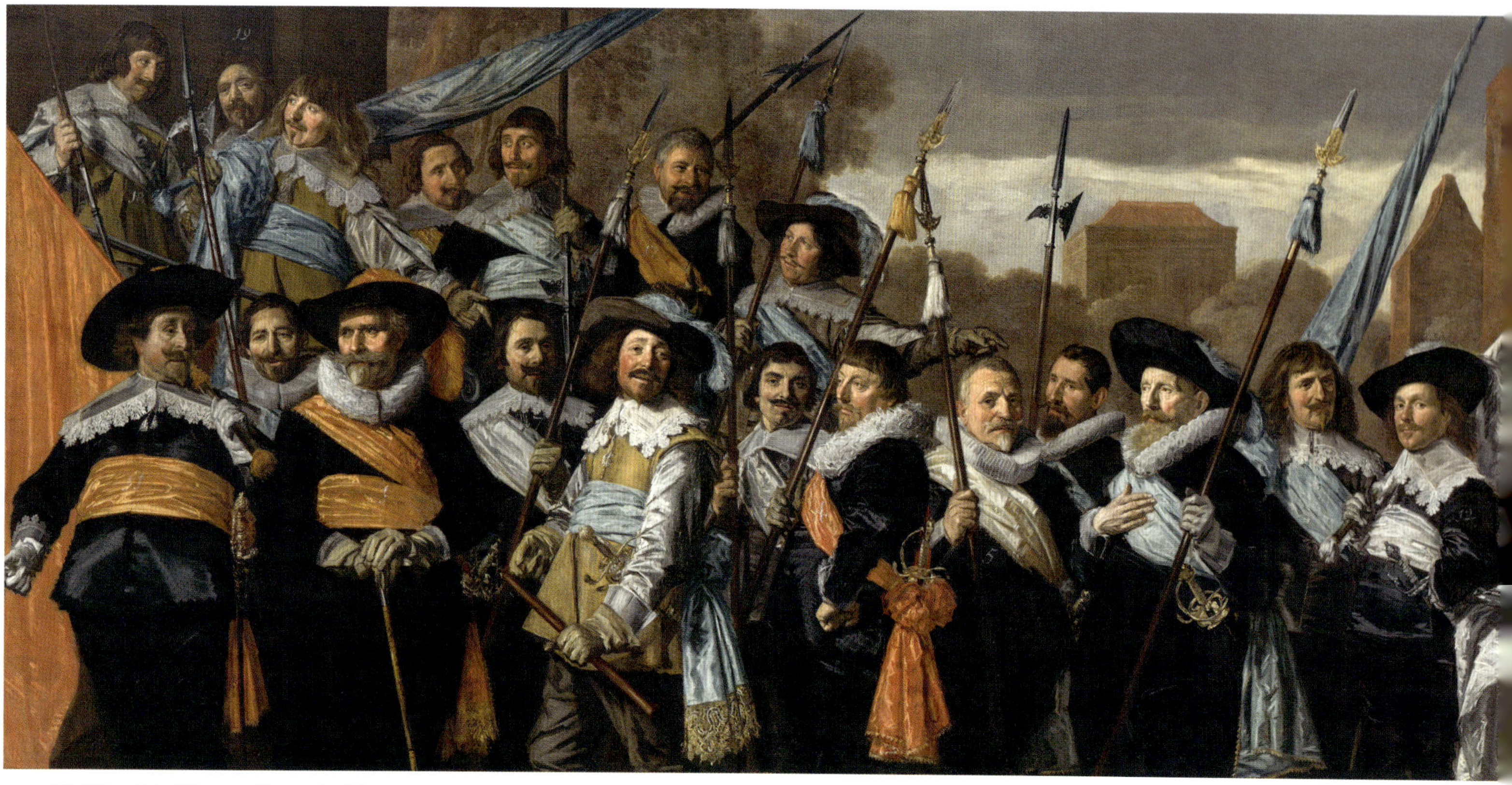

Fig. 2 Frans Hals, *Officers and Sergeants of the St. George Civic Guard*, ca. 1639, Frans Hals Museum, Haarlem

Houbraken (1660–1719). In the first volume of his *De groote schouburgh der Nederlantsche konstschilders en schilderessen* (The Great Theater of the Netherlandish Painters and Paintresses), published in 1718, he portrayed Hals as someone who frequented drinking establishments daily. Houbraken also recorded several remarkable anecdotes about the painter, but their veracity is considered dubious. What follows is a sketch of the life of Frans Hals and then an examination of Houbraken's text, which has so influenced, rightly or wrongly, our view of the artist.

Early Years

The gaps in our knowledge of the life of Frans Hals start with the year of his birth, which cannot be determined with certainty. His father, Franchoys Fransz Hals, and mother, Ariaentje van Geertenrijck, must have been married in Antwerp in early 1582 or shortly before. Their son Frans was probably born the same year, or at the latest in early 1584.[8] Both parents had been married before. Hals senior's profession was that of "lakenbereider" (cloth-shearer).[9] The couple had two more sons: Joost, born around 1585, and Dirck (see cat. 50), who was baptized at the Dutch Reformed Church in Haarlem in 1591. When Antwerp fell into Spanish hands during the Eighty Years' War in 1585, the family, like many others, fled north, sometime between the summer of 1585 and July 1586.[10] The fact that they settled immediately in the Northern Netherlands is not insignificant: the conditions of surrender of Antwerp stipulated that fleeing to the rebellious provinces could result in the confiscation of any property left behind. If refugees first went to neutral territory, however, they would retain their rights to their belongings. For example, the parents of Pieter de Molijn, later a leading landscape painter in Haarlem (see cat. 33), initially spent time in London before going to the Dutch Republic.[11] The fact that Hals senior and his wife did not do this, settling immediately in Haarlem instead, suggests that they had left no assets of any significance in Antwerp.

Hals's parents were among the stream of refugees who fled north from the Southern Netherlands from the late 1570s onward for economic, political, or religious reasons. Many of the Flemings and Brabanders who settled in Haarlem worked in the textile industry. Among the migrants were also various artists, including Meulebeke-born Karel van Mander (see cat. 8). Given that Hals's presumed master left Haarlem in 1603, the apprenticeship must have taken place before this. By this time, Hals was about twenty-one years old, an age at which formal training for an artist would normally have been completed. In many cases, this would be followed by a period as a "knecht" or "gezel" (journeyman) for a painter. This was probably the path that Hals followed, for he would not register with Haarlem's Guild of St. Luke until 1610, when he was definitely no longer a youth. In the absence of any documentation, we can do no more than speculate about what he was doing in the intervening years. One possibility is that he was residing in Antwerp, to which he would later return for a time in 1616.[12]

Hals's late start as an independent master in Haarlem may have been caused by something other than a period of work elsewhere. The aforementioned Scheits notes the following about him: "in his youth, he led a rather *lüstich* [lusty] life."[13] The basis for this remark, written in a mixture of Dutch and German, cannot be found in any contemporary publication; Scheits probably gleaned the information during his apprenticeship in Haarlem and felt it worth recording many years later. The word "youth" would have referred not to Hals's teenage years but to the period before he attained his legal majority, which began at the age of twenty-five or upon marriage. The passage suggests that Hals was living it up: the word "lüstich" implies a dissolute lifestyle at a time when young men, and artists in particular, had a reputation for it. The author of a pamphlet published in 1662 condemned what he considered the ostentatious attire of his contemporaries, prescribing who should and should not be permitted to wear costly fabrics. But what was to be done about painters? These varied markedly in terms of their work and income, and many, concluded the pamphleteer, were also "mad of spirit."[14] It seems that these artists were often arrogant and probably displayed bohemian-like behavior.

This is reminiscent of the adage Van Mander cites in his text *Den grondt der edel vry schilder-const* (The Foundation of the Noble, Free Art of Painting): "hoe Schilder hoe wilder" (the more painter, the wilder).[15] He describes this as a "volcx" (popular) proverb; it must therefore have been widely used. The adage presumably reflected the fact that some painters, especially the more successful among them, did not take much notice of prevailing norms and deemed themselves "free." In this context we might consider the gatherings of artists in inns, for example, where things could get boisterous. Upon completing his training, Frans Hals was "free" in two ways: he was a bachelor and did not yet have his own studio, with all the attendant responsibilities. Both situations would change almost simultaneously.

Painter in Haarlem

In 1610, Hals both joined the Guild of St. Luke of Haarlem and established his social status. From 1612, he served as a musketeer in the third company of the St. George Civic Guard. The fact that he had settled down is also evidenced by his marriage: around 1610, he married Anneke Harmens, the daughter of a Haarlem bleacher.[16] The couple had three children, of whom two were still living when Anneke died at the age of twenty-five in 1615, including a son, Harmen (born in 1611). Two years later, Hals married Lysbeth Reyniers, whose father, a glazier, must have been one of his acquaintances, since his profession was also part of the Guild of St. Luke. Between 1617 and 1634, it seems that the couple had eleven children, of whom Frans, Jan, Reynier, and Claes, along with their half-brother Harmen, became painters. The baptismal registration of eight of the children has been found, all in the Dutch Reformed Church. Serving as witnesses were relatives of both parents and several individuals who can be considered close friends of the family, among them Flemish merchant Isaac Massa and innkeeper Barend van Someren. Other witnesses included colleagues, such as the painters Franchoys Elaut and Nicolaes de Kemp the Elder, the print publisher and art seller Jan Pietersz Berendrecht, and the draftsman and graphic artist Jan van de Velde the Younger. They remained in close contact with the family: Berendrecht published prints of paintings by Frans and his brother Dirck Hals between 1626 and 1632, while in the same period Van de Velde produced prints of seven paintings by Frans Hals.

We know of virtually no signed and dated paintings from the first years after Hals registered with the Haarlem Guild of St. Luke. His breakthrough came around 1615, the year in which he was probably commissioned to paint a banquet of officers of the St. George Civic Guard, which he completed in 1616 (pp. 68–9, fig. 11). In the preceding years, he was presumably building his reputation as an artist. His signing up, in 1616, as a member of the Haarlem chamber of rhetoric De Wijngaertrancken (The Vine Tendrils) also indicates a breakthrough: people would join a chamber of rhetoric when they became socially successful.[17]

Hals specialized in portrait painting from the outset. This deliberate choice is notable in that Van Mander, in his treatise, advised young painters to focus on history painting, which he considered most important, while realizing that not every artist had either the opportunity or the talent for it. He writes that around 1600, due to a dearth of commissions, many turned to painting portraits and were thus able to successfully support themselves.[18] A portrait painter had a regular income but less freedom to develop, since the expectation was to conform to the wishes of the clients in respect of format, general composition, and pose. Clients' demands could be very specific, as evidenced by the five Haarlem civic guard paintings that Hals produced between 1616 and 1639 (pp. 65–6, 70, figs. 9–10, 12). In none of these are the figures portrayed full-length, whereas this is not the case in his only Amsterdam civic guard painting from the same period (cat. 36). This seems to have been at the request of the clients rather than the painter's choice. Clients' wishes regarding execution would have been less explicit, given the fact that most were familiar with Hals's painting style. He was certainly able to produce fine likenesses of his models. Not only is there no surviving evidence of a complaint about a likeness—as is the case with other portraitists—but the many portraits that Hals continued to make throughout his career are proof of his reputation.

In addition to his six civic guard paintings, Hals painted a regents' portrait around 1641 (fig. 3) and two group portraits of the regents and regentesses of the Haarlem Old Men's Almshouse in the early 1660s (see cat. 31). These nine paintings depicted a total of around a hundred people. We can only guess the number of individual portraits that Hals produced. Author and poet Theodorus Schrevelius, who lived in Haarlem for many years, writes about Hals's production in *Harlemias. . .*, the Dutch edition of his ode to the city published in 1648. Schrevelius praises the unusual painting style of Hals's portraits, "which is unique to him," of which he says there are "unbelievably many."[19] These do not include the portraits contained in the civic guard paintings, as he mentions these later. What did Schrevelius mean by "unbelievably many"? His assertion cannot simply be ignored, for as a fellow townsman and contemporary of Hals he must have been well informed and had himself, in 1617, posed for Hals. The catalogue of Hals's works compiled by art historian Seymour Slive lists fewer than two hundred individual likenesses, a number that would not necessarily qualify as "unbelievably many." Schrevelius probably exaggerated somewhat; this also occurred with the commentaries that other authors made on the production of other artists.[20] The assumption that portraits by Hals have been lost over time offers only a partially satisfactory explanation. In any event, he was popular as a portraitist and in his most successful period, until the mid-1640s, he was definitely not short of work.

Hals had to carve out a place for himself in the art market as a portrait painter. In Haarlem, he had to compete with, among others, renowned artists from an earlier generation, including Cornelis Cornelisz van Haarlem, who was active as a painter from 1580, and Cornelis Engelsz, the father of Johannes Verspronck, who was commissioned to paint civic guard portraits in 1612 and 1618. His greatest competitor must have been Frans Pietersz de Grebber, who from 1594 painted portraits—including life-size work—as well as history paintings in Haarlem and ran a studio with a series of

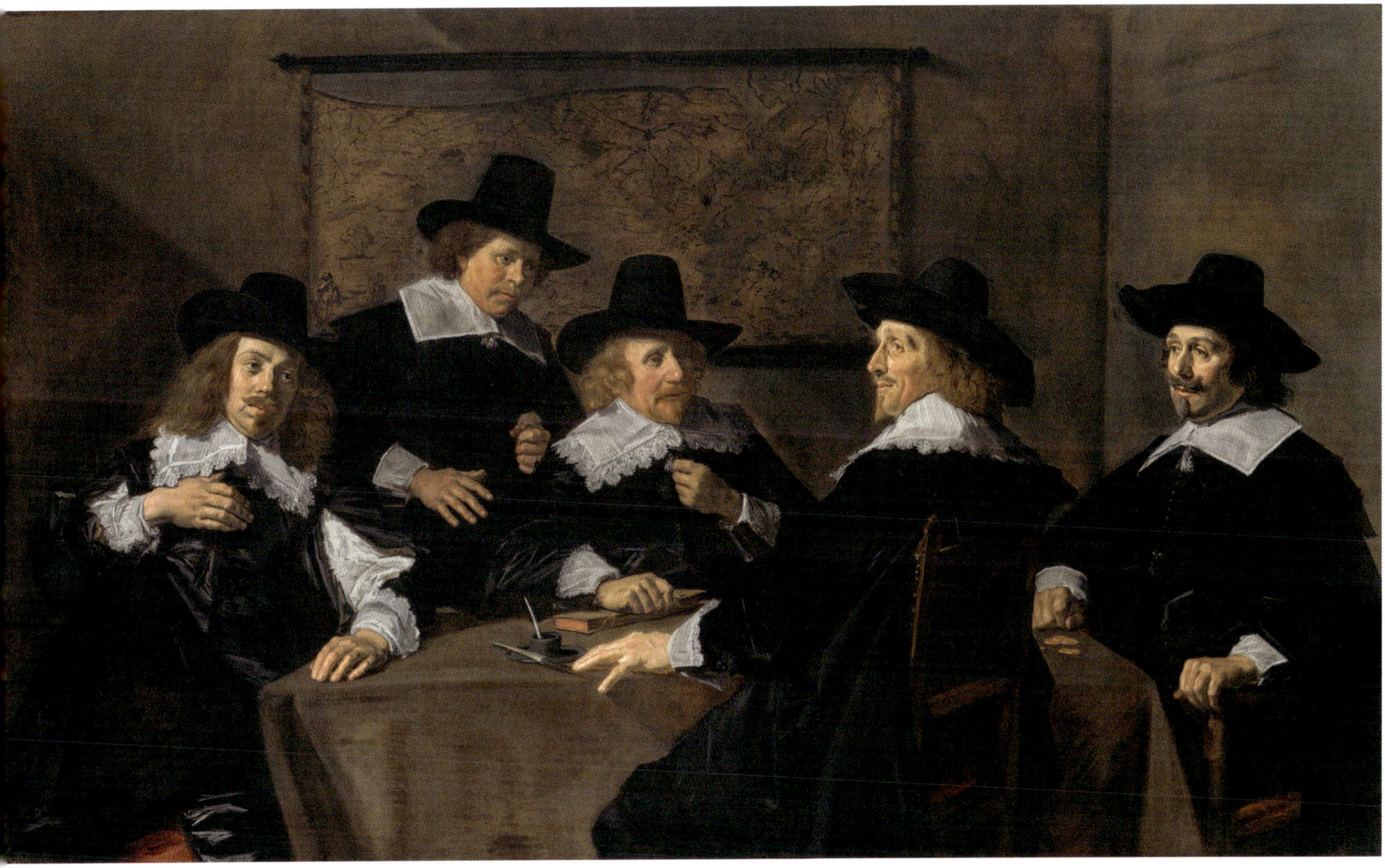

Fig. 3 Frans Hals, *Regents of St. Elizabeth's Hospital in Haarlem*, ca. 1641, Frans Hals Museum, Haarlem

pupils and assistants. Between 1600 and 1624, De Grebber made five Haarlem civic guard group portraits. It is worth noting that it was him and not Hals who, in 1611, painted the portrait of the Haarlem brewer and alderman Job Claesz Gijblant (fig. 4), who was closely connected to Hals: he had served as guardian to his niece Anneke Harmens prior to her marriage to Hals. Apparently, it was not self-evident that such a portrait commission should go to a relative by marriage. Not that Hals had much to complain about in terms of commissions in the meantime; a few years later it was him and not De Grebber who was awarded the commission for the aforementioned civic guard banquet painting finished in 1616 (pp. 68–9, fig. 11).

His commissions reveal that Hals quickly made his name as a portraitist. His clients included members of the political and economic elite of Haarlem, including wealthy cloth merchants and beer brewers (cat. 15–16, 27). Over a period of several years, he painted at least eighteen portraits of members of the well-to-do Olycan brewing family and their relatives.[21] Scholarly writers also employed him to paint their portraits, usually small likenesses intended to be made into prints. His portrait of Schrevelius is one such example.[22] Hals's clientele was made up of the city's elite; only affluent citizens could afford to commission a portrait from an artist of his standing.

Yet Hals also made portraits of acquaintances and colleagues, not always on commission or for a fee. The two portraits of the parents (or parents-in-law) of painter Nicolaes de Kemp the Elder, which may not have been preserved, belong in this category. Born around 1574, De Kemp also practiced his profession in Haarlem and maintained close relations with Hals.[23] Karel van Mander's anonymous biographer writes that De Kemp, like Hals, had studied under Van Mander; between 1614 and 1621, he was a "beminnaer" (friend) of De Wijngaertrancken (The Vine Tendrils), the chamber of rhetoric to which Hals also belonged at that time,[24] and he served as a witness at the baptism of Claes, the son born to Hals and his second wife in 1628. Hals's two portraits are listed in a document of 1656, which states that Willem Buytewech (1591–1624) produced the painted frame.[25] Since this artist worked in Haarlem between 1612 and 1617, it is probable that Hals painted the portraits in this period, although it is not possible, based on the document, to determine whether the portraits are of De Kemp's parents or his wife's. If the former, Hals must have worked from existing portraits, since the couple were already deceased; if the latter, they could have been painted from life since De Kemp's in-laws were still living in Haarlem at the beginning of the seventeenth century.

While most of Hals's clients lived in Haarlem or had connections with the city, people found their way to his studio from further afield as well, such as members of the Soop family of Amsterdam, owners of a glass factory who commissioned several portraits from Hals. In 1632, civic guardsmen in Amsterdam sought a painter for the group portrait of their company, and it is significant that they selected Hals. In the seventeenth century, it was extremely uncommon—and in fact went against the rules of the guild—to engage an artist working elsewhere for such a commission.

Frans Hals thus dedicated himself to painting commissioned portraits, but over time he also began making genre paintings of cheerful revelers and types such as a *rommelpot* player and the comic theatrical character Pekelharing (cat. 37, 39; p. 207, fig. 5). In addition, he painted *tronies* (expressive facial or head studies) as well as fisher boys and girls, works in which his fluid brushwork came into its own even more than in his portraits (cat. 4, 40; p. 216, fig. 14). Such pieces were sold at public auctions, contributing to Hals's name recognition. An early document that has so far gone unnoticed in the

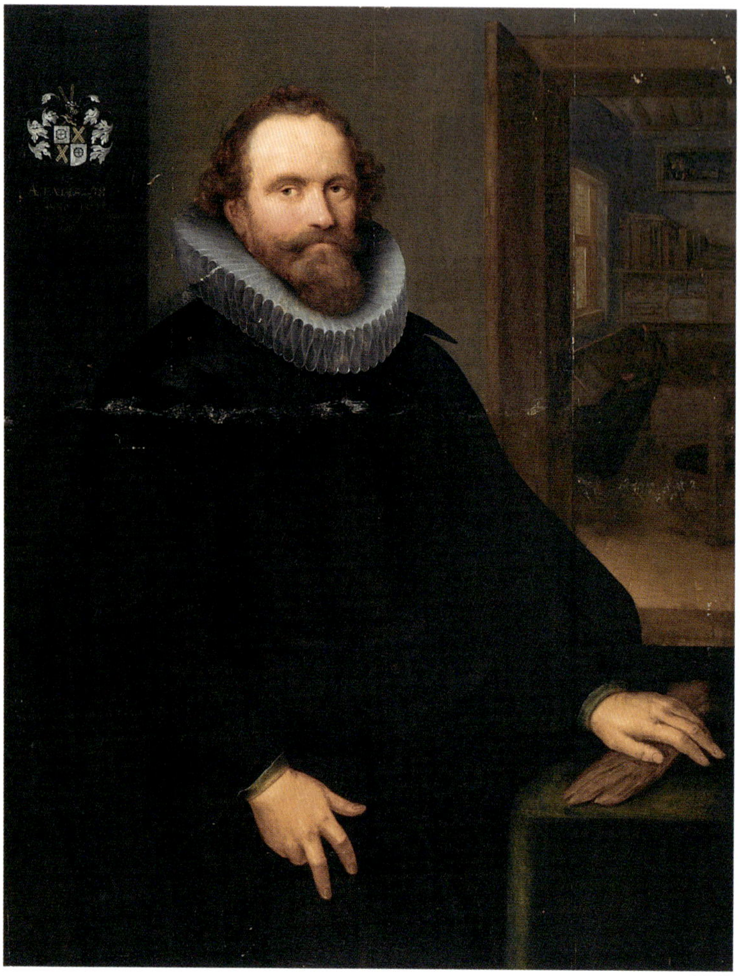

Fig. 4 Frans Pietersz de Grebber, *Portrait of Job Claesz Gijblant*, 1611, Frans Hals Museum, Haarlem

literature on Hals must be related to this kind of work. In 1621, the Amsterdam merchant Dirck Rodenburg sent a memorandum to Christian IV of Denmark, in which he provided the Danish king with the names of entrepreneurs and artisans willing to work for him in his country. The Haarlem painter Salomon de Bray, for example (see cat. 34–5), was open to working in Copenhagen. Rodenburg sent a list of about 350 paintings that he had taken with him to Denmark and from which the king could select. The merchant had purchased the works of art in Antwerp, Amsterdam, Delft, and Haarlem; in the latter, he had spoken with De Bray. The list features the names of such Haarlem masters as Karel van Mander, Hendrick Goltzius, Cornelis Cornelisz van Haarlem, and Hendrick Vroom, as well as Frans Hals.[26] Rodenburg did not specify subjects, writing only that the inventory would be worth no less than twenty thousand rijksdaalders, thus indicating that he was offering the king the best of the best. For this reason, the paintings by Hals are unlikely to have been his insignificant *tronies*, genre pieces, or portraits. It is most likely that Hals's work on Rodenburg's list included paintings such as the *Merrymakers at Shrovetide* (p. 180, fig. 1) or *The Rommel-Pot Player* (cat. 37), which may have been painted by 1621.

Two Important Clients

Hals painted portraits of at least two of the witnesses present at his children's baptisms. The first is Pieter van den Broecke, a cloth merchant's son born in Antwerp in 1585. In his youth, he traveled to Africa and Asia and later held an important position in the Dutch East India Company: he was a factory director at Suratte, a trading post on the northwest coast of present-day India. On returning to the Dutch Republic in 1630, he published his travel experiences. His portrait, painted by Hals in 1633 (cat. 17), was made into a print by Adriaen Jacobsz Matham and included in this book, which was published in 1634. Matham, as was his wont, may have made a drawing from the painted portrait to use as the basis for the print.[27] We cannot exclude the possibility that Hals painted a small-format portrait especially for the printmaker and that he subsequently (at the request of the sitter) made a portrait of him in a larger format. The idea of approaching Hals is more likely to have come from the publisher, Passchier van Wesbusch, than from Van den Broecke himself. Since his arrival in Haarlem in 1601, Van Wesbusch had sold, among other things, chamber of rhetoric texts by his fellow Mennonite Karel van Mander as well as his *Schilder-Boeck*. His son, Hans Passchiers van Wesbusch, expanded his father's business and also sold prints, including work by Jan van de Velde the Younger. The successful collaboration between those involved in Van den Broecke's publication is evidenced by Van de Velde's presence at the baptism of Hals's daughter Susanna on January 26, 1634. The second witness, listed only by his first name and patronymic as Adriaen Jacobs, can be none other than Adriaen Jacobsz Matham.[28]

The Haarlem merchant Isaac Massa, who traded in Russia and lived there for a time as well, is the other witness to the baptism of a child of Hals and his second wife to have his portrait painted by Hals. Unlike Pieter van den Broecke, who seems to have been in professional contact with Hals only once, Massa kept in touch with the painter for an extended period of time. If the portrait of the man with his arms crossed painted by Hals in 1622 (cat. 11) does indeed represent Massa, as argued elsewhere in this book, they already knew each other by this date.[29] A certain familiarity between the two, as with Van den Broecke, seems to have resulted from the commission, and Massa was a witness at the baptism of Hals's daughter Ariaentje on July 21, 1623.[30] Other members of the Massa and Hals families also knew each other. For example, Susanna Massa, one of Isaac's sisters, served as a witness alongside the aforementioned draftsman and printmaker Jan van de Velde the Younger at the baptism of a daughter of Dirck Hals in 1624. Hals painted portraits of Isaac Massa in 1626 (cat. 33a) and again in 1635, the latter a small-format sketch intended to be made into a print by Adriaen Matham.

Isaac Massa married Beatrix van der Laen in 1622, and after her death in 1639, he married Maria van Wassenbergh the following year. He died in 1643, his second wife in 1652, whereupon, with an eye to the interests of the minor children, an inventory of their joint possessions was drawn up. In this estate inventory, which is unpublished, are no fewer than five portraits of Isaac Massa.[31] None is attributed to an artist but three of them must have been painted by Hals.[32] In addition to two portraits of Massa's second wife, the inventory lists around twenty other paintings but only three with makers' names. These include various landscapes, a single work with a secular theme, and a few biblical scenes, including *Job on the Dung Heap* and *Joseph and Mary*. The three attributed paintings bear Hals's name: "a small painting of music by Master Hals with a black ebony frame" and "two round *tronies* by Frans Hals."[33] One of Massa's portrait commissions may have led to the purchase of these small works. Or did Hals perhaps gift these to his client? The "small painting of music" may have been a representation of children playing music, comparable to Hals's *Two Singing Boys* (cat. 41)—although this cannot be described as small.[34] The two other works may possibly be identified as Hals's *Laughing Boy with a Wineglass* (cat. 5a) and *Laughing Boy with a Flute* (cat. 5b), given their round, small format and the fact that they are pendant paintings.[35]

Hals's children may have served as models for his paintings of boys and girls.[36] The "two square portraits of the children of Hals done in Haarlem by the same" listed in a Leiden inventory in 1644 may be Hals's *Girl Singing* (fig. 5) and *Boy Playing the Violin* (fig. 6), both now in a private collection.[37] Besides the fact that these works are square (diamond-shaped), which is practically never found in Hals's oeuvre, they are also pendant paintings. One Haarlem resident, who by his own account had known most of Hals's children, told Houbraken that they were keen musicians. This supports the idea that the boys and girls playing music depicted by Hals may have been his own children.

The number of paintings in Isaac Massa's estate inventory does not directly suggest that he was an important art collector. However, it was not drawn up until nine years after his death, so some of his property may have been sold or moved elsewhere in the intervening years. What is certain is that Massa spent time with artists: besides Hals,

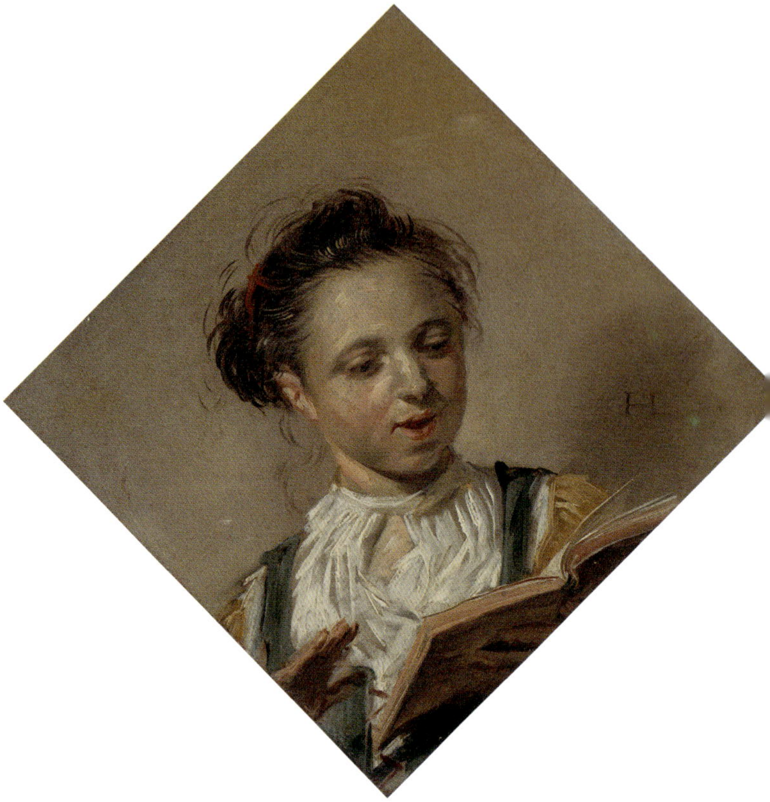

Fig. 5 Frans Hals, *Girl Singing*, ca. 1628, The Jordan and Thomas A. Saunders III Collection, on loan to the Virginia Museum of Fine Arts, Richmond

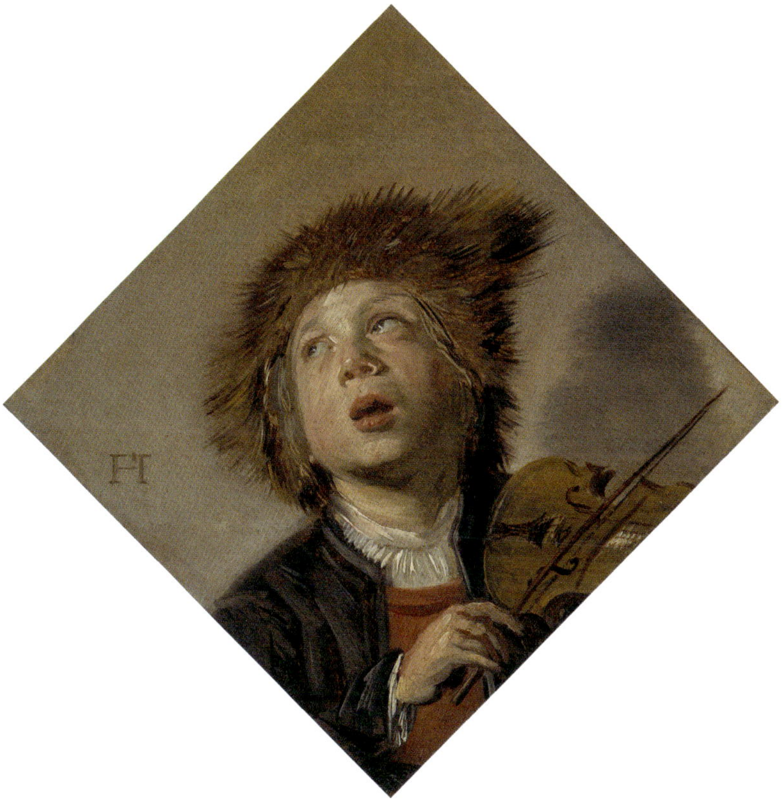

Fig. 6 Frans Hals, *Boy Playing the Violin*, ca. 1628, The Jordan and Thomas A. Saunders III Collection, on loan to the Virginia Museum of Fine Arts, Richmond

he was also particularly well acquainted with De Grebber and Pieter de Molijn. In 1653, De Molijn declared, at the request of fellow Haarlem resident and art dealer Olivier Jacobsz, that he had maintained "great familiarity" with Jacobsz and Isaac Massa (who had died in the meantime) for many years.[38] According to this same declaration, De Molijn, on the instructions of Jacobsz, had gone to Massa's home in about 1634 and spoken with him about a painting by Moyses van Wtenbrouck, which Jacobsz had sold to Massa. This transaction had not been successfully completed.[39] As an art dealer, Jacobsz represented the interests of several Haarlem painters, and apparently Massa also did business with him.[40]

Hals's Financial Position

One would assume that the steady stream of portrait commissions provided Frans Hals with a sizeable income. In addition, there was also the income from his teaching and paintings sold from his studio. Hals received a considerable sum in 1615 from the estate of his first wife's grandfather. The inheritance had to be split among a large number of people, but Hals nevertheless received about 565 guilders.[41] Such a sum far exceeded the annual income of most artisans.

It is worth noting the attitude Hals adopted in his conflict with the Amsterdam civic guard officers. When the group portrait they had commissioned was still not finished in 1636, the clients summoned Hals to fulfill his obligations.[42] In his reply he made no attempt whatsoever to meet the gentlemen halfway. Indeed, he exacerbated the situation by suggesting that they should travel to Haarlem, knowing all too well that this would not happen; it had previously proved difficult to persuade the men to attend sittings even in their own city. One of the documents on this issue shows that Hals had already received part of the agreed payment.[43] For such commissions, it was not unusual for part of the fee—sometimes even half—to be paid in advance. Hals had to paint the portraits of a total of sixteen individuals, each of whom was expected to pay sixty guilders out of his own pocket, totaling 960 guilders. In reality, the total was more; in the meantime, the clients had agreed with Hals that he would be paid an additional six guilders per person if he were willing to carry out the work in Amsterdam, which came to 1,056 guilders. In not being inclined to be accommodating to his clients—who judged Hals's reply to their request "frivolous," if not downright insolent—the painter was forfeiting a very large sum. If he had received half in advance, this was almost five hundred guilders, and otherwise even more. This is not exactly something that an artist in dire financial straits would do. Clearly Hals could afford to do this, or he felt that he could.

Until the 1640s, he must have been doing well financially. Yet it is often thought that he was then already living in precarious circumstances. His many changes of address, for example, do not indicate a carefree existence. Hals never bought a house; he always rented and he regularly moved with his family.[44] The precise locations on each street are unknown, so we do not know how large these houses were, let alone what their floorplans were like. However, his residence on the Groot Heiligland could not have been small: in his reply of March 20, 1636, to the Amsterdam civic guard officers regarding the completion of their group portrait, Hals proposed that the gentlemen should come to Haarlem, where he would finish the painting—of hardly modest dimensions—"in his own house."[45]

It has been said that Hals was regularly harassed by creditors, yet this was not particularly exceptional: in the seventeenth century, the extension of considerable and long-term credit was commonplace.[46] Shopkeepers and suppliers, often bakers, had to exercise enormous patience with slow payers. When they insisted on payment, this did not always take place in currency; an outstanding debt might be fulfilled in kind. In Hals's case, these were relatively small sums—and it is by no means certain that the debts were always his. "Hals" was a common name in Haarlem, while later mentions may also refer to his son of the same name. In 1654, however, he did incur a considerable debt. In that year, a Haarlem baker claimed that he owed two hundred guilders for bread delivered and money loaned. Hals paid off the debt in kind with some household items and five paintings: a *Sermon of John the Baptist* by Karel van Mander; a *Gathering of the Manna by the Israelites* by Maarten van Heemskerck (1498–1574); another *Sermon of John the Baptist* painted by his eldest son, Harmen; as well as a work by Hals himself and another by one of his sons, neither otherwise specified. The creditor, however, allowed Hals to continue to keep these items.[47] Hals presumably dealt in works of art, like many of his colleagues, and it is also possible that he used such paintings in his studio as teaching aids. It is no coincidence that the painting by his eldest son was a *Sermon of John the Baptist*—possibly a copy of Van Mander's.

There are other indications that Hals's finances were not in good shape in the 1650s. A passage in the will of his son Claes Hals, drawn up on March 31, 1656, names Claes's wife as his heir and stipulates what his parents should receive. It was usual for parents to be allocated a legal inheritance, but here they were given a choice of three options, all of which amounted to less than the inheritance to which they were entitled. Claes Hals asked his parents to be content with this, since by his own account, he had brought hardly any assets into his marriage exactly one year previously.[48] In 1655, therefore, he had received practically nothing from his parents. Another indication of Frans Hals's poor financial position is his signing up on October 8, 1655, as a member of the Dutch Reformed congregation of Haarlem, which was presumably connected with the possibility of receiving support from the parish. To be eligible, one had to be registered as a congregant.

In the mid-1650s, Hals was about seventy years old. By this time, his production was no longer as sizeable as in earlier years, as Matthias Scheits implies. Once Hals had reached an advanced age "and could no longer make a living with his art (which was not as before)," he turned to the municipality of Haarlem for financial support. His request was granted, Scheits says, because of the quality of his art.[49] Hals did indeed receive support at the end of his life, and not just from the Haarlem city authorities; in 1661, the governors of the Guild of St. Luke gave him a dispensation from the annual contribution, and in the last four years of his life, "in his very urgent need," Hals received financial and material assistance from the city.[50] He reached the respectable age of about eighty-four. Scheits gives the year of his death as either 1665 or 1666, stating that the painter had died very old: "As far as I can guess," he writes, Hals "was 90 years old or not much less."[51] Houbraken is more precise, taking the date of Hals's burial from a funeral notice on which was a handwritten note that the painter had died on August 29, 1666 "at the age of 85 or 86."[52]

Houbraken on Hals

Our knowledge of the life of Frans Hals is based on no more than a handful of primary sources that inevitably provide a fragmentary picture. Arnold Houbraken offers a few further details in his *De groote schouburgh*, published between 1718 and 1721. In the first volume, he includes an extensive text on Hals, in which he inserts, as he often did, several anecdotes that add considerably to its readability. However, it is not known how reliable these stories are; their historical value is considered dubious, since most are unverifiable.[53] This applies, for instance, to the meeting that Houbraken describes between Frans Hals and the Antwerp painter Anthony van Dyck (1599–1641). On his way to England to enter the service of the English king, Van Dyck apparently felt the need to see Hals. Once in Haarlem, he found that the painter was not at home and had to be dragged out of a tavern. Hals, who supposedly did not know who his visitor was, was asked to paint his portrait. Once he had done so, Van Dyck suggested that he should depict Hals. From the way his visitor held his palette and brushes, Hals realized he was in the company of a painter, whose identity became clear when he looked at the portrait. According to Houbraken, Hals embraced and kissed his visitor with the words: "Thou art Van Dyck, for no other man can do such a thing."

Houbraken's anecdote, reinforced by the fact that he supposedly reports the exact words of the artists, seems too good to be true. The artists' meeting is therefore considered apocryphal—all the more because it is preceded by a passage in which the story taken from Pliny the Elder about the meeting between Apelles and Protogenes is related in detail. Apelles, the celebrated painter of Ancient Greece, traveled to Rhodes in order to meet his colleague and rival Protogenes but did not find him at home. On a canvas he found in the studio, he drew "a fine line"—an outline, most likely of a body part—and asked the servant to give this to her master. As soon as Protogenes saw it he recognized the hand of Apelles, "for no one else can do such a thing." He then drew his own line on the canvas and gave it back to the servant to show to Apelles should he return. Apelles indeed saw it and drew another line through it, in a different color, so masterfully that Protogenes admitted his defeat and "lovingly dealt with" Apelles. Houbraken concludes his tale with Anthony van Dyck taking the portrait with him, still wet, and giving the children of the family money on his departure—which their father promptly spent on drink. Houbraken asserts that Van Dyck tried hard to lure Hals to England but that Hals refused because he did not wish to abandon his "bad way of life."[54]

Houbraken does not reveal how he discovered the story about the encounter between Hals and Van Dyck, beyond a mere "they say." He based his book on the testimony of various informants whom he often identifies in full, but in this case he remains silent. Neither does he reveal his source for the anecdote describing how Hals's students once played a clever trick on their master. According to Houbraken, Hals was wont to spend every evening drinking hard in a tavern. His students were so fond of him that the eldest of them would take turns collecting him, bringing him home safely, and putting him to bed. Hals supposedly had the habit, however drunk he was, of muttering a nightly prayer, always concluding it with the wish "Dear Lord, take me up quickly to your high Heaven."[55] Curious, the students decided to find out whether he really meant this. Above each corner of Hals's bed they drilled a hole in the ceiling, through which they lowered ropes from the attic and attached them to the bed. The following night they once again helped their master to bed and crept upstairs. When Hals mumbled his usual words, the four of them pulled up the bed in unison. At this Hals cried out, "Not so soon, dear Lord, not so soon!" The students then lowered the bed and Hals supposedly never expressed his "wish" again. Afterward his students would regularly recall the incident among themselves, which "frequently made them laugh."[56]

Houbraken's account describes how Adriaen Brouwer and Dirck van Delen were involved in the four-poster bed prank.[57] Brouwer (fig. 7; see cat. 51), who enjoyed a reputation among his contemporaries as a consummate prankster, played the leading role in what was seen at the time as another comic episode in Hals's studio. The artist's wife, who had something to do away from home, asked Brouwer, who was working in the house, to watch over her young child Ariaentje. Brouwer dutifully took the child in his arms and laid her over his shoulder. He bounced her up and down so enthusiastically that she soiled him from head to toe. The young painter could not let this pass; he dropped his breeches and repaid the child in kind. Houbraken had heard this story from the painter Michiel Carré, who, he writes, was a close confidant of Pieter van Roestraten and his wife in London in 1695. The wife was no other than Ariaentje Hals, whom the young Brouwer had once babysat. She and her husband had often retold this story to Carré—"usually for the joke," Houbraken adds.[58] As well as living in London, Michiel Carré also lived in Amsterdam, where he worked for several years, from 1686 onward and again from around 1715. Thus he was a fellow townsman of Houbraken, who frequently cites him as a source.[59] The first- and second-hand testimony inspires a certain confidence in the veracity of the story, all the more since it supposedly came from the protagonist herself, Ariaentje Hals, and her husband, who had worked as a student and assistant for Frans Hals.

In his biography of Adriaen Brouwer, Houbraken discusses the period during which Brouwer worked for Hals at length, basing his account on a text provided by a student of the painter Carel de Moor. This source is not known to us, but it is unlikely to have been an invention; Houbraken and De Moor knew each other very well, and the latter was still alive when the last volume of *De groote schouburgh*, in which he is cited as an informant, was published.[60] The young Brouwer had been given a space of his own in the attic of Hals's house. Although he worked diligently for his master, he felt short-changed. Dissatisfied with the situation and goaded by Adriaen van Ostade (see cat. 58–9) and others, Brouwer decided to leave. Having no idea where to find somewhere else to live, he came back with his tail between his legs—and Hals subsequently treated him better, keen not to lose the income from Brouwer's work. Brouwer nevertheless left a second time, this time for Amsterdam, where he wished to work for someone dealing in art. There, according to Houbraken, he found "a certain Van Zomeren, at the time innkeeper of 't schilt van Vrankryk." This innkeeper "took him in and set him to work painting."[61]

If the details about Brouwer and Hals were indeed taken from this unknown source, it did contain reliable elements. Brouwer's new patron in Amsterdam was in fact Barend van Someren, a painter who combined the professions of innkeeper and art dealer. The contact between the two can even be specified with greater precision: a notarial deed drawn up between Van Someren and the painter Adriaen van Nieulandt on July 23, 1626, was signed by Adriaen Brouwer as witness.[62] Notarial deeds had to be drawn up and signed in the presence of two witnesses and Brouwer was evidently close at hand. Perhaps he paid for his room and board with his own art. At the auction held in 1635, three years after Van Someren's death, in his inn, Het Schild van Frankrijk on the Dam, a large number of Brouwer's drawings were sold; a small round painting by Brouwer was later listed among the possessions of Van Someren's widow.[63]

Houbraken's account implies that Brouwer met Van Someren more or less by chance. However, there may have been prior business dealings between the innkeeper-art dealer and Frans Hals, or perhaps these took place at the time of Brouwer's move from Haarlem to Amsterdam in 1626. On November 12, 1631, Van Someren served as a witness at the baptism of Hals's daughter Maria.[64] It would be no casual thing to invite someone from outside the family to be a baptism witness. Since several details incorporated by Houbraken seem to be historically accurate, this source material cannot simply be dismissed as fictitious. Could the anecdote about the four-poster bed, in which

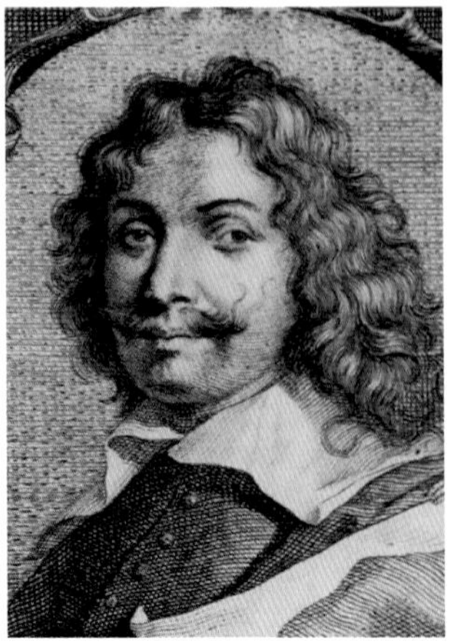

Fig. 7 Arnold Houbraken, workshop, after an unknown example, *Portrait of Adriaen Brouwer*, in Houbraken's *De groote schouburgh* (1718–21), vol. 1, opposite p. 326 (detail), Rijksmuseum Research Library, Amsterdam

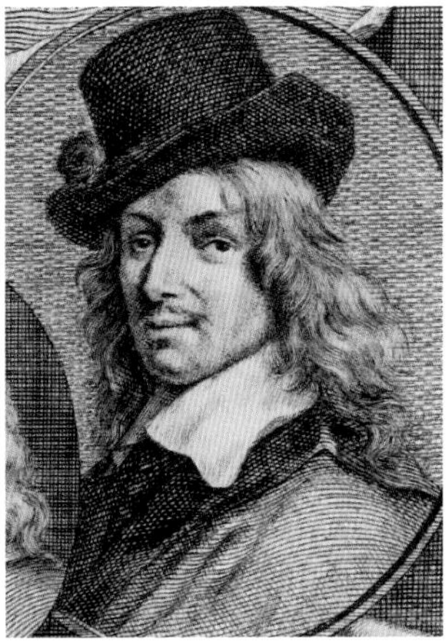

Fig. 8 Arnold Houbraken, workshop, after an unknown example, *Portrait of Frans Hals*, in Houbraken's *De groote schouburgh* (1718–21), vol. 1, opposite p. 90 (detail), Rijksmuseum Research Library, Amsterdam

Brouwer specifically played such a prominent role, originate from the same document?

Houbraken was at pains to be well informed about Frans Hals and his relatives. In Haarlem, he spoke with several of the sons of Vincent Laurensz van der Vinne, who had studied under Hals (see cat. 60–1). From the eldest son he obtained the funeral notices of Frans and Dirck Hals, on which their father had scribbled information.[65] In addition to their years of death (1666 and 1656), Houbraken noted that they both came from Mechelen. Strictly speaking this is wrong—Frans Hals was born in Antwerp, Dirck Hals in Haarlem—but Mechelen would have been listed in the funeral notices as the family's place of origin. In Haarlem, Houbraken also gained access to the archives of the Guild of St. Luke. From a register he noted the names of Frans Hals's sons Harmen, Jan, Frans, and Claes, as well as that of a grandson. One of them was still living in the East Indies, where he married—undoubtedly for her money, Houbraken opines scornfully—a "*Mestys*" woman, who was born to a white man and a local Black woman. This descendant of Frans Hals built a house in the tropics that he decorated "in the Holland manner" with paintings.[66] He was reputedly appreciated more as a musician than for his painting. Did Houbraken obtain these specific details from a reliable informant? Or was he making it up? The latter does not seem to be the case.

One of Frans Hals's painter sons, Reynier Hals, had six children with his second wife, Elisabeth Pieters Groen, in Amsterdam; their sons Jan and Jacob were still alive in 1689, by which time both parents had died. The Hals-Groen estate was administered by the commissioners of the Orphan Chamber of Amsterdam, who noted in their records that both brothers were living in the East Indies in the aforementioned year.[67] In 1694, Jan Hals was back in Amsterdam, where he received his share of the inheritance. Five years later the remaining share, intended for Jacob Hals, was deducted and transferred to the Orphan Chamber Commissioners of Colombo in Ceylon (present-day Sri Lanka).[68] The latter had informed their colleagues in Amsterdam that "the soldier Jacob Hals, son of Reynier Hals and Elisabet Groen" had asked them to make over to him the money from his parents' estate. Having attained his majority, it was reported from Colombo that Jacob Hals had decided "to settle in these lands" and could make good use of the money. In that same year, he was made a "free citizen" of Colombo and served as a deacon of the Dutch Reformed Church there, while from about 1700 he took on the post of Orphan Chamber Commissioner for several years without interruption. He was still listed as such in 1731.[69] Not all the information supplied by Houbraken can be verified, but the core of his story is true: a grandson of Frans Hals settled in the East Indies. Houbraken's informant is likely to have been a member of the Hals family who lived in Amsterdam, perhaps Jacob's brother Jan Hals, who had received his share of the inheritance from the Orphan Chamber Commissioners in 1694.[70] It is possible that it was also thanks to him that Houbraken obtained access to a portrait of Frans Hals which he had made into a print for his *De groote schouburgh* (fig. 8). This portrait shows Hals at a younger age than another likeness that has survived in several copies.[71] Houbraken must have seen it at the home of one of the painter's descendants, very likely his grandson Jan Hals. Whether Jan's brother Jacob was a painter, as Houbraken suggests, is difficult to ascertain; he may have assumed this because a number of Hals's sons and grandsons did take up painting. Noting that this descendant of Frans Hals was a celebrated musician in the East Indies, Houbraken then observed that musicality seemed to be inborn in the Hals children: "J. Wieland, an old *Liefhebber* [art lover or amateur dealer], and who knew most of them, testifies that all of F. Hals's children were light of spirit and lovers of singing and playing music."[72] Joan Wielant, who related this to Houbraken, registered as a painter with the Haarlem Guild of St. Luke on October 2, 1696, and died in the city in 1717.[73] He may be the same person as Johannes Wielant, who had his marriage banns read in Amsterdam in 1670, stating that he was thirty-four years old, a schoolmaster by profession, and originally from Haarlem.[74] The fact that he left Haarlem for Amsterdam (and possibly then returned to Haarlem) makes it conceivable that he was familiar with the Hals family, of whom Reynier, Claes, and their sister Ariaentje all lived in Amsterdam. It is also possible that it was Wielant who gave Houbraken access to the archives of the Haarlem Guild of St. Luke, of which he was made a "vinder" (governor) in 1702.

Brimful of Drink

Young artists, Houbraken says, should take the art of Frans Hals as an example. However, he condemned Hals's lifestyle severely. According to Houbraken, the painter indulged in excessive drinking on a daily basis and must "generally have been filled to the throat with drink every night."[75] It has been argued that Houbraken spoke to several people in Haarlem and Amsterdam who were able to inform him about Hals and his family; there is no reason to suppose that his statement about Hals's consumption of alcohol in inns and taverns is an invention. Why should Houbraken, who so admired Hals's painting, wish to speak ill of him? He mentions the waste of money and time through excesses away from home in his accounts of various painters, while emphasizing that others spent little if any time with cronies or frequenting drinking establishments.[76] He was, incidentally, conscious of the fact that social mores of the early seventeenth century were still rather loose and that a high consumption of alcohol was more common than in his own time: "engaging in indecent activities, and in particular excessive wallowing in wine, was especially in vogue among painters and was adopted as a fashion." He then observes, with some relief, "that this has long since subsided" and, to the credit of painters, that there is almost no drunkard to be found among them.[77]

One factor of which Houbraken took no account was the importance of the inn as a meeting place for artists and their potential clients and as a venue for publicizing their art. The latter is demonstrated in a written declaration made by two Haarlem residents in 1637 at the request of Dirck Hals.[78] Although it is not stated in so many words in this document, in all probability one of his paintings had been sold by Jan Bossu (since deceased) and his wife, innkeepers of the Haarlemmerhout, without Hals getting his money from them; the testimony would have served to support his claim. One of the witnesses reported having been in the inn on several occasions and having seen on display, in a small room next to the chimney, a painting by Dirck Hals of "modern images" (young people in fashionable attire). The innkeepers tried to sell this painting to various individuals, explicitly mentioning that it belonged to its maker. The witness had heard them say that they could have earned sixty guilders from the sale. This suggests that either the couple or the painter had a higher price in mind. The intermediaries no doubt received a commission for their involvement.

The relations between Frans Hals and the Amsterdam innkeeper and art dealer Barend van Someren are discussed above. Van Someren had a colleague in Haarlem, Hendrick Willemsz den Abt, who was well known as a painter and owner of an inn where painters gathered.[79] He was also an art dealer and used his inn as an exhibition

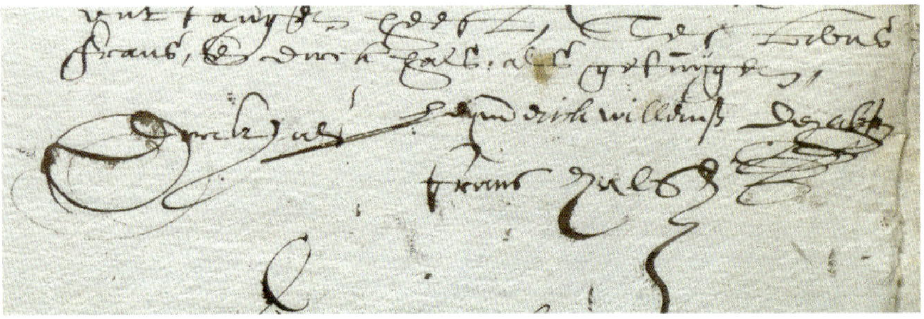

Fig. 9 Frans Hals's signature, with those of Dirck Hals and Hendrick Willemsz den Abt, on a document dated March 29, 1630, NHA, Haarlem (notary W. Crousen de Jonge, inv. 155, fol. 208, March 29, 1630)

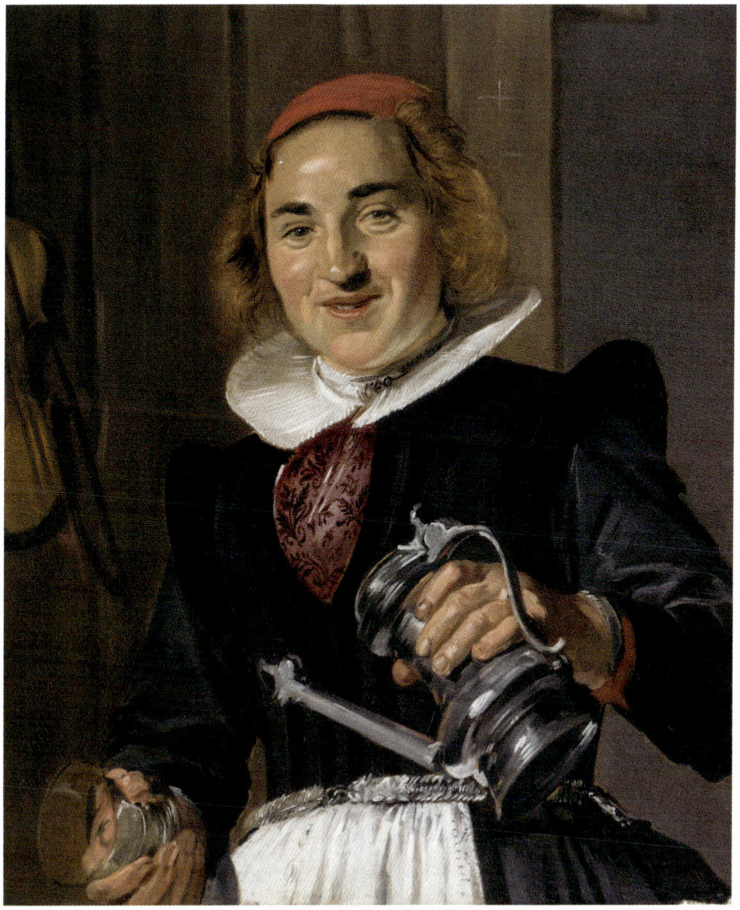

Fig. 10 Frans Hals, *Woman Holding a Glass and a Flagon*, ca. 1630, David Koetser, Zurich

gallery and auction room. In 1631, he organized an auction of paintings, including several originating from Hals's studio: originals and copies of paintings by Frans and Dirck Hals, five pieces by Harmen Hals, and four small *tronies* by the then still young painter Jan Miense Molenaer (see cat. 56–7).[80] A year and a half earlier, Frans and Dirck Hals had witnessed and signed a statement given by Den Abt (fig. 9).[81] Frans Hals frequented Den Abt's inn for many years. After the innkeeper's death in 1650, his son Willem and his widow, Josina van Nesten, claimed over thirty-one guilders from Hals, for "previously consumed fare."[82] It is tempting to identify Hals's *Woman Holding a Glass and a Flagon* as Den Abt's wife (fig. 10).[83] Her clothing suggests that the woman, who holds a pitcher in one hand and a glass in the other, represents an innkeeper. Behind her (on a slate?), we see lines recording a customer's outstanding tab. Her stance, with a slightly turned torso, suggests that there may once have been a pendant portrait. Among the possessions that she brought to her second marriage were around seventy paintings (among which there was a series on the five senses and another small work by Dirck Hals) that included two pairs of portraits of Josina and her first husband. The pair of pendant portraits described first were painted by Hendrick Pot. The maker of the second pair is unidentified but since Frans Hals maintained close relations with Den Abt and his wife for many years, it cannot be ruled out that they were his work.[84]

While in all probability alcohol flowed freely in the Hals household, this in no way diminishes the importance of culture within the family. The children became familiar with music at a young age at home. As a member of a chamber of rhetoric, Hals participated in gatherings of kindred spirits at which poems were exchanged and discussions took place. There is no doubt that he received a good education, his stylish signature showing a practiced writer's hand. Trained by Karel van Mander, Hals would have had a thorough theoretical grounding in painting and literature, which would have served him well as a portrait painter attracting distinguished and learned clients throughout his working life.

1 Bode 1871b, pp. 63–6: "uytnemende meesters deser konst die ick M. S. gekent hebbe ende al verby sein."
2 In 1640, Philips Wouwerman registered as a master with Haarlem's Guild of St. Luke and from that moment was able to take on students; of Matthias Scheits, we know that he was working as a painter in Hamburg in 1651 and had therefore completed his apprenticeship.
3 See Lammertse and Van der Veen in the present volume, p. 279.
4 Among them was Johannes Voorhout, who worked in Hamburg between 1672 and 1675 and became acquainted with Matthias Scheits there. Voorhout, in turn, was in close contact with the art biographer Arnold Houbraken, who writes that Scheits had studied painting under Philips Wouwerman in Haarlem. Houbraken 1718–21, vol. 3, p. 187 (Scheits) and pp. 224–8 (Voorhout).
5 Bode 1871b, p. 64.
6 Matthias Scheits's copy was once held in the library of German art historian Wilhelm von Bode, who published the annotations in 1871 (see note 1): "Den Treffeliken Conterfeiter Frans Hals van Harlem heeft geleert by Carel Vermander van Molebeke." The author has been unable to find the current location of the book in question, so it is not yet possible to ascertain whether Bode, and therefore also Scheits, owned the first or second edition.
7 The documents were assembled by Irene van Thiel-Stroman; see Thiel-Stroman 1989, pp. 371–414. Since that publication, virtually no new document on Frans Hals has been discovered.
8 Under a mezzotint print of a lost self-portrait by Frans Hals, his birth year is given as 1584: Slive 1970–4, vol. 3, p. 123 and fig. 93. This source should not be dismissed out of hand, for the same caption gives the date of his death as August 24, 1666. This date is fairly accurate: Frans Hals was buried on September 1 of that year.
9 The "lakenbereider" or "droogscheerder" (cloth-shearer) was an artisan who shaved the hairs off woven cloth to give it a smooth surface.
10 On this, see Thiel-Stroman 1989, docs. 1–2.
11 Haarlem 2006, p. 246.
12 See Lammertse and Veen 2023, p. 48.
13 Bode 1871b, p. 64: "hei is in sein Jeügt wat lüstich van leven geweest."
14 J. van B., *Een onderscheyt Boekje Ofte Tractaetje vande fouten en dwalingen der Politie in ons Vaderlant* (A Distinguished Booklet or Treatise on the Errors and Aberrations of the Police in Our Fatherland), Amsterdam 1662: "dol van geest"; Marieke de Winkel drew attention to this pamphlet and discussed "dol van geest": Winkel 2006, pp. 145–7, 305n59, as well as Wetering 1995, pp. 221, 237–9.
15 *Den grondt. . .* is included in Mander 1604, fol. 3r.
16 Neither the application for the banns nor the date of the wedding ceremony have been found in Haarlem.
17 Dixhoorn 2009, p. 124. On Hals as a chamber of rhetoric member, see Lammertse in the present volume, pp. 203–5.
18 Miedema 1981, pp. 35–6.
19 Schrevelius 1648, p. 383: "die hem eygen is," "onghelooflijcke veel"; Thiel-Stroman 1989, doc. 116. The Latin edition of Schrevelius's book, from 1647, in fact states "infinita" (infinitely many).
20 In his *Academie der Bau-, Bild- und Mahlerey-Künste* (Academy of Architecture, Sculpture, and Painting) published in 1675, Joachim von Sandrart writes about the Delft portrait painter Michiel van Mierevelt: "Er hat selbst zum öftern gedacht daß er wol zehntausend Contrafäte verfärtiget" (He himself often thought that he had made as many as ten thousand portraits), Peltzer 1925, p. 171. Houbraken reduced this mythical number by half: see Houbraken 1718–21, vol. 1, p. 48. What helps achieve a vast production is reaching a ripe old age, which is true of both Van Mierevelt and Hals. Van Mierevelt confined himself in many cases to painting the face and hands and left the rest to assistants, an efficient work method that is not known to this extent for Hals.
21 Biesboer 1989.
22 See also Rinnooy Kan 2023, p. 139 and p. 140, fig. 106.
23 Haarlem 2006, pp. 215–16; Thiel-Stroman 1989, docs. 43, 82, 153.
24 For the membership of the chambers of rhetoric, see Lammertse in the present volume, pp. 203–5.
25 Thiel-Stroman 1989, doc. 153.
26 "Schilderyen die ick met my van Hollandt gebroght hebbe" (Painting that I have brought with me from Holland), Kernkamp 1902, pp. 226–37, esp. pp. 226 (quotation), 217 (De Bray), 229 (Hals).
27 See, for instance, Matham's signed portrait of Johannes Polyander as a preliminary sketch for his engraving, in Baeyer 2007, no. 6.
28 Thiel-Stroman 1989, doc. 62.
29 See Cornelis in the present volume, pp. 86–8 and cat. 11.
30 Thiel-Stroman 1989, doc. 29.
31 NHA, notary M. de Keijser, NA 246, March 1, 1652: "Noch een conterfeytsel van Ysack Massa met een swarte vergulde lijst" (Further, a portrait of Ysack Massa with a black gilded frame), "noch een cleyn conserfeytsel [*sic*] van de voorn. Isack Massa met een swart ebbenhout leysie" (further, a small portrait of the aforementioned Isack Massa with a black ebony frame), "noch een stuck schilderij zijnde het conterfeytsel van de [crossed out: overleden] voorn. Isack Massa met een swart vergulde lijst" (further, a painting being the portrait of the [crossed out: deceased] aforementioned Isack Massa with a black gilded frame), "noch een conterfeytsel van de [crossed out: overleden, written above:] voorn. Ysack Massa met een swarte lijst met vergulde letters" (further, a portrait of the [crossed out: deceased, written above:] aforementioned Ysack Massa with a black frame with gilt letters), and "noch een cleyn conterfeytseltge met een swart leysie van de voorn. Ysack Massa" (further, a small portrait with a black frame of the aforementioned Ysack Massa).
32 For the other portraits of Isaac Massa, a possible painter other than Hals may be Frans Pietersz de Grebber. This painter was not only the next-door neighbor of Isaac's brother Christiaen Massa for years, but he had also been one of the two witnesses who signed the Massa-Van der Laen will in 1624. In 1655, the portraits of Christiaen Massa (who moved from Haarlem to Amsterdam in 1639) and his wife were on display in his home, as well as "een groot contrefijtsel van Christiaen Massa op sijn Rus gekleet" (a large portrait of Christiaen Massa dressed in Russian clothes), SAA, Archive 5072, inv. 583, fols. 139v–144v, dated December 19, 1655. De Grebber is the possible maker of this large portrait of the man, presumably attired in the way Rembrandt had depicted the Amsterdam merchant Nicolaes Ruts in 1631 (Frick Collection, New York, inv. 1943.1.150); De Grebber painted life-size portraits more than once; see Veen 2008.
33 See note 31: "een stuckie schilderij sijnde een musieckie van meester Hals, met een swart ebbenhout leysie," "twee ronde tronitgens van Frans Hals."
34 Hessen Kassel Heritage, inv. GK 215.
35 Slive 1970–4, vol. 3, nos. 58–9, pp. 35–6; Washington, London, and Haarlem 1989, nos. 27–8.
36 The fact that this happened is evidenced by early mentions of paintings in which Hals's children were identified; see following note.
37 In an inventory of 1644: "twee viercante conterfeytsels van de kinderen van Hals tot Haerlem gedaen door deselve," see Lammertse and Van der Veen in the present volume, pp. 283, 292n66; Slive 1970–4, vol. 3, nos. 53–4, p. 33; Washington, London, and Haarlem 1989, nos. 25–6.
38 NHA, notary F. Swan, NA 226, fol. 319r–v, February 21, 1653: "groote familiariteyt."
39 Upon the transfer of the painting it had been agreed that Isaac Massa would have to pay the seller sixty-four guilders one year and six weeks after the signature of the peace treaty between the Dutch Republic and Spain. Pieter de Molijn requested an acknowledgement of debt, to which Massa replied: "ick geeff voor soodaenige leurderijen geen schrift, doch ick hebbe de conditie mette requirant [Olivier Jacobsz] aengegaen ende gemaeckt in mijn boeck geschreven" (I will not provide a written bond for such trifles, but I have written the agreement with the petitioner [Olivier Jacobsz] in my books). According to their deal, this

sum should have been paid in 1649. The close ties between Massa and De Molijn bring to mind Hals's double portrait in the Rijksmuseum (cat. 3), which is traditionally supposed to depict Massa and his first wife, Beatrix van der Laen, and of which it has been suggested that the landscape was painted by De Molijn; see Bikker 2007, pp. 169–71, esp. p. 171 on its provenance. The 1652 inventory does not list this work, but in theory it could have been displayed elsewhere. The Massa-Van der Laen couple lived in a country house in 1624.

40 Olivier Jacobsz is listed in the membership list of the Guild of St. Luke as an art seller in 1634: Miedema 1980, vol. 2, p. 422. He is presumably the father of the painters Jacob Oliviers, who was a member of the guild in 1632 and 1634, and François Oliviers, who cleaned and varnished paintings for the city of Haarlem and was also commissioned to prepare canvases.

41 Thiel-Stroman 1989, doc. 15.

42 On this issue, see Lammertse and Van der Veen in the present volume, pp. 273, 282.

43 In their notification to Hals of March 19, 1636, his clients refer to "de penningen die op 't voors. Stuck alreede betaelt sijn" (the money already paid for the piece in question); Thiel-Stroman 1989, doc. 73.

44 In 1617 Hals lived in the Peuzelaarsteeg, in 1636 in a house on the Groot Heiligland, in later years in a house by a city gate looking out on the Lange Begijnestraat, then in the Kleine Houtstraat and on the Oude Gracht—on the corner with the Jacobijnestraat—and at his last known address around 1660 in a house in the Ridderstraat. Thiel-Stroman 1989, docs. 23, 76, 88, 95, 98, 103–4, 106–7, 113, 123, 132, 135, 145, 151, 161, Biesboer 1989 p. 24, and Haarlem 2006, pp. 179–80.

45 Thiel-Stroman 1989, doc. 74: "binnenshuys."

46 Deursen 1994, pp. 111–12, 126–7, 146–7.

47 Thiel-Stroman 1989, doc. 147.

48 Ibid., doc. 152: "gene ofte seer weynige goederen tot sijnen huwelycke aengebracht te hebben" (having brought no or very few assets into his marriage).

49 Bode 1871b, p. 64: "ende mit sein Schildern (het welck nu nit meer wass als weleer) nit meer de Kost verdienen kon," "om de deugt seinder Konst." "Deugd" should be interpreted as quality. It means that the city of Haarlem had profited from the high-quality art that Hals had produced in the preceding years. This must in particular refer to the civic guard group portraits that could be admired in the Doelen, the civic guard's target hall.

50 Thiel-Stroman 1989, docs. 170–1, 174–8, 181: "in zijn hoochdringende noot."

51 Bode 1871b, p. 64: "Na myn gissen . . . wel 90 Jaren off niet veel minder out geworden."

52 Houbraken 1718–21, vol. 1, pp. 90–5: "in den ouderdom van 5 of 86 jaren."

53 Hofstede de Groot 1893a; Emmens 1979, pp. 101–11; Carasso 1998; Cornelis 1995; Cornelis 1998; Horn 2000; Bikker 2009.

54 Houbraken 1718–21, vol. 1, pp. 89–90: "Gy zyt van Dyk, want geen mensch anders kan zulks doen," "een fynen trek," "want niemant anders kan zulks doen," "trek," "minnelyk bejegende," "Men zegt," "slegte wyze van leven."

55 Ibid., vol. 1, p. 93: "Lieve Heer, haal my vroeg in uwen hoogen Hemel."

56 Ibid.: "Zoo haastig niet, lieve Heer, zoo haastig niet," "dikwils stof tot lachen."

57 Ibid., vol. 1, pp. 93–4. In vol. 3, p. 309, Houbraken names Dirck van Delen as a student of Frans Hals, according to Hofstede de Groot 1893a and others based on an erroneous reading of De Bie 1662.

58 Houbraken 1718–21, vol. 2, p. 191: "dikwijls om de klugt." A similar incident is described later by Houbraken in which engraver Joseph Mulder claimed to have played a prank on a baby he was watching over. Houbraken judged that this was not particularly original, but "merely copied. Adriaan Brouwer played this prank first." This suggests that Brouwer's prank was known among his contemporaries; such stories, sometimes exaggerated, appear to have been circulating in artists' studios. Houbraken 1718–21, vol. 3, pp. 247–8: "dit was maar nageaapt. Adriaan Brouwer heeft dergelyke vieze Pots 't eerst gespeelt."

59 Ibid., vol. 2, pp. 75, 263, vol. 3, pp. 76–7.

60 Besides on Adriaen Brouwer, Carel de Moor also provided information on Jan Porcellis, Nicolaes Berchem, and Jan Steen; see Houbraken 1718–21, vol. 1, respectively pp. 318, 213, vol. 2, p. 110, vol. 3, p. 25. Houbraken met De Moor in his early years in Dordrecht; ibid., vol. 3, p. 343.

61 Houbraken 1718–21, vol. 1, p. 322: "eene van Zomeren toen waard in 't schilt van Vrankryk," "nam hem in, en zette hem te schilderen."

62 Bredius 1915–22, vol. 3, pp. 804–5; Oudenaarde 2018, p. 43.

63 Bredius found both the 1626 document and the 1635 auction record and made the connection with Houbraken's text: Bredius 1915–22, vol. 3, pp. 795–805.

64 Thiel-Stroman 1989, doc. 57; the other witness, Judith Jans, is probably Judith (Jansdr) Leyster (see cat. 53–5).

65 Houbraken 1718–21, vol. 1, pp. 95, 325. In his biography of Philips Wouwerman, Houbraken says that he obtained Wouwerman's funeral notice on which "de oude Vincent vander Vinne in dien tyd, op geschreven had, dat hy was gestorven in zyn 48 jaar" (old Vincent vander Vinne at the time had written that Wouwerman had died at 48 years of age): ibid., vol. 2, p. 70. On the funeral notice that has survived of Laurens van der Vinne, the year of his birth and the full name of his father have been added; NHA, Beeldcollectie (acc. no. 1100), inv. 49957. A copy of the printed funeral notice of Claes Hals is included in the auction catalogue *Oud-Amsterdam, [uit de] verzamelingen Wurfbain, Slagregen, Kroese e.a.*, Amsterdam (Frederik Muller & Co.), May 6–11, 1912, p. 137, lot 1292.

66 Houbraken 1718–21, vol. 1, p. 95: "een Mestys, of halve Zwartinne," "op de Hollandse wyze."

67 The Orphan Chamber was responsible for overseeing the administration of the estates of children when one of their parents had died.

68 SAA, Orphan Chamber Archives (acc. no. 5073), inv. 808 (input register 37), fol. 275, dated April 20, 1689, with later registrations of December 14, 1694, and November 26, 1699: "den zoldaet Jacob Hals, zoon van Reynier Hals en Elisabet Groen," "sig in dese landen ter neer te setten," "vrijburger."

69 SAA, Orphan Chamber Archives (acc. no. 5073), inv. 184, letter dated January 31, 1699, in Colombo and documents of January 22 and November 13, 1699; ibid., inv. 187, with a last mention of Jacob Hals as Orphan Chamber Commissioner in 1731; he is no longer listed as such in 1733.

70 No further information could be found on Jan Hals. The name appears more than once in documents drawn up in Amsterdam in the first decades of the eighteenth century. In 1725, a Johannes Hals, "master painter," is listed, a year before a son of Martinus Hals (a grandson of Dirck Hals) married under this name, and a person of the same name died in March 1725.

71 Slive 1970–4, no. L 15 and figs. 93–6.

72 Houbraken 1718–21, vol. 1, p. 95: "J. Wieland, een oud Liefhebber, en die de meeste der zelve gekent heeft, getuigt: dat al de kinderen van F. Hals luchtig van geest, en beminnaars van Zang- en Speelkonst geweest hebben."

73 Miedema 1980, vol. 2, p. 948, and Willigen 1870, pp. 329–30, who owned a portrait of Joan Wielant dated 1690 with an inscription indicating that he was born in Haarlem and died there in 1717.

74 SAA, Baptismal, Marriage and Burial Registers (acc. no. 5001), inv. 495, p. 356, dated October 10, 1670; his bride, Geesje Jans, had previously been married to Olivier Stevens, also a schoolmaster. The schoolmaster-painter combination was common at this time: Beer 2019, vol. 3, pp. 1051–2 and note 9.

75 Houbraken 1718–21, vol. 1, p. 93: "gemeenlyk allen avond tot de keel toe vol met drank."

76 Rembrandt, for example, was not someone, according to Houbraken, "who spent a lot of time in the tavern or with cronies," while Nicolaes Maes even had "an extraordinary aversion to taverns" and to "those who loitered there"; Houbraken 1718–21, vol. 1, p. 272, vol. 3, p. 275.

77 Ibid., vol. 3, p. 248: "het plegen van onvoeglyke bedryven, en inzonderheid 't overdadig wynzwelgen, onder de Konstschilders byster in zwang ging, en gelyk als een mode ingekropen was," "dat het zedert allengs heeft afgenoomen."

78 NHA, notary W. Crousen de Jonge, NA 159, fol. 1r–v, January 11, 1637: "van moderne beelden"; Bredius 1923–4, p. 60.

79 In 1631, Den Abt claimed money from the painter Frans Pietersz de Grebber for costs incurred: NHA, Oud-Rechterlijk Archief (acc. no. 3111), inv. 978, fols. 122v, dated March 11, 1631, and 141, dated March 28, 1631.

80 See Lammertse and Van der Veen in the present volume, pp. 278–9.

81 The Hals brothers did not sign any other documents for the notary who drew up the statement in question and were undoubtedly asked to do so by Den Abt, presumably because they were present in his inn anyway (compare Brouwer's role as a witness; see note 62); NHA, notary W. Crousen de Jonge, NA 155, fol. 208, March 29, 1630; Bredius 1923–4, p. 22; Thiel-Stroman 1989, doc. 52.

82 Thiel-Stroman 1989, docs. 135–6: "van verteert gelach."

83 Slive 1970–4, vol. 3, no. 22, p. 15. In Haarlem 2017, no. 4, p. 73, Jasper Hillegers considers it conceivable that Hals's innkeeper represents Den Abt's wife without referring to the 1662 inventory (cited in the next note).

84 First "twee contrefeytsels met ebbenhoute lijsten van Pot sijnde Hendrick Willemsz den Abt ende Josina van Nesten selff" (two portraits with ebony frames by Pot being Hendrick Willemsz den Abt and Josina van Nesten themselves) and then "twee conterfeytsels van Josina van Nesten ende haer man sa: met vergulde lijsten" (two portraits of Josina van Nesten and her late husband: with gilded frames), NHA, notary H. van Gellinckhuijsen, NA 341, September 4, 1662; Biesboer and Togneri 2001, pp. 162–3 (with the erroneous reading "en haer moer sa" [and her deceased mother]). The second pair of portraits is listed without the maker's name, probably because the first pair was already provided with an artist's name.

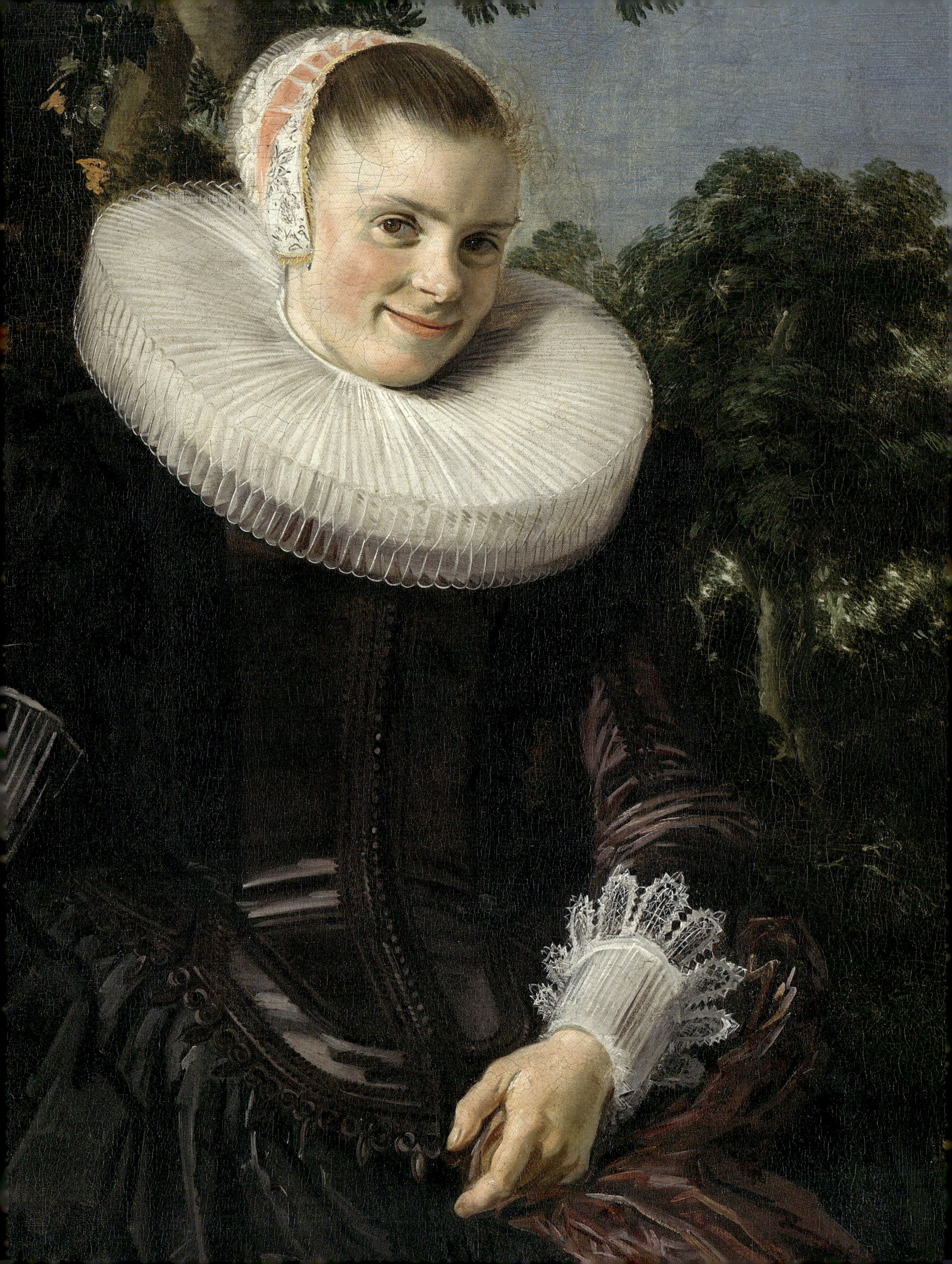

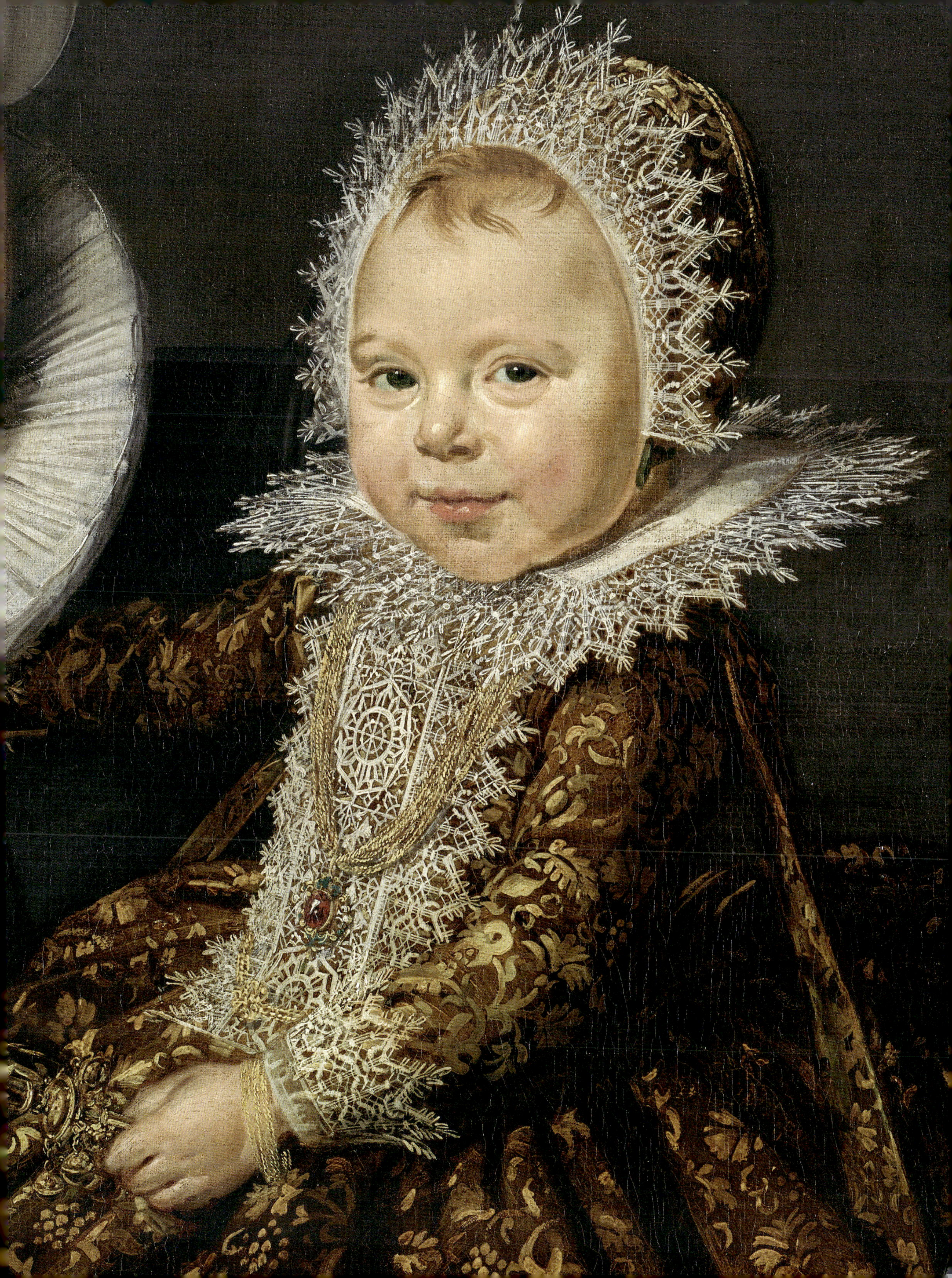

1

Frans Hals
The Merry Drinker
ca. 1628–30

Canvas, 81 × 66.5 cm
Rijksmuseum, Amsterdam,
inv. SK-A-135

Provenance:
Purchased in 1816 from the estate of Baroness Hermina Jacoba van Leyden van Warmond, née Comtesse de Thoms, Warmond Castle.

Briskly and with an expressive gesture of his right hand, *The Merry Drinker* raises his wine glass in the Amsterdam painting. He wears a wide-brimmed hat, an elegant lace collar and lace cuffs, and a yellow ocher sleeveless leather jerkin over an ocher-colored doublet. Like the portrait medallion hanging from a gold chain, the collar and the belt, to which a rapier could be attached, identify the man in the portrait as an officer, or at least a member, of a militia company. Valuable medals were awarded to militia and army officers as decoration for outstanding services.[1] The identification of the man portrayed on the pendant is not possible because of the summary way it is painted.[2]

In addition to the gestures of *The Merry Drinker* and his smiling, open mouth, it is primarily the sketchy, broad style of painting that creates the impression of spontaneous movement: virtuosically, Hals models the face and hair with rapidly dashed-off highlights and shading, makes the light dance on the lace collar with quick zigzag strokes, and in large areas merely hints at the clothing, which in places appears virtually unfinished, using a few bold brushstrokes over a very thin application of paint. This type of execution is reminiscent of his 1620s genre figures, for instance, the two tondi in Schwerin (cat. 5) or the figures of *Pekelharing* in Leipzig and Kassel (cat. 39; p. 207, fig. 5).[3] Based on the stylistic proximity to these works as well as because of the officer's clothing, the consensus is that the painting should be dated to the late 1620s.

Researchers continually return to the question of whether the half-length figure is a portrait or a genre picture. The free execution of the painting and the demeanor of the man whose smile reveals his teeth were incompatible with the strict rules of portraiture prevalent at the time. Rather, the figure's appearance and manner bring to mind the merry drinkers of the Utrecht Caravaggisti (see p. 220, fig. 16). The man here depicted was therefore once interpreted as a personification of the sense of taste or of the pleasures of drinking.[4] Seymour Slive, however, points out that the protagonists in Hals's 1627 militia pieces are painted just as unconventionally and cites individual portraits of the sixteenth and seventeenth centuries in which the sitters are also holding wine glasses.[5] What is problematic about this argumentation is that the representational tradition of multi-figure civic guard pieces followed other rules than those of individual portraits, as the interactions of the persons are in conformity with the ritualized acts of a banquet between comrades.[6] Moreover, the large-format group portraits were meant to be viewed at a greater distance.

Only in the course of the 1630s did Hals also begin to transfer the particularly free painting style of his genre pictures to single-figure commissioned portraits.[7] But as he constantly defied the conventions of portraiture, it cannot be ruled out with absolute certainty that *The Merry Drinker* is indeed a commissioned portrait. It is more probable, however, that the painting was intended as a genre piece and was understood as one by Hals's contemporaries as well. Christopher Atkins assumes that Hals chose the same model as for his *Pekelharing* figures in Kassel and Leipzig and painted an actor in a theater role, for example, as the figure of Il Capitano from the *commedia dell'arte* or Jerolimo in Gerbrand Adriaensz Bredero's 1617 comedy *Spaanschen Brabander*.[8] Because the faces are covered in makeup and due to the very free painting style of the Leipzig and Kassel figures, it is hard to verify whether *The Merry Drinker* actually depicts the same man. Nevertheless, this would be entirely conceivable and would correspond to Hals's practice of using persons well known about town but who did not belong to the same class as his wealthy patrons as models for his genre pieces.[9] [DH]

Selected literature:
Bode 1883, no. 17; Moes 1909, no. 264; Hofstede de Groot 1910, no. 63; Bode and Binder 1914, no. 53; Valentiner 1923, p. 61; Trivas 1941, no. 32; Slive 1970–4, no. 63; Grimm 1989, no. 51; Haarlem 1962, no. 22; Washington, London, and Haarlem 1989, no. 30; Bikker 2007, no. 105; Haarlem and Munich 2008, pp. 101–2; Atkins 2024.

1 Bikker 2007, no. 105, p. 172.
2 Slive in Washington, London, and Haarlem 1989, no. 30, p. 215; Bikker 2007, p. 172. On the older interpretation of the medallion as a portrait of Prince Maurice, see Hofstede de Groot 1910, no. 63; Trivas 1941, no. 32.
3 Slive in Washington, London, and Haarlem 1989, no. 30, p. 212.
4 Kauffmann 1943, p. 141.
5 Slive in Washington, London, and Haarlem 1989, no. 30, p. 215. See Nicolaes Eliasz, alias Pickenoy, *Portrait of the Wine Merchant Maerten Rey*, 1627, Rijksmuseum, Amsterdam; Rey is shown with a rummer in his hand.
6 See Haarlem 1988, nos. 186–8; Middelkoop 2019.
7 See Hirschfelder in the present volume, pp. 193–5.
8 Atkins 2024. The assumption that the three pictures mentioned show the same sitter is already found in Grimm 1989, p. 224.
9 See Hirschfelder in the present volume, pp. 183–6.

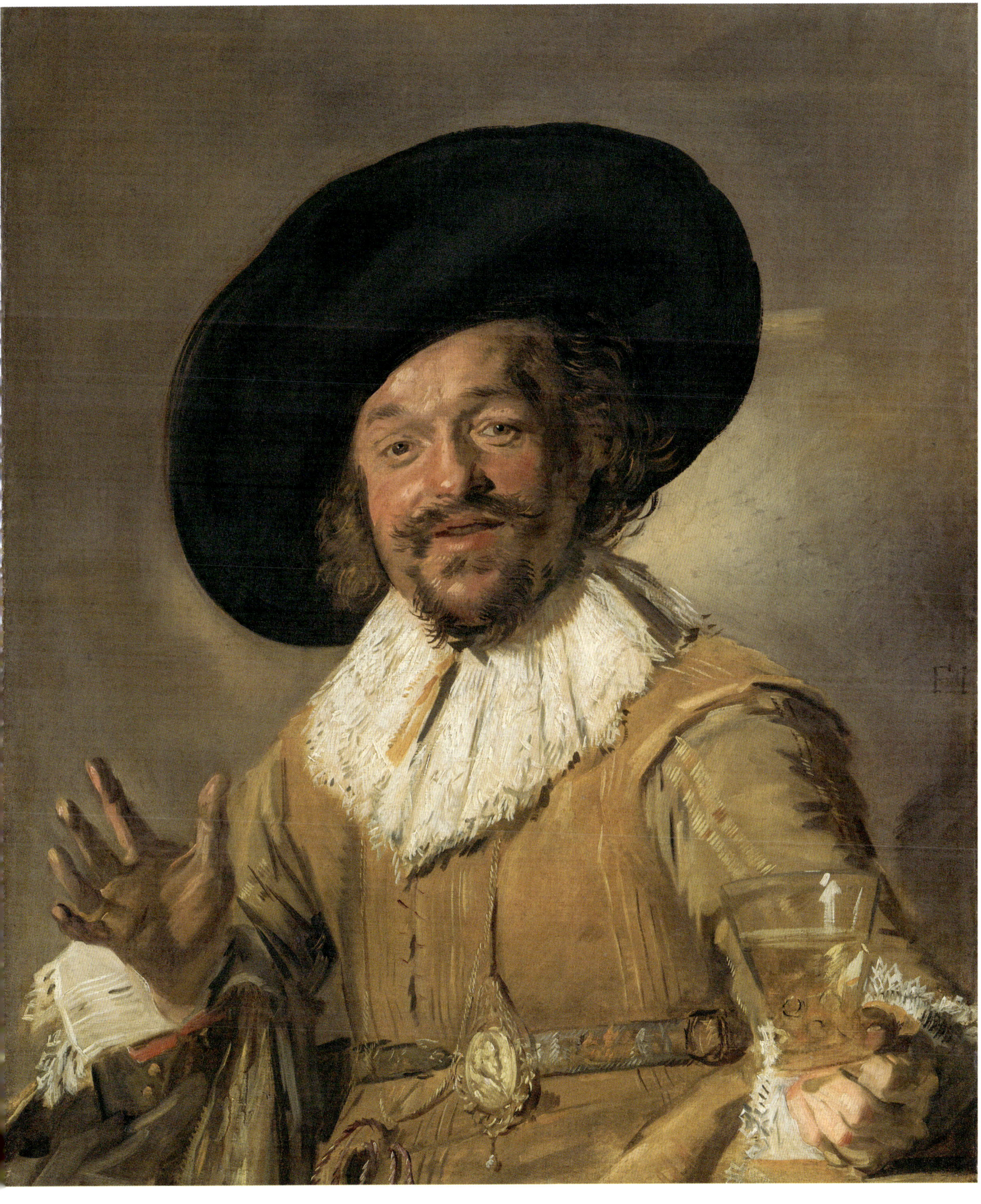

cat. 1

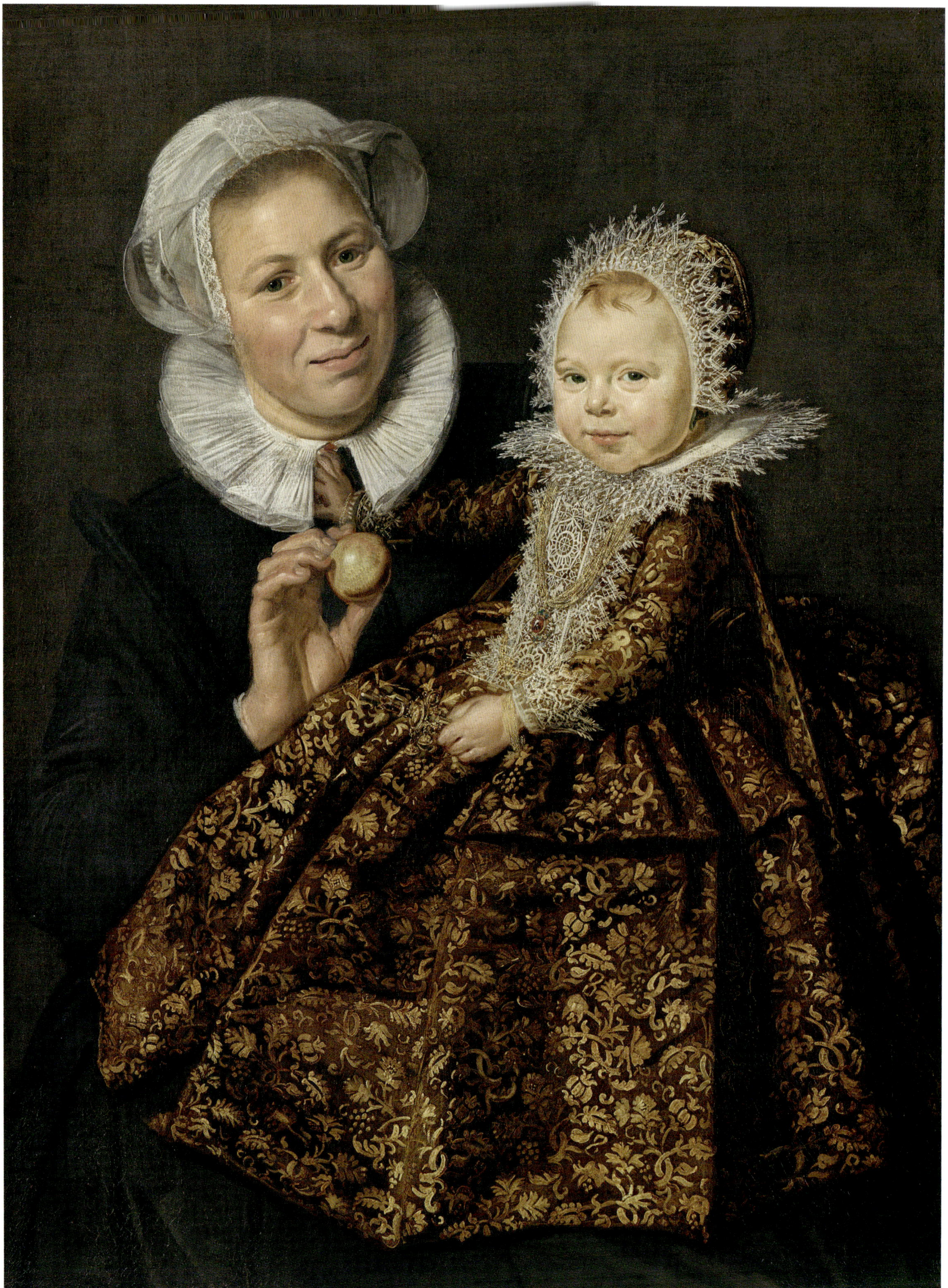

2

Frans Hals
Portrait of Catharina Hooft with Her Nurse
1619/20

Canvas, 91.8 × 68.3 cm
Gemäldegalerie, Staatliche Museen zu Berlin, Kat.Nr. 801G

Provenance:
Purchased in 1874 as part of the collection of the banker Barthold Suermondt, Aachen.

Frans Hals's *Portrait of Catharina Hooft with Her Nurse* is a rare case in seventeenth-century Dutch painting, as here, next to a child from a wealthy household, a domestic servant is also pictured as an equal and in a loving relationship with the infant in her charge. Catharina (1618–91) came from a distinguished Amsterdam family and was the niece of the poet and historian Pieter Cornelisz Hooft (1581–1647). Born on December 20, 1618, as her parents' only child, she moved with them shortly after her birth to Haarlem, where her father, the lawyer Pieter Hooft, had purchased a house. The Berlin portrait was probably painted at about the same time. At the age of seventeen, in 1635, Catharina married the exceedingly wealthy Cornelis de Graeff, nineteen years her senior, one of the most influential regents and a burgomaster of Amsterdam several times over. A life-size pendant portrait created on the occasion of her marriage by the Amsterdam painter Nicolaes Eliasz Pickenoy (1588–1653/6) shows her in her elevated social position (fig. 1). The two portraits could hardly be more different: here the status-conscious, aloof, and aristocratic mise-en-scène as one of the first ladies of the land, there the lively depiction of a bright child from an affluent house.

The girl's clothing, made of brocade and the finest lace, and reproduced in great detail by Hals, bears unmistakable testimony to her social status. The expensive bobbin lace of the collar and bonnet contrasts markedly with the dark background. The stiffness of the perfectly starched lace is clearly noticeable. The flat, wide collar and the slightly angular form of the bonnet attest to the fact that the child pictured here is a girl.[1] The straps of fabric (known as leading strings), which hang in the back from her shoulders, served as an aid in learning to walk and were primarily used by the upper classes. Like her dignified clothing, Catharina's golden jewelry and the golden rattle, which she holds in her left hand, also serve as status symbols.[2]

In contrast to the little girl, to whom she holds out a pear, the nurse is plainly dressed as befits her status as a servant. She wears an old-fashioned black dress, a bonnet, and a simple ruff. The lace cuffs of the sleeves that were obligatory for a lady of rank are absent. Wet nurses, whose duties consisted in breastfeeding and looking after an infant, generally held a high position within the household. Only the few families forming the upper class or the wealthier middle class could afford the luxury of a nurse, who thus became a kind of status symbol.[3] In his painting, Hals unmistakably presents the special, intimate relationship of the wet nurse and her charge. Not coincidentally, Catharina Hooft has braced her right hand under the nurse's collar. As the engraving *Une Nourice de Waterland* by Pieter van den Berge (1659–1737, fig. 2) illustrates, the painting shows a less explicit version of a hand reaching into the mother's or nurse's neckline, a gesture so natural for nursing babies.

In his portrait of one-year-old Catharina, Frans Hals masterfully succeeds in performing a balancing act between a socially appropriate mise-en-scène and convincingly portrayed individuality. Despite all the lordly paraphernalia, the spontaneous, surprisingly natural expression of the adult woman and the toddler and their intimate connection are the focus of the painting. The representation of this authentic moment is the fruit of the superb skill of Frans Hals, who here was able to masterfully capture a small child in all its immediacy and liveliness. [KK]

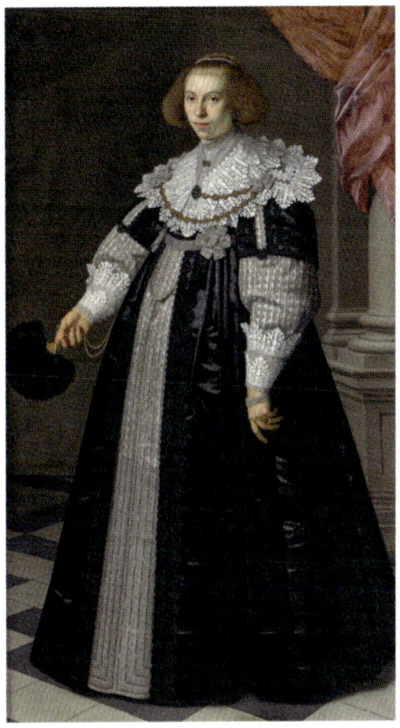

Fig. 1 Nicolaes Eliasz Pickenoy, *Portrait of Catharina Hooft (Wife of Cornelis de Graeff)*, 1636, Gemäldegalerie, Staatliche Museen zu Berlin

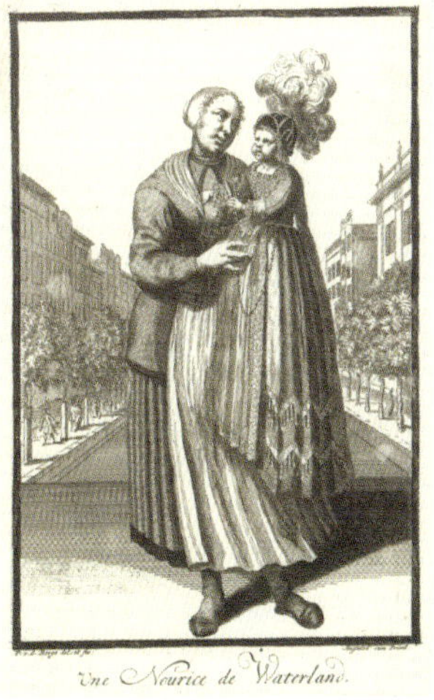

Fig. 2 Pieter van den Berge, *Une Nourice de Waterland*, 1694–1737, Rijksmuseum, Amsterdam

Selected literature:
Bode 1883, no. 87; Moes 1909, no. 92; Hofstede de Groot 1910, no. 429; Bode and Binder 1914, no. 131; Valentiner 1923, p. 15; Trivas 1941, no. 1; Haarlem 1962, no. 8; Slive 1970–4, no. 14; Dudok van Heel 1975; Grimm 1989, no. 5; Washington, London, and Haarlem 1989, no. 9; Amsterdam 1993a, no. 73.

1 In the seventeenth century, girls and boys were not dressed according to their gender until the age of seven. Nevertheless, there were clear differences between their clothing. On this, see Dudok van Heel 1975, pp. 146–8, and Kuus 2000, pp. 79–81. On leading strings, see Kuus 2000, pp. 77–8.

2 Visible at the top end of the rattle is a piece of dark, not clearly definable substance. As a rule, such top pieces were made of semiprecious stones, coral, or mother-of-pearl and served as a kind of teether while an infant was teething. It is probable that the rattle represented here was based on a specific model and actually belonged to Catharina Hooft. See Willemsen 2000–1, pp. 64–5.

3 See Winkel 2016, pp. 66–8.

3

Frans Hals
Portrait of a Couple, Probably Isaac Abrahamsz Massa and Beatrix van der Laen
ca. 1622

Canvas, 140 × 166.5 cm
Rijksmuseum, Amsterdam,
inv. SK-A-133

Provenance:
Acquired in 1851.

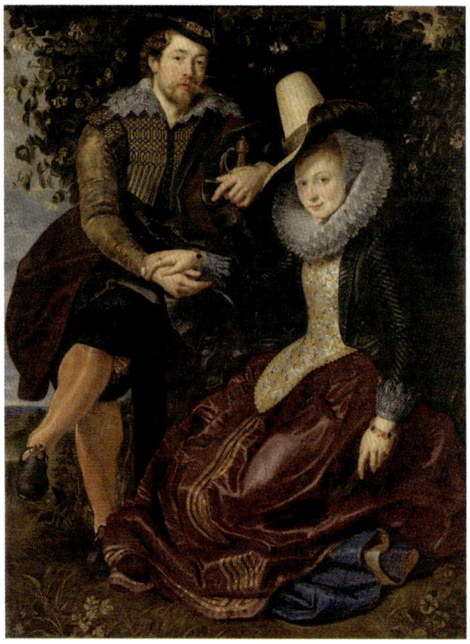

Fig. 1 Peter Paul Rubens, *Self-Portrait with Isabella Brant in the Honeysuckle Bower*, 1609, Bayerische Staatsgemäldesammlungen München – Alte Pinakothek

Never before had a painted couple appeared so close and so at ease—you could even say, so happy with each other. Leaning casually against a tree, the husband looks out at us with his mouth slightly open, just as if he were telling us something. He has placed his right hand on his chest in what seems to be a gesture of affirmation, while resting his left hand on his hip. His wife, whose right arm rests calmly on her husband's shoulder, is placed at the center of the painting, thus subtly displaying her engagement and wedding rings. Her strikingly convincing smile and challenging gaze give the young woman an air of relaxation and, at the same time, of boldness. She seems to be very satisfied with her partner and with the marriage arrangement.

The lifelike double portrait is a far cry from the more conventional and less emotional companion portraits that Frans Hals produced previously (cat. 9), and subsequently as well (cat. 15–16). A number of clues point to the identity of those portrayed here: in 1934, it was proposed for the first time that the couple are Isaac Abrahamsz Massa (1586–1643) and Beatrix van der Laen (1592–1639). Although some researchers, such as Seymour Slive, have expressed doubts, this identification appears to be perfectly plausible.[1] Massa was a merchant and diplomat who was born in Haarlem shortly after his parents left Antwerp when the city fell to the Spanish in 1585. Van der Laen was the daughter of a former burgomaster of Haarlem. The two were married in 1622. This date of the painting's origin fits both the depicted fashion and Hals's relatively detailed early painting style. The couple's elegant clothing and the monumental, costly character of the life-size, full-length double portrait are in keeping with the affluence of Massa and Van der Laen. Not least there are three additional paintings by Hals that very likely portray the same man as does the Amsterdam painting (see, for example, cat. 11, 33a). The most recent of them, now in San Diego, served as a model for an engraving that bears the name of Massa.[2] Moreover, the merchant and the painter obviously knew each other: in addition to the various commissions Massa gave Hals, he also appeared as a witness at the baptism of Hals's daughter Ariaentje in 1623 (see also cat. 17).[3] As Bart Cornelis argues in the present volume, the fact that the man portrayed and the portraitist were on intimate terms was undoubtedly of vital importance in the creation of such an unconventional portrait composition.[4]

On the right, Hals's painting shows a landscape with classical-style architecture and sculptures that in the middle ground is animated by strolling couples and peacocks. Eddy de Jongh and Pierre Vinken have interpreted this depiction as a "garden of love."[5] Thus they claim the peacocks are symbols for Juno, the Roman goddess of marriage. Moreover, the tree in the foreground is overgrown with grapevines, a metaphor for eternal love, while Hals painted a thistle or lobelia (a symbol of faithfulness) in the left lower corner. Such symbolic details tend to be unusual in the portraiture of Frans Hals and are found almost exclusively in the works he produced in the 1610s and 1620s (for example, cat. 6, 9, 10, 33a). In the case of the double portrait, it was presumably Massa, who as a rhetorician was familiar with this type of emblems, who might have suggested these details.[6] Interestingly, similar symbolic and allegorical elements also occur in Hals's portraits in Toronto (cat. 33a) and at Chatsworth (cat. 11).[7] As a source of inspiration for the overall composition of the Amsterdam painting, Peter Paul Rubens's *Self-Portrait with Isabella Brant in the Honeysuckle Bower* (fig. 1), in which the portrayed couple also sits in a garden landscape in front of a tree, has frequently been suggested.[8] Presumably Hals had seen it during his stay in Antwerp in 1616. Thus the composition of the double portrait and its iconography could indeed be regarded as a collaboration between the portraitist and his subject. [EE]

Selected literature:
Bode 1883, no. 15; Moes 1909, no. 90; Hofstede de Groot 1910, no. 427; Bode and Binder 1914, no. 96; Valentiner 1923, p. 20; Trivas 1941, no. 13; Jongh and Vinken 1961; Slive 1970–4, no. 17; Grimm 1989, no. 26; Washington, London, and Haarlem 1989, no. 12; Bikker 2007, no. 104; London and The Hague 2007, no. 15.

1 For an overview, see Bikker 2007, no. 104. On Slive's skepticism, see, most recently, Slive 2014, p. 72.
2 Frans Hals, *Portrait of Isaac Abrahamsz Massa*, ca. 1635, San Diego Museum of Art, see Slive 1970–4, no. 103. For the engraving, see Adriaen Matham after Frans Hals, *Portrait of Isaac Abrahamsz Massa*, 1635, Rijksmuseum, Amsterdam.
3 Thiel-Stroman 1989, doc. 29. Bikker 2007, no. 104, convincingly argues that the provenance of the painting, which goes back to the year 1702, also speaks for the identification of the couple as Massa and Van der Laen.
4 See Cornelis in the present volume, pp. 63–4.
5 Jongh and Vinken 1961, p. 138.
6 On Massa as a rhetorician, see Dixhoorn 2004, H356.
7 In the latter, the allegorical figures were overpainted at a later date.
8 Jongh and Vinken 1961, p. 145; Bikker 2007, no. 104.

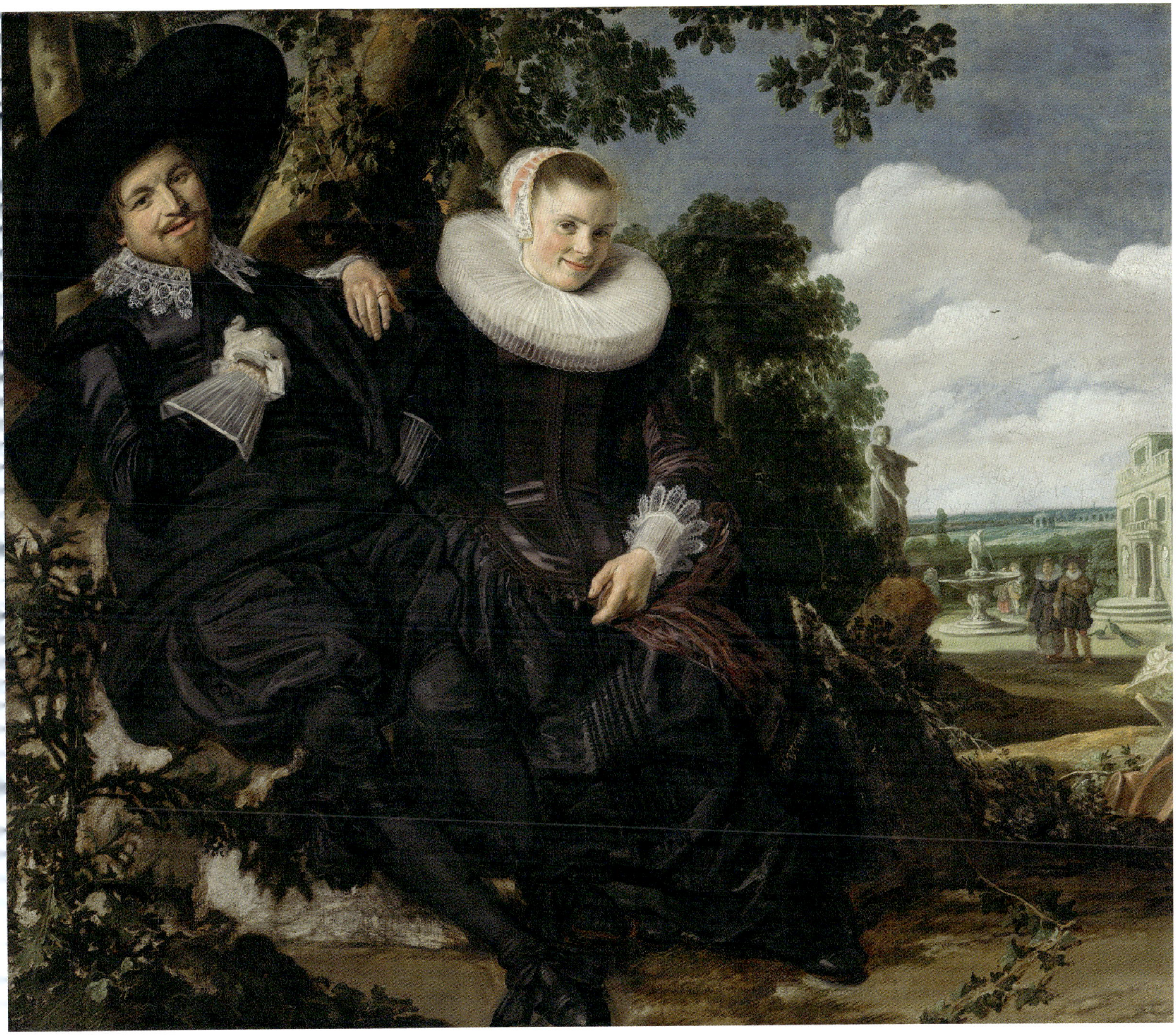

cat. 3

4

Frans Hals
Laughing Boy
ca. 1625

Inscribed at left above shoulder: FHF (ligated)
Wood, Ø 30.45 cm
Mauritshuis, The Hague, inv. 1032

Provenance:
Purchased in 1968 with support from the Vereniging Rembrandt, the Prins Bernhard Cultuurfonds, and the Stichting Vrienden van het Mauritshuis.

The *Laughing Boy* is the earliest extant Dutch painting of the seventeenth century that depicts only the head of a laughing child. Frans Hals was the originator of *tronies* depicting jovial children exuberantly or mischievously laughing, singing, or playing music.[1] The term *tronie* comes from sources of the era and signified "head," "face," or "facial expression."[2] Today, the works that art historians describe with this term are not portraits intended to capture a patron's distinct appearance and preserve it for posterity, but fall instead into the category of genre and history painting. The artists chose their own models and produced the works for the open market, unconstrained by their clients' wishes or by contemporary rules and conventions of portraiture.

In terms of its motif, this depiction of a boy's head in The Hague recalls Hals's genre paintings, though here the painter has opted not to add attributes common to genre painting. The focus is on an emotion, expressed with great spontaneity: the child's infectious laughter. The very free yet simultaneously unerring paintwork creates a sense of movement, rendering the boy's head particularly animated and expressive. Hals sketched the chubby face and tousled hair with rapid, clearly visible brushwork. Finally, he added bright highlights, recognizable as individual strokes, to the surface while in places the paint was still wet. In the area of the white lace collar and in the torso just below, the paint was applied in broad strokes with scant attention to details or the feel of the fabric. Although this type of collar was fashionable with the Netherlandish middle and upper classes, the painting, created in the mid-1620s, is without a doubt not a portrait. For one thing, it was unusual for portraits at the time to depict sitters laughing openly and exposing their teeth, and furthermore, it was only in the course of the 1630s that Hals began to use a comparable sketch-like, free style for his commissioned portraits.

A passage from Karel van Mander's *Den grondt der edel vry schilder-const* (The Foundation of the Noble, Free Art of Painting), published in 1604, reveals that it was considered particularly difficult to paint laughing or crying figures.[3] It was all too easy for a laugh to turn into a grimace or appear frozen. Hals's *tronie* demonstrates his mastery in depicting emotions, one of the central challenges for genre and history painting during the early modern period. Furthermore, seventeenth-century writings on art reveal that connoisseurs particularly appreciated styles in artworks that could be deemed characteristic of the artist.[4] They developed a growing interest for the identity of painters whose specific signature style constituted their distinguishing feature or trademark.[5] To a large extent, Hals's virtuoso technique was intended to render his paintings recognizable as works he had created. He certainly did not paint *tronies* such as the *Laughing Boy* primarily for his own pleasure, as Slive assumes,[6] but instead as demonstrations of his artistic mastery and to sell on the art market.

References to Hals's *tronies* in lottery and auction lists, as well as in seventeenth-century Dutch estate inventories, reveal that there was a market for these paintings.[7] In addition, the numerous copies and variants after the works demonstrate their popularity with the public. At least four known works are clearly derived from the *Laughing Boy*.[8] However, they also illustrate that imitating Hals's unique style of painting is a daunting challenge. [DH]

Selected literature:
Bode 1883, no. 113; Moes 1909, no. 235; Hofstede de Groot 1910, no. 28; Bode and Binder 1914, no. 29; Valentiner 1921, p. 30; Haarlem 1962, no. 11; Slive 1970–4, vol. 1, pp. 75–6, vol. 3, no. 29; Grimm 1972, no. 18; Broos 1987, no. 30, pp. 175–9; Grimm 1989, no. 19; Washington, London, and Haarlem 1989, no. 16; Vinde 2007, pp. 44–5.

1 On Frans Hals's *tronies*, see Hirschfelder 2008, pp. 72–80, 265–7.
2 Hirschfelder 2001; Hirschfelder 2008, pp. 29–33.
3 Mander 1604 (1973), vol. 1, p. 168 (fol. 25v). See also Angel 1642, p. 38; Hoogstraten 1678, pp. 110–11.
4 Atkins 2003; Atkins 2012, pp. 101–11; see Hirschfelder in the present volume, pp. 190–3.
5 See Montias 1982, pp. 227, 259; Veen 2005; Atkins 2012, pp. 101–11, 126, 152–3.
6 Slive in Washington, London, and Haarlem 1989, no. 16.
7 See Hirschfelder in the present volume, pp. 191, 199n76.
8 See Washington, London, and Haarlem 1989, pp. 176–7, figs. 16c–f.

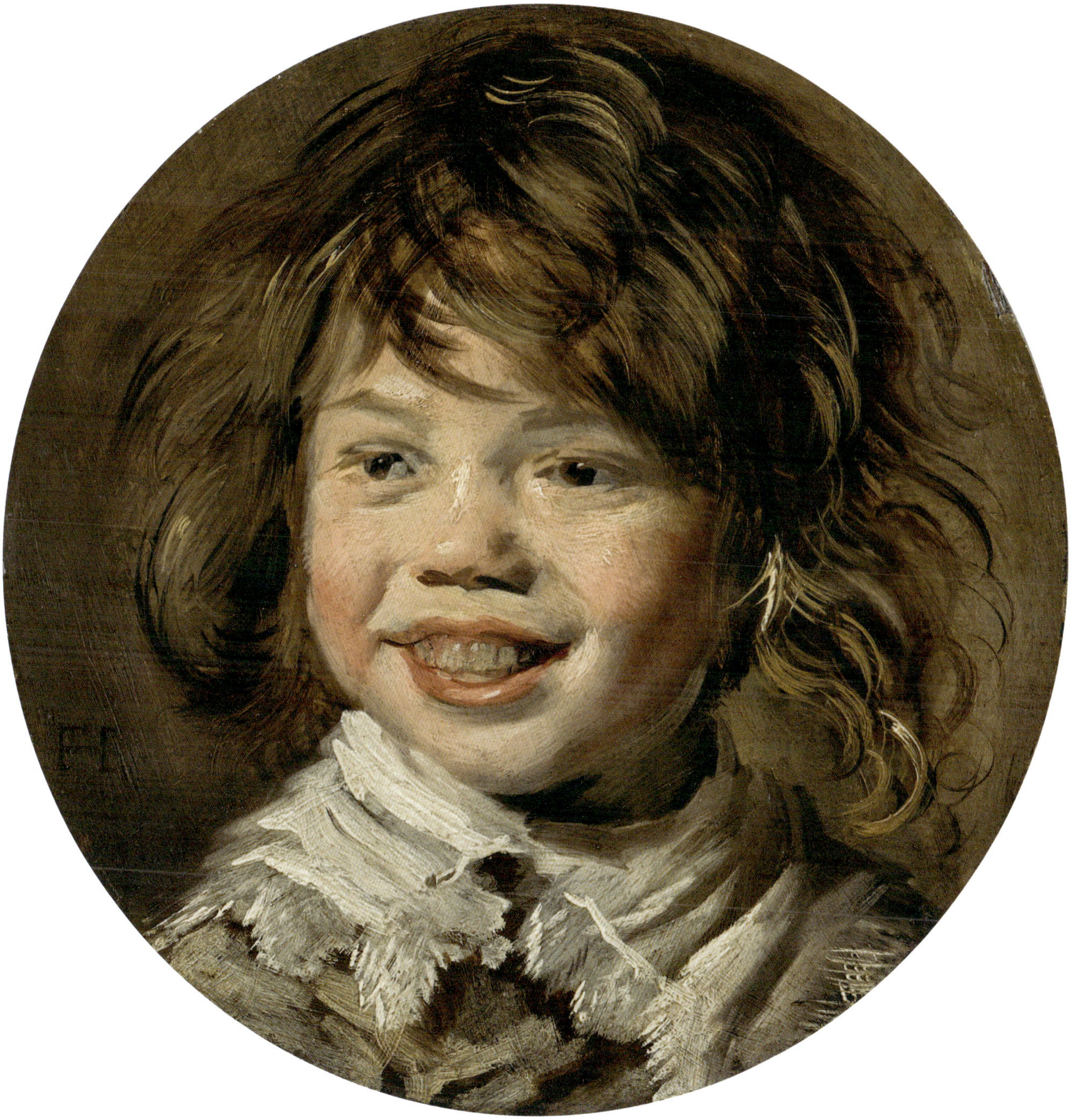

cat. 4

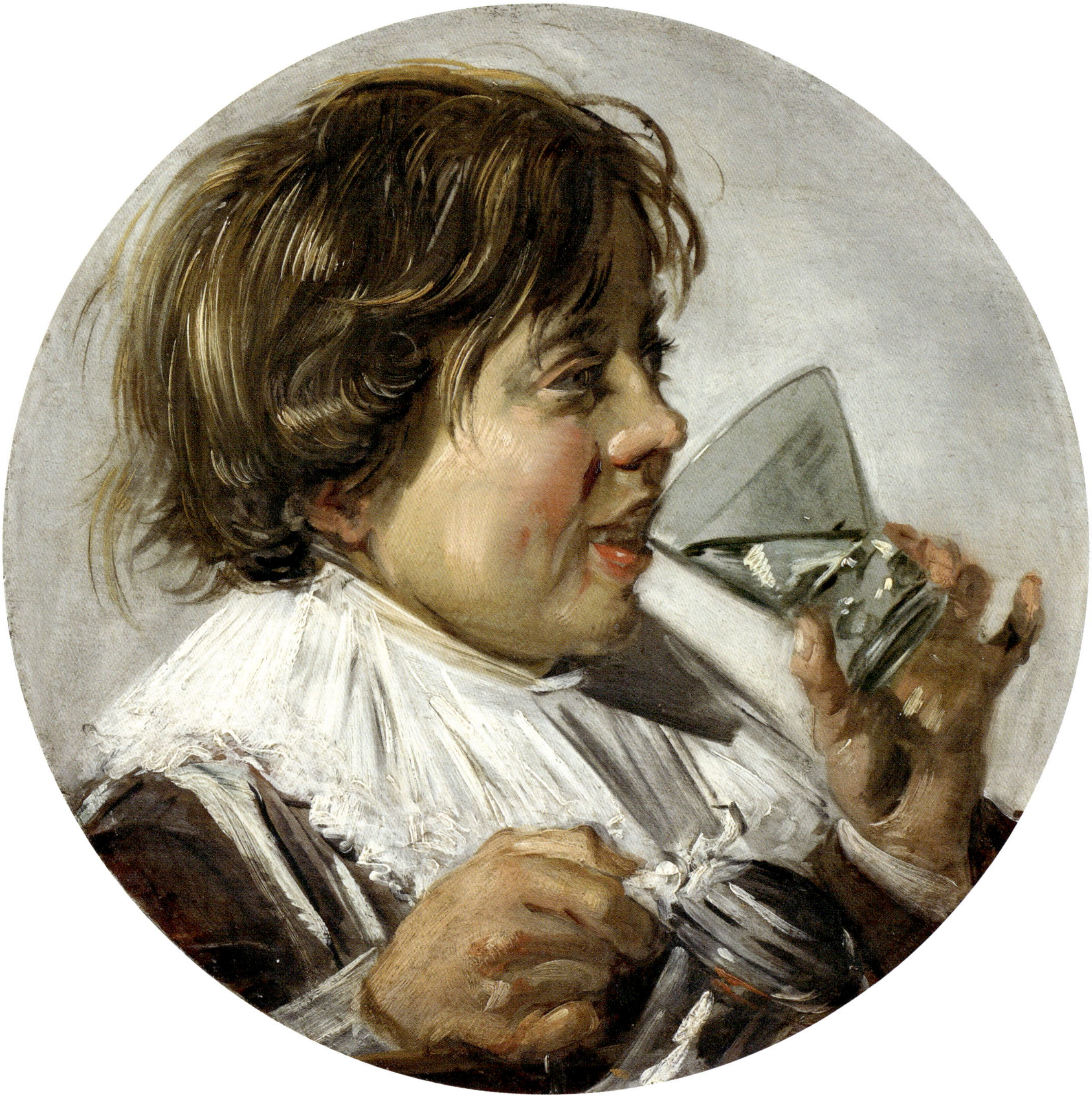

cat. 5a

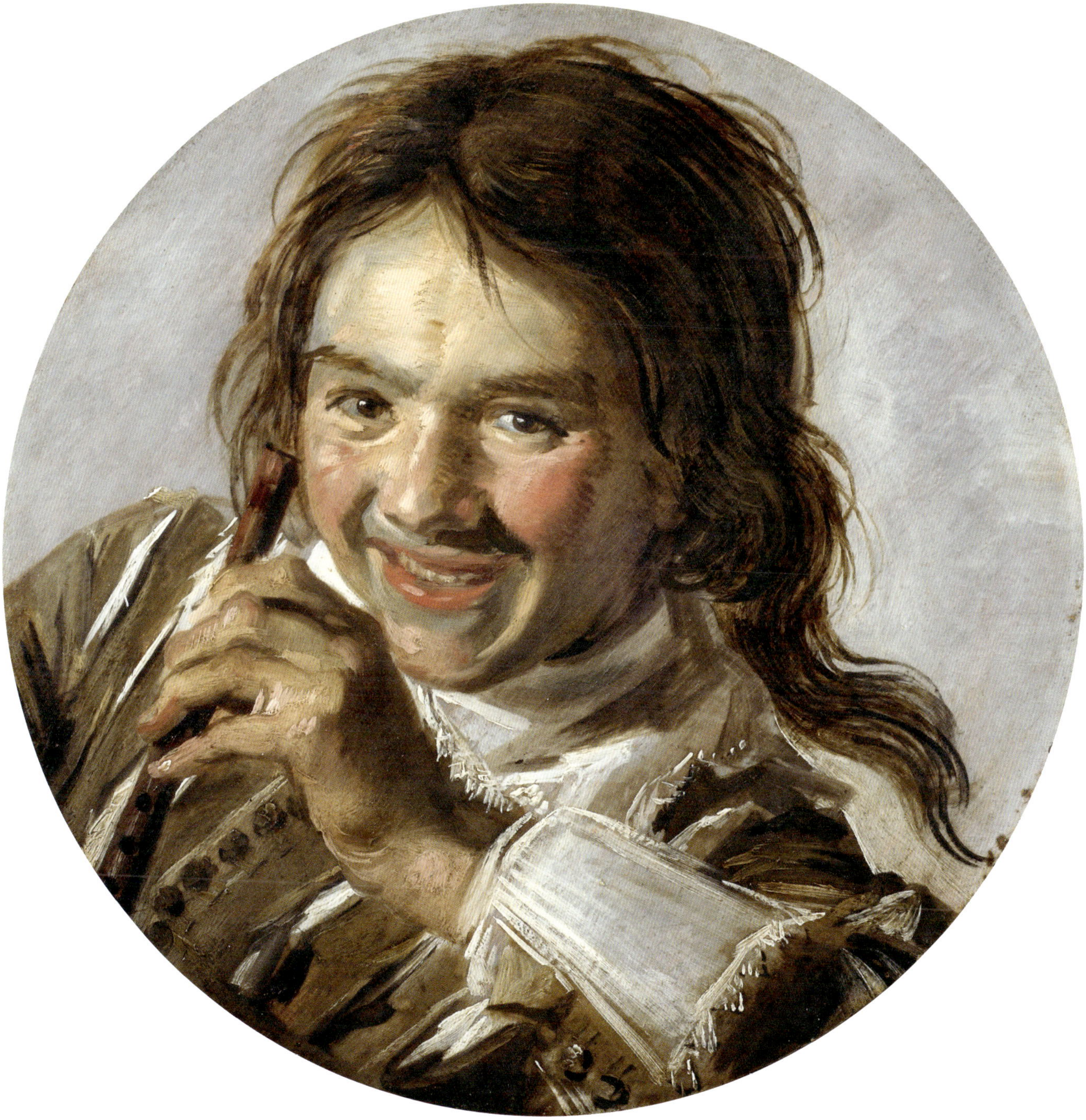

cat. 5b

5a

Frans Hals
Laughing Boy with a Wine Glass
ca. 1627

Inscribed at right: FHF. (ligated)
Wood, Ø 38.2 cm
Staatliche Schlösser, Gärten und Kunstsammlungen Mecklenburg-Vorpommern, Schwerin, inv. G 2476

Provenance:
Acquired prior to 1792.

5b

Frans Hals
Laughing Boy with a Flute
ca. 1627

Wood, Ø 38.2 cm
Staatliche Schlösser, Gärten und Kunstsammlungen Mecklenburg-Vorpommern, Schwerin, inv. G 2475

Provenance:
Acquired prior to 1792.

Hardly to be surpassed, Frans Hals succeeds in capturing the movement, laughter, and joie de vivre of the children depicted here. The two boys are turned toward each other. While the *Laughing Boy with a Wine Glass* is about to take a sip, the *Laughing Boy with a Flute* looks at us jovially as though he had just paused his flute playing. The tondi, conceived as pendants, are prime examples of Hals's breathtakingly free and confident style of painting, his "rough manner."[1] In the silvery, shimmering tonality of daylight, he depicts the figures in swift, broad brushstrokes applied next to each other without being connected; in many places, such as in the hair or clothing, the underpainting still remains visible. Yet in the eye of the beholder, the scintillating brushwork comes together into a whole.

Both boys wear fashionable contemporary clothing. The long curl, a so-called lovelock, characterizes the *Laughing Boy with a Flute* as a youthful noble.[2] However, the general impression of the paintings rules out that these are portraits: the sketchy execution was just as incompatible with the portrait conventions prevalent when the works were painted as the partially shaded face of the drinking boy. Beyond that, the unbridled expression of emotion on the part of the children contradicts the decorum demanded in portraiture at the time.[3] Uproarious laughter that exposes the teeth and merry drinking were considered inappropriate for portraits. At the same time, laughter, being an expression of unbounded joy, was associated with childhood and youth, as children were attributed with a natural disposition to merriment.[4] Accordingly, Hals here shows us typically childlike behavior.

The pendants belong to the picture type of the *tronie*, which Frans Hals introduced in Haarlem in the 1620s.[5] *Tronies* are character heads painted after live models that did not fulfill the functions of portraits but belong to the category of history painting or, in the case of Frans Hals, genre painting. Possibly, Hals used his own children or his apprentices as models for pictures like these *tronies* in Schwerin.[6] Here, in contrast to the head of a *Laughing Boy* in the Mauritshuis (cat. 4), he added attributes to the figures. Such motifs link the *tronies* with the merry drinkers and musicians of the half-length genre paintings of the Utrecht Caravaggisti, which may be considered an important source of inspiration for Hals.[7] According to Seymour Slive, the works in Schwerin build on the tradition of representations of the five senses.[8] Thus, Slive claims that the *Laughing Boy with a Wine Glass* represents the sense of taste, while the *Laughing Boy with a Flute* represents hearing. Doubtless this association was probably obvious to contemporaries. Yet this does not necessarily mean that the two compositionally closely related pictures would originally have been complemented by still further personifications, as Slive assumes.[9] According to Gero Seelig, this is also contradicted by the fact that numerous copies after the Schwerin *tronies* have been preserved, though not after *tronies* that could also have belonged to a putative series.[10]

In the seventeenth century, the representation of the five senses, as well as of the earthly pleasures of drinking and music making, frequently served as a cautionary reminder of the transience of human life. Cursory as Hals's brushwork appears to be, the moments he has represented—the sounds of the flute and of laughter, and the enjoyment of wine—are no less ephemeral.[11] It is precisely the reproduction of these moments, which looks so spontaneous, that constitutes the fascination of the pieces. The ability to convincingly depict emotions, especially laughter, and the virtuoso execution of a painting in a rough manner, were considered an exceptional painterly achievement by art theorists and connoisseurs of the day.[12] Hals demonstrated his artistic mastery with the Schwerin *tronies*. [DH]

Selected literature:
Bode 1883, nos. 117–18; Moes 1909, nos. 229–30; Hofstede de Groot 1910, nos. 11, 32; Bode and Binder 1914, nos. 8–9; Valentiner 1923, pp. 52–3; Trivas 1941, nos. 29–30; Slive 1970–4, nos. 58–9; Grimm 1989, nos. 46–7; Washington, London, and Haarlem 1989, nos. 27–8; Stukenbrock 1993, pp. 76, 83–6, 89; Broos and Suchtelen 2004, pp. 113–14; Seelig 2010, pp. 97–100; Atkins 2012, pp. 137–40.

1 On the rough manner, see Wetering 1991, pp. 16–22; Schnackenburg 2001.
2 The lovelock was worn during the first third of the seventeenth century by male nobles in France, England, and Germany, as well as occasionally in the Netherlands. See Groeneweg 1997, p. 207; Winkel 2006, pp. 48–9.
3 Hirschfelder 2008, pp. 74–5.
4 See, for instance, Mander 1604 (1973), vol. 1, p. 124 (fol. 14v), as well as Hirschfelder in the present volume, p. 190, and Lammertse in the present volume, pp. 203, 213–17.
5 On the *tronies* of Frans Hals, see Hirschfelder 2008, pp. 72–80, 265–7.
6 See Van der Veen in the present volume, p. 26, and Lammertse and Van der Veen in the present volume, pp. 283, 292n66. The authors refer to a 1644 Leiden inventory that mentions two small square "portraits" ("conterfeytsels") showing the children of Frans Hals, which it states were created in Haarlem by the painter himself.
7 Seelig 2010, p. 99.
8 Slive in Washington, London, and Haarlem 1989, nos. 27–8.
9 Slive 1970–4, vol. 3, no. 58, p. 35.
10 Seelig 2010, pp. 98–9. On copies after the Schwerin tondi, see Slive 1970–4, nos. 58–9.
11 See Grimm 1989, p. 224.
12 On the portrayal of emotion, see for instance, Mander 1604 (1973), vol. 1, p. 168 (fol. 25v); Angel 1642, p. 38. See also Hirschfelder 2008, pp. 328–34, and Hirschfelder in the present volume, pp. 189–90.

6

Frans Hals
Portrait of Pieter (?) Verdonck
ca. 1627

Inscribed at right: F HF (ligated)[1]
Wood, 46.6 × 35.7 cm
National Galleries of Scotland, Edinburgh, acc. no. NG 1200

Provenance:
Presented by John J. Moubray, Naemoor, to the National Gallery of Scotland in 1916.

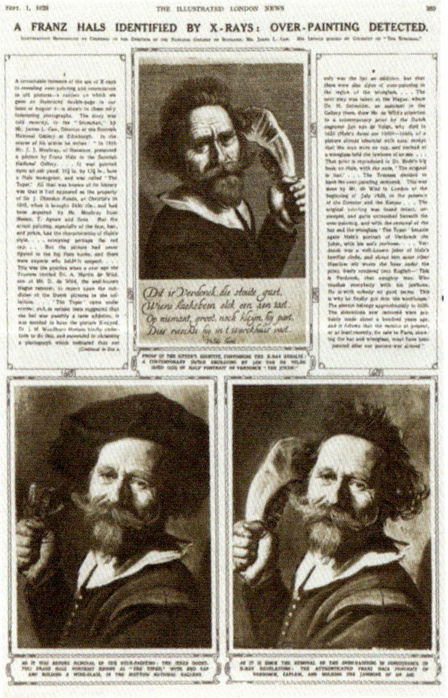
SEPT. 1, 1928 THE ILLUSTRATED LONDON NEWS

A FRANZ HALS IDENTIFIED BY X-RAYS: OVER-PAINTING DETECTED.

Fig. 1 *The Illustrated London News*, September 1, 1928, p. 389

The *Portrait of Pieter (?) Verdonck*, a sort of hybrid between portrait and genre piece, shows Hals's inventive powers when it came to a sitter's pose and attributes. The identification was first suggested by the Swiss-Dutch art historian Hans Schneider (1888–1953).[2] It rests on the lettering of an engraving (in reverse) after Hals's painting by Jan van de Velde the Younger (1593–1641): "This is Verdonck, that outspoken fellow, / whose jawbone attacks everyone, / He cares for nobody, great or small, / That's what brought him to the workhouse."[3] Most likely, the sitter is Pieter Verdonck (ca. 1580–after 1636), a Mennonite who had been sanctioned by the Haarlem burgomaster for harassment in 1623. A copy of Hals's portrait in the Cincinnati Art Museum is dated 1627 and it seems likely that Hals's painting in Edinburgh as well as Van de Velde's print were executed around the same time.[4]

The jawbone is the same weapon used by the biblical hero Samson to kill the Philistines (Judges 15:14–15). The subject was popular with Haarlem artists, for example Maarten van Heemskerck (1498–1574), Karel van Mander (see cat. 8), and Hendrick Goltzius (1558–1617). Hals merged the likeness of Verdonck with the iconography of Samson, the jawbone aptly referring to the sitter's ability to wound with his cutting words. Contemporaries in Haarlem would easily have made this connection.

When this painting was given to the National Galleries of Scotland (NGS), it was titled *The Toper*. In 1927, the Dutch conservator A. Martin de Wild took x-radiographs of the picture—then a novelty—and discovered that it had been "prettified," presumably in the nineteenth century.[5] The jawbone had been overpainted with a wine glass and a beret had been added, presumably to make the picture more saleable.[6] These alterations were removed by De Wild at Knoedler & Co. Galleries, London, in July 1928. First reported by NGS's director, James L. Caw in a newspaper article in *The Scotsman* the following month, the story was picked up widely by newspapers and journals in Britain (fig. 1), Germany, and the Netherlands and featured in a BBC radio broadcast as late as 1960.[7] [CTS]

Selected literature:
Moes 1909, no. 80; Hofstede de Groot 1910, no. 235; Bode and Binder 1914, no. 297; Borenius 1928a; Borenius 1928b; Wild 1930a; Wild 1930b; Trivas 1941, no. 10; Edinburgh 1957, pp. 119–20; Haarlem 1962, no. 16; Slive 1970–4, no. 57; Thiel 1980; Grimm 1989, no. 39; Washington, London, and Haarlem 1989, no. 24; Biesboer 1989, p. 30; Edinburgh 1992, no. 22; Haarlem 2013, no. 22; Bleyerveld 2014, p. 161; San Francisco and Fort Worth 2015, no. 9; Grimm 2023–4, no. A1.34.

1 The monogram with the playfully tilted first "F" seems to be unique in Hals's oeuvre. A fully ligated "FHF" monogram can be found on the portraits of Petrus Scriverius and his wife, Anna van der Aar, both at the Metropolitan Museum of Art, New York; Slive 1970–4, nos. 36–7.

2 Caw, "A Hals Portrait in Scottish National Gallery: Important Discovery," *The Scotsman*, August 21, 1928.

3 "Dit is Verdonck, die stoute gast, / Wiens kaekebeen elck aen tast, / Op niemant, groot, noch klein, hij past, / Dies raeckte hij in't werkhuis vast"; Hollstein 415. For the identification and iconography, see Thiel 1980.

4 Scott 1987, no. 23.

5 These alterations were purportedly executed by the Russian restorer, Evgeny Ivanovich Naps (1853–in or after 1930) in St. Petersburg, in the 1890s; Wild 1930b. However, there is no indication that the painting had left Britain since the 1820s. Naps must have "treated" a different painting (or does this refer to the copy—with the additions—mentioned by Slive?); see Slive 1970–4, vol. 1, pp. 82–3, and vol. 3, p. 35.

6 A similar case is Hals's *St. Mark the Evangelist* (Pushkin State Museum of Fine Arts, Moscow), which had been transformed into the portrait of an elderly man with a lace ruff. See Howard 2008.

7 See Caw 1928a and Caw 1928b.

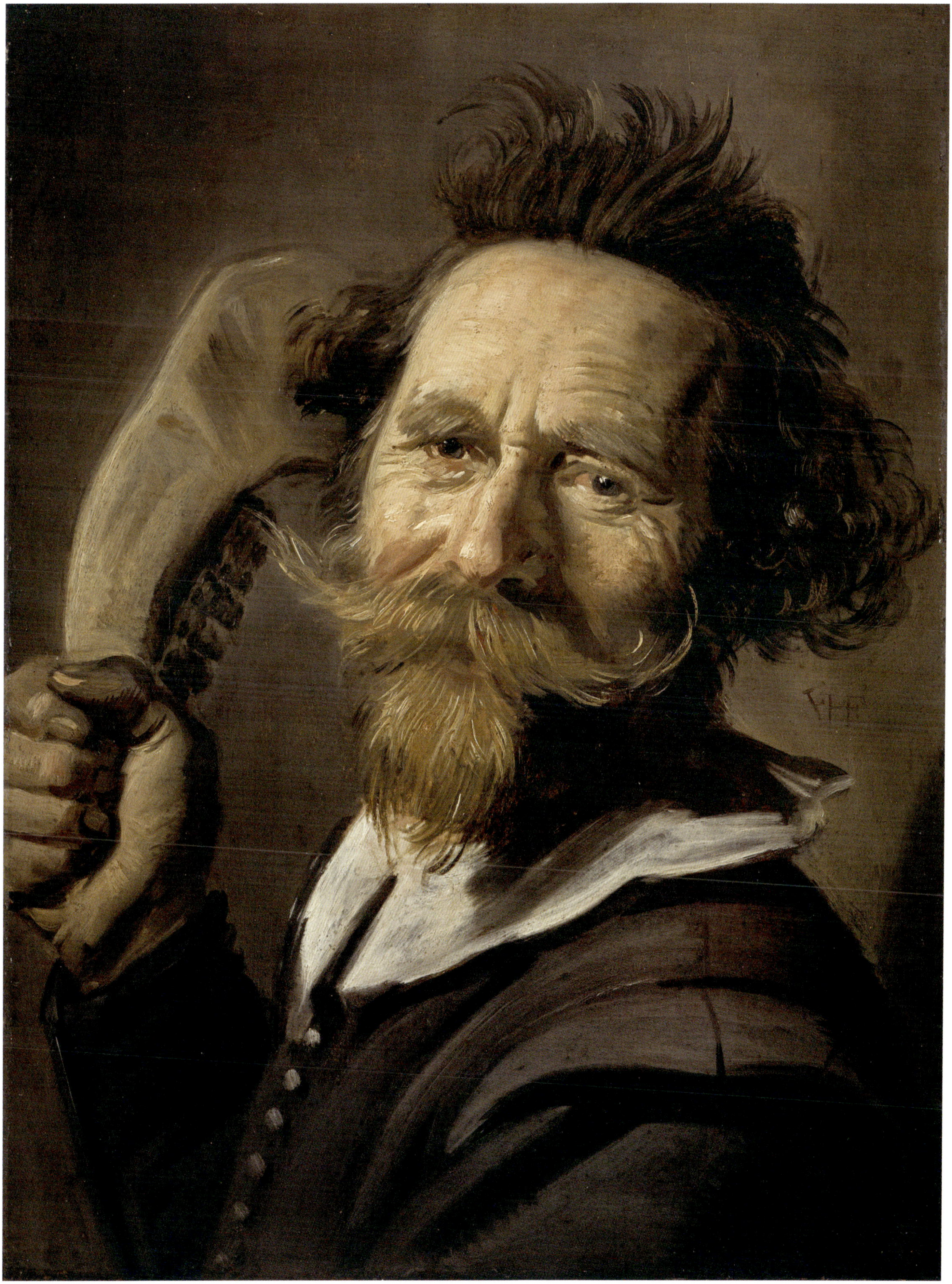

cat. 6

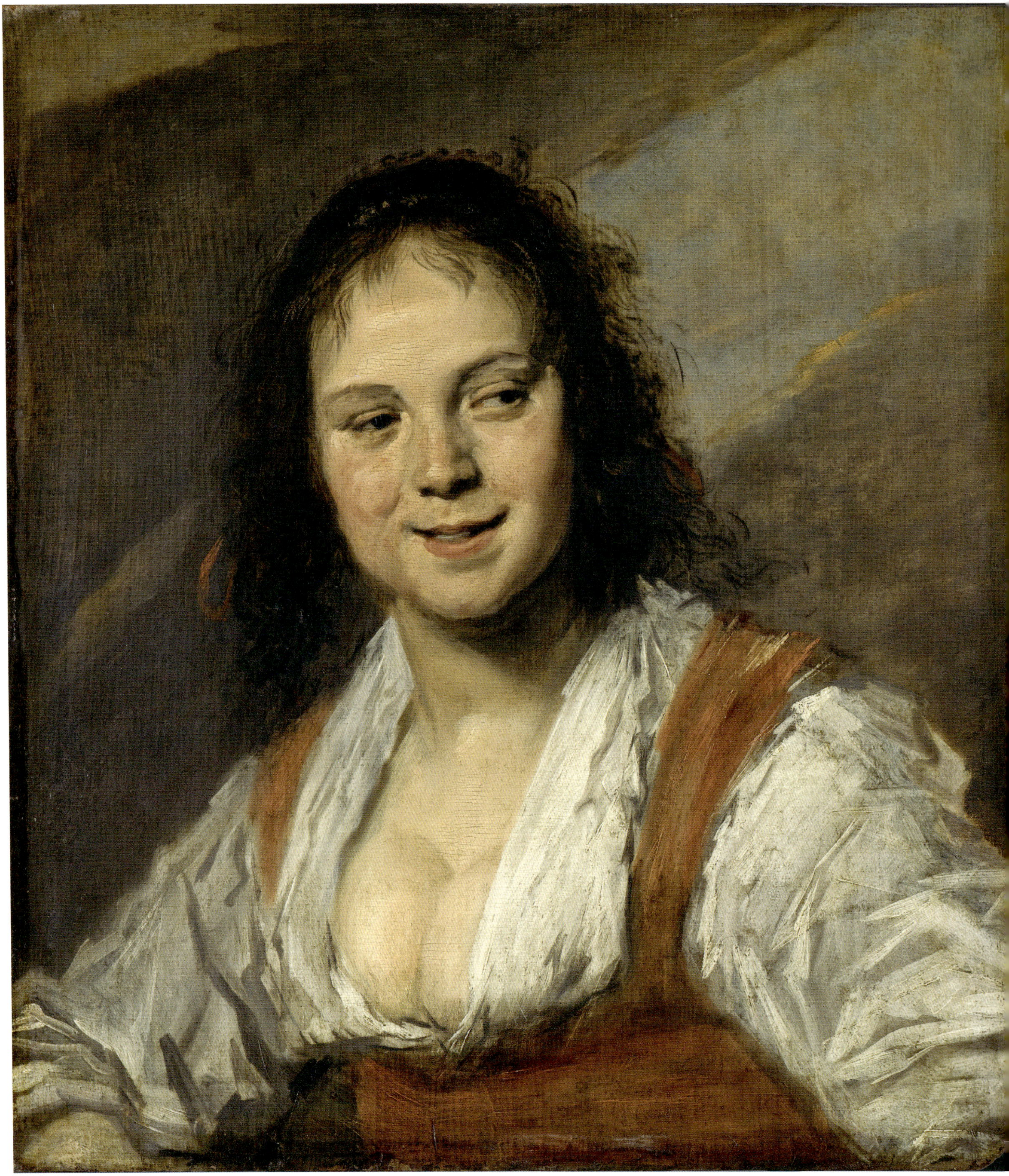

cat. 7

7

Frans Hals
Young Woman (“La Bohémienne”) ca. 1630

Wood, 57.3 × 52.1 cm
Musée du Louvre, Paris,
inv. M.I. 926

Provenance:
Bequeathed to the Musée du Louvre in 1869 by Dr. Louis La Caze.

The titular young woman of the Paris painting looks to one side, smiling mischievously. Set in front of a skyscape, sketched out with just a few lines, she wears a red dress along with a white shirt that forms part of her undergarments and reveals her ample cleavage. In an initial, subsequently overpainted version, Hals had covered the young woman’s breasts with more fabric, thus making the picture less suggestive.[1] The distinctive facial features imply that Hals painted his model from life. Her simple clothing and her open hairstyle, adorned with ribbons, without any kind of head covering are not in keeping with the genteel fashions conventionally shown in portraiture of the era. The work is likewise not a role portrait or *portrait historié*, for example in pastoral costume. The young woman’s averted gaze, her laughing open mouth, and the loose brushwork, almost sketch-like in the area of the shirt, break with the conventions of portrait painting around 1630. Even Frans Hals himself did not deploy anything like the freedom of execution apparent in the Paris work when painting portraits of women during this period.

The sensual effect of this rendering recalls the erotic energy of the Utrecht Caravaggisti’s half-length depictions of female musicians, shepherdesses, and women of loose morals (see p. 210, fig. 7). Yet the traditional description of the painting as portraying a “gypsy woman” is both misleading and problematic from today’s perspective.[2] Seymour Slive interprets the *Young Woman* as a courtesan or prostitute.[3] Italian painters such as Palma Vecchio (1480–1528) and Titian (ca. 1488–1576) established the pictorial tradition of half-length depictions of courtesans during the Renaissance, and it was subsequently adopted north of the Alps too.[4] Records reveal that clients in Dutch seventeenth-century brothels could select a prostitute on the basis of her portrait.[5] This practice is vividly illustrated in Crispijn van de Passe’s *Le Miroir des plus Belles Courtisannes de ce Temps* (*The Mirour of the most faire, Famous and Moderne Curtizanes of theese tymes*), first published in 1630: on the book’s title page, a portrait of a courtesan is presented to a smartly dressed man, who is seated, smoking, by a fireplace (fig. 1; see also p. 211, fig. 8). In the background, another woman shows the portrait gallery of beauties to another gentleman.

In his genre paintings, Frans Hals repeatedly depicted socially marginalized people his Haarlem clientele would have recognized as familiar people from their own day-to-day reality. That is the case, for instance, for *Malle Babbe* (cat. 45), the *rommelpot* player Boontje (cat. 37), and probably also for the actor shown in the guise of *Pekelharing* (cat. 39).[6] In this light, it is entirely possible that the model for the Paris painting was a Haarlem prostitute, whose real-world identity overlapped with the role assumed for the painting. Although the *Young Woman* is understood to be a genre figure, Hals nevertheless lends the figure a portrait-like air through the true-to-life, close-up depiction.[7] The lack of the customary explanatory attributes found in genre works and the concentration on the painting’s expressive qualities suggest that conveying a moralizing message to viewers was not the painter’s principal concern. The emphasis is instead placed on the virtuoso execution, along with the young woman’s sparkling vitality and erotic allure, her brilliantly captured emotions and fleeting movements. The painting, thus, numbers among Hals’s *tronies*, which served to demonstrate his artistic virtuosity.[8] [DH]

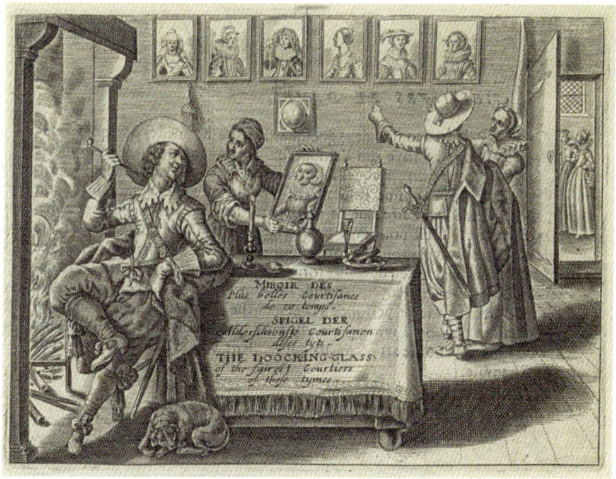

Fig. 1 Crispijn van de Passe, *Le Miroir des plus Belles Courtisannes de ce Temps*, Utrecht 1630, title page

Selected literature:
Mantz 1870, p. 396; Bode 1883, no. 41; Moes 1909, no. 263; Hofstede de Groot 1910, no. 119; Bode and Binder 1914, no. 73; Valentiner 1923, p. 130; Trivas 1941, no. 36; Haarlem 1962, no. 23; Slive 1970–4, vol. 1, pp. 91–5, vol. 3, no. 62; Grimm 1989, no. 28; Foucart 2009, p. 149; Slive 2014, pp. 119–21.

1 Slive 1970–4, vol. 1, p. 93.
2 As first noted by Mantz 1870, p. 396.
3 Slive 1970–4, vol. 1, pp. 91–5; Slive 2014, pp. 119–20. See also Grimm 1989, pp. 219–20; Lammertse in the present volume, p. 211. On Dutch depictions of courtesans, see Kettering 1983, pp. 51–5; Veldman 2001, pp. 297–9; Dekiert 2003, pp. 171–83.
4 See Berlin, Amsterdam, and London 1991, no. 45; Burke 2016, pp. 29–34.
5 Lammertse in the present volume, p. 211.
6 See Hirschfelder in the present volume, pp. 183–5.
7 See Grimm 1972, pp. 76–7.
8 On Frans Hals’s *tronies*, see Hirschfelder 2008, pp. 72–80, 265–7; Hirschfelder in the present volume, pp. 181–99.

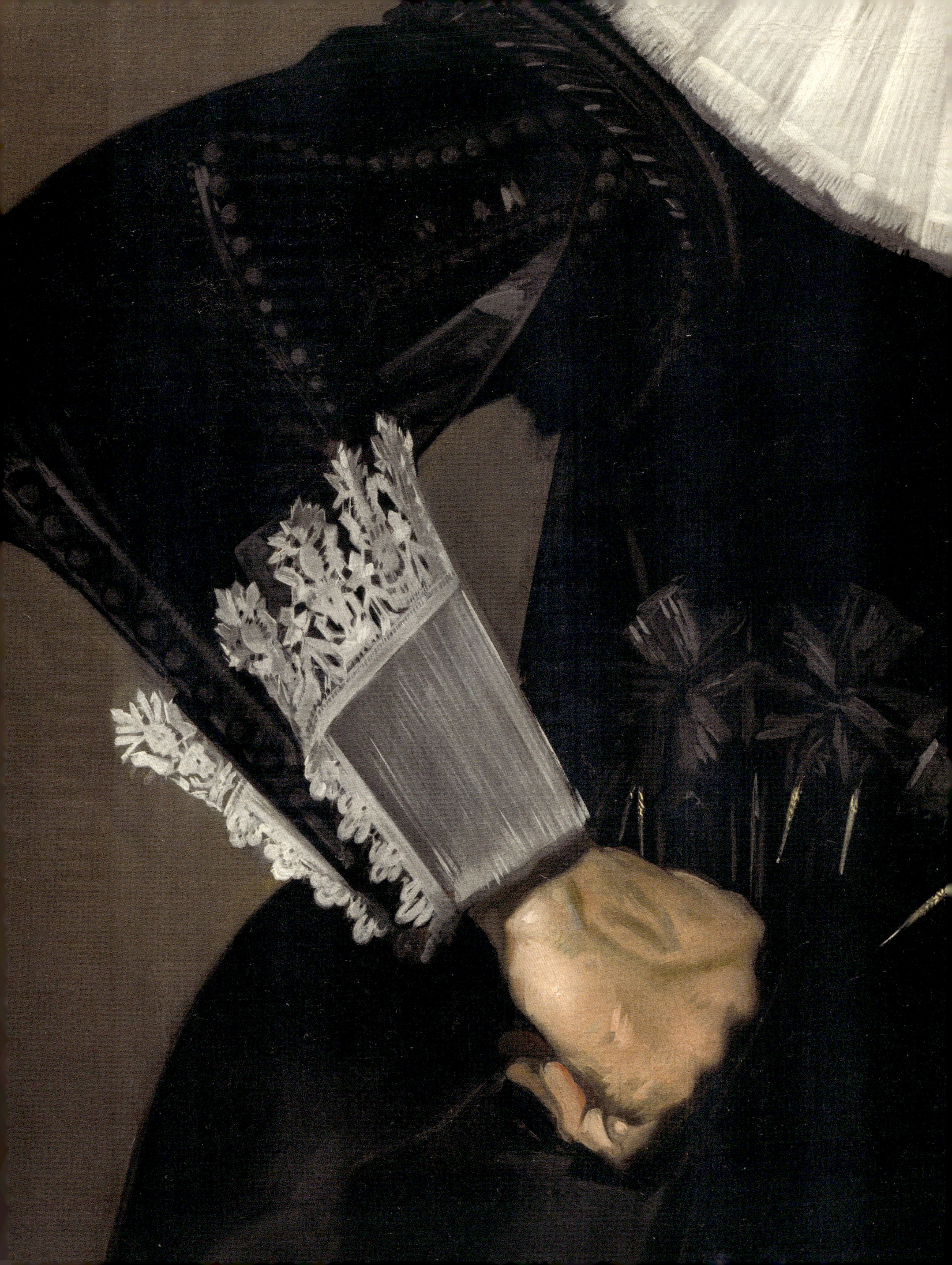

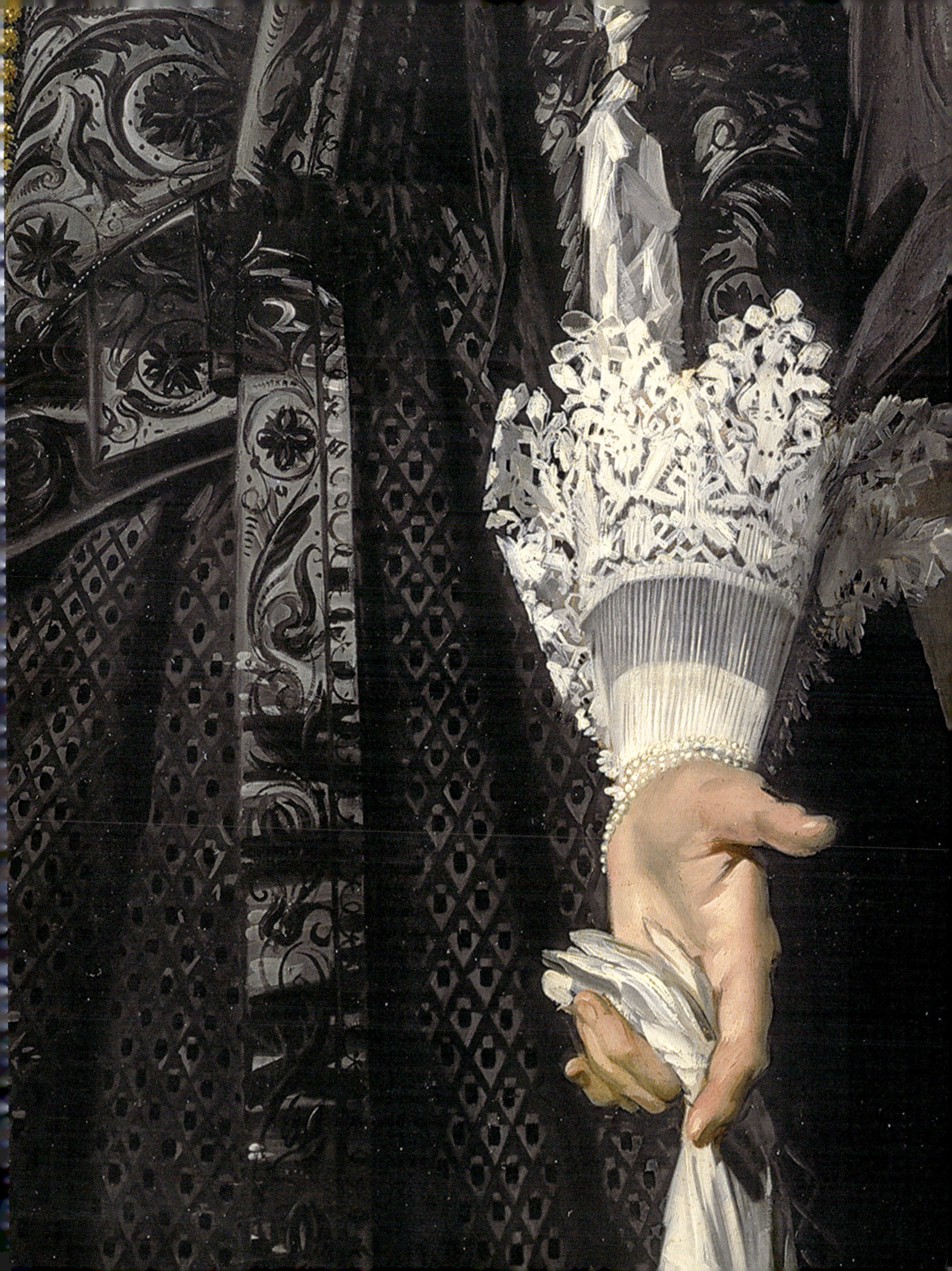

Social Elites

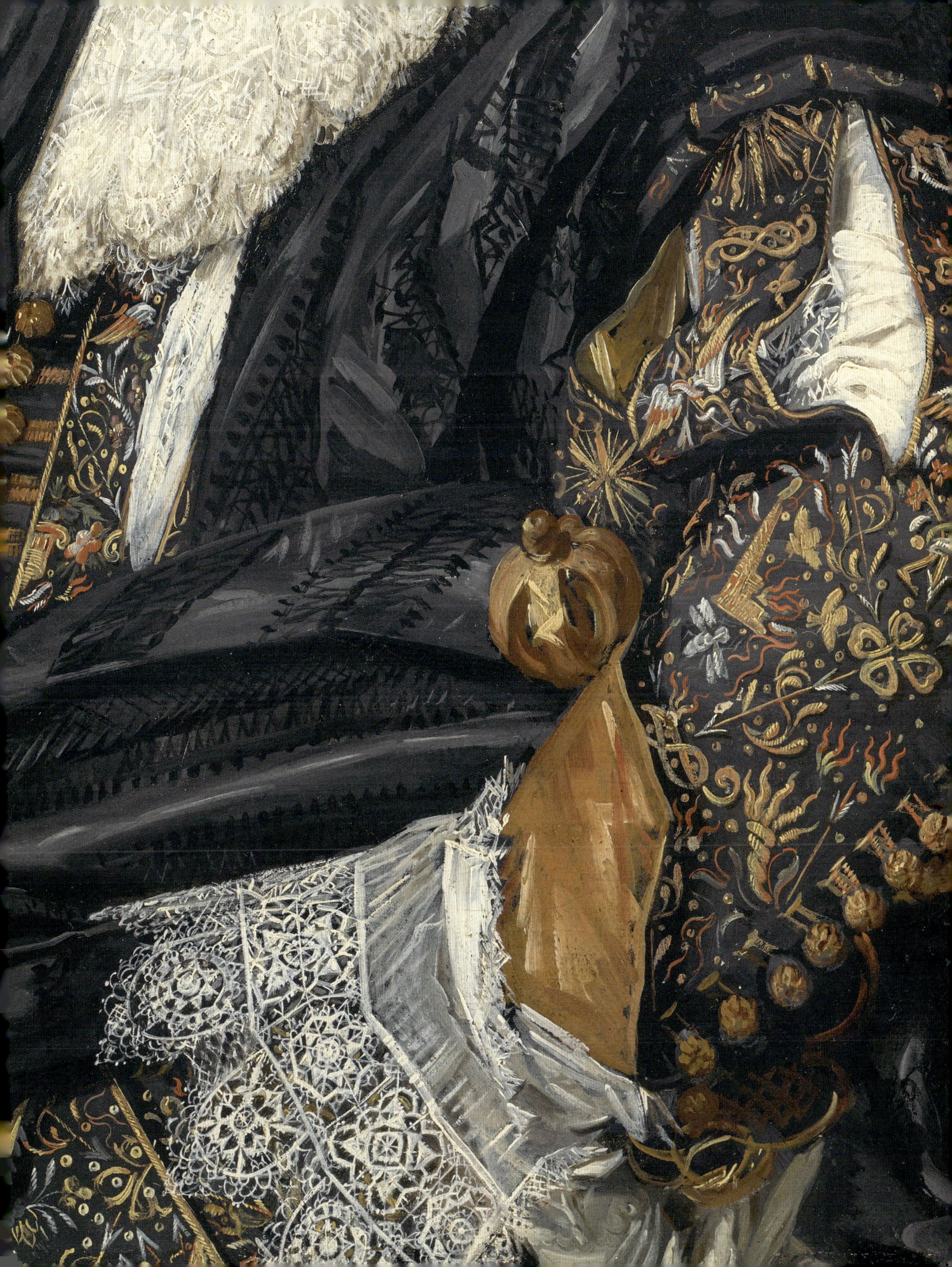

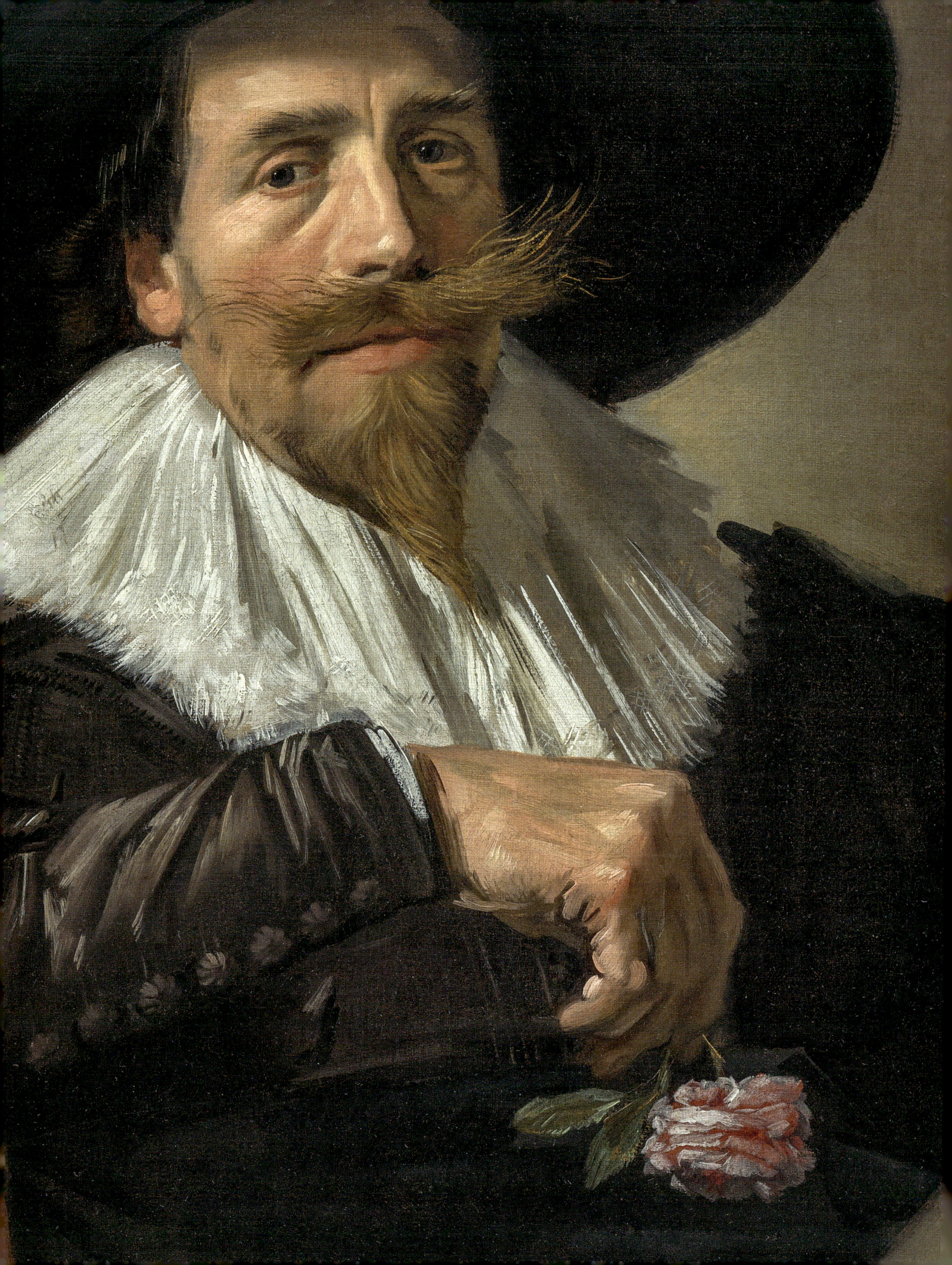

Portraiture into Art

Bart Cornelis

Portraiture is but a "side road of art," wrote the artist and author Karel van Mander in his *Schilder-Boeck* (Book of Painting, 1604).[1] Creating a likeness after life, Van Mander reasoned, was a task that required only slavish imitation. There being a healthy demand for portraits, it was an undertaking that could bring financial reward, but in Van Mander's eyes, it could only be compared unfavorably to the higher calling of depicting the human figure in paintings representing biblical or mythological stories. The latter required artists to use their knowledge and imagination to present their audiences with narratives that would elevate the mind. In modern parlance, it might be described as the difference between the competence of a good portrait photographer and the compelling imagination of a great cinematographer. Van Mander's casual dismissal of this "side road of art" can be found in his biography of the portrait painter Michiel van Mierevelt (1566–1641). To be fair to Van Mander, it is preceded by a caveat in his opening lines of the biography: "He who is outstanding and surpasses others in at least one single category, deserves praiseworthy fame in our art and to remain free from all scorn," while a little further on he also concedes that "one can also make something worthwhile from a portrait: that a face, after all the most important part of the human body, contains quite enough so as to be able to disclose and reveal the quality and efficacy of art."[2]

Van Mierevelt's work embodies, perhaps like no other, the dynastic function of portraiture. He (and his busy studio) excelled at producing tremendously skillful if rather matter-of-fact portraits of leading citizens of Delft (figs. 1–2). Recognition of his skill found expression in the fact that in 1607 he became the official painter to the court of the stadtholder, producing numerous portraits of members of the House of Orange and foreign diplomats residing in The Hague. His clients would commission him to portray themselves and their families to give expression to their power and status and to have their family line represented and preserved for posterity. Such portraits would adorn the rooms and corridors of their houses in much the same way as today's boardroom might be lined with portraits of chief executives past and present. That this was their overriding function is borne out by the fact that there was a steady demand for replicas so that such dynastic lineage and power could be on display in more than one place. Van Mierevelt ran such a large workshop to cater for this demand that a recent exhibition devoted to his work went under the title *The Portrait Factory of Michiel van Mierevelt*.[3] There is some truth in Van Mander's observation that his was perhaps not the highest calling in art.

Seen in that light, there is some irony in the fact that the man who dismissed portraiture as "a side road of art" counted among

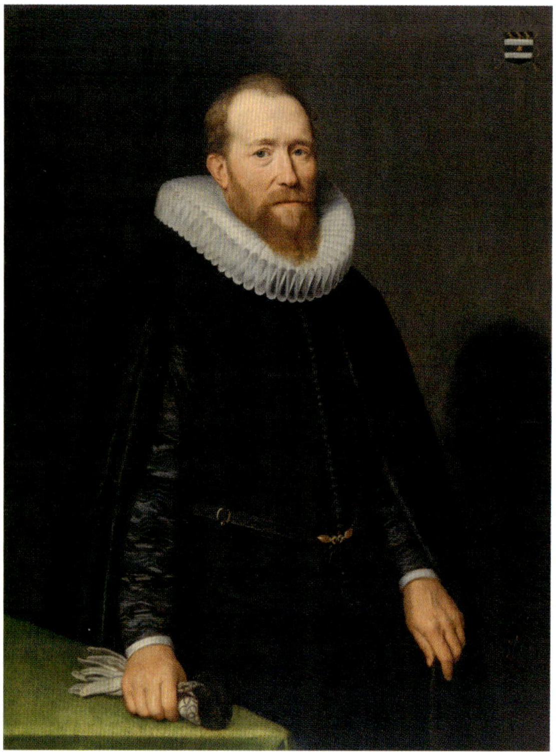

Fig. 1 Michiel van Mierevelt, *Portrait of Arent van der Graeff*, 1618, Museum Het Prinsenhof, Delft

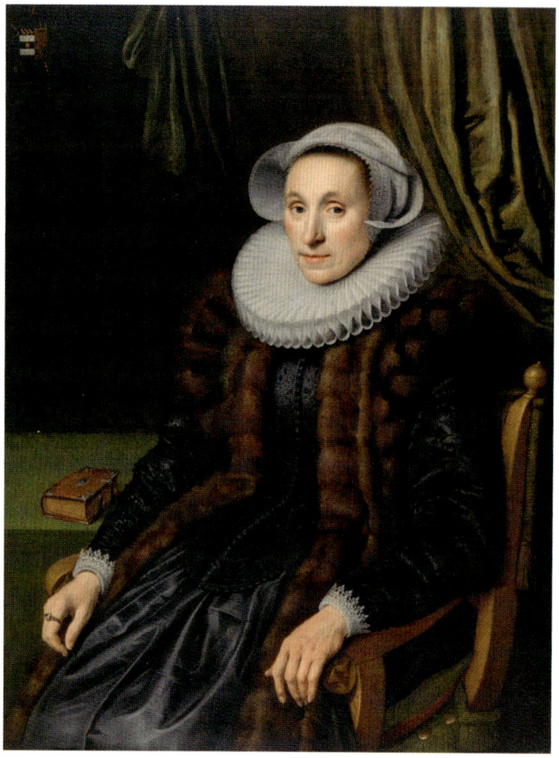

Fig. 2 Michiel van Mierevelt, *Portrait of Sara Bosschaert*, 1619, Museum Het Prinsenhof, Delft

his pupils a young Frans Hals, who would go on to become one of the greatest portrait painters of all time. But why do we now think so highly of Hals's portraits? What makes him so different from his predecessors? What methods did he employ to make his sitters come to life in his portraits in such an unprecedented way? How did Hals rise above the constraints put on portraiture by its predominantly dynastic function? In short, how did he turn portraiture into art?

The Late Start of a Prodigy

Although originally from Antwerp, the Hals family moved to Haarlem when Hals was still a toddler, so one cannot ascribe any influence on the works he would later produce to have originated in the first few years of his life. And yet there is a certain Flemish trait in his paintings in general, and especially in his earliest works. For example, there is a Rubensian quality to the luminous flesh tones in his *Portrait of a Woman Standing* in the Devonshire Collections at Chatsworth (fig. 5; cat. 9b); her pose is also reminiscent of Flemish examples (fig. 3).

The Chatsworth painting looks resplendent after its recent conservation treatment, as does the portrait of her husband at the Barber Institute of Fine Arts in Birmingham (fig. 4; cat. 9a), which was treated at the same time.[4] The male portrait looks traditional enough, in some ways harking back to sixteenth-century examples. Although the landscape background has disappeared, in other respects, it still has echoes of works such as the *Portrait of Pompeius Occo* of 1531 by Dirck Jacobsz (fig. 6), with the skull—alluding to the transience of life—giving both portraits an allegorical twist. Somewhat closer to it in date, the *Portrait of the Shell Collector Jan Govertsen van der Aer* of 1603 by Hals's fellow townsman Hendrick Goltzius springs to mind (fig. 7). The pendants by Hals are still relatively static: there is little sense of movement in them. The woman subtly lifts the gold chain suspended from her ornate clothes. This suggests her wealth and status, but may also have been intended to extend the theme of transience in her husband's portrait by drawing attention to the futility of earthly possessions.

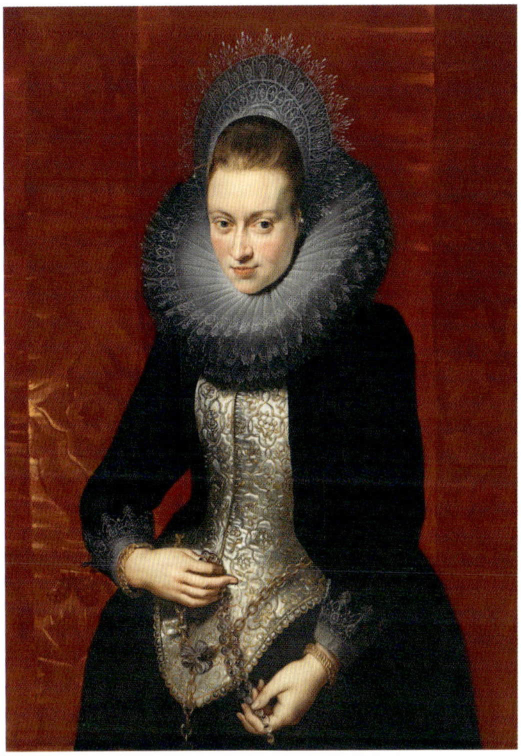

Fig. 3 Peter Paul Rubens, *Portrait of a Young Woman with a Rosary*, ca. 1609, Museo Nacional Thyssen-Bornemisza, Madrid

But for all their conformity, both works already display elements that anticipate one aspect of Hals's greatness: his incredible facility with the brush. This can be seen in the starched cambric ruff around the man's neck and the pleated cuff at the wrist of his right hand, which are exceptionally freely brushed. Such forms are suggested but not meticulously described, in stark contrast to what we see in Van Mierevelt's works (figs. 1–2). In the pendant, we can admire the immense confidence with which Hals used rapid flicks of the brush to indicate the various details of the woman's lace inner cap and cambric outer cap, which form a masterclass in dazzlingly effective brushwork.

It is not entirely clear when exactly these portraits should be dated. Some have suggested around 1612, while others prefer to date them a few years later, but they must anyhow be among Hals's earliest-known works. It is worth pointing out that he was therefore in his late twenties when he painted them and certainly no longer a budding artist. But the two pendants are far too

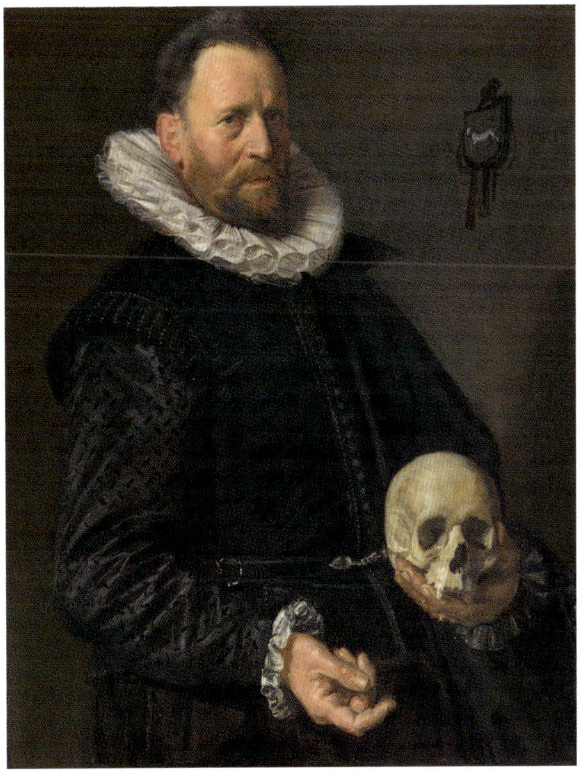

Fig. 4 Frans Hals, *Portrait of a Man Holding a Skull*, ca. 1612 (cat. 9a)

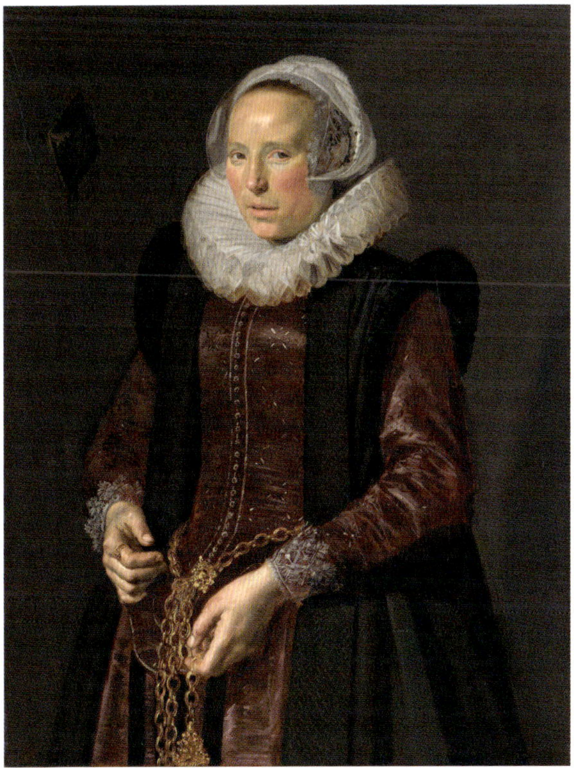

Fig. 5 Frans Hals, *Portrait of a Woman Standing*, ca. 1612 (cat. 9b)

skillful to be considered his earliest attempts at portraiture, so something must have gone before them, except that we do not know what. Nor do these works betray his apprenticeship with Karel van Mander, who tried to practice what he preached and mostly painted biblical subjects (see, however, cat. 8).[5] Even though Van Mander had occasionally painted scenes from daily life, these can hardly be said to have had a profound influence on the younger artist's genre paintings. Hals's early career therefore remains shrouded in mystery. All we know for certain is that in 1610 he enrolled in the Guild of St. Luke, as was required for an artist who wanted to set up shop as a painter.

The inevitable dynastic function of portraits means that knowledge of the identity of the sitters was more likely to be preserved if a portrait remained with their descendants, who could refer to family traditions handed down through the generations. But portraits did sometimes change hands, perhaps more readily if their artistic quality was much higher than was strictly speaking necessary for a dynastic "photograph." It is a fate that must have befallen the Barber and Chatsworth pendants. We have the satisfaction of experiencing an encounter with people who, despite having lived some four centuries ago, seem alive and relatable, but we do not have the pleasure of knowing their names. Our knowledge is restricted to their considerable age difference: inscriptions on the panels tell us that the man was sixty years old, while his wife was thirty-two years of age. Attempts to identify the family coats of arms seen in the background of both pictures have so far proved fruitless. This couple may represent one of the earliest manifestations of Hals's art, but they must, for now, remain nameless.[6]

We do know the name of the man depicted in another early work, preserved in Pittsburgh. Hals's *Portrait of Pieter Cornelisz van der Mersch* of 1616 (cat. 10)[7] displays even more daring brushwork, especially in the straw in the basket that the sitter clutches in his left hand. This type of brushwork would remain a hallmark of Hals's style throughout his career. In his *Schilder-Boeck,* Van Mander had advised young artists that employing such a broad technique was perhaps tempting but far from straightforward. He recommended "to make a lot of effort at first and to accustom yourself, diligently, to a clean technique and a neat beginning."[8] His remark comes in a passage devoted to Titian, who, Van Mander concedes, had mastered such a loose and rough manner; but he also warned that this could only be achieved through extensive practice and that "several masters who wanted to imitate this in their work have made nothing decent out of it but instead created a lot of ugly things."[9] We do not know whether Van Mander's most famous pupil ignored those warnings right from the start, although his earliest known works suggest that he was not an artist who was instinctively inclined to work in "a clean technique." And such was Hals's talent that he applied a loose manner with great success. But his transformation of the art of portraiture extends to other aspects as well.

Characterization

Although the works discussed so far are still relatively static, they already show signs of Hals's extraordinary ability to make his sitters come to life. It is this quality that represents arguably Hals's greatest achievement, remarked upon as early as 1628 when the Haarlem minister and poet Samuel Ampzing exclaimed in his book devoted to the city of Haarlem, "How dashingly Frans paints people from life!"[10] A more elaborate observation in a similar vein is found in a later book on Haarlem by the writer and poet Theodorus Schrevelius, who in 1648 wrote that Hals "excels almost everyone with the superb and uncommon manner of painting which is uniquely his. His paintings are imbued with such force and vitality that he seems to defy nature herself with his brush. This is seen in all his portraits, so numerous as to pass belief, which are coloured in such a way that they seem to live and breathe."[11]

With the words "living" and "breathing" Schrevelius did not employ a worn cliché but provided a perfectly apt observation. Although his loose brushwork certainly helped Hals to bring out the characters of his sitters, he succeeded above all because he was clearly an exceedingly astute observer of facial expressions. He must also have had a tremendous sense of how people interact

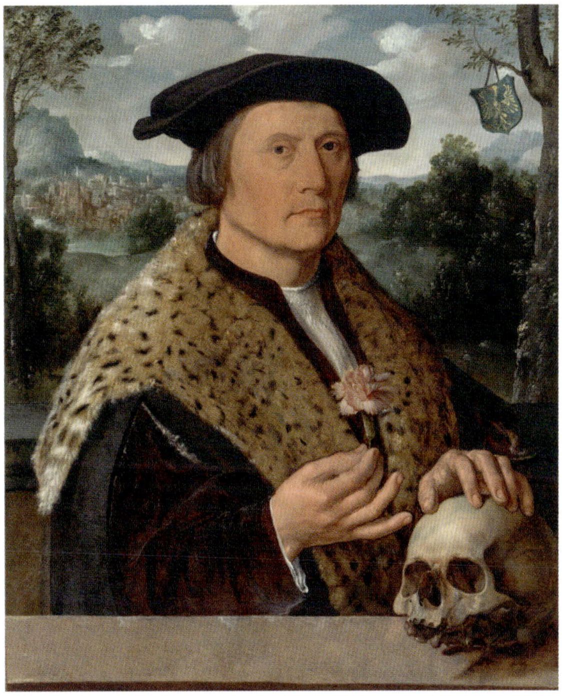

Fig. 6 Dirck Jacobsz, *Portrait of Pompejus Occo*, 1531, Rijksmuseum, Amsterdam

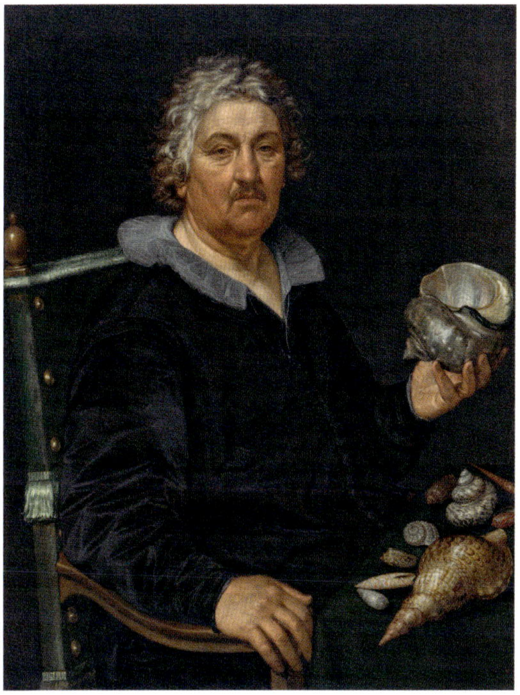

Fig. 7 Hendrick Goltzius, *Portrait of the Shell Collector Jan Govertsen van der Aer*, 1603, Museum Boijmans Van Beuningen, Rotterdam

with each other—witness the people we see within a single composition, as in his family or group portraits (figs. 9–12; p. 20, fig. 2; p. 158, fig. 5), but also in his pendant paintings of couples in which the sitters sometimes reach out to each other across the divide. In this he even includes the viewer, who is made to feel as if they can interact with his sitters. Looking at Hals's portraits is an almost visceral experience: we feel that we are in the presence of men and women of flesh and blood whom we can easily imagine meeting in real life. They exert a magnetic pull on us.

A striking example among Hals's early works is his *Portrait of Catharina Hooft with Her Nurse* (cat. 2). In a superficial sense, the portrait seems unassuming, which is why it is easy to overlook how unconventional it is. It was anyhow unusual to portray a child with her nurse rather than her mother, but it must have seemed just as novel to contemporary audiences that they should have been depicted in such a seemingly spontaneous moment. The toddler's arm stretches out to her nurse in the way small children do, the gesture sending mixed messages: it expresses affection as much as conveying that a certain distance should be observed, something that also helps Hals to tell the viewer that the main sitter is not the nurse but the splendidly dressed Catharina Hooft. And yet Hals could not have depicted the former in a more sympathetic light, her endearing smile and captivating eyes inviting us to engage with her devotion to the child, as indicated more explicitly by her presenting her charge with a small pear. And although it is hard for a painter to breathe much life into the smooth skin of a young child, Hals nevertheless managed to capture her in such an engaging way that we feel we should respond to her slightly mischievous gaze.

It is often said that seventeenth-century Dutch portraits of men tend to be more engaging than those of women. There is generally some truth in this, but the *Portrait of Catharina Hooft with Her Nurse* illustrates that Hals could be equally alert to female faces. In fact, examples abound of his extraordinary capacity to capture the character of his female sitters, and they encompass Hals's entire career. Arguably the most astonishing example is the female sitter in the double portrait of about 1622 now in the Rijksmuseum (cat. 3), probably depicting Beatrix van der Laen and her husband, Isaac Massa. It is hard to think of another artist of the period who could make a woman's smile and gaze equally disarming and evocative. On a superficial level, the double portrait recalls Rubens's famous self-portrait with his wife, Isabella Brant (p. 42, fig. 1),[12] but with Hals a jolt of pure joy has been injected into the scene by the woman's priceless expression alone. A more solemn example is the facial expression of the wife looking at her husband in the family portrait of some twenty-five years later in the Museo Nacional Thyssen-Bornemisza in Madrid (p. 158, fig. 5), which, paradoxically, is both tender and slightly forbidding. There is a peerless animation to the cheerful look of adoration that Isabella Coymans bestows on her husband, Stephanus Geraerdts, in their pendant portraits of about 1650 (figs. 26–7). A far more subtle but no less evocative characterization of a woman is seen in the poignant *Portrait of a Young Woman* of around 1658 (fig. 8), now in the Ferens Art Gallery in Hull, whose direct yet slightly hesitant expression stops us in our tracks. The picture is impossible to forget.

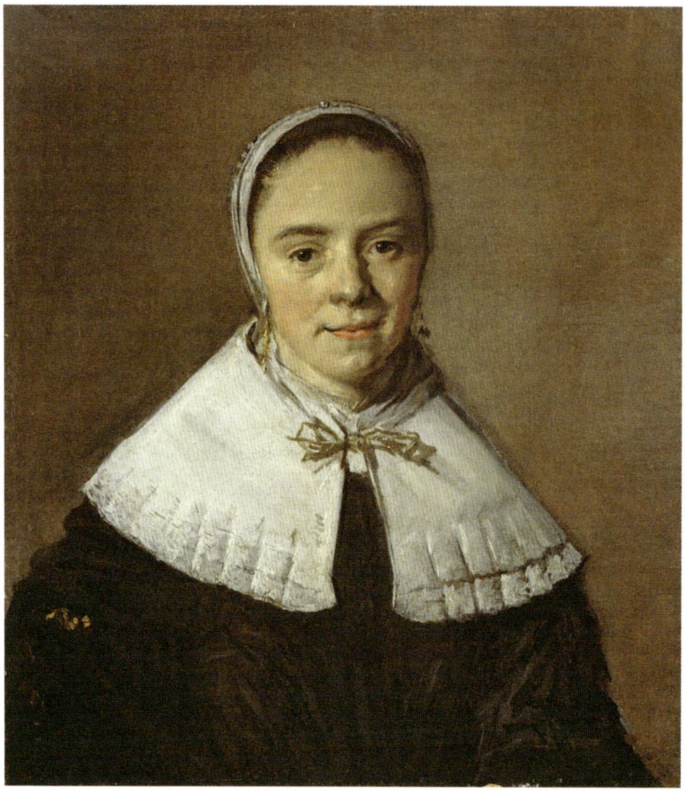

Fig. 8 Frans Hals, *Portrait of a Young Woman*, ca. 1658, Hull Museums and Gallery, Ferens Art Gallery

Hals's portraits have such life in them that one could reasonably wonder whether his sitters were required to sit still during a lengthy session posing for him.[13] The couples we see in his more conventional pendant portraits (figs. 24–5; cat. 15–16) seem to have posed in this manner, but many of the postures and facial expressions we encounter in his more adventurous portraits are almost incompatible with the notion of sitting or standing still. We can only speculate about Hals's studio practice in this regard because there are no records that tell us one way or the other. He obviously needed time to observe his sitters, but posing for Hals may in some cases have been a relatively relaxed affair, with changes in the sitters' facial expressions (and perhaps even their poses) a help rather than a hindrance in capturing what could be described, for want of a better word, as the "aura" of a person. Hals's genre paintings, most of which date from the 1620s, are illuminating in this context. In these he records types rather than portraits.

And yet they are clearly after live models, with some reappearing in other works. Unrestrained by the requirements of portraiture, Hals allowed the main characters in his genre paintings to come to life through facial expressions that brim with life and movement. There are, of course, exceptions. In *Young Man Holding a Skull* (cat. 43)—its subject a straightforward allegory reminding us of our mortality—we see a relatively static face, the picture deriving its dynamism not so much from the young man's expression as from the way he extends his gesturing hand toward us, jutting into the space of the viewer, the foreshortening handled with an apparently impossible economy of means. But it seems highly unlikely that the subjects in his pictures of various musicians (cat. 38, 42; p. 212, fig. 9) would have sat still, maintaining their poses and facial expressions. Nor can this have been the case when he painted what is in effect a portrait of Malle Babbe (cat. 45), in which only the tankard and the owl are static counterweights to the frenetic energy that pervades the rest of the picture. Although it looks like a genre painting, Malle Babbe was in fact an actual person.[14] As her frenzied appearance and fiendish grimace suggest, she would hardly have been one to sit still.

All the visual evidence suggests that Hals must have been a very keen observer of

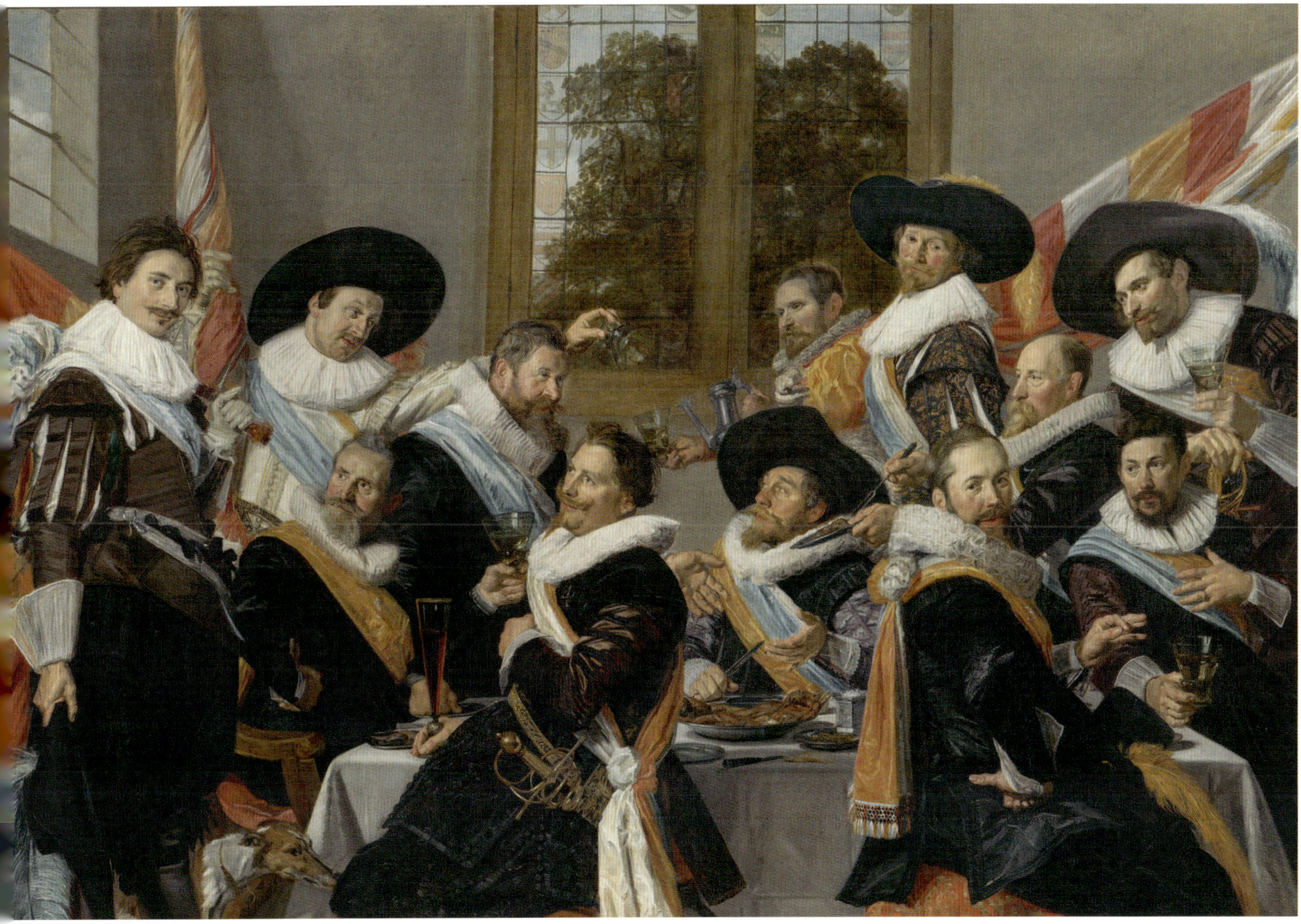

Fig. 9 Frans Hals, *Banquet of the Officers of the Calivermen Civic Guard*, ca. 1627, Frans Hals Museum, Haarlem

people's behavior and facial expressions, but it is not easy to determine how he converted such impressions into paintings that are not just convincing but also affecting.[15] In addition to the mystery of his early years, there is the conundrum that the artist seems never to have made drawings or sketches to record his impressions. The question arises as to whether Hals necessarily studied his models or sitters through a time-consuming examination of their outward appearance. For the most part, his portrayal of types and sitters steers clear of caricature. Yet the liveliness in many of his portraits and genre pictures is such that one is inclined to draw a parallel with how some caricaturists prefer to work from moving images of their subjects rather than photographic representations, for it is a person's gait and their ever-changing facial expressions that bring them to life and establish their character. If the term "impressionistic" is sometimes used to describe the way Hals suggested surfaces and materials, one could extend the term to include the way he depicted faces and poses, the liveliness depending on an impression of a sitter's face and bearing. Sensitivity to the essence of a person's expression, posture, and demeanor in itself is nothing unusual: it is an essential part of how we all instantly recognize the people we know. The miracle lies in the fact that Hals knew how to convert this sensitivity into the paint flowing from his brush, creating likenesses that instantly engender in the viewer the sense that we are becoming familiar with the person in question. This is all the

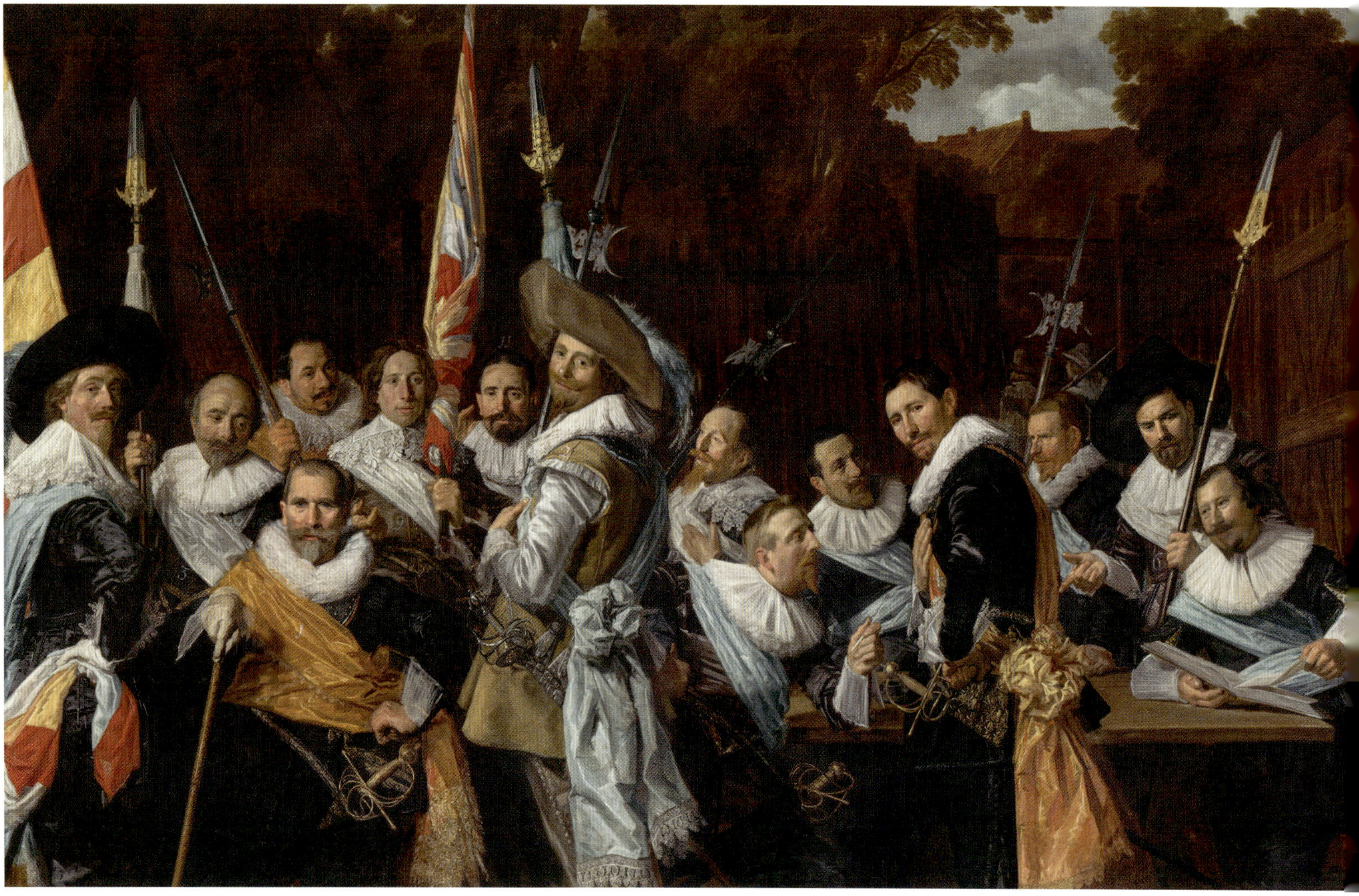

Fig. 10 Frans Hals, *Meeting of the Officers and Sergeants of the Calivermen Civic Guard*, ca. 1633, Frans Hals Museum, Haarlem

more remarkable when we consider that we cannot check the likenesses of people who lived before the age of photography.[16] And yet Hals's best portraits provoke a visceral response that creates a moment of "recognition," even without further knowledge of the sitters.[17] Perhaps this is what Van Mander meant when he wrote that "a face, after all the most important part of the human body, contains quite enough so as to be able to disclose and reveal the quality and efficacy of art." What is certain, however, is that in the hands of great artists—whether Rembrandt, Rubens, Velázquez, or Hals—Van Mander's "side road of art" takes a definite turn toward the main road.

A salient example is Hals's *Portrait of Pieter van den Broecke* of about 1633 (cat. 17), which looks like a snapshot far more than it resembles an official portrait. The sitter was one of the main traders of the Dutch East India Company, rewarded for his seventeen years of service with the golden chain he wears in his portrait. One would perhaps expect a more solemn portrait reflecting the status of the sitter, but instead his appearance can only be described as jovial. Hals may have felt he could take some liberties because Van den Broecke was a friend.[18] The result is that we believe we are getting to know the sitter's character in much the same way as we instantly relate to Hals's famous *Merry Drinker* of only a few years earlier (cat. 1) in which the artist blurred the boundaries between genre and portraiture to such an extent that it is difficult to tell whether we are looking at a character study of a man in a particularly jolly mood or a portrait of an actual civic guardsman in his military outfit inviting us to join him in enjoying a glass of wine.[19] The fact that the work is so very loosely brushed might suggest that it is the former, because there would have been no reason for Hals to hold back if the conventions of portraiture could be ignored, but the comparable treatment seen in the portrait of Pieter van den Broecke counts against that idea. It is clear that Hals increasingly felt that the full extent of his loose technique and casual approach could be called upon in his portraits as much as in his genre pictures, and many of his clients evidently agreed.

Poses

Frans Hals amplified his skill in conveying a sitter's character by employing a great variety of poses and gestures. These run the gamut from delightfully subtle to extravagantly exuberant, helping him to suggest traits ranging from modesty and worthiness (fig. 8; cat. 16) to ostentatiousness (figs. 24–5; cat. 15), nonchalance (cat. 3, 33a; p. 285, fig. 11), unequivocal arrogance (fig. 17; cat. 23), and defiance (cat. 11). Some sitters seem to have been relatively unconcerned with questions of decorum, while others appear keen to avoid expressive gestures or dynamic poses, which may occasionally reflect their more puritanical outlook on life.[20]

A veritable catalogue of poses can be found in Hals's large group portraits of Haarlem militia companies, which rightly count as among the artist's greatest achievements (figs. 9–12; p. 20, fig. 2; cat. 36). Militia companies helped the local authorities to defend a town or city from attacks, whether from outside or, in the case of a revolt, from within. They were originally organized as guilds under the patronage of a saint, which is how the two Haarlem militias seen in Hals's paintings came to be named after St. George and St. Adrian. By the early seventeenth century, each Haarlem militia consisted of three companies; the city magistrates, themselves part of an urban elite, chose the officers of each company from among the more affluent citizens, who were required to pay for their own weapons and uniforms. The highest-ranking officer was the colonel, followed by the provost, after which came the three captains and three lieutenants of each company. The ensigns were always young bachelors, and in group portraits of the period are often the ones wearing the most extravagant outfits. Each company consisted of a hundred or so guardsmen recruited from the middle classes who were assigned to a company depending on the ward in which they lived. By the early seventeenth century, there was a long tradition to adorn the rooms where a company congregated with group portraits of its principal members.

From 1612 to 1624, Hals was himself a member of the third company of the St. George Civic Guard. It was not unusual for a painter-member to be commissioned

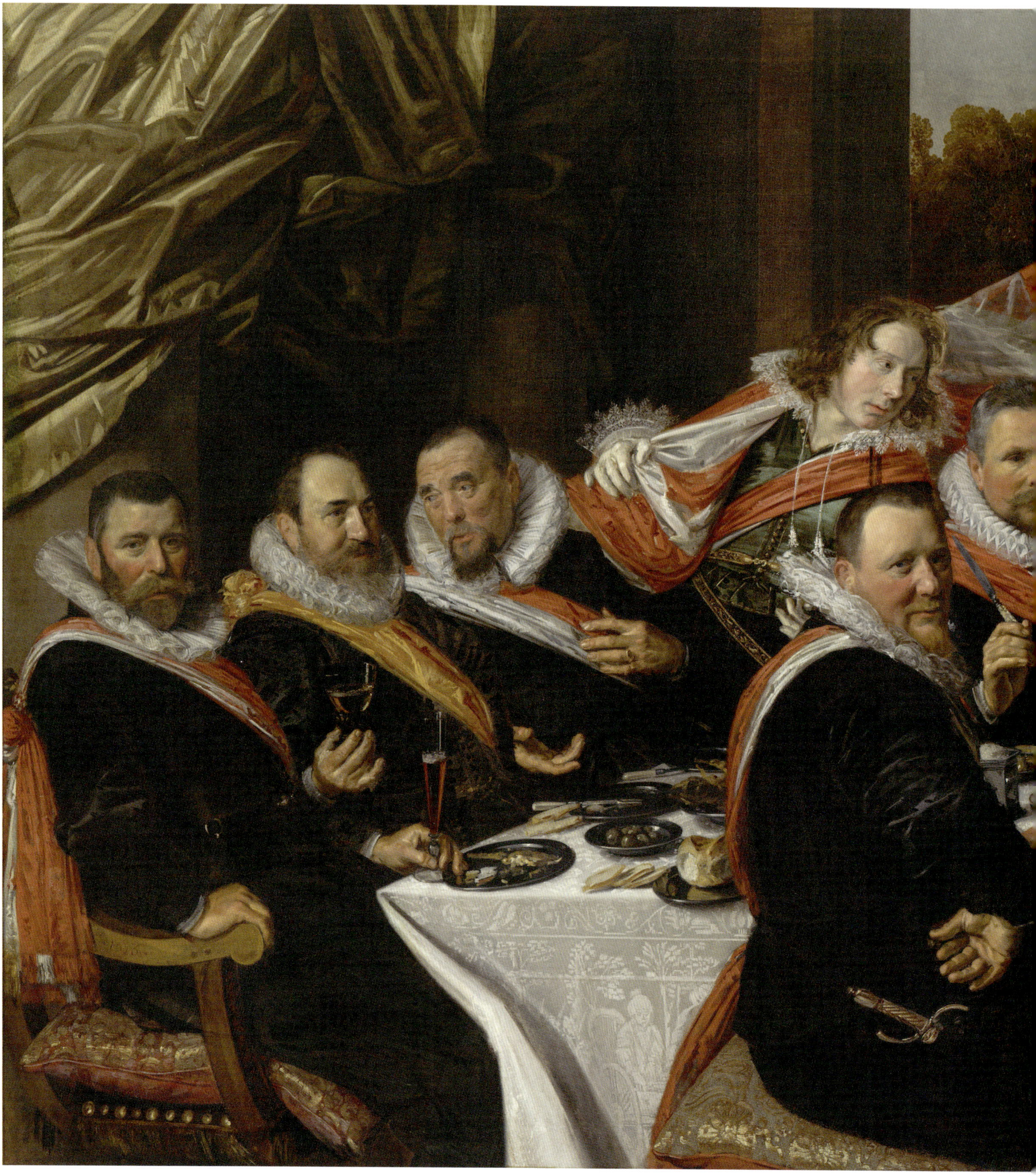

Fig. 11 Frans Hals, *Banquet of the Officers of the St. George Civic Guard*, 1616, Frans Hals Museum, Haarlem

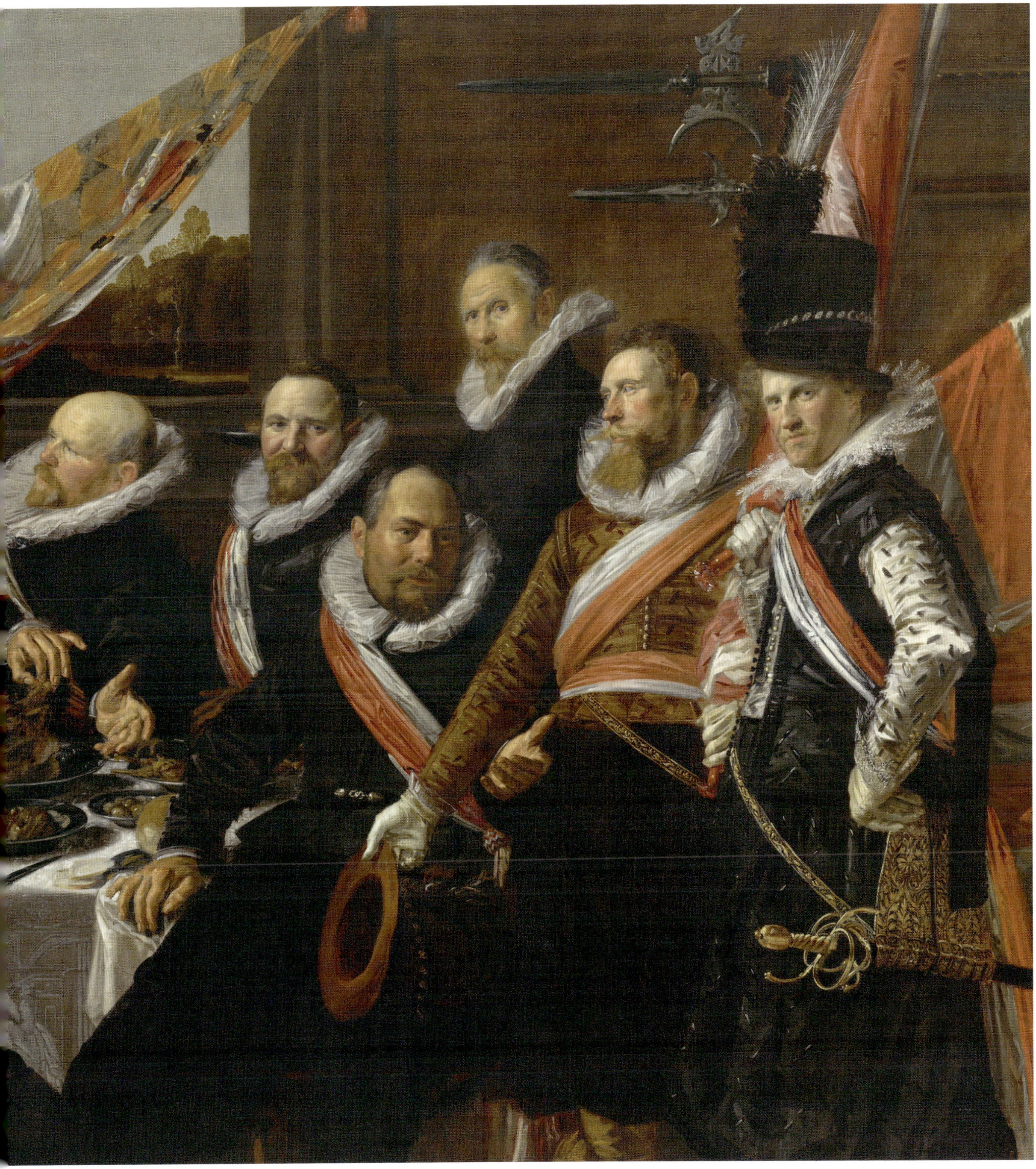

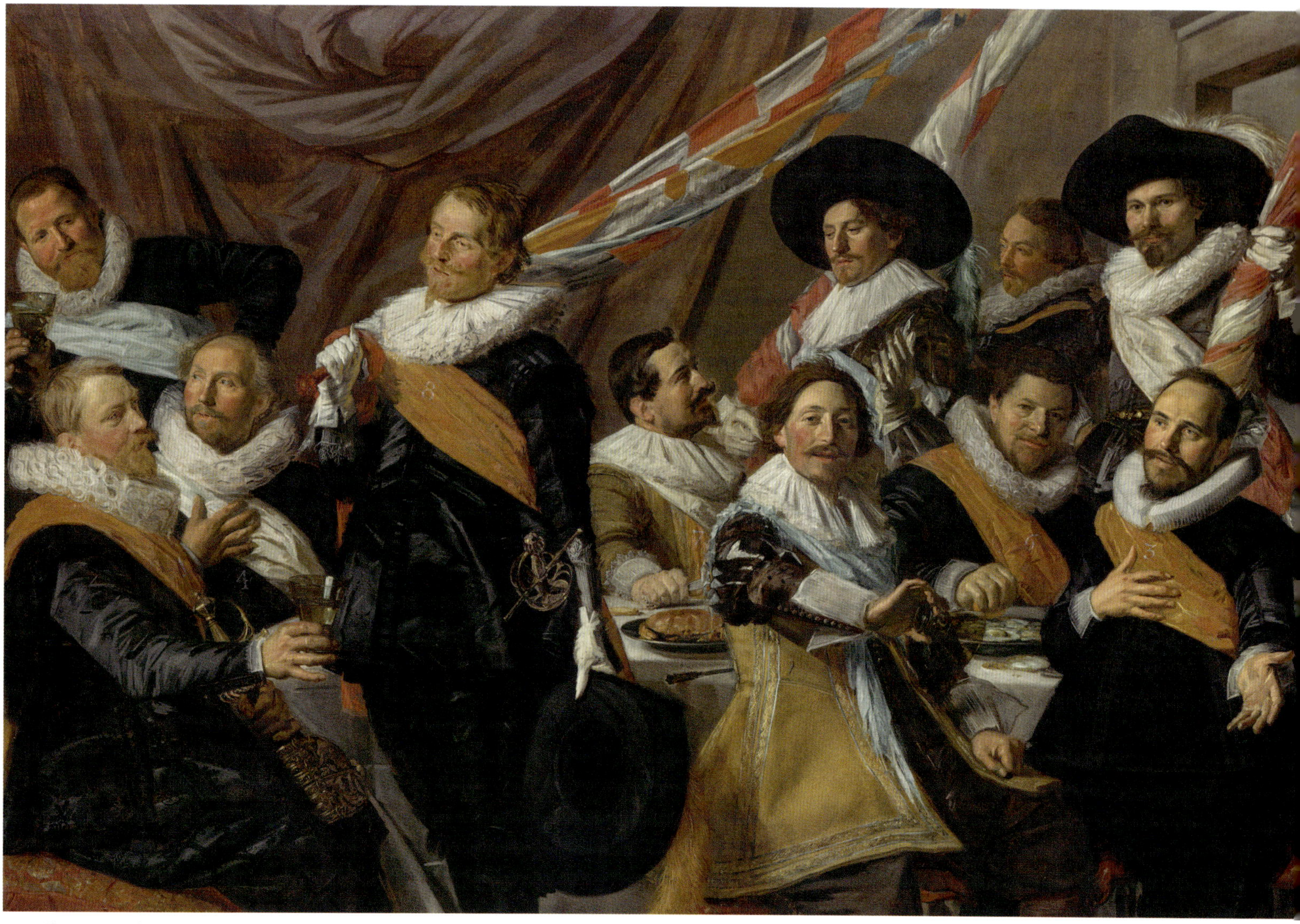

Fig. 12 Frans Hals, *Banquet of the Officers of the St. George Civic Guard*, ca. 1627, Frans Hals Museum, Haarlem

to paint the militia company's group portrait; moreover, Hals's reputation must already have been such that he was an obvious choice. Especially in his paintings of the St. George Civic Guard, first in 1616 and again around 1627 (figs. 11–12), he went to town in every respect, producing showpieces in which he demonstrated his unparalleled ability to imbue his works with life and energy. These have a panache that lifts the genre to a whole new level.

The arrangement of the officers in group portraits of militia companies followed a strict military protocol to reflect their hierarchical structure. Incorporating a substantial number of portraits into one composition forms a tremendous challenge, and most sixteenth-century depictions of guardsmen attending a banquet show decidedly rigid compositions that are essentially an accumulation of individual portraits, the sitters barely interacting. By 1583, Cornelis Cornelisz van Haarlem managed to introduce plenty of lively interaction and characterization of individuals in his *Banquet of Members of the Haarlem Calivermen Civic Guard* (fig. 13), but the arrangement in tiers still feels unnatural, while the way the members are huddled together makes for a crowded scene. That something more engaging and natural was afoot can already be seen in a spirited drawing of about 1600 by Hals's fellow townsman Hendrick Goltzius for a militia piece that was probably never executed (fig. 14).

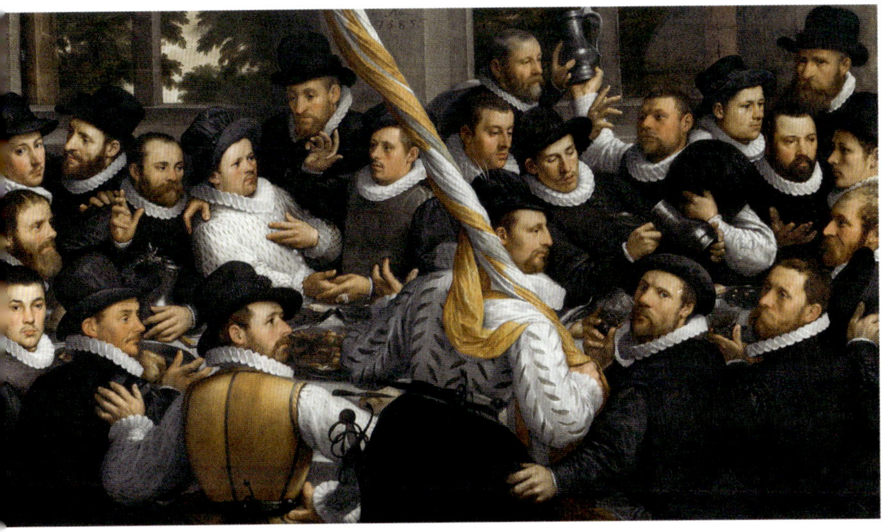

Fig. 13 Cornelis Cornelisz van Haarlem, *Banquet of Members of the Haarlem Calivermen Civic Guard*, 1583, Frans Hals Museum, Haarlem

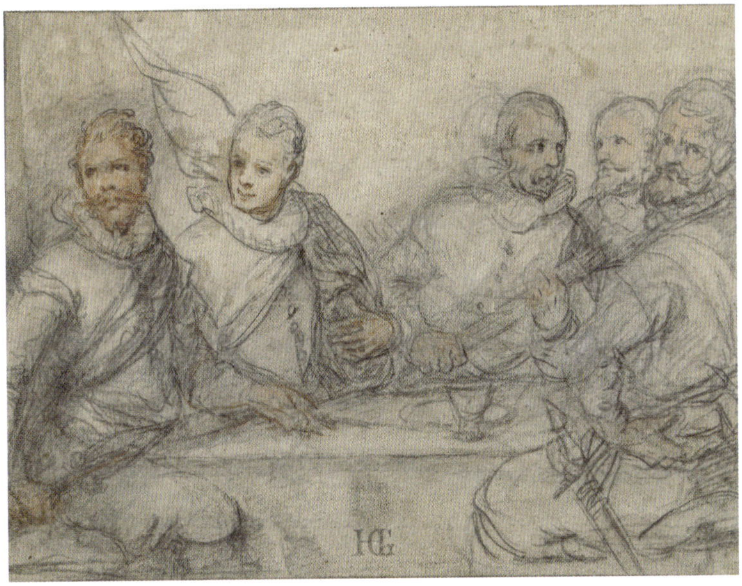

Fig. 14 Hendrick Goltzius, *Study for a Group of Militia Officers*, ca. 1600, Rijksmuseum, Amsterdam

It is this approach that is perfected in Hals's first attempt at such a group portrait of 1616 (fig. 11). The colonel, Hendrick van Berckenrode, is seated at the head of the table at left. He is the only one wearing an orange sash. He is accompanied on his right by the provost, Johan van Napels, and on his left by Captain Jacob Laurensz, whose high cheekbones, slightly weathered face, and commanding presence Hals has captured so brilliantly that we immediately feel we know "the type." What unfolds further to the right is a cast of ruddy-faced captains and lieutenants seated around a richly laden table, with three rather more youthful-looking ensigns standing around them. An older servant stands in the background. For the first time in the history of the genre, a group portrait of this type in no way feels contrived: we are made to feel as if we have stumbled upon this merry company, with some members looking at us as if they have only just become aware that they are being watched. Punctuating the scene at regular intervals are three people with their elbows jutting out toward us. Johan van Napels flanks the scene on the left, followed in the middle by Nicolaes Woutersz van der Meer and, on the far right, by the dashing ensign, Boudewijn van Offenberg, portrayed again eleven years later as the central ensign in Hals's portrait of the same company in 1627 (fig. 12). This is a time-honored device to give depth to the foreground of a scene. Hals repeated the ploy by having the gesturing hand of Lieutenant Pieter Adriaensz Verbeek peep through toward us from under the outstretched arm holding the hat of Ensign Gerrit Cornelisz Vlasman. He here proves himself to be the undisputed master of choreography, but that choreography only reveals itself on close analysis of the composition; the care he has taken to arrange the sitters does not at any point impede the overall impression of artlessness. It is for the same reason that the obviously deliberate triangular composition of the group is not even the first thing we notice. Having one arm akimbo at an angle toward the viewer was certainly not a Hals invention, although he seems to have employed the stance more enthusiastically than any of his peers. It is seen in many Renaissance portraits—a famous example is Pontormo's

Portrait of a Halberdier (1529/30)[21]—and is therefore often referred to as the "Renaissance elbow."[22] In fact, the arm akimbo goes back further still and has its roots in the portrayal of defiance and power in depictions of mythological or biblical figures, the most famous examples being Donatello's sculptures of David (ca. 1408–9, ca. 1535–40).[23] The pose suggests that the person is a force to be reckoned with, in the same category as what we today call the "power stance" (the legs placed far apart) sometimes adopted by those who wish to be perceived as dominant. But while the "power stance" in the politician or chief executive often leads to an awkward or even comical look, in its swagger the arm akimbo or "Renaissance elbow" combines power with elegance. It is above all this latter quality that Hals exploited (and of necessity in his portrayal of children, who are too young to claim a powerful position in society; see the young boy at the far left, p. 158, fig. 5).

The proud figure of the ensign in the St. George Civic Guard painting (fig. 11) lends itself to the pose, which in real life is a practical (and in art a visual) counterweight to the bearing of the standard with the other arm. Only unmarried men were allowed to fulfill the role of ensign in a guard company (in an actual conflict an ensign could be required to defend the standard with his life) and bachelors were free to indulge in the kind of extravagant clothing that married men were expected to trade in for a more sober outfit. Their exuberant appearance and one arm akimbo were already being singled out in sixteenth-century prints (fig. 15). In the seventeenth century, ensigns were very occasionally painted in isolation to commemorate this colorful aspect of their young lives, as in a splendid painting of 1617 by Evert van der Maes (fig. 16).[24] Although the sitter is not a standard bearer, exactly the same comportment is seen in a small oval portrait of a young man that has only recently been convincingly attributed to Hals (fig. 17),[25] the youthful arrogance in the subject's face captured with the kind of brushwork that is entirely characteristic of the artist. Like the ensign on the right in Hals's 1616 militia painting (fig. 11), the oval portrait is reminiscent of similar figures in contemporary genre pictures such as *Elegant Couples Courting* by

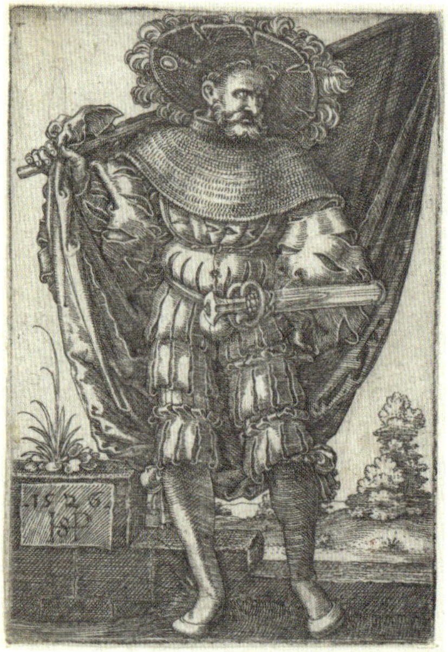

Fig. 15 Hans Sebald Beham, *Standard Bearer*, 1526, Rijksmuseum, Amsterdam

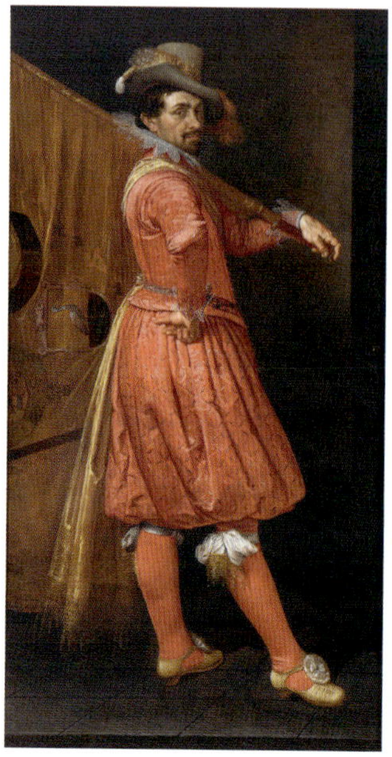

Fig. 16 Evert van der Maes, *Willem Jansz Cock as a Standard Bearer*, 1617, Haags Historisch Museum, The Hague

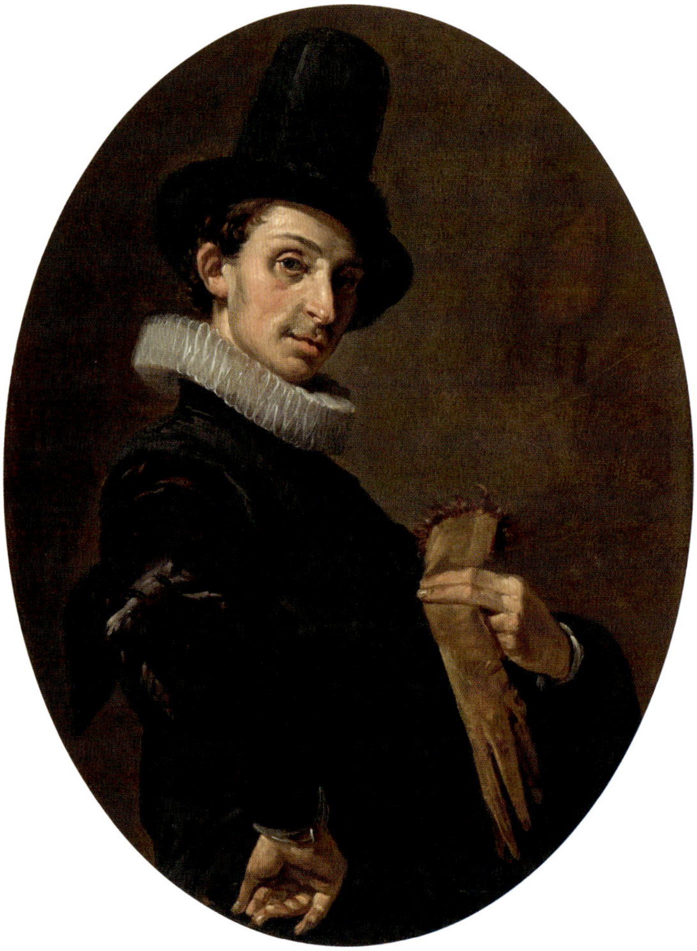

Fig. 17 Frans Hals, *Portrait of a Young Man Holding a Pair of Gloves*, ca. 1619, Rose-Marie and Eijk de Mol van Otterloo Collection

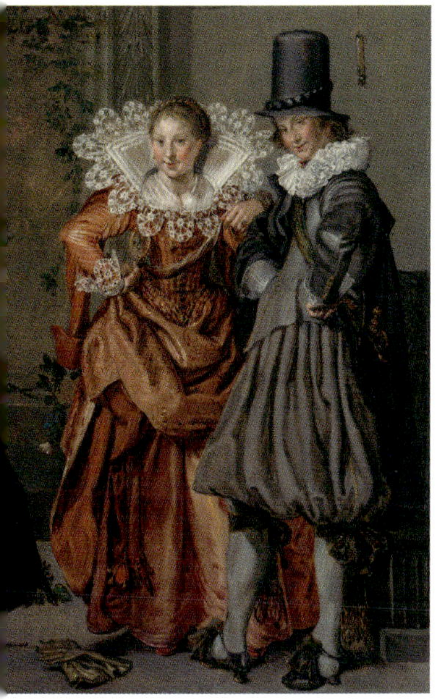

Fig. 18 Willem Buytewech, *Elegant Couples Courting* (detail), ca. 1616–20, Rijksmuseum, Amsterdam

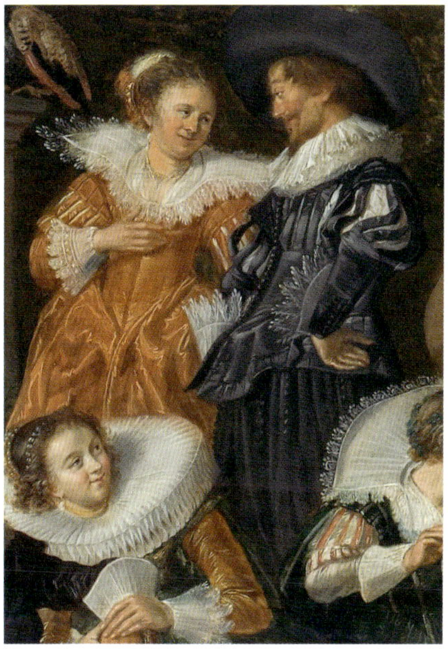

Fig. 19 Dirck Hals, *Fête champêtre* (detail), 1627, Rijksmuseum, Amsterdam

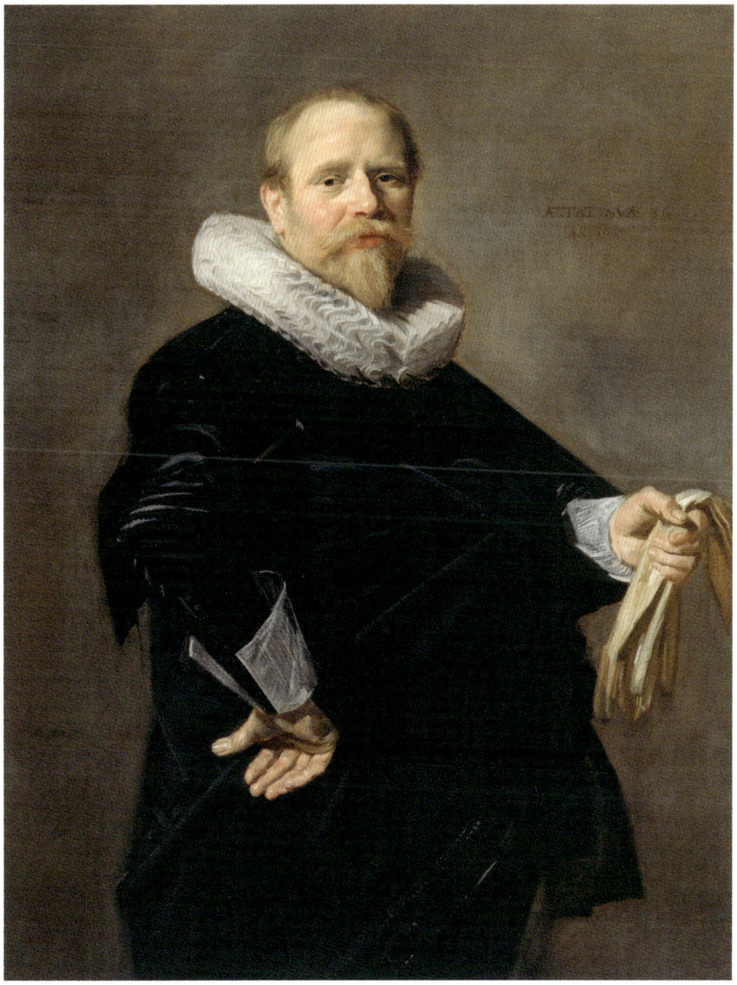

Fig. 20 Frans Hals, *Portrait of a Man*, 1630, The Royal Collection / HM King Charles III

Willem Buytewech (fig. 18), or indeed in works by Hals's younger brother Dirck (fig. 19).[26]

Hals employed the "Renaissance elbow" in roughly one third of his male portraits, of which about two thirds are from the 1620s and 1630s. It occurs in all kinds of portraits, whether the subjects are bachelors in all their finery or married men in more sober attire (with or without pendant portraits of their wives), while outside this category the pose is frequently found in his group portraits. The most famous example is *The Laughing Cavalier* of 1624 (cat. 20).[27] We do not know the identity of the smiling (rather than laughing) man portrayed in this picture, but judging from his opulent clothing it seems reasonably certain that in 1624 he was still a bachelor. This is one of the most successful examples of how the arm-akimbo pose not only lends dynamism to a portrait but also generates a tremendous sense of depth, the elbow hiding beneath a luxuriously decorated sleeve entering the viewer's space. The effect is heightened by bringing the sitter very close to the picture plane. Much the same is seen in the "excellent picture of a man in a broad-brimmed hat, with his left hand on his hip, and his eyes and cheeks telling of many a sacrifice to Bacchus," as the nineteenth-century connoisseur Gustav Friedrich Waagen in 1854 described a portrait now in New York (cat. 21) but at that time at Petworth House in Sussex.[28] Waagen was equally enamored of the portrait of a man, "left hand holding a glove, the right resting on his hip," that he saw at Buckingham Palace (fig. 20), describing it as "unusually spirited and animated, even for Frank [sic] Hals." He continued that in his opinion, "the real value of this painter in the history of Dutch art has never been sufficiently appreciated. He was the first who introduced the broad manner of Rubens into Holland, where it was adopted and followed up with the greatest success by Rembrandt, who was born twenty years later."[29] Waagen was certainly right to evoke Rubens in his assessment of Hals's achievements, but the picture above all demonstrates yet again how Hals's brush can turn a portrait into a palpable presence and that the identity of the sitter is in no way crucial to our appreciation of a portrait of exceptional quality in much the same way as we do not need to know the identity of *The Laughing Cavalier* to recognize its preeminence as a work of art. We do know the identity of the supremely confident person in Hals's only known full-length portrait (fig. 21).

The wealthy cloth merchant Willem van Heythuysen has his eyes firmly trained on the viewer, his arm-akimbo pose reinforced by his resolutely placing his sword on the ground in front of him with his outstretched right arm. His pose is a little unnerving, the imposing effect heightened by the fact that he is seen from a low viewpoint. It is curious that the sitter who had himself depicted life-size and in such a stately manner (the picture is some two meters high) had himself portrayed over a decade later in one of Hals's smallest and most casual portraits (p. 285, fig. 11), less than 50 cm in height. The latter shows Van Heythuysen in a decidedly more playful mood, resting his right leg on his left knee while bending his hunting crop and perilously tilting his chair back. The riding gear leaves little doubt that Van Heythuysen was keen to express his social status here as well, but this is evidently a far more personal image. Indeed, we know that it was hanging in one of the intimate rooms of his Haarlem residence.[30] Its informality is akin to genre pictures of the period, the sitter's pose reminiscent of figure studies in oil on paper by Hals's brother Dirck.[31]

Although in Dutch portrait painting the arm-akimbo pose was almost exclusively a male preserve, in Hals's oeuvre there is one glorious exception of a woman adopting the stance (fig. 23). It has only recently been established that this portrait represents Cunera van Baersdorp and that it is a pendant of a similarly unusual portrait of a man (fig. 22) that depicts her husband, Michiel de Wael, a successful Haarlem merchant and owner of the city's De Son and Het Rode Hert breweries.[32] It will not have been lost on contemporary audiences that such a powerful posture was unusual in a female portrait, and some may well have thought of it as unbecoming.[33] Hals's teacher Van Mander advised painters that decorum should be observed in the depiction of gesture and comportment, so that, for example, men act like men and women like women.[34] As we have seen, it is not the only piece of advice by his master that Hals did not necessarily follow.

The boldness of Cunera van Baersdorp's portrait is mirrored in that of her husband. It was customary in pendant portraits of married couples not only to have the man on the left and the woman on the right, but also to have them turning to one another (figs. 24–5; cat. 15–16). But Michiel de Wael, like his wife, has his left arm placed on his hip, and consequently his body turns away from her to take on a more frontal stance. For this reason one is inclined to "read" the pendants from right to left, starting with Cunera van Baersdorp's commanding pose before turning our attention to her husband. This does not in any way feel inappropriate; on the contrary, despite their unconformity, there is a wonderful unity and continuity between the two pictures. Michiel de Wael's pose not only echoes that of his wife, he is holding his glove in his right hand just as she holds a glove in hers. Hals also achieved unity by contrasting their comportment: while her stance is firm, he is caught mid-flow in a majestic movement across the canvas toward our left. And when we look at them together, it is Cunera van Baersdorp who takes the lead in the choreography played out across these two canvases. In these pendants we see Hals at his most inventive, surpassed only by his pendant portraits of Stephanus Geraerdts and Isabella Coymans of a quarter of a century later (figs. 26–7) in which the roles played by husband and wife are similar. Isabella Coymans turns her body away from her husband but stretches out her right arm to offer him a rose, a gift that he is clearly anticipating. Here, too, we "read" the pendants from right to left, the gestures toward each other across the divide creating a heart-warming connection of playful affection. Both sets of pendants are a class apart, even by Hals's standards.

We see the same Michiel de Wael at the center of the *Banquet of the Officers of the St. George Civic Guard* of around 1627 (fig. 12), arguably Hals's greatest militia piece (he appears once more, now aged, in a similarly central position in Hals's portrait of the same company painted in 1639, p. 20, fig. 2). Compared to the 1616 militia painting (fig. 11), the dynamics in the 1627 picture have changed. As in the earlier painting, the colonel, Aernout Druyvesteyn, is seated at the head of the table at the far left, but

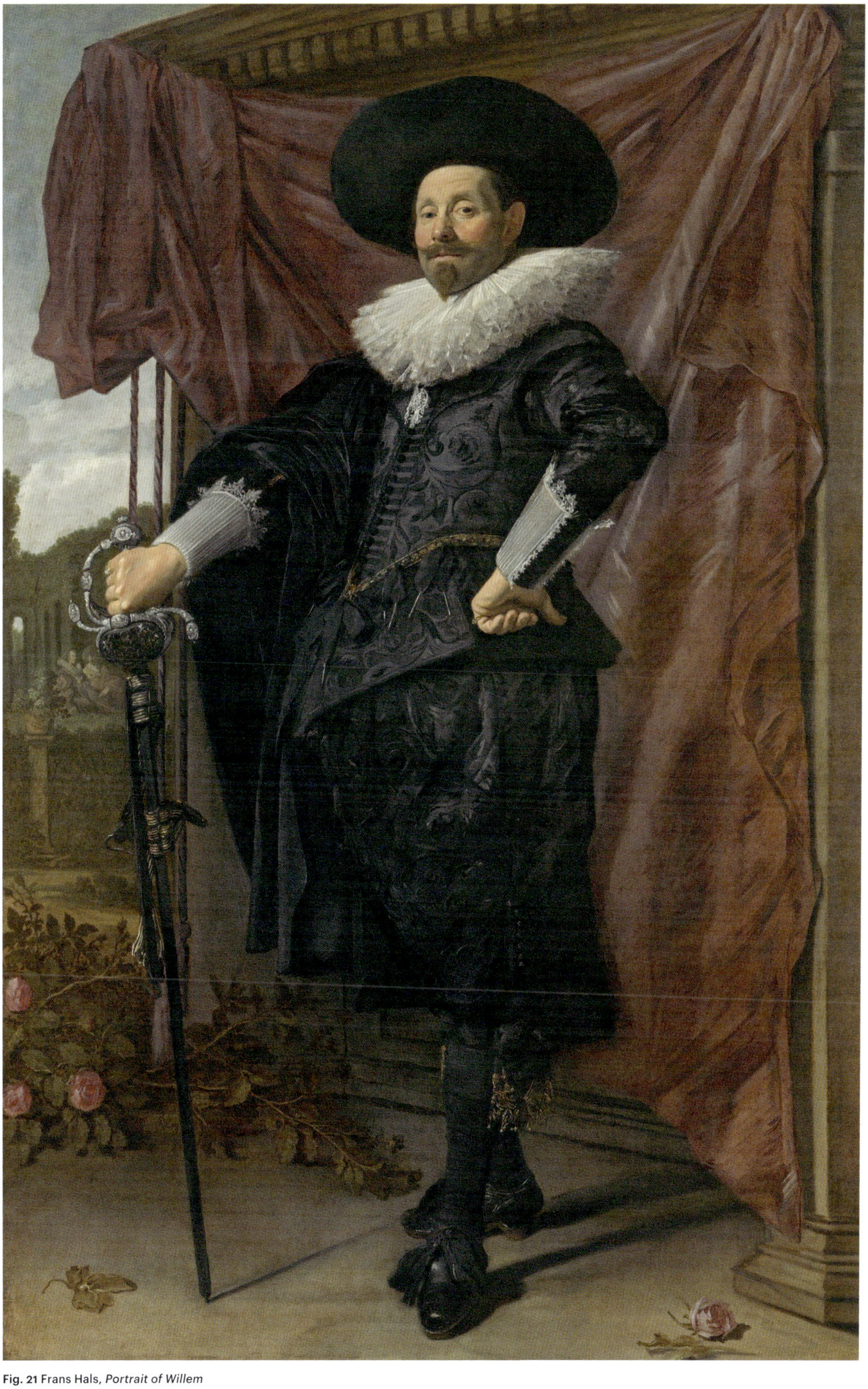

Fig. 21 Frans Hals, *Portrait of Willem van Heythuysen*, ca. 1625, Bayerische Staatsgemäldesammlungen München – Alte Pinakothek

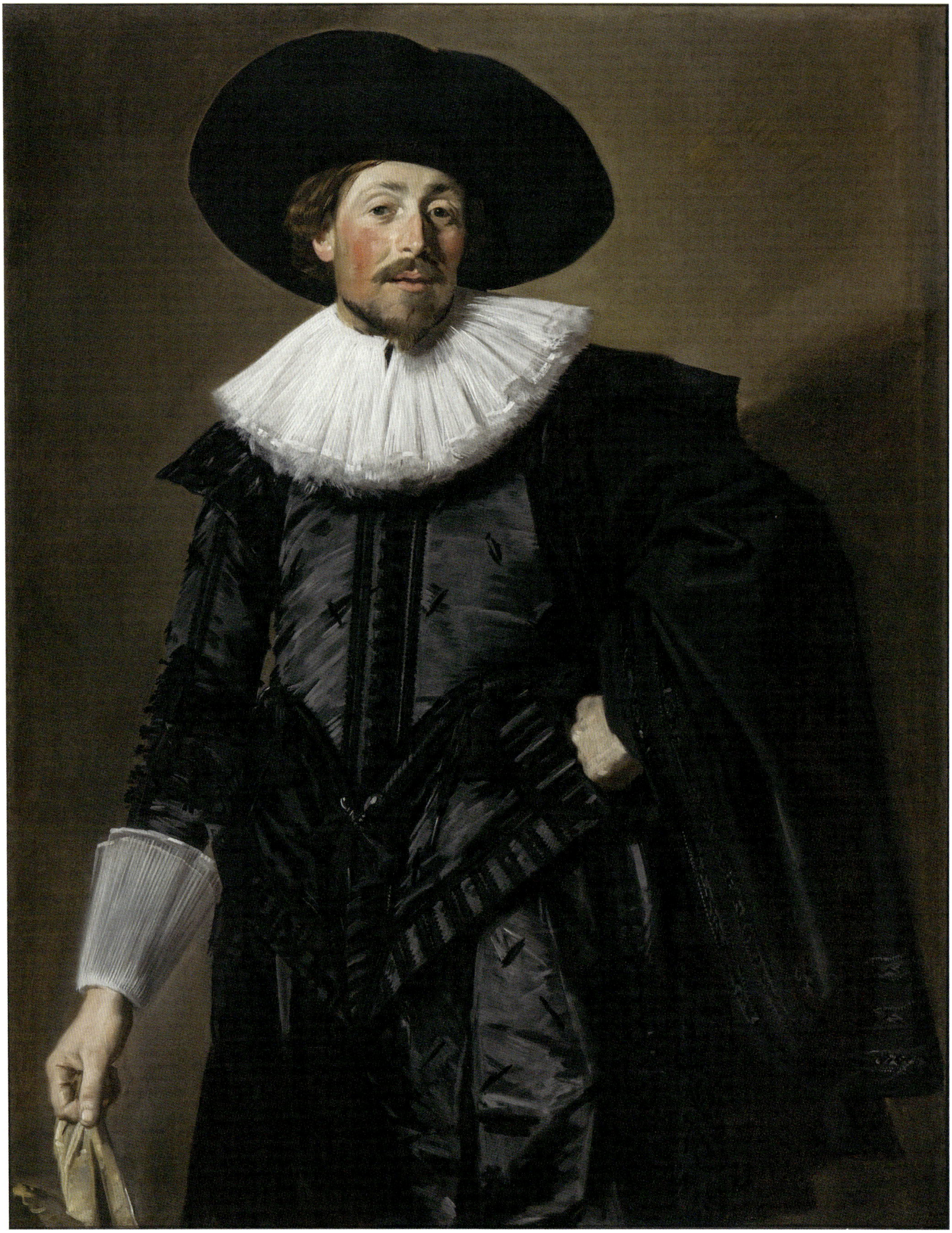

Fig. 22 Frans Hals, *Portrait of Michiel de Wael*, ca. 1625, Taft Museum of Art, Cincinnati

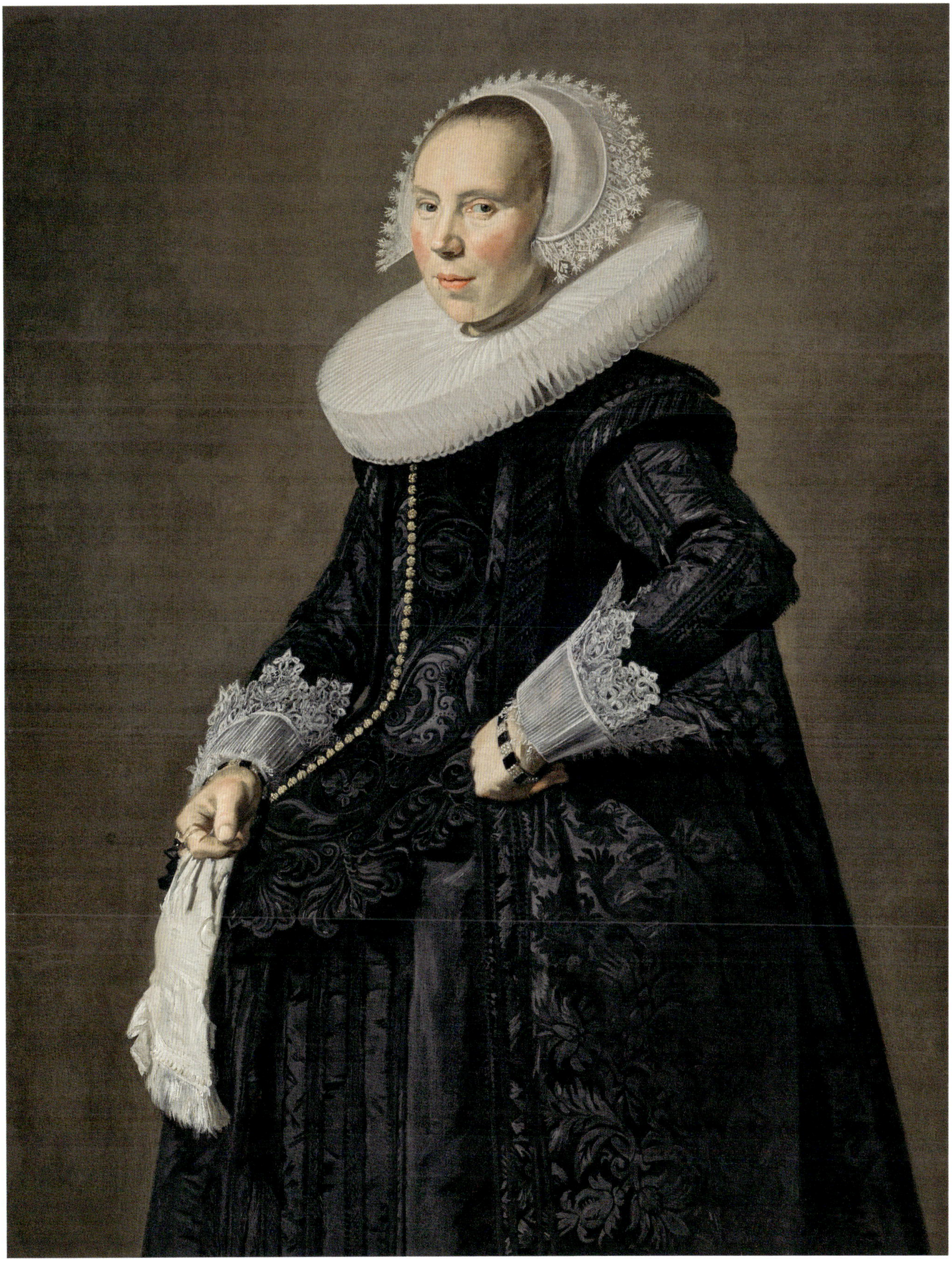

Fig. 23 Frans Hals, *Portrait of Cunera van Baersdorp*, ca. 1625, Susan and Matthew Weatherbie Collection, Museum of Fine Arts, Boston

Fig. 24 Frans Hals, *Portrait of François Wouters*, ca. 1645, National Galleries of Scotland, Edinburgh

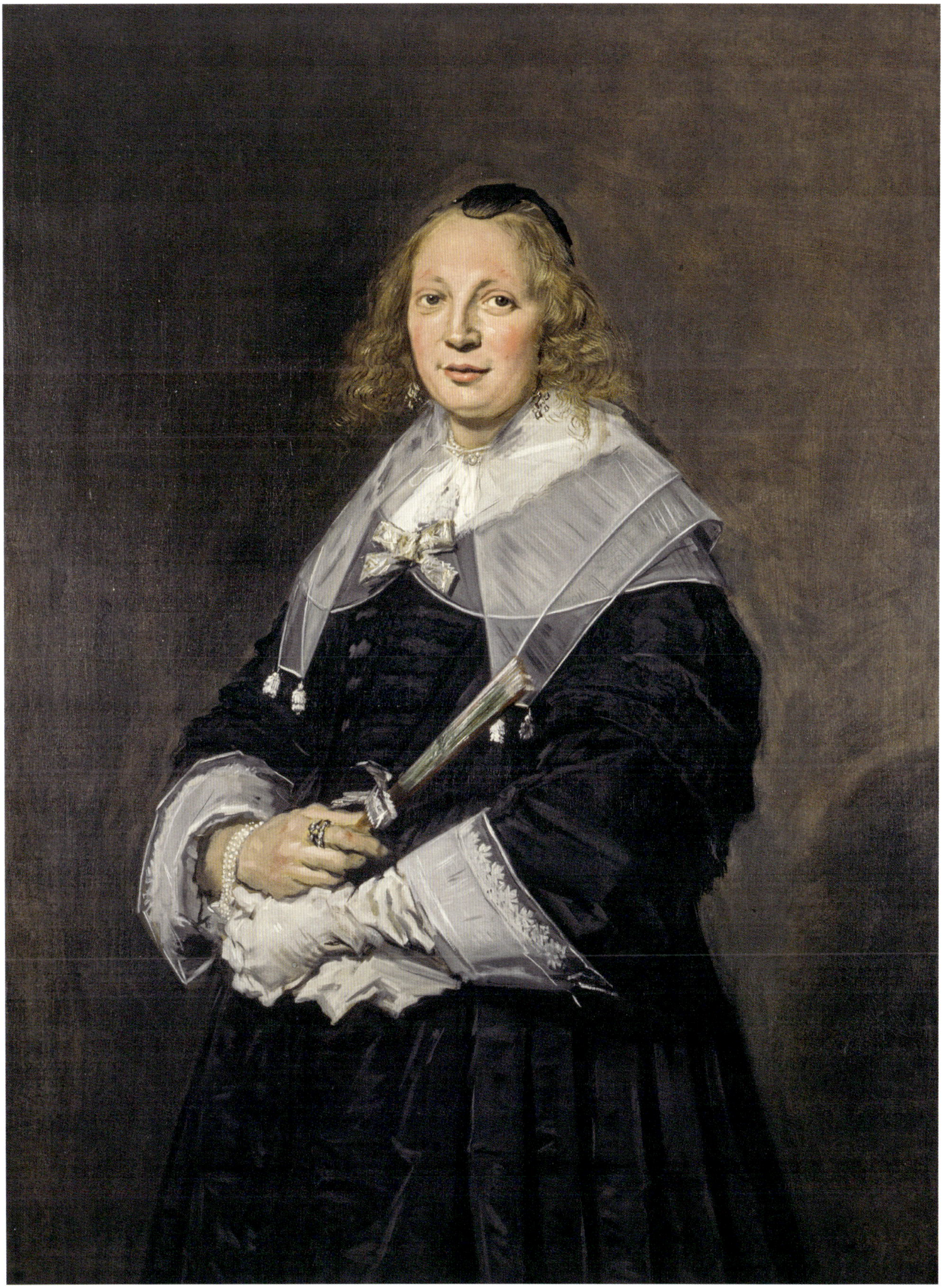

Fig. 25 Frans Hals, *Portrait of Susanna Baillij*, ca. 1645, National Galleries of Scotland, Edinburgh

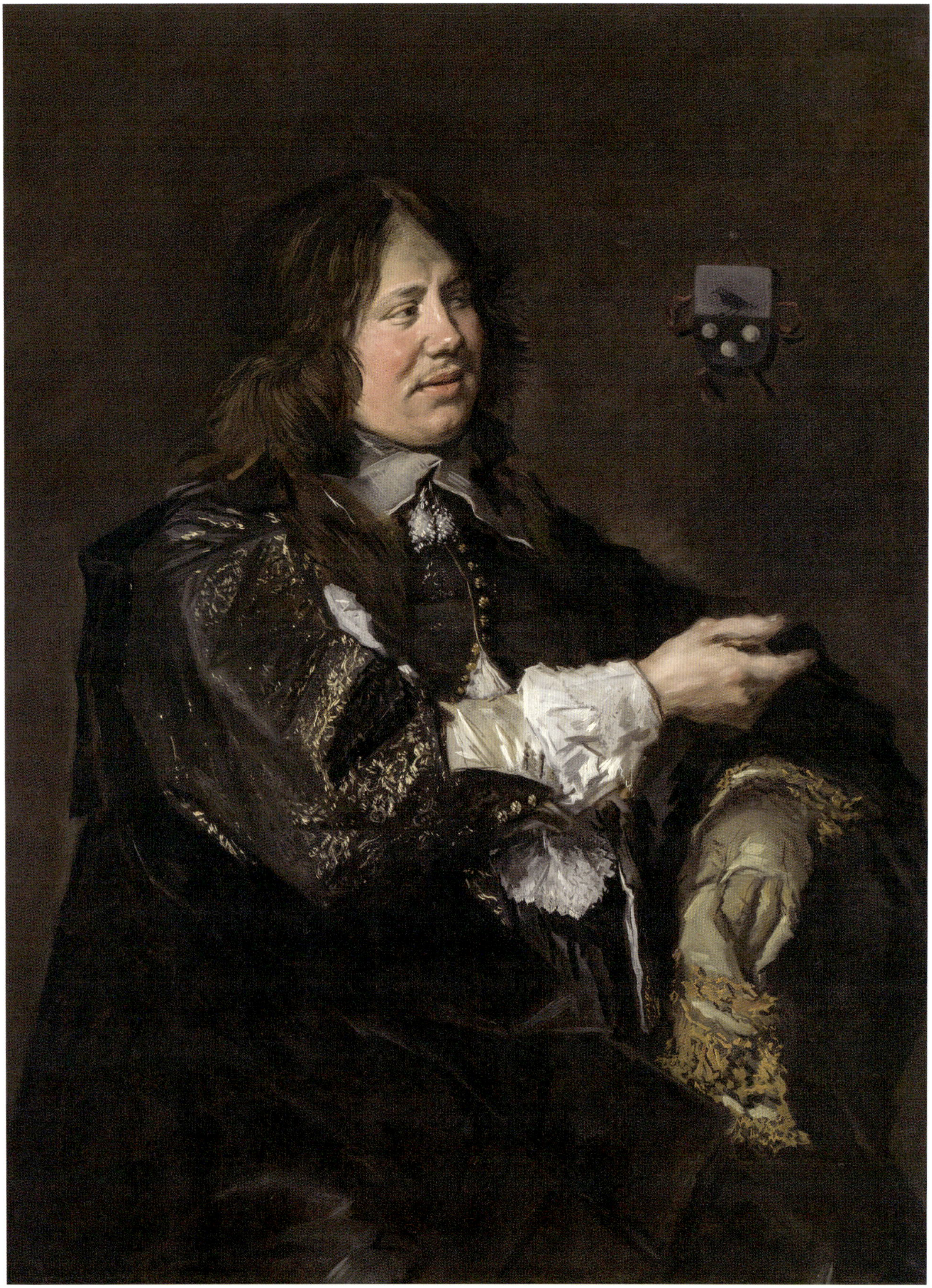

Fig. 26 Frans Hals, *Portrait of Stephanus Geraerdts*, ca. 1650, Royal Museum of Fine Arts Antwerp – Flemish Community

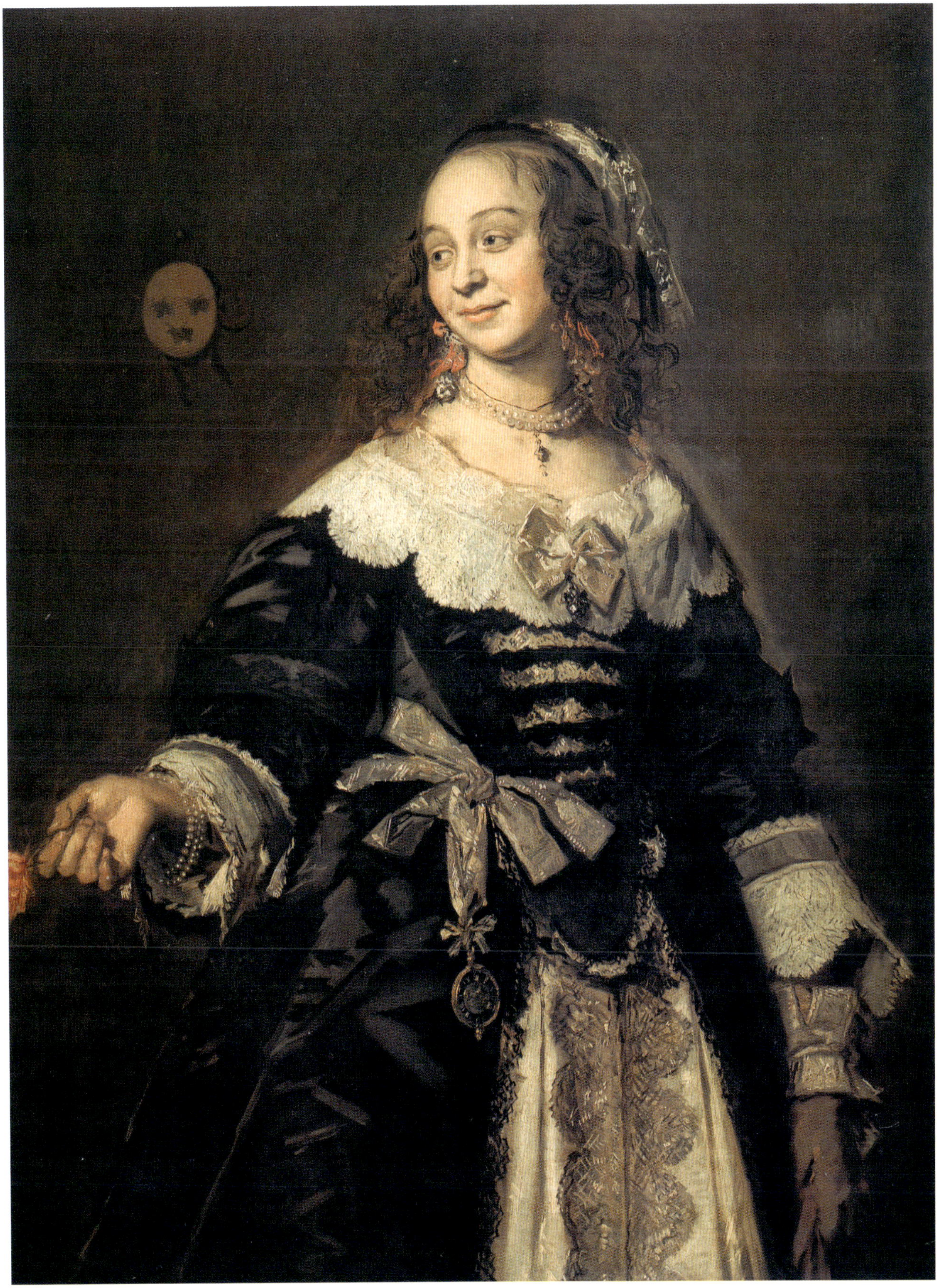

Fig. 27 Frans Hals, *Portrait of Isabella Coymans*, ca. 1650, Private collection

instead of the officers following according to their rank from left to right, they are now largely arranged from near to far, with the captains in the foreground and the lieutenants behind the table. We have also come a lot closer to the action, which is even more casual than in the earlier work. There are spirited encounters between the colonel and the ensign (Boudewijn van Offenberg) standing in front of him, and between a seated lieutenant (Jacob Pietersz Olycan) who looks up to the ensign (Dirck Dicx) standing next to him. Brilliantly observed details include a lieutenant in the background (Frederik Coning) squeezing a lemon over a plate of oysters, and Michiel de Wael in the foreground turning his glass upside down. There is animation and movement throughout the composition, with even the servant who has just come in through the door on the right looking as if he is in motion. The scene is bookended by two men with one arm akimbo: on the far left, Cornelis Boudewijnsz raises his glass with his other hand, while on the far right, Ensign Jacob Cornelisz Schout firmly holds on to his standard with his. The banquet is a celebration of color, too, with accents in orange, white, light blue, and red in the sashes and standards (the first three colors representing the three companies) set against the dark and ocher tones of the men's costumes. All this is unusually freely brushed, even for Hals.

That Hals's extraordinary gift as a painter of group portraits was noted elsewhere is clear from the fact that in 1633 the officers of a company of the Amsterdam Crossbow Civic Guard took the unusual step of commissioning a painter from Haarlem for their group portrait, now best known as *"The Meager Company"* (cat. 36). They may well have regretted their decision not to commission a local artist—as was the tradition—once it became clear what kind of logistical problems it entailed. Hals started the painting but eventually could not come to an agreement with his patrons as to how he would complete it.[35] Four years later, Pieter Codde was given the unenviable task of finishing the painting. The result is a curious hybrid, with Hals responsible for most of the left half of the figures, although technical evidence shows that his underdrawing in oil means that he was responsible for the overall composition. He had only begun but not finished six or seven heads and some of the clothing when he abandoned the work. They are all on the left and include the seated Captain Reynier Reael and Lieutenant Cornelis Michielsz Blaeuw—the only ones whose identity we know for certain—as well as the standing figures around them. Comparing them to the other figures to the right of this group is an object lesson in how to distinguish between the hand of the master and an imitator. One cannot fault Codde's attempt to adapt his painting technique to that of Hals to unify the handling in the work, but he also inadvertently illustrates how Van Mander had good reason to warn artists against merely imitating a loose manner; there is a great deal of difference, especially in the treatment of the faces and hands, which in Hals's section looks assured but in Codde's feels derivative and contrived. The ensign at the far left, his "Renaissance elbow" as prominent as can be, must be one of the most glorious figures Hals ever painted. The entire painting, but especially this figure, famously stopped Vincent van Gogh in his tracks when he first saw it in 1885, writing to his brother Theo that on encountering the work he was "literally rooted to the spot," adding on the subject of the ensign that he had "seldom seen a more divinely beautiful figure."[36] The painting inspired some of the most lyrical passages in Van Gogh's letters.[37]

The finest rendition of the arm-akimbo pose must be Hals's portrait of Jasper Schade of the mid-1640s (cat. 23) in which we are confronted with the rather condescending gaze and extravagant outfit of a young man who was overly concerned with looking stylish and fashionable. It is not surprising to learn from contemporary correspondence between his uncle Louis van Kinschot and his cousin Caspar van Kinschot that Jasper had a reputation for spending excessive amounts on his clothes.[38] The sleeve of Schade's spectacular taffeta jacket thrusts into our space and provided Hals with a chance to dazzle the viewer with his virtuoso brushwork. Throughout the jacket, but especially in the sleeve, we can delight in the artist's brush dancing over the surface of the picture. Tracing every rapid stroke with our eyes takes almost as

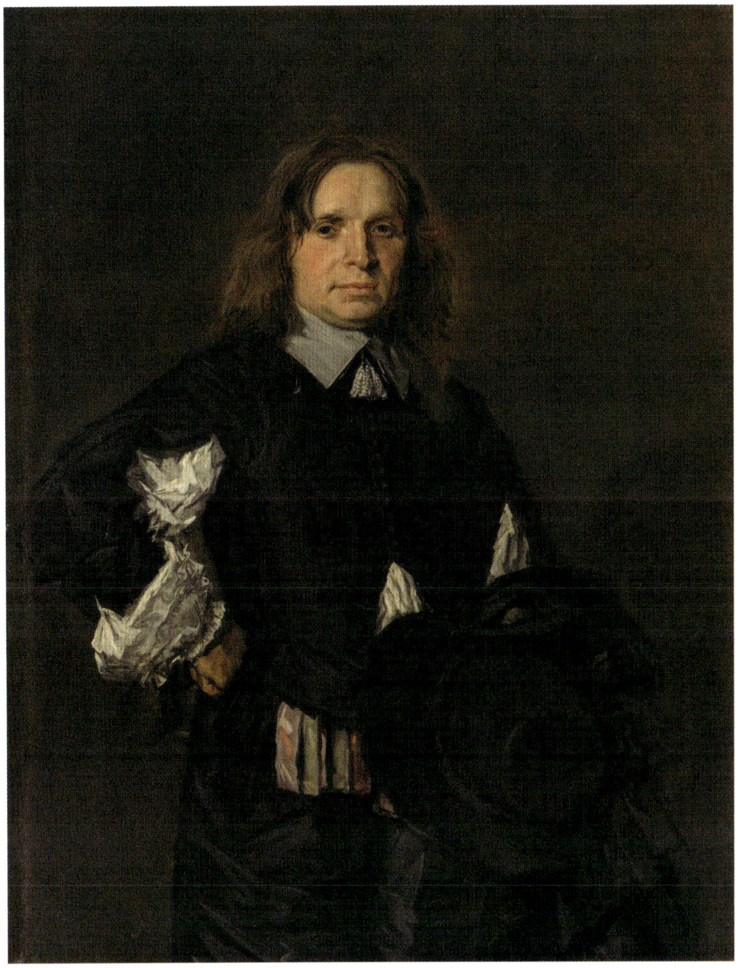

Fig. 28 Frans Hals, *Portrait of a Man*, ca. 1650, The Metropolitan Museum of Art, New York

long as it took Hals to paint them. How his brushwork evolved over time is immediately apparent when we compare Schade's sleeve with the equally assured but still rather more precise handling of the sleeve of *The Laughing Cavalier*, painted some two decades earlier.

Far more stately examples of the pose include the portraits of Lucas de Clercq (cat. 16a), Tieleman Roosterman (cat. 15a), and François Wouters (fig. 24) of the 1630s and 1640s. The pose becomes almost completely frontal in Hals's magisterial *Portrait of a Man* of about 1650 (fig. 28). Here, once again, he exploited the sitter's "Renaissance elbow" to impress the viewer with his ever more daring flickering brushwork in the whites of the man's frilly cuff, or indeed in the small accents of lilac, gray-green, and rose in the ribbons at his waist, audacious details in an image largely consisting of whites and blacks.

Few artists can do nonchalance as well as Hals. The relaxed poses of the couple in the Rijksmuseum double portrait (cat. 3) suggest that they are completely at ease with each other. We hardly notice that he has his arm akimbo because our attention is drawn to the unselfconscious manner in which his wife, seated at the center of the composition, rests her hand on it. There is probably no more captivating image of love and affection in seventeenth-century Dutch painting. Although this central message is alluded to in various details in the composition that symbolize love and fidelity in marriage,[39] it finds its most eloquent expression in the couple's relaxed attitude. There is no conclusive proof, but it seems likely that the double portrait represents the wealthy grain merchant Isaac Abrahamsz Massa and his wife, Beatrix van der Laen, and that it was painted on the occasion of their marriage in 1622. In 1623, Isaac Massa was a witness at the baptism of Hals's daughter Ariaentje, which suggests that he and Hals knew one another well.[40] It would certainly make sense for a friend of the artist to have encouraged him to create such an exceptionally informal portrait.

Their friendship would also explain the informal pose in a securely identified portrait of Isaac Massa (cat. 33a), which shows him turning in a chair, his arm resting on its back. We all know the pose—most of us will have

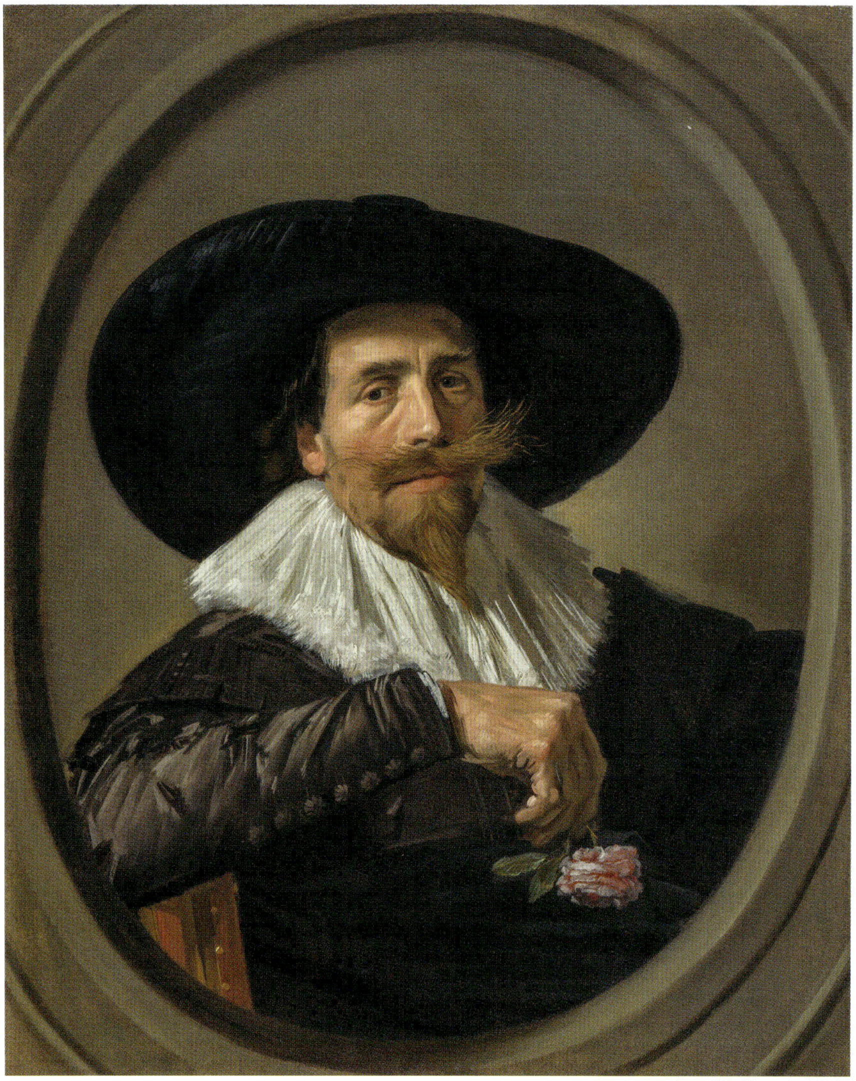

Fig. 29 Frans Hals, *Portrait of Pieter Dircksz Tjarck*, ca. 1635, Los Angeles County Museum of Art

adopted it at some point in our lives—but Hals appears to be the first artist ever to employ it in a portrait.[41] This is yet another example of how, much more than any of his peers, Hals used a person's comportment as much as their facial resemblance to create a successful portrait.

Meaningful Attributes

While in the Toronto portrait (cat. 33a) Massa holds a sprig of holly, which may be understood as an emblem of friendship,[42] Pieter Tjarck has a pink rose as an unambiguous symbol of love in the pendants depicting him and Marie Larp (figs. 29–30), whom he married in 1634. Also seated on a chair, Tjarck adopts the same pose as Massa but in a more composed manner, as befits a portrait that must have been painted to mark his marriage. He nevertheless looks positively relaxed compared with his wife, who sits as upright as can be, rigidly holding her hand to her chest. We cannot be sure that her gesture reciprocates his offering by indicating that love resides in the heart, but it certainly draws attention to her faultless posture.[43]

Such meaningful details or attributes in Hals's portraits are relatively rare. We have already seen how the skull in his early portrait of a man (cat. 9b) functions as a symbol of vanitas. Elsewhere in this book the question is discussed of how a specific meaning may be attached to the red herring held by Pieter Cornelisz van der Mersch (cat. 10).[44] There is the rather bizarre attribute of a jawbone in Hals's portrayal of Verdonck (cat. 6), as he is

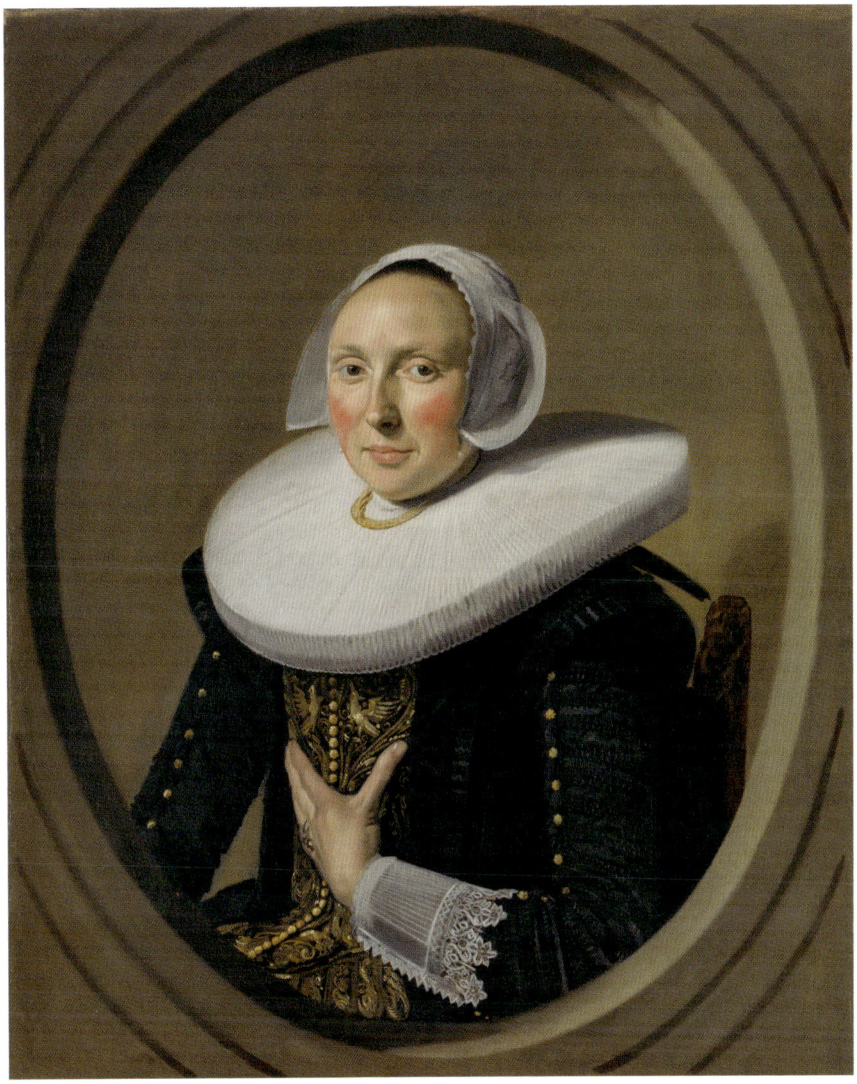

Fig. 30 Frans Hals, *Portrait of Marie Larp*, ca. 1635, The National Gallery, London

identified in a contemporary print after it by Jan van de Velde. It has been convincingly argued that this jawbone alludes to how, in an ongoing dispute between factions of the Mennonite community, Verdonck (probably a Pieter Verdonck from Haarlem) crushed his enemies—like the biblical figure of Samson with his jawbone of a donkey—albeit figuratively rather than literally, with the power of his words.[45]

In the Toronto portrait of Isaac Massa (cat. 33a), we see in the background a window offering a view of a landscape with conifers. This almost certainly alludes to Massa's activities in Russia and the Baltic.[46] He was a successful grain merchant who repeatedly travelled on business to Moscow, where from 1614 he also performed diplomatic services for the Dutch States General; he had similarly good contacts in Sweden, where in 1625 King Gustavus Adolphus granted him a patent of nobility.[47] We also know, however, that other Dutch merchants with business dealings in Russia were quick to object to Massa's diplomatic and business activities in Moscow, which, they claimed, were detrimental to their own interests—and even disingenuous.[48] There is an oblique reference to Massa's awareness of his detractors in the caption accompanying the print that was made after Hals's small portrait of Massa painted about 1635. In addition to championing Massa's diplomatic and trading accomplishments, the caption mentions the word *Nijt* (Envy) no fewer than three times. Massa clearly felt "Pursued by hatred and envy," as the opening line of the caption puts it, but he had "obtained honour from Emperor, King and Lord and sought their favour, while fulfilling the commissions entrusted to him by the States. When envy brought accusations upon him, he continued on his way, trusting in God, and obtained greater honours from the commander of the Goths, while laughing at envy. Promoted to the nobility, and having become rich, he now calmly awaits his eternal bliss."[49]

It has been suggested, based on facial resemblance, that the sitter in Hals's extraordinary portrait of a man with his arms folded across his chest (cat. 11) also shows Isaac Massa.[50] The pose is unique in Hals's oeuvre. It has been observed that it is difficult to say whether it signifies "defiance, insolent arrogance, impatience, sloth or incredulity."[51] Interestingly, it has recently proved possible through technical examination—carried out during recent conservation treatment of the picture at the National Gallery[52]—to establish that the first option of defiance must be the correct one. Details found hiding beneath later overpaint covering the background of the portrait prove beyond doubt that we are indeed looking at a portrait of Isaac Massa and that this portrait can be seen as the visual equivalent of the caption to the print quoted above.

The infrared reflectogram of the work (fig. 32) reveals that there were originally two figures looming from behind the sitter's left shoulder: one clearly a skull together with part of the associated skeleton and the other some kind of monstrous creature. Over Massa's other shoulder we see the more conventional detail of a coat of arms, but also a scroll sloping down from his right shoulder with what seems to be lettering on it, although the details of both these features are difficult to see. Further technical examination suggested that all this belongs to the original composition.[53] The monstrous creature consists of a head that appears to have snakes for hair. As can be seen in fig. 34, this figure must have had reddish eyes and was holding something red in front of its mouth. There can be little doubt that it is in fact a personification of Envy, who invariably has snakes for hair and, crucially, tends to hold a heart in front of her mouth, as we can

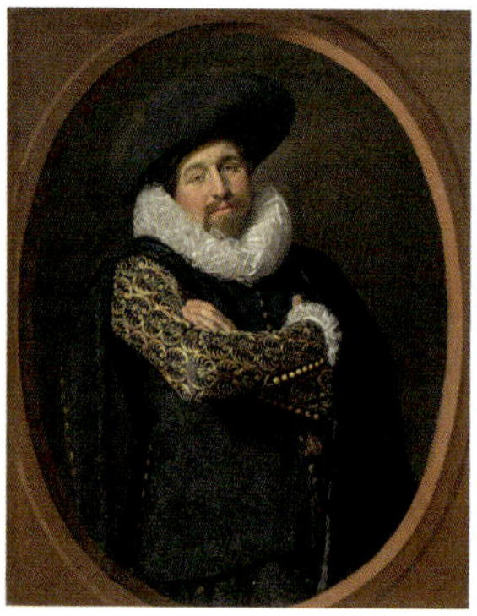

Fig. 31 Frans Hals, *Portrait of Isaac Abrahamsz Massa*, 1622 (cat. 11)

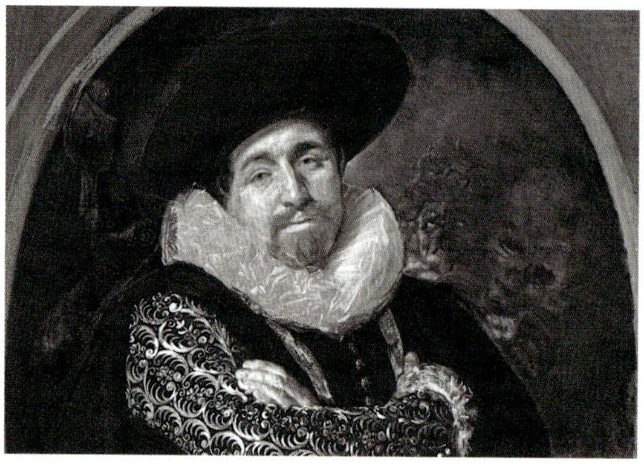

Fig. 32 Detail of infrared reflectogram of fig. 31

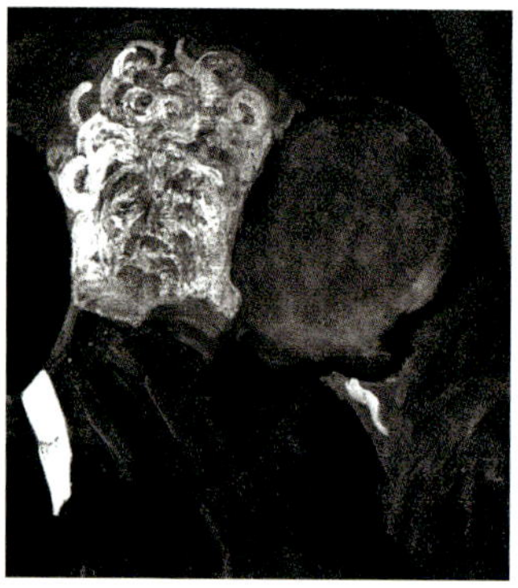

Fig. 33 Detail of copper X-ray fluorescence (XRF) map (Cu-KA) of fig. 31

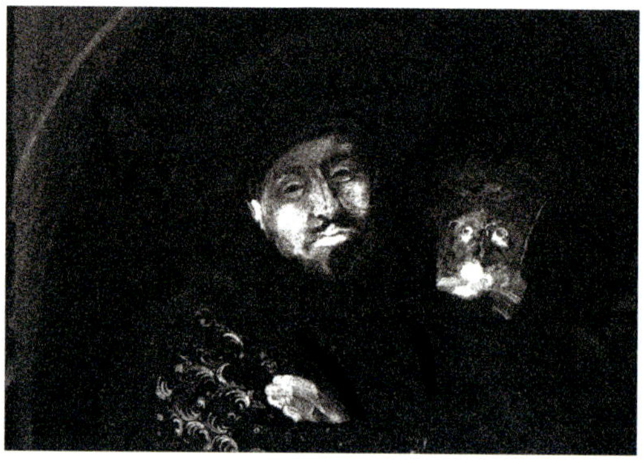

Fig. 34 Detail of mercury X-ray fluorescence (XRF) map (Hg-LA) of fig. 31

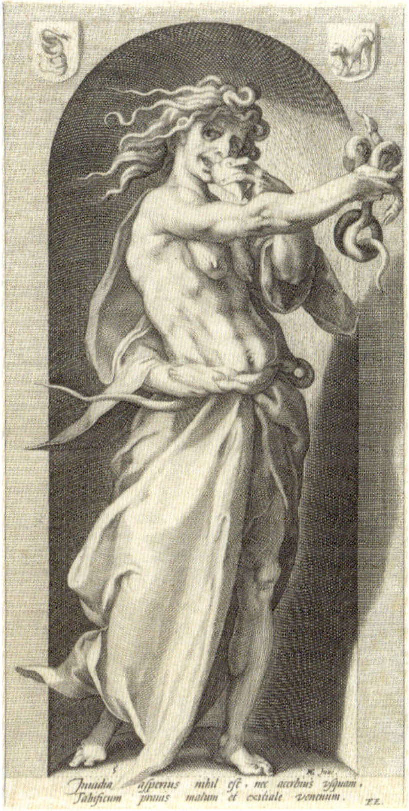

Fig. 35 Jacob Matham after Hendrick Goltzius, *Envy*, 1593, Rijksmuseum, Amsterdam

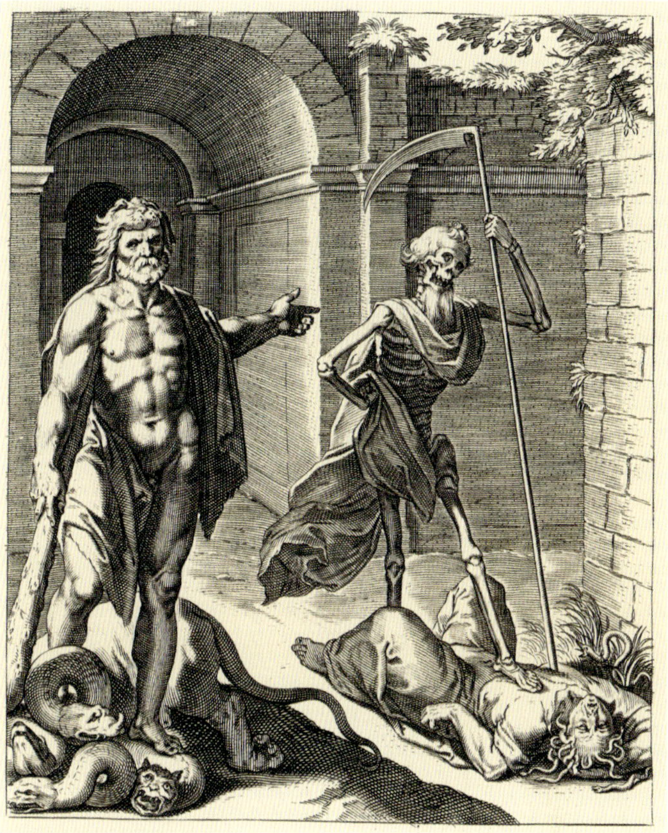

Fig. 37 Otto van Veen (Vaenius), *Q. Horatii Flacci Emblemata*, Antwerp 1612 (first edition 1607), p. 172

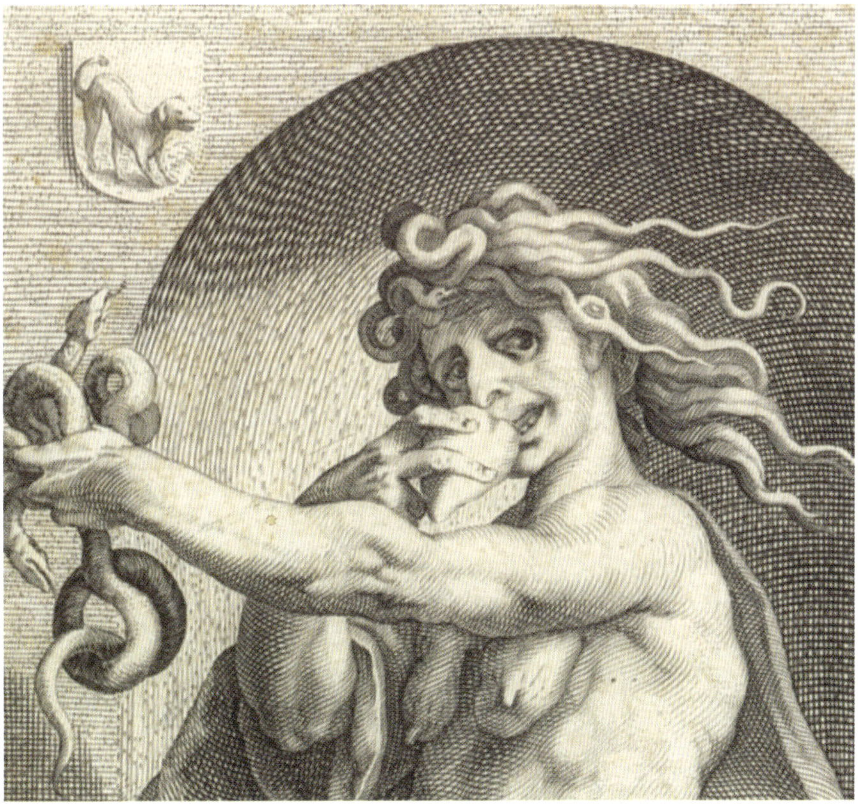

Fig. 36 *Envy* (reversed, detail of fig. 35), 1593

see in an engraving of 1593 by Jacob Matham after a design by Hendrick Goltzius (fig. 35). This print would have been readily available in Hals's time, especially in Haarlem, the city where both Matham and Goltzius were active, and it may well have been this very image that Hals used as inspiration for his depiction of the personification: when reversed, the resemblance is uncanny, including the way Envy holds the heart to her mouth and the wavy snake hair extends to the right, appearing from behind the skull (figs. 33, 36).

But why is Envy accompanied by a personification of Death? The answer may be found in a well-known early seventeenth-century emblem book by Otto van Veen (Vaenius), which contains an image of Envy being trampled by Death (fig. 37). This is accompanied by the Latin motto "Post Mortem Cessat Invidia" (after death, envy ceases). The image is accompanied by an explanation that reads: "Hercules has conquered many large monsters in his day / But only Death has ever managed to tame the dark force of Envy. For as long as one lives / she will devour a good reputation with her sharp teeth: Only reputations of the dead are set free / They will no longer be disturbed by her."

When seen in relation to Massa's biography, all these details fit the bill. Clearly, he was aware of his detractors and seems to have decided that his feeling of being "Pursued by hatred and envy" should find expression in his portrait by Hals. We can therefore also make sense of his unusual pose, which is evidently one of defiance in the face of those he perceived as his enemies. The additional message that Massa appears to have been keen to include is that in the long run death will bring every form of envy to an end. It is a peculiar message to convey in a painted portrait, which as a consequence will have looked not only cluttered but also fairly lugubrious. One cannot entirely blame those who, probably not long after Massa's death in 1643, decided to have such distracting details painted out, leaving us with just his bold cross-armed pose.[54]

Massa will have specifically requested his portrait to be accompanied by such meaningful details. Such a rather learned slant chimes with what we know about him, an educated man involved in geography and cartography and who had immersed himself in Russian history, writing several treatises on Russia that appeared in both Dutch and Latin. His two life-size portraits demonstrate that he was keen to include in them allusions to his personal circumstances. That Massa clearly had a penchant for symbolism adds yet more weight to the idea that the marriage portrait in the Rijksmuseum (cat. 3), with its flora alluding to love and fidelity, does indeed show Isaac Massa and his wife.

Late Works

Hals used the pose he introduced in his Toronto portrait of Massa (cat. 33a) throughout his career, most famously in a portrait best known by its German nickname, "Schlapphut" (slouch, floppy hat), a late work in which the artist's broad painting technique has entered its most audacious phase (cat. 30). As in Massa's portrait, the anonymous man in the much later work sits by an open window, hinting at the world outside. It is as if Hals has reprised the earlier work to demonstrate that he could do the same just as effectively using even bolder brushstrokes. Just how bold his late style was is also seen in a similar unidentified portrait, once again showing the arm-akimbo pose (cat. 64). Here again, his broad application of paint is superbly effective despite having been executed in what can only be described as a rush, as evidenced by the wet paint dripping down the canvas at lower right.

It is worth mentioning that by the time Hals painted these two portraits he was around eighty years old. While at such an advanced age the human eye rarely sees as clearly as it once may have done, it is unnecessary to attribute Hals's late style to diminishing eyesight. His tendency toward an ever broader and more detached application of paint in his later years was undoubtedly a deliberate artistic choice. Similarly, Titian before him and Rembrandt around the same time decided that their true métier was in a bold—even rough—painting style, a logical conclusion to their lifelong practices. This certainly did not chime with a general classicizing trend toward a smooth style in Dutch painting of the later seventeenth century. Yet both Rembrandt and Hals resolved to lean into their methods: it would have been more surprising had they not done so. In both cases, there were patrons who preferred their style, and possibly their fame, over what was fashionable at the time.

Hals's late style found its purest expression when he was one last time confronted with the difficult task of painting group portraits, this time of the regents and regentesses of the Old Men's Almshouse, resulting in what became two veritable icons of seventeenth-century Dutch painting (cat. 31; p. 148, fig. 1). Both works are possibly somewhat darker than they would originally have appeared, but it is not difficult to enjoy Hals's adventurous brushwork in its most extreme form in the dark clothes in both works—although it is most obvious in the flesh tones and the white details of the sitters' attire. The handling of paint in the two men closest to us in the foreground of the regents' portrait in particular—in one of them, the arm akimbo making one of its last appearances—is nothing short of miraculous. The whites, grays, and blacks of their dress, or indeed the ocher of a glove, have been applied with an enviable certainty of touch. The audacious inclusion of what is essentially a block of red paint for the stocking of the man on the right constitutes an unforgettable piece of painting. Every stroke of the brush in the picture is essential to our understanding of the forms they describe, and yet standing at an arm's length distance from the painting, it can be difficult to understand how Hals managed to keep track of the organization of his brushstrokes. A lifetime of experience informs not only the breathtaking handling of paint, but also the deeply felt portrayal of the human condition. One need only look at the long hand of the elder woman seated in the right foreground of the regentesses' painting to realize that Hals knew how to convey the frailty of old age. We know far less about these men and women than we do about the sitters in Hals's earlier group portraits. Although we have names for those who were portrayed, there is no record of which name belongs to whom. But such knowledge is ultimately immaterial to us recognizing that we are looking at great works of art.

—

Van Gogh waxed lyrical about Hals on several occasions. In a letter to his brother Theo of October 13, 1885, he mused about various seventeenth-century Dutch painters, including Hals, astutely observing that "A great lesson that the old Dutch masters teach, it seems to me, is this: to regard drawing and colour as one." His observation describes Hals's technique in a nutshell, and in the process may well provide the reason why Hals never seems to have made any drawings. A week later Van Gogh put Hals in the correct company in another letter to Theo, writing that "Frans Hals is a colourist among colourists, a colourist like Veronese, like Rubens, like Delacroix, like Velázquez." But in the context of the present essay, Van Gogh's most relevant observations concern Hals's repertory being largely limited to portraiture. On July 30, 1888, he writes about Hals in a letter to Émile Bernard: "Never did he paint Christs, annunciations to shepherds, angels or crucifixions and resurrections; never did he paint voluptuous and bestial naked women. He painted portraits; nothing nothing nothing but that," adding a little further on that Hals "doesn't know much more than that, but it is worth as much as Dante's Paradise and the Michelangelos and Raphaels and even the Greeks."[55] A faint echo of Van Mander's "side road of art" cited at the start of this essay can still be heard in his remark, yet Van Gogh also proves himself to be our star witness in making the case that Hals succeeded in turning portraiture into art.

1 Mander 1604, fol. 281r: "desen sijd-wegh der Consten (te weten, het conterfeyten nae t'leven)" (this side road of art [that is, portrait painting after life]). The English translation is based on Miedema 1994–9, p. 382.
2 "Hy verdient in onse Const loflijck gherucht, en afghescheyden te wesen van alle verachtinghe, die ten minsten in eenigh deel daer in uytnemende, en anderen overtreffende is" and "Daerom segh ick, datmen van een Conterfeytsel ooc wel wat goets can maken, dat een tronie, als t'heerlijckste deel des Menschen lichaems, vry wat in heeft, om daer mede te openbaren, en toonen de deughden en crachten der Consten," Mander 1604, fols. 280v and 281r. For the English translation, see Miedema 1994–9, pp. 381–2.
3 Delft 2011. For the two portraits illustrated here, see ibid., nos. 11a, b.
4 Both were treated in preparation for the exhibition in the National Gallery's Conservation Department by Larry Keith. Dendrochronological examination by Ian Tyers carried out at the same time (report at the National Gallery, London) has confirmed that the panels are from the same tree and that they are bookmatched, as was long suspected from the visible grain in both panels. The latest surviving tree ring is from 1590, and the panels would have been ready for use by about 1600.
5 See Leesberg 1993–4.
6 Among the forebears of the early twentieth-century owner of the male portrait we find Jan Anthonisse de Jonge (1546–1617), who in January 1606 married his third wife, Elisabeth van Hertsbeeck (1573–1653). In 1606, they were exactly the ages inscribed on the pendants. However, Jan Anthonisse de Jonge's coat of arms (see Wijnaendts van Resandt 1924, pp. 16–17) looks nothing like the one seen in the male portrait. It must therefore be a bizarre coincidence. For the provenance, see Sewter 1952; Washington, London, and Haarlem 1989, no. 2, p. 136; and Thiel 1993, pp. 86–8. It has not been noted before that on the back of the panel of the female portrait the year 1617 is inscribed in what appears to be seventeenth-century handwriting. It is unlikely to refer to the year Hals painted the portraits, which most scholars put earlier than that. In what must be a further coincidence, this is also the year in which De Jonge died.
7 See Lammertse in the present volume, pp. 205–6.
8 "maer soude doch raden u eerst te quellen, En u te wennen, met vlijtighe sinnen, Een suyver manier, end' een net beginnen," Mander 1604, fol. 48v.
9 "het welck verscheyden Meesters willende volghen in't arbeyden, En hebbender niet van ghemaeckt te deghe, Dan een deel leelijck goets ghebracht te weghe," ibid., fol. 48r–v.
10 "Hoe wacker schilderd Frans de luyden naer het leven!" Ampzing 1628, p. 371.
11 "deur een onghemeyne manier van schilderen, die hem eyghen is, by nae alle overtreft, want daer is in sijn schildery sulcke forse ende leven, dat hy te met de natuyr selfs schijnt te braveren met sijn Penceel, dat spreecken alle sijne Conterfeytsels, die hy ghemaeckt heeft, onghelooflijcke veel, die soo ghecolereert zijn, dat se schijnen asem van haer te gheven, ende te leven," Schrevelius 1648, p. 383. The English translation is taken from Thiel-Stroman 1989, doc. 116.
12 As has been pointed out on numerous occasions; see Jongh and Vinken 1961, p. 145, and Jongh in Haarlem 1986, p. 124.
13 A rare contemporary account of what such sessions could be like can be found in Samuel Pepys's diary entry for March 17, 1666, in which he describes how he was sitting for his portrait by John Hayls (now in the National Portrait Gallery, London): "I do almost break my neck looking over my shoulder to make the posture for him"; cited by Slive in Washington, London, and Haarlem 1989, no. 30, p. 215, and no. 84, pp. 358–60.
14 See Lammertse in the present volume, pp. 217–18.
15 E. H. Gombrich's 1970 lecture "The Mask and the Face: The Perception of Physiognomic Likeness in Life and Art," published in Gombrich 1982, pp. 105–36, remains by far the best analysis of the complex phenomena related to this question.
16 As Gombrich put it (ibid., p. 114), "We shall never know whether we would recognise Mona Lisa or the Laughing Cavalier if we met them in the flesh."
17 In this context, it is worth mentioning a contemporary description of such a moment of recognition in the diary of the English tourist Robert Bargrave (1628–61), who on February 23 and 24, 1653, visited the Doelen in Amsterdam, where Rembrandt's *The Night Watch* and other group portraits could be seen: "The Principle Roome, adorned with Hangings, with Pictures of Burghomasters, Burghers, and chief Officers, in theyr severall postures, drawen to the life in full proportion: and so like persons, that I knew divers of them, as I met them in the Streets," cited in Wetering 2017, p. 579.
18 See Van der Veen in the present volume, pp. 25.
19 See Slive 1970–4, vol. 1, pp. 110–11; Slive in Washington, London, and Haarlem 1989, no. 30, p. 215; Bikker 2007, pp. 171–3, no. 105.
20 For an overview of the various backgrounds of Hals's sitters, see Biesboer 1989.
21 J. Paul Getty Museum, Los Angeles.
22 See Spicer 1992; see also London 2021.
23 In bronze and in marble, both in the Museo Nazionale del Bargello, Florence.
24 First identified as Willem Jansz Cock by E. Domela Nieuwenhuis, see Buijsen, Dumas, and Manuth 2012, pp. 99–108, esp. p. 102.
25 Duparc 2022.
26 See also Lammertse and Van der Veen in the present volume, p. 293n101.
27 For an in-depth exploration of the painting, see London 2021.
28 Waagen 1854, vol. 3, p. 36.
29 Ibid., vol. 2, p. 4.
30 See Biesboer and Togneri 2001, p. 118. It is interesting, however, that in 1653 Hals was asked to paint a replica of this informal portrait to represent Willem van Heythuysen in the regents' room of the Van Heythuysen hofje, an almshouse that was built after Van Heythuysen's death on the land where his manor, Middenhout, had stood, as he had stipulated in his will. This later version is now in the Royal Museums of Arts of Brussels, inv. 2247; see also p. 285, fig. 12, in the present volume.
31 Dirck Hals, *Seated Man with Sword*, ca. 1630, oil on paper, 27 × 16.8 cm, Rijksmuseum, Amsterdam, inv. RP-T-1989-99. Schatborn 1973.
32 Winkel in Buijsen, Dumas, and Manuth 2012, pp. 141–50.
33 Women depicted in similarly assertive poses often lead to refreshingly original pictures; see, for example, Thomas de Keyser's portrait of a seated lady sold at Christie's, London, December 6, 2007, lot 4.
34 Although Van Mander's remarks are made in the context of history painting, the sentiment will no doubt have extended to portraiture; see Mander 1604, fol. 14v: "Oock Vrouwen, als onghewoone t'arbeyden, Haer postueren en zijn niet seer te prijsen, Als sy een Mannelijck ghewelt bewijsen" (And so it is with women, who are not accustomed to work, Their postures are not very praiseworthy, If they testify to a manly strength).
35 See Lammertse and Van der Veen in the present volume, p. 273.
36 See Jowell 1989, p. 76; Jansen, Luijten, and Bakker 2009, letter 534.
37 See p. 89 in the present essay.
38 See Slive 1970–4, no. 168; Slive in Washington, London, and Haarlem 1989, no. 62, p. 306.
39 Jongh and Vinken 1961; Haarlem 1986, no. 20.
40 See Van der Veen in the present volume, p. 25.
41 As pointed out in Slive 1970–4, vol. 1, pp. 54–5, vol. 3, p. 26; and Slive in Washington, London, and Haarlem 1989, no. 21, p. 190.
42 See Jongh and Vinken 1961, p. 150; Slive in Washington, London, and Haarlem 1989, p. 192.
43 We can be sure that the two paintings belong together, which has occasionally been doubted: both pictures have similar inscriptions attached to their backs identifying the sitters as Pieter Tjarck and Marie Larp, while we know that the works remained together with the sitters' descendants until they were sold at auction in 1889 (for full details of the provenance, see Marandel and Walsh 2019, p. 106). Such incontrovertible evidence puts paid to the doubts raised in Slive 1970–4, no. 108, and MacLaren and Brown 1991, vol. 1, pp. 159–60.
44 See Lammertse in the present volume, pp. 205–6.
45 Thiel 1980.
46 See Slive in Washington, London, and Haarlem 1989, p. 192; Boston and Kansas City 2015, p. 149.
47 The literature on Isaac Massa is extensive; the salient details of his biography are summarized in Jongh and Vinken 1961; Haarlem 1986, no. 20; and Washington, London, and Haarlem 1989. See also Van der Veen in the present volume, pp. 25–6.
48 For a very full account of how soon after Massa's appointment in 1614 fellow merchants turned to the States General with their complaints about Massa, see Raptschinsky 1937, pp. 75–80.
49 "Vervolcht van Haet en nijt, voorvluchte hij tot d'eer bij keijser, koning, heer / En won haer gonst met dienst, Slants Staaten hem betrouden, wiens liefd' eens weer verkoude / Als hem de nijt belaagd, om stutten sijnen loop gesterct van Godt in Hoop / Erlangd hij meerder gonst, bij 't grootste hooft der Gotten, dies hij de nijt bespotten / Geadelt on verrijct, vernoucht nu sijn gemoet en wacht na d'eeuwich goet." The English translation is largely based on Slive in Washington, London, and Haarlem 1989, no. 48, p. 268.
50 Slive remained skeptical of the identification; see ibid., no. 13.
51 Ibid., p. 166.
52 The conservation treatment was carried out by Paul Ackroyd. The technical examination was carried out by Marika Spring, Joanna Russell, Catherine Higgitt, and Rachel Billinge, the last carrying out infrared reflectography using the Apollo digital infrared scanning camera.
53 Macro XRF scanning of the picture more clearly shows that the coat of arms has ribbons on top and tassels hanging down below and that the shield is divided horizontally into two color fields with some sort of motif—perhaps a lion or a dragon—crossing both fields. A combination of stereomicroscopy, paint cross sections, and macro XRF scanning established that the coat of arms is red in the upper field and that the lower field probably contains a blue or green copper-containing pigment. We have no other record of Massa's coat of arms to check it against. It is also clearer from macro XRF scanning that the scroll underneath may have had some lettering on it, but it cannot be deciphered.
54 Since age cracks run through the brown overpaint that covers the attributes it seems to have been applied at an early stage. The canvas has been mounted on to an oak panel. Dendrochronological examination has determined that the latest surviving tree ring is from 1638, so accounting for the sapwood that has been removed, the panel must date from the 1650s or a little later (report by Ian Tyers at the National Gallery, London). This significant intervention may have been the moment when the overpaint was applied in the background, but the pigments identified in the overpaint are not especially helpful for dating this layer as they would have been available to Hals as well as to anyone working at a later date. There were further layers of a slightly darker brown color on top of the first brown overpaint layer, although again the analysis could not categorically prove that these were applied much later.
55 See Jowell 1989, pp. 76–7; Jansen, Luijten, and Bakker 2009, letters 535–6 and 651.

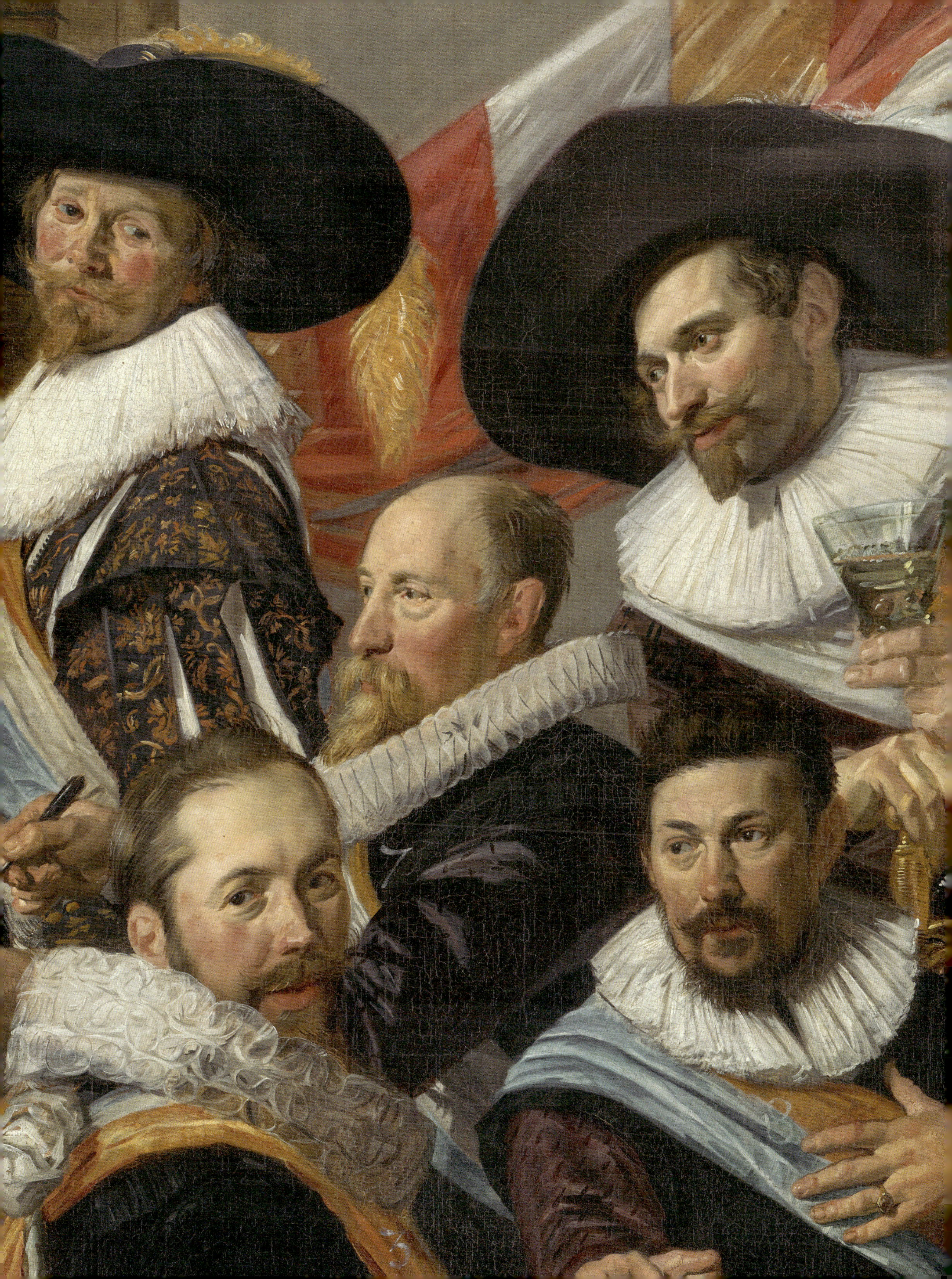

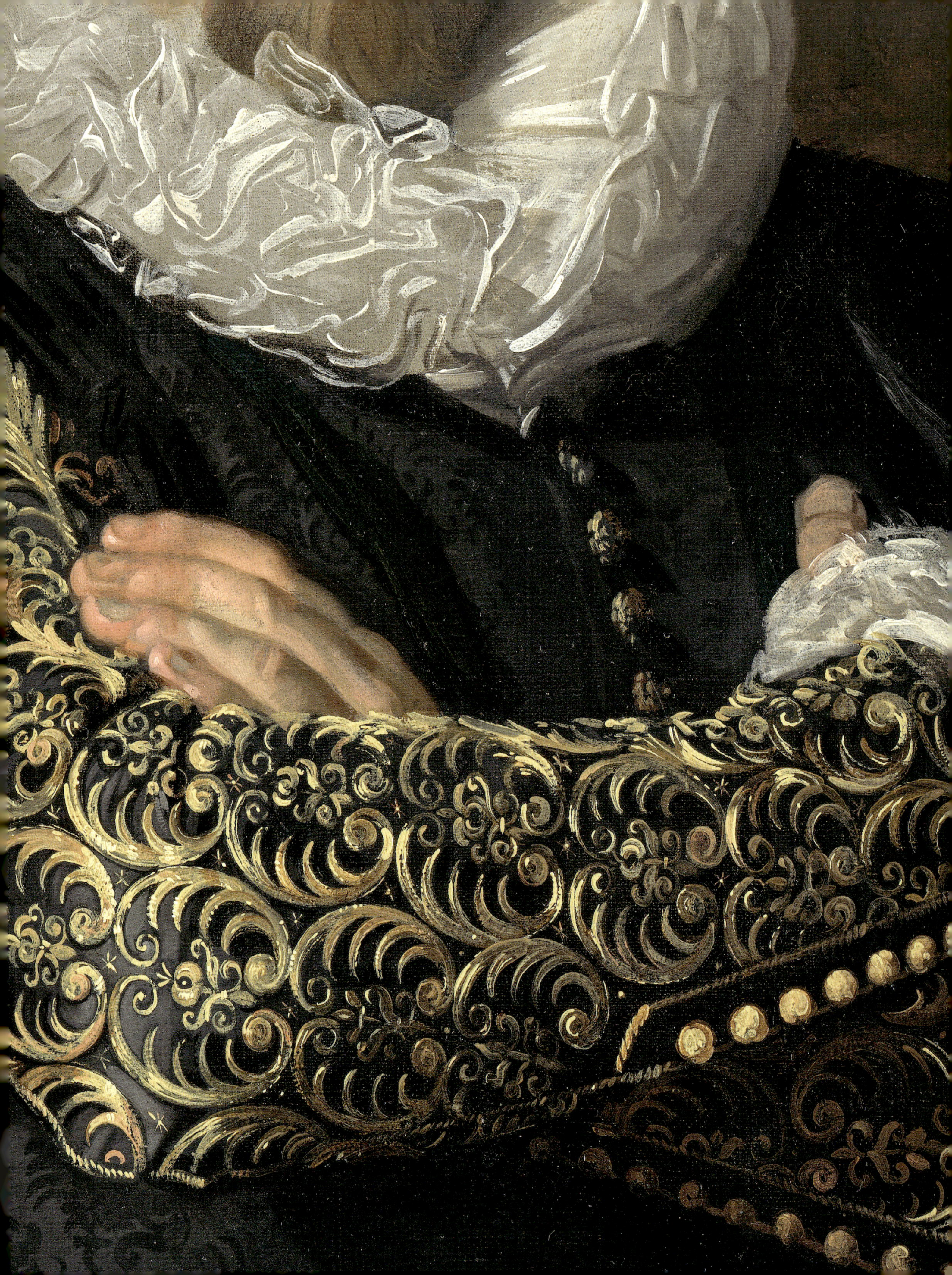

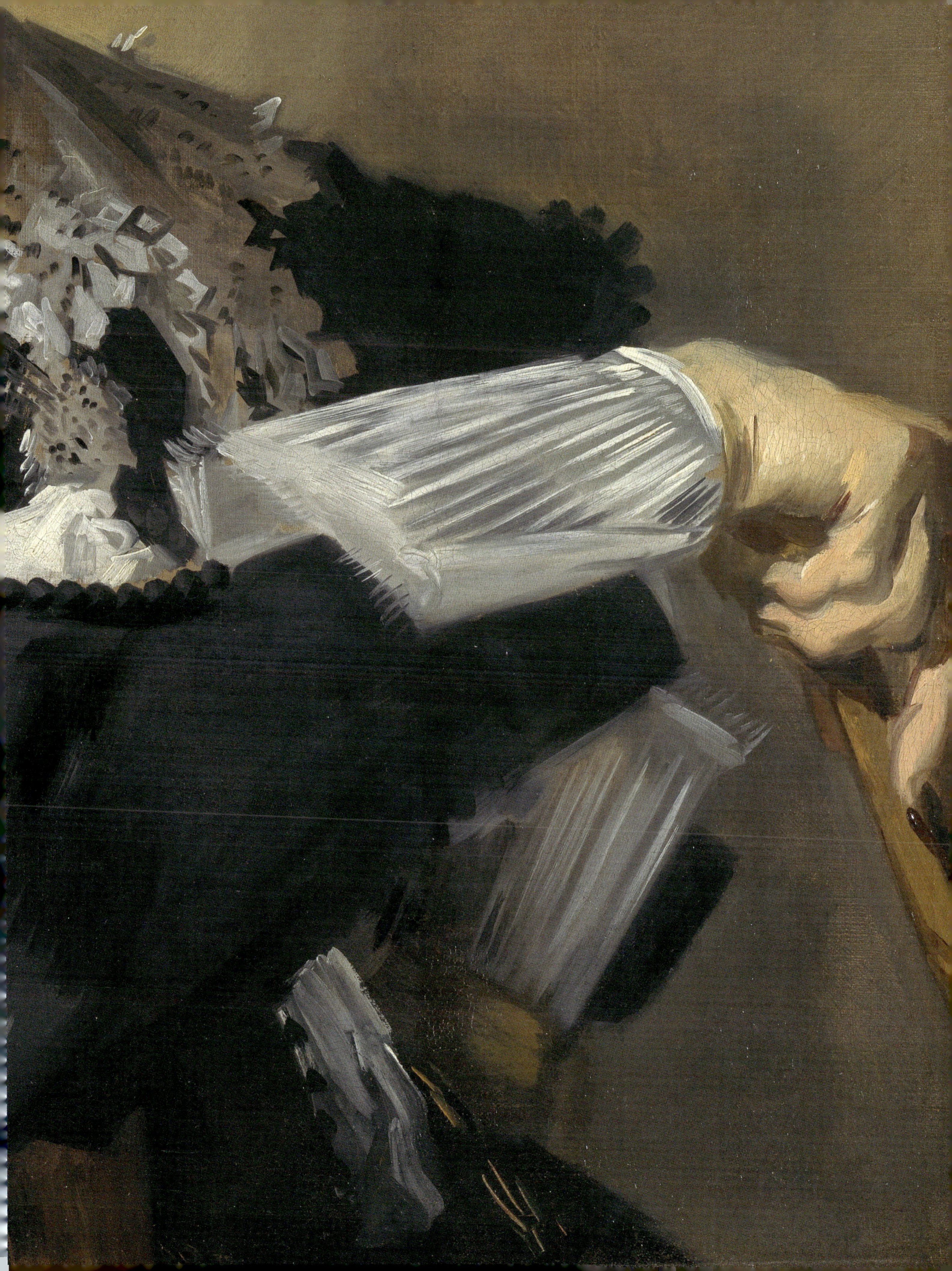

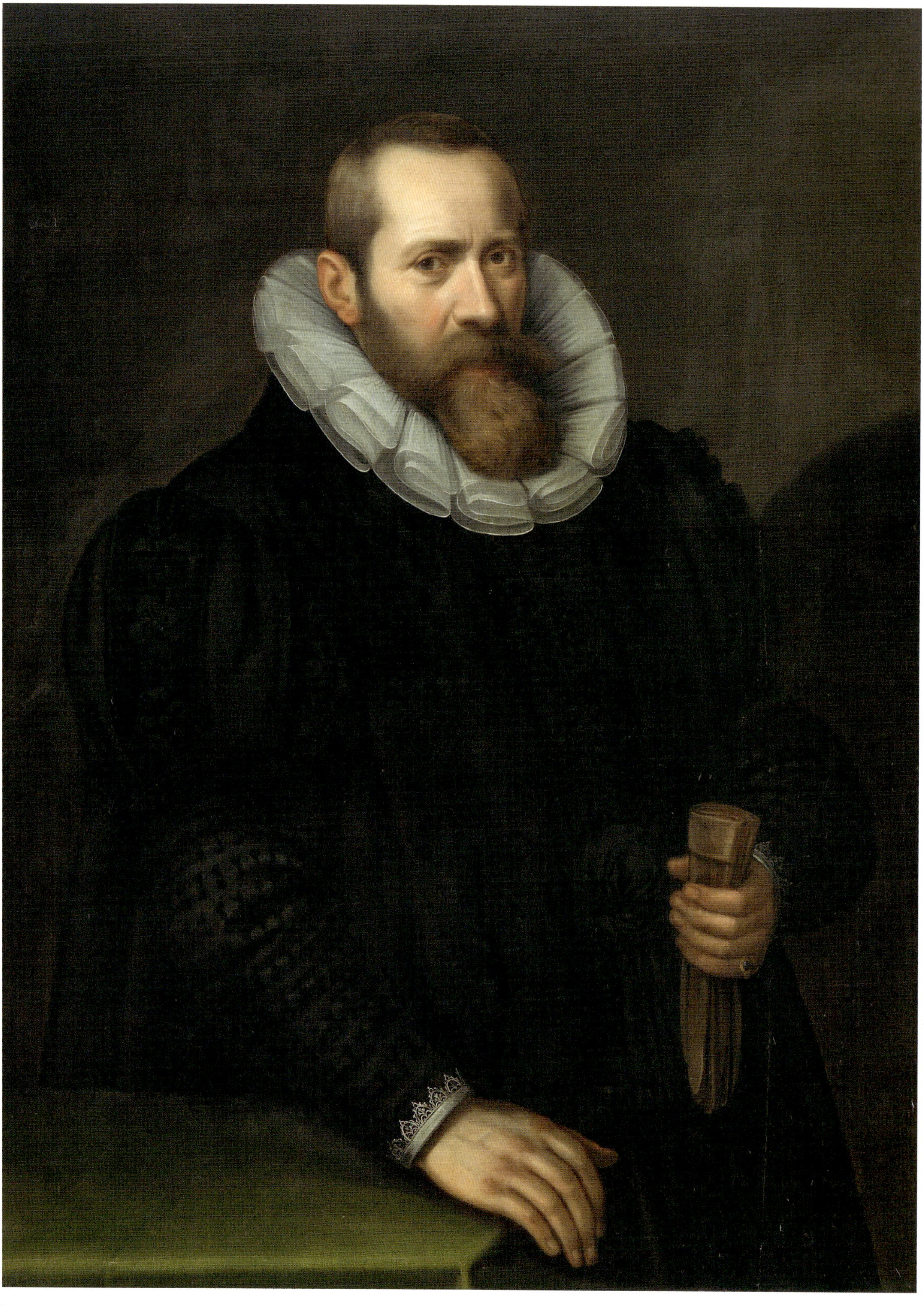

cat. 8

Karel van Mander
Portrait of a Man
1592

Inscribed at left above table:
K. v. Mander 1592
Oak, 99 × 76 cm
Kunsthistorisches Museum Wien, Gemäldegalerie, Vienna, inv. GG 809

Provenance:
Belvedere depot; documented in the gallery in 1845.

In Netherlandish art history today, Karel van Mander's (1548–1606) significance stems more from his texts about art theory than from his painterly oeuvre. His major work is generally held to be the *Schilder-Boeck* (Book of Painting), published in 1604, which contains, among others, the first biographies of the most important fifteenth and sixteenth-century Netherlandish artists. Van Mander was born in the Flemish town of Meulebeke, initially trained in Ghent under Lucas d'Heere (1534–84) and subsequently in Kortrijk by Pieter Vlerick (1539–81). After spending time in Italy and Austria from 1573 to 1577, he returned to his homeland. Like many Flemish Protestants, Van Mander, who was a Mennonite (see cat. 16), fled to the Dutch Republic a few years later and, in 1583, settled in Haarlem, where he lived and worked for twenty years.

As a painter, Karel van Mander was influenced by Italian Mannerism and the painters at the court of Emperor Rudolf II (1552–1612). Most of his thirty or so surviving works are Mannerist in style with biblical or mythological subjects. He considered history painting the most prestigious genre. In contrast, he saw portraiture as an inferior art form, even dubbing it a "side road of art" in his biography of portraitist Michiel van Mierevelt (1566–1641).[1] That makes it even more astonishing that Karel van Mander was Frans Hals's only recorded teacher.[2]

The Vienna *Portrait of a Man* is the sole known portrait painted by Van Mander. The attribution is clear thanks to the signature "K. v. Mander 1592" on the left edge of the canvas. The painting depicts a bearded, middle-aged man looking sternly out at the viewer. His black clothing suggests a certain affluence. He holds a pair of gloves in his left hand, while his right hand rests on a table. Stylistically, nothing in this rather stiff, aloof portrait, painted with no visible brushstrokes and scant three-dimensional articulation of form, would suggest that Van Mander played such a central role in Frans Hals's artistic development. Nevertheless, Hals was very familiar with the compositional structure of the Vienna painting, as his early *Portrait of a Man Holding a Skull* attests (cat. 9a).

Nothing is known about the identity of the man portrayed. Elisabeth Valentiner, however, pointed out a degree of resemblance to Land's Advocate Johan van Oldenbarnevelt (1547–1619), as depicted in a series of portraits painted in Michiel van Mierevelt's workshop from around 1616 (fig. 1).[3] The physiognomic similarities between the two gentlemen are indeed striking. The man in Van Mander's portrait also sports a tabard, a garment favored by Van Oldenbarnevelt.[4] No plausible explanation has, however, been given as to why Johan van Oldenbarnevelt, who had no particular ties to Haarlem when the Vienna portrait was painted, would have chosen to be portrayed by history painter Van Mander. Interestingly, however, a portrait of "Barnevelt" figures in the inventory of Haarlem brewer Nicolaes Pietersz Duyst van Voorhout in 1650 (see cat. 21).[5] [EE]

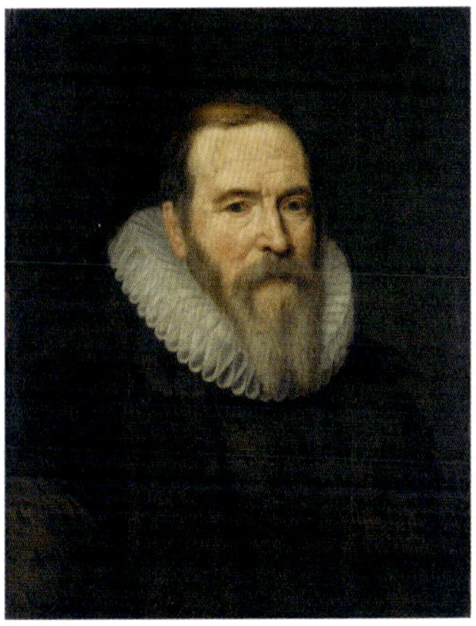

Fig. 1 Michiel van Mierevelt, *Portrait of Johan van Oldenbarnevelt*, ca. 1616, Amsterdam Museum

Selected literature:
Valentiner 1930, no. 14; Leesberg 1993–4, no. 27.

1 Mander 1618, fol. 281r.
2 See Van der Veen in the present volume, pp. 19, 21.
3 Valentiner 1930, p. 85, which refers specifically to the version in the Rijksmuseum, Amsterdam. It is in a significantly poorer state of preservation than the version in the Amsterdam Museum. Other variants can be found, for example, in the Musée du Louvre, Paris; Museum Rotterdam; Schlossmuseum, Schloss Friedenstein Gotha; and the Museum Flehite, Amersfoort.
4 Winkel 1995, pp. 150–1.
5 Biesboer and Togneri 2001, p. 124.

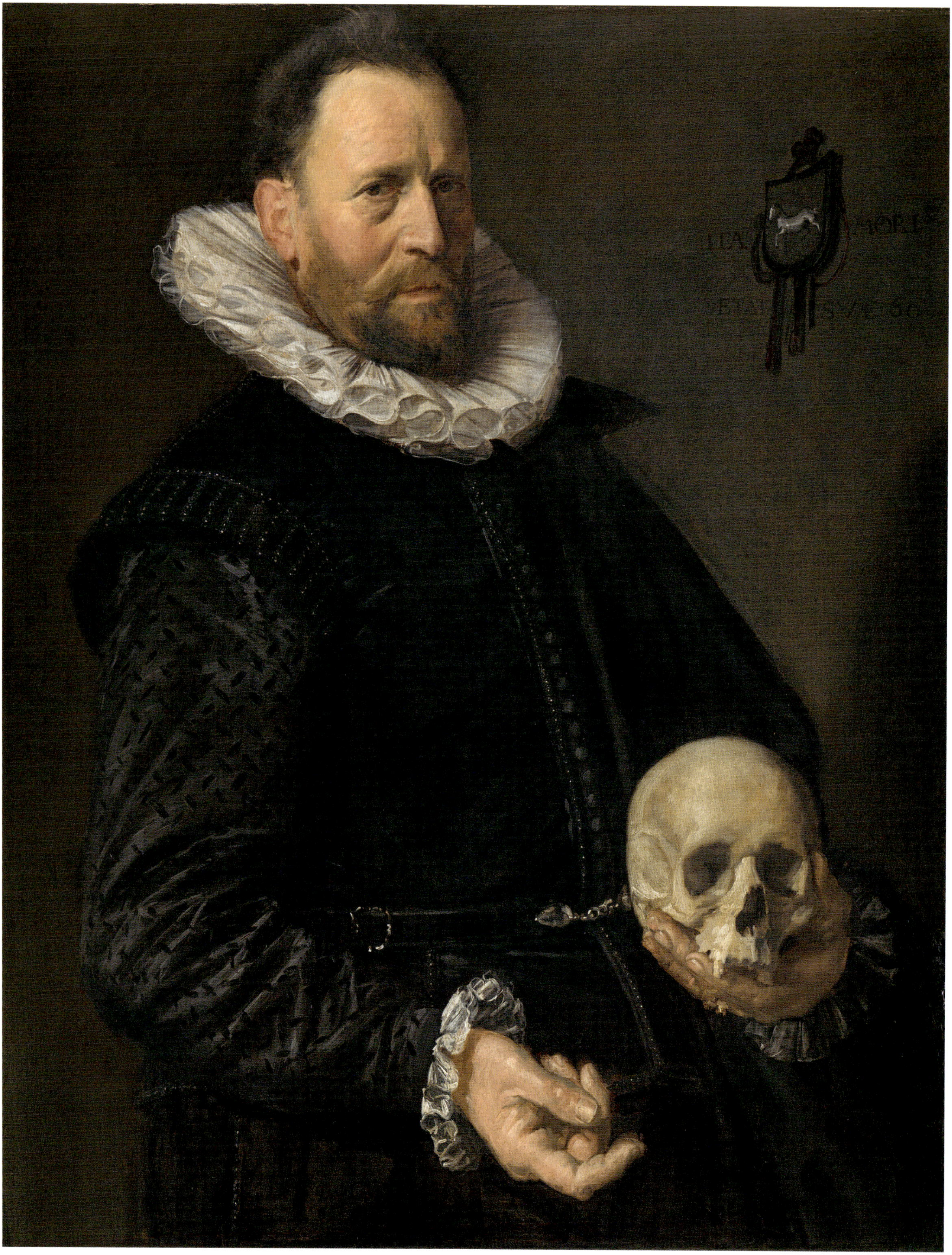

cat. 9a

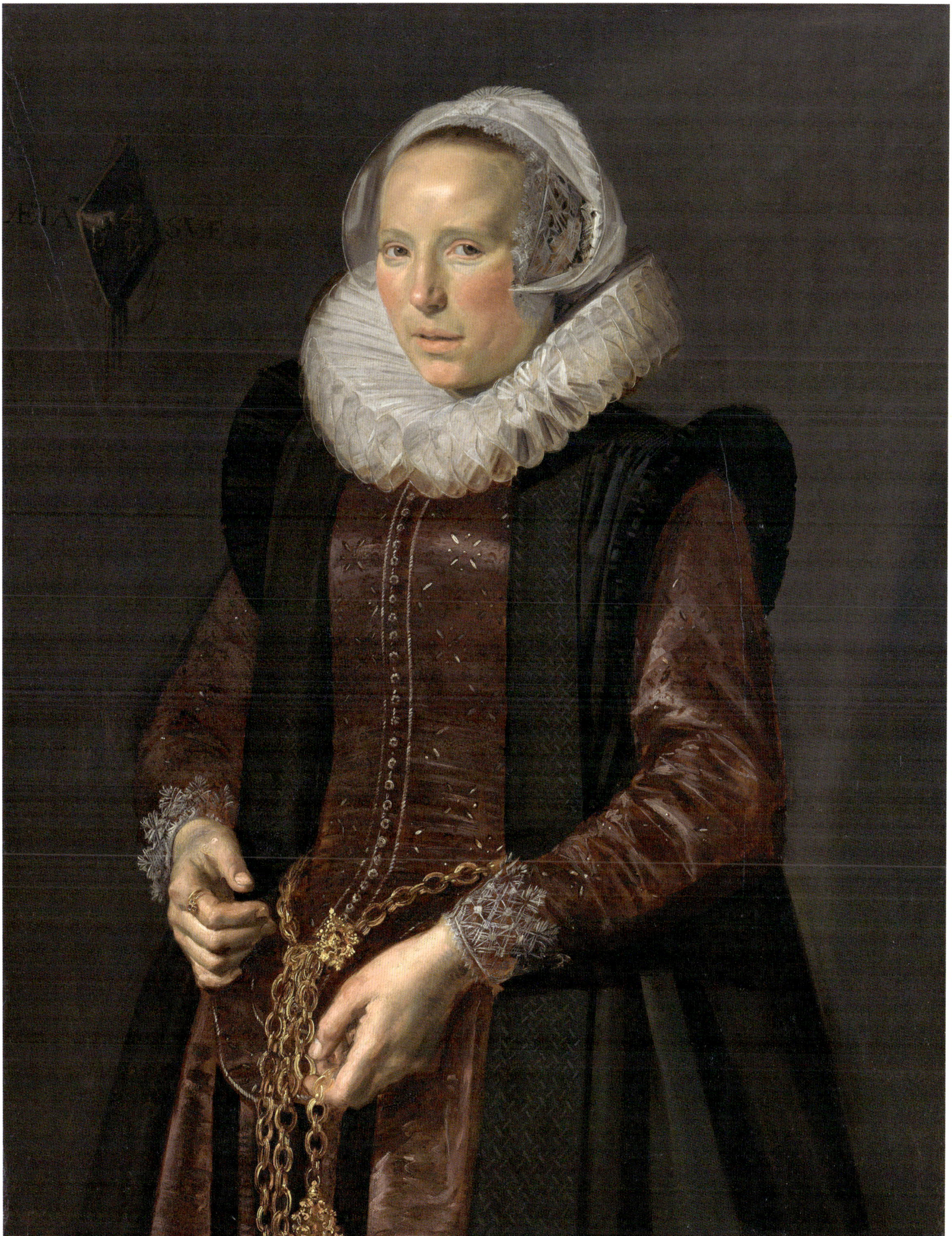

cat. 9b

9a

Frans Hals
Portrait of a Man Holding a Skull
ca. 1612

Inscribed at top right:
ITA MORI / AETAT SVAE 60
Wood, 92.8 × 71.2 cm
The Henry Barber Trust, the Barber Institute of Fine Arts, University of Birmingham

Provenance:
Purchased in 1938.

9b

Frans Hals
Portrait of a Woman Standing
ca. 1612

Inscribed at top left:
AETA SVAE 32
Wood, 94.2 × 71.1 cm
The Devonshire Collections, Chatsworth, courtesy of the Chatsworth House Trust Council

Provenance:
Chatsworth House (1761 inventory).

Although their dating is uncertain, the two three-quarter length portraits of an anonymous married couple are numbered among the earliest surviving works by Frans Hals. They were painted just a few years after he became established as an independent master in 1610. In keeping with an age-old pictorial tradition, the husband is depicted on the more important side—on the right from the vantage point of the painting. His attire is relatively old-fashioned and evokes the late sixteenth century. In his left hand he holds a skull, a symbol of mortality and impermanence.[1] Allegorical attributes like this are only found in a very few portraits by Frans Hals, exclusively from his early period (for example, cat. 3, 6, 10, 33a). The skull is only deployed again in the genre painting *Young Man Holding a Skull* (cat. 43). Its import as a reference to life's transience is underscored in the Birmingham male portrait by the inscription "ITA MORI" ("TO PERISH THUS") in the picture's upper-right corner next to the unidentifiable coat of arms and above the legend concerning the sitter's age "AETAT SVAE 60." Like the allegorical attributes, such inscriptions—apart from dates and ages—also appear only in Frans Hals's early oeuvre (for example, cat. 10).

Portrait of a Man Holding a Skull bears striking similarities to the sole extant portrait by Karel van Mander (cat. 8): both men, their gaze stern, are dressed simply in black, wear a white linen ruff, and adopt similar poses. Hals may have drawn here on a compositional formula previously used by his teacher. The painting style in the two works is, however, very different. Although Hals's male portrait seems rather stiff compared with his later portraits, his characteristically unconstrained painting style is already apparent here in the face, ruff, and especially in the skull.

As previous authors have noted, the Chatsworth portrait of a woman, especially the bonnet, appears more modern and freer in its painting style than the details of its male pendant.[2] Interestingly, the converse tends to apply in other double portraits by Frans Hals (for example, cat. 15, 18, 27). The serious thirty-two-year-old woman (her age is noted to the left of the coat of arms) otherwise appears just as statuesque as her husband. She wears a gold chain as a belt with a pomander, a receptacle for perfume.[3] This ornament can be interpreted as a marker of her wealth and at the same time, alongside the vanitas symbolism of the male portrait, as an allusion to the ephemeral nature of worldly possessions.

There are striking parallels between Hals's portrait of the woman and Cornelis Ketel's *Portrait of Griete Jacobsdr van Rhijn* (fig. 1). From Amsterdam, Griete van Rhijn (1585–1652) had herself depicted in 1605 in a seated pose, wearing a similarly dark-red dress with a black overdress or *vlieger* and gold chain.[4] There are even similarities in the skeptical gaze of the two women. In contrast to Griete van Rhijn, the unknown woman in the Chatsworth portrait has her mouth slightly open, as do many people portrayed by Hals, intensifying the connection with the viewer. Cornelis Ketel (1548–1616), who lived in Amsterdam from 1581 until his death, was a close friend of Karel van Mander.[5] It is therefore possible that the young Frans Hals encountered Ketel's art through his teacher. Whatever form this contact may have assumed, there are remarkable similarities between these two early portraits by Frans Hals and works by the preceding generation of artists, particularly with reference to the choice of motifs and in the composition. [EE]

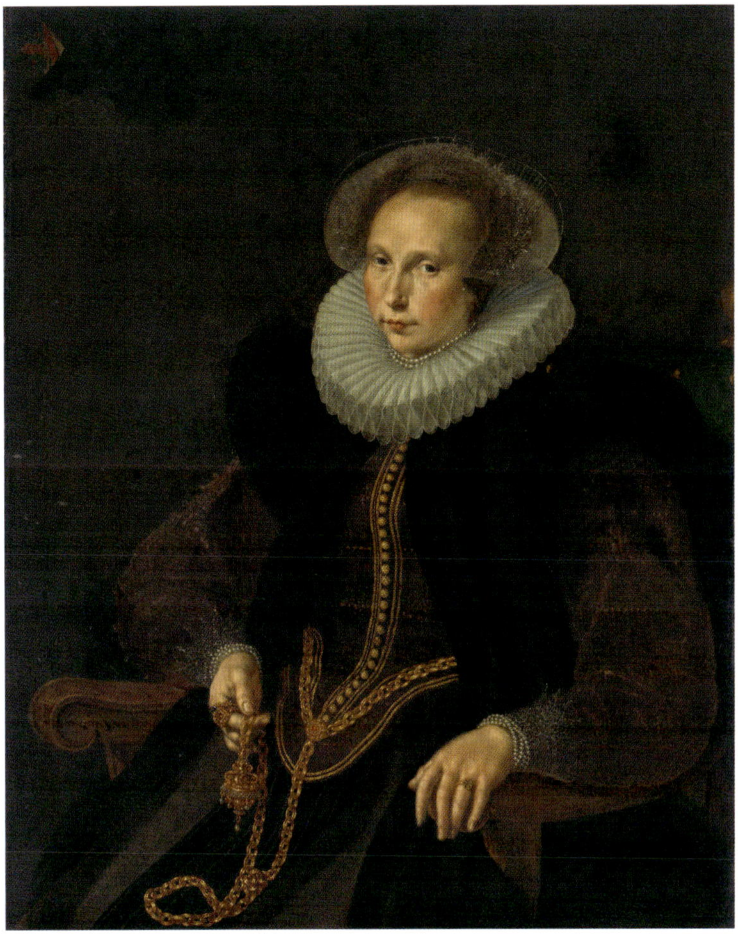

Fig. 1 Cornelis Ketel, *Portrait of Griete Jacobsdr van Rhijn*, 1605, Rijksmuseum, Amsterdam

Selected literature:

a

Bode and Binder 1914, no. 88; Valentiner 1923, p. 4; Trivas 1941, no. 2; Haarlem 1962, no. 1; Slive 1970–4, no. 2; Grimm 1989, no. 6; Washington, London, and Haarlem 1989, no. 2; Amsterdam 1993a, no. 272.

b

Bode 1883, no. 145; Moes 1909, no. 197; Hofstede de Groot 1910, no. 382; Bode and Binder 1914, no. 91; Valentiner 1923, p. 48; Trivas 1941, no. 3; Haarlem 1962, no. 2; Slive 1970–4, no. 3; Grimm 1989, no. 7; Washington, London, and Haarlem 1989, no. 3; Mortier 1989, pp. 45–6; Amsterdam 1993a, no. 272.

1 See also Cornelis in the present volume, p. 60.
2 Ibid., pp. 60–1; Slive 1970–4, no. 3; Atkins 2012, p. 129.
3 Marx 2021.
4 See also Cornelis van der Voort's *Portrait of Brechtje Overrijn van Schoterbosch*, 1614, Rijksmuseum, Amsterdam, in which comparable attire and a chain are likewise depicted.
5 Mander 1618, fol. 274v–80r.

10

Frans Hals
Portrait of Pieter Cornelisz van der Mersch
1616

Inscribed at top left: WIE BEGEERT; at top right: AETAT SVAE 73 / 1616
Originally on wood, transferred to canvas in 1927/9, 87.5 × 69.2 cm
Carnegie Museum of Art, Pittsburgh, acquired through the generosity of Mrs. Alan M. Scaife, acc. no. 61.42.2

Provenance:
Acquired in 1961.

Among Frans Hals's extant portraits that of Pieter Cornelisz van der Mersch (generally called "van der Morsch" in the literature) speaks most eloquently to its viewers. The man pictured here is characterized by several attributes: a smoked herring in his right hand and a straw basket with additional herring under his left arm. Also, the picture features a coat of arms, the date of the painting, and the age of the portrait's subject ("AETAT SVAE 73") as well as an additional inscription ("WIE BEGEERT"). The sketchy way Frans Hals painted the straw, the left hand, and the collar of Van der Mersch was to become characteristic, particularly of his genre pictures during the following decade. In contrast, as is customary in Hals's portraits, the face of Van der Mersch is executed in greater detail. The eyes of the sitter are full of mischievous fun, as though the viewers of the painting could expect to have the smoked herring tossed right into their hands—or at their face.

Pieter Cornelisz van der Mersch (1543–1628/9) was a rhetorician in Leiden who appeared as Piero the Jester.[1] Prior to this, he worked as a beadle there between 1570 and 1597/8, though he lost his post more than once because of malfeasance. He remained a bachelor and died a wealthy man at a ripe old age. As Piero, Van der Mersch appeared in De Witte Acoleyen (The White Columbines), a Leiden chamber of rhetoric or amateur club for poetry, readings, and dramatics. He was particularly famous for his humorous jibes, to which Hals refers in his painting by means of attributes: "to give someone a smoked herring" meant to make a fool of them, usually in a constructive, well-meaning way. Another reference to this is the tongue-in-cheek inscription to the left of Van der Mersch, which may loosely be translated as "Who wants some?"

In Haarlem, Frans Hals and his brother Dirck (see cat. 50) were also *beminnaers* (friends) of a chamber of rhetoric, namely De Wijngaertrancken (The Vine Tendrils) from 1616 to 1624 and 1618 to 1623, respectively. Van der Mersch visited Haarlem in 1606 when the rhetoricians who lived there organized a raffle festival in order to finance the construction of the Old Men's Almshouse (the present-day Frans Hals Museum), and visited again in 1613 and 1615. Presumably the Leiden jester ran into Frans Hals on one such occasion. It is not known where the portrait was originally displayed, but the meeting place of De Witte Acoleyen would no doubt have been suitable. [EE]

Selected literature:
Bode 1883, no. 143; Moes 1909, no. 259; Hofstede de Groot 1910, no. 205; Bode and Binder 1914, no. 89; Valentiner 1923, p. 11; Thiel 1961; Slive 1970–4, no. 6; Grimm 1989, no. 3; Washington, London, and Haarlem 1989, no. 4; Nadler 2022, pp. 89–92.

1 See esp. Thiel 1961. The identification as "PIERO, STADS BODE te LEYDEN" is based on a watercolor copy of the painting by Haarlem artist Vincent Jansz van der Vinne (1736–1811) that bears this inscription. See also Lammertse in the present volume, p. 205.

cat. 10

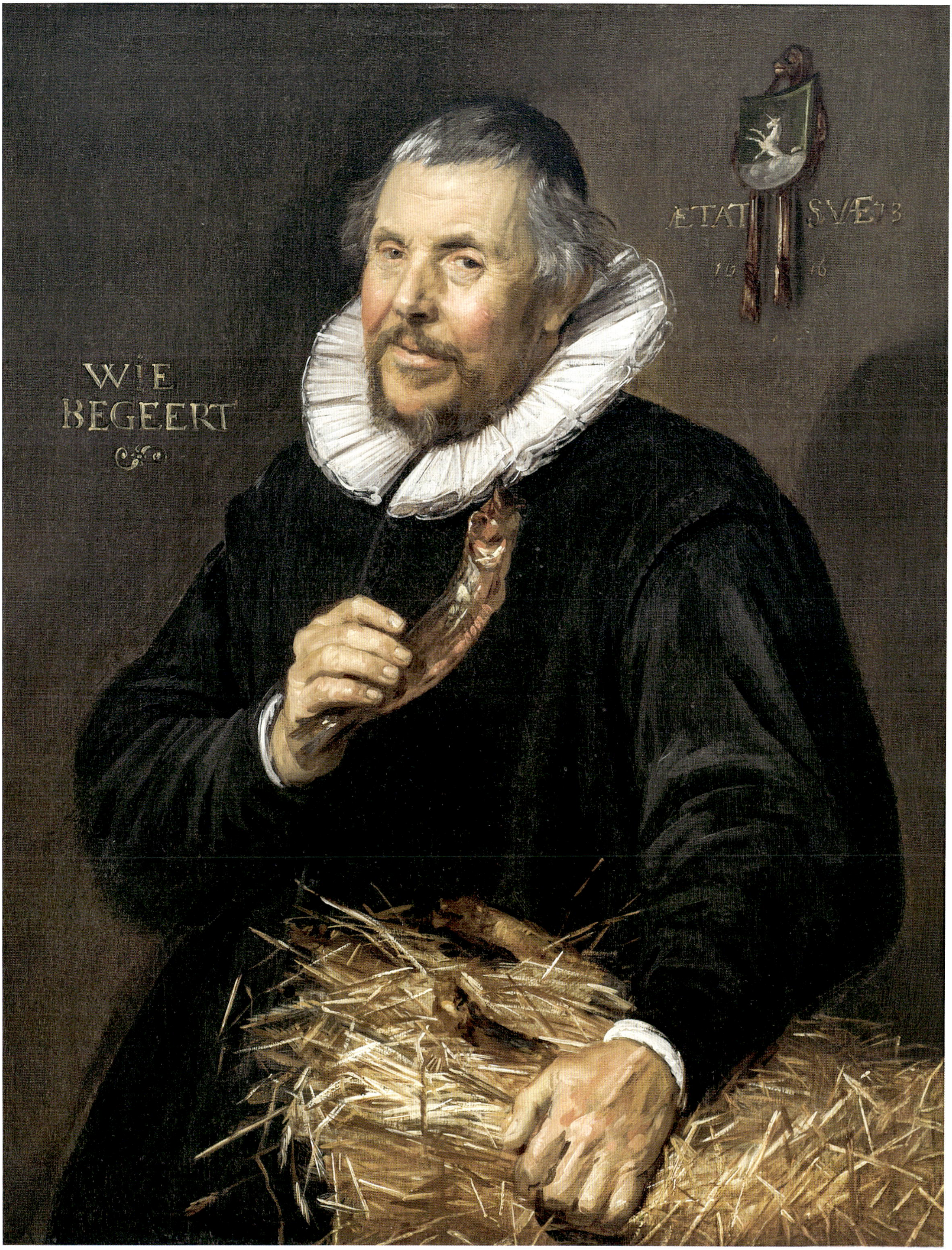

cat. 10

11

Frans Hals
Portrait of Isaac Abrahamsz Massa
1622

Inscribed in upper-left corner: AETAT SVAE 36; and in upper-right corner: ANº 1622
Canvas mounted on wood, 107 × 85 cm
The Devonshire Collections, Chatsworth, courtesy of the Chatsworth House Trust Council

Provenance:
In the collection of the Duke of Devonshire no later than 1761.

This imposing man with his arms across his chest was long thought to be a portrait of Isaac Abrahamsz Massa on the basis of the strong facial resemblance to Massa's portrait in the Art Gallery of Ontario in Toronto (cat. 33a). Despite the fact that in 1622 (the date inscribed on the picture) Massa was indeed thirty-six years old (the age also inscribed), some scholars expressed doubts about the identification. Seymour Slive described the pose with the arms across the chest as "Hals's invention,"[1] elaborating how it found favor only in the eighteenth century before becoming a commonplace in nineteenth-century portraiture.

Recent technical examination of the picture during its conservation treatment at the National Gallery has established that there was never any need to doubt the sitter's identity, while it also suggested that the sitter's pose was most likely not an invention by the artist but that Massa himself requested to be depicted in this particular manner. Slive wrote, "Crossed arms can signify defiance, insolent arrogance, impatience, sloth or incredulity—the list can be extended."[2] We can now establish that the first in his list of options is the correct one. The sitter chose to be depicted in a defiant pose in reaction to what was originally seen in the background within the oval surrounding him, which was later overpainted and is thus no longer visible to the naked eye. However, various forms of technical imaging have allowed us to see what was originally there (p. 86, figs. 32–4).

Looming over the sitter's left shoulder, there was a monstrous head with snakes for hair. She is the classic personification of Envy, which is further corroborated by the fact that she holds a heart to her mouth, her traditional attribute, indicating how jealousy devours the heart, which in the English language still survives in the expression "eat your heart out." As his model, it seems that Hals used a print depicting Envy by Hendrick Goltzius (p. 87, fig. 35), which would have been readily available to the artist, especially in Haarlem, where Goltzius had been active. When reversed, the print is uncannily similar to the head originally seen in the painting.

Next to Envy in Hals's portrait, there was once a skull and part of its associated skeleton, the classic personification of Death. Over the sitter's right was a scroll running down the side of his shoulder. It appears to have lettering on it but it has not been possible to decipher what it says. There was also the traditional coat of arms behind the sitter, but the images do not allow it to be identified. However, it is the combination of the personifications of Envy and Death that is significant in the context of the sitter.

Isaac Massa was a grain merchant who often traveled for business to Moscow, where he also performed diplomatic services for the Dutch government. We know that fellow merchants distrusted him in this role and that Massa felt that their misgivings were the result of jealousy. Snake-haired Envy is therefore an allusion to Massa's critics, while Death signifies that eventually death will bring all forms of jealousy to an end, as can be seen in a popular emblem book of the period in which a skeleton tramples on the figure of Envy (p. 87, fig. 37). Quite likely within Hals's lifetime, these details were painted out to make the portrait less unsettling. The original background explains why the sitter adopts a defiant pose, while its discovery proves that the portrait must indeed represent Massa, whose biographical details fit the iconographic puzzle that was subsequently painted out. One can easily imagine how his descendants preferred to remember him without these allusions. His defiant pose remains, however, and his splendidly embroidered sleeves, rather than any disconcerting background details, now vie for our attention. [BC]

Selected literature:
Bode 1883, no. 137; Moes 1909, no. 156; Hofstede de Groot 1910, no. 287; Bode and Binder 1914, no. 152; Valentiner 1923, p. 41; Trivas 1941, no. 9; Slive 1970–4, no. 18; Grimm 1989, no. 16; Washington, London, and Haarlem 1989, no. 13.

1 Slive in Washington, London, and Haarlem 1989, no. 13, p. 166.
2 Ibid.

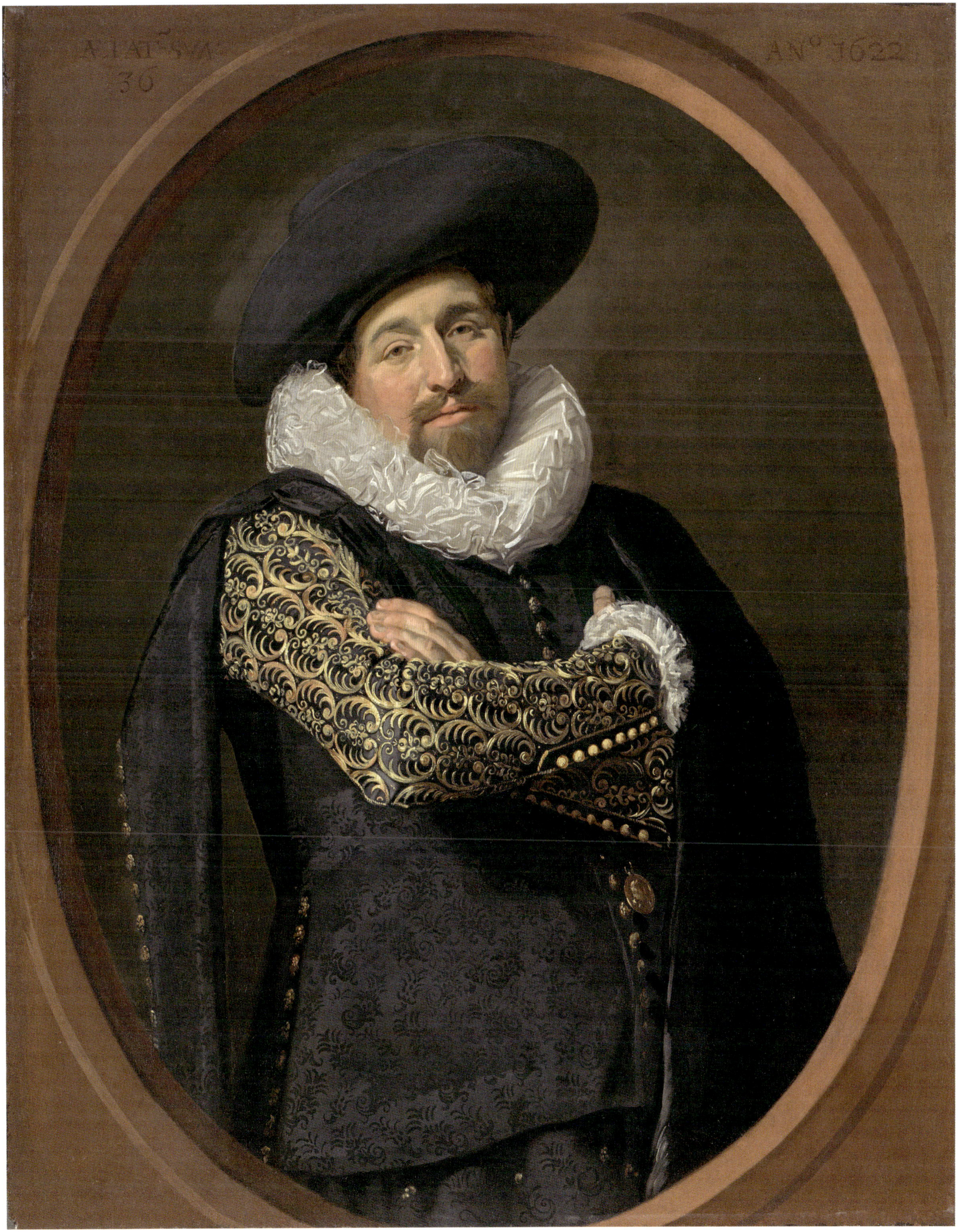

cat. 11

12

Frans Hals
Portrait of a Man
1625

Wood, 26.3 × 20.7 cm
Gemäldegalerie, Staatliche Museen zu Berlin, Kat.Nr. 801F

Provenance:
Purchased in 1874 as part of the collection of the banker Barthold Suermondt, Aachen.

The *Portrait of a Man* is one of a special, not very large group of works by Frans Hals, which consists of roughly forty small-format portraits.[1] It shows an obviously well-to-do gentleman, in half-length,[2] who is turning left toward the viewer, although his pensive gaze seems to be directed far into the distance. As small as the format may be, the subject of the portrait is evidently a man of very high standing. His posture, with his left hand akimbo, is one of self-confidence and pride. His clothing is fashionable and expensive:[3] besides a black doublet with narrow sleeves, he wears an opulent ruff consisting of several layers of the finest linen adorned with Flemish bobbin lace. The sleeves have large folded cuffs of delicate transparent cambric, which, like the ruff, sport Flemish lace. The doublet and sleeves are slashed discreetly and have black buttons and are trimmed with braid. A black cape is draped over his left shoulder and around his waist. This outer garment features an elaborate floral pattern, modeled to the viewer almost demonstratively along the edge on the jutting elbow. A soft broad-brimmed felt hat—an important accessory and costly showpiece of seventeenth-century men's fashion—completes the look.[4] Particularly highlighted are the chamois leather gloves, the color of whose vibrant red, slit cuffs are highly conspicuous.

The painting is neither signed nor dated but does bear an old inscription on the back showing the date 1625, once assumed to possibly be by the artist himself.[5] On the basis of the writing style, it cannot be ruled out that this inscription was indeed added in the seventeenth century. In any case, the method of painting and the picture's portrait style are in keeping with its period,[6] as is the fashionable outfit of the sitter. Cornelis Hofstede de Groot lists the work in his register as *Half-Length Figure of a Misshapen Man*.[7] Possibly the man's rather stocky physique and his left shoulder, which is higher due to the fact that his arm is bent, gave rise to such an interpretation. Seymour Slive already doubted this reading.[8] Since 1975, at the latest, this conjecture is considered disproved.[9] Equally, Claus Grimm's assumption that Hals here initially planned a bust portrait in an oval frame but later overpainted it can also be ruled out definitely with use of technical analyses and because of the extremely thin, partly transparent background.[10] The supposition was based on the fact that Grimm erroneously identified the sitter as Willem van der Cramer, whose oval portrait by Hals has come down to us as a reproduction engraving.[11] In fact, a great number of Hals's small-format portraits served as models for copper engravings.[12] However, this is not true of the Berlin work, which was evidently conceived as a portrait in its own right. It indicates that Hals supplied the market with small-format portraits as well. [KK]

Selected literature:
Bode 1883, no. 89; Moes 1909, no. 121; Hofstede de Groot 1910, no. 255; Bode and Binder 1914, no. 94; Valentiner 1923, p. 43; Trivas 1941, no. 16; Slive 1970–4, no. 35, Grimm 1972, pp. 25, 28, no. A17; Aachen 2018, no. 163.

1 See Rinnooy Kan 2023, p. 136.
2 The inventory entry for the picture gives the title as *Bildnis eines Edelmannes* (Portrait of a Nobleman). Dokumentation der Gemäldegalerie, SMB.
3 See Mortier 1989, pp. 53–4.
4 Thiel 1980, p. 213.
5 Aachen 1873, no. 75.
6 Slive 1970–4, no. 35.
7 Hofstede de Groot 1910, *Halbfigur eines verwachsenen Mannes*, no. 255; see also Valentiner 1923, p. 43, and Grimm 1972, p. 25, who speaks of the *Porträt eines buckligen Herrn* (Portrait of a Humpbacked Gentleman).
8 Slive 1970–4, no. 35.
9 An overpainted outline of the torso that was originally wider on the left side refutes this view. Berlin 1975, pp. 196–7.
10 In the X-ray, no details deviating in the shape are recognizable.
11 Jonas Suyderhoef (1613–86) after Frans Hals, *Willem van der Cramer*, 1651, engraving, 123 × 91 mm, Rijksmuseum, Amsterdam.
12 On this, see Rinnooy Kan 2023.

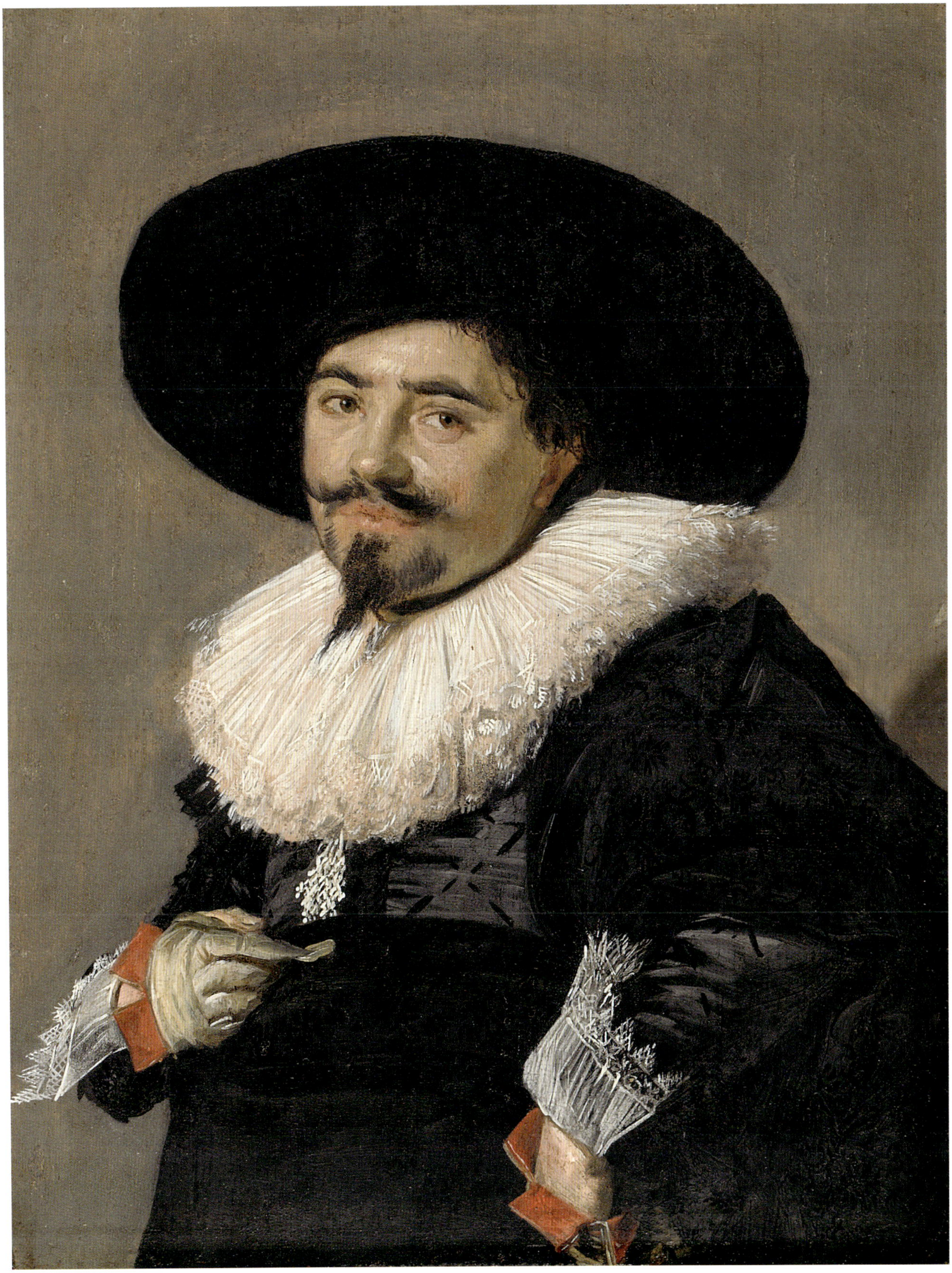

cat. 12

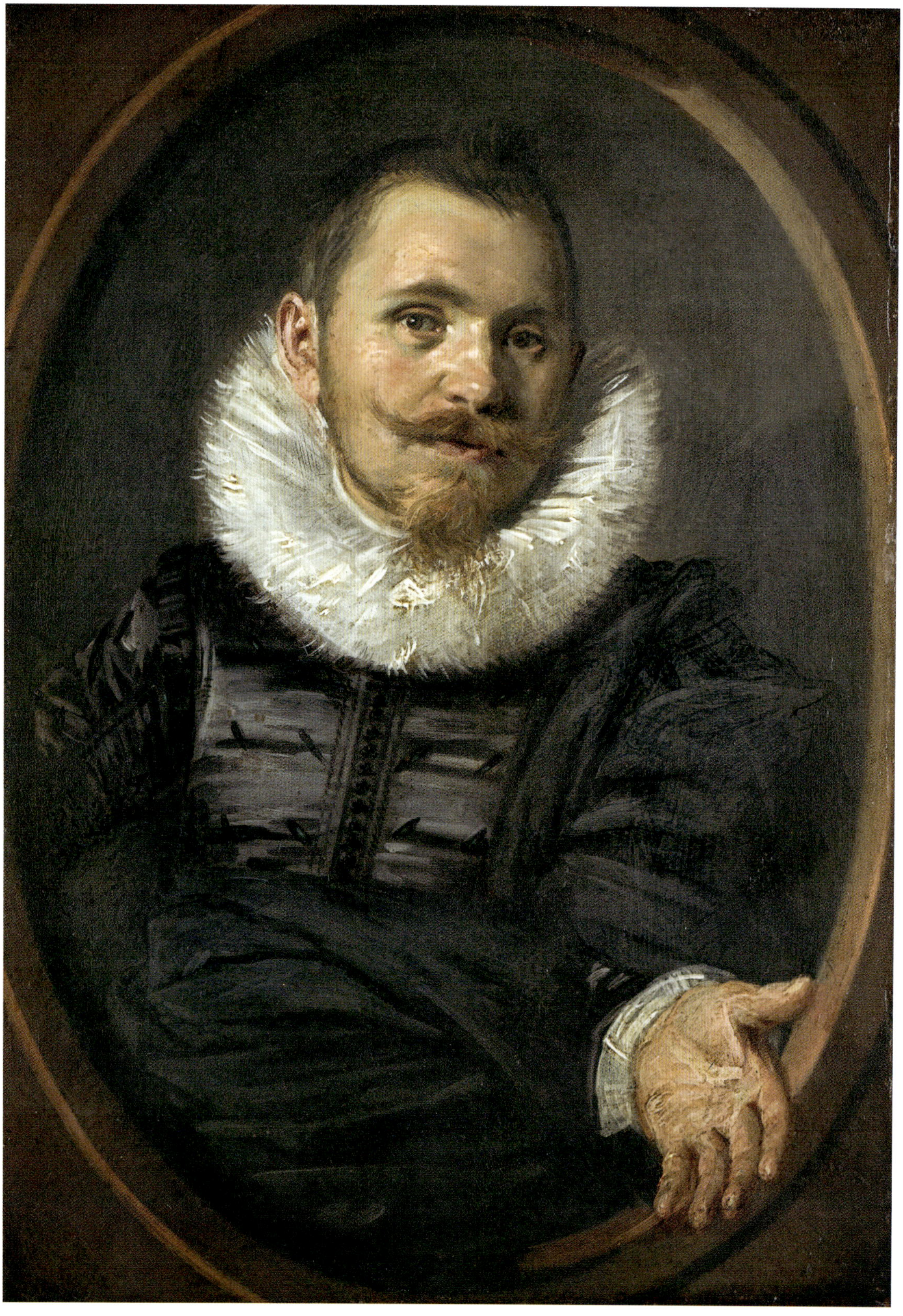

cat. 13

13

Frans Hals
Portrait of a Man
1627

Inscribed in upper-right corner: 1627
Copper, 20 × 14.2 cm
Gemäldegalerie, Staatliche Museen zu Berlin, Kat.Nr. 766

Provenance:
Purchased in 1843 at the auction of the Georg Andreas Reimer Collection, Berlin.

Throughout his career, Frans Hals painted small-scale portraits.[1] About forty are known today, and although these may not be as famous as his life-size portraits, many are equally impressive.[2] The unidentified man in this striking example of a small portrait locks eyes with the viewer. His left arm reaches beyond the painted oval frame—a proven method for artists to create a sense of depth and immediacy mastered by Hals to perfection. The man's smooth face and dark blond hair give him a youthful appearance, although the inlets on his forehead imply the early stages of a receding hairline. This painting is proportionally no more finely painted than Hals's larger portraits. The characteristic loose brushstrokes convincingly capture the highlights on the man's skin, the almost feathery quality of his white ruff, and the sheen on his dark clothes. The work is dated 1627 in the upper-right corner.[3]

Of the over 220 known paintings by Frans Hals, about seventy percent are painted on canvas. This portrait is one of only three known works on copper; the rest were produced on panel.[4] When Hals's oeuvre is ranked from large to small, at a height of 55 cm there is an abrupt change from canvas to panel and copper. For his smaller paintings, he consistently opted for a hard surface. Among the very smallest, with a height of about 27 cm or less, an intriguing group stands out: eleven of these little paintings were produced as prints at virtually the same scale during Hals's lifetime.[5] There are hints that Hals created these small paintings in the knowledge that they would serve as originals for prints. The prints were made by well-known Haarlem printmakers with whom Hals kept close ties, and the almost identical dimensions of portraits by Hals and of the corresponding engravings is remarkable. As a result, the engravers did not need to reduce their scale on the printing plates.

Although no print of this portrait exists, it fits in very well with these eleven works in terms of dimensions and composition. Compare it, for instance, to the *Portrait of Johannes Acronius* (cat. 14). The striking similarities to the small paintings with corresponding prints raise the question whether this small portrait was intended to serve as an original for a print, which was never made, or is lost. The prints made to scale after small portraits by Hals are predominantly likenesses of intellectuals, such as scholars, calligraphers, and clergymen. The prints are a welcome source for identification since the captions on the engravings are often the key to determining sitters' names. With only our current sources, it cannot be assumed that this anonymous sitter moved in these circles, but based on the clientele of this type of painting by Hals, it would not be surprising.

Interestingly, both this small painting and the above-mentioned portrait of Acronius came from the collection of Georg Andreas Reimer. He was one of the most successful publishers in Germany in the first half of the nineteenth century and an avid collector of drawings, prints, and paintings. It is no surprise that he would be interested in this type of work, especially the Acronius, with its corresponding print. Both small paintings were acquired in 1843 after Reimer's death, which makes them unusually early museum acquisitions of Hals's work. Most of the artist's paintings were only added to the collections of major European galleries toward the end of the nineteenth century.[6] [JRK]

Selected literature:
Bode 1883, no. 86; Moes 1909, no. 123; Hofstede de Groot 1910, no. 252; Bode and Binder 1914, no. 110; Trivas 1941, no. 24; Slive 1970–4, no. 48; Rinnooy Kan 2023, pp. 136–53.

1 This entry is based on Rinnooy Kan 2023, pp. 136–53.
2 For the unconvincing theory that these small portraits are copies of lost originals, or made by Hals's sons Frans or Jan, see Grimm 1971, 1972, and 1989. For the attribution to Frans Hals followed in this entry and for criticism and rebuttals of Grimm's view, see, among others, Slive 1970–4; Slive in Washington, London, and Haarlem 1989, no. 5, p. 143n1; Bijl 2005, pp. 47–52; Liedtke 2007, vol. 1, p. 283n1.
3 In twentieth-century literature, uncertainty is expressed about the last numeral of the date, noting that it could be a one or a seven, see for example, Slive 1970–4, no. 48. The painting has now been reexamined under the microscope, confirming that it is a seven, which is in line with nineteenth-century literature and sources.
4 For the works on copper, see Slive 1970–4, nos. 8, 48, 76.
5 For an overview, see Rinnooy Kan 2023, pp. 152–3.
6 Thanks to Katja Kleinert and Erik Eising for providing details on the painting's provenance.

14

Frans Hals
Portrait of Johannes Acronius ca. 1627

Inscribed at right, next to face:
AETAT SVAE 62 / Ao 1627
Wood, 19.2 × 17.1 cm
Gemäldegalerie, Staatliche Museen zu Berlin, Kat.Nr. 767

Provenance:
Purchased in 1843 at the auction of the Georg Andreas Reimer Collection, Berlin.

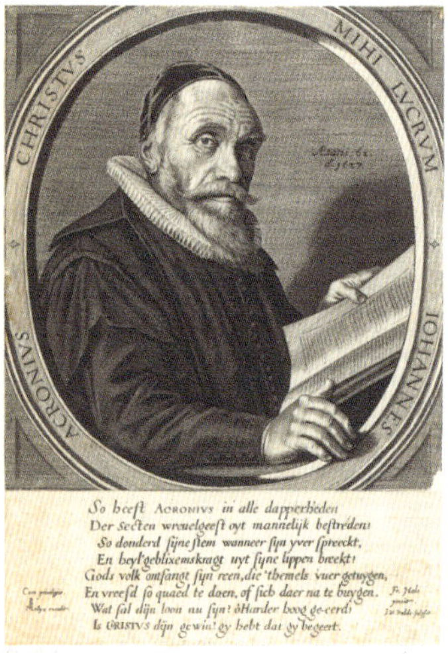

Fig. 1 Jan van de Velde the Younger after Frans Hals, *The Preacher Johannes Acronius*, 1627, Rijksmuseum, Amsterdam

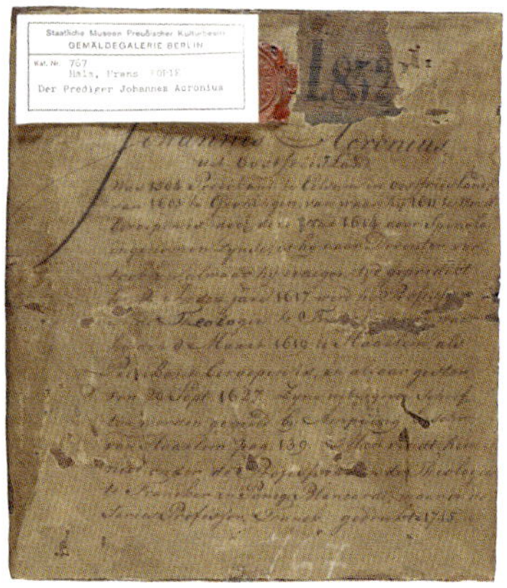

Fig. 2 Frans Hals, *Portrait of Johannes Acronius*, ca. 1627, back of panel

The Berlin portrait of the Haarlem preacher Johannes Acronius (1565–1627) is one of a special group of only eleven small-format paintings by Frans Hals. These pictures were used as models for reproduction engravings and were usually reproduced to scale.[1] Possibly Hals already painted these unusually small pictures with the intention of being able to use them for prints. It was thus possible for the engravers to transfer the image directly without having to scale it to the correct size (see also cat. 13). In the case of Johannes Acronius, too, such a true-to-scale engraving was made by Jan van de Velde the Younger, but presumably not until after Acronius's death.[2] Both the name of the engraver and that of the painter are noted on the print: "Fr. Hals pinxit" (painted) and "J. v. Velde sculpsit" (engraved). In a second version (fig. 1), in which what was originally a Latin inscription was replaced by one in Dutch, there is also the following line: "Cum privilegio PMolyn excudit" (P Molyn has published [this] with permission). This comparatively rare addition guaranteed Pieter de Molijn (see cat. 33) the sole publication rights to the engraving. Presumably it was assumed that this latter version would sell well, particularly as it now also bore an inscription in Dutch that would contribute to a broader understanding.[3]

Johannes Acronius, who was born in East Frisia, came to Haarlem in 1619 and there preached until his death in 1627. He was well known for his outstanding power of rhetoric and eloquence as well as his great religious zeal, characteristics that are also emphasized in the text of the engraving. Acronius was considered to be a straightforward, law-abiding, and pugnacious advocate of Calvinist doctrine who had little tolerance for dissidents. Frans Hals here portrays him as an erudite theologian, turned toward the viewer, open and with the hint of a smile. The preacher is placed half-length in a painted, oval frame and is looking out at the viewer. His slightly raised, hovering hand suggests that he has only just turned away from his reading. The posture, and Hals's free, open brushwork convey the impression of spontaneity and effortlessness so typical of the painter. The little portrait is dated 1627 and states the age of Acronius as sixty-two.[4]

In 1956, based on a verbal communication by Seymour Slive, the picture was declared to be no longer attributable to Hals and was subsequently classified as a copy after him.[5] Slive suspected that the small panel was a copy after the engraving.[6] Such a reversal would rather necessitate a detailed underdrawing that follows the engraving. In fact, however, the most recent examinations of the painting have not been able to demonstrate that there were any such underdrawings. Instead, there is a sketchy suggestion of the figure by means of a few dark brushstrokes, a technique typical of Hals.[7] The characterful expression of the face and the thin but very free painting style with confident highlights in the beard and hair also speak for a work by Frans Hals's own hand.

The provenance of the picture can be reconstructed surprisingly well. It is striking that the small portrait was unusually often in the possession of publishers, book printers, and scholars. In 1744, it came into the possession of Johannes Enschedé (1708–80), a passionate Haarlem collector.[8] Among other things, Enschedé was a member of the Hollandse Maatschappij van Wetenschappen and very interested in Haarlem history. It is to him that we owe the detailed biographical information dated 1745 on the back of the panel (fig. 2). At the time, Haarlem did not yet have a town clerk.[9] Enschedé's detailed information regarding the portrait's sitter may have served to preserve the knowledge about this Haarlem personality for posterity. [KK]

Selected literature:
Bode 1883, no. 86; Moes 1909, no. 123; Hofstede de Groot 1910, no. 252; Bode and Binder 1914, no. 110; Valentiner 1921, p. 52; Trivas 1941, no. 24; Slive 1970–4, no. 47; Grimm 1989, p. 34; Liedtke 2011, p. 35; Slive 2014, p. 67; Dudok van Heel and Bok 2013, pp. 21–2; Rinnooy Kan 2023, p. 149.

1 See Rinnooy Kan 2023, p. 136.
2 Jan van de Velde the Younger after Frans Hals, *The Preacher Johannes Acronius*, 1627, engraving, 180 x 169 mm, Rijksmuseum, Amsterdam. The engraving is one of the few examples where the representation is not a mirror image.
3 On such publishing rights, see Orenstein 1996, pp. 91–9, and Rinnooy Kan 2023, p. 149.
4 Acronius died that same year, on September 29, 1627. Therefore, the possibility that the picture was painted posthumously cannot be ruled out.
5 Dokumentation der Gemäldegalerie, SMB, Gemäldeakte, memo dated October 8, 1956. As the pictures of the Gemäldegalerie did not return to Berlin until the last quarter of 1956 after being evacuated during the Second World War, it is probable that Slive did not see the original but based his assessment at the time only on a photograph. Although he included the painting in his 1974 monograph as an unequivocally authentic work by Hals, the attribution that was made in 1956 in Berlin remained unchanged until 2023. See Slive 1970–4, no. 47; Slive 2014, p. 67.
6 This assumption is already found in Valentiner 1921, p. 309, and is also still endorsed by Slive and Biesboer in 1989, see Biesboer 1989, p. 31. Grimm includes the picture in the current RKD study as a studio work after Hals. See Grimm 2023–4, no. A4.1.7.
7 Restaurierungsdokumentation Gemäldegalerie, SMB, dated November 1, 2023.
8 Dudok van Heel and Bok 2013, p. 21; sale of the Enschedé estate, May 30, 1786, Haarlem (Lugt no. 4056), lot 83.
9 See Dudok van Heel and Bok 2013, p. 22.

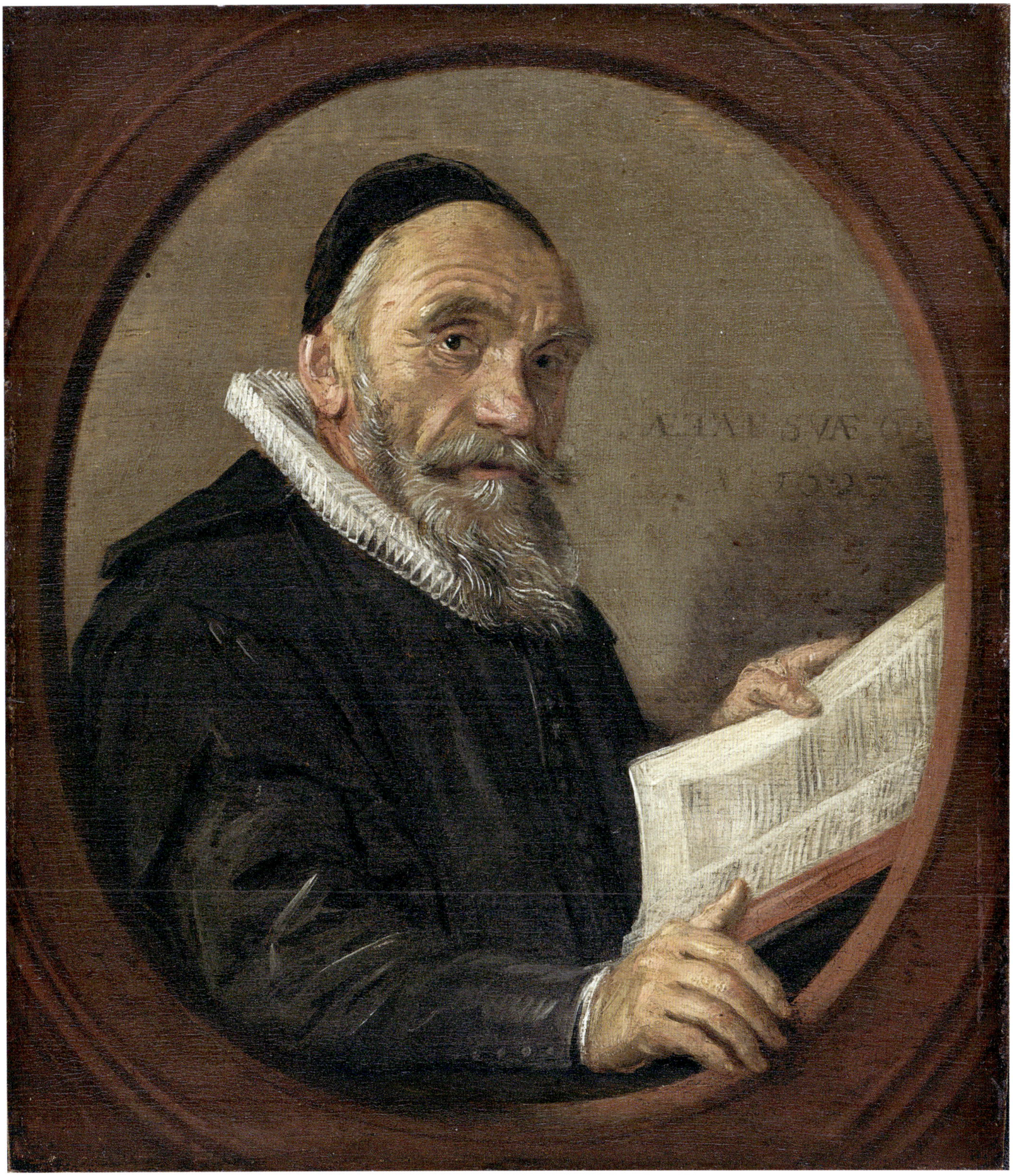

cat. 14

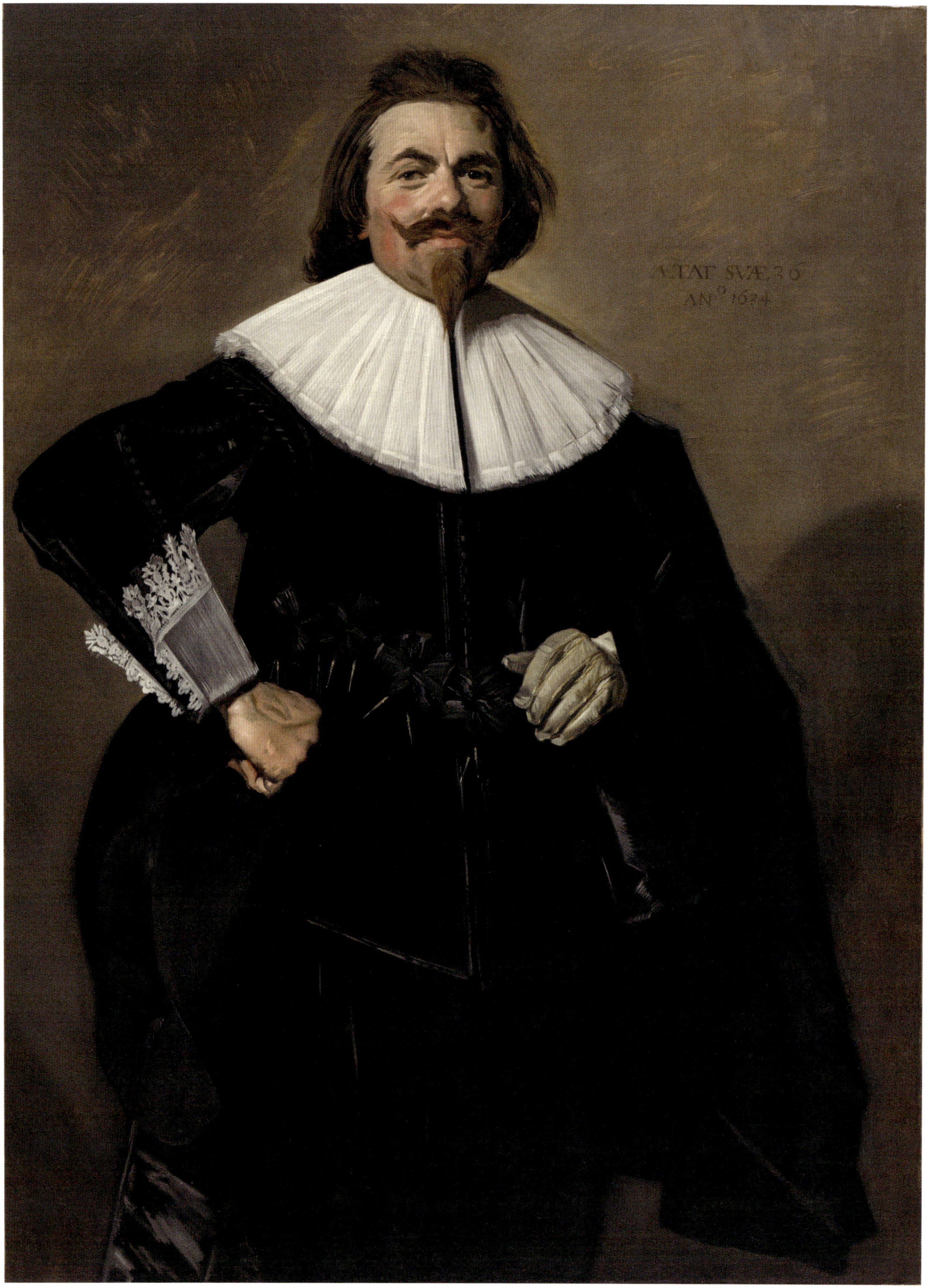

cat. 15a

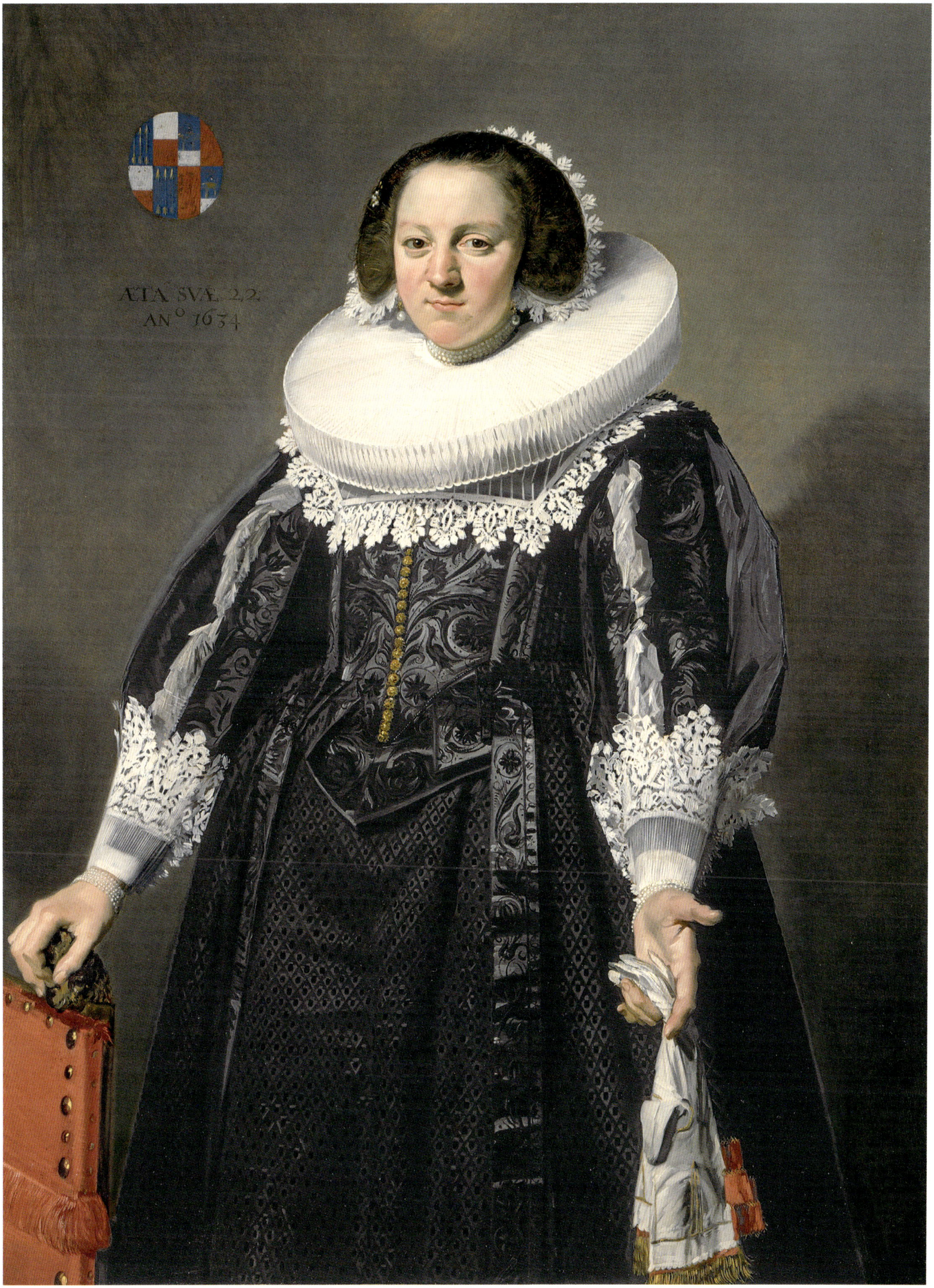

cat. 15b

15a

Frans Hals
Portrait of Tieleman Roosterman
1634

Inscribed at top right:
AETAT SVAE 36 / AN° 1634
Canvas, 117 × 87 cm
The Cleveland Museum of Art,
Leonard C. Hanna Jr. Fund
(1999.173)

Provenance:
Acquired in 1999.

15b

Frans Hals
Portrait of Catharina Brugman
1634

Inscribed at top left:
AETA SVAE 22 / AN° 1634
Canvas, 115 × 85 cm
Private collection

Tieleman Roosterman and Catharina Brugman had been married for three years in 1634 when Frans Hals depicted the couple in the two virtuoso portraits.[1] For more than two centuries they were kept together, before being auctioned off separately in 1866. At the exhibitions in London, Amsterdam, and Berlin, they are being reunited again for the first time in just over one hundred and fifty years.

As companion pieces, the two paintings are even more impressive than as individual portraits, for Frans Hals skillfully linked them in his composition: so that Roosterman's shadow not only falls on the wall in his own picture but also on the wall in the painting of his wife. The strong diagonal, in particular, masterfully connects both portraits: beginning on the left, below Roosterman's elbow, it directs one's gaze downward, along a diagonal to the bottom right, into the next picture and to Catharina's gloves. With her arm, invitingly stretched forward, she shows the viewer the gloves in her open hand. The elaborate patterns of the lace and convincingly depicted pleats in her black gown hold one's gaze for a moment.

What is striking is the repeated use of red tones in her portrait. From the gloves to her cheeks, and from there, diagonally downward to the chairback, the red accents form a triangle. The diagonal line to the chair, which is largely outside the picture and thus is only suggested, directs one's eyes back to the male pendant. The cloak that is casually draped over Roosterman's shoulder guides one's gaze to the red tones of his own face. The use of complementary colors to represent skin tones—the grayish-green ground and the red—gives the faces a liveliness that can also be found in the hands.

While in Catharina's portrait Frans Hals achieves a sense of vitality and depth of field, primarily by the way he distributes colors, he achieves a similar effect in Roosterman's portrait through the sitter's pose. Both figures stand in front of a loosely painted background, which intensifies the effect of depth and creates the impression that they are standing freely in space.

Roosterman's portrait was characterized as a "bravura piece by the brilliant master."[2] In 1951, Ludwig Baldass praised the brushwork, describing its "unusual strength and liveliness."[3] The black color of the fabric is very convincing, although it is largely composed of gray tones. Moreover, Hals's virtuoso painting technique is made manifest by his spectacular depiction of lace—the starched fabric, its transparency, and its ruffle: the effect is completely lifelike, while the brushwork, seen close up, proves to be open and free. Catharina's gloves combine all of the master's qualities and are a work of art in their own right.

According to the inscription on the painting, the Amsterdamer Catharina Brugman was twenty-two years old when Frans Hals immortalized her in 1634. This corresponds to the date of her baptism on November 3, 1611.[4] She bore the same name as her older sister, who was born in 1609 but died in infancy: Trijntje. Her mother, Maria Adriaensdr, was married to the Amsterdam cloth merchant Jan Pietersz, who sometimes called himself Groenlaken and sometimes Brugman.

In 1631, Catharina married the Haarlem cloth and silk merchant Tieleman Roosterman (1598–1673), fourteen years her senior, the oldest son of Johan Roosterman and Christina Coeburgs.[5] The couple lived on Smedestraat in Haarlem and had ten children, eight of whom reached adulthood.[6] Their fifth child, Maria, who later married Geldolph van Vladeracken, inherited the portraits. Through their daughter Johanna Catharina the pictures came into the possession of the Van Dam family. When the great-grandchildren of Catharina and Tieleman received the portraits in 1741, the identity of the sitters was still known. At, or after this time, coats of arms were painted on the pictures to preserve this knowledge for future generations,[7] yet over the centuries their names were forgotten. Catharina Brugman was identified at the beginning of the twentieth century thanks to the coat of arms. The identity of Tieleman Roosterman was not discovered and made public until 1951.[8] After his portrait was acquired by the Cleveland Museum of Art in 1999, the coat of arms was overpainted because it interfered with the depth of field. On Brugman's portrait, on the other hand, it remains intact.

As already mentioned, the pendants presumably remained together until the Paris auction in 1866.[9] After that, Roosterman's portrait was taken to Vienna to be added to the famous collection of Friedrich Jakob Gsell (1811/12–71) and subsequently to the equally famous Viennese collection of Anselm von Rothschild (1803–74). It was passed down within the family until the National Socialists confiscated it after the annexion of Austria. For a long time, it hung in the Kunsthistorisches Museum in Vienna. After it was restituted to the Rothschilds in 1999 it was auctioned and has since been in the possession of the Cleveland Museum of Art.

After the 1866 auction, Brugman's portrait remained in Paris and finally came into the collection of the Frans Hals enthusiast André Mniszech (1823–1905).[10] Then, perhaps thanks to the intervention of the Berlin museum director Wilhelm von Bode, it moved to the skylit Oberlichtgalerie of Marcus and Mathilde Kappel on Tiergartenstrasse. In his description of the Kappels' collection of paintings, Bode noted how hard it was to find good pictures by Rembrandt, but even harder to find a work by Frans Hals as beautiful as the *Portrait of Catharina Brugman*.[11]

The Kappels had close ties to the philanthropic Kaiser Friedrich Museumsverein and wanted to bequeath their collection to the Berlin museums. However, the exorbitant tax increase of the "Reichsnotopfer" (Reich emergency tax levy) forced them to change their will in the summer of 1919. The state was given a last opportunity to acquire the paintings for the nation: if the Kappel estate were taxed at only ten percent, the artworks would go to the museum as planned. The Prussian state declined, and so the children and grandchildren inherited the art collection.

Like the owners of its counterpart, this family, too, fell victim to the National Socialists, and a large part of the Kappels' painting collection was looted. The *Portrait of Catherina Brugman*, however, had been shipped to Great Britain in time and was thus saved. Very few descendants of the Kappel family survived the Holocaust. In 1977, they presented the portrait to the Metropolitan Museum of Art in New York as a loan, and it was later sold.

It is still privately owned today, and for this exhibition, it returns to the place to which it had once been promised: Berlin. [EdT]

Selected literature:

a

Bode 1883, no. 126; Moes 1909, no. 131; Hofstede de Groot 1910, no. 354; Slive 1970–4, no. 93; Grimm 1989, no. 76.

b

Bode 1883, no. 59; Moes 1909, no. 66; Hofstede de Groot 1910, no. 218; Bode and Binder 1914, no. 143; Valentiner 1923, p. 122; Slive 1970–4, no. 94; Grimm 1989, no. 77; Tonkelaar 2024.

1 They published the banns of marriage on November 27, 1631, see Eeghen 1974, pp. 137–8; SAA, register of marriage banns, Archive 5001, inv. 438, p. 138n6.

2 Auction catalogue, *Versteigerung der Gallerie Gsell und den dazu gehörigen Kunst-Sammlungen durch Georg Plach* (Künstlerhaus), Vienna, March 14, 1872 (and the days following), lot 40.

3 Baldass 1951, p. 181.

4 In Slive 1970–4, no. 94, still given as 1609. Eeghen 1974 gives the correct baptism date as 1611. He provides his source as SAA, DTB baptisms, Archive 5001, inv. 4, fol. 366, DTB 4.

5 Eeghen 1974, pp. 137–8. He provides his source as ASS, register of marriage banns, Archive 5001, inv. 438, p. 138.

6 Van Rosterman genealogy, SAA, Archive 5015 (Collectie Stadsarchief Amsterdam: genealogiehandschriften), inv. 226, p. 5.

7 New York 2006, pp. 49–50. It is not known when the coats of arms were added. Given the use of Prussian blue, it was certainly after 1720. See Baldass 1951, pp. 181–2.

8 Baldass 1951.

9 Tonkelaar 2024.

10 Rosset 2003.

11 Bode 1914, p. 11.

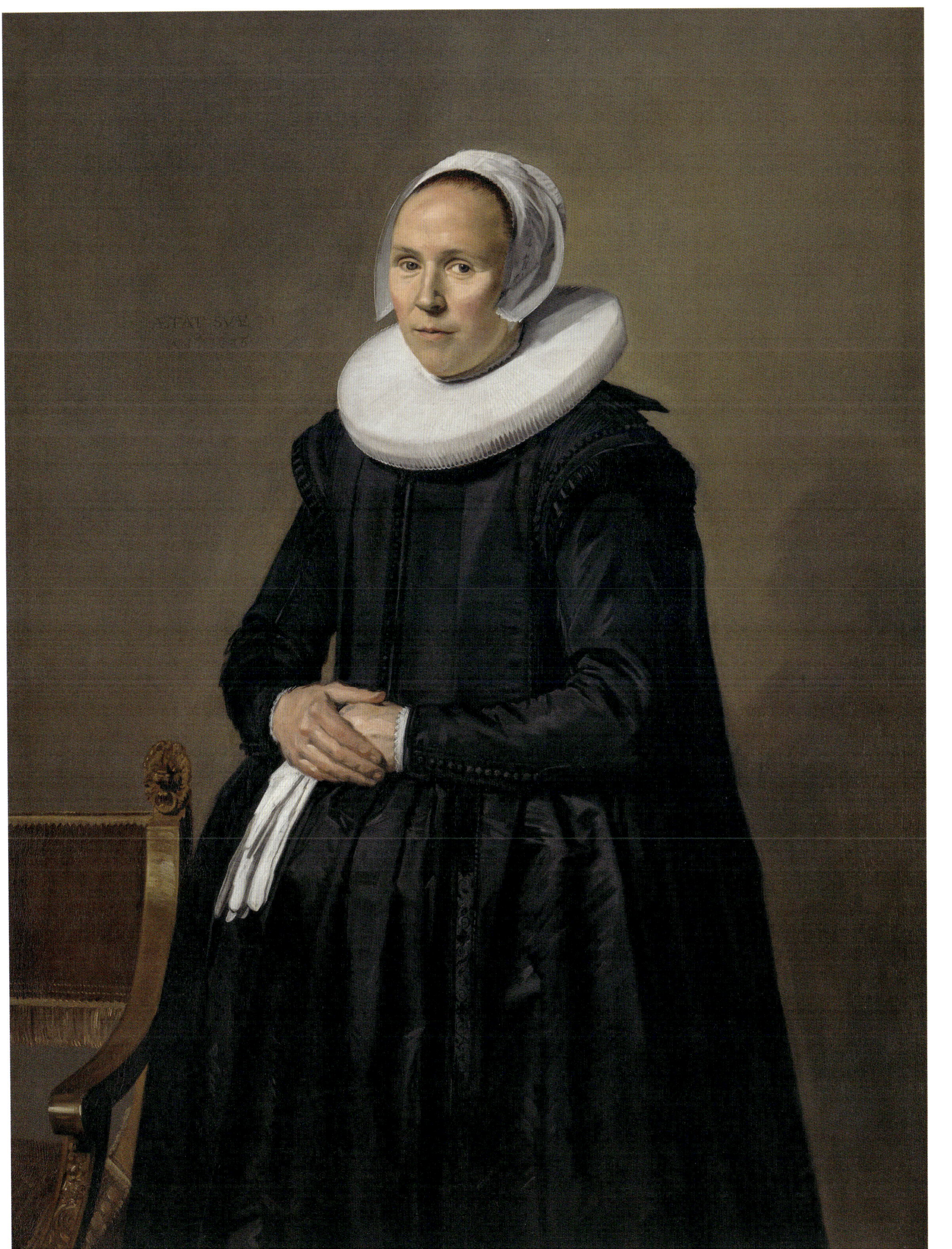

16a

Frans Hals
Portrait of Lucas de Clercq
ca. 1635

Canvas, 121.6 × 91.5 cm
Rijksmuseum, Amsterdam, on loan from the City of Amsterdam, inv. SK-C-556

16b

Frans Hals
Portrait of Feyntje van Steenkiste
1635

Inscribed at top left:
AETAT SVAE 31 / ANº 1635
Canvas, 121.9 × 91.5 cm
Rijksmuseum, Amsterdam, on loan from the City of Amsterdam, inv. SK-C-557

Provenance:
Donated to the City of Amsterdam in 1891 by Pieter de Clercq and his sister Maria de Clercq-van Eeghen; lent to the Rijksmuseum by the City of Amsterdam in May 1891.

A year after painting the portraits of wealthy Calvinists Tieleman Roosterman and Catharina Brugman (cat. 15), Frans Hals created another set of life-size portraits of a married couple, this time from another religious community. Lucas de Clercq (ca. 1593–1652) and Feyntje (or Ferijntje) van Steenkiste (1603/4–40) were members of the Mennonite Church, which practiced baptism only after a conscious decision was taken by the faithful and expected its followers to display modesty, restraint, and demure attire.[1] This fundamental contrast with the lifestyle of wealthy Calvinists is immediately apparent when comparing the portraits of Feyntje van Steenkiste and Catharina Brugman: the Mennonite woman's portrait is devoid of any opulence—no lustrous fabrics, sumptuous lace, or expensive jewelry. Instead, Van Steenkiste is depicted in a simple, unadorned black dress; her expression, although not unfriendly, is grave and reserved. Nevertheless, both paintings are rooted in the same portraiture tradition: the women are standing, shown at three-quarter length, with a chair to their right and gloves in their hands. Looking at Lucas de Clercq's and Tieleman Roosterman's portraits side by side reveals that restraint was demanded not only in the clothing and accessories but also in Hals's painting style: De Clercq is rendered far more conventionally than Roosterman, with finer brushwork on the face and a subdued, less powerful presence. The rather conservative depiction likely reflects the wishes of the couple who commissioned the piece.

Although he was born in Haarlem, Lucas de Clercq, like Frans Hals, had Flemish roots. His father had been expelled from Ghent in 1585 for plotting with a group of like-minded conspirators to overthrow the Roman Catholic city government and install a pro-Mennonite city council.[2] Lucas went into the same line of work as his father, who dealt in potash, which was used to bleach linen and linen thread. He probably met his first wife through her father, Pieter van Steenkiste, who was also a potash merchant. For all the simplicity of their portraits, the couple were quite wealthy and owned an estate west of Haarlem with a farm, as well as an inn in Haarlem. A 1640 inventory of De Clercq's possessions mentions numerous paintings, including a landscape by Pieter de Molijn (see cat. 33).[3]

Despite their unassuming modesty, the couple were obviously sufficiently ambitious and self-confident to order the portraits from Frans Hals, portraitist to Haarlem's upper class. Indeed, Hals seems to have been rather popular with the local Mennonites: Frans Grijzenhout estimates that there are between fifteen and twenty Mennonite portraits in Hals's oeuvre.[4] Karel van Mander (see cat. 8), who taught Frans Hals, was also a Mennonite. This may have helped Hals gain clients from this religious community and become fairly well-known among them. [EE]

Selected literature:
Moes 1909, nos. 24–5; Trivas 1941, nos. 22, 58; Slive 1970–4, nos. 104–5; Grimm 1989, no. 45; Washington, London, and Haarlem 1989, nos. 46–7; Bikker 2007, no. 108.

1 Grijzenhout 2013, p. 128.
2 Biesboer and Togneri 2001, p. 76.
3 Biesboer and Togneri 2001, pp. 77–8.
4 Grijzenhout 2013, p. 133.

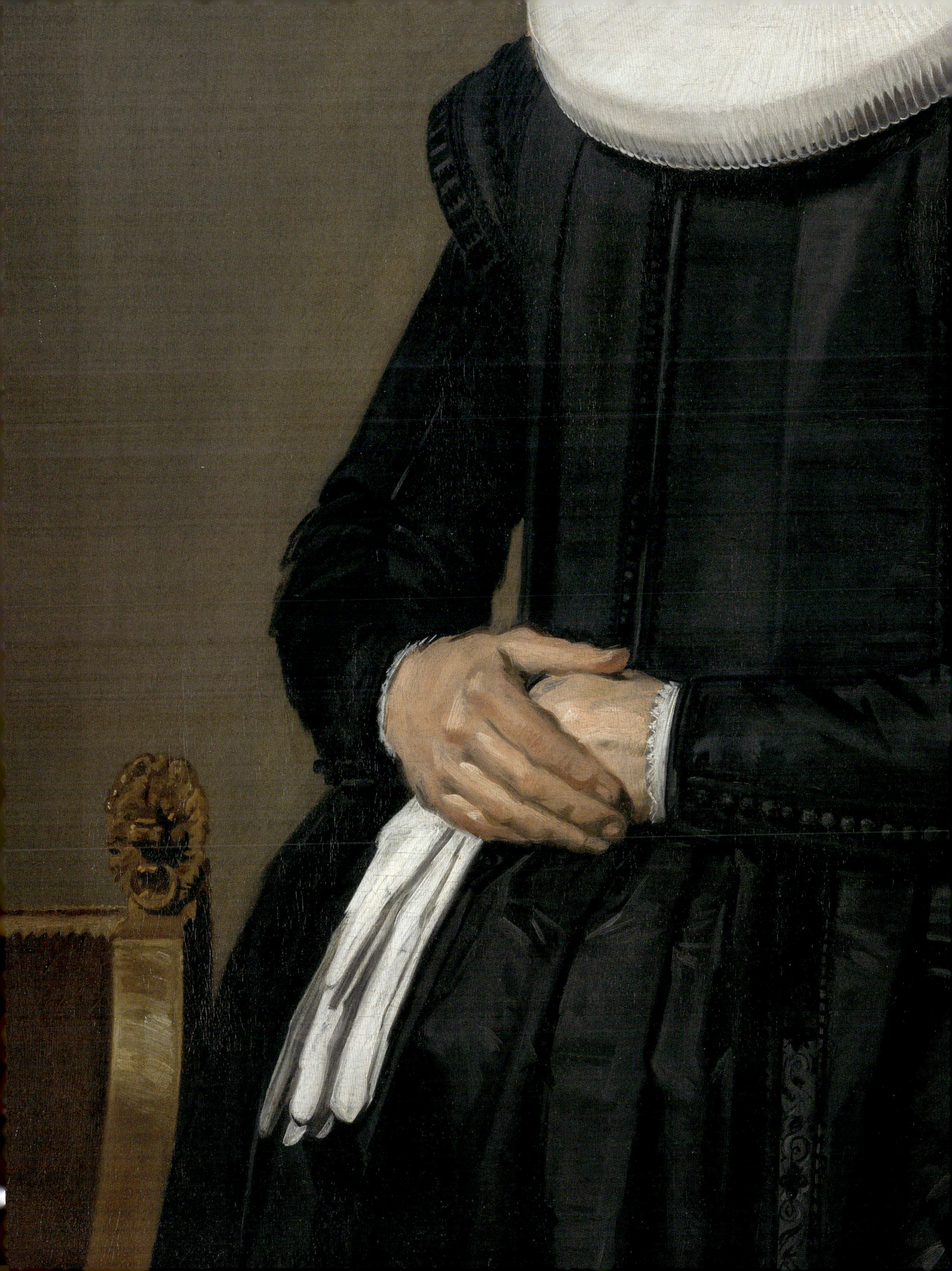

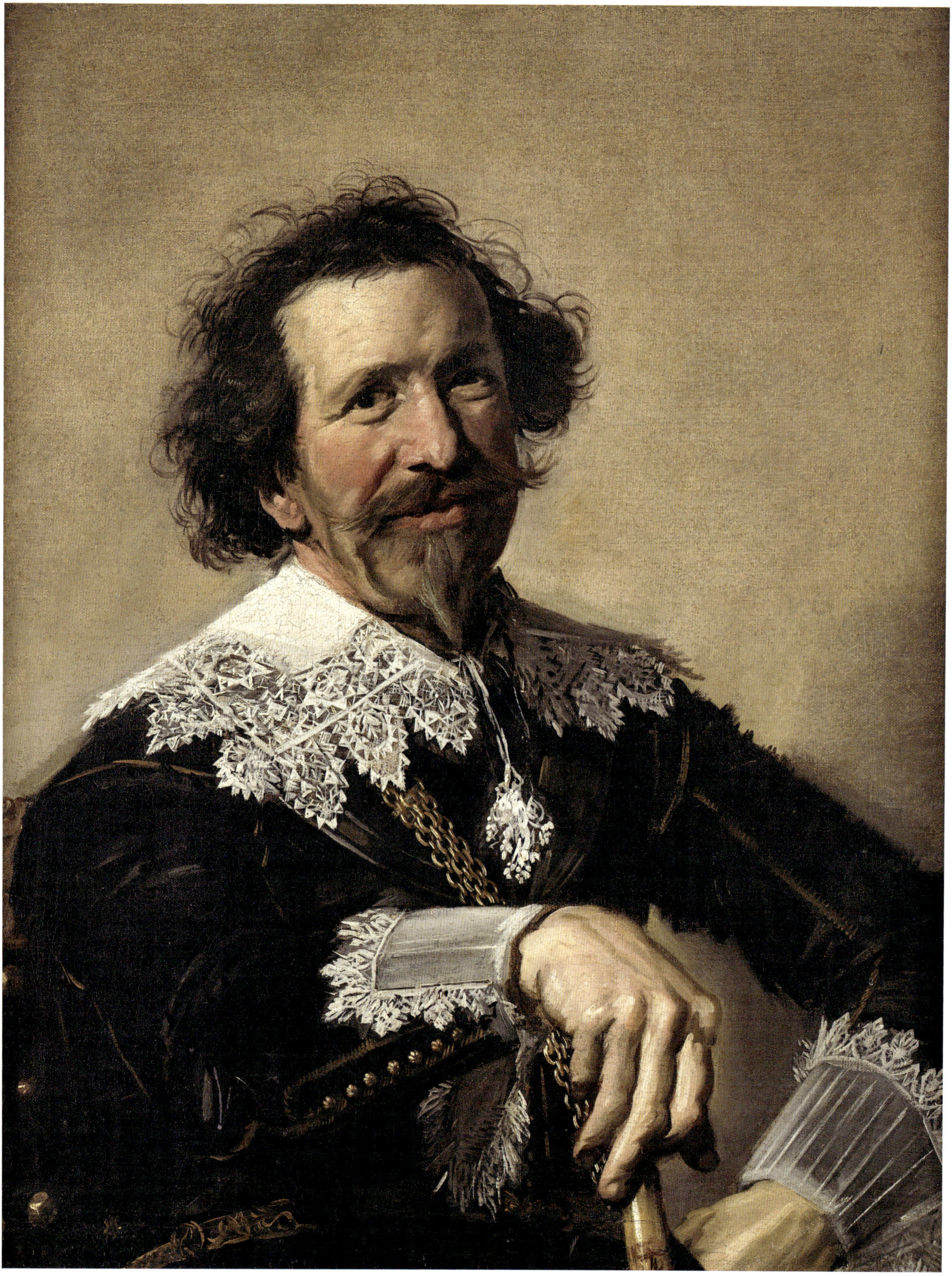

cat. 17

17

Frans Hals
Portrait of Pieter van den Broecke 1633

Canvas, 68.3 × 54.9 cm
English Heritage, The Iveagh Bequest (Kenwood, London)

Provenance:
Donated in 1927 as part of the estate of Edward Guinness, 1st Earl of Iveagh.

Among seventeenth-century Dutch portraits, it is hard to find a man more charismatic than Pieter van den Broecke. His sparkling black eyes reveal a roguishness like that of Pieter Cornelisz van der Mersch (cat. 10), but one that is also endowed with a great deal of warmth. Perhaps this impression is also due to his unkempt hair, ruddy cheeks, and slightly reddened nose. In actuality, the man whom Hals portrayed in this painting was proud, self-confident, and aware of his own power, with considerable success in commerce and in the navy.

Like Hals, Pieter van den Broecke (1585–1640) was also born in Antwerp. His Calvinist family fled from that Flemish city to the north in 1585 after the city fell to the Spanish. Initially the family moved to Alkmaar and Hamburg before finally settling in Amsterdam in 1597. Van den Broecke became a merchant of the Dutch East India Company and undertook several journeys to Africa (particularly to the Cape Verde islands and to present-day Angola and Republic of the Congo), present-day Yemen, India, and Indonesia. During these journeys he was, among other things, involved in the ivory and slave trades. In 1615, he took part in the conquest of the Banda Islands under the Governor-General of the Dutch East India Company, Jan Pietersz Coen (1587–1629). Van den Broecke described his experiences in several travel reports and letters. In 1630, as Admiral of the Dutch Navy, he was also responsible for the safe return journey of Eva Ment (1606–52), Coen's widow, from Batavia (modern-day Jakarta) to Holland. For his outstanding services in the Dutch East India Company, Pieter van den Broecke received a gold chain.

It was with this very chain, partially covered by an exquisite lace collar, that Van den Broecke had his portrait painted by Frans Hals in 1633. The admiral wears a gorget over his black doublet, marking him as a military man. He sits relaxed on a chair, his left hand on his hip, his right resting on a cane. The snapshot, dynamic effect of the portrait is produced, among other things, by the fact that the portrait's subject is seated at an angle and is reinforced by blurred outlines such as that of the left arm. The black doublet contrasts with the light beige background, a color which Hals frequently used for his portrait backgrounds during this period (see also cat. 16, 18).

Hals and Van den Broecke were evidently on good terms, for like Isaac Abrahamsz Massa (see cat. 3, 11, 33a), Van den Broecke acted as a witness at the baptism of one of Hals's children, in this case of his daughter Susanna in 1634. The second witness was the engraver Adriaen Jacobsz Matham (ca. 1599–1660), who copied Van den Broecke's portrait and, with the inscriptions on his engraving, supplied the original date of the painting and the identity of its subject (fig. 1). [EE]

Selected literature:
Bode 1883, no. 67; Moes 1909, no. 21; Bode and Binder 1914, no. 181; Valentiner 1923, p. 163; Gelder 1938; Trivas 1941, no. 42; Slive 1970–4, no. 84; Grimm 1989, no. 61; Washington, London, and Haarlem 1989, no. 44; London and The Hague 2007, no. 19.

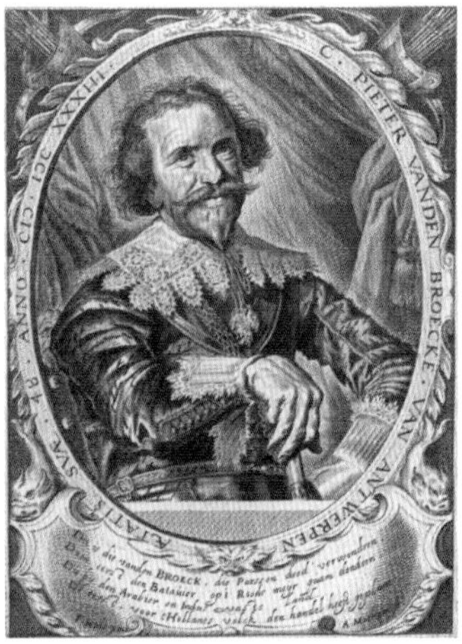

Fig. 1 Adriaen Jacobsz Matham after Frans Hals, *Portrait of Pieter van den Broecke*, 1633, Rijksmuseum, Amsterdam

cat. 17

18

Frans Hals
Portrait of a Man
ca. 1635

Canvas, 79.5 × 66.5 cm
Rijksmuseum, Amsterdam,
Gift of Jonkheer J. S. R. van de Poll,
Arnhem, inv. SK-A-1246

Provenance:
Gifted to the Rijksmuseum in 1885 by Jan Stanislaus Robert van der Poll.

The composition of the Amsterdam *Portrait of a Man* is almost identical to Frans Hals's *Portrait of Pieter van den Broecke* (cat. 17). Seated on a chair against a light background, the man's left hand is perched against his hip while his right rests on a cane. The two gentlemen wear the same type of elaborately decorated lace collar and have similar moustaches and goatees. The most important compositional difference is that the back of the chair is turned toward us in the Amsterdam portrait, with the man's arm laid across it. Hals thus draws on a pose (see also cat. 22, 30) he introduced in the *Portrait of Isaac Abrahamsz Massa* (cat. 33a). In the Amsterdam portrait, the man's left arm is tucked behind his body and his right hand extends so far to the right that it is cut off by the edge of the picture. In addition, the Amsterdam gentleman has nothing of Pieter van den Broecke's jovial charisma. Rather than directing an infectious smile out at the viewer, he looks thoughtfully past them.

Stylistically, the two portraits differ considerably. The Amsterdam work is painted more freely and sketchily, largely wet-on-wet. This is apparent in the man's clothing, as well as in his face, which is rather unusual for Frans Hals in the mid-1630s: the cheeks and nose are rendered with broad brushstrokes, the eyes appear blurred, and the painter evidently felt no need to fill in the right ear. The man's right hand is also strikingly rudimentary. The Amsterdam portrait was produced around two years after the *Portrait of Pieter van den Broecke*, demonstrating that Hals could clearly switch flexibly between modes and styles. It is not possible to determine whether the stylistic differences arose from the sitter's wishes, Hals's view of what would be fitting to their personality, or to considerations of time and therefore cost.

The dating of the Amsterdam painting to around 1635 is based primarily on the male subject's clothing and that of his pendant (fig. 1).[1] As is often the case with Hals's portrait pairs, the woman is painted far more conventionally and with less of a dashed-off quality (for example, cat. 15).[2] In contrast to the man's rather casual pose, the position she adopts—it is not clear whether standing or sitting—is comparatively stiff, matching her serious gaze.

The couple portrayed by Frans Hals were previously identified as the Amsterdam merchant, brewer, and captain-major Nicolaes Hasselaer (1593–1635) and Sara Wolphaerts van Diemen (1594–1667).[3] However, the self-evident age of the couple in the paintings compared with that of Hasselaer and Wolphaerts van Diemen around 1635, physiognomic discrepancies between the male portrait and a confirmed likeness of Hasselaer in a 1633 painting by Abraham de Vries, as well as the painting's provenance, which does not indicate that it was inherited by the Hasselaer family, argue against this.[4] Whoever the man in the painting may be, he had himself portrayed by Frans Hals in an astonishingly modern way. [EE]

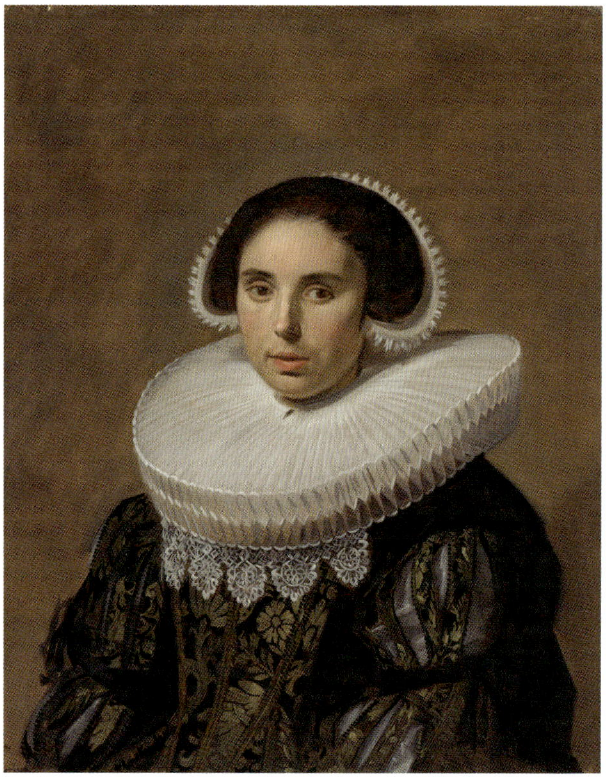

Fig. 1 Frans Hals, *Portrait of a Woman*, ca. 1635, Rijksmuseum, Amsterdam

Selected literature:
Moes 1909, no. 42; Hofstede de Groot 1910, no. 186, Valentiner 1921, pp. 63–4; Trivas 1941, no. 60, Slive 1970–4, no. 86; Grimm 1989, no. 73; Amsterdam 2002, no. 25a; Bikker 2007, no. 106; Dudok van Heel 2015.

1 See, among others, Bikker 2007, no. 106.
2 The most important exceptions in this context are *Portrait of a Man Holding a Skull* and *Portrait of a Woman Standing* (cat. 9).
3 The identification of the man as Nicolaes Hasselaer was proposed as early as 1885. See Bikker 2007, no. 106. For a more recent defense of the identification of the couple, see Dudok van Heel 2015.
4 See Bikker 2007, no. 106.

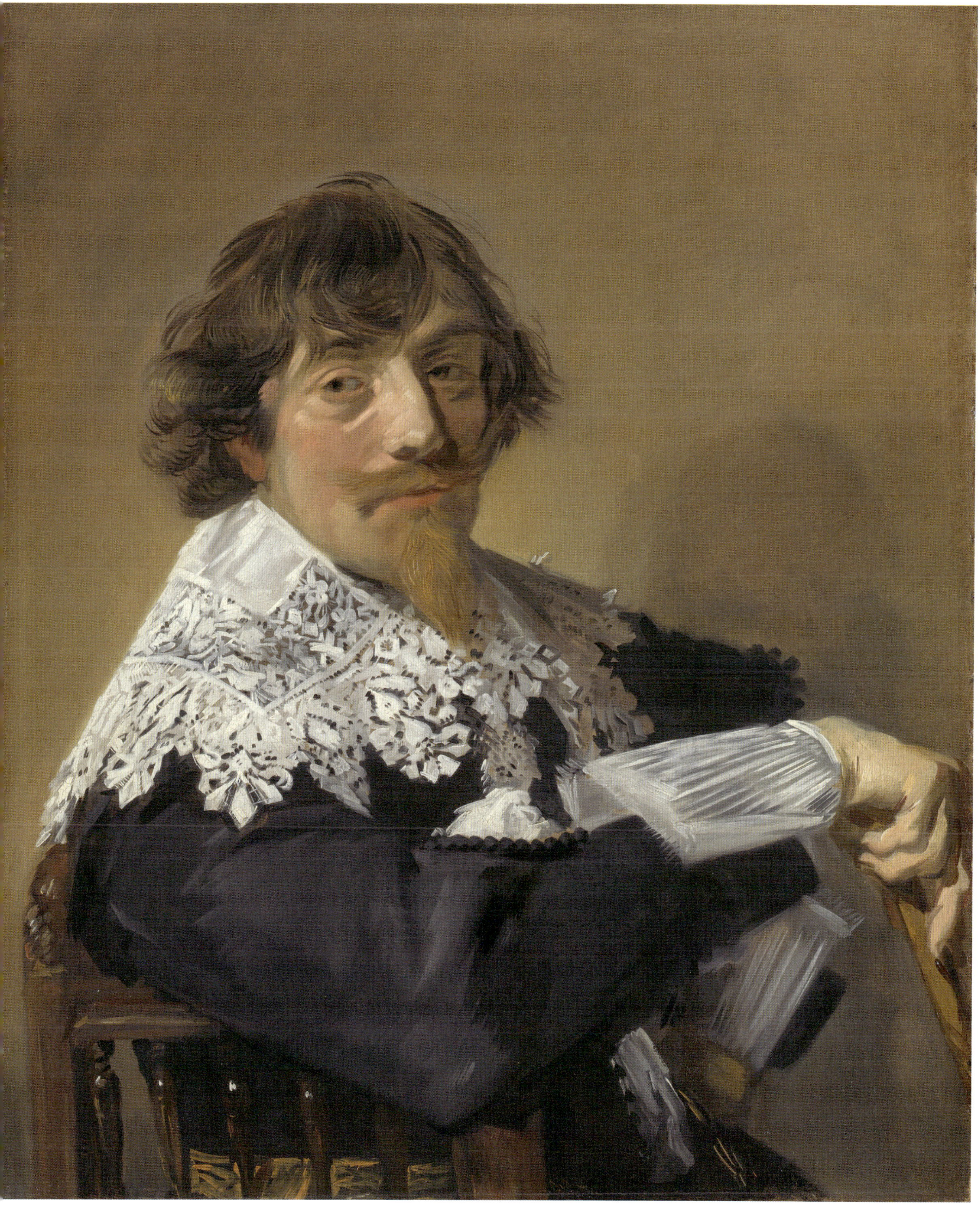

cat. 18

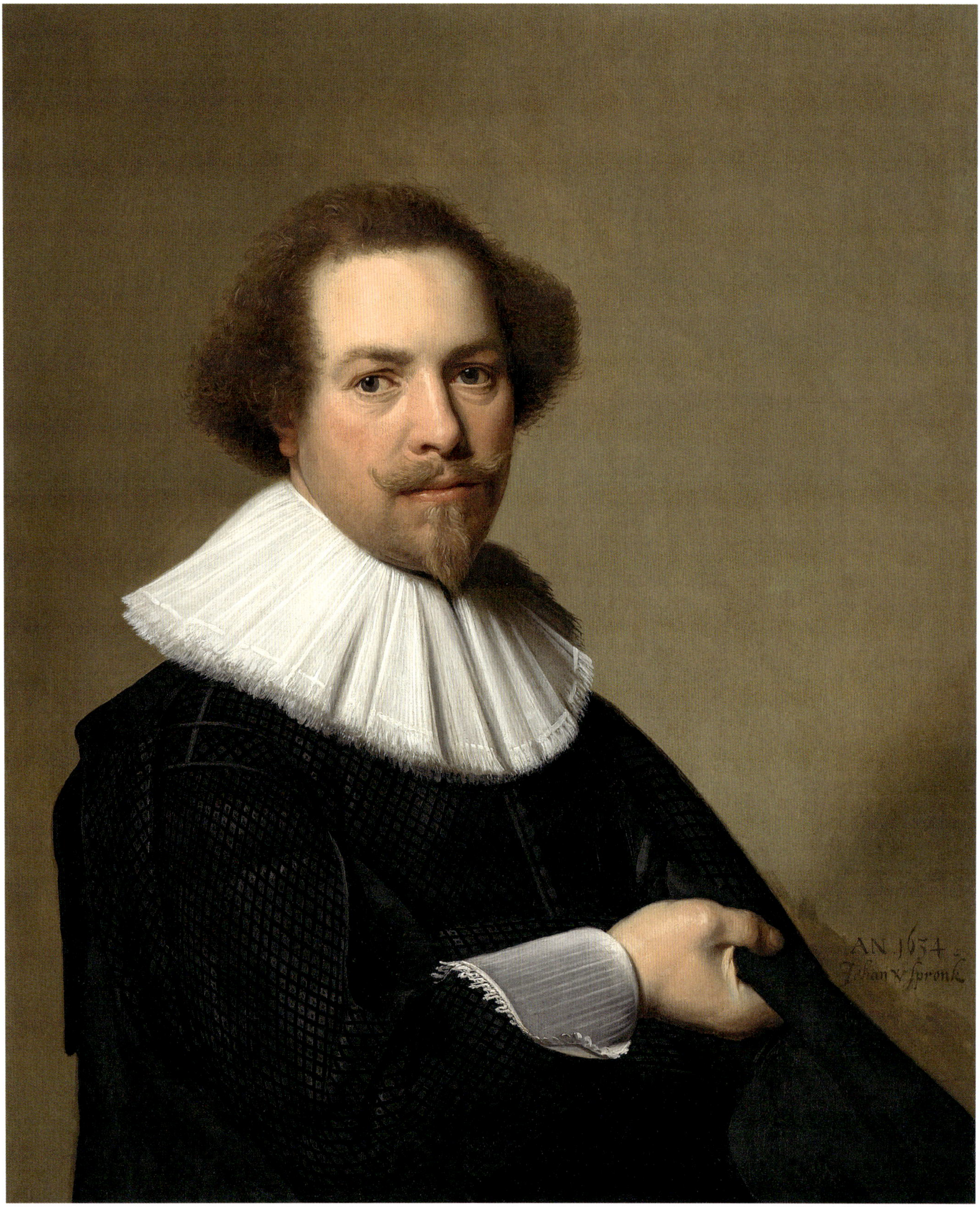

cat. 19

19

Johannes Cornelisz Verspronck
Portrait of a Young Man
1634

Inscribed at lower right:
AN. 1634 / Johan V Spronk
Wood, 46 × 40 cm
Private collection, by courtesy of the Hoogsteder Museum Foundation

Provenance:
Acquired in 2008.

From the mid-1630s onward, Johannes Cornelisz Verspronck (1601/3–62), along with Frans Hals, was the most outstanding portraitist in Haarlem. He was the son of the portrait painter Cornelis Engelsz (1574/5–1650), who, like Frans Hals, had been trained by Karel van Mander (see cat. 8). It is probable that Verspronck learned his trade primarily in his father's workshop. However, his portraits have such strong compositional parallels to the work of Frans Hals that he could also have worked in the latter's workshop before he became an independent master in 1632.[1] Stylistically, however, the paintings of Verspronck and Hals are distinctly different. Verspronck's portraits are executed more smoothly and delicately, and are more self-contained. They are extremely precise and appealing yet lack the brio and expressiveness of Hals's pictures.

The portrait of an unknown young man represents a characteristic example of Verspronck's work. Dated and signed "AN. 1634 / Johan V Spronk," together with four other portraits from the same year, it is one of his earliest extant paintings.[2] Against a light-colored background, it shows a young man dressed in black with a white collar whose delicate linen is finely pleated. His right arm is bent in front of his torso, and he holds a black hat. His friendly face, meticulously painted, shows no trace of emotions. The fine pattern of the fabric of the plain black clothing is skillfully reproduced in all its details. Regarding motif, the similarities with Frans Hals's *Portrait of Pieter van den Broecke* (cat. 17) and the Amsterdam *Portrait of a Man* (cat. 18), both painted at about the same time, are unmistakable. Although Verspronck, in his somewhat smaller picture, did not portray the unknown man seated on a chair, the way the man is positioned and his posture, which is turned toward us, correspond to a large extent to the portraits of Frans Hals. The hairstyle and the combination of mustache and goatee, fashion trends of this period, are also present in all three pictures. Yet the young man appears both dignified and immobile. It is likely that Verspronck's client did not wish his portrait to be painted as freely as was typical of Hals.

Throughout his entire creative career, Verspronck was successful and prosperous. About one hundred of his paintings have been preserved, and unlike Hals, he could afford his own house and was able to lend money to people who were close to him.[3] Evidently there was enough interest in what Verspronck had to offer. Interestingly, the clientele of the two portraitists did not overlap. Verspronck's clients, of whom about forty may be identified, were mainly upper-class Haarlem burghers or Amsterdamers with close ties to Haarlem.[4] On the whole, however, the families of those portrayed seem to have belonged to a group of regents and merchants who were one level below the highly respected elite that made up Hals's clientele.[5] [EE]

Selected literature:
Haarlem 1979, no. 3.

1 See Haarlem 1979, p. 15; Middelkoop and Grevenstein 1988, p. 68.
2 Haarlem 1979, pp. 32–4; Ekkart 2009, p. 13.
3 Ekkart 2009, p. 13.
4 Haarlem 1979, p. 30; Ekkart 2009, p. 13.
5 Biesboer 1989, pp. 32–3, 35.

20

Frans Hals
The Laughing Cavalier
1624

Inscribed at upper right:
AETA. SVAE 26 / A° 1624
Canvas, 83 × 67.3 cm
The Wallace Collection,
London, inv. P84

Provenance:
Acquired in 1865 by
Richard Seymour-Conway,
4th Marquess of Hertford.

Since its spectacular purchase in 1865, *The Laughing Cavalier* has been undisputedly considered one of the major works of Frans Hals. It depicts a life-size, handsome young man in half-length against a gray background. Hals positioned him in the foreground of the composition at an utmost proximity to the viewer, at whom he looks out directly, almost defiantly. The man's body is turned slightly toward his left and shown from a low angle, which heightens the sense of his demeanor and dominance. This effect is reinforced by the fact that the sitter has been positioned very close to the picture plane. His self-confident pose with one arm akimbo not only gives the portrait dynamism but also creates an effect of considerable depth, as his elbow with its ornate sleeve seems to reach into the space of the viewer.[1]

To this day, this engaging young man has not been identified.[2] Thanks to the inscription, however, we do know his age. In 1624, at the time the work was created, he was twenty-six years old. The orientation of the body, his mocking gaze, and his lavish, colorful clothing suggest that the man portrayed here is a bachelor who did not yet have to comply with the conservative norms and values of a married man.[3] He is dressed in the latest, most luxurious fashion from France, indicating a certain degree of haughtiness, capriciousness, and a more than frivolous attitude toward life granted only to young men who still remained unmarried.[4] In addition to his extremely self-assured and unusually cheerful expression due to his rosy cheeks and jaunty, sweeping moustache, he also impresses us with his splendid outfit. Especially striking is the elaborately embroidered doublet decorated with various signs and symbols and very accurately reproduced by Hals.[5] Hals also convincingly depicted the complicated geometrical pattern and airy transparency of the ruff, which is made of delicate and expensive lace, softly falling in numerous fine layers. This type of flat collar did not appear until the 1620s and was the latest fashion. It was a modern alternative to the traditional stiff ruffs that were also still worn at the time.[6] Only the highest echelon of Dutch society could afford such expensive clothing. It thus testifies to the evident wealth of the sitter.

The current title of the picture was not given to the work until toward the end of the nineteenth century.[7] In fact, we may indeed wonder whether the man is really laughing or only smiling mischievously. His tentatively smiling mouth is barely open, the eyes only slightly narrowed, and yet, mirth and exhilaration are written all over his face. Judging by the ornamentation of his clothing, it may be love that is responsible for his state, seeing that the details of the embroidery also include a love knot and Cupid's bow and arrows.[8] Whatever the reason may be, Hals has masterfully succeeded in capturing here the natural vitality and joie de vivre of the man in the portrait. [KK]

Selected literature:
Bode 1883, no. 141; Moes 1909, no. 120; Hofstede de Groot 1910, no. 291; Bode and Binder 1914, no. 100; Valentiner 1923, p. 38; Trivas 1941, no. 12; Slive 1970–4, no. 30; Grimm 1989, no. 18; Biesboer 2012b; London 2021.

1 See Cornelis in the present volume, p. 73.
2 See Packer 2021b, pp. 53–4. Pieter Biesboer suspected that the painting represents the Dutch cloth merchant Tieleman Roosterman (1598–1673). However, this assumption has failed to take hold. See Biesboer 2012b.
3 See Packer 2021a, pp. 24–31.
4 Winkel 2006, p. 75.
5 For an exact description of all the motifs and symbols represented, see Packer 2021b, pp. 44–8. In similar detail, Hals also depicted the ornaments on the brocade gown of Catharina Hooft (cat. 2), a portrait that was probably painted only a few years earlier.
6 Ibid., p. 40.
7 The first mention of the portrait as *The Laughing Cavalier* can be documented to 1888. Slive 1970–4, no. 30.
8 Lammertse in the present volume, p. 203.

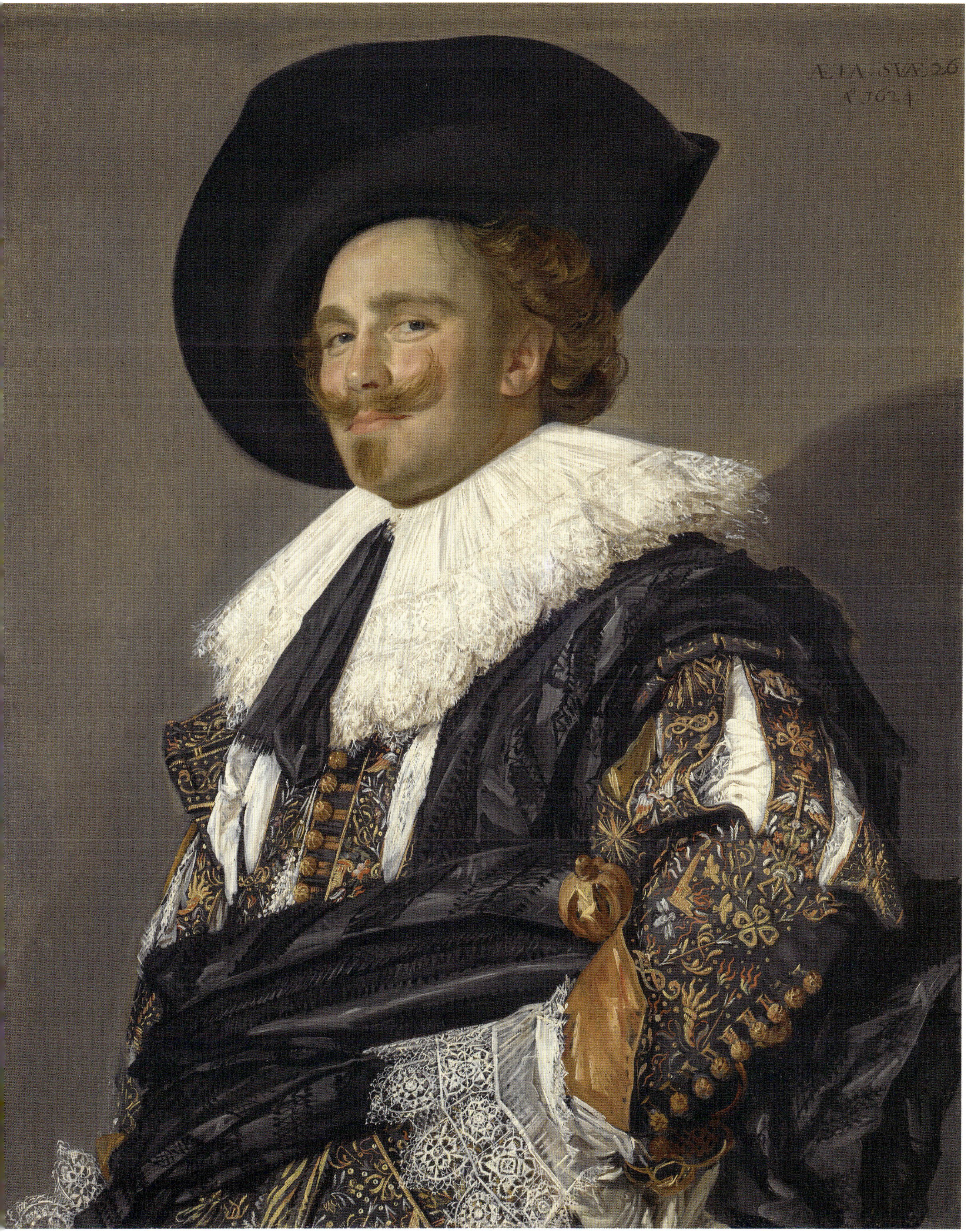

cat. 20

21

Frans Hals
Portrait of a Man, Possibly Nicolaes Pietersz Duyst van Voorhout ca. 1637

Canvas, 80.6 × 66 cm
The Metropolitan Museum of Art, New York, The Jules Bache Collection, 1949, acc. no. 49.7.33

Provenance:
Bequeathed to the Metropolitan Museum of Art in 1949 from the estate of Jules S. Bache, New York.

The identity of the corpulent gentleman cannot be established with absolute certainty. Until 1927, there was a wooden plaque on the back of the canvas with the inscription "Claas Duyst van Voorhout brouwer in des Brouwerij Het Zwaanschel?" (Claas Duyst van Voorhout brewer in the Het Zwaanschel brewery?).[1] As a matter of fact, in 1629 Nicolaes Pietersz Duyst van Voorhout (ca. 1600–50) was the owner of a Haarlem brewery called Het Swaenshals (The Swan's Neck). As well as being a brewer—a highly respected profession in the seventeenth century that often went hand in hand with great political influence—Duyst van Voorhout was also an art collector. His posthumous inventory from April 1650 lists a total of forty-seven paintings, including a *tronie* by Peter Paul Rubens (1577–1640).[2]

As the man stands facing left and is not dressed in black, as would be usual for a married man, it seems unlikely that there was a female pendant to this portrait.[3] Against this background, the New York painting may be grouped with a series of Hals portraits of elaborately dressed, self-confident bachelors (for example, cat. 23). It has several points in common with Hals's probably most famous portrait of a bachelor, the 1620s work known as *The Laughing Cavalier* (cat. 20). Both the cavalier and the man in New York are depicted half-length, facing left, and with one arm akimbo. While the man in the New York portrait has much longer hair, he has the same style of beard. The two men's hats, set askew on their heads, also look very much alike. Nevertheless, their clothing could not be more different: while the London cavalier's apparel is richly embroidered in full, the man in the New York portrait wears a simple, gray satin doublet. Hals painted the lustrous fabric with bold strokes that would have been ill-suited to the painstaking embroidery in the London portrait.

In view of the clothing depicted and the monochrome effect created by the painting, the New York portrait is usually dated to the second half of the 1630s. While the man known as *The Laughing Cavalier* was portrayed at twenty-six, the sitter in the New York painting was probably between thirty-five and forty when the portrait was painted. Dressed in gray, he appears self-confident rather than arrogant, as befits his age. His noticeably flushed face renders him human and approachable. That contributes to making him appear less aloof and consequently more affable, despite his somewhat disparaging expression and the pose with a hand against his hip. The composition, which fills the canvas, and the slightly lowered point of view nonetheless emphasize not only the man's robust stature, but also his clearly elevated social rank. [EE]

Selected literature:
Bode 1883, no. 153; Moes 1909, no. 33; Hofstede de Groot 1910, no. 176; Bode and Binder 1914, no. 114; Valentiner 1923, p. 154; Trivas 1941, no. 62; Slive 1970–4, no. 119; Grimm 1989, no. 81; Washington, London, and Haarlem 1989, no. 52; Liedtke 2007, no. 65.

1 Liedtke 2007, no. 65.
2 Biesboer and Togneri 2001, pp. 123–5. See also cat. 8, as well as Atkins 2012, p. 144, who points out the Rubenesque traits of Hals's portrait.
3 Biesboer and Togneri 2001, p. 123, identify Guertgen Augusteynsdr Steyns as the wife of Duyst van Voorhout. She was however his grandmother. There is no evidence that Duyst van Voorhout was ever married. See Liedtke 2007, vol. 1, p. 286n4.

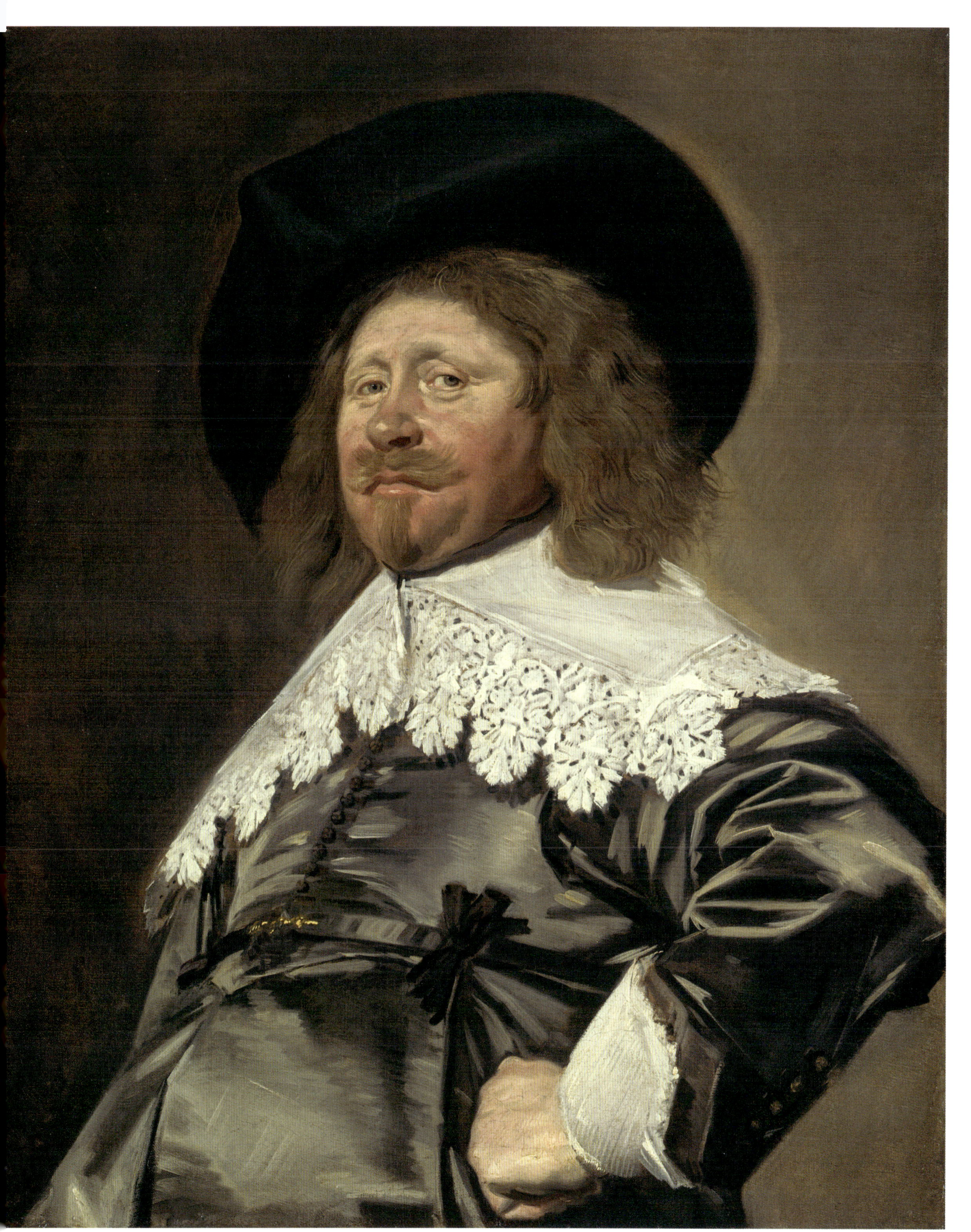

cat. 21

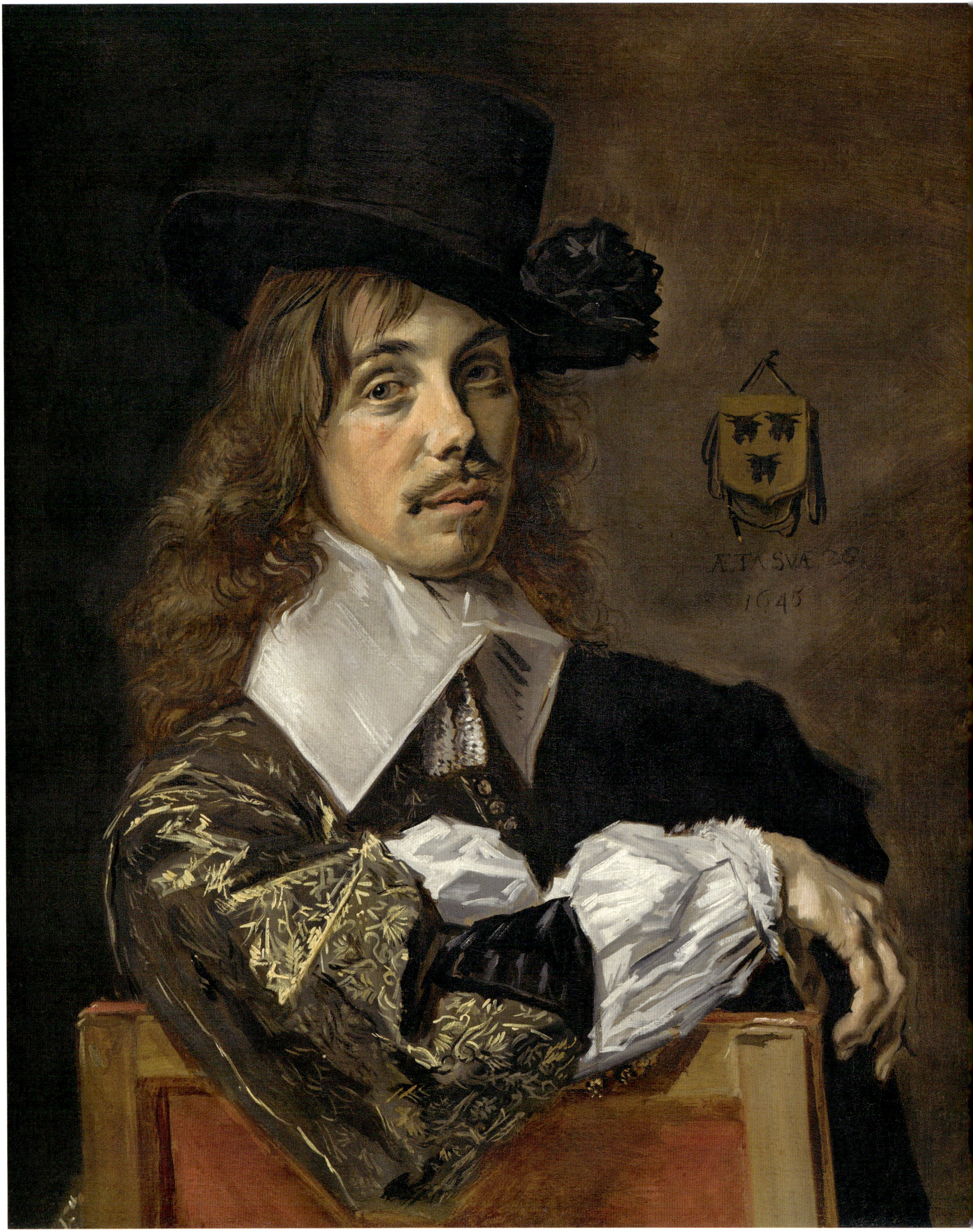

cat. 22

22

Frans Hals
Portrait of a Member of the Coymans Family
1645

Inscribed at right of sitter's head:
AETA SVAE 26 / 1645
Canvas, 77 × 64 cm
National Gallery of Art, Washington, Andrew W. Mellon Collection, acc. no. 1937.1.69

Provenance:
Gift from Andrew W. Mellon to the National Gallery of Art, 1937.

In 1645, Frans Hals painted individual portraits of two young men who appear extremely self-confident. If we compare the *Portrait of Jasper Schade* (cat. 23) with the painting in Washington, we can see what type of collars, fabrics, hats, and hairstyles were in fashion at the time. Particularly the hair length of men was a hotly debated topic in the Dutch Republic shortly before the two portraits were painted. In the 1630s, in the world of fashion, the ruff (see cat. 10–11, 13) had been replaced by the flat collar so that young men could let their hair grow. But this led to a societal conflict about the morality of long hair, the so-called Hairy War (1640–5), which was fiercely fought among theologians and other scholars and ended in a draw.[1]

The young man in the Washington picture is depicted wearing a costly, gold-embroidered jacket in the French style, which Hals painted remarkably sketchily and breezily—in distinct contrast to the elaborately detailed embroidery of his *Laughing Cavalier* created twenty-one years earlier (cat. 20). Painted particularly freely are the sleeve of the shirt and the collar, which are applied with thick white strokes over thin gray layers of paint. It is especially striking that the man has casually placed his arm on the backrest of the chair on which he sits. This posture was first used by Hals in 1626 in his *Portrait of Isaac Abrahamsz Massa* (cat. 33a) and repeated several times during the decades that followed (for example, cat. 18, 30).

The coat of arms with three cow heads in the background on the right identifies the subject of the portrait as a member of the exceedingly wealthy Flemish-Dutch Coymans family. The inscription under the coat of arms in its present condition gives the sitter's age as twenty-six; this figure was altered from twenty-two to twenty-six at an unknown date, presumably in the late nineteenth century.[2]

If we assume the subject of the portrait was aged twenty-six in 1645, he could most likely be Balthasar Coymans (1618–90), the Lord of Streefkerk and Nieuw-Lekkerland and Alderman of Haarlem. He was the son of Josephus Coymans and Dorothea Berck, whom Hals portrayed in 1644,[3] and the brother of Isabella Coymans, who was immortalized by Hals together with her husband, Stephanus Geraerdts, around 1650 (pp. 80–1, figs. 26–7). Since 1970, however, at the suggestion of Katrina Taylor, the depicted man has been identified as Willem Coymans (1623–78), the son of Coenraet Coymans and Maria Scheryl van Walhorn.[4] We know relatively little about Willem Coymans. He was in all likelihood a merchant and met Frans Hals at least in 1660 when the painter, together with Pieter de Molijn (see cat. 33), was asked by him and his brother-in-law to appraise his late father's collection of paintings.[5]

Recently Pieter Biesboer has argued that the man in the portrait is Balthasar Coymans after all.[6] In 1645, Willem Coymans and his father were in dire financial straits—a bad time for commissioning a portrait—while Balthasar Coymans was well-off. What is more, Biesboer rightly sees physiognomic similarities between the man in the Washington portrait and Balthasar Coymans, as depicted in a group portrait painted by Pieter Claesz Soutman (1593/1601–57) from about 1642. Also, the man in the Washington picture and Balthasar's father, Josephus Coymans, who was painted by Frans Hals in 1644 (fig. 1), look so much alike that a close family connection does not seem implausible. On the other hand, in 1645 Balthasar had already been married for three years, while Willem was still unwed and possibly remained so for the rest of his life. The gold-embroidered clothing in the Washington portrait is more consistent with a bachelor (see cat. 20–1, 23) than with a married man, who would probably have had his portrait painted dressed in black in keeping with his social status (for example, cat. 3, 15a, 24).[7] Possibly the solution to the puzzle of his identity might be found in the age indicated in the picture. According to Biesboer, this was initially erroneously given as twenty-two years but was then corrected by Hals himself to read twenty-six years. It was only in the nineteenth century, claims Biesboer, that an unknown restorer exposed the false, corrected inscription and thus created a misunderstanding regarding the actual age of the portrait's subject. [EE]

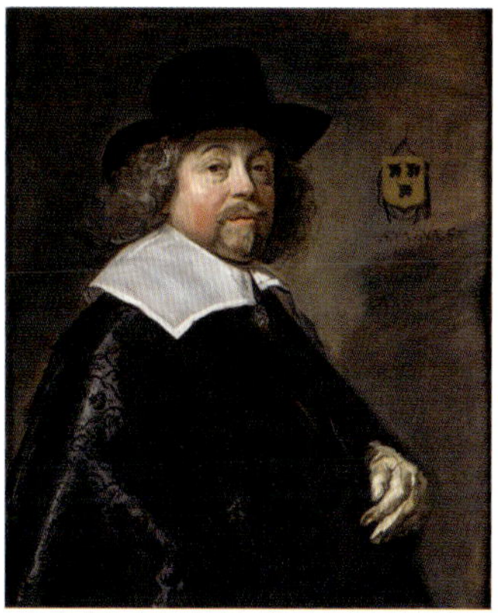

Fig. 1 Frans Hals, *Portrait of Josephus Coymans*, 1644, Wadsworth Atheneum Museum of Art, Hartford

Selected literature:
Bode 1883, no. 40; Moes 1909, no. 27; Hofstede de Groot 1910, no. 168; Bode and Binder 1914, no. 245; Valentiner 1923, p. 225; Haarlem 1962, no. 52; Slive 1970–4, no. 166; Grimm 1989, no. 127; Washington, London, and Haarlem 1989, no. 61; London and The Hague 2007, no. 24; Wheelock 2014a; Biesboer 2024.

1 Mortier 1989, pp. 55–6; Miert 2018, pp. 170–92.
2 Slive 1958, pp. 20–1n7.
3 Wadsworth Atheneum Museum of Art, Hartford; The Baltimore Museum of Art. See Slive 1970–4, nos. 160–1.
4 Taylor 1969.
5 Thiel-Stroman 1989, doc. 160.
6 Biesboer 2024.
7 Biesboer ignores this discrepancy and instead puts forward the fact that the portrait's subject faces right as another argument for his status as a married man (for example, cat. 9a, 16a, 18). At the same time, however, he overlooks the fact that the bachelor Jasper Schade was also painted facing right by Hals. If the Washington portrait were originally to have had a companion piece, namely the picture of Balthasar's wife, Anna Prins, the casual posture of the man as he leans on the back of a chair would have been rather inappropriate.

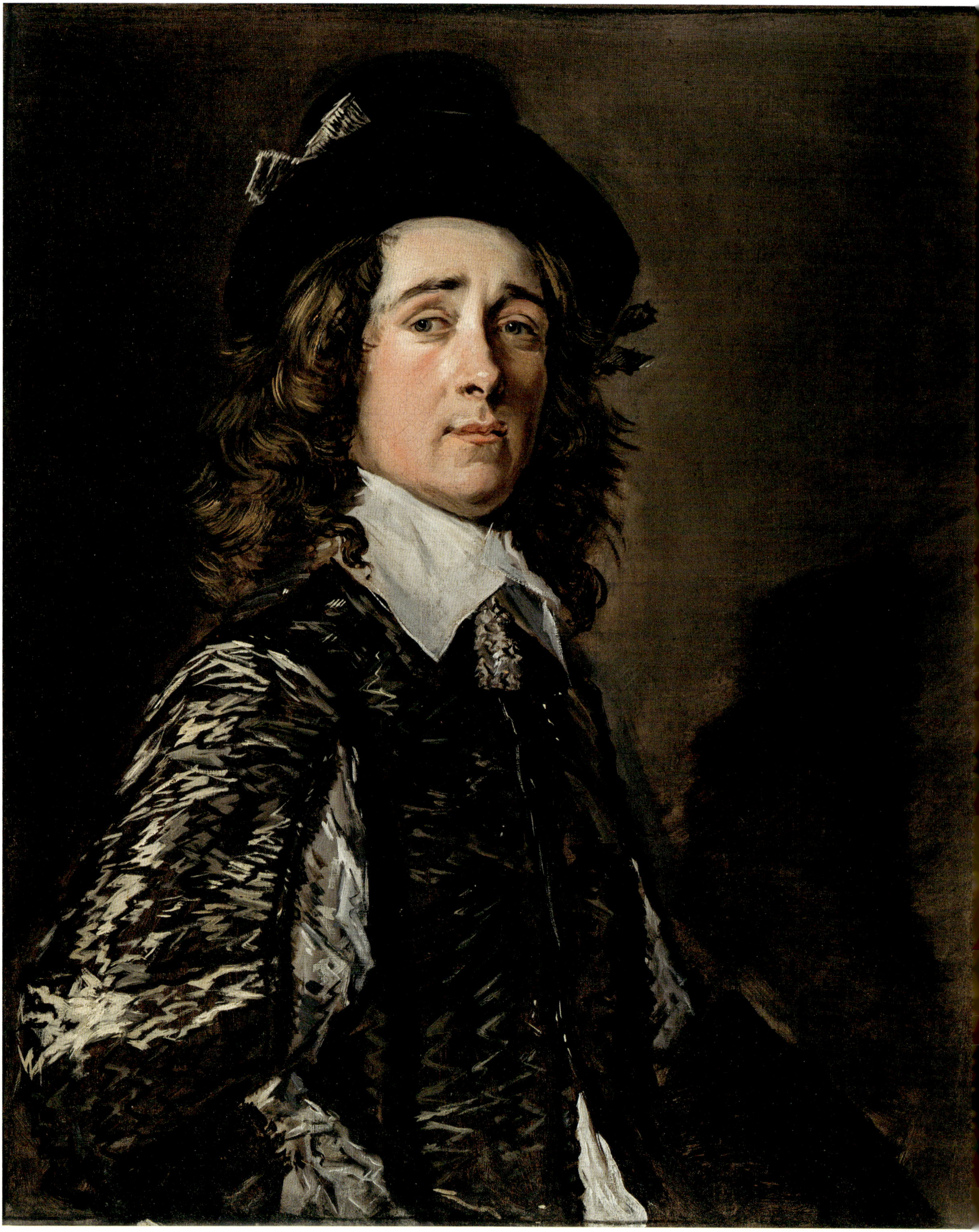

cat. 23

23

Frans Hals
Portrait of Jasper Schade
ca. 1645

Canvas, 80 × 67.5 cm
National Gallery Prague,
inv. O 638

Provenance:
1890 gift from Johann II,
Prince of Liechtenstein.

When considering the portraits of Frans Hals, one gets the impression that the painter was able to capture the essential characteristics of his sitters like no other in his time. Thus the *Portrait of Jasper Schade* conveys in essence two key traits of its subject: he did not want for self-confidence, and he loved fashion. With his eyebrows raised and the near imperceptible curl of his lips, seen slightly from below, the portrayal of this young man is not necessarily flattering. The spectacular execution of the black and gold brocade of his French jerkin conveys with little doubt that this rarefied item of clothing must have cost a small fortune. It is fitting that in 1645 the uncle of the man portrayed, Louis van Kinschot, warned his son, who lived in Paris, against spending as much money on clothing as his cousin: the latter had planned to spend three hundred francs—three quarters of the annual salary of a skilled craftsman—for a single item of fashion.[1]

Jasper Schade (1623–92), later Lord of Tull and 't Waal, was only twenty-two years old when he commissioned this portrait. He must have picked Hals deliberately, for the young patrician lived in Utrecht. Schade was thus one of the few clients of the painter who were not residents of Haarlem or Amsterdam. Therefore, it may not be a coincidence that Hals painted this portrait *alla prima*, that is to say, very quickly or in one go, directly on the prepared canvas.[2] Presumably Schade did not stay in Haarlem long.

The portrait was probably created in 1645, when Schade was still a bachelor.[3] This allowed him to dress more fashionably and colorfully than would a married man (see cat. 24). A comparison with the 1645 *Portrait of a Member of the Coymans Family* (cat. 22) makes it clear that the shape of the hat, shown here adorned by two golden bows, the flat collar, and the lengthy hair were very much in vogue in the Dutch Republic at the time.

Though Hals's portrait might give the impression that Jasper Schade was interested in little more than his appearance, he was vested with a number of important offices in his old age. For instance, he became a canon and finally deacon of the chapter of Oudmunster at Utrecht, a representative of the city in the States General, and president of the court. Clearly there was more to the young man than one might have expected in 1645. [EE]

Selected literature:
Bode 1883, no. 124; Moes 1909, no. 68; Hofstede de Groot 1910, no. 221; Bode and Binder 1914, no. 244; Valentiner 1923, p. 226; Slive 1970–4, no. 168; Grimm 1989, no. 126; Washington, London, and Haarlem 1989, no. 62; London and The Hague 2007, no. 25; Haarlem 2013, no. 34.

1 "Une chose vous prie-ie de vivre modestement sachant comment ie suis ennemi, de toute pompe extérieure. Je vous diraij franchement que vostre tante Schadé lisant celles de son puisné se mit en une altération bien grande aijant la proposition d'un habit de 300 francs et autres frais." See Slive in Washington, London, and Haarlem 1989, no. 62, p. 308n1; Tummers in Haarlem 2013, p. 130n5.

2 Tummers in Haarlem 2013, p. 130n1.

3 The picture's elaborate frame bears the date 1645. Although it dates to the nineteenth century, an older frame bearing this date could have served as a model. See Slive 1970–4, no. 168; Slive in Washington, London, and Haarlem 1989, no. 62.

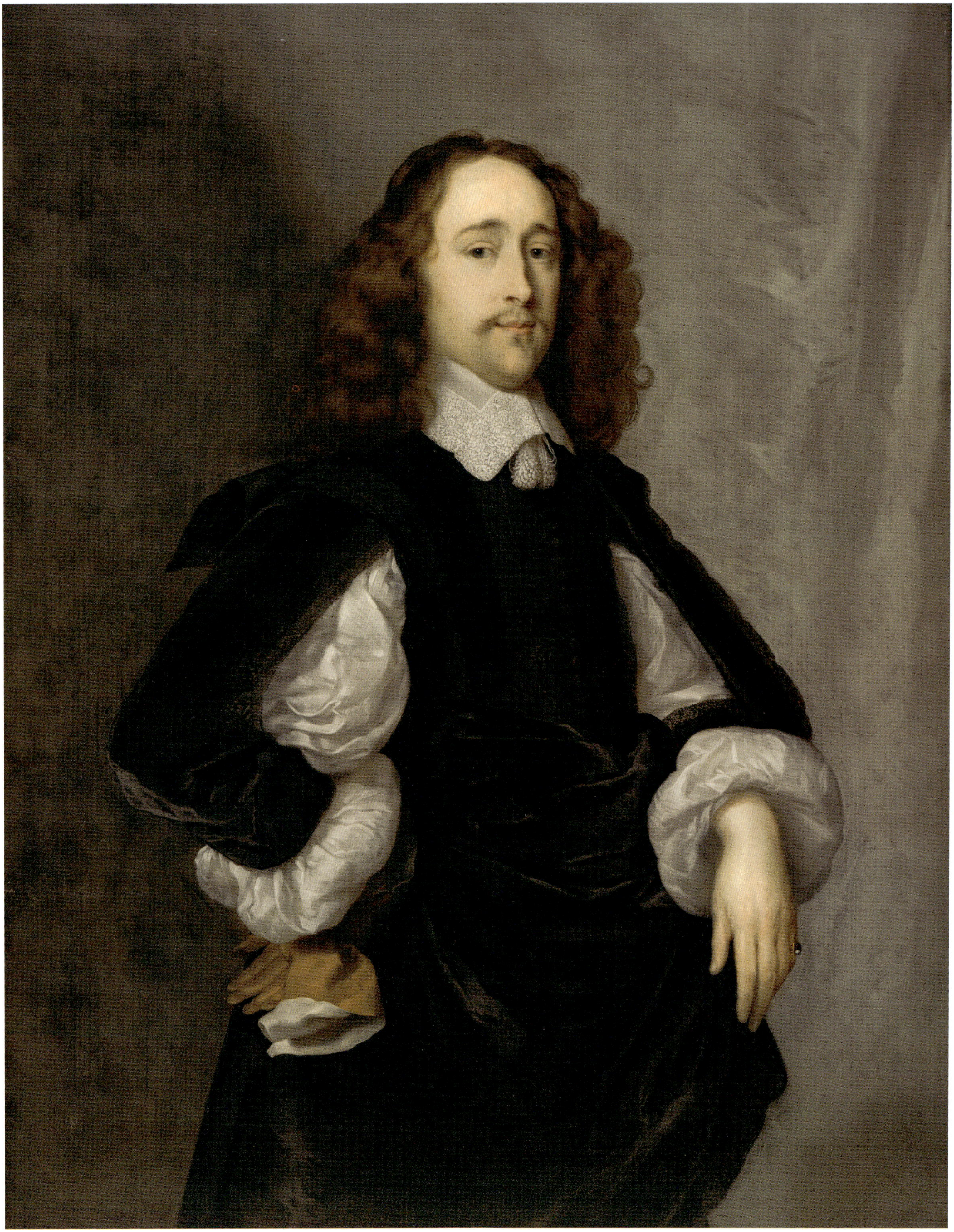

cat. 24

24

Cornelis Jonson van Ceulen *Portrait of Jasper Schade* 1654

Inscribed at lower left: Cornelius Jonson / van Ceulen / fecit / 1654
Canvas, 113.5 × 91 cm
Rijksmuseum Twenthe, Enschede, inv. 0698 A

Provenance:
Acquired in 1972.

In 1649, the patrician Jasper Schade (1623–92), whom Hals had painted as a fashionably dressed bachelor around 1645 (cat. 23), married Cornelia Strick van Linschoten (1628–1703). The couple would go on to have eleven children.[1] In 1654, he (or they) decided to commission their pendant portraits from the Utrecht-based portrait painter Cornelis Jonson van Ceulen (1593–1661).[2] These companion works are both signed and dated and survive in exceptional matching auricular (or *kwab*) carved and gilded frames.[3]

Jonson presents Schade as recognizably the man whom Hals had painted, with the same irregular eyebrows and distinctively shaped nose, faint moustache, and with his right arm akimbo. However, the mood of the portrait is very different. Now a married man, Schade is more soberly, although still luxuriously, dressed.[4] His hatless, bare head reveals that he is thinning at the front. Where Hals's brushstrokes were intensely visible and highly charged, Jonson's style is smooth and polished, especially in the flesh areas. Schade is still presented as supremely confident, but without the hauteur seen in Hals's image.

The prolific portrait painter Jonson was born in London in 1593 to parents of German and Flemish descent.[5] It is not known where he trained, but British portraits signed and dated by him survive from 1619 onward. English-language art historians know him as "Cornelius Johnson," which is how he signed his earliest works. King Charles I appointed him "Picture drawer" in December 1632, although by then the celebrated Flemish artist Anthony van Dyck had already been named "Principal Painter in Ordinary" and would receive most of the prestigious portrait commissions at the British court up to his death in late 1641.

Following the outbreak of civil war in Britain in 1642, Jonson emigrated in October 1643 to the Netherlands, where he adapted his style to local markets. By late 1652, he had settled in Utrecht where, clearly successful, he painted various members of the local elite, like Schade and his wife. He refined his compositions down to generally three-quarter-length formats with light backgrounds, which must have appeared fashionably Van Dyckian.

This portrait is signed "Cornelius Jonson / van Ceulen / fecit / 1654" in blue-gray paint at lower left. From 1649 onward, Jonson had adopted this new form of signature, which referenced his German (Cologne) ancestry. [KH]

Selected literature:
Kuile 1974–6, no. 99, p. 61; Tummers and Gration 2013, pp. 88–93; Hearn 2015, p. 59.

1 Packer 2021a, pp. 30–1.
2 Kuile 1974–6, nos. 99–100, p. 61.
3 Amsterdam 2018, p. 164.
4 Washington, London, and Haarlem 1989, p. 306; Haarlem 2013, pp. 88–93.
5 For Jonson's life and career, see Hearn 2015.

25

Frans Hals
Portrait of a Woman
ca. 1632–5

Canvas, 75.8 × 61.2 cm
Gemäldegalerie, Staatliche Museen zu Berlin, Kat.Nr. 801

Provenance:
Purchased in 1840 from the collection of Baron Karl Georg von Essen, Reval, Livonia (now Tallinn, Estonia).

The portrait of an unknown woman was purchased in 1840 together with a male portrait (cat. 56) as its pendant. As the acquisition records indicate, however, the main focus at the time was on the portrait of the man and there were originally plans to sell the female portrait when the possibility arose.[1] Fortunately, this never happened. Although the two works entered the Gemäldegalerie in Berlin as a pair, research has shown that they were not originally pendants; instead the two canvases only took on the same format subsequently as a result of additions (see cat. 56).[2] The portraits also differ in the painting style, posture, and staging of the sitters: while the man's pose is informal, the woman displays her elevated status. Her costume and jewelry suggest both a higher social rank and a somewhat later date of execution.[3]

The woman in the Berlin picture is dressed conservatively and modestly, yet most fashionably, in a black dress with wide sleeves. Braided trimming accentuates the sleeves and bodice as well as the high-set waistline. The center of her torso is additionally accentuated with a blossom of black silk (?) ribbons. A broad, flat batiste or linen collar is placed on her shoulders. Over it, she wears a semi-circular collar that discreetly covers her neckline. The cuffs and collars are adorned with sumptuous waves of undulating Flemish bobbin lace, very much in vogue in the mid-1630s. The jewelry she wears is also restrained. Nevertheless, the pearls on her bracelets are *the* fashionable accessory of the era. She also wears two gold rings, one probably set with a black diamond. As a rule, women received one ring when a suitor proposed, as a pledge from him, and a second at the wedding ceremony. When both rings were worn on a single finger, as in the Berlin painting, the right index finger was usually selected, as it was considered in the seventeenth century to be best-suited for this purpose.[4] The woman depicted by Hals is therefore undoubtedly a married woman from an upper-class, wealthy background.

There are interesting parallels, particularly in the motifs, between Hals's portrait and the *Portrait of Maria van Strijp* by Johannes Verspronck (cat. 26), who also worked as a portraitist in Haarlem. These extend beyond the pose of the women, both shown facing left and looking out directly toward the viewer. Both works are also imposing portraits of upper-class married women with a similarly conservative mise-en-scène grounded in the disciplined postures, subtle coloration, and accouterments, including details such as the bracelets and rings. However, a comparison also reveals obvious differences in the painting techniques deployed and in aspects of the staging. Verspronck's smooth, finely differentiated and contained painting style contrasts with Hals's open, astoundingly efficient brushwork and scintillating technique. As studies of the Berlin painting have shown, Hals adopted a highly efficient method in this work.[5] He created an initial sketch on the canvas with quick black strokes. As he proceeded, he allowed the beige ground to show through in various places, for example in the hair, around the head and the cuffs. While the paint on the head and the white lace collar was drying, Hals painted the entirety of the clothing and the background; he likewise worked on the hands and cuffs while the black and gray of the dress were drying. This enabled him to work rapidly without smudging or damaging sections he had previously painted. Hals's typically fast, loose brushwork creates a livelier expression in the portrait than in Verspronck's work. [KK]

Selected literature:
Bode 1883, no. 84; Moes 1909, no. 112; Hofstede de Groot 1910, no. 367; Bode and Binder 1914, no. 105; Valentiner 1923, p. 95; Trivas 1941, no. 51; Slive 1970–4, no. 89; Grimm 1989, no. 78.

1 For a detailed account, see Stockhausen 2000, p. 273, no. 279.
2 In addition, it was also possible to show that the canvases did not come from the same bolt of canvas. See Don Johnson (Rice University), *Thread Count Reports G55 and G78*, June 2017. With thanks to Frans Grijzenhout for sending on the reports. Email, February 26, 2024.
3 With thanks to Katrin Lindemann, Kunstgewerbemuseum, SMB. Email, November 9, 2020.
4 See also Rakhorst 2013, pp. 58–9 and Jongh 1986, pp. 138–40. With thanks to Frans Grijzenhout for the reference to the engagement and wedding rings depicted here. Email, February 12, 2024.
5 For a detailed account, see for example, Tummers 2019.

cat. 25

26

Johannes Cornelisz Verspronck *Portrait of Maria van Strijp* 1652

Inscribed on chairback:
Joh CvSpronck an° 1652
Wood, 97 × 75 cm
Rijksmuseum, Amsterdam, purchased with the support of the BankGiro Lottery, the Fonds Cleyndert, the Stortenbeker Fonds of the Vereniging Rembrandt, and the Rijksmuseum Fonds, inv. SK-A-5000

Provenance:
Acquired in 2008 by the Rijksmuseum.

The portrait of Maria van Strijp (1627–1707) is one of the outstanding and finest portraits by Johannes Verspronck, a contemporary of Frans Hals and beside him probably the most important portrait painter in Haarlem (see also cat. 19). In contrast to Hals's expressive portraits with their vibrant, dynamic stylistic idiom, Verspronck's pictures are characterized by a smoother and finely textured painting technique. His portraits are clearly more static and less flamboyant than those of Hals. Verspronck's restrained, very deliberate brushwork and his cool color palette confer a reserved elegance and sophistication upon those he portrays. Quite early in his career, he developed a limited number of representational forms that he often repeated over the course of his career. In contrast to Hals, whose patrons came predominantly from the Haarlem middle class, which had not attained prosperity and power until the seventeenth century, Verspronck reached out to the old moneyed Haarlem families with his paintings.

The portrait of twenty-five-year-old Maria van Strijp was painted in 1652 along with the pendant portrait of her husband, Eduard Wallis (1621–84).[1] The couple had married five years earlier; by 1652 they had already had three children, the last as late as February. A few years earlier, Maria's mother, Adriana Croes, had had her portrait painted by Verspronck, which was possibly the decisive factor for this additional commission. Both Maria and her husband came from prominent families in the textile trade, one of the most important industries for Haarlem in the seventeenth century. Wallis, whose family originally came from Scotland, was successful as a merchant and served as a regent of various social institutions. As the extensive estate of Maria Strijp shows,[2] the couple belonged to the city's prosperous upper class. This is also expressed in her clothing, which is a plain and conservative black, yet looks extremely fashionable. The gown is bordered with an inconspicuous and at the same time very expensive French silk lace.[3] Her jewelry is valuable yet restrained: as a bracelet and a hair ornament, she discreetly wears pearls, the fashionable accessory of the period. This is also true of the rings set with black stones, which are probably valuable diamonds.[4]

The portrait of Maria van Strijp marks a high point in Verspronck's oeuvre, and not only in its delicately nuanced painting technique. It also represents a new, unusual type of composition that Verspronck had developed since the end of the 1640s in a series of experiments. While he had previously showed the subjects of his portraits standing, Maria is here depicted sitting sideways on a chair. Upright, her arm placed on the chairback in a relaxed posture, she turns toward the viewer.[5] This motif, created by Frans Hals (see cat. 33a) and adopted by Verspronck, produces a far more natural, less static composition. In contrast to Hals's figures, however, which are turned more abruptly toward the viewer and are thus much more dynamic, Strijp's effect remains controlled and reserved.[6] At the same time, this type of mise-en-scène is unusual for a female portrait. Hals himself used this motif, which was so characteristic of him, almost exclusively in his male portraits. [KK]

Selected literature:
Haarlem 1979, p. 53, no. 87; Ekkart 2009, pp. 52–7.

1 Johannes Cornelisz Verspronck, *Portrait of Eduard Wallis*, 1652, Rijksmuseum, Amsterdam.
2 Biesboer and Togneri 2001, pp. 323–6.
3 See Wardle 1985, p. 215.
4 Like pearls, diamonds were available thanks to overseas trade. The Dutch East India Company, in particular, imported large quantities of diamonds and pearls from Indonesia, India, and Sri Lanka. See Amsterdam and Salem 2015, pp. 172–3, 182–3.
5 Verspronck created a total of two female portraits of this type, both in 1652 and very similar in regard to the expression, clothing, and jewelry of the women portrayed. See Johannes Cornelisz Verspronck, *Portrait of a Woman*, 1652, privately owned. Haarlem 1979, no. 88.
6 Atkins 2012, p. 74.

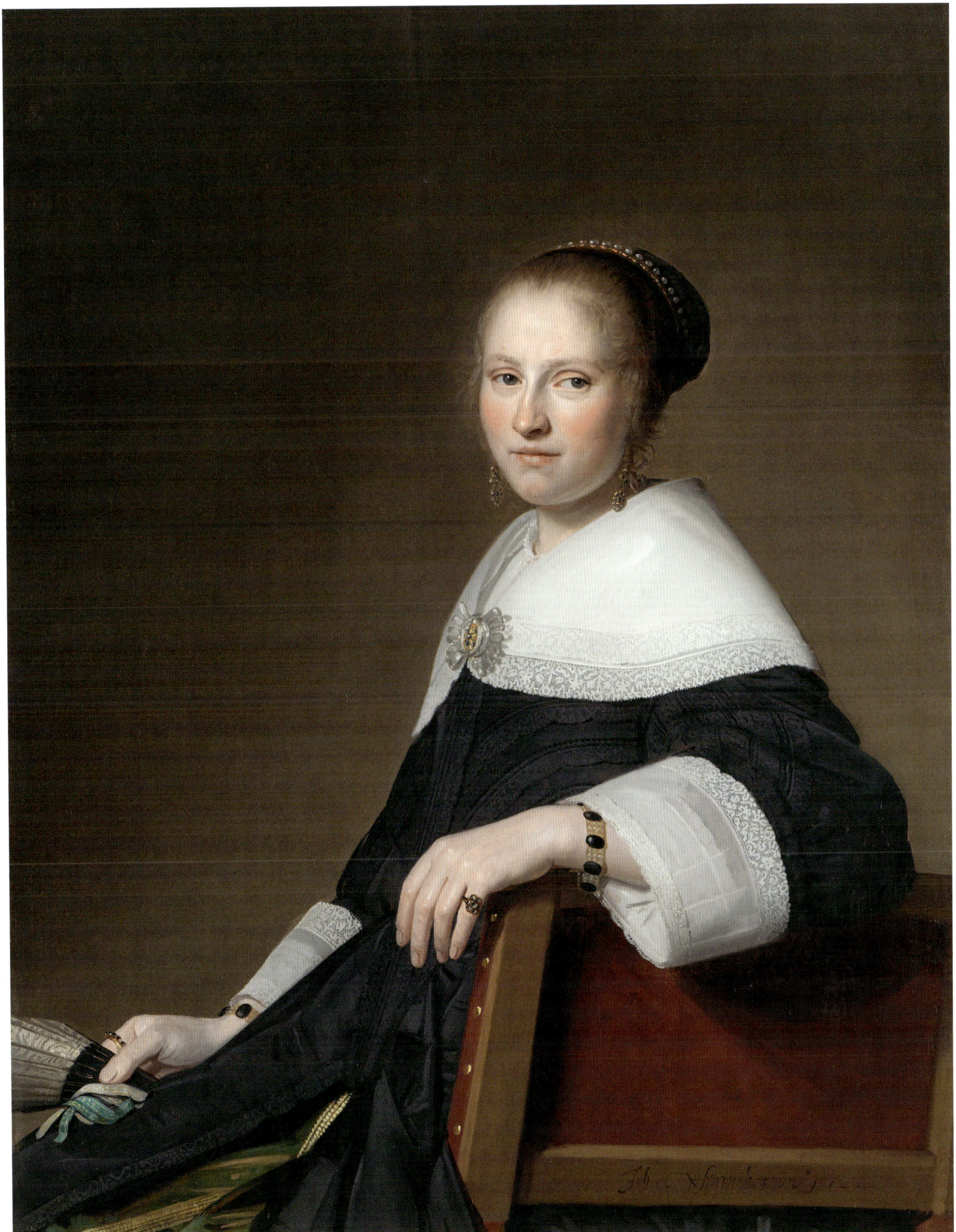

cat. 26

27

Frans Hals
Portrait of Maritge Claesdr Vooght
1639

Inscribed left of sitter's collar:
AETAT: SVA. 62 / ANº 1639
Canvas, 126.4×93.2 cm
Rijksmuseum, Amsterdam, inv. SK-C-139, on loan from the City of Amsterdam (A. van der Hoop Bequest)

Provenance:
Bequeathed in 1854 by Adriaan van der Hoop to the City of Amsterdam with the rest of his collection; on loan to the Rijksmuseum from the City of Amsterdam since June 30, 1885.

(not exhibited)

During her life, Maritge Claesdr Vooght (1577–1644) fulfilled many roles. As the daughter of a wealthy and influential brewing family from Haarlem, she spent her upbringing learning the ins and outs of running a successful brewery. When she married Pieter Jacobsz Olycan (1572–1658), scion of an Amsterdam merchant family, in 1595, she fulfilled her duty as a wife by passing on this knowledge to her husband, allowing him to enter Haarlem's brewers' guild and acquire important public positions within the city council and civic guard.[1] As a mother of fifteen children, eight of whom survived infancy, Maritge continued the family's tradition of training their sons and daughters in the family business, and successfully so: all but one of the children married a descendant of another Haarlem brewing family or inherited and continued the brewery of a relative.[2]

Due to the lack of documents describing the agency of married women who predeceased their husbands, the precise role of Maritge Vooght within the family's breweries is not certain. However, an agreement on the division of Maritge and Pieter's assets after his death in 1658 does indicate her administrative and financial responsibilities. A "note written by the late Maria Claesdr Vooght" recorded the value of the "Paauw" brewery, one of the couple's many properties.[3] In 1660, son-in-law Tyman Oosdorp (see cat. 29)—widower of Maritge and Pieter's daughter Hester Olycan (1608–54)—bought the brewery for the exact amount that Maritge Vooght documented during her lifetime.

When Frans Hals portrayed Maritge Vooght in 1639, she had already passed her sixtieth birthday. Her age is reflected in her rather old-fashioned but expensive black attire and static posture.[4] For centuries, the portrait accompanied that of her husband (fig. 1), but unfortunately, there has long been an ocean between them. The reason to commission the portraits from Hals becomes clear when comparing the 1639 portraits with another pendant pair by Hals's hand depicting Maritge and Pieter (p. 284, figs. 9–10). In his portrait of 1630, Pieter Olycan wears a fur-trimmed burgomaster's cloak, referring to his recently acquired position as mayor of Haarlem.[5] He is depicted with the same garment in 1639, when he was appointed burgomaster for a second time.[6] If Pieter Olycan's important political positions were the reason for commissioning the portraits from Hals, why was Maritge Vooght also portrayed? The pendant portraits commemorate both Pieter's public achievements and Maritge's private positions as a successful housewife and businesswoman. Locating the 1639 portraits in the most public space of the seventeenth-century home—the *voorhuys* of their residence adjacent to one of their breweries[7]—fits this representation perfectly; it reflects the couple's team effort to uphold the family's social, political, and economic status. [FV]

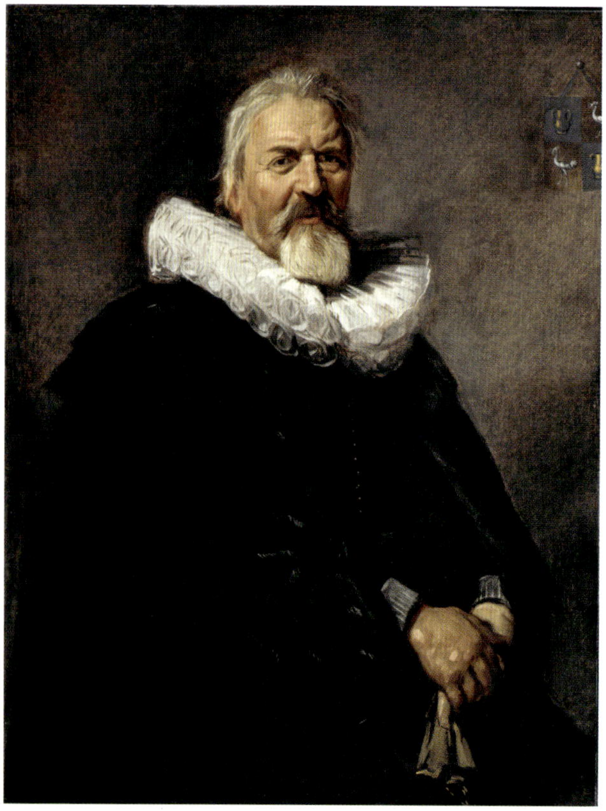

Fig. 1 Frans Hals, *Portrait of Pieter Jacobsz Olycan*, ca. 1639, John and Mable Ringling Museum of Art, Sarasota

Selected literature:
Moes 1909, no. 62; Hofstede de Groot 1910, no. 212; Bode and Binder 1914, no. 182; Trivas 1941, no. 73; Haarlem 1962, no. 45; Slive 1970–4, no. 129; Grimm 1989, no. 102; Dudok van Heel and Bok 2013, figs. A, B; Valkhoff 2023.

1 NHA, Haarlem, DTBH, 2142, inv. 47, Ondertrouwboeken Nederlands hervormde kerk Haarlem, fol. 37: "get[rouw]d den 17 september 95."
2 Biesboer and Togneri 2001, p. 181.
3 NHA, Haarlem, Oud Notariële indexen, 1617, inv. 19.214, Accoord, fol. 306v., September 20, 1660: "aenteijckeninge bij wijlen Jouffrouw Maria de Vooght Claes dochter geschreven."
4 See also Slive 1970–4, nos. 78, 82, 107, 150.
5 Biesboer and Bijl 2006, pp. 9, 17–19. Hals probably already started working on the portrait in 1629 but finished it in 1630 after Olycan's election.
6 NHA, Haarlem, Van Sypesteyn Family of Haarlem, 1614, inv. 55, Genealogy of "Lakeman-Fabritius-Luytges-Olycan enz.," fol. 30, eighteenth century. This document mentions all public positions of Pieter Olycan.
7 See Biesboer and Togneri 2001, p. 181.

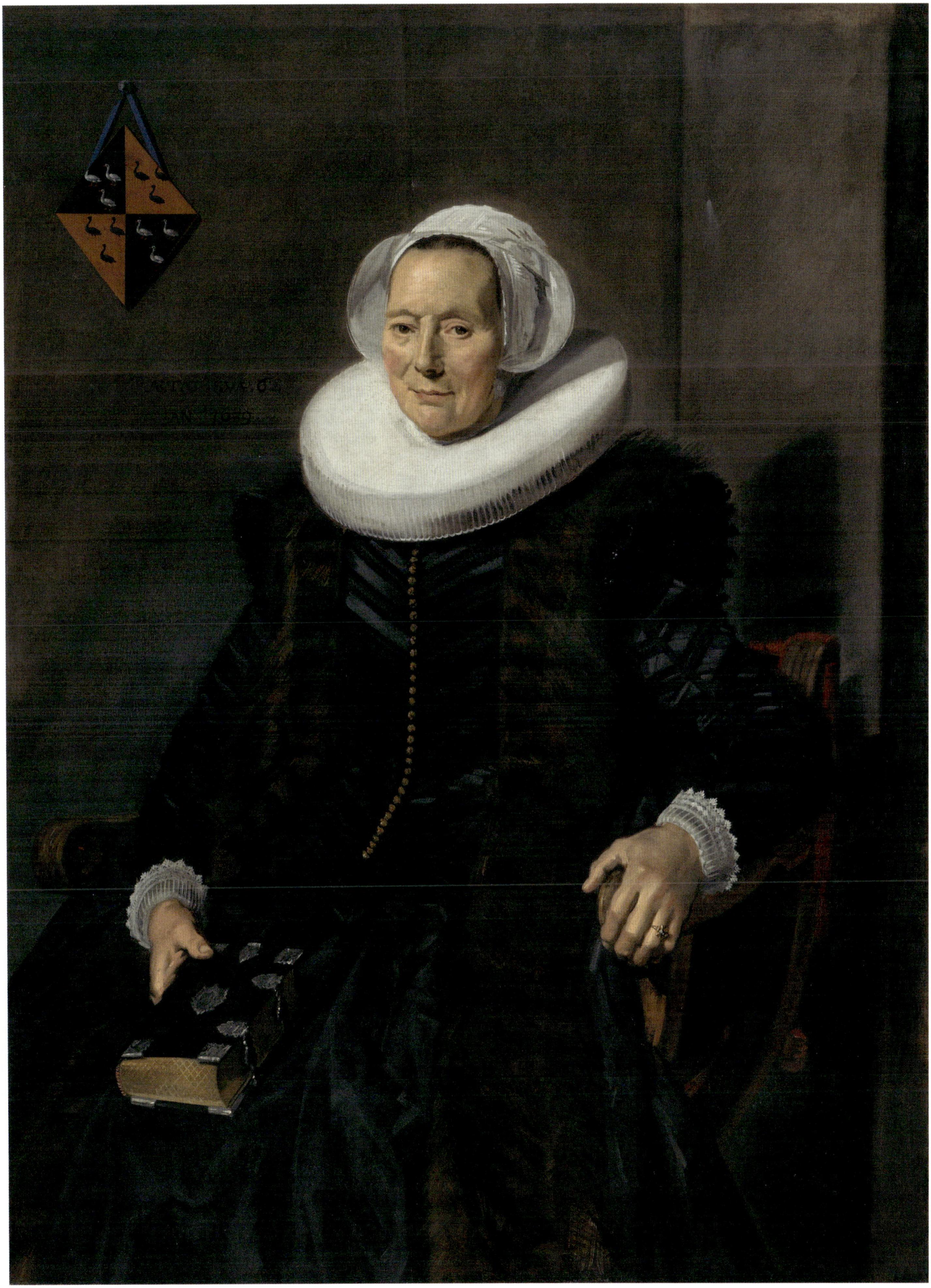

cat. 27

28

Frans Hals
The Traveler
ca. 1650

Wood, 35 × 36 cm
Frans Hals Museum, Haarlem, on permanent loan from the Stiftung Heinz Kuckei Collections Berlin, inv. OS 2013-17

Provenance:
In the possession of Walter Heilgendorff, Berlin, by 1927 at the latest; inherited by his son-in-law Heinz Kuckei.

Like the *Portrait of Catharina Brugman* (cat. 15b), the small painting *The Traveler* was once part of the renowned Berlin collection of Marcus Kappel (1839–1919).[1] Presumably it was sold after Kappel's death in 1919. By 1927, it was in the collection of the Berlin lawyer and entrepreneur Walter Heilgendorff (1882–1945), where it remained for several generations.[2] For a long time, the whereabouts of the work were not known, so that it could only be judged on the basis of an old black-and-white image.[3] In 2013, it was given on loan to the Frans Hals Museum.

The painting is a half-length depiction of a middle-aged man who possesses an air of self-confidence. He is turned toward the viewer, looking out at them directly. With his gray clothing, he wears a simple, broad flat collar and a black, narrow-brimmed hat with decorative ribbons to one side. Viewed from below, the massive figure, which completely fills the lower portion of the picture, gives the work a monumental quality despite its strikingly small format. On the other hand, the extremely thin, rapidly applied coats of paint, fragile and permeable, provide a contrast to the weighty figure. As restoration and technological analyses have been able to show, the portrait was painted *alla prima,* that is to say, directly and without underpainting and in one go.[4] Recognizable even to the naked eye, the sketchy open brushwork allow the sand-colored undertone to peer through in several places. Microscopic examinations of the picture were able to demonstrate that the artist here worked extremely fast and wet-on-wet.[5] Another indication that the painting was produced unusually quickly is the fact that though the little panel was primed, it was not otherwise prepared, as would usually be the case. Moreover, there is no evidence of a final varnish.[6] All in all, the picture appears to have been produced with a great economy of means.

Formerly identified as a putative self-portrait of Hals,[7] the picture was subsequently neutrally described as the portrait of a beardless man.[8] Today, based on his clothing, the sitter is described as a traveler. The unknown subject wears a gray travel suit typical of the seventeenth century, like that also depicted by Simon Kick (1603–53), for instance, in his painting *Ambush on Travelers* (fig. 1).[9] The sitter's cloak is trimmed with fur and has a clearly delineated button placket to the left, whereas the corresponding buttonholes on the right are only thinly and sketchily outlined. Under the cloak, the sitter wears a gray doublet that is not completely buttoned and reveals a white shirt. This type of travel garment was in no means a rare luxury, a fact documented by the inventories of various merchants and senior officials.[10] Along with the small, easily transportable format of the picture and the clearly abbreviated process in painting, the costume suggests that here Hals has portrayed a man who was passing through. [KK]

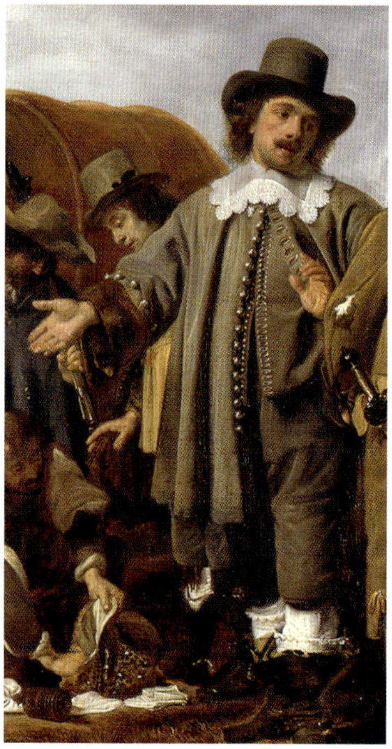

Fig. 1 Simon Kick, *Ambush on Travelers* (detail), ca. 1640–9, Gemäldegalerie, Staatliche Museen zu Berlin

Selected literature:
Bode 1883, no. 71; Moes 1909, no. 165; Hofstede de Groot 1910, no. 259; Bode 1914, no. 7; Bode and Binder 1914, no. 229; Valentiner 1923, p. 262; Slive 1970–4, no. 199; Haarlem 2013, no. 47.

1 Bode 1914, no. 7.
2 Insurance policy of the Allianz Versicherungs-Aktien-Gesellschaft, dated April 1, 1927, no. 37.
3 Slive 1970–4, no. 199.
4 See Haarlem 2013, p. 47. There is evidence that this technique was also used in the cases of the *Malle Babbe* in Berlin (cat. 45) and the *Malle Babbe* in New York (cat. 46a). See Tummers et al. 2023, pp. 22–3. See the *Portrait of Jasper Schade* (cat. 23), which was also partially painted *alla prima*. Ševčik 2012, p. 182.
5 Here, the flesh tones of the face are painted the most densely. In the X-ray, the face and collar are strikingly bright, which means that lead white was used particularly liberally and extensively throughout. This is very atypical for Hals's pictures, which when X-rayed ordinarily reveal a comparatively thin, diffuse, and restricted application of lead white. Possibly, however, the lead white was here also used as a siccative to accelerate the drying process.
6 Haarlem 2013, no. 47.
7 See Bode 1914, no. 7.
8 See Hofstede de Groot 1910, no. 259; insurance policy of the Heilgendorff Collection, dated April 1, 1927, no. 37.
9 On travel garments, see Winkel 2006, pp. 111–12.
10 Ibid., p. 112.

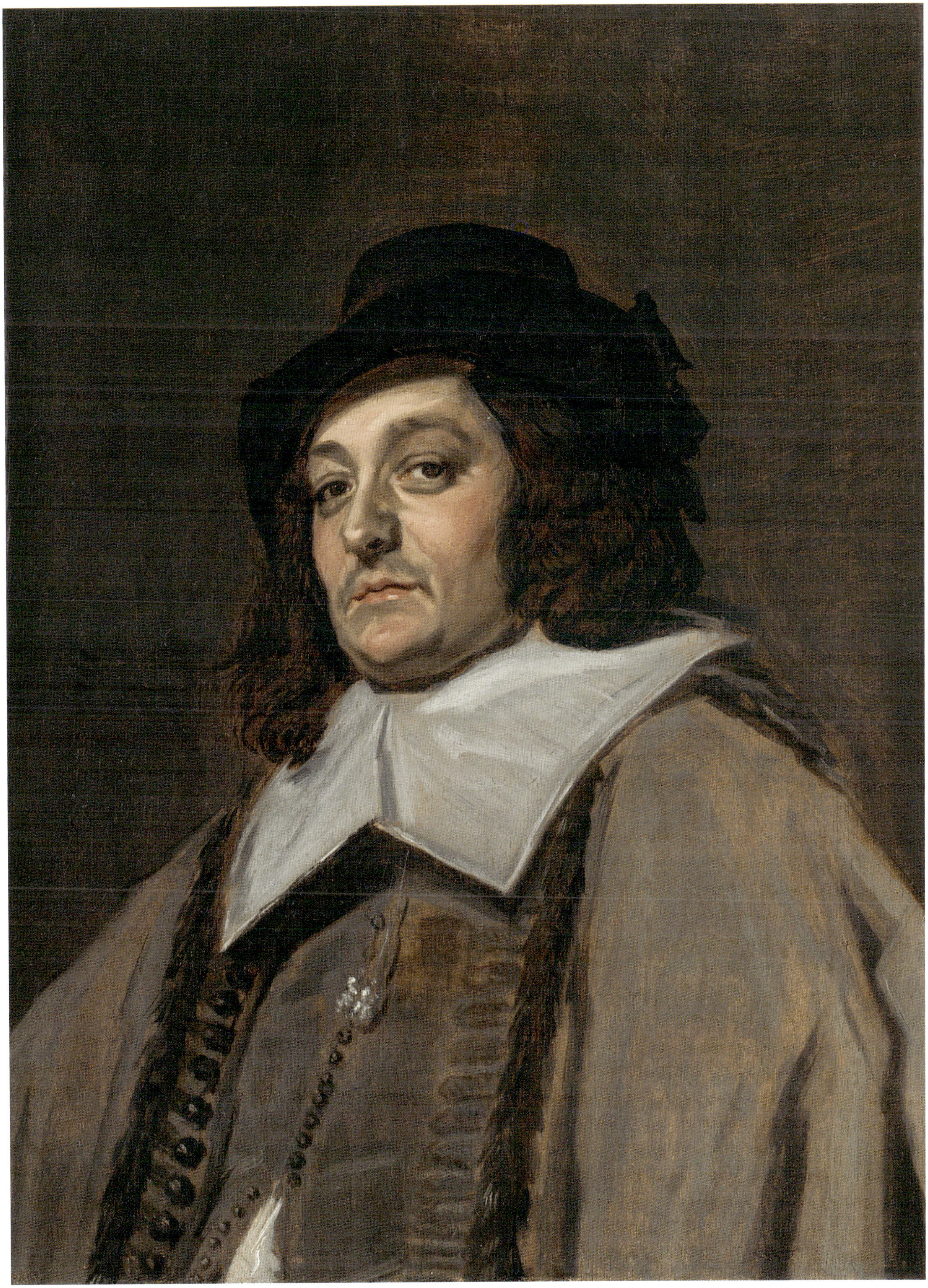

cat. 28

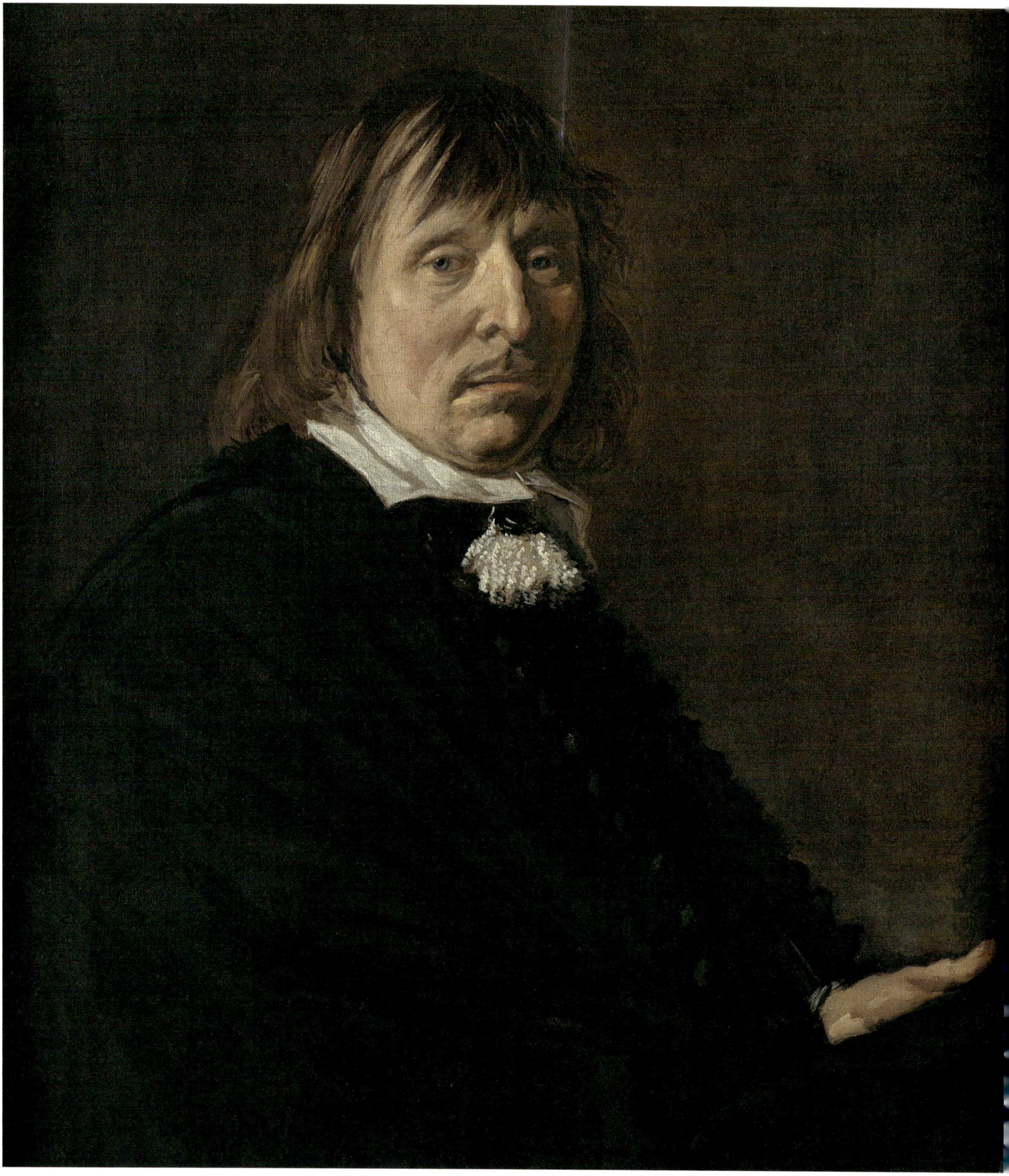

cat. 29

29

Frans Hals
Portrait of Tyman Oosdorp
1656

Canvas, 82 × 73.5 cm
Gemäldegalerie, Staatliche Museen zu Berlin, Kat.Nr. 801H

Provenance:
Purchased in 1877 from the art dealer Stephan Bourgeois, Cologne.

The *Portrait of Tyman Oosdorp* shows a distinguished gentleman with a searching, piercing gaze. It is possible to identify the subject of the picture thanks to what is presumably a nineteenth-century inscription on the back of a stretcher bar ("Portrait de Tyman Oosdorp peint en 1656 par Frans Hals")[1] and a partially torn label next to it with the eighteenth-century inscription "Tyman Oosdorp." Oosdorp (1613–68) was born in Delft as the son of the rector of the Amsterdam Latin school.[2] In 1640, he married Hester Olycan (1608–54), the daughter of Pieter Jacobsz Olycan and Maritge Claesdr Vooght (see cat. 27). In 1658, after Hester's death, he married Margaretha Schellinger (1611–68). In Haarlem, Oosdorp held a series of important civil offices: he was an alderman, a lay judge twice, captain of the two Haarlem militia companies, the trustee of several hospitals, churchwarden, delegate at the States General, and was appointed burgomaster for one-year terms in 1661 and 1665. In 1660, he also became the owner of the brewery De Pauw (The Peacock), which had previously belonged to his first father-in-law.[3]

Pieter Biesboer assumes that Oosdorp could have commissioned his portrait upon his second marriage in 1658. Thus the date written on the back of the painting and accepted so far would have to be rejected.[4] However, the reserved, withdrawn expression of the man in the portrait is in keeping not so much with the appearance of a newlywed husband than with that of a widower. Moreover, while Oosdorp's posthumous inventory includes a portrait of the late man, it does not list a female pendant, which would be expected in the case of a marriage portrait.[5]

Hals painted Tyman Oosdorp in plain black clothing with an equally plain white collar. In many sections of the picture, he chose not to fill in details. Thus Oosdorp's left hand has been sketched only loosely and is indicated by a small number of brushstrokes. The man depicted here appears calm and aloof. In the rather monochrome painting, his blue eyes look all the more striking. When he painted the picture, Hals was already well over seventy years old. Most of his late works have a particularly dynamic, very free style (for example, cat. 30). Yet for the portrait of Tyman Oosdorp, that style was evidently considered inappropriate. [EE]

Selected literature:
Bode 1883, no. 93; Moes 1909, no. 63; Hofstede de Groot 1910, no. 213; Bode and Binder 1914, no. 277; Valentiner 1921, p. 258; Trivas 1941, no. 102; Slive 1970–4, no. 201; Grimm 1989, no. 137.

1 Not "F. Hals p. 1656. Tyman Oosdorp" as in Hofstede de Groot 1910, no. 213, or "Portrait de Tyman Oosdrop [*sic*] peint en 1656 par Frans Hals" as in Slive 1970–4, no. 201.
2 For Oosdorp's biography, see Biesboer and Togneri 2001, pp. 207–8.
3 Valkhoff 2023, p. 91.
4 Biesboer and Togneri 2001, p. 207.
5 Ibid., p. 208.

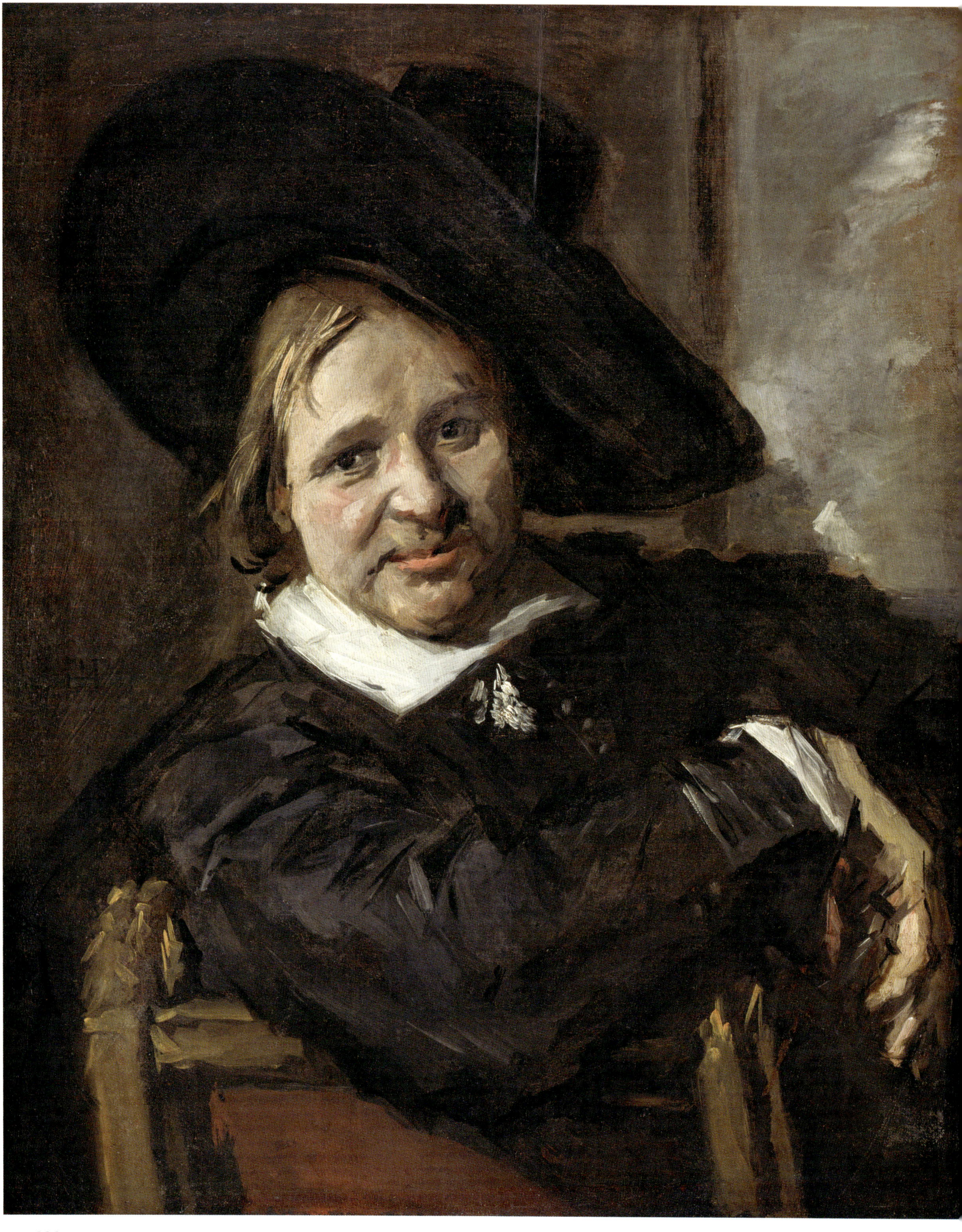

cat. 30

30

Frans Hals
Portrait of a Man in a Slouch Hat
ca. 1660

Canvas, 79.5 × 66.5 cm
Hessen Kassel Heritage,
Gemäldegalerie Alte Meister,
Kassel, inv. GK 219

Provenance:
Acquired around 1755 "from M. Tarno" (Paris?).

A middle-aged man is seated on a chair and has turned around to put his arm casually on the chairback and look out directly at us. His head leans slightly toward the left, upon which he wears a black hat, tilted at a jaunty angle so that a few strands of his blond hair are visible. This hat, which the painter enlarged as he worked on the picture, gave the work its German nickname "Der Schlapphut" (slouch, floppy hat). The man's casual pose seems to be a distinctive motif of Frans Hals's portraits, since—invariably in the case of men—it is constantly found in his work. At least nine times, the artist portrayed his models in this pose without ever giving the impression of repetition or even monotony (for example, cat. 18, 22, 33a).[1] On the contrary, each portrait appears original and unique in its own way.

Hals here shows the influence of models from the Italian Renaissance, for instance, works by Raphael or Titian in which noblemen are pictured in an elegant pose. The latter of the two was possibly inspired by the ideas of Baldassare Castiglione, formulated in his *Libro del cortegiano* (*Book of the Courtier*, 1528), in which *sprezzatura* is mentioned as one of the basic virtues of the consummate courtier, a term that can be translated as nonchalance or even as an arch-naturalness. One must "practice in all things a certain *sprezzatura*, so as to conceal all art and make whatever is done or said appear to be without effort and almost without any thought about it."[2] Seen within the context of this attitude, the stiff portraits dictated by etiquette become noticeably more relaxed. On the one hand, Frans Hals applies the Renaissance model of *sprezzatura* to wealthy Dutch patricians. On the other hand, he makes the motif of elegance part of a new kind of naturalness. The result is an impression of immediacy, so that we think the subject of the portrait turned in his chair on a whim in this very moment. This pictorial trick significantly contributes to the effect of the portrait.

The *Portrait of a Man in a Slouch Hat* was created around 1660 and is thus one of the artist's late works. The dissolution of form into individual brushstrokes is particularly well illustrated here. The hand, which dangles relaxedly, consists of only a few brushstrokes yet looks three-dimensional. To some extent it is even possible to make out the two layers of ground, consisting of an earthy red and an application of "a cool grey, made with white lead, charcoal black and umber."[3] This type of ground is very rare in the oeuvre of Frans Hals. The layer above it is the result of a rapid, fluid application of paint, wet-on-wet. In Dutch art theory of the time, the term "rouw" was used for this type of painting. In contrast to subtly textured painting, where the goal is a smooth surface without recognizable brushstrokes, this so-called "rough style" was concerned with making the painterly techniques visible. The play of forms, depending on the distance from which one views the picture, was taken into account and became one of its charms. There was probably a particular clientele of connoisseurs who knew to appreciate this type of painting—including in portraits. Cornelis de Bie, in his book *Het Gulden Cabinet* (*The Golden Cabinet*), published in Amsterdam in 1661, pointed this out, referring to portraits "which appear very rough and bold, nimbly touched and well composed, pleasing and ingenious, and when seen from a distance seem to lack nothing but life itself."[4] [JL]

Selected literature:
Bode 1883, no. 101; Moes 1909, no. 174; Hofstede de Groot 1910, no. 268; Bode and Binder 1914, no. 280; Valentiner 1923, p. 289; Trivas 1941, no. 107; Slive 1970–4, no. 217; Grimm 1989, no. 145; Washington, London, and Haarlem 1989, no. 83; Schnackenburg 1996, pp. 139–40; Slive 2014, p. 317; Lange, Gerkens, and Lukatis 2023.

1 Slive 1970–4, nos. 42, 86, 155, 166–7, 186, 206, 216.
2 Castiglione, *The Book of the Courtier*, trans. Charles S. Singleton, New York 1959, p. 43; see also Castiglione 2008, p. 35.
3 Groen and Hendriks 1989, p. 115.
4 "staet seer rou en cloeck, vlijtigh ghetoetst en wel ghestelt, plaisant en gheestich on van veer aen te sien daer niet als het leven en schijnt in te ontbreken." Thiel-Stroman 1989, doc. 163.

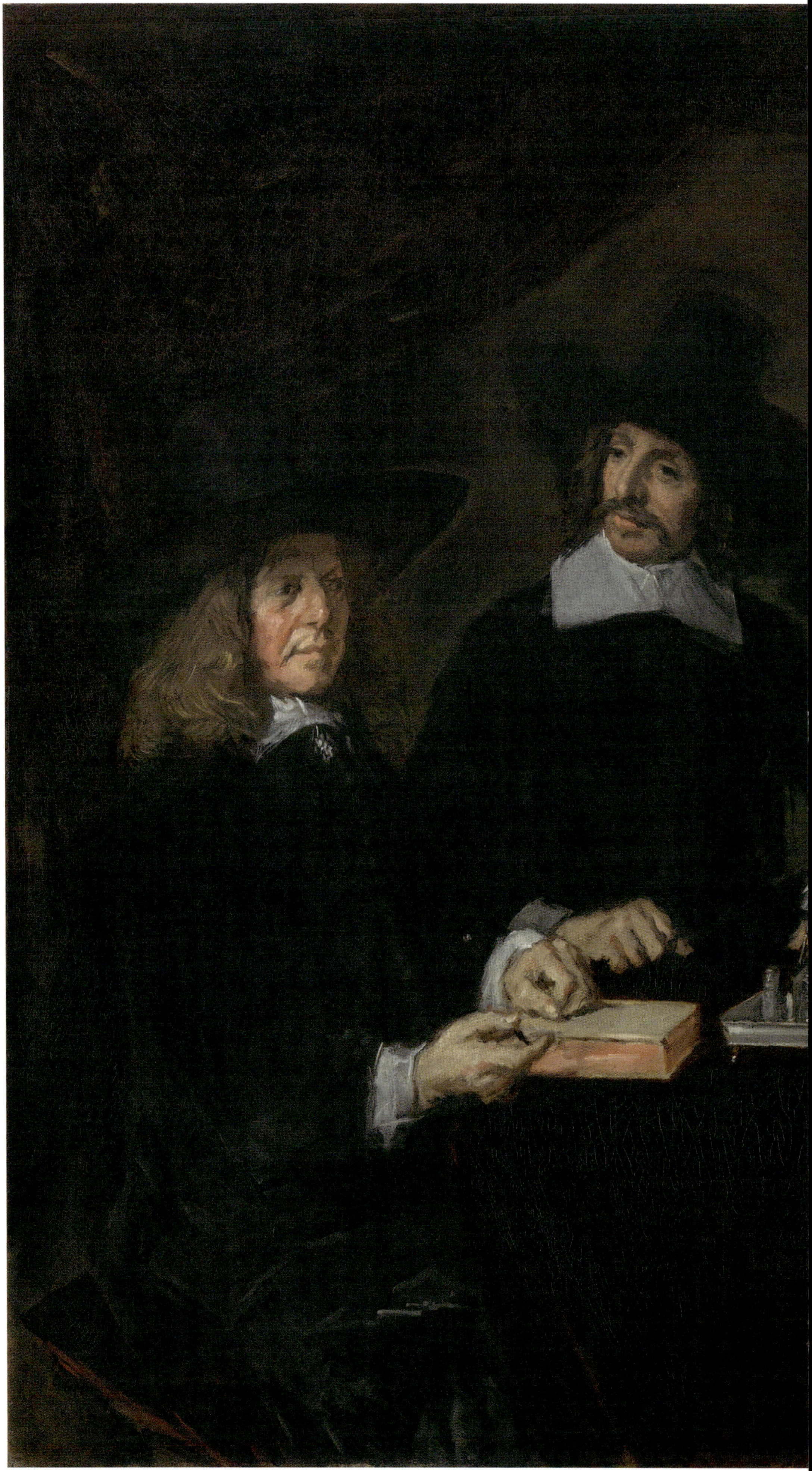

cat. 31

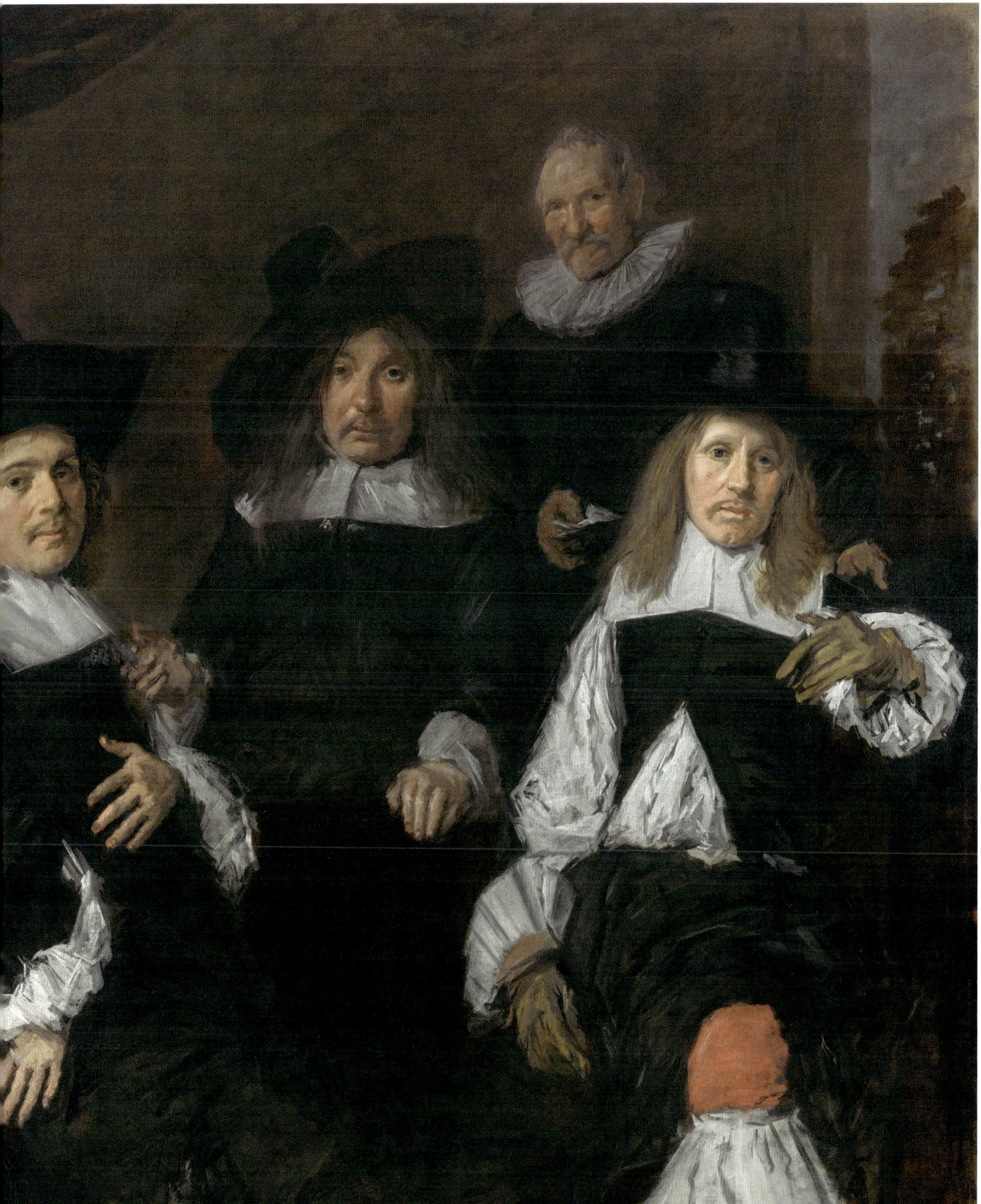

cat. 31

31

Frans Hals
The Regents of the Old Men's Almshouse ca. 1660

Canvas, 172.3 × 256 cm
Frans Hals Museum, Haarlem, inv. OS I-115

Provenance:
Transferred to the museum in 1862.

The Haarlem Oudemannenhuis (Old Men's Almshouse), which opened in 1609 and in which the Frans Hals Museum is located today, had room for a total of sixty elderly burghers. A housefather and a matron were responsible for the day-to-day management. It was governed by a board of regents and one of regentesses, appointed by the burgomasters of Haarlem from the social elite and the upper middle class.[1] They fulfilled this Christian duty without payment and presumably convened once a week in the regents' and regentesses' meeting rooms, respectively. These rooms were decorated with paintings intended to emphasize the charitable organization's mission—including group portraits depicting the righteous regents and regentesses. Around 1617, Cornelis van der Voort (1576–1624), who like Frans Hals came from Antwerp, introduced the tradition of the "regent piece" in Amsterdam.[2] Frans Hals and Johannes Verspronck (see cat. 19, 26) were the first, in 1640/1, to paint such group portraits, commissioned by the regents and regentesses of St. Elizabeth's Hospital in Haarlem (p. 23, fig. 3).[3]

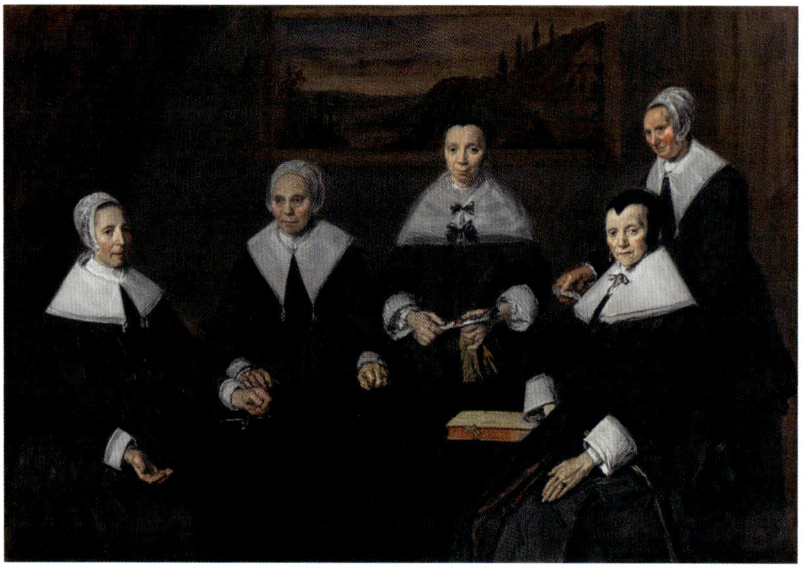

Fig. 1. Frans Hals, *The Regentesses of the Old Men's Almshouse*, ca. 1659/60, Frans Hals Museum, Haarlem

The celebrated late style of Hals appears in all its facets in the two group portraits he created toward the end of his career, commissioned by the regents and regentesses of the Old Men's Almshouse. After they were delivered, the portraits were probably hung above the fireplace in the respective regents' or regentesses' meeting rooms[4]—dark, almost menacing depictions whose visual rhythm is marked by the faces, hands, and the white sections of clothing. At some distance from the picture, a few figures can be made out as sitting around a table in a vaguely defined space. Upon closer inspection, however, it is the "rough style" of the loose brushwork that set the tone. Here, the aged painter has hardly taken the trouble to merge the brushstrokes into a whole but leaves this step to our imagination.

While in the picture of the regentesses there is a landscape painting hanging in the background (fig. 1), in the portrait of the regents, at the far-right edge of the picture, a sketchily suggested opening, through which a piece of sky and trees are visible, opens to the outdoors. A raised curtain provides a clear view of the scene: five regents wearing hats are holding a meeting and appear to have briefly broken off their conversation because they have noticed our presence. The housefather in the background to the right has just entered, taken off his hat, and looks out at us kindly. He seems to be waiting for the ideal moment to pass on the piece of paper in his right hand to a regent. Three of the regents are looking out beyond the picture as well. With their thoughtful expressions, they emphasize, like their colleagues on the left, the seriousness with which they perform the duties entrusted to them. Hals's group portrait is the lasting testimony of the regents' joint responsibility as capable trustees of the Old Men's Almshouse.

The answer to the question of which regents are depicted by Frans Hals depends on what date is given to the work.[5] So far, the assumption has been that Hals finished the two regent portraits in 1664, since in January 1665 he vouched to a grocer for his heavily indebted son-in-law.[6] The fee for the two group portraits would have enabled him to do so. However, this is rather unlikely, since starting in October 1662 Hals had been receiving annual financial support from the city of Haarlem to protect him from poverty. In the previous year, he had already been released from the obligation to pay dues to the Guild of St. Luke.[7] If he had received a sizeable fee for a prestigious commission from a municipal institution, the support would have most likely been withdrawn.[8] The reason he could vouch for his son-in-law in 1665 despite this was probably, on the one hand, that he was highly respected in Haarlem, while on the other hand, the total value of his personal assets—furniture, bedding, beds, and clothing—would have provided sufficient financial security.

It is therefore more likely that Hals had finished both paintings and was paid for them prior to 1662. If, with this in mind, we look at the years in which the regents and regentesses of the Old Men's Almshouse were appointed or left, it becomes clear that in 1659 the entire board of regents was replaced—a one-time event in the history of the organization.[9] This change may have been a logical opportunity for the new board to commission Hals. In the case of the regentesses, such a moment had already arisen a year earlier.[10] The paintings' possible dates of creation, 1659/60, would also be more consistent with the fact that Hals was released from the obligation to pay guild dues beginning in 1661, and with the financial support the painter received from the city as of October 1662.

The hypothesis for an earlier date is also supported by analyses of Hals's painting technique carried out during the restoration that took place from 2013 to 2017. Based on the degree of finishing, these investigations showed that the group portrait of the regentesses most probably preceded that of the regents.[11] In the case of some of the hands—and to a lesser extent the heads as well—in the regents' portrait, the "diepsels," accents to add depth, are still missing: dark, sometimes black brushstrokes by means of which Hals usually emphasized contrasts. In the women's group portrait, on the other hand, these are present. Assuming that Hals no longer got around to putting the finishing touches on the *Regents*, might this even be his last painting? Whatever the case may be, the regents of the Old Men's Almshouse who sat for the portrait accepted the result and—fortunately—did not call in another painter to make final changes. [PB/NM]

Selected literature:
Bode 1883, no. 7; Moes 1909, no. 8; Hofstede de Groot 1910, no. 437; Bode and Binder 1914, no. 287; Valentiner 1923, p. 290; Trivas 1941, no. 108; Haarlem 1962, no. 71; Vinken and Jongh 1963; Slive 1970–4, no. 221; Grimm 1972, no. 166; Grimm 1989, no. 143; Washington, London, and Haarlem 1989, no. 85; Haarlem 2006, no. 184; Slive 2014, pp. 321–3; Abraham 2024.

1 See Polman 1990, pp. 10–24, and Haarlem 2006, pp. 59–60.
2 See Middelkoop 2019, no. R1 and nos. R4–5.
3 See Biesboer in Haarlem 2006, nos. 183, 468. In the years that followed, several more regent pieces were painted; see Haarlem 2006, nos. 57–60 (Jan de Braij); nos. 286–7 (Jacob van Loo); no. 469 (Johannes Cornelisz Verspronck).
4 In his description of the almshouse, around 1745, Pieter Langendijk describes the regentesses as standing "voor de schoorsteen" (in front of the fireplace); see Biesboer and Togneri 2001, pp. 352–3.
5 The dating of Hals's late work is complicated by the fact that there are no reference points. His last dated portrait is the *Portrait of Tyman Oosdorp*, dated 1656 (cat. 29); the *Portrait of Herman Langelius* (Musée de Picardie, Amiens, inv. M.P.Lav. 1894–95) must have been painted in or prior to 1660.
6 The debts amounted to almost 460 guilders; see Thiel-Stroman 1989, doc. 179.
7 The annual membership fee for the guild was six stuivers; see Thiel-Stroman 1989, doc. 164; the yearly allowance from the city was first paid in October 1662 with a basic sum of 50 guilders plus 150 guilders annually (docs. 170–1). In 1663, the yearly amount was increased to 200 guilders until Hals's death (docs. 174–8, 181, 185).
8 In 1663, Jan de Braij received 250 guilders for his *Regents of the Children's Orphanage* (Giltaij 2017, p. 133), which corresponds to approximately 60 guilders per person portrayed. The servants who were portrayed did not share the cost. Based on this price per person portrayed, Hals could have received about 540 guilders for the two paintings.
9 Jonas de Jong (1625–1702), Pieter de Ridder (d. 1670/1), Mattheus Everswyn (1617–88), Dr. Cornelis Westerloo, and Daniël Deijnoot (d. 1680). By 1660, De Jong and De Ridder had already left the board of the Old Men's Almshouse; their successors were Jacob de Ram and Simon Haeswindius. In 1662, De Jong returned to the Old Men's Almshouse as a regent and De Ridder became regent of the Children's Orphanage (Arme Kinderhuis). The latter group was portrayed in 1663 by Jan de Braij (Frans Hals Museum, Haarlem, inv. OS I-32). Their names are recorded in various sources: NHA, acc. no. 3993, Stadsbestuur van Haarlem, no. 1269, "Register met namen van magistraten, hogere ambtenaren, regenten en regentessen van godshuizen," ca. 1755, p. 45; ibid., no. 1276, "Naamregister van regenten en regentessen van de godshuizen . . . 1509–1765," pp. 4–5; ibid., no. 1277 "Lijsten van regenten van godshuizen, 1509–1765," n.p. [p. 5], and also on the Name Plate of the Regents of the Old Men's Almshouse (1607–1721), 1757, wood, 245 × 140 cm (Frans Hals Museum, Haarlem, inv. ONB II-1325).
10 Adriaentje Schouten, Maria Willems de Jong, and Marijtje Aris Akersloot were appointed regentesses in 1653; Anna van Damme joined them in 1658. Until 1664, these four made up the board.
11 Abraham 2024.

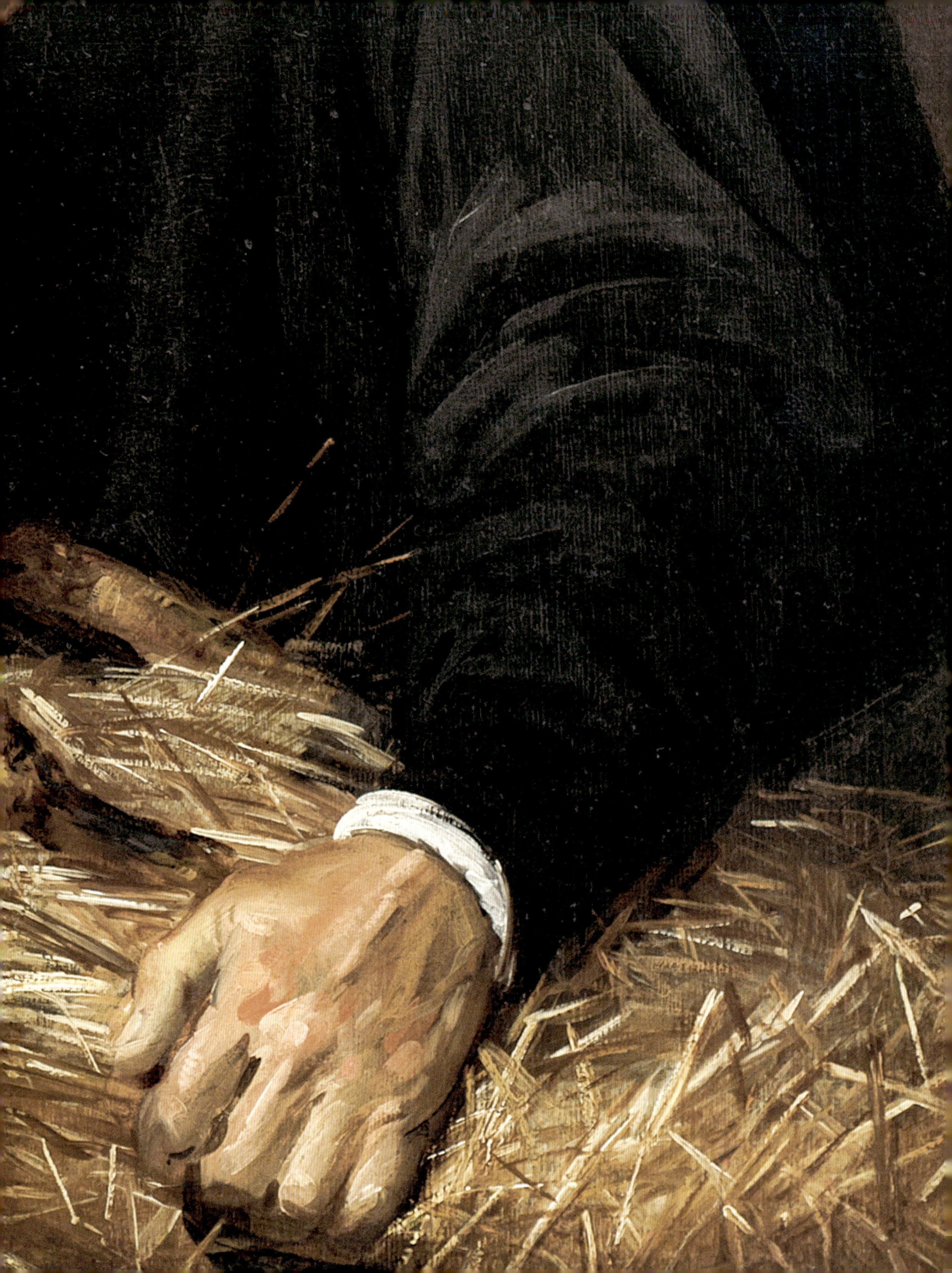

Collaborating, On Demand or In Conflict

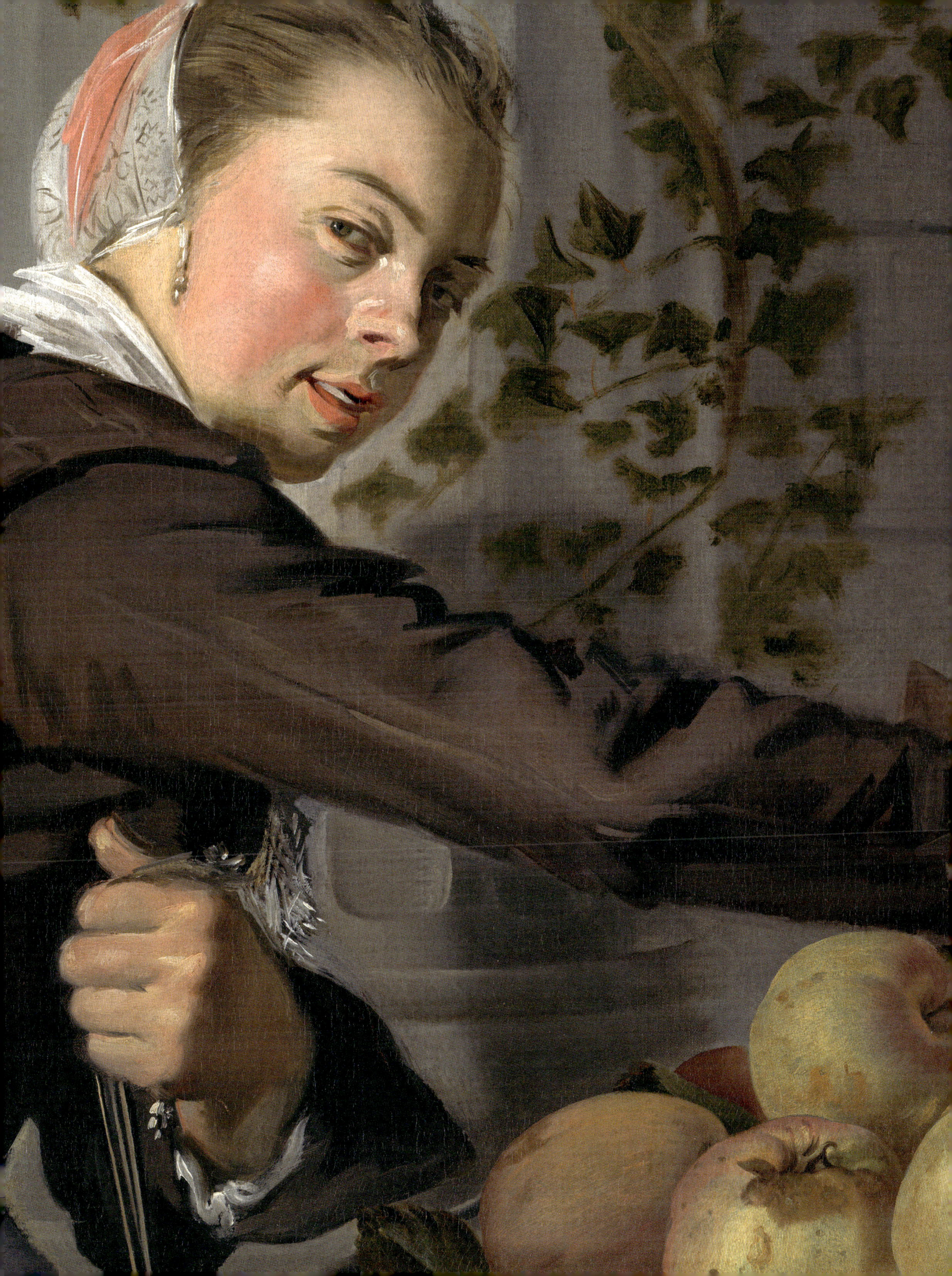

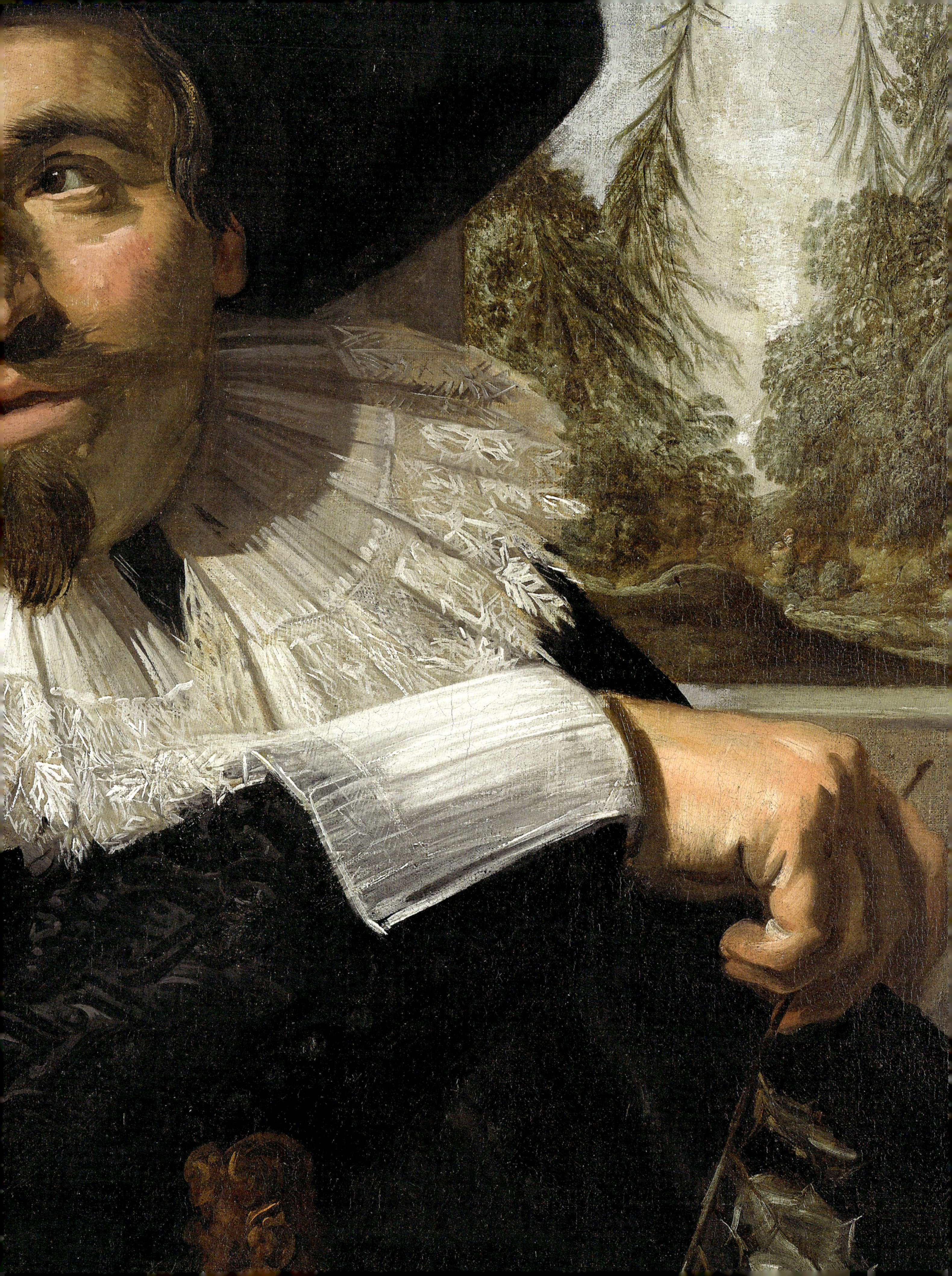

Frans Hals as a Collaborating Artist

Erik Eising

On November 6, 1656, the Haarlem painter Nicolaes de Kemp the Younger (1609–72) received the portraits of his grandparents from his brother and two nieces. According to the document in which the transaction was recorded, the two portraits had been painted by Frans Hals, though one portion, described as the "comparquement," was by Willem Buytewech (1591/2–1624).[1] Born in Rotterdam, Buytewech was a member of the Haarlem Guild of St. Luke from 1612 to 1617, which makes it possible to easily narrow down the time when the portraits, which are no longer extant, were painted. But it remains unclear what is meant by the term "comparquement." Seymour Slive suspects it might have referred to lavishly painted, cartouche-like frames.[2] This type of framing element, however, is not at all typical of Buytewech's repertoire, and if the painted frames were simpler in style, as was usual for portraits in this period, Hals would have been perfectly capable of painting them himself, as shown by numerous examples (see cat. 11, 13–14; pp. 84–5, figs. 29–30). Mere "competence" was thus probably not the decisive factor in this commission to two independent painters.

Unfortunately, the exact identity of those portrayed in the paintings owned by Nicolaes de Kemp is not documented. However, if they were his paternal grandparents, the man would have been Nicolas du Camp, a painter who lived in Cambrai and Tournai before moving to Haarlem in around 1580.[3] Originally from the Southern Netherlands, Du Camp was most likely familiar with the phenomenon of collaborating painters, a tradition that was widespread especially in Antwerp.[4] There, already in the early 1520s, the landscape painter Joachim Patinir (1480–1524) had created a large painting, *The Temptations of St. Anthony* (fig. 1), in partnership with Quinten Massys (1465–1530).[5] Both artists were established masters and worked on the picture, presumably on equal terms. Massys painted the figures in the foreground, while Patinir was responsible for the rest. This procedure deviated from customary workshop practice, where assistants or apprentices aided the master in painting less prominent areas of a picture or a preexisting composition in its entirety.

While the collaborative production process was still uncommon in the case of *The Temptations of St. Anthony*, the partnership of multiple independent painters became more usual in Antwerp a hundred years later, that is to say, in the seventeenth century. Partnerships of this type were often created out of practical considerations and for reasons of efficiency—a painter of still lifes was more practiced and faster in painting fruit and vegetables than a history painter, while a specialist in depicting animals probably had a large supply of models he could use, for instance, to enhance a forest scene. But there

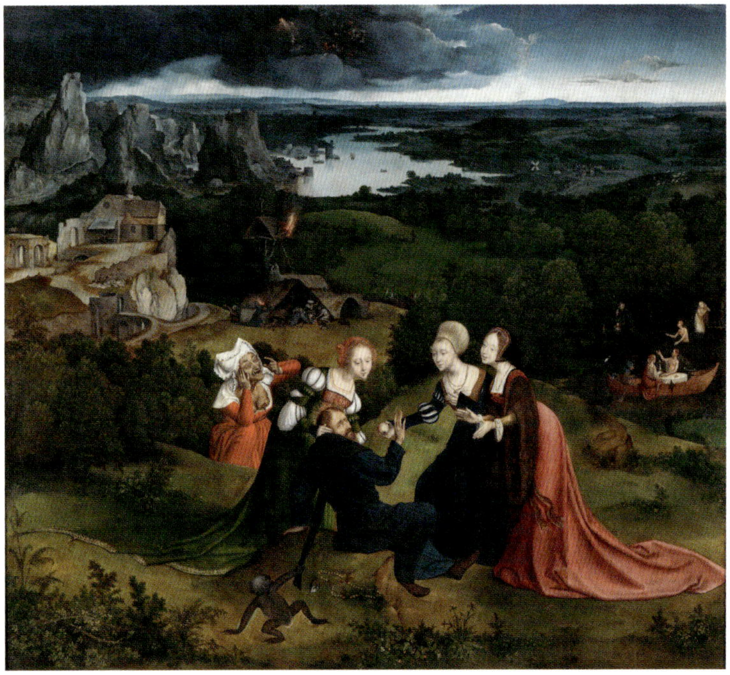

Fig. 1 Joachim Patinir and Quinten Massys, *The Temptations of St. Anthony*, 1520–4, Museo Nacional del Prado, Madrid

were also so-called "prestige collaborations": joint productions by particularly successful and renowned masters of the same caliber, often friends, that came about not due to pragmatism but for the sake of working together.[6] The most well-known Antwerp duo during this period consisted of Jan Brueghel the Elder (1568–1625) and Peter Paul Rubens (1577–1640). Between around 1598 and 1625, the two masters created almost thirty works in which Rubens primarily painted the main figures and Brueghel did the surroundings or the landscape in the background and additional features such as animals, often also being responsible for the overall composition.[7] As a rule, the resulting paintings were signed by only one of the two painters; a practice that was quite common for collaborating artists in Antwerp.[8] The only exception in Brueghel's partnership with Rubens is *The Garden of Eden with the Fall of Man* (fig. 2), for which Rubens painted the biblical progenitors, the horse, the serpent, and the tree of knowledge; both painters signed the work in the bottom margin.[9]

In northern Dutch cities like Haarlem or Amsterdam, joint works by independent painters were markedly less common than

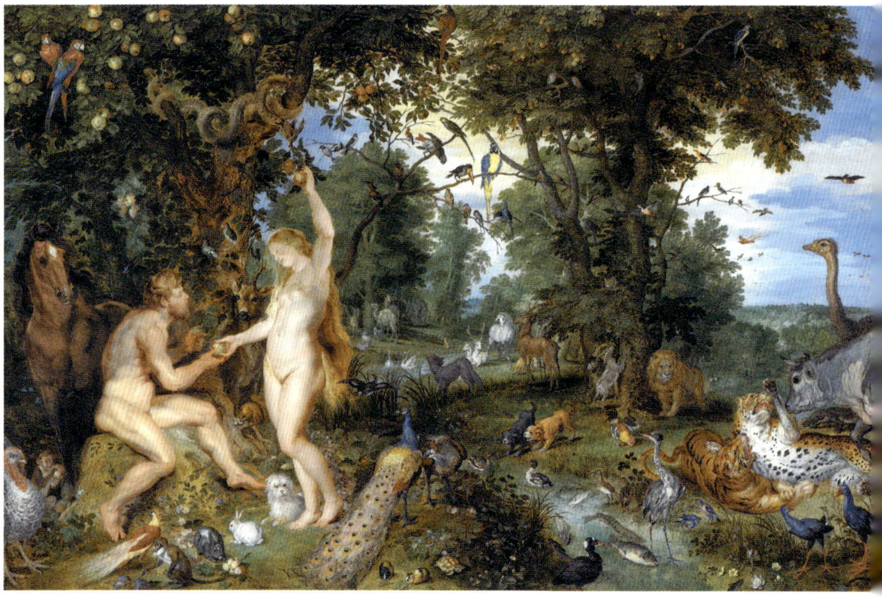

Fig. 2 Jan Brueghel the Elder and Peter Paul Rubens, *The Garden of Eden with the Fall of Man*, 1615, Mauritshuis, The Hague

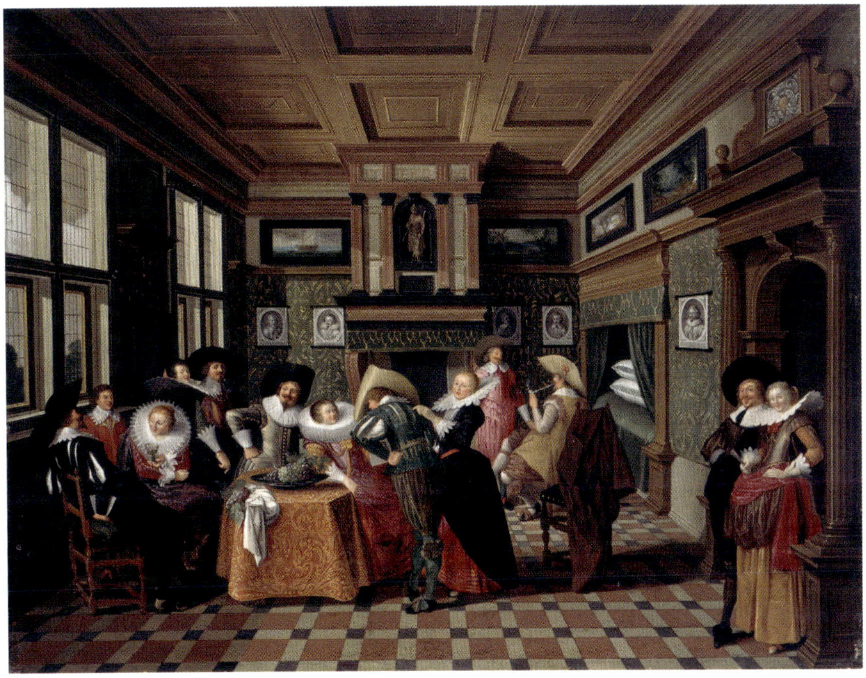

Fig. 3 Dirck van Delen (and Dirck Hals?), *An Interior with Ladies and Cavaliers*, 1629, National Gallery of Ireland, Dublin

in Antwerp, especially in the first half of the seventeenth century. Such Dutch collaborations were largely based on the specific talents and fields of specialization of individual painters. By contrast, "prestige collaborations," as in the case of Rubens and Brueghel, probably did not exist as a type. Moreover, the identification of collaborating painters proves to be difficult, since in the north paintings of this kind were also generally signed, if at all, by only one painter. It is not always possible to determine definitively whether individual motifs were actually painted by a second master or whether they are merely based on the latter's models. Thus, for instance, in the past, the staffage in some of the works of the architectural painter Dirck van Delen (1605–71) were attributed to the younger brother of Frans Hals, Dirck Hals (see cat. 50), who had specialized in small-format genre pictures with many figures (fig. 3). At the same time, these paintings were signed only by Van Delen. As Friso Lammertse and Jaap van der Veen explain, it is, however, very possible that Van Delen painted the figures himself and used models by Dirck Hals in the process.[10]

The fact that Haarlem master painters collaborated in the seventeenth century is confirmed by numerous archival documents such as estate inventories. A painter who is mentioned especially frequently in such inventories in connection with other masters is the landscape specialist Pieter Pietersz de Molijn (1595–1661).[11] For instance, in 1652, De Molijn appraised the collection of Georgius van de Velde in Haarlem and identified one of the paintings as a landscape by Jan Jacobsz Guldewagen (b. 1600/10) with figures by his own hand.[12] A 1659 Delft inventory mentions a painting by Pieter Codde (see cat. 36, 52) whose landscape had been painted by De Molijn.[13] An inventory of Hester van der Kindert's estate, dated 1679, mentions a landscape by De Molijn with figures by Esaias van de Velde (1587–1630).[14] Although he was born in London, Pieter de Molijn was also of Flemish descent. His father came from Ghent, his mother from Brussels. It is not known in which workshop De Molijn was trained before he joined the Haarlem Guild of St. Luke in 1616, but his teacher was most likely also of Flemish descent, as was customary in Haarlem migrant circles at the time.[15] It is therefore quite conceivable that De Molijn had already come into contact with collaborating artists as an apprentice.

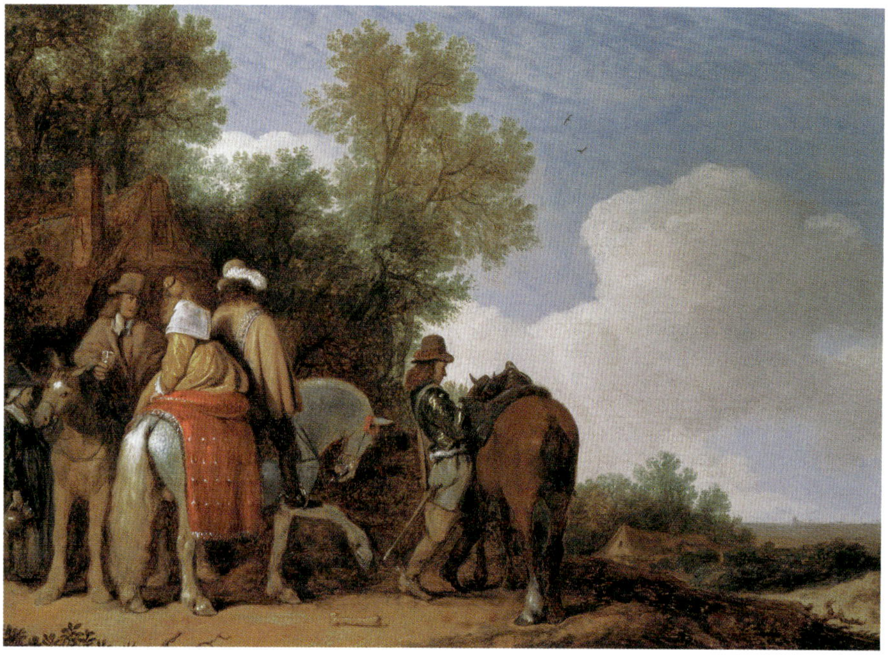

Fig. 4 Pieter de Molijn and Gerard ter Borgh, *Riders in Conversation at an Inn*, ca. 1643–5, Gemäldegalerie der Akademie der bildenden Künste, Vienna

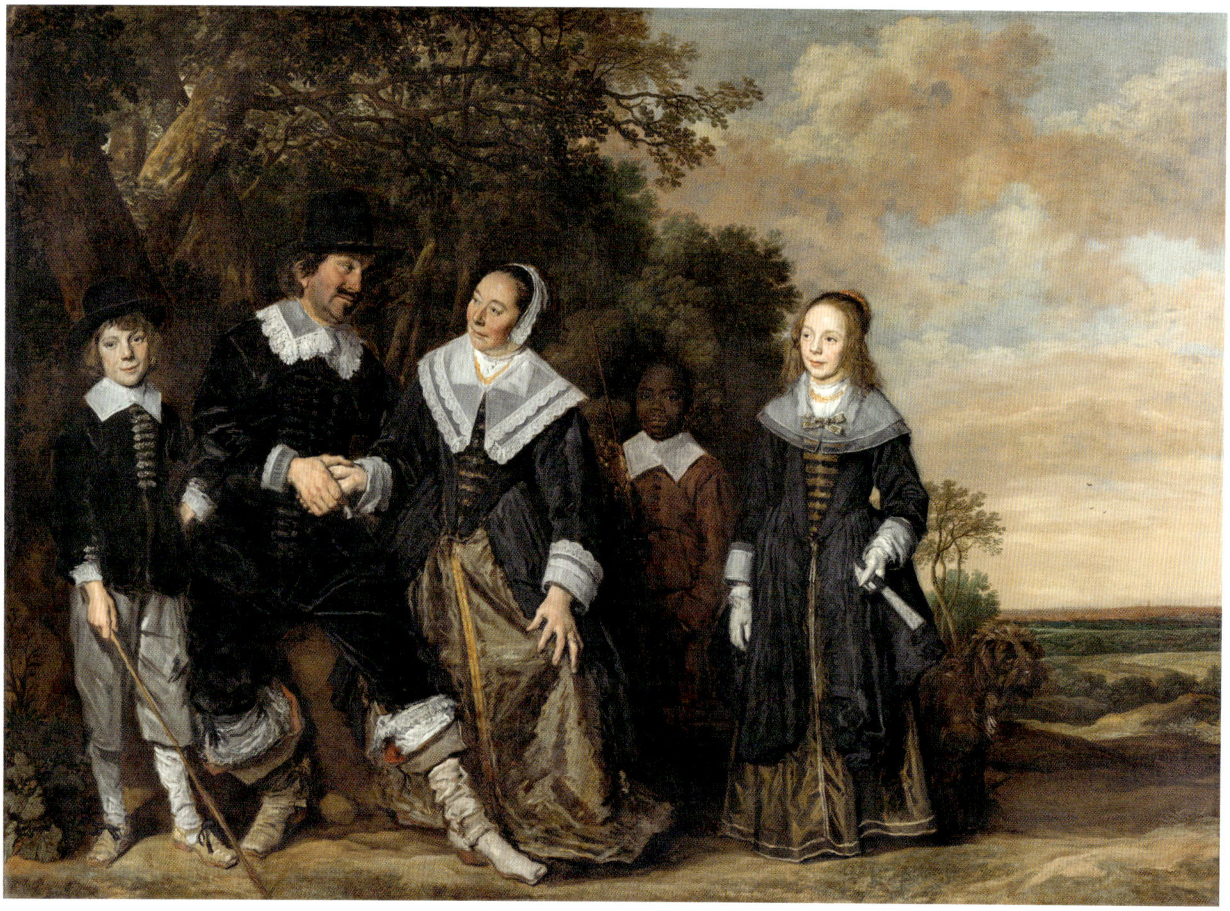

Fig. 5 Frans Hals (and Pieter de Molijn?), *Family Group in a Landscape*, ca. 1646, Museo Nacional Thyssen-Bornemisza, Madrid

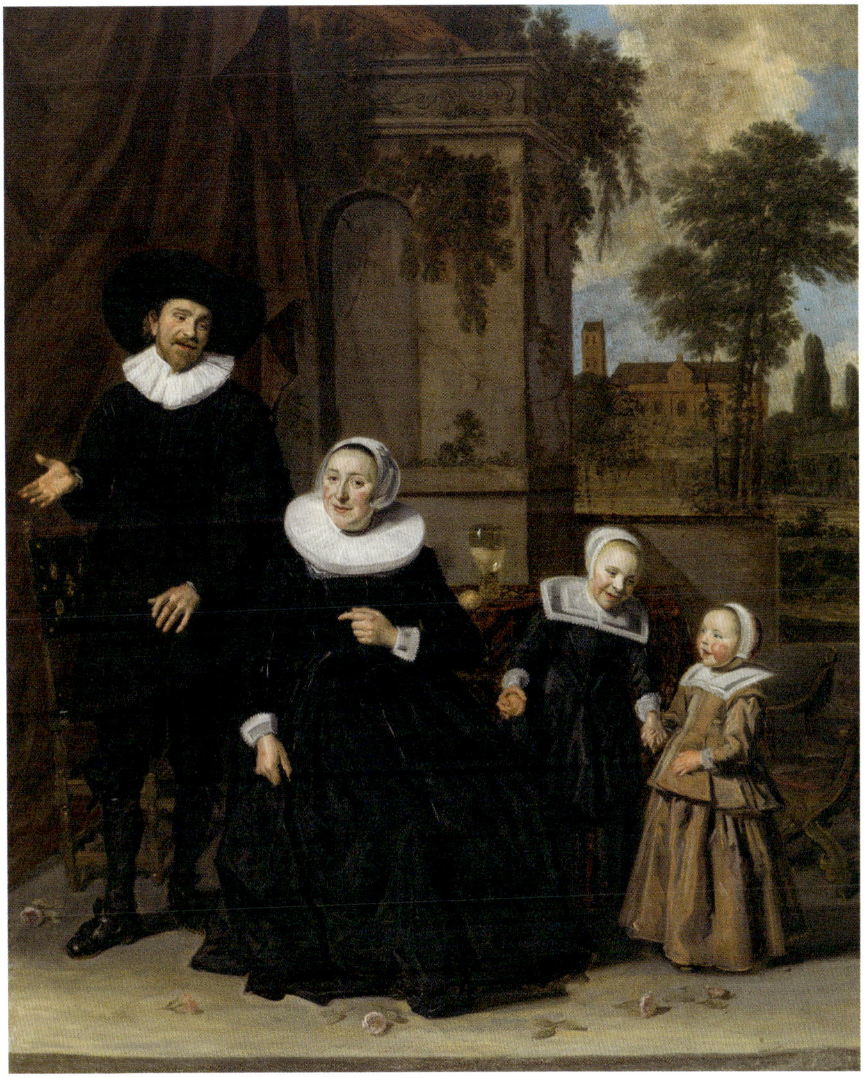

Fig. 6 Frans Hals, *Portrait of Nicolaes van den Heuvel, His Wife Susanna van Halmael, Their Daughter Maria, and an Unknown Daughter*, ca. 1635, Cincinnati Art Museum

The many documented paintings that were partially painted by De Molijn can no longer be identified today. But despite possible difficulties in the stylistic attribution of the hand of a second master, as in the case of Dirck van Delen and Dirck Hals, there is no doubt that in some still extant works of the landscape painter a second artist was also involved. For example, in the picture created in about 1643–5, *Riders in Conversation at an Inn* (fig. 4), De Molijn painted the landscape, the rider on the extreme left, and the maid-servant, while the rest of the riders and the horses in the center and on the right were the work of Gerard ter Borch (1617–81).[16] Also, around 1645, De Molijn and Ter Borch probably collaborated in painting a *Family Group in a Landscape*, today located in Zwolle.[17] Ter Borch had worked in De Molijn's workshop from 1633 to 1635 before he received his title of master craftsman in 1635.[18]

Interestingly, the manner in which De Molijn constructed the landscape in *Riders in Conversation at an Inn* is also found in Frans Hals's *Family Group in a Landscape* in Madrid, painted around 1646: the main figures stand in the foreground on an elevated plateau in front of a group of trees, while on the right, far in the distance, a horizon is visible (fig. 5).[19] Moreover, Slive recognizes similarities between this picture and De Molijn's works in the treatment of the branches and the heavy foliage of the trees in the foreground and of the feathered trees on the right. That is why he assumes that the family portrait is also a joint work in which Hals was responsible for the family members portrayed here as well as for the plants in the lower corner on the left.[20] In the opinion of the Hals scholar, this partnership was preceded by the *Portrait of Nicolaes van den Heuvel, His Wife Susanna van Halmael, Their Daughter Maria, and an Unknown Daughter* from the period around 1635 (fig. 6). The work was followed by the *Family Group in a Landscape* dated around 1647–50, now located in London.[21] Slive believes the first collaboration between Frans Hals and Pieter de Molijn was the *Portrait of Isaac Abrahamsz Massa* in Toronto (cat. 33a), painted in 1626, in which the landscape painter is thought to have created the forest view in the background.[22] Indeed, the painting style of the landscape does look very different

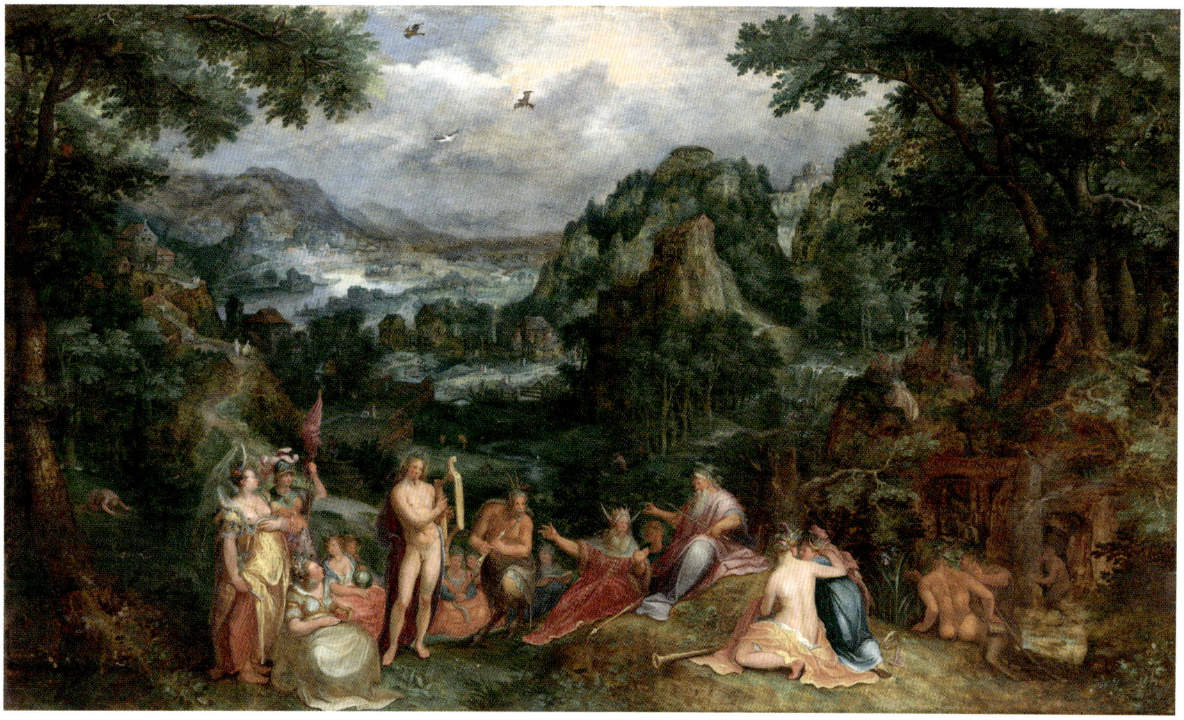

Fig. 7 Gillis van Coninxloo and Karel van Mander, *Landscape with the Judgment of Midas*, 1598, Gemäldegalerie Alte Meister, Staatliche Kunstsammlungen Dresden

from that of the rest of the portrait. The same type of fir trees are found moreover in several paintings and drawings by De Molijn (for example, cat. 33b).[23]

This raises the question as to what could have induced Hals to collaborate with another independent painter. The posthumous anecdotes known about his person[24] and the unconventionality of many of his portraits and genre pictures suggest that Hals was an idiosyncratic artist. The problematic processes involved in the creation of the so-called *"Meager Company"* (cat. 36) and of the family portrait of the Van Campens in Toledo, Ohio (cat. 34), also indicate that Hals was not always cooperative and willing to compromise: the Amsterdam civic guard piece was taken from the painter after an embittered back-and-forth with the clients and finally completed by Pieter Codde. In the family portrait, the youngest child was for some unknown reason inserted later not by Hals, but by Salomon de Bray (1597–1664).

Presumably, the fact that Hals was willing to collaborate should not be directly attributed to his Antwerp roots or his stay there in 1616, as the time he spent there was very short. Possibly, however, his teacher Karel van Mander (see cat. 8) passed on the tradition of collaboration among artists to him. Thus, Van Mander, who also came from Flanders, had worked as a history painter together with the renowned Antwerp landscape specialist Gillis van Coninxloo (1544–1606/7). In a *Landscape with the Judgment of Midas*, dated 1598, in Dresden, which bears the monograms of both painters, Van Mander added the mythological figures in the foreground (fig. 7).[25]

Possibly, however, in the case of Hals's collaborative projects it was the clients who were the driving factor. In 1622, fifty-three percent of the population of Haarlem were Flemish immigrants or their descendants.[26] It is evident that at least some members of this group were interested in maintaining a connection to their native artistic and cultural tradition.[27] Such a desire might, for instance, have been behind the genesis of the *Young Woman with a Display of Fruit and Vegetables* (cat. 32). This monumental painting is the joint work of the still life painter Claes van Heussen (1598/9–1631/4), virtually unknown today, who signed the work and dated it 1630, and of Frans Hals, who added the figure of the fruit vendor. The subject of the picture and the compositional scheme were already successful in sixteenth-century Antwerp and still very popular there at the beginning of the seventeenth century. In the case of this painting, it would be conceivable that the client had wished for a "Flemish-style" genre picture and that the collaboration itself might have been important to him.

While the identity of the person who commissioned *Young Woman with a Display of Fruit and Vegetables* is not known, in the case of the *Portrait of Isaac Abrahamsz Massa* in Toronto (cat. 33a) we may well assume that the subject of the portrait ordered it himself. Isaac Massa (1586–1643) was born in Haarlem, where his parents, immigrants from the Southern Netherlands, settled in the 1580s. Independent of his origin, the Amsterdam double portrait, which presumably represents him and his first wife, Beatrix van der Laen (cat. 3), Hals's portrait in Chatsworth (cat. 11), and the portrait in Toronto show that Massa had highly unconventional wishes and preferences for how he wanted to be depicted. Presumably, he contributed ideas for the works he commissioned. At least, no other portrait by Hals from that period is known to be as iconographically innovative as the Massa portraits. The idea of a "collaboration" with Massa becomes even more plausible if we remember that the two men were probably friends: in 1623, Massa was a witness at the baptism of Hals's daughter Ariaentje. Also, he knew the landscape painter De Molijn well[28] and might have brought him and Hals together in 1626 and asked them for a joint work. Possibly this partnership turned out to be such a success that the two artists repeated it in the decades that followed.[29] However, the limited number of putative joint ventures in the oeuvre of Hals suggests that he had no great enthusiasm for collaborating with other painters.

1 Thiel-Stroman 1989, doc. 153: "twee conterfeytsels, wesende hem Jan Kemp [Nicolaes de Kemp's brother] sijn grootvader ende grootmoeder . . . welcke voors. conterfeytsels sijn gemaeckt en geschildert bij mr. Franchoys Hals den oude ende het comparquement bij Buytewegh, ofte anders genaemt Geestige Willem."

2 Slive in Washington, London, and Haarlem 1989, no. 33, p. 224, mentions only one drawing by Buytewech with such a frame as an example (Fondation Custodia – Collection Frits Lugt, Paris, inv. 1776). The term "comparquement" is very rare in seventeenth-century written sources but occurs three times in a few documents from Bruges, which were published in Schrevel 1902, pp. 204–5.

3 Du Camp is mentioned in documents in Cambrai in 1559/60 and must have lived in Tournai in about 1574. See Thiel-Stroman in Haarlem 2006, p. 215. See also Van der Veen in the present volume, pp. 23–4.

4 On artist collaborations among Dutch painters in the sixteenth and seventeenth century, see esp. Tamis 2016.

5 On this collaboration, see most recently Campbell 2021.

6 Woollett 2006, p. 3; Newman 2021, p. 9; Tamis 2021, p. 31.

7 On the collaboration of Rubens and Brueghel, see esp. Kassel and Frankfurt am Main 2004; Los Angeles and The Hague 2006.

8 Already *The Temptations of St. Athony* from the 1520s was simply signed "[O]PUS. / IO[AC]HIM. / PA[TI]NIER." It is not clear what factors ordinarily determined which painter would finally sign a joint work. See, for example, Newman 2021, p. 14.

9 The painting is signed "PETRI PAVLI RVBENS FIGR" on the bottom left and "IBRUEGHEL FEC IB" on the bottom right.

10 See in the present volume Van der Veen, p. 35n57, and Lammertse and Van der Veen, p. 282.

11 On the biography of Pieter de Molijn, see Thiel-Stroman in Haarlem 2006, pp. 246–7; Boers 2017.

12 Goosens 2001, p. 122: "een stuck van Guidewaghen, de beelden van Molyn."

13 See Lammertse and Van der Veen in the present volume, pp. 281–2, 292n54.

14 Goosens 2001, p. 122n50.

15 Boers-Goosens 2001, pp. 100–4, whose arguments are supported by ample statistical evidence; Boers 2017, esp. note 15.

16 Washington and Detroit 2004, no. 7. The painting is signed on the bottom left with "P/Molyn."

17 Museum De Fundatie, Zwolle, see The Hague and Münster 1974, no. 7.

18 See Wheelock 2004, p. 6.

19 The painting has no signature.

20 Slive 1970–4, no. 177; Washington, London, and Haarlem 1989, no. 67; Slive 2014, p. 263, whose thesis is supported, for example, by Liedtke 2011, p. 34. Slive compares the Madrid painting particularly with De Molijn's *Peasants Returning Home* from 1647 at the Frans Hals Museum, Haarlem.

21 The National Gallery, London, unsigned. Slive 1970–4, no. 176; Slive 2014, p. 263.

22 Slive 1970–4, no. 42, and vol. 1, pp. 57–8; Washington, London, and Haarlem 1989, no. 21; Slive 2014, p. 67. See Allen 1987, pp. 36–7.

23 Although Claus Grimm in his most recent Hals study agrees with Slive that Pieter de Molijn possibly painted the forest view in the *Portrait of Isaac Abrahamsz Massa* in Toronto (Grimm 2023–4, no. A2.7), he rejects the idea that De Molijn participated in the cases of the abovementioned family groups in Cincinnati (no. A3.29), Madrid (no. A4.3.24), and London (no. A4.3.19). Grimm instead surmises that De Molijn might have collaborated with Hals on the *Portrait of Willem van Heythuysen* (p. 75, fig. 21; no. A2.6), the Amsterdam double portrait (cat. 3; no. A2.8), the *Banquet of the Officers of the Calivermen Civic Guard*, dated 1627 (p. 70, fig. 12; no. A2.8A), the *Meeting of the Officers and Sergeants of the Calivermen Civic Guard*, dated about 1633 (p. 66, fig. 10; no. A2.10), and on the portrait of the Van Campen family (cat. 34; nos. A2.3–5). But Grimm 2024 proposes a collaboration with Gerrit Claesz Bleker (1592–1656) for the portrait of the Van Campen family. As Grimm's detailed arguments regarding Hals's collaborations with De Molijn were not available in time for the publication of the present volume, the paintings he mentioned could not be considered here in greater detail. Especially in the case of the *Portrait of Willem van Heythuysen* and of the Amsterdam double portrait, Slive emphasizes that the landscape elements are by Hals's own hand, see Slive 1970–4, vol. 1, p. 57.

24 See Van der Veen in the present volume, pp. 29–33.

25 "GVCL [?]" top right and "KM" on Apollo's kithara. Dresden 2016, no. 58.

26 Briels 1985, p. 111.

27 Admittedly it is difficult to establish such a motivation for a possible collaboration in the case of the three abovementioned family groups. To date, it has not been possible to identify the persons depicted in the Madrid and London portraits. The father and husband in the Cincinnati family portrait, Nicolaes van den Heuvel, was born in Haarlem, but his parents came from Overweert (Weert), a town that today is part of the Dutch province of Limburg. See Grijzenhout 2021, pp. 174–5.

28 See Van der Veen in the present volume, p. 27.

29 Through the years, Hals and De Molijn also ran into each other professionally several times outside the workshop. In 1629, for example, both artists, together with Jan van de Velde the Younger, were asked to inspect the cell of the painter Johannes Torrentius in the Haarlem workhouse, see Thiel-Stroman 1989, doc. 46. In 1660, Hals and De Molijn together appraised the paintings in the estate of Coenraet Coymans, see Thiel-Stroman 1989, doc. 160. See also De Molijn's role in publishing the engraving after Hals's *Portrait of Johannes Acronius* in 1627 (see cat. 14).

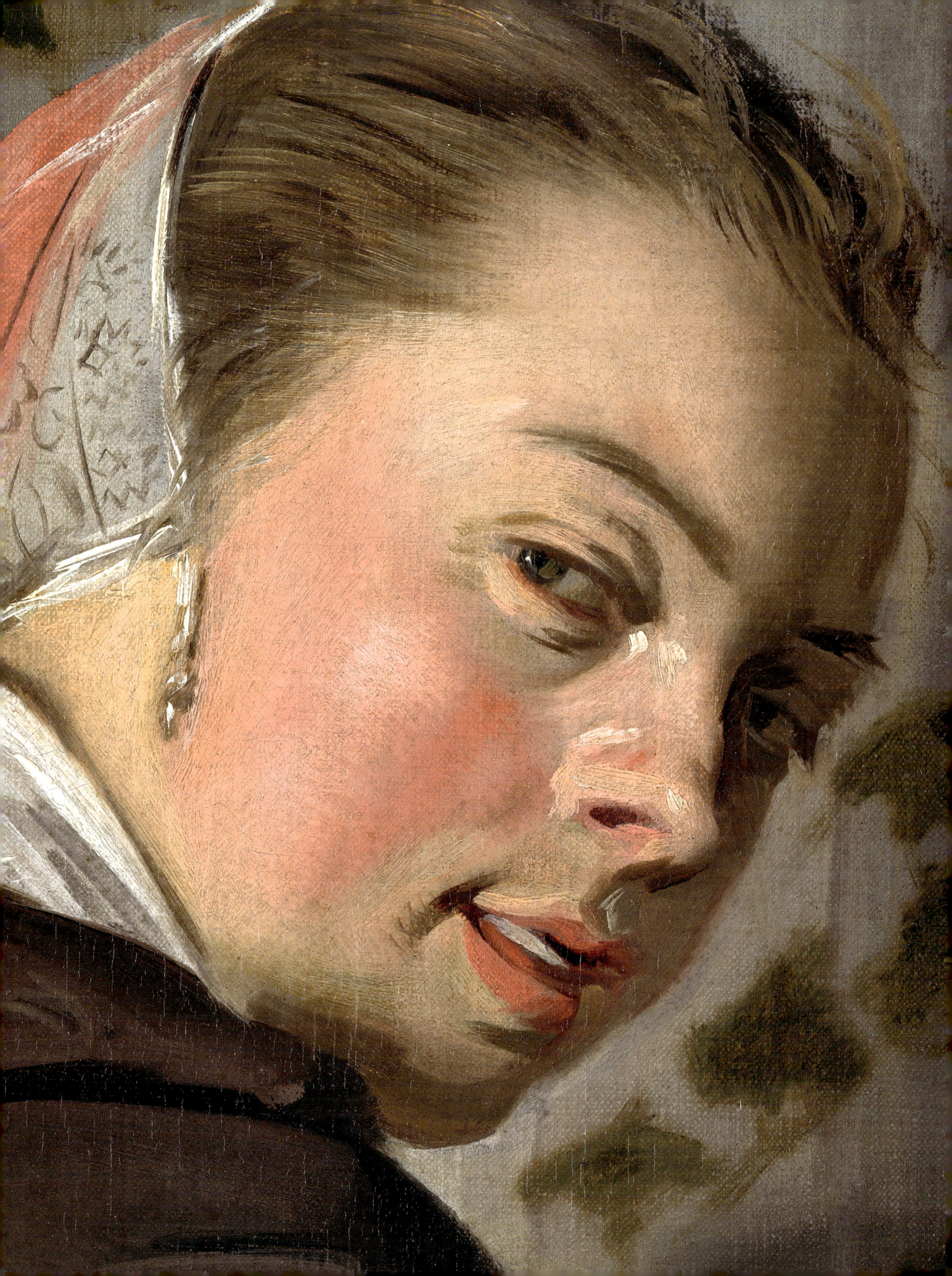

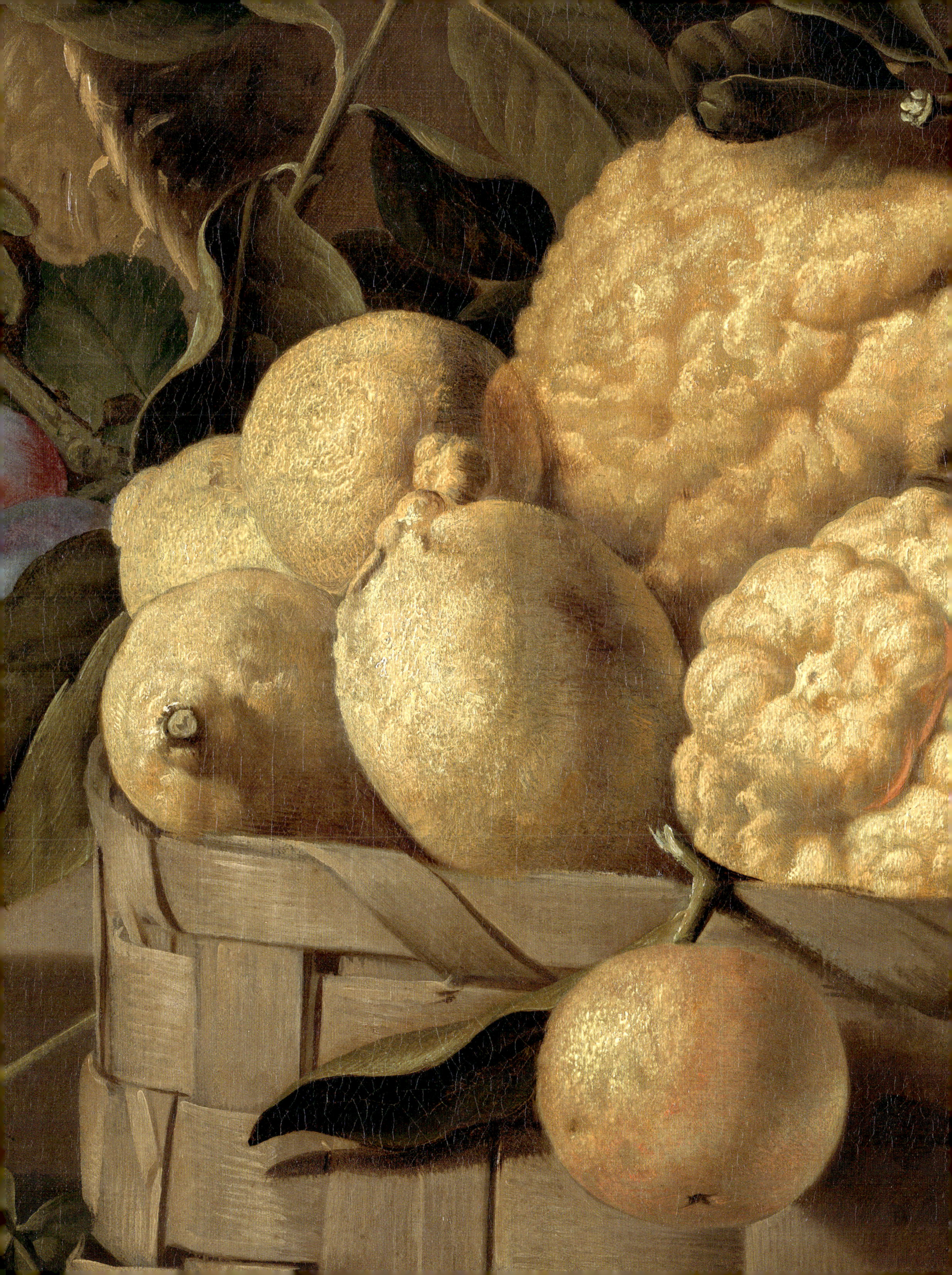

Claes van Heussen and Frans Hals *Young Woman with a Display of Fruit and Vegetables* 1630

Inscribed on wall at right edge of picture: CVHEVSSEN fecit Aº 1630
Canvas, 157 × 200 cm
Private collection

Provenance:
Acquired in 1817.

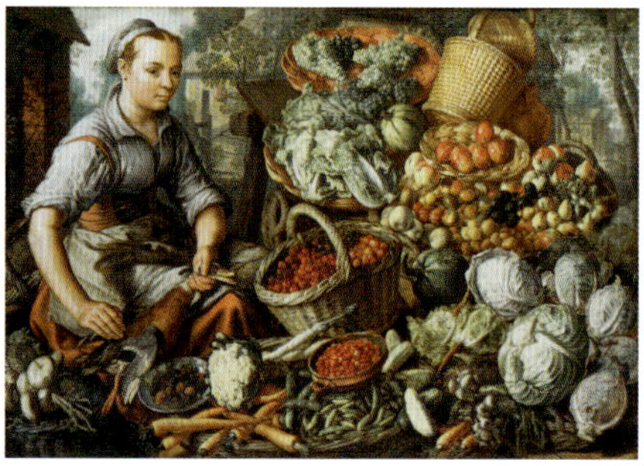

Fig. 1 Joachim Beuckelaer, *Fruit and Vegetable Still Life with Market Woman*, 1564, Hessen Kassel Heritage, Gemäldegalerie Alte Meister, Kassel

Frans Hals participated in this monumental genre painting as the second artist. The work was signed and dated solely by Claes van Heussen (1598/9–1631/4). Van Heussen was a still-life painter of unknown origin who is first mentioned in Haarlem in 1625.[1] Of the few works by his hand that are still extant, the majority consists of fruit and vegetable still lifes among which this particular painting has the largest format by far. Van Heussen's composition is part of the tradition of market and kitchen scenes found particularly in the oeuvre of the Antwerp painter Joachim Beuckelaer (1533/4–74/5). In most of these works an abundance of fruit, vegetables, and other fare is spread out in the foreground of the painting while a young woman, who is in charge of selling or preparing the food, looks out directly at the viewer (fig. 1). In some cases, the works are populated with several figures and contain sexual innuendos hinted at either in the body language of the persons depicted or in the way still-life elements are staged. At the beginning of the seventeenth century, the tradition of this type of market still life was continued by artists such as Frans Snijders (1579–1657).[2]

In a number of cases, two masters would participate in creating the works, a form of collaboration that was relatively common among Antwerp painters at the time.[3] The manner of depicting market scenes with individual figures was largely predetermined. It is therefore not clear how much freedom Frans Hals actually enjoyed in developing and interpreting this subject. The young woman on the left painted by Hals is holding a pair of scales close to her body, although it is not apparent what exactly she intends to weigh. Stretching out her arm, she reaches into a wicker basket whose contents are not visible. The woman's head is turned slightly toward us as she looks at us sideways. Her gaze may look inscrutable, yet considering the erotic connotation of many scenes of this kind known to us from the sixteenth century and the young woman's slightly open mouth, the representation seems to be far less innocent than it appears at first glance. For Hals, this type of subtle sensuality is rather unusual. It is true that coarse and humorous sexual allusions are found in some of his genre paintings (see especially p. 180, fig. 1), yet the only genre painting of his that can actually be described as erotic, *Young Woman ("La Bohémienne")* (cat. 7), he presumably painted somewhat later. Hals depicted her with a sideway glance and slightly open mouth similar to that of the young fruit and vegetable seller. It is therefore quite possible that the suggestive ribaldry of Hals's figure had been requested by Van Heussen or by the client.

The question as to who initiated the collaboration between Van Heussen and Hals in the first place must remain unanswered. If Pieter de Molijn actually did have a part in working on the 1626 *Portrait of Isaac Abrahamsz Massa* (cat. 33a), which seems plausible, Hals already had experience in collaborating with another independent master. Unlike in the case of the *Young Woman with a Display of Fruit and Vegetables,* however, Frans Hals was the main painter of Massa's portrait. In view of the large number of Flemings who lived in Haarlem—in 1622, fifty-three percent of the city's population were first- or second-generation Flemish immigrants[4]—it is probable that the collaboration took place at the request of a client from the south who wished for a large painting in the tradition of his native country.[5] Although it appears that Hals collaborated with Pieter de Molijn several more times after 1626 as well, there is no evidence of any additional collaborative artwork signed by another master.[6] [EE]

Selected literature:
Hofstede de Groot 1910, no. 121c; Slive 1970–4, no. 70; Washington, London, and Haarlem 1989, no. 33; Grimm 1989, no. 54.

1 Thieme-Becker 1907–50, vol. 17, pp. 10–11; Willigen and Meijer 2003, p. 110.
2 See also Lammertse and Veen 2023, p. 55.
3 See Eising in the present volume, pp. 155–61.
4 Briels 1985, p. 111.
5 See also Atkins 2012, pp. 132–3.
6 Of course, Van Heussen's early death prior to March 1634 might also have played a role here.

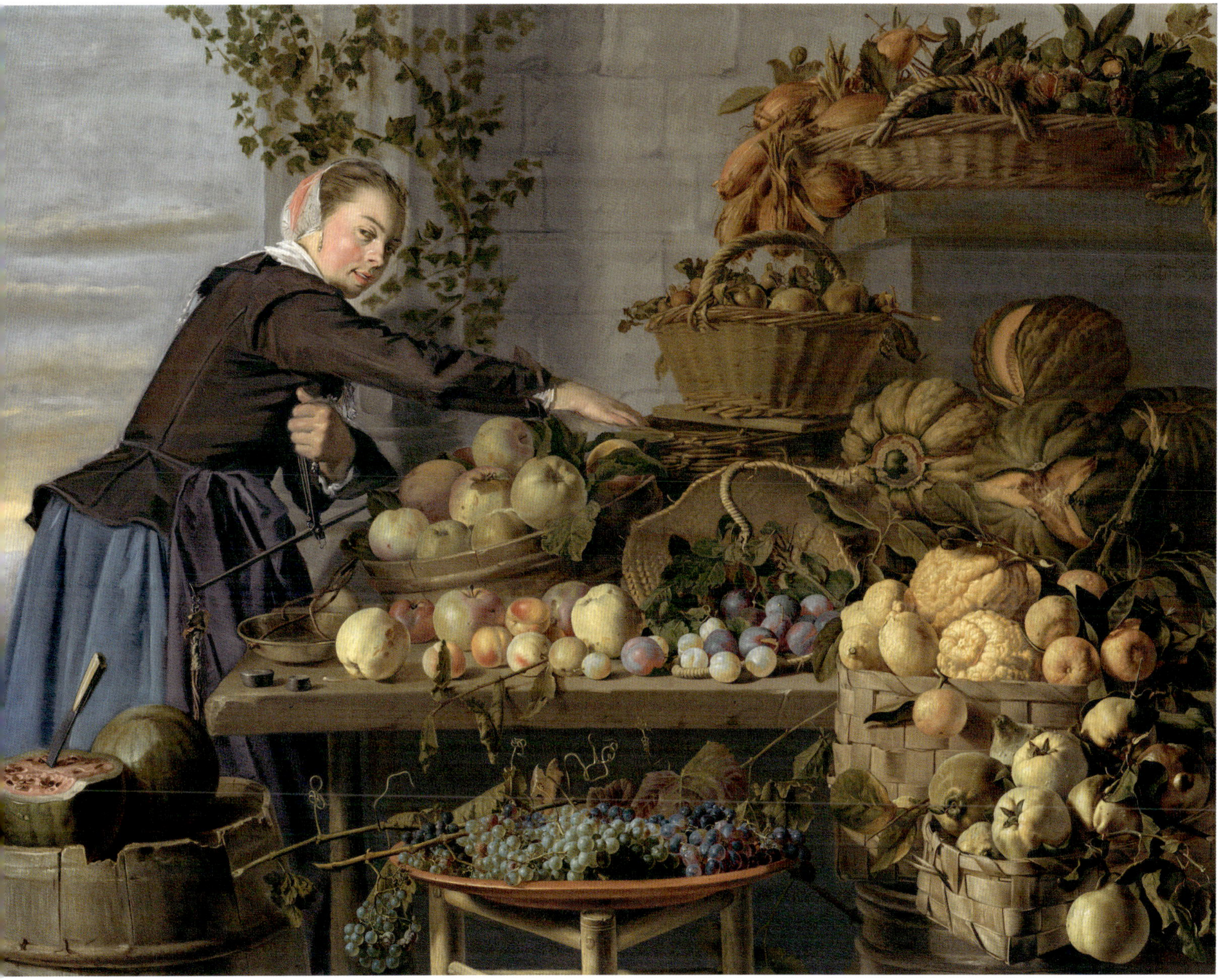

cat. 32

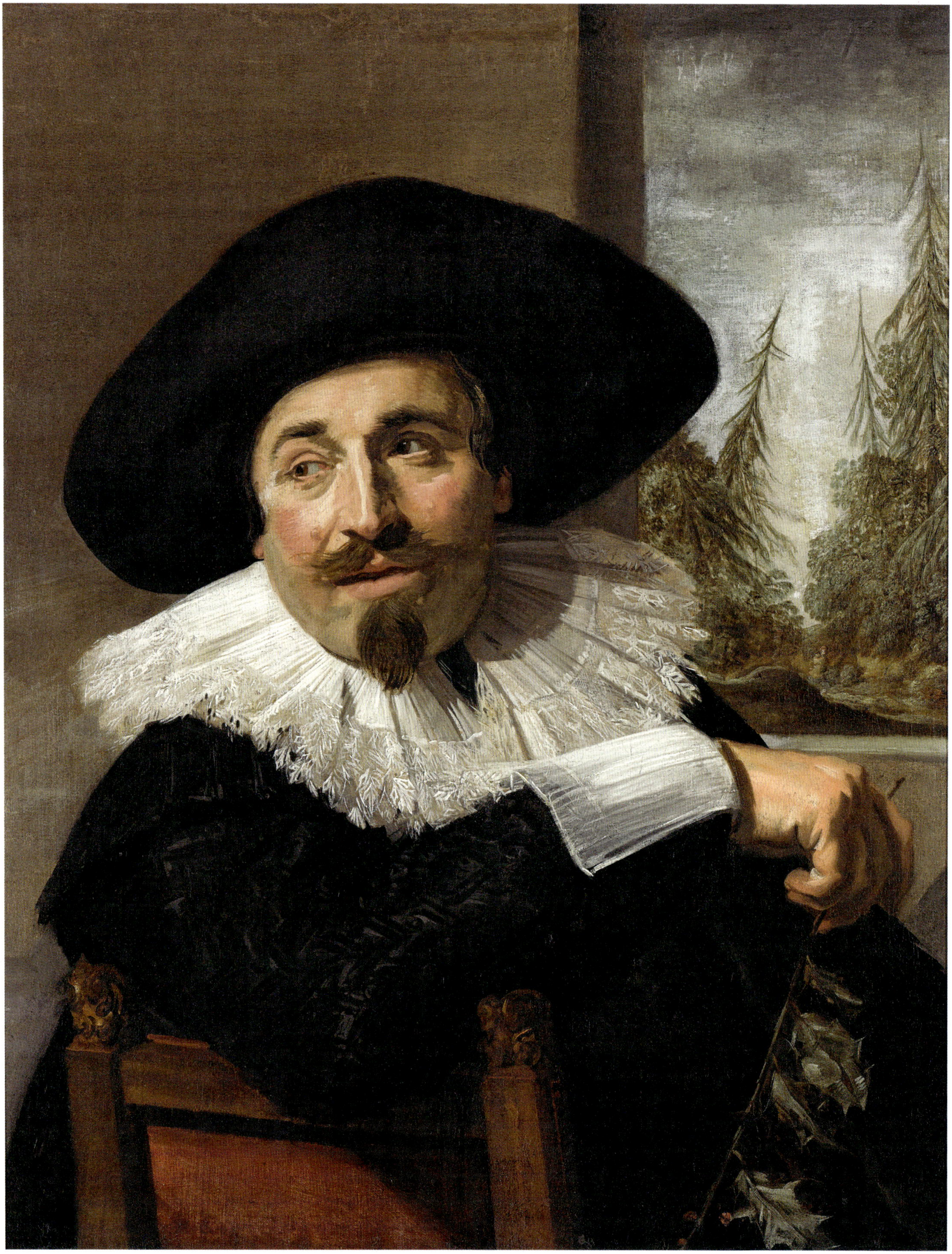

cat. 33a

33a

Frans Hals and Pieter de Molijn (?) *Portrait of Isaac Abrahamsz Massa* 1626

Inscribed on right stile of chair:
AETA / 41 / 1626
Canvas, 79.7 × 65.1 cm
Art Gallery of Ontario, Toronto,
Bequest of Frank P. Wood, 1955,
inv. 54/31

Provenance:
Bequeathed in 1955 by Frank Porter Wood, Toronto.

33b

Pieter de Molijn *Mountain Landscape, Two Men on Horseback on the Road* ca. 1660

Black chalk on washed paper,
151 × 198 mm
Kupferstichkabinett, Staatliche
Museen zu Berlin, inv. 5399

Provenance:
Acquired in 1902 from the Adolf von Beckerath Collection, Berlin.

When Frans Hals painted Isaac Abrahamsz Massa for the third time in 1626, he created a portrait that was as innovative and unconventional as the two that preceded it (cat. 3, 11).[1] The painting shows Massa (1586–1643) as a half-length figure seated on a chair, his right elbow casually propped on the backrest—the first individual portrait that shows its subject in this pose, which would become typical for Hals (see also cat. 18, 22, 30).[2] In his hand, Massa holds a holly twig. He is looking toward the right, his mouth slightly open, as though he wants to address someone outside the picture. Through an open window in the background on the right, we see a forest landscape with firs and other trees, and walking through it the figure of a lonely wanderer.

Hals painted Massa's ruddy-cheeked face with broad brushstrokes, a technique that up to that time he had mainly used in his genre pictures. Together with the opposing movement of body and gaze, the painting's execution creates the impression of dynamism. The portrait feels like a snapshot. Like the various types of plants in the double portrait of Isaac Massa and Beatrix van der Laen (cat. 3), the holly twig in Massa's right hand probably has a symbolic meaning and here presumably represents friendship.[3] However, it is not known who the recipient of Massa's friendship was.

The forest landscape visible through the window most likely refers to Massa's wide-ranging activities in Russia.[4] In connection with grain trade missions and as ambassador of the States General of the Netherlands, he visited that country six times. While staying there in his youth from 1601 until 1609, he experienced civil war and famine (the "Time of Troubles" in 1598–1613), which he described in a detailed report.[5] In the years that followed, Massa was the author of various additional descriptions of Russia and made some of the earliest maps of Eastern Europe and Siberia.

The background of the painting was evidently not painted by Hals but by another hand. Accordingly, this could be a collaborative artwork, like *Young Woman with a Display of Fruit and Vegetables* painted four years later by Frans Hals and the still-life painter Claes van Heussen (cat. 32).[6] Seymour Slive attributes the background setting to Pieter de Molijn (1595–1661), a landscape specialist whose parents had moved from Gent to London prior to 1595 before finally settling in Haarlem.[7] Indeed, a comparison of the very specific fir trees and the placement of the lonely figure in the background to several drawings attributed to De Molijn (for example, cat. 33b) reveals convincing similarities. De Molijn, an independent master since 1616, was a respected artist in Haarlem and a close acquaintance of Isaac Massa's.[8] Possibly it was Massa who negotiated the collaboration between Hals and De Molijn. According to Slive, it is possible to identify a total of three additional examples from the 1630s and 1640s where Pieter de Molijn and Frans Hals worked on portraits together.[9] [EE]

Selected literature:

a

Moes 1909, no. 122; Hofstede de Groot 1910, no. 246; Bode and Binder 1914, no. 108; Valentiner 1923, p. 45; Trivas 1941, no. 20; Slive 1970–4, no. 42; Grimm 1989, no. 30; Washington, London, and Haarlem 1989, no. 21.

b

Beck 1998, no. 190.

1 Slive notes that the handwriting of the signature in the picture is very different from the other inscriptions in Hals's paintings; Slive in Washington, London, and Haarlem 1989, no. 21.

2 See Washington, London, and Haarlem 1989, no. 21; Slive 2014, p. 65. Atkins 2012, p. 243n18, mentions similar poses in the work of Giovanni Battista Moroni (1520–78). Slive 1970–4, vol. 1, pp. 55–6, also mentions precursors.

3 Jongh and Vinken 1961, p. 150; Washington, London, and Haarlem 1989, no. 21; Slive 2014, p. 66.

4 See Cornelis in the present volume, pp. 85–6; Washington, London, and Haarlem 1989, no. 21; Slive 2014, p. 66.

5 *Een cort Verhael van Begin en Oorspronk deser tegenwoordighe Oorloogen en troeblen in Moscovia totten jare 1610*, first published in Brussels in 1866 by Michel [Mikhail Andreyevich] Obolensky and Antonius van der Linde. On Massa and Russia, see for example, Jongh and Vinken 1961, pp. 148–9.

6 See Eising in the present volume, pp. 155–61.

7 Slive 1970–4, no. 42; Washington, London, and Haarlem 1989, no. 21; Slive 2014, p. 67. See Allen 1987, pp. 36–7, 158. Lammertse and Van der Veen propose in the present volume that the landscape could instead have been painted by a member of Hals's workshop: see pp. 289–90. On the biography of De Molijn, see Allen 1987, pp. 30–1; Thiel-Stroman in Haarlem 2006, p. 246.

8 See Van der Veen in the present volume, p. 27.

9 Slive 1970–4, nos. 102 (p. 159, fig. 6), 176, 177 (p. 158, fig. 5).

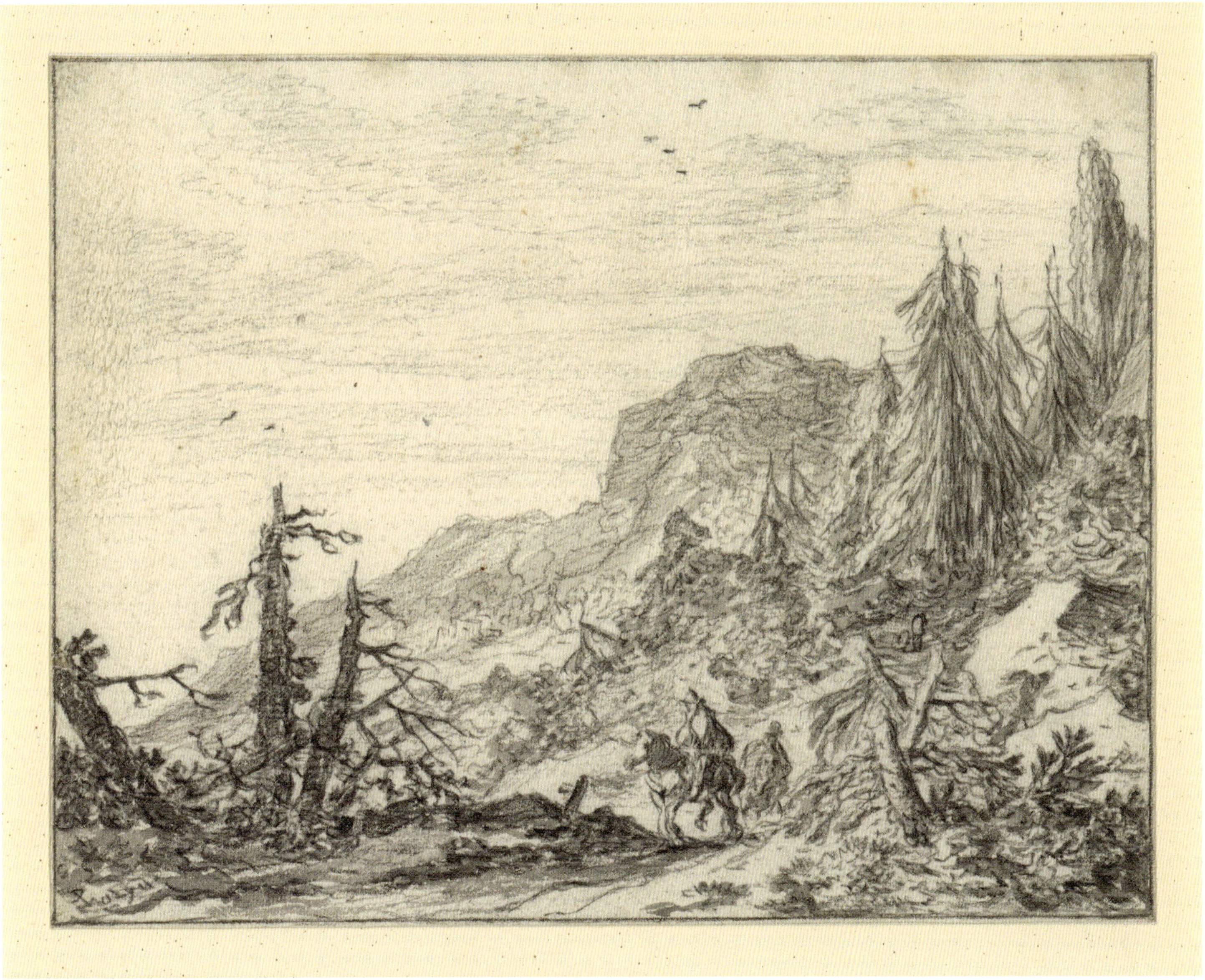

cat. 33b

34

Frans Hals, completed by Salomon de Bray *Portrait of the Van Campen Family in a Landscape* ca. 1623–5 and 1628

Monogram inscribed on stone at left: FH; on left-hand shoe sole of little girl added at left: S Bray 1628
Canvas, 151 × 163.6 cm
Toledo Museum of Art, inv. 2011.80

Provenance:
Purchased in 2011 with funds from the Florence Scott Libbey bequest in memory of her father, Maurice A. Scott, and the Libbey Endowment, gift of Edward Drummond Libbey, bequest of Jill Ford Murray, and gift of Mrs. Samuel A. Peck, Mrs. C. Lockhart McKelvy, and Mr. and Mrs. Frederick S. Ford, by exchange.

Frans Hals took up the challenge of painting a family portrait a total of four times.[1] The earliest painting in this group shows the family of the wealthy Haarlem cloth merchant Gijsbert Claesz van Campen (ca. 1584/5–1645) and his wife Maria Jorisdr (ca. 1585–1666).[2] They had married in Haarlem in 1604, and they and their vast family lived in the big house De Bonte Koe on Kerkstraat, from which Van Campen also conducted business.[3] Presumably the family portrait was commissioned around 1624, on the occasion of the couple's twentieth wedding anniversary.

At this time, the family, which was unusually large even for the seventeenth century, comprised thirteen children in addition to the two parents.[4] In order to depict all the family members in the painting, an extremely wide landscape format was needed. In fact, the original canvas probably measured 153.5 by about 330 centimeters. The present-day painting, which is located in Toledo, Ohio, is thus only a part of the original portrait, which was cut into several sections at the end of the eighteenth century for unknown reasons. Three fragments of this work are known to still exist today.[5] As the reconstruction shows (fig. 1), the part at the right of the painting can no longer be traced, and the portraits of missing family members can therefore be replicated only hypothetically.

In the original format, Hals set the Van Campen family in a landscape with a clear, open vista at its center. The movements of the family members as they turn toward each other, and their lively gestures give a convincing impression of pleasant domestic harmony. With his rapid virtuoso brushwork, Hals masterfully succeeded in capturing not only the character of the individual family members in intimate portraits but also the collective dynamics of the group and the relationships within the family. This groundbreaking group portrait was directly preceded by the wedding portrait of Isaac Massa and Beatrix van der Laen (cat. 3), painted in 1622, in which Hals introduced the depiction of laughter or smiling in a portrait. This motif also plays a central role in the Van Campen family portrait, although it went against the prevailing seventeenth-century portrait conventions.

Three or four years later, one more child—their fourteenth—was born. In 1628, despite the outstanding achievement Hals had accomplished in his family portrait, it was surprisingly not he but his young Haarlem fellow painter Salomon de Bray (1597–1664; see cat. 35) who was commissioned to add the last-born child to the already existing portrait of the family.[6] In the style of Frans Hals, De Bray inserted the portrait of the youngest daughter in the bottom-right corner. It is not known why Hals did not complete the painting he had created, even though the master was certainly in Haarlem in 1628 and was at the height of his creative power. We must therefore assume that disagreements between him and the Van Campens were the reason for the clients' unusual decision. [KK]

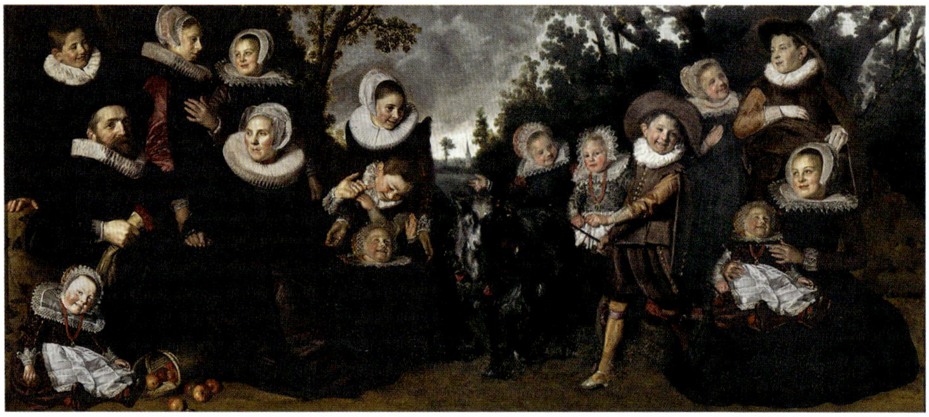

Fig. 1 Reconstruction of Hals's *Portrait of the Van Campen Family in a Landscape*

Selected literature:
Hofstede de Groot 1910, no. 444; Valentiner 1923, pp. 159–61; Slive 1969; Slive 1970–4, no. 15; Grimm 1989, no. 11; Washington, London, and Haarlem 1989, no. 10; Atkins 2012, pp. 71–2; Biesboer 2013; Toledo and Brussels 2018.

1 Slive 1970–4, nos. 15, 102, 176–7.
2 For details on the identification of the Van Campen family, see Biesboer 2013.
3 Toledo and Brussels 2018, pp. 90–1.
4 The average family size in the seventeenth century was four persons. See Haks 1985, pp. 143–5.
5 Possibly the extremely large format or damage to the canvas was the reason for cutting up the picture. On this, see Belie 2018. See also Rous 2022, pp. 131–6.
6 See Slive 1970–4, no. 15; Toledo and Brussels 2018, pp. 34–6.

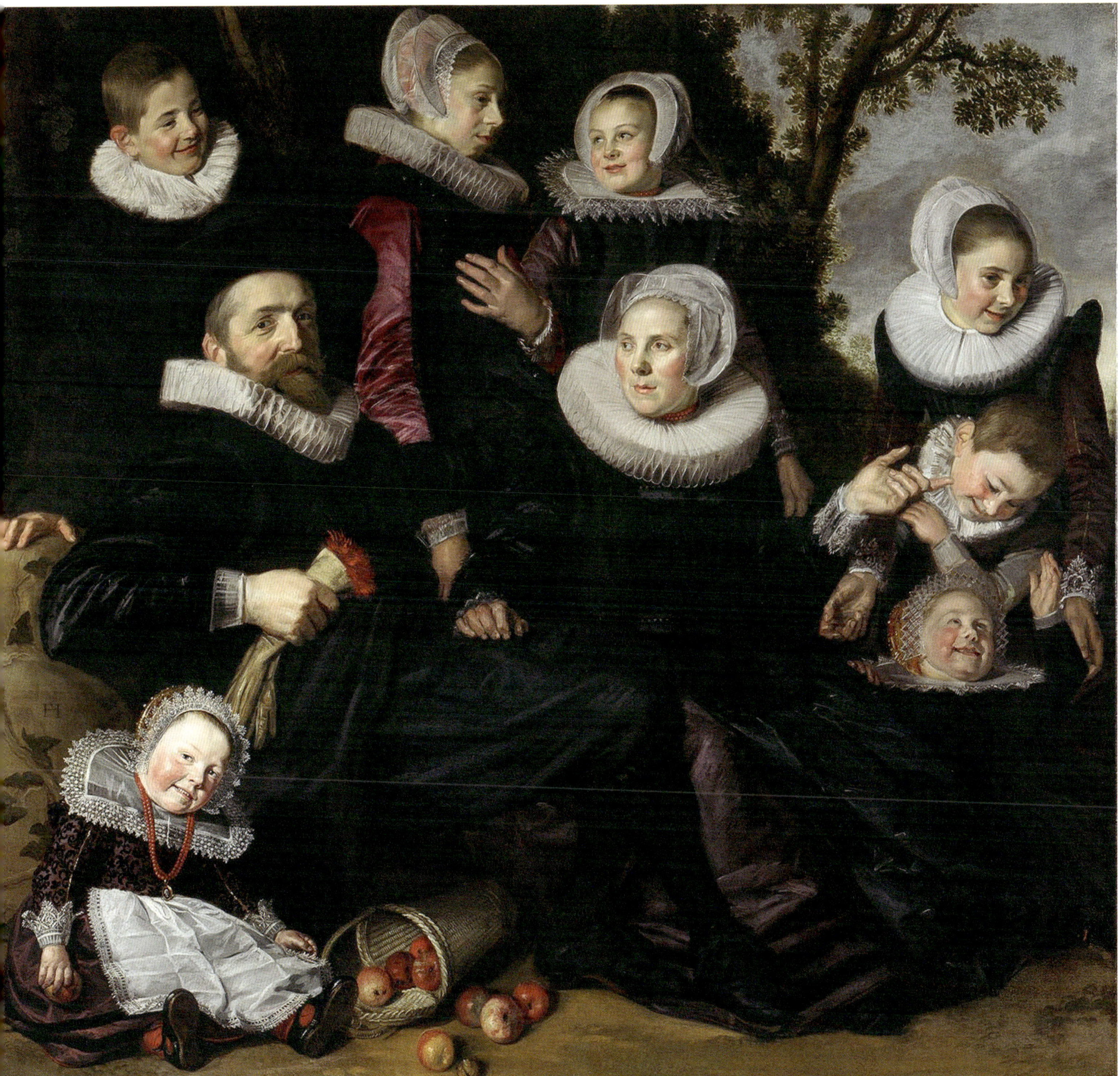

35

Salomon de Bray
Portrait of a Young Woman
1622

Inscribed in background left:
1622. / SDBray. (SDB ligated)
Canvas, 48.4×40.1 cm
Gemäldegalerie, Staatliche Museen zu Berlin, Kat.Nr. 2030

Provenance:
Gift of Galerie P. Rosenthal, Berlin, in 1928.

The architect, poet, and painter Salomon de Bray (1597–1664) spent almost his entire life in Haarlem, where he was most likely a pupil of Cornelis Cornelisz van Haarlem and Hendrick Goltzius. Like Frans Hals, he came from a family with Flemish roots. De Bray was a member of the chamber of rhetoric De Wijngaertrancken (The Vine Tendrils), to which Hals also intermittently belonged.[1] In addition to religious and mythological scenes, De Bray also painted portraits, landscapes, and genre pictures. It was not until the mid-century that he developed into one of the leading history painters of Haarlem, and he is today ranked among the most renowned artists of Dutch Classicism.[2] From 1649 to 1651, De Bray created three paintings for the decoration of the Oranjezaal at Huis Ten Bosch, the most prestigious and impressive commission he ever received. In 1663–4, the entire De Bray family, except for Salomon's sons Jan and Dirck, fell victim to the plague.[3]

The *Portrait of a Young Woman* is dated 1622. This is the earliest known work by De Bray.[4] The Berlin painting testifies to the high artistic level he had already reached at the time. It represents a girlish, young woman in three-quarter profile, previously thought to be a nun. However, based on the clothing depicted, she must in all probability be identified as a "geestelijke maagd" (spiritual virgin).[5] She gazes into the distance past the viewer and, over a white head covering open at the throat, wears a black hood that frames her head and shoulders. Visible below it is a warm, fur-trimmed robe.[6] Her delicately traced, softly modeled features and slightly reddened cheeks are in charming contrast to her curly hair and the shaggy, dark-brown fur. Her head is accentuated by light that falls directly on her face from the top left, and the facial features of the young woman, whose posture seems calm and unchanging, are drawn precisely. By means of this high-contrast mise-en-scène and the delicacy of the painting, the artist produces a pure, unaffected expression, perfectly appropriate for the portrait of a young religious woman.

In 1628, De Bray was commissioned by the Van Campen family to paint the portrait of their youngest daughter. Admittedly, this portrait was not an independent work, but rather an addition to an already existing family portrait that Frans Hals had painted in around 1623–5 (cat. 34).[7] De Bray inserted the figure of the infant in the painting on the bottom left. It is not known why Frans Hals did not carry out this commission himself, nor why it was De Bray of all people who was asked to make the addition. Possibly the family turned to the still young, but very gifted portrait painter, not wanting to hire any of the established masters for the completion of a work that already existed by another hand. The artist who was commissioned with the task had to adapt to the style of Frans Hals so as to integrate the child's figure into the family picture as seamlessly as possible. Even if the "overly polished cheeks" and "the lack of vibrant accents"[8] in the execution are open to criticism, De Bray's addition is on the whole remarkably successful, considering how radically different his own manner of painting was. Even though here, as a painter, he had subordinated himself to Frans Hals, young De Bray signed his name to his work prominently and very self-confidently on the girl's left shoe (fig. 1). [KK]

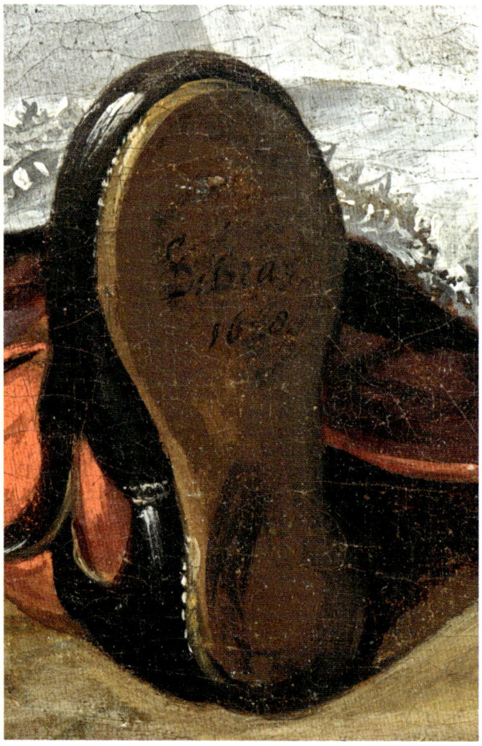

Fig. 1 Frans Hals, completed by Salomon de Bray, *Portrait of the Van Campen Family in a Landscape* (detail), ca. 1623–5 and 1628 (cat. 34)

Selected literature:
Moltke 1938–9, p. 353.

1 Thiel-Stroman in Haarlem 2006, p. 120.
2 Lammertse 2008.
3 Thiel-Stroman in Haarlem 2006, p. 120
4 See also Moltke 1938–9, p. 353.
5 Unlike nuns, for example, this particular, hard-to-identify group of religious women did not have a prescribed habit. It was recommended that they wear a dark, long gown. As a rule, they wore a white fichu, but no wimple: i.e., a cloth or veil that completely covered the neck. Thanks to Richard de Beer for this information. Email, February 27, 2024.
6 Josephus Cousebant, pastor of the Haarlem beguinage in the second part of the seventeenth century, mentions several times that warm clothing for clerical women should preferably consist of wool or of the pelts of dead animals, as this would serve as a reminder of omnipresent death. See Verheggen 2006, p. 48. Thanks to Richard de Beer for this information. Email, February 27, 2024.
7 Toledo and Brussels 2018, pp. 34–6.
8 Slive in Washington, London, and Haarlem 1989, no. 10; Atkins 2012, p. 72.

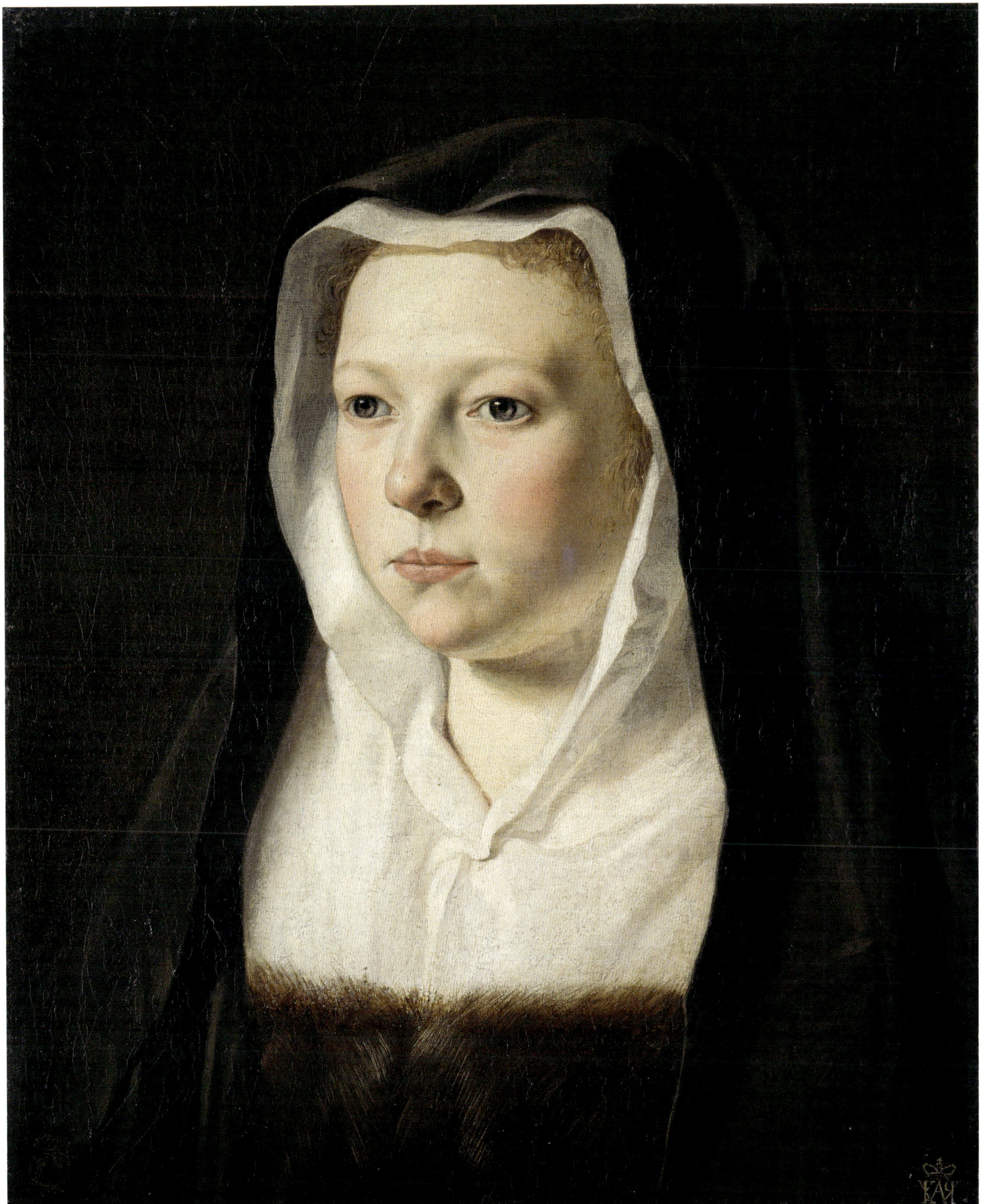

cat. 35

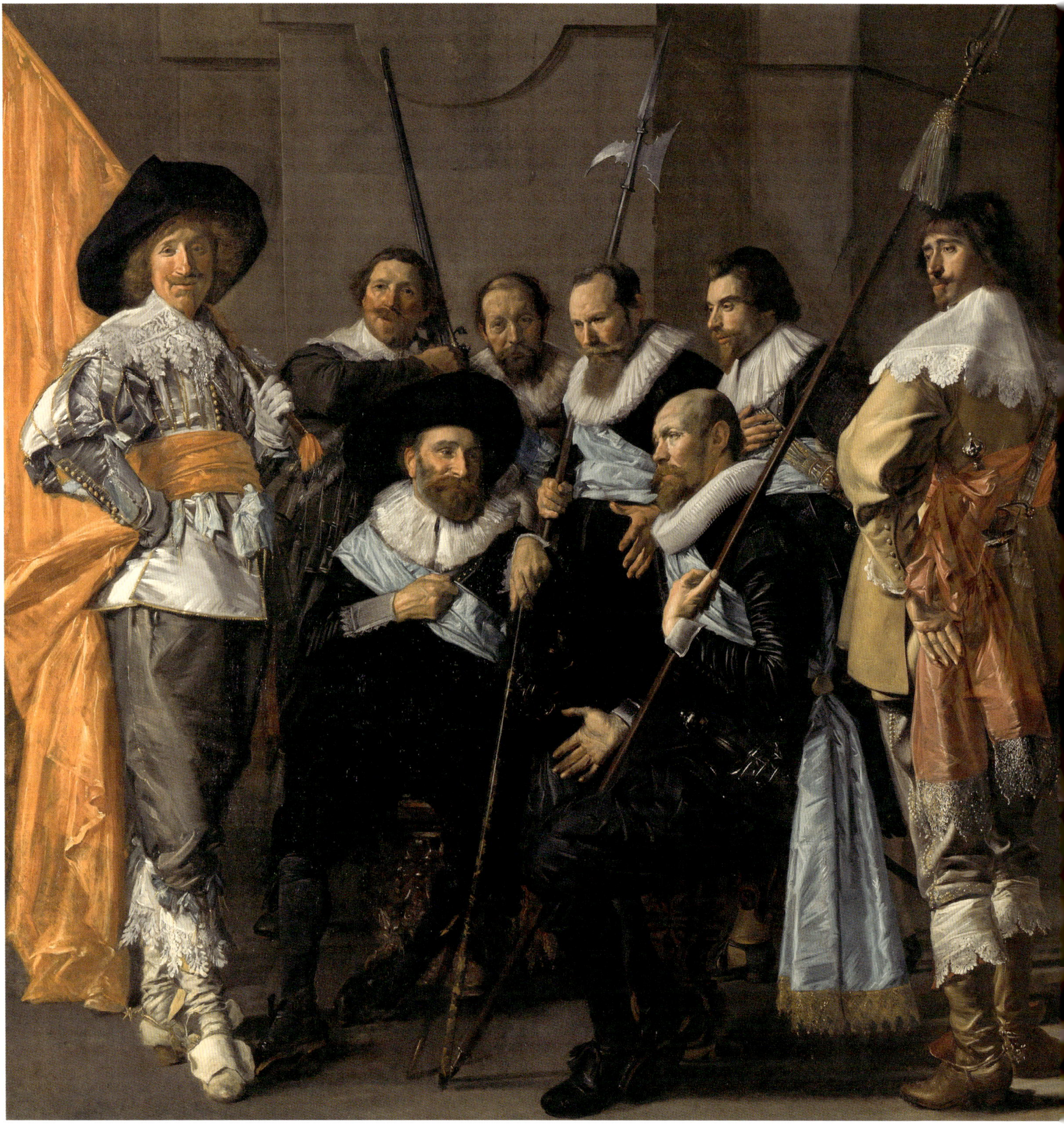

cat. 36

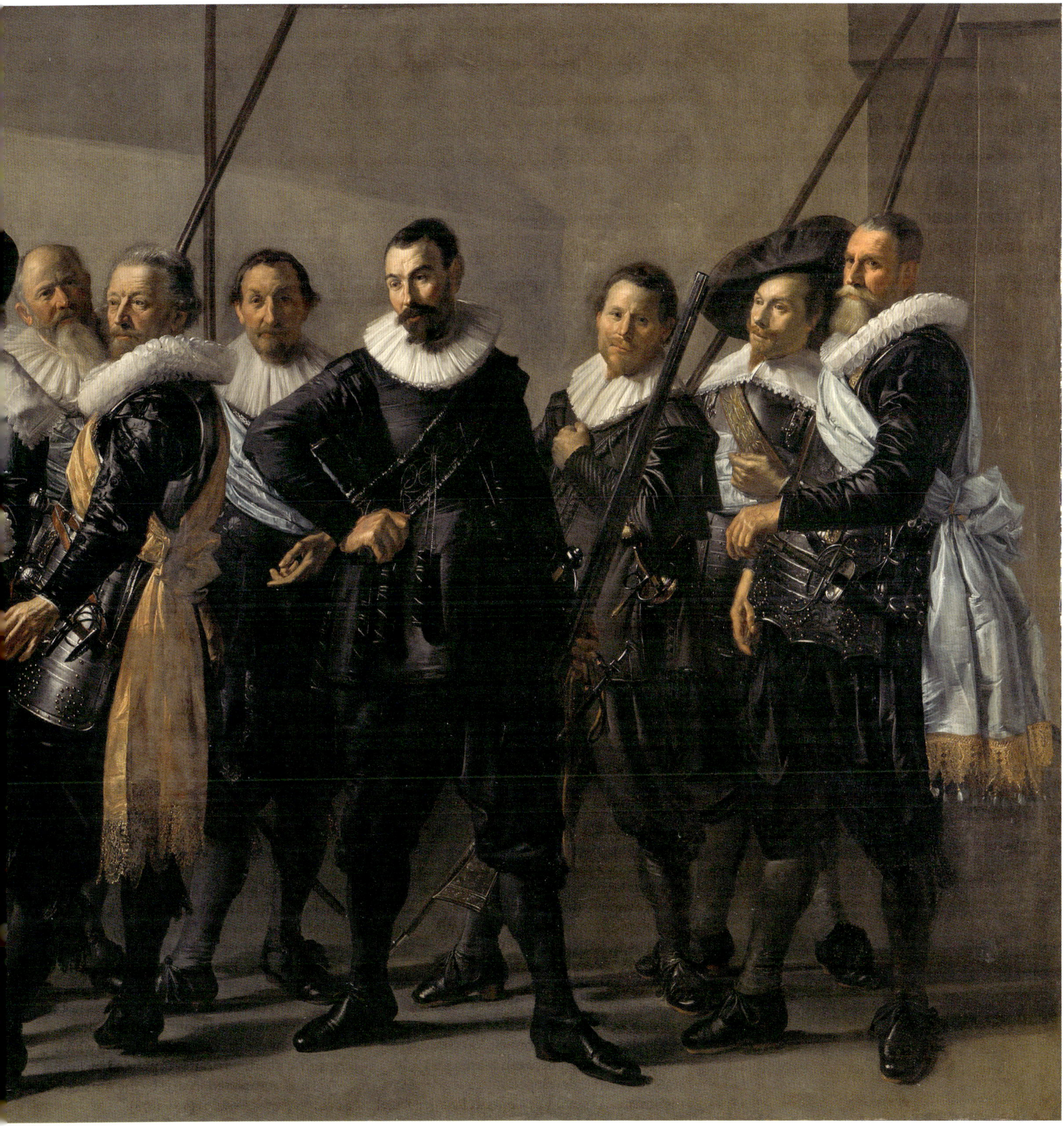

36

Frans Hals, completed by Pieter Codde *Militia Company of District XI under the Command of Captain Reynier Reael,* known as *"The Meager Company"* 1633–7

Inscribed at right of picture:
A° 1637
Canvas, 209 × 429 cm
Rijksmuseum, Amsterdam, on loan from the City of Amsterdam, inv. SK-C-374

Provenance:
On loan from the City of Amsterdam since 1895.

In the seventeenth century, Dutch cities like Haarlem and Amsterdam were guarded by voluntary citizen militias, the so-called *Schutterijen* or civic guards. In Haarlem there were two such guilds: the Company of St. George and that of St. Adrian. From 1612 to 1624, Hals was a musketeer in the St. George Civic Guard and thus obliged to pay for his weapons and uniform himself.

The officers of these companies, who were elected by the city magistrates for a three-year term, were generally well-to-do townsmen. Starting in the sixteenth century, it was traditional for each group of officers to have their picture, the so-called civic guard portrait, painted for posterity. Usually local artists were commissioned to paint these large-format paintings. Thus, for instance, in 1616, 1627, and 1639, Frans Hals painted the officers of the St. George Civic Guard (pp. 68–70, figs. 11–12; p. 20, fig. 2), while in 1627 and 1633, he painted those of the St. Adrian Civic Guard (pp. 65–6, figs. 9–10). These pictures are masterpieces of the dynamic mise-en-scène of large, multi-figure groups in which every officer is presented as an individual personality.

In 1633, as a major exception and for unknown reasons, the militia company of Amsterdam's District XI decided to commission a painter who worked outside the city to do their group portrait.[1] According to four letters written between March and July 1636, the matter developed into a logistical nightmare. As stated by Captain Reynier Reael (1588–1648) and Lieutenant Cornelis Michielsz Blaeuw (1591–1638), it had been agreed that Frans Hals was to come to Amsterdam to work on this monumental picture. In fact, there is substantial evidence, at least in August 1634, of Hals's presence in the city.[2] Yet although the painter had apparently agreed to complete the picture by June 24, 1635, it was still unfinished in March of the following year. As a result, the company pressured him to come to Amsterdam and to complete the work, failing which another painter would be commissioned to complete it and Hals would be forced to repay the fee he had already received.[3] Hals, on the other hand, maintained he had never agreed to paint the group picture in Amsterdam and had only come to the city as a sign of his goodwill.[4] It had been impossible for him, he said, to see all the officers, while the cost of the inn where he stayed had risen very quickly. Thereupon the painter invited the company members who had not yet been portrayed to come to his workshop in Haarlem and to pose for him there. This in turn annoyed the Amsterdamers, who had offered to raise his fee of sixty guilders per portrait to sixty-six guilders, and now summoned him to come to Amsterdam within ten days to finish his work.[5] A few months later Hals answered that he intended to complete the painting in Haarlem. If six or seven of the officers should refuse to come to his workshop, he would have the canvas brought back to Amsterdam and finish up their heads there.[6] Ultimately, the militia company seems not to have given in. This is confirmed by a document from the year 1653 according to which the civic guard portrait was painted by Frans Hals and completed in 1637 by the Amsterdam painter Pieter Codde (1599–1678).[7]

The decision to turn over the civic guard portrait to Pieter Codde is odd, as the latter specialized in small-format, very precisely painted genre pictures. The officers' choice might have been pragmatic, for Codde seems to have been the only painter, or at least one of the few painters, who lived in Amsterdam's District XI at the time.[8] Furthermore, it might be possible that Codde had worked in Frans Hals's Haarlem workshop before 1623, when he was first documented as living in Amsterdam.[9] Codde himself could moreover have been highly motivated to accept the commission: in January 1636, the then thirty-seven-year-old artist was accused of rape by his twenty-two-year-old maidservant, Aefge Jans, which led to a short imprisonment, the payment of one thousand guilders bail, and separation from his wife, Marritje Arentsdr Schilt.[10] Thus Codde could certainly have used the money.

As we can deduce from the painting's under-drawing, the overall composition of the group portrait is by Hals.[11] By portraying the officers at full length and for the most part standing, instead of seated around a table, he followed the Amsterdam pictorial tradition for civic guard portraits. Only two of a total of sixteen men portrayed here can be identified with certainty. These are the gentlemen sitting in the foreground: Captain Reael and his lieutenant Blaeuw, both successful Amsterdam merchants. Experts have different opinions as to which painter executed exactly which sections of the painting. Martin Bijl, who restored the painting in 1988, concluded that Hals quite systematically worked from left to right and that the seven figures on the right side are from Codde's hand. Moreover he states that Codde made changes to the central figure, who stands with his back to the viewer, and that he also painted the background.[12] According to Seymour Slive, Hals painted the major part of the left half and the portraits of the third, fifth, and seventh man from the right, while Codde probably worked on sections both on the left and the right sides.[13] Both Claus Grimm and Christopher Atkins are of the opinion that Hals completed the seven figures on the left side and Codde worked mainly on the remaining nine figures.[14] The 1636 documents show that Hals did not execute and complete one individual figure after the other, but gradually added contours, costumes, faces, and other details, and it was therefore up to Codde to finish painting some of the figures already begun by Hals. It is also clear that Codde did his best to come close to the characteristic painting style of Hals, even though he did not succeed in imitating it completely convincingly.[15]

The nickname of the painting *"The Meager Company"* dates back to the eighteenth century: in 1758, Jan van Dyk (ca. 1690–1769), painter and custodian of the art collection of the City of Amsterdam, described the officers as "so stunted and frail that they might rightly be called the meager company."[16] [EE]

Selected literature:
Bode 1883, no. 19; Moes 1909, no. 5; Hofstede de Groot 1910, no. 428; Bode and Binder 1914, no. 159; Valentiner 1923, p. 119; Slive 1970–4, no. 80; Eeghen 1974; Grimm 1989, no. 70; Washington, London, and Haarlem 1989, no. 43; Bijl 1989; Bikker 2007, no. 112; London and The Hague 2007, cat. 21.

1 See Cornelis in the present volume, p. 82.
2 Shortly before August 14, 1634, at an Amsterdam auction, Hals bought a painting by Hendrick Goltzius but had problems actually obtaining the work, see Thiel-Stroman 1989, doc. 66.
3 Ibid., doc. 73, from March 19, 1636.
4 Ibid., doc. 74, from March 20, 1636.
5 Ibid., doc. 75, from April 20, 1636. This is the only source that provides information about a fee that Hals received for his work.
6 Ibid., doc. 78, from July 26, 1636.
7 Ibid., doc. 140. The painting itself likewise shows the date 1637 on the right side.
8 Eeghen 1974, p. 139. Some scholars have suggested that Codde may himself have been a member of the Militia Company of District XI. As such, he would have had to have owned his own weapons and uniform; however, his estate inventory of February 1636 mentions neither. See Rosen 2020, pp. 211–13.
9 See Lammertse and Van der Veen in the present volume, pp. 281–2.
10 See Eeghen 1974, pp. 139–40, who also notes that Frans Bruyningh, the notary who in February 1636 drew up Codde's estate document (Thiel-Stroman 1989, doc. 72), was the same person who in that year wrote to Hals in the name of Captain Reael and Lieutenant Blaeuw (Ibid., docs. 73, 75).
11 London and The Hague 2007, p. 122; Slive 2014, p. 182.
12 Bijl 1989. See also Bikker 2007.
13 Slive 1970–4, vol. 1, p. 137; Slive 2014, p. 182.
14 Grimm 1989, pp. 81–4, who also assumes that Codde painted the lower bodies of the two seated figures; Atkins 2012, p. 62.
15 See also Bijl 1989.
16 Dyk 1758, p. 30: "dat ze alle zo dor en rank zyn, dat men ze met recht de magere Compagnie zoude kunnen noemen."

On the Margins of Society

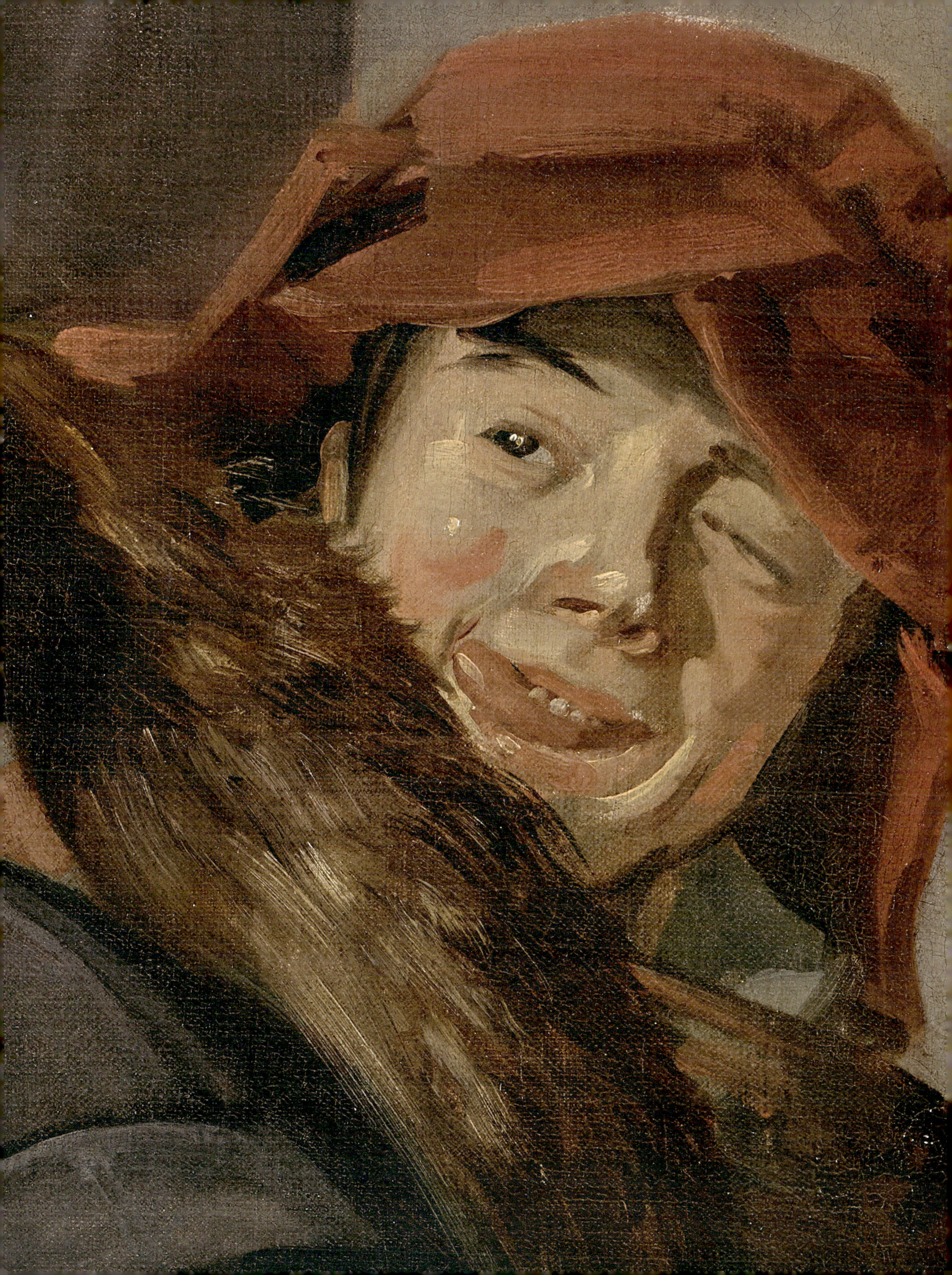

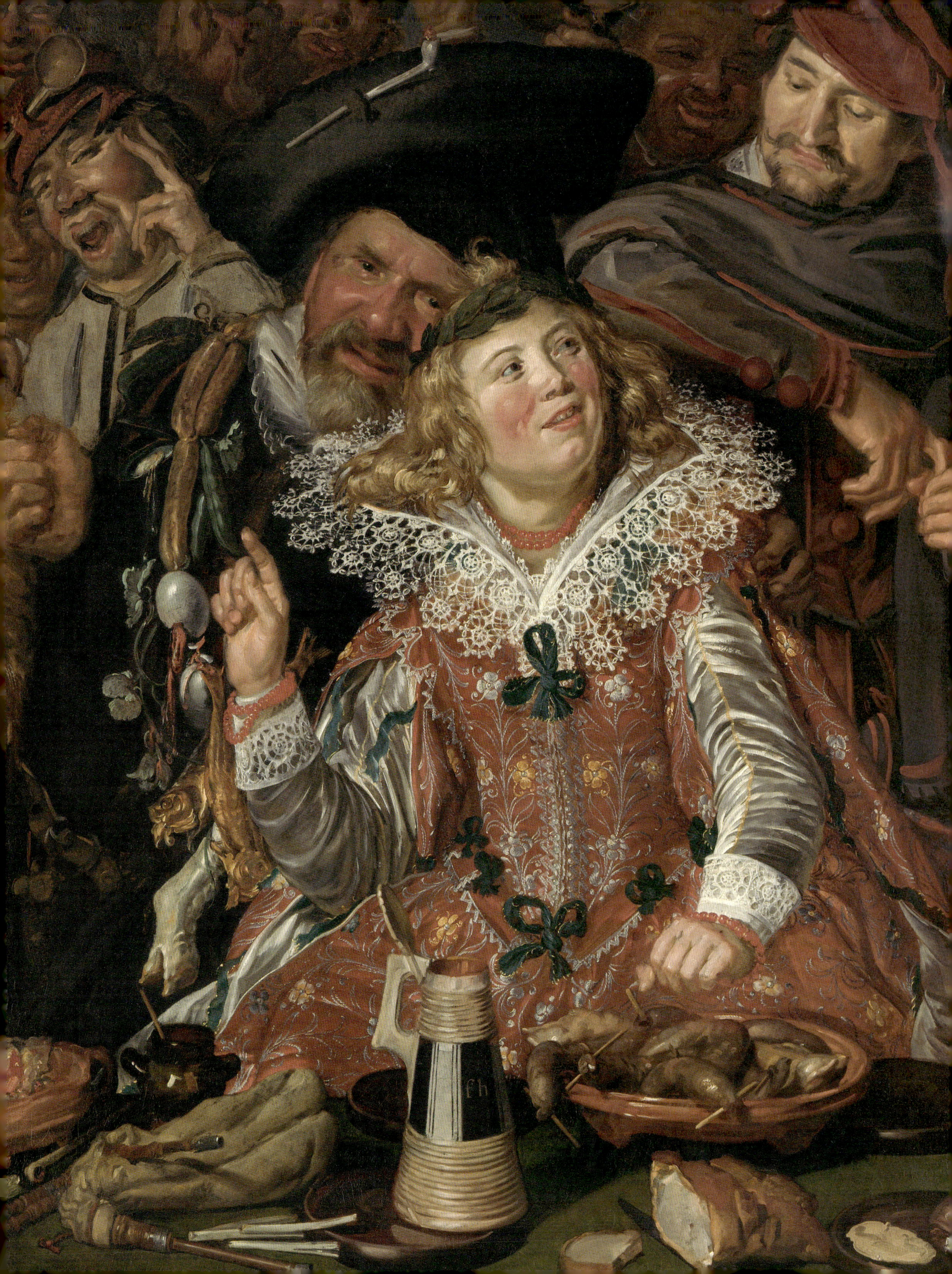
fh

A Painter's Field of Experimentation

Frans Hals's Genre Pictures and *Tronies*

Dagmar Hirschfelder

Fig. 1 Frans Hals, *Merrymakers at Shrovetide*, ca. 1616/7, The Metropolitan Museum of Art, New York

Frans Hals is renowned for being an extremely innovative portrait painter. In addition, however, he also explored new, unusual horizons in the field of genre painting, including his choice of motifs and their compositional design as well as artistic execution. The following essay will examine the innovations, characteristics, and the development of Hals's genre pictures, which also include his *tronies*. The term *tronies* refers to heads, busts, or half-length figures that are not portraits meant to preserve the appearance of the sitter but figures mostly painted after a live model and derived from the repertoire of genre and history painting.[1] As a rule, they do not represent particular biblical, mythological, literary, or allegorical figures, but are characterized by an iconographic openness. In the seventeenth century, *tronies* primarily served to demonstrate artistic mastery and an individual style of painting. In his genre pictures and *tronies*, as will be demonstrated, Hals developed an exceptionally free manner of painting that he later adapted for his commissioned portraits.

Hals created the major part of his genre pictures and *tronies* between the mid-1610s and the mid-1630s.[2] Most of the works cannot be dated exactly, which is why outliers are to be expected. All of them show protagonists in a comparatively narrow pictorial format: that is to say, three-quarter- or half-length figures, busts, or only heads. The painter concentrated on the close-up portrayal of models painted from life, whose individuality he captured in a particularly lifelike way, thus frequently giving the works a portrait-like quality. Interestingly, Hals often depicted persons who were socially marginalized or else had a dubious reputation. These include musicians, beggars, fisher children, performers, the mentally ill or disabled, revelers, and prostitutes. However, some of his genre pictures and *tronies* also show members of the middle or upper classes, characterized by their elegant period clothing.

Innovations

In early works such as the New York *Merrymakers at Shrovetide*, dated around 1616/17 (fig. 1), and *The Rommel-Pot Player*, dated around 1620, in Fort Worth (cat. 37), Hals places a large number of figures shown in close-up within a narrow space and concentrates on their interactions and their emotional expressions.[3] The immediacy of the depictions is further intensified by the eye contact between some of the protagonists and the viewer. Although some characters in *Merrymakers at Shrovetide* are exaggerated, the main figures appear to be realistically portrayed individuals from the painter's day-to-day life. The focus on the laughing children in *The Rommel-Pot Player* and the lively, highly individualized way they are represented are without precedent in

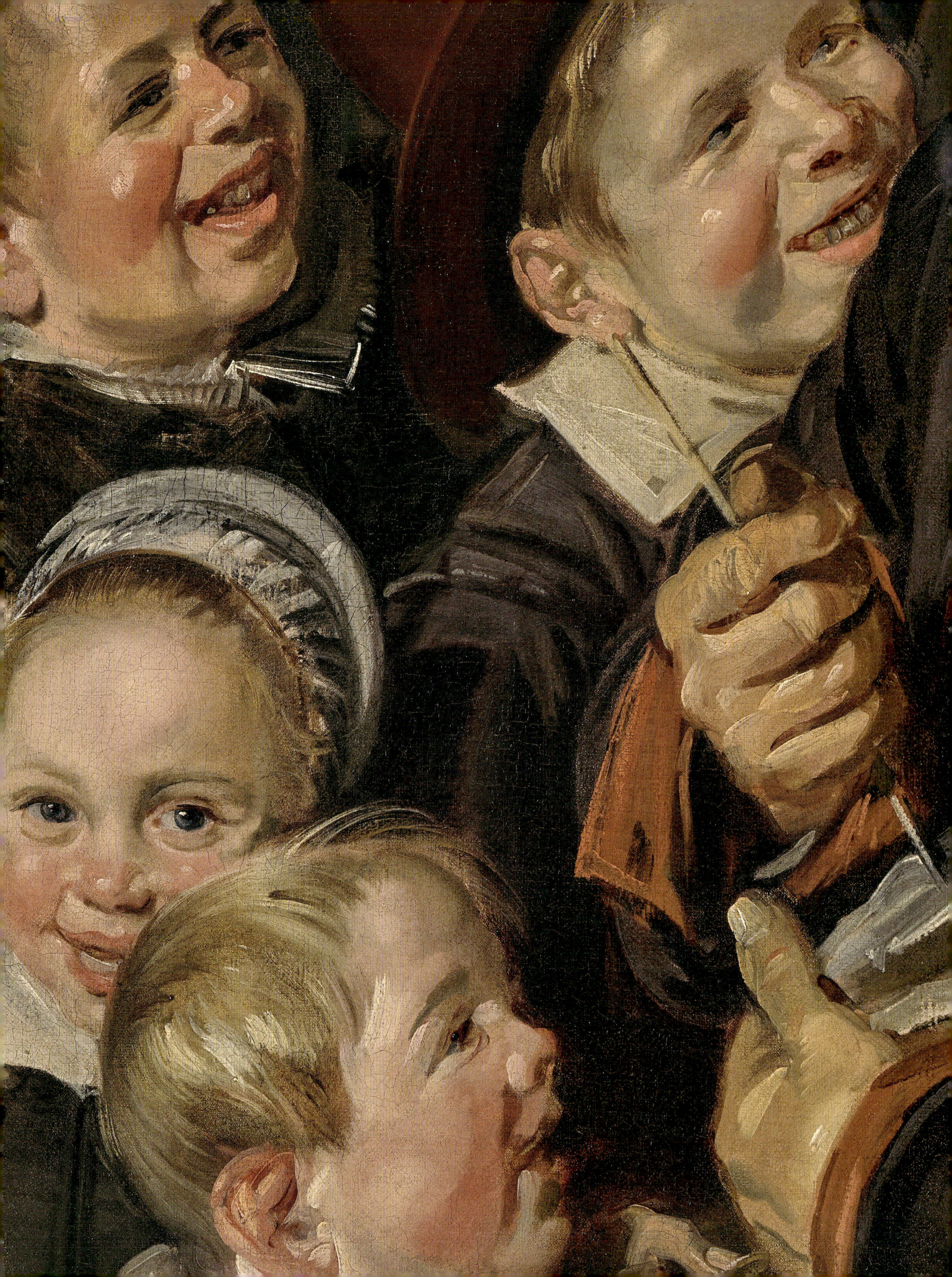

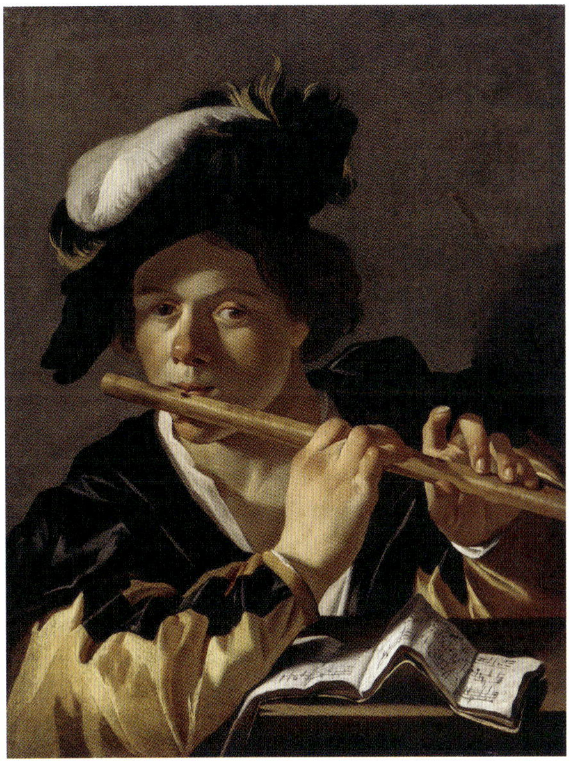

Fig. 3 Dirck van Baburen, *The Flute Player*, ca. 1615–24, Gemäldegalerie, Staatliche Museen zu Berlin

Fig. 2 Frans Hals, *The Rommel-Pot Player* (detail), ca. 1620 (cat. 37)

seventeenth-century Dutch painting (fig. 2). Hals's extremely free, seemingly spontaneous style of painting, which captures the children's facial features by means of sketchy, broad brushstrokes and scattered highlights, makes them come alive and increases the impression that they are in motion.

Markedly broad brushwork also characterizes Hals's one- and two-figure genre pictures. This is where such paintings as *The Lute Player* in Paris (cat. 38), the *Boy with Flute* in Berlin (cat. 42), and the *Two Singing Boys* in Kassel (cat. 41) differ from the half-length figure paintings of the Utrecht Caravaggisti. Indeed, the paintings by the latter may be considered as models for Hals's motifs of musicians and singers (fig. 3).[4] However, many themes treated by Utrecht painters like Hendrick ter Brugghen, Gerard van Honthorst, or Dirck van Baburen play no part in the work of Frans Hals.[5] He painted neither biblical nor mythological stories, nor pastoral scenes, nor scenes of carousing or cardplaying. Nor does his comparatively limited repertoire of genre pictures include nocturnal scenes and the distinct chiaroscuro of the Utrecht painters.

Nevertheless, Hals introduced new subjects, such as half-length life-size depictions of fisher children (cat. 40). Never before in Dutch painting had working children been protagonists in portrait-like genre pictures.[6] With paintings like the *Young Man Holding a Skull* in London (cat. 43) or *Pekelharing* in Kassel (p. 207, fig. 5) as well, Hals invented new character types that had no direct predecessors.[7] Seymour Slive associates the London picture with print models such as Hendrick Goltzius's *Young Man Holding a Skull and a Tulip*, dated 1614, and interprets it as a representation of transience (*vanitas*).[8] More recently, scholars have gone back to the older identification of the figure as Hamlet; it is assumed that Hals was familiar with the main character of Shakespeare's tragedy thanks to troupes of English actors that visited the Netherlands in the seventeenth century.[9] His *Pekelharing* can be identified due to an engraving by Jonas Suyderhoef and represents a popular character in folk theater at the time, a fool who is always drunk and quenches his thirst with alcohol after treating himself to pickled herring.[10] In the Kassel painting, this clownish reveler holds a tankard that references his consumption of alcohol, a feature already typical of the merry drinkers of the Utrecht Caravaggisti (see p. 220, fig. 16). By contrast, Hals includes no attributes in his Leipzig *Pekelharing* (cat. 39). His colorful costume, his laughter, and the dark makeup of his face characterize the subject of the painting as an actor who is playing a fool.[11] Christopher Atkins convincingly argues that in all likelihood Hals's half-length *Pekelharing* paintings show an actual comedian belonging to one of the troupes of English actors who performed in Holland.[12]

Similarly to the picture of the Leipzig fool, Hals also forgoes attributes in the half-length painting of a *Young Woman* in Paris, known as *"La Bohémienne"* (fig. 4; cat. 7), and lends the figure individuality by reproducing her characteristic facial features. However, the woman's averted gaze, her smile with a slightly open mouth and visible teeth, and her simple clothing with its deep décolleté, reminiscent of the clothing of some of the shepherdesses or female musicians in the paintings of the

Utrecht Caravaggisti, rule out the possibility that this is a portrait. What is more, Frans Hals did not paint any commissioned portraits in a comparably free style at the time this picture was created, around 1630. In the section showing the blouse of the *Young Woman*, the brushwork looks sketchy and almost unfinished. Researchers associate the picture with representations of courtesans.[13] The young woman's coquettish laugh and the open display of her erotic charms suggest that Hals intended such an interpretation. Indeed, the possibility cannot be excluded that a prostitute actually posed for him—just as the painter had probably chosen a model for *Pekelharing* whose factual identity matched that of the role he had in the painting. No doubt the figures could be understood as examples of foolish or obscene behavior, yet at the same time, they were able to stand for themselves and their everyday reality.

What is new in the work of Frans Hals—say, in comparison with the courtesans of the Utrecht Caravaggisti—is the intense focus in the Paris painting on the model and her facial expression, and on masterful painterly execution. At the same time, he avoids fixing either a concretely allegorical or moralizing tone in regard to the picture's subject matter by dispensing with the addition of signifying attributes customary in other genre paintings at the time. His focus on the model explains why Claus Grimm describes the *Young Woman* as a "genre portrait."[14] A comparable concentration on the person who is represented may also be observed in Frans Hals's *Malle Babbe* (cat. 45). In the picture, Hals "portrayed" a mentally disabled woman known all over Haarlem, Barbara Claes, who was admitted to the poorhouse in 1646.[15] To be sure this is not a portrait in the proper sense, since the painting was undoubtedly not commissioned, and it represents a woman who was not considered worthy of a portrait in the seventeenth century. Rather, the half-length figure served as an example in the form of a genre figure both to deter and warn. A tankard and an owl, like the wild movement and unbridled laughter of the woman in the painting, are references to profligate drunkenness.[16] At the same time, the painting shows a social outsider

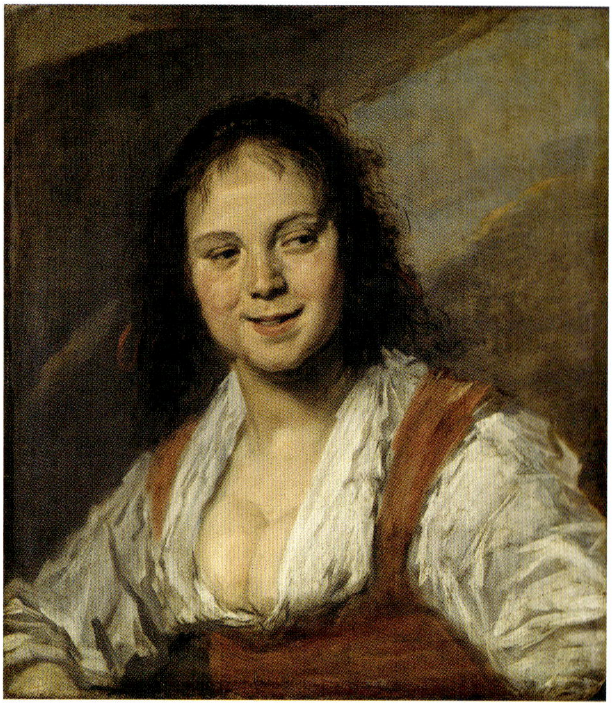

Fig. 4 Frans Hals, *Young Woman ("La Bohémienne")*, ca. 1630 (cat. 7)

as a life-size half-length figure and thus in a way associated with portraiture. The fact that Hals devoted just as much attention to a contemporary like "mad" Barbara and her individual appearance as he did to the wealthy patrons who commissioned his portraits in comparable formats was without precedent up to that time.

In his *Rommel-Pot Player* (cat. 37), as well, Hals very probably depicted a historical person in the very role the man occupied in his lifetime.[17] A 1792 Utrecht auction catalogue mentions a drawing by David Bailly dated 1624 depicting a certain "Boontje" playing a *rommelpot*—a fool from Haarlem well-known in his day.[18] Moreover, in the price list of an Amsterdam lottery of about 1625 a painting of *Boontje* appears together with a *Pekelharing*.[19] The fact that the pictures are mentioned together suggests that they were by Frans Hals. That is why we may assume that Hals's *Rommel-Pot Player*, too, shows the presumably intellectually disabled musician Boontje of Haarlem.

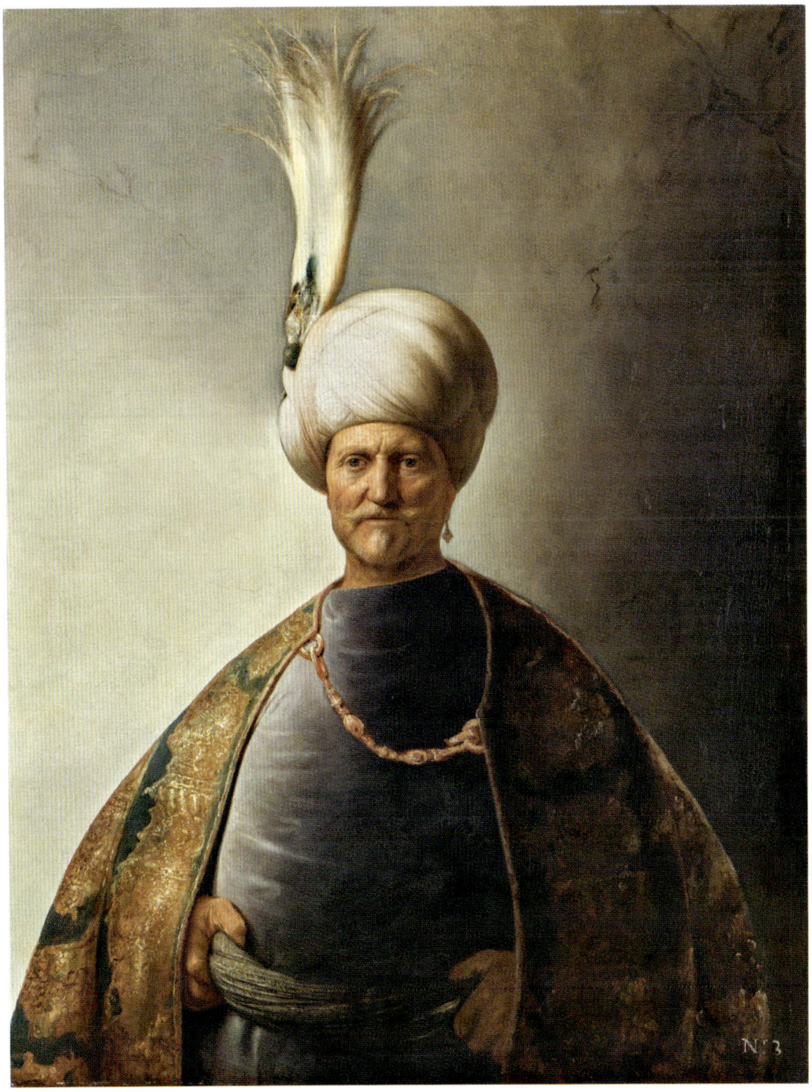

Fig. 5 Jan Lievens, *Man in Oriental Costume*, ca. 1629, Stiftung Preußische Schlösser und Gärten, Potsdam

Evidently Frans Hals was adding local flavor to his genre pictures and *tronies* by depicting Haarlem personalities who were known all over town and would be recognized by the buyers. By contrast, Jan Lievens and Rembrandt had been creating *tronies* since the 1620s after models that could embody specific character types in differing roles. Thus, for instance, they used the same old man as the model for such varying figures as a scholar in a fur coat, a lavishly costumed traveler from the Orient (fig. 5), an officer, and a graybeard dressed in peasant clothes.[20]

A further innovation by Hals in the field of genre painting is the significant reduction of the image format used in some of his pictures of children laughing, drinking, or making music. He was the first artist to introduce *tronies* of jovial children as an independent motif in seventeenth-century painting of the Northern Netherlands.[21] His *Laughing Boy* in The Hague (fig. 7; cat. 4) is a prime example of this picture type. Noteworthy is that Hals limits himself to the figure's head and focuses on the child's emotional expression. He has sketched the face and hair with rapid, clearly visible brushstrokes. The white lace collar and the top of the chest are painted in broad, irregular strokes without regard for details and surface textures. Despite the collar that was fashionable at the time, the boy's open laughter that bares his teeth, combined with the sketchy, free execution—which Hals did not employ for his portraits until well into the 1630s—exclude the possibility that this is a portrait. Although the painting clearly reveals its own materiality, Hals achieves a maximum of fidelity to nature. The child's joy and his infectious laughter seem to have been captured in the moment and become the actual subject of the picture—like the exceptionally free, spontaneous, and at the same time unerring painting style that gives the boy's head its unique vitality.

Models for Hals's *Tronies*

An important source of inspiration for works like the boy's head in The Hague, whose spontaneous brushwork is reminiscent of a study, were very probably Flemish head studies that served as models to be used in larger compositions.[22] Christopher Atkins compares the sketchy style of Hals's children *tronies* (cat. 4–5) with the rough execution of the head studies of older men by Peter Paul Rubens, Anthony van Dyck, and Jacob Jordaens.[23] He assumes that Hals had the opportunity to study Flemish *tronies* during his months-long stay in Antwerp in 1616.[24] A significant characteristic of these pictures, as in those by Hals, is the visibility of the individual brushwork.

Moreover, already before 1620, the Flemish artists created studies reduced only to the heads of children that are characterized by their sketchy, loose style of painting.[25] A fine comparable example is Rubens's 1612/13 *Study of Two Sleeping Children* now in Tokyo (fig. 6).[26] The rapid, thin paintwork, with individuated highlights on the children's rosy skin and with bright reflections set as parallel strokes in their hair, is closely related to the manner in which Hals's *tronies* are painted. There is no evidence of comparable works in the Northern Netherlands that might have preceded the *tronies* of Frans Hals.

Julius Held believes that, in the Tokyo picture, Rubens depicted the children of his late brother Philip, who had died in 1611—the painter had been appointed as their guardian.[27] As for Frans Hals, Friso Lammertse and Jaap van der Veen assume that he used

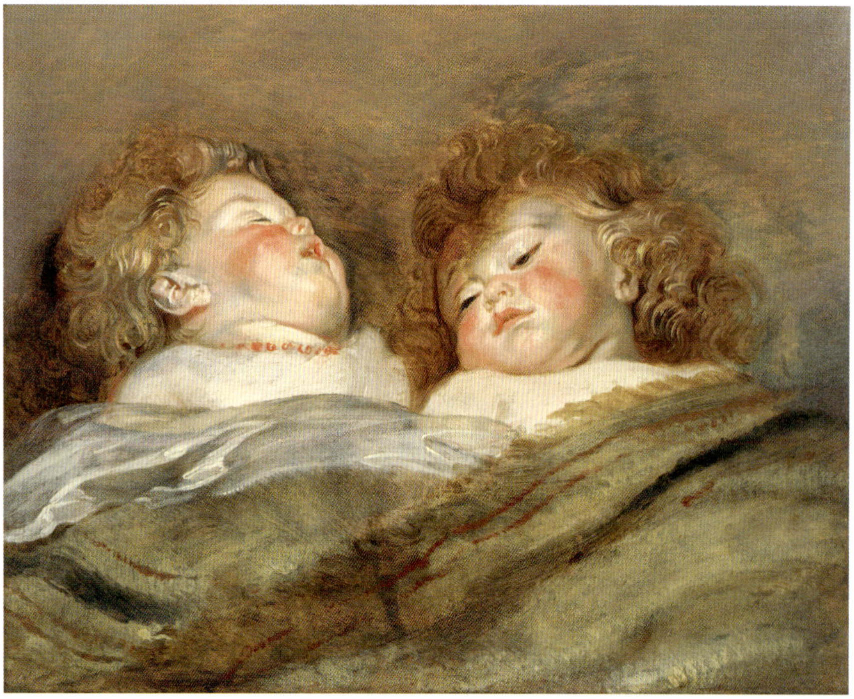

Fig. 6 Peter Paul Rubens, *Study of Two Sleeping Children*, ca. 1612/13, National Museum of Western Art, Tokyo

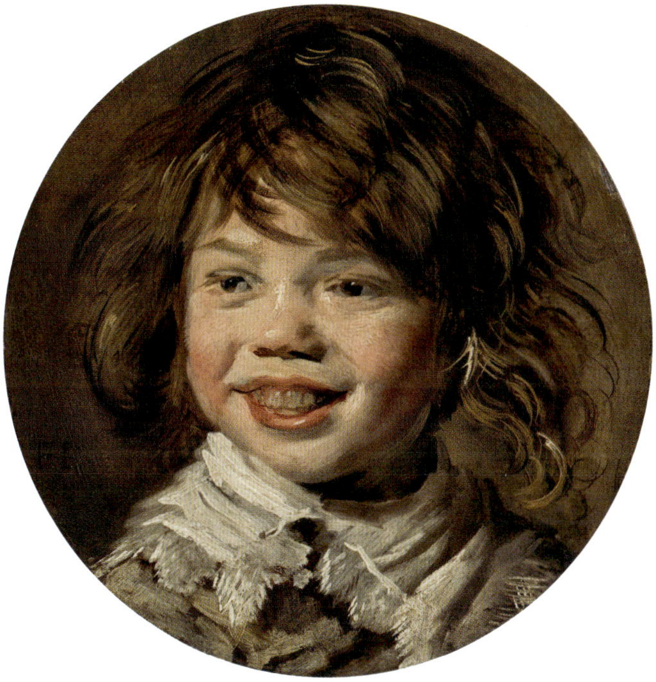

Fig. 7 Frans Hals, *Laughing Boy*, ca. 1625 (cat. 4)

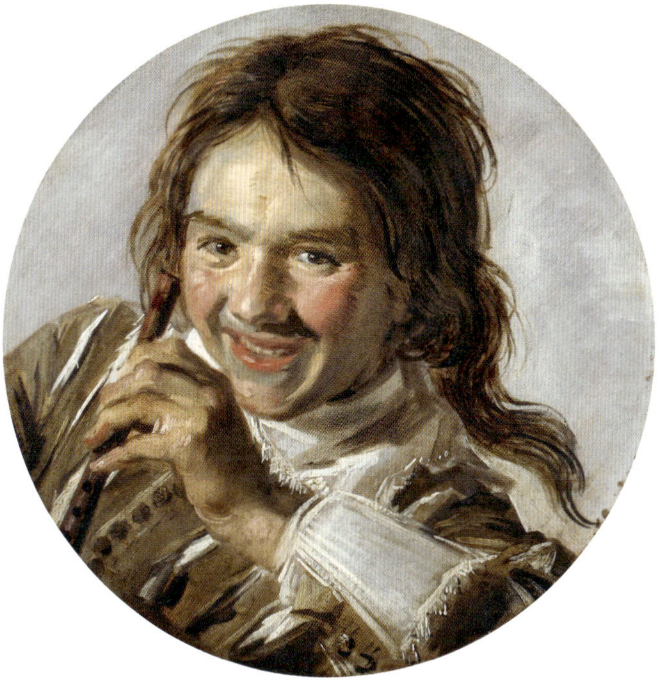

Fig. 8 Frans Hals, *Laughing Boy with a Flute*, ca. 1627 (cat. 5b)

his own children, as well as his pupils, as models for his *tronies*.[28] A Leiden inventory dated 1644 mentions two small square "portraits" ("conterfeytsels") of the children of Frans Hals said to have been painted by his own hand in Haarlem.[29] This may refer to works like the *Girl Singing* and the *Boy Playing the Violin* in the Virginia Museum of Fine Arts (pp. 26–7, figs. 5–6). Interestingly, Arnold Houbraken (1660–1719) in his *De groote schouburgh der Nederlantsche konstschilders en schilderessen* (The Great Theater of the Netherlandish Painters and Paintresses), first published in 1718, mentions that Hals's children were gifted musicians.[30] The fact that he used his own children as models for his *tronies* confirms the impression that Hals painted the pictures from life to make them appear particularly realistic.

Hals's children's heads and single-figure pictures were preceded by his multi-figure genre scenes with figures shown in close-up and crowded together—for instance, the *Merrymakers at Shrovetide* from the mid-1610s (fig. 1).[31] *The Rommel-Pot Player* (cat. 37), too, is dated earlier by most authors than the master's *tronies*. Yet already in these two unusual multi-figure pictures, Hals concentrated on the heads of the protagonists. Furthermore, before inventing works depicting children's heads with their accompanying attributes, he initially painted half-length pictures that are iconographically linked to the musicians and the merry drinkers of the Utrecht Caravaggisti. Thus Hals obviously derived his *tronies* as reduced or concentrated images drawing upon his own genre pictures with their larger formats. They were probably modeled on Flemish study heads. Lievens and Rembrandt, who were active in Leiden in the 1620s, were also influenced by their Flemish predecessors when they invented the *tronie* genre.[32]

Tronies as Virtuoso Pieces

Most seventeenth-century Dutch *tronies* were open to their viewers' various interpretations and associations. On the basis of a number of period sources and notations on print reproductions, it is possible to prove that different identities could be ascribed to the figures depicted, based on character type, and the associated positive or negative characteristics.[33] They thus became models or cautionary examples of virtuous or of immoral behavior. However, *tronies* could also take up quite specific topics of genre or history painting, provided they were accompanied

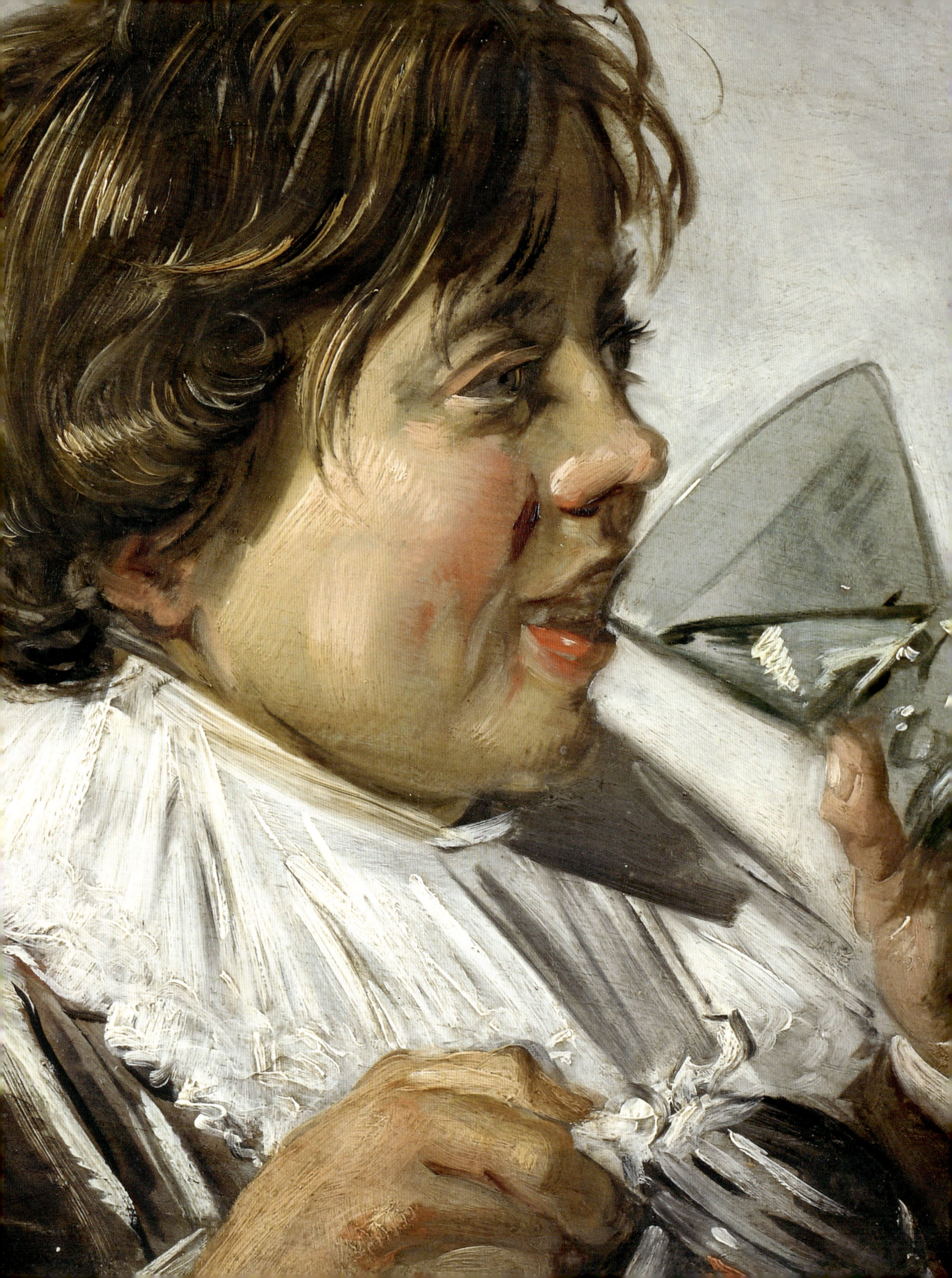

Fig. 9 Frans Hals, *Laughing Boy with a Wine Glass* (detail), ca. 1627 (cat. 5a)

by the necessary attributes that lend them meaning.[34] In the work of Hals this is true, for instance, of his two small masterfully painted wooden panels in the Virginia Museum of Fine Arts, showing children making music (pp. 26–7, figs. 5–6): they are linked to the pictorial tradition of depictions of the five senses. According to Seymour Slive, the *Girl Singing* looking at a book might represent sight, while the *Boy Playing the Violin* might embody hearing.[35] Similarly the Schwerin tondi of a *Laughing Boy with a Wine Glass* and a *Laughing Boy with a Flute* can also be interpreted as personifications of the sense of taste and of hearing, respectively (figs. 8–9; cat. 5).[36] However, the focus in these pictures—as in Hals's *tronie* of a boy in The Hague—is on the facial expression, the in-the-moment impression, and the virtuoso brushwork.

Possibly it is these two tondi, or two similar pictures, that were listed in the 1652 inventory of Maria van Wassenbergh, the second wife of Isaac Massa, as "Two round 'tronitgens' by Frans Hals."[37] Irrespective of whether the painter gifted the *tronies* to his wealthy patron or whether the latter purchased them, the fact that Massa owned the pictures confirms the value of such pieces among Hals's clientele. The numerous seventeenth-century copies and variants of Hals's children *tronies* are also suggestive of their popularity.[38] Of course, the copies could be practice paintings by pupils who acquired the specific painting style of their master by means of such studies.[39] Yet the mention of Hals's *tronies* in seventeenth-century lottery and auction lists, as well as Dutch estate inventories, proves that there was a market for these works.[40] Thus we must assume that even successful studies by the master's pupils were put up for sale.

One of the reasons for the demand was probably the fact that Hals's *tronies* show faces in movement and not expressions that could be described as neutral, serious, or calm, like those in most of his portraits—or also featured in many of the *tronies* by Rembrandt and Lievens. Seventeenth-century art theorists and artists regarded the convincing portrayal of emotions as one of the most important and, at the same time, most difficult demands of painting, as "the soul of art."[41] They discussed it primarily in connection with history painting. The sympathy of the viewers was to be awakened by representing emotion, thus having an educational or edifying effect.[42] Already Karel van Mander (1548–1606, see cat. 8), in his *Den grondt der edel vry schilder-const* (The Foundation of the Noble, Free Art of Painting), writes that the function of the face is to convey emotions and passions.[43] But in the tradition of older art theory, for instance that of Leon Battista Alberti, Van Mander also emphasizes that the inner feelings of a person may also be read from the movements of his or her body and should be reproduced in art accordingly.[44]

By comparison, younger authors like Franciscus Junius (1591–1677) and Samuel van Hoogstraten (1627–78) place far more emphasis on treating the human face as a medium of expression. By the time they were publishing their writings, *tronies* had long been established on the Dutch art market. Junius describes the face as the "main instrument whereby we doe expresse such affections and passions of our minde as are most decent and suitable for the present occasions."[45] Van Hoogstraten considers "the face" to be "a mirror of the soul"; the "emotions become most apparent in the face, and the expression of the body also conforms to that of the face."[46] It was especially the depiction of laughter and weeping that was considered to be a particularly challenging undertaking for painters. Van Mander points out in *Den grondt*, "Those who admonish us that we can hardly distinguish laughter from crying in our faces certainly have a point."[47] The isolated depiction of a laughing face thus presented the viewer with one facet of artistic skill. Hals's *tronies* of children proved that the painter had a particular capacity for demonstrating emotions; they were masterly examples of such renderings.

The way in which laughing figures were judged and categorized in painting at the time depended on the particular pictorial context. In the normative literature of the sixteenth and seventeenth century, such as in courtesy books, religious tracts, and writings on physiognomy or art theory, uncontrolled laughter with an open mouth is regarded critically or outright condemned.[48] Humanist authors like Erasmus of Rotterdam, theologians, and art theorists viewed laughter as an expression of immoral traits such as foolishness or a lack of restraint. In his *Iconologia* of 1593, Cesare Ripa writes, "Laughter is a clear sign of folly, for according to Solomon, intelligent and wise people rarely laugh."[49] In contrast, reason and virtuous self-control, he asserts, express themselves in the capacity to master one's feelings and suppress laughter. In painting, figures of a dubious nature, who belong to the lower orders, are frequently characterized by their laughter as foolish, uneducated, immoral, aggressive, or else drunk. These primarily include soldiers, peasants, musicians, revelers, fools, and prostitutes.

Without doubt, laughing figures like the Kassel and the Leipzig *Pekelharing* (cat. 39) delighted contemporary viewers and were perceived as comical.[50] At the same time, the works contained a warning by making the viewers aware that laughing about the comic characters is in itself foolish. In line with this interpretation is the pointing gesture of the Leipzig *Pekelharing* customarily used in depictions of fools, which according to Albert Blankert expresses amused contempt or scornful mockery.[51]

The situation is quite different in the case of Hals's children *tronies*: laughter and merriment were emotions that in the seventeenth century were associated with youth (fig. 7). Van Mander advises painters when representing young people to consider that they tend to be joyous.[52] Ripa writes about the personification of laughter: "Laughter is painted young, because tender and young people are the most inclined to laugh, which is mostly due to their cheerful state."[53] According to the humoral theory of the early modern period, joy was part of the nature of the young.[54] In following the ideas of the time, Hals's brilliant portrayal of laughing children thus expresses the natural temperament of his models. They exemplify a behavior that is in line with their age—an as yet uncontrolled expression of emotions.

In addition to their focus on emotion, the artist's loose execution, which emphasizes his individual style, numbers among the distinguishing features of Frans Hals's *tronies*. In their characterization of the master, seventeenth-century authors and art theorists emphasize his unusually free and independent way of painting, which gives his works unusual power and vibrancy. Thus in his 1648 history of the city of Haarlem, the humanist Theodorus Schrevelius writes, "Nor can I let this pass in mute silence, Frans and Dirck Hals, brothers, of whom the one excels almost everyone with the superb and uncommon manner of painting which is uniquely his. His paintings are imbued with such force and vitality that he seems to defy nature herself with his brush. This is seen in all his portraits, so numerous as to pass belief, which are coloured in such a way that they seem to live and breathe."[55]

The Flemish poet and rhetorician Cornelis de Bie, in his 1662 *Het Gulden Cabinet der Edel Vry Schilderkonst* (The Golden Cabinet of the Noble, Free Art of Painting), also describes Hals's "rough" painting style as the artist's way of approximating nature, and emphasizes that the works are meant to be viewed from a distance.[56] This opinion is in keeping with a topos of art theory. Van Mander—in following Giorgio Vasari—already writes about the roughly executed late works of Titian that they convey a particularly lifelike impression provided that one stands far enough away.[57] According to Vasari and Van Mander, artistic mastery is manifested precisely in the apparent effortlessness of the brushwork, which negates the actual amount of work involved. The sketchy, free depiction of the live model by means of visible brushstrokes evidently did not contradict the postulate that art should imitate nature but was seen as a potential way of making art more lifelike.[58] In this, a prerequisite for the illusionist effect was sufficient physical distance from the picture. However, Hals's small-format *tronies* practically demand to be viewed from close up: it is this way that their natural appearance is revealed to be the result of the artist's virtuoso painting technique—and therefore "art" (figs. 7–9).

This decidedly laudatory emphasis on Hals's individual style suggests that his contemporaries particularly valued this aspect, which was manifested specifically in his *tronies*.[59] A major attraction of the works was the way in which they were painted.[60] Various statements by Arnold Houbraken indicate that connoisseurs during Hals's lifetime were especially interested in the stylistic qualities and the virtuoso painting technique of artworks, in the "handeling,"[61] as Houbraken puts it. Thus in his biography of Joos van Craesbeeck (1605/8–61), he reports that the latter's pictures were "popular because of their amusing inventions and their style of painting."[62] About Rembrandt's manner of painting, the author writes that "in those days, Rembrandt's style was generally praised."[63] Elsewhere he relates that, when necessary, artists had to adapt to the style that was in fashion in a specific period: "The art of Rembrandt, being something new at the time, met with universal acclaim, so that artists (if they wanted their works to sell) were forced to accustom themselves to this way of painting."[64] About Rembrandt's pupil Govert Flinck (1615–60), Houbraken says that after training with Lambert Jacobsz, Flinck did a year's apprenticeship with Rembrandt in order to learn the latter's "treatment of paint and manner of painting."[65] The extant oeuvre of Flinck confirms this statement.[66] Evidently, as a result of the esteem held by connoisseurs or indeed their preference for a specific style, painters sought to appropriate a style that was already successful. This was apparently also true of Judith Leyster (1609–60, see cat. 53–5), who imitated the style of Frans Hals even though her painting technique deviated from her model in detail.[67]

An important reason for the special interest in a painter's technique was probably that the style served as a distinguishing feature or hallmark. This is suggested by a passage in Van Hoogstraten, who writes, "The fact is that the artists are all impelled to create something of their own by which, as by a special feature, their works are recognized."[68] These special features, he admits, are "a delightful pleasure for connoisseurs."[69] According to Houbraken, at the end of painting a portrait, Frans Hals would add "something that characterized the master."[70] Without doubt, this refers to Hals's unique brushwork. Atkins assumes that Houbraken means the highlights which Hals applied to his paintings as a final touch and which may be regarded as a particularly difficult artistic device, as they permit no correction.[71]

Hals's virtuoso execution of his *tronies* aimed at making sure that these works were recognized as being by his hand. This was in line with the wishes of a clientele that was increasingly interested in the identity of a work's painter and, associated with this, in an unmistakable artistic fingerprint.[72] Attributed paintings fetched much higher prices than anonymous works: that is to say, the worth of a picture in the eyes of contemporaries depended largely on its authorship.[73] It was his characteristic style that distinguished Hals from the Haarlem painters who were in competition with him.[74] As Atkins has convincingly demonstrated, thanks to his *tronies* and genre pictures, Hals turned his painting style into a recognizable hallmark by means of which he could position himself on the art market and occupy a niche of his own.[75]

The documented sales of Hals's *tronies* and genre pieces at auctions and lotteries attest to their market value.[76] Atkins explains that artists who produced reasonably priced pictures in large numbers profited most from the sales practice of the auction and lottery business at the time, among other things because at auctions bids were placed on descending prices and lotteries did not become profitable unless a sizable number of pictures were raffled.[77] The price of a painting mostly depended on the time spent working on it.[78] Hals's rapid manner of painting, which eschews the meticulous reproduction of details, made it possible for him to paint genre pictures in a short time and, in turn, to keep them in reserve.[79] Reduction to a single figure or even solely a head further reduced the working time and selling price. In comparison with other subjects, single-figure pictures or, respectively, *tronies*, were among the most affordable works traded on the art market.[80] According to Atkins the limited color palette also indicates that Hals wished to lower the cost of his genre pictures.[81] We can assume that members of the less well-to-do middle class were also able to afford Hals's single-figure pictures.[82] Such works thus attracted the interest of buyers not only because of the often novel motifs and their characteristic execution, but they also made Hals competitive on the embattled Dutch art market.

To summarize, the *tronies* of Frans Hals served as demonstration pieces of his individual style and his extraordinary painterly

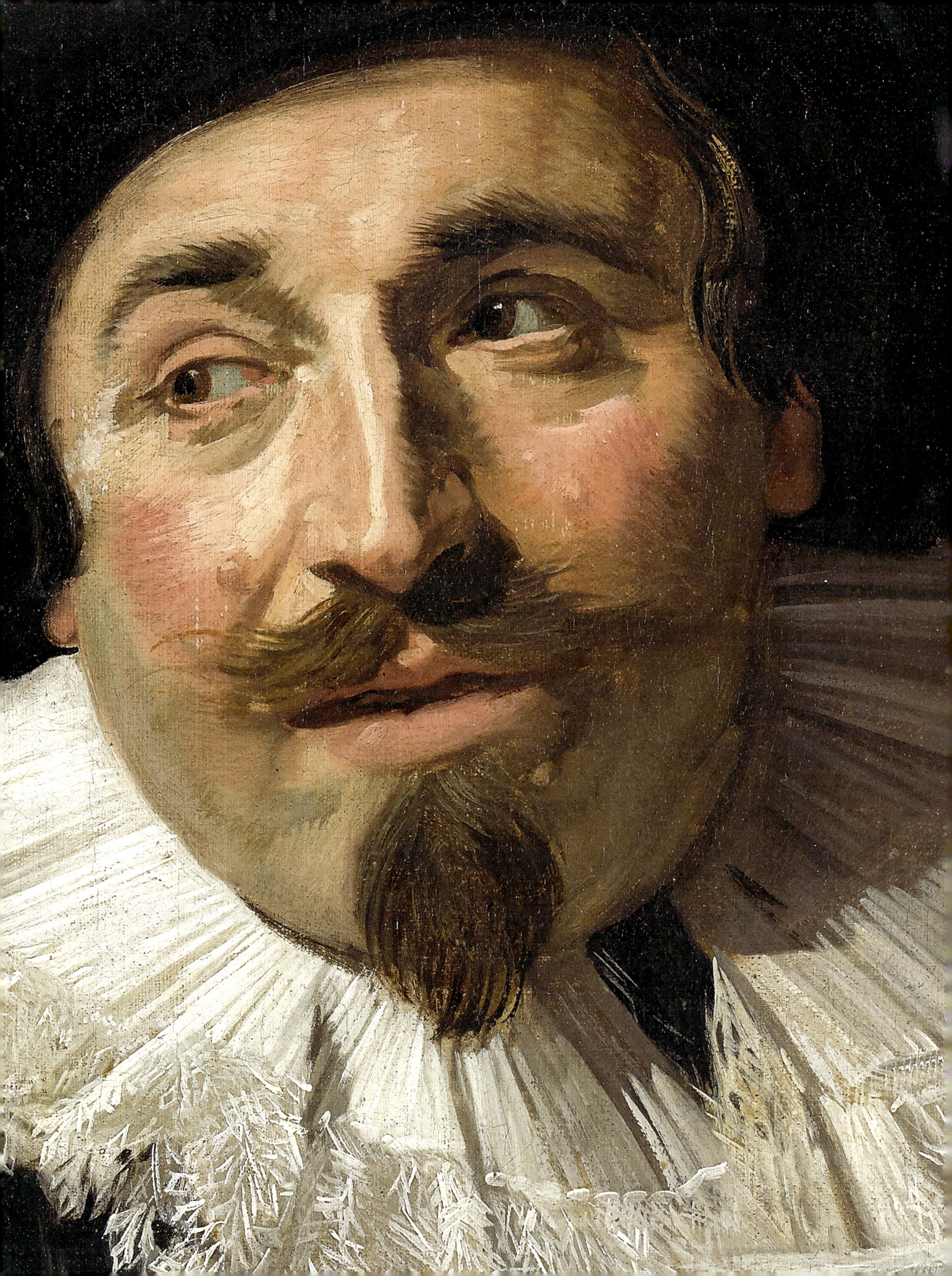

skill and evoked the admiration of art lovers. Concentration on a single head drew attention to the way the painting was *made*, while those aspects related to content receded into the background. In so doing, it was also important that *tronies* could be regarded as characteristic works of their creator, since Hals had exclusively been a figure painter since the beginning of his career, whether it be in the realm of genre painting or in portraiture.

The formal and aesthetic characteristics of Hals's head paintings are also reflected in figures like the Leipzig *Pekelharing* and the *Young Woman* in Paris. By not deploying any attributes, the painter intensified the presence of the pictures' subjects themselves.[83] Due to their portrait-like qualities and the fact that they are not iconographically defined, the figures may be classified as *tronies*. Yet even Hals's single-figure genre pictures that do include attributes and build on pictorial traditions established by the Utrecht Caravaggisti share a style characteristic of *tronies*, with comparable intentions. In other words, a clearcut distinction between *tronies* and genre pictures showing a half-length figure (or single-figure history pictures) stands in contradiction to seventeenth-century artistic practice.[84] Especially in the output of *tronie* painters, it is frequently not possible to separate the various picture categories exactly from one another, since they cross-fertilized each other and the transitions were fluid. It was precisely because Hals revitalized the stereotypical representational models of traditional half-length figure painting by means of an innovative, artistic execution typical of *tronies* that his single-figure pictures, reduced to a bust or a half-length figure, were so appealing.

On the Relationship between Pictorial Genres in the Work of Hals

Hals developed his unconventional, vivid style, which painters like Van Gogh, Manet, Liebermann, Leibl, and Corinth admired,[85] in the first decades of his career through his work on genre pictures and *tronies*. None of the portraits done in the 1620s and early 1630s attain the same degree of sketchy, free execution as these works. Nevertheless it should be noted that as early as the 1620s, the master's portraits reveal the material painting process far more clearly than was the case with other successful portraitists of the period, such as Michiel van Mierevelt (1567–1641), who was active in Delft, Jan Anthonisz van Ravesteyn (ca. 1579–ca. 1657) in The Hague, or Nicolaes Eliasz, alias Pickenoy (1588–1653/6), in Amsterdam. In the portraits of these painters, visible brushwork is avoided in favor of a smooth, very meticulous and detailed style of painting.[86] By contrast, already in the 1620s, Hals occasionally depicts areas of clothing or hands in male single portraits in broad, rough brushstrokes. In the faces, too, he often left the individual brushstrokes unobscured, for instance, in the 1626 portrait of Isaac Abrahamsz Massa (fig. 10; cat. 33a). At the same time, the manner of painting does not take on a life of its own in a way comparable to Hals's genre figures, the details of the clothing always remain easily legible, and the modeling of the faces is more delicate. Moreover, in female portraits of the same period, his handling of the brush is far more restrained.[87]

During the 1630s, in his male portraits, Hals moved away from still relatively detailed depictions and adopted a more summary style of painting, using roughly executed, adjacent patches of color and brushstrokes.[88] Initially, this is especially true of his small-format portraits, which were frequently used as the designs for engravings, though in addition, they probably also served as private keepsakes for clients and thus as artworks in their own right.[89] In Hals's female portraits, however, a more abstract realization of individual parts of the composition does not appear until the 1640s. An example of this is the treatment of the gloved hand and the handkerchief of Susanna Baillij in her 1645 portrait in Edinburgh (fig. 11). Evidently Hals's open painting style was regarded as less appropriate for female portraits.

In the 1640s, an increasing degree of abstraction can be observed in the execution of the male portraits, and particularly the clothing. In the portraits of Jasper Schade in Prague and of a member of the Coymans family in Washington, both painted around 1645, Hals depicts the fabric of the doublet and shirt and the light reflecting off them using quick, jagged brushstrokes between which the underpainting remains visible

Fig. 10 Frans Hals and Pieter de Molijn (?), *Portrait of Isaac Abrahamsz Massa* (detail), 1626 (cat. 33a)

(fig. 12; cat. 22–3). The way the faces are painted also appears broader and less detailed than in earlier portraits, though it develops far less momentum than in the master's *tronies*.[90] The boldness of Hals's brushwork continually intensifies, culminating in a portrait dashed off as expertly as the 1660 *Portrait of an Unknown Man* in Cambridge (cat. 64). From about the second half of the 1650s and particularly in the 1660s, he creates portraits which achieve a degree of freedom that was previously reserved exclusively for Hals's genre pictures and *tronies*.

The genre figures thus not only prefigured the portraits he executed in a rough style but they were obviously a preparation for them: Hals later gradually transferred the optical effects he had tried out and developed in genre pictures to his commissioned portraits.[91] His *tronies* and genre pictures served him as a field of experimentation, to use an extremely free style in single-figure pictures that stressed the intrinsic value of applying paint. By means of these works, he introduced his distinct style to the public, established it as a hallmark, and subsequently made it a unique, sought-after selling point for his portraits as well. Their specific style identified the portraits as works by Frans Hals and was valued by buyers as a sign of artistic mastery.[92] As Atkins explains, early modern books of manners attest to the fact "that knowledge of the arts, and esteem for skilled handling in particular, could distinguish one as socially sophisticated."[93] By commissioning portraits by Hals, painted in his technically brilliant, rough style, showed that the portraits' sitters were *virtuosi* or *liefhebbers*: that is to say, sophisticated art connoisseurs and members of the cultural elite.[94]

Accordingly, the display of Hals's *tronies* and genre pictures in the living spaces of middle-class homes also demonstrated the connoisseurship of their owners. With these paintings, the master aroused interest in his person as an artist and in his style. He thus boosted demand for works by his hand and increased their market value. With his portraits, he continued on this course.[95] Toward the end of the 1630s, Hals stopped painting genre figures, concentrating exclusively on portraiture. Evidently the number of his commissions enabled him to stop working for the free market.[96]

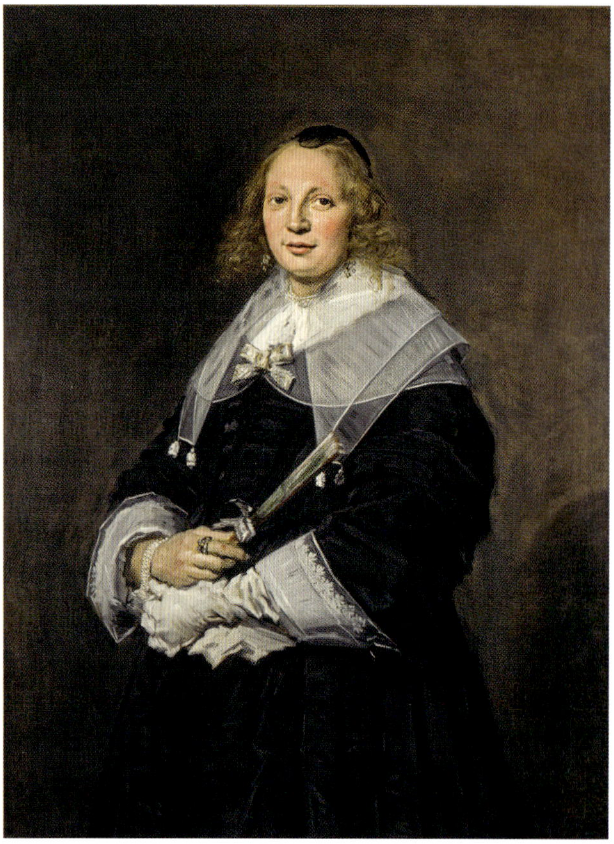

Fig. 11 Frans Hals, *Portrait of Susanna Baillij*, ca. 1645, National Galleries of Scotland, Edinburgh

As shown, Hals's *tronies* and single-figure genre pictures are characterized by portrait-like qualities. In figures like the *Young Woman* in Paris, Claus Grimm sees "representatives of socially marginalized groups becoming worthy of depiction in portrait-like paintings."[97] At the same time, neither the clothing nor the posture, gestures, facial expression or expression of emotion, nor the manner of execution corresponds to the decorum and the rules of contemporary portraiture. Admittedly Frans Hals as a portraitist repeatedly flouted the conventions of the genre, whether it be by means of inventive postures or motifs of movement, or by the facial expression of those portrayed, or by a broad, seemingly incomplete painting style. This is why not all his single-figure pictures can be unequivocally assigned to one genre or the other.

Thus it is hard to determine whether *The Merry Drinker* in contemporary attire at the

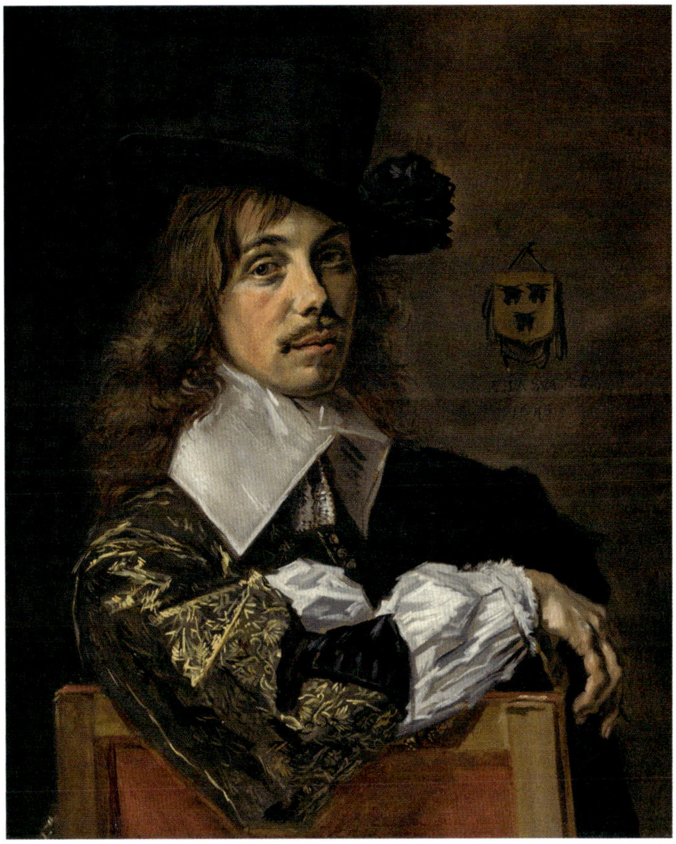

Fig. 12 Frans Hals, *Portrait of a Member of the Coymans Family*, 1645 (cat. 22)

Rijksmuseum in Amsterdam (cat. 1) was intended as a genre piece or a portrait. His yellow, sleeveless leather jerkin and the portrait medallion characterize him as an officer or at least a member of a militia company.[98] With the expressive gesture of his raised right hand and half open mouth, the man seems to be offering the glass of wine to an interlocutor outside the picture. The clothing and the stylistic proximity to Hals's genre pieces of the late 1620s speak in favor of dating the picture around 1628/30.[99] For a portrait from this period, this style of representation would be most unusual. Nevertheless, Seymour Slive and Jonathan Bikker think it is possible that the work is indeed a portrait. Slive justifies this by saying that some of the drinking protagonists in Hals's 1627 militia piece showing the Haarlem Civic Guard are portrayed just as unconventionally.[100] What is problematic about this comparison is that large-format group portraits did not observe the same rules as single-figure portraits. On the one hand, Hals's militia pieces are meant, to a far greater degree, to be seen from a distance. On the other hand, the interactions of the figures, which are to be understood as the ritualized acts of a banquet between comrades, pay little heed to the decorum demanded in individual portraits.[101]

If the dating of the painting around the end of the 1620s is correct, which I consider convincing, then the spontaneous brushwork—seemingly unfinished in parts—which was usual for Hals's portraits at the time, the lack of "seriousness" in the pose, and the man's smile with bared teeth speak against this being a commissioned portrait. Atkins's thesis is that the man in the picture depicts the same model as Hals's figure of *Pekelharing* in Kassel and Leipzig.[102] Accordingly, he believes that with Hals's *Merry Drinker* the artist painted an actor in a theater role, say, as Il Capitano of the *commedia dell'arte*. Regardless of whether the three figures mentioned actually show the same person, Hals's contemporaries probably read *The Merry Drinker*, like *Malle Babbe*, as a genre piece and not as a representative portrait. The same is undoubtedly true of the bust of the man referred to as *Verdonck* (cat. 6), dated around 1627.[103]

The fact that it is difficult to categorize and interpret figural pieces like *The Merry Drinker* shows that Frans Hals defied the conventions and limitations of painting in his day, and thus once more demonstrates his gift for innovation. To the great delight of his public, the master introduced new pictorial forms as well as methods for representation. Even today, the sparkling vibrancy and engaging individuality of his figures have the power of captivating us. Indeed they do seem to breathe.

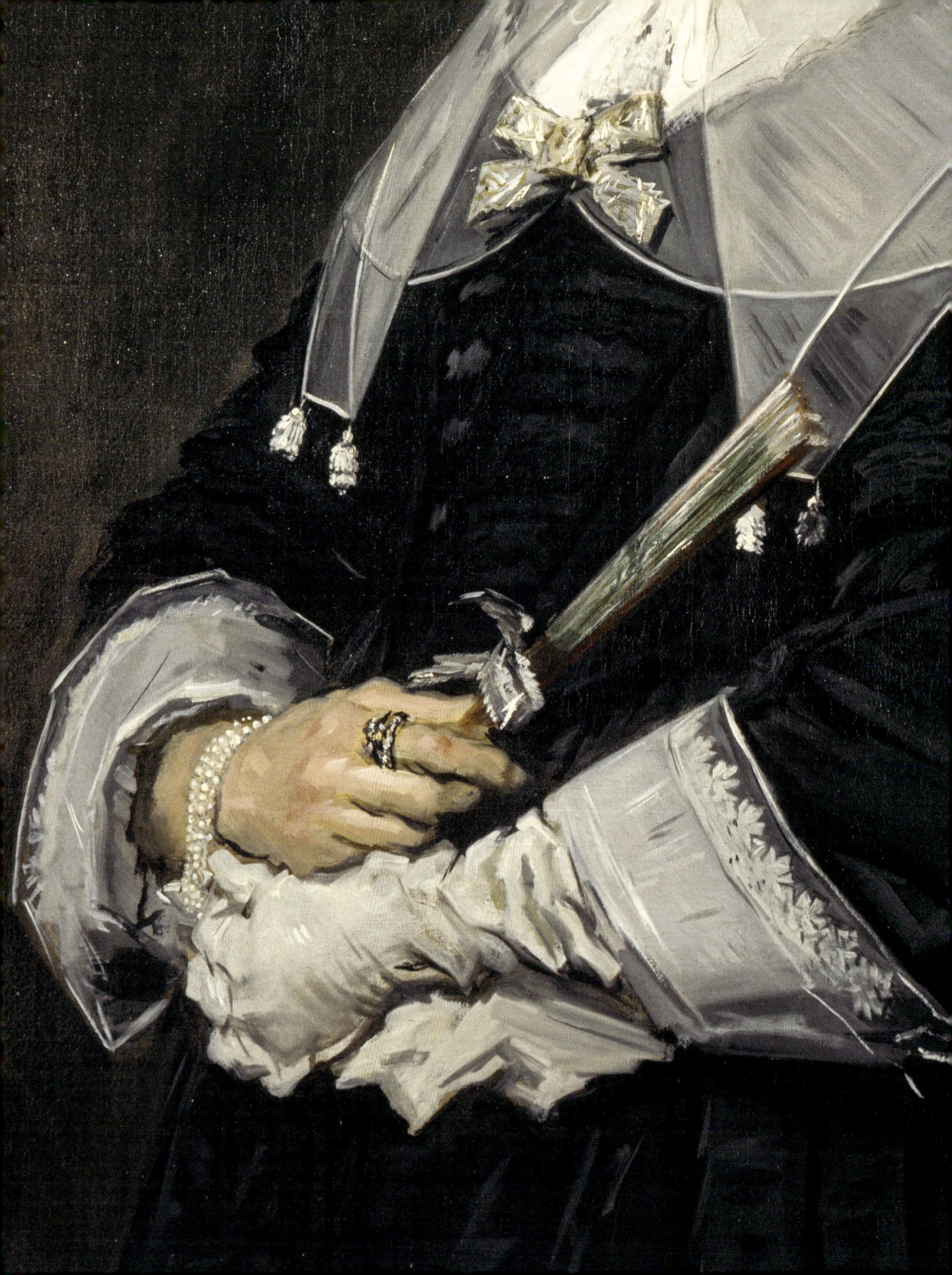

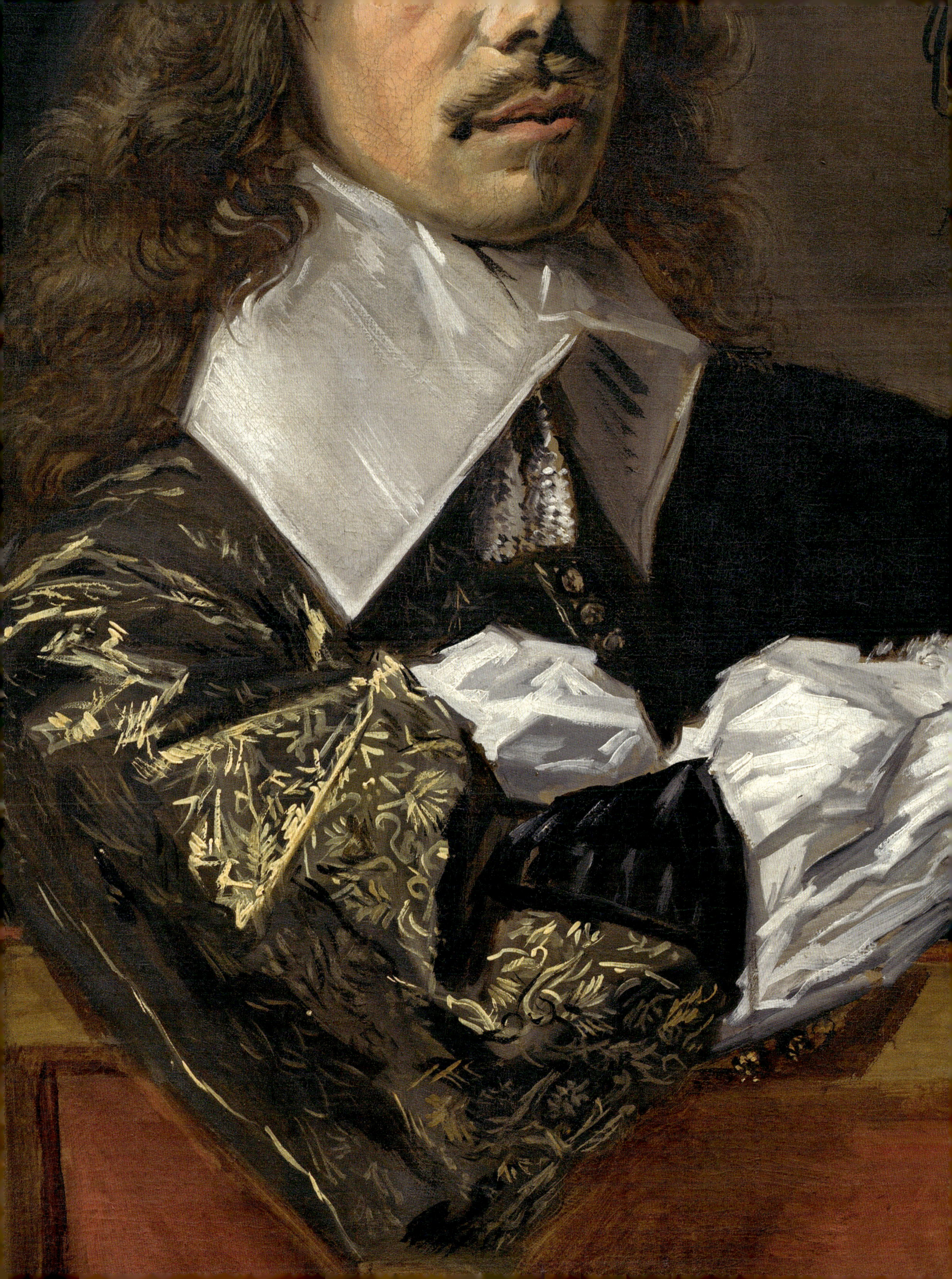

1 In the seventeenth century, the Dutch word "tronie" meant "head," "face," or "facial expression"; see Hirschfelder 2001. On the definition of the *tronie*, see Hirschfelder 2008, esp. pp. 117–19, 192–3, 353–5. See also Gottwald 2011, who admittedly does not deal with the problems of differentiation from other seventeenth-century single-figure pictures.

2 See Slive 1970–4; Grimm 1972; Grimm 1989; Washington, London, and Haarlem 1989; Hirschfelder 2008, pp. 72–80.

3 On *Merrymakers at Shrovetide*, see for instance, Liedtke 2007, vol. 1, no. 58, pp. 250–9.

4 See Washington, London, and Haarlem 1989, nos. 14–15, pp. 168–75.

5 Slive in ibid., pp. 15, 171.

6 Ibid., no. 34, p. 226.

7 On *Pekelharing* in Kassel, see for example, ibid., no. 31, pp. 216–19.

8 Slive in ibid., no. 29, pp. 208–11.

9 Katritzky 2005; Atkins 2024, note 10.

10 Washington, London, and Haarlem 1989, no. 131, p. 216.

11 Nicolaisen 2012, no. 119, p. 133, refers to the figure's makeup.

12 Atkins 2024. See also Katritzky 2005; Lammertse in the present volume, p. 208.

13 Slive 1970–4, vol. 1, pp. 91–5; Grimm 1989, pp. 219–20; Slive 2014, pp. 119–20; Lammertse in the present volume, p. 211. On Dutch representations of courtesans, see Kettering 1983, pp. 51–5; Veldman 2001, pp. 297–9; Dekiert 2003, pp. 171–83. See also Crispijn van de Passe, *Le Miroir des plus belles courtisannes de ce temps / Spiegel der alderschoonste cortisanen deses tyts* (*The Mirour of the most faire, Famous and Moderne Curtizanes of theese tymes*), Utrecht 1630.

14 Grimm 1972, pp. 76–7. See Stukenbrock 1993, pp. 35–6.

15 On the painting, see Washington, London, and Haarlem 1989, no. 37, pp. 236–41; also most recently Tummers et al. 2024 and Kleinert in the present volume, pp. 249–55.

16 See Hirschfelder 2008, pp. 74–5, 321–34. There was possibly a second version of *Malle Babbe* as a smoker, referenced as a picture within a picture in Jan Steen's *As the Old Sing, so Pipe the Young* from 1665–70 (cat. 47).

17 Lammertse in the present volume, p. 218.

18 "Het afbeeldzel van Boontje enz, in dien tijd een bekend gekje te Haarlem, speelende op de rommelpot . . . door W. [*sic*] Bailli, 1624." ("The likeness of Boontje etc., at the time a well-known nutter of Haarlem, playing on a *rommelpot* . . . by W. [*sic*] Bailli, 1624."); quoted in Lammertse in the present volume, p. 223n113. See also Washington, London, and Haarlem 1989, no. 8, p. 151.

19 SAA, inv. U00.3101: "No. 14 Eene schilderije van Boentijen t'Haerlem met noch het conterfeijtsen van mr Pekelharinck kluchtich geschildert is geestimeert op 5 ponden Vlaems." ("No. 14. A painting of Boontje of Haarlem, together with the likeness of Mr. Pickle Herring, farcically painted, is appraised at 5 pounds Flemish."); quoted in Lammertse in the present volume, p. 222n55.

20 See Hirschfelder 2008, pp. 42–3, 106–7, plates 59, 61, 84–5.

21 On the *tronies* of Frans Hals, see Hirschfelder 2008, pp. 72–80, 265–7. On the origin of the *tronie* in Leiden and Haarlem during the 1620s, ibid., pp. 37–80.

22 On Flemish *tronies*, see for instance, Müller Hofstede 1968; Held 1980, vol. 1, pp. 597–614; Müller Hofstede 1987–8; Heinen 1996, pp. 133–4, 329; Gottwald 2011, pp. 57–92. *Not* to regard the study heads of the Flemish masters as *tronies*, as claimed by Bulckens and Hout 2023, p. 13, contradicts the genesis and the various functions of *tronies*. Originally created as preparatory studies, such *tronies* by Flemings such as Frans Floris, Rubens, Jordaens, and Van Dyck were also traded on the art market in the seventeenth century; Hirschfelder 2008, pp. 58–61, 66n162, 65n195.

23 Atkins 2012, pp. 92–9, 137–40. Overall, on the Flemish influences on Frans Hals, see ibid., pp. 127–47.

24 Ibid., p. 140. On Hals's stay in Antwerp, see also Thiel-Stroman 1989, docs. 17, 22.

25 See, for example, Larsen 1988, vol. 1, nos. 118–9, 130, pp. 60–1; Hirschfelder 2008, p. 80; Antwerp and Dublin 2023, fig. 87.

26 On the painting, see Held 1980, vol. 1, no. 439, pp. 603–6.

27 Held 1980, vol. 1, no. 439, p. 604.

28 Van der Veen in the present volume, p. 26; Lammertse and Van der Veen in the present volume, p. 283.

29 Inventory of a Leiden estate, notary W. van Leeuwen, NA 785, doc. 13, February 10–23, 1644: "twee viercante conterfeytsels van de kinderen van Hals tot Haerlem gedaen door deselve." ("two square portraits of the children of Hals done in Haarlem by the same."); quoted in Van der Veen in the present volume, pp. 26, 34n37; see also Lammertse and Van der Veen in the present volume, pp. 283, 292n66.

30 Houbraken 1753, vol. 1, p. 95.

31 On this and the following, see Hirschfelder 2008, pp. 77–80.

32 Flemish study heads (or, indeed, *tronies*) should be viewed as important precursors of the *tronies* that developed into an independent genre in the Northern Netherlands in the 1620s and 1630s with their own specific criteria and quality, and which came to make up their own pictorial traditions. On the influence of the study heads of Rubens, Jordaens, and Van Dyck on the *tronies* of Lievens and Rembrandt, see Schnackenburg 2001; Hirschfelder 2008, pp. 62–6; Gottwald 2011, pp. 94–103; Schnackenburg 2016, pp. 33–42, 45–8.

33 Hirschfelder 2008, pp. 256–63, 309–20.

34 See Ibid., pp. 181–6.

35 Washington, London, and Haarlem 1989, nos. 25–6, pp. 202–3.

36 Ibid., nos. 27–8, p. 205.

37 "twee ronde tronitgens van Frans Hals"; NHA, notary M. de Keijser, NA 246, March 1, 1652; quoted in Van der Veen in the present volume, p. 34nn31, 33.

38 See, for example, Slive 1970–4, vol. 3, nos. 23, 27–9, D 1–8, D 23, D 40–2; Washington, London, and Haarlem 1989, no. 16, pp. 176–7.

39 See Hirschfelder 2006, pp. 114–28; Hirschfelder 2008, pp. 140–8.

40 See note 76.

41 Van Mander speaks of "D'Affecten uytbeelden, Siele der Consten," Mander and Miedema 1973, vol. 1, p. 175 (fol. 27r). Regarding this and the following, see Hirschfelder 2008, pp. 321–31.

42 Mander and Miedema 1973, vol. 2, pp. 494–5, no. VI If. See Weber 1991, p. 204.

43 Mander and Miedema 1973, vol. 1, p. 159 (fol. 23r).

44 Ibid., vol. 1, p. 156 (fol. 22v). See Alberti and Grayson 1972, chap. 41, p. 79.

45 Junius, Aldrich, and Fehl 1991, p. 258.

46 Van Hoogstraten considers "het aengezicht" as "een spiegel des geests," the "beweegingen des gemoeds worden wel meest in het aengezicht bespeurt, na welkers trekkingen die van het lichaem zich ook voegen." Hoogstraten 1678, pp. 41, 109. On this, see Hirschfelder 2008, pp. 320–3.

47 "Sy en hebbent niet crom / die ons verwijten / Dat wy soo qualijck connen onderscheyden / In onse troengen het lachen en t' crijten." Mander and Miedema 1973, vol. 1, p. 168 (fol. 25v). See also Angel 1642, p. 38; Hoogstraten 1678, pp. 110–11.

48 See Miedema 1977, p. 211; Jongh 1986, p. 18; Verberckmoes 1998, pp. 47–69; Dekker 2001, pp. 9–18; Hirschfelder 2008, pp. 74–5; Lammertse in the present volume, pp. 201–2.

49 "De lach is een klaer teycken van de Sotheyt, naer 't seggen van Salomon om dat luyden van verstand en wijsheyd weynigh sullen lachen." Ripa and Pers 1644, p. 480.

50 See Westermann 1995, pp. 301–2.

51 Blankert 1967, pp. 55–8. See also Washington, London, and Haarlem 1989, no. 32, p. 220; Nicolaisen 2012, no. 119, p. 133.

52 Mander and Miedema 1973, vol. 1, p. 124 (fol. 14v).

53 "De Lach wort Iongh geschildert, om dat de teere en jonge Ieughd, meest tot lacchen is genegen, 't welck ten meestendeel van de vrolijckheyt herkomt." Ripa and Pers 1644, p. 278.

54 Lammertse in the present volume, p. 203.

55 "Hier kann ick oock met stille swijghen niet verby gaen, Frans ende Dirck Hals Ghebroeders, van de welcke d'eene, die deur een onghemeyne manier van schilderen, die hem eyghen is, by nae alle overtreft, want daer is in sijn schildery sulcke forse ende leven, dat hy te met de natuyr selfs schijnt te braveren met sijn Penceel, dat spreecken alle sijne Conterfeytsels, die hy ghemaeckt heeft, onghelooflijcke veel, die soo ghecolereert zijn, dat se schijnen asem van haer te gheven, ende te leven." Quoted in Thiel-Stroman 1989, doc. 116. See Schrevelius 1648, p. 383. See also Houbraken 1753, vol. 1, p. 92: "Hoe krachtig en levendig hy, door zynk penceel den natuurlyken zweem des menschelyken wezens heeft weten na te bootsen, getuigen de menigvuldige Pourtretten, die men nu noch van hem ziet." ("The manifold portraits by him we can still see today testify to how vigorously and vividly he was able to imitate the natural disposition of human beings by means of his brush.")

56 "Franchois Hals . . . die wonder uytsteckt in't schilderen van Pourtretten oft Conterfeyten, staet ser rou en cloeck, vlijtigh ghetoetst en wel ghestelt, plaisant en gheestich om van veer aen te sien daer niet als het leven en schijnt in te ontbreken." ("Frans Hals . . . a marvel at painting portraits or counterfeits which appear very rough and bold, nimbly touched and well composed, pleasing and ingenious, and when seen from a distance seem to lack nothing but life itself."); quoted in Thiel-Stroman 1989, doc. 163.

57 Van Mander makes a distinction between a "rough" ("ruw") and a "fine" ("net") style and rates a command of both painting styles as a sign of artistic mastery; Mander and Miedema 1973, vol. 1, pp. 259–60. (fols. 48r–v). See ibid., vol. 2, p. 600, no. XII 26c; and Wetering 1991, pp. 16–22; Günther 1999, pp. 34–53.

58 See Hirschfelder 2008, pp. 344–7.

59 See Ibid., pp. 335, 340–4.

60 See Atkins 2003; Atkins 2012, pp. 87–113.

61 On the term and concept "handeling," see Miedema 1986–7, pp. 273–4; Ketelsen 2000, pp. 17–20.

62 "om hunne koddige vindingen en wyze van schilderen geagt"; Houbraken 1753, vol. 1, p. 334.

63 "te dier tyd de handeling van Rembrant in't algemeen geprezen wierd." Houbraken 1753, vol. 2, pp. 20–1.

64 "De Konst van Rembrant had als wat nieuws in haar tyd een algemeene goedkeuring; zoo dat de konstoeffenaren (wilden zy hunne werken gangbaar doen zyn) genootzaakt waren zig aan die wyze van schilderen te gewennen." Houbraken 1753, vol. 3, p. 206.

65 "behandeling der verwen en wyze van schilderen"; Houbraken 1753, vol. 2, p. 21. See also Houbraken 1753, vol. 2, p. 156, vol. 3, p. 206, where the author reports that Samuel van Hoogstraten and Aert de Gelder also learned from Rembrandt to paint in the style of their master.

66 See Sumowski 1983–94, vol. 2, pp. 998–1007, 1018–151; Hirschfelder 2008, pp. 133–6; Amsterdam 2017.

67 On the painting style of Judith Leyster, see for instance, Biesboer 1993, pp. 78–9.

68 "Zoo is 't dan, dat de Konstenaeren elk als tot iets eygens gedreven worden, waer door men, als door een byzonder merk, haere werken kent"; Hoogstraten 1678, p. 74. Similarly, see Lairesse 1740, vol. 1, p. 353. See Vries 1998, pp. 118–19.

69 "den liefhebbers een bekoorlijke vermaeklijkheyt"; Hoogstraten 1678, p. 74.

70 "het kennelyke van den meester"; Houbraken 1753, vol. 1, p. 92.

71 Atkins 2003, pp. 290–1; Atkins 2012, p. 99.

72 Montias 1982, pp. 227, 259; Veen 2005; Atkins 2012, pp. 101–11, 126, 152–3.

73 Montias 1987, pp. 460–1; Woude 1991, table 12, pp. 319, 303–8; Hirschfelder 2008, pp. 233–5.

74 Houbraken 1753, vol. 1, p. 273, writes that Rembrandt intentionally developed his unusual style of painting in order not to be compared with the great Italian masters or others and thus not enter into competition with them.

75 Atkins 2012, pp. 147–57.

76 See Miedema 1980, vol. 1, doc. A45, p. 137 (Hendrick Willemsz den Abt auction, Haarlem, November 20, 1631): "1 stuck van Frans Hals een troonge," "noch een peekelharing van Frans Hals," "2 ronden van Frans Hals" ("1 piece by Frans Hals a tronie," "one more Pekelharing by Frans Hals," "2 round [pictures] by Frans Hals"); ibid., doc. A70, p. 158, nos. 28–9, 33 (Cornelis van Kittensteijn and Dirck Hals lottery, Haarlem, April 4, 1634): "Een ruyter tronij van F. Hals 16 guld." "Een tronij, als vooren 16 guld." ("A tronie of a rider by F. Hals 16 guilders," "A tronie, as before 16 guilders"); Fock 1990, p. 32, fig. 2 (Jan Pietersz van den Bosch lottery announcement, Leiden ca. 1640?): "Een tronie van Frans Hals 36 gulden" ("A tronie by Frans Hals 36 guilders"). See also Bredius 1915–22, vol. 4, p. 1304 (inv. Diederick Heynck, Amsterdam 1679): "Een manstrony van Frans Hals f 12.-" ("A male tronie by Frans Hals f 12,-"); ibid., p. 1306 (inv. Jan Zeeuw, Amsterdam 1690): "Een laghende trony van Frans Hals f 6.-" ("A laughing tronie by Frans Hals f 6,-"). See Atkins 2012, p. 122.

77 Atkins 2012, pp. 118–27. On Dutch seventeenth-century lotteries and auctions, see also Marchi 1995; Boers 1999, pp. 200–8; Montias 1999; Goosens 2001, pp. 238–52; Montias 2002.

78 Montias 1987, pp. 455–6; Bok 1999.

79 Boers-Goosens 2001, p. 162, emphasizes the large number of Frans Hals's works in Haarlem inventories.

80 Hirschfelder 2008, pp. 229–41.

81 Atkins 2012, p. 126.

82 Hirschfelder 2008, p. 235.

83 Ibid., pp. 75–6.

84 Contrary to the postulation of Bulckens and Hout 2023, pp. 12–13, 22n1; see already Hirschfelder 2008, pp. 72, 182–6, 189–93, 228, 353.

85 See Lange in the present volume, pp. 329–35.

86 See Hirschfelder 2008, pp. 92–3.

87 Grimm 1989, p. 184.

88 Regarding this and what follows, see Hirschfelder 2008, pp. 265–7.

89 See Slive 1970–4, vol. 1, p. 162; Rinnooy Kan 2023, pp. 145, 148, 151.

90 See Slive 1970–4, vol. 1, pp. 117–18; Grimm 1989, pp. 183–94.

91 The same conclusion is also reached by Grimm 1989, p. 103; Atkins 2012, p. 112.

92 Atkins 2003; Atkins 2012, pp. 101–11.

93 Atkins 2012, p. 101.

94 On the contemporary concept of so-called *virtuosi*, see Raupp 1984, pp. 72–90; Woodall 2003; Jong et al. 2003. The term *liefhebber* referred to lovers and patrons of the arts who had exceptional expertise and can be equated with the term *virtuoso*. See Filipczak 1987, pp. 69–70; Atkins 2003, pp. 295–6.

95 A similar innovation, i.e., the transfer of characteristics belonging to *tronies* to representative portraits, is found in the work of Rembrandt and his pupils: beginning in the 1640s, they created portraits which were composed like their *tronies* and involved comparable fantastical costumes. Yet these portraits contrast with the *portrait historié* and are—just like *tronies*—not restricted to an iconographically definable role. See Hirschfelder 2008, pp. 288–305; Hirschfelder 2009.

96 Wijsenbeek-Olthuis and Noordegraaf 1993, p. 48; Atkins 2012, p. 126.

97 Grimm 1972, p. 76. See also Slive 1970–4, vol. 1, pp. 85, 92; Slive in Washington, London, and Haarlem 1989, p. 9.

98 Bikker 2007, no. 105, p. 172.

99 Ibid., no. 105, pp. 171–2. See also Slive's dating in Washington, London, and Haarlem 1989, no. 30, p. 213 (1628–30); Grimm 1989, p. 274, no. 51 (ca. 1629).

100 Slive in Washington, London, and Haarlem 1989, no. 30, p. 215. See Bikker 2007, cat. 105, pp. 172–3.

101 On the portrait type of the militia banquet, see for example, Haarlem 1988, no. 186–8, pp. 366–71; Levy-van Halm 1988, pp. 112–14; Middelkoop 2019.

102 Atkins 2024.

103 For details on the painting, see Slive in Washington, London, and Haarlem 1989, no. 24, pp. 198–201; for more recent literature see cat. 6.

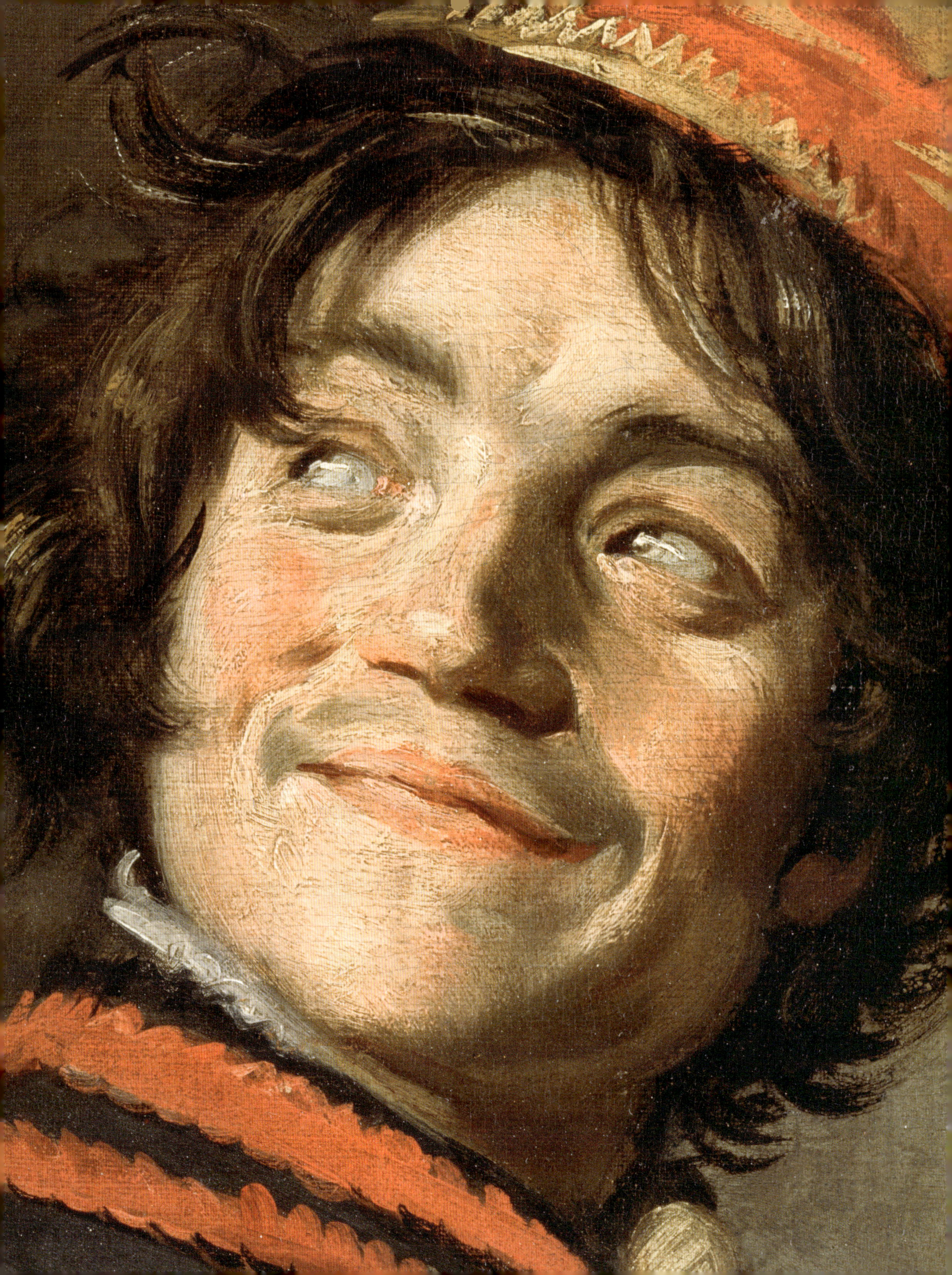

Laughter

Friso Lammertse

How does one paint a laugh? The mouth and cheeks widen, the eyes are half-closed, creating small wrinkles toward the ears, and the forehead descends. Karel van Mander, Frans Hals's teacher, laid down this rule of thumb in his *Den grondt der edel vry schilder-const* (The Foundation of the Noble, Free Art of Painting), his didactic poem aimed at fledgling painters.[1] He discussed laughter in his chapter on the portrayal of emotions, a crucial aspect of painting if an artist wished to stir the viewer's feelings. If they were depicted convincingly, the observer would be swept up in the emotions of the person portrayed, be they of love, joy, sadness, or despair. Depicting a laugh was considered to be particularly difficult because the associated facial expression was very close to crying.[2] But, according to Van Mander, crying made the cheeks smaller and forced the bottom lip and corners of the mouth down, not up.

We can no longer make out whether Frans Hals knew that passage, but while he was Van Mander's pupil he would undoubtedly have discussed the depiction of emotions with him. He may, even then, have had a particular interest in painting merriment. In any event, as a master painter Hals had a very marked preference for laughter. He was one of the few seventeenth-century artists who regularly gave his portrait sitters a smile, and he very rarely omitted a broad grin in his *tronies* (or study heads) and genre paintings.

Types of Laughter

Laughter, of course, is no respecter of epoch, but in the sixteenth and seventeenth centuries philosophers, medical practitioners and scientists, writers and artists delved increasingly and ever more deeply into its many aspects. They studied how the laugh originated in the human body, who were the most susceptible to it, how melancholic people could be cured by it, and distinguished the varieties of laughter. Books about raising children and etiquette describe when and how laughter was seemly. Apart from a few dogmatic churchmen, who condemned each and every form of laughter with a reference to the Bible—"Woe unto you that laugh now" (Luke 6:25)—everyone agreed that it was an emotional response common to all human beings.[3]

That did not mean that one could burst into hysterical laughter at the drop of a hat. It was only fit and proper, according to sixteenth-century humanists such as Desiderius Erasmus, that one should control the body, the emotions, and thus laughter. The ideas of this Rotterdam scholar were repeated for centuries afterward.[4] His 1530 treatise on the rearing of the young (*De civilitate morum puerilium . . . libellus*) was reprinted and revised until the end of the seventeenth century. According to the title page of a Dutch translation of 1652, *Boecxken, van de borgerlyke beleeftheid der kinderlyke zeden* (A Little Book of Good Manners for Children), it was also used in schools.[5] Erasmus asserted that "It's wrong to smile at obscene words or actions. Raucous laughter and uncontrollable giggles that rock the whole body, and for which reason are known as shaking, are not appropriate. It's improper for anyone when they laugh to make a neighing noise. It's rude when someone opens his mouth in a wide rictus, wrinkling his cheeks and revealing his teeth as if he were a dog."[6] The face could certainly express merriment as long as it did not dishonor the appearance of the mouth, nor reveal a lack of control. He also disliked "foolish expressions" such as "My sides are aching," "I'm laughing fit to burst," or "I'm laughing fit to die." If all else failed, and someone burst out laughing anyway, he recommended covering the face with a cloth or hand.[7]

Sweet Laugh

Uncontrollable laughter was unbecoming and objectionable, but if suppressed, it could be the height of attractiveness. The Dutch word for "smile" (*glimlach*) was not used in the seventeenth century;[8] if one wanted to stress the charm of a smile, one used words such as "sweet" and "gentle," or a diminutive, like "little laugh." Daniël Heinsius, a Leiden professor and poet, said of the laugh of his beloved that "it could not have been softer."[9] Jacob Cats had the wife of the biblical commander Potiphar ask "Whose heart would not be charmed by a sweet laugh?" when she realizes with bewilderment that Joseph is rejecting her advances.[10]

Van Mander advises that love between a man and a woman should be depicted "with a friendly, smiling visage." Deep affection, he continues, can often reveal itself by a face coloring "a rosy red."[11] Frans Hals surpassed everyone in this respect. In a number of his companion pieces of young married couples at least one of the sitters is smiling, the woman more often than the man. In his scene of a garden of love (cat. 3), possibly featuring a double portrait of the newly married Isaac Massa and Beatrix van der Laen, Hals excelled himself.[12] Their laughter, the blush on her cheek and the way she rests her hand on her husband's shoulder convince the beholder that they

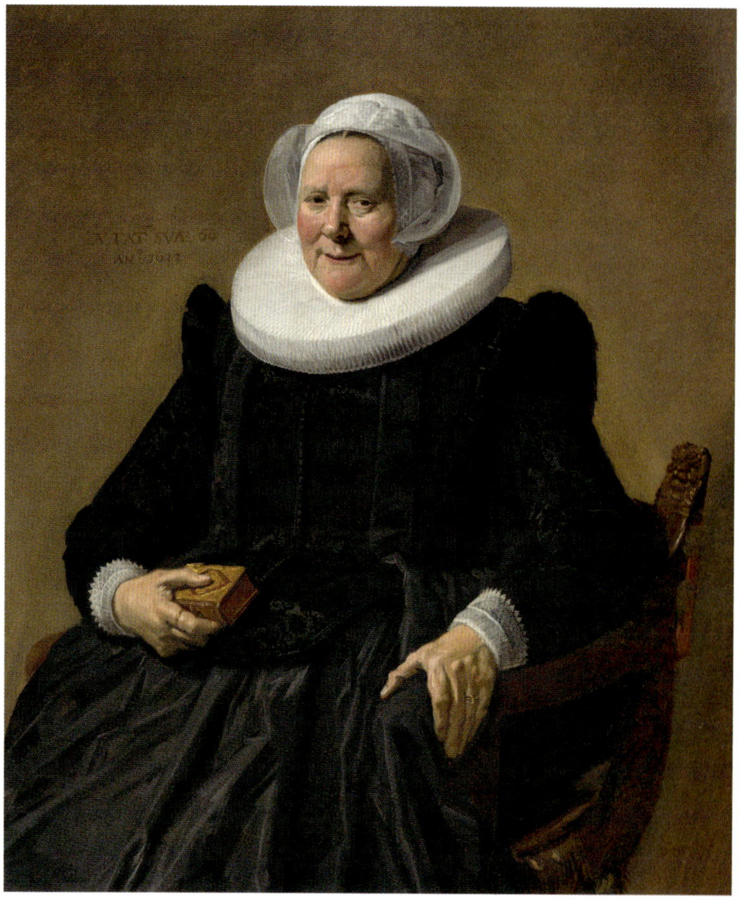

Fig. 1 Frans Hals, *Portrait of a Woman Aged Sixty*, 1633, National Gallery of Art, Washington

are indeed "filled full with love," to quote Van Mander again.[13] The same applies to the equally masterly portraits of Isabella Coymans and her husband, Stephanus Geraerdts, in which she presents him with a rose (pp. 80–1, figs. 26–7).

Of course a smile was suitable for suggesting not only love between a man and woman but also tenderness within a family or between a child and its nurse (cat. 2).[14] Hals almost never showed older people smiling, one of the few exceptions being an unknown sixty-year-old woman gazing happily out at us (fig. 1). The general opinion was that laughter was the province of the young. The Italian scholar Cesare Ripa stated in his famous *Iconologia* of 1593 that "Youth" was to be depicted as a laughing, merry girl, and his personifications of "Laughter" are invariably young.[15]

The idea that laughter is specifically associated with adolescents and young adults had a "scientific" foundation in the doctrine of the humors, the idea that the four bodily fluids governed a person's character and states of mind. It was assumed that the young had a great deal of blood, which made them prone to "laughter and merriment . . . [being] amusing and witty [and] fond of playing and singing," as Ripa put it.[16] This is why it was appropriate to portray the young with a smile, even when there was no direct connection with love, and why, in Hals's civic guard pieces, in which the figures generally look rather serious, it is above all younger men who cannot suppress a smile. It also accounts for the merry look on the face of Hals's most famous portrait, *The Laughing Cavalier* (cat. 20). That unidentified man, who according to the inscription was twenty-six at the time, is looking at us with a slightly ironic gaze; his lips are barely parted, but just enough to show that he is in a good mood. Van Mander says that the best way to depict cheerfulness is with "The mouth somewhat open / sweet / laughing / blithesome," the eyes half-closed, and "a carefree brow, which is smooth and clear."[17] The decoration on his luxurious clothing reveals that the man was perhaps thinking of love when he was painted, for the details of the embroidery include a love knot and Cupid's bow and arrow.[18]

Guffawing

While the sitters in Hals's portraits have lips barely parted, their teeth invisible, the figures in his genre scenes roar with laughter, their mouths wide open. These, though, are not the upright citizens who know how to behave but almost invariably characters regarded in the seventeenth century as the embodiment of folly.[19]

The idea that the world was populated with fools was widespread. It was pithily illustrated in prints in which a terrestrial globe is adorned with a fool's cap, like the design by Maarten van Heemskerck for a scene of Heraclitus and Democritus, or the engraving by Jacques de Gheyn II for the fools' festival organized in 1596 by Pieter Cornelisz van der Mersch.[20] Yet foolishness was not always in itself foolish: fools could sometimes reveal the truth with their gibbering.

Everyone behaved crazily at times but some were far more inclined to do so than others. In the view of the male urban elite, this was particularly true of people in the lower social classes. They often played the leading roles in farces. An introduction to the work of the famous playwright Gerbrandt Adriaensz Bredero sums them up as "the dregs of the people, herders, peasants, laborers, innkeepers, women innkeepers, panders, harlots, midwives, boatsmen, spendthrifts, female beggars, and scroungers."[21] Women and children were also considered to be especially susceptible to foolishness. But even the most serious person could ultimately turn into a fool under the influence of drink and love. As we shall see below, Hals's guffawing figures were of this kind too.

The farces and poems of Bredero and other writers provide good examples of what was considered amusing in the seventeenth century, thus illuminating the comic aspects of genre painting of the period. This is particularly true of the work of Frans Hals, who knew the stage and literature from personal experience.

Hals the Rhetorician

In 1616, when he was in his early thirties, Frans Hals joined one of the three chambers of rhetoric in Haarlem, De Wijngaertrancken

(The Vine Tendrils).[22] It was flourishing at the time, for in that year it had fourteen new members; three years later its membership had grown to sixty-nine, a record for the seventeenth century.[23] The members, all men, met on Sunday to drink, discuss the news of the day, declaim poetry they had written, and rehearse or perform plays. Occasionally they also held poetry contests. A few times a year, mainly at annual markets, fairs, and on other feast days, they put on performances in the streets and squares of the town. The high points were the public theater and poetry festivals in which they competed with other rhetorical societies. The Vine Tendrils had two classes of membership: "cameristen" (chamberers) and "beminnaars" (devotees). The former were the central figures within the organization and provided the chamber's officials. Hals belonged to the second group, which had fewer obligations and rights but far more members.[24]

Hals must have become familiar with the rhetoricians' public performances when he was a child, and he probably began taking an even keener interest in them during his apprenticeship. His teacher, Van Mander, was a prolific poet and playwright who played a key role in the Flemish chamber of rhetoric in Haarlem and was also involved with the Vine Tendrils society, although as far as we know he was not a member.[25] When he moved out of Haarlem to a country house in nearby Heemskerk in 1603 or 1604, Van Mander invited enthusiasts and his "principal friends" for a performance of a play he had written. The actors were his pupils, but it is not known whether Hals was one of them.[26]

No doubt Hals got to know many kindred spirits in the Vine Tendrils, among them the painters Nicolaes de Kemp, Salomon de Bray (see cat. 34–5), Esaias van de Velde, and his own brother Dirck (see cat. 50), all of whom were members of the chamber during the same period as Hals. In 1626, just after Frans Hals left the chamber, his pupil Adriaen Brouwer joined it (see cat. 51).[27] The Vine Tendrils were miscellaneous representatives of a broad, erudite middle class. There were doctors, lawyers, schoolmasters, cloth merchants, printers, engravers, and

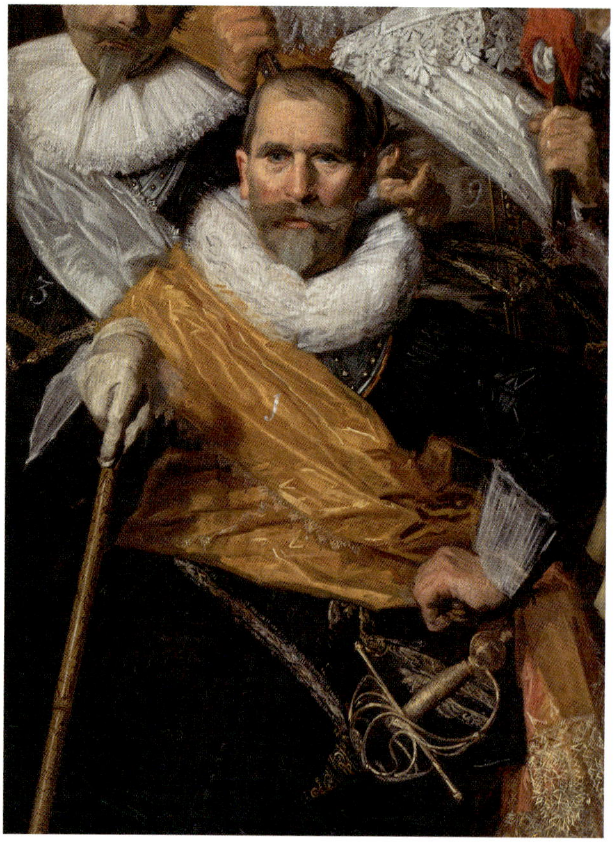

Fig. 2 Frans Hals, *Meeting of the Officers and Sergeants of the Calivermen Civic Guard* (detail), ca. 1633 (p. 66, fig. 10)

gold- and silversmiths, but also wealthy beer brewers such as the alderman and burgomaster Johan Claesz Loo.[28] Hals immortalized Loo in two civic guard portraits, first around 1633 when he was colonel of the Calivermen Civic Guard (fig. 2) and six years later when he had the same function in the St. George Civic Guard.[29]

It seems that Hals enjoyed his time with the rhetoricians, for he remained a member of the Vine Tendrils for ten years,[30] a long time compared with the average of three years.[31] Personifications embodying abstract concepts such as love, hate, or wisdom, with the aid of identifying attributes, played key roles in their work and were the centerpieces of many of their plays and the parades that marked the openings of their contests. Hals does not seem to have had much interest in such allegorical figures. One of the few paintings in which he depicted them is his portrait of Isaac Massa—who was, perhaps not coincidentally, a rhetorician himself—in which Death in the guise of a skeleton and Envy as a woman with snakes in her hair loom up behind the sitter (cat. 11; p. 86, figs. 31–4). One of the most important aspects of the rhetoricians' meetings was the use of discussion to sharpen members' wits. It is possible that Hals debated with his colleagues how certain abstract concepts could be depicted in such a way as to come closer to everyday life. This applies above all to the five senses, which Hals and his contemporaries no longer portrayed as female allegorical figures but as genre scenes.[32]

Above all, Hals was probably interested in the comic side of the rhetoricians: in their poems they loved to scoff and mock, and they regularly staged farces alongside their more serious offerings.[33] Every now and then chambers of rhetoric organized contests together in which fools battled to determine who was the wittiest and most sophisticated.

A Portrait of a Fool

Jesters (also known as buffoons) were regarded as supreme fools. They were experts in exaggerating and ridiculing people's everyday behavior. Laughter was their trademark, not just a seemly chuckle but one that revealed the teeth. They were hired by city authorities, guilds, civic guard companies, and city quarters to add merriment to their feasts.[34] Jesters started appearing in prints and paintings in the fifteenth century and became very popular in the century that followed: by the first half of the sixteenth century, paintings with a jester were by far the commonest of the genre subjects in Antwerp inventories.[35] The jesters from that period are usually immediately recognizable from their colorful costumes and distinctive caps decorated with asses' ears and bells. They were given more varied clothing in the seventeenth century; the typical fool's cap is nowhere to be found in the works of Frans Hals or Judith Leyster (see cat. 53–5).

In the year when Hals joined the Vine Tendrils, he painted a portrait of Pieter Cornelisz van der Mersch (cat. 10), probably the most famous Dutch jester of the day.[36] He has a sly, knowing look on his face and is brandishing a kipper in his right hand while clasping a straw-lined basket with several kippers in his left. "Wie begeert" (Who wants one?) is written in large letters beside him. Typically for rhetoricians, this is an ambiguous question: not whether the viewer wants a fish but a mocking rebuke, known as "giving someone a kipper"—and Van der Mersch was an expert at that. As the jester in the Leiden Witte Acoleyen (The White Columbines) chamber of rhetoric, he was famous for the way he put people in their place. He wrote an elegy for himself that opened with the words "Hier leyt Piero / Die deelde Bucken" (Here lies Piero. He doled out kippers).[37]

According to the inscription on the portrait, the jester was seventy-three when it was painted. It is not clear where or how he got to know Hals. Van der Mersch was regularly in Haarlem and is known to have been there in 1606, 1613, and 1615.[38] The two may have met in the latter year, when Van der Mersch entered a poem for the contest organized by the Vine Tendrils chamber.[39] The jester called himself Van der Mersch—nowadays often wrongly called Van der Morsch—the name he assumed for one of his starring roles in the jesters' contest he organized in Leiden in 1596. Clad in a jester's costume in a farce as Joncker Morsch (Squire Bungler), he married Vrou Lors (Dame Swindler).[40]

Van der Mersch is presented as a fool in Hals's painting purely because of the kipper, but his clothing proclaims him to be a wealthy citizen, which he was at the time.[41]

Shrovetide Revelers

Shrove Tuesday, the day before the period of fasting in Lent and given over to feasting and drinking, was one of the most important festivals of the year for rhetoricians.[42] Sometimes masked and costumed, revelers danced and made music as they wended their way through the streets.

Despite its Roman Catholic origins, the festival remained extremely popular, even after the Protestants assumed power in Haarlem in 1581. In order to make the mood even merrier, the rhetoricians organized events of various kinds, both outdoors and in taverns.

In one of his earliest known works, Frans Hals painted a group of merrymakers identified in an inscription on the back of a drawn copy of 1660 as "Vastenavonts-gasten" (Shrovetide revelers; p. 180, fig. 1).[43] The central figure is a laughing woman being embraced by an older man with a festoon around his shoulder of leaves, sausages, eggs, beans, a pig's foot, and a mussel. The woman appears to be more interested in the person on her left, who has tied a sausage to his cap and is making an unmistakable sexual gesture with his hands. Draping an entire meal around yourself in this way appears to have been a common practice. Two beggars in a comedy of 1612 by Samuel Coster describe similar adornments worn by Shrovetide revelers: "Your hats close-clothed around / with tasty chicken bones / Not forgetting swine buttocks / well-salted / And on your necks make garlands / Of many sausages and bratwurst / tastily peppered. / With which a drink tastes good."[44]

Some of the details in the painting suggest that Hals set out to accentuate its humorous and erotic elements. For instance, the yolk dripping from the broken egg in the festoon of the man on the left and the flat bagpipes in front of him might be signs that his virility is in question; similar ambiguities are typical of contemporary farces.[45] The contrast between the man's advanced age and the woman's youth suggest the popular

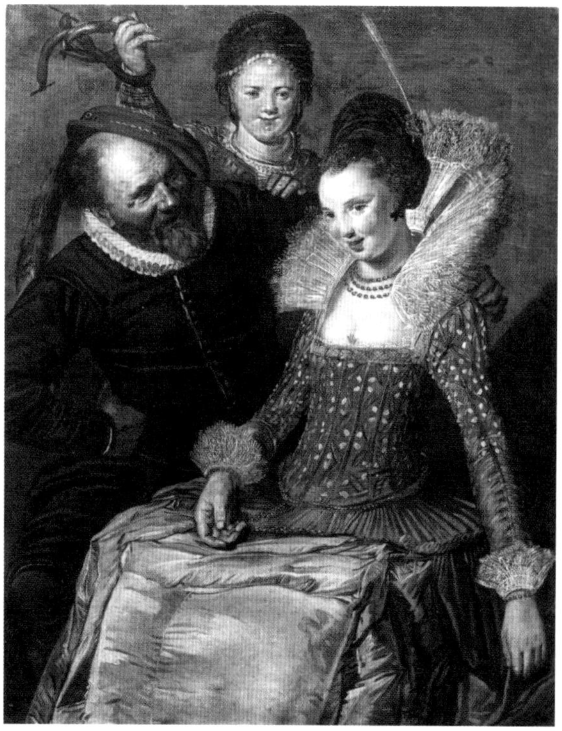

Fig. 3 After Frans Hals, *The Merry Trio*, ca. 1616, formerly Gemäldegalerie Berlin

theme of the unequal couple.[46] He is emphatically identified as a fool by the fox tail he holds in his right hand.[47] The same figure appears in another composition by Hals that is only known from a copy (fig. 3), again with an arm around a young woman, although this time not draped with food and with the fox tail hanging from his cap.[48] This man, also depicted by Willem Buytewech, was probably a familiar sight in Haarlem and may have been a rhetorician who played a buffoon.[49]

One is left with the question of whether Hals took the subject from a specific stage play, or perhaps it was more a matter of a general image of Shrove Tuesday featuring certain stereotypes.[50] On this day, theatrics and festivities regularly merged almost seamlessly. In 1648, for instance, the church council of De Lier, a village near The Hague, scolded several young female members of the congregation for being in a tavern on Shrove Tuesday "with young men for their play and mealtimes." Because "every manner of levity and carnal licentiousness" was committed in such company, they were given a serious warning.[51] A male member of the congregation who had assisted the Shrovetide merrymakers was also reprimanded.

Elsewhere Hals took his inspiration directly from the stage, as is clear from a hitherto unknown mention in an Amsterdam notarized document of 1645. The possessions of Lijsbet Harmens included "1 painting of a farce at/of Santvoort by Frans Hals with a gilt frame."[52] It is not clear whether the description was of a comedy of that name, now unknown, or of a performance in Zandvoort, near Haarlem. This village had an active chamber of rhetoric and in August 1616 organized a competition in which all three of the Haarlem chambers took part.[53] Without any further information about the farce it is impossible to say whether this painting can be identified with any of Hals's extant works.

His membership in the Vine Tendrils enabled Hals to take part in the preparation and performance of its stage plays. As well as providing him with subjects for his

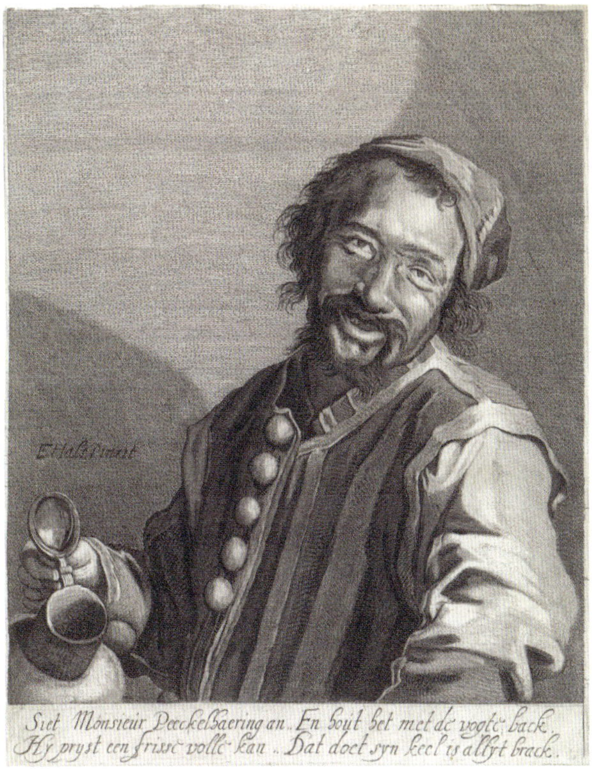

Fig. 4 Jonas Suyderhoef after Frans Hals, *Pekelharing*, ca. 1630–40, Rijksmuseum, Amsterdam

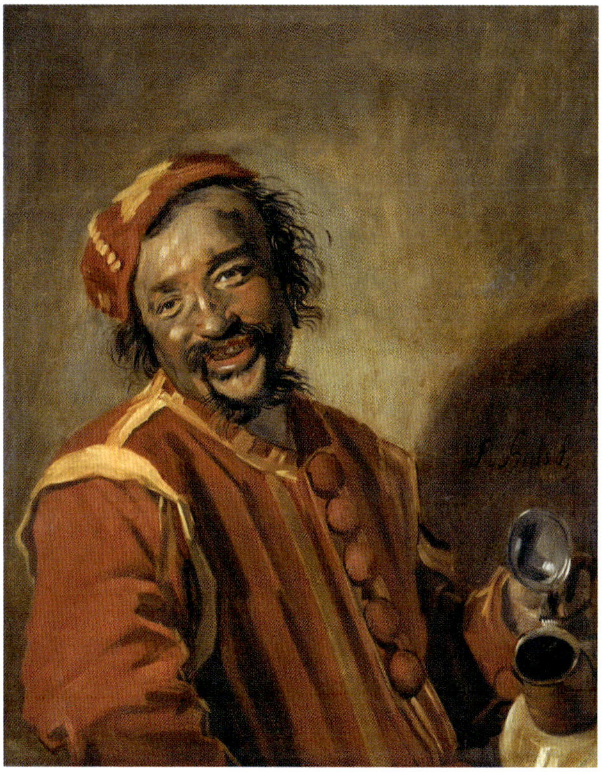

Fig. 5 Frans Hals, *Pekelharing*, ca. 1625, Hessen Kassel Heritage, Gemäldegalerie Alte Meister, Kassel

paintings, it also allowed him to observe the actors and spectators closely, giving him an invaluable opportunity to study their facial reactions and poses during the plays and recitals of humorous poems. While the rhetoricians were amateur actors who organized their performances alongside their daily work, at the end of the sixteenth century and in the early decades of the seventeenth there were also professional English theater companies touring the Netherlands and German-speaking countries. One of their principal characters, the buffoon Pekelharing (Pickle Herring in English), was the subject of two famous paintings by Hals.

Pekelharing

"Behold Mr. Pickle Herring / He praises a tankard cool and full" are the opening lines of a little poem below an engraving by Jonas Suyderhoef (fig. 4) after a canvas by Frans Hals (fig. 5) now in the Gemäldegalerie Alte Meister in Kassel. Because his throat is salty, the four-line poem announces, Pekelharing is in constant need of refreshment.[54] The same guffawing figure, who is immediately recognizable as a fool from his red and yellow costume with large buttons, is also the subject of another painting by Hals (cat. 39). Paintings of the same subject are recorded at early dates. In 1631, for instance, the Haarlem innkeeper Hendrick den Abt owned "a Pekelharing by Frans Hals," and a few years earlier "the portrait of Mr. Pekelharinck" had been one of the prizes in a dicing lottery held in an Amsterdam tavern.[55]

Every lover of the theater must have been familiar with Pekelharing, who, despite his Dutch-sounding name, was originally English.[56] As "Pickle Herring" he was often the star comic turn in the so-called "jigs," short musicals performed by traveling English theater companies. His importance can be seen from a collection of English plays published in German in 1620, an anthology of both comedies and tragedies in which he plays the part of a villain and swindler crazy for drink.[57] While improvising, Pekelharing was also expected to react wittily to the proceedings taking place in the play. The stage directions regularly contain prompts for him to react: "alhier agiret Pickelhering" (action from Pickle Herring here).

The first Dutch play that features Pekelharing only dates from 1637,[58] but he must have been a legend long before then. For instance, the poet Jan Jansz Starter wrote in his *Friesche Lust-hof* of 1621 that one of the part-songs had to be sung to the tune of "Pekelharing," which was a song in an English jig.[59] The name Pekelharing also took on a life outside the theater, with some English actors adopting it in daily life, as did one or two Dutchmen.[60]

The question is who Hals was thinking of when he painted his two surviving Pekelharing pictures. The subject was almost certainly a real person: given the frequent presence of English touring comedians in the Netherlands, he could be any one of them. One argument is that the painting in the Museum der bildenden Künste Leipzig (cat. 39) or a variant must already have been in England around 1685, the date of a print made after it,[61] although it is equally possible that it depicted a Dutch Pekelharing. The color of the man's face, as well as that in the Kassel canvas, is darker than any found in other portraits and genre figures by Hals.[62] The lighter color of the neck, and to a lesser extent of Pekelharing's hand in Leipzig, suggests that it was theatrical make-up. This was common in the English theater of the day with the role of the actor often involving foolish behavior.[63]

Even people who did not know the stage character must immediately have recognized the figure as a buffoon, so Pekelharing could have served as a general symbol of folly. This also seems to be why Hals's painting in the Gemäldegalerie Alte Meister in Kassel served as the model for the engraving on the title page of *Nugae venales*, a collection of comic anecdotes printed in Amsterdam in 1648.[64] It may also be the reason for Jan Steen depicting it as a painting-in-a-painting in two of his own works: *As the Old Sing, so Pipe the Young* (cat. 47) and *The Physician's Visit*.[65]

Guffawing "Fools"

Hals's depictions of Pekelharing roaring with laughter fitted his role as a jester. But he also portrayed many other people in a similar way. These were specific groups who, in the eyes of the seventeenth-century elite, showed a marked tendency to be foolish. Before discussing those groups, I will deal with drink, which taken in excess was generally regarded as a guarantee of foolish behavior.

Drink

Alcohol and idiotic behavior often go hand in hand. It was not for nothing that Hals gave Pekelharing a beer tankard to hold up in the Kassel painting, and the same goes for the famous *Malle Babbe* (cat. 45). Drink could turn even the most upright citizen into a fool. In the words of the Amsterdam printer, publisher, and writer Dirck Pietersz Pers, "The fool says that if you keep on drowning yourself in wine then you'll be like me, you'll be a fool."[66] This was not a recommendation any more than the words of the author of a 1623 book of etiquette who warned his readers against "drinking yourself drunk" because then one would start behaving with "foolish, silly, and buffoonish stupidity."[67]

Because fresh water was often too polluted to drink, everyone, including children, drank light beer. Alcohol only became a problem if one drank too much. In stage plays, it was almost always stereotypes, such as peasants, beggars, innkeepers, and young merrymakers, who had a few too many.[68] With the exception of the latter group, about which more below, it was almost always the lower social class who were believed to drink to excess (although to those in the know, the suggestion that their behavior was so different from that of upright citizens was laughable). We come across those types in Hals's genre painting, showing their teeth when they laugh. In one painting, a humbly dressed man (a peasant perhaps, or a

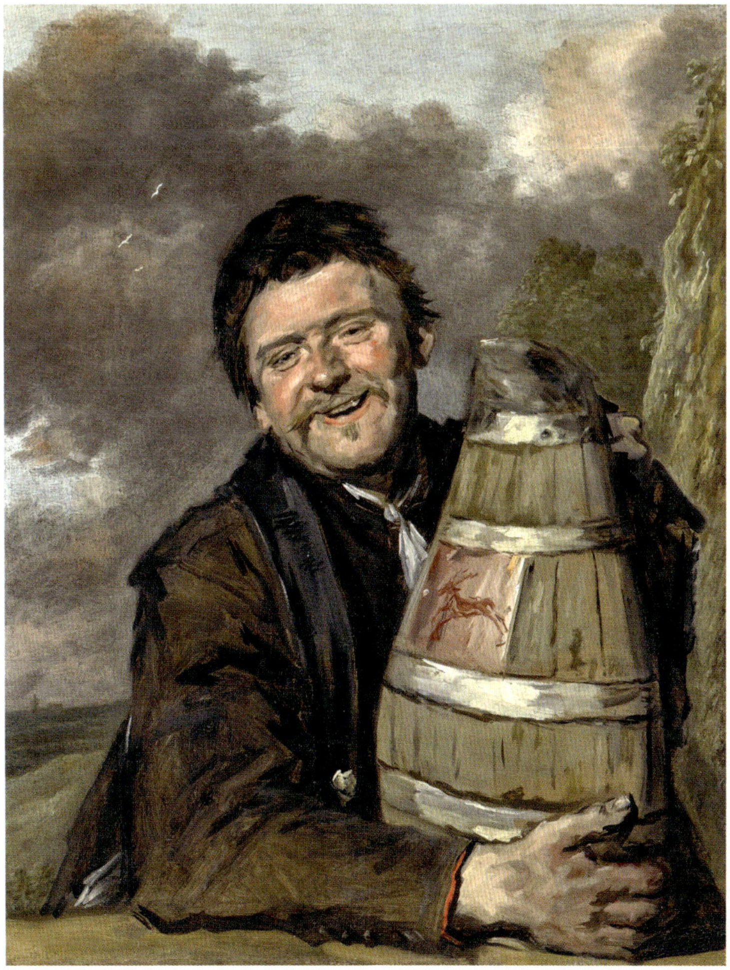

Fig. 6 Frans Hals, workshop (?), *Man Holding a Beer Jug*, ca. 1635, Private collection

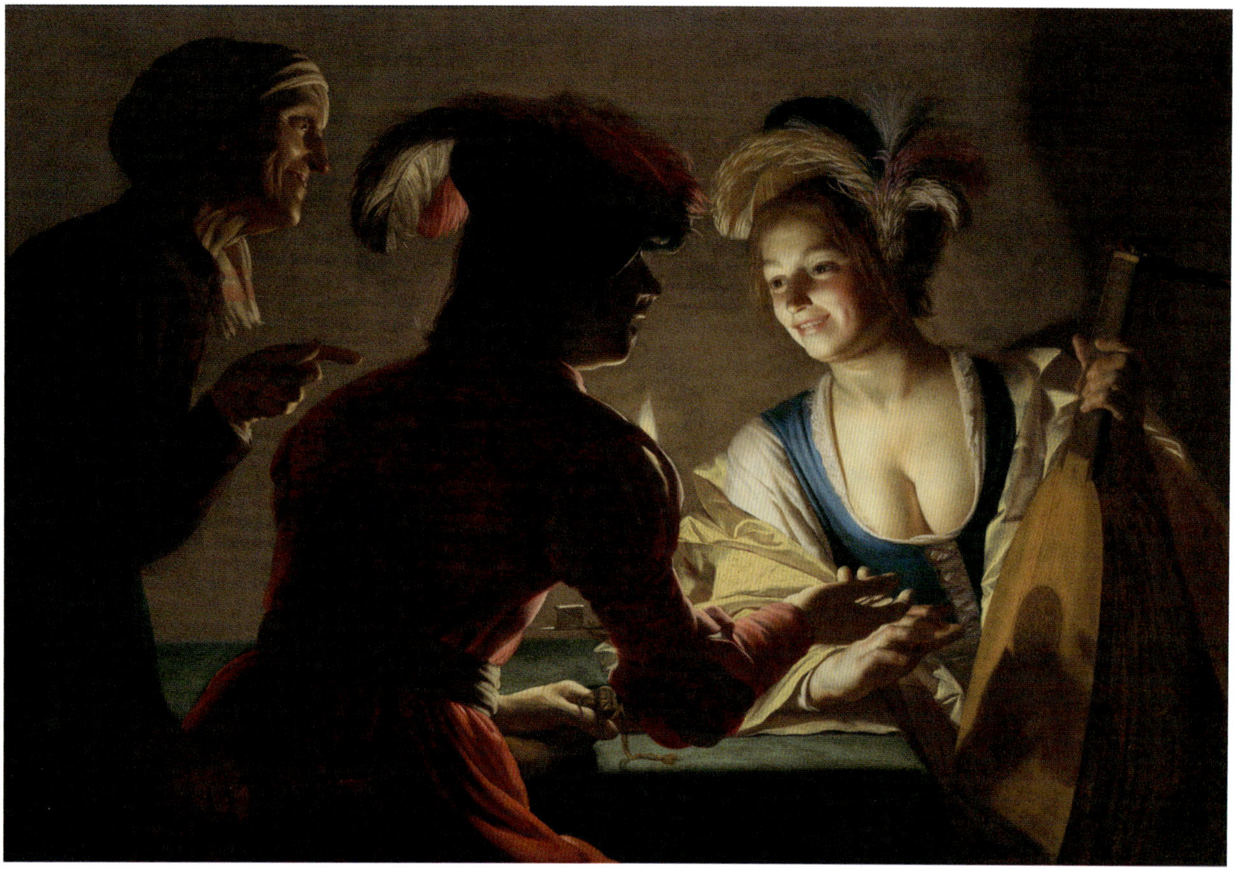

Fig. 7 Gerard van Honthorst, *The Matchmaker*, 1625, Centraal Museum, Utrecht

fisherman) grasps a gigantic tankard from Haarlem's Het Rode Hert (Red Hart) brewery (fig. 6), while in another the female innkeeper is on the point of refilling the glass (p. 33, fig. 10).[69]

Excessive drinking was seen as a fairly certain route to stupidity, but the effects of alcohol in moderation could be pleasant. It was always served at social gatherings such as christening parties, weddings, and funerals, and the same applied to the festivities of civic guards and rhetoricians—and Hals was a member of both.[70] His depictions of laughing drinkers cannot be seen in isolation from the way drink was regarded more widely. Rhetoricians were known as "tankard gazers" because of their love of a good glass, and painters too were notorious for the quantities that they could consume.[71] If Houbraken is to be believed, Hals was not averse to a dram himself.[72]

The positive view of drink was based on the idea that it brought inspiration as well as merriment. To quote Pers again, "Wine is the poet's post-horse."[73] Van Mander wrote that drink awakens the human spirit, which is why Bacchus was often to be found in the company of the Muses.[74] Govert van der Eembd, who was an active member of the Vine Tendrils at the same time as Hals, wondered what the objection was to poets drinking "quite a lot of" beer and wine, the more so because, according to him, "water drinkers" could not write decent poetry. He detested writers who claimed at the top of their voices that one had to practice moderation but were as "drunk as lords" three hours later.[75]

The works of rhetoricians effortlessly combined moralizing, satire, humor, and self-mockery; the same seems to apply to Hals's genre scenes. It was in the recognition of the behavior depicted that a great deal of comical element lay. In *The Merry Drinker* (cat. 1), by way of an exception, Hals painted a superbly clad gentleman with a glass in his hand who is laughing so uproariously that he is showing his teeth.[76] It is not certain whether this is a portrait or a genre scene, but in either case it would have been intended as a positive, possibly gently mocking image of merriment provoked by drink.[77] The same is possibly true for the *Woman Holding a Glass and a Flagon* mentioned above (p. 33, fig. 10), who may be more than just a stereotypical character, perhaps even an acquaintance of Hals.[78]

Women

In the market scene that Frans Hals painted jointly with Claes van Heussen is a young woman with a wide smile (cat. 32). Some contemporaries would undoubtedly have interpreted the fact that she is showing her teeth as a lack of refinement associated with her low social class. It was also believed that women were quicker to laugh because of their "delicate" constitutions.[79] Furthermore, exuberant laughter was not only improper for women, but could also be seen as a sign of flightiness.[80] Thus sex workers were often depicted laughing immoderately, such as in the paintings of Gerard van Honthorst (fig. 7).[81] Many would no doubt have argued that the young woman laughing merrily in the middle of Hals's *Merrymakers at Shrovetide* (p. 180, fig. 1) was going far too far.

Women of easy virtue were also depicted with a more restrained laugh. The expression of the woman in another picture by Hals, known by its nineteenth-century title of *La Bohémienne* (cat. 7), may seem at first to resemble the lady in the Rijksmuseum double portrait (cat. 3). But unlike the latter, the former is showing a little more of her teeth and her eyes are slightly narrowed. Some seventeenth-century viewers would undoubtedly have considered her gaze and deep décolleté as sensual, while others would have interpreted it as sly. Writers, in any event, warned against deceitful loose women; to cite Dirck Pers one more time: "Mirthless laughter, numb caress, / eyeless leer, love loveless."[82]

La Bohémienne probably hung originally in the house of a wealthy Dutch family, but it has been suggested that it might have been intended for a brothel.[83] In certain houses of pleasure, the client could make his choice from a painting displaying the charms of the available women. On the title page of the *Spiegel der alderschoonste cortisanen deses tyts* (*The Mirour of the most faire, Famous and Moderne Curtizanes of theese tymes*) of 1630 by Crispijn van de Passe is a man holding up the portrait of a woman as he contentedly smokes a pipe by a roaring fire.[84] Another visitor in the background points at a series of depictions of women hanging on the wall. Things were taken a step further in the emblem collection *Nebulo Nebulonum* (Rascal of Rascals) by the Lutheran cleric Johannes Flittner, published in 1620 and adapted fourteen years later into Dutch by the Frisian doctor Petrus Baardt. One of the emblems shows a client with his hand in his trousers as he looks at the portraits of two women (fig. 8).[85]

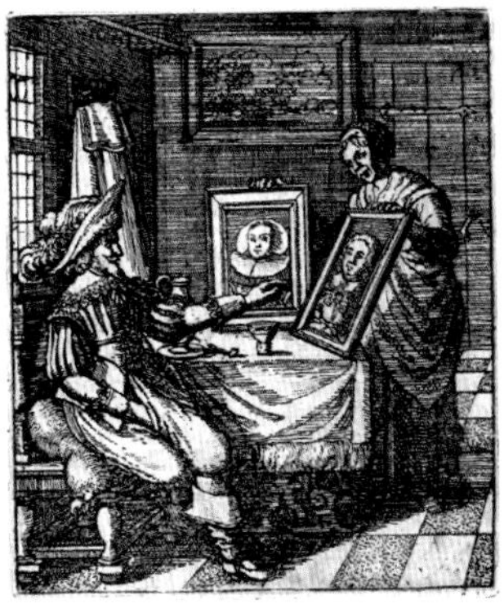

Fig. 8 Anonymous, *Young Man in a Brothel*, in Petrus Baardt, *Nebulo nebulonum, dat is der vielten aff reichten vieltofte boertig ernst*, Leeuwarden 1634, p. 154

Youth

Paintings in which young gentry are seen flirting, dancing, and making music were extremely popular in the first half of the seventeenth century.[86] Although there is plenty of drinking going on, the mood is usually civilized. There is barely any sign of excess and there is laughter, but almost never showing the teeth. Frans Hals's brother Dirck specialized almost entirely in this genre, but Frans himself forayed into such scenes of gilded youth only occasionally. While Dirck opted for many small figures (see cat. 50), Frans almost always painted a few large ones, although he probably did at least once work more in the manner of his younger brother (p. 15, fig. 6).[87] Another characteristic of Frans's paintings is that most of his figures are so merry that they show their teeth. That is the case, for example, in the dazzling *Boy with Flute* (cat. 42) and two pictures showing a lutenist with a wine glass (fig. 9) and a young man smoking a pipe who is being embraced by an even more exuberant laughing woman.[88]

In one of his most ambitious genre scenes (fig. 10), a richly clad youth holds up a glass of wine with an equally merry woman hanging on his shoulder. This canvas of 1623, one of Frans's rare dated genre paintings, has been associated with two mentions in seventeenth-century inventories of a Prodigal Son by Frans Hals.[89] This biblical parable tells of a rich young man

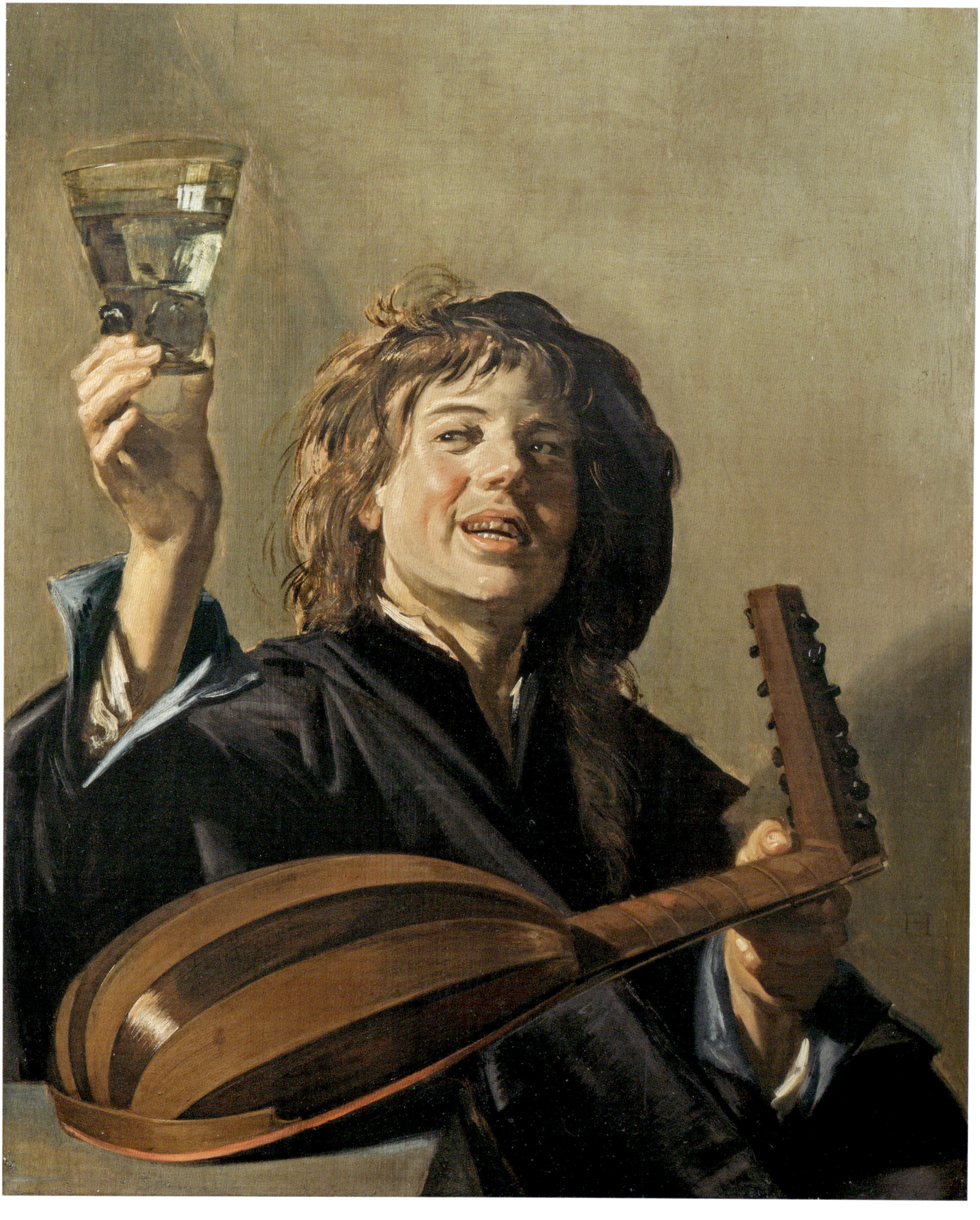

who squanders his inheritance in taverns and brothels. It is clear from certain details that some paintings of festive young people are indeed depictions of the parable.[90] In most cases, though, such references are missing—as they are from Hals's *Young Man and Woman in an Inn*—although this does not mean that some viewers were not immediately reminded of the biblical story. In the eighteenth century, however, the painting had a different name. At an auction in 1786, it was sold as a portrait of "Squire Ramp and his Mistress,"[91] an identification that has been rejected because of its reference to Ensign Pieter Ramp, who was depicted in Hals's 1627 group portrait of the Calivermen Civic Guard (p. 70, fig. 12). He does not look anything like the young man in this painting; it is also inconceivable that such a wealthy, upright man would ever have allowed himself to be depicted in this way. However, it is possible that the title refers to a now unknown comedy featuring a Squire Ramp, which would translate as "Squire Disaster." Such meaningful names were popular in comedies, as can be seen earlier from the Squire Bungler who married Dame Swindler.

Children

Adolescents and young adults were seen as susceptible to foolishness, and children even more so. The poet Theodoor Rodenburg uses the term "childish folly" in relation to the ridiculousness of human actions.[92] Children were thus symbols of foolishness,

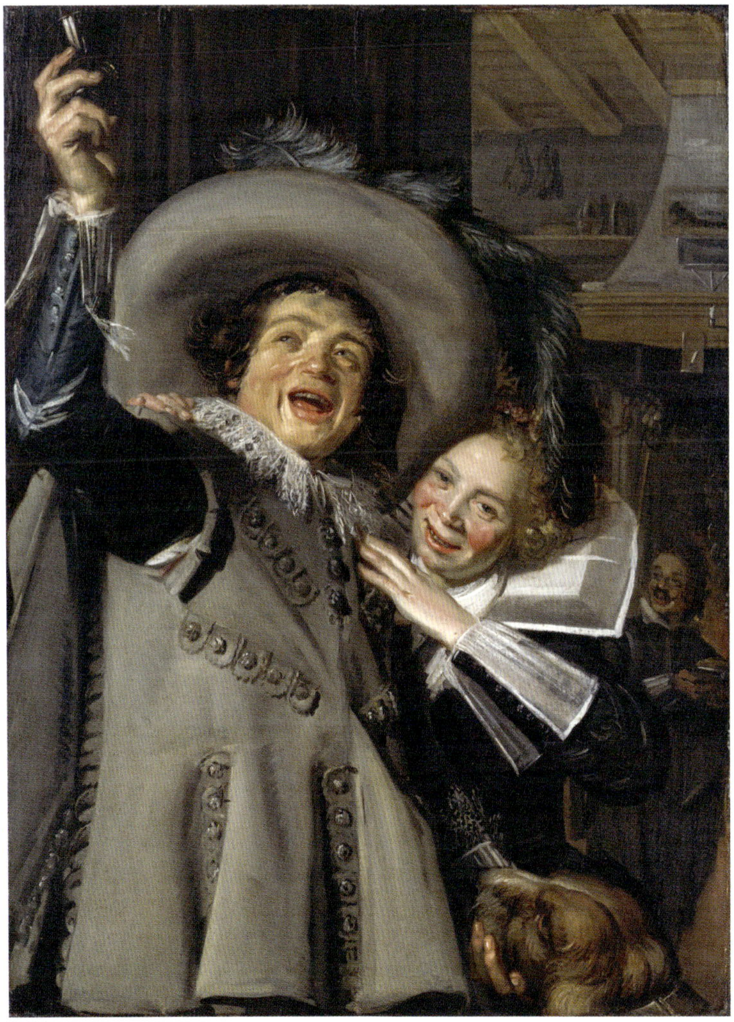

Fig. 9 Frans Hals, *The Merry Lute Player*, ca. 1624–8, Guildhall Art Gallery, City of London Corporation

Fig. 10 Frans Hals, *Young Man and Woman in an Inn*, 1623, The Metropolitan Museum of Art, New York

but people were also convinced that they were able to see through the adult world and consequently play a part usually reserved for jesters. On the title page of the comic book *De nieuwe Vaakverdryver* it is children who identify human folly.[93] Stupid behavior could be excused in children, as distinct from other young people, because they did not yet know better, so they were free to laugh to their hearts' content; in time, they would learn how to control their emotions.[94] This explains why children are alone in Hals's portraits (as distinct from his genre paintings and *tronies*) in occasionally revealing their teeth when they laugh (p. 159, fig. 6). He may have been inspired by the large painting by Maarten van Heemskerck, renowned Haarlem painter of the sixteenth century, in which two children of Pieter Jan Foppesz and his wife, Alijdt Mathijsdr, are laughing fit to burst (fig. 11).

The children in Hals's genre scenes and study heads are almost invariably laughing freely. It appears from seventeenth-century inventories that he sometimes used his own children as models.[95] It is not known for certain in which works they appear, but we should probably think of pictures like *Laughing Boy* (cat. 4), *Laughing Boy with a Flute* (cat. 5a), and *Laughing Boy with a Wine Glass* (cat. 5b), in which the children are well-dressed. The fact that he regarded children, including his own, as symbols of folly is apparent from a lost work by Hals that is known only from an eighteenth-century print (fig. 12), which shows a laughing boy holding an owl, a symbol of madness.

A separate group within Hals's oeuvre consists of paintings of fisher children, whom he would have seen every day at the fish market on Haarlem's Grote Markt (Great Market Square), to which they brought the fish—dab, plaice, herring, and cod, as well as shellfish and crustaceans such as shrimps—landed at nearby Zandvoort. The fishing boats were dragged on to the beach and the catch immediately auctioned off and taken to Haarlem in carts and on foot by women and children, who carried them almost 10 km in heavy baskets on their arms, backs, or heads. It was these fish porters whom Hals painted (fig. 14; cat. 40). The fisher boy with a broad

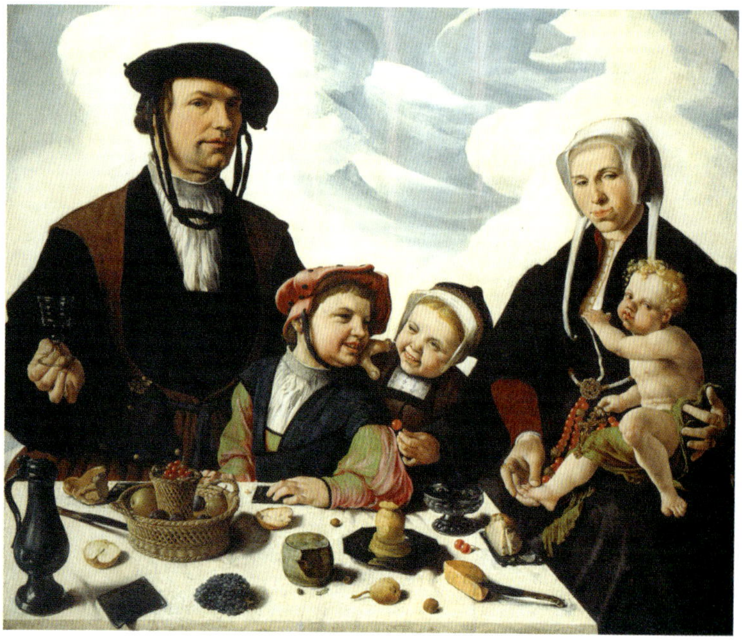

Fig. 11 Maarten van Heemskerck, *Portrait of Pieter Jan Foppesz and His Wife, Alijdt Mathijsdr, called Van Beresteyn, with Their Children Jan, Cornelia, and Pieter*, ca. 1530, Hessen Kassel Heritage, Gemäldegalerie Alte Meister, Kassel

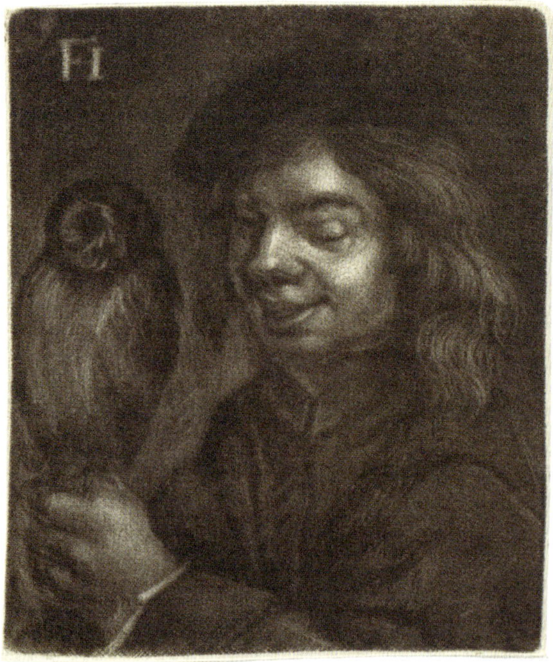

Fig. 12 Johannes de Groot III after Frans Hals, *Boy with an Owl*, ca. 1740, Rijksmuseum, Amsterdam

Fig. 13 Frans Hals, *Laughing Boy with a Flute* (detail), ca. 1627 (cat. 5b)

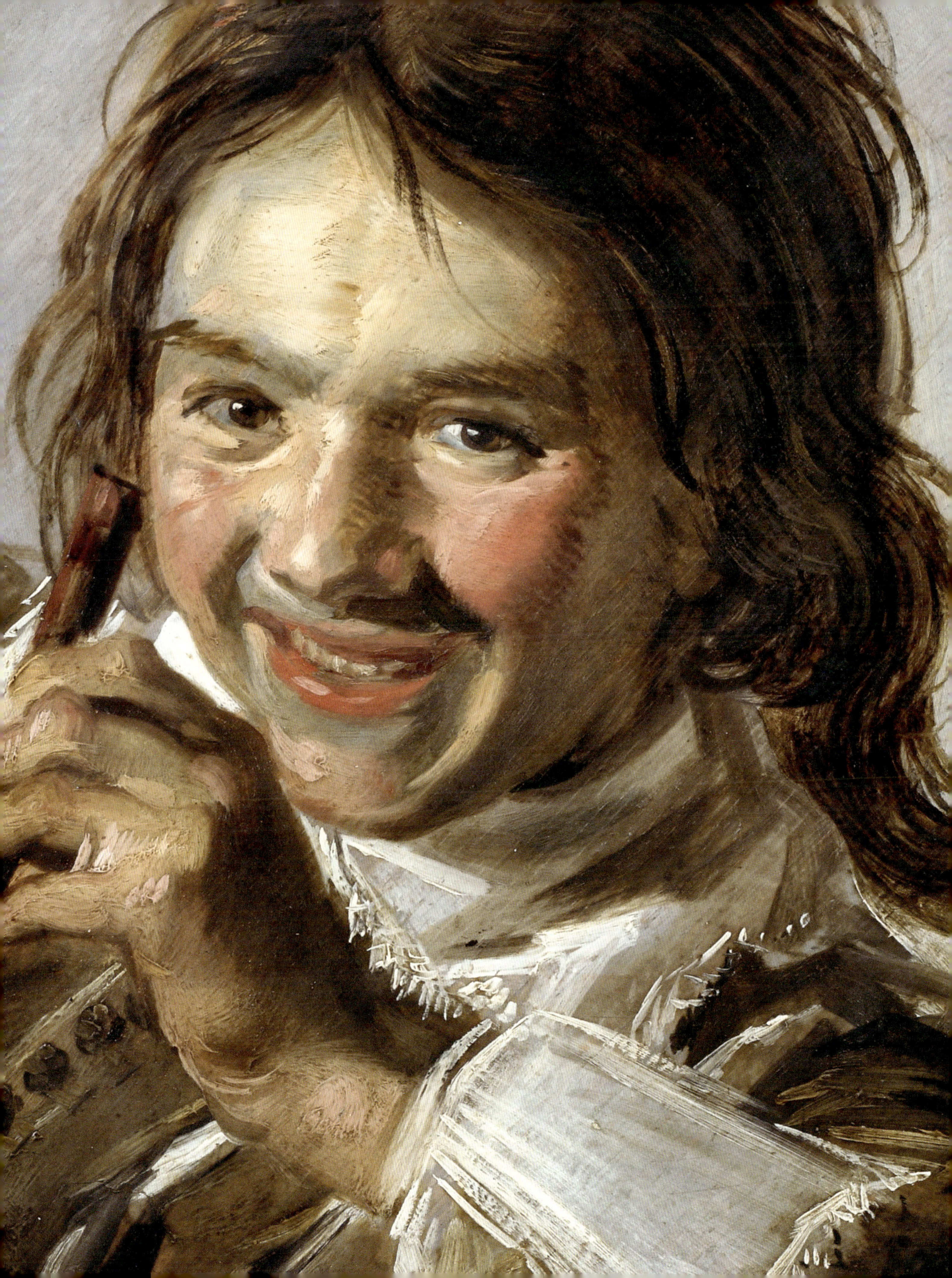

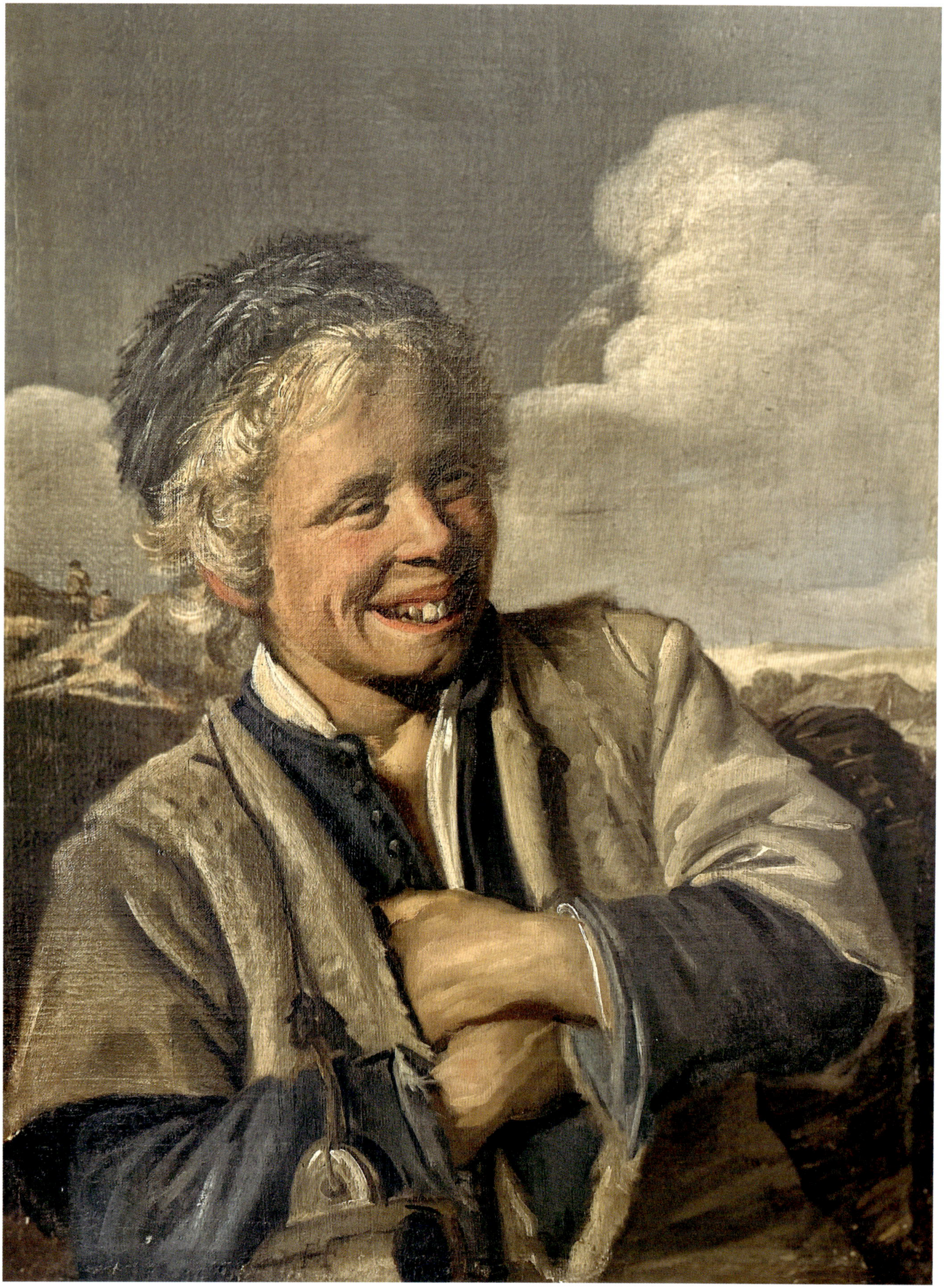

grin on his face is probably selling shrimps and shellfish, for at bottom left there is a glimpse of a wooden beaker for measuring out portions.[96] Hals depicted all of them with dunes or a stretch of beach and sea in the background, probably to heighten the sense of a rural idyll.[97]

Similarly, the clergyman and author Samuel Ampzing wrote an ode describing how the Haarlemers treated Zandvoort as a maritime Arcadia.[98] The townsfolk, he said, went there to forget their cares, take their ease, and eat fresh fish while their children played and rolled in the dunes until their eyes and necks were full of sand. The local villagers were uncommonly virtuous souls: "A poor and simple people, not encumbered with splendor, magnificence, and pride, / nor with the wickedness and malice of this age, / Simple, innocent, and upright, full of fidelity and free of subterfuge, / And where one misses virtue the least and sin the most."[99] Hals probably regarded the fisher boys and girls as sympathetically as Ampzing, whom he must have known well.[100] As with his paintings of other children, their ever-present grins would have been seen as a sign both of their foolishness and—perhaps even more so—of their undefiled goodness.[101]

Malle Babbe and Boontje

Terms like "buffoon," "fool," "silly," or "mad" were used in Hals's day for people "to whom the path of wisdom was closed." These are the words of the seventeenth-century physician Johan van Beverwijck who, in his *Schat der ongesontheyt* (Treasure of Disease, 1642), discussed people whose brains lacked "consultative power."[102] A broad distinction was made between people with a psychological disorder and those with a mental impairment. The former state, which one could develop at a later age, was typified by an impassioned, often aggressive or even menacing manner, while the second disorder, with which one was born, by calm, unthreatening behavior. In principle, the family was expected to look after the latter. But if they were a danger to others, or if relatives were unable to care for them, they could be committed to institutions such as hospitals, asylums, workhouses, or houses of correction. It was generally considered pointless to try to educate or cure them.[103]

In 1646, "Barbar, also known as Malle Barbar" was committed to the Haarlem workhouse in order to avert any possible further "dangers of disgrace and dishonor." She spent the rest of her life there.[104] Hals knew the institution well because his son Pieter and eldest daughter, Sara, were taken there four years earlier, the former because he had a mental disability and the latter because of her immoral behavior, having given birth to her second illegitimate child that year.[105] It is not clear why Malle Barbar or Babbe was committed: people could be confined for very different reasons, as with Hals's two children. The institution was introduced mainly to keep beggars and wastrels off the streets and set them to work, but as time passed, the program was extended to all sorts of other people.[106]

The fact that Hals painted her portrait (cat. 45) suggests that Malle Babbe was a familiar sight around Haarlem before she was rounded up. This is in one of the most loosely brushed works that he ever produced. The sitter is identified by an inscription, probably from the seventeenth century, on the stretcher of the canvas.[107] Furthermore, a hitherto unknown mention of a "Malle Babbe by Frans Hals" has been discovered in an inventory of 1689, revealing that a painting of the subject was then in Amsterdam, which is evidence that she was also known outside Haarlem.[108]

It has been pointed out that the pewter mug of beer alone might explain Malle Babbe's broad grin, but by adding the owl, Hals gave the scene a more general significance. The presence of the bird turned the sitter into a personification of foolishness, fully in the tradition of the rhetoricians. At the fools' festival organized by Van der Mersch, in which the jesters of all three Haarlem chambers participated, three pewter owls were to be awarded for the best aphorisms or mottoes.[109] In order to illustrate the sharp wit and sense of humor of the young Karel van Mander, his biographer relates how the small boy drew portraits on the whitewashed walls of his parents' house of the maids' "peasant sweethearts

Fig. 14 Frans Hals, *Laughing Fisher Boy*, ca. 1630, Private collection

or lovers," adding their names below. The portraits tended toward the caricature, one man being given a long, crooked, knobbly nose, and the others club feet, bandy legs, a large hump, and an owl on his shoulder.[110]

In view of her nickname and the fact that she had been committed to the Haarlem workhouse, it seems likely that Malle Babbe had a mental disability.[111] The same is probably true of another of Hals's subjects, namely the principal character in *The Rommel-Pot Player* (cat. 37). On the evening of Shrove Tuesday, adults, and above all children, went from door to door making music and singing in the hope of being given something tasty to eat or perhaps a little money. They were often accompanied by a *rommelpot*, an earthenware pot with a pig's bladder stretched over the top, pierced by a stick that made a noise like a stuck pig when it was moved up and down.

The inscriptions on prints with a *rommelpot* player almost always refer to the subject as a fool ("zot").[112] In Hals's painting it seems that the man is not behaving foolishly purely for the sake of the festive mood. The catalogue of an eighteenth-century auction states that a drawn copy by the Leiden painter David Bailly depicts someone called Boontje, "a well-known nutter of Haarlem at the time."[113] Until now it has not been noticed that this identification is confirmed by the mention of "a painting of Boontje of Haarlem" that was one of the prizes in the Amsterdam dicing lottery of around 1625 mentioned above. Although the artist is not named, it is very possible that this was Frans Hals as the picture is mentioned together with one of Pekelharing.[114] If this identification is correct, it is very possible that "Boontje" did indeed go busking in Haarlem surrounded by children on the night before the beginning of Lent. For Hals anyway, the subject gave him the opportunity to combine two kinds of "fool"—someone with a mental disability and children—in a single painting and thus display a whole range of different people laughing.

He undoubtedly made other paintings of this kind. In Alkmaar in 1665, for instance, "the crazies of Haarlem by Frans Hals" was sold for sixty-nine guilders.[115] It is difficult to form a clear idea of what kind of work it was: did it depict mentally unbalanced people or simply more "fools"?

A Smile Raises a Smile

If you go to the Rijksmuseum's Gallery of Honour and watch the visitors who are looking at Frans Hals's *Merry Drinker* (cat. 1), you will often see them start to smile, sometimes without them even being aware of it. A smile raises a smile, as the Latin poet Horace well knew, and later art theorists such as Alberti, Lomazzo, and others followed his lead.[116] Hals was undoubtedly aware of the phenomenon and appears to have made every effort to provoke such a reaction through his paintings.

He rarely included groups of figures in his early genre scenes, usually focusing instead on a single person, whom he almost always depicted life-size. This made it easier for the beholder to relate to the sitter, as if they were alone with them. This contact becomes even more direct if the figure is gazing directly at the viewer, as is so often the case with Hals, creating a sense that we are sharing space, time, and emotions with the subject.[117] Many of his laughing fools and drinkers were the same types who played leading parts in the farces of his day. However, it appears that Hals also sought out less obvious individuals to deploy his gift to the best effect. Thus he depicted children, some of them from fishermen's families, and people with a mental disability, who until then had never or rarely been shown in such a way. Some must have been familiar sights in or around Haarlem. These works may be described as portraits, but they were made with very different intentions and purposes than those he made of his affluent clients.[118]

Laughter seems to have been one of Hals's trademarks. His pupils sometimes depicted themselves or each other roaring with laughter (fig. 15; p. 279, fig. 5), not only in self-mockery but also as allusions to their teacher: you learned how to paint a laugh with Frans Hals. His figures appear to be laughing out of merriment and not, for instance, because they were uneasy or malevolent.[119] We cannot be entirely sure about this, because he almost always featured a single figure, seldom adding a narrative element to explain why someone is

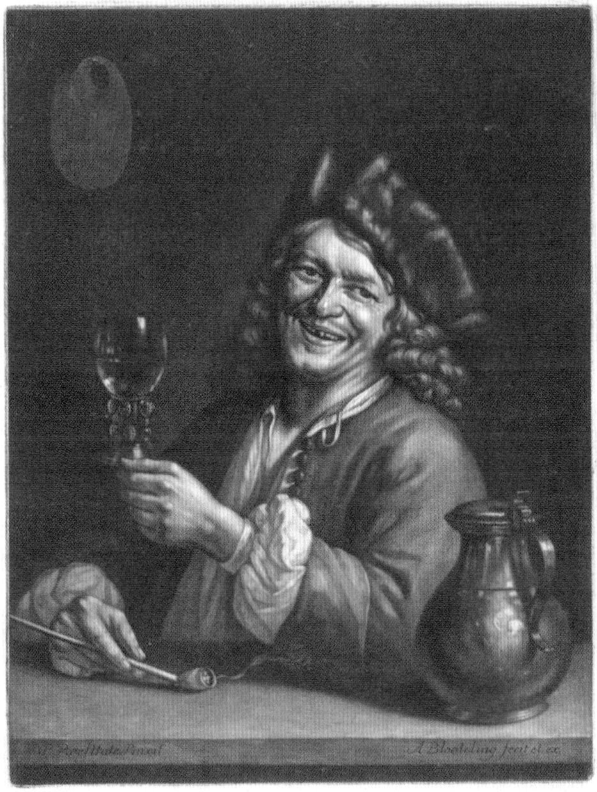

Fig. 15 Abraham Bloteling after Pieter Gerritsz van Roestraten, *Self-Portrait*, ca. 1675, Rijksmuseum, Amsterdam

convulsed with laughter. With Hals, humor and laughter almost invariably coincide. The viewer laughs at paintings in which people are laughing, the contagiousness of a laugh in real life playing a crucial role in his art.

Frans Hals's specialization in guffawing people was no doubt prompted by his prodigious talent. He was extraordinarily skillful at depicting different expressions and attitudes; he no doubt observed people laughing very closely indeed. Karel van Mander's advice, with which this essay began, might have helped a beginner to paint a laugh, but it would have been of little use to a master painter. Hals's teacher also knew that himself: "For Nature reveals more about what induces affects / Than one can describe."[120] What makes it so difficult to paint laughter is that the person's face and pose change fast and continuously, while the essence is to capture a single moment as precisely as possible. The proof that Frans Hals excelled at this is evident in *The Lute Player* (cat. 38), one of his most convincing laughing sitters. The fool's head is turned upward and at a sharp angle to his torso, his pupils in the extreme corners of his eyes, a position that can only be held very briefly. The fact that it is the details that matter when depicting someone laughing becomes clear from a comparison with Judith Leyster's *The Serenade* (cat. 53), which was heavily influenced by Hals's painting. However beautiful her composition, it does not have the fleeting nature of Hals's, mainly because her musician's body and head are more aligned, thus making him appear more static.

However, Hals's genius for depicting laughter lay above all in his touch. His canvases were described in his own day as being "farcically painted," which made them ideally suited for merry subjects.[121] He generally worked up a figure's head more than the rest of the body, thereby stressing the facial expression, with the areas of loose brushwork imparting a sense of movement. This is immediately apparent in a comparison of his work with that of another artist who was so fond of laughter, Gerard van Honthorst (fig. 16). His figures have a frozen look, whereas Hals's appear to be bursting with animated life.

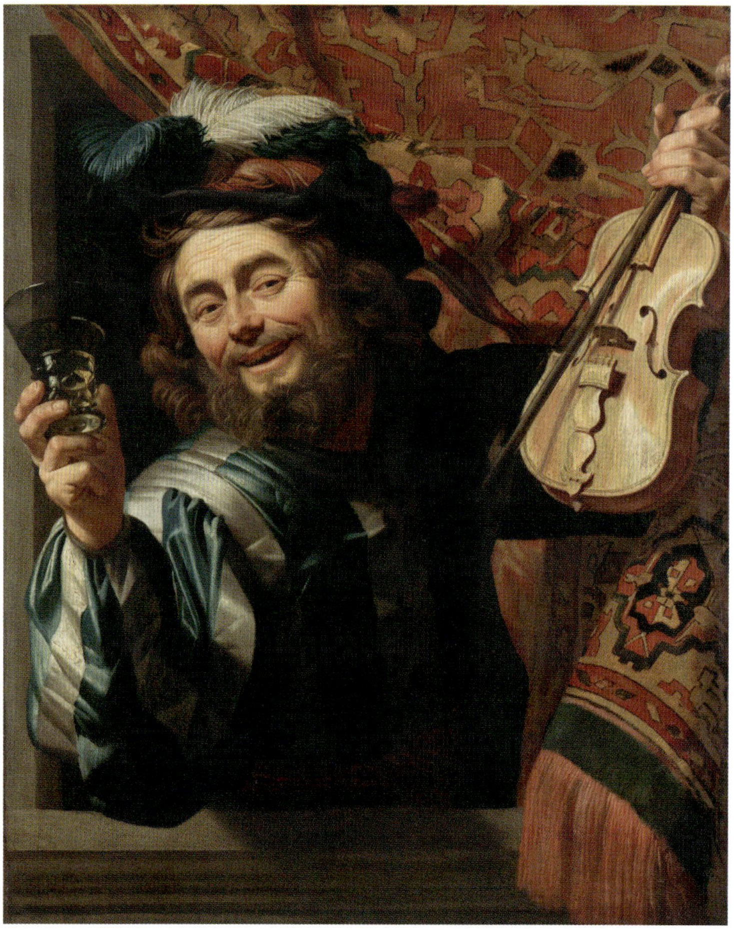

Fig. 16 Gerard van Honthorst, *The Merry Fiddler*, 1623, Rijksmuseum, Amsterdam

Honthorst's detailed and smooth execution, with his meticulous imitation of materials, dispels any illusion of action. It is impossible to observe every detail of someone who is moving around, which is what laughing people do by definition, nor can one see all the decorative details of a glass in their hand or the precise way it catches the light, which naturally changes as the person moves. Hals indicates forms but does not elaborate them. His individual brushstrokes prevent his subjects from looking as if they are standing still, at the same time suggesting that he was working swiftly, as if he recorded his subjects at the very moment when they start laughing. Thus Frans Hals is the undisputed master of the laugh.

I would like to thank Arjan van Dixhoorn and Lotte Kokkedee for their helpful comments.

1 Mander 1604 (1973), vol. 1, fol. 25v, pp. 168–9. For Frans Hals as a pupil of Van Mander, see Van der Veen in the present volume, pp. 19, 21; and for his partiality for laughter, Schiller 2010.

2 This peculiarity was remarked upon quite often by Leon Battista Alberti, Leonardo da Vinci, and Gualtherus Rivius, among others. See Mander 1604 (1973), vol. 2, p. 501; Schiller 2006, pp. 64–8.

3 See Dekker 1997, and especially Verberckmoes 1998.

4 In addition to Erasmus, it was above all the Spanish humanist Juan Luis Vives who carried out important research into laughter with his *De anima et vita* published in Bruges in 1538; see Verberckmoes 1998, pp. 53–7.

5 Erasmus 1652: "In eenige plaetzen bequamelijck gevoeght tot het gebruyk der Schoolen van Hollandt en West-Vrieslandt, ende door openbare last in druk uytgegeven" (Fittingly added for the use of schools in various places in Holland and West Friesland, and issued in print by public order).

6 Ibid., pp. 11–12: "Het misstaet ook dat zommige / als zy lacchen een gebries maken. Oock onbetaamlijk is die lach / welke de opsperring van de mond / met gerimpelde wangen en naakte tanden wydt van een strekt / welke hondelijck is."

7 Ibid.: "de gestaltenisse der mondt niet onteere / noch een ongebonden gemoedt te kennen geeve," and "zotte praatjes" like "Ik lach my slap / ik lach my te barsten / ik lach my doodt."

8 However, the word "grim-lachje," which could mean bitter laugh or smile, was used by Ritsart in *Moortje*; see Bredero 1620, n.p., "Vierde uytkomen, Het darde bedrijf" (act 3, scene 4).

9 Heinsius 1616, p. 16, in the poem "Dominae servitium libertatis summa est": "die niet sachter wesen mach."

10 Cats 1620, p. 90: "Wien soud' een soeten lach niet innerlijck becooren?"

11 Mander 1604 (1973), vol. 1, fol. 23r, pp. 158–9, nos. 7–8: "Met een vriendelijck toelachend aenschouwen," "een Roose rootheyt"; Melion 2023, p. 261.

12 For this portrait, see also Cornelis in the present volume, pp. 63–4.

13 See note 11, "vol Liefden doorgoten."

14 For the family portraits, see Toledo and Brussels 2018. See Grijzenhout 2021 for the identification of the *Portrait of Nicolaes van den Heuvel, His Wife Susanna van Halmael, Their Daughter Maria, and an Unknown Daughter*, painted around 1635 (Cincinnati Art Museum, inv. 1927.399). See p. 159, fig. 6, in the present volume.

15 Ripa (1593) 1644, pp. 222: "Ionckheyd" (Youth), 278: "De Lach wort Iongh geschildert, om dat de teere en jonge Ieughd, meest tot lacchen is genegen" (Laughter is painted young because tender and young youth is the most inclined to laugh). Ripa's book was translated into Dutch in 1644 by the writer and publisher Dirck Pietersz Pers.

16 Ibid., p. 76 (under "Sanguigno of Blygeestige"): "lach en vrolijckheyt . . . vermaecklijck en boertigh [zijn, en], beminnende het speelen en singen."

17 Mander 1604 (1973), vol. 1, fol. 25r, pp. 166–7, no. 28: "Den mondt wat open / soet / lachende / vrolijck"; Melion 2023, p. 266.

18 See especially Packer in London 2021, pp. 42–8.

19 The fact that the adults in portraits do not show their teeth could also be due to widespread poor dental hygiene in the seventeenth century. Against that, painters often flattered their sitters and were certainly not content to be slaves to reality. So the demands of etiquette that it was uncivilized to show one's teeth must still have been a weighty consideration in portraiture. Painters, after all, were perfectly capable of giving their sitters a gleaming set of teeth.

20 Koppenol 2001, p. 236; Schiller 2006, pp. 78–89; for the payment to De Gheyn, see Boheemen and Heijden 1999, p. 541. See engraving and etching by Dirck Volckertsz Coornhert after a design by Maarten van Heemskerck, *Heraclitus and Democritus*, 1557 (Veldman 1994, vol. 2, no. 475, p. 160; one impression of this print is in NHA 143); Jacques de Gheyn II, *The World in a Fool's Cap*, engraving, 1596 (Filedt Kok and Leesberg 2000, vol. 2, no. 257, p. 117; the engraving was also included in publications in 1613 and 1614: an edition of *Const-riick beroep ofte antwoort. . .*, Leiden 1614, with the print, is in the Rijksmuseum Research Library, 332 D 13).

21 According to Cornelis Luidewijck van den Plasse in his dedication to Albrecht Koenraed; see Bredero 1638, fol. A3v: "het schuim des volckx, harders, boeren, werckluiden, waerden, waerdinnen, koppelaersters, snollen, vroedwyven, bootgezellen, opsnappers, schoisters en panlickers." See further Westermann 1997, p. 99.

22 NHA, 3162 Aloude Rhetorijkamer De Wijngaardranken onder de zinspreuk Liefde Boven Al te Haarlem, inv. 597, n.p., under the year 1616. See especially Dixhoorn 2009; Boheemen and Heijden 1999, pp. 341–456.

23 Dixhoorn 2009, pp. 75–7.

24 Ibid., p. 73.

25 Vermeer 1993; Miedema 1994–9, vol. 2, pp. 10–168. Van Mander made the designs for an engraving of their device for the Vine Tendrils and for a New Year's print; see Leesberg 1999, nos. 161–2, pp. 184–5.

26 Mander 1618, fol. S3r.

27 See note 22.

28 See Dixhoorn 2009 for the members of the chambers of rhetoric. Loo and Hals must have known each other well since they were members of the Vine Tendrils at roughly the same period. They joined in 1616 and Loo remained until 1626, one year longer than Hals. A painting of 1653 recently sold at auction has been identified as a portrait of Loo (Sotheby's, London, December 9, 2021, lot 136; Biesboer 2023).

29 Köhler and Levy-van Halm 1990, pp. 32–45.

30 Hals is last recorded as a member of the Vine Tendrils in 1625; see note 22.

31 Dixhoorn 2009, p. 85.

32 It has been assumed that some of Hals's paintings of children belonged to a series of the Five Senses (see Slive 1970–4, vol. 1, pp. 79–80). No complete series by him has survived, but it is clear from seventeenth- and eighteenth-century records that he did make them. It is sometimes not clear whether Frans or his brother Dirck was the artist, as in the case of "Vijff cleyne vijff sinnen bortjes van Hals" (Five small five Sense panels by Hals, SAA, notary F. Uijttenbogaert, NA 1915, pp. 1–23, January 13, 1654; ibid., pp. 24, 25–33; see Thiel-Stroman 1989, doc. 146, as not seen); "Drie schilderijties van de vijff sinnen door Hals gedaen" (Three small paintings of the Five Senses done by Hals, inventory of Wilhelmus Scriverius, son of Petrus, SAA, notary H. Westfrisius, NA 2804 [B], pp. 971–84, October 26, 1661; see Bredius 1915–22, pp. 216, 369–73, 1301); "Vijff sinnebeeltjes van Hals" (Five allegories by Hals, inventory of Maria van Strijp, widow of Eduard Wallis, 1707; see Biesboer and Togneri 2001, pp. 323–6); "37 Vyf Stuks, zynde de Vyf Zinnen van F. Hals." (37. Five pieces, being the Five Senses by F. Hals; see Amsterdam 1734). Dirck Hals was identified in "De vijff sinnen van D. Hals, met ebbe binnenlijsten" (The Five Senses by D. Hals with ebony frames) in 1634 in a list of paintings for a lottery organized by Cornelis van Kittensteijn (ca. 1600–after 1638) and Dirck Hals (see Miedema 1980, pp. 157–9); and "Noch vijff stucken schilderije met ebbenhoute lijsten, de vijff sinnen van Dirck Hals" (A further five paintings with ebony frames, the Five Senses by Dirck Hals, inventory of Josina van Neste, the widow of Hendrick Willemsz den Abt, 1662; see Biesboer and Togneri 2001, pp. 162–3).

33 For the comical elements in the rhetoricians' work, see especially Pleij 2007; Dixhoorn 2009; Kramer 2009.

34 See especially Verberckmoes 1998 and Dorren 2001, p. 79.

35 Martens and Peeters 2006, pp. 49–50.

36 The classic article on this painting is Thiel 1961; see also various articles in Koppenol 2001, 2003, and 2004.

37 Thiel 1961. Piero was Van der Mersch's nickname.

38 *The Portrait of a Fool with a Yellow Fool's Cap* painted by Cornelis Cornelisz van Haarlem around 1596 (Theater Instituut Nederland, Amsterdam) has been regarded since at least the eighteenth century as a portrait of Van der Mersch. However, the resemblance to the subject of Hals's portrait is slight, so at most it seems to have been inspired by the famous Leiden fool and not a true portrait. For Cornelis van Haarlem's painting, see Thiel 1999, no. 221, pp. 378–9, and the literature listed there under note 14; Hillegers in Haarlem 2017, no. 2, pp. 68–9.

39 Koppenol 2004, p. 8.

40 For the name, see ibid., p. 2. For the marriage, see especially Koppenol 2001, p. 236. The costume, like all the expenses for the feast, was paid for by the City of Leiden; for the invoice, see Boheemen and Heijden 1999, pp. 535–7.

41 Thiel 1961, p. 167, suggested that the coat of arms, like the monkey holding it, was intended to be humorous. However, the present author believes it more likely that it was Van der Mersch's official coat of arms.

42 On the Shrovetide festivities, see Mezger 1991; 's-Hertogenbosch 1992; Kruijswijk and Nesse 2004, and the Shrovetide songs in the Dutch song database, De Nederlandse Liederenbank (www.liederenbank.nl, accessed February 27, 2023).

43 For the painting, which is undated, see Slive 1970–4, no. 5; Liedtke 2007, no. 58, pp. 251–9. The drawing of 1660 is signed by Matthijs van den Bergh (Fondation Custodia – Collection Frits Lugt, Paris, inv. 6310A).

44 Coster 1633, n.p., "tweede uytcomst, van 't vierde deel" (act 4, scene 2): "U hoeden rondom dight bekleedt / met lecker hoender bouten / De varckens billen niet vergeet / al zijnse wat ghesouten / En an u halsen kransen maeckt / Van worsten en sausysen veel / ghepepert eel. / Daer wel een dronck op smaeckt." The play was first performed in 1612. In the engraving made by Cornelis Bloemaert around 1625 after a painting by his father, Abraham, a boy has a sausage around his shoulder. The inscription states that he is a "Vastel-avonts Sot" (Shrovetide fool). See Hollstein 1949, no. 287, p. 79; Rijksmuseum, Amsterdam, inv. RP-P-BI-1444. For the painting, see Haarlem 2017, no. 6, pp. 75–7.

45 For the use of eggs in an ambiguous, often risqué sense, see Bostoen in Haarlem and Hamburg 2003, pp. 43–9. For the ambiguity of bagpipes, see for example, a painting by Pieter Huys (Gemäldegalerie, Berlin, inv. 693) in which the bagpiper says to a woman in the inscription that his "pijp [is] al uyt ghepepe[n]" (pipe has stopped piping); see Ubl in Rotterdam 2015, pp. 157–75, esp. p. 165.

46 Stewart 1978. A painting that is very similar but lacks the Shrovetide elements is *Merry Company*, ca. 1633, attributed to Hendrick Pot (Museum Boijmans Van Beuningen, Rotterdam, inv. 1678); see Lammertse 1998, no. 48, pp. 140–2.

47 See especially Mezger 1991, pp. 258–68, for the fox tail as an attribute of fools and a symbol of flattery, gossip, and dishonesty.

48 The original was dated 1616, according to Bode 1883, p. 46, who stated that it was in a Belgian collection and later sold

to America. Its present whereabouts are unknown. Wilhelm von Bode attributed the copy formerly in the Kaiser-Friedrich-Museum, Berlin (but lost in the Second World War), to Willem Buytewech. See also Slive 1970–4, no. L 2.

49 Haverkamp Begemann 1959; Rotterdam and Paris 1974, nos. 2, 26–7, pp. 5–7, 25–7. The figure is also found in Dirck Hals's work (see Lammertse and Van der Veen in the present volume, p. 293n104). For the painting by Willem Buytewech (*Merry Company*, ca. 1620, Museum Boijmans Van Beuningen, Rotterdam, inv. 1103), see Lammertse 1998, no. 9, pp. 33–5.

50 The two men flanking the central figure of *Merrymakers at Shrovetide* are often identified as Pekelharing (left) and Hans Worst (right), among others; see Slive 1970–4, vol. 1, pp. 33–6, vol. 3, no. 5, pp. 3–4; Liedtke 2007, no. 58, pp. 251–9; Liedtke 2011, pp. 17–18. However, this identification is unconvincing, based only on the food that they are carrying: the man on the left could equally be Hans Worst because of the sausages round his neck. In addition, his herrings are not pickled but smoked, so they are kippers. Sausages were a popular food at Shrovetide; see Mezger 1991.

51 Boheemen and Heijden 1999, p. 642: "de jonghluydens op deselver spel ende maeltijden," "allerley lichtveerdigheyt ende vleeschelijcke ongebondenheden."

52 SAA, notary G. Coren, NA 1004 (B), pp. 753–67 (undated); ibid., pp. 768–9, October 30, 1645, inventory of Elisabeth Hermans (Lijsbet Harmens), widow of Coenraet Willemsz van Ceulen, who then married Jan Dorhout. The painting is listed on p. 762: "1 schilderij sijnde een clucht van Santvoort van Frans Hals met een vergulde lijst."

53 Boheemen and Heijden 1999, pp. 408–9. It is not known which plays were performed at the competition. The event was in August 1616, so it is unlikely that Hals was present because he was already in Antwerp on August 6 of that year and did not return until between November 11 and 15, see Thiel-Stroman 1989, docs. 17, 21–2. See also Lammertse and Veen 2023, p. 48.

54 The full rhyme is "Siet Monsieur Peeckelhaering an, / Hy pryst een frisse volle kan, / En hout het met de vogte back, / Dat doet syn keel is altyt brack" (Behold Monsieur Pickled Herring, / He praises a tankard cool and full, / And goes on and on about the wet jar, / For his throat is always dry).

55 For the list of Hendrick den Abt's paintings, see Miedema 1980, vol. 1, pp. 136–7, no. A45; Thiel-Stroman 1989, doc. 58. For the dicing lottery of around 1625 organized by the Amsterdam painter Laurens Mauritsz Hellewech, see Roever 1886, p. 196; Bok 2008, pp. 16–18. The booklets for the dicing lottery are in the library of the Amsterdam City Archives, inv. U00.3101. The full entry reads: "No. 14 Eene schilderije van Boentijen t'Haerlem met noch het conterfeijtsen van mr Pekelharinck kluchtich geschildert is geestimeert op 5 ponden Vlaems" (No. 14. A painting of Boontje of Haarlem, together with the likeness of Mr. Pickle Herring, farcically painted, is appraised at 5 pounds Flemish). Later in the seventeenth century, too, there are mentions of paintings of Pekelharing. The probate inventory of the great Leiden collector Hendrick Bugge van Ring (d. 1667) listed "Een trony van Pekelharing van F. Hals" (A head of Pekelharing by F. Hals, Erfgoed Leiden, notary L. van Swieten, NA 1005, doc. 10, March 30, 1667). In 1680, the probate inventory of Joris van Hasselt, widower of Trijntje Arents, lists "Een kontrefeytsel van monsieur Peeckelharingh" (A portrait of Monsieur Peeckelharingh, SAA, notary J. de Winter, NA 2411 [B], pp. 1–19, dd November 4, 1680, especially p. 9), and in 1684–5, the probate inventory of Cornelis van Lodensteyn and Maria van der Haer mentions "[no.] 95 Joncheer Peeckelhaeringh f 2:-:-" ([no.] 95, Squire Peeckelhaeringh, 2 guilders, The Hague City Archives, notary M. Beeckman, NA 290, pp. 121–268, April 20, 1685, especially p. 252). See also Lammertse and Van der Veen in the present volume, pp. 292n66, 293n102.

56 Pekelharing's English nationality is expressly spelled out in a German treatise of 1631; see Alexander 2007, p. 470. There is very extensive literature on Pekelharing, for example Worp 1886; Weber 1987; Schrickx 1983; Albach 1990; Alexander 2003, 2007, and 2015; Katritzky 2007, 2013, and 2018; Buijsen 2016.

57 The probable author of this anthology of translated English plays was Friedrich Menius; see Alexander 2007, p. 463; Brauneck 1970.

58 Jan Zoet, *Jochem-Jool ofte Jalourschen-Pekelharing*, Amsterdam 1637. It is not known whether the play was ever performed. See Cordes 2008, pp. 62–9.

59 Starter 1621, n.p., "kluchtigh t'samen-gesang van dry personagien" (comical part-song for three characters). The full reference to the melody is "Pekelharings. Ofte, Pots hondert tausent Slapferment" (Pekelharing, or Pot's hundred thousand weak fermentation), which was a bastardization of "Gods allerheiligst sacrament" (God's most holy sacrament). This melody reference occurs, with or without the mention of Pekelharing, no fewer than twenty-five times in Dutch songs before 1645; see www.liederenbank.nl (accessed February 27, 2023). The earliest reference dates from 1615 but does not mention Pekelharing. See further Grijp 1991, pp. 135–9.

60 In 1615, the English comedian "Georg Vincint alias pickelhering" is mentioned in Braunschweig; see Alexander 2007, pp. 468–9. The records of paintings of "mr." or "Monsieur" Pekelharing (see note 55) make it clear that they were portraits and not pictures of an imaginary person.

61 The engraving *The Mountebank Doctor and His Merry Andrew* was made by Edward (Le) Davis (active 1671–98); see Slive in Washington, London, and Haarlem 1989, no. 32, pp. 220–3, and British Museum, London, inv. 1945,0512.56.

62 The Leipzig painting has been referred to as "the mulatto" since the late nineteenth century, but there is no source for that. Slive in Washington, London, and Haarlem 1989, p. 220.

63 For the "Moor" as a symbol of folly, see Hornback 2001 and 2007.

64 *Nugae venales, sive thesaurus ridendi & jocandi. . .*, Amsterdam 1648, of which a copy is in the Koninklijke Bibliotheek, The Hague (KW 224 G 16 [1]). As can be seen from its Latin title, this book was for a learned readership. Starting in 1632, it was published in various countries and compilations; see Tomarken 2015.

65 For an overview of images with Pekelharing, see Haarlem 2017, p. 15. Jan Steen, *The Physician's Visit*, ca. 1660, Apsley House, Wellington Museum, London, inv. WM.1525-1948; Jan Steen, *As the Old Sing, so Pipe the Young*, ca. 1668 (cat. 47). The latter painting contains not only a picture of Pekelharing but also of a pipe-smoking Malle Babbe. Steen was undoubtedly working after a model by Frans Hals, which now seems to be lost.

66 Pers 1628a, p. 35: "De Sot seght, als ghy blijft bedoven in den wijn, / Dan suldy zijn als ick, een Narre suldy zijn."

67 Boot 1623, p. 467: "droncken te drincken" and "sotte, malle ende narrachtighe geckernien."

68 Schiller 2006, pp. 15–16; Bruaene and Bouchaute 2017, p. 13. See also note 21.

69 Slive 1970–4, vols. 2, 3, nos. 22, 74, figs. 63, 118.

70 For civic guardsmen and alcohol, see Knevel 1994, pp. 295–304.

71 Adam van der Hagen, member of the Vine Tendrils, lamented in 1613 that "Retorijckers / Wijvensmijters / Kannenkijckers" (Rhetoricians / Wife Beaters / Tankard Gazers) had become a general term for many rhetoricians; see Dixhoorn 2009, p. 186; Bruaene and Bouchaute 2017. For painters' love of drink, see Miedema 1981 and Van der Veen in the present volume, p. 32.

72 Houbraken 1718–21, vol. 1, pp. 90–5.

73 Pers 1628a, p. 8: "De Wijn is der Poëten post-paerd."

74 Mander 1604, fol. 24r.

75 Eembd 1621, fol. 2v: "vrij wat," "water-drinkers" and "vol ende beschoncken"; Dixhoorn 2009, p. 187.

76 Bikker 2007, no. 105, pp. 171–3.

77 There is a drawing in the Rijksmuseum of a man laughing with his teeth exposed, with a (later) inscription identifying the sitter as Frans Hals. If this is a copy after a (lost) self-portrait it could be an example of his self-mockery. For the drawing, see Middelkoop and Grevenstein 1988, p. 93, and Rijksmuseum, Amsterdam, inv. RP-T-1961-51.

78 See Van der Veen in the present volume, p. 33.

79 Verberckmoes 1998, p. 86, with references to the books of Juan Luis Vives and the French physician Laurent Joubert, who wrote a long treatise on laughter, *Traité du ris*, in 1579.

80 Ibid. It was also said that exuberant laughter made women look older and uglier before their time.

81 See Schiller 2010 for laughing prostitutes.

82 Pers 1628b, p. 113: "lacchen sonder lach, met streelen sonder sin, / Met loncken sonder oogh, met lieven sonder min." See also Verlaan and Grootes 1978.

83 Slive 1970–4, vol. 1, pp. 91–4; Slive 2014, pp. 119–20.

84 Crispijn van de Passe, *Les miroir des plus Belles courtisannes de ce temps / Spiegel der alderschoonste cortisanen deses tyts*, Utrecht 1630; a copy of the 1631 edition is housed at the Koninklijke Bibliotheek, The Hague, inv. KW 343 J 8.

85 For other examples, see Pol 1996, p. 318. A farce of 1650 mentions a woman with "bortjes" (panels) of prostitutes who were summoned when a client had made his choice. A notarized document of 1697 speaks of a woman who had her portrait hanging in an Amsterdam gaming house for seven years so that those who "wanted to have" her could "get" her there. See further Kolfin 2001.

86 Kolfin 2005; Roberts 2012.

87 There are doubts as to whether this work was by Hals—it has also been attributed to Willem Buytewech in the past. It was destroyed in the Second World War. See Slive 1970–4, no. L 1.

88 *Boy with a Lute* and *The Smoker*, both The Metropolitan Museum of Art, New York (Slive 1970–4, vol. 3, nos. 21, 24, pp. 14–15, 16–17; Liedtke 2007, nos. 60–1, pp. 266–8, 269–72), and *The Merry Lute Player*, Guildhall Art Gallery, London (Slive 1970–4, vol. 3, no. 26, p. 17).

89 SAA, notary S. van der Piet, NA 1027 (A), pp. 253–4, March 24, 1646: Cornelia van Lemens, wife of Abraham Macaree, is in arrears with her rent owed to Nicolaes Duysentdaelders and transfers household goods to him, including "Een groot stuck schilderij affbeeldende de verlooren soon, gedaen bij Frans Hals, bij provisie geëstimeert f 48:-:-" (A large painting of the Prodigal Son by Frans Hals, appraised on commission at 48 guilders), SAA, notary J. van de Ven, NA 1081, fol. 66r–v, March 28, 1647: agreement between Andries Aeckersloot and Marten van den Broeck, whereby the first-named delivers goods to Van den Broeck, who in return provides him with paintings, including "Een verloren soon van Frans Hals" (A Prodigal Son by Frans Hals). See Thiel-Stroman 1989, docs. 115 (as unverified), 119. For the painting, see especially Liedtke 2007, no. 59, pp. 263–5. The mentions have also been associated with the lost *Banquet in a Park* (p. 15, fig. 6).

90 Kolfin 2005.

91 Sale Johannes Enschedé collection, Haarlem (Taco Jelgersma and Vincent van der Vinne), May 30, 1786, no. 87, "Jonker Ramp en zyn Matres."

92 Rodenburg 1619, p. 377 (poem titled "Humana fumus"): "kindse zotterny."

93 Dekker 1997, pp. 49–50; *De nieuwe Vaakverdryver, of Neederlandze verteller: samengesteld door K.A.P.S.M.*, Amsterdam 1651.

94 Verberckmoes 1998, p. 49.

95 See Van der Veen in the present volume, p. 26, and Lammertse and Van der Veen, p. 283.

96 Compare the engraving of the Hague kermis (or local fair) in Adriaen van de Venne's *Tafereel van de belacchende werelt* (The Hague 1635), in which the boy is very similar to the one in Hals's painting. He is identified in the text as "Fopje," a "Garnaerts-Jongen" (shrimp boy), selling hot shrimps, crabs, and winkles from his basket (pp. 49, 50). In Gerrit Dou's famous *Quacksalver* of 1652 (Museum Boijmans Van Beuningen, Rotterdam, inv. St 4), there is a fisherwoman carrying a basket with a similar wooden beaker; see Lammertse 1998, no. 19, pp. 63–8, with more examples. See also Royalton-Kisch 1988, pp. 324–5.

97 For other depictions of fish porters, see above all, the series by Gillis van Scheyndel after Jan Porcellis, *Miscellaneous Beach and Water Views*, 1645 (Keyes 1980, nos. 144–60, 163–4, pp. 247, 249, and Rijksmuseum, Amsterdam). See also the prints by Claes Jansz Visscher (*View of Zandvoort*, 1612; see Schuckman 1991, vol. 1, no. 151, p. 85, vol. 2, p. 88, and Rijksmuseum, Amsterdam, inv. RP-P-1879-A-3464); Jan van de Velde the Younger after Willem Buytewech, *Aqua* (two versions, one of them dated 1622; see Luijten and Schuckman 1989, vol. 1, nos. 21, 24, pp. 16–17, vol. 2, pp. 17, 19, and Rijksmuseum, Amsterdam, invs. RP-P-OB-15.324, 15.320); Jan van de Velde the Younger, *View of Zandvoort*, 1627 (see ibid., vol. 1, no. 451, p. 144, vol. 2, p. 114, and Rijksmuseum, Amsterdam, inv. RP-P-1898-A-20532; the print was an illustration in I. Robbertsen, *Herders-Zanghen*, Amsterdam 1627). In Hendrick Sorgh's *Fish Market* of 1650–70 (Rijksmuseum, Amsterdam, inv. SK-C-227), there are two young children with large baskets.

98 Ampzing 1621; Ampzing 1628. See also, for example, Wesbusch 1636, for a delightful poem about a trip to Zandvoort. The prints that Jan van de Velde the Younger (?), Willem Buytewech, and Claes Jansz Visscher made of and around Zandvoort evoke an image similar to Ampzing's; see previous note and especially Amsterdam 1993b, pp. 54–5, 76–7; Leeflang 1997.

99 Ampzing 1621, fol. B4v, almost identical to Ampzing 1628, pp. 71, 76: "Een arm, en simpel volck, met prael, en pracht, en prangen, / En slimheydt deser eeuw' en boosheydt niet behangen, / Eenvoudich, slecht, en recht, vol trouw', en sonder list, / En daermen minst de deugd, en meest de sonde mist."

100 Hals painted Samuel Ampzing's portrait around 1630 (Leiden Collection, New York, inv. FH-100; see Liedtke 2017). Ampzing, in his turn, mentioned Hals in his books about Haarlem (Ampzing 1621; Ampzing 1628). See also Rinnooy Kan 2023, p. 139.

101 Jacob Cats had a similarly affirmative view, this time of the fishermen of Scheveningen, on which see Slive 1970–4, vol. 1, p. 144; Slive in Washington, London, and Haarlem 1989, no. 35, p. 232; Slive 2014, p. 186.

102 Beverwijck 1642, p. 328: "de wegh tot de Wijsheyt gesloten," "over-leggende kracht."

103 See Mans 1998 and Kerk 2019 for people with mental disabilities and psychological disorders in the seventeenth century and later.

104 NHA, 3993, no. 498, Resoluties van de burgemeesters, February 17, 1646, fol. 61r–v: "Barbar, alias Malle Barbar," "swarichheden van schande en oneere." The burgomasters present were Pieter Jacobsz Olycan and Floris van der Hoeff, the first of whom had his portrait painted by Hals (see p. 138, fig. 1, in the present volume). Barbar, also called Malle Barber, Barbar, or Babbe, lived in the workhouse until her death in December 1663, and was supported financially by the governors of St. Elizabeth's Hospital in Haarlem until she died; see NHA, 3305 Sint Elisabeths Gasthuis of Groote Gasthuis te Haarlem, inv. 37, alimentatieregister (Register of Allowances), fol. 27r–v. With thanks to Floris Mulder, who is preparing an article on Malle Babbe and kindly shared his findings with me. In 1653, the Leper House also paid to support "Malle Babbe int Tuchthuijs" (Malle Babbe in the workhouse), 65 guilders; see Thiel-Stroman 1989, doc. 94.

105 In 1637, Frans Hals received financial support for his "innocente soone" (son with a mental disability), Pieter, enabling him to be housed outside the city. In 1642, Pieter was moved to the workhouse on the orders of the burgomasters, where he was allocated quarters "buyten de gemeenschap" (separate from the community). He was only required to work if he was "fit" ("bequaem") to do so. See Thiel-Stroman 1989, docs. 80–1, 94. It appears that Pieter Hals was only briefly in the workhouse and then went to live with a private individual. From 1643 until his death in 1667, the financial support he received from St. Elizabeth's Hospital was paid to Aert Boom(en), who also received money for other people supported by the hospital; see NHA, 3305 Sint Elisabeths Gasthuis of Groote Gasthuis te Haarlem invs. 35–7, alimentatieregister (Register of Allowances). Sara Hals was placed in the workhouse at her mother's request; see Thiel-Stroman 1989, docs. 91–3.

106 See Hallema 1928, pp. 76–80, for the 1613 workhouse regulations.

107 Slive 1970–4, vol. 3, no. 75, pp. 45–6.

108 SAA, notary L. Fruijt, NA 3909, pp. 165–7, June 13, 1689, Cornelis van den Driessche(n) transfers goods to Leendert van Dulcken, among them a "Malle Babbe van Frans Hals," "1 trony van Frans Hals," and "1 copy na Frans Hals" (Malle Babbe by Frans Hals, 1 head by Frans Hals, and 1 copy after Frans Hals).

109 Koppenol 2001, p. 237; Boheemen and Heijden 1999, p. 539.

110 Mander 1618, fol. R2v: "boere-vryers oft minnaers." For other examples of the owl as a symbol of folly, see Slive in Washington, London, and Haarlem 1989, no. 37.

111 The fact that people with a mental disability were often called "malle" (foolish) emerges from the burgomasters' resolutions, which in 1646, the year when Malle Babbe was taken to the workhouse, also refer to Pieter and Cornelis Aerentsse, "beijde malle soonen" (both foolish sons, February 22, 1646) and the "malle kint" (foolish child) of Hendrick Willemse (March 5, 1646); see NHA, 3993, no. 498, Resoluties van de burgemeesters, fols. 62r–v, 65r.

112 See, for example, the engraving by Cornelis Bloemaert mentioned in note 44, with the inscription: "Siet de Vastel-avonts Sot / Comt hier met de Rommelpot, / Hoort hem singen, lieve man / Geeft een Koeckjen wt de pan" (Behold the Shrovetide fool / Coming here with his *rommelpot* / Hear him sing, the dear man / Give him a biscuit from the pan); an engraving by Jan van de Velde, inscribed "Op vastenavont loopt menich Sotje / Om duytjes gnorren op 't Rommelpotje' (Many fools walk around at Shrovetide / Grunting for farthings on the *rommelpot*," Luijten and Schuckman 1989, vol. 1, no. 132, p. 47, vol. 2, p. 70; Rijksmuseum, Amsterdam, inv. RP-P-OB-15.301); an engraving by J. Dubois after J. Matham, inscribed: "k'speel voor Sot om 't genot van dees Pot" (I play the fool for the profit from this pot), Hollstein 1952, no. 2, p. 6; Rijksmuseum, Amsterdam, inv. RP-P-BI-1959). It is also clear that *rommelpot*, fool, and Shrovetide were mentioned in the same breath from Reynier's monologue in Bredero's *Moortje*: "Ja wel het is te mal / de geck is seecker sot / Hier schort niet dan een blaas / of soo een romel-pot / Om voor de luyer duer te rasen en te singhen / De neske-deuntjes met de kinderlijcke dingen: / Als; gheeft my een Panck-koeck uyt de pan / ho man / ho: / De Vastelavondt die komt an: so, mijn Heer, also:" (Aye it really is too foolish / The fool is clearly mad / All that's missing is a bladder / Or a *rommelpot* / With which to make a racket outside people's doors / The foolish ditties with the childish things: / Such as: give me a pancake from the pan / Ho man / Ho / Shrovetide is coming / so, my lord, just so), Bredero 1620, n.p., "Vierde uytkomen, Het darde bedrijf" (act 4, scene 3). The play was first performed in 1615.

113 "Het afbeeldzel van *Boontje* enz, in dien tijd een bekend gekje te Haarlem, speelende op de rommelpot . . . door W. [*sic*] Bailli, 1624" (The likeness of *Boontje* etc., at the time a well-known nutter of Haarlem, playing on a *rommelpot* . . . by W. [*sic*] Bailli, 1624); see Utrecht 1792, no. 19, p. 83; Bruyn 1951, p. 223. Hals may have portrayed this Boontje eating gruel. In any event, there is mention of a drawing, once again by Bailly, from which this could be concluded, namely Amsterdam 1754, no. 51, p. 70, "The Gruel Eater, a nutter of Haarlem, drawn with the pen and washed, by Bailly"; and Amsterdam 1767, no. 22, pp. 8–9, "Boontje or Gruel Eater, A nutter of Haarlem, very detailed and finely drawn." See Bruyn 1951.

114 See note 55.

115 Memorandum book of the patrician Alkmaar Van Egmond van de Nyenburg family. The painting was bought with others, which included three "little pieces" by Jan Miense Molenaer (costing a total of twenty-eight guilders) and "a night piece" by Claes Hals (eleven guilders) from the "house of the deceased Beekom," probably a reference to Pieter van Beeckum, who was buried in Alkmaar on April 21, 1665. See Gelder 1906, p. 63. It seems possible that instead of "de gecken van Haerlem" (the crazies of Haarlem), the document in fact read "de geckin van Haerlem" (the crazy woman from Haarlem), in which case it presumably referred to a version of *Malle Babbe*. However, as long as the original document has not been found, this cannot be ascertained.

116 Hemelaer 1612, n.p.: "Zulx ist / dat als een lacht / hem werd ook toegelacht" (It is thus that those who laugh invite laughter). In 1612, J. De Hemelaer was the first person to translate Horace's *Ars poetica* into Dutch. It was published in Haarlem and was dedicated to Karel van Mander. For Leon Battista Alberti, see Sinisgalli 2011, p. 61, and for Giovanni Paolo Lomazzo and other examples, see Ciardi 1973–4, vol. 2, p. 95; Schiller 2006, pp. 63–4, 68–9.

117 On this phenomenon, see Shearman 1992; Schiller 2006, p. 39.

118 Westermann 1997, pp. 267–71.

119 Research into the reasons why people laugh has been vastly expanded since the seventeenth century: it would be going too far to explore this in the current essay on Frans Hals. For a recent general introduction on the subject, see Trumble 2004.

120 Mander 1604 (1973), vol. 1, fol. 23r, pp. 158–9, no. 5: "Want al wat d'affecten moghen bedrijven / Wijst Natuer al meer / dan men can beschrijven"; Melion 2023, p. 261.

121 See note 55: "kluchtich geschildert." No artist's name is mentioned but the paintings must almost certainly have been made by Frans Hals.

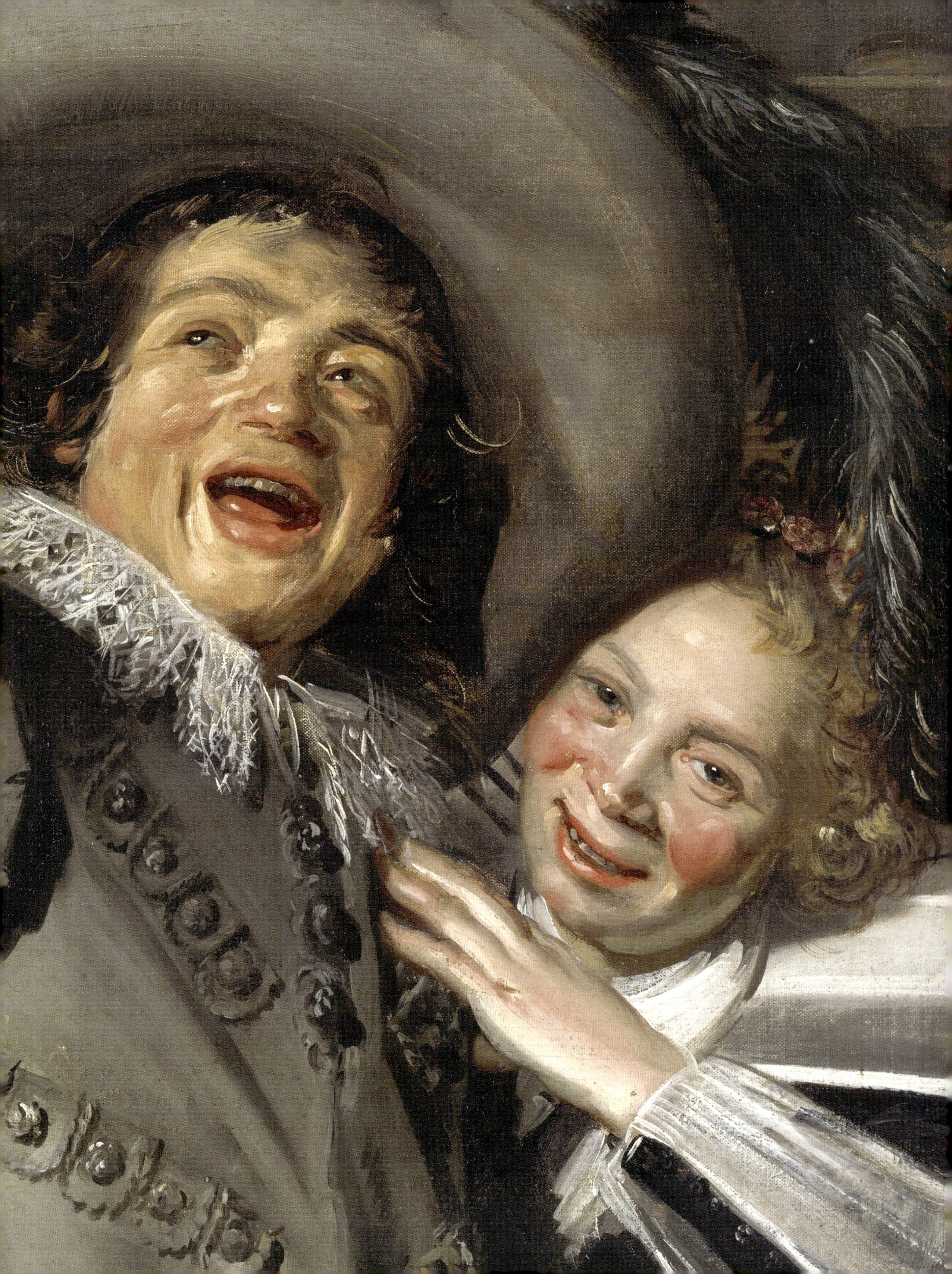

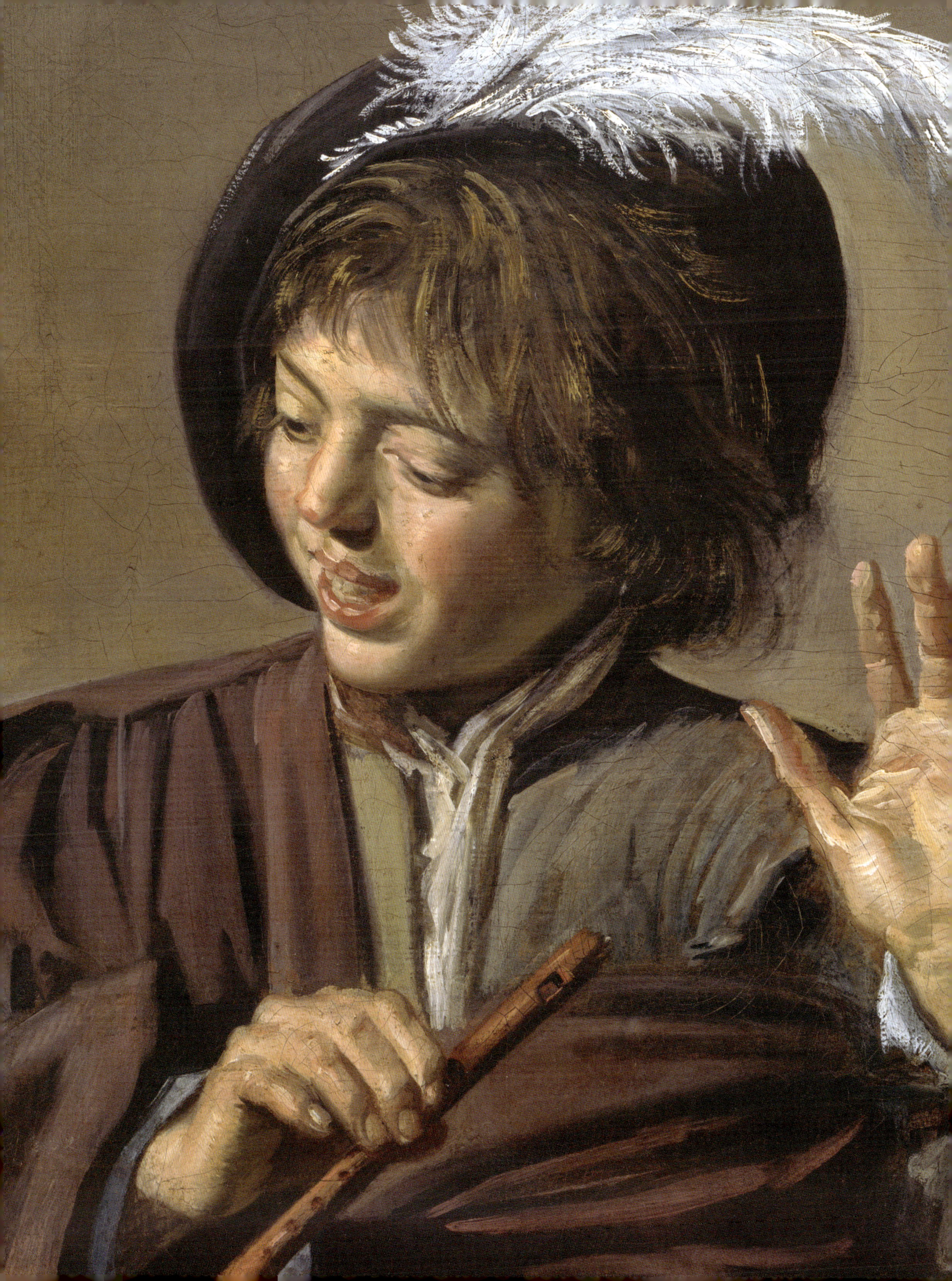

37

Frans Hals
The Rommel-Pot Player
ca. 1620

Canvas, 106 × 80.3 cm
Kimbell Art Museum, Fort Worth,
acc. no. ACF 1951.01

Provenance:
Bequeathed to the Kimbell Art Foundation in 1964 by Mr. and Mrs. Kay Kimbell, Fort Worth.

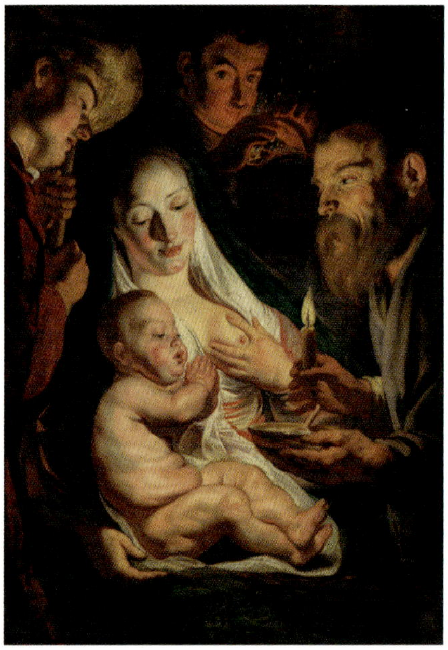

Fig. 1 Jacob Jordaens, *The Holy Family with Shepherds*, 1616, The Metropolitan Museum of Art, New York

In this early genre painting, Frans Hals combined elements that consistently recur in his genre pieces during the decade that follows: impetuous joy, children, and music. The man grinning at us here "plays" a so-called *rommelpot* or friction drum. This is a clay jug over whose opening a pig's bladder is stretched; a stick is stuck through the bladder, and moving it up-and-down results in a none too pleasant humming or buzzing sound. The *rommelpot* was particularly popular with children. This is also demonstrated by Hals's painting in which children slip coins to the player. Their wide, open-mouthed laughter may not appear unusual to modern-day viewers. In the seventeenth century, however, the baring of one's teeth showed a lack of propriety and self-control.[1] At the same time, according to the doctrine of the four temperaments, the tendency to joy and laughter was regarded as the typical quality of children. With his grin, which reveals missing teeth, and the fox's tail tied to his hat, a symbol of a fool, there is also something childlike about the *rommelpot* player himself. Barely visible are two sketchily depicted persons in the background to the left who are observing the scene through a doorway.

Although, during the 1620s, Hals gravitated more and more toward single-figure genre pictures (for example, cat. 7, 38–40, 42–3), the painting in Fort Worth still shows a compact staging, comparable to the master's earliest extant genre piece, *Merrymakers at Shrovetide* in New York (p. 180, fig. 1). In this respect, the composition is strongly reminiscent of the early works of the Flemish painter Jacob Jordaens (1593–1678), with which Hals could have become familiar during his stay in Antwerp in 1616.[2] Jordaens, too, painted compact, half-length compositions that are arranged around a central figure (fig. 1). Also reminiscent of Flemish painting is the loose and expressive painting style that Hals used during this period, especially in his genre pictures, before he began to make more and more use of it in his portraits as well (for example, cat. 6, 33a).

Despite the crowded scene and the impudence of some of the children, the protagonist of the painting is depicted prominently as a half-length figure in an almost portrait-like manner. As a matter of fact, *The Rommel-Pot Player* is possibly an identifiable historical person. A drawing by David Bailly (1584–1657) from the year 1624 is described in 1792 as the portrayal of a cognitively disabled *rommelpot* player called Boontje, who was well-known in Haarlem.[3] If this drawing is a copy of Hals's painting and if the 1792 identification of Boontje is correct, Hals has here painted a Haarlemer in the role the latter also played in real life. Like the so-called Malle Babbe (cat. 45), Boontje, too, lived on the fringe of society. The fact that roughly twenty copies and variants of Hals's picture of *The Rommel-Pot Player* still exist shows how popular the painting already was in his day.[4] [EE]

Selected literature:
Hofstede de Groot 1910, no. 137, 5; Bode and Binder 1914, no. 10; Valentiner 1923, p. 24; Trivas 1941, no. 3; Slive 1970–4, no. L 3-1 (as a copy); Washington, London, and Haarlem 1989, no. 8 (as Frans Hals); Slive 2014, pp. 33–4.

1 See Lammertse in the present volume, pp. 201–2, 209.
2 See, for example, Liedtke 2007, p. 252; Atkins 2012, p. 130.
3 Washington, London, and Haarlem 1989, no. 8; see esp. Lammertse in the present volume, p. 223n113.
4 The most well-known variant, located at the Art Institute of Chicago, has repeatedly been ascribed to Judith Leyster (see cat. 53–5). Before its restoration in 1988, Slive regarded the painting in Fort Worth as a copy after Hals, but eventually saw it as Hals's own painting. See Slive 1970–4, no. L 3-1; Slive in Washington, London, and Haarlem 1989, no. 8.

cat. 37

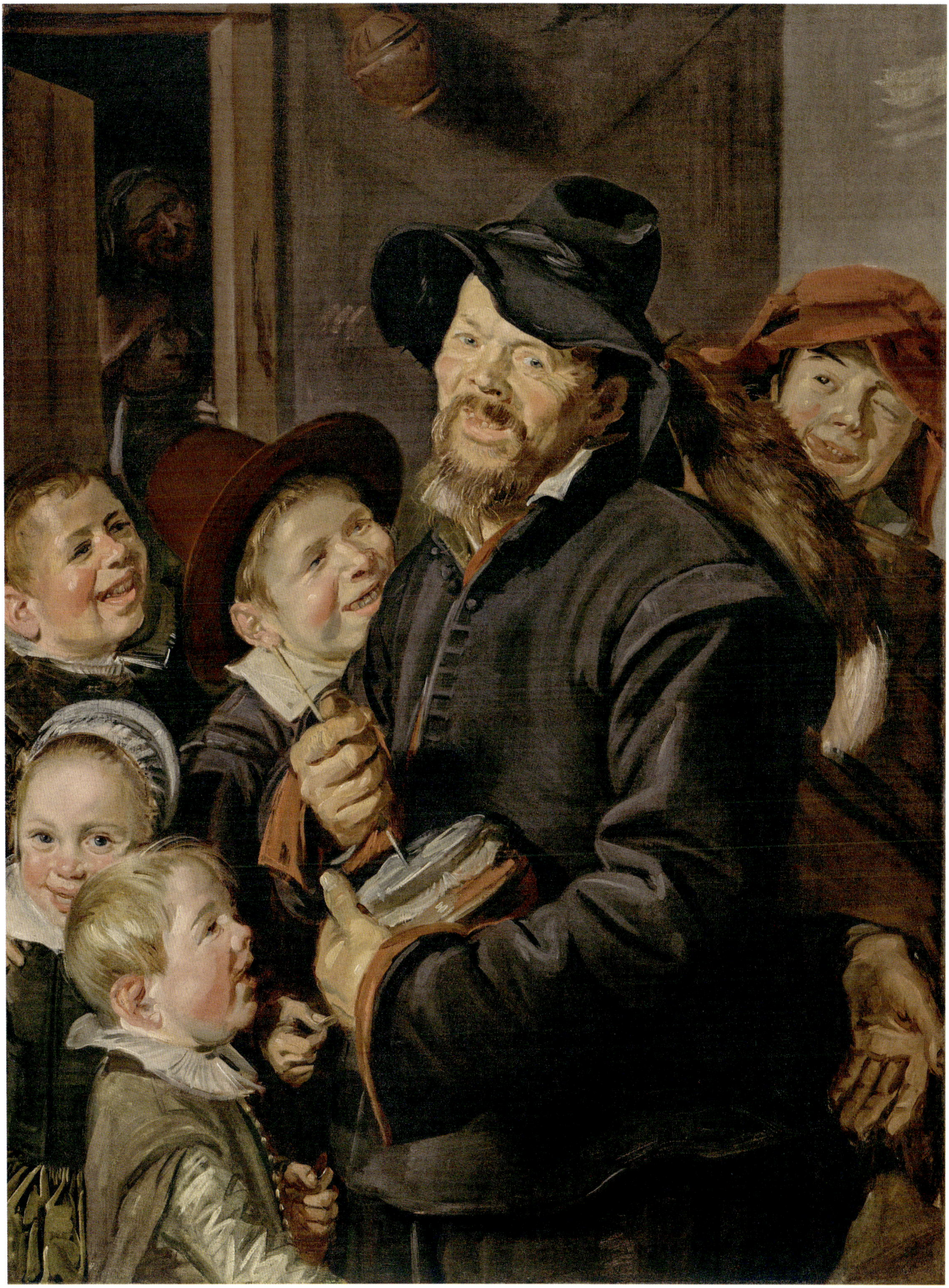

cat. 37

Frans Hals
The Lute Player
ca. 1623

Inscribed at upper right: FHF
Canvas, 70 × 62 cm
Musée du Louvre, Paris,
inv. RF 1984 32

Provenance:
Gifted in 1984 by Robert de Rothschild, Paris.

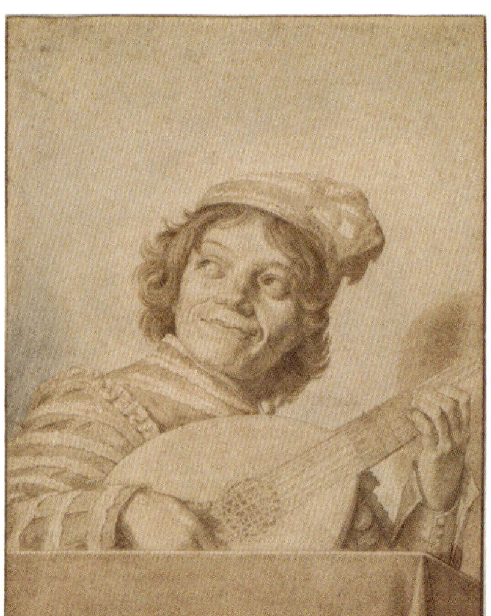

Fig. 1 David Bailly after a copy by Frans Hals, *The Lute Player*, 1624, Clement C. Moore Collection, New York

Only few paintings make one feel as cheerful as Frans Hals's *Lute Player*. A colorfully dressed young man is playing his instrument with visible pleasure. His doublet of dark pleated fabric is adorned with brilliant red, crimped stripes, and bobbles made of golden thread. He wears a red and yellow cap, similar to that worn by *Pekelharing* (cat. 39). The face of this modern buffoon is brightly lit from the above left, from the direction in which he is also looking. His attention seems to have been briefly distracted by something outside the picture. The reflected light in his eyes, which is suggested by small streaks, also emphasizes the sudden turn of his gaze. Yet his music is undoubtedly intended for us; the lute player finds himself on a slightly raised stage with us as his audience.

After Frans Hals had made his name as a portraitist, he also began painting children in the first half of the 1620s, some of them with instruments such as a flute or a lute (see cat. 5b, 41–2). *The Lute Player* shows one of the first adult half-length figures by Hals that is meant to be understood not as a portrait but rather as a so-called *tronie*.[1] The work was created sometime around 1623, as can be seen from a drawn copy by David Bailly dated 1624 (fig. 1), which he made after a painted copy of Hals's *Lute Player*.[2] A second drawn copy, dated 1626, was regarded in the late eighteenth and the nineteenth centuries as a portrait of the Flemish painter Adriaen Brouwer (see cat. 51), who had spent some time in Hals's workshop in the early 1620s.[3] The idea that Brouwer could have posed for the picture is tempting but is not supported by his later portraits.

Regardless of who posed for this painting, it is not a commissioned portrait. Rather, Hals probably produced his *Lute Player* for the free market. This is also suggested by a painting by Jan Steen which shows two such *tronies* by Hals as paintings within a painting (cat. 47). Thus, in the case of *The Lute Player*, the low vantage point chosen may be accounted for by the intended placement of the work, hung high on the wall.

The popular motif of *tronies* depicting musicians was introduced in the Dutch Republic by the Utrecht Caravaggisti, who had in turn been inspired by Italian artists. They dressed their fiddlers and bagpipers, flute and lute players in gaily colored costumes, which call to mind the farces of the rhetoricians and of itinerant theater troupes. Hals also worked in this vein, depicting the lute with remarkable accuracy: a somewhat old-fashioned model with only six courses.[4]

Music was traditionally associated with harmony, and the image of a couple making music together symbolized marital love, yet in the visual arts, the lute nevertheless had an ambivalent significance. Thus in still lifes, it could represent transience because of its lovely though fleeting sounds. In the hands of a man, the lute was primarily regarded as the musical instrument of lovers. By contrast, if a woman plucked the strings, this could be interpreted as a direct invitation to worldly love—and sometimes even more than that. The smile of Hals's lutenist must be interpreted along these lines; as viewers and listeners to his performance, we clearly share in his daring thoughts. The question is whether we will allow ourselves to become entangled. After all, only a small step separates love from lust. [NM]

Selected literature:
Bode 1883, no. 45, Moes 1909, no. 216; Hofstede de Groot 1910, no. 98; Bode and Binder 1914, no. 71; Valentiner 1923, p. 29; Trivas 1941, no. 4; Haarlem 1962, no. 12; Slive 1970–4, no. 19; Grimm 1989, no. 24, Washington, London, and Haarlem 1989, no. 14

1 See Hirschfelder in the present volume, pp. 181–99.
2 Published by J. S. Turner in New York 2012, no. 15. The painted copy by a follower of Hals is at the Rijksmuseum in Amsterdam (p. 287, fig. 14).
3 David Bailly, *The Lute Player*, 1626, pen in brown, gray wash, 217 × 172 mm, Rijksmuseum, Amsterdam, inv. RP-T-1886-A-562.
4 The lute has eleven strings, of which the first course (chanterelle)—as usual—is a single string and the following five are in pairs. In the 1620s, lutes with seven to ten courses were already customary. My thanks to lutenist Willem Mook for his observations on this topic.

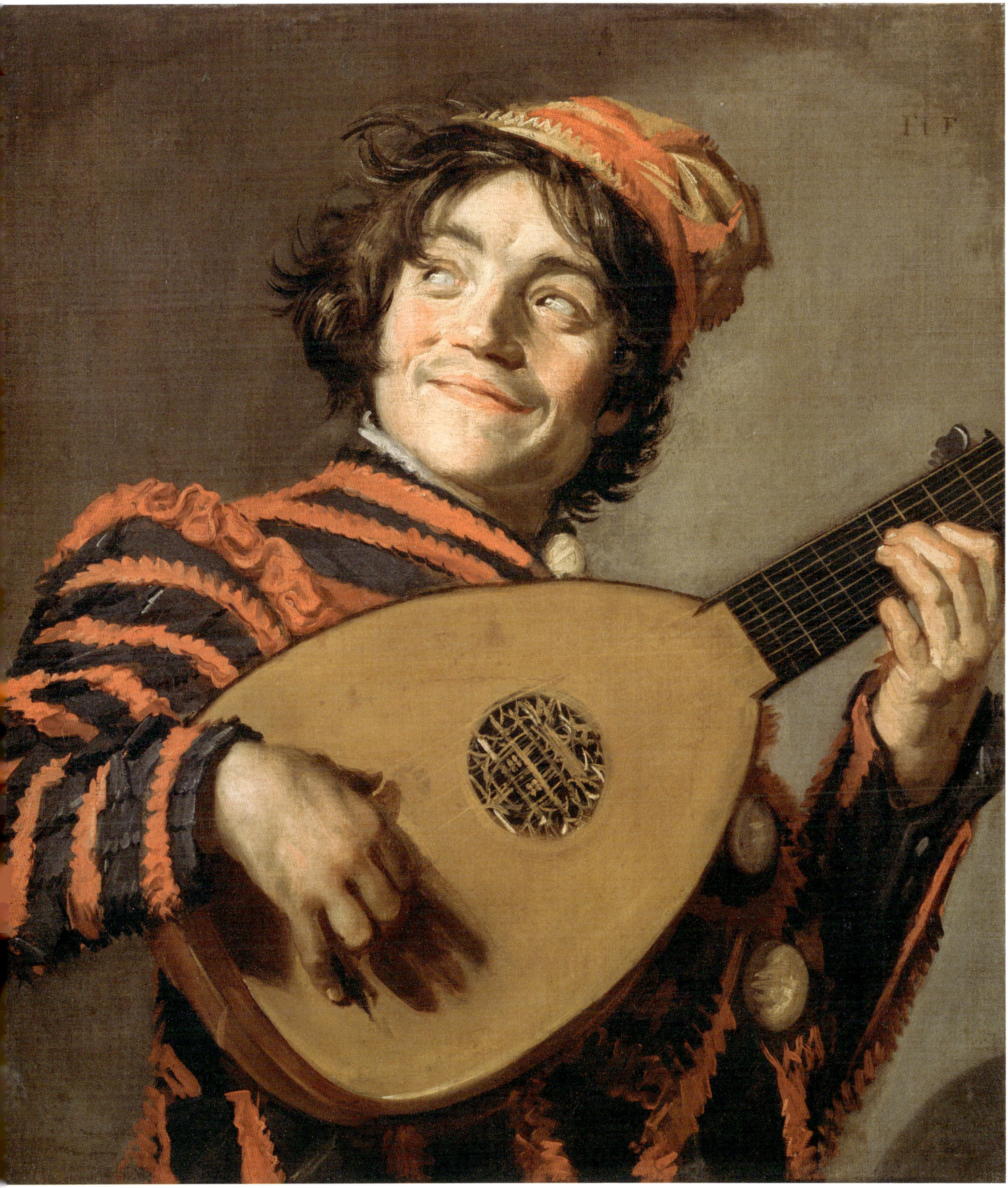

cat. 38

39

Frans Hals
Pekelharing
ca. 1625

Inscribed in lower-right corner:
FH (ligated)
Canvas, 76.5 × 64 cm
Museum der bildenden Künste
Leipzig, inv. G 1017

Provenance:
Bequeathed in 1916 by Alfred Thieme, Leipzig.

The figure of "Pekelharing" or "Peeckelhaering" features in many Dutch-language comedic plays but derives from the English stock character Pickelhering.[1] His name translates to Salted Herring, suggesting one who is perpetually thirsty and who turns to alcoholic drink to quench his thirst, often to excess. Introduced to Germany and the Low Countries in the early seventeenth century, Pickelhering was the single most popular character performed by the many English troupes traveling Europe.[2] The character performed physical comedy and even gymnastics, often to introduce performances and scene changes.

It is possible to interpret the Leipzig picture as an actor performing the role rather than a generic representation of the subject. Theater historians have argued that Hals portrayed either George Vincent (d. 1647) or Robert Reynolds (d. ca. 1642), two English actors documented as taking the stage as Pickelhering in the Dutch Republic before 1630.[3] There are no known portraits of either actor, however, to corroborate these arguments.

The racial identity of Hals's figure has long attracted attention. In 1889, the painting was sold as *Joyeux Mulâtre* (Merry Mulatto).[4] In 1900, Wilhelm Bode followed suit and the title stuck for decades. Alternatively, Jan Nicolaisen has suggested that the man wears browning makeup as the flesh tones of the neck and face differ.[5] Historically, white actors frequently performed in brown- or blackface when portraying non-white characters.[6] Attempts to consider whether Hals's model was multiracial or a performer in makeup have recently begun.[7]

Pekelharing was a popular subject for Dutch artists. In a painting now in Kassel (p. 207, fig. 5), Hals devoted a second picture to him. In 1631, Jonas Suyderhoef reproduced the Kassel painting in an engraving (p. 207, fig. 4). About the same time, Dirck Hals included Pekelharing among the crowd in a *Tavern Scene*, and Adriaen van de Venne centered his brunaille *Malle Wijsheyt* (Foolish Wisdom) on him, perhaps also inspired by Hals.[8] Later, Jan Steen pictured Hals's *Pekelharing* hanging on the walls in two of his paintings (see cat. 47).[9] [CA]

Selected literature:
Moes 1909, no. 268; Hofstede de Groot 1910, no. 96; Bode and Binder 1914, no. 65; Valentiner 1923, p. 143; Trivas 1941, no. 34; Haarlem 1962, no. 24; Slive 1970–4, no. 65; Grimm 1989, no. 58; Washington, London, and Haarlem 1989, no. 32.

1 A 1631 print by Jonas Suyderhoef after the Kassel painting (p. 207, fig. 4; Slive 1970–4, no. 65) identifies the figure as "Peeckelhaering." As Edwin Buijsen has explored, the same Peeckelhaering figure appears in a ca. 1631 painting by Adriaen van de Venne titled *Malle Wijsheyt* (Foolish Wisdom); Buijsen 2016, pp. 94–100. While the Kassel painting makes the connection to drink explicit through the open tankard, Hals omitted any such element in the Leipzig picture. Instead, Hals included a downward pointing gesture that Albert Blankert connected to that traditionally wielded by the ancient Greek philosopher Democritus; Blankert 1967, esp. pp. 55–8. For Pekelharing in the Netherlands, see also Weber 1987, pp. 126–40.
2 Katritzky 2007, p. 204. Also see Kokkedee 2023.
3 Katritzky favors identifying the figure as Vincent, while Alexander favors Reynolds; Katritzky 2005, p. 119, and Alexander 2014, p. 117. Alternatively, Gudlaugsson connects Hals's subject to Stefano della Bella's print portrait of the actor Carlo Cantu as Buffetto; Gudlaugsson 1975, p. 60.
4 Washington, London, and Haarlem, no. 32, and Heiland 1985, p. 6.
5 Nicolaisen 2012, p. 133.
6 Hornback 2007, pp. 46–84. For the broader history of theatrical techniques for achieving the effect of Blackness including masks, garments, and makeup, see Vaughan 2005.
7 Atkins 2024.
8 Dirck Hals, *Tavern Scene*, 1639, Nationalmuseum Stockholm, and Adriaen van de Venne, *Malle Wijsheyt*, private collection.
9 The other painting being *The Physician's Visit*, ca. 1657–66, now in Apsley House, London.

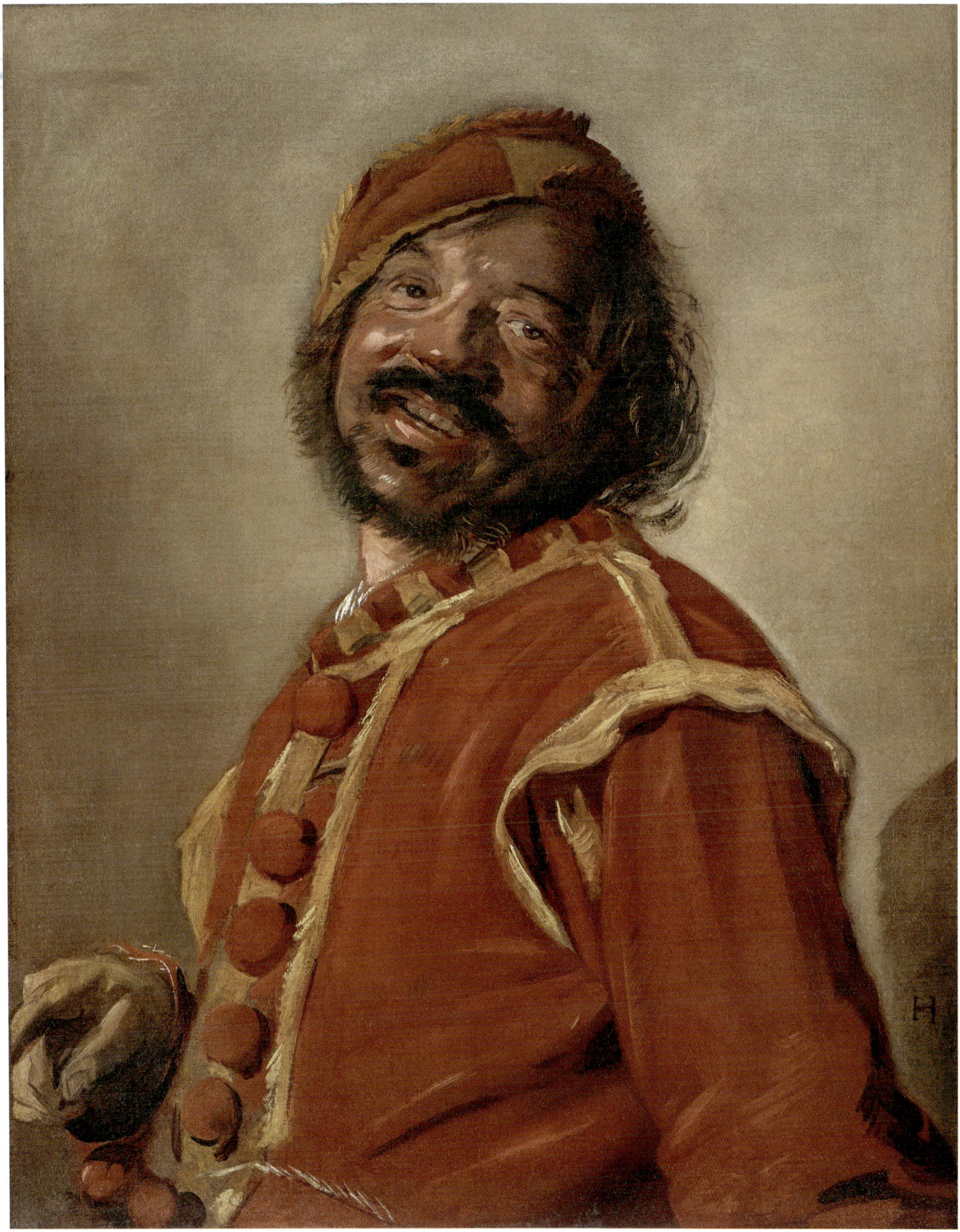

cat. 39

40

Frans Hals
Fisher Boy in a Landscape
ca. 1638

Inscribed at bottom left: FH
Canvas, 74×61 cm
Royal Museum of Fine Arts
Antwerp – Flemish Community,
inv. 188

Provenance:
Purchased in 1871.

Antwerp's *Fisher Boy in a Landscape* belongs to a group of paintings depicting the children of fisherfolk represented as half-length figures with a coastal landscape as a backdrop. They form a unique ensemble in seventeenth-century Dutch painting. Like the majority of Hals's genre figures and *tronies*, these fisher children are also lifelike depictions painted from nature. Particularly striking, the free, loose, sketch-like painting style is deployed by Hals to imbue these figures with highly spontaneous, lively expressions full of disarming candor and childlike insouciance. For all their obvious hardships and poverty, the children seem to be making their way through life happily and full of good cheer. Thematically, the paintings indeed reference the conviction that took hold in the seventeenth century that living in nature was preferable to the city's hustle and bustle, as Jacob Cats (1577–1660) articulated in one of his poems.[1] He contends that living and working as a fisherwoman on the beach at Scheveningen, where people can be free and happy, is better than urban life. Hals's younger Haarlem contemporary, Jan Miense Molenaer (see cat. 56–7), painted a pair of pictures on the same theme in an anecdotal vein, with full-length depictions of not one but two cheerful fisherwomen on the beach.[2] In contrast, the fisher children in Hals's oeuvre are always shown at half-length, seemingly observed close up, as if posing for a portrait.

The Antwerp fisher boy is closely related to a painting with the same subject-matter now in Dublin (fig. 1) and a fisher girl formerly owned by the Brooklyn Museum.[3] They may be considered as a group as, judging by the painting style deployed for the figures and the landscape, the works were probably created around the same time.[4] Slive dates them to between 1630 and 1632, before the creation of the Berlin *Malle Babbe* (cat. 45), which in his view falls into the period between 1633 and 1635.[5] This latter work was also painted with a dashed-off, "unrefined" technique that predated Hals's style in his late portraits. However, a later dating, between 1640 and 1646, has since been established for *Malle Babbe*, in other words during the time when she was confined to the workhouse for disturbing the peace. It therefore stands to reason that the Antwerp fisher boy should also be dated later, as Hals probably painted it shortly before *Malle Babbe*. As well as the stylistic similarities, a comparison with two dated portraits from 1644[6] and 1650[7] also argues for a later dating of the *Fisher Boy in a Landscape* and the two other paintings in the group, possibly in the period around 1642/44. [PB]

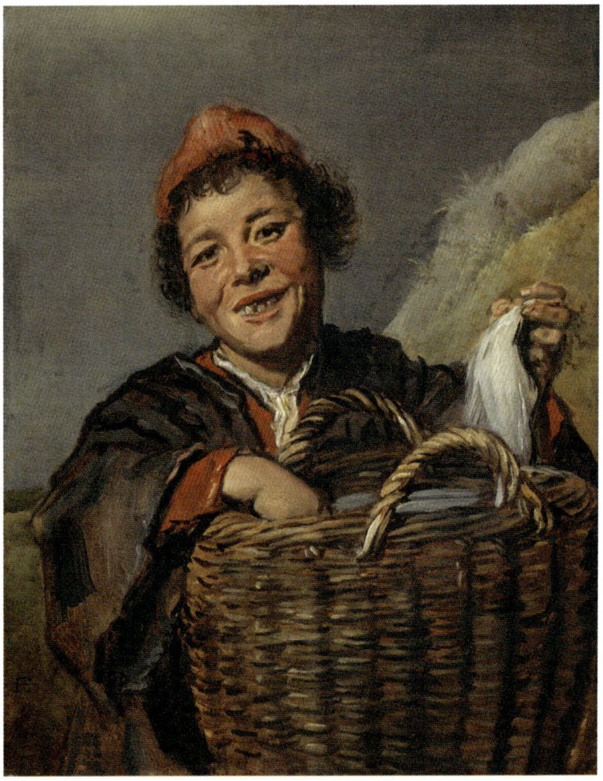

Fig. 1 Frans Hals, *Fisher Boy*, ca. 1638, National Gallery of Ireland, Dublin

Selected literature:
Bode 1883, no. 37; Moes 1909, no. 254; Hofstede de Groot 1910, no. 49; Bode and Binder 1914, no. 76; Haarlem 1962, no. 27; Slive 1970–4, no. 71; Grimm 1989, p. 252 (as Hals's workshop); Washington, London, and Haarlem 1989, no. 34; Stukenbrock 1992, p. 118; Slive 2014, pp. 184–6.

1 Cats, *Invallende gedachten op voorvallende gelegenheden*, Amsterdam 1655, fol. 1. Adriaen van de Venne (1589–1662) produced an illustration to accompany the publication of a fisherwoman on the beach with a basket full of fish on her head. See Slive 2014, p. 186, fig. 124.
2 Slive 2014, p. 186, figs. 122–3.
3 Slive 1970–4, no. 72 (*Fisher Girl*), no. 73 (*Fisher Boy*); Slive 2014, p. 185, figs. 137–8.
4 There was subsequently another, non-autograph workshop version of a fisher girl, now in Cincinnati, which is darker in tone and even more sketch-like and "unrefined" in its painting style, more comparable to *Malle Babbe* in Berlin. Slive 2014, p. 186, fig. 121.
5 Ibid., p. 187.
6 Frans Hals, *Portrait of an Artist*, The Art Institute of Chicago, Slive 1970–4, no. 164.
7 Frans Hals, *Portrait of Johan Claesz Loo*, private collection. See Slive 1970–4, no. 180; Biesboer 2023, p. 109, fig. 2.

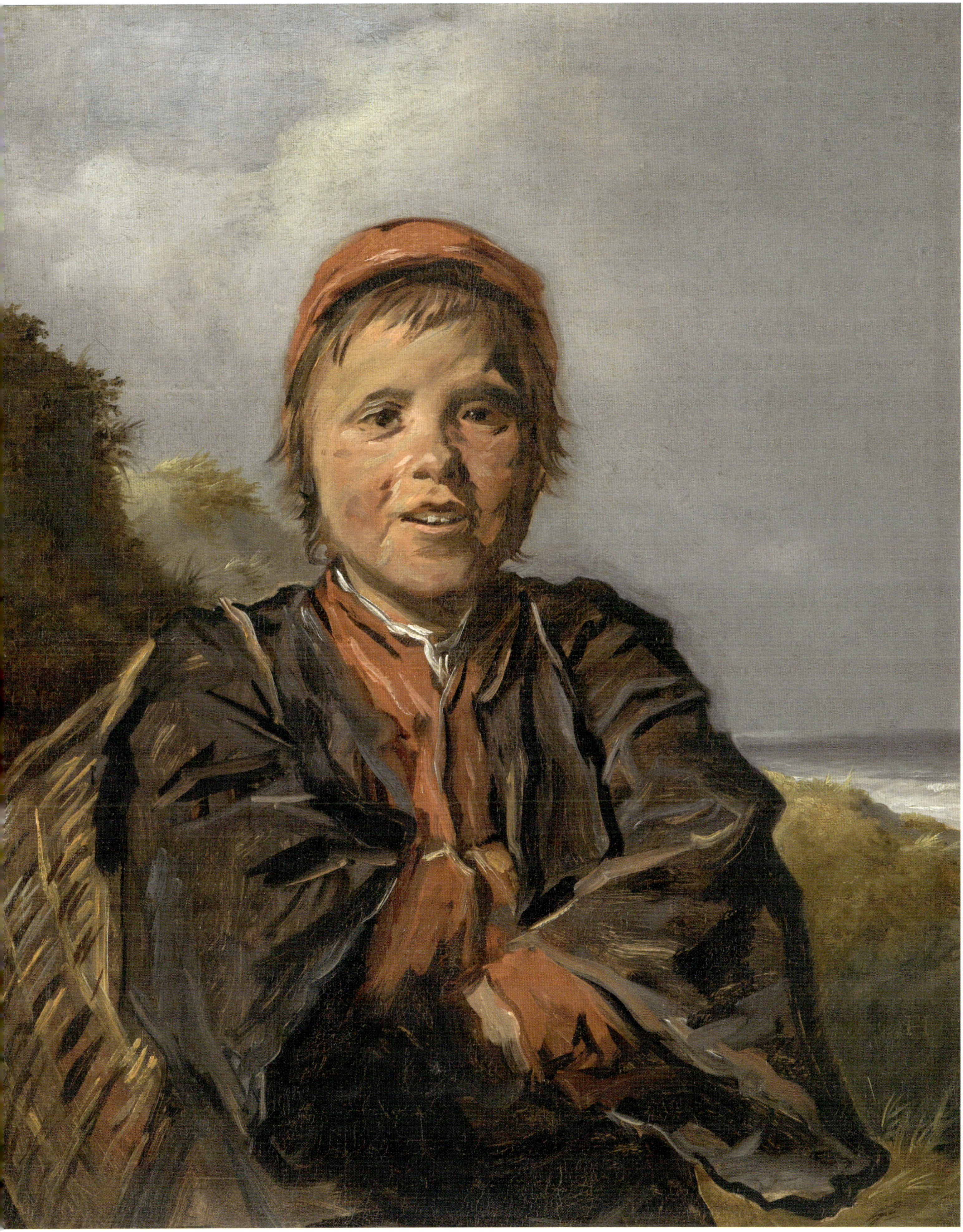

cat. 40

41

Frans Hals
Two Singing Boys
ca. 1625–7

Canvas, 66.8 × 52.1 cm
Hessen Kassel Heritage,
Gemäldegalerie Alte Meister,
Kassel, inv. GK 215

Provenance:
Purchased around 1751 from Councilor of Commerce Jacques Triebel, Berlin.

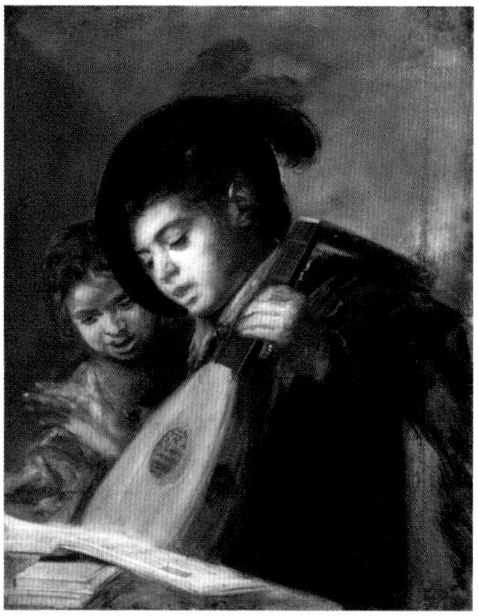

Fig. 1 Frans Hals, *Two Singing Boys*, ca. 1625–7, Hessen Kassel Heritage, Gemäldegalerie Alte Meister, Kassel, Infrared reflectogram

Two boys stand at a table upon which we see an open book of music along with other small volumes. The older boy holds a lute in his left hand and beats time with his right, while the younger boy watches him intently. The ostensibly mundane scene of two youths singing reveals itself on closer inspection to be an allegorical representation of music or, more generally, of the sense of hearing. In his painting, Frans Hals associates the ideal of harmony with the two children making music together. The older boy teaching the younger one to sing also references the motif of education.

Paintings with musicians or musical allegories with half-length figures were already very popular among sixteenth-century northern Italian painters, as works by Giorgione, Savoldo, and Bassano testify. It was, however, the young Caravaggio (1571–1610) with his *Lute Player* (Hermitage, St. Petersburg, and The Metropolitan Museum of Art, New York), painted in Rome around 1595–6, who transformed the motif into a more genre-style depiction. In the early seventeenth century, Dutch painters found Caravaggio's work highly appealing and produced their own interpretations of the musical subject matter. This primarily entailed depictions of young women or men in elaborate costumes playing a lute or other instruments. Later, paintings featured two or more musicians giving concerts. Utrecht Caravaggisti, such as Dirck van Baburen (1595–1624), Hendrick ter Brugghen (1588–1629), and Gerard van Honthorst (1592–1656), brought this new motif to the Netherlands, where it was promptly adopted by other artists.

The influence of the Utrecht Caravaggisti (especially Baburen and Ter Brugghen) in Frans Hals's early work is apparent in *Two Singing Boys*. However, the painting also reveals how Hals modified the Caravaggesque motif. The warm light that suffuses the scene is quite different from the Caravaggisti's depictions, which often portray figures in dramatic, theatrical settings in which the light falls from the top left and casts shadows.

An infrared image of the picture reveals that the light originally also fell from the top left in Hals's picture, casting a shadow on the wall (fig. 1). That is also apparent in a studio version published by Claus Grimm, which undoubtedly served as a model for the mezzotint print by Wallerant Vaillant (1623–77).[1] In the Kassel picture, the shadow was painted over, giving the composition a warmer feel. Although it is not clear whether this change was made by Hals or at a later date, the other correction visible in the infrared image is obviously a *pentimento* by the painter: the older boy originally sported two large feathers in his hat. These are redolent of the sumptuous feathers in many Caravaggesque paintings that add a fantastical or even exotic note.

It is possible that the painting was originally part of a series on the theme of the five senses. A work with a similar composition, *Two Laughing Boys with a Mug of Beer* (Hofje van Aerden Collection, Leerdam, stolen in 2020), also dated to around the same period, could represent taste.[2] The other works are presumed to be lost or are only known through copies or reproduced as engravings (such as *Two Laughing Boys with a Cat* as an allegory of the sense of touch).[3]

Seymour Slive dated the Kassel painting to around 1623–5, while Grimm argues for a somewhat later date around 1627. The rough and sketchy nature of the painting, particularly the hands, is probably more convincingly associated with works from around 1625–7. [JL]

Selected literature:
Bode 1883, no. 98; Moes 1909, no. 224; Hofstede de Groot 1910, no. 134; Bode and Binder 1914, no. 52; Valentiner 1923, p. 53; Trivas 1941, no. 14; Slive 1970–4, no. 23; Ember 1984, no. 38; Grimm 1989, no. 38; Stukenbrock 1993, p. 141; Schnackenburg 1996, pp. 138–9; Dekiert 2003, pp. 300–2; Budapest 2014, no. 47; Slive 2014, p. 113.

1 Grimm 1989, fig. 59.
2 Slive 1970–4, no. 60.
3 Grimm 1989, fig. 62.

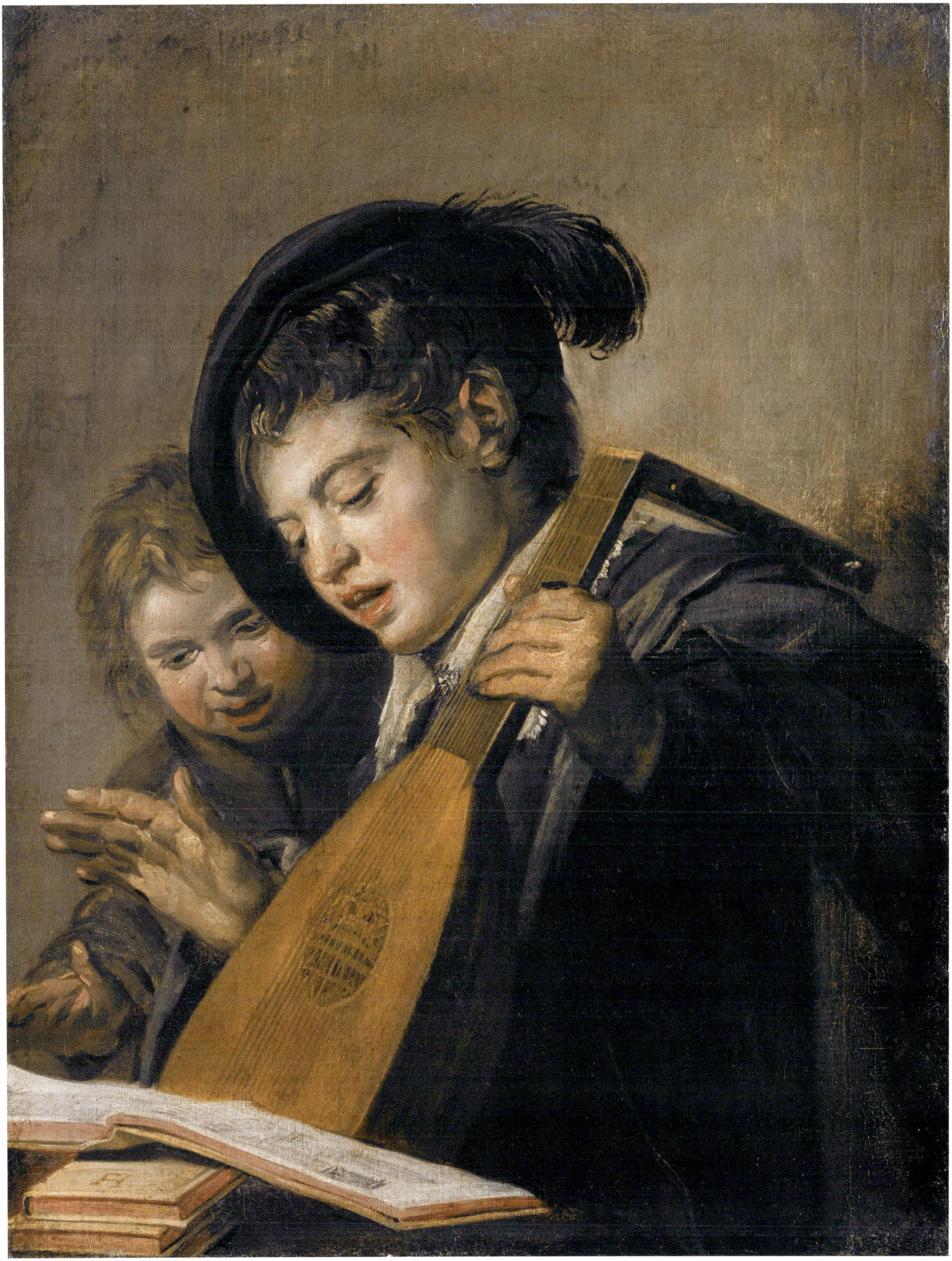

cat. 41

42

Frans Hals
Boy with Flute
ca. 1627

Inscribed at bottom left next to hand: FH (ligated)
Canvas, 68.8 × 55.2 cm
Gemäldegalerie, Staatliche Museen zu Berlin, Kat.Nr. 801A

Provenance:
Purchased in 1874 as part of the collection of the banker Barthold Suermondt, Aachen.

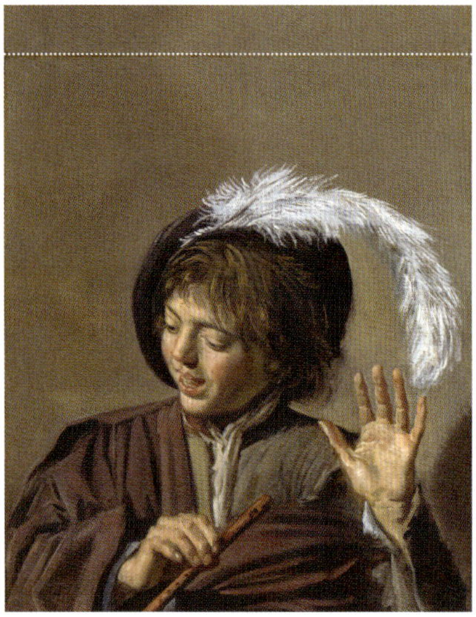

Fig. 1 Frans Hals, *Boy with Flute*, ca. 1627, reconstruction of the original picture format

Joyful and elated, his head turned slightly to the side, the boy seems to be listening to the fading sound of music. In his right hand, he holds a simple flute whose top holes are still covered by his fingertips—as though he had briefly just stopped playing. He has spontaneously raised his left hand, with the palm turned outward and fingers spread. It seems to have been captured in mid-movement and is an expression of his keen delight. His open, unrestrained laugh[1] and flushed cheeks testify to his joie de vivre and enthusiasm. His clothing—the reddish cloak, white shirt, and brownish doublet—is strikingly simple. The only thing that is extravagant here is the black beret with its jaunty bluish-white plume. Because of its untamed vitality and nonchalance, this representation, extraordinarily informal and spontaneous for the seventeenth century, is particularly attractive and expressive. Though it appears to be natural and casual, it was intentionally and masterfully composed and staged by Hals. This is already expressed in the snapshot-like motif of interrupted music-making but is also reflected in the loose application of paint typical of Hals, which is confident and accentuated by quick, energetic brushstrokes. The figure of the boy, laid out as a triangular composition, as well as the diagonally set lines of the flute, which is held at an angle, and the raised left arm give the picture momentum and vigor. Hals deliberately directs the viewer's gaze from the brightly lit left hand to the youth's face and on to his right hand holding the flute. By way of the obliquely held musical instrument, the painter closes this circle and thus keeps our gaze constantly in motion.

The present painting no longer reflects its original format as Hals created it. It has a roughly 6 cm wide addition along its bottom edge showing an open music book and the lower part of the flute. During restoration in 1959/60, the overpainting of the boy's doublet and sleeve, starting in the addition and extending far into the painting, was removed. Because the additions had been done not by Frans Hals himself but instead by a later hand, it was mistakenly assumed that the format must originally have been smaller and roughly square.[2] The exact date when the addition and overpainting took place can no longer be determined.[3] However, it is very likely that the reason for the addition may have been damage to the lower edge of the picture and especially the bottom-left corner. To remedy this, a roughly 6 cm wide strip was cut off from the upper edge and reattached, rotated by 180 degrees, to the bottom edge.[4] Then the figure was completed, the music book added, and the newly painted portion was integrated by means of extensive overpainting of the original. As the reconstruction of the original picture format shows (fig. 1), Frans Hals originally laid out his painting in a definite vertical format.[5] The figure of the boy occupied only about two thirds of the picture and was thus positioned in a spatially larger composition. In the truest sense of the word, Frans Hals thus gave generous (acoustic and physical) space in his picture to sound and resonance. This is also reflected by the way the boy is depicted: looking down, lost in thought, he seems to listen to the echo of music as it fades away.[6] [KK]

Selected literature:
Bode 1883, no. 90; Moes 1909, no. 218; Hofstede de Groot 1910, no. 81; Bode and Binder 1914, no. 56; Valentiner 1923, p. 55; Trivas 1941, no. 25; Slive 1970–4, no. 25; Philadelphia, London, and Berlin 1984, no. 47; Grimm 1989, no. 37; Washington, London, and Haarlem 1989, no. 15; Haarlem and Worcester 1993, no. 9; Haarlem and Hamburg 2003, no. 19; Aachen 2018, no. 24.

1 It is characteristic of Hals's genre pictures that in almost all of his boisterously happy figures their teeth are visible while they laugh. See Lammertse in the present volume, p. 211.
2 See, for example, Slive 1970–4, no. 25, and Grimm 1989, no. 37.
3 What is certain is that Barthold Suermondt purchased the painting in this form in 1856 (Amsterdam auction, December 16, 1856, lot 29, Lugt no. 23253). As the music book is already mentioned in the catalogue, the addition and overpainting must have existed no later than at that point in time.
4 An X-ray shows that the weaves of the addition and the painting match exactly to the very threads. Moreover, the sequence of painted layers in the added bottom strip is identical with that of the upper portion of the picture. The subsequent overpainting was applied directly on top of the grayish background painted by Frans Hals. For details, see Kleinert, Reimelt, and Lorenz in Aachen 2018, no. 24.
5 The original format was probably 70 × 57 cm.
6 The added music book, on the other hand, created a discrepancy in terms of the picture's dramaturgy, since the boy was not looking at the book but rather past it. Regarding this, see cat. 41, where the interplay between the line of vision and a music book harmonizes perfectly.

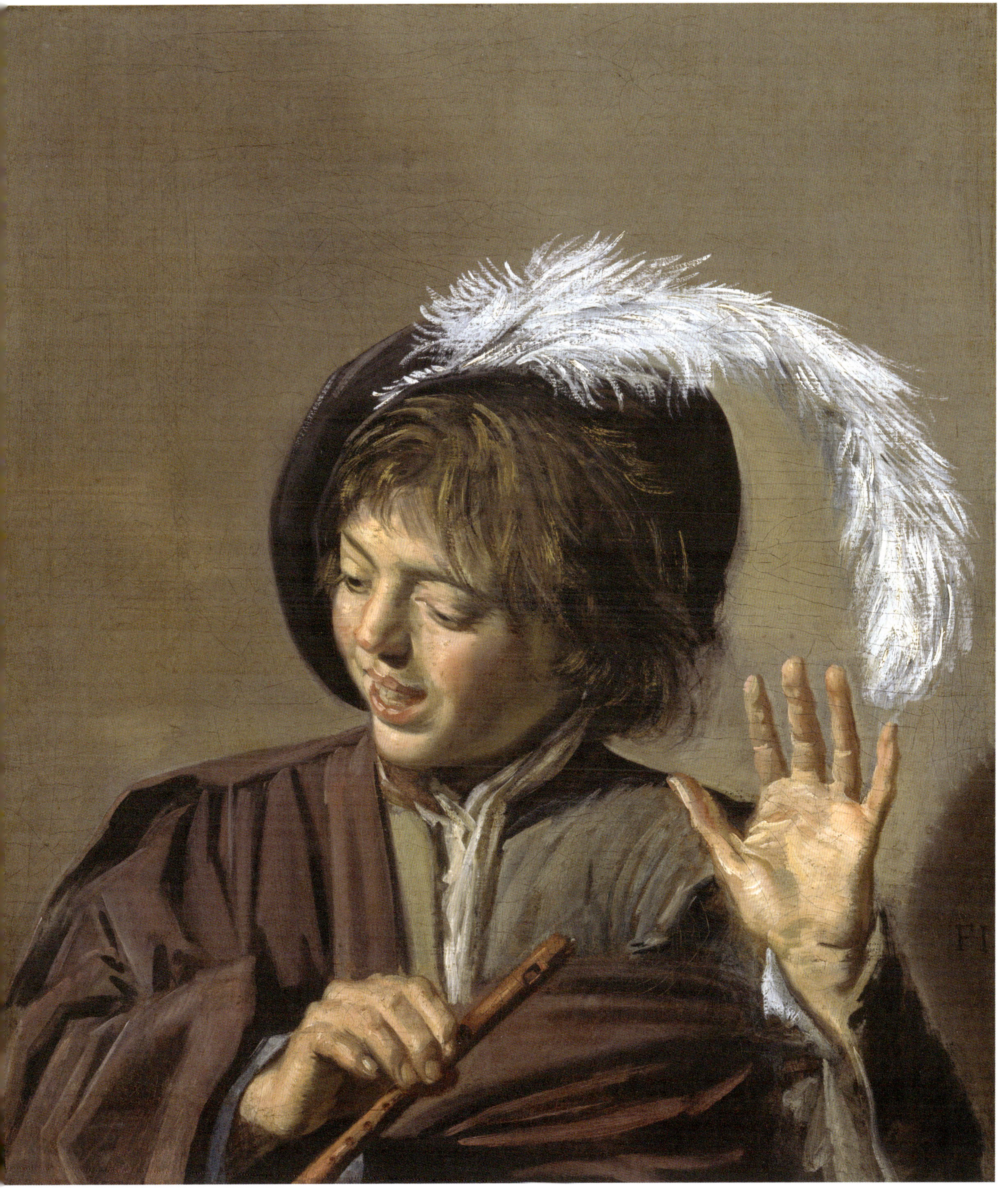

cat. 42

43

Frans Hals
Young Man Holding a Skull
ca. 1627

Canvas, 92.2 × 80.8 cm
London, The National Gallery, inv. NG6458

Provenance:
Acquired in 1980.

By the time Frans Hals painted this picture there was a long visual tradition of depicting young men holding skulls. The juxtaposition of youthful vigor with the material evidence of human death and decay strikes a poignant chord suggesting the frailty and brevity of life.

A 1634 lottery in Haarlem lists "een vanitas van F. Hals."[1] Later, the 1636 inventory of the possessions belonging to painter Pieter Codde (see cat. 36, 52) records "een vanitasken van Frans Hals."[2] While it is far from certain that either of these documents refer to the London picture, these sources indicate that Hals made pictures that could be understood as *vanitates*.

Hals's figure holds the skull in his left hand while making an oratory gesture with his right. Hals parted the youth's lips, accentuating the impression of speaking. Similarly, the soft red cap and long feather appear in numerous other pictures by Hals, Judith Leyster (see cat. 53–5), and others of performers. Indeed, it is reasonable to read the painting as a depiction of an actor performing.

Cornelis Hofstede de Groot titled the painting *Hamlet* as it recalled for him the character's contemplation of Yorick's skull in Shakespeare's play.[3] Though art historians have rejected this identification, theater historian Margaret Katritzky endorses it due to the prevalence of English performers on Dutch stages.[4] English theater troupes travelled widely throughout northwestern Europe, including the Dutch Republic, in the first two decades of the seventeenth century, performing a repertoire of English plays.[5] John Green's troupe which was based out of The Hague by 1629 performed *Hamlet* in Dresden in 1626, but it has yet to be documented that *Hamlet* was staged in the Dutch Republic before Hals painted the London picture.[6]

Hamlet was not the only drama that could have inspired Hals. Theodore Rodenburgh published *Wraeck-gierigers treur-spel* in 1618, a Dutch-language adaptation of Thomas Middleton's *Hamlet*-inspired *The Revenger's Tragedy*.[7] The skull of the fallen Gloriana appears as a prop in multiple scenes. Given our increasing appreciation of Hals's connections to the theater in the 1620s, the possibility that this painting also registers his interest in the stage should not be dismissed.[8] It is also worth noting that vanitas themes were also prevalent onstage as well as in images so that the two interpretative threads need not be mutually exclusive.[9] [CA]

Selected literature:
Hofstede de Groot 1910, no. 102; Bode and Binder 1914, no. 64; Valentiner 1923, p. 227; Trivas 1941, no. 26; Haarlem 1962, no. 18; Slive 1970–4, no. 61; Grimm 1989, no. 34; Washington, London, and Haarlem 1989, no. 29.

1 Thiel-Stroman 1989, doc. 65.
2 Ibid., doc. 72.
3 Hofstede de Groot 1910, no. 102. Bode and then Valentiner questioned this identification before Slive repeatedly dismissed the possibility.
4 Katritzky 2005, pp. 113–41, and Katritzky 2007, p. 204.
5 One such troupe is documented in Utrecht in 1613 and 1620, while another may have called the emerging nation its home from 1620 to 1626. Leek 1972, pp. 1–15; Hilton 1984, pp. 239–45.
6 See Kossmann 1915, pp. 144–5, and Leek 1972, pp. 1–15.
7 Thomas Middleton performed *The Revenger's Tragedy* in 1606 before publishing it a year later in 1607.
8 Kokkedee 2023 and Atkins 2024.
9 Palmieri 2019, pp. 57–88.

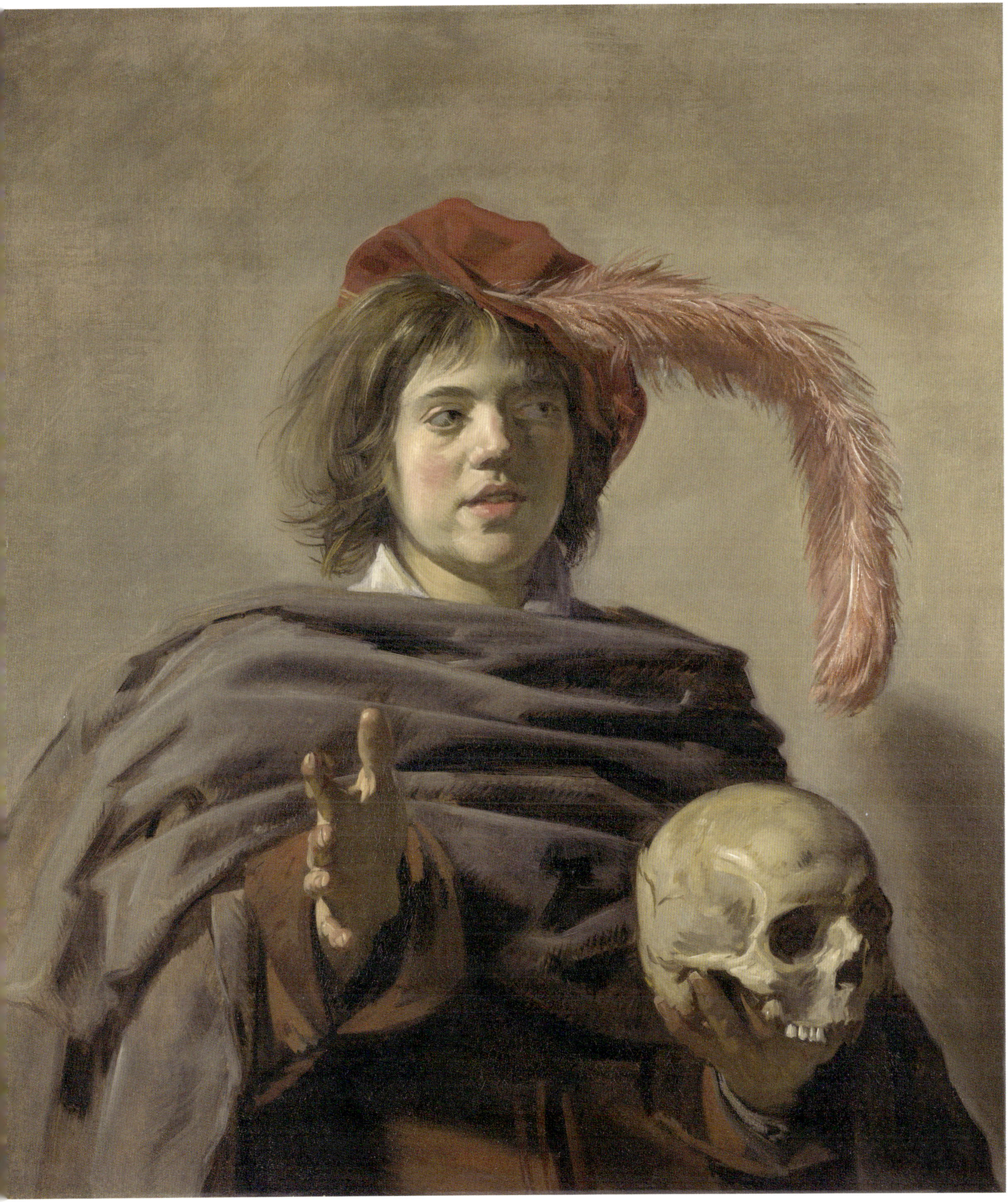

cat. 43

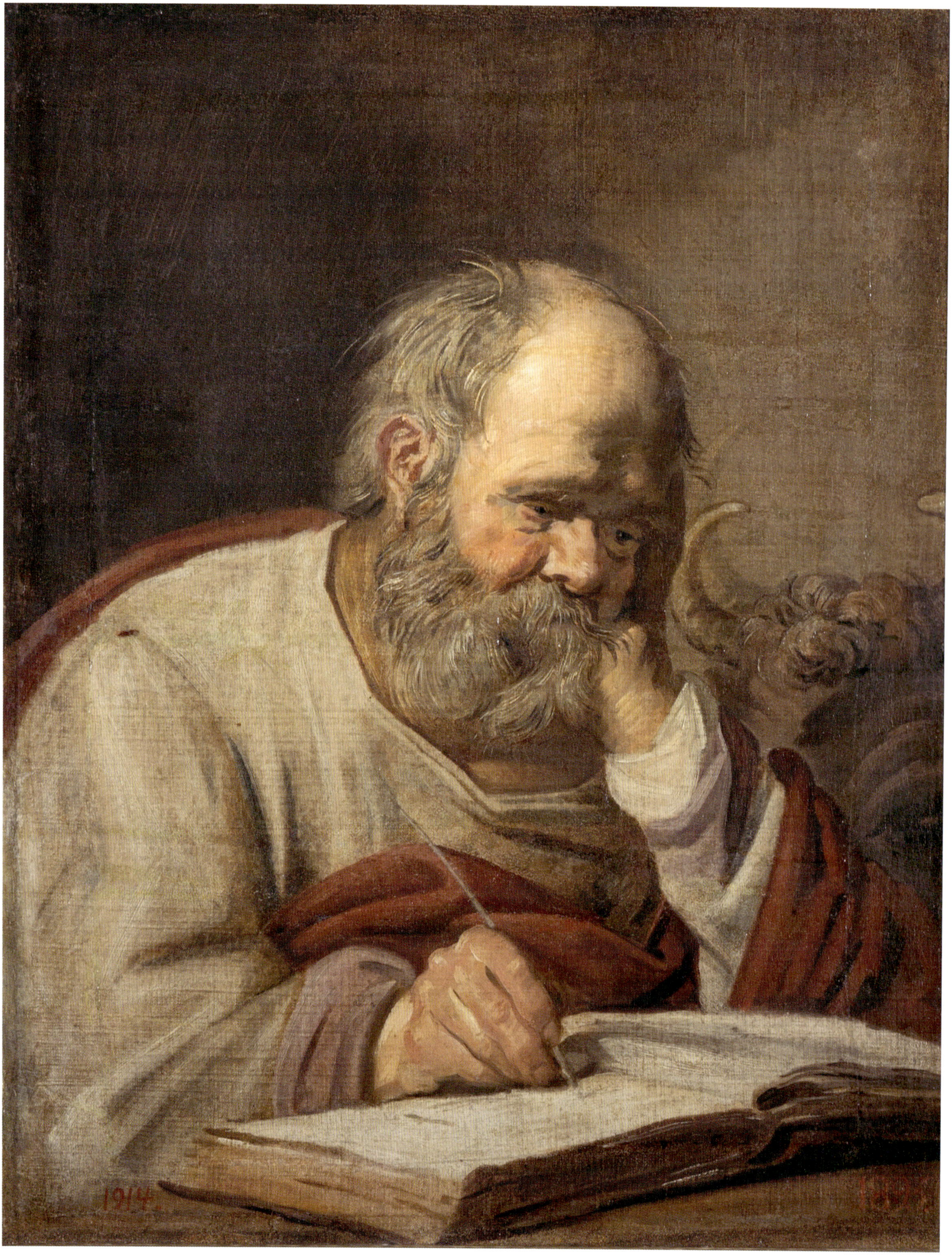

cat. 44a

44a

Frans Hals
St. Luke the Evangelist
ca. 1625

Canvas, 72.5 × 58 cm[1]
Odessa Museum of Western and Eastern Art, inv. 181

44b

Frans Hals
St. Matthew the Evangelist
ca. 1625

Canvas, 70 × 55 cm
Odessa Museum of Western and Eastern Art, inv. 180

Provenance:
Documented, since 1948, at the Odessa Museum of Western and Eastern Art.

The two works from Odessa are part of an Evangelist series by Frans Hals, a total of four pictures. Thematically these are an exception in the painter's body of work.[2] Apart from this series, no other religious subject by his hand has been preserved. To this day, the question as to why and for whom the pictures were painted remains unresolved. They are without a doubt among the most remarkable and hitherto most enigmatic works in his oeuvre.

The first mention of the Four Evangelists is found in eighteenth-century Dutch inventories.[3] Acquired in 1771 by Catherine the Great for her collection, the pictures were sent to Saint Petersburg. There they were judged to be "not very elegant," put in storage, and entered in the catalogue of the Hermitage in 1774. They were given the numbers 1895 (St. Luke) and 1896 (St. Matthew) still visible today in the lower right. In 1812, a total of thirty paintings, including the Four Evangelists, were transferred to the Taurida Governorate at the behest of Czar Alexander I. The "Register of paintings sent by the Czar to the Catholic churches in the colonies of Novorossiya [New Russia]" lists the St. Luke and the St. Matthew by "François Hals" under the numbers 1908 and 1914.[4] These numbers, too, have been preserved in the bottom-left corners of the paintings. The exact subsequent fate and trajectory of the two works is not known today. Nor do we know when the correct attribution to Frans Hals was lost. Since 1948 at the latest, the paintings have been documented in the collection of the Odessa Museum of Western and Eastern Art.

In 1959, the two pictures were sighted in the repository of the museum by Irina Linnik and identified as works by Frans Hals. By that time, they were being attributed to an unknown Russian painter. In 1962, they were shown at the Frans Hals exhibition in Haarlem and thus for the first time made accessible to the international public.

Both pictures are half-length portraits of the Evangelists. Their garments are sketchy, the drapery is simple and painted very rapidly. The emphasis is on rendering the faces convincingly and expressively.

St. Matthew is engrossed in the study of a thick, seemingly illuminated folio. To his right, an angel appears, looking up at the evangelist reverently. Judging by its execution and size, the figure of the angel corresponds to that of a child. Only the head is visible just above the book. Its wings are hardly recognizable at first glance and are only hinted at:[5] on the right above the small head, and on the left next to St. Matthew's beard, there is the suggestion of the upper section of a wing. This restrained, covert version was preceded by a first much more explicit one. As can be seen in the infrared reflectogram of the picture (fig. 1), Hals initially painted two clearly visible, sharply tapered wings above the angel's head. However, he did not carry out this concept. Instead he decided on the less conspicuous version we see today.[6] This correction process is unusual for Frans Hals, in whose paintings alterations are otherwise hardly ever found.[7] Interestingly, the painting that portrays St. Luke also has a *pentimento*. Here Hals corrected his first version of the ox horns that were initially placed further up above their present position. Because the oil paints have become more permeable and transparent over time, this first version is today visible to the naked eye.

Both in their format and composition as well as in the open, free painting style, the Four Evangelists exhibit major similarities with Hals's genre pictures from the mid-1620s.[8] The formulation of this religious subject, so atypical for Hals, is strikingly like a genre scene; we only notice the attributes of the Evangelists at second glance. The figure of the ox, an attribute of St. Luke, melts into the background and is only partially visible. In the case of St. Matthew, the angel's physiognomy and placement in the picture is reminiscent of the smaller child in the painting of the *Two Singing Boys* in Kassel (cat. 41). With respect to their "undisguised coarseness,"[9] the free, sketchy brushwork, and the vividly staged characters, these depictions are directly linked to the genre paintings.

In 1616, Frans Hals left Haarlem and moved to his native town of Antwerp for several months. During this period Rubens, Jordaens, and Van Dyck created numerous sketchy, expressive studies of heads, referred to as *tronies*, which served as preparation for figures that were part of larger works (fig. 2).[10] The unusually free, open brushwork of these Antwerp pictures is echoed in Hals's Evangelist paintings. It is surely no coincidence that in these works Hals focused so strongly on the heads. Justifiably Claus Grimm notes that the way the Evangelists' hair and beards are rendered is reminiscent of Rubens's distinctive heads of old men.[11] These observations, as well as the religious subject so unusual for Hals, suggest a direct relation to the Flemish models. Presumably, in 1616, Hals was inspired by his Antwerp peers to a much greater extent than has been assumed so far. This raises the question as to whether his Evangelist pictures should not be dated earlier. [KK]

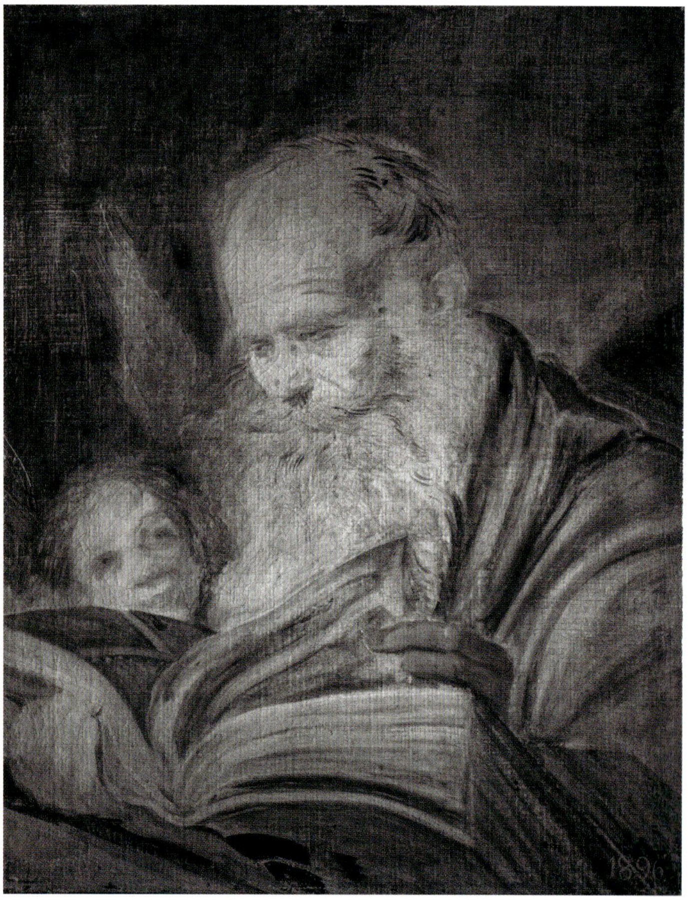

Fig. 1 Frans Hals, *St. Matthew the Evangelist*, Odessa Museum of Western and Eastern Art, infrared reflectogram

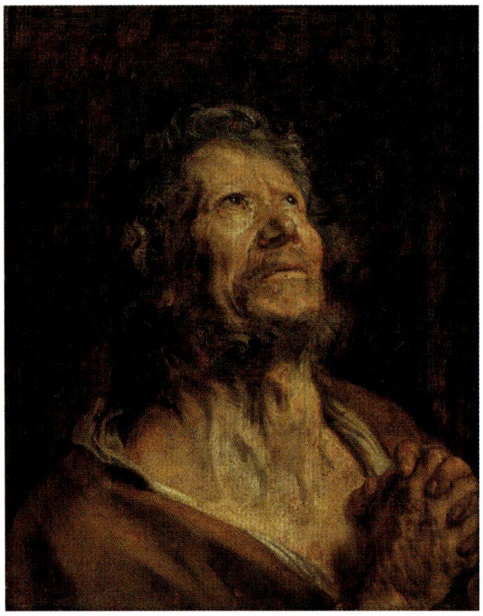

Fig. 2 Anthony van Dyck with modifications by Jacob Jordaens, *Bust of an Apostle with Folded Hands*, ca. 1618–20, Gemäldegalerie, Staatliche Museen zu Berlin

Selected literature:
Bode 1883, p. 70n1; Hofstede de Groot 1910, nos. 4–7; Linnik 1960; Slive 1961; Haarlem 1962, nos. 77–8; Slive 1970–4, nos. 43 (Luke), 44 (Matthew); Grimm 1989, nos. 41 (Luke), 42 (Matthew); Washington, London, and Haarlem 1989, nos. 22–3; Howard 2008.

1 The format of the painting is somewhat larger than that of St. Luke the Evangelist, as the tacking edge was here integrated in the picture on all four sides.

2 The two companion works are today located in Los Angeles and Moscow: Frans Hals, *St. John the Evangelist*, ca. 1625, J. Paul Getty Museum, Los Angeles; Frans Hals, *St. Mark the Evangelist*, ca. 1625, The Pushkin State Museum of Fine Arts, Moscow.

3 Washington, London, and Haarlem 1989, nos. 22–3.

4 With thanks to Iryna Glebova, Odessa Museum of Western and Eastern Art, for her detailed information on the provenance of the paintings. See also Haarlem 1962, nos. 77–8.

5 It is hardly surprising that in 1989 it was thought the angel had no wings: Washington, London, and Haarlem 1989, nos. 22–3, p. 196.

6 The first version of the angel's wings is visible in the infrared reflectogram through the streaky structures of the brushstrokes. Evidently the wings had not yet been executed in color, as they do not stand out in the X-ray. Thanks to conservator Tomas Ručys for generously sharing technical photographs and for a lively discussion regarding the two paintings from Odessa. He had examined the works in great detail on the occasion of a presentation at the Lithuanian National Museum of Art in Vilnius (February 9–May 26, 2024).

7 A second *pentimento* is found in the fingers of the hand that holds the book. Initially these were shorter and less curved.

8 Slive in Washington, London, and Haarlem 1989, nos. 22–3, p. 196; Slive 2014, p. 124.

9 Grimm 1974, p. 28.

10 Atkins 2012, pp. 136–40; Antwerp and Dublin 2023, pp. 17–18.

11 Grimm 1974, p. 28.

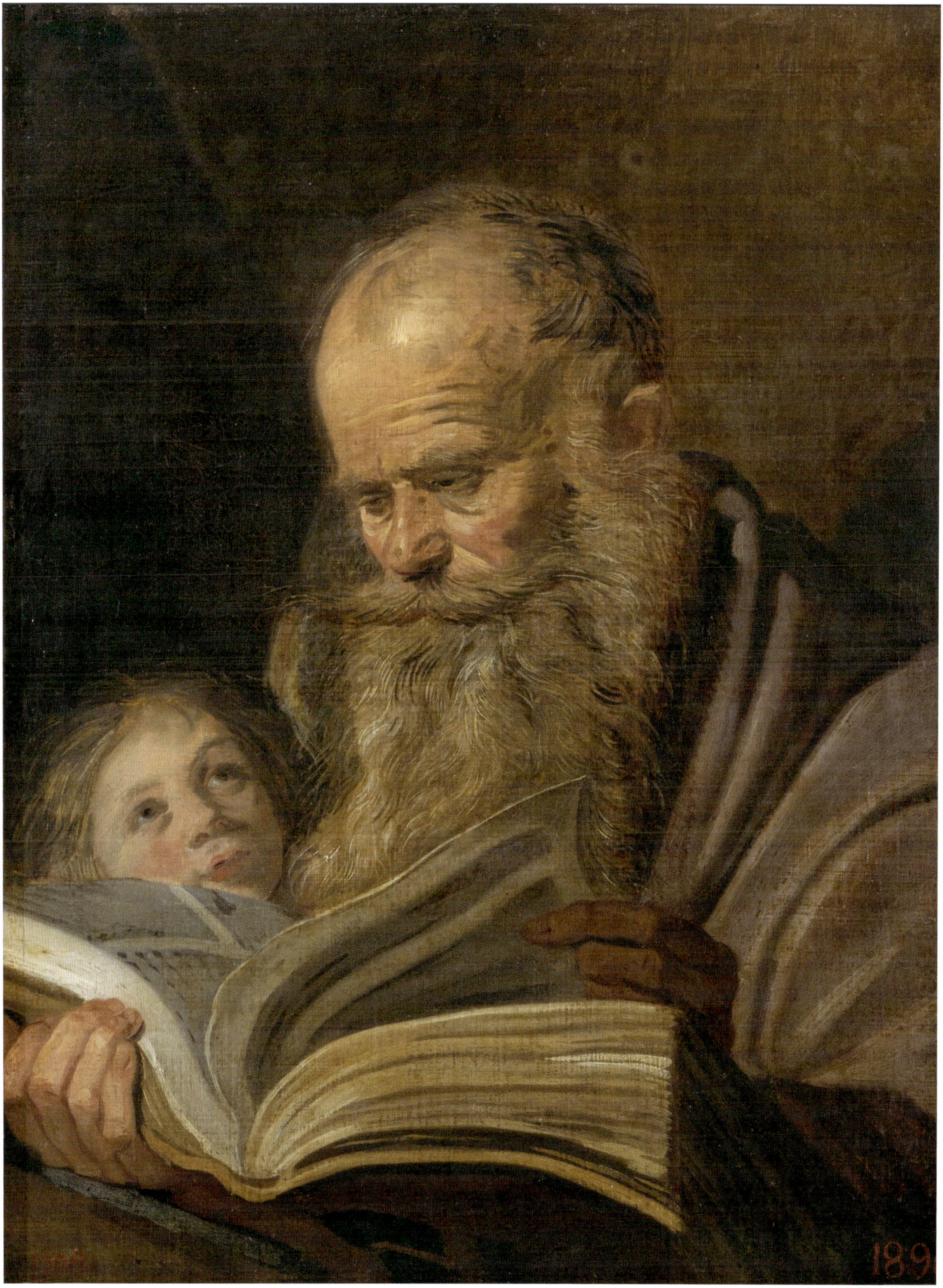

cat. 44b

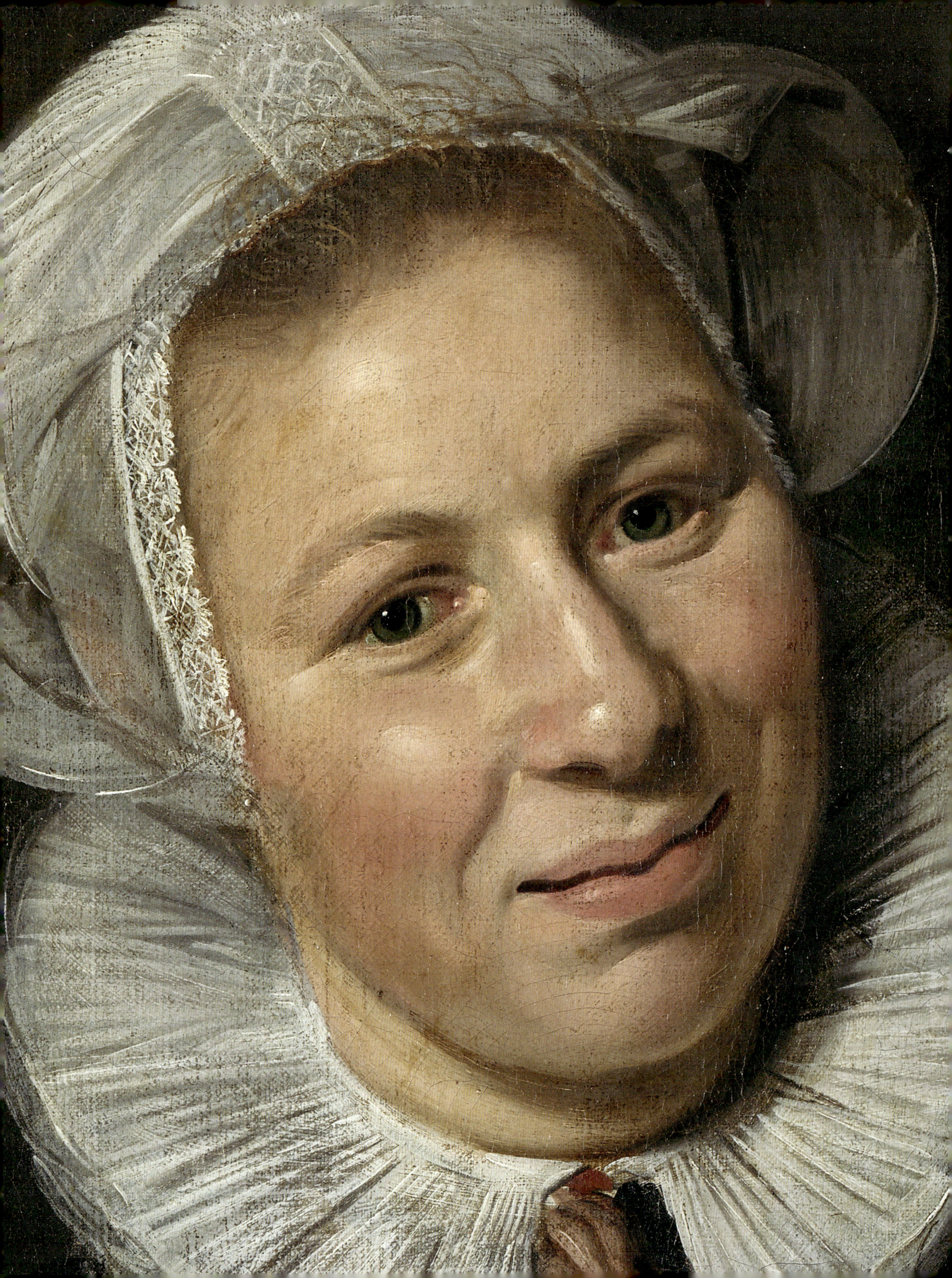

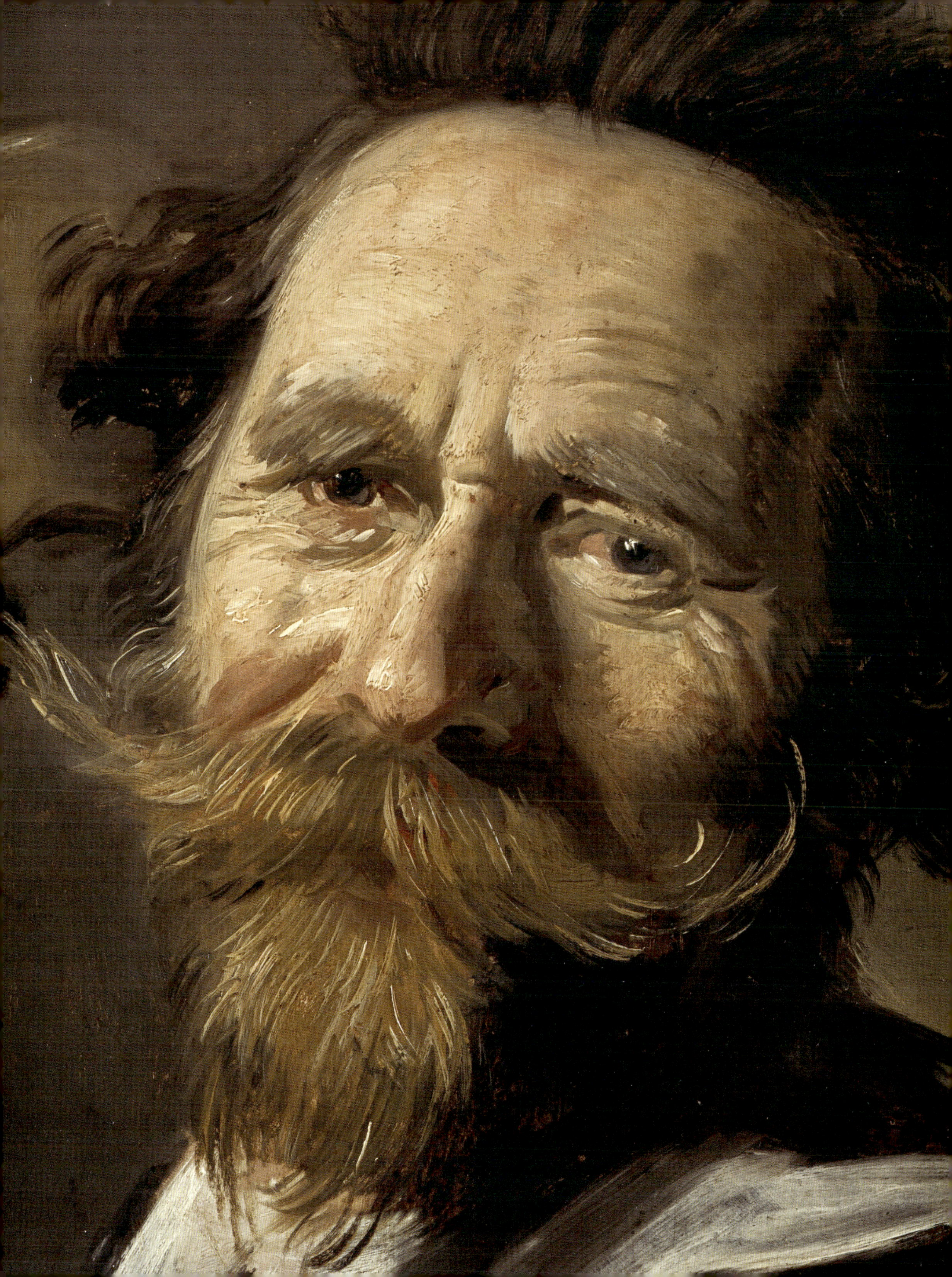

Malle Babbe

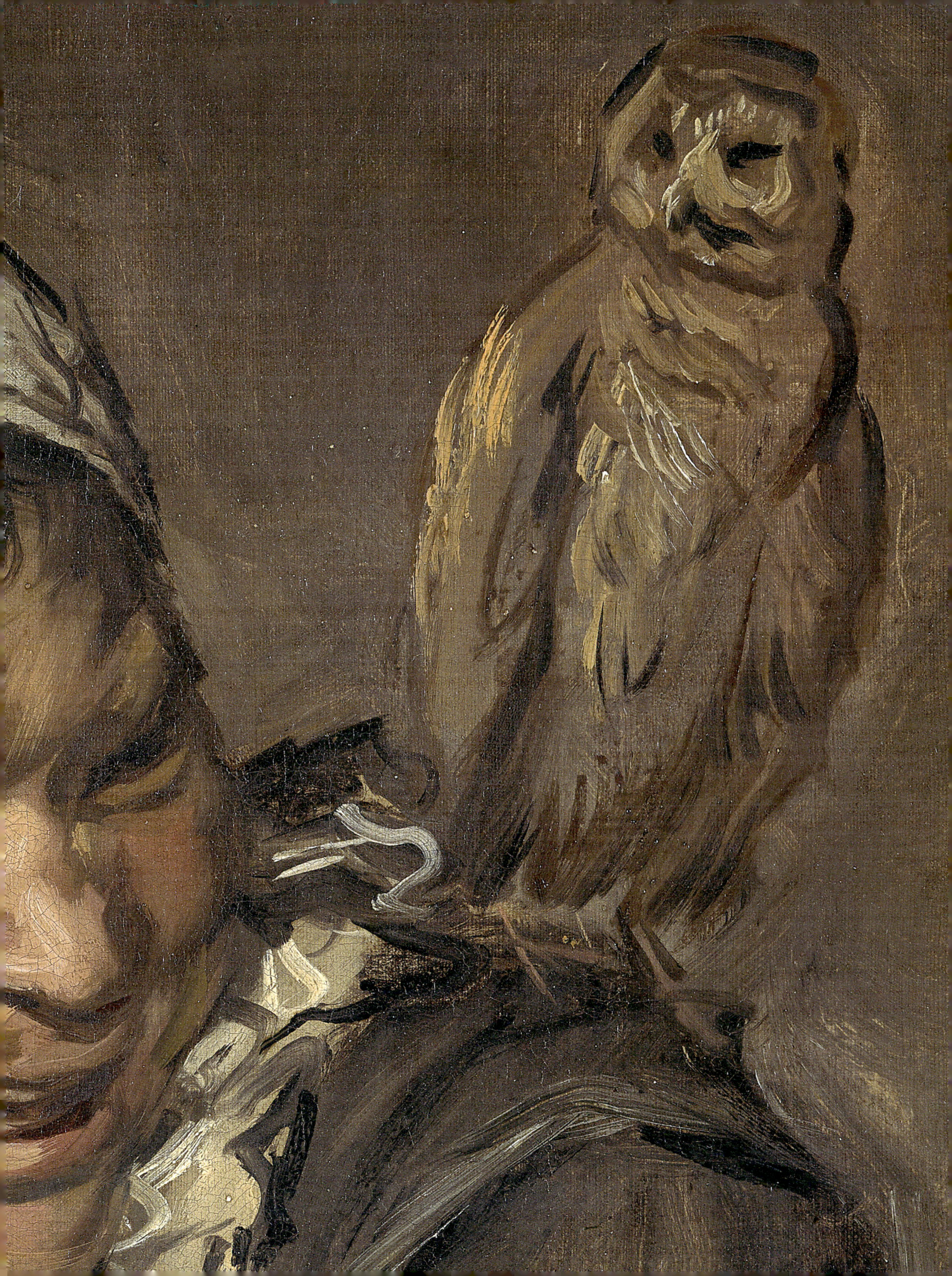

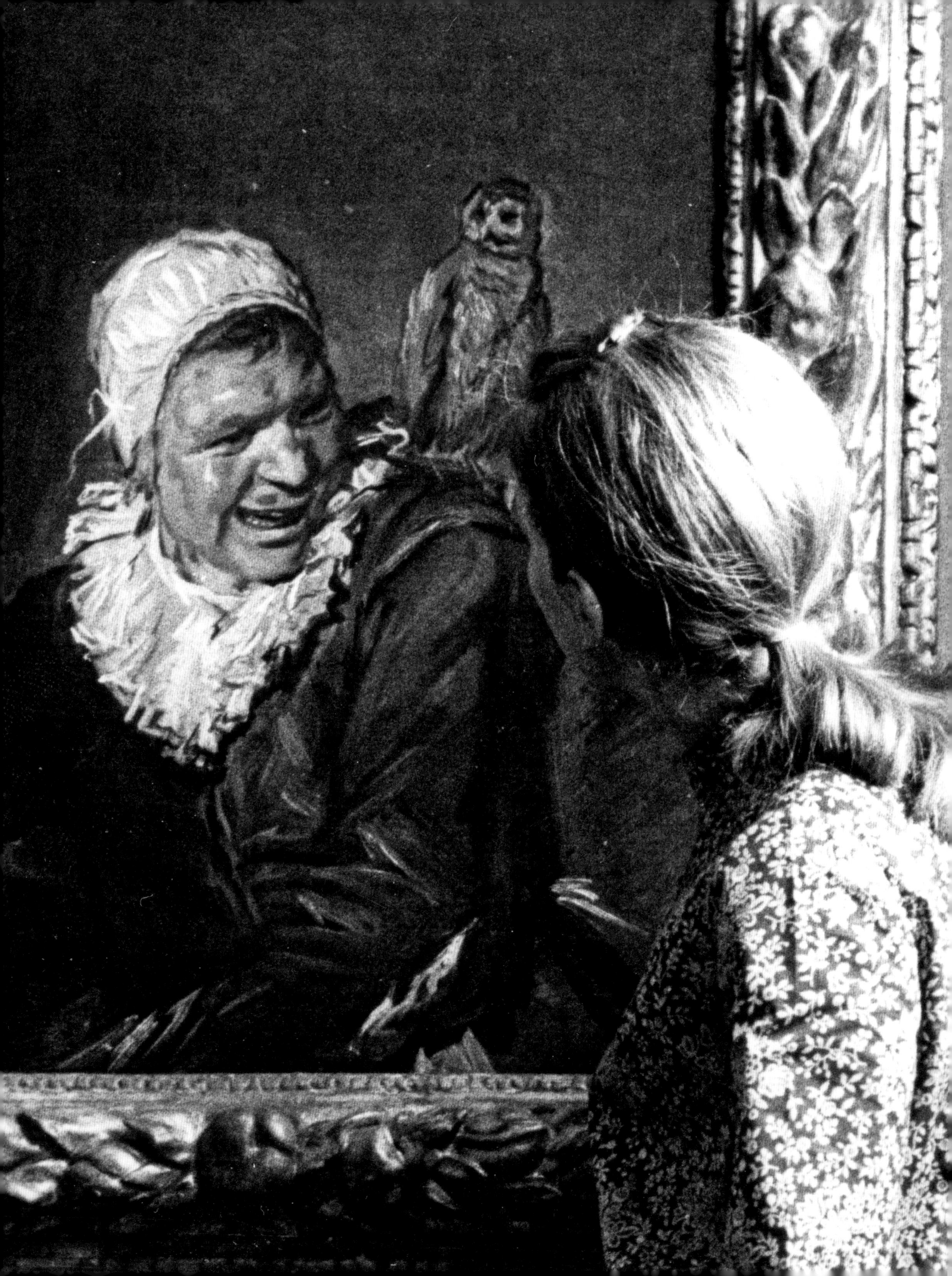

Painted Exception

Malle Babbe — A Work and It's Fascination

Katja Kleinert

The acquisition of the Suermondt Collection in 1874 proved to be a real stroke of luck for Berlin's Gemäldegalerie. The 218 paintings purchased included seven attributed to Frans Hals, three of which are still considered to be among the master's most outstanding works.[1] Barthold Suermondt (1818–78), an entrepreneur and art collector born in Utrecht and later based in Aachen, was able to amass an outstanding collection of Dutch and Flemish paintings within just a few years.[2] After meeting art connoisseur Théophile Thoré-Bürger (1807–69) in 1859, he became one of mainland Europe's leading art collectors. Suermondt sought out new discoveries indefatigably. It therefore comes as no surprise that this enthusiastic collector, also described by Thoré-Bürger as among the "most daring,"[3] developed a fondness for Frans Hals, a little-known painter at the time. Hals's brilliant ascent, becoming one of the most highly regarded old masters in the second half of the nineteenth century, was due in no small part to the enterprising Suermondt and one of his most spectacular acquisitions: *Malle Babbe* by Frans Hals (fig. 10; cat. 45).

Suermondt acquired the painting in 1867 at an auction encompassing works of art and an assortment of bric-a-brac that was held in a provincial West Frisian town, Hoorn, far from major art centers—just the kind of purchase that chimed with Suermondt's tastes.[4] The painting came from the collection of the judge and politician Lucas Stokbroo van Hoog en Aartswoud (1792–1867), whose estate included not only paintings but also curios, porcelain, clocks, Japanese lacquerware, and weaponry.[5] With the help of art dealer C. F. Roos, Suermondt managed to purchase the painting for the enormous sum of 1,660 guilders. A letter from Thoré-Bürger to Suermondt in October 1867 demonstrates just how important this acquisition was for Suermondt: "I must congratulate you on your purchase, your conquest, of Hille Bobbe [*Malle Babbe*] by Hals. It is indeed a masterpiece, and you provide a perfect description and assessment of it. Of course, I would also have liked to own this painting. But I would have needed to purchase it at an artist's rate. It is prohibitively expensive for normal art lovers. At 1,000 guilders, it was and would already have been expensive for me. And I was assured that connoisseurs would push the price up to 2,000 guilders. So I refrained from bidding and advised Mr. Goldsmith—when I came via The Hague—to buy it. I suspect that he ordered a commission bid to be placed over 1,000 guilders and thus competed with you."[6] Having managed to purchase the painting, Suermondt hurried to study it and the sitter in detail and entered into a dialogue with renowned connoisseurs and art scholars to do so. One important starting point for his research was an inscription

Fig. 1 Exhibition of *Malle Babbe* (cat. 45) at the Gemäldegalerie Berlin-Dahlem, ca. 1970–80

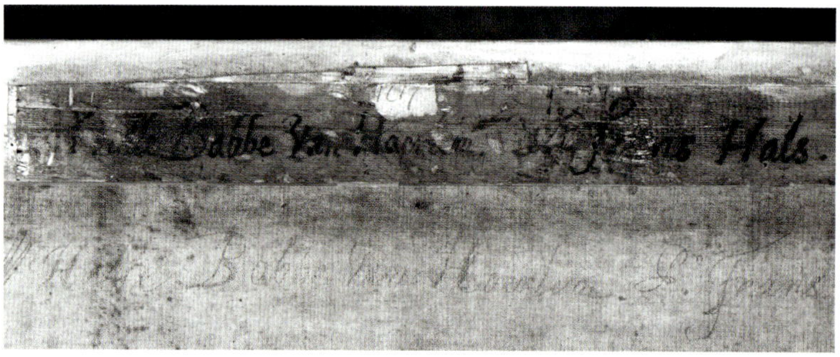

Fig. 2 Frans Hals, *Malle Babbe*, ca. 1640–6 (cat. 45), detail of the back, photograph from 1956

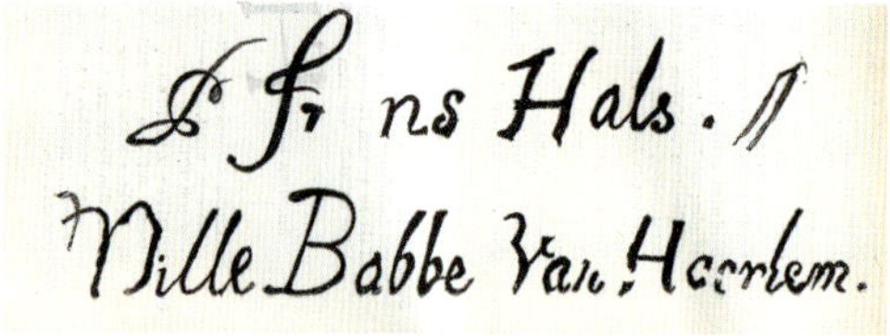

Fig. 3 Facsimile of the inscription on the back, *Verzeichnis der Gemäldegalerie Berlin*, 1883

on the back of the stretcher (fig. 2), also mentioned in the 1867 auction catalogue, that reads, “Hille Bobbe van Haerlem f. Frans Hals.” Those words were certainly not written by Hals. It is still not known when and by whom the line of text was added. It is obviously a very old inscription, with the individual letters now barely decipherable. Presumably, to preserve the information for future generations, it was reproduced later in another hand on the canvas under the stretcher, clearly legible though bastardized. The great importance given to this inscription in the nineteenth century, then believed to have been written by the artist himself, is demonstrated by the facsimile of it included as a kind of surrogate signature in the Gemäldegalerie’s 1883 inventory, where it is recorded as being “by the painter’s own hand” (fig. 3).[7] Further underscoring this significance, when the stretcher frame was replaced, the section with the inscription was cut out and inserted into the new stretcher bar. The reproduction engraving of *Malle Babbe* by Léopold Flameng (1831–1911) published in 1869 also included it as an inscription belonging to the work, with the erroneous spelling, though true to the original lettering (fig. 4).[8] As time would show, the name originally recorded should actually be read as “Malle Babbe” (“mad Babbe”) rather than “Hille Bobbe.”[9] This probably also explains why all eighteenth-century references to the painting still referred correctly to the sitter as “Malle Babbe van Haerlem.”[10] By 1867 at the latest, however, it was obviously no longer possible to decipher the first letters of the name correctly, leading viewers to believe they were reading “Hille Bobbe,” a name that meant nothing at all in Dutch.

In January 1868, just a few months after his purchase, Suermondt, hoping to “shed light on the person of Hille Bobbe,” contacted Haarlem city historian Adriaan van der Willigen, asking for help to identify this unusual woman and noting that, given the character traits portrayed, she might have been “a kind of witch or fortune teller.”[11] That request proved fruitless, not least probably due to the misread name. Various descriptions of the figure reveal how fascinated yet simultaneously repulsed, even perplexed, viewers were by her lively, unfettered nature. As well as being called “the witch of Haarlem,” she was also referred to as “the wild sailor’s mother”[12] or “anti-Pallas Athena of Haarlem.”[13] Vincent van Gogh (1853–90) recognized in her one of the “ruins of physiognomies, which nonetheless have something.”[14] Today we know that the painting depicts a historically verifiable individual named Barbara Claes. She was a conspicuous woman, presumably mentally impaired, who in 1646 was admitted to the Haarlem workhouse, an institution that functioned as both a reformatory and a penitentiary (see cat. 45).[15] Hals had thus selected an individual on the margins of society as his subject. Through this painting, he offered her a kind of visibility that was completely new in his day and remained innovative throughout subsequent centuries. Although the figure had not yet been identified in the nineteenth century, or perhaps precisely because of this, the painting’s expressivity, its masterful sketchy, scantily defined forms, and its sense of spontaneity set viewers’ imaginations alight.

By 1868 at the latest, Suermondt, who was obviously very aware of his sensational acquisition, had had the painting transported to Paris, where it was engraved by Flameng (fig. 4).[16] About a year later, in the summer

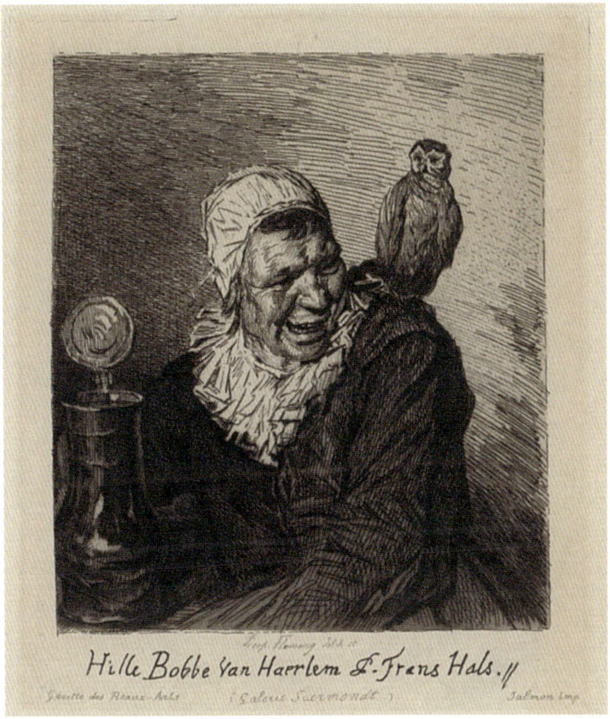

Fig. 4 Léopold Flameng after Frans Hals, *Hille Bobbe*, 1869, Rijksmuseum, Amsterdam

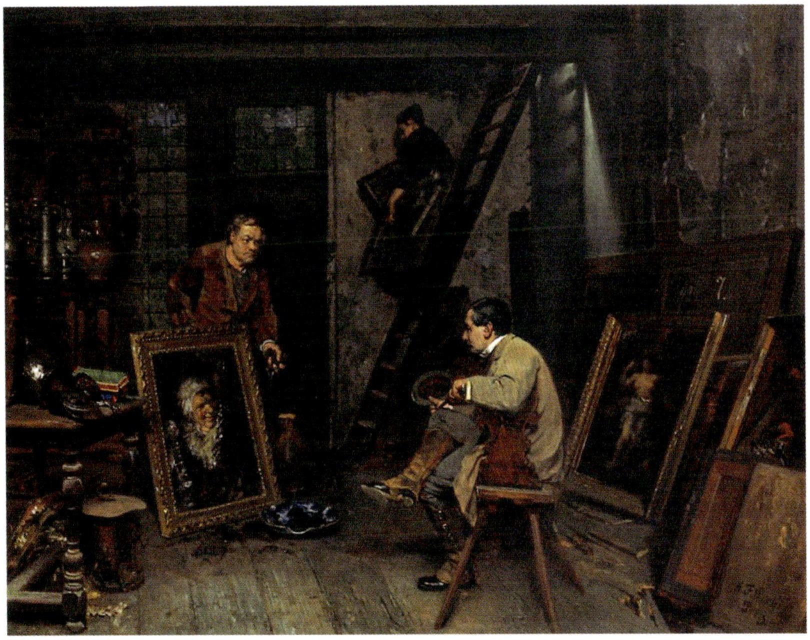

Fig. 5 Fritz Werner, *At the Art Dealer's*, 1869, Present whereabouts unknown

of 1869, *Malle Babbe* was then dispatched to Munich, where it was exhibited publicly for the first time at the First International Art Exhibition.[17] Four other works by Frans Hals were also displayed at the exhibition,[18] but, according to art historian Carl von Lützow (1832–97), the impact of *Malle Babbe* far surpassed all the other exhibits.[19] The painting was given a euphoric reception in Munich and immortalized on the spot by Gustave Courbet (1819–77) in a copy (cat. 48). This marked the start of *Malle Babbe's* ascent to iconic status.

Even before Courbet, another artist also made an early contribution to the legend growing up around *Malle Babbe*: Berlin painter Fritz Werner (1827–1908). He was evidently aware of Suermondt's astonishing purchase in remote Hoorn, for in his 1869 painting *At the Art Dealer's* (fig. 5)[20] he presented a kind of *Malle Babbe* discovery myth, suggesting that he was very well-informed about the work. His depiction shows a distinguished gentleman in a run-down junk shop who has apparently come across *Malle Babbe* among various odds and ends. The rather naïve junk dealer has just wiped the painting with a damp cloth to remove the worst of the dirt and is now displaying it expectantly, with a quizzical look. There is no doubt about it: the elegant devotee of art is going to buy this gem and bring it into the public eye. Werner's stereotypical depiction of the connoisseur and the dealer's hodgepodge assembly of objects is probably an allusion to Suermondt and the Stokbroo Collection.

Fritz Werner was indeed traveling in Holland and Belgium in the spring of 1867. In September of that year, "after completing some studies of nature, also in Hoorn," he headed to Antwerp.[21] With the sources currently available, it is not possible to establish whether he was also at the auction in Hoorn in early September, at which Roos bought *Malle Babbe* for Suermondt, or whether Werner might have seen the painting there earlier. It has, however, been ascertained that Werner visited the Suermondt Collection in Aachen before November 1868.[22] He probably saw the painting in this context and possibly also made studies of it. The correct proportions and accurate coloration of the representation in *At the Art Dealer's* suggest that he knew *Malle Babbe* in the original and not merely as a reproduction print from an engraving. However, he may also have seen the work in Paris in 1868, where he had resided since late 1867, working on *At the Art Dealer's*, as his letters to Adolph Menzel (1815–1905) attest. Werner completed his painting in March 1869, and it was exhibited at the Paris Salon of the same year.[23]

In 1871, the Metropolitan Museum of Art in New York acquired its own version of *Malle Babbe* (fig. 11; cat. 46a), which resembles the Berlin painting and has almost the same format. Initially celebrated as an authentic work by Frans Hals, it however gradually became discredited and was categorized as just the work of a Hals follower or a copy.[24] The latest studies have identified substantial similarities in the materials, composition, and painting technique in the two works. The findings suggest that the New York painting is probably from the workshop of Frans Hals and was likely painted at around the same time as the Berlin *Malle Babbe*.[25] Despite the pronounced similarities, a stylistic comparison of the pictures reveals significant differences in their execution and the virtuosity of their painting. The Berlin work is considerably more convincing, more poised, and more emphatically painted. Whereas here the artist requires just a few key, decisively positioned brushstrokes to suggest the forms, the New York work appears more fragmented, more searching, and less precise. That can be identified, for instance, in the way in which Malle Babbe's forehead is executed: in the New York painting, it appears comparatively flat and contourless, whereas in the Berlin painting it is given structure by a few dark accents and carved out convincingly with physiognomic details such as the frown line (figs. 6–7). The owl in the Berlin painting is also eye-catching, its confidently evoked form conjured up by just a few dark brushstrokes on a light brownish ground. Its fluffy plumage is impressively portrayed thanks to individual touches of color, while the owl's hallmark countenance, with its large eyes and curved beak, is sketched out with precise, bright highlights. In contrast, the bird in the New York painting looks more like a conical stuffed pelt than a living creature. The structure of the feathers is strangely furry and flat,

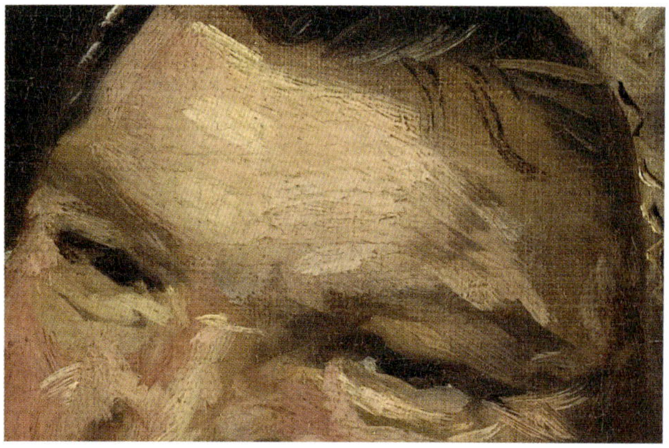

Fig. 6 Frans Hals, workshop, *Malle Babbe* (detail), ca. 1640–6 (cat. 46a)

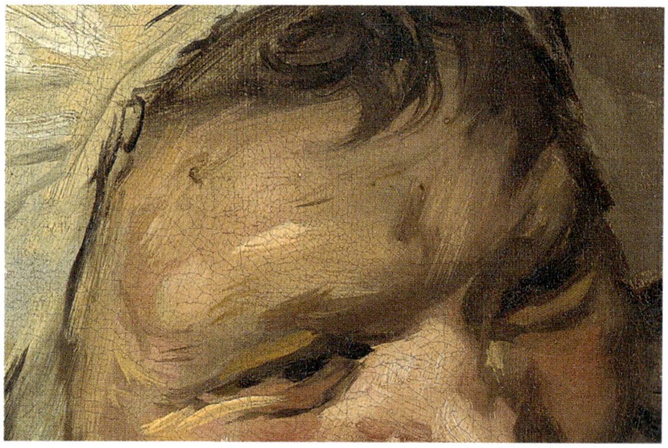

Fig. 7 Frans Hals, *Malle Babbe* (detail), ca. 1640–6 (cat. 45)

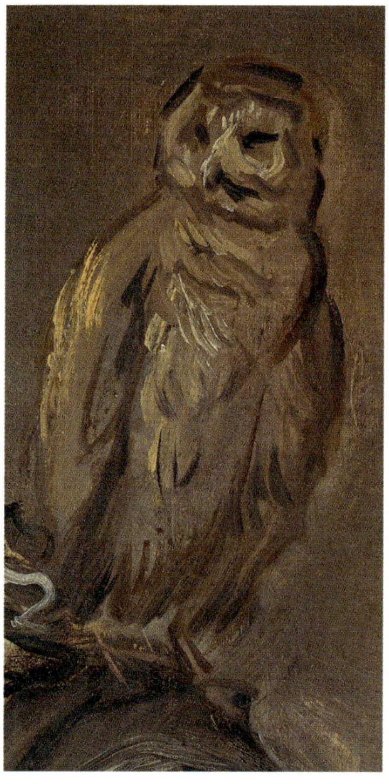

Fig. 8 Frans Hals, *Malle Babbe* (detail), ca. 1640–6 (cat. 45)

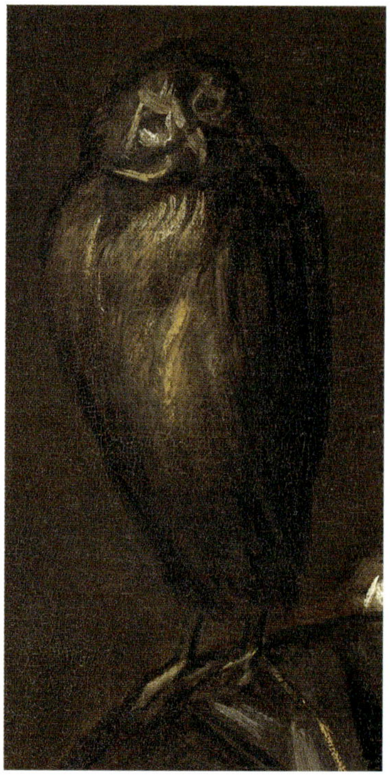

Fig. 9 Frans Hals, workshop, *Malle Babbe* (detail), ca. 1640–6 (cat. 46a)

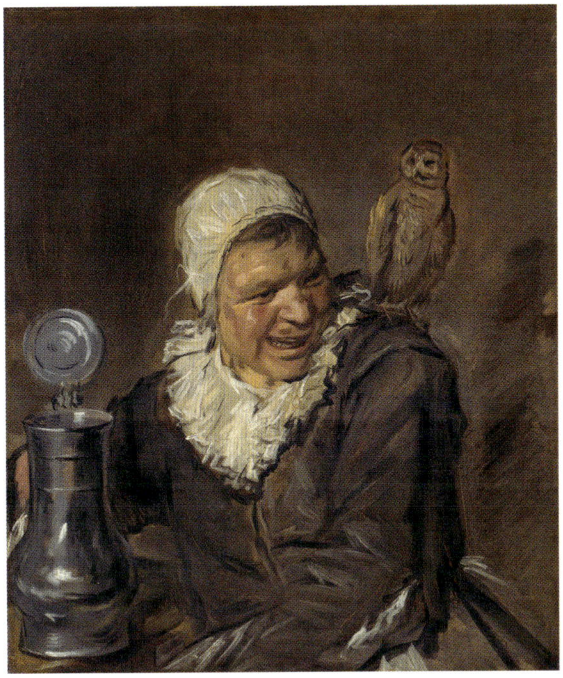

Fig. 10 Frans Hals, *Malle Babbe*, ca. 1640–6 (cat. 45)

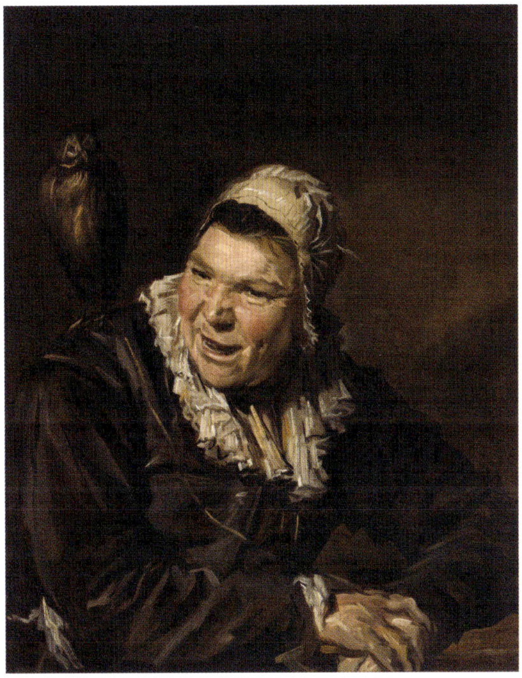

Fig. 11 Frans Hals, workshop, *Malle Babbe*, ca. 1640–6 (cat. 46a)

while the face is elaborated by unconvincing, unmotivated angular highlights (figs. 8–9).

The overall impression is also strikingly different in the two versions (figs. 10–11). The New York painting appears more realistic or "truer to reality," as Franz Dülberg put it in 1930.[26] The woman portrayed sits by a table with her right elbow and crossed hands resting on it. Her face has distinctive, individual traits. The countenance of a woman with broad, full features, a short, slightly pointed nose, and narrow lips can be clearly identified. Her hair is pinned back and covered by a bonnet. Specific details such as the dimples in the cheeks or the fine strands visible at the hairline add the finishing touches. The striking physiognomy highly suggests that the picture was painted from a live model. The woman's still, resting posture also points to a modeling session. The owl sitting on her right shoulder is tied by a cord, recalling the small birds that served as pets or toys for seventeenth-century children. Easily tamed birds, such as the goldfinch, were chosen for these roles; a string was used to stop them from flying away. *Malle Babbe*, on the other hand, is associated with an owl, a nocturnal bird of prey that is almost impossible to tame. It apparently resonates with the impulsive, uncontrollable character of Barbara Claes who is depicted here. Interestingly, in the seventeenth and eighteenth centuries, owls served as decoys to lure other birds in a method of bait hunting known as *Hüttenjagd*. For this purpose, live or stuffed owls would be fixed to a wooden post with a lengthy strap during the day. As a hostile lure, the owl attracted other birds, which would be caught with hidden lime-twigs or in traps (fig. 12).[27] Although the bird in the New York work is certainly meant to be alive, prevented from flying away by the string around one foot, it is quite conceivable that the rather lifeless depiction may have been modeled on a stuffed owl or decoy.[28]

It is not just the painterly execution that sets the Berlin picture apart from the New York work, but also the stagings and the facial expressions of the sitter. Although these are remarkably expressive in the Berlin version, they appear much less individually distinctive when the two works are compared. It would be virtually impossible to determine the figure's gender from their countenance alone. Characteristic features such as the dimples on the cheeks are missing. Overall, the paint was applied sketchily, with broad brushstrokes and scant regard for details, specific aspects of the clothing or the materiality of the fabric. Hals was not primarily concerned with making a particular individual recognizable, focusing instead on the mise-en-scène of a character type and painterly expressivity. As mentioned earlier, the owl motif is depicted convincingly and vividly. It perches on Malle Babbe's shoulder, free and untethered, as if to demonstrate that the two form a natural unit. As the bird clearly functions as an attribute in this composition, there is no need for real-world details like a string or leash. Furthermore, in contrast to the New York depiction, Malle Babbe has been supplied with a large beer tankard, a motif that, like the owl, serves as an attribute and places the picture within a particular setting. In this context, the owl perched on a shoulder can, on the one hand, be read as a symbol of folly or madness. On the other hand, coupled with the beer tankard, it also alludes to the vice of habitual drunkenness, referencing the contemporary expression "zoo beschonken als een uil" (as drunk as an owl). The Berlin picture is also noticeably more dynamic than the New York version. The latter conveys a sense of a modeling session, whereas the Berlin figure appears spontaneous, as if captured in a

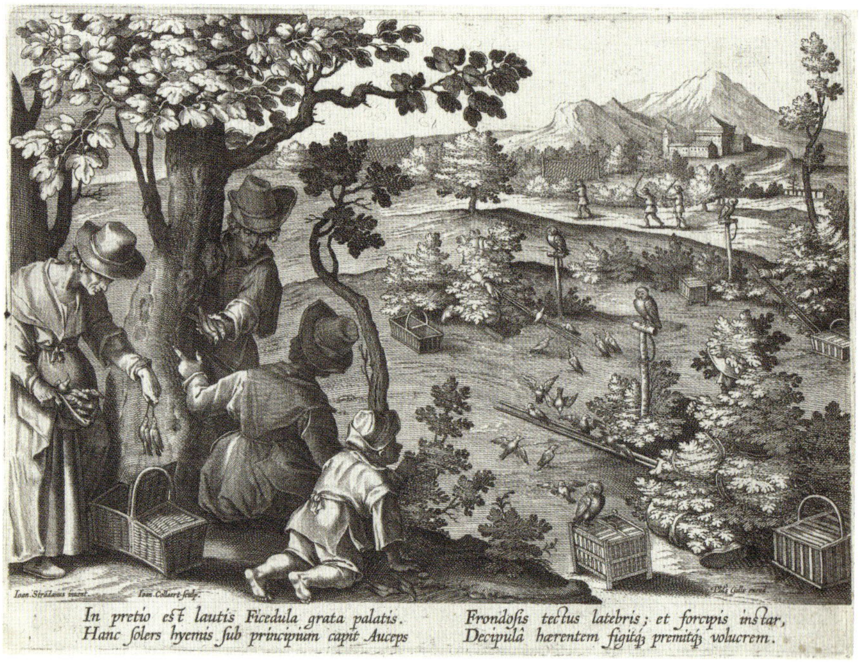

Fig. 12 Jan Collaert II after Jan van der Straet, *Hunting Birds with an Owl Decoy and Lime-Twigs*, 1594–8, Rijksmuseum, Amsterdam

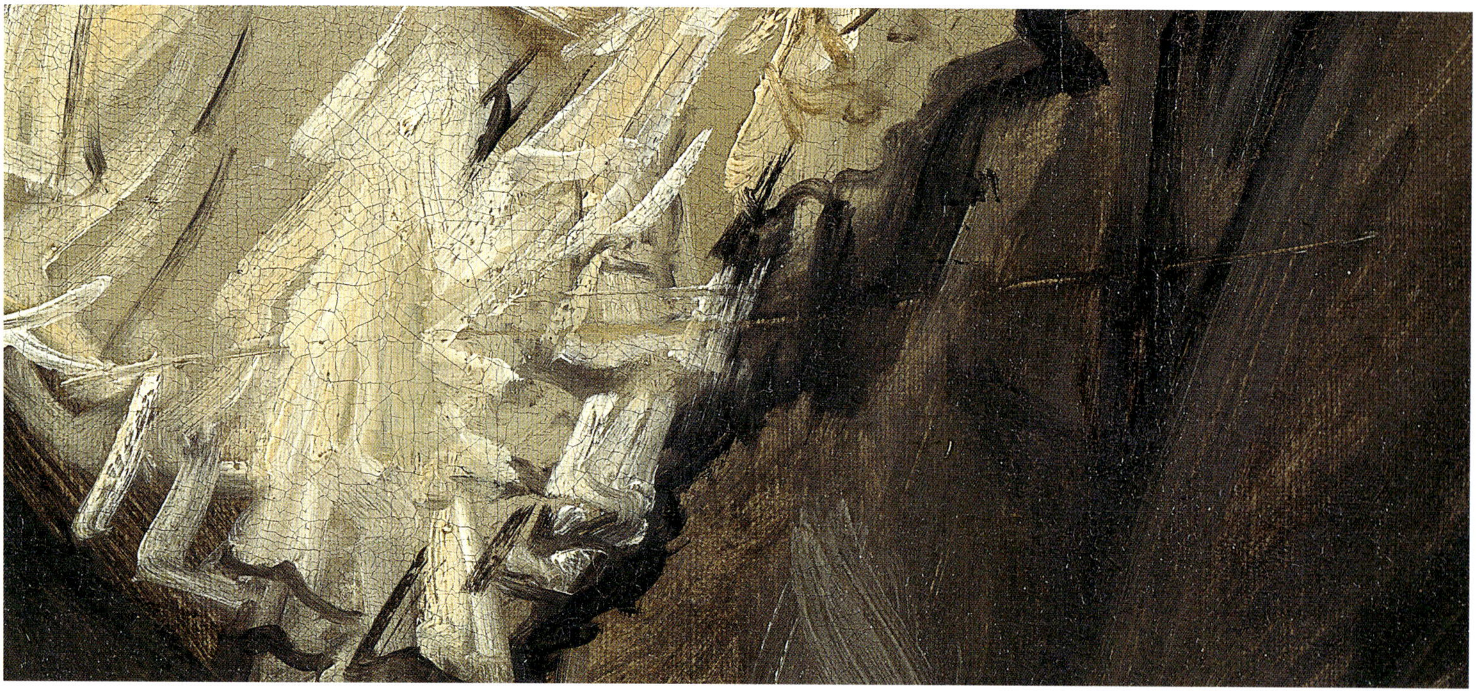

Fig. 13 Frans Hals, *Malle Babbe* (detail), ca. 1640–6 (cat. 45)

snapshot. Although her torso points toward the depths of the background on the right, she seems to have just turned her head to the left while laughing and to have been captured mid-movement.

Comparing the two versions reveals that, despite its less virtuoso execution, the New York painting probably comes closer to the actual person of Barbara Claes, as convincing and credible as the Berlin work may appear. Conversely, the Berlin painting, shows a genre figure developed and refined into a staged stock character of "Malle Babbe." It nonetheless unites all the typical hallmarks of Hals's brilliant execution: the sense of capturing a fleeting moment, movement, and sketch-like, spontaneous brushwork. It calls for enormous mastery to produce a work in the outstandingly free *alla prima* painting style Hals deploys here.[29] Furthermore, artists working with this technique need to have a clear idea as to exactly what they wish to paint, as it is almost impossible to make corrections. That is also apparent in the virtuoso Berlin *Malle Babbe*, which has a scratch running across the chest that was made while the paint was still wet (fig. 13).[30] Hals left this certainly unintentional gaffe unaltered, for correcting it would have irrevocably diminished his painting's beauty and breathtaking spontaneity.

1 See Aachen 2018, pp. 335–7, nos. 161–5, 167, 209.
2 See Aachen 2018.
3 Jowell 2018, p. 63.
4 Hoorn Auction, September 8, 1867 (Lugt no. 29948), lot 69.
5 See Stokbroo 2022.
6 Jowell 2018, p. 66.
7 Meyer and Bode 1883, p. 196. Suermondt also assumed that the inscription was written by Hals. Letter from B. Suermondt to A. van der Willigen, January 22, 1868. RKD Collectie brieven, handschriften en kleine archieven.
8 Léopold Flameng, after Frans Hals, *Hille Bobbe*, 1869, etching, 171 × 142 mm, Rijksmuseum, Amsterdam, inv. RP-P-1910-3256.
9 As early as 1885, Suermondt pointed out in a letter to Bode that "the name on the blind frame of the Hille Bobbe" could also "be read as Hille Babbe." Letter from B. Suermondt to W. Bode, November 2/4, 1885, Zentralarchiv, SMB, SMB-ZA, IV/NL Bode 5392.
10 See Cornelis Ploos van den Amstel/Jan Iyver Auction, Amsterdam, October 1, 1778, lot 58 (Lugt no. 2894); Nijmegen Auction, June 10, 1812 (Lugt no. 8200 / GPI N-237), lot 88; C. S. Roos Auction, Amsterdam, May 12, 1834 (Lugt no. 13672), lot 92.
11 Letter from B. Suermondt to A. van der Willigen, January 22, 1868; RKD Collectie brieven, handschriften en kleine archieven.
12 See Bode 1871a, p. 18.
13 Lützow 1870, p. 79.
14 "Er zijn van die ruines van physionomies waar toch iets in is, dat ik b.v. ten volle uitgedrukt zie in de Hille Bobbe van Frans Hals of sommige koppen van Rembrandt." Letter from Vincent van Gogh to his brother Theo, February 5, 1883, see Gogh-Bonger 1914, vol. 2, letter 264, p. 80.
15 The relevant documents were discovered by Floris Mulder. Register of Allowances of St. Elizabeth's Hospital, 1646–80, Archive EG, no. 37, BR, red. 221, fol. 661.
16 See letter from B. Suermondt to W. Bode, August 30, 1868, Zentralarchiv, SMB, SMB-ZA, IV/NL Bode 5392.
17 I. Internationale Kunstausstellung, Königlicher Glaspalast zu München, July 20–October 31, 1869.
18 See the overview of the works shown in Munich in the present volume, pp. 338–9.
19 Lützow 1870, p. 78.
20 Fritz Werner, *Beim Kunsthändler* (*At the Art Dealer's*), 1869, wood, 47 × 61 cm, location unknown, last auctioned on October 1, 1996, 12. Wiener Kunstauktion (now Auktionshaus im Kinsky GmbH, Vienna), lot 109. Thanks to Antonia Mißkampf for her support on research concerning the painting.
21 Andresen 1877, vol. 5, p. 93.
22 In this spirit, he wrote to Adolph Menzel in a letter from November 1868, "Aachen Suermondt Gallery. The two paintings by Pieter de Hooch seem to me to be of Antwerp make—i.e., forged paintings," Preußische Akademie der Künste, no. I.322, sheet 28a.
23 Letter from F. Werner to A. Menzel, Preußische Akademie der Künste, PrAdK, no. I.322 sheet 32, February 1869, PrAdK, no. I.322, sheet 33, March 8, 1869. Paris 1869, no. 2421.
24 Liedtke 2007, no. 69.
25 Tummers et al. 2023; Tummers et al. 2024.
26 Dülberg 1930, p. 134.
27 The depiction of bird hunting using owls as bate by Jan van der Straet, originates from the series *Venationes Ferarum, auium, piscium pvgnae Bestiariorum*. A related preparatory drawing is found in the Museum Boijmans Van Beuningen: Joannes Stradanus, *The Bird Catcher*, ca. 1596, Museum Boijmans Van Beuningen, Rotterdam, inv. MB 1903. On this, see Elen in Bleyerveld et al. 2012.
28 Hals obviously also used stage props for other genre paintings. This is probably the case in *Two Singing Boys* (cat. 41) and *The Lute Player* (cat. 38), which depict the same rather old-fashioned model lute with only six courses of strings. This insight was provided by Willem Mook, communicated by Nobert Middelkoop in an email, March 12, 2024.
29 On the technical structure of the painting, see Tummers at al. 2023, p. 22.
30 During the painting process, a line was scratched into the still wet paint layer at the level of the collar and the black dress, exposing the light brownish ground. The middle section of the white collar was then placed over the damage.

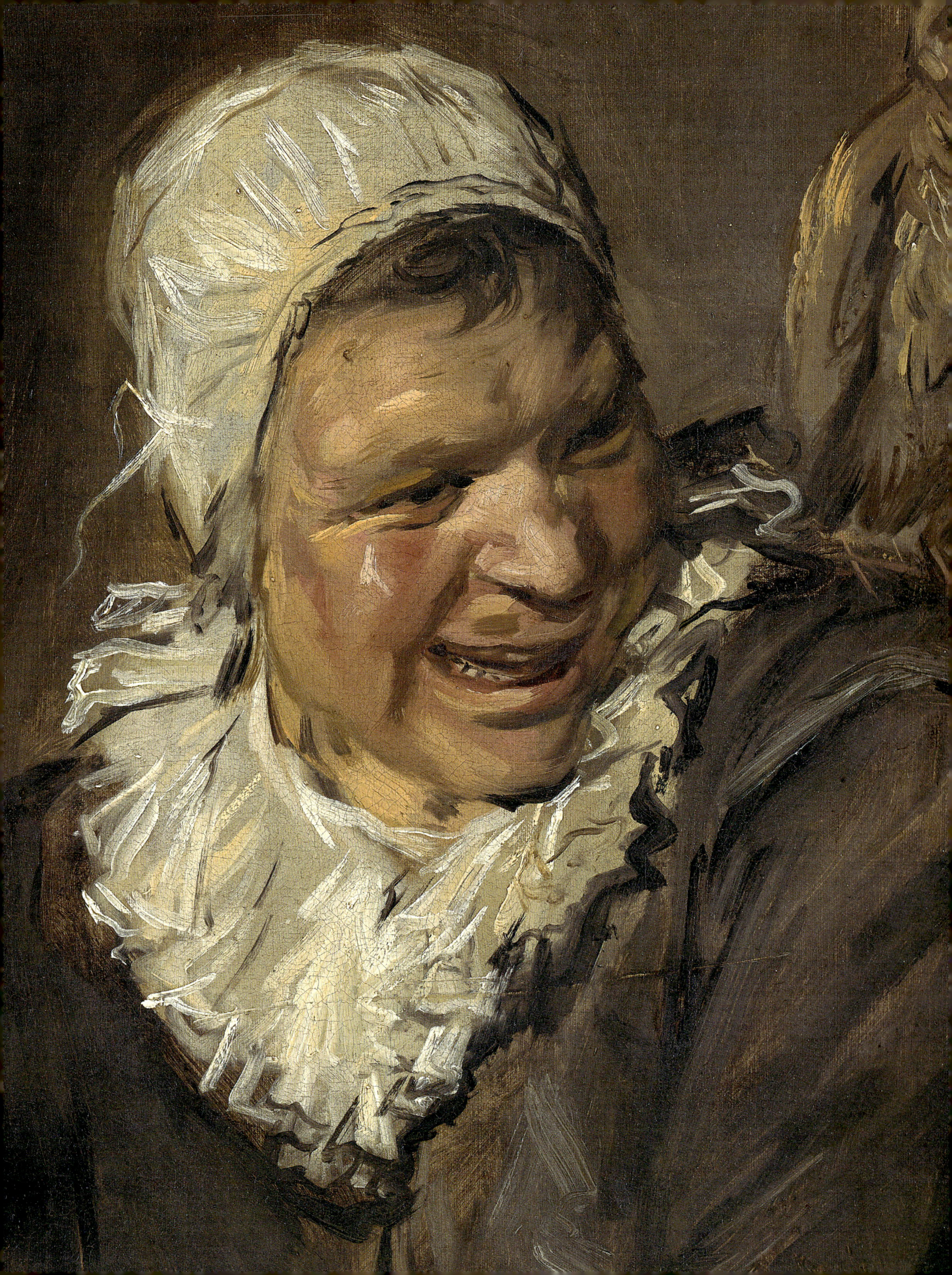

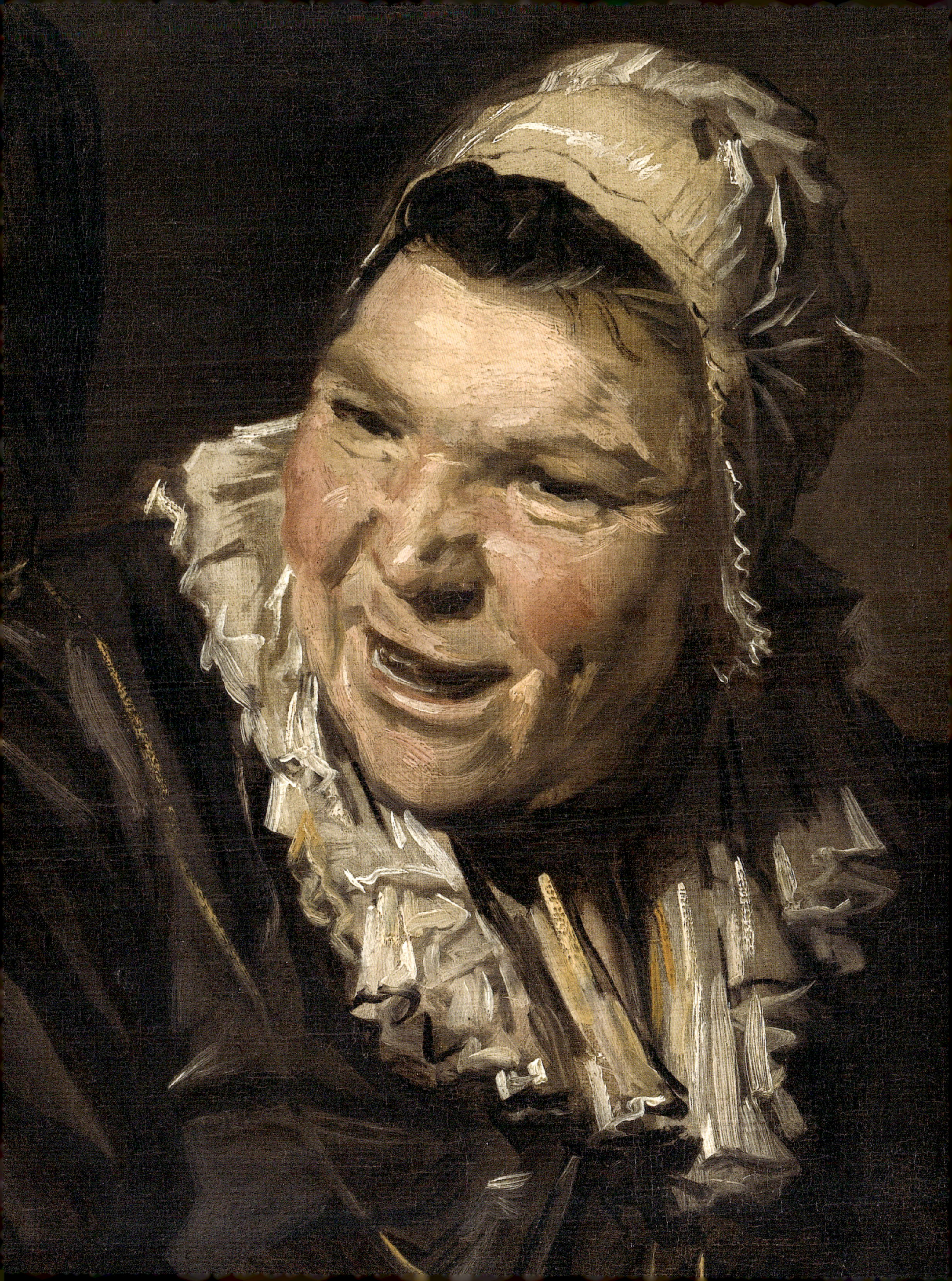

Frans Hals
Malle Babbe
ca. 1640–6

Canvas, 78.5 × 66.2 cm
Gemäldegalerie, Staatliche Museen zu Berlin, Kat.Nr. 801C

Provenance:
Purchased in 1874 as part of the collection of the banker Barthold Suermondt, Aachen.

An inscription ("Malle Babbe van Haarlem") on the back of the painting ensured at a fairly early stage that the sitter for the Berlin *Malle Babbe* could still be identified by subsequent generations.[1] However, it was only in 2013 that archival research revealed that this name corresponded to the historically verifiable figure of Barbara Claes, a mentally impaired, "mad" (*malle*) woman from Haarlem.[2] She is mentioned in a document dated February 17, 1646, which notes that a certain "Barbar alias Malle Barbar" was admitted to the workhouse for immoral behavior and as a precautionary measure to avoid "cases of disgrace and dishonor." Records show that the regents of the St. Elizabeth's Hospital (see p. 23, fig. 3) authorized sixty-five guilders a year for her care. The final payment dates from 1663, the year in which her death is also recorded ("obit" [died]).[3] In the seventeenth century, workhouses functioned as poorhouses and penitentiaries, as well as reformatories for people who disrupted societal norms.[4] Hals's mentally disabled son Pieter (d. 1667) was also confined in this institution beginning in 1642, with thirty-five guilders a year earmarked to support him.[5] In 1642, the family's eldest daughter, Sara, was also admitted at her parents' request for reasons of lasciviousness.[6]

It is fair to assume that Malle Babbe was a well-known figure in Haarlem. Hals's depiction lies somewhere between a naturalistic portrait and a stylized genre painting. It is entirely out of the ordinary for a seventeenth-century painter to create a life-size portrayal, including recognizable facial features, of a socially marginalized woman "of unsound mind." Seated at a table, she grasps the handle of a pewter tankard with her right hand, while an owl is perched on her left shoulder. Complex movements in opposing directions give the figure an animated, impetuous air. She seems to have turned her head to one side, laughing, just a moment earlier. The brushwork is on the whole rather open, only more tightly rendered in the face to create denser modeling, and merely suggests the details of forms with sweeping, summarily and rapidly executed brushstrokes, likewise contributing to the sense of an off-the-cuff snapshot captured almost by chance.

The owl on Malle Babbe's shoulder can be read as a symbol of folly or madness as well as evoking drunkenness, an allusion echoed in the contemporary expression "zoo beschonken als een uil" (as drunk as an owl). The figure of Malle Babbe also appears in the Berlin painting *As the Old Sing, so Pipe the Young* by Jan Steen (cat. 47) as the personification of another despicable form of debauchery—smoking.

Hals knew how to lend his figures a hitherto unprecedented vitality and authenticity. He painted a number of his genre figures laughing openly and baring their teeth—a form of representation tantamount to a breach of decorum in portraiture, given the era's strict etiquette. Malle Babbe's intemperate laughter, unbalanced by drink, further heightens this motif and was only conceivable as a genre-style staging of a social outsider. Thanks to works like these, Frans Hals established a reputation as the "master of laughter"—probably the most fleeting emotional expression and the most challenging to portray.[7] [KK]

Selected literature:
Bode 1883, no. 92; Moes 1909, no. 260; Hofstede de Groot 1910, no. 108; Bode and Binder 1914, no. 68; Valentiner 1923, p. 142; Trivas 1941, no. 33; Slive 1970–4, no. 75; Grimm 1989, no. 111; Washington, London, and Haarlem 1989, no. 37; Tummers et al. 2023.

1 The inscription "Malle Babbe van Haerlem f. Frans Hals" appears on a bar of the painting's stretcher frame. On this point in detail, see Kleinert in the present volume, pp. 249–50.
2 Floris Mulder, a historian at the Museum Het Dolhuys in Haarlem, discovered the documents that led to Malle Babbe's identification. Register of Allowances of St. Elizabeth's Hospital, 1646–80, Archive EG, no. 37. BR, red 221, fol. 661.
3 Tummers et al. 2023, p. 19.
4 On this point, see also Lammertse in the present volume, p. 217.
5 Thiel-Stroman 1989, doc. 94; Thiel-Stroman in Haarlem 2006, p. 179.
6 Sara was twice pregnant out of wedlock. See Thiel-Stroman 1989, docs. 92–3; Thiel-Stroman in Haarlem 2006, p. 179 and note 39.
7 On this point in detail, see Lammertse in the present volume, pp. 201–23.

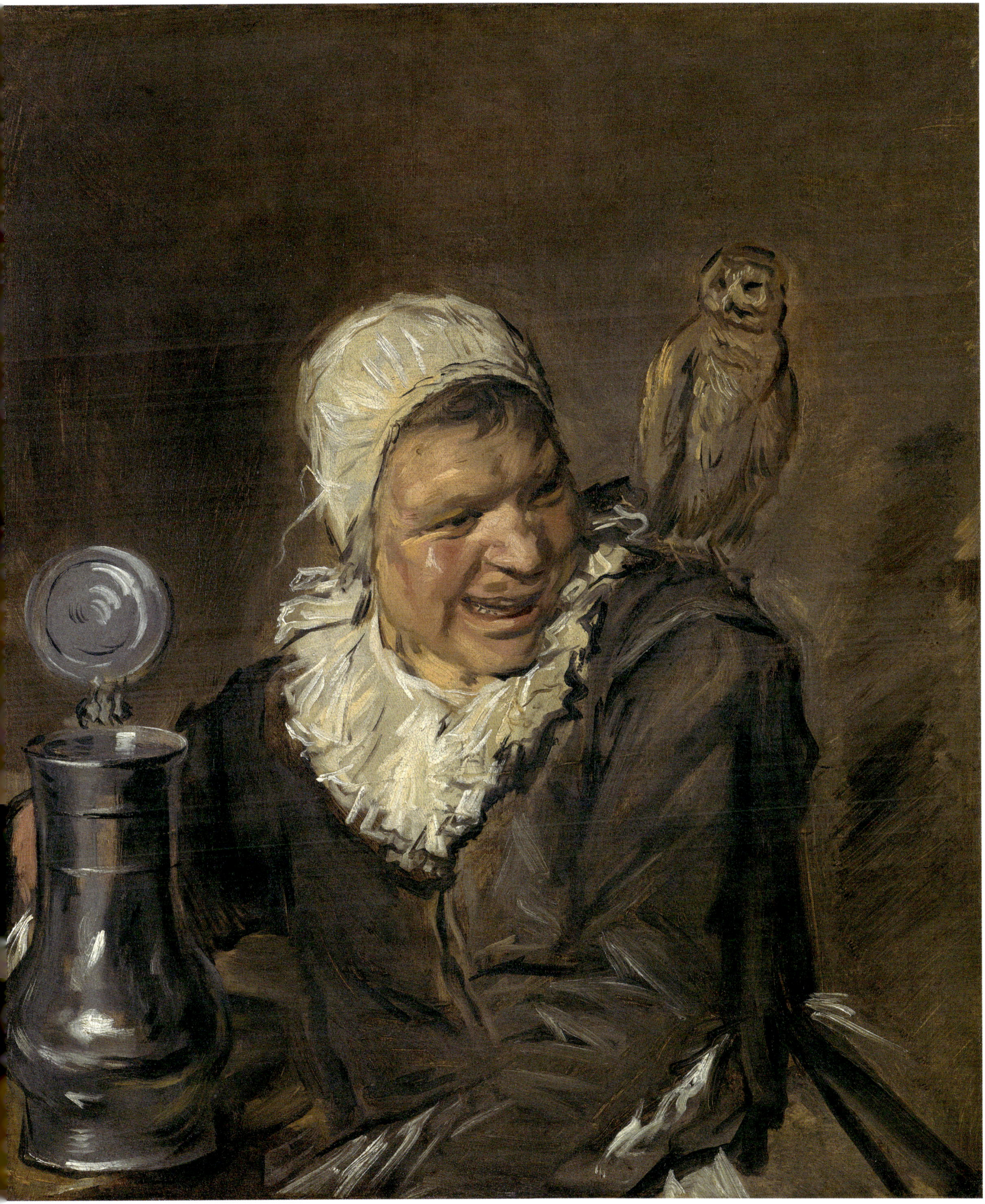

cat. 45

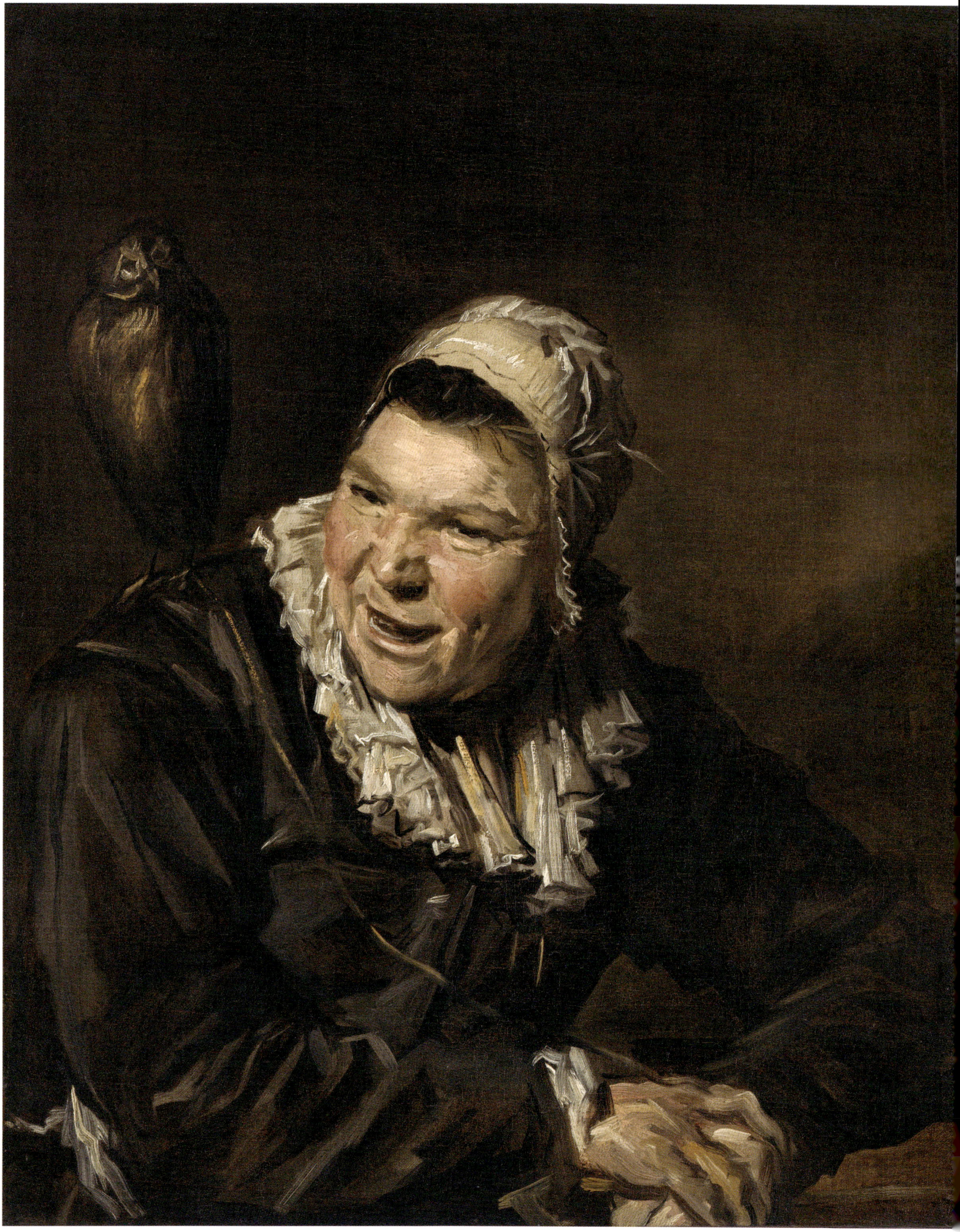

cat. 46a

46a

Frans Hals, workshop
Malle Babbe
ca. 1640–6

Inscribed at right next to resting arm: FH (ligated)
Canvas, 74.9 × 61 cm
The Metropolitan Museum of Art, New York, acc. no. 71.76

Provenance:
Purchased in 1871.

46b

Louis Bernard Coclers
Malle Babbe
1760–1817

Etching, 259 × 202 mm (sheet)
Kupferstichkabinett, Staatliche Museen zu Berlin, inv GGB 2-2021

Provenance:
Donated to the Graphische Gesellschaft zu Berlin in 2021 by Wolfgang Wittrock and Oskar Matzel.

In 1869, the Berlin painting of *Malle Babbe* (cat. 45), then still privately owned by the Aachen entrepreneur and collector, Barthold Suermondt, was shown to the public for the first time for several weeks at the International Art Exhibition in Munich (see also cat. 48). The presentation was a huge success. Connoisseurs and artists alike responded enthusiastically to the extraordinary expressiveness and virtuoso painting technique of Frans Hals, who was just beginning to be rediscovered at the time.

A mere two years later, in 1871, New York's Metropolitan Museum of Art, still in its founding phase, achieved an outstanding acquisition coup: it purchased its own version of *Malle Babbe* by Frans Hals, which was that year's proudest achievement[1] and numbered among the most important works in the collection when the museum opened in 1872.

However, by 1883, German art historian and museum director Wilhelm Bode had already categorized the New York painting as a mere informal copy by Frans Hals the Younger (1618–69) after the Berlin version.[2] A decades-long heated debate about correct attribution of the work ensued: at times it was held to be an original by the master, then subsequently to be considered a studio work, a painting by a contemporary follower, a copy after a lost original, and ultimately even as a forgery.[3] The most recent studies of the painting and a comparison of its materials, composition, and painting technique with the Berlin *Malle Babbe* have revealed extensive similarities, making it possible to conclude that both paintings are from Frans Hals's workshop and were probably created during more or less the same period. The monogram *FH*, visible to the right by Malle Babbe's arm resting along the bottom, has also been shown to be an integral part of the original paint layer.[4] It is therefore probably an original marking and can be read as evidence that the painting was created in Frans Hals's workshop. While at first glance, the rapid, bold execution of the New York version is impressive, it is certainly not a work by Hals. It is painted much more hesitantly and less incisively.[5] Although the sketchy placement of accents and the brushwork's relaxed rhythm recall Frans Hals's signature style, in its overall effect and palpable, three-dimensional representation, the formal language is not entirely convincing. It lacks the aplomb, precision, and virtuosity apparent in the Berlin version. Consequently, although the painting can be attributed stylistically to

Hals's workshop, clear identification of a specific artist has to date proved impossible.

An old inscription on the reverse of the Berlin version identifies the person depicted as Malle Babbe ("mad Barbara").[6] The New York version also seems to have been associated with this name for centuries. An etching by Flemish engraver Louis Bernard Coclers (1741–1817) from the second half of the eighteenth century (cat. 46b) bears witness to the connection.[7] As a supplementary inscription on this work testifies (fig. 1), he was also familiar with the name in a modified form, as "Babel." Furthermore, it appears that as well as being acquainted with the name "Babbe," Coclers also added an inscription to the work: "Babel of Haarlem, / to you, your owl is a falcon. O Babel! I am glad of it. / Play with an illusion. You are not alone."[8] This refers to the adage "Each believes his owl to be a falcon," a figure of speech depicted allegorically in the late sixteenth century by Karel van Mander, Frans Hals's teacher no less (see cat. 8), and circulated as an engraving by Hendrick Goltzius.[9] Coclers interprets Malle Babbe in the spirit of Van Mander as a foolish figure, thus adding a further layer of meaning to the painting. [KK]

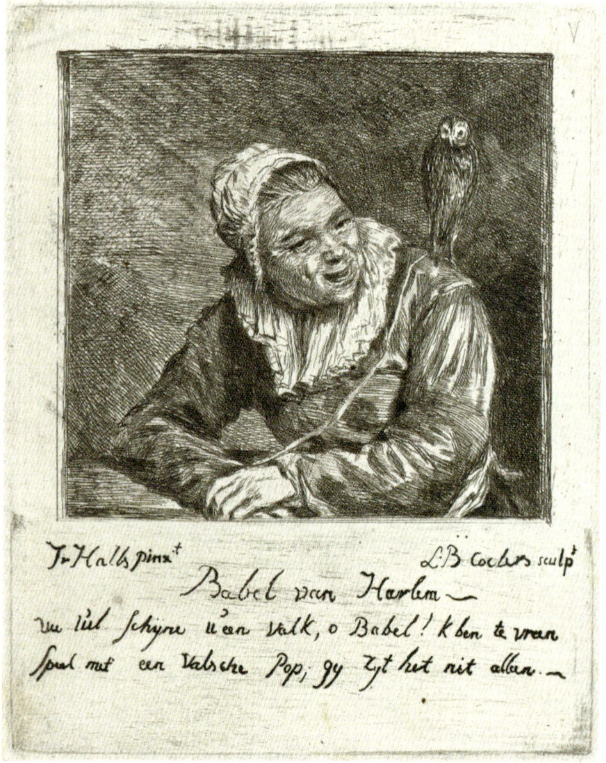

Fig. 1 Louis Bernard Coclers, *Malle Babbe*, 1760–1817, Rijksmuseum, Amsterdam

Selected literature:
Moes 1909, no. 261; Hofstede de Groot 1910, no. 109; Bode and Binder 1914, no. 69; Valentiner 1921, p. 130; Trivas 1941, no. 33b; Slive 1970–4, no. D 34; Washington, London, and Haarlem 1989, under no. 37; Liedtke 2007, no. 69; Tummers et al. 2024.

1 Liedtke 2007, p. 299.
2 Bode 1883, p. 103.
3 For an overview of this discussion see Washington, London, and Haarlem 1989, under no. 37; Liedtke 2007, pp. 299–300; Tummers et al. 2013, pp. 18–19.
4 Tummers et al. 2024; Tummers et al. 2023, p. 24.
5 See also Washington, London, and Haarlem 1989, no. 37.
6 On this in detail, see Kleinert in the present volume, pp. 249–50.
7 Siccama 1895, no. 23. Hofstede de Groot was the first to note that the New York painting corresponds to the version in the etching by Louis Bernard Coclers. See Hofstede de Groot 1910, no. 109.
8 "Babel van Harlem / uw uil schijne u een valk, o Babel! ik ben te vreen / speel met een valsche pop, gij zijt het nit alleen."
9 Hendrick Goltzius after Karel van Mander, *Elk meent zijn uil een valk te zijn*, 1590–94, engraving, 246 × 173 mm, Rijksmuseum, Amsterdam, inv. RP-P-BI-4302. An equivalent English proverb would be "Every man thinks his own geese swans."

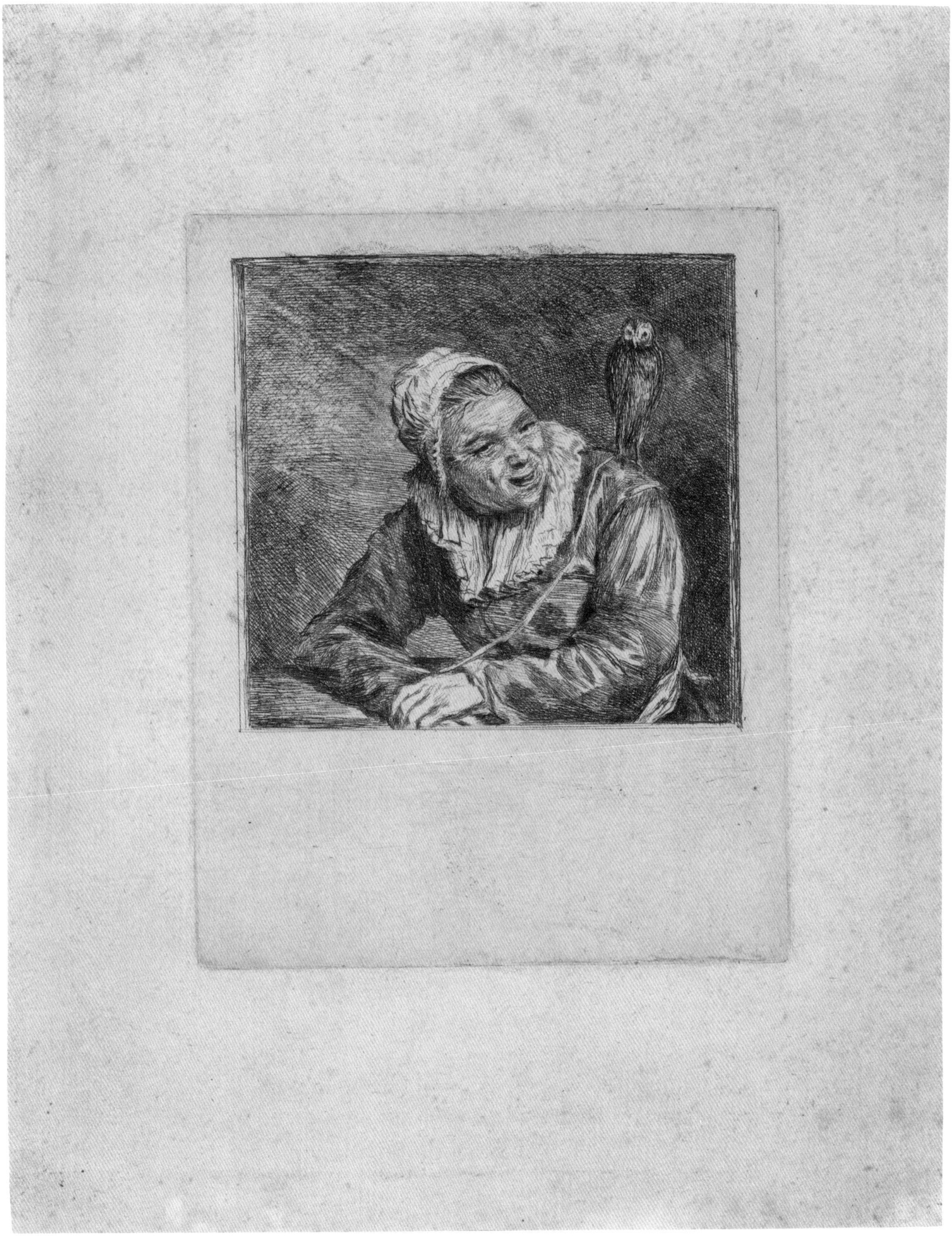

cat. 46b

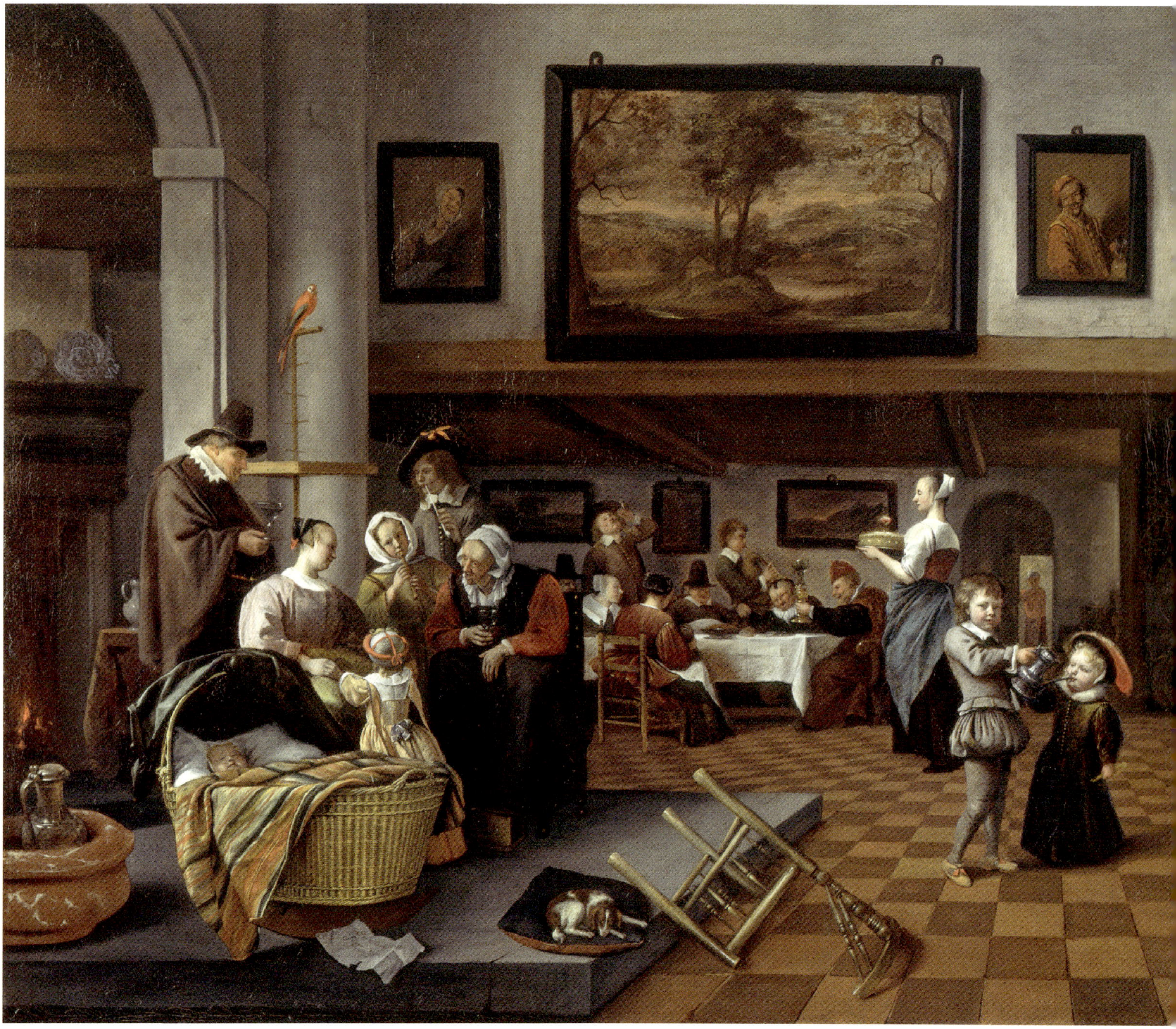

 cat. 47

47

Jan Steen
As the Old Sing, so Pipe the Young
ca. 1665–70

Inscribed at bottom left:
JSteen (ligated)
Canvas, 85.1 × 100.5 cm
Gemäldegalerie, Staatliche Museen zu Berlin, Kat.Nr. 795D

Provenance:
Purchased in 1891 from the Pelham-Clinton-Hope Collection, Deepdene.

Jan Steen (ca. 1626–79), one of the most renowned and prolific seventeenth-century Dutch genre painters, became famous for his humorous, witty depictions of lower- and middle-class burghers. His crowded, sometimes coarse and rollicking genre scenes typically have a wealth of detail and highly varied characters. In addition to scenes of ordinary Dutch village life and lively depictions of families, he also painted tumultuous tavern scenes or illustrated proverbs in the sixteenth-century tradition. The Berlin painting from the late 1660s belongs to this latter group. A discarded piece of paper lying on the platform next to the cradle references the subject of the picture: "So de Oude songen, so pypen de Jongen" (As the old sing, so pipe the young).

Steen illustrates this proverb, well-known in the seventeenth century, which he very successfully marketed in numerous versions in the course of his career. Interestingly, however, the Berlin picture clearly differs from the other variants in Steen's oeuvre. Here, in terms of both form and content, he decided on a new mise-en-scène and iconographic orientation of the subject.[1] Instead of presenting the adults as a society out of control solely in their function of providing a negative example, as he did in his other depictions of the proverb, here Steen divides the image in two. In the foreground of the picture, he presents the positive example of an orderly, responsible group of adults with a mother and a baby in the cradle. In the background of the picture, however, he shows the negative example of a hedonistic, uninhibited group. They are flanked by two paintings by Frans Hals hanging on the wall above them: to the left, "Malle Babbe" as a smoker and on the right, "Pekelharing" as a drinker, clear references to two bad habits exercised by adults.

At least one of these works by Frans Hals depicted as a picture within a picture can be identified and verified: *Pekelharing,* currently located in the Gemäldegalerie Alte Meister in Kassel (fig. 1).[2] The variant of the smoking Malle Babbe (see cat. 45, 46a) represented by Steen, in contrast, can no longer be traced. However, since Steen correctly reproduces the Kassel *Pekelharing*, and several other versions of it are in existence (see cat. 39), we may assume that this is also true of the figure of Malle Babbe. Steen's painting was created between 1665 and 1670, that is, during the period when he was living in Haarlem and was registered as a member of the Guild of St. Luke. It is thus probable that Steen was familiar with pictures by his older fellow painter Hals from personal experience. Possibly he saw them in the popular artists' tavern De Coninck van Vranckrijck ("The King of France") in Haarlem's Smedestraat, where a *Pekelharing* is listed in a 1631 inventory.[3] [KK]

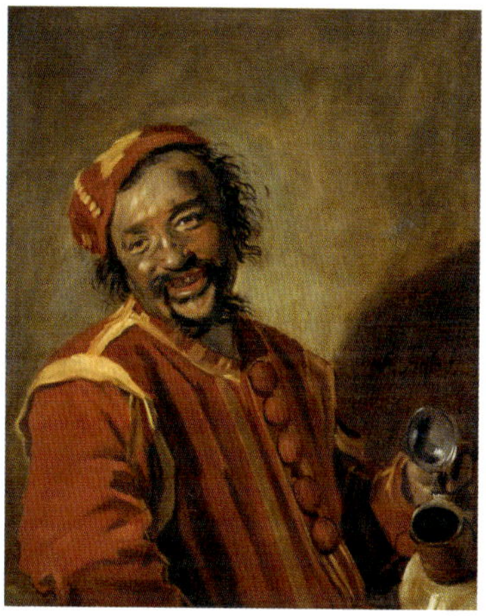

Fig. 1 Frans Hals, *Pekelharing*, 1628–30, Hessen Kassel Heritage Gemäldegalerie Alte Meister, Kassel

Selected literature:
Slive 1970–4, vol. 1, p. 96, fig. 93, vol. 3, p. 39; Braun 1980, no. 188; Kleinert and Reimelt 2008.

1 On possible reasons for the form of this particular mise-en-scène, see Kleinert and Reimelt 2008.
2 On the painting, see also Washington, London, and Haarlem 1989, pp. 216–18, fig. 31c. Steen depicted the picture of Pekelharing for a second time as a picture within a picture: Jan Steen, *The Physician's Visit*, 1660–6, The Wellington Collection, Apsley House, London.
3 See Thiel-Stroman 1989, doc. 58; see also Haarlem 2013, pp. 84–8.

Gustave Courbet *Malle Babbe* (after Frans Hals) 1869

Inscribed at bottom left: 69 / G. Courbet; on right edge: FH / 1645; bottom right: Aix la Chapelle
Canvas, 85 × 71 cm
Hamburger Kunsthalle, inv. HK-2262

Provenance:
Purchased in 1927.

After his successful acquisition of the Frans Hals painting, which at the time was still known as "Hille Bobbe" (cat. 45), Aachen art collector Barthold Suermondt took the work to Paris to have an engraving of it made by French engraver and illustrator Léopold Flameng.[1] As a letter from Suermondt to Wilhelm Bode reveals, the painting was in Paris by August 1868 at the latest, but probably much earlier.[2] It seems fair to assume that Paris-based Gustave Courbet (1819–77), enfant terrible of the French art scene and father of Realism, was aware of this recently discovered, rather unusual, and compelling work by Frans Hals. He would in any event certainly have been greatly intrigued by the wild, unfettered depiction of *Malle Babbe* and its virtuoso painting style, having delved deep into Dutch painting on several trips to the Netherlands and Belgium, during which he grew particularly fond of Hals and his non-academic painting style. Highly driven and well-connected, Courbet may well have been in touch with Théophile Thoré-Bürger, likewise based in Paris, who was the first scholar to discover Hals[3] and also advised Barthold Suermondt.[4]

A year later, in the summer of 1869, Suermondt sent *Malle Babbe* to Munich to reveal it to the public at the First International Art Exhibition in the Glass Palace.[5] As the exhibition catalogue announced, the show aimed to "present the most important paintings by older masters found in the private collection of Southern Germany and Switzerland," as well as provide an overview of contemporary art.[6] This first presentation of *Malle Babbe* caused a sensation in Munich. As Carl von Lützow recapitulated in 1870, the painting "not only far surpassed its closest rivals [the four other works by Hals], but also held its own alongside the greatest masterpieces by Velasquez, Rubens, and Rembrandt as a result of the unparalleled virtuosity of its technique and the boldness and energy of its conception."[7] Courbet also traveled to Munich, spending a total of six weeks in the city.[8] The exhibition of his own paintings in Munich's Glass Palace was a huge success. At the same time, he also developed an interest in the old masters and made copies of works by Hals, Rembrandt, and Velázquez during this period.[9] With great determination, he obtained "despite the brevity of his stay, permission from Mr. Suermondt to copy the painting, which he declared to be one of the greatest masterpieces of art."[10] His painting, which is not merely a copy but also a personal interpretation of the magnificent original that served as his model, highlights the confidence and self-assurance with which Courbet set to work. The composition and color scheme of *Malle Babbe* are faithfully reproduced, but Courbet made his version slightly larger. The various inscriptions on the painting are equally noteworthy. On the right, at the same height as his signature at bottom left (69 / G. Courbet), he added "Aix la Chapelle," in other words, Aachen, where the Suermondt Collection was based. Both inscriptions use the same shade of red. Higher up the canvas, to the right of the figure, Frans Hals's monogram appears with the date 1645, both in a lighter tone and obviously intended as proof of authenticity. The original is in fact neither signed nor dated. Suermondt, who acquired *Malle Babbe* in 1867 and studied the painting and its sole inscription (on the back) in considerable detail,[11] does not mention any further inscriptions. It therefore seems highly unlikely that Courbet could have been prompted to reproduce a signature or date due to traces he might have discovered on the painting. Suermondt's correspondence indicates that he believed the work probably dated from around 1645,[12] as Courbet may have known. [KK]

Selected literature:
Slive 1970–4, below no. 75; Fernier 1977–8, vol. 3, pp. 74–5; Hamburg and Frankfurt am Main 1978, no. 289; Karlsruhe 2012, no. 65.

1 See Thoré-Bürger 1869, pp. 161–3, fig. p. 162.
2 Letter from B. Suermondt to W. Bode, August 30, 1868, Zentralarchiv, SMB, SMB-ZA, IV/NL Bode 5392.
3 See Kleinert in the present volume, p. 12.
4 See Jowell 2001, p. 55.
5 I. Internationale Kunstausstellung, Königlicher Glaspalast zu München, July 20–October 31, 1869.
6 Munich 1869, p. 1.
7 Lützow 1870, p. 78.
8 Fernier 1977–8, vol. 3, pp. 2–3.
9 Ibid., vol. 3, nos. 668–70, pp. 74–5.
10 Lützow 1870, p. 80.
11 See Kleinert in the present volume, pp. 249–50.
12 B. Suermondt to A. van der Willigen, January 22, 1868, RKD Brieven, handschriften en kleine archieven; B. Suermondt to W. Bode, June 12, 1869, and March 12, 1871, Zentralarchiv, SMB, SMB-ZA, IV/NL Bode 5392.

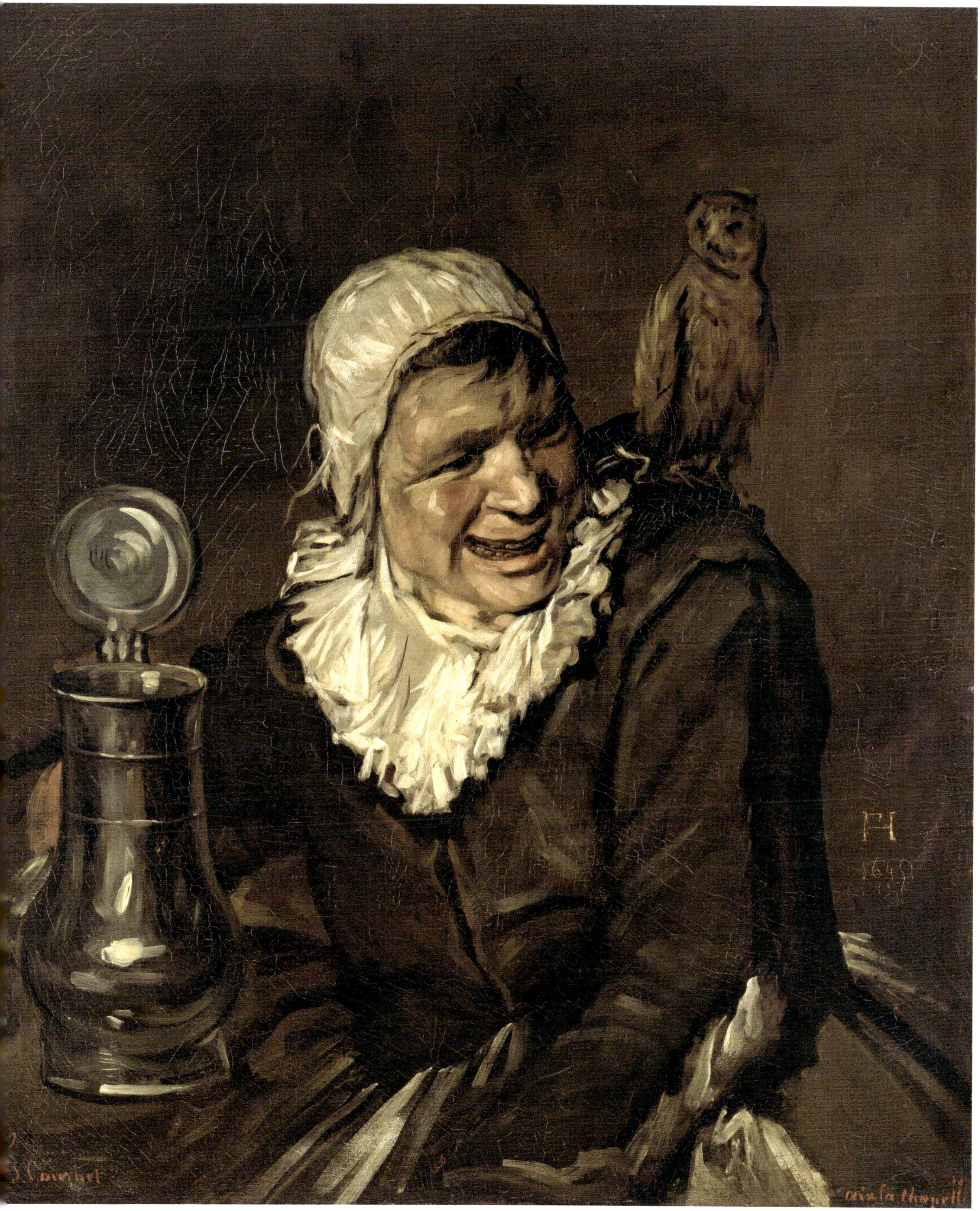

cat. 48

49

Han van Meegeren
Malle Babbe
ca. 1932/9

Canvas, 76 × 60 cm
Rijksmuseum, Amsterdam,
inv. SK-A-4242

Provenance:
Han van Meegeren's studio in Nice, where *Malle Babbe* was confiscated. Transferred in 1947 to the Rijksmuseum, Amsterdam.

Han van Meegeren (1889–1947) is best known as the maker of forgeries sold to museums and collectors in the 1930s and early 1940s as works by the seventeenth-century painters Johannes Vermeer and Pieter de Hooch. That these were forgeries only became clear after Van Meegeren's arrest in Amsterdam on May 29, 1945, on suspicion of collaboration with the German occupiers for selling a painting of Vermeer to Reichsmarschall Hermann Göring in 1943. To avoid conviction as a collaborator, Van Meegeren stated that he himself, not Vermeer, had painted Göring's *Christ and the Adulteress* (today Cultural Heritage Agency of the Netherlands, Amersfoort, NK3394). The focus of the judicial investigation hereafter shifted to the search for evidence of Van Meegeren's forgery practice. Under the watchful eye of several agents, Van Meegeren painted his last "Vermeer." In addition, other paintings identified as forgeries by him were seized: two "De Hoochs" and six "Vermeers," including *The Supper at Emmaus*, the spectacular 1938 purchase by Rotterdam's Museum Boijmans. In addition, several of the painter's homes were searched and a variety of evidence was confiscated, including pigments, stretchers, unpainted canvases, color reproductions after the works of Vermeer and De Hooch, and various seventeenth-century objects, including a white jug that appears in three of the confiscated paintings.[1] Also seized in his studio in Nice, which he had left when he returned to the Netherlands in September 1939, were four paintings that, unlike the eight previously mentioned, had not yet been sold, namely two "Vermeers," a "Gerard ter Borch," and the *Malle Babbe* in the style of Frans Hals.[2]

The seized paintings and the other evidence were examined by seven experienced Dutch and foreign researchers, two art historians and five chemists, by court order.[3] This investigation revealed how Van Meegeren acted to deceive his buyers and art experts. It showed how he ingeniously made use of the 1920s research to unmask *The Laughing Cavalier* (cat. 71) as a fake work by Frans Hals for making his forgeries. For example, he used only pigments then believed to have been used by painters in the seventeenth century. In order to pass tests using alcohol and water, he refrained from using an oil or aqueous binding medium, instead settling on a liquid form of a modern synthetic resin, phenol formaldehyde—a substance better known as Bakelite. Once finished, to harden the medium, the painting had to be slowly heated to about 120 °C, kept at this temperature for several hours, and then slowly cooled. The result was a hard paint layer with the appearance of an old oil painting that is completely insoluble and passes alcohol and water tests, as well as tests with other chemicals. Craquelure was then formed by firmly pulling the canvas back and forth across a rounded surface. The fine craquelure pattern thus created in the paint layer was filled with black ink, and finally the painting was finished with a yellowish varnish, all to give it a convincingly aged appearance.[4]

The *Malle Babbe* is the only forgery in the style of Frans Hals that has been documented as a work by Van Meegeren because of its provenance from his studio in Nice, where it had been left upon his return to the Netherlands. The battered condition of the canvas can already be seen in a photograph taken by the ACL in Brussels (now KIK-IRPA) as part of the judicial investigation and thus before it was transferred to the Rijksmuseum in 1947. The way Van Meegeren used Hals's work corresponds to his handling of examples by Vermeer, as can be seen in two forgeries with scenes of daily life that, like the *Malle Babbe*, were found in his French studio and are now in the Rijksmuseum. He did not make literal copies; rather he painted in the style of the painter he imitated and made variations by using motifs from their work. In addition to the facial features and clothing from Hals's famous *Malle Babbe* in Berlin (cat. 45), Van Meegeren would certainly have looked at a painting such as *"The Jolly Drinker"* from 1629 by Judith Leyster (p. 304, fig. 1), a pupil of Frans Hals, now in the Rijksmuseum, for the expressive face and posture of his *Malle Babbe*. [MF]

Selected literature:
Huussen 2009, p. 92; Garthoff 2011, pp. 43–65; Wallert and Van de Laar 2011, pp. 67–99.

1 Garthoff 2011, pp. 44–5.
2 Wallert and Laar 2011, pp. 84–5, 86–9, figs. 47–50.
3 Huussen 2009, pp. 92, 113.
4 Wallert and Laar 2011, pp. 81–2.

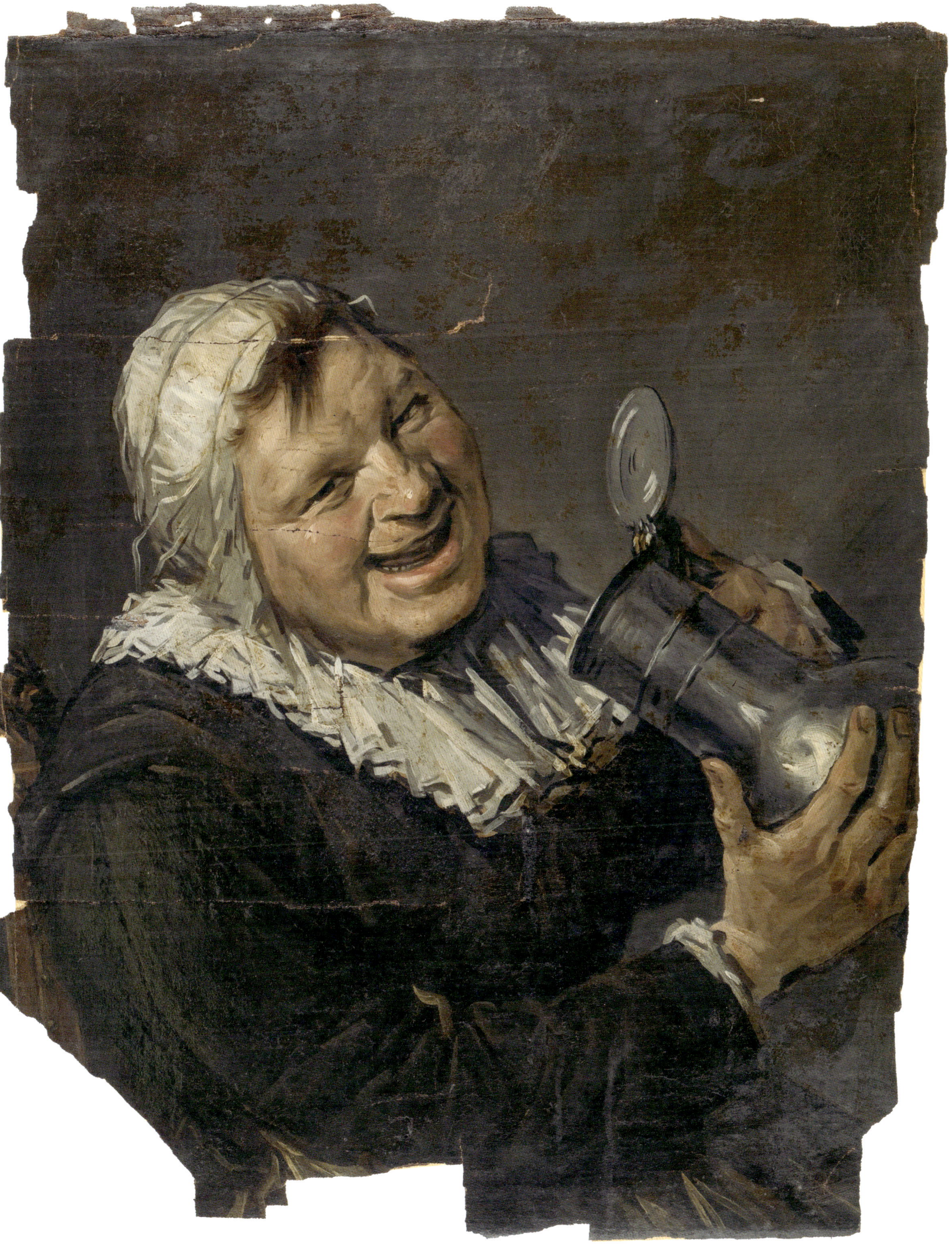

cat. 49

Frans Hals's "volck" – Pupils and Assistants

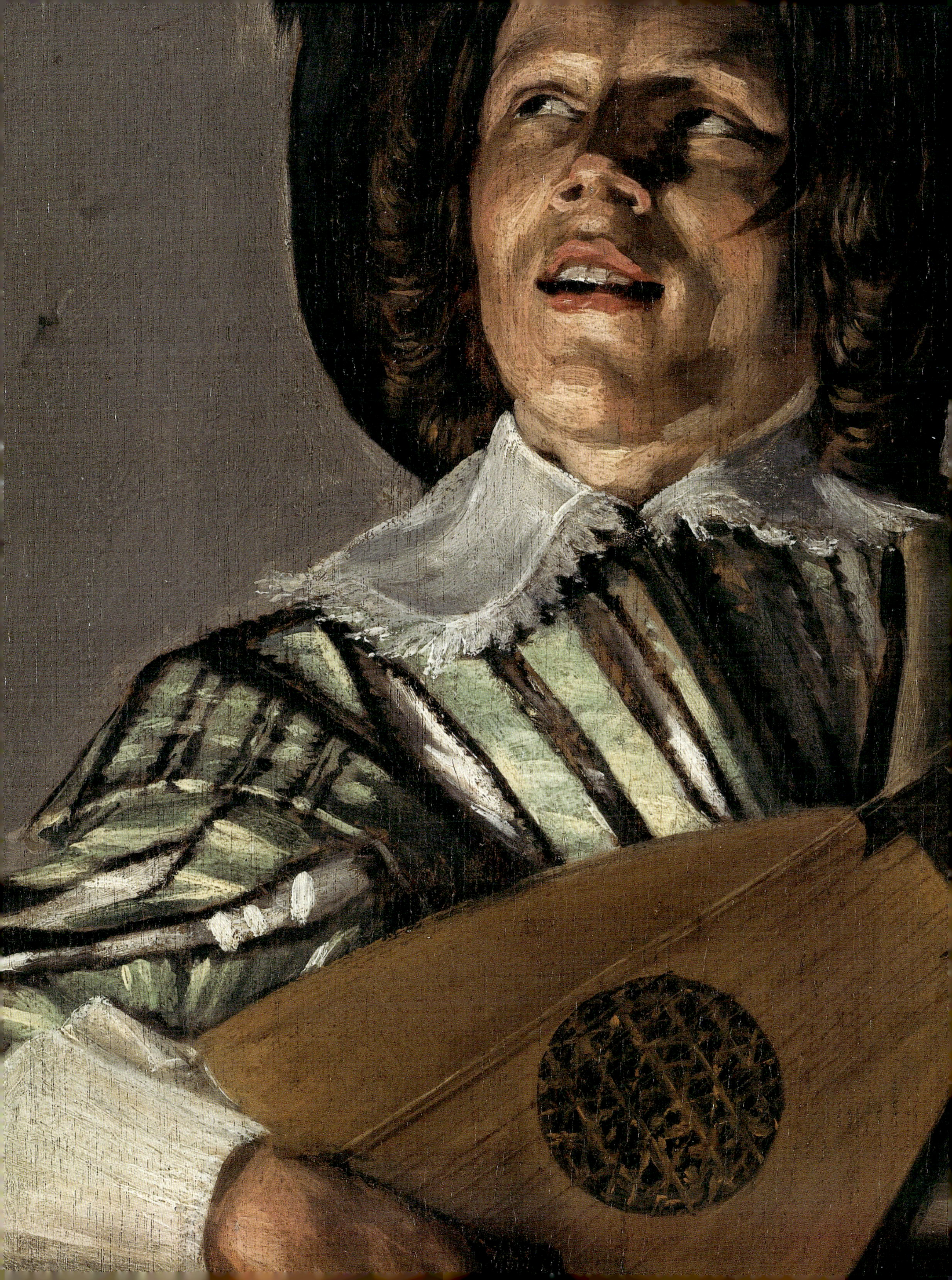

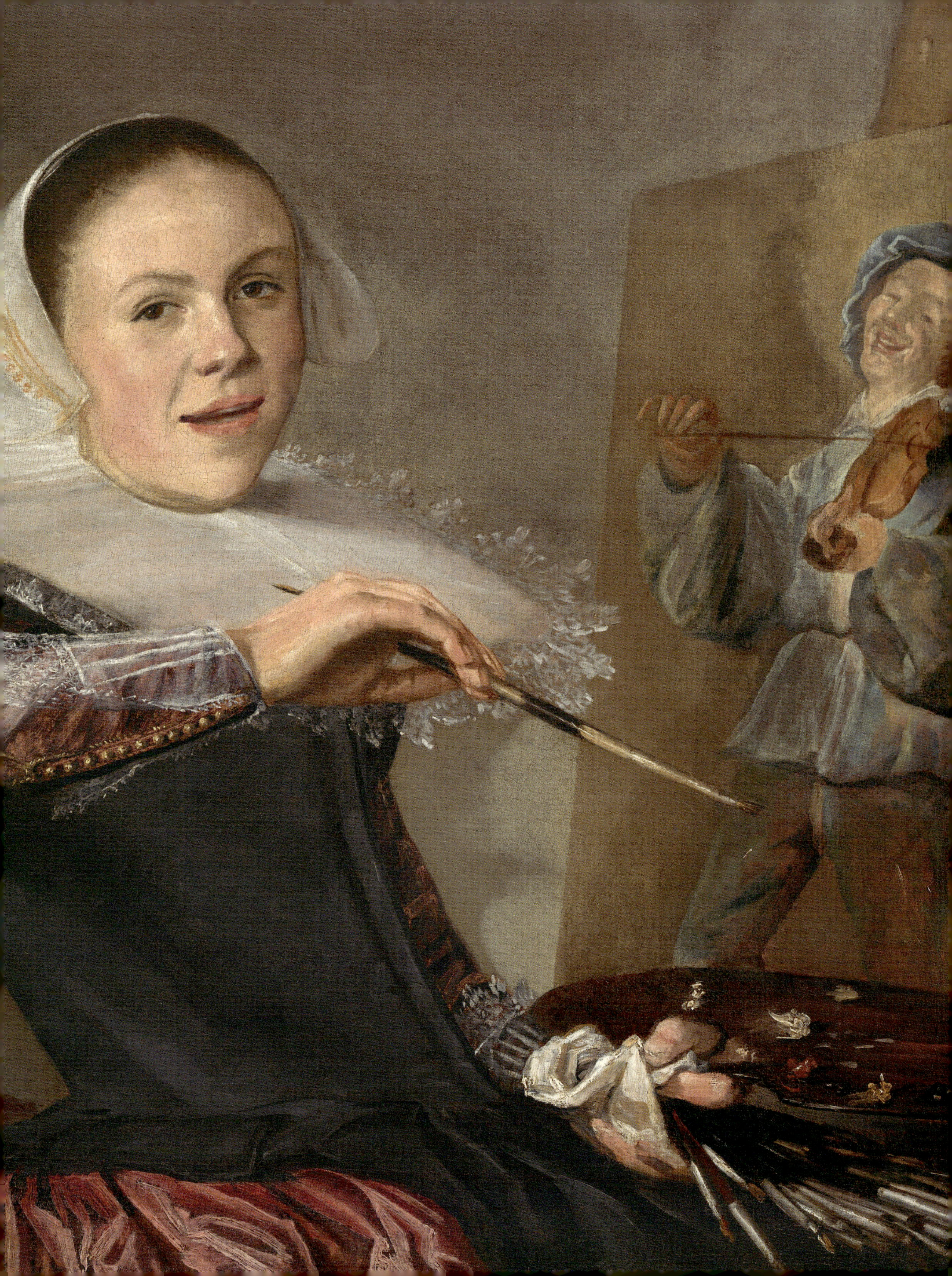

The Studio

Friso Lammertse and Jaap van der Veen

In 1636, the civic guardsmen of District XI in Amsterdam, who had ordered a group portrait from Frans Hals three years previously, decided that they had been kept waiting for long enough. They asked him to come and complete the painting in Amsterdam as soon as possible. Hals was not in the least bit obliging. He replied that he had tried to work on the portrait in Amsterdam, but several of the guardsmen had not turned up for their sittings at the agreed time, so he was unable to work on the painting any further and had incurred a great deal of extra expense into the bargain. He asked the guardsmen in question to come to Haarlem, which was the original agreement. In his own house, he announced, he would be able to finish the work "with greater enthusiasm" than in Amsterdam because being with "zijn volck" (his people) he could "keep an eye on them."[1] His clients refused and carried out their earlier threat to have the painting completed by another painter, Pieter Codde, who lived close by in Amsterdam (see cat. 52).

By "his people" Hals meant the employees in his studio. Karel van Mander used the term in the same sense in his *Schilder-Boeck* (Book of Painting) when he described Lambert Lombard asking Frans Floris, "what kind of people he had there in his shop."[2] This puts the figure at two or more people; how many more one can only guess, but it does give an idea of how busy the studio was. This was not only where Hals painted on his own but where he also had pupils to teach and assistants who worked for him. Back in those days, the employees were often called "discipelen" (disciples) or "knechten" (assistants).[3] The first word is equivalent to "pupil," meaning both the beginner receiving his first drawing or painting lessons as well as the more advanced student. The assistant was someone who had completed his formal apprenticeship but was not yet running his own workshop. He would continue working with his teacher or would move to another studio to make paintings for sale as a fully qualified artist. He could also supervise the apprentices in the house. A third kind of employee was the "(werck)gesel" (working journeyman) or "vrije gast" (free craftsman), who often came from another town and sought employment for a shorter or longer period. The term "leerknecht" (teaching assistant), which is found sporadically in the archives, could refer either to a fully trained assistant, who was not yet working as an independent artist but was learning how to develop into one, or to a painter who trained his master's apprentices. It was certainly not unusual, as with Frans Hals, for a pupil to spend years with the same master, graduating from disciple to assistant. Some even stayed on a good deal longer.[4]

Sources with concrete information about Hals's "people" are scarce. This chapter is devoted to what is known about his workshop. Who worked in his studio? What did they do? How did Hals teach his pupils? Since painters were bound by the rules of the guild statutes governing the training of apprentices and the practice of their craft, we will first examine the statutes, specifically those governing the lives of apprentices and journeymen.

The Statutes of the Haarlem Guild of St. Luke

In 1610, Frans Hals enrolled as a member of the Haarlem Guild of St. Luke. In those days, anyone who wanted to practice a craft had to be registered with the guild that represented their profession. This was laid down in the statutes, bylaws decreed by the city authorities that had to be obeyed by members of a specific professional category. The Guild of St. Luke's board, members of which served for a year, consisted of a dean (chairman) and several wardens (other board members). When Hals joined the guild, it was governed by the statutes of 1590.[5] The first of these fourteen articles dealt with membership. Anyone who wanted to join had to be a burgess of the city and pay an admission fee, half of which was paid to the city and the other half to the guild. The other thirteen articles specified all kinds of financial obligations, among them payments to the guild and fines for transgressions, as well as regulations for the sale of paintings. The ordinance says remarkably little about practical arrangements in the studios and almost nothing about the quality of the work to be produced there. For example, a budding artist did not have to produce a masterpiece to be admitted to the guild, which was required by most other professions. The statutes do, however, stipulate details of the training to be given, specifically about taking on pupils and the work of journeymen.

The guild charged twelve stuivers for each apprentice. A master had to register a new apprentice with the guild within six weeks of application; failure to do so was penalized with a fine of twelve stuivers. A master painter could have no more than two apprentices at a time, but if he entered into a contract for one of them for just one year, he could take on a third. This was stipulated in the fifth article of the statutes, which made further exceptions. If a master wanted to take on more apprentices, he could submit a request to the burgomasters of the city and the guild wardens. If a pupil had completed his apprenticeship and was promoted to journeyman, he was still not allowed to work immediately as an independent artist. He could only do this when he had painted with a master for a year. The statutes allowed journeymen in Haarlem to work for a master for a fortnight without having to pay anything to the guild; if they worked for longer, they had to pay two stuivers.

Although the Haarlem statutes put a limit on the number of employees in a workshop, a master could still have two or three apprentices at any one time, plus at least one assistant and an undefined number of journeymen. The statutes did not specify how many assistants were permitted, possibly because they were paid for their work.

The 1590 statutes remained in force throughout the seventeenth century and were only superseded by a new decree in 1751. Although a number of artists drew up new regulations in 1631 that were submitted to the authorities, they were rejected by the burgomasters. These were discussed by the college of wardens in 1634 but never ratified.[6] The 1631 draft, which may have reflected the situation at the time, or perhaps because of its hierarchical classification of professions, specified the regulations that the drafters wanted to be implemented and envisaged an increase in the number of employees. Article 26 states that a master could have three apprentices at any one time but foresaw that a situation could arise, "by request or increase of applicants," that would almost force the master to take on even more. If he did so, the master had to pay three guilders to the guild for every extra apprentice. However, that did not apply to the "free craftsmen" who worked "for payment" and were apparently not subject to any limitation. It is true that this draft was never implemented but it would have reflected the desire to set many hands to work. Haarlem was a thriving artistic center at the time, and many up-and-coming artists moved there to train as painters.[7]

It is not easy to determine how strictly the rules were followed in practice. Reference has been made in this respect to Frans Pietersz de Grebber, who trained many pupils. In 1640, this fellow townsman and contemporary of Hals was admonished by the guild for not paying the contribution for no fewer than sixteen of "his disciples." He would not have been training them all at the same time, as has been assumed, but the large number is certainly striking. The matter came up again two years later, and the guild took him to task once more, this time not just for the number of pupils for whom he had failed to pay, but also for his "unregistered pupils" and the payment for "his craftsmen." Because De Grebber was not in the city at the time, there was no immediate reply, whereupon the exasperated board resolved that on his return they would again ask him "how many assistants he had who have failed to pay."[8]

Frans Hals's "People"

In 1635, the guild wardens discussed a complaint that Judith Jansdr Leyster had lodged with the dean.[9] A young apprentice called Willem Woutersz had withdrawn from her studio and joined Frans Hals's. The guild servant was ordered to tell Hals that he could not keep the boy, whom he had not registered; the statutes did not permit it, on pain of a fine of three guilders. Six weeks later Judith appeared in the boardroom to settle the affair with the pupil's mother. The boy had been ordered to spend three months with Leyster for eight guilders, after which time they could separate or carry on together.[10] The mother considered it unfair that she had to pay the full sum as her son had only spent three or four days with Leyster. Besides, the mother argued, she had earlier treated Leyster well and therefore did not owe her anything. After an argument, the women agreed that they would accept the wardens' decision; both then agreed that the mother had to pay four guilders. Judith Leyster, who was fined for not registering her pupil, released him "to go wherever he wishes" and promised to have "her assistant" give him his belongings that were still in her house. She took the opportunity to register her pupils Hendrick Jacobs and David de Bary with the guild. When the guild servant called on her, she said that she would pay the outstanding sum. It says a great deal about the size of a studio at the time that a twenty-six-year-old painter had three apprentices and an assistant working for her simultaneously. The boy in question remained with Frans Hals. The wardens summoned Hals to appear before them about "retaining his disciple" but it is not known whether he obeyed.

Willem Woutersz joined Frans Hals's studio at the time when the latter spoke of his "people" in his reply to his Amsterdam clients. There is no precise information about the number of apprentices and journeymen he had in his studio. The ledgers with their names have not been preserved, and the surviving minutes of the guild board are only fragmentary. The names of studio employees are only known by chance. Some artists, including a handful of Haarlem painters, kept their own records. Jacob de Wet the Elder, for instance, recorded the names of apprentices who came to draw or paint with him in a notebook that has come down to us.[11] Cornelis Dusart did the same: his "memorandum book with the names of disciples" is recorded in his probate inventory as being in his house, but it has not survived. In the case of Frans de Grebber, there are records in 1620 and 1642 of a book in which he recorded the names of his pupils, together with the dates when he took them on, so that he could calculate their tuition fees.[12] Written contracts between a painter and pupil, statements testifying to the fact that the tuition period was completed satisfactorily, or receipts for tuition fees received are generally scarce, and in Hals's case completely unknown.[13]

Although there are no precise records about the number of apprentices and assistants that Hals had, one can hazard some cautious speculations. As a master joining the guild in 1610 and still working as an artist at an advanced age, he must have been active as a painter for around fifty years. If one assumes that he taught for thirty of those years and had two pupils a year, he would have taught a grand total of sixty pupils. Since some of these would have stayed with him for longer, the total number could have been lower. In addition, Hals must have had assistants on the payroll. If he had just one (although there would probably have been more), then a significant number of artists would have contributed to the output of the studio. It is conceivable that Hals preferred to take on advanced pupils who had already had drawing lessons from other masters and had even learned the basic principles of painting because he could set them to work straight away, unlike beginners. It is a mistake, in our view, to assume that in the first half of the 1620s, when Hals seems to have been less productive, he had no need for assistance in the studio or was unable to afford to take someone on.[14] Teaching was a not inconsiderable source of income for most artists. Judith Leyster lost eight guilders for three months of tuition for the pupil who had "passed her by," as she put it, which would have represented thirty-two guilders per annum. In any event, she still had two other pupils. More experienced painters charged more. De Wet, mentioned above, initially charged forty-eight guilders a year for painting lessons, later increasing to sixty guilders, and a minimum of forty guilders for drawing instruction. Philips Wouwerman charged his pupils sixty guilders a year and Nicolaes Berchem as much as seventy-two guilders. Hals probably charged at least as much as De Wet.

Pupils and Assistants

It is known with some degree of certainty that fourteen named artists (including the Willem Woutersz who had decamped to Frans Hals from Judith Leyster) definitely studied with Frans Hals for some length of time or worked in his studio, while in the case of others there are good reasons for assuming that they also did so.

Dirck Hals

It seems likely that Dirck Hals (see cat. 50) learned painting from his elder brother, who was eight years his senior. From around 1616, he started making oil sketches on paper that are close to Frans's style (fig. 1).[15] He may then have spent some time working for Esaias van de Velde and Willem Pietersz Buytewech, whose influence is clearly visible in his popular depictions of merry companies of elegantly dressed young pleasure-seekers.[16] In any event, it was probably not long before Dirck returned to his brother's studio. His earliest dated painting of young merrymakers is from 1619; there are dozens more, signed and dated from then until 1627, when he joined the Guild of St. Luke as a master at the age of thirty-five or thirty-six. He must therefore have made these paintings in the studio of someone other than Van de Velde or Buytewech, both of whom had left Haarlem in 1617. It is only logical to assume that his brother Frans gave Dirck a space to work. This would have been financially attractive, as they then paid less to the guild, along with the many other advantages in sharing a studio. As we shall see, Dirck's subsequent role would have been similar to the way in which Frans first taught his own sons and then had them work with him.

Adriaen Brouwer

The artists' biographer Arnold Houbraken explicitly states that Adriaen Brouwer was one of Hals's pupils (fig. 2; see cat. 51). Frans

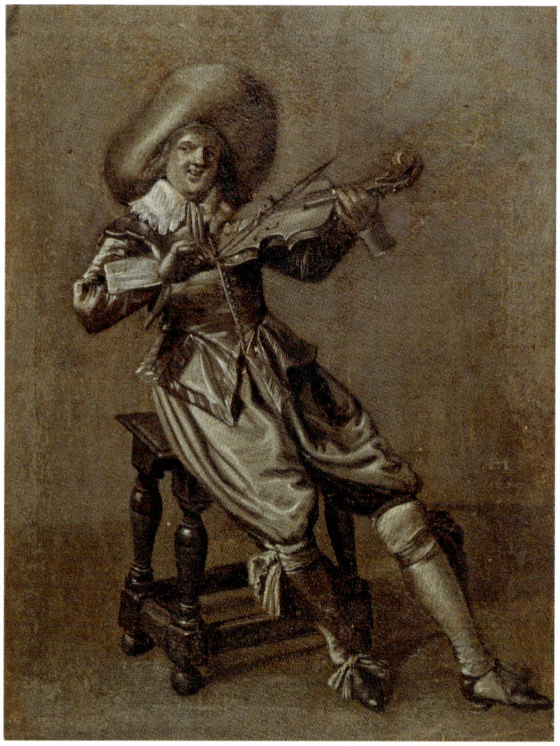

Fig. 1 Dirck Hals, *A Seated Man Playing the Violin*, 1629, Fitzwilliam Museum, University of Cambridge

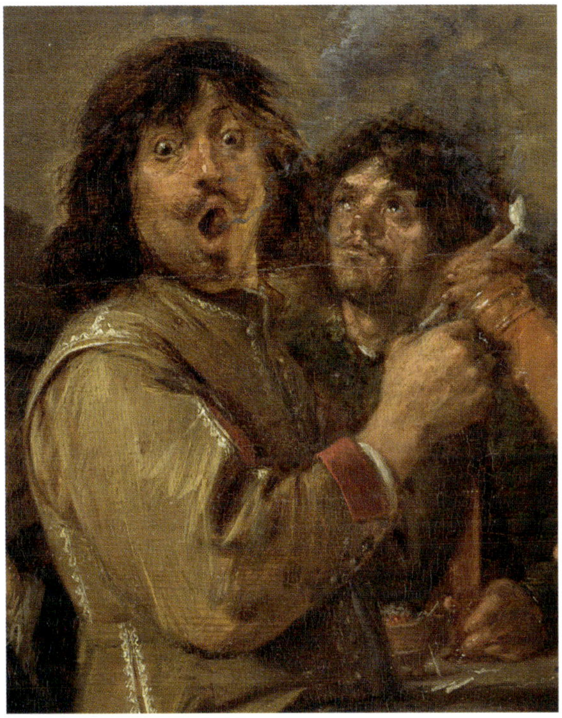

Fig. 2 Adriaen Brouwer's self-portrait from *The Smokers* (detail), ca. 1636, The Metropolitan Museum of Art, New York

Hals may have got to know Adriaen through his own brother Joost, who was a cartoon painter. According to Houbraken, Adriaen Brouwer worked for his mother painting textiles with ornamental foliage and birds. Recent research into his background has shown that his family were tapestry weavers active in Gouda, where cartoon painters also worked.[17] It is thought that Brouwer's time with Hals overlapped with the apprenticeship of Adriaen van Ostade, whom Hals probably taught around 1626/7. Houbraken also states that Pieter Gerritsz van Roestraten, another very well-documented pupil of Hals, married his master's daughter Ariaentje after his period of study. When Ariaentje was very young, it was said that her mother, Lysbeth Reyniers, once asked Brouwer whether he would look after her child "when he was still young and was learning art from F. Hals." He carried the little girl around and danced with her to stop her crying. The child, who had not yet been potty-trained, then "beshat" him.[18] If one believes this anecdote, which Houbraken had heard from an artist friend of his, who had been told in turn by Hals's daughter and her husband, it is possible to pin down Brouwer's apprenticeship with Hals more precisely. Ariaentje was born in July 1623, which means that Brouwer would have been working in Hals's Haarlem studio between that year or earlier and 1627.

Brouwer is presented by Arnold Houbraken as a fledgling pupil of Hals and, when he started making great progress as an artist, as an advanced assistant or journeyman whose painting Hals sold. It was said that Hals set Brouwer to work in an attic in his house, "apart from his other pupils,"[19] evidence that he was not the only person training with Hals at the time. A tale related by Houbraken about a trick with a four-poster bed mentions four pupils.[20]

Brouwer joined the Haarlem guild at an unknown date after working with Hals, probably around 1628. He left for Antwerp three years later, where he died at an early age.

Judith Leyster

Judith Leyster, who was born in Haarlem in 1609, was placed with a painter by her parents. This turned out to be a wise decision as she worked professionally after her

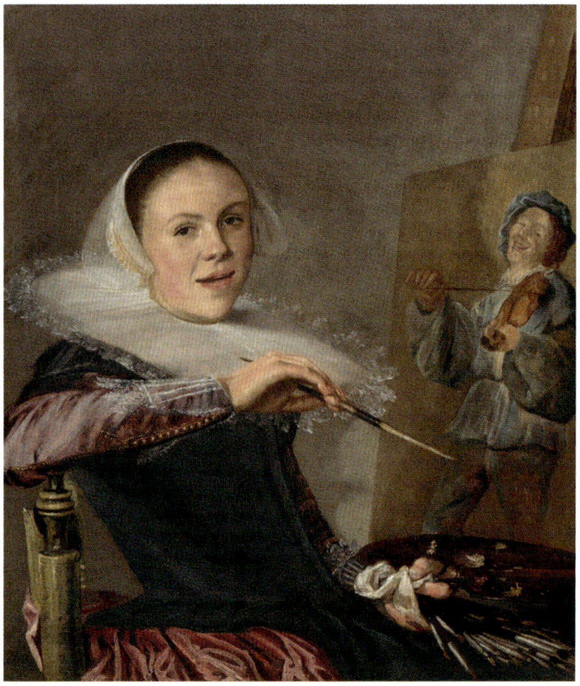

Fig. 3 Judith Leyster, *Self-Portrait*, ca. 1630, National Gallery of Art, Washington

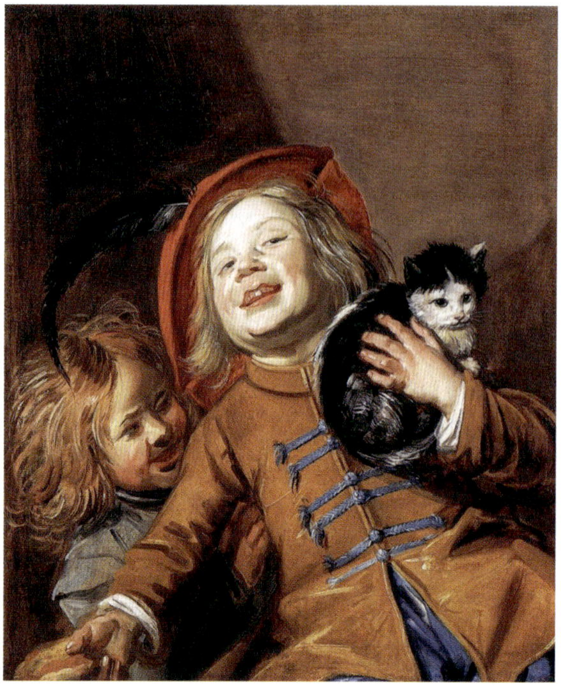

Fig. 4 Judith Leyster, *Two Children with a Cat*, ca. 1630, Private collection

apprenticeship (fig. 3; see cat. 53–5). Painting was a very unusual choice of profession for a woman at this time. There is no firm information about her training, but her early work provides some clues. The paintings that she made between 1629 and 1631 are of a markedly Caravaggist character, so the likeliest explanation is that she was influenced by a follower of Caravaggio active in Utrecht. This is supported by the fact that around 1625/6 her parents moved from Haarlem to Vreeland, just outside Utrecht.[21] From 1628, she would have worked for some years in Haarlem as an assistant or journeyman, very probably for Frans Hals. During this time, she produced paintings close to Hals's in subject matter, and especially in style, such as *The Serenade* (cat. 53), *Two Children with a Cat* (fig. 4), and *A Fool Holding a Jug*, known as *"The Jolly Drinker"* (p. 304, fig. 1).[22] Her documented but lost portrait painted by Frans Hals, who more than once portrayed a pupil or former pupil, is also evidence of their close contact.[23] Leyster started working independently in 1633 and was soon taking on pupils of her own. She painted genre scenes and a few portraits, and the occasional still life following her marriage in 1636 to Jan Miense Molenaer.[24]

Jan Miense Molenaer

Although Jan Miense Molenaer's apprenticeship is not documented (see cat. 57), it is assumed that he trained in the studio of Frans and Dirck Hals.[25] An important pointer is his oil sketch *Laughing Boy with a Stylus* (fig. 5), which bears his distinctive "IMR" monogram.[26] Oil sketches by Dutch artists from the first decades of the seventeenth century are uncommon, particularly if they are on paper, but Dirck Hals was one of the few painters who made them. Molenaer's sketch is similar to his work, but the composition and wide grin point more in the direction of Frans Hals. It is possible that this is a self-portrait that Molenaer made while in Hals's studio, or perhaps depicts a fellow pupil.[27] The influence of both Frans and Dirck Hals can be seen in the subject matter and execution of Molenaer's paintings from 1629. The earliest mention of his work is at an auction held by Hendrick Willemsz den Abt in 1631. No fewer than four "heads" by the barely twenty-one-year-old artist were on offer, along with paintings by Frans (including another head study) and Dirck Hals, several anonymous copies after works by both brothers, and five pieces by the "young Hals," namely Harmen Hals.[28]

Seventeenth-century probate inventories frequently mention paintings by Frans Hals and his family, in combination with works by artists who worked in his studio or had done so, which probably also came from the Hals studio.[29]

As far as Molenaer's assumed apprenticeship with Frans Hals is concerned, there is also a mention of his portrait by Frans Hals (cat. 56), together with that of his wife, Judith Leyster, in their probate inventory of 1668.[30] Hals painted several portraits of former pupils, so those of Molenaer and Leyster may fall into the same category. In addition to two works by Harmen Hals and two more "by Hals," the inventory lists four by Adriaen Brouwer (as well as one made to his design), plus a scene of trictrac players in dead-coloring by Brouwer that was completed by Molenaer.[31] In 1634, Molenaer settled in Haarlem as a master and two years later moved to Amsterdam. Here he continued to depict subjects that he had painted as a pupil. As it will be discussed below, he also remained to some extent indebted to Adriaen Brouwer's style.

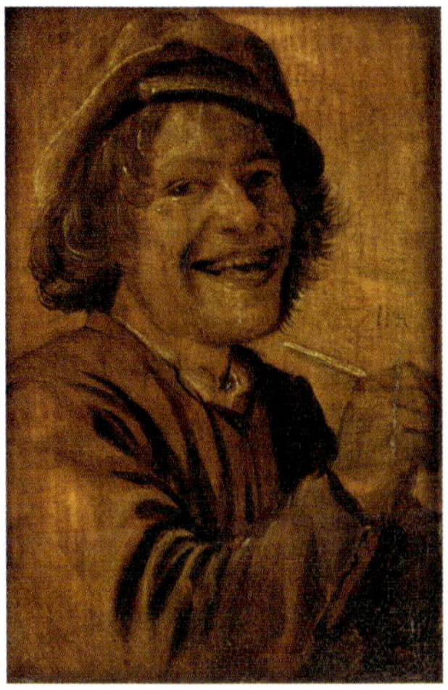

Fig. 5 Jan Miense Molenaer, *Laughing Boy with a Stylus*, ca. 1629, Museum Mayer van den Bergh, Antwerp

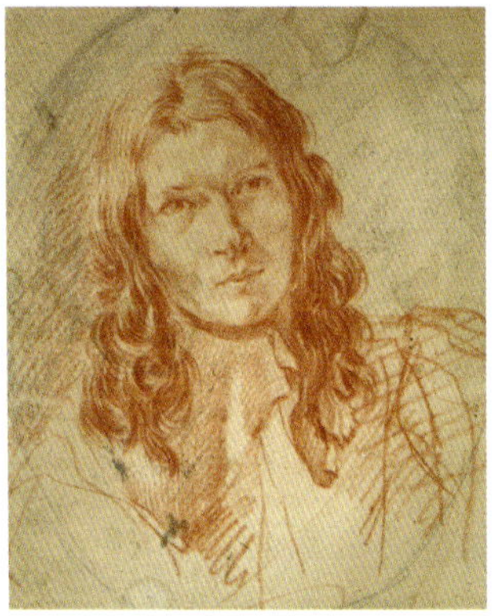

Fig. 6 Philips Wouwerman, *Self-Portrait*, ca. 1649, The British Museum, London

Adriaen van Ostade

Houbraken writes in his biography of Adriaen van Ostade (see cat. 59) that he and Adriaen Brouwer were pupils of Frans Hals "at the same time."[32] Van Ostade was born in 1610 and would have arrived in Hals's studio around 1626/7, or a little earlier if he was younger when apprenticed. It is not known how long he stayed there. He is very probably the man with a hat painted by Frans Hals (cat. 58), which is therefore another of Hals's pupil portraits.

In his early years as an independent painter, Van Ostade specialized in genre pieces and peasant scenes. An affidavit from the summer of 1632 relates to his agreement to paint a woman eating pottage and a man smoking.[33] A couple of years later, he delivered two drawings that he had made for a collector's album: one of a peasant on a bench drinking and the other of a man in a chair with a small pipe in his hand.[34] It is known that Adriaen Brouwer and other pupils of Hals did a great deal of drawing, but there is not a single known sheet by Frans Hals, nor has a mention of one yet been found in contemporary inventories and other source material, suggesting that they were trained in this by some other artist.[35]

Philips Wouwerman

The Brabant rhetorician and jurist Cornelis de Bie explicitly states in his book of painters' biographies of 1662 that Philips Wouwerman (fig. 6; see cat. 62) was a pupil of Frans Hals.[36] Wouwerman's name also appears in the notebook of mid-seventeenth-century art lover Joannes Sysmus, who recorded the names of artists, sometimes adding details such as the name of a teacher or characteristics of their work. According to Sysmus, Wouwerman excelled in the depiction of horses and battles, calling him a "disciple of Frans Hals, painter."[37] Although Sysmus sometimes took information from De Bie, that does not appear to be the case here since their texts do not match.

Born in Haarlem in 1619, Wouwerman probably received his first lessons from his father, Pouwels Joostensz Wouwerman. He served his apprenticeship to Hals before 1638, when he is recorded earning a living in the Hamburg studio of Evert Decker, probably as a journeyman. Wouwerman registered with the Guild of St. Luke in 1640, when he was back in Haarlem. He was in close touch with Pieter van Roestraten, who claimed that he knew not only the Hals family "very well," but also several other Haarlem artists, Wouwerman among them.[38]

Pieter Gerritsz van Roestraten

Houbraken's account of Pieter van Roestraten's period of apprenticeship with Frans Hals was confirmed in an affidavit dated October 6, 1651. At the request of Frans Hals's wife, Lysbeth, Van Roestraten and one other appeared in the office of an Amsterdam notary to sign an affidavit concerning Hals's son Anthonie, who had sailed to the East Indies in 1646 and died in Tonkin in 1650. It was customary for signatories to explain how they knew the person for whom they were testifying. Van Roestraten stated that he had "worked for the petitioner and her husband for five years,"[39] which suggests that this was now in the past. He was still living in Haarlem at the time of the affidavit, so if this refers to a period in the recent past, he would have arrived in Hals's studio in 1646 or a little earlier. Since he was born in 1630, he would have started as an apprentice and subsequently remained as an assistant. In 1654, he married one of his teacher's daughters, Ariaentje. When the banns were read in Amsterdam, Van Roestraten was supported by Claes Hals, one of the painter sons of Frans Hals.

Van Roestraten is known as a painter of still lifes (see cat. 63). Most of these date from his time in London, to which he and his wife moved in 1663. Frans Hals would have taught him to paint portraits and genre scenes, so it is with good reason that the membership roll of the Haarlem Guild of St. Luke, which was compiled in the eighteenth century from old lists, has the word "pourtraitschilder" (portrait painter) after his name.[40] Houbraken writes that Peter Lely was also working in London, having trained with Frans de Grebber in Haarlem. Lely was unhappy about having Van Roestraten as a competing portraitist so he asked him not to accept any portrait commissions; he repaid his promise by regularly buying paintings from him.[41] Two self-portraits demonstrate Van Roestraten's skill: one of them has survived as a reproductive print (p. 219, fig. 15); the other one, a painting, is a combination of portrait and genre scene (fig. 7). In addition to portraits, he no doubt painted the occasional tavern interior in his early Haarlem period, as well as drawing figure studies in red and black chalk. One intriguing detail is the mention in 1936 of the head of an old Haarlem fisherman painted by Van Roestraten, which would have been related to the fisher boys from Hals's studio.[42]

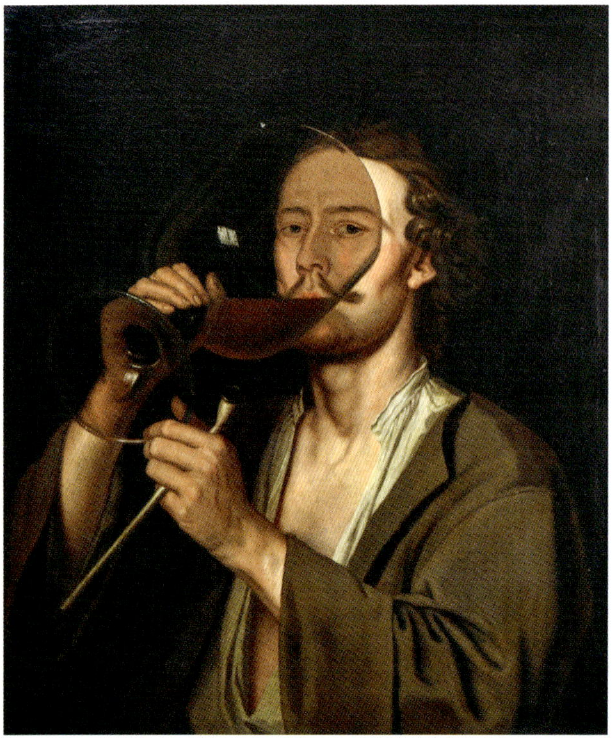

Fig. 7 Pieter Gerritsz van Roestraten, *Self-Portrait, Drinking from a Large Glass*, ca. 1670 (?), Present whereabouts unknown

Vincent Laurensz van der Vinne

In his brief biography of Vincent Laurensz van der Vinne (see cat. 61a), Houbraken records Frans Hals's advice to his apprentices to work boldly. According to Houbraken, the young Van der Vinne was a local friend of Hals's sons. This fact, and his enthusiasm for drawing and painting, persuaded his parents to apprentice him to Hals. In the studio, he soon mastered his teacher's daring manner and felt that he could stand on his own two feet. The versatile Van der

Vinne turned his hand to every medium: he made easel paintings, painted signboards, and decorated rooms. Houbraken believed that in his portraits he was extremely "good at capturing" ("gelukkig in 't treffen") his subjects, painting with a "bold brush" ("stout penceel") following the example of his master, Frans Hals.[43]

A surviving genealogy reveals that Van der Vinne was born in Haarlem in 1628 or 1629 (the first year being altered into the second) and that he was apprenticed to Hals at the age of eighteen in 1646–7. According to the same source, he remained with Hals for nine months and never had another teacher. In 1649, he became a member of the guild and made at least two self-portraits around the same time.[44] Some years after Hals painted his portrait, as he so often did with former pupils (see cat. 60).[45]

Frans Hals's Five Sons

Frans Hals and his first wife, Anneke Harmens, had three children, of whom only one son, Harmen (born 1611), survived into adulthood. His second wife, Lysbeth Reyniers, bore him some eleven children, among them at least four sons: Frans (born 1618), Jan (born about 1620), Reynier (born 1627), and Claes (born 1628). With their elder half-brother, they followed their father's profession, trained by him, as was customary at the time, in his studio. This is explicitly stated in the inscription below the portrait of Harmen Hals, who is identified as the "son and disciple of Frans Hals" (fig. 8).[46] Hals's workshop can therefore rightly be described as a family business, his children becoming involved in its daily routine while they were still young and some serving as models.

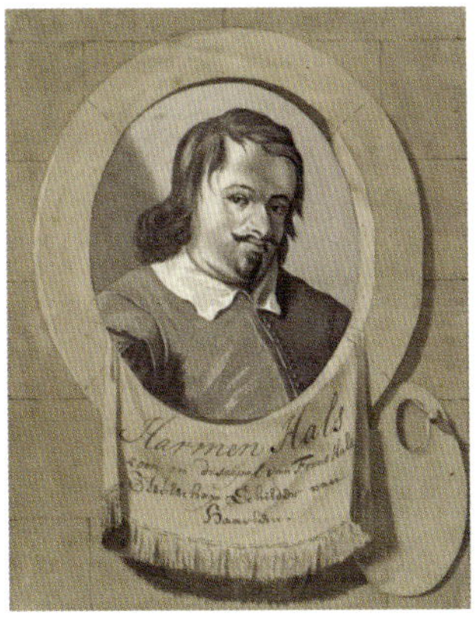

Fig. 8 Anonymous, *Portrait of Harmen Hals*, in or after 1735, NHA, Haarlem

While they followed in their father's footsteps, Hals's sons did not slavishly imitate his style and subject matter. The inscription below Harmen's portrait describes him as "geselschapschilder" ("painter of companies"), and his extant works comprise tavern scenes and small pictures of peasants drinking and smoking. Not a single work can be attributed to Frans Hals the Younger with any certainty. Inventories do occasionally speak of "the young Hals" but that could equally well be one of the other sons. Jan painted portraits, but not exclusively, in his father's studio. In 1668, a Haarlem couple are recorded as settling a debt by selling property, including their own portraits by Frans Hals. The same document also mentions a portrait of the sitter's brother with his wife and son, depicted "as large as life by Jan Hals" ("soo groot als 't leven gedaen van Jan Hals"), a figure painting by Jan, and two pieces by Dirck Hals.[47] Jan Hals also painted head studies: an inventory of 1676 mentions two studies of boys' heads by him and three by Frans Hals, probably his father. Reynier Hals, who lived in Haarlem after serving in the Dutch East India Company in 1643–5, specialized in genre and interior scenes. He did not register with the guild there, so he probably worked in his father's studio. He moved to Amsterdam after marrying in 1653.[48] The youngest of the artist's sons, Claes, painted landscapes, a few cityscapes, and possibly also genre pieces. Among these is a small "tobacco smoker" described in an inventory of 1700, bearing the "C.H." monogram with which Claes signed his paintings.[49]

If a painting is unsigned, it can be difficult to make out which family member made it. Contemporaries had similar difficulty, as seen in the mention of "a painting by Claes or Dirck Hals" in a Haarlem inventory of 1669.[50] That kind of uncertainty over the maker is found frequently in connection with works by the Hals family.

Other Possible Apprentices or Journeymen

This overview of apprentices and assistants known with some certainty to have worked with Frans Hals can be expanded with the names of others associated with his studio in one way or another. Two of these can be dealt with briefly.[51] It has been suggested that Pieter Codde (see cat. 52) was asked to finish the civic guard piece started by Hals because he was a member of this civic guard company—he may even have included a depiction of himself, possibly as one of the guardsmen.[52] However, in 1636, the year in which he must have been working on the painting, a detailed inventory was made of Codde's possessions but does not mention paraphernalia associated with the civic guard.[53] It has been observed more than once that Codde's contribution to *"The Meager Company"* was skilled, and that it is not immediately evident which parts of the picture he painted (cat. 36). Could he so easily have imitated Frans Hals's manner? Is it not possible that he was once apprenticed to Hals or worked under him as a fully-fledged assistant? This would offer an alternative explanation for the choice of the guardsmen. In addition, it seems that Codde had connections with Haarlem. His estate contained paintings by masters active there, such as Pieter Claesz, Salomon van Ruysdael, Pieter de Molijn, and Adriaen Brouwer, as well as Frans Hals.[54] Jan Miense Molenaer's probate inventory lists a work of his own done "after Codde," which would have been a copy from Molenaer's Haarlem period. And in a Haarlem house in 1673, there was a "female card player by Pieter Codde" ("een caertspeelstertje van Pieter Codde"), which could well have been painted in the city, as was a small work by Codde described in Delft in 1659, in which the landscape "was done by Pieter Molijn."[55]

Dirck van Delen (1605–71) was described by Houbraken as a disciple of Frans Hals, although this has been in doubt for some time.[56] Nevertheless, a connection with Hals's studio cannot be ruled out. It has long been assumed that the figures in some of Van Delen's interiors were painted by Dirck Hals, although it is more likely that Van Delen provided his own staffage but occasionally borrowed figures from Dirck Hals's pictures. A case in point involves a small group of three palatial architecture paintings of 1628, two of which are signed by Dirck Hals and one by Van Delen.[57] The signature relates to the figures, because the other parts of two of these pictures have been convincingly attributed to the Hague painter and architect Bartholomeus van Bassen.[58] Hals's figures are considerably freer than Van Delen's. There is a suspicion that Van Delen was in touch with Dirck Hals in Haarlem in 1628, and it is possible that he had been apprenticed previously to Frans Hals. This suggestion depends on the reliability of Houbraken's anecdote about a trick that Adriaen Brouwer played on Frans Hals, his teacher, which also involved his contemporary, Dirck van Delen.[59]

At Home

In Frans Hals's day, private and work lives were closely entwined. Painters and other craftsmen usually worked at home, their houses serving both as family homes and as workshops. Here the master worked with his pupils and other employees, some of whom paid for board and lodging. Paintings, finished or in various stages of preparation, were kept here, where the artists were at work. Clients came into the "shop" ("winckel") to examine paintings and, if the artist also made portraits, for sittings and discussions as well. A sitter might show an interest in another of the artist's works, or commission a portrait after buying a genre scene, for instance. It is not unusual for contemporary probate inventories to list portraits alongside other paintings by a particular artist and his studio.[60] For example, the estate of the widow of trader Isaac Massa included not only five portraits of her husband, at least three of them by Frans Hals, but also three other works by the same artist.[61] Aletta Hanemans, whose portrait and that of her first husband, the Haarlem brewer Jacob Pietersz Olycan, were painted by Frans Hals, left an estate in 1653 that included these two marriage paintings, another from his studio with children by Hals, and three pictures by Dirck Hals.[62]

The combination of home and business made for a busy house, especially when the head of the workshop had a large family and many employees, which was certainly the case with Frans Hals. As a popular portrait painter, he would also have had regular visits from prospective customers; in his reply of March 20, 1636, to the Amsterdam guardsmen urging completion of their group portrait, he wrote that they should come to Haarlem, where he could finish it "at home." This document also gives the location of his house in Groot Heiligland. Hals moved house quite often in Haarlem.[63] It is not known how large his homes were, nor how they were laid out, but he would certainly have felt the need for space with so many people to accommodate.

An apprentice or assistant could sit with an easel in the same room as the master, or in a separate one if the house was big enough. And that, it seems, is what Hals did, for Houbraken states that Brouwer was given his own workspace in the attic. Houbraken himself had experienced something similar when he was apprenticed to the Dordrecht painter Samuel van Hoogstraten. As the eldest pupil he was given a room above his master's, while the other apprentices were crowded together in a room on the other side of the inner courtyard. When his master was away on a visit somewhere, Houbraken would keep in touch with his fellow pupils through his upstairs window.[64] It emerges from his description of his apprenticeship with Van Hoogstraten that there were at least three pupils working there at any one time. Similar numbers are also mentioned in connection with other masters, so the situation with Frans Hals would have been much the same.[65]

Family members often played a role in the business, as was certainly the case in the Hals household. His sons, and some of his daughters, too, would have been involved in the joint enterprise, thus contributing to the output and income. Quite often the lady of the house also had a specific part to play, while young pupils and the master's children would act as models. A probate inventory drawn up in Leiden in 1644 mentions two paintings by Hals portraying two of his children, while the inventory made in 1653 after the death of Aletta Hanemans, the widow of a Haarlem brewer, mentions another.[66] None of these would have been formal portraits, but rather genre scenes or study heads for which the children posed. The 1644 example makes it clear that even people outside Haarlem knew that the children in such scenes were Hals's. It is tempting to include in this group Hals's *Laughing Boy* in the Mauritshuis (cat. 4), the two paintings of boys in Schwerin (cat. 5), and above all the *Girl Singing* and *Boy Playing the Violin* (pp. 26–7, figs. 5–6) now in a private collection.[67]

Training

Almost nothing is known of Frans Hals's ideas about training his pupils. He himself had been taught by Karel van Mander (see cat. 8), whose treatise *Den grondt der edel vry schilder-const* (The Foundation of the Noble, Free Art of Painting) shows him to have been keenly interested in the teaching of art. In his *Schilder-Boeck*, too, Van Mander identifies the teacher or teachers of almost every artist in their biographies, regularly detailing their educational accomplishments. Oddly enough, the only known advice that Frans Hals gave his pupils was diametrically opposed to the ideas of his master. According to Houbraken, Hals used to tell his apprentices, "You must just smear it on boldly, if you become secure in the art, the neatness will come of its own accord."[68] Van Mander, on the other hand, advised his pupils to become accustomed to "neatness" and only then try working in a looser manner.[69] Perhaps Houbraken found Hals's advice worth mentioning because it ran counter to contemporary ideas.

The training of painters traditionally took place in several stages. A young apprentice was first instructed in drawing, and once he had mastered this, he could start on painting. The basic activities, in Van Mander's words, consisted of helping "to keep the workshop in good repair," that is to say, cleaning brushes and palettes and other painters' tools.[70] The pupils then learned how to grind the pigments for paint and prepare panels and canvases.[71] Hals could prepare his canvases in advance and keep them in stock without much difficulty, as a considerable amount of both his genre paintings and his portraits have similar dimensions.[72] The question is the extent to which Hals left this to his assistants, for specialist shops also supplied ready-made prepared panels and canvases.

Copies and Imitation

An important part of an apprentice's training consisted of copying paintings. This was regarded as a way of developing skills and had the not inconsiderable advantage of producing saleable results. The benefit was so great that copies were also produced without any educational purpose. Apprentices copied works by their master but also by other artists, preferably famous ones.[73] This gave them experience with a variety of styles and compositional methods. Hals owned paintings by several famous Haarlem masters, such as Maarten van Heemskerck, Karel van Mander, and Hendrick Goltzius, which he may well have recommended to his pupils as examples.[74] He was first and foremost a portrait painter but the market for copies of portraits was limited, unless they were of famous rulers, naval heroes, or generals. The production of new versions of portraits of Prince Maurits, his half-brother Frederik Hendrik, and other family members was a significant source of income for the studio of Michiel van Mierevelt, for example.[75] Hals did not fill that need. It is true that there are several versions of portraits of René Descartes, his most famous model, but only a few of them seem to have been made in his studio.[76] It was a regular practice for a client to order one or more copies of a portrait of himself, a family member, or an acquaintance. The copies of Hals's likenesses of the Haarlem burgomaster Pieter Jacobsz Olycan and his wife, Maritge Claesdr Vooght (see cat. 27), which hung in the house of one of their daughters, were probably the result of one such order (figs. 9–10).[77] A work that is well documented is the copy after the small portrait of the wealthy bachelor Willem van Heythuysen (figs. 11–12). In August 1653, three years after Van Heythuysen's death, Hals was paid thirty-six guilders for a copy of the picture that he had made around 1638, this second version being for the governors' chamber of the almshouse founded with money from the deceased.[78]

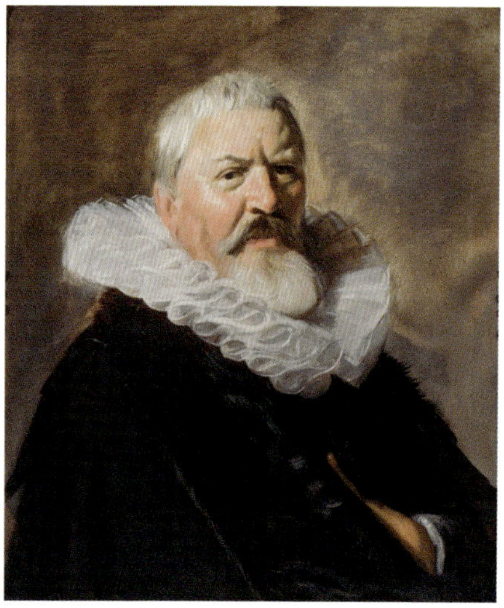

Fig. 9 Frans Hals, workshop, *Portrait of Pieter Jacobsz Olycan*, ca. 1640, Private collection

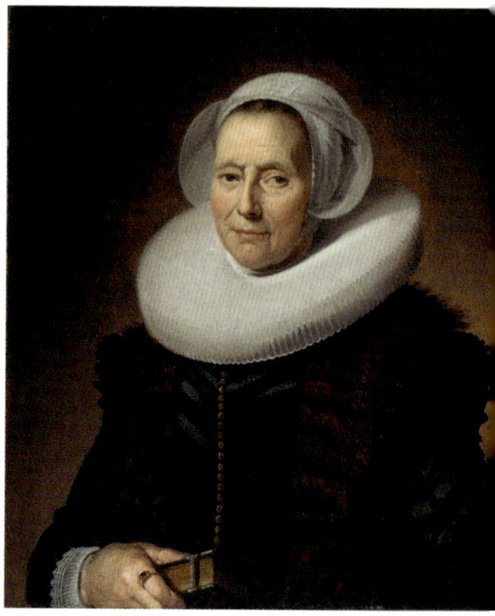

Fig. 10 Frans Hals, workshop, *Portrait of Maritge Claesdr Vooght*, ca. 1640, Present whereabouts unknown

Hals's study heads and genre scenes must have been copied far more often than his portraits. Their popularity is clear from the number that still survive today. For instance, there are no fewer than at least thirteen versions of *The Rommel-Pot Player* (cat. 37).[79] Many of the copies are only known from mentions in old records and photographs, so it is often impossible to say whether they were painted in the seventeenth century, let alone in Hals's studio. But there can be no doubt that works of this kind originated there. Copies after his work are often mentioned in documents, from which it can be deduced that the earliest mentions are connected with his shop. For instance, in 1631 the above-mentioned Hendrick den Abt already had "various copies after Frans Hals"; in 1649, there were "three heads, being copies of Frans Hals" in a Leiden estate; and a record from the same year in Haarlem lists not only two small paintings by Hals but also "a copy of or by Hals."[80]

In addition to making copies that followed the original composition reasonably faithfully, the more advanced pupils were given a freer hand to make a variant.[81] Rembrandt followed this method in his studio, and Hals encouraged his apprentices to do the same. A striking example is the *Malle Babbe* in the Metropolitan Museum of Art in New York (cat. 46a), a painting that is in essence a mirror-image version of the famous work in the Gemäldegalerie in Berlin, but the sitter's hands are folded rather than holding a pewter tankard (cat. 45). The composition of the small variant of *The Rommel-Pot Player* is almost identical to Hals's original (fig. 13)[82] except that the copyist has altered details of the children's headgear, coiffures, and clothing. If *The Serenade* by Judith Leyster (cat. 53) was indeed made in Hals's studio, then it is a superb example of how pupils could create very free variations, in this case of Hals's *Lute Player* (cat. 38). The musician's pose, glance, and hands are clearly based on the model, but the clothing and, above all, the stronger chiaroscuro give the painting a character that is totally original. As soon as a pupil had sufficient skill, he could start assisting his master on

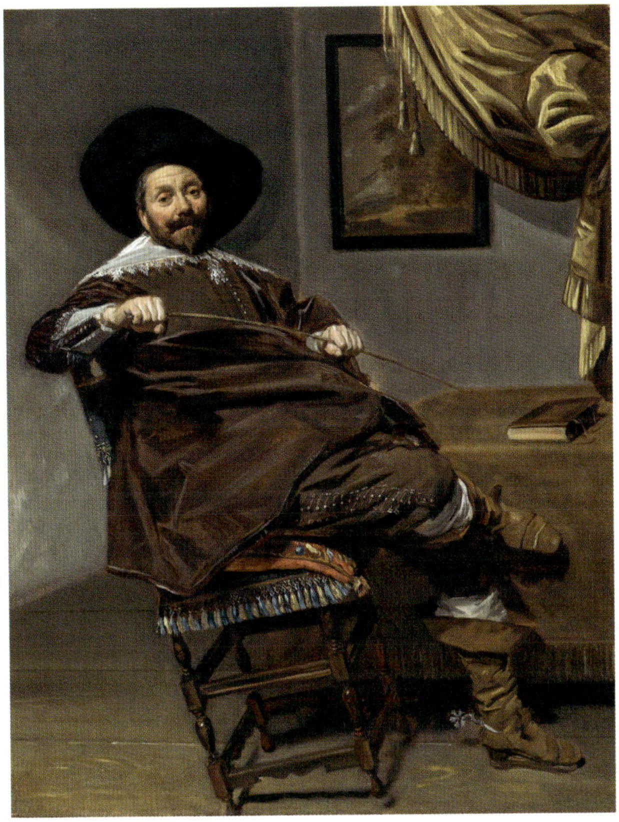

Fig. 11 Frans Hals, *Portrait of Willem van Heythuysen Seated in a Chair*, ca. 1638, Private collection

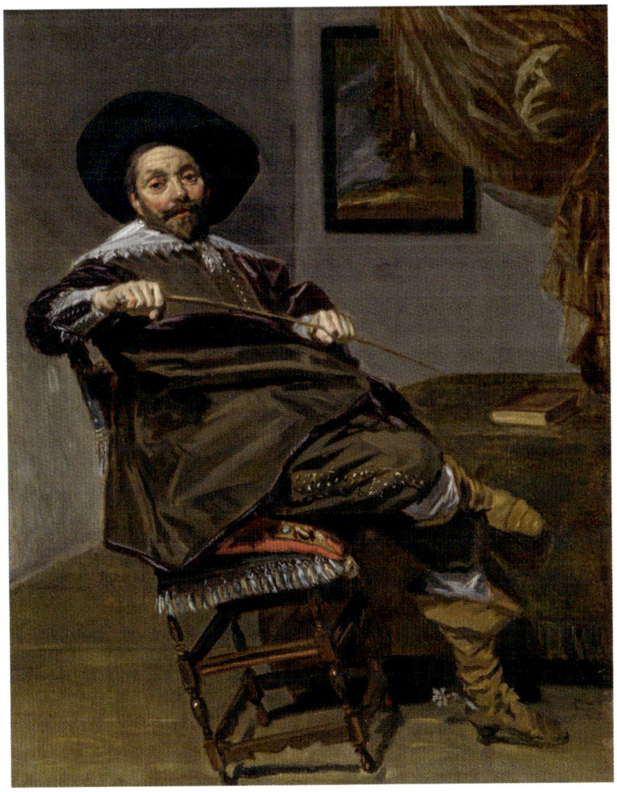

Fig. 12 Frans Hals, *Portrait of Willem van Heythuysen*, ca. 1653, Royal Museums of Fine Arts of Belgium, Brussels

autograph works. It is difficult to say whether that happened in Hals's studio and, if so, when it started and how often. Nor is it clear how much he worked up the paintings by his pupils. In 1640, the Leiden burgomaster and art lover Jan Jansz Orlers described a painting belonging to his daughter as "A small painting of a brothel painted over by Hals,"[83] which could refer either to Frans or Dirck. Houbraken says that Frans Hals was in the habit of "laying his portraits on thickly and meltingly," only applying his clearly visible brushstrokes later, with the words, "Now to give it the master's touch."[84] One wonders whether he only did this with the paintings that he had laid in himself or gave those by his pupils that typical Hals touch to make them more marketable.

Due to the almost total lack of written or printed records, the only way of deciding on the possible contribution of a pupil or assistant is by distinguishing stylistic differences. But since the aim in the studios of leading artists was to imitate the master's touch as closely as possible, this is a tricky undertaking, certainly in the case of Frans Hals. Art historians are still locked in discussions about which works attributed to him really are autograph. It is generally assumed that he was not responsible for faithful copies, although according to some the second, 1653 version of the portrait of Willem van Heythuysen mentioned above actually is the master's work.[85] Conversely, it is agreed that *The Lute Player* in the Rijksmuseum (fig. 14) is not. While the brushwork is close, it does not match the virtuoso heights of the original in the Louvre (cat. 38), which is dated around 1623. However, its high quality and date (it was painted soon after the original) suggest that it was probably painted under Hals's supervision. In 1624, the Leiden painter David Bailly made a drawn copy after the Amsterdam painting;[86] certain details found only in the Amsterdam piece show that he did not work from the original. The differences are only minor, but they are unmistakable.[87]

Different working methods may be at play in the variants of a prototype. The execution of *Malle Babbe* in New York is a pale echo of the sparkling touch of the Berlin picture, so is probably the work of an assistant (cat. 46a, 45).[88] The two versions of *Pekelharing* in Leipzig and Kassel (cat. 39; p. 207, fig. 5), which like the two *Malle Babbe* paintings are essentially reversed variants of each other, seem to have been made by Hals himself.[89] There are three versions of a fisher girl looking up to the left (figs. 15–17). The composition is similar, but with differences in clothing, pose, and background. There is no autograph original, so one wonders whether it is lost or if this is a work that Hals left to his assistants for its execution, composition, and variants.[90]

The painting *Two Children with a Cat* (fig. 4), which bears Judith Leyster's monogram, is even more in Hals's style than her *Serenade* (cat. 53). The Amsterdam printmaker Cornelis Danckerts made an engraving of the composition on which he stated that it was made after a painting by Frans Hals ("f. Hals. pinxit"). Since a painting of the subject by Leyster is mentioned as being in Amsterdam in 1642, it seems very likely that this was the engraver's model.[91] Did he engrave Hals's name on the print because he was more famous, or because he knew or believed that although it was executed by Leyster it was actually composed by Hals?[92] Art historians are tempted to assume that a painting bearing the slightest resemblance in style and technique to a known work by Hals must have been made in his studio. If based solely on stylistic similarities, this must remain an assumption, and one cannot rule out the possibility that such works were also made outside his studio. Thus Judith Leyster would have painted in his style not only when she worked with him but also when she had her own studio.

The same applies to Jan Hals, by whom there are signed portraits that are entirely in his father's manner.[93] In addition, there were other artists who never worked for Frans Hals but were very good at imitating his brushwork: see, for example, the 1652 copy by the Rotterdam artist Ludolf de Jongh after Hals's portrait of the theologian Nicolaes Stenius painted two years earlier.[94] Conversely, not all the copies and variants made in Hals's studio are in his style. Often this would have reflected the copyist's skill—one pupil being more successful in imitating the master's manner than another—but perhaps it was

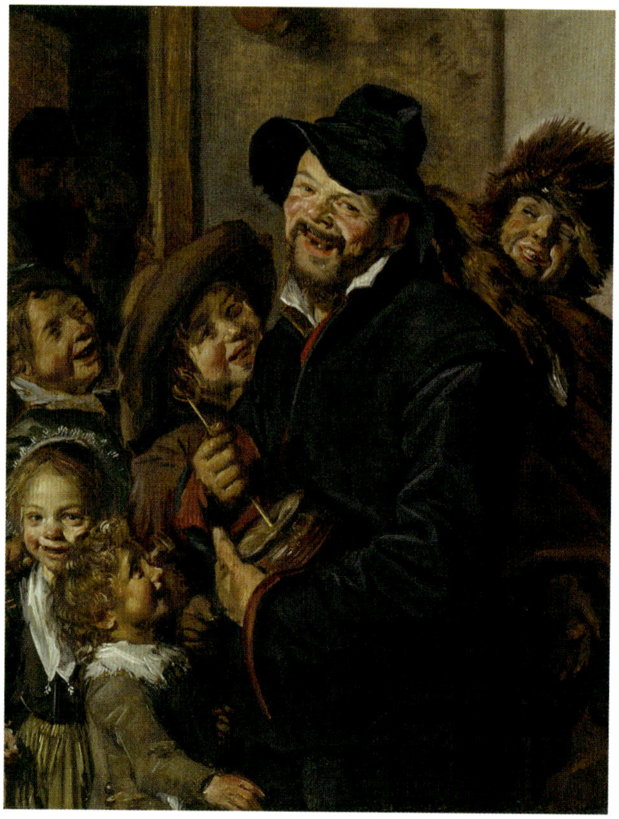

Fig. 13 Frans Hals, workshop, *The Rommel-Pot Player*, 1625–35, The Art Institute of Chicago

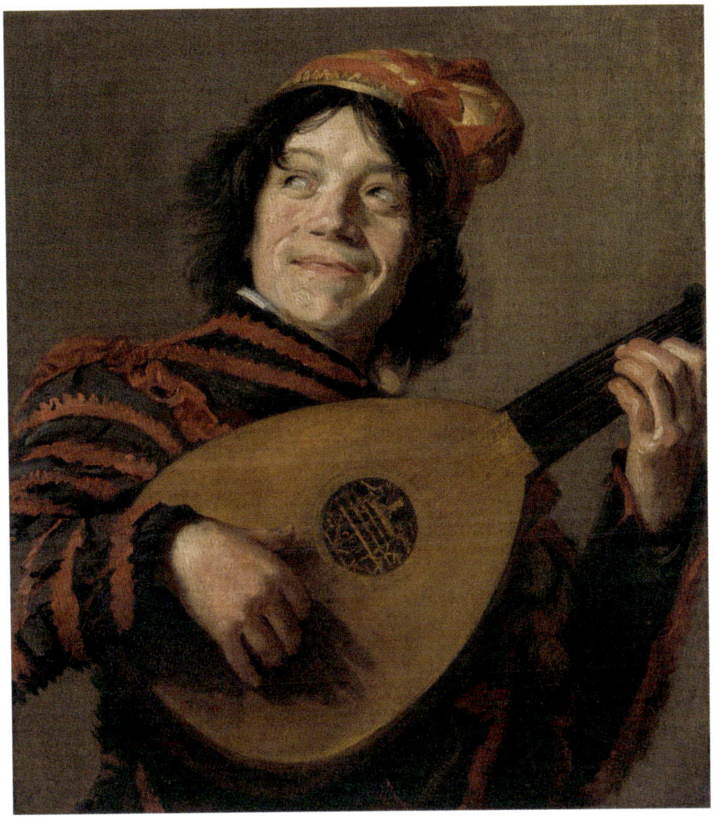

Fig. 14 Frans Hals, workshop, *The Lute Player*, ca. 1624, Rijksmuseum, Amsterdam

not always considered necessary to copy his distinctive manner. In the case of the copies after the portraits of Olycan and Vooght, the execution of the former is so close to Hals that it has also been attributed to him, while the portrait of the wife, which must also have been painted in the studio, bears little relationship to the master's original.[95] The brushwork of a second version of *The Laughing Cavalier*, in which the sitter is bareheaded, has little or nothing that recalls Hals, but it must have been made around the same time as the first version (fig. 18; cat. 20).[96] Was the copy painted by a studio assistant who was allowed his own interpretation—or was it not made in the studio at all?

The fact that not all the paintings from Hals's studio are in his style would have had something to do with his ideas about training. Imitation was important, but a good teacher taught his pupils to develop their own inventiveness and style. After Karel van Mander's biographer lists a selection of his pupils, Frans Hals among them, he states that all of them were to be praised for their "wealth of inventions and boldness of painting and drawing."[97] Van Mander had trained them in such a way that they could develop independently of him.

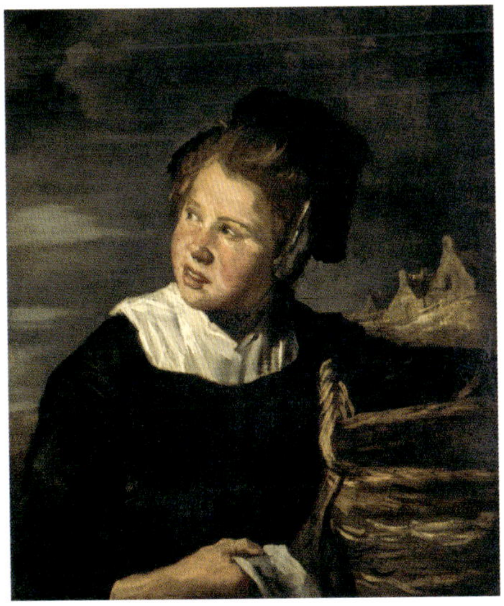

Fig. 15 Frans Hals, workshop, *Fisher Girl*, ca. 1630 (?), Wallraf-Richartz-Museum & Fondation Corboud, Cologne

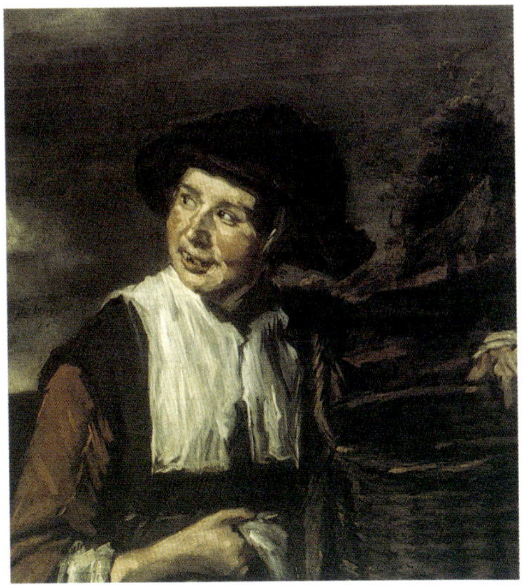

Fig. 16 Frans Hals, workshop, *Fisher Girl*, ca. 1630 (?), Present whereabouts unknown

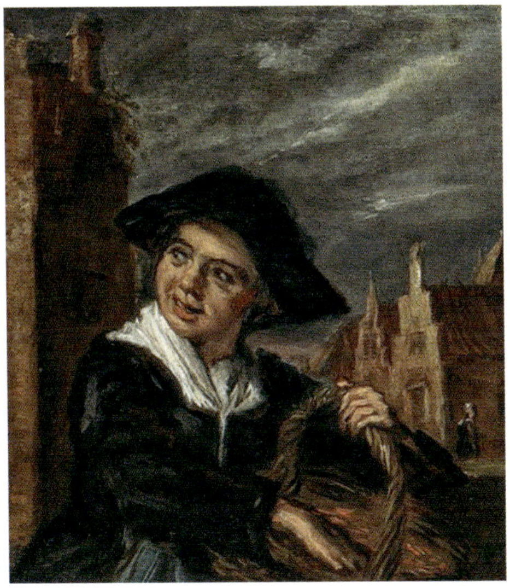

Fig. 17 Frans Hals, workshop, *Fisher Girl*, ca. 1630 (?), Private collection

The Development of Individual Styles

Adriaen Brouwer is probably the best illustration of a pupil whom Frans Hals encouraged to develop his own style and subject matter. When he discovered how talented his pupil was, Hals set him rigorously to work in the attic, isolated from the others, where, according to Houbraken, he was not expected to imitate his master. On the contrary, Hals seems to have been deeply impressed by the personal characteristics Brouwer displayed in his work. Houbraken stresses not so much the emphasis on training but the independence of the young artist, despite the fact that he was working in Hals's studio, and the financial benefit. Hals supposedly praised Brouwer's work as that of the "foreign master" ("vremden meester") from whom he derived great profit, because he had the exclusive right to Brouwer's work, and art lovers were eager to own something by this new, still unknown artist. It is difficult to make out just how accurate Houbraken was in stressing that Hals was rather secretive about his treatment of Brouwer. He writes of "Frans's secret dealings": he did not want the other pupils taking a peep in Brouwer's room. They did so anyway, and according to reports bought small works from him for a few stuivers.[98]

The paintings that Brouwer made in Hals's house must have been his characteristic small-figured peasant scenes, a subject that Hals rarely, if ever, depicted.[99] It seems that after Brouwer's departure, scenes of this kind continued to be produced in the studio by Molenaer, Van Roestraten, and a few of Hals's sons. A small group of coastal scenes is attributed to Molenaer, featuring fishermen's children based on pictures in Hals's studio (fig. 19).[100] In contrast to his life-size half-length figures, the people in these scenes are small full-lengths in a broad landscape. The attribution to Molenaer is not certain, but the conclusion that they were made in Hals's studio seems likely, despite the difference in style.[101] It is otherwise difficult to explain how the artist had access to so many models by Hals.

That Hals encouraged the adoption of individual styles is also clear from the work made by his pupils Adriaen van Ostade, Philips Wouwerman, and Pieter van Roestraten when

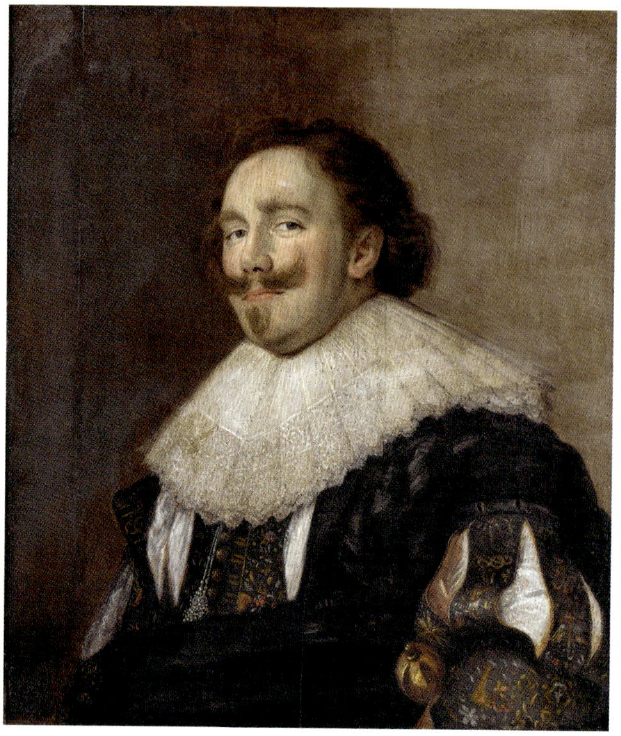

Fig. 18 Frans Hals, workshop (?), *The Laughing Cavalier*, ca. 1624, Private collection

they became independent artists. With his brother Dirck, Frans no doubt agreed specific arrangements about who could paint what, and how. Such arrangements would have been influenced not only by the brothers' personal preferences but also by their wish to avoid competing with each other. For example, there are only a few small autonomous portraits by Dirck; although he had a talent for portraiture, he probably left these to his brother Frans and concentrated instead on genre scenes with small figures. His pictures of merry companies occasionally include a portrait, such as one of the painter Johannes Torrentius.[102] Yet this was a different kind of work from the much larger, commissioned portraits in which Frans specialized. While Frans, in his turn, likely made a few small-figured genre scenes, his output was dominated by portraits as well as genre scenes with large half-lengths.[103] Dirck occasionally copied or quoted from his brother's work, but even then, he retained his own style and signed with his own name.[104] The apprentices in Hals's studio also influenced each other, particularly the experienced artists impacting younger pupils. For instance, the influence of Dirck Hals and Adriaen Brouwer on the work of the young Jan Miense Molenaer and Adriaen van Ostade is unmistakable. Just how well Molenaer knew and imitated the subject matter and style of Adriaen Brouwer is implied in the mention of a peasant company by his hand that was "as if painted by Brouwer."[105] His familiarity with Brouwer's work is also evidenced in a previously unpublished document of 1642 with an account of someone from Haarlem showing Molenaer two small paintings by Brouwer. Molenaer asked how much they cost, and the man replied that he wanted twelve Flemish pounds (seventy-two guilders) for them. Molenaer was amazed and reacted with aplomb, saying, "I will supply you with twelve pieces, each one as good as those for twelve pounds" and promised to deliver them a month later. The man from Haarlem proposed showing Molenaer's paintings to experts to test whether they were indeed as good as the two little works by Brouwer, to which the young artist replied, "yes, and even better than that." They sealed the deal with a handshake in the presence of Molenaer's wife, Judith Leyster. Molenaer then promised to supply the man with an original work by Adriaen Brouwer for eighteen guilders. This transaction was sealed in the same way, again in the presence of Judith Leyster.[106]

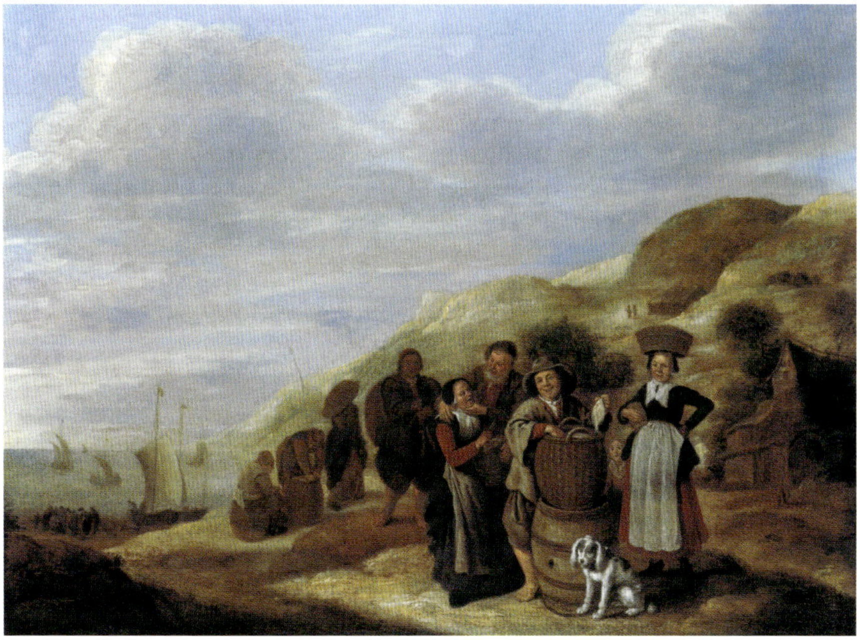

Fig. 19 Jan Miense Molenaer, *Beach Scene with Fishermen*, ca. 1630–40, Present whereabouts unknown

From time to time, Frans Hals worked with fully qualified painters outside his studio. For example, he and Claes van Heussen worked together on a magnificent market scene, for which Van Heussen provided the highly detailed still life and Hals the broadly brushed young woman (cat. 32). The composition and subject appear to have been influenced by paintings made in Antwerp, as was the idea of having two artists who differed so much in their brushwork collaborate on the same painting. For instance, Peter Paul Rubens and Jacob Jordaens supplied the figures for several monumental still lifes by Frans Snijders,[107] and it has been suggested on stylistic grounds that the landscapes in a number of portraits by Frans Hals are the work of Pieter de Molijn—although they may rather be the work of a studio assistant who was skilled in landscape. A contemporary source mentions two portraits by Hals in a setting painted by Willem Buytewech,[108] which could have been executed outside Hals's studio.

Conclusion

The Amsterdam guardsmen were not impressed by Frans Hals's argument that he could keep an eye on his people if he worked in his own house. They simply ignored him and sent the remaining work out to be finished by a different artist, Pieter Codde, who lived locally. However, Hals's suggestion is perfectly understandable: it is still the case today that adolescents and young adults working close together need some supervision, and it was no different in the seventeenth century. The studio must have been busy during Hals's more productive period. The family formed its foundation: at least five of his sons and probably his brother Dirck, possibly also their brother Joost, who died in 1626. Ariaentje married one of her father's former pupils, while Dirck's only son, Anthonie, born in 1621, also became a painter. But it was far more than just a family business. In addition, some other eight painters are known or thought to have trained or worked with Hals, but he would have taught many more in his long career. Of those whose names are known, it can be said that they went on to make a name for themselves through their later output. Many of their works have survived, so that they are still known today. This is not true of young Willem Woutersz, however, who absconded from Judith Leyster's tutelage and whose apprenticeship to Hals is recorded in an account that survived through sheer chance.

It is striking that Hals's pupils, with the exception of Adriaen Brouwer, all came from Haarlem and remarkable how many talented artists must have been working together in his studio at times. Gathered together under one roof, often painting in the same room, they would have influenced each other's work, and it seems that their teacher gave them plenty of scope to do so. In the 1620s, Dirck Hals and Adriaen Brouwer were active in his studio, and in the second half of the decade they may have been joined by Judith Leyster, Adriaen van Ostade, and Jan Miense Molenaer. They were taught the art of portraiture, Frans Hals's specialty, and that of depicting the human figure with a view to the production of genre scenes. Most struck out on different paths once they became independent artists. Although there are known portraits by Adriaen Brouwer, Judith Leyster, Jan Miense Molenaer, Adriaen van Ostade, Pieter van Roestraten, and Vincent van der Vinne, ultimately they all specialized in other genres and styles that had little in common with that of their former teacher. It is clear that Hals did not constrain them but gave them the artistic freedom they needed. Perhaps this is the chief reason why his "people," according to Houbraken, held him in such "high regard."[109]

1 NHA, notary E. van Bosvelt, NA 63, fol. 80, March 20, 1636: "ende dat het met meerder lust tot Haerlem als tot Amsterdam sal gedaen worden, overmits hij dan binnenshuys ende bij zijn volck zijnde 't oge oock daerop mach hebben." This is one of the four documents dealing with the genesis of the painting. It was first published in Bredius 1917, and a transcription later appeared in Haarlem 1988, pp. 383–4 and cat. 194, and in Thiel-Stroman 1989, doc. 74.

2 Mander 1604, fol. 239v: "wat hij daer voor volck had op zijn winckel?" Van Mander also uses the term "volck" in this sense in his biographies of Italian painters. He relates that "Pierijn," the painter Perino del Vaga, an industrious draftsman, left the practical work to his assistants, thus "keeping many people in work" ("veel volck in't werck houdende"), gaining financial profit rather than honor. See Mander 1604, fol. 142r.

3 On the training of artists, see Miedema 1986–7 and other articles in Boschloo 1986–7; Jager 1990; Wetering 1995, pp. 223–9; Franken 1997.

4 Louis de Pret, "resident assistant" ("knecht in huys") of Cornelis van der Voort of Amsterdam, was around thirty-five years old when his master died; see SAA, Archief 5073, inv. 952, August 30, 1625, and Bredius 1915–22, vol. 4, p. 1180. In 1609, Van der Voort's wife drew up a codicil that was jointly signed by the journeyman ("schildersgesel") Hendrick van Mer; SAA, notary J. Gijsbertsz, NA 27, p. 31, March 14, 1609. Van der Voort testified a few months later that he had known Van Mer for a long time and that he was "learning the practice of painting from and in the house of the aforesaid Cornelis van der Voort, his master" ("die practycque van 't schilderen is lerende bij ende ten huyse van den voorsz. Cornelis van de Voorde, sijn meester"); see SAA, notary J. Franssen Bruijningh, NA 196, cover 16, fol. 19r–v, July 23, 1609, and Bredius 1915–22, vol. 4, p. 1183. The latter document states that Van Mer was between twenty-three and twenty-four years old. A document drawn up in Haarlem in 1634 in the house of Frans Pietersz de Grebber was signed by "his assistant" ("sijnen knecht") Vincent Casteleijn, who was around twenty-five years old.

5 The new statutes of 1590, which were first printed in Briels 1976, pp. 159–62, and then in Miedema 1980, vol. 1, pp. 57–61, were made necessary by the Alteration (the replacement of the Catholic city government with a Protestant one), which abolished the guild's religious functions, such as the upkeep of the altar or chapel in the church and holding processions.

6 This was demonstrated in Miedema 1980, vol. 1, pp. 1, 8–9, 93, and note 49; for the integral text of the draft, see ibid., vol. 1, pp. 91–135. Goosens 2001 regards the draft statutes of 1631 as an indication of a tendency circulating among some circles within the guild. For the guild system in Haarlem, see also Ree-Scholtens 1995, pp. 59–60, 127–30, 284–6.

7 See Lammertse and Veen 2023, p. 53.

8 Miedema 1980, vol. 2, pp. 497, 505, 514: "onaengegeeven discipulen," "sijn gasten," "hoeveel knechts dat hij hadde die niet betaelt en hebben." In the case of Frans Pietersz de Grebber, this does not seem to have been due to forgetfulness or nonchalance but rather a question of sheer obstinacy. His administration of his pupils was perfectly adequate. In 1620, he claimed twenty-two guilders from a woman who owed him "tuition fees" for teaching her son. She replied that she had already paid, whereupon he was ordered "to bring his book," which he did; see NHA, Oud-Rechterlijk Archief (acc. no. 3111), inv. 970, fol. 117v, May 5, 1620, and fol. 124v, May 8, 1620. A document of 1642 states that De Grebber was still owed sixty-four guilders and seven stuivers by "Van Rasenburgh," as recorded in an "oblong book" of his; NHA, notary E. van Bosvelt, NA 64, February 3, 1642. The credit was made up of two sums: fifty-six guilders for (one year's) tuition fees, and eight guilders and seven stuivers (extra tuition time). The debtor was Reynier van Rasenbergh, who was apprenticed to De Grebber around 1640–2, at the same time as Peter Lely (on whom, see Lammertse and Veen 2023, p. 53).

9 For the documentation on this incident, see Bredius 1917; Miedema 1980, vol. 2, pp. 430–4.

10 The formulation "in accordance with the contract signed between the two of them, namely to be allowed to part from the other" ("volgens de besteedingh tusschen haer beyden gedaen te weeten dan van den andere te moghen scheyden") seems to indicate a written agreement.

11 Bredius 1919.

12 For Frans Pietersz de Grebber, see notes 4, 8, and 21.

13 Jager 1990 provides an initial inventory of contracts between masters and pupils but does not cover Haarlem.

14 Atkins in Oudenaarde 2018, p. 208n11.

15 Schatborn 1973; Amsterdam and Washington 1981, pp. 74–5; Nehlsen-Marten 2003, pp. 223–7.

16 Nehlsen-Marten 2003.

17 Oudenaarde 2018.

18 Houbraken 1718–21, vol. 1, pp. 319, 347, and vol. 2, p. 191: "die toen nog jong was, en by F. Hals de Konst leerde," "wanneer zy nog jong was, bescheet, en die van Brouwer weer bescheten werd." See also Van der Veen in the present volume, p. 30.

19 Ibid., vol. 1, p. 320: "afgescheiden van zyn andere leerlingen."

20 See Van der Veen in the present volume, p. 29.

21 Schneider 1922 was the first to draw attention to the Caravaggist lighting in Judith Leyster's early work. Wijnman 1932 discovered the year of her birth and details about her parents moving to Vreeland. In Ampzing 1628, in a description of Haarlem, the name Judith Leyster is written in the margin of a remark about Frans Pietersz de Grebber and his daughter Maria. Wijnman stresses that this was merely in passing, but Ellen Broersen, in Haarlem and Worcester 1993, pp. 19–20, attaches greater weight to it. She suggests that Leyster could have received some training from De Grebber, and that, in those days, an artist in Haarlem could also be exposed to a Caravaggesque or "Utrecht" influence. See also Pieter Biesboer in Haarlem and Worcester 1993, p. 77. However, no such markedly "Utrecht" influence as detected in Leyster's work can be observed in that of any other Haarlem painter. All the same, it is possible that Leyster had had drawing lessons in Haarlem before receiving any training in painting, from De Grebber, for example. Haarlem and Washington 2009 supports this De Grebber hypothesis. Geurts 2020 stresses the Caravaggist elements in Leyster's work.

22 Judith Leyster, *A Fool Holding a Jug*, known as *"The Jolly Drinker,"* 1629 (p. 304, fig. 1).

23 See note 30 for the lost portrait of Leyster. It is not certain that the Judith Jans who witnessed the baptism of Hals's daughter Maria on November 11, 1631, was Judith Leyster or a namesake, but the first is the most likely.

24 Haarlem and Washington 2009, p. 22, suggests the possibility that the portrait of a woman in the Frans Hals Museum (Haarlem 2006, no. 284, pp. 536–7) dated 1635 depicts a sister of Judith Leyster, possibly Catharina Jansdr Leyster. She married an Amsterdam real estate agent in 1639 and had a list of possessions that she transferred from Haarlem to Amsterdam in connection with her forthcoming marriage. These included "two portraits of her own person" ("twee conterfeytsels van haer eygen persoon"), SAA, notary G. Vliet, NA 1624, fols. 10–11v, July 6, 1639. It can be assumed that one (or both) were by her sister, Judith Leyster.

25 Weller 1992, pp. 11–12; Weller in Raleigh, Indianapolis, and Manchester 2002, pp. 4, 10–11. The author is a little more cautious in a later publication: Molenaer "trained in the circle of Frans Hals," and he calls Dirck Hals "one of Molenaer's probable teachers in the mid-1620s"; Weller 2007, p. 147.

26 Weller 2007, pp. 147–9.

27 The work is comparable or perhaps even identical to a "student by Jan Meynssen" ("student van Jan Meynssen"), meaning an artist's pupil, described in an Amsterdam inventory; SAA, notary W. Hasen, NA 1598, fols. 31–69v, December 21, 1639, closed January 17, 1640.

28 Miedema 1980, pp. 136–7. See also p. 281 in the present essay.

29 Among the entries in the Amsterdam inventory of 1639 mentioned in note 27 are a study head by Frans Hals, a large work with "modern" figures by Dirck Hals—meaning that they wore contemporary dress—two paintings by Adriaen Brouwer, and four copies after him, including a "tobacco drinker" ("tobackdrincker"), immediately followed by "a tobacco drinker by the young [Harmen] Hals" ("een tobacq-drincker van de jongen Hals"), by whom there was also a small work with "some peasants" ("met eenige boertjens") and a barber's shop. In addition to the "student" by Jan Miense Molenaer mentioned above, the estate also contained a "cat scratcher" ("kattekrabber") by him, two works by Pieter Codde, and one by Dirck van Delen. See also note 57.

30 They are described in the probate inventory as "2 portraits of Jan Molenaer and his wife by Frans Hals, without frames" ("2 conterfeytsels van Jan Molenaer ende sijn huysvrou van Frans Hals, sonder lijst"), NHA, notary W. van Kittensteyn, NA 313, October 10, 1668 (our reading of this item differs from that in Thiel-Stroman 1989, doc. 71, where Bredius is corrected, in our opinion wrongly). For this inventory, see Bredius 1915–22, vol. 1, pp. 2–9; Hofrichter 1989, pp. 85–103; Raleigh, Indianapolis, and Manchester 2002, pp. 181–7; GPI N-5314.

31 In the same room as this "piece dead-colored by Brouwer and completed by Molenaer, trictrac players" ("stuckje van Brouwer gedootverruwt en van Molenaer opgemaeckt, verkeerdertjes") there was also "an old piece by Molenaer with cards [i.e., card players]," ("een out stuckje van Molenaer met de kaert") and "an old piece with trictrac players" ("een out stuck met verkeerderen").

32 Houbraken 1718–21, vol. 1, p. 347: "Adriaen [van Ostade] was born in the year 1610 and died in 1685. Adr. Brouwer and he were pupils of Frans Hals at the same time" ("Adriaan . . . is geboren in 't jaar 1610, en gestorven 1685. Adr. Brouwer en hy waren op een tyd Leerlingen van Frans Hals"). He adds that Isaac van Ostade was Adriaen's younger brother and pupil. Houbraken was undoubtedly basing his account on information from the collector Constantijn Sennepart, in whose Amsterdam house Adriaen van Ostade lived for a while. Sennepart owned many works of art by Adriaen, which according to his own account, Houbraken was allowed to view on several occasions.

33 NHA, notary J. Steyn, NA 162, fol. 2v, June 8, 1632. In this deed, he is referred to as "mr. schilder" (master painter), so he must already have become a member of the guild, but the year of his admission is not known.

34 Robinson 2015, pp. 15–16, fol. 10, and pp. 40–1, fol. 38.

35 Ernst van de Wetering pointed out that in those days artists used tablets or *tafeletten*, small prepared sheets of wood or parchment that could be drawn on with a stylus. They could be reused after the application of a new prepared layer. This might explain why not a single drawing by artists like Johannes Vermeer and Frans Hals has come down to us. See Wetering 1991, p. 214 and passim; Wetering 1995, pp. 227–8.

36 De Bie 1662, pp. 281–2.

37 Bredius 1890–5, vol. 1, p. 8; Philips Wouwerman is mentioned a second time in this notebook with the statement that he painted landscapes and animals (ibid., vol. 6, p. 115).

38 Houbraken 1718–21, vol. 2, p. 75.

39 SAA, notary P. van Velsen, NA 1788, pp. 554–5, October 6, 1651: "vijff jaren bij de requirante ende haren man gewerct heeft." Thiel-Stroman 1989, doc. 138, with earlier literature.

40 Miedema 1980, p. 1038; this membership roll states that he was born in 1627 and died in 1698, the very years given by Houbraken, which he must have copied from that list.

41 Houbraken 1718–21, vol. 2, pp. 191–2.

42 Pieter van Roestraten, *Head of an Old Fisherman of Haarlem* (*Kopf eines alten Fischers aus Haarlem*), oil on wood, 32 × 25 cm, sale Berlin (Mandelbaum und Kronthal), March 18, 1936, no. 131. Its present whereabouts are unknown.

43 Houbraken 1718–21, vol. 2, pp. 210–11.

44 Thiel-Stroman in Haarlem 2006, pp. 325–8; Biesboer 2017 discusses a self-portrait of 1649.

45 The data accompanying the lot numbers in the auction catalogue of the Jacob van der Marck collection were supplied on the basis of notes that the collector kept through the years. Among other pieces of information, the notes state that Vincent van der Vinne was a "disciple of the famous Frans Hals" ("Discipel van den Beroemden Frans Hals"), see Amsterdam 1773, p. 164, and that there was a painted portrait of him holding a drawing that was "forceful, in the manner of F. Hals" ("Kragtig in de manier van F. Hals," no. 472).

46 The painted model for this drawing is in the Museum Boijmans Van Beuningen, where it is attributed to Pieter Codde; see Rosen 2020, pp. 225–7.

47 NHA, notary L. Baert, NA 372, doc. 373, December 9, 1668; Bredius 1923–4, pp. 30–1; Thiel-Stroman 1989, doc. 123.

48 Reynier Hals married in Amsterdam in 1653. At the bottom of the marriage license is his signature, with that of Pieter Gerritsz van Roestraten crossed out. Because the groom declared that he was twenty-two years old, his father had to consent to the marriage, even though Reynier Hals had been born in 1627 and, strictly speaking, was no longer a minor. Due to this—alleged—minority, he had to be accompanied by someone, and we suspect that Van Roestraten signed in error, since witnesses to a notice of an intended marriage did not sign the document; see SAA, DTB 472, p. 260, December 27, 1653. Six months later, Van Roestraten, assisted by Claes Hals, married Ariaentje Hals. In that same year, he and the painter Daniel Boone signed an affidavit that was also signed by Reynier Hals, "schilder," as the witness; SAA, notary Joh. Hellerus, NA 2053, fol. 125, September 21, 1654.

49 SAA, notary G. van Schoonderwoert, NA 6864, fol. 376, November 24–25, 1700: "tabacqsrookertje."

50 NHA, notary L. Baert, NA 387, doc. 68, December 19, 1669; Biesboer and Togneri 2001, pp. 218–19, doc. 64.

51 Rudi Ekkart identified a third candidate: Johannes Cornelisz Verspronck, who was born in Haarlem (see cat. 19, 26). Ekkart detected the influence of Frans Hals in Verspronck's earliest work, leading him to suspect that he was in Hals's studio before joining the guild; see Haarlem 1979, p. 15. In another publication, he observes that Verspronck borrowed poses from works by Hals in his own portraits and postulates an apprenticeship around 1630; see Ekkart 1979, p. 109. For Verspronck's technique, see also Hendriks 1998; Krekeler et al. 2014.

52 Eeghen 1974.

53 SAA, notary J. Bruijningh, NA 836, pp. 1360–76, February 5, 1636; Bredius 1888, pp. 188–90.

54 This was previously pointed out by Bredius in his article cited in note 53. Bredius also saw elements in paintings by Pieter Codde that reminded him of works by Hals. There is no available information on Codde's training, and Houbraken does not mention him.

55 Biesboer and Togneri 2001, p. 235, respectively Stadsarchief Delft, ONA (acc. no. 161), notary W. van Assendelft, NA 1867, doc. 3107, pp. 564–6, dd April 29, 1659, esp. p. 564.

56 Houbraken 1718–21, vol. 3, p. 309, plainly states that Dirck van Delen "was a pupil of Frans Hals" ("was een Leerling van Frans Hals"). This assertion is supposedly based on an incorrect reading of a passage in Bie 1662, pp. 21–2. See Schmidt 1874, who also denied that Brouwer was trained by Hals.

57 They are *Elegant Company in a Dutch Renaissance Room*, Frans Hals Museum, Haarlem (signed by Dirck van Delen), *Elegant Company in a Palatial Loggia*, Gemäldegalerie der Akademie der bildenden Künste, Vienna (signed by Dirck Hals), and *Elegant Company in a Palatial Room*, private collection (signed by Dirck Hals). All three are reproduced in Rikken 2021. According to her, all these works are collaborations between Dirck Hals and Dirck van Delen. According to Vermet (see note 58), the first work is entirely by Dirck van Delen (that is, both architecture and figures), and in the other two, the figures are by Dirck Hals and the architecture by Bartholomeus van Bassen. It is noteworthy that the above-mentioned Amsterdam inventory of 1639–40 (see notes 27, 29) lists not only paintings by Frans, Dirck and Harmen Hals, Adriaen Brouwer, and Jan Miense Molenaer, but also "a perspective, palace by Van Belen [i.e., Delen]" ("een perspectyff, palys van Van Beelen [= Delen]") and "a small temple by Van Bassen" ("een tempeltje van Van Bassen"). Almost no works by Van Delen are recorded in inventories prior to 1650. Could the palace interior have been acquired from the Hals studio?

58 With thanks to the art historian Bernard Vermet, who gave us access to an as yet unpublished manuscript in which he discusses the three paintings of 1628.

59 See also Van der Veen in the present volume, pp. 29–30.

60 For examples by Hals, see p. 279 in the present essay and notes 27, 29, and 57.

61 See also Van der Veen in the present volume, pp. 26–7.

62 NHA, Van Sypesteyn family archive, 1437–1937 (no. 1614), inv. 923 (2); first published in Dudok van Heel and Bok 2013, pp. 14–15, then later by Pieter Biesboer, GPI N-6696. In addition to Frans Hals's portraits of Olycan and Hanemans, this inventory lists portraits of Aletta Hanemans and her second husband, Nicolaes Loo, by Johannes Cornelisz Verspronck.

63 See Van der Veen in the present volume, p. 28.

64 Houbraken 1718–21, vol. 2, p. 165: "I was then the oldest pupil among his disciples, placed above his painting room, the others in a room below, over the central courtyard, where we, I above and they below, often spoke together when he went out" ("Ik was toenmaals onder zyne Discipelen de oudste Leerling, geplaatst boven zyn Schilderkamer, d'andere [leerlingen] in een vertrek beneden over de middelplaats, daar wy, ik van boven, en zy van beneden, elkander dikwijls toespraken, wanneer hy was uitgegaan").

65 Similar numbers are mentioned in documents about other studios. In 1657, Pieter Verelst in The Hague had at least four pupils, and in 1641, Joachim von Sandrart in Amsterdam had at least three pupils between sixteen and eighteen years old, as well as an assistant some ten years older.

66 Erfgoed Leiden, notary W. van Leeuwen, NA 785, doc. 13, February 10–23, 1644 (not mentioned in Thiel-Stroman 1989). In the same estate, there was "the painting of Pekelharing" ("het conterfeytsel van Pekelharing"); see note 102, without the name of the maker but undoubtedly from Hals's studio.

67 See Van der Veen in the present volume, p. 26.

68 Houbraken 1718–21, vol. 2, p. 211 (biography of Vincent van der Vinne): "Gy moet maar stout toesmeeren: als gy vast in de Konst word zal de netheid van zelf wel komen."

69 Mander 1604 (1973), vol. 1, fol. 48v, chap. 12, no. 26. See also Cornelis in the present volume, p. 62.

70 Ibid., vol. 1, fol. 5r–v, and vol. 2, p. 391: "helpen onderhouden [van] Winckels gherechten."

71 Activities of this kind are often mentioned in pupils' contracts; see Jager 1990.

72 About seventy per cent of Hals's known oeuvre is painted on canvas. Although the sizes of his paintings differ considerably (the smallest and the largest measuring 58.4 × 47 cm and 218 × 421 cm, respectively; see Slive 1970–4, vol. 3, nos. 178, 124), a preference can be detected for canvases with a height between about 68 and 83 cm, and a width between about 73 and 88 cm. Approximately one third of Hals's works on canvas fall within these dimensions.

73 Copying works by other masters was highly recommended by Van Mander; see Miedema 1981, pp. 18–20. Orlers 1641, p. 371, writing for instance about David Bailly's apprenticeship, says that Cornelis van der Voort, his Amsterdam teacher, owned many good paintings by other masters and that Bailly spent most of his time in his studio copying them. He remained with Van der Voort for six years. In 1625, the latter's art collection was auctioned, and included "a laugher, original" ("een lachertgen, principael") with no fewer than six copies after it, and eleven works by and above all after Cornelis Cornelisz van Haarlem.

74 In 1654, Frans Hals owned a *Gathering of the Manna* by Maarten van Heemskerck and a *Sermon of John the Baptist* by Karel van Mander, and in 1634, he bought a painting by Hendrick Goltzius; see Thiel-Stroman 1989, docs. 66, 147. See also Van der Veen in the present volume, p. 28.

75 Delft 2011, p. 51, mentions no fewer than forty-two versions of Maurits and thirty-six of Frederik Hendrik.

76 Slive 1970–4, vol. 3, no. 175, pp. 89–91, mentions eight copies.

77 Ibid., nos. 128–9, pp. 68–70; Dudok van Heel and Bok 2013, pp. 5–7, 22–4. The copies are on panel (both 66.2 × 56.2 cm) and show the sitters as half-lengths with their arms in different positions from the originals, which are on canvas and depict the sitters as three-quarter-lengths. Another example is the so-called *Portrait of Theodorus Schrevelius*; see Slive 1970–4, vol. 3, nos. 49–51, pp. 31–3.

78 Speet 1995, p. 30; Biesboer 1996b; Martin Bijl and Pieter Biesboer in London and The Hague 2007, no. 20, pp. 118–19.

79 Slive 1970–4, no. L 3.

80 Miedema 1980, vol. 1, p. 137; Erfgoed Leiden, notary A. Joachimsz Raven, NA 755, doc. 50, March 15, 1649; Biesboer and Togneri 2001, pp. 109–11, respectively.

81 Such works are occasionally called "satellites," a term coined by Ernst van de Wetering; see Wetering 2011.

82 For *The Rommel-Pot Player* in the Art Institute of Chicago, which has been attributed to Judith Leyster, see in particular Haarlem and Worcester 1993, no. 40, pp. 356–61.

83 Erfgoed Leiden, Archief van de Weeskamer (acc. no. 0518), inv. 13479, 1640, fol. 7: "een bordeeltgen bij Hals overschildert."

84 Houbraken 1718–21, vol. 1, p. 92: "vet en zachtsmeltende aan te leggen," "Nu moet 'er het kennelyke van den meester noch in."

85 Bijl and Biesboer in London and The Hague 2007, no. 20, pp. 118–19. Even the first version of Willem van Heythuysen's portrait is not an entirely secure work. Some people believe that the curtain in the top right corner and the background are not good enough to have been painted by the master himself.

86 For David Bailly's drawing in the Clement C. Moore Collection, with the artist's signature on the back, see New York 2012, no. 15, pp. 40–1. A second drawn copy, but now signed and dated "D. baillij. delin. Ao. 1626" on the front, is in the Rijksmuseum, while a third drawn version from 1628 is listed in the Simon Fokke auction of 1782. For the painting in the Rijksmuseum, see especially Bikker 2007, no. 113, pp. 183–4, and the literature cited there. In the past, the copy has been rather unconvincingly attributed by turn to Dirck Hals, one of Frans Hals's sons, and Judith Leyster.

87 The tiny differences are in the locks of hair near the left eye and to the left of the musician's cap, and the position of his left little finger (which initially was the same as in the Louvre picture but was reworked to the present position).

88 Liedtke 2007, vol. 1, no. 69, pp. 299–302.

89 Slive and Grimm regard both as original; see Slive 1970–4, vol. 3, nos. 64–5, pp. 39–41; Grimm 1989, pp. 21, 223, 275.

90 For these paintings, see Slive 1970–4, vol. 3, no. D 32, p. 140, and Stukenbrock 1993, pp. 110–16. Martin Bijl and Pieter Biesboer make a very far-fetched attribution to Frans Hals the Younger, with a few dabs by his father, of the small panel in a private collection (fig. 17) in the catalogue of sale, Vienna (Dorotheum), November 10, 2020, no. 72. Dendrochronological examination shows that the panel could have been used at the earliest from 1629 onward.

91 SAA, notary P. de Bary, NA 1681 (B), pp. 1431–49, September 15, 1642.

92 Veen 2011, pp. 105–6.

93 Slive 1970–4, vol. 1, pp. 168–74; Slive 2014, pp. 259–61.

94 Slive 1970–4, vol. 1, p. 183, vol. 3, no. 179, p. 94; Slive 2014, pp. 303–4.

95 According to Slive 1970–4, vol. 3, p. 69, neither the copy of Olycan's portrait nor that of Vooght is by Frans Hals, but Biesboer and Bijl say that the former is; see Biesboer and Bijl 2006.

96 The second version of *The Laughing Cavalier* was auctioned at Bonhams in London on July 7, 2010, lot 34, as "School of Haarlem, c. 1630" and then in Sydney (Leonard Joel), August 25, 2020, lot 420, as "after Frans Hals."

97 Mander 1618, fol. S3r: "rijckdom van vindingen en stoutheyt van Schilderen en tekenen." In his biographies of artists, Van Mander is at pains to stress how important it is for a master to stimulate the inventiveness of his pupils and ensure that he teaches them "courage and boldness of execution" ("stoutheyt en handelinghe"), as did the Antwerp painter Frans Floris; see Mander 1604, fol. 242r–v. See also Miedema 1981, pp. 16–18.

98 Houbraken 1718–21, vol. 1, pp. 319–21.

99 Subjects of this kind are no longer known in Hals's oeuvre, but an inventory of December 4, 1662, of the belongings of Gerrit Willemsz Verstraeten and Anna Schuts lists a "peasant wedding by Frans Hals" ("boere bruijloft van Frans Hals") that was appraised at twenty guilders; see Biesboer and Togneri 2001, p. 168. See Oudenaarde 2018 for Brouwer's early work.

100 Slive 1970–4, vol. 1, pp. 141–4; Stukenbrock 1993, pp. 106–9; Slive 2014, p. 186.

101 It is clear from an early record that Jan Miense Molenaer did indeed paint this subject. In 1653, the stock of an Amsterdam art dealer who had quite a few paintings by artists active in Haarlem included a beach scene "by Jan Miense Molenaer in Haarlem" ("gedaen bij Jan Miensz. Molenaer tot Haerlem"). The final clause means that it must have been painted before 1636/7, the period in which Molenaer moved from Haarlem to Amsterdam.

102 A Leiden probate inventory of 1666–7 lists "a company in which there is Torrentius with his hand on his hip by Dirck Hals" and "a head of Pekelharing by F. Hals" ("een geseltschap waerin Torentsius met de hant in sijn sij van Dirc Hals" and "een trony van Pekelharing van F Hals"); see Erfgoed Leiden, notary L. van Swieten, NA 1005, doc. 10, March 30, 1667.

103 The most important example of a genre scene with small figures, thus more in the style of Dirck Hals, was *Banquet in a Park* in the Kaiser-Friedrich-Museum in Berlin that was destroyed in the Second World War (p. 15, fig. 6); see Slive 1970–4, no. L 1.

104 A reduced copy by Dirck Hals of Frans Hals's *Merrymakers at Shrovetide* (p. 180, fig. 1), which is signed and dated 1639, is in the Fondation Custodia – Collection Frits Lugt, Paris. Figures from that painting are found in pictures in the Louvre and in the Städel Museum in Frankfurt, both from the early 1620s and signed by Dirck Hals; see Nehlsen-Marten 2003, nos. 19, 37, pp. 265, 268, and above all, Neumeister 2005, pp. 135–43. The Leipzig *Pekelharing* can be seen in a painting by Dirck Hals, signed and dated 1639, in the Nationalmuseum in Stockholm; see Stockholm 2005, no. 217, pp. 218–19.

105 Lunsingh Scheurleer et al. 1986–92, vol. 5A, p. 225: "als was [het] van Brouwer geschilderd."

106 SAA, notary P. Carelsz, NA 732 (B), pp. 583–4, December 2, 1642: "ick salder u twaalf stucx leveren, ider so goet als die voor twaalf pont," "ja ende nogh beter."

107 See especially Honig 1998; Newman and Nijkamp 2021. See also Lammertse and Veen 2023, p. 55.

108 In 1656, Nicolaes de Kemp received from his brother Jan de Kemp and nieces Magdaleentje and Antoinette de Croon the two portraits of his grandparents painted by Frans Hals, "and the compartment by Buytewech, otherwise called Ingenious Willem" ("ende het comparcquement bij Buytewegh ofte anders genaemt Geestige Willem"); see NHA, notary Z. van der Pullen, NA 240, fol. 65v, November 6, 1656; Hees 1959; Thiel-Stroman 1989, doc. 153.

109 Houbraken 1718–21, vol. 1, p. 93: "groote agtinge."

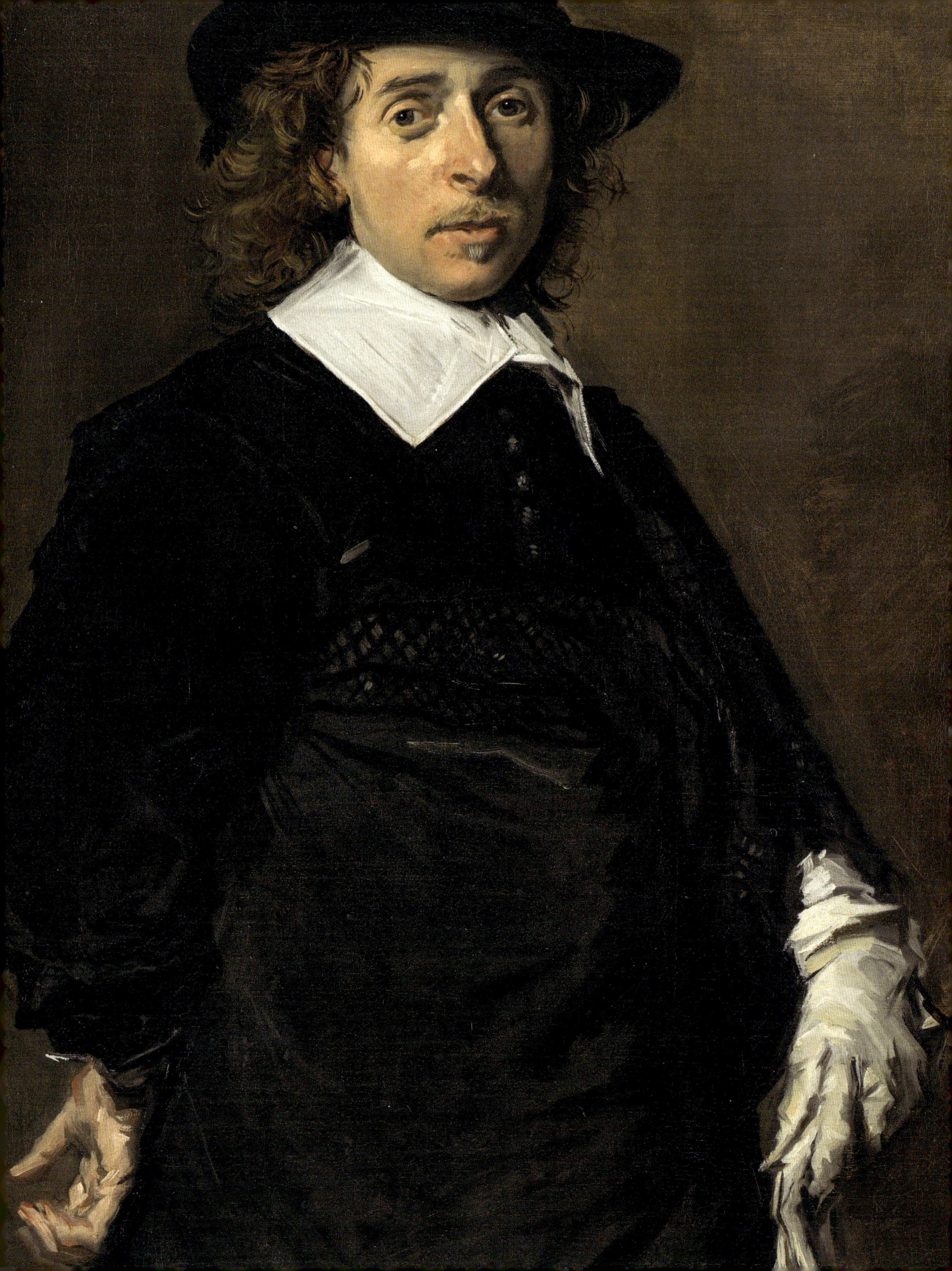

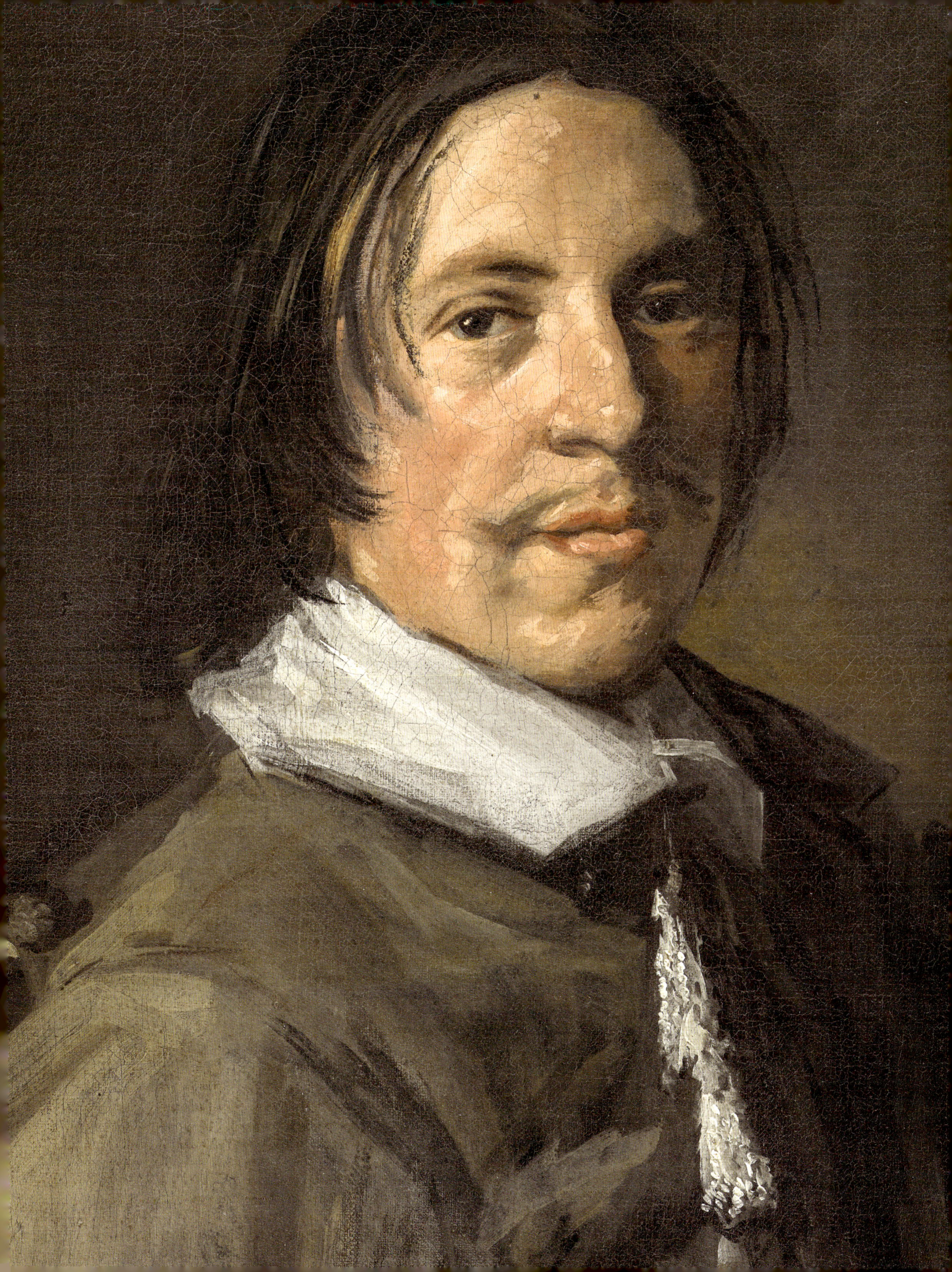

50

Dirck Hals
Merry Company
ca. 1620

Oak, 49×73 cm
Inscribed at lower left on melon: DHALS (partially no longer legible)
Städel Museum, Frankfurt am Main, inv. 1587

Provenance:
Acquired in 1918 as a bequest of Fritz Berg.

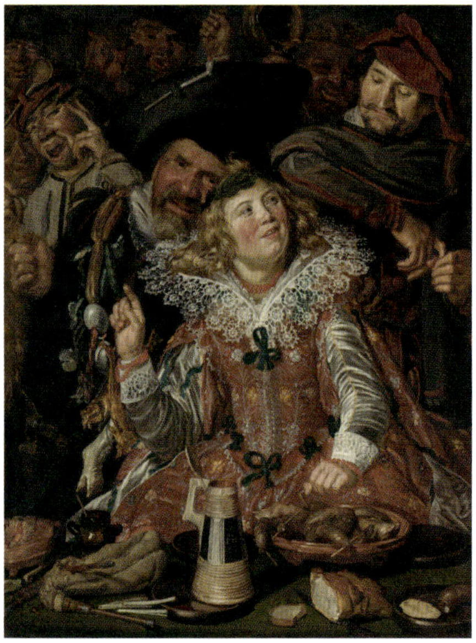

Fig. 1 Frans Hals, *Merrymakers at Shrovetide*, ca. 1616/17, The Metropolitan Museum of Art, New York

Dirck Hals (1591–1656) was the youngest brother of Frans Hals.[1] There is no documentary evidence about his training as a painter, but it is almost certain that he worked for his older brother and had been trained by him, at least in part, before he became an independent master in 1627. A series of oil sketches from the late 1610s and the 1620s show that he was familiar with the loose painting style of his brother.[2] At least for a few years, the brothers also shared a life outside the painter's workshop: both served in the St. George Civic Guard (Frans from 1612 to 1624, Dirck from 1618 to 1624) and during this period were also "friends" of the chamber of rhetoric De Wijngaertrancken (The Vine Tendrils).

During his entire career, Dirck Hals practiced a particular form of genre painting—the depiction of merry, elegant parties against a backdrop of magnificent manor houses and baroque gardens or in extravagant interiors. Many of these scenes contain humorous details with a moralizing message. When painting this type of picture, Hals was primarily inspired by the works of Esaias van de Velde (1587–1630) and Willem Buytewech (1591–1624), who were active in Haarlem in the 1610s.[3]

Thematically, Dirck Hals's relatively small paintings, which show large groups of full-length persons, are a far cry from the pictures of Frans, who predominantly painted life-size images with single individuals or only a few people shown in half-length. Dirck's *Merry Company* in Frankfurt, however, is closely linked to a particular painting by his older brother. The picture shows a group of colorfully dressed young women and men gathered around a sumptuously laid table in a garden. Melons and oyster shells—foods considered to be aphrodisiacs—are lying on the ground. Seated between two young women at the table is an older bearded man who looks out at us with a broad smile. Visible to the viewer, but outside the field of vision of the man, the lady on his left is holding a glass upside down. This gesture may be interpreted as an allusion to the virility of the man next to her, in contrast to the young man at the other end of the table, who raises his glass. Sitting on the right of the older man is a young woman wearing a dress with an elaborate lace collar and a laurel wreath on her head. She is turned toward the man behind her, who makes an obscene gesture with his fingers.

The two male figures and the lady with the laurel wreath are taken from the earliest known genre picture by Frans Hals, the *Merrymakers at Shrovetide*, painted around 1616/17 (fig. 1). However, Dirck altered a few details. In Frans Hals's painting, the seated man sports a chain of sausages, eggs, and smoked herring. Dirck, on the other hand, depicts him with a gold chain. Instead of a pipe, as in Frans's painting, the man's hat in the Frankfurt picture is adorned with a valuable brooch. Dirck Hals thus transformed the figure into a wealthy older man who is trying to impress two young women.[4] In a version of this composition in the Louvre painted at about the same time, Dirck Hals has fitted out the seated man with an "edible" chain like that in Frans Hals's painting, though with a tall glass in his right hand, while the standing man is playing a violin.[5] [EE]

Selected literature:
Neumeister 2005, pp. 135–43; Haarlem 2017, no. 30.

1 On the biography of Dirck Hals, see esp. Thiel-Stroman in Haarlem 2006, pp. 176–7.
2 See also Lammertse and Van der Veen in the present volume, p. 276.
3 Buytewech apparently worked together with Frans Hals at times (see Eising in the present volume, p. 155), and possibly Frans Hals also painted a merry company at the beginning of his career with *Banquet in a Park* (see Kleinert in the present volume, pp. 14–15).
4 Dirck Hals also left off the sausage that dangles from the cap of the standing man. In the literature, the seated man is usually identified as "Pekelharing" and the standing man as "Hans Worst," both carnival figures. See Slive 1970–4, vol. 1, pp. 34–6; Liedtke 2007, p. 254; Neumeister 2005, p. 141; Hillegers in Haarlem 2017, p. 141. However, Kolfin 2005, p. 147, identifies the figure on the left as "Hans Worst." In view of the similarities between the costume of the figure on the right and that of Frans Hals's *Pekelharing* (cat. 39) this identification appears more plausible. See also Lammertse in the present volume, p. 222n50.
5 In 1637, Dirck Hals painted one more version based on his brother's painting that comes considerably closer to the original (Fondation Custodia – Collection Frits Lugt, Paris).

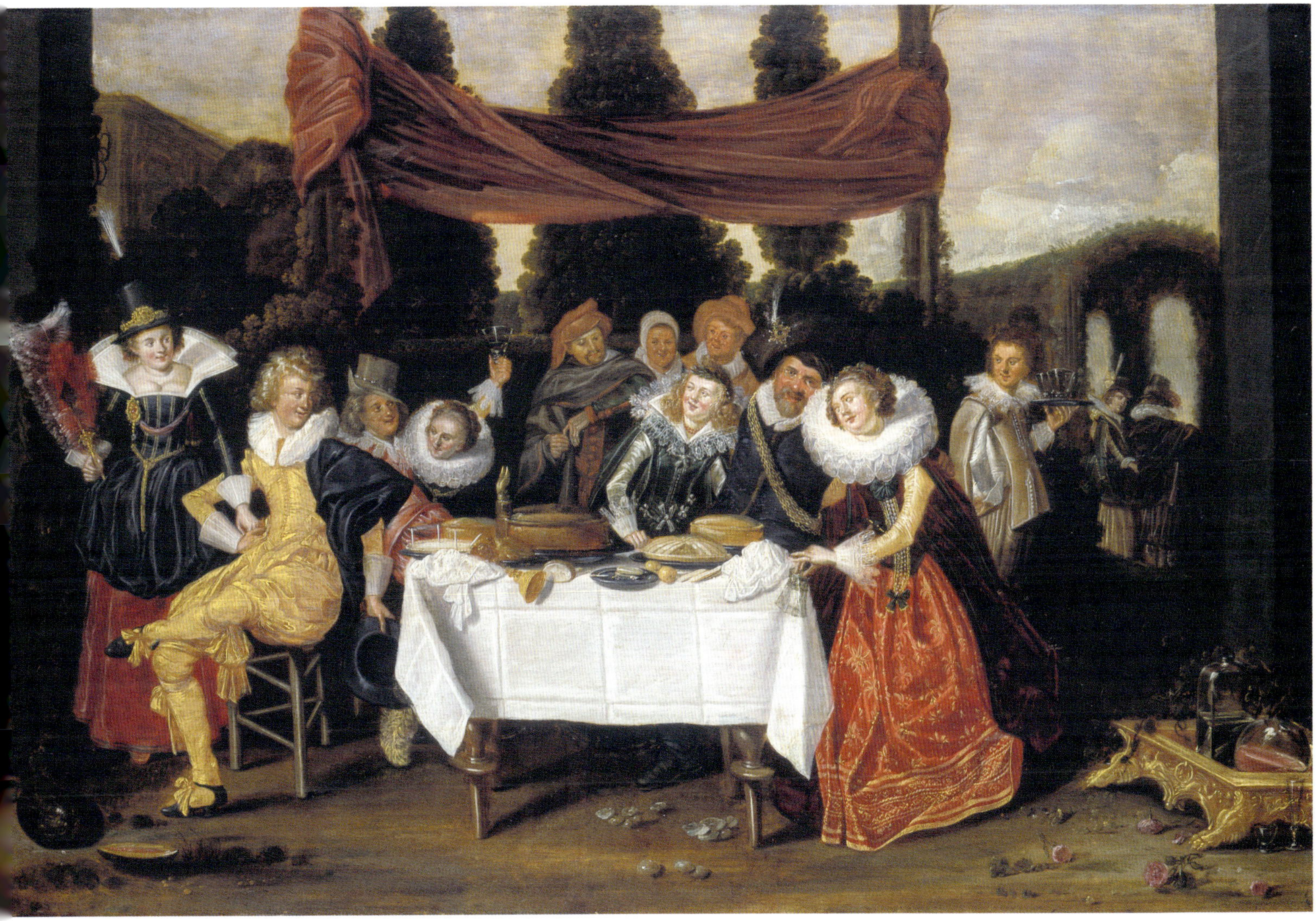

cat. 50

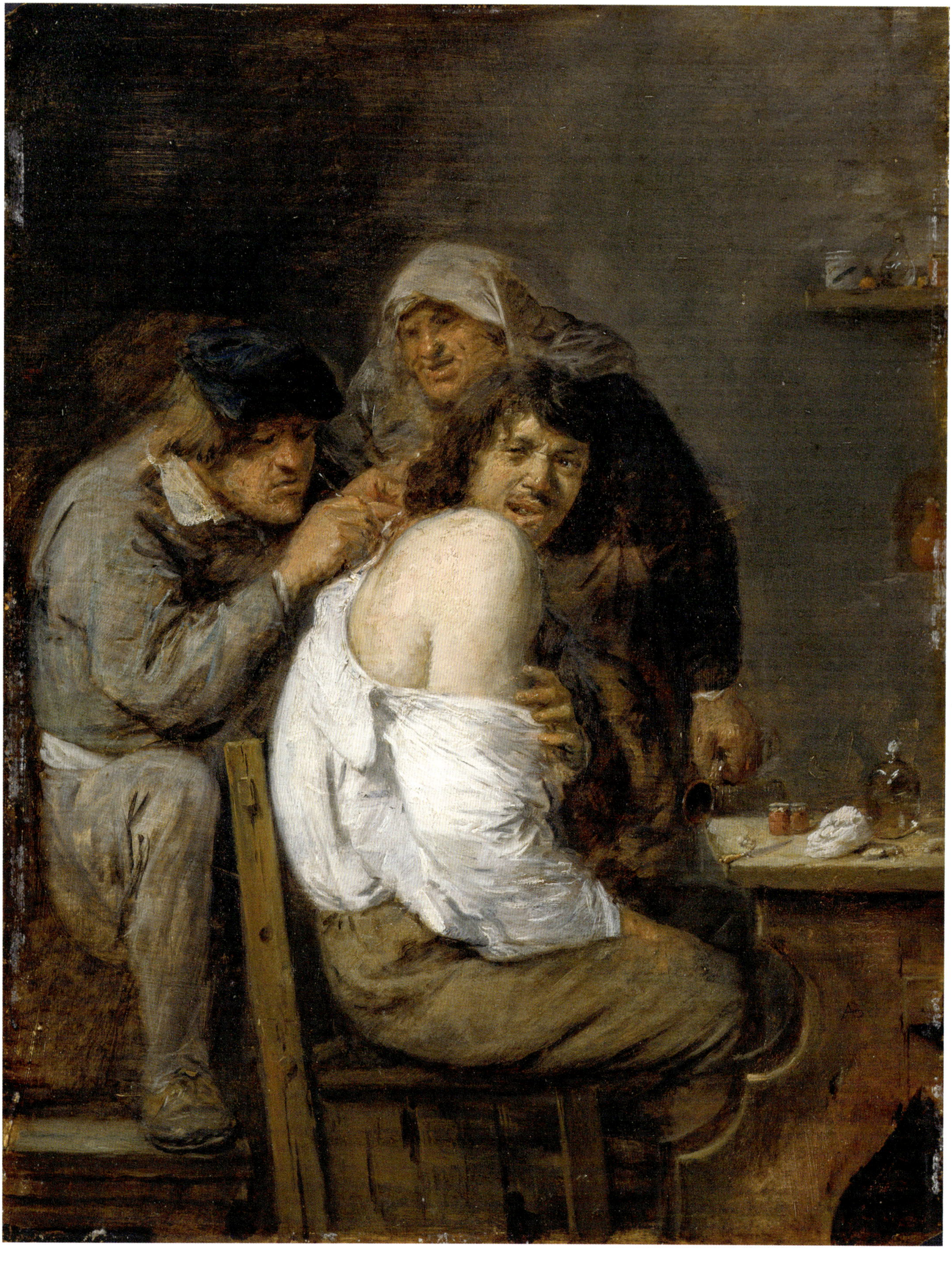

cat. 51

51

Adriaen Brouwer
The Back Operation
ca. 1636

Oak, 34.5 × 27 cm
Städel Museum, Frankfurt am Main, inv. 1050

Provenance:
Acquired in 1868.

Although Adriaen Brouwer (1603/5–38) did not reach the age of forty, he was one of the most important and influential Dutch genre painters of the seventeenth century. His oeuvre consists mainly of lively small-format multi-figure scenes in the tradition of Pieter Bruegel the Elder (1526/30–69). The protagonists of Brouwer's pictures are often peasants and other members of the lower orders of society, who are usually pictured brawling, drinking, celebrating, or else making music.

The painter was born in the Flemish city of Oudenaarde and moved to the Northern Netherlands with his family in 1613 or shortly thereafter, settling in Haarlem in 1626 at the latest. That year he became a *beminnaer* (friend) of the chamber of rhetoric De Wijngaertrancken (The Vine Tendrils) and thus followed in the footsteps of Frans and Dirck Hals.[1] Soon after that, he became a member of the Haarlem Guild of St. Luke.[2] Yet, in 1631, Brouwer returned to Flanders and settled in Antwerp, where he died a few years later. At least during his early period in Haarlem, he probably worked in the workshop of Frans Hals, most likely not as a pupil but as an advanced journeyman.[3] Nevertheless, he certainly learned a few things from Frans Hals, such as the latter's sketchy painting style, his restrained color palette, and the emotional expressiveness of his figures. However, in view of the fact that by the mid-1620s Brouwer already had a certain amount of experience, it is possible that he conversely also had an influence on Hals.[4]

The Back Operation is a relatively late work that was created in Antwerp. Typical of this phase of Brouwer's creative output is his tendency toward reduction, reflected in the way he limits the interior, restricts himself to a few figures, and uses an almost monochrome color scheme. We see a peasant who tries, with a concentrated gaze, to operate on a painful growth on the back of a young man. Behind them stands an elderly woman, who observes the surgical procedure with amusement. While some of Frans Hals's genre pieces have a touch of the theatrical about them due to the gestures of the figures, there is no sign of that here, since even the body language in Brouwer's composition is reduced. The dramatic effect is based almost exclusively on the facial expressions of the three central characters. Particularly noteworthy is the countenance of the young man, who looks out at us with almost palpable agony. At the same time, there is also something comical about the figure, for the man was no doubt naïve enough to believe in the competence of the peasant surgeon.[5] Like the woman in the background watching intently, the viewer is also invited to share in a bit of schadenfreude. [EE]

Selected literature:
Tieze 2009, vol. 1, pp. 91–100; Oudenaarde 2018, cat. 22.

1 See Van der Veen in the present volume, p. 24.
2 Jager et al. 2018, pp. 45–6.
3 See Van der Veen in the present volume, pp. 29–31; Lammertse and Van der Veen in the present volume, pp. 276–7; Vermeylen and Clippel 2018, pp. 51–2; Atkins 2018, pp. 118–20.
4 Atkins 2018, pp. 119–20.
5 Lichtert 2018, pp. 83–4.

52

Pieter Codde, attributed
Portrait of a Man with a Watch
ca. 1635

Wood, 63.3 × 50.8 cm
Gemäldegalerie, Staatliche Museen zu Berlin, Kat.Nr. KFMV.279
Owned by the Kaiser Friedrich Museumsverein Berlin

Provenance:
Purchased in 1986 from Dr. Hinrich Bischoff, Bremen.

This striking life-size, bust-length portrait of a middle-aged man was long held to be an authentic work by Frans Hals.[1] A self-assured gentleman with a forthright gaze faces the viewer; elegantly dressed in a black satin doublet with tightly buttoned sleeves, he also sports a stylish ruff made of several layers of the finest linen, as was fashionable in the Netherlands during the 1620s and 1630s. His bent right arm effectively showcases his slashed sleeve and the preciously embroidered fabric peeking out beneath it. A black felt hat, its wide brim turned-up, "a costly status symbol" in the seventeenth century, adds the finishing touch to his distinguished air.[2] In keeping with his elevated social rank, the sitter looks slightly down at the viewer, serious, perhaps even defiantly from above. In his right hand, he genteelly holds a sumptuous verge fusee pocket watch. Only the very rich could afford such a timepiece, which first began to circulate in the early seventeenth century. The watch can therefore certainly be read as evidence of the sitter's immense wealth and nobility, and presumably also as emblematic of his interest in new technological advancements.

As Jan Kelch rightly noted in 1984, the painting conserves "a representative quintessence of the Amsterdam portrait tradition."[3] It certainly does not display the dynamic, lively expressiveness found in Hals's portraits, nor his particular way of using multiple layers of paint[4] and artistic execution. In contrast to Hals's works, this painting seems very closed-in, with clearly defined and delineated outlines. The background is juxtaposed against the figure with great precision. There are none of the blurred, shimmering contour lines so typical of Hals, with their evocation of movement and the fleeting moment. The fine brushstrokes that trace out the face, clearly visible where the skin is depicted, likewise stand in marked contrast to Hals's style. Also missing is the pronounced broad line of the mouth characteristic of Hals's work.

A number of clear parallels with Hals's oeuvre can nevertheless be drawn, particularly regarding the motif. That also holds true for the vertical oval form, the light clay-colored background, and the bright highlights used to pick out the figure. There are a striking number of similarities between the composition in this painting, along with the figure's posture, costume, and beard, and *Portrait of Pieter Dircksz Tjarck* (fig. 1), also painted in the mid-1630s.[5]

In the 1970s, the Berlin portrait was attributed to the Amsterdam painter Thomas de Keyser (1596–1667).[6] However, Anna Jensen Adams rightly refuted this attribution in 1985.[7] Just one year later, Josua Bruyn suggested that it may have been painted by Pieter Codde, who had completed the so-called *"Meager Company"* (cat. 36) in around 1637, which Hals had begun, and who had been able to adopt Hals's style while carrying out this work.[8] Bruyn, having reexamined the "areas in question of the militia group portrait," spotted that the impasto technique in the hands and heads was very similar. In light of this observation, the picture in Berlin was ultimately attributed to Codde. It is now assumed that Codde had also studied under Hals and would therefore have long been familiar with his painting technique.[9] There are unfortunately no other life-size portraits by Codde with which to draw a comparison. [KK]

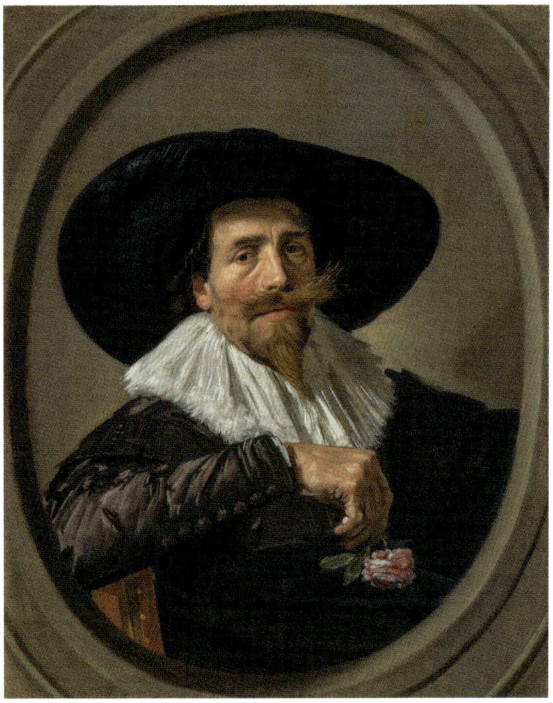

Fig. 1 Frans Hals, *Portrait of Pieter Dircksz Tjarck*, ca. 1635, Los Angeles County Museum of Art

Selected literature:
Moes 1909, no. 153; Hofstede de Groot 1910, no. 107; Fritz 1967, no. 66; Philadelphia, London, and Berlin 1984, no. 28; Adams 1985, p. 261, no. R-47S; Briels 1987, pp. 30–1; Haarlem 2013, p. 63; Berlin 2022, no. 283.

1 See Hofstede de Groot 1910, no. 107; Moes 1909, no. 153; Fritz 1967, no. 66. A small-format copy of the painting from the eighteenth century has also survived. The name "Hals" is stamped on the back. Auktionshaus Hampel (Munich), auction of old master paintings, part II, September 24, 2020, lot 335.
2 E. Thiel 1980, p. 213.
3 Berlin 1984, no. 29.
4 Comparing X-ray images of works by Frans Hals from this period show that very little lead white was used. In the present painting, by contrast, a large amount of lead white is present, extensively distributed throughout the painting, including in the flesh tones, clothing, and background.
5 Slive 1970–4, no. 108. Around ten years later, Hals portrayed a man who also displays a gold pocket watch. Frans Hals, *Portrait of a Man Holding a Watch*, 1643, Barnes Foundation Collection, Philadelphia. See Slive 1970–4, no. 146. However, the composition, motif, and painting style differ significantly from the Berlin painting.
6 Cramer 1979, no. 39; Philadelphia, London, and Berlin 1984, no. 28.
7 Adams 1985, p. 261.
8 Letter from Josua Bruyn to Jan Kelch, November 27, 1986. Dokumentation der Gemäldegalerie, SMB.
9 See Lammertse and Van der Veen in the present volume, pp. 281–2.

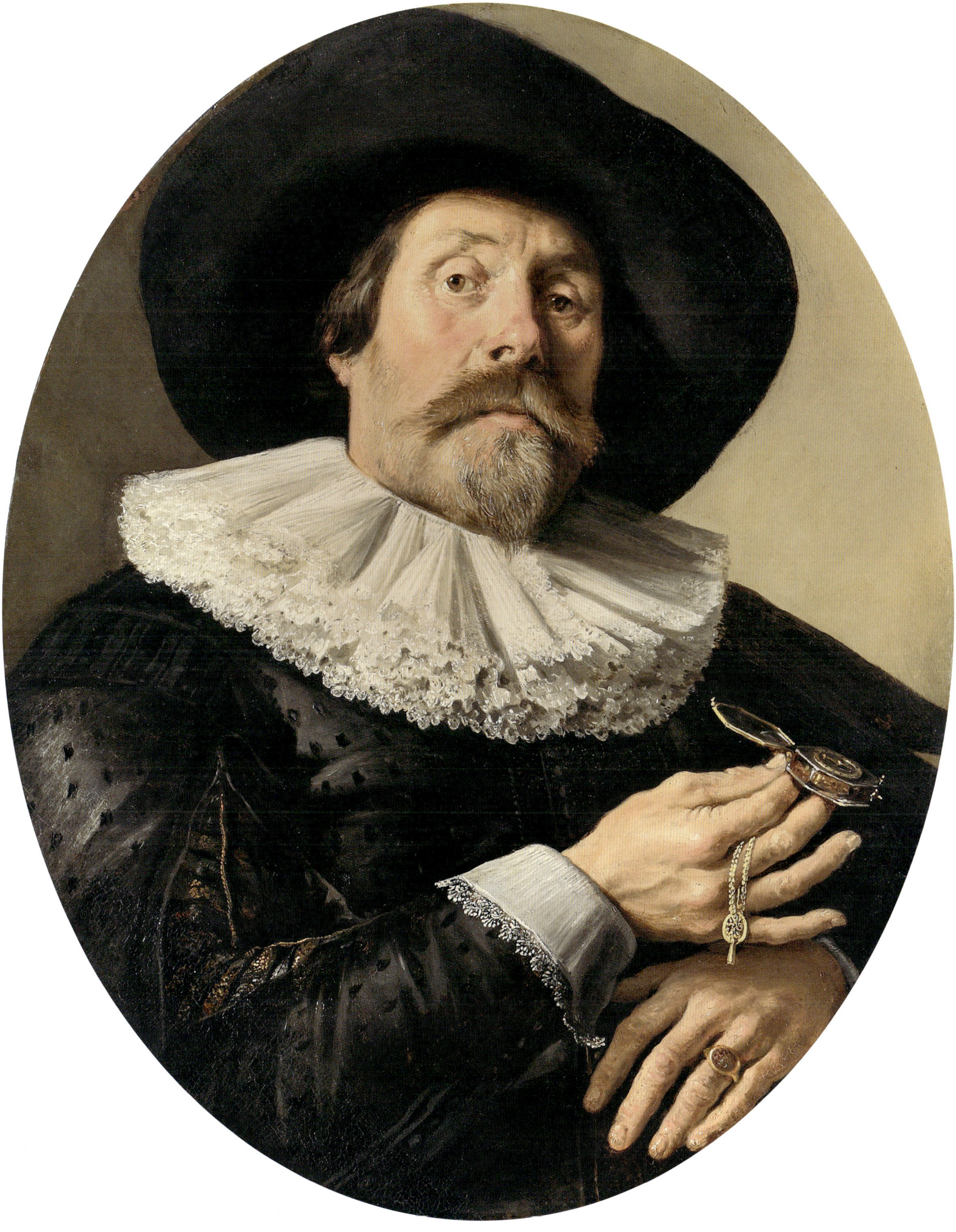

cat. 52

53

Judith Leyster
The Serenade
1629

Inscribed at top right:
1629 / J* (ligated)
Wood, 47 × 34.5 cm
Rijksmuseum, Amsterdam,
inv. SK-A-2326

Provenance:
Purchased in 1908 from the heirs of Jonkheer Pieter Hendrik Six, Lord of Vromade, with the support of the Vereniging Rembrandt.

The available documentation indicates that Judith Leyster (1609–60) was the first woman in Europe to become a member of a painters' guild as a painter in her own right (see also cat. 54–5).[1] She became a recognized master painter in Haarlem in 1633. However, she was already signing her paintings as early as 1629, including the work known as *The Serenade*. An explanation for this can be found in the regulations of Haarlem's Guild of St. Luke: these stipulated that painters were obliged to work as journeymen for a master artist before becoming guild members, but could under certain circumstances also work on their own account during this period.[2] As well as the date, 1629, Leyster's *The Serenade* bears the inscription "J," along with a star.[3] The latter alludes to the name "Leyster," which derives from the name Judith's father gave to the house in Haarlem that he bought in 1601, "De Leystar" (lodestar or comet).[4] A year before Leyster created *The Serenade*, she had already been mentioned by Haarlem city chronicler Samuel Ampzing (1590–1632), who described the then seventeen-year-old as a painter "with a good, acute sensibility."[5]

Although *The Serenade* is considerably smaller, the painting is undoubtedly based on Frans Hals's *Lute Player* in the Louvre (cat. 38): while Leyster's musician wears a different costume, his placement within the picture is similar, with the same upward gaze and an almost identical arrangement of the hands. His head is, however, tilted back a little more and his mouth is slightly open, as if singing.[6] The painting supports the assumption that Leyster worked as a journeywoman in Frans Hals's workshop: she would have been able to study Hals's *Lute Player* in detail there, either in the original or as a workshop copy (see, for example, p. 287, fig. 14), but would also have had the freedom to realize her own version after the model. The broad brushstrokes, particularly apparent in the musician's face and hands, likewise suggest that Leyster worked in the Hals workshop. It is an audacious attempt to emulate Hals's painting technique, although Leyster's painting does not come close to the master's verve and precision. One significant difference is the pronounced chiaroscuro, reminiscent of the Utrecht Caravaggisti. There is no definite evidence that would support whether Leyster was directly acquainted with these artists[7] or was introduced to their style by someone else, for instance Haarlem painter Pieter Fransz de Grebber (1600–52/3),[8] as has previously been assumed.

In 1636, Leyster married the painter Jan Miense Molenaer (see cat. 56–7), who had probably also worked in Frans Hals's workshop before joining Haarlem's Guild of St. Luke in 1634. An inventory of the household drawn up after Molenaer's death in 1668 lists portraits of the couple by Frans Hals,[9] further confirming the theory that Leyster spent time in Hals's workshop (see cat. 58, 60). The Amsterdam genre painting is probably also listed in the same inventory: "a lute player by his [Molenaer's] wife."[10] *The Serenade* may have served as a souvenir of Judith Leyster's earlier artistic work; as a married woman, mother of five, and the representative of her husband's interests, she largely gave up painting. [EE]

Selected literature:
Harms 1927, no. 6; Hofrichter 1989, no. 3; Haarlem and Worcester 1993, no. 1; Bikker 2022b.

1 Thiel-Stroman in Haarlem 2006, pp. 223–6; Tummers in Haarlem and Washington 2009, p. 1.
2 Goosens 2001, pp. 74–9, 91–2.
3 Leyster's *Jolly Drinker* in the Rijksmuseum, Amsterdam, is from the same year and bears the inscription "1629 / JL*."
4 Thiel-Stroman in Haarlem 2006, p. 223.
5 Ampzing 1628, p. 370: "met goed en kloek verstand."
6 See also Lammertse in the present volume, p. 219.
7 See Lammertse and Van der Veen in the present volume, pp. 277–8.
8 See, for example, Kortenhorst-von Bogendorf Rupprath in Haarlem and Worcester 1993, no. 1; Bikker 2022b. Ampzing 1628, p. 370, mentions Pieter de Grebber's father, Frans Pietersz de Grebber (see p. 24, fig. 4), as Leyster's teacher. There are, however, no sources to confirm this assertion.
9 See GPI, Archival Inventory N-5314, no. 0156a–b.
10 See Bikker 2022b: "een luijtslager van sijn huijsvrou."

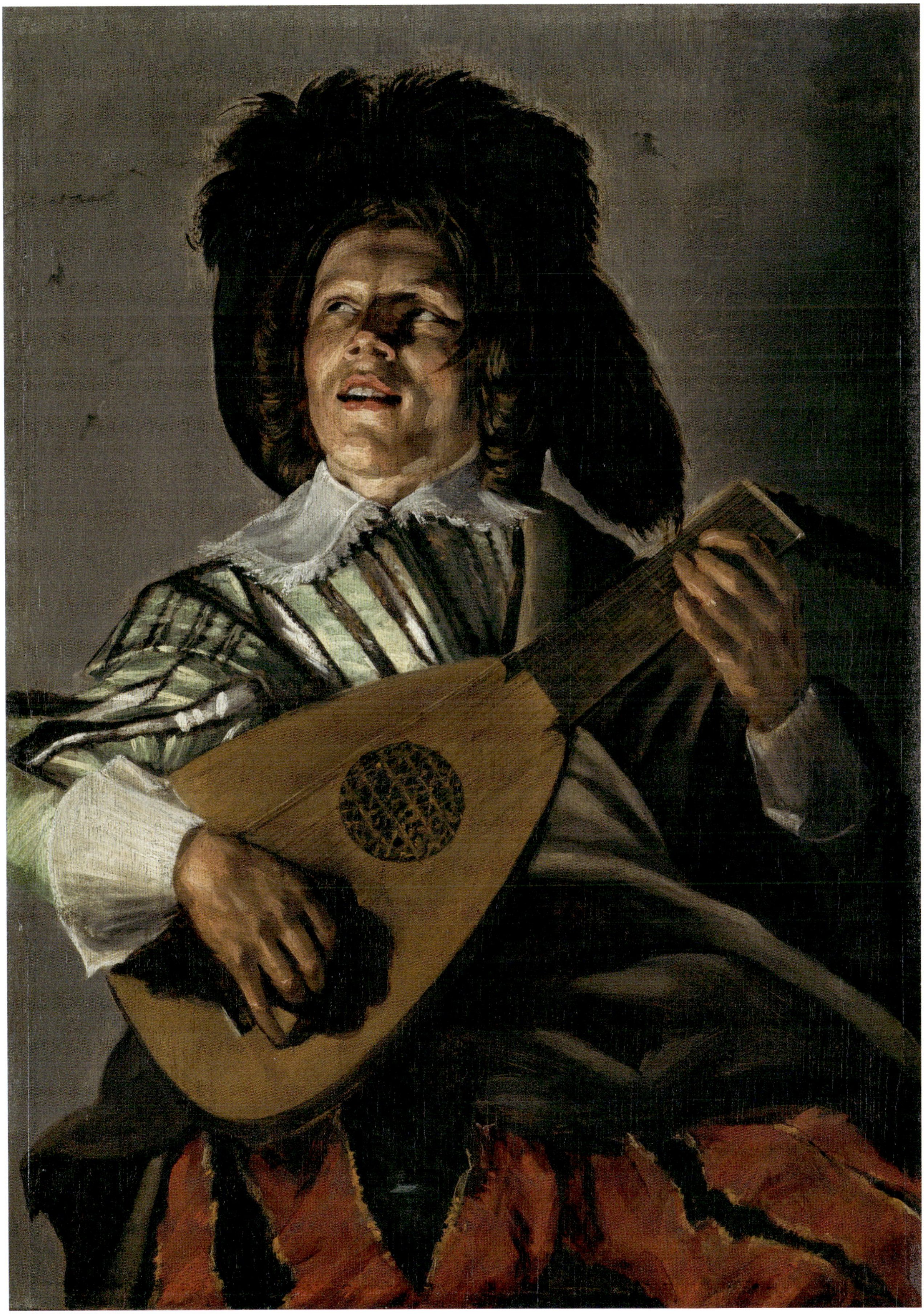

cat. 53

54

Judith Leyster
The Merry Drinker
ca. 1629

Canvas, 77 × 63 cm
Gemäldegalerie, Staatliche Museen zu Berlin, Kat.Nr. 801B

Provenance:
Purchased in 1874 as part of the collection of the banker Barthold Suermondt, Aachen.

Judith Leyster's *The Merry Drinker* was acquired by the Berlin Gemäldegalerie in 1874 as part of the Suermondt Collection and, like many others of her paintings, was also thought to be a work by Frans Hals. It was not until the end of the nineteenth century that people began to perceive Leyster as an independent artist and subsequently to discover her oeuvre.[1] A key distinguishing mark is Leyster's characteristic starred signature, which alludes to her name, Leyster ("lodestar"; see cat. 53).[2] Since, however, the Berlin picture bares no inscription, it was not attributed to Judith Leyster until considerably later.[3] It was only after the signed Amsterdam painting *The Jolly Drinker* (fig. 1) could definitely be attributed to Leyster in 1895 that this was possible for the Berlin picture as well on the basis of extensive similarities of the motif and style.[4]

Judith Leyster may be regarded as a remarkably exceptional phenomenon. She was the first woman to be admitted to the Haarlem Guild of St. Luke as an independent master.[5] Moreover, she specialized in motifs found in genre painting, using open, free brushwork. In this, she was different from most other female painters of her time, who often limited themselves to painting detailed still lifes or portraits. Although Leyster's apprenticeship has not been documented, we may assume that she worked in the workshop of Frans Hals.[6] In fact, her paintings are closely influenced by Hals's works both in terms of motifs as well as style and expression, which was why, in 1893, Hofstede de Groot (1863–1930) wrote "that none of his [Hals's] pupils comes closer to him than she."[7]

This is also true of *The Merry Drinker* of Berlin. Holding a pipe in one hand and a large tankard in the other, the man sits at a table on the corner of which stands an earthenware fire pot with glowing coals. Placed askew on his head, his red beret with its voluminous, drooping plume accentuates the picture in terms of color and emphasizes the drinker's relaxed, carefree expression.

Judith Leyster emulated her teacher and model both in choosing the format of a life-size half-length figure and in the sketchy, free painting technique and characteristic sense of spontaneity (see cat. 41–3). The application of paint is markedly thin and, similarly to a number of pictures by Hals, leaves the ground visible in several places. The drinker's hands, only roughly suggested with rapid brushstrokes, also indicate Hals's influence. The picture's unusual composition with its looming, empty space is equally telling. Leyster probably also adopted this from Hals, who chose a comparable composition for his picture *Boy with Flute* (cat. 42), painted around 1627, as the reconstructed original format shows today (p. 236, fig. 1).

In comparison, the painting style in Leyster's Amsterdam picture is much denser and more detailed. The representation of the figure and of such details as the costume has been elaborated further and thus provides clear identifying features reminiscent of Pekelharing (see cat. 39).[8] To a large extent, such features are absent in the much more summary Berlin work. This, together with its noticeable similarity to the composition of *Boy with Flute,* indicates that *The Merry Drinker* in Berlin was created prior to the Amsterdam painting. [KK]

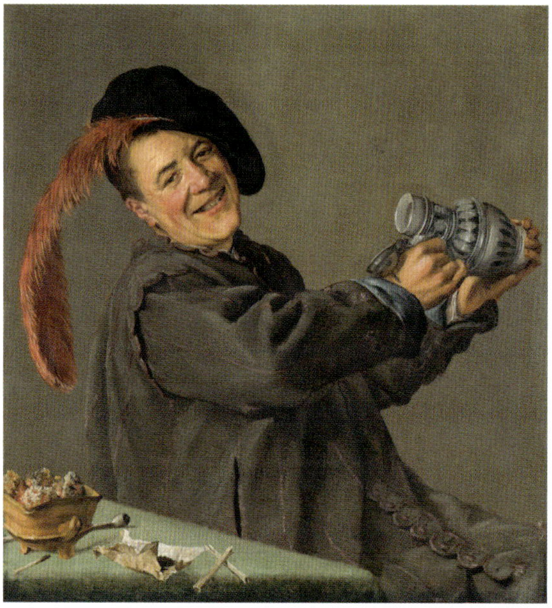

Fig. 1 Judith Leyster, *The Jolly Drinker*, 1629, Rijksmuseum, Amsterdam

Selected literature:
Harms 1927, no. 10; Hofrichter 1989, no. 6; Haarlem and Worcester 1993, p. 130; Aachen 2018, no. 27.

1 See Hofstede de Groot 1893b.
2 See Hofstede de Groot 1893b, p. 193; Hofrichter 1989, p. 13; Broersen 1993, p. 17.
3 The picture is first mentioned as a work by Leyster in the 1904 catalogue list of the Gemäldegalerie. Berlin 1904, p. 204, no. 801 B.
4 Jacobsen 1895; Bikker 2022a.
5 Miedema 1980, doc. 14; Hofrichter 1989, p. 15.
6 See Lammertse and Van den Veen in the present volume, pp. 277–8.
7 Hofstede de Groot 1893b, p. 191.
8 See Haarlem and Worcester 1993, no. 2; Haarlem 2011, p. 26; Bikker 2022a.

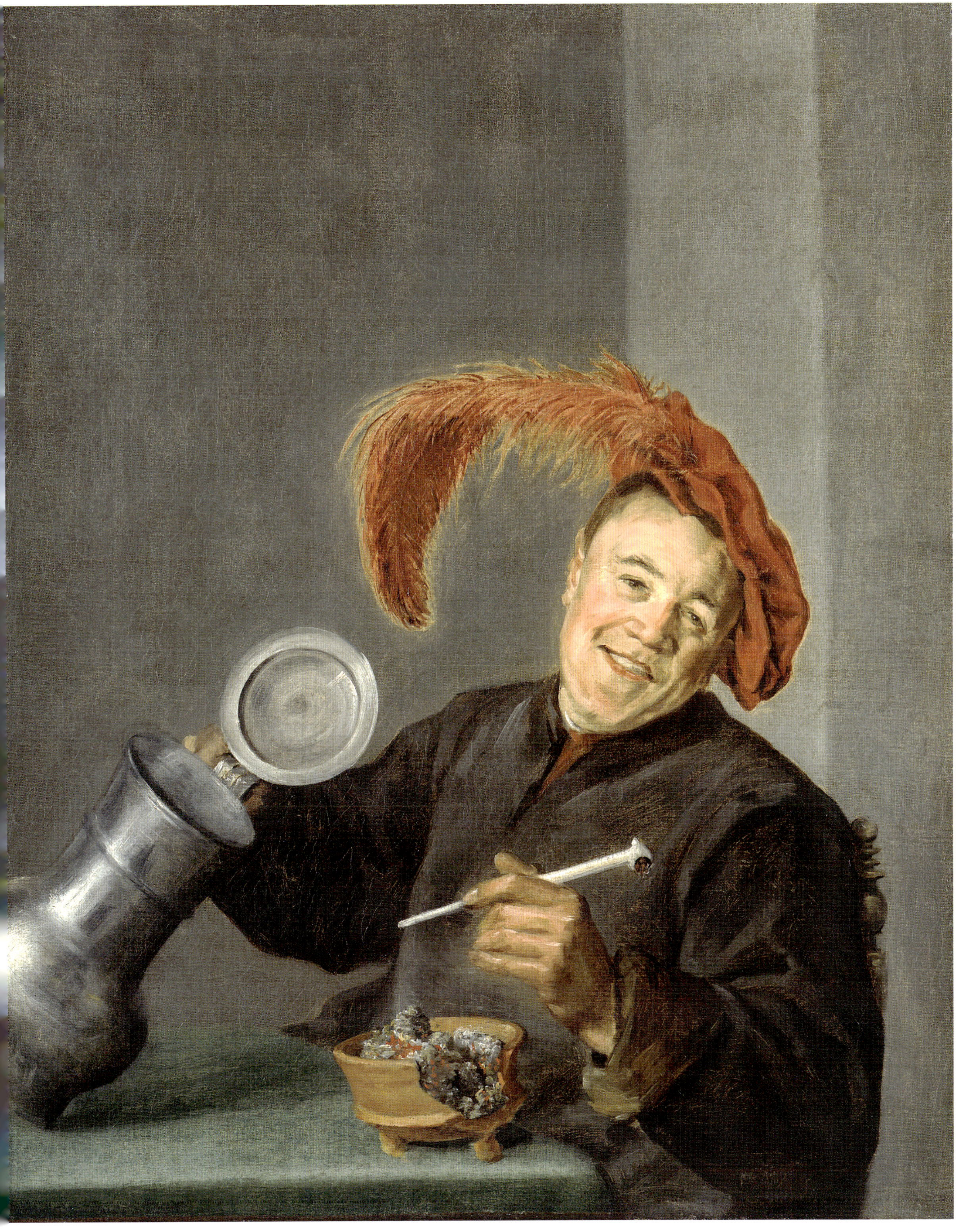

cat. 54

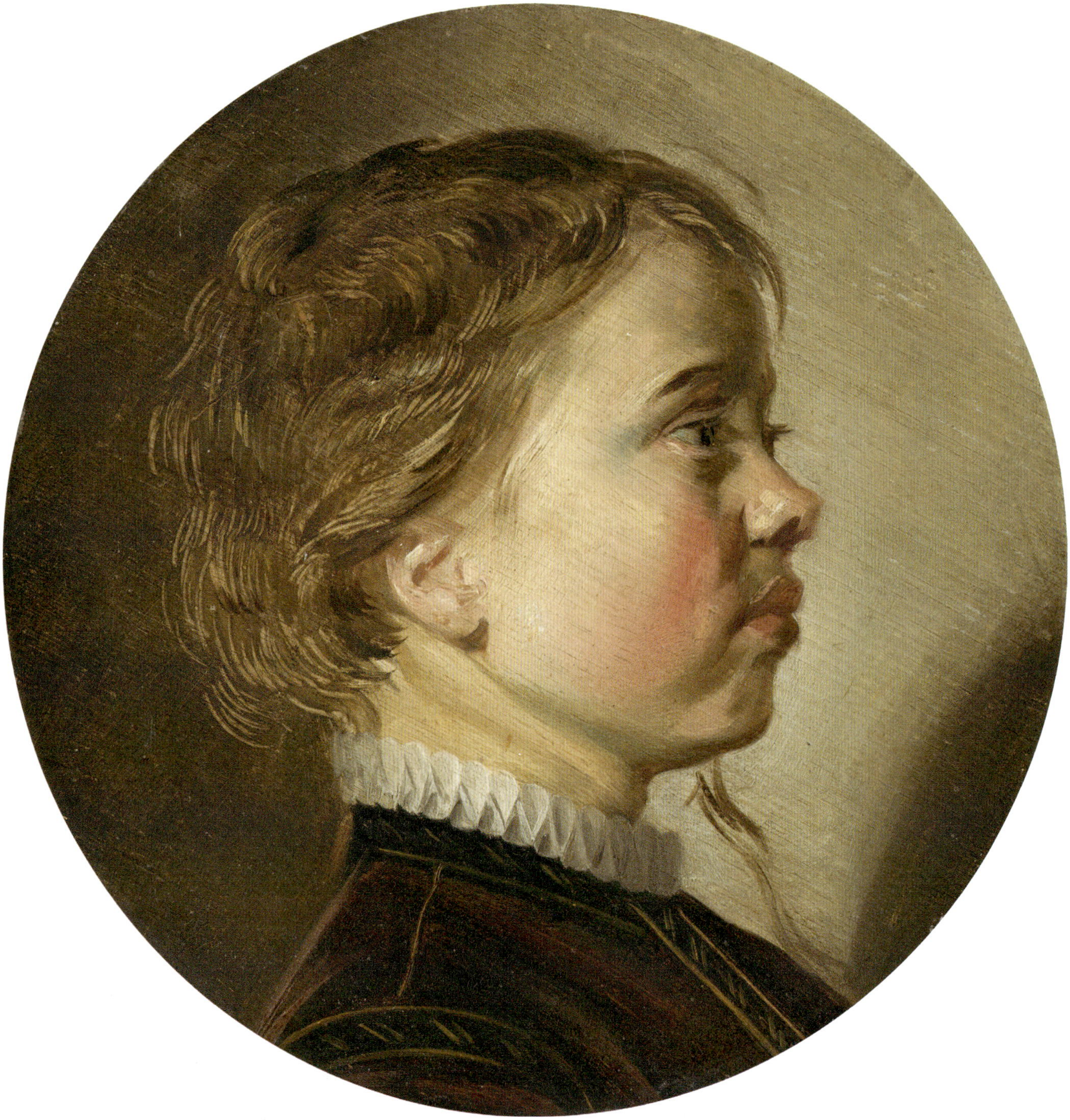

cat. 55

55

Judith Leyster
Young Boy in Profile
ca. 1630

Wood, Ø 19 cm
National Gallery of Art,
Washington, acc. no. 2009.113.1

Provenance:
Donated in 2009 by Mrs. Thomas M. Evans.

This small tondo depicting a child's head in profile was initially attributed to Judith Leyster when it appeared on the art market in 1968 (see also cat. 53–4).[1] Seymour Slive rejected this attribution in 1974 and held the painting to be a nineteenth-century imitation.[2] It was not until the early twenty-first century that it was accepted as an authentic work by Judith Leyster. There were, however, huge differences of opinion concerning the painting's subject-matter: Peter Sutton identified the figure depicted as a girl, while more recent publications describe the child as a boy; Arthur K. Wheelock Jr. categorizes it as a portrait, while Dennis P. Weller takes the view that it is more likely to be a *tronie*.[3]

The short hair and loose strands hanging over the left shoulder, known as a lovelock, suggest that the child depicted is a boy. In the first third of the seventeenth century, male nobility, particularly in France, England, and Germany, sported lovelocks—also occasionally spotted in the Netherlands at the court of Prince Maurice and that of the Winter King.[4]

Due to the close ties between their oeuvres, researchers assume that Judith Leyster was trained by Frans Hals.[5] In any event, she clearly drew inspiration from him as a role model. The motif and style of the Washington head in profile, with its informally loose brushwork, indubitably follows in the footsteps of his *tronies* of children. There are good grounds to compare it with Hals's *Laughing Boy with a Wine Glass* in Schwerin (cat. 5a), which is also conceived as a tondo and presents the profile view of a rosy-cheeked boy. There are certain distinctions in how the works are executed; for example, Leyster scratched the reflections of light on the hair into the still wet paint, while Hals applied them as light-hued brush strokes, and Leyster creates a much more detailed depiction of the boy's clothing. Nevertheless, the works share many similarities when it comes to the overall impression, with broad and at times dashed-off brushstrokes. Rather than turned toward the light, the children's faces are partly in shadow. This manner of representation along with other points indicate that Leyster's work was not a portrait commissioned meant to capture a particular child's appearance for posterity. It is more likely that the painting was conceived as a *tronie*, that is, a head view depicting a particular character type created from an anonymous model.[6] *Tronies* of this kind, designed to showcase their creators' artistic skill and virtuoso painting style, sold readily on the open market as inexpensive artworks with attractive motifs.

Frans Hals and his pupils created numerous *tronies* in the 1620s and 1630s.[7] In contrast, there are no known works by Hals from this period depicting a children's heads in a similarly unfettered style that could be classed as portraits. Portraits seen in profile were also rare in Dutch painting around 1630. In the few instances that do exist, the faces are well lit. The profile view was much more common in *tronies*, for example those by Jan Lievens (1607–74) in Leiden.[8] The antiquated clothing of Leyster's boy is a further hallmark of a *tronie*, emulating sixteenth-century fashion and thus identifying the figure as an individual from a bygone era.[9] Along with the lovelock, the boy's plum-colored doublet with gold-threaded embroidered hems and a small, tightly pleated collar turns the bust-length portrait into a fantastical depiction of a youthful aristocrat. *Tronies* often characterized a figure in this way as having noble origins, thus affording scope to attribute virtuous qualities to them.[10]

Alongside other works such as the *Girl with a Straw Hat* in Zurich (fig. 1), the *Young Boy in Profile* shows that Leyster adopted the *tronie* type from Frans Hals.[11] Like Hals, Leyster probably used *tronies* to establish her reputation as a painter on the art market. [DH]

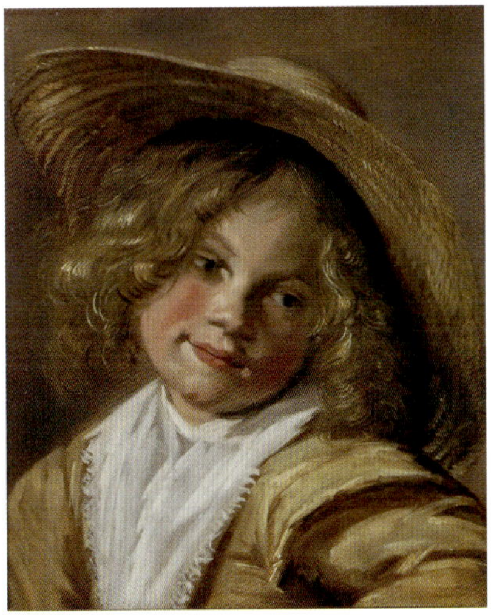

Fig. 1 Judith Leyster, *Girl with a Straw Hat*, ca. 1635, Fondation Rau pour le Tiers-Monde, Zurich

Selected literature:
Amsterdam 1968, no. 18; Slive 1970–4, under no. D 16; Greenwich 2002, pp. 32, 81; Raleigh and Birmingham 2014, no. 19; Wheelock 2014b.

1 Amsterdam 1968, no. 18.
2 Slive 1970–4, under no. D 16.
3 Sutton in Greenwich 2002, pp. 32, 81; Weller in Raleigh and Birmingham 2014, no. 19; Wheelock 2014.
4 See Groeneweg 1997, p. 207; Winkel 2006, pp. 48–9.
5 Broersen 1993, pp. 19–20; Lammertse and Van der Veen in the present volume, pp. 277–8.
6 On the *tronie* as a pictorial category, Hirschfelder 2008.
7 See Hirschfelder in the present volume, pp. 187–93.
8 Hirschfelder 2008, pp. 37–55.
9 Ibid., pp. 212–15.
10 Ibid., pp. 309–20.
11 See Haarlem and Worcester 1993, no. 12.

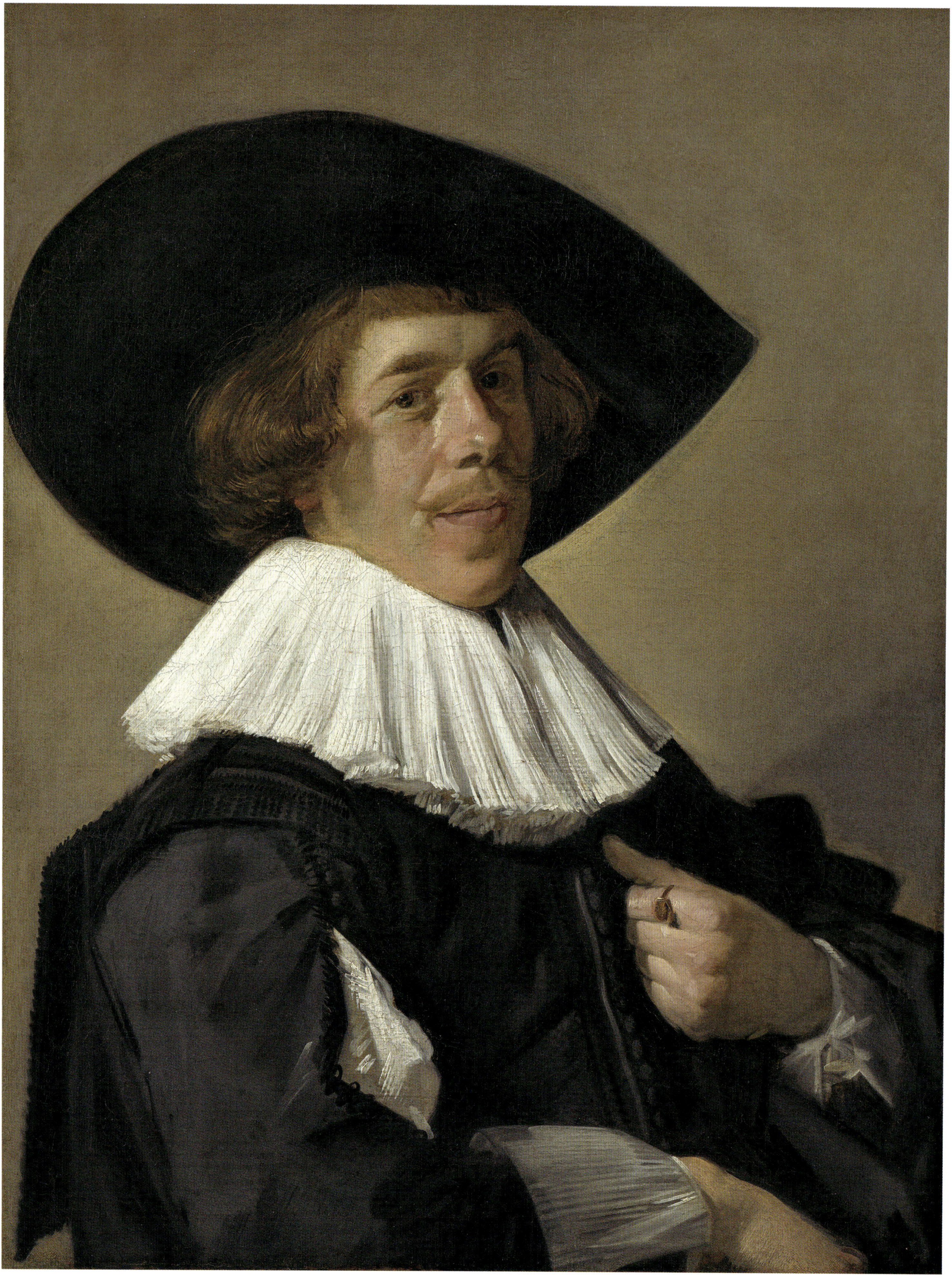

cat. 56

56

Frans Hals
Portrait of Jan Miense Molenaer (?) ca. 1632–6

Canvas, 75.7 × 61.4 cm
Gemäldegalerie, Staatliche Museen zu Berlin, Kat.Nr. 800

Provenance:
Purchased in 1840 from the collection of Baron Karl Georg von Essen, Reval, Livonia (now Tallinn, Estonia).

This portrait of a man, until recently viewed as an anonymous sitter, was purchased for the Berlin Gemäldegalerie in 1840 together as the pendant with a portrait of an unknown woman (cat. 25) for a lump sum of 450 reichsthaler.[1] Scant information is available about the previous owner, Baron Karl Georg von Essen (1796–1854) from Reval, or his collection, making it unclear when he obtained the works. The two paintings have, however, been viewed as pendants since at least the second half of the eighteenth century. In May 1786, they were offered at a Paris auction and described in detail.[2] By that point, they already had the same format. The auction catalogue underscores the quality of both works and praises the painter's broad, powerful brushstrokes and distinctive use of color. The catalogue author considered the paintings to be the equal of Rembrandt and Van Dyck. They were sold together to art dealer Antoine-Charles Dulac (1729–1811) for the sizeable sum of 760 livres.

On closer inspection, however, it becomes apparent that the style of painting in the two works is fundamentally different.[3] The still extant cusping of the canvases also points to two different initial formats. Furthermore, recent examinations of the canvas have revealed several alterations and adjustments to both paintings' formats over the years in order that they might retain similar dimensions. Additions were made to the male portrait at both sides and along the bottom, while extra sections were only affixed to the lower edge of the female portrait. Although it is impossible to ascertain exactly when these adaptations were made, they transformed two originally unrelated portraits into a pair.[4]

The Berlin portrait shows a young man, turning slightly to the right and looking straight out at the viewer with a direct, candid gaze. He is fashionably dressed,[5] sporting a soft felt hat with a wide brim, known as a slouch hat, which slightly shades his face.[6] His pleated ruff, made of several layers of fine linen, droops gently, as do his cuffs. Incorporated into his simple, black doublet with tightly buttoned sleeves, the fashionable slashing allows the white shirt underneath to peek out. With his left hand, the man casually reaches up to his lapel thus presenting a (signet) ring with a deep-red stone on his index finger. His right arm rests informally across the frame, emphasizing his self-assertive, confident attitude. Judging by the clothing, this portrait was probably painted around 1632–6.[7]

In 2002, Cynthia von Bogendorf Rupprath first suggested that the man Frans Hals portrayed could be his former pupil, Jan Miense Molenaer (1610/11–68) (see cat. 57).[8] Frans Grijzenhout took up this suggestion in 2017 and carried out further research on the male and the female portraits (see cat. 25).[9] The inventory of Molenaer's estate, drawn up shortly after his death in 1668, in fact mentions his portrait and that of his wife, Judith Leyster (see cat. 53–5), as being painted by Frans Hals.[10] A comparison with Jan Miense Molenaer's self-portraits, such as the one in Munich (fig. 1), also reveals clear similarities with the Berlin painting: the shape of the head and nose, the massive lower jaw, the full lower lip, and characteristic short bangs with a striking curl along the temple. The dimple on his chin and his wrinkled forehead are less pronounced than in some of Molenaer's self-portraits. These observations were further underpinned by a 2017 study using digital facial recognition, which yielded astonishing results.[11] The computer program calculated that the probability that the painting in Berlin does not depict Jan Miense Molenaer is less than 0.5%. Identifying the sitter as Molenaer is also plausible in light of Frans Hals's practice, as he painted portraits of a number of his former pupils and assistants.[12] The newly identified Berlin portrait could therefore slot very neatly into that particular group of Hals's portraits. [KK]

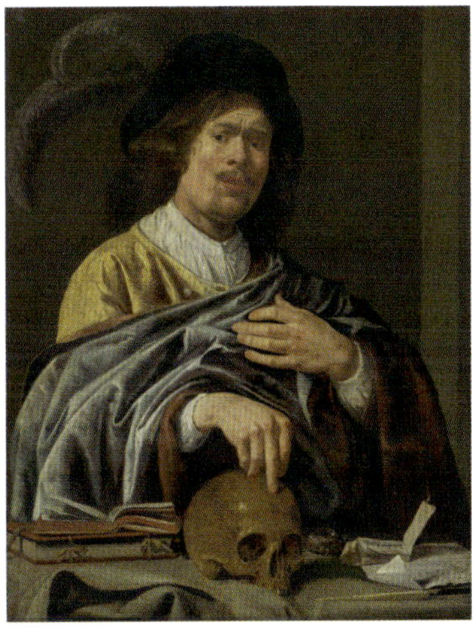

Fig. 1 Jan Miense Molenaer, *Self-Portrait*, ca. 1640, Bayerische Staatsgemäldesammlungen München – Alte Pinakothek

Selected literature:
Bode 1883, no. 83; Moes 1909, no. 111; Hofstede de Groot 1910, no. 253; Bode and Binder 1914, no. 104; Valentiner 1923, p. 95; Trivas 1941, no. 50; Slive 1970–4, no. 88; Grimm 1989, no. 55.

1 Purchased under Gustav Friedrich Waagen. The acquisition was recommended by senior conservator Johann Jakob Schlesinger (1792–1855) of the Artistic Commission. Stockhausen 2000, p. 272, no. 278; Stehr 2011, p. 73.
2 Paris auction (Jean Baptiste Pierre Lebrun), May 3, 1786 (and subsequent days), lot 22 (Lugt nos. 4025, 4040).
3 On this point, see Gisela Helmkampf's note when the paintings were restored in 1995. Bildakte, Dokumentation der Restaurierung, Gemäldegalerie, SMB.
4 For the multiple format changes, see Bild- und Restaurierungsakten, Dokumentation der Gemäldegalerie, SMB. See also Tummers et al. 2019, p. 937.
5 On this point, see Mortier 1989, pp. 53–4. Email Katrin Lindemann, November 9, 2020.
6 E. Thiel 1980, p. 213.
7 Emails Irene Groeneweg, January 21–23, 2013, and email Marieke de Winkel, June 7, 2017, to Frans Grijzenhout. Slive 1970–4 dates the work to 1630–3, Grimm argues for 1630–2.
8 Bogendorf Rupprath 2002, p. 41.
9 Frans Grijzenhout undertook this additional examination in the context of the television program *Kunstraadsels* (Omroep Max on NPO 2, July 6, 2017).
10 NHA, ONAH 313, n.p.; see also GPI N-5314.
11 Thanks to Frans Grijzenhout. Email, February 1, 2018.
12 On this point, see Middelkoop 2024.

57

Jan Miense Molenaer
Itinerant Hawkers at a Fair
ca. 1640–5

Inscribed at center on bridge path: JMolenaer
Oak, 47.5 × 69.9 cm
Gemäldegalerie, Staatliche Museen zu Berlin, Kat.Nr. 946

Provenance:
Transferred in 1829/30 from the Royal Prussian Palaces.

The painting shows a group of villagers and peasants who have gathered outdoors beyond the limits of a village—pictorial elements of a type not found in the work of Frans Hals. Nevertheless, it is possible that the painter of the picture, Jan Miense Molenaer (1609/10–68), spent his years as an apprentice in Hals's workshop. He was born in Haarlem and specialized in genre scenes such as merrymakers, theater troupes, and village festivals (see also cat. 56). Most likely he completed part of his training with Frans and Dirck Hals (see cat. 50) in the mid- to late 1620s. In 1634 at the latest, he became a member of the Haarlem Guild of St. Luke.[1] In 1636, Molenaer married Judith Leyster (see cat. 53–5), whom he had possibly met in Hals's workshop.

In his early work, Molenaer tried to approximate the color palette, compositional methods, and the sketch-like painting style of Frans Hals. He had only limited success with the latter, so that he gave up this style during the 1630s in favor of a more delicate manner of painting. Molenaer's work and the genre pictures of Hals from the 1620s are similar when it comes to their humor and gaiety, even though Molenaer often uses comic elements moralistically.

In 1637, the couple, Molenaer and Leyster, settled in Amsterdam. It is here that the painting *Itinerant Hawkers at a Fair* was created. In Amsterdam, Molenaer concentrated increasingly on village and peasant scenes, presumably due to rising demand and because the city lacked artists who specialized in these kinds of genre scenes.[2] He was often inspired by the work of two other apprentices of Hals, Adriaen Brouwer (see cat. 51) and Adriaen van Ostade (see cat. 59). The similarities with the works of these genre painters are not as clear in the Berlin painting, as it lacks the dynamism of the peasant brawls and festival scenes of Brouwer and Van Ostade.

In Molenaer's picture, a group of peasants, villagers, and children has gathered on a stone bridge around a man and a woman who read aloud from and sell broadsides printed with news of recent events. In the seventeenth century, the truthfulness and the information provided in such publications was often questionable. That is why in Molenaer's painting the credulity of some of the listeners, especially of those who want to buy or have bought the broadside, becomes the object of good-natured ridicule.[3] Some of the villagers, for instance, the boy with the hoop in the foreground, the seated boy on the right, and the woman standing on the left grin out at us knowingly. In these figures, we can still recognize a few traces of Frans Hals's influence: the sideways glance of the somewhat stereotypical young woman is vaguely reminiscent of Hals's *Young Woman ("La Bohémienne")* in Paris (cat. 7) and *Young Woman with a Display of Fruit and Vegetables* (cat. 32), while the grinning boys draw to mind the children in *The Rommel-Pot Player* (cat. 37). At the same time, it is evident that, as an independent master, Jan Miense Molenaer increasingly left the work of his former teacher behind him and struck out on his own. [EE]

Selected literature:
Raleigh, Indianapolis, and Manchester 2002, no. 31.

1 See Lammertse and Van der Veen in the present volume, pp. 278–9. On Molenaer, see esp. Weller 2002; Thiel-Stroman in Haarlem 2006, pp. 241–5.
2 Weller 2002, pp. 17–21.
3 Raleigh, Indianapolis, and Manchester 2002, no. 31.

cat. 57

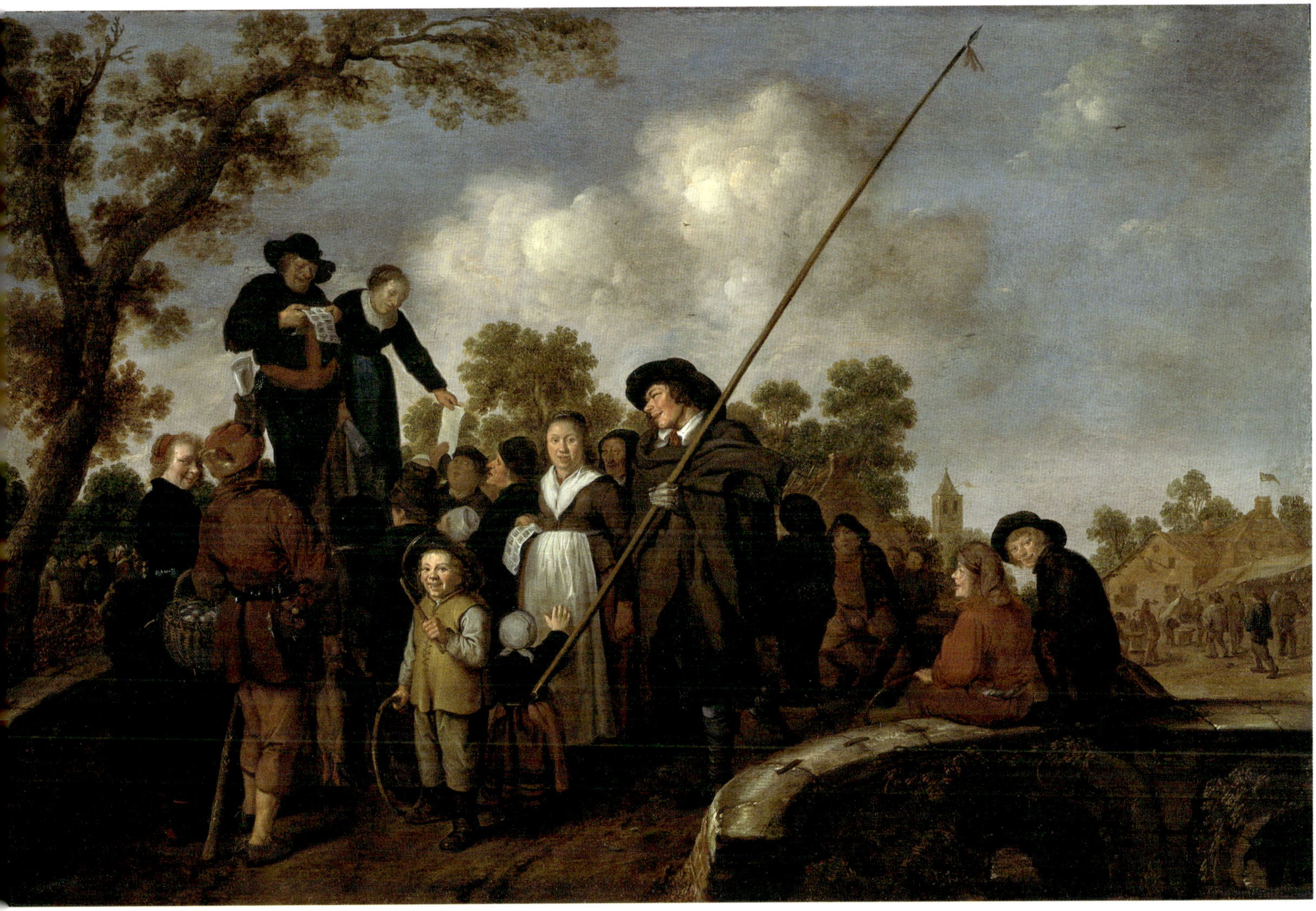

cat. 57

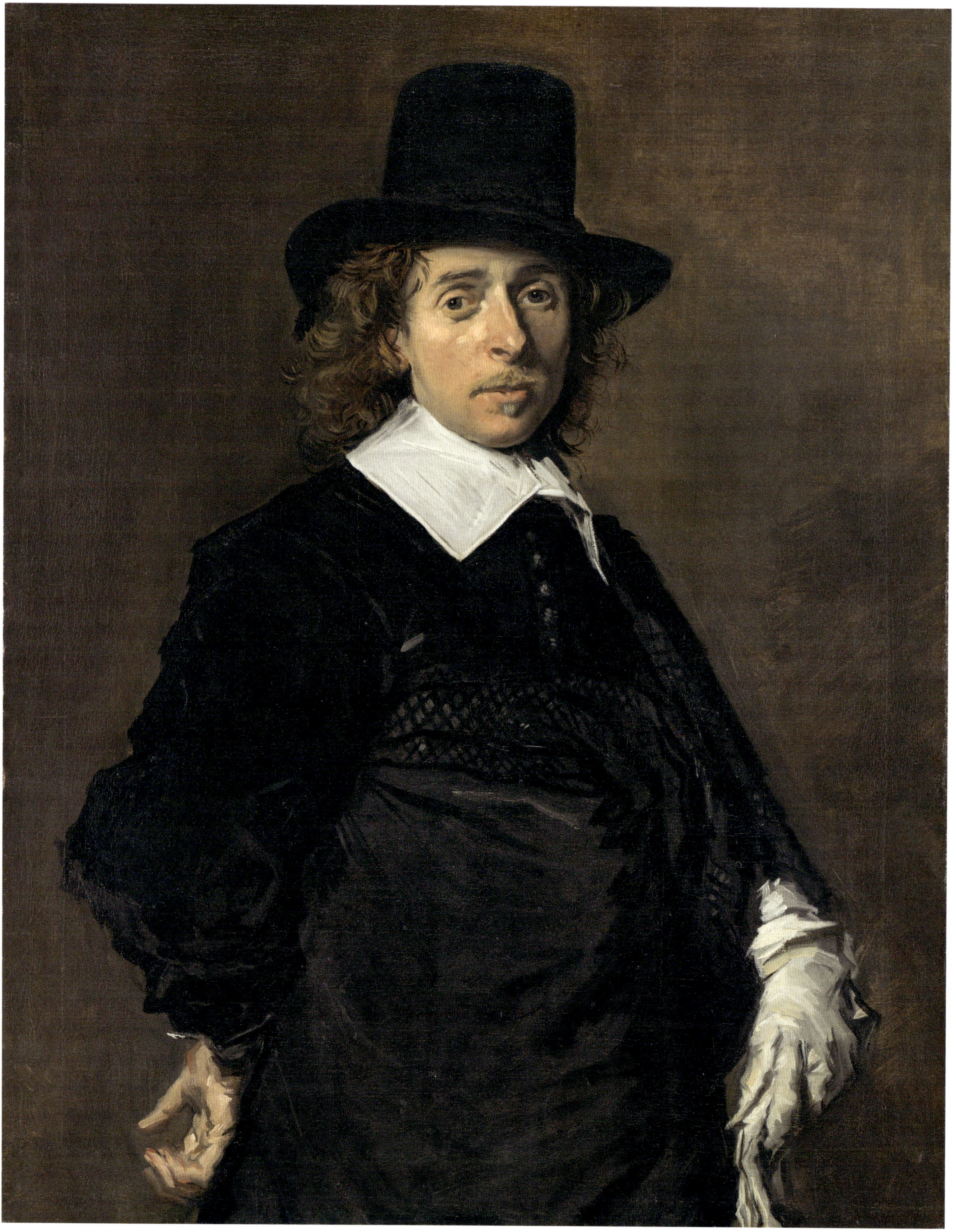

cat. 58

58

Frans Hals
Portrait of Adriaen van Ostade
ca. 1646–8

Canvas, 94 × 75 cm
National Gallery of Art, Washington, Andrew W. Mellon Collection, acc. no. 1937.1.70

Provenance:
Donated in 1937 by the A. W. Mellon Educational and Charitable Trust, Pittsburgh.

A well-dressed man looks out at us invitingly, with sparkling eyes. Wearing a tall-crowned hat, he stands with his right hand behind his back, a glove clasped in his other, still gloved hand. This straightforward three-quarter portrait once again reveals Hals's talent for a dynamic staging of his sitters. He convincingly suggests that the man depicted has just arrived and is turning toward us in the moment after removing a glove.

The casual posture and friendly gaze surely reflect the relationship between the painter and his model, for they had known each other for years. Adriaen van Ostade (1610–85) was Hals's younger colleague, who, according to the artist-biographer Arnold Houbraken, had also done his apprenticeship under Hals.[1] Van Ostade has been identified thanks to the similarities between this work and a portrait by his own pupil, Cornelis Dusart, that has survived as a mezzotint by Jacob Gole (fig. 1). Indeed, Dusart even drew on Hals's portrait as a model when depicting his master. Van Ostade's appearance is additionally known from other portraits, which serve to further confirm this identification.[2]

Adriaen van Ostade's parents had immigrated from Brabant but were originally from Ostade, a hamlet north of Eindhoven, and were married in Haarlem in 1605. His father, Jan Henricx van Ostade, was a linen weaver. He and his wife were probably primarily motivated to move north as Haarlem offered better economic prospects for textile workers. Van Ostade's apprenticeship with Frans Hals appears to have been in the second half of the 1620s, when Flemish painter Adriaen Brouwer (see cat. 51) was also working in Hals's workshop.[3] Van Ostade is first listed as an independent master in 1632. He also seems to have worked for Salomon van Ruysdael (1602–70) in or before 1640.[4] His younger brother, Isack van Ostade (1621–49), was a talented landscape painter who died young. Although he was baptized a Protestant in 1610, Adriaen van Ostade was married twice to Catholic spouses. He outlived both wives. The first marriage was childless, while the second produced a daughter.

Despite personal setbacks, Adriaen van Ostade became an acclaimed painter, draftsman and etcher, specializing in small-figure peasant scenes (see cat. 59) and landscapes. His teacher's influence is not apparent in his oeuvre either stylistically or thematically. However, Adriaen Brouwer was unmistakably a source of inspiration, particularly in his early work. Van Ostade transformed Brouwer's course depictions of peasant life, characterized by drunkenness and brawls, creating more harmonious variations with generally peaceful interactions among the protagonists. In his later work, the influence of the *Fijnschilders* ("fine painters") becomes increasingly apparent.

Van Ostade's social success as a painter is also reflected in the prominent positions he held in the Guild of St. Luke. In 1647 and 1662, he served as *vinder* (board member), and in 1662 and 1663 as deacon. It has been suggested that Frans Hals may have painted this portrait when Adriaen van Ostade was elected *vinder* in 1647.[5] Given the probable dating of the portrait, this is certainly possible but cannot be definitively confirmed.[6] [NM]

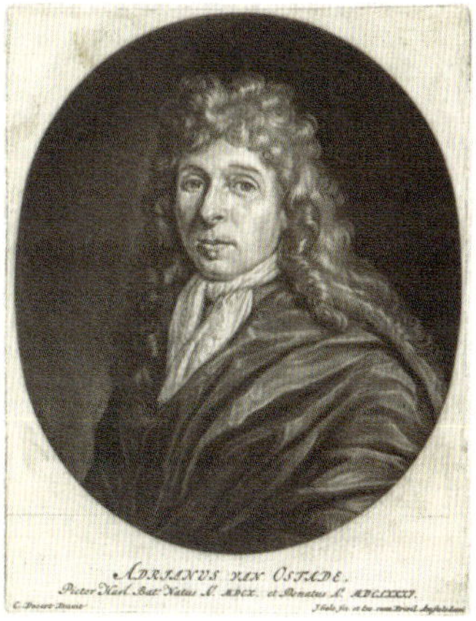

Fig. 1. Jacob Gole after Cornelis Dusart after Frans Hals, *Portrait of Adriaen van Ostade*, ca. 1685, Teylers Museum, Haarlem

Selected literature:
Grimm 1970; Slive 1970–4, no. 192; Grimm 1972, no. 122; Washington 1995, pp. 79–83; Grimm 1989, no. 123; Slive 2014, p. 308; Middelkoop 2024.

1 Houbraken 1718–21, vol. 1, p. 347.
2 Grimm 1970.
3 Houbraken 1718–21, vol. 1, p. 347.
4 For detailed biographical information, see Thiel-Stroman in Haarlem 2006, pp. 258–61.
5 Wheelock in Washington 1995, pp. 79–83, esp. 82.
6 On Hals's portraits of painters, see Slive 1970–4, vol. 1, pp. 185–91; Middelkoop 2024.

59

Adriaen van Ostade
Village Festival with Dancing Peasant Couple
1660–70

Inscribed at bottom right:
AV (ligated) Ostade
Wood, 33.6 × 41 cm
Gemäldegalerie, Staatliche Museen zu Berlin, on permanent loan from the Heinz Kuckei Collections Foundation, Berlin

Provenance:
In the possession of Walter Heilgendorff, Berlin, by 1936 at the latest; inherited by his son-in-law Heinz Kuckei.

Except for Adriaen Brouwer (see cat. 51) almost all of Frans Hals's apprentices and pupils came from Haarlem. This is also true of Adriaen van Ostade (1610–85), one of the most productive painters in the seventeenth century, whose parents, like those of his teacher, Frans Hals, came from Flanders (see cat. 58). Van Ostade probably became Hals's apprentice in the 1620s, presumably around 1626–7,[1] and was therefore active in the latter's workshop at roughly the same time as Dirck Hals (see cat. 50) and Adriaen Brouwer. Both Brouwer and Van Ostade specialized in peasant genre scenes and thus followed a different artistic path than their teacher. For both of them, the multi-figured *Merry Companys* of Dirck Hals probably served as the model of their genre pieces.

Initially, Van Ostade's painting style still showed the influence of the works of his painter friend Brouwer, who was some four or five years older. Like Brouwer, he painted wild rustic and tavern scenes with drinking, brawling, and cardplaying peasants that come across as clumsy and crude.[2] At the end of the 1640s, Van Ostade's style changed radically, and he turned to etching as a complement to painting.[3] With this, the tone of his depictions of provincial life changed. Instead of bawdy, exuberant drinking sprees he began to paint everyday rural scenes representing the joys of the simple folk affectionately and sympathetically. In his lovable figures, Van Ostade illustrated contentment in small things, the joys of village conviviality and family togetherness. Like his teacher Frans Hals, he portrayed outsiders such as blind people, beggars, and traveling musicians. At the same time, however, he continued to use a small format and never elevated the figures to the individual size and expressive form of portraiture like his teacher did. Even his half-length depictions of single artisans, scholars, or peasants have no portrait-like traits. Van Ostade presents viewers with character types of his day and age. His pictures are not defined by harsh everyday reality, suffering, misery, or hard work; rather, he shows the viewer the small pleasures of a humble existence and the gregariousness of simple people.

The *Village Festival with Dancing Peasant Couple* is a typical example of such a fun-filled scene. Under a blue sky, a group of peasants is boisterously celebrating a kermis, or fair, in the village square. Standing on a table, a fiddler plays a dance tune. Young and old enjoy themselves playing games and chatting. Stalls have been set up, extending into the background where a church is also visible. In the foreground on the right a toppled wooden bench and branches are arranged as a still life, emphasizing the picturesque mood. Directly below them, in the bottom-right corner, Van Ostade signed his work.

Van Ostade, who spent almost his entire life in Haarlem, left his mark on the Dutch peasant genre with his extremely vast body of work, establishing Haarlem as its center. Once he had developed them, he skillfully modified compositional forms, motifs, and figures so that they could be repeatedly staged in new ways. Van Ostade continued to work until a ripe old age and, unlike his teacher, produced not only paintings but also prints and lavishly colored drawings. He thus succeeded in disseminating his works to an extent far greater than the majority of his peers. In addition to his many still extant works, his great success is also attested by their high estimated prices and not least by the prestigious positions he held for several years in the Haarlem Guild of St. Luke.[4] [KK]

Selected literature:
Hofstede de Groot 1910, no. 814; Berlin 1984, no. 48; Briels 1987, p. 131.

1 See Van der Veen and Lammertse in the present volume, p. 279.
2 Schnackenburg 1970; Atkins 2012, p. 80.
3 On the stylistic development of Van Ostade, see Ebert 2013, pp. 81–146.
4 Thiel-Stroman in Haarlem 2006, pp. 258–61.

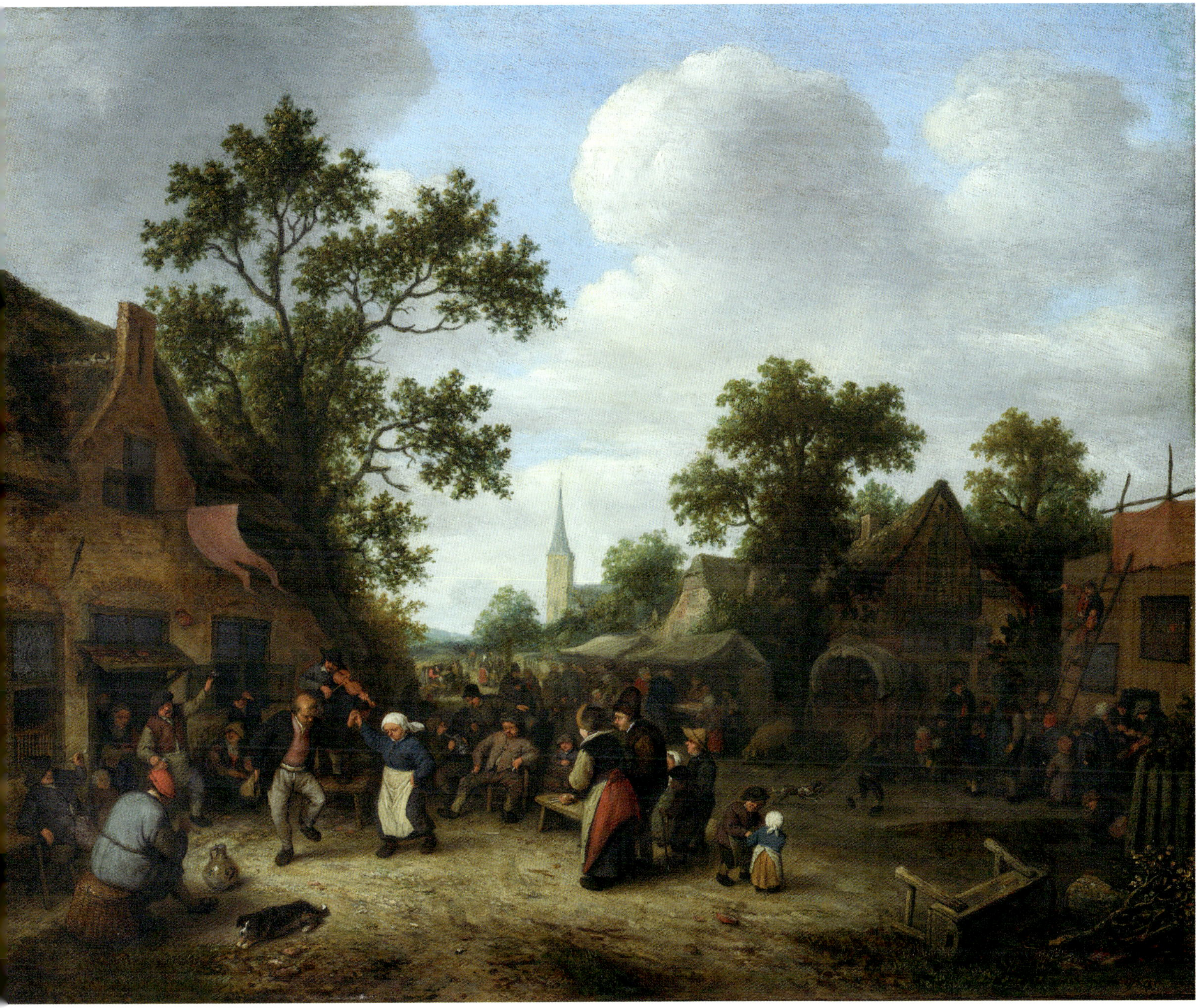

cat. 59

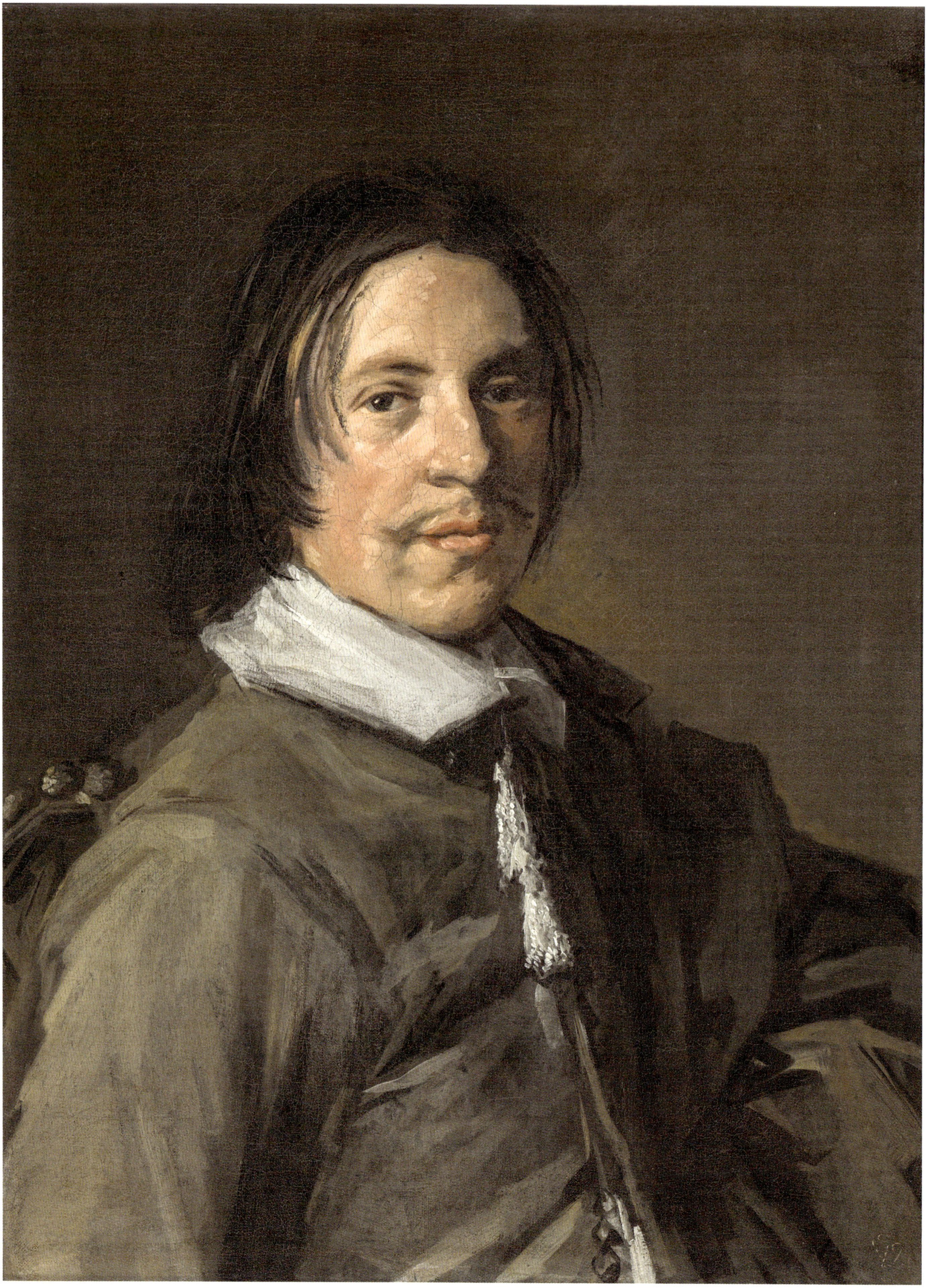

cat. 60

60

Frans Hals
Portrait of Vincent Laurensz van der Vinne
1652

Canvas, 64.7 × 48.9 cm
Art Gallery of Ontario, Toronto, bequest of Frank P. Wood, 1955, inv. 54/32

Provenance:
Bequeathed in 1955 by Frank P. Wood, Toronto.

In the last twenty years of his life, Frans Hals painted a remarkable number of portraits of artists. Portraits of the painters Jan van de Cappelle and Thomas Wijck, the draftsman Leendert van der Cooghen, and painter and architect Jacob van Campen are documented. Portraits of the painters Adriaen van Ostade (cat. 58), Frans Post, and Vincent Laurensz van der Vinne have been identified thanks to later copies. In addition, other as yet unidentified male portraits may also depict young colleagues of Frans Hals, especially those with unusually casual poses and facial expressions, such as *Portrait of a Man in a Slouch Hat* (cat. 30) and *Portrait of an Unknown Man* (cat. 64). Younger colleagues may have commissioned portraits as a way to support Hals financially in his impoverished old age.[1] In Hals's oeuvre, they can be classed among a group of late male portraits without female counterparts. Executed in the painter's hallmark sketchy style, the brushwork appears almost abstract when viewed close up.

One of these artist portraits shows the painter Vincent Laurensz van der Vinne (1628–1702; see also cat. 61a). The identification is based on a copy after the painting (fig. 1). For a long time, this mezzotint was attributed to the artist portrayed, due to the inscription. Today, however, it is assumed that the print was made by his grandson, who shared his name. Judging by this and other copies, the painting was originally slightly larger on the left and right.[2] Hals shows the painter in a relaxed pose, with a confident air and his cloak draped loosely over his left shoulder. The gray-green jacket and flat white collar are painted with broad brushstrokes, while the tassels have been produced with small bright accents that contrast with the rather neutral color of the jacket. Because of the more detailed rendering of the head, our gaze is accordingly drawn to the sitter's face. Well-placed highlights on the ruddy skin and the dark brushstrokes suggesting unkempt hair lend the painting irresistible vigor.

Thanks to the surviving records of family history, quite a lot of information about Van der Vinne's life is available.[3] His father was a Frisian linen weaver while his mother came from Haarlem; both were members of the Mennonite congregation. In 1646/7, at the age of eighteen, Van der Vinne began a nine-month apprenticeship in Frans Hals's workshop. In 1649, Van der Vinne joined the Guild of St. Luke, and in the summer of 1652, he set off on a Grand Tour, originally with Italy as his intended destination. He made his way to Cologne, Frankfurt, Heidelberg, and Strasbourg, continuing on to Basel, Geneva, Grenoble, and Lyon, then finally to Paris and Rouen. On September 1, 1655, he returned to Haarlem. An illustrated report of his journey has been preserved.[4]

On stylistic grounds, Frans Hals's portrait is usually dated to the period after Van der Vinne's return to Haarlem, between 1655 and 1660. However, it has been suggested recently that it may have been painted just before his journey as a memento in case of any accidents en route.[5] This hypothesis was proposed as Van der Vinne looks younger here than in his portrait by Leendert van der Cooghen (cat. 61b). The sketchy brushwork, which in this case would then anticipate his later style, may reflect how well the painter and model knew each other, allowing Hals to paint with looser brushstrokes than in other commissions.[6] Van der Vinne's portrait of Hals was cherished by the sitter's family, as is reflected in its inclusion in the inventories of his estate, drawn up both after the death of his first wife in 1668 and after his own death in 1702. [NM]

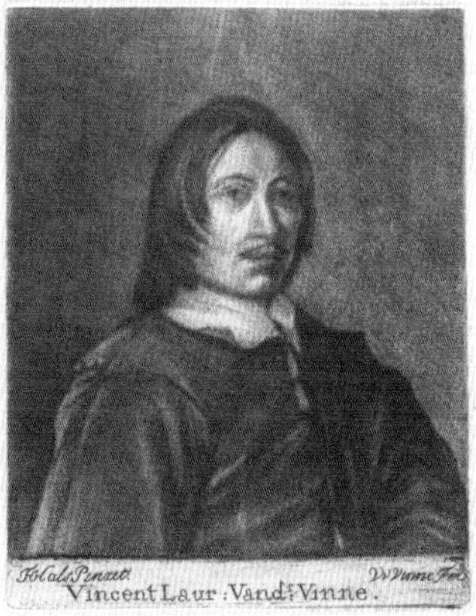

Fig. 1 Vincent Laurensz van der Vinne II after Frans Hals, *Portrait of Vincent van der Vinne I*, 1696–1742, Rijksmuseum, Amsterdam

Selected literature:
Haarlem 1962, no. 64; Slive 1970–4, no. 203; Grimm 1972, no. 156; Washington, London, and Haarlem 1989, no. 76; Slive 2014, p. 307; Biesboer 2017, pp. 99–101; Middelkoop 2024.

1 See Slive 1970–4, vol. 1, pp. 185–91; Middelkoop 2024.
2 Sliggers and Goudriaan 1987, pp. 166–7, 203–4, no. 7.
3 For the complete text, see Sliggers and Goudriaan 1987, p. 159. On Van der Vinne's biography, see Sliggers 1979, pp. 15–21, and Thiel-Stroman in Haarlem 2006, pp. 325–8.
4 Published in Sliggers 1979.
5 Biesboer 2017, pp. 98–101.
6 See also Hals's *Portrait of Johan Claesz Loo* of 1650 (Slive 1970–4, no. 180), painted in Hals's late style and identified in Biesboer 2023. The discussion is rendered more complex by the fact that only four of Hals's portraits after 1645 are dated; see Slive 1970–4, nos. 179–81 (all dated to 1650) and 201 (cat. 29 in the present volume; dated to 1656 in a later hand).

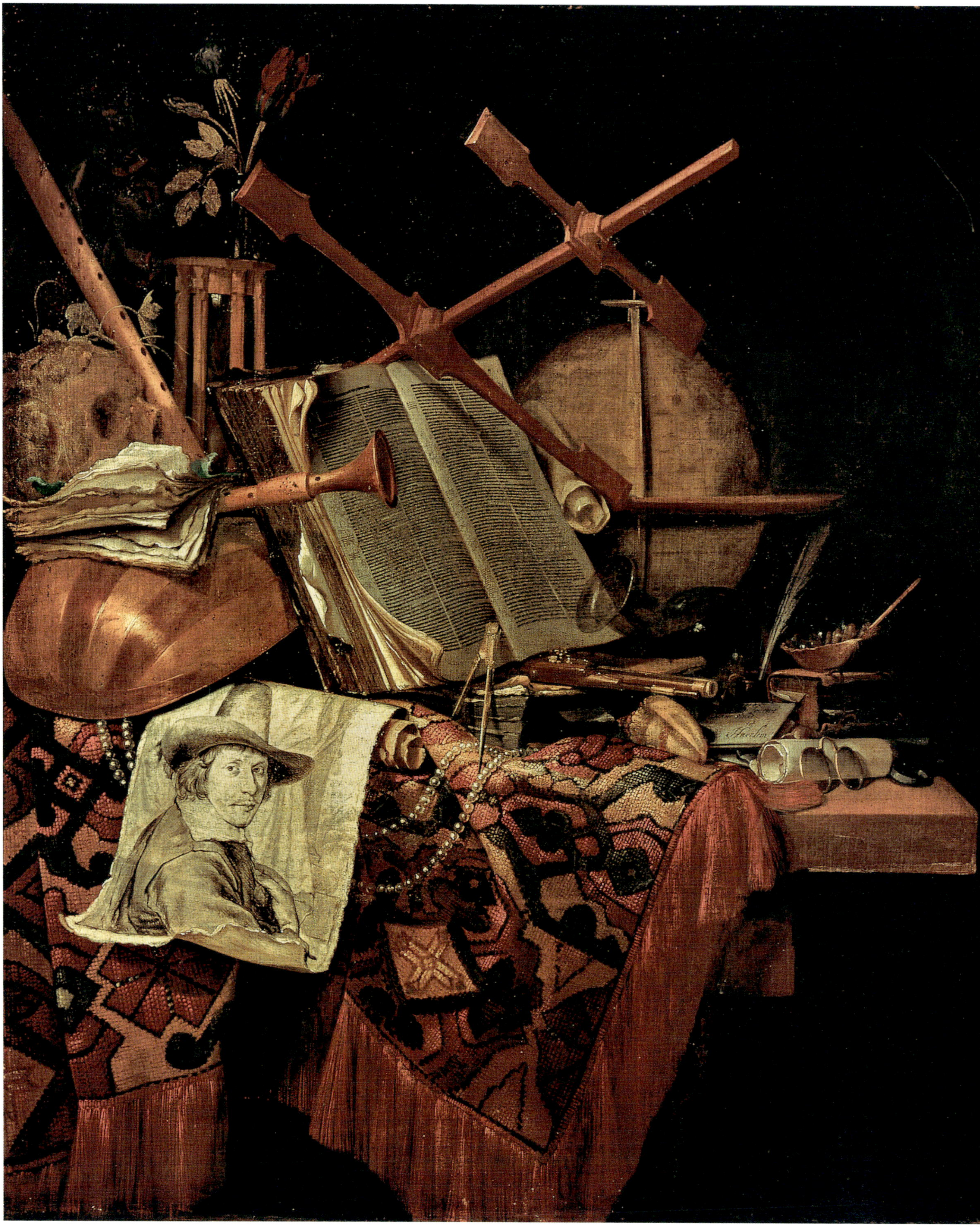

cat. 61a

61a

Vincent Laurensz van der Vinne *Vanitas* ca. 1660

Inscribed on letter at right on table: Vincent Lourens vander Vinne tot Haerlem
Canvas, 107.8 × 91.9 cm
Frans Hals Museum, Haarlem, inv. OS I-342

Provenance:
Purchased in 1908 for the museum by the Vereeniging tot Uitbreiding der Verzameling van Kunst en Oudheden.

61b

Leendert van der Cooghen *Vincent Laurensz van der Vinne* ca. 1660

Black chalk on paper, 348 x 260 mm
Kupferstichkabinett, Staatliche Museen zu Berlin, inv. KdZ 4378

Provenance:
Purchased in 1883.

After returning to Haarlem in 1655 (see cat. 60), Vincent van der Vinne began a successful career as a poet and painter. Between 1661 and 1666, he held a number of offices on the board of the Guild of St. Luke.[1] Following the death of his first wife, he remarried in 1668 and joined the Mennonite congregation.

According to the information provided by biographer Arnold Houbraken, Van der Vinne had a remarkably broad artistic range: "It was all the same to him, so one could not say which realm of art he chose as his subject: . . . but he did certainly take nature as his guide, in matters both large and small, when painting landscapes, buildings, still lifes, animals, birds, peasants, histories." Houbraken underlines Van der Vinne's skills as a portraitist: "He was, moreover, adept at painting portraits, working with bold brushstrokes, following the example of his master F. Hals, who would tell his pupils, 'You must just smear it on boldly, if you become secure in the art, the neatness will come of its own accord.'"[2]

That final passage, partly from the mouth of Frans Hals himself, suggests that Van der Vinne painted portraits in a style akin to that of his teacher. However, assuming any still exist, no portraits have been identified as such to date. Stylistically, the landscapes and still lifes that form the bulk of his oeuvre instead display meticulous precision in his technique, with great attention to detail.

In this vein, his ambitious still life from around 1660 presents a broad range of objects. Items emblematic of the arts and sciences, such as a lute, two wind instruments, a celestial globe, and a wooden Jacob's staff (a nautical navigational instrument) are arranged on the table, which is partially covered by an Oriental rug. More toward the corner, a draftsman's compass, a pair of spectacles in front of a parchment scroll, a goose quill in an inkwell, and several closed books are symbols of scholarship and erudition in equal measure. The propped-up folio tome may be a Bible intended to remind us of faith and thus the transience of earthly life. The matula or uroscopy flask symbolizes illness, while the flintlock pistol represents death. Characteristic vanitas motifs include the skull with ivy leaves on the left, the hourglass, and the vase that stands upon it, with flowers that have already begun to wither. The stick purse in the background references worldly possessions, as does the string of pearls in the foreground.

As well as the artist's signature on a sheet of folded paper on the right side of the table, a drawing bearing Van der Vinne's likeness is also incorporated in an eye-catching spot, hanging over the edge of the table. The painter thus not only presents us with the motif of a vanitas, he also points to himself, signaling an awareness of his important role as an artist: *ars longa, vita brevis*.

The portrait of Van der Vinne is based on a drawing by Leendert van der Cooghen (1632–81, cat. 61b), an artist also from Haarlem, renowned in particular as a draftsman.[3] He was part of Van der Vinne's circle of friends, and his portrait was painted by Frans Hals as well.[4] Between 1668 and 1670, Van der Cooghen held various positions in the Guild of St. Luke.[5] Several versions of Van der Vinne's portrait have survived; of these, the Kupferstichkabinett's monogrammed version most closely resembles the iteration included in the still life.[6] Van der Cooghen may even have been responsible for painting the section with the portrait in this composition.[7] A smaller vanitas still life from 1664 also incorporates his portrait as a drawing, although its less draftsmanly quality suggests it is almost certainly by Van der Vinne's own hand (fig. 1). The inscriptions "Memento Mori" and "Pense à la fin" leave no doubt to the meaning of this painting. [NM]

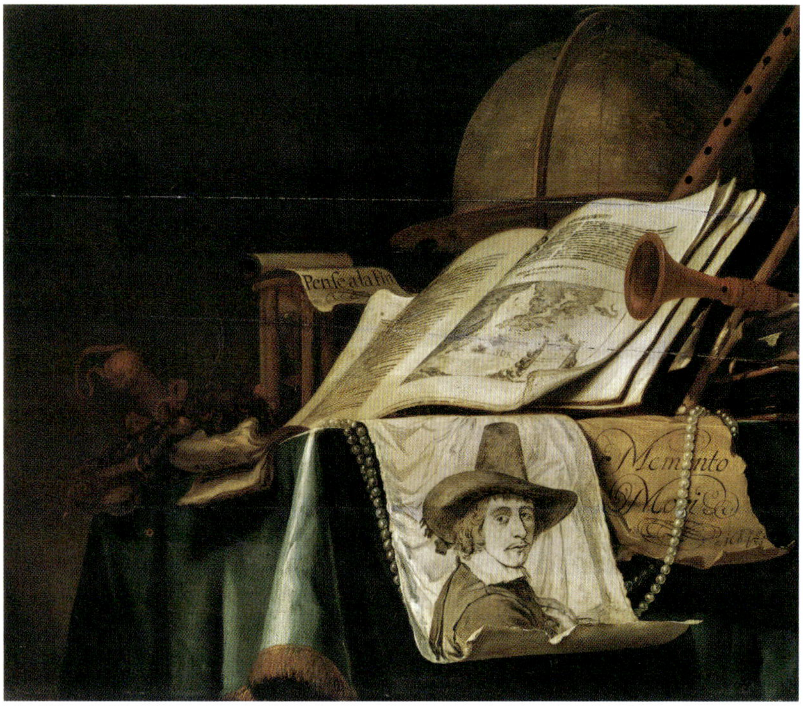

Fig. 1 Vincent Laurensz van der Vinne, *Vanitas*, 1664, sold in Amsterdam (Christie's), November 10, 1992, lot 90

Selected literature:
a
Sliggers and Goudriaan 1987, no. 6a; Suffield 1993; Haarlem 2006, no. 480; Biesboer 2017, pp. 97–8.
b
Bevers 1994, no. IV.83; Sliggers 1979, p. 21; Raupp 1984, p. 215 (also as a copy after Van der Vinne); Sliggers and Goudriaan 1987, no. 6; Coenen 2005, no. A49.

1 Miedema 1980, vol. 2, pp. 662–73 passim and p. 1040.
2 Houbraken 1718–21, vol. 2, pp. 210–11.
3 Coenen 2005.
4 Listed in the inventory of the estate of Cornelis Dusart (1704); see Middelkoop 2024, who suggests that the *Portrait of a Man* in the Kunsthaus Zürich (Slive 1970–4, no. 219) might depict Van der Cooghen.
5 Miedema 1980, pp. 673, 1063.
6 Coenen 2005, pp. 17, 60–1, no. A49, and p. 89, no. 37. Raupp 1984, p. 215, refers to the drawing in the Rijksmuseum (RP-T-1894-A-3015) as a self-portrait by Van der Vinne, copied by the artist in his still-life and by Van der Cooghen in the Berlin drawing "dated 1651."
7 Valentiner 1932, p. 212, already appears to make this assertion, referring however to the Berlin drawing as the source; it is repeated in Bol 1969, pp. 354, 380, no. 610. Baukje Coenen does not exclude this possibility. Email of March 6, 2024.

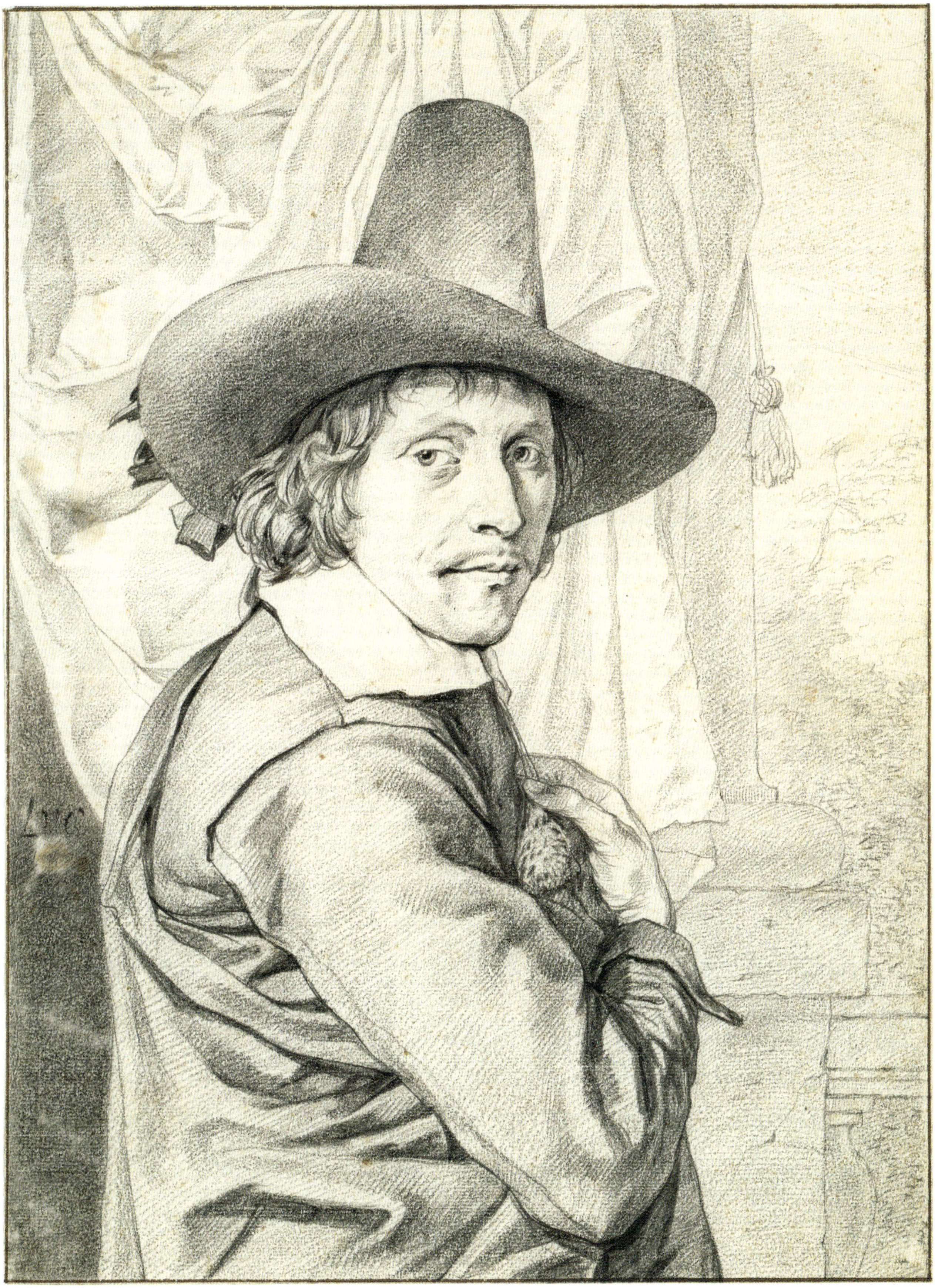

cat. 61b

Philips Wouwerman
Starting for the Chase
1667/8

Wood, 34.1 × 41 cm
Gemäldegalerie, Staatliche
Museen zu Berlin, Kat.Nr. 900B

Provenance:
Purchased in 1874 as part of the collection of the banker Barthold Suermondt, Aachen.

A hunting party about to set off for the chase has gathered in front of the palatial architecture rising up at the right of the composition. A magnificent white horse with a red saddle shines out at the center of the group, a darker dapple-gray horse by its side. Grooms hold the reins of both horses as a couple approaches, deep in conversation. Dressed in all her finery, the lady with her colorful, flowing gown draws our gaze. Matching blue ribbons on the white horse's bridle leave no doubt that it is her mount, while the unassuming dappled horse is clearly for the soberly attired gentleman. Behind the couple, we see the back of a huntsman on horseback who blows the horn, signaling that the party sally forth. A man with a pack of dogs is visible to their right, along with a servant lacing his shoes beside a packhorse. A girl sits on the parapet of the castle stairs, while near her stand an inquisitive boy and an attendant with a hunting falcon perched on his arm. Falconry will clearly play a part in the hunting expedition, in which birds of prey are used to catch the quarry. To the left, two servants bustle on ahead of the hunting party, hurrying into the distant wooded hills.

Stylistically sophisticated, the Berlin painting is among Philips Wouwerman's (1619–68) later works. Dendrochronological examination suggests that it was probably painted in the last year of his life.[1] Wouwerman's skill in representing the various facets of the hunt was unparalleled, and he tackled the theme in over one hundred and twenty paintings.[2] His trademark white horse appears at the center of many of those works.

Wouwerman was already acclaimed during his lifetime for his renderings of such vibrant representations, choosing a subtly balanced color palette to portray equestrian and war scenes along with camp life, complete with foregrounds teeming with figures. Accurate, spirited depictions and luminous coloring characterize his high-quality, small-format paintings. As one of the most successful seventeenth-century painters of equestrian scenes, Wouwerman had an enduring influence on the genre. Although he died at just forty-nine, his oeuvre encompasses almost six hundred paintings.[3] Wouwerman can certainly be classed as an exceptionally productive painter who must have had an enormous propensity to work.

Given that Wouwerman specialized in equestrian and landscape paintings, creating finely elaborated small-figure depictions and making subtly nuanced use of color, he would seem to be an unlikely pupil for Frans Hals. The Haarlem-born painter was nonetheless apprenticed to Hals before 1638 after an initial training period, probably under his father, Pouwels Joostensz Wouwerman (1586–1642).[4] This is reported by both the Flemish artists' biographer Cornelis de Bie (1627–1715) and art lover Joannes Sysmus.[5]

Wouwerman was not, however, the only one among Hals's pupils to follow his own distinctive path, which took an entirely different course, both stylistically and thematically, from that pursued by his master. Wouwerman's effective working method, by which he constantly produced new configurations and compositions by skillfully rearranging and modifying previously elaborated motifs, groupings, and set pieces, also contrasts markedly with Frans Hals's focus on the individual. It is however reminiscent of work by another of Hals's pupils, who was likewise exceptionally productive and successfully established in Haarlem: Adriaen van Ostade (1610/12–85; see cat. 58–9). [KK]

Selected literature:
Schumacher 2006, vol. 1, no. A111, vol. 2, fig. 104.

1 Dendrochronological examination by Peter Klein, Universität Hamburg, August 6, 1990. Dokumentation der Gemäldegalerie, SMB.
2 Kassel and The Hague 2009, p. 130.
3 See Schumacher 2006.
4 Thiel-Stroman in Haarlem 2006, p. 358.
5 See Lammertse and Van der Veen in the present volume, p. 279.

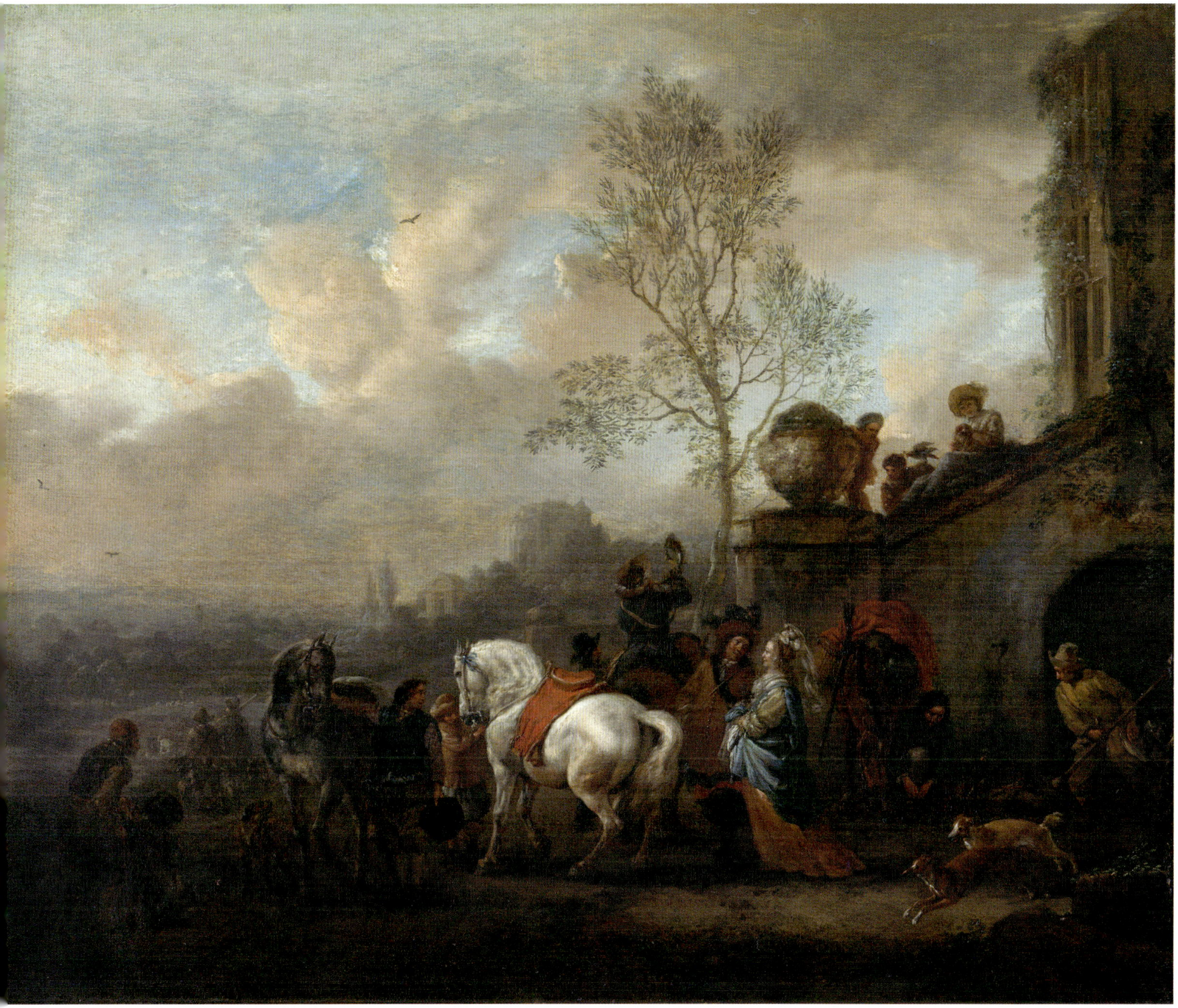

cat. 62

63

Pieter Gerritsz van Roestraten *Still Life with Chinese Teabowls* 1670–80

Canvas, 35 × 47.5 cm
Gemäldegalerie, Staatliche Museen zu Berlin, Kat.Nr. 2010
Owned by the Kaiser Friedrich Museumsverein

Provenance:
Purchased in 1927 from the art dealer Dr. Benedict & Co. GmbH, Berlin.

Pieter van Roestraten (1630–1700), who was born into a wealthy Reformed family from Haarlem and spent much of his career as a successful still life painter in London, is one of Frans Hals's most famous pupils. He was orphaned when he was nineteen. As indicated in a statement he made before an Amsterdam notary in 1651, he was probably already apprenticed to Hals at this time.[1] According to this testimony, he had spent five years with the painter and was well acquainted with his son Anthonie (d. 1650). The latter joined the Dutch East India Company (VOC) in 1646 and died four years later in what is now Vietnam. Lysbeth Reyniers, Hals's wife and Anthonie's mother, needed Van Roestraten's 1651 statement to the notary in order to claim outstanding pay due to her son, who had died in the service of the VOC. Van Roestraten seems to have had close ties to the Hals family, for he was clearly willing to testify in their favor.[2] Three years later, in 1654, Van Roestraten married Hals's second eldest daughter, Adriaentje Fransdr (b. 1623). Seven years his senior, his bride was almost thirty-one when they wed, remarkably old for a first marriage in the era.[3] The couple initially lived in Amsterdam but moved to London in 1663.

The signature features of Van Roestraten's paintings are brilliantly rendered surfaces and a virtuoso depiction and staging of different materials. His still lifes reflect his fascination with luxurious and exotic objects, depicted with great precision and an outstanding observational acuity. That is also evident in the Berlin still life, which portrays blue-and-white teabowls made of fine Chinese porcelain, a brown stoneware teapot, a gleaming silver spoon, and some lumps of white rock candy. Van Roestraten has captured the texture of the silver tea caddy to perfection, establishing a marked contract between its matt, low-relief embossed surface and lustrous ornamentation. Slightly blurred reflections of all the objects are visible in the highly polished surface of a small lacquered table, probably the most sumptuous, luxurious artifact depicted in the composition.[4] With his detailed and precisely observed rendering of materials, Van Roestraten developed a style as inimitable as it is distinctive. A number of signature hallmarks appear throughout his oeuvre, repeatedly rearranged in various still life compositions, making his works readily recognizable.

The subject-matter and painting techniques used in Van Roestraten's work were fundamentally different from those deployed by his teacher. There could hardly be a greater contrast to Hals's dynamic portraits with their free, spontaneous brushwork. Although Van Roestraten had extremely close links to the Hals family, not to mention a remarkably long apprenticeship and training period with the master, it is virtually impossible to discern Hals's direct artistic influence in his work. Strikingly, this holds true not only for Van Roestraten, but for almost all of Frans Hals's pupils—they specialized in different genres from him and developed their own independent artistic styles. [KK]

Selected literature:
Amsterdam and Cleveland 1999, cat. 72.

1 See Van der Veen in the present volume, pp. 279–80.
2 See Thiel-Stroman 1989, doc. 138.
3 Interestingly, Adriaentje indicates her age as twenty-seven in the marriage license from her parents, although she was already much older. For a more detailed biography of Van Roestraten, see Thiel-Stroman in Haarlem 2006, pp. 278–9.
4 On this point, see Amsterdam and Cleveland 1999, cat. 72.

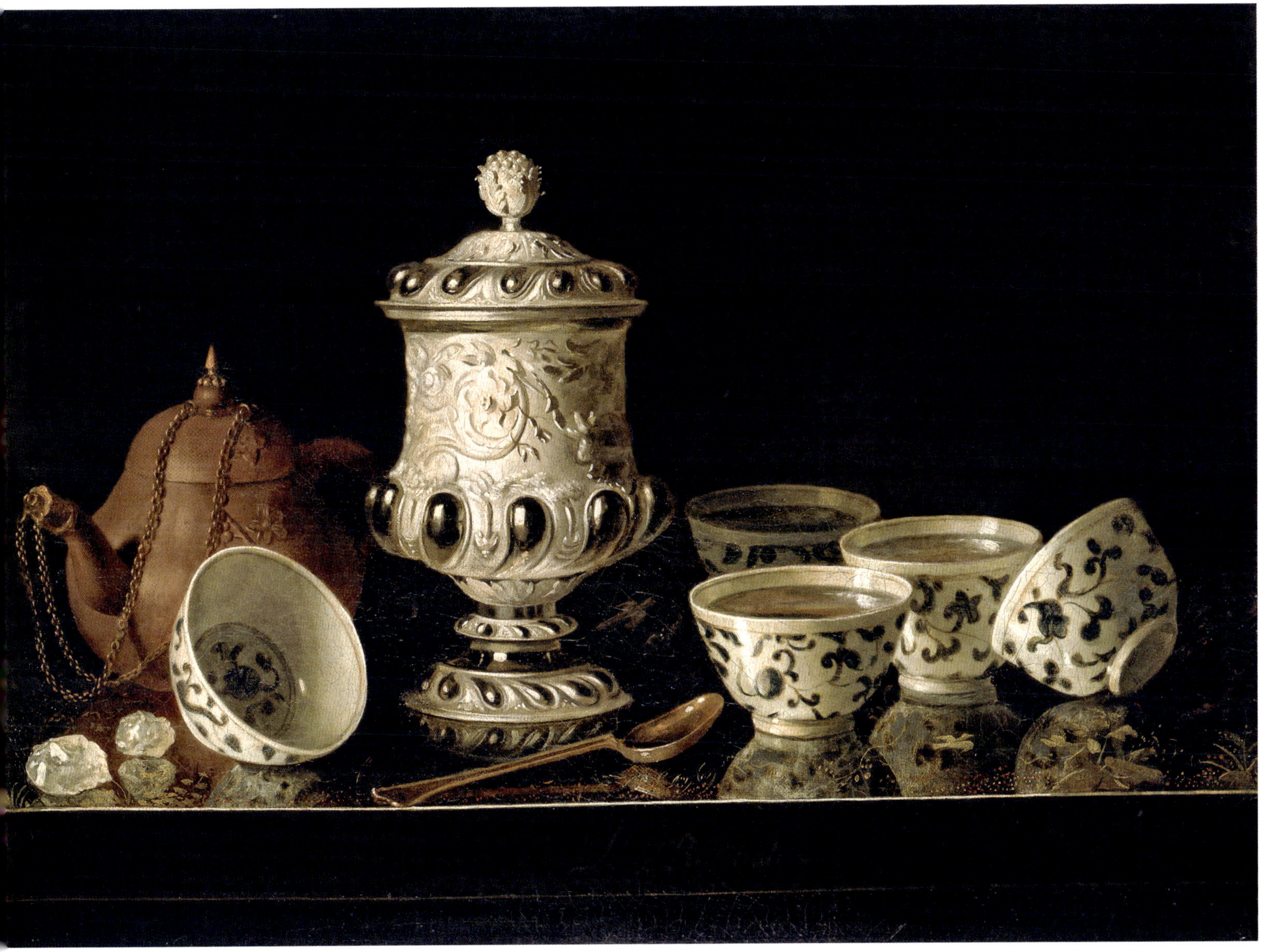

cat. 63

Frans Hals, Forerunner of Modernism

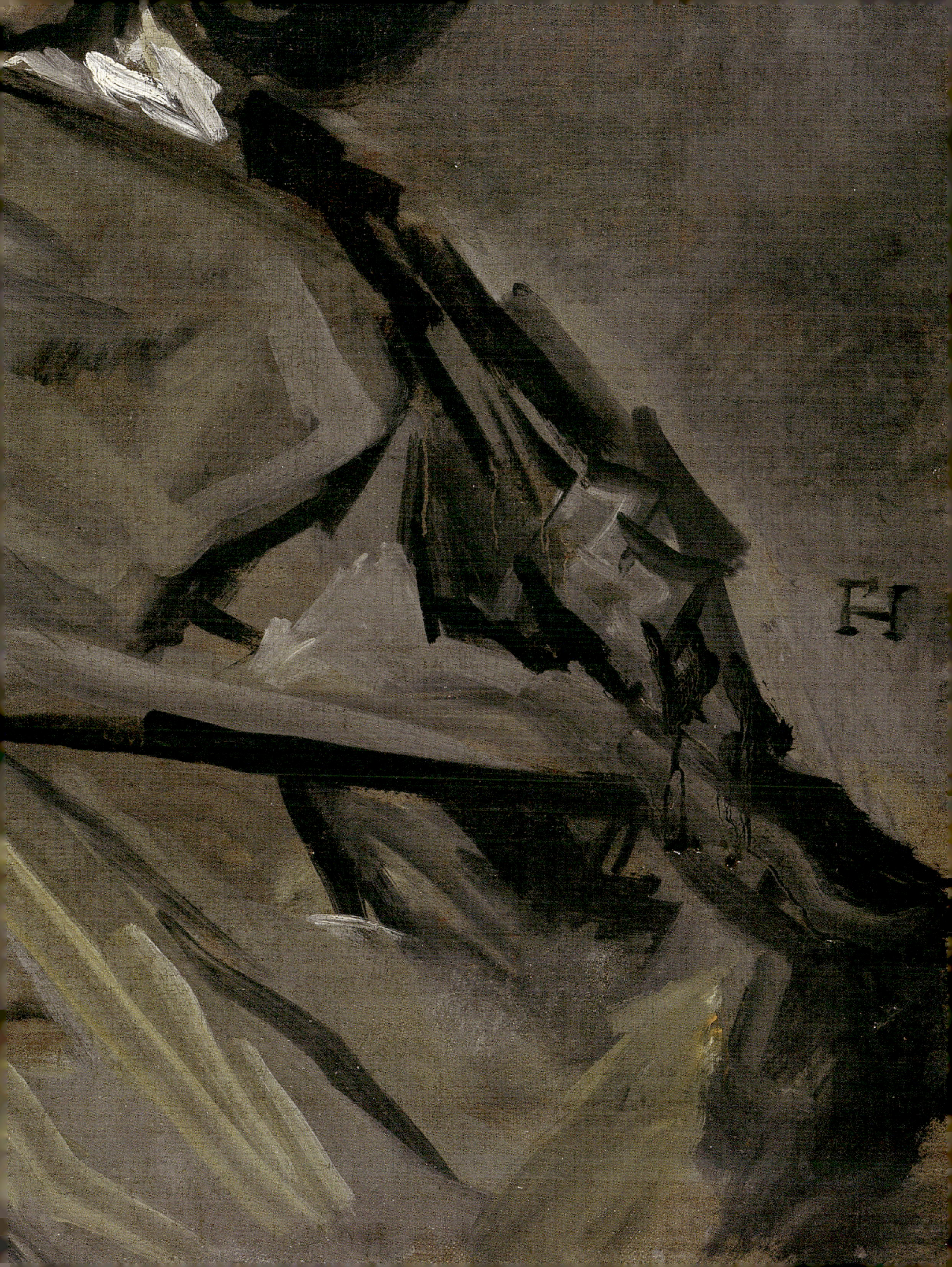

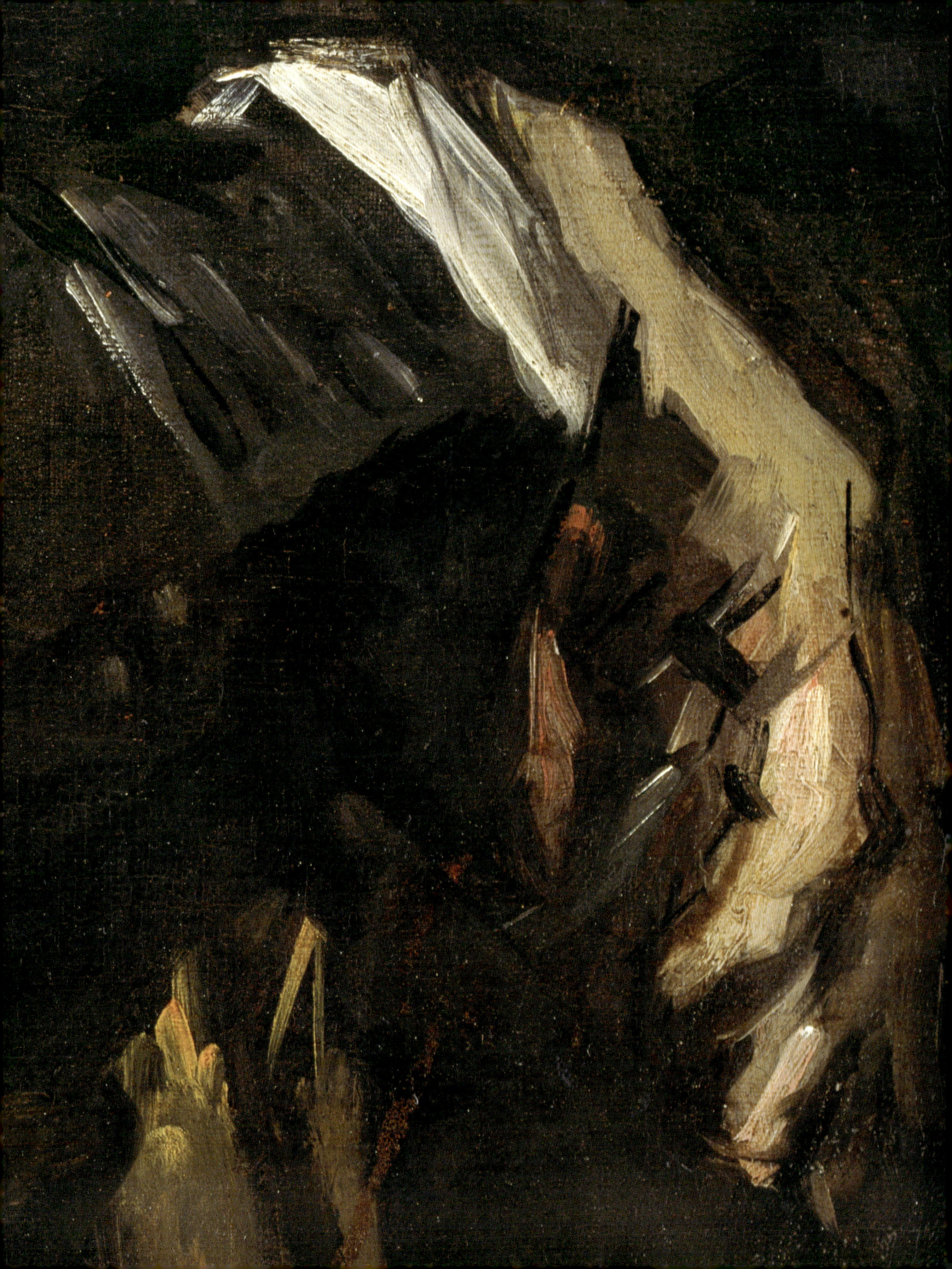

"Franz Hals painted just like me." Modern Masters View the Haarlem Master

Justus Lange

"Franz Hals painted just like me."—When Lovis Corinth (1858–1925) wrote these words to his wife, he had just made a copy after Hals's *Portrait of a Man in a Slouch Hat* in the Kassel Gemäldegalerie (figs. 1–2; cat. 30, 69). The sentence nicely puts in a nutshell the admiration, but perhaps also the astonishment, that a seventeenth-century master paints like oneself. At the same time, however, it is very telling that Corinth turns the relationship on its head, since the sentence actually ought to read: "I paint like Frans Hals." In the letter dated September 7, 1907, he also wrote, "Well, making the copies in Cassel was awfully nice . . . I had felt the colossal urge to keep on copying other things, it was such a lot of fun."[1] In fact, however, no more copies followed. At the time, Corinth was nearly fifty years old and already a recognized artist. Why did he pick Frans Hals of all people? And what could have been the reason for this seemingly sudden urge to make copies? The following will take a closer look at some aspects of Frans Hals's reception by German artists. In doing so, rediscovery and admiration, copy and appropriation, emulation as self-staging, and finding one's bearings in times of doubt and crises will be discussed.

Rediscovery and Admiration

Frans Hals and his works were never really forgotten, yet the esteem in which he was held fluctuated considerably. Starting in the eighteenth century, his paintings were already traded on the art market in France and England, fetching respectable prices. Artists such as Jean-Honoré Fragonard and William Hogarth incorporated his sketch-like manner of painting in their own works.[2] However, it was primarily the nineteenth century that once more brought the artist to the attention of a broader public. In the 1860s, in Germany, there began a veritable rediscovery, or rather, a reappraisal of Frans Hals. The seventeenth-century Haarlem portraitist was turned into a trailblazer of Modern painting. A significant role in this was played, on the one hand, by Théophile Thoré (1807–69), who since his flight from France had been living in exile under the pseudonym William Bürger, and the art critic Carel Vosmaer (1826–88) in The Hague.[3] They were joined by the young Wilhelm Bode (1845–1929), who published his dissertation about Frans Hals in 1871.[4] On the other hand, it was young artists who discovered Hals for themselves.

What was it about Frans Hals that they found so inspiring or modern? Beside the open, partly sketch-like way he painted—particularly clearly visible in the hand of the Kassel *Portrait of a Man in a Slouch Hat,* for instance—it was the casual, sometimes downright nonchalant poses of the sitters portrayed, the impression of spontaneity and immediacy. One feels strangely close to the subject of the picture. Here, the auratic, indeed

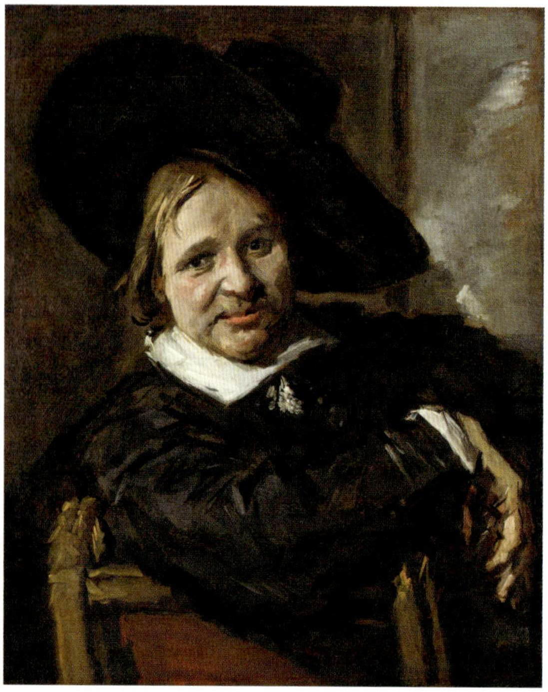

Fig. 1 Frans Hals, *Portrait of a Man in a Slouch Hat*, ca. 1660 (cat. 30)

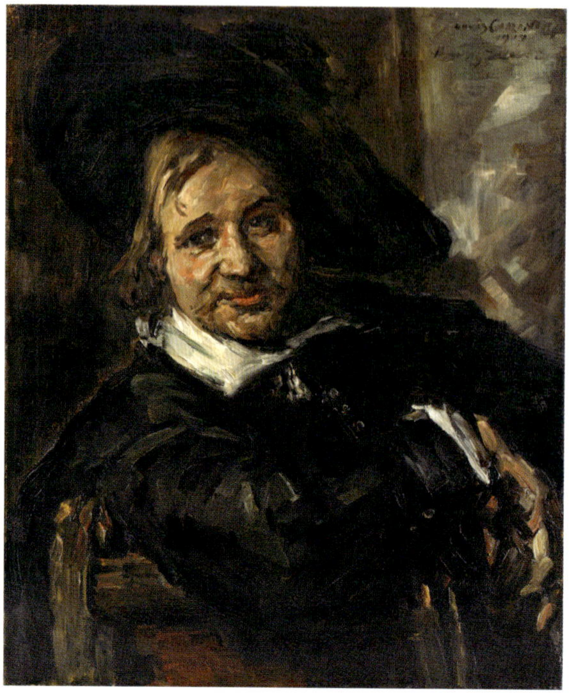

Fig. 2 Lovis Corinth, *Portrait of a Man in a Slouch Hat* (copy after Frans Hals), 1907 (cat. 69)

perhaps sometimes even forbidding, aspect of portraits during the early modern period gives way to a new naturalness. Something similar may be said about Hals's genre pictures, which, far from depicting ideal beauty, show seemingly ordinary members of the rank and file. Moreover, the technique of Hals's works, usually painted wet-on-wet (i.e., without lengthy drying processes) was consistent with the working methods of contemporary painting. There were thus links both in terms of motifs and of painting technique.

In Germany, until the middle of the nineteenth century and beyond, works by Frans Hals could be admired in the old princely collections of Gotha, Schwerin, and Kassel. Kassel in particular, where seven paintings by the artist had been on display since the mid-eighteenth century, now became a place of pilgrimage for those who loved his art. Among the seven were such renowned works as the *Two Singing Boys* (cat. 41), *Pekelharing* (fig. 3), and, of course, the *Portrait of a Man in a Slouch Hat*.[5] Vosmaer was there twice (in 1860 and 1865), while Thoré-Bürger visited the collection in 1868 together with Bode and the collector Barthold Suermondt (1818–87).[6] Thoré-Bürger's first article about the artist, which appeared in the same year and is seen as the point when the tide of appreciation began to turn, reproduced an image of Hals's *Two Singing Boys* from Kassel on its first page.[7] Shortly prior to this, there had been spectacular bidding wars on the Paris art market. In 1865, the fourth Marquess of Hertford had acquired Hals's *Laughing Cavalier* (cat. 20) for the sensational sum of 51,000 francs. Shortly thereafter, Baron de Rothschild, who had lost out, bought the *Portrait of Willem van Heythuysen* (p. 75, fig. 21) for the equally proud sum of 35,000 francs.[8] In turn, Suermondt brought together a top-class collection in Aachen that comprised six works solely by Frans Hals. It was purchased in 1874 for the Berlin Gemäldegalerie, as a result of which there was finally a respectable selection of his paintings in the capital as well.[9] Thus the artist whose works could be obtained for modest sums only a few decades previously had become forevermore entrenched in the high-price segment of the art market and in the German museum world. Additional paintings were gradually included in public collections such as those in Munich (1906) and Leipzig (1919).

A prime example of how much Hals's reputation had changed is found in the publications about the Kassel Gemäldegalerie. While

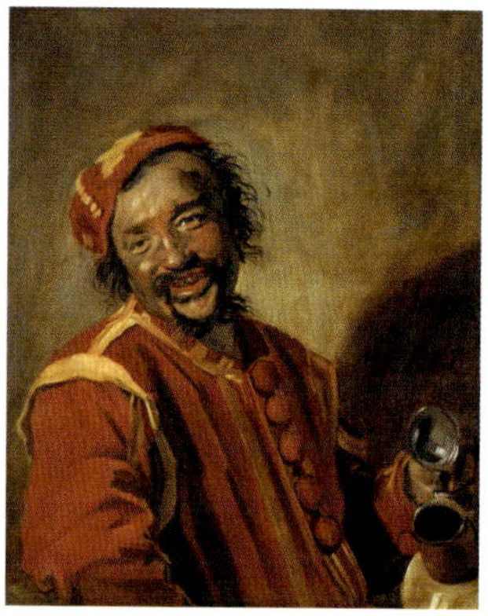

Fig. 3 Frans Hals, *Pekelharing*, ca. 1625, Hessen Kassel Heritage, Gemäldegalerie Alte Meister, Kassel

as late as 1866, in a slim guidebook, only one work by Hals—the *Portrait of a Woman*[10]—was mentioned in passing, and with a scathing judgment about the painter at that ("a master whose crude way of painting is apt to repel the layman"),[11] the entry for 1888, on the other hand, reads, "Beside Rembrandt [he is] the greatest portrait painter of Holland."[12] Later, the gallery's director Georg Gronau (1868–1937) devoted a separate small publication to the painter's works in Kassel.[13]

Copy and Appropriation

The increase in admiration may also be inferred from the number of copies after Hals that were produced. During the period from 1866 to 1990, Frans Hals was the second most popular artist with copyists at the Kassel Gemäldegalerie.[14] Only Rembrandt was more favored, and here we must bear in mind that the stock of Rembrandt works was considerably larger than that of works by Hals. Individual works by the Haarlem master would therefore be far more popular by comparison. Thus, during the aforementioned period, 192 copies of the *Portrait of a Man in a Slouch Hat* were made, that is, even somewhat more than of Rembrandt's *Saskia*.[15] Many of the copies were painted by professional copyists, but young academy students and budding artists also came from outside the city.[16]

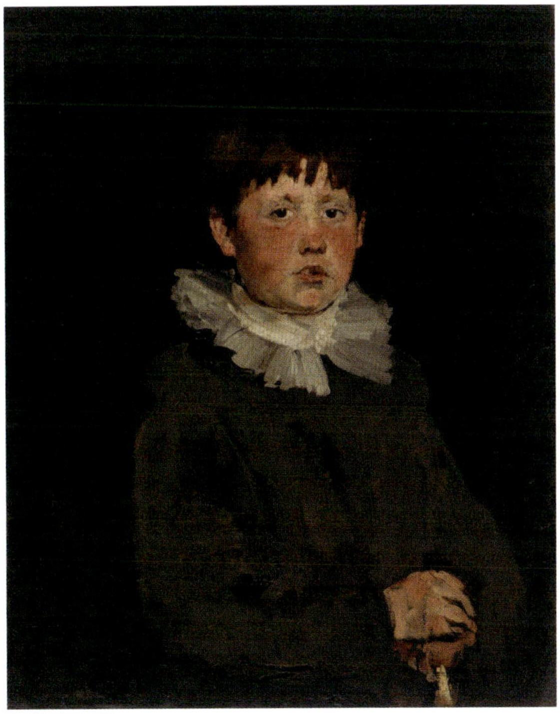

Fig. 4 Wilhelm Leibl, *Boy with a Ruff*, ca. 1869/70 (cat. 65)

Also of importance for the rediscovery of Frans Hals was the display of five of his paintings at the 1869 show of old masters in the Royal Exhibition Building opposite the Glyptothek in Munich, which had a direct impact on the local art scene.[17] Gustave Courbet made a copy after *Malle Babbe* (see cat. 45, 48), of which Wilhelm Leibl (1844–1950) was also impressed—by Frans Hals as well as by Courbet.[18] One can clearly see this, for instance, in the paintings *An Italian Man* from the same year and the *Boy with a Ruff* (fig. 4; cat. 65), painted around 1869/70.[19] At the same time, the Musée du Louvre acquired Hals's painting *Young Woman ("La Bohémienne")* (cat. 7), which in turn was copied in around 1873 by Max Liebermann (1847–1935) while in Paris.[20]

Of even more vital importance, however, was the opening of the Stedelijk Museum in Haarlem in 1862, in which large group portraits and other works by Frans Hals that came from various local institutions had been brought together. With the growing renown of the artist, the museum became a veritable sanctum sanctorum for admirers of his art. The entries in the visitors' book read like a Who's Who of art history at the time—and so, visitors included the following art scholars: Vosmaer (1862), Thoré-Bürger (1863), Eugène Fromentin and Hugo von Tschudi (1875), Charles Blanc (1876), Carl Justi (1880), and Henry Thode (1881).[21] Many artists made the trip to Haarlem. A particularly enthusiastic visitor was Max Liebermann, who already had an intense love for the Netherlands besides.[22] He made various copies after the group portraits, though focusing primarily on individual figures, heads, or hands. These copies were evidently intended only for himself and were an important point of reference for his own artistic output. By means of the copy after works by Hals, he tried to "penetrate into their spirit, to appropriate the ease of technique, and to recognize their import in expressing nature."[23]

While Liebermann was a lifelong admirer of Frans Hals, other artists were only drawn to him at particular points of their career. This is the case with Fritz von Uhde (1848–1911), for

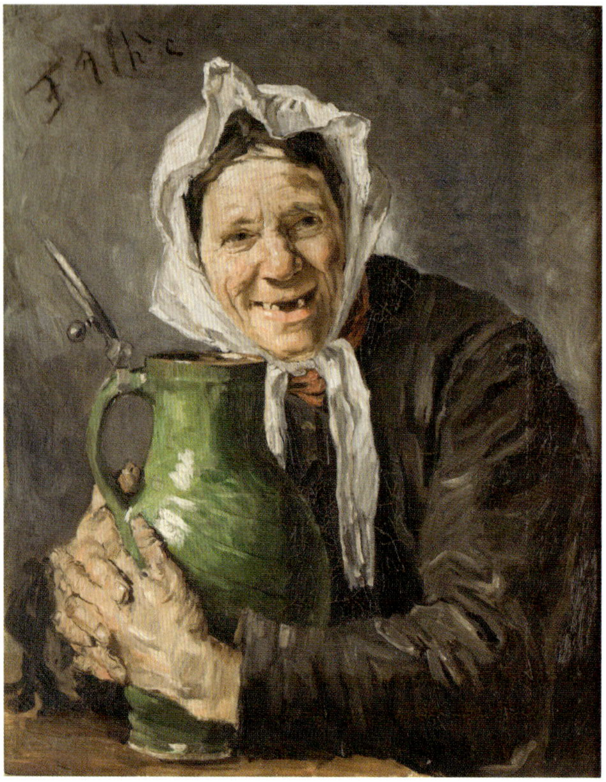

Fig. 5 Fritz von Uhde, *Old Woman with a Beer Jug*, 1881, Muzeum Narodowe, Poznań

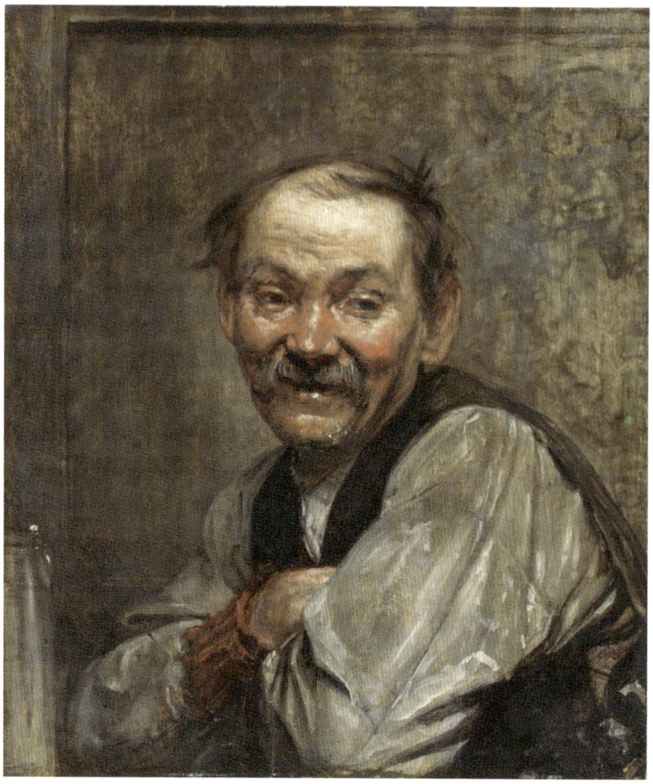

Fig. 6 Louis Kolitz, *Old Man Döring*, 1887, Hessen Kassel Heritage, Neue Galerie, Kassel

instance. During his time in Paris at the studio of Mihály von Munkácsy (1844–1900), he admitted in November 1879, "I keep coming back to the old masters. All the modern stuff I saw in the Louvre is hideous."[24] Almost three years later, he wrote to his wife on August 30, 1882, regarding the Hals portraits in Haarlem, "All this is life at its most fabulous, which is why it's merely so sketchily tossed off. . . . I'm starting to feel embarrassed by my latest things. Leibl's and Liebermann's stuff is also pretty pathetic in comparison. The three great Naturalist Ls or, respectively, U—Leibl, Liebermann, Uhde—together don't outweigh even one-tenth of Hals."[25] Uhde's picture *Old Woman with Beer Jug*, which no doubt shows the influence of Frans Hals upon him most clearly (fig. 5), was created around this time.[26] It references, on the one hand, Hals's *Malle Babbe* in Berlin and, on the other hand, *Pekelharing* in Kassel. Later, the influence of Frans Hals in Uhde's work seems to wane. The same was true of Louis Kolitz (1845–1914), who, since 1879, had been a professor at the Academy of Fine Arts in Kassel, in some ways a branch of the Berlin Academy. In 1882, he went on a study trip to Holland. Unflatteringly direct, his 1887 painting *Old Man Döring* (fig. 6), said to be the portrait of a model at the Art Academy, shows the influence of both *Pekelharing* and *Portrait of a Man in a Slouch Hat*.[27] In the case of others, a confrontation with Frans Hals (and other Dutch masters) led to misgivings whether being a painter was really their proper vocation. Thus Wilhelm Busch (1832–1908) admired the Dutch masters, visited various collections, including Kassel several times, as well as Haarlem in 1873, and painted a number of portraits entirely in the style of the master (fig. 7).[28] Finally, however, he decided against the profession of painter and instead became one of the most successful illustrators and storytellers through pictures, although he secretly continued to paint for the rest of his life.[29]

Emulation as Self-Staging

Not infrequently, as a result of copying and appropriation, painters would also deliberately stage themselves as worthy successors of the artist. Accordingly, the copies were either put on display or otherwise marketed. Thus there are photographs of Liebermann showing him at his summer residence on the Wannsee, where his copy of the standard-bearer from the 1627 *Banquet of the Officers of the St. George Civic Guard* (p. 70, fig. 12) hung prominently above the fireplace.[30] Visitors were thus squarely confronted with his thorough examination of Frans Hals. In another portrait photograph, we see Liebermann as he draws in a sketchbook sitting at the desk of his Berlin studio (fig. 8). On the tabletop, there are palettes and other painting supplies, and behind them, we see a hand study after Hals that the latter had done for the 1639 *Officers and Sergeants of the St. George Civic Guard* (p. 20, fig. 2). Liebermann's own work is thereby directly associated with the work of the old master. The hands of the artists—Frans Hals and Max Liebermann—are placed in relation to one another. Liebermann is said to have "sometimes put [the copies] next to his own pictures in order to measure himself against them and to make certain he was on the right path."[31]

In critical literature, Lovis Corinth was described as a kind of latter-day Frans Hals.[32] The artist himself also admitted that there was a close relationship between his paintings and Frans Hals. He displayed his copy of the latter's *Portrait of a Man in a Slouch Hat* at a prominent place in his dining room and repeatedly showed it at his own exhibitions. Such copies were celebrated as "creative copies," a term coined by Gustav Friedrich Hartlaub on the occasion of an exhibition at the Kunsthalle Mannheim.[33] As a result, copying, which had increasingly fallen into disrepute, was reinterpreted as an act of new artistic creation. Thus, while a comparison of Corinth's copy with the work of Frans Hals shows that its composition closely matches the original, Corinth does not meticulously follow the model, but uses it freely. Already in about 1918, Karl Schwarz pointed out, "This copy clearly shows the congeniality of the two masters; there was a lot of Corinth in it and yet it was also Franz Hals. It was no slavish or unfree repetition, but rather empathy and understanding were expressed in the audacity and lightness of the brushstrokes. Justifiably, Corinth particularly loved this copy."[34] And the artist himself had also stated, as noted earlier, "Franz Hals painted just like me. . . . I have no need at all to dissemble. Only the black is, of course, much clearer."[35]

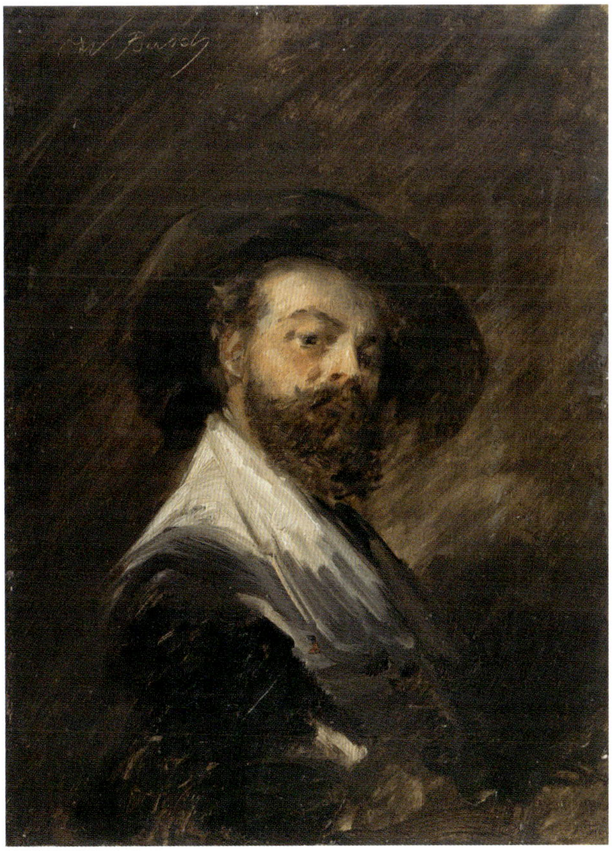

Fig. 7 Wilhelm Busch, *Self-Portrait in Dutch Costume*, ca. 1875, Wilhelm Busch – Deutsches Museum für Karikatur und Zeichenkunst, Hannover

Finding One's Bearings in Times of Doubt and Crises

And thus we return to the questions asked at the outset. In some ways, most of the issues presented here apply to Corinth: like his fellow painter Liebermann, he felt especially attracted to the Netherlands and the great masters Rembrandt and Hals. The difference between him and Liebermann, however, is that there is only one existing copy by Corinth after Frans Hals. It is certainly no coincidence that Corinth made this copy at a time when his art was in danger of going out of fashion because of the following generation. During the same period, he was working on his book *Das Erlernen der Malerei* (On Learning to Paint), which was first published in 1908. Evidently, the artist

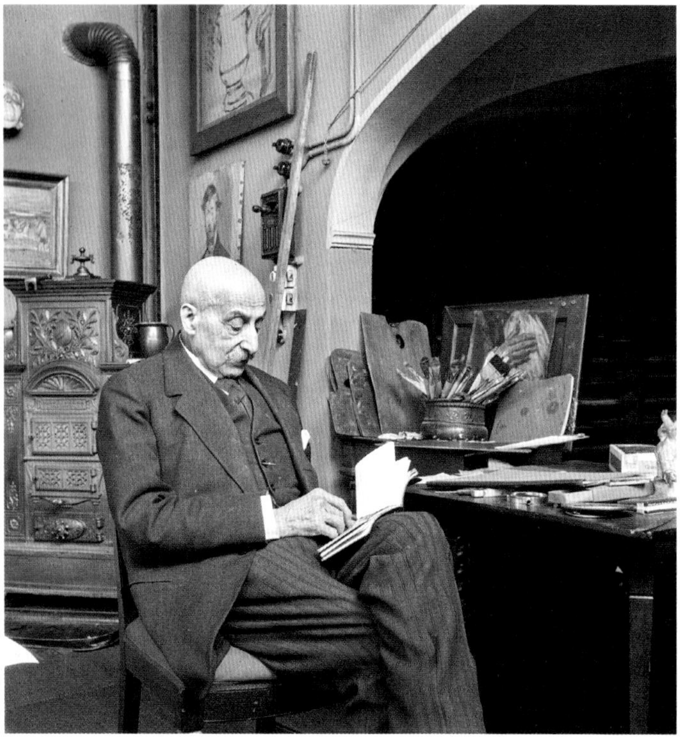

Fig. 8 Fritz Eschen, *Max Liebermann in His Studio*, photograph from 1932, Deutsche Digitale Bibliothek

was trying to position himself in the changing art world where, in around 1905, the artists' group Brücke had been founded and the Berlin Secession was shaken by resignations and schisms. Corinth's parallel work on the copy and the book is documented by a letter he wrote: "This morning I was at the gallery and have already settled with the warden that I will copy the Franz Hals. Now I am sitting in my room and working on the book [*Das Erlernen der Malerei*] and again don't feel like copying. But I guess I will. All it would take, incidentally, is 2 days. I could have painted the portrait myself right from the outset."[36]

Doubt and conviction are still engaged in a struggle. The last sentence is like an act of self-assurance and the expression of what seems to be strong agreement with the artistic positions of Hals and Corinth. Five years later, however, he wrote almost bitterly, "Am I one of the 'Moderns'? This question is bound to come up again. In my youth, and later as well, right to the present day, many have counted me among the Moderns and the people on the extreme left, but it was never my intention to be described by such a name. If today a trend has erupted, which must be incomprehensible to me and many others, I cannot, in order to remain modern, change my conviction merely so as to merit a label about which I still wonder whether it is desirable. The history of art is based on constructing the present on the models of the past, and I remain true to mine."[37] And a year later he professed, "modern paintings are those that have an effect throughout the ages, i.e., are always fresh and comprehensible to the public and create the impression of having been painted today in spite of their age—often of many hundred years. Examples of this are the pictures of Rembrandt, Frans Hals, and Velasquez."[38]

Accordingly, Corinth's Kassel copy after Frans Hals is to be understood as a statement on contemporary art. The creative reference back to the seventeenth-century master is a manifesto. In 1912, referring to Impressionism, Hugo von Tschudi had demanded that the old masters be evaluated afresh: "From here, unexpected perspectives on past art suddenly open up. . . . For only those aspects of past art are illuminated for us in a new light, whose hidden tendencies also struggle to be expressed in the creative

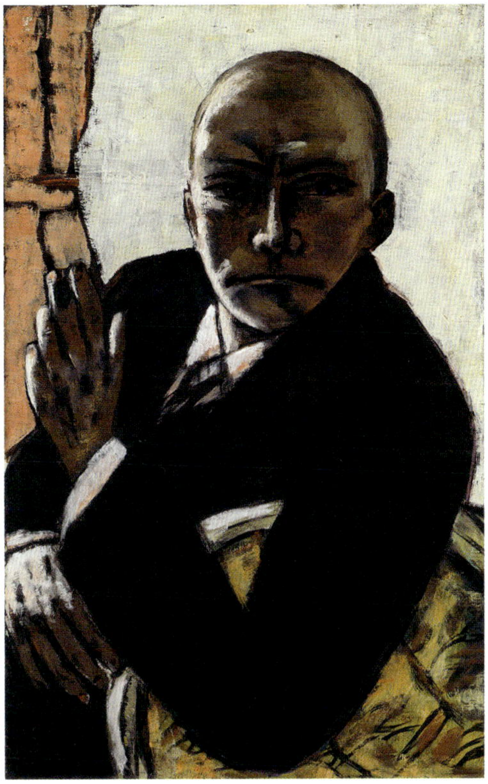

Fig. 9 Max Beckmann, *Self-Portrait*, 1944, Bayerische Staatsgemäldesammlungen München – Sammlung Moderne Kunst in der Pinakothek der Moderne

work of our own age."[39] In this respect, some old masters were therefore highly topical.

And thus it is probably no coincidence that the *Self-Portrait* which Max Beckmann (1884–1935) created in Amsterdam exile in early 1944 is also a compositional homage to Frans Hals (fig. 9). Already in 1903, he had noted, after a visit to the Rijksmuseum, "Franz Hals is the most beautiful, and then Terborg and van mer van Delft."[40] In the year he painted the self-portrait, he visited Haarlem and noted in his diary, "Was in Harlem and ate pea soup at the Great Market and thought of Frans Hals—oh well—I guess the workhouse was not particularly pleasant either!"[41] Because of this pessimistic undertone, the effect of Beckmann's picture, despite the fact that its motif is close to that of Hals, is totally different. In Beckmann's portrait, the friendly, almost jovial looking *Man in a Slouch Hat* of Kassel has turned into a serious observer of the age. Or, as Corinth put it in 1908, "The subject matter may have been treated a hundred times; but the way a particular painter interprets it is what makes the picture new and a work of art."[42]

1 Corinth 1979, p. 114.
2 Atkins 2012, pp. 195–211.
3 Of fundamental importance on this, see Jowell 1974; Jowell 1989; Atkins 2012, pp. 211–37.
4 Bode 1871.
5 Schnackenburg 1996, pp. 138–40.
6 Jowell 2014, p. 75.
7 Thoré-Bürger 1868, p. 219.
8 Ibid., pp. 220–1.
9 Aachen 2018, cat. 161–5.
10 Slive 1970–4, no. 11.
11 Katzenstein 1866, p. 14.
12 Eisenmann 1888, p. 128.
13 Gronau 1923.
14 Dohe 2013, p. 108.
15 Lange 2023, p. 31.
16 On the gallery as a place of study, see Lange 2018.
17 Stukenbrock 1994, p. 118.
18 Hamburg and Frankfurt 1978, pp. 305–6.
19 Munich and Cologne 1994, cat. 44, 47.
20 Haarlem 2018, pp. 16–19.
21 Basel 1987.
22 Hannover and Assen 2006.
23 Hancke 1914, p. 110.
24 Bremen and Leipzig 1998, p. 48.
25 Brand-Claussen 1998, p. 21.
26 Rosenhagen 1908, p. 30.
27 Lange 2023, pp. 32–3.
28 Hannover and Kassel 2013, pp. 75–85.
29 Hannover and Kassel 2013.
30 Achenbach 2013, p. 72.
31 Ibids., pp. 76–7.
32 Lange 2023, p. 33.
33 Achenbach 2013, p. 75.
34 Corinth 1979, p. 239.
35 Ibid., p. 114.
36 Germanisches Nationalmuseum, Nuremberg, Deutsches Kunstarchiv, NL Corinth, Lovis, I,A-50 (1907-09-05a). Corinth 1979, p. 114.
37 Corinth 1913, p. 8.
38 Corinth and Englert 1995, p. 156.
39 Quoted in Joachimides 2014, p. 41.
40 Amsterdam and Munich 2007, p. 88.
41 Lenz 2000, p. 192.
42 Corinth 1908, p. 117.

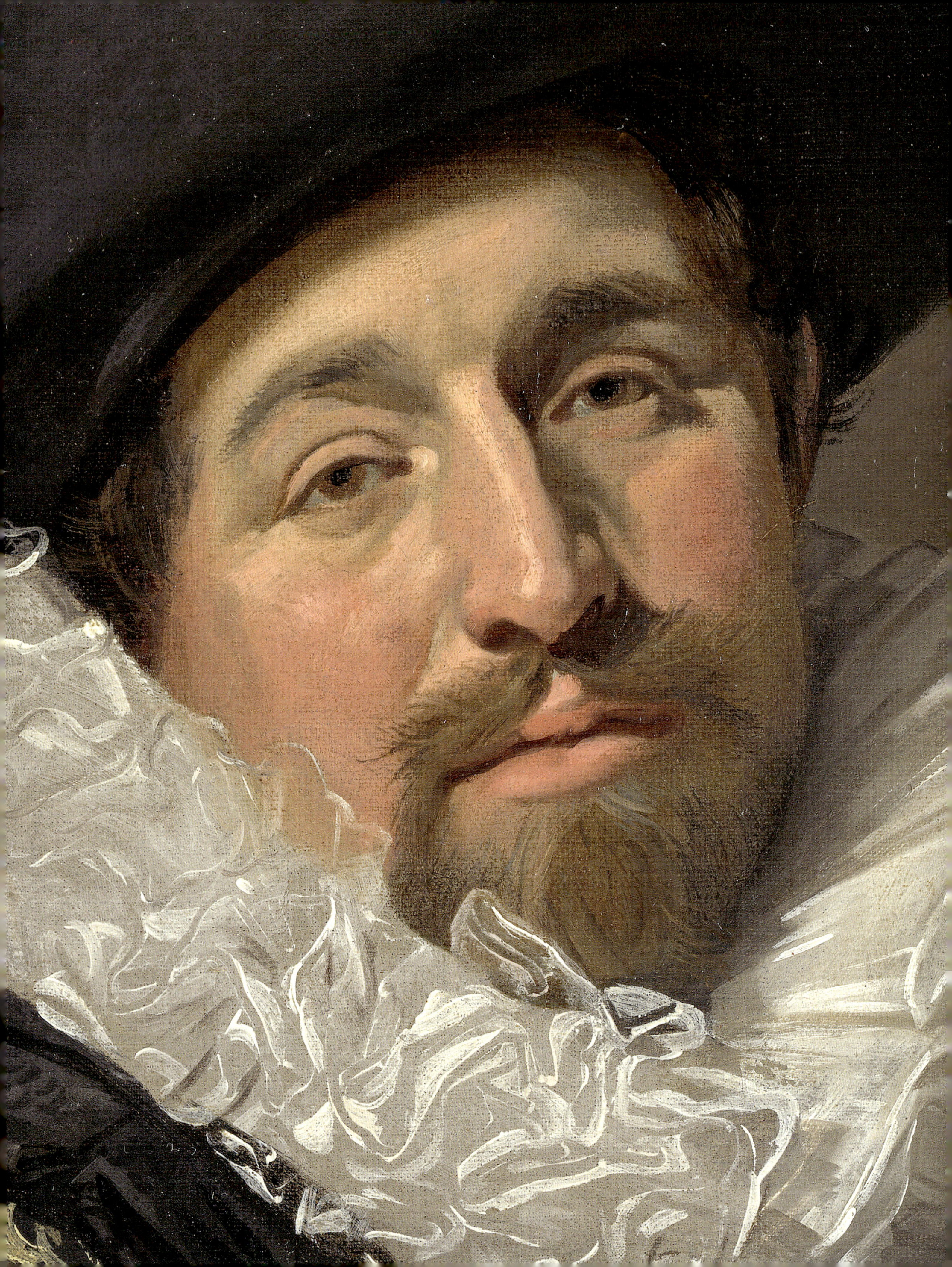

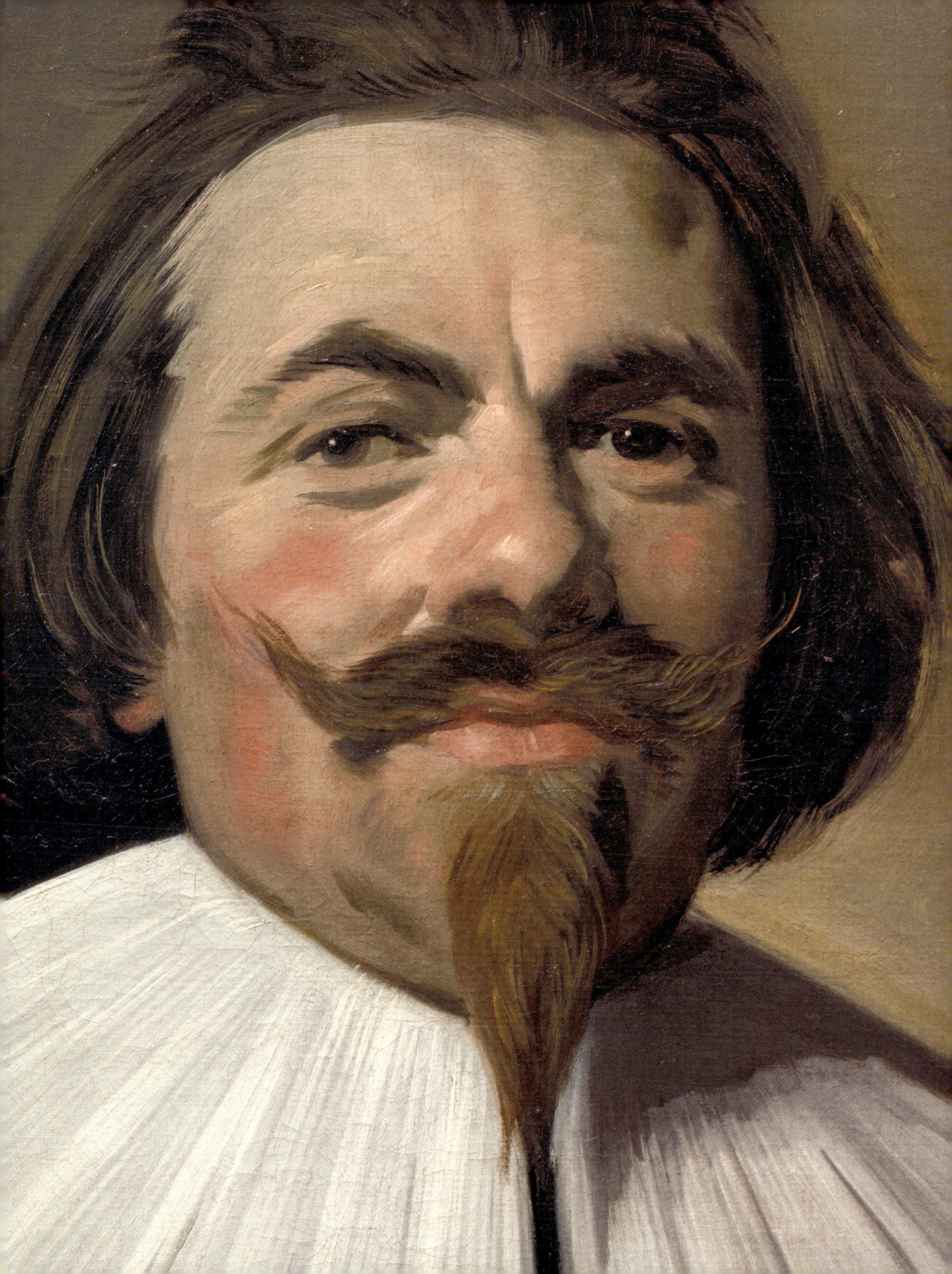

Frans Hals at the First International Art Exhibition in Munich, 1869

Katja Kleinert

In 1869, at the Königliche Glaspalast (Royal Glass Palace) in Munich, the first Internationale Kunstausstellung (International Art Exhibition) took place from July 20 until October 31. It was organized by the Münchner Künstlergenossenschaft (Munich Artists' Association) and was meant to present all the contemporary art movements to the public. The organizers intended to launch an annual exhibition in Munich similar to those that already existed in Paris, Vienna, and Berlin at the time. Nevertheless, they also desired to showcase "the most important paintings of older masters found in the private collections of Southern Germany and Switzerland."[1] The *Katalog der Ausstellung von Gemälden älterer Meister* (Exhibition Catalogue of Old Master Paintings) lists 264 pictures that were displayed to this end in the art exhibition building on Königsplatz opposite the Glyptothek sculpture gallery, including five works ascribed to Frans Hals. Since, at this time, there were only a very few paintings by Hals in public collections anywhere in the world, the show gave a broader public access to this artist for the first time. The pictures that were featured, particularly *Malle Babbe* (cat. 45), thrilled and inspired contemporary artists with their free, open brushwork. The Munich exhibition thus marks an important milestone in the rediscovery of Frans Hals.

The following pictures were on view as works by Frans Hals at the Munich exhibition:

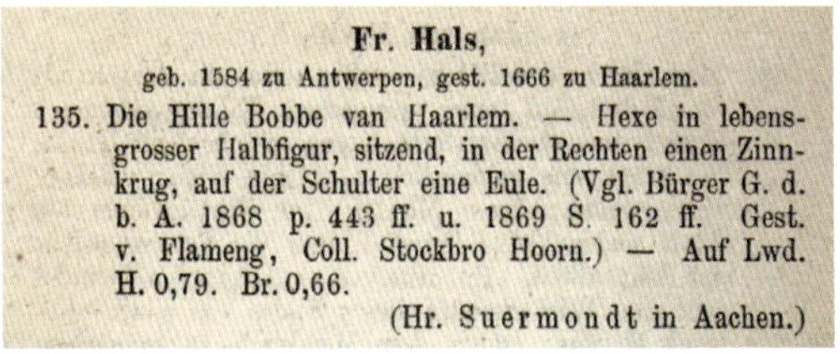

Fr. Hals,

geb. 1584 zu Antwerpen, gest. 1666 zu Haarlem.

135. Die Hille Bobbe van Haarlem. — Hexe in lebensgrosser Halbfigur, sitzend, in der Rechten einen Zinnkrug, auf der Schulter eine Eule. (Vgl. Bürger G. d. b. A. 1868 p. 443 ff. u. 1869 S. 162 ff. Gest. v. Flameng, Coll. Stockbro Hoorn.) — Auf Lwd. H. 0,79. Br. 0,66.

(Hr. Suermondt in Aachen.)

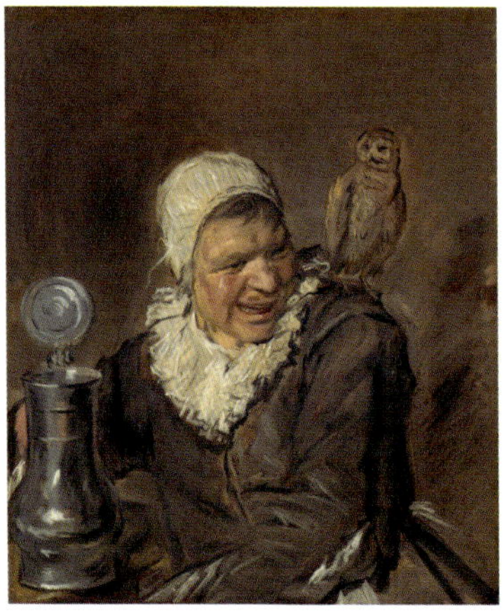

1 Frans Hals, *Malle Babbe*, ca. 1640–6, canvas, 78.5 × 66.2 cm
Gemäldegalerie, Staatliche Museen zu Berlin (cat. 45 in the present volume)

Lit.: Munich 1869, p. 40; Slive 1970–4, no. 75.
The picture was copied by Gustave Courbet in 1869 during the Munich exhibition (see cat. 48 in the present volume).

Fr. Hals.

140. Kopf eines lachenden Knaben, eine kleine Flöte in der rechten Hand haltend; rund. (Vgl. Bürger, G. d. b. A. 1869 S. 165.) — Auf Holz. Durchmesser 0,31. (Hr. Suermondt in Aachen.)

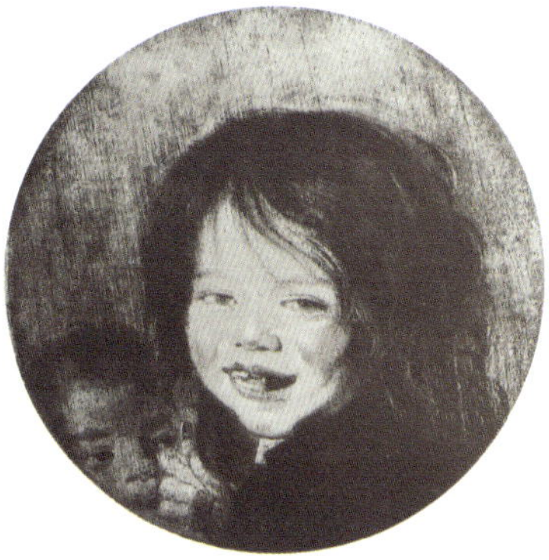

2 Frans Hals (follower), *Head of a Laughing Boy*, wood, Ø 30 cm, whereabouts unknown

Lit.: Munich 1869, p. 41; Thoré-Bürger 1869, p. 165; Brussels 1874, no. 28; Slive 1970–4, no. D 6-2; Aachen 2018, p. 60, no. 168.

Fr. Hals.

142. Betteljunge, einen Korb auf dem Rücken tragend, die Arme übereinandergeschlagen in zerlumpter Kleidung. — Lebensgrosse Halbfigur aus dem Bilde blickend. Hintergrund Landschaft. — Auf Lwd. H. 0,77. Br. 0,64. (Hr. Sedelmeyer in Wien.)

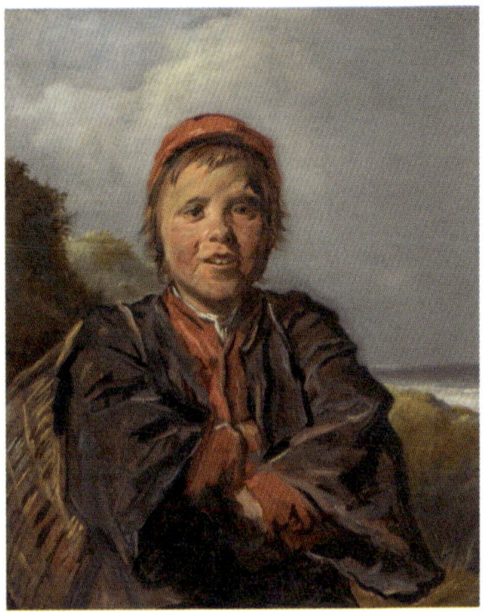

3 Frans Hals, *Fisher Boy in a Landscape*, ca. 1638, inscribed at bottom right: FH, canvas, 74 × 61 cm, Royal Museum of Fine Arts Antwerp (cat. 40 in the present volume)

Lit.: Munich 1869, p. 42; Sedelmeyer 1898, no. 46; Slive 1970–4, no. 71.

Derselbe.

143. Ein Mädchen in schwarzem Gewand mit schwarzer Kappe, mit dem linken Arme einen Korb umfassend' in der Rechten ein Stück Papier — Hintergrund Landschaft. — Auf Lwd. H. 0,67. Br. 0,57. (Gutsbesitzer Rauter in München.)

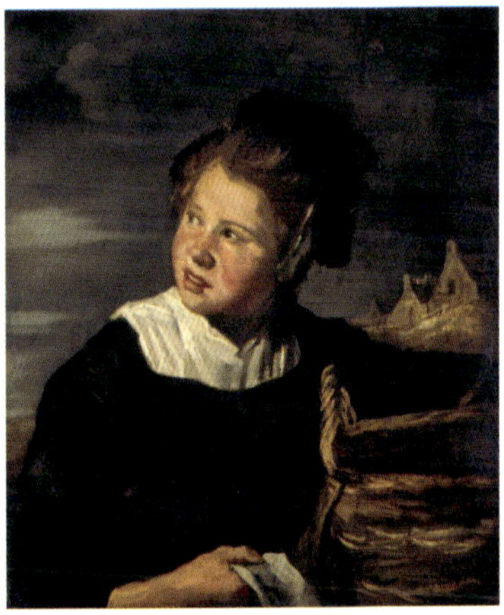

4 Frans Hals (workshop), *Fisher Girl*, ca. 1630 (?), canvas, 65.5 × 56 cm, Wallraf-Richartz-Museum & Fondation Corboud, Cologne

Lit.: Munich 1869, p. 42; Slive 1970–4, no. D 32

Fr. Hals.

154. Porträt einer Dame in schwarzem Damastkleide, weissem Spitzenhäubchen und Radkragen, in der Rechten gestickte Handschuhe. Grauer Grund. — Auf Lwd. H. 1,10. Br. 0.84. (Hr. Sedelmeyer in Wien.)

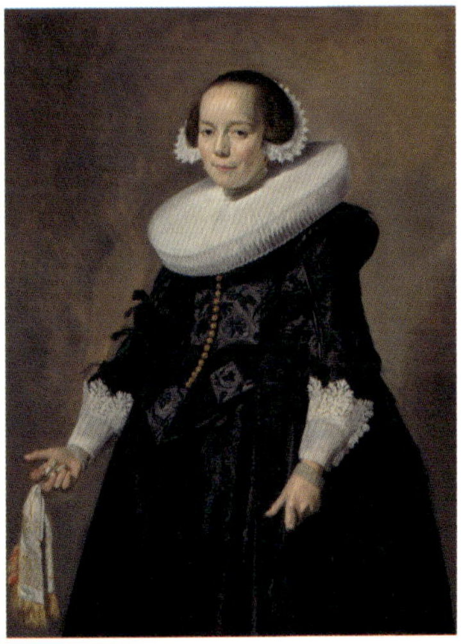

5 Frans Hals, *Portrait of an Unknown Woman*, 1634, inscribed: AETA SVAE 28 / AN^O 1634, canvas, 111.2 × 83.2 cm, Baltimore Museum of Art

The *Portrait of an Unknown Woman* in Baltimore corresponds to the entry in the Munich catalogue both as regards the description and the specified dimensions. Moreover, in an 1869 review of the Munich exhibition the date of the painting is correctly given as 1634 and the black gown is described as being decorated with arabesques and birds.[2] Although it has hitherto not been possible to prove definitively that the woman's portrait in Baltimore was once owned by Charles Sedelmeyer, this picture is most probably the work presented in Munich.[3]

Lit.: Munich 1869, p. 44; Grenzboten 1869, pp. 58–9; Slive 1970–4, no. 96.

1 "die bedeutendsten Gemälde älterer Meister, welche sich in Süddeutschland und der Schweiz im Privatbesitze befinden," Munich 1869, p. 3.

2 Grenzboten 1869, pp. 58–9.

3 While a *Portrait of a Woman* listed by Sedelmeyer in his 1897 sales catalogue (today identified as Cunera van Baersdorp, p. 77, fig. 23 in the present volume) largely corresponds to the description in the Munich catalogue, the dimensions of the picture are not the same. Moreover, it does not bear the date 1634. See Sedelmeyer 1897, no. 19; Slive 1970–4, no. 120.

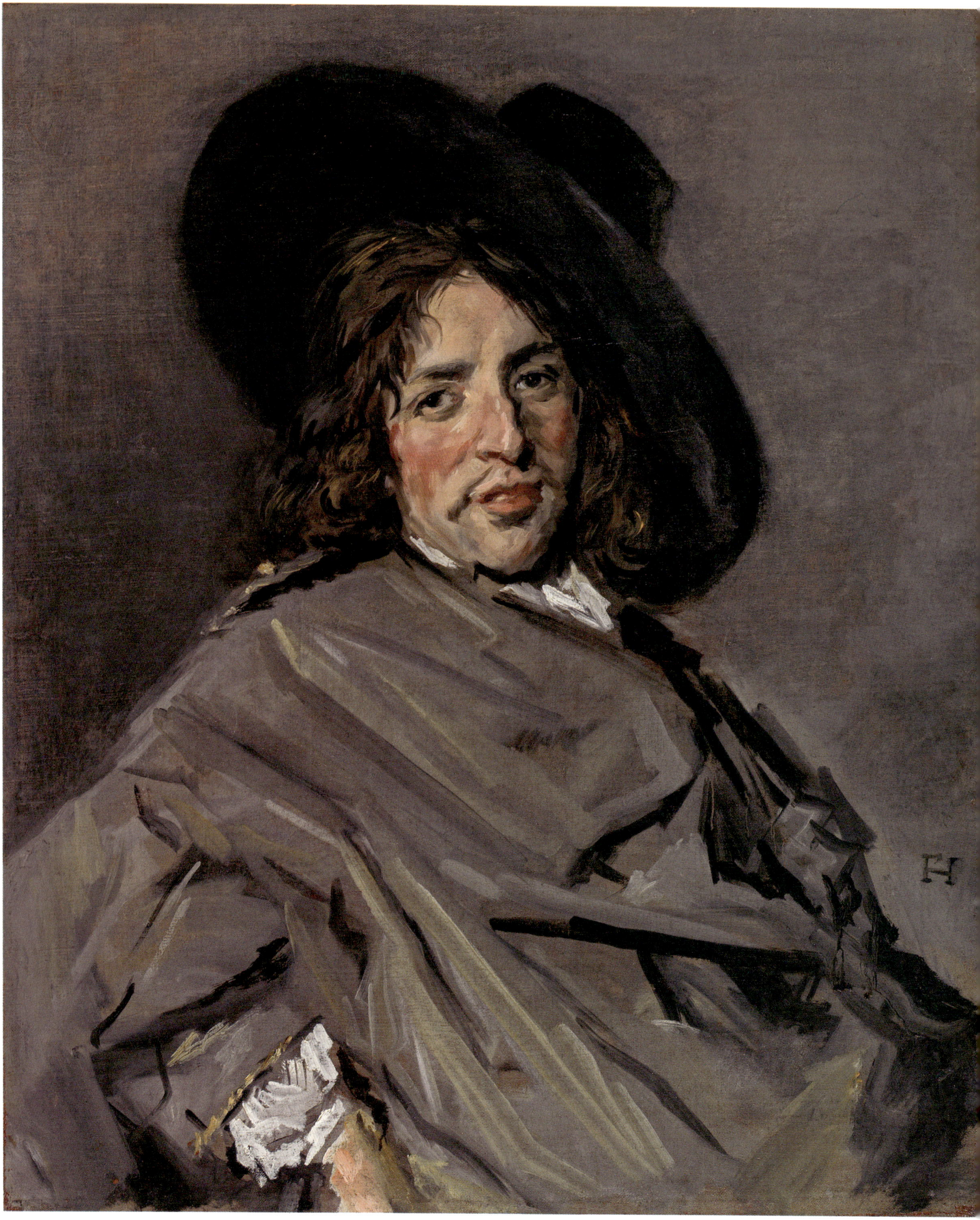

cat. 64

Frans Hals
Portrait of an Unknown Man
ca. 1660

Inscribed at bottom right:
FH (ligated)
Canvas, 80 × 67 cm
The Syndics of the Fitzwilliam Museum, University of Cambridge, inv. 150

Provenance:
A. J. H. Smith Bequest through National Art Collections Fund (1964).

This impressive likeness is strongly reminiscent of late nineteenth-century avantgarde portraits. The sitter's gray cloak, in particular, is painted with such rough and angular brushstrokes that the work feels almost anachronistic for the seventeenth century. Frans Hals, who must have been around eighty years old when he created the portrait, here painted swiftly and wet-in-wet,[1] as the drops of paint to the left of the artist's monogram indicate. He used only four pigments in the picture: black, white, ocher, and Venetian red.[2] Though the style of painting appears remarkably modern, the subject is posed conventionally with his arm bent, a posture that Hals had already employed in his portraits during the 1620s (see, for example, cat. 3, 12, 20).

The man's identity is not known. But he probably knew to appreciate Hals's extremely sketchy, rough brushwork. The painting style and the sitter's clothing suggest that he did not belong to Hals's usual clientele of Haarlem's upper classes. Possibly this is a fellow painter (see cat. 56, 58, 60). Norbert Middelkoop suggests that the work might be a portrait of the Haarlem architectural painter Job Berckheyde (1630–93). However, Hals's roughly applied brushstrokes in the face make a physiognomic comparison with the only known self-portrait of Berckheyde, dated 1665, difficult.[3] The self-portrait is very gracefully executed, and in terms of his clothing and hair style, Berckheyde appears far more elegant than the man portrayed by Hals. Nevertheless, the faces of the two men do have common features.

In more ways than one, the *Portrait of an Unknown Man* invites comparison with Hals's small portrait of *The Traveler* (cat. 28): here, too, we have a rapidly painted portrait of a dark-haired man with a gray cloak and black hat. This is not to say that the Cambridge portrait also represents a traveler. As the *Portrait of a Man in a Slouch Hat* (cat. 30) and *The Regents of the Old Men's Almshouse* (cat. 31) demonstrate, a large black felt hat worn askew happened to be fashionable around 1660.[4] The combination of just such a hat with a gray cloak also occurs in Johannes Vermeer's *The Glass of Wine* in Berlin (ca. 1658/60), as Seymour Slive has already noted.[5] While Hals's traveler radiates a slight arrogance, the expression of the unknown man in Cambridge is somewhat inscrutable. Whoever the sitter may have been, he must have been as bold and unconventional as Hals to commission such a work of himself. No other seventeenth-century portrait is comparable. [EE]

Selected literature:
Moes 1909, no. 152; Hofstede de Groot 1910, no. 264; Bode and Binder 1914, no. 240; Valentiner 1923, p. 287; Goodison 1949, pp. 197–9; Slive 1970–4, no. 218; Slive 2014, pp. 317–18.

1 Roy 2021, p. 114.
2 Goodison 1949, p. 198.
3 Frans Hals Museum, Haarlem; see Middelkoop 2024.
4 On the fashion in hats during this period, see Kinderen-Besier 1950, p. 178.
5 Gemäldegalerie, Staatliche Museen zu Berlin; see Slive in Washington, London, and Haarlem 1989, pp. 367–8; Slive 2014, p. 318.

65

Wilhelm Leibl
Boy with a Ruff
ca. 1869/70

Canvas, 75.8 × 61 cm
Germanisches Nationalmuseum, Nuremberg, inv. Gm1748 (Permanent loan from the Museen der Stadt Nürnberg)

Provenance:
Purchased in 1925 from the Gemälde-Galerie Carl Nicolai, Berlin.

In the summer of 1869, the International Art Exhibition was held for the first time in Munich's Glass Palace, a monumental exhibition venue constructed in 1854.[1] Along with sculptures, prints, and architecture, 1,631 paintings by contemporary artists were presented in the show, including works by the twenty-five-year-old painter Wilhelm Leibl (1844–1900). Leibl made two discoveries in Munich that would shape his art: he met Frenchman and fellow exhibitor Gustave Courbet, a pioneer of Realist painting, and he also saw Frans Hals's paintings for the first time.[2] Courbet and Leibl became friends and encouraged each other in their artistic work. For Courbet, who had already copied old masters in the Louvre and had traveled in the Netherlands, the Munich exhibition meant engaging once again with Frans Hals, whose magnificent *Malle Babbe* (cat. 45) was among the works he copied at the show (cat. 48). For Leibl, on the other hand, the exhibition signified his first encounter with art by Hals, who had long been widely forgotten and was only rediscovered in the second half of the nineteenth century.[3] Hals's sketch-like, virtuoso painting, which is particularly evident in *Malle Babbe*, inspired Leibl and his circle. Discovering this painting, which he later declared to be among his favorite works of art,[4] was a revelation for the young artist and subsequently had a clear impact on his work.

Probably due to his contact with Courbet, Leibl spent time in Paris from November 1869 to the outbreak of war in 1870, admiring the pictures by Frans Hals, among others, in the Louvre, specifically the newly acquired *Young Woman ("La Bohémienne")* (cat. 7).[5] *Boy with a Ruff* is one of the eight works Leibl produced in Paris. It may be categorized as a so-called "Halskrausenbilder" (ruff paintings), which references seventeenth-century Dutch art and was very popular in Leibl's circle. The painter has meticulously depicted the boy's rosy face in a delicate, evocative style in which individual brushstrokes nonetheless remain clearly recognizable. Portions of the robe and the light collar, by contrast, are reduced to their essentials, conjured up with just a handful of assertive brushstrokes in an extremely dashed-off style. The bright hues of the face and white ruff stand out against the dark background, which almost melts into the boy's clothing and dark brown hair. The figure is not defined by contours; instead, the broad, flat brushwork determines the boundaries of the form. Frans Hals's influence is clearly apparent in the confident, open rhythm of the brushstrokes and the painting's sketchy composition. The highly personal brushwork that both Leibl and Hals deployed underpins the distinctive aesthetic impact of their paintings.[6] The restrained color palette of *Boy with a Ruff* also recalls Hals's portraits. Leibl painted *alla prima*, straight onto the canvas without any underdrawings to delineate the form,[7] a technique also ascribed to Frans Hals and largely confirmed in technical studies of his paintings. [KK]

Selected literature:
Lavarini 2000; Curtius 2021, no. 16.

1 I. Internationale Kunstausstellung, Königlicher Glaspalast zu München, July 20–October 31, 1869.
2 264 works by older masters from private collections in Southern Germany and Switzerland were shown separately in an exhibition building opposite the Glyptothek, including five works by Frans Hals. Munich 1869, nos. 135, 140, 142–3, 154.
3 At this point, there were not yet any Frans Hals paintings in the collection of Munich's Alte Pinakothek, where Leibl worked on copying artworks during his studies and later on commission.
4 Ruhmer 1994, p. 161; Röhrl 1994, pp. 76–80.
5 Stukenbrock 1994, p. 118.
6 See Ruhmer 1984, p. 48.
7 Lavarini 2000, p. 5.

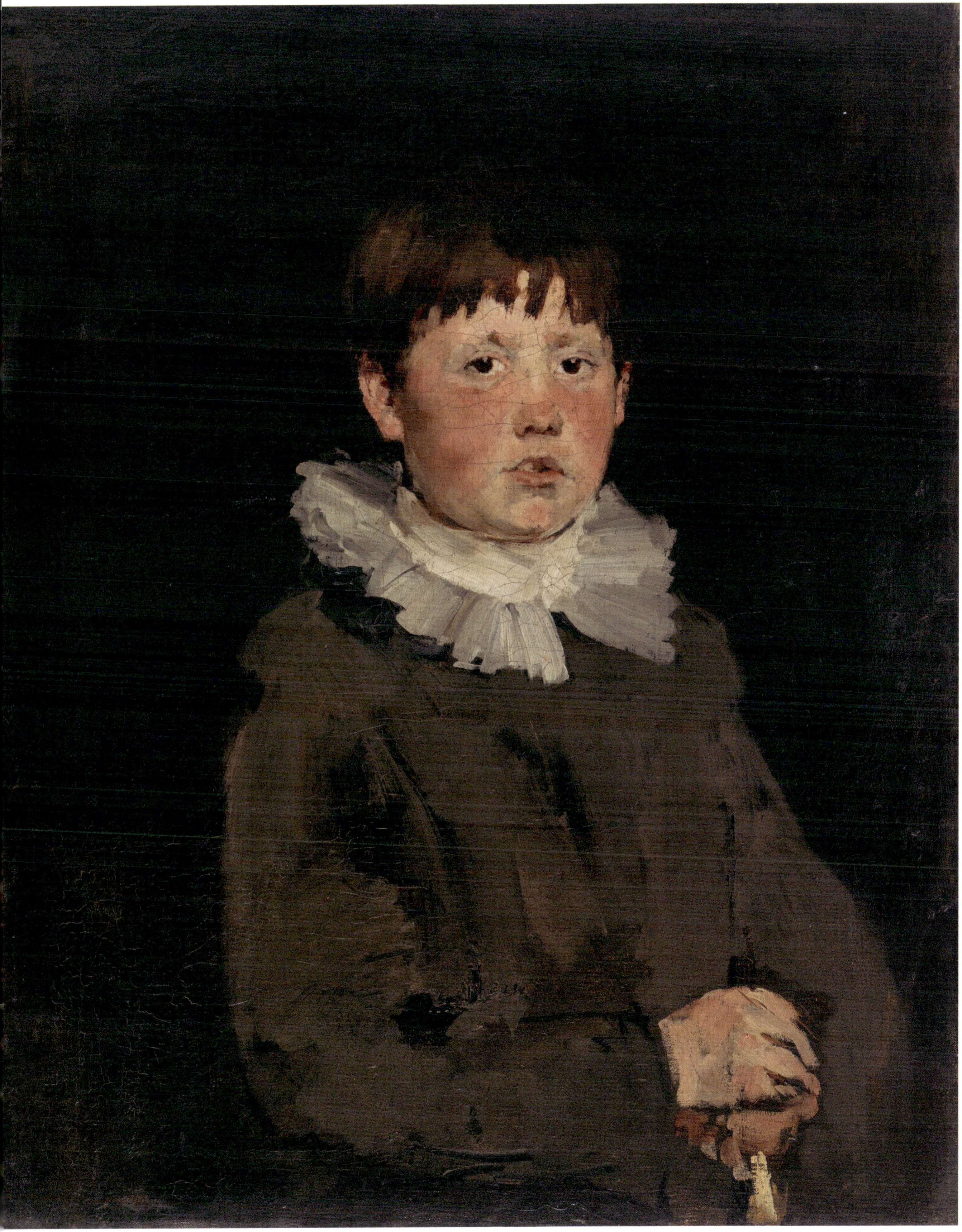

cat. 65

66

Wilhelm Leibl
Portrait of Baron Max von Perfall
ca. 1876/7

Canvas, 104 × 83 cm
Bayerische Staatsgemälde-sammlungen München – Neue Pinakothek, Munich, inv. 8090

Provenance:
Acquired in 1899 from the sitter's son.

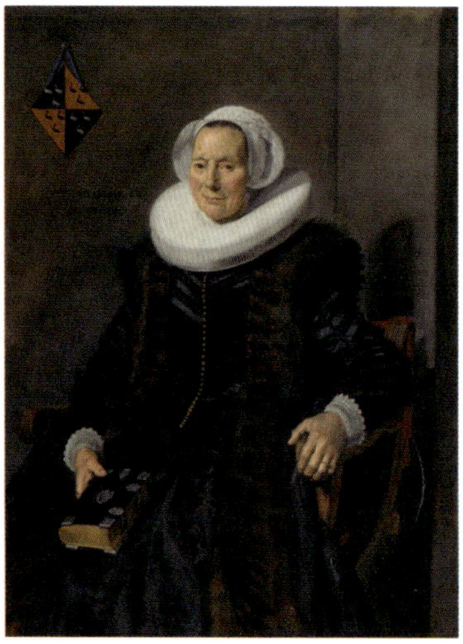

Fig. 1 Frans Hals, *Portrait of Maritge Claesdr Vooght*, 1639 (cat. 27)

In 1874, after a less than productive winter in Munich, Wilhelm Leibl (1844–1900) moved to the country—to Unterschondorf on the west bank of Lake Ammer—in the spring of the following year. Here he lived near his friend and benefactor Maximilian von Perfall (1814–77), who, among other things, made his hunting grounds available to Leibl. The second of nine children, Perfall was born in 1814 into an aristocratic family in Greifenberg on Lake Ammer. After a legal career in the civil service, he married in 1843 and as of 1854 took over the family estate as landowner and fideicommissary. In addition, he was active as a member of the regional parliament from 1855 to 1861.[1]

Leibl painted the then sixty-three-year-old in the winter of 1876/7, a good six months before Perfall's death in August 1877. The latter's son Anton, who frequently hunted with Leibl, tells the story of the genesis of the imposing portrait, on which the painter had evidently worked all winter. According to the son, Perfall senior was "scared to death of the countless sittings."[2]

The massive figure of the aging nobleman is portrayed leaning back in an armchair. The picture's framing is drawn closely around the subject; the head and right arm reach to the edge of the picture and are nearly lopped off by it, which gives the figure an imposing, very present appearance. Relaxed, the sitter has placed his left arm over the back of the chair, a motif that indicates self-confidence and authority, while also emphasizing the diagonal line of the picture. The three-quarter view is also accentuated by the curved, elaborately carved armrest whose light brown color stands out against the other, largely dark sections. The only bright touches of color in the picture are found in the red, fringed cushion in back of the sitter and in his ruddy flesh tones. The conspicuously restrained, clayey color scheme and the masterly brushwork hint at Leibl's intensive preoccupation with the old masters, especially with Anthony van Dyck (1599–1641) and Frans Hals. Already as a student in Munich, Leibl had considered the great Flemish and Dutch masters as his role models. He was familiar with the works of Van Dyck and Peter Paul Rubens from visits to the Alte Pinakothek.[3] Leibl had become acquainted with Frans Hals's work at the First International Art Exhibition in Munich. It was in this context that he also encountered Gustave Courbet, who produced his copy of *Malle Babbe* (cat. 48) there.

Van Dyck's influence is visible in the subtly differentiated coloring of the skin, the impressive characterization of the face, and the painting's aristocratic elegance. This time, however, unlike in many others of his works, Leibl was not inspired by the free, sketchy painting technique of Frans Hals. Rather, there are clear similarities to Hals's portraits in terms of structure, composition, and mise-en-scène. Thus, when portraying Max von Perfall, Leibl seems to have modeled his work on portraits like that of Maritge Claesdr Vooght (fig. 1; cat. 27). Hals, too, showed Vooght seated in an armchair, positioned diagonally in the picture, thus achieving a calm yet, at the same time, tension-filled pictorial composition. As in the portrait of Perfall, her left hand is propped on the armrest, while her right hand lies in her lap. In both cases, the sitters are successful heads of families, a fact which demanded they be presented in a manner befitting their age and prominent position. In addition, Leibl probably also derived the posture of an arm laid relaxed over a chair's backrest from Hals.[4] Developed by Hals, this specific motif, which lends sitters an appearance of spontaneity and authority (see, for example, cat. 18, 22, 30, 33a), was one that modernist painters returned to again and again (see cat. 68). [KK]

Selected literature:
Waldmann 1930, p. 9, fig. 24; Ruhmer 1984, no. 105; Munich and Cologne 1994, no. 84.

1 Lenz in Munich and Cologne 1994, p. 316.
2 "eine Höllenangst vor den unzähligen Sitzungen," Lenz in Munich and Cologne 1994, p. 316.
3 See, for example, Ruhmer 1984, pp. 72–6; Munich and Cologne 1994, no. 38.
4 On this motif, see also Lange in the present volume, pp. 329–35.

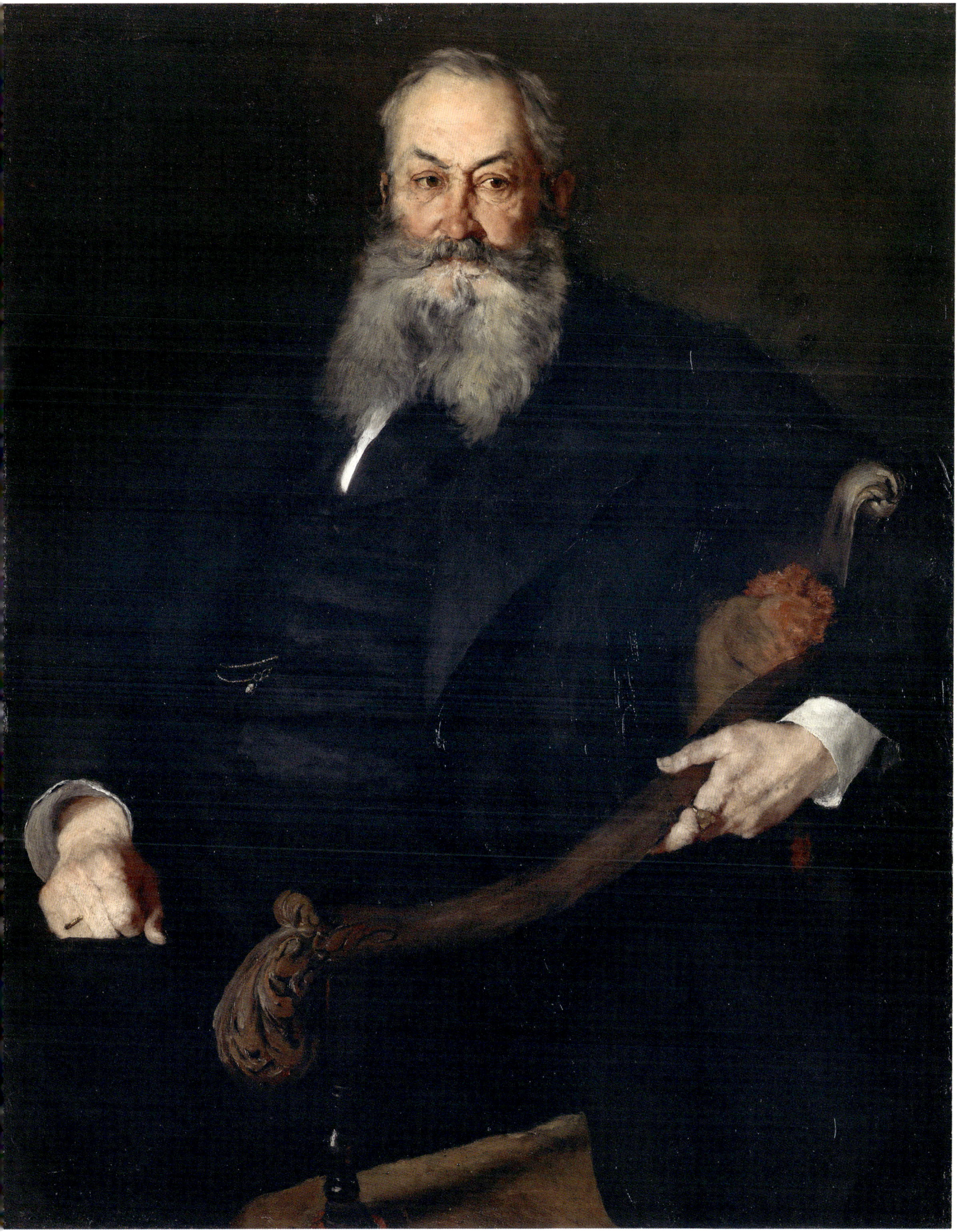

cat. 66

67

Ludwig Eibl
Portrait Study of an Old Woman
ca. 1875

Inscribed at bottom left: L. Eibl
Canvas, 53 × 46 cm
Nationalgalerie, Staatliche Museen zu Berlin, inv. A I 1037

Provenance:
Purchased in 1908 from Kunsthandlung D. Heinemann, Munich.

The elderly woman meets our gaze through hazy eyes. Standing out against her dark dress and the black and blue background, her pale face seems to float within space, placed like a bust upon the pedestal of a broad white collar. Ludwig Eibl's (1842–1918) layered, generous application of paint lends her aged face intensity. The sitter's expression appears vague and ambiguous as the various colors meld into one another without any delimiting contours. The collar and bust, conversely, are depicted with only a few rough brushstrokes, their forms pared down to the bare essentials, underscoring their sketch-like expressivity.

Eibl adopted this free painting style in Munich, where he began to train as a painter under Wilhelm von Diez (1839–1907) at the Academy of Fine Arts in 1870, after already finishing his studies as a sculptor in Vienna and Paris.[1] Diez and his followers stood out in the particular interest they took in seventeenth-century Dutch painting, which also inspired Eibl.[2] Thus Eibl's tonal color palette, as well as the white ruffled collar, likewise reference the Dutch old masters, particularly Frans Hals.[3]

After moving to Munich in 1870, Eibl met artists who had recently encountered Hals for the first time as a source of inspiration at the First International Art Exhibition held in the city the year before.[4] The artists around Wilhelm Leibl (1844–1900; see cat. 65–6), a circle that Eibl also joined, were especially impressed by the five Hals works displayed in the old masters section.[5] The free and expressive brushwork of *Malle Babbe* (cat. 45) in particular inspired many copies and adaptations.[6]

Eibl may also have seen this work in Munich in 1869. It is however possible that he first encountered the painting at the Berlin Gemäldegalerie, where it was exhibited beginning in 1874. One supporting argument for this hypothesis is that Eibl's portrait study was painted around 1875. Be that as it may, a comparison with the Berlin *Malle Babbe* demonstrates that he was undoubtedly familiar with the painting; both his choice of color palette and the rapid brushwork in the old woman's collar testify to its influence. Eibl's markedly pared-down depiction of a rather unusual choice of subject matter, an older person, recalls *tronies* by Hals. Rather than claiming to show a specific individual in a portrait, Eibl's picture also depicts the more generalized type of an elderly woman with her sunken, toothless mouth and watery reddish eyes. Pronounced references to seventeenth-century Dutch painting are also evident in the still lifes for which Eibl is best known. Eibl used broad, fluid brushstrokes to give form to the various items in those works, a technique echoed in this sketchy study of an old woman. [AG]

Selected literature:
Wesenberg 2017, p. 212; Rave 1945, p. 36; Ruhmer 1984, p. 81.

1 See Trier 2021.
2 See Wesenberg 2017, p. 212.
3 See ibid.
4 See Lange in the present volume, p. 331.
5 Ibid.
6 See Wesenberg 2017, p. 212; see Kleinert in the present volume, p. 251.

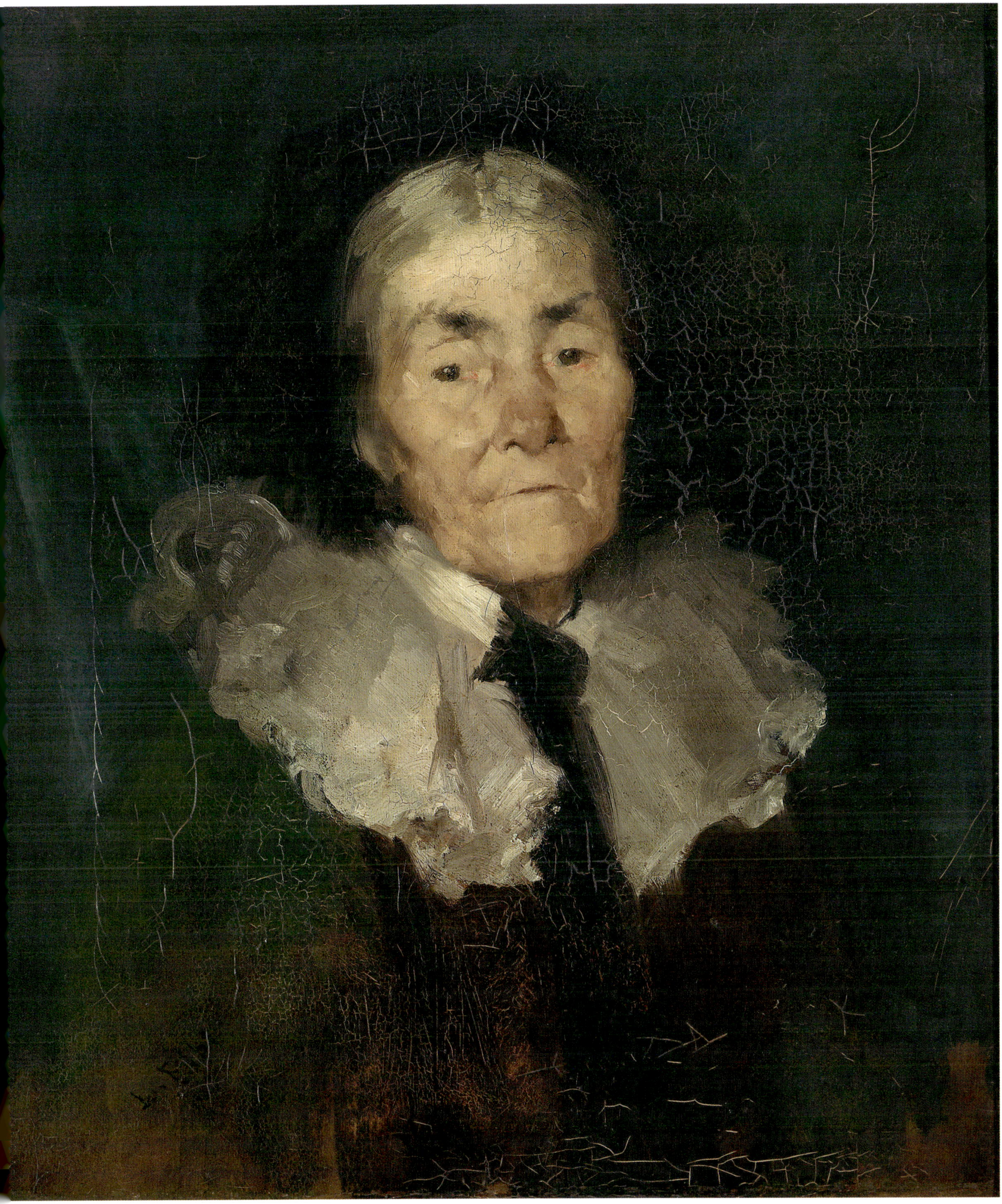

cat. 67

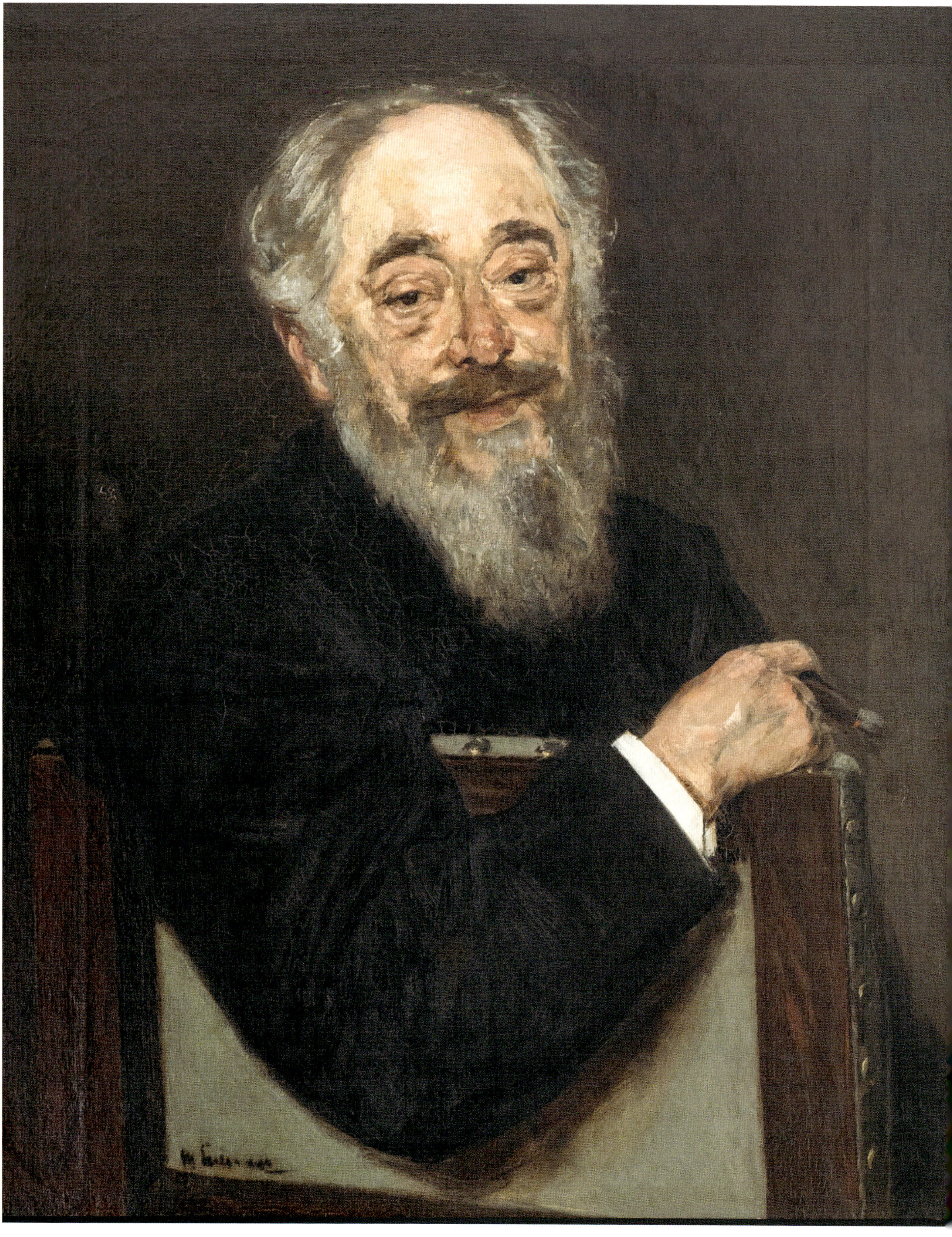

cat. 68

68

Max Liebermann
Portrait of Dr. Jacob Sachs
1878

Inscribed at top left:
M Liebermann 78;
at bottom left: M Liebermann
Canvas, 99 × 76 cm
Private collection

Provenance:
Purchased in 2019.

Max Liebermann (1847–1935), one of the most important representatives of German Impressionism, was among the first artists in Germany who sought inspiration in Dutch seventeenth-century painting. He traveled to Holland already as a student in 1871, and countless other visits followed. For forty years, the Berlin artist, who spent every summer there until the First World War, found inspiration and recreation in the Netherlands.[1] Liebermann particularly admired Rembrandt and Frans Hals among seventeenth-century Dutch painters, repeatedly emphasizing that they were a source of strength and solace to him in his work.[2] While he admired the deep humanity of Rembrandt's art, he was fascinated by Hals's quick, vividly sketched painting technique and the extraordinary vitality of his portraits.[3]

In 1876, Liebermann spent several months in Haarlem, where he made more than thirty copies and partial copies of the impressive civic guard group portraits (for example, p. 20, fig. 2; pp. 65–70, figs. 9–12) and regent portraits (see cat. 31). As of 1862, these paintings were exhibited in Haarlem's Stedelijk Museum van Schilderijen en Oudheden and attracted crowds of artists of all nationalities from the late nineteenth century onward.[4] However, Liebermann's interest in Frans Hals might have been sparked long before. He may have become familiar with the painter's work as early as winter 1867/8, when he met Wilhelm Bode in the studio of his teacher, Carl Steffeck. At the time, Bode was still writing his dissertation, *Frans Hals und seine Schule* (Frans Hals and His School), for which he received a doctorate in 1870.[5]

The *Portrait of Dr. Sachs* from 1878 is one of the first portraits by Liebermann in which Hals's influence can be clearly identified. Sachs is shown sitting on a chair in an informal pose, one arm draped casually over the back of the chair, turned slightly to the right, and looking out toward the viewer. Liebermann took up this motif, developed by Hals and repeated several times in his oeuvre (for example, cat. 18, 22, 33a), building on it by adding the modern touch of a cigar in the doctor's right hand. Liebermann may have modeled his composition on Hals's *Portrait of a Man in a Slouch Hat* (cat. 30) in Kassel. He had already visited the Kassel collection in 1869 while studying in Weimar and knew the painting firsthand.[6] In addition to the powerful, open brushwork, he also adopted the simple background and limited incidental elements.[7] As with Frans Hals, the focus is on the individual expression of character, conveyed with the convincing vitality of an instant. Liebermann admired Hals's masterfully differentiated renderings of faces with a cheery laugh or smile.[8] Dr. Sachs's amiable character, favorably disposed toward the viewer, is also conveyed with the merest hint of a smile.

H. J. Sachs was the Liebermanns' family doctor and treated Max Liebermann for a complicated leg fracture in the spring of 1878.[9] He was licensed as a general practitioner and surgeon in Berlin in 1838. Jacob Sachs was married to Bertha Guttenberg (1839–1904), a banker's daughter. He lived and practiced in Mauerstrasse, not far from the Liebermanns' home on Pariser Platz. It is thought that Liebermann painted the portrait to pay a bill from the doctor.[10] [KK]

Selected literature:
Eberle 1995–6, no. 1878–1;
Boskamp 1994, no. 100.

1 Wagner 1973; Sillevis 1980; Andratschke 2006; Cazzola 2020.
2 Pflugmacher 2001, pp. 181, 383.
3 Nouwen 1997, p. 16.
4 Atkins 2012, p. 214; Rikken and Vroom 2018, pp. 20–5; see also Lange in the present volume, pp. 329.
5 Bode 1871.
6 Eberle 1995–6, p. 143.
7 Ibid.
8 On Frans Hals as a role model for Liebermann, see Achenbach 2013, pp. 75–7; on Hals's depictions of smiles, see Lammertse in the present volume, pp. 201–23.
9 Boskamp 1994, p. 237.
10 Eberle 1995–6, pp. 143–4.

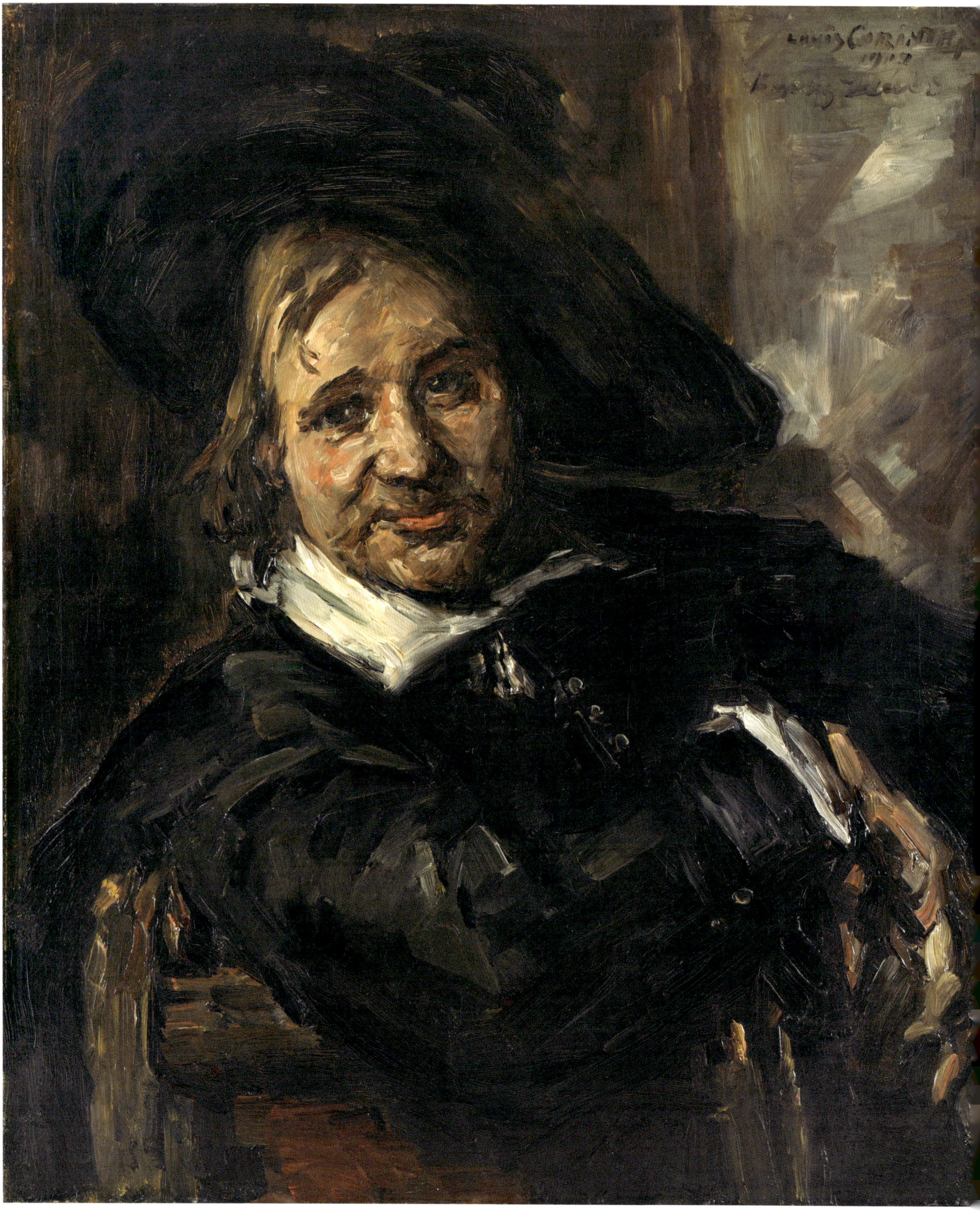

cat. 69

Lovis Corinth
Portrait of a Man in a Slouch Hat (copy after Frans Hals) 1907

Inscribed at top right:
Lovis Corinth / 1907 / Franz Hals
Canvas, 79 × 66.5 cm
Hessen Kassel Heritage, Neue Galerie, Kassel, inv. M 1984/4

Provenance:
Purchased in 1984 from Kurt Delbanco, Delbanco Arts, New York.

In early September 1907, Lovis Corinth (1858–1925) visited Kassel to view works by Dutch artists, particularly Rembrandt. Apparently, on the spur of the moment, he decided to copy the painting by Frans Hals (cat. 30). More information about the copy can be found in two letters to his wife, Charlotte.[1] Probably on September 5, Lovis wrote to Charlotte: "This morning I was at the gallery and have already settled with the warden that I will copy the Franz Hals. Now I am sitting in my room and working on the book [*Das Erlernen der Malerei* (On Learning to Paint)] and again don't feel like copying. But I guess I will. All it would take, incidentally, is 2 days. I could have painted the portrait myself right from the outset." After entering his name in the gallery's copy book on September 6, he wrote to his wife again the following day: "Well, making the copies in Cassel was awfully nice; Franz Hals painted just like me. . . . I have no need at all to dissemble. Only the black is, of course, much clearer." As declared here, Corinth produced the copy rapidly. In the letter, he emphasizes how much his painting style resembles that of Frans Hals. Corinth, then almost fifty and a renowned artist in Berlin, was thoroughly self-confident in his appraisal, asserting not that he painted like Frans Hals, but instead that the Haarlem master painted like Corinth. This is a remarkable inversion in as much as he does not situate his painting style in the past, but instead, in a sense, catapults the art of the seventeenth century into the present (through his work). Corinth, however, has no interest in mimetic imitation of Frans Hals, attempting instead to recreate the latter's painting using his own means.

The tonality of his version is darker as a whole. Rather than blond hair that catches the light as in Hals's work, the sitter's brown hair blends in with the chair. Overall, the figure appears to have less depth. Through the signature at the top right, "Lovis Corinth / 1907 / Franz Hals," Corinth establishes a direct link to his fellow artist. In seeking to understand the copy—incidentally a one-off in Corinth's oeuvre—it is also important to recall that he was working in parallel on his book *Das Erlernen der Malerei*, published in 1908. Ever an admirer of the old masters, Corinth was also seeking to stake out his position in the heated topical debate on modern art: "The great creations of the past have always served as models for the present, from which artists have attempted to learn to create something similar."[2] He noted, however, the way in which such art is received is of the utmost importance: "The subject matter may have been treated a hundred times; but the way a particular painter interprets it is what makes the picture new and a work of art."[3] Corinth hung this copy in his dining room, as he clearly thought highly of it. He also showed it repeatedly at exhibitions, endeavoring to present himself as a kind of latter-day Frans Hals. After Corinth's death, his widow perpetuated this idea. Thus the painting was displayed alongside work by Frans Hals at the 1926 memorial exhibition in Kassel, as well as in the *Schöpferische Kopien* (Creative Copies) exhibition organized by Gustav Friedrich Hartlaub in Mannheim in 1931. In the preface to the catalogue, Hartlaub comments that, in his view, a creative copy is a work which, "through an act of conscious selection, emphasizes those aspects that the artist copying has found important in his model in light of his own particular disposition."[4] Corinth's copy is an impressive example of that stance. [JL]

Selected literature:
Berend-Corinth 1992, no. 333; Grund 2005; Karlsruhe 2012, no. 71; Lange, Gerkens, and Lukatis 2023.

1 Corinth 1979, p. 114.
2 Corinth [1908], p. 156.
3 Ibid., p. 117.
4 Mannheim 1931, Preface.

70

Lovis Corinth
Woman with Rose-Trimmed Hat
1912

Inscribed at top right:
Lovis Corinth / 1912 / Bordighera
Canvas, 60 × 50 cm
Nationalgalerie, Staatliche Museen zu Berlin, inv. A II 1033

Provenance:
Purchased in 1952 from Kunsthandlung Herbert Klewer, Berlin.

During a three-month stay at a health spa in Bordighera, Italy, in the spring of 1912, Lovis Corinth (1858–1925) painted his wife, Charlotte Berend-Corinth (1880–1967), after they attended a flower parade. She recalled that upon returning to their hotel room, her husband asked her to "sit like that in front of me, just as you are. I'll get a canvas and paint you. And while I paint, just go on telling me about the flower parade, about the music, about the finely turned-out people in those lovely small floats adorned with flowers."[1]

In this colorful portrait, Corinth captures the joie de vivre conveyed by the account. The tight cropping allows the viewer to feel an intimate affinity with the sitter. Her smiling, flushed face and low-cut neckline underline this impression. The liveliness and spontaneity with which a fleeting moment is captured recall Frans Hals's genre paintings (for example, cat. 1, 4, 38). Both artists work with broad, seemingly effortless brushstrokes, conveying a sense of closeness to their figures thanks to the facial expressions and relaxed postures portrayed.

Corinth noted these similarities in 1907 while visiting the Gemäldegalerie in Kassel, where he made a copy of Hals's *Portrait of a Man in a Slouch Hat* (cat. 30, 69).[2] However, this would not have been his first encounter with the work of Frans Hals. Enthusiasm for the Dutch artist had already gained ground in Germany in the 1860s.[3] Corinth would have been familiar with numerous copies by fellow artists, for instance by his friend Max Liebermann (see cat. 68), as well as with originals by Hals in museums in Munich, Berlin, Antwerp, and Paris.[4] Frans Hals's defining sketch-like brushwork in particular was enormously popular in the context of the recent emergence of *plein air* painting. Corinth also preferred the loose, rapid technique that he deployed in painting *Woman with Rose-Trimmed Hat*: "Lovis painted until darkness fell. . . . The following day the picture was finished rapidly."[5]

This work is particularly evocative of Frans Hals's *Young Woman ("La Bohémienne")* (cat. 7). Corinth would certainly have known that painting from visits to the Louvre in Paris during his studies at the Académie Julian from 1884 to 1887. While Hals's work differs chromatically from Corinth's vibrant palette, the impression of movement and the free painterly execution speak a similar language. The eager, spontaneous expression of *La Bohémienne* is as lively and flirtatious as Corinth's *Woman with Rose-Trimmed Hat*. By opting for a tighter framing, Corinth transforms the rough brushwork of Frans Hals's genre paintings, creating a more intimate, private composition. While he was aware of his artistic affinity to Hals, this did not stem from imitating his style, but rather confirmed his independence as a painter.

Comparisons of this kind illustrate the extraordinary inspiration that emanated from Hals's oeuvre, as well as their modern flair. That is conveyed especially clearly in a text by Corinth: "modern paintings are those that appear modern throughout time, i.e., are always fresh and comprehensible . . . as if they had been painted today . . . Examples of this are the pictures of Rembrandt, Frans Hals, and Velasquez. The term 'a modern painting' is thus in this sense the greatest accolade for an artwork."[6] [AG]

Selected literature:
Berend-Corinth 1958a, p. 121, cat. 519, plate p. 567; Berend-Corinth 1958b, pp. 17–18; Steinkamp and Evans 2021, p. 146; Gleis, Verwiebe, and Deseyve 2023, p. 101.

1 Berend-Corinth 1958, p. 18.
2 See Corinth 1979, p. 114.
3 See Lange in the present volume, p. 329; Gerken 2023, p. 49.
4 See Gerken 2023, pp. 49, 53.
5 Berend-Corinth 1958, p. 18; Corinth [1908], p. 57.
6 Corinth and Englert 1995, p. 156.

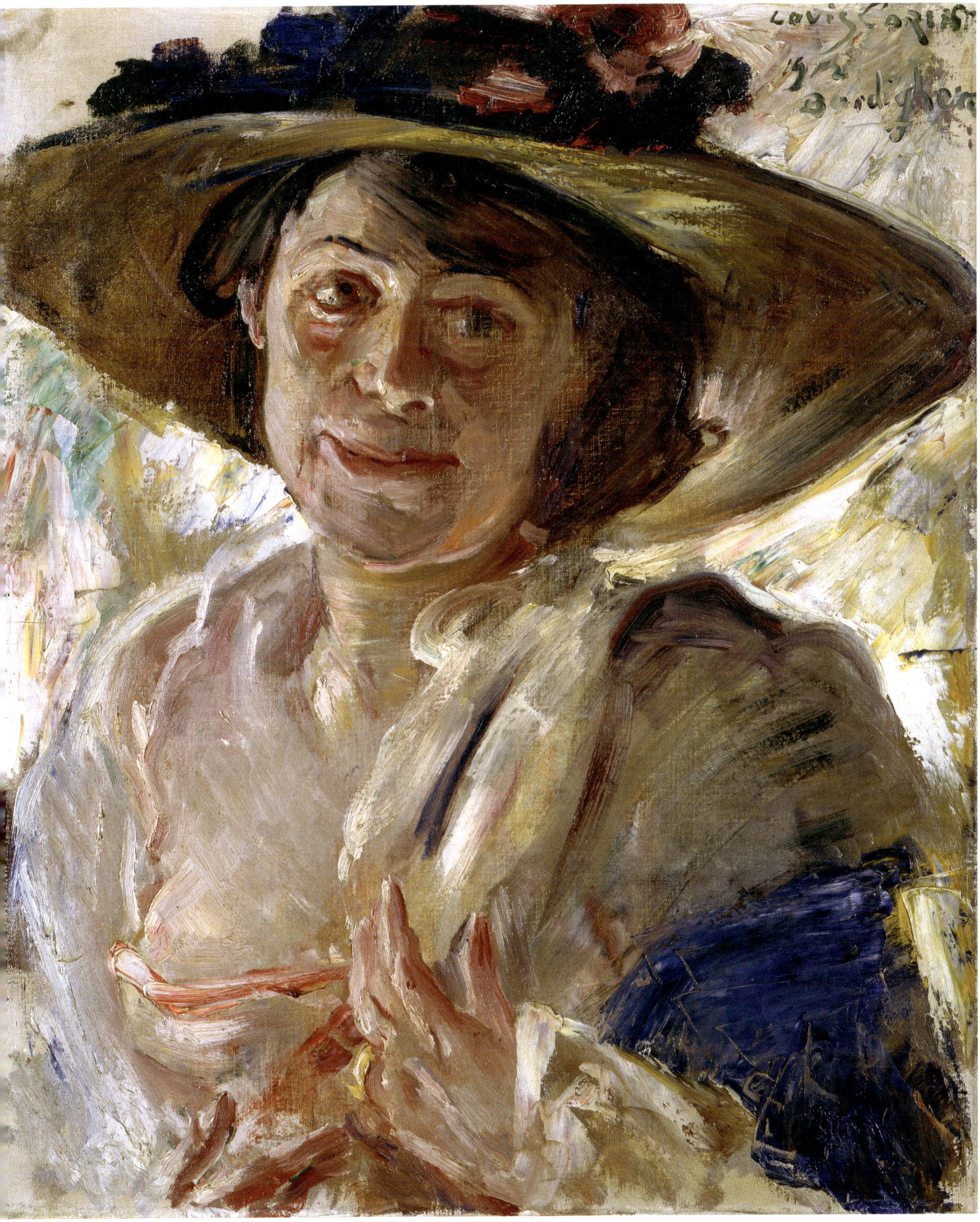

cat. 70

71

Anonymous Forger
The Laughing Cavalier

ca. 1923
Circular panel; Ø 36 cm
Private collection, by courtesy of the Hoogsteder Museum Foundation

Provenance:
C. Hofstede de Groot, 1925–30.

In 1923, a hitherto unknown painting depicting a laughing man was submitted for assessment to the well-known connoisseur of seventeenth-century Dutch painting, the art historian Cornelis Hofstede de Groot (1863–1930). In his opinion, it was "an authentic and characteristic work by Frans Hals."[1] With this assessment, H. A. de Haas sold the work to the art dealer Frederik Muller & Cie for a sum of fifty thousand guilders. Because serious doubts arose about the authenticity of the painting, Frederik Muller filed a lawsuit against De Haas in December 1923.[2] The court appointed three experts to determine whether this was a seventeenth-century painting or a forgery. The three experts were Sir Charles Holmes, Director of the National Gallery in London, Prof. Dr. Wilhelm Martin, Director of the Mauritshuis in The Hague, and Prof. Dr. Frans Scheffer, professor of chemistry at the Delft University of Technology. This is the first time that a court sought the assistance of a chemist on such an issue.

At first glance, it seems to be an old painting; the manner of painting is reminiscent of that of Hals and the laughter keeps with the merry expression that he sometimes gave his sitters. Moreover, the age of the work is suggested by the cradle, a reinforcement added to the back of a panel by a restorer to prevent warping. The three experts immediately suspected that it was an imitation. That suspicion was probably fueled by restorer Derix de Wild's earlier observation that the paint layer had not fully hardened.[3] In a test with water, the painting fell through. Whereas an oil painting can stand up well to a water test, the *Cavalier*'s paint layer softened and dissolved. The experts therefore concluded that the picture had been painted with a water-soluble binding medium, which was often used by forgers to deceive buyers. Moreover, they came up with other evidence. For example, some pigments were found that do not appear in seventeenth-century paintings and were not available to artists until the nineteenth century.[4]

With this, the court had enough evidence to pass judgment, but Hofstede de Groot avoided a court verdict by buying the painting for the price Frederik Muller had paid. However, his reputation as a connoisseur was badly damaged especially by the great attention the affair received in the press. To defend himself, he sought publicity with a polemical booklet *Echt of Onecht? Oog of Chemie?* (Genuine or Fake? Eye or Chemistry?; 1925). He rejected the conclusions of the three experts and also reasserted that the painting was an authentic work by Frans Hals. According to him, only an experienced connoisseur of seventeenth-century Dutch painting could pass judgment on such a work, and the three experts were not. Hofstede de Groot not only criticized his opponents in vehement terms, he also reproduced documents relevant to the case, such as the reports of the three experts. His booklet, however, did not have the result Hofstede de Groot had desired. The newspapers continued to publish speculations about the identity of the forger who had painted the *Cavalier*. Sometimes Han van Meegeren (see cat. 49) was mentioned, but much more often the painting restorer Theo van Wijngaarden. The latter claimed to have discovered and purchased *The Laughing Cavalier* in England, although he no longer remembered where and from whom.[5] Hofstede de Groot also visited Berlin with the painting in 1925 for Wilhem von Bode's eightieth birthday. According to him, the painting was enthusiastically received by colleagues there. In an ultimate attempt to clear his name, Hofstede de Groot organized a treatment of the work in the presence of a notary and some invited guests in late December 1926. Some tests confirmed the earlier ones, but Hofstede de Groot stood by his opinion of the painting's authenticity. Yet the majority of those present did not share that opinion.[6] After Hofstede de Groot's death in 1930, *The Laughing Cavalier* disappeared from view entirely. Until recently, most people knew the painting only from black-and-white photographs from the 1920s. The current retrospective of Frans Hals in Berlin is the first time the painting is again shown on public display. [MF]

Selected literature:
Hofstede de Groot 1924;
Hofstede de Groot 1925.

1 Hofstede de Groot 1925, p. 44; see also Hofstede de Groot 1924.
2 Hofstede de Groot 1925, pp. 45–6.
3 Ibid., pp. 44–5.
4 Ibid., pp. 74–89.
5 The statement of Wijngaarden, "De betwiste Frans Hals," *Haagsche Courant*, June 11, 1926, https://resolver.kb.nl/resolve?urn=MMKB04:000144286:mpeg21:p017 (accessed January 8, 2024).
6 "De Betwiste Frans Hals," *Nieuwe Rotterdamsche Courant,* Avondblad, B, January 4, 1927, https://resolver.kb.nl/resolve?urn=ddd:010028821:mpeg21:p009 (accessed January 8, 2024).

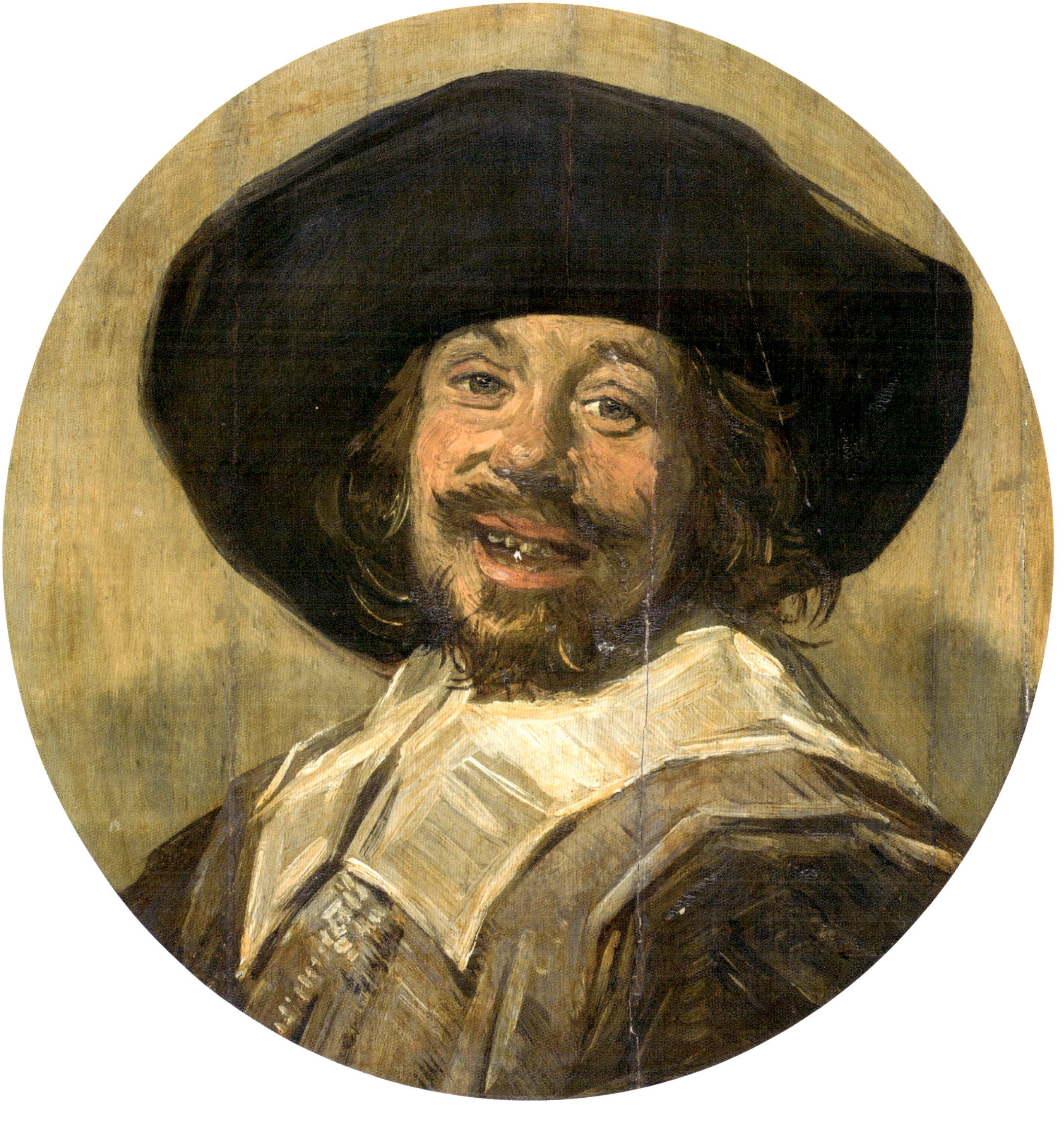

cat. 71

Bibliography

Abbreviations

GPI
Getty Provenance Index
(www.getty.edu/research/tools/provenance/search.html)

NA
Notarieel Archief
(Notarial Archive)

NHA
Noord-Hollands Archief Haarlem
(North Holland Archive, Haarlem)

ONA
Oud Notarieel Archief
(Old Notarial Archive)

ONAH
Oud Notarieel Archief Haarlem
(Old Notarial Archive, Haarlem)

SAA
Stadsarchief Amsterdam
(Amsterdam City Archive)

SAR
Stadsarchief Rotterdam
(Rotterdam City Archive)

A

Aachen 1873
Catalogue d'une collection de tableaux et dessins anciens et modernes de M. B. Suermondt, exposée dans un but philanthropique, Aachen 1873

Aachen 2018
P. van den Brink and W. V. Birth (eds.), *Gestatten Suermondt! Sammler, Kenner, Kunstmäzen*, exh. cat., Suermondt-Ludwig-Museum, Aachen, Stuttgart 2018

Abraham 2024
L. Abraham, "Unfinished Business? Comparing Hals' Late Regents and Regentesses," in Middelkoop and Ekkart 2024 (forthcoming)

Achenbach 2013
S. Achenbach, "'Vor den Bildern des Frans Hals bekommt man Lust zu Malen, vor den Bildern Rembrandts verliert man die Lust dazu': Frans Hals und Rembrandt in der Sammlung Liebermann," in *Verlorene Schätze. Die Kunstsammlung von Max Liebermann*, ed. M. Faass, exh. cat., Liebermann-Villa am Wannsee, Berlin 2013, pp. 72–89

Adams 1985
A. J. Adams, *The Paintings of Thomas de Keyser, 1596/7–1667: a Study of Portraiture in Seventeenth-Century Amsterdam*, Cambridge 1985

Albach 1990
B. Albach, "Pekelharing: personage en potsenmaker," *Literatuur*, 7 (1990), pp. 74–80

Alberti and Grayson 1972
L. B. Alberti, *On Painting and On Sculpture: The Latin Texts of "De Pictura" and "De Statua,"* trans. and ed. C. Grayson, London 1972

Alexander 2003
J. Alexander, "The Dutch Connection: On the Social Origins of the Pickelhering," *Neophilologus*, 87 (2003), pp. 597–604

Alexander 2007
J. Alexander, "Will Kemp, Thomas Sacheville and Pickelhering: A Consanguinity and Confluence of Three Modern Clown Personas," *Daphnis*, 36 (2007), pp. 463–86

Alexander 2014
J. Alexander, "Pickleherring: and early modern clown persona and his music," *Philologica Jassyensia*, 10 (2014), pp. 117–31

Alexander 2015
J. Alexander, "Peter van Durant (ca. 1514–1584) alias Pickle Herring: A Contribution to the Possible Genesis of an Early Modern Clown Persona," *Philologica Jassyensia*, 11 (2015), pp. 111–23

Allen 1987
E. J. Allen, *The Life and Art of Pieter Molyn*, Ann Arbor 1987

Alsteens 2014
S. Alsteens, "A note on the young Van Dyck," *The Burlington Magazine*, 156 (2014), pp. 85–90

Ampzing 1621
S. Ampzing, *Het Lof der stadt Haerlem in Hollandt*, Haarlem 1621

Ampzing 1628
S. Ampzing, *Beschryvinge ende lof der stad Haerlem in Holland. . .*, Haarlem 1628

Amsterdam 1734
Catalogus van een konstig kabinet schilderyen, dewelke verkogt zullen werden . . . den 10. Augustus 1734. . ., Amsterdam 1734

Amsterdam 1754
Catalogus van 't uitmuntend kabinet schilderijen, craionnen, tekeningen, miniaturen, en printen, van de beste Italiaansche, Nederlandsche, Fransche, Engelsche en andere meesters . . . Alles met veel kennis en groote naaukeurigheid, in veele jaren byeen vergaderd, en nagelaten door den heere Jeronimus Tonneman, auction cat., Amsterdam (Oude Zyds Heeren Logement, Huibert de Wit and Hendrik de Leth), October 21, 1754, and following days

Amsterdam 1767
Catalogus van een fraaije verzaameling schilderyen, teekeningen, en prenten . . . in veele jaaren by een verzaameld en nagelaten door Jeronimo de Bosch, auction cat., Amsterdam (Jan and Bernardus de Bosch), October 5, 1767, and following days

Amsterdam 1773
Catalogus van een uitmuntend en overheerlyk kabinet konstige schilderyen . . . in veele w byeen verzamelt en nagelaaten door . . . mr. Johan van der Marck Ægidz. . ., auction cat. Amsterdam (Hendrik de Winter and Jan Yver), August 25, 1773, and following days

Amsterdam 1968
Catalogue de tableaux anciens exposés dans les salons de Kunsthandel P. de Boer N.V., Amsterdam 1968

Amsterdam 1993a
G. Luijten (ed.), *Dawn of the Golden Age: Northern Netherlandish Art, 1580–1620*, exh. cat., Rijksmuseum, Amsterdam, Amsterdam 1993

Amsterdam 1993b
B. Bakker and H. Leeflang, *Nederland naar 't leven. Landschapsprenten uit de Gouden Eeuw*, exh. cat., Museum Het Rembrandthuis, Amsterdam 1993

Amsterdam 1997
E. de Jongh and G. Luijten, *Spiegel van alledag. Nederlandse genreprenten 1550–1700*, exh. cat., Rijksprentenkabinet, Rijksmuseum, Amsterdam, Ghent 1997

Amsterdam 2002
N. E. Middelkoop and J. B. Bedaux (eds.), *Kopstukken: Amsterdammers geportretteerd 1600–1800*, exh. cat., Amsterdams Historisch Museum, Amsterdam, Bussum 2002

Amsterdam 2017
N. E. Middelkoop (ed.), *Ferdinand Bol and Govert Flinck: Rembrandt's Master Pupils*, exh. cat., Museum Het Rembrandthuis, Amsterdam, and Amsterdam Museum, Amsterdam 2017

Amsterdam 2018
I. Castelijns van Beek and R. Baarsen (eds.), *Kwab. Ornament als kunst in de eeuw van Rembrandt*, exh. cat., Rijksmuseum, Amsterdam 2018

Amsterdam and Cleveland 1999
A. Chong and W. Kloek (eds.), *Still-Life Paintings from the Netherlands, 1550–1720*, exh. cat., Rijksmuseum, Amsterdam, and Cleveland Museum of Art, Cleveland, Amsterdam 1999

Amsterdam and Munich 2007
Max Beckmann. Exil in Amsterdam, exh. cat., Van Gogh Museum, Amsterdam, and Pinakothek der Moderne, Munich, Ostfildern 2007

Amsterdam and Salem 2015
K. H. Corrigan, J. van Campen, and F. Diercks (eds.), *Asia in Amsterdam: The Culture of Luxury in the Golden Age*, exh. cat., Rijksmuseum, Amsterdam, and Peabody Essex Museum, Salem, New Haven 2015

Amsterdam and Washington 1981
P. Schatborn, *Dutch Figure Drawings from the Seventeenth Century*, exh. cat., Rijksmuseum, Amsterdam, and National Gallery of Art, Washington, The Hague 1981

Amsterdam, New York, and Toledo 2003
H. Leeflang and G. Luijten (eds.), *Hendrick Goltzius (1558–1617): Drawings, Prints and Paintings*, exh. cat., Rijksmuseum, Amsterdam, Metropolitan Museum of Art, New York, and Toledo Museum of Art, Toledo, Amsterdam 2003

Andratschke 2006
T. Andratschke, "Die Bedeutung Hollands für Leben und Kunst Max Liebermanns," in Hannover and Assen 2006, pp. 8–56

Andresen 1877
A. Andresen, "Fritz Werner," in *Die Deutschen Maler-Radirer des 19. Jahrhunderts. Nach ihrem Leben und Wirken*, ed. A. Andresen, Leipzig 1877, vol. 5, pp. 89–103

Angel 1642
P. Angel, *Lof der Schilder-Konst*, Leiden 1642

Antwerp 1993
R.-A. d'Hulst, N. De Poorter, and M. Vandeneven, *Jacob Jordaens (1593–1678)*, 2 vols., exh. cat., Royal Museum of Fine Arts Antwerp, Brussels 1993

Antwerp and Dublin 2023
Krasse Koppen. Rubens, Rembrandt en Vermeer, exh. cat., Royal Museum of Fine Arts Antwerp, National Gallery of Ireland, Dublin, Veurne 2023

Atkins 2012
C. Atkins, *The Signature Style of Frans Hals: Painting, Subjectivity, and the Market in Early Modernity*, Amsterdam 2012

Atkins 2018
C. Atkins, "The Painter's Painter," in Oudenaarde 2018, pp. 115–25

Atkins 2003
C. Atkins, "Frans Hals's Virtuoso Brushwork," *Nederlands Kunsthistorisch Jaarboek / Netherlands Yearbook for History of Art*, 54 (2003), pp. 280–307

Atkins 2024
C. Atkins, "Peeckelhaering and the Performance of Race," in Middelkoop and Ekkart 2024 (forthcoming)

B

Baeyer 2007
E. von Baeyer, *Drawings, Watercolours, Bozzetti, Paintings, 1530–1880*, London 2007

Baldass 1951
L. Baldass, "Two male portraits by Frans Hals," *The Burlington Magazine*, 93, no. 579, 1951, pp. 181–3

Barnes et al. 2004
S. J. Barnes, N. De Poorter, O. Millar, and H. Vey, *Van Dyck: A Complete Catalogue of the Paintings*, New Haven and London 2004

Barrett 2012
K. Barrett, *Pieter Soutman: Life and œuvre*, Amsterdam and Philadelphia 2012

Basel 1987
P. ten-Doesschate Chu (ed.), *Im Lichte Hollands: holländische Malerei des 17. Jahrhunderts aus den Sammlungen des Fürsten von Liechtenstein und aus Schweizer Besitz*, exh. cat., Kunstmuseum Basel, Basel, Zurich 1987

Baudouin 2001
F. Baudouin, "Van Dyck in The Hague," in *Van Dyck 1599–1999: Conjectures and Refutations*, ed. H. Vlieghe, Turnhout 2001, pp. 53–64

Beck 1998
H.-B. Beck, *Pieter Molyn 1595–1661: Katalog der Handzeichnungen*, Doornspijk 1998

Beer 2019
G. de Beer, *The Golden Age of Dutch Marine Painting: The Inder Rieden Collection*, 4 vols., Leiden 2019

Belkin 2009
K. L. Belkin, *Copies and Adaptations from Renaissance and Later Artists: German and Netherlandish Artists* (*Corpus Rubenianum Ludwig Burchard*, 26), London 2009

Belie 2018
L. de Belie, "A New Reconstruction of Frans Hals's Earliets Family Portrait," in Toledo and Brussels 2018, pp. 54–84

Berend-Corinth 1958a
C. Berend-Corinth, *Die Gemälde von Lovis Corinth*, Munich 1958

Berend-Corinth 1958b
C. Berend-Corinth, *Lovis Corinth. Bildnisse der Frau des Künstlers. Erinnerungen an die Entstehung der Bilder*, Stuttgart 1958

Berend-Corinth 1992
C. Berend-Corinth, *Lovis Corinth. Die Gemälde. Werkverzeichnis*, Munich 1992

Berkvens-Stevelinck 2001
C. Berkvens-Stevelinck, *Magna Commoditas: Geschiedenis van de Leidse Universiteitsbibliotheek 1575–2000*, Leiden 2001

Berlin 1908
Ausstellung von Werken der ordentlichen Mitglieder der Akademie Prof. Fritz Werner, Prof. Louis Jacoby, zur Feier der Vollendung ihres 80. Lebensjahres, 1908, exh. cat., Königliche Akademie der Künste zu Berlin, Berlin, Stuttgart, and Leipzig 1908

Berlin 1913
Lovis Corinth: Katalog der Ausstellung des Lebenswerkes von Lovis Corinth, veranstaltet von Paul Cassirer in den Räumen der Secession, exh. cat., Berliner Secession, Berlin 1913

Berlin 1975
Gemäldegalerie Berlin. Staatliche Museen Preußischer Kulturbesitz. Katalog der ausgestellten Gemälde des 13.–18. Jahrhunderts, Berlin (West) 1975

Berlin 1984
Jan Kelch (ed.), *Holländische Malerei aus Berliner Privatbesitz*, exh. cat., Gemäldegalerie, Berlin, Berlin (West) 1984

Berlin 2022
Brigit Blass-Simmen and Stefan Baumgartner (eds.), *Die Schätze: 125 Jahre Kaiser Friedrich Museumsverein, Förderverein der Gemäldegalerie und Skulpturensammlung SMB e.V. seit 1897*, Berlin 2022

Berlin, Amsterdam, and London 1991
Rembrandt: der Meister und seine Werkstatt, exh. cat., Gemäldegalerie, Berlin, Rijksmuseum, Amsterdam, and National Gallery, London, Munich 1991

Bevers 1994
H. Bevers, *Das Berliner Kupferstichkabinett. Ein Handbuch zur Sammlung*, Berlin 1994

Beverwijck 1642
J. van Beverwijck, *Schat der ongesontheyt ofte genees-konste van de sieckten*, Dordrecht 1642

Bie 1662
C. de Bie, *Het gulden cabinet vande edele vry schilder-const. . .*, Antwerp 1662

Biesboer 1989
P. Biesboer, "The Burghers of Haarlem and their Portrait Painters," in Washington, London, and Haarlem 1989, pp. 23–44

Biesboer 1993
P. Biesboer, "Judith Leyster, schilderes van 'moderne beelden,'" in Haarlem and Worcester 1993, pp. 75–92

Biesboer 1996a
P. Biesboer, "De Vlaamse immigranten in Haarlem 1578–1630 en hun nakomelingen," in *Vlamingen in Haarlem*, eds. P. Biesboer, G. Kolthof, and H. Rau, Haarlem 1996, pp. 35–60

Biesboer 1996b
P. Biesboer, "Willem van Heythuysen en zijn twee portretten," in *Hart voor Haarlem: Liber Amicorum voor Jaap Temminck*, eds. H. Brokken et al., Haarlem 1996, pp. 113–26

Biesboer 2012a
P. Biesboer, "De identificatie van een familiegroep door Frans Hals," *Haerlem Jaarboek 2012* (2013), pp. 63–83

Biesboer 2012b
P. Biesboer, "De Laughing Cavalier van Frans Hals: een mogelijke identificatie [as Tieleman Roosterman (1597–1672), Londen: Wallace Collection]," in Buijsen, Dumas, and Manuth 2012, pp. 133–40

Biesboer 2013
P. Biesboer, "The identification of a family portrait by Frans Hals recently acquired by the Toledo Museum of Art," *The Burlington Magazine*, 155 (2013), pp. 72–6

Biesboer 2017
P. Biesboer, "Een zelfportret door Vincent Laurensz. van der Vinne (Haarlem 1628–1702 Haarlem)," *Haerlem Jaarboek 2016* (2017), pp. 95–105

Biesboer 2023
P. Biesboer, "The Loo family of Haarlem in portraits by Hals and Verspronck," *The Burlington Magazine*, 165 (2023), pp. 109–19

Biesboer 2024
P. Biesboer, "Willem or Balthasar? The Portrait of a Member of the Coymans Family by Frans Hals Reconsidered," in Middelkoop and Ekkart 2024 (forthcoming)

Biesboer and Bijl 2006
P. Biesboer and M. Bijl, *A Portrait of Pieter Jacobsz. Olycan: Frans Hals Re-discovered*, Zurich 2006

Biesboer and Togneri 2001
P. Biesboer, *Collections of Paintings in Haarlem 1572–1745*, ed. C. Togneri, Los Angeles 2001

Bijl 1989
M. Bijl, "'The Meagre Company' and Frans Hals's Working Method," in Washington, London, and Haarlem 1989, pp. 103–8

Bijl 2005
M. Bijl, "The Portrait of Theodorus Schrevelius," in *The Learned Eye: Regarding Art, Theory, and the Artist's Reputation. Essays for Ernst van de Wetering*, eds. M. van den Doel et al., Amsterdam 2005, pp. 47–55

Bikker 2007
J. Bikker (ed.), *Dutch Paintings of the Seventeenth Century in the Rijksmuseum Amsterdam*, vol. 1: *Artists Born Between 1570 and 1600*, Amsterdam and New Haven 2007

Bikker 2009
J. Bikker, "Sir Joan Reynst, his good acquaintance, neighbour, and landlord: truth and fantasy in Houbraken's life of Karel du Jardin," *The Burlington Magazine*, 151 (2009), pp. 92–7

Bikker 2022a
J. Bikker, "Judith Leyster, *A Fool Holding a Jug, known as 'The Jolly Drinker,'* 1629," in *Dutch Paintings of the Seventeenth Century in the Rijksmuseum*, ed. J. Bikker, Amsterdam 2022, hdl.handle.net/10934/RM0001.COLLECT.7470 (accessed March 26, 2024)

Bikker 2022b
J. Bikker, "Judith Leyster, A Lute Player, known as 'The Serenade,' 1629," in *Dutch Paintings of the Seventeenth Century in the Rijksmuseum*, ed. J. Bikker, Amsterdam 2022, hdl.handle.net/10934/RM0001.COLLECT.8894 (accessed March 26, 2024)

Blankert 1967
A. Blankert, "Heraclitus en Democritus in het bijzonder in de Nederlandsse kunst van de 17de eeuw," *Nederlands Kunsthistorisch Jaarboek*, 18 (1967), pp. 31–124

Bleyerveld 2014
Y. Bleyerveld, "Book review: Lawrence W. Nichols, The Paintings of Hendrick Goltzius 1558–1617, Doornspijk 2013," *Oud Holland*, 127 (2014), pp. 155–61

Bleyerveld et al. 2012
Y. Bleyerveld, A. J. Elen, J. Niessen, et al., *Netherlandish Drawings of the Fifteenth and Sixteenth Centuries. Artists born before 1581*, Rotterdam 2012, https://www.boijmans.nl/en/collection/research/netherlandish-drawings-of-the-fifteenth-and-sixteenth-centuries (accessed April 19, 2024)

Bode 1871a
W. Bode, *Frans Hals und seine Schule. Ein Beitrag zu einer kritischen Behandlung der holländischen Malerei*, Leipzig 1871

Bode 1871b
W. Bode, "Frans Hals und seine Schule," *Jahrbücher für Kunstwissenschaft*, 4 (1871), pp. 1–66

Bode 1883
W. Bode, *Studien zur Geschichte der holländischen Malerei*, Brunswick 1883

Bode 1912
W. Bode, "Gemäldegalerie. Ein Bankett im Freien in der Richtung des Jungen Farns Hals," *Amtliche Berichte aus den Königlichen Kunstsammlungen*, 33 (1912), col. 161–3

Bode 1914
W. Bode, *Die Gemäldesammlung Marcus Kappel*, Berlin 1914

Bode and Binder 1914
W. Bode and M. J. Binder, *Frans Hals: Sein Leben und seine Werke*, Berlin 1914

Boers 1999
M. Boers, "Een nieuwe markt voor kunst. De expansie van de Haarlemse schilderijenmarkt in de eerste helft van de zeventiende eeuw," *Nederlands Kunsthistorisch Jaarboek / Netherlands Yearbook for History of Art*, 50 (1999), pp. 195–219

Boers 2017
M. Boers, "Pieter de Molijn (1597–1661): A Dutch Painter and the Art Market in the Seventeenth Century," *Journal of Historians of Netherlandish Art*, 9:2 (2017), https://jhna.org/articles/pieter-de-molijn-dutch-painter-art-market-seventeenth-century (accessed March 26, 2024)

Boers-Goosens 2001
M. Boers, *Schilders en de markt, Haarlem 1605–1635*, dissertation, Leiden University, 2001

Bogendorf Rupprath 2002
C. van Bogendorf Rupprath, "Molenaer in His Studio: Props, Models, and Motifs," in Raleigh, Indianapolis, and Manchester 2002, pp. 27–41

Boheemen and Heijden 1999
F. C. van Boheemen and T. C. J. van der Heijden, *Retoricaal Memoriaal. Bronnen voor de geschiedenis van de Hollandse rederijkerskamers van de middeleeuwen tot het begin van de achttiende eeuw*, Delft 1999

Bok 1999
M. J. Bok, "Pricing the Unpriced: How Dutch Seventeenth-Century Painters Determined the Selling Price of Their Works," in *Art Markets in Europe, 1400–1800*, ed. Michael North, London 1999, pp. 103–11

Bol 1969
L. J. Bol, *Holländische Maler des 17. Jahrhunderts nahe den grossen Meistern – Landschaften und Stilleben*, Braunschweig 1969

Boot 1623
G. Boot, *Eene bvrgherlycke onderrechtinghe. Ofte anders ghenaemt: Eene beleefde Raedtghevinghe*, Amsterdam 1623

Borenius 1928a
T. Borenius, "The Discovery of a Lost Original by Franz Hals," *Apollo*, 8 (1928), pp. 191–2

Borenius 1928b
T. Borenius, "London," *Pantheon*, 2 (1928), pp. 518, 521

Boschloo 1986–7
A. W. A. Boschloo (ed.), *Academies of Art between Renaissance and Romanticism*, The Hague 1986–7 (*Leids Kunsthistorisch Jaarboek*, 5/6)

Boskamp 1994
K. Boskamp, *Studien zum Frühwerk von Max Liebermann mit einem Verzeichnis der Gemälde und* Ölstudien *von 1866–1889*, Hildesheim 1994

Boston and Kansas City 2015
R. Baer et al., *Class Distinctions: Dutch Painting in the Age of Rembrandt and Vermeer*, exh. cat., Museum of Fine Arts, Boston, and Nelson-Atkins Museum of Art, Kansas City, Boston 2015

Brand-Claussen 1998
B. Brand-Claussen, "Uhdes Christusbilder – Eine Erfolgsgeschichte," in Bremen and Leipzig 1998, pp. 21–31

Braun 1980
K. Braun, *Alle tot nu toe bekende schilderijen van Jan Steen*, Rotterdam 1980

Brauneck 1970
M. Brauneck (ed.), *Spieltexte der Wanderbühne*, vol. 1: *Engelische Comedien und Tragedien*, Berlin and Boston 1970

Bredero 1620
G. A. Bredero, *G.A. Brederoos Moortje, waar in hy Terentii Eunuchum heeft nae-ghevolght*, Amsterdam 1620 (1st impression 1617)

Bredero 1638
G. A. Bredero, *Alle de spelen, werken en brieven van Gerbrand Adriaensz Bredero, Amsterdammer*, Amsterdam 1638

Bredius 1888
A. Bredius, "Iets over Pieter Codde en Willem Duyster," *Oud Holland*, 6 (1888), pp. 187–94

Bredius 1890–5
A. Bredius, "Het schildersregister van Jan Sysmus, Stads Doctor van Amsterdam," I, II, III: *Oud Holland*, 8 (1890), pp. 1–17, 217–34, 297–313; IV: *Oud Holland*, 9 (1891), pp. 137– 49; V: *Oud Holland*, 12 (1894), pp. 160–71; VI: *Oud Holland*, 13 (1895), pp. 112–20

Bredius 1914
A. Bredius, "De ouders van Frans Hals," *Oud Holland*, 32 (1914), p. 216

Bredius 1915–22
A. Bredius, *Künstler-Inventare: Urkunden zur Geschichte der holländischen Kunst des XVIten, XVIIten und XVIIIten Jahrhunderts*, 7 vols., The Hague 1915–22

Bredius 1917
A. Bredius, "Een conflict tusschen Frans Hals en Judith Leyster," *Oud Holland*, 35 (1917), pp. 71–3

Bredius 1919
A. Bredius, "Het schetsboek van Jacob de Wet," *Oud Holland*, 37 (1919), pp. 215–22

Bredius 1923–4
A. Bredius, "Archiefsprokkels betreffende Frans Hals," "Archiefsprokkels betreffende Dirck Hals," "Archiefsprokkels betreffende Herman Hals," "Eenige gegevens over Frans Hals den Jonge," "Oorkonden over Reynier Hals," "Oorkonden over Jan Hals," *Oud Holland*, 41 (1923–4), pp. 19–31, 60–2, 215, 258–62, 263–4

Bremen and Leipzig 1998
D. Hansen (ed.), *Fritz von Uhde – Vom Realismus zum Impressionismus*, exh. cat., Kunsthalle Bremen, Bremen, and Museum der bildenden Künste Leipzig, Leipzig, Ostfildern-Ruit 1998

Briels 1976
J. Briels, *De Zuidnederlandse immigratie in Amsterdam en Haarlem omstreeks 1572–1630*, dissertation, Utrecht University, 1976

Briels 1985
J. Briels, *Zuid-Nederlanders in de Republiek 1572–1630. Een demografische en cultuurhistorische studie*, Sint-Niklaas 1985

Briels 1987
J. Briels, *Vlaamse Schilders in de Nordelijke Nederlanden*, Antwerp 1987

Briels 1997
J. Briels, *Vlaamse schilders en de dageraad van Hollands Gouden Eeuw, 1585–1630*, Antwerp 1997

Brink 2018
P. van den Brink, *Barthold Suermondt und die Kunst – eine lebenslange Freundschaft*, in Aachen 2018, pp. 13–33.

Broersen 1993
E. Broersen, *"Judita Leystar, een kloeke schilderes,"* in Haarlem and Worcester 1993, pp. 15–37

Broos 1971
B. P. J. Broos, "The 'O' of Rembrandt," *Simiolus*, 4 (1971), no. 3, pp. 150–84

Broos 1987
B. Broos, *Meesterwerke in het Mauritshuis*, The Hague 1987

Broos and Suchtelen 2004
B. Broos und A. van Suchtelen, *Portraits in the Mauritshuis, 1430–1790*, Zwolle 2004

Bruaene and Bouchaute 2017
A.-L. Van Bruaene and S. Van Bouchaute, "Rederijkers, Kannenkijkers: Drinking and Drunkenness in the Sixteenth and Seventeenth-Century Low Countries," *Early Modern Low Countries*, 1 (2017), pp. 1–29

Brussels 1874
Catalogue de la collection de tableaux et dessins anciens et modernes de M. B. Suermondt, exposée dans un but philanthropique, exh. cat., Musée Royal de Peinture, Brussels 1874

Bruyn 1951
J. Bruyn, "David Bailly," *Oud Holland*, 66 (1951), pp. 212–27

Buchelius ca.1588–1631
A. Buchelius, *Aantekeningen betreffende meest Nederlandse schilders en kunstwerken, c. 1588–1631*, manuscript, Universiteit Utrecht UBU Hs. 1781 (Hs 5 J 21)

Budapest 2014
I. Ember (ed.), *Rembrandt and the Dutch Golden Age*, exh. cat., Szépművészeti Múzeum, Budapest 2014

Buijsen 2016
E. Buijsen, "'Foolish Wisdom': Adriaen van de Venne and Frans Hals's 'Pekelharing,'" *The Burlington Magazine*, 158 (2016), pp. 94–100

Buijsen, Dumas, and Manuth 2012
E. Buijsen, C. Dumas, and V. Manuth (eds.), *Face Book: Studies on Dutch and Flemish Portraiture of the 16th–18th Centuries. Liber Amicorum presented to Rudolf E.O. Ekkart on the Occasion of his 65th Birthday*, Leiden 2012

Bulckens and Hout 2023
K. Bulckens and N. Van Hout, "Tronies. Een introductie tot hun kenmerken en oorsprong," in Antwerp and Dublin 2023, pp. 11–23

Burke 2016
J. Burke, "The European Nude, 1400–1650," in *Splendor, Myth, and Vision: Nudes from the Prado*, eds. T. J. Loughman, K. M. Morris, and L. Yeager-Crasselt, exh. cat., Clark Art Institute, Williamstown, MA, New Haven and London 2016, pp. 16–49

C

Campbell 2021
K. Campbell, "Landscapes, Figures, Demons: Collaboration as Canon Formation in Joachim Patinir and Quentin Metsys's 'Temptation of St. Anthony,'" in Newman and Nijkamp 2021, pp. 55–74

Carasso 1998
D. Carasso, "Houbrakens 'Groote schouburgh.' Enkele beschouwingen over de invloed van de Groote schouburgh op ons beeld van de Noord-Nederlandse schilderkunst in de Gouden Eeuw," in *In de ban van het beeld. Opstellen over geschiedenis en kunst*, Hilversum 1998 (*Amsterdamse Historische Reeks. Grote serie*, 24), pp. 111–23

Cats 1620
J. Cats, *Self-stryt, dat is crachtighe beweginghe van Vlees en Gheest...*, Middelburg 1620

Caw 1928a
J. L. Caw, "A Hals Portrait in Scottish National Gallery: Important Discovery," *The Scotsman* (August 21, 1928)

Caw 1928b
J. L. Caw, "A Hals Portrait: Revelation of X-rays," *The Scotsman* (August 21, 1928)

Cazzola 2020
A. Cazzola, *"In künstlerischer Beziehung ist mein Ideal Holland. Max Liebermanns Hollandreisen im Spiegel seiner Korrespondenz,"* in *Wir feiern Max Liebermann!*, ed. L. Wasensteiner, exh. cat., Liebermann-Villa am Wannsee, Berlin 2020, pp. 13–36

Chambre 1638
J. de la Chambre, *Verscheyden geschriften, geschreven ende int Koper gesneden, door Jean de la Chambre, liefhebber ende beminder der pennen, tot Haarlem anno 1638*, Haarlem 1638

Chronik 1929
Anonymous, "Chronik," *Kunst und Künstler: illustrierte Monatsschrift* für *bildende Kunst und Kunstgewerbe*, 27 (1929), p. 245

Ciardi 1973–4
R. B. Ciardi (ed.), *Gian Paolo Lomazzo, Scritti sulle arti*, 2 vols., Florence 1973–4

Clark 1969
K. M. Clark, *Civilisation: A Personal View*, London 1969

Clippel and Vermeylen 2018
K. De Clippel and F. Vermeylen, "Adriaen Brouwer, Mobility and Artistic Innovation," in Oudenaarde 2018, pp. 25–35

Coenen 2005
B. J. L. Coenen, "The Drawings of the Haarlem Amateur Leendert van der Cooghen," *Master Drawings*, 43 (2005), pp. 5–90

Cordes 2008
R. Cordes, Jan Zoet, *Amsterdammer 1609–1674. Leven en werk van een kleurrijk schrijver*, Hilversum 2008

Corinth [1908]
L. Corinth, *Das Erlernen der Malerei*, Berlin [1908]

Corinth 1913
L. Corinth, "Lebenswerk," in Berlin 1913, pp. 7–9

Corinth 1979
T. Corinth, *Lovis Corinth. Eine Dokumentation*, Tübingen 1979

Corinth and Englert 1995
K. Englert (ed.), *Lovis Corinth: Gesammelte Schriften, Charlotte Berend-Corinth: Mein Leben mit Lovis Corinth*, Berlin 1995

Cornelis 1995
B. Cornelis, "A reassessment of Arnold Houbraken's Groote schouburgh," *Simiolus*, 23 (1995), pp. 163–80

Cornelis 1998
B. Cornelis, "Arnold Houbraken's Groote schouburgh and the canon of seventeenth-century Dutch painting," *Simiolus*, 26 (1998), pp. 144–61

Coster 1633
S. Coster, *Boere-Klucht van Teeuwis de Boer, en men Juffer van Grevelinckhuysen*, Amsterdam 1633 (1st impression 1612)

Cramer 1979
H. M. Cramer, *Paintings by Old Masters*, The Hague 1979

Curtius 2021
A. Curtius (ed.), *Luppes Galerie. Die Kunstsammlungen der Stadt Nürnberg in der Weimarer Republik*, Petersberg 2021

D

Davies et al. 2018
J. Davies, G. Gruber, I. Slama, and E. Goetz, *Ein Maler als Modell: Van Dycks Porträt von Pieter Soutman*, Vienna 2018 (*Ansichtssache Kunsthistorisches Museum Wien*, 21)

Deinsen 2022
L. van Deinsen, "Female Faces and Learned Likenesses: Author Portraits and the Construction of Female Authorship and Intellectual Authority," in *Memory and Identity in the Learned World Community Formation in the Early Modern World of Learning and Science*, eds. K. Scholten, D. van Miert, and K. A. E. Enenkel, Leiden and Boston 2022 (*Intersections: Interdisciplinary Studies in Early Modern Culture*, 81), pp. 81–116

Dekiert 2003
M. Dekiert, *Musikanten in der Malerei der niederländischen Caravaggio-Nachfolge: Vorstufen, Ikonographie und Bedeutungsgehalt der Musikszene in der niederländischen Bildkunst des 16. und 17. Jahrhunderts*, Münster 2003

Dekker 1997
R. Dekker, *Lachen in de Gouden Eeuw. Een geschiedenis van de Nederlandse humor*, Amsterdam 1997

Dekker 2001
R. M. Dekker, *Humour in Dutch Culture of the Golden Age*, Basingstoke and New York 2001

Delft 2011
A. Jansen et al., *De portretfabriek van Michiel van Mierevelt (1566–1641)*, exh. cat., Museum Het Prinsenhof, Delft, Zwolle 2011

Demetz 1963
P. Demetz, "Defenses of Dutch Painting and the Theory of Realism," *Comparative Literature*, 15 (1963), pp. 97–115

Denucé 1949
J. Denucé, *Na Peter Pauwel Rubens. Documenten uit den kunsthandel te Antwerpen in de XVII eeuw van Matthijs Musson*, Antwerp and The Hague 1949

Descamps 1753
J. B. Descamps, *La vie des peintres Flamands, Allemands et Hollandois...*, vol. 1, Paris 1753

Deursen 1994
A. T. van Deursen, *Een dorp in de polder. Graft in de zeventiende eeuw*, Amsterdam 1994

Dixhoorn 2004
A. van Dixhoorn, *Repertorium van rederijkerskamers in de Noordelijke Nederlanden 1400–1650*, Leiden 2004

Dixhoorn 2009
A. van Dixhoorn, *Lustige geesten. Rederijkers in de Noordelijke Nederlanden (1480–1650)*, Amsterdam 2009

Doesschate Chu 1974
P. ten-Doesschate Chu, *French Realism and the Dutch Masters: The Influence of Dutch Seventeenth-Century Painting on the Development of French Painting between 1830 and 1870*, Utrecht 1974

Dohe 2013
S. Dohe, "Konjunkturen des Geschmacks. Wilhelm Buschs Vorbilder im Spiegel der Kasseler Kopierbücher," in Hannover and Kassel 2013, pp. 104–19

Dorren 2001
G. M. E. Dorren, *Eenheid en verscheidenheid. De burgers van Haarlem in de Gouden Eeuw*, Amsterdam 2001

Dresden 2016
U. Neidhardt and K. Krüger (eds.), *Das Paradies auf Erden: flämische Landschaften von Bruegel bis Rubens*, exh. cat., Staatliche Kunstsammlungen Dresden, Gemäldegalerie Alte Meister, Dresden 2016

Dudok van Heel 1975
S. A. C. Dudok van Heel, "Een minne met een kindje door Frans Hals," *Jaarboek van het Centraal Bureau voor Genealogie*, 29 (1975), pp. 146–59

Dudok van Heel 2015
S. A. C. Dudok van Heel, "De identificatie van twee portretten van Frans Hals hersteld," *Maandblad Amstelodamum*, 102 (2015), pp. 139–46

Dudok van Heel and Bok 2013
S. A. C. Dudok van Heel and M. J. Bok, *"Frans Halsen" aan de muur: omgang met familieportretten in Haarlem: Voocht-Olycan-Van der Meer*, The Hague 2013

Dülberg 1930
F. Dülberg, *Frans Hals. Ein Leben und ein Werk*, Stuttgart 1930

Duparc 2022
F. J. Duparc, "Frans Hals's 'Portrait of a young man holding a pair of gloves,'" *The Burlington Magazine*, 164 (2022), pp. 578–80

Dyk 1758
J. van Dyk, *Kunst- en historiekundige beschryving en aanmerkingen van alle de schilderyen op het stadhuis te Amsterdam*, Amsterdam 1758

E

Eberle 1995–6
M. Eberle, *Max Liebermann. Werkverzeichnis der Gemälde und* Ölstudien, 2 vols., Munich 1995–6

Ebert 2013
A. Ebert, *Adriaen van Ostade und die komische Malerei des 17. Jahrhunderts*, Berlin 2013

Edinburgh 1957
National Gallery of Scotland: Catalogue of Paintings and Sculpture, 51th edition, Edinburgh 1957

Edinburgh 1992
J. Lloyd Williams, *Dutch Art and Scotland: A Reflection of Taste*, exh. cat., National Gallery of Scotland, Edinburgh 1992

Eeghen 1974
I. H. van Eeghen, "Pieter Codde en Frans Hals," *Maandblad Amstelodamum*, 61 (1974), pp. 137–40

Eembd 1621
G. van der Eembd, *Treur-spel Sophonisba*, The Hague 1621

Eisenmann 1888
O. Eisenmann, *Katalog der Königlichen Gemälde-Galerie zu Cassel*, Kassel 1888

Ekkart 1979
R. E. O. Ekkart, "Johannes Verspronck, een Haarlemse portretschilder uit de zeventiende eeuw," *Antiek*, 14 (1979), no. 2, pp. 105–16

Ekkart 2009
R. E. O. Ekkart, *Johannes Verspronck and the Girl in Blue*, Amsterdam 2009

Ekkart 1987
R. E. O. Ekkart, "Inleiding / Introduction," in R. E. O. Ekkart and E. Ornstein-van Slooten, *Oog in oog met de modellen van Rembrandts portret-etsen / Face to Face with the Sitters for Rembrandt's Etched Portraits*, exh. cat., Museum het Rembrandthuis, Amsterdam 1987, pp. 4–19

Ember 1984
I. Ember, *Musik in der Malerei. Musik als Symbol in der Malerei der europäischen Renaissance und des Barock*, Budapest 1984.

Emmens 1979
J. A. Emmens, *Rembrandt en de regels van de kunst*, Amsterdam 1979

Erasmus 1652
D. Erasmus, *Boecxken van de borgerlyke beleeftheid der kinderlyke zeden*, Amsterdam 1652 (translation of *De civilitate morum puerilium. . . libellus*, 1530)

F

Ferrier, Kleinert, and Walters 2024
S. Ferrier, K. Kleinert, and L. Walters, "Gozales Coques's Portrait of a Married Couple in a Park: an Incorrect Identification of Margaret and William Cavendish," *Notes and Queries*, 71 (2024), https://doi.org/10.1093/notesj/gjad105 (accessed April 29, 2024)

Fernier 1977–8
R. Fernier, *La vie et l'œuvre de Gustave Courbet*, 3 vols., Lausanne and Paris 1977–8

Filedt Kok and Leesberg 2000
J. P. Filedt Kok and M. Leesberg, *The New Hollstein Dutch and Flemish Etchings, Engravings and Woodcuts ca. 1450–1700*, vol. 9: *The De Gheyn Family*, 2 vols., Rotterdam and Amsterdam 2000

Filipczak 1987
Z. Z. Filipczak, *Picturing Art in Antwerp, 1550–1700*, Princeton 1987

Fock 1990
C. W. Fock, "Kunstbezit in Leiden in de 17de eeuw," in Lunsingh Scheurleer et al. 1986–92, pp. 3–36

Forster 2018
P. Forster, "Barthold Suermondt und Ludwig Knaus – eine Freundschaft im Zeichen der Kunst," in Aachen 2018, pp. 46–62

Foucart 2009
J. Foucart, *Catalogue des peintures flamandes et hollandaises du musée du Louvre*, Paris 2009

Fouquet-Plümacher and Kawaletz 1996
D. Fouquet-Plümacher and L. Kawaletz, "Die Reimersche Gemäldesammlung: Geschichte einer grossen Berliner Bildersammlung der ersten Hälfte des 19. Jahrhunderts," *Jahrbuch der Berliner Museen*, 38 (1996), pp. 77–110

Franken 1997
M. Franken, "'Aen stoelen en bancken leren gaen': Leerzame vormen van navolging in Rembrandts werkplaats," in *Album Discipulorum J.R.J. van Asperen de Boer*, eds. P. van den Brink and L. M. Helmus, Zwolle 1997, pp. 66–73

Frenssen 1997
B. Frenssen, "'Intelligenter kann man nicht kopieren': Max Liebermann und Frans Hals," in *Max Liebermann. Der Realist und die Phantasie*, exh. cat., Hamburger Kunsthalle, Hamburg, Städelsches Kunstinstitut, Frankfurt am Main, and Museum der bildenden Künste, Leipzig, Hamburg 1997, pp. 94–6

Fritz 1967
R. Fritz, *Sammlung Becker*, vol. 1: *Gemälde Alter Meister*, Dortmund 1967

G

Gaethgens and Paul 1997
T. Gaethgens and B. Paul (eds.), *Wilhelm von Bode. Mein Leben*, 2 vols., Berlin 1997

Garthoff 2011
N. Garthoff, "A Forger Confesses," in *Van Meegeren's Vermeers. The Connoisseur's Eye and the Forger's Art*, eds. F. Lammertse and J. van Es, Rotterdam 2011, pp. 43–65

Gelder 1906
H. E. van Gelder, "Schilderijen te Alkmaar en Hoorn," *Oud Holland*, 24 (1906), pp. 63–4

Gelder 1938
J. G. van Gelder, "*Dateering van Frans Hals' Portret van P. v. d. Broecke*," *Oud Holland*, 55 (1938), p. 154

Gelder 1959
J. G. van Gelder, "Anthonie van Dyck in Holland in de zeventiende eeuw," *Bulletin Koninklijke Musea voor Schone Kunsten*, 8 (1959), pp. 43–86

Gerbier 1620
B. Gerbier, *Eer ende claght-dicht: ter eeren van den lofweerdighen constrijcken ende gheleerden Henricus Goltius, constrijcken schilder, plaetsnijder, ende meester van de penne, overleden tot Haerlem, den 29. december anno 1617*, The Hague 1620

Gerken 2023
D. Gerken, "Das Zeitlose ist modern. Lovis Corinths Kopie von Frans Hals' *Der Mann mit dem Schlapphut*," in Lange, Gerken, and Lukatis, Berlin and Munich 2023

Geurts 2020
L. Geurts, "Enkele Caravaggeske elementen in het oeuvre van de Hollandse meester-schilderes Judith Leyster," *Desipientia*, 27 (2020), no. 1, pp. 10–16

Gierse 2006
J. Gierse, *Die Kasseler Rembrandtgemälde im Spiegel der Kopistenverzeichnisse von 1866 bis 1990*, in Kassel 2006, pp. 65–76

Giltaij 2017
J. Giltaij, *Jan de Braij (1626/1627–1697) – schilder en architect*, Zwolle 2017

Gleis, Verwiebe, and Deseyve 2023
R. Gleis, B. Verwiebe, and Y. Deseyve, *Alte Nationalgalerie – Kunst im langen 19. Jahrhundert: Aus der Sammlung der Nationalgalerie*, Leipzig 2023

Gogh-Bonger 1914
J. van Gogh-Bonger (ed.), *Vincent van Gogh. Brieven aan zijn broeder*, 3 vols., Amsterdam 1914

Gombrich 1982
E. H. Gombrich, *The Image and the Eye: Further Studies in the Psychology of Pictorial Representation*, Oxford 1982

Goodison 1949
J. W. Goodison, "A Cleaned Frans Hald in the Fitzwilliam Museum," *The Burlington Magazine*, *91* (1949), pp. 197–9

Gool 1750–1
J. van Gool, *De Nieuwe Schouburg der Nederlantsche kunstschilders en schilderessen. . .*, 2 vols., The Hague 1750–1

Goosens 2001
M. E. W. Goosens, *Schilders en de markt, Haarlem 1605–1635*, Leiden 2001

Gosselink and Goede 2008
M. Gosselink and J. de Goede (eds.), *At Home in the Golden Age: Masterpieces from the SØR Rusche Collection*, exh. cat., Kunsthal, Rotterdam, Zwolle 2008

Gottwald 2011
F. Gottwald, *Das Tronie: Muster, Studie und Meisterwerk. Die Genese einer Gattung der Malerei vom 15. Jahrhundert bis zu Rembrandt*, Berlin 2011

Greenwich 2002
P. C. Sutton and J. Ambrose (eds.), *Pleasures of Collecting: Part I, Renaissance to Impressionist Masterpieces*, exh. cat., Bruce Museum of Arts and Science, Greenwich 2002

Greevenbroek 1981
J. T. R. van Greevenbroek, *De Bank van Lening te Haarlem. Een instelling van weldadigheid*, Haarlem 1981

Grenzboten 1869
Anonymous, "Die Ausstellung von Gemälden älterer Meister in München," *Die Grenzboten*, 28 (1869), pp. 16–26, 54–64

Grijp 1991
L. P. Grijp, *Het Nederlandse lied in de Gouden Eeuw*, Amsterdam 1991

Grijzenhout 2013
F. Grijzenhout, "Frans Hals: The Portraits of a Mennonite Watchmaker and His Wife," *The Rijksmuseum Bulletin*, 61 (2013), pp. 122–39

Grijzenhout 2021
F. Grijzenhout, "Adriaen van Ostade, Frans Hals, and the Art-Loving Van den Heuvel Family," *Simiolus*, 43 (2021), pp. 170–89

Grimm 1970
C. Grimm, "Ein Meisterliches Künstlerporträt: Frans Hals' Ostade-Bildnis," *Oud Holland*, 85 (1970), pp. 170–6

Grimm 1971
C. Grimm, "Frans Hals und seine 'Schule,'" *Münchner Jahrbuch der bildenden Kunst*, 22 (1971), pp. 146–78

Grimm 1972
C. Grimm, *Frans Hals: Entwicklung, Werkanalyse, Gesamtkatalog*, Berlin 1972

Grimm 1974
C. Grimm, "St. Markus von Frans Hals," *Maltechnik, Restauro*, 80 (1974), pp. 21–31

Grimm 1989
C. Grimm, *Frans Hals: Das Gesamtwerk*, Stuttgart and Zurich 1989

Grimm 2023–4
C. Grimm, *RKD Study: Frans Hals and his Workshop*, The Hague 2023–4, https://frans-hals-and-his-workshop.rkdstudies.nl/

Grimm 2024
C. Grimm, "Frans Hals and Gerrit Bleker: a Joint Collaboration on a Fragmented Family Portrait (1623–1625)," *Oud Holland*, 137 (2024), pp. 34–48 (forthcoming)

Groen and Hendriks 1989
K. Groen and E. Hendriks, "Frans Hals: a Technical Examination," in Washington, London, and Haarlem 1989, pp. 109–27

Groeneweg 1997
I. Groeneweg, "Hof en stad. Het kostuum ten tijde van Frederik Hendrik en Amalia," in *Vorstelijk vertoon. Aan het hof van Frederik Hendrik en Amalia*, eds. M. Keblusek and J. Zijlmans, Haags Historisch Museum, The Hague, Zwolle 1997, pp. 201–18

Groenveld 2009
S. Groenveld, *Het Twaalfjarig Bestand, 1609–1621. De jongelingsjaren van de Republiek der Verenigde Nederlanden*, The Hague 2009

Gronau 1923
G. Gronau, *Meisterwerke in Cassel. Frans Hals*, Berlin 1923

Gruber and Tomášek 2018
G. Gruber and P. Tomášek, *Albtraumhaft Schön: Rubens' Wiener Medusenhaupt trifft auf die Brünner Fassung*, Vienna 2018 (*Ansichtssache Kunsthistorisches Museum Wien*, 23)

Grund 2005
M. Grund, "Lovis Corinth in Kassel," *Kunst in Hessen und am Mittelrhein*, NF 1 (2005), pp. 119–42

Gudlaugsson 1975
S. J. Gudlaugsson, *The Comedians in the Work of Jan Steen and His Contemporaries*, Soest 1975

Günther 1999
A. Günther, *Ölskizzen und Skizzenbilder. Untersuchungen zur Bedeutung und Wertung des sichtbaren Pinselstrichs im 16. und 17. Jahrhundert*, Marburg 1999

H

Haarlem 1937
Frans Hals Tentoonstelling, exh. cat., Frans Halsmuseum, Haarlem 1937

Haarlem 1962
Frans Hals, exh. cat., Frans Halsmuseum, Haarlem 1962

Haarlem 1979
R. E. O. Ekkart, *Johannes Cornelisz. Verspronck. Leven en werken van een Haarlems portretschilder uit de 17-de eeuw*, exh. cat., Frans Halsmuseum, Haarlem 1979

Haarlem 1986
E. de Jongh, *Portretten van echt en trouw. Huwelijk en gezin in de Nederlandse kunst van de zeventiende eeuw*, exh. cat., Frans Halsmuseum, Haarlem 1986

Haarlem 1988
M. Carasso-Kok and J. Levy-van Halm (eds.), *Schutters in Holland. Kracht en zenuwen van de stad*, exh. cat., Frans Halsmuseum, Haarlem 1988

Haarlem 2006
P. Biesboer and N. Köhler (eds.), *Painting in Haarlem 1500–1850: The Collection of the Frans Hals Museum*, Frans Hals Museum, Haarlem 2006
Haarlem 2011
Anna Tummers (ed.), *Celebrating in the Golden Age*, exh. cat., Frans Hals Museum, Haarlem, Rotterdam 2011
Haarlem 2013
A. Tummers (ed.), *Frans Hals: Eye to Eye with Rembrandt, Rubens and Titian*, exh. cat., Frans Hals Museum, Haarlem 2013
Haarlem 2017
A. Tummers, E. Kolfin, and J. Hillegers (eds.), *The Art of Laughter: Humour in Dutch Paintings of the Golden Age*, exh. cat., Frans Hals Museum, Haarlem 2017
Haarlem 2018
M. Rikken and J. Rozenbroek (eds.), *Frans Hals en de modernen*, exh. cat., Frans Hals Museum, Haarlem 2018
Haarlem and Antwerp 2000
J. B. Bedaux (ed.), *Kinderen op hun mooist. Het kinderportret in de Nederlanden 1500–1700*, exh. cat., Frans Halsmuseum, Haarlem, and Royal Museum of Fine Arts Antwerp, Ghent 2000
Haarlem and Hamburg 2003
P. Biesboer and M. Sitt (eds.), *Satire en vermaak.* Schilderkunst in de 17de eeuw: *Het genrestuk van Frans Hals en zijn tijdgenoten 1610–1670*, exh. cat., Frans Hals Museum, Haarlem, and Hamburger Kunsthalle, Hamburg, Haarlem 2003
Haarlem and Munich 2008
P. Biesboer (ed.), *Frans Hals und Haarlems Meister der Goldenen Zeit*, exh. cat., Frans Hals Museum, Haarlem, and Kunsthalle der Hypo-Kulturstiftung, Munich, Munich 2008
Haarlem and Washington 2009
A. Tummers, *Judith Leyster (1609–1660): The First Woman to Become a Master Painter*, exh. cat., Frans Hals Museum, Haarlem, and National Gallery of Art, Washington 2009
Haarlem and Worcester 1993
J. A. Welu and P. Biesboer (eds.), *Judith Leyster. Schilderes in een mannenwereld*, exh. cat., Frans Halsmuseum, Haarlem, and Worcester Art Museum, Worcester, MA, Zwolle 1993
Hagedorn 2020
L. Hagedorn, *Das Museum im Buch: Paolo Giovios Elogia und die Porträtsammelwerke des 16. Jahrhunderts*, Berlin 2020
The Hague and Münster 1974
G. Langemeijer and P. Pieper, *Gerard ter Borch, Zwolle 1617– Deventer 1681*, exh. cat., Mauritshuis, The Hague, and Landesmuseum für Kunst und Kulturgeschichte, Münster, Münster 1974
Haks 1985
D. Haks, *Huwelijk en gezin in Holland in de 17de eeuw*, Utrecht 1985
Hallema 1928
A. Hallema, *Haarlemsche gevangenissen. Een bijdrage tot de geschiedenis der detentie- en strafgestichten in de grafelijke stad Haarlem*, Haarlem 1928
Hamburg and Frankfurt am Main 1978
W. Hoffmann and K. Herding (eds.), *Courbet und Deutschland*, exh. cat., Hamburger Kunsthalle, Hamburg, and Städtische Galerie, Frankfurt am Main, Cologne 1978
Hancke 1914
E. Hancke, *Max Liebermann. Sein Leben und seine Werke*, Berlin 1914
Hancke 1916
E. Hancke, "Liebermanns Kopien nach Franz Hals," *Kunst und Künstler: illustrierte Monatsschrift fur bildende Kunst und Kunstgewerbe*, 14 (1916), pp. 525–34
Hannover and Assen 2006
H. Grape-Albers (ed.), *Max Liebermann und die Holländer*, exh. cat., Niedersächsisches Landesmuseum Hannover, Hannover, and Drents Museum, Assen, Zwolle 2006
Hannover and Kassel 2013
"Die holländischen Bilder hab ich freilich gern." Wilhelm Busch und die Alten Meister, exh. cat., Wilhelm Busch – Deutsches Museum für Karikatur und Zeichenkunst, Hannover, and Museumslandschaft Hessen Kassel, Schloss Wilhelmshöhe, Kassel, Gifkendorf 2013
Harms 1927
J. Harms, "Judith Leyster. Ihr Leben und Werk," *Oud Holland*, 44 (1927), pp. 88–96, 112–26, 145–54, 221–42, 275–9
Haverkamp Begemann 1959
E. Haverkamp Begemann, *Willem Buytewech*, Amsterdam 1959
Hearn 2015
K. Hearn, *Cornelius Johnson*, London 2015
Hees 1959
C. A. van Hees, "Archivalia betreffende Frans Hals en de zijnen," *Oud Holland*, 74 (1959), pp. 36–42
Heinen 1996
U. Heinen, *Rubens zwischen Predigt und Kunst. Der Hochaltar* für die *Walburgenkirche in Antwerpen*, Weimar 1996
Heinsius 1616
D. Heinsius, *Dan. Heinsii Nederduytsche Poemata*, Amsterdam 1616
Held 1980
J. S. Held, *The Oil Sketches of Peter Paul Rubens: A Critical Catalogue*, 2 vols., Princeton 1980
Hemelaer 1612
J. de Hemelaer, *Q. Horatii Flacci Latijnschen poeets boexken / De Arte Poetica, dat is: vande weldichtens kunst. . .*, Haarlem 1612
Hemmer 2015
M. W. Hemmer, "Artistic transmission in the Low Countries: De Grebber's creative imitation of Rubens," *De Zeventiende Eeuw*, 31 (2015), pp. 191–210
Hendriks 1998
E. Hendriks, "Johannes Verspronck: The Technique of a Seventeenth Century Haarlem Portraitist," *Looking Through Paintings*, Baarn 1998 (*Leids Kunsthistorisch Jaarboek*, 11), pp. 227–68
's-Hertogenbosch 1992
C. de Mooij (ed.), *Vastenavond– Carnaval. Feesten van de omgekeerde wereld*, exh. cat., Noordbrabants Museum, 's-Hertogenbosch, Zwolle 1992
Hilton 1984
J. K. Hilton, *The "Englische Komoedianten" in German-speaking States, 1592–1620: a Generation of Touring Performers as Mediators between English and German Cultures*, Oxford 1984
Hirschfelder 2001
D. Hirschfelder, "Portrait or Character Head? The Term Tronie and its Meaning in the Seventeenth Century," in *Der junge Rembrandt. Rätsel um seine Anfänge*, ed. Bernhard Schnackenburg and Ernst van de Wetering, exh. cat., Gemäldegalerie Alte Meister, Staatliche Museen Kassel and Museum het Rembrandthuis, Amsterdam, Wolfratshausen 2001, pp. 82–90
Hirschfelder 2006
D. Hirschfelder, "Training Piece and Sales Product. On the Functions of the Tronie in Rembrandt's Workshop," in *Rembrandt 2006*, vol. 1: *Essays*, ed. M. Roscam Abbing, Leiden 2006, pp. 112–33
Hirschfelder 2008
D. Hirschfelder, *Tronie und Porträt in der niederländischen Malerei des 17. Jahrhunderts*, Berlin 2008
Hirschfelder 2009
D. Hirschfelder, "Das bürgerliche Kostümporträt im Werk Rembrandts und seiner Nachfolger," in *Rembrandt – Wissenschaft auf der Suche (Beiheft zum Jahrbuch der Berliner Museen)*, Berlin 2009, pp. 49–59
Hofrichter 1989
F. F. Hofrichter, *Judith Leyster: A Woman Painter in Holland's Golden Age*, Doornspijk 1989
Hofstede de Groot 1893a
C. Hofstede de Groot, *Arnold Houbraken und seine "Groote Schouburgh" kritisch beleuchtet*, The Hague 1893
Hofstede de Groot 1893b
C. Hostede de Groot, "Judith Leyster," *Jahrbuch der Königlich Preußischen Kunstsammlungen*, 14 (1893), pp. 190–8, 232
Hofstede de Groot 1910
C. Hofstede de Groot, *Beschreibendes und kritisches Verzeichnis der Werke der hervorragendsten Holländischen Maler des XVII. Jahrhunderts, nach dem Muster von John Smith's catalogue raisonné*, vol. 3: *Frans Hals, Adriaen van Ostade, Isack van Ostade, Adriaen Brouwer*, Esslingen 1910
Hofstede de Groot 1924
C. Hofstede de Groot, "Some recently discovered works by Frans Hals," *The Burlington Magazine*, 45 (1924), p. 87
Hofstede de Groot 1925
C. Hofstede de Groot, *Echt of onecht: chemie of oog*, The Hague 1925
Hollstein 1949
F. W. H. Hollstein, *Dutch and Flemish Etchings, Engravings and Woodcuts*, vol. 2: *Berckheyde–Bodding*, Amsterdam 1949
Hollstein 1952
F. W. H. Hollstein, *Dutch and Flemish Etchings, Engravings and Woodcuts*, vol. 6: *Douffet–Floris*, Amsterdam 1952
Honig 1998
E. A. Honig, *Painting and the Market in Early Modern Antwerp*, New Haven and London 1998
Hoogstraten 1678
S. van Hoogstraten, *Inleyding tot de Hooge Schoole der Schilderkonst: Anders de Zichtbaere Werelt*, Rotterdam 1678 (facsimile Utrecht 1969)
Hoop Scheffer and Keyes 1984
D. de Hoop Scheffer and G. S. Keyes, *Hollstein's Dutch and Flemish Etchings, Engravings and Woodcuts ca. 1450–1700*, vol. 28: *Louis Spirinx to M. Suys*, Blaricum 1984
Horn 2000
H. J. Horn, *The Golden Age Revisited: Arnold Houbraken's Great Theatre of Netherlandish Painters and Paintresses*, 2 vols., Doornspijk 2000
Hornback 2001
R. Hornback, "Emblems of Folly in the First 'Othello': Renaissance Blackface, Moor's Coat and 'Muckender,'" *Comparative Drama*, 35 (2001), no. 1, pp. 69–99
Hornback 2007
R. Hornback, "The Folly of Racism: Enslaving Blackface and the 'Natural' Fool Tradition," *Medieval and Renaissance Drama in England*, 20 (2007), pp. 46–84
Houbraken 1718–21
A. Houbraken, *De groote schouburgh der Nederlantsche konstschilders en schilderessen: waar van 'er vele met hunne beeltenissen ten tooneel verschynen, en hun levensgedrag en konstwerken beschreven worden: zynde een vervolg op het Schilderboek van K. v. Mander*, 3 vols., Amsterdam 1718–21
Houbraken 1753
A. Houbraken, *De Groote Schouburgh der Nederlantsche Konstschilders en Schilderessen*, 2nd edition, 3 vols., The Hague 1753
Howard 2008
J. Howard, *Frans Hals St. Mark. A Lost Masterpiece rediscovered*, London 2008
Huussen 2009
A. H. Huussen, *Antonius van Meegeren (1889–1945). Documenten betreffende zijn leven en strafproces*, Zoetermeer 2009

J

Jacobsen 1895
E. Jacobsen, "Zur Judith Leyster," *Repertorium* für *Kunstwissenschaft*, 18 (1895), p. 435
Jager 1990
R. de Jager, "Meester, leerjongen, leertijd. Een analyse van zeventiende-eeuwse Noord-Nederlandse leerlingcontracten van kunstschilders, goud- en zilversmeden," *Oud Holland*, 104 (1990), pp. 69–111
Jager et al. 2018
A. Jager, S. Lybeert, M. Vanwelden, E. Verroken, "'Natif d'Audenaerde'? New Insights into the Origins of Adriaen Brouwer and His Life in the Northern Netherlands," in Oudenaarde 2018, pp. 37–49
Jansen, Luijten, and Bakker 2009
L. Jansen, H. Luijten, and N. Bakker (eds.), *Vincent van Gogh: The Letters. The Complete, Illustrated and Annotated Edition*, 6 vols., Amsterdam 2009
Joachimides 2014
A. Joachimides, "Das Museum und die Enthistorisierung der Kunstgeschichte. Franz Hals, Velázquez, Goya – Prominente Wiederentdeckungen des späteren 19. Jahrhunderts," in *Kunst ohne Geschichte*, ed. M. Reinhard-Felice, Munich 2014, pp. 41–8
Jong et al. 2003
J. de Jong et al. *Virtus – virtuositeit en kunstliefhebbers in de Nederlanden 1500–1700*, Zwolle 2004 (*Nederlands kunsthistorisch jaarboek*, 54, 2003)
Jongh 1986
E. de Jongh, "Portretten van echt en trouw. Inleiding," in Haarlem 1986, pp. 13–64
Jongh and Vinken 1961
E. de Jongh and P. J. Vinken, "Frans Hals als voortzetter van een emblematische traditie: Bij het Huwelijksportret van Isaac Massa en Beatrix van der Laen," *Oud Holland*, 76 (1961), pp. 117–52
Joost-Gaugier 1982
C. L. Joost-Gaugier, "The Early Beginnings of the Notion of 'Uomini Famosi' and the 'De Viris Illustribus' in Greco-Roman Literary Tradition," *Artibus et Historiae*, 3 (1982), no. 6, pp. 97–115
Jowell 1974
F. S. Jowell, "Thor.-Bürger and the Revival of Frans Hals," *The Art Bulletin*, 56 (1974), pp. 101–17
Jowell 1989
F. S. Jowell, "The Rediscovery of Frans Hals," in Washington, London, and Haarlem 1989, pp. 61–86
Jowell 2001
F. S. Jowell, "From Thoré to Bürger: The image of Dutch art before and after the Musées de la Hollande," *Bulletin van het Rijksmuseum, 49* (2001), pp. 43–60
Jowell 2014
F. S. Jowell, "Thoré-Bürger and the Modernity of Seventeenth-century Dutch art," in *Barock – Moderne – Postmoderne: ungeklärte Beziehungen*, eds. V. von Flemming and A.-E. Kittner, Wiesbaden 2014, pp. 75–92
Jowell 2018
F. S. Jowell, "Barthold Suermondt und W. Bürger (Théophile Thoré): Freundschaft einer geteilten 'monomanie de tableaux,'" in Aachen 2018, pp. 62–78
Junius, Aldrich, and Fehl 1991
F. Junius, *The Literature of Classical Art*, vol. 1: *The Paintings of the Ancients. De Pictura Veterum*, eds. K. Aldrich, P. Fehl, and R. Fehl, Berkeley, Los Angeles, and Oxford 1991

K

Karlsruhe 2012
Ariane Mensger (ed.), *Déjà-vu? Die Kunst der Wiederholung von Dürer bis Youtube*, exh. cat., Staatliche Kunsthalle Karlsruhe, Karlsruhe, Bielefeld 2012

Kassel 1878
Führer durch die Kgl. Gemäldegalerie zu Cassel, Kassel 1878

Kassel 2006
Rembrandt-Bilder. Die historische Sammlung der Kasseler Gemäldegalerie, exh. cat., Staatliche Museen Kassel, Gemäldegalerie Alte Meister, Schloss Wilhelmshöhe, Kassel and Munich 2006

Kassel and Frankfurt am Main 2004
Pan & Syrinx: eine erotische Jagd. Peter Paul Rubens, Jan Brueghel und ihre Zeitgenossen, exh. cat., Staatliche Museen Kassel, Gemäldegalerie Alte Meister, Schloss Wilhelmshöhe, Kassel, and Städelsches Kunstinstitut, Frankfurt am Main, Berlin 2004

Kassel and The Hague 2009
Frederik Duparc and Quentin Buvelot (eds.), *Philips Wouwerman. 1619–1668*, exh. cat., Museumslandschaft Hessen Kassel, Kassel, and Mauritshuis, The Hague, Munich 2009

Katritzky 2005
P. Katrizky, "Pickelhering and Hamlet in Dutch Art: The English Comedians of Robert Browne, John Green, and Robert Reynolds," in *Shakespeare and the Low Countries*, eds. T. Hoenselaars and H. Klein, Lewiston, NY, 2005, pp. 113–41

Katritzky 2007
M. A. Katritzky, "'Some tymes J have a shillinge aday, and some tymes nothinge, so that J leve in great poverty': British Actors in the Paintings of Frans Hals," in *Others and Outcasts in Early Modern Europe: Picturing the Social Margins*, ed. T. Nichols, London 2007, pp. 197–214

Katritzky 2013
M. A. Katritzky, "'A Plague o' these Pickle Herring': From London Drinkers to European Stage Clown," in *Renaissance Shakespeare/Shakespeare Renaissances: Proceedings of the Ninth World Shakespeare Congress*, eds. M. Procházka, A. Hoefele, H. Scolnicov and M. Dobson, Newark 2013, pp. 116–22

Katritzky 2018
M. A. Katritzky, "Stefanelo Botarga and Pickelhering: Fishy Italian and English Stage Clowns in Spain and Germany," in *Theatre Cultures within Globalising Empires: Looking at Early Modern England and Spain*, eds. J. Kuepper and L. Pawlita, Berlin and Boston 2018, pp. 15–39

Katzenstein 1866
L. Katzenstein, *Die Bildergallerie im Schlosse Bellevue zu Kassel*, Kassel 1866

Kauffmann 1943
H. Kauffmann, "Die Fünfsinne in der niederländischen Malerei des 17. Jahrhunderts," in *Kunstgeschichtliche Studien: Festschrift für Dagobert Frey zum 23. April 1943*, ed. H. Tintelnot, Breslau 1943, pp. 133–57

Kerk 2019
M. aan de Kerk, *Madness and the City: Interaction between the Mad, Their Families and Urban Society in Amsterdam, Rotterdam and Utrecht, 1600–1795*, dissertation, University of Amsterdam, 2019

Kernkamp 1902
G. W. Kernkamp, "Memoriën van ridder Theodorus Rodenburg betreffende het verplaatsen van verschillende industrien uit Nederland naar Denemarken, met daarop genomen resolutiën van koning Christiaan IV (1621)," *Bijdragen en Mededeelingen van het Historisch Genootschap*, 23 (1902), pp. 189–257

Ketelsen 2000
T. Ketelsen, "Rembrandt, oder nicht? Zur Kritik der Kennerschaft," in *Rembrandt, oder nicht? Die Gemälde*, ed. T. Ketelsen, exh. cat., Hamburger Kunsthalle, Hamburg, Ostfildern-Ruit 2000, pp. 9–40

Kettering 1983
A. M. Kettering, *The Dutch Arcadia Pastoral: Art and Its Audience in the Golden Age*, Montclair 1983

Keyes 1980
G. S. Keyes, *Hollstein's Dutch and Flemish Etchings, Engravings and Woodcuts ca. 1450–1700*, vol. 24: *Salomon Savery to Gillis van Scheyndel*, Amsterdam 1980

Kinderen-Besier 1950
J. H. der Kinderen-Besier, *Spelevaart der Mode: De Kledij Onzer Voorouders in de Zeventiende Eeuw*, Amsterdam 1950

Kleinert and Reimelt 2008
K. Kleinert and M. Reimelt, "Ein komplexer Malprozess mit ikonographischen Konsequenzen. Zur Bildgenese des Werkes 'Wie die Alten sungen, so pfeifen die Jungen' von Jan Steen in der Gemäldegalerie," *Jahrbuch der Berliner Museen*, 50 (2008), pp. 79–105

Knevel 1990
P. Knevel, "De vele gezichten van Frans Hals. Een eeuw Frans Halsonderzoek doorgelicht," *Holland*, 22 (1990), pp. 73–82

Knevel 1994
P. Knevel, *Burgers in het geweer. De schutterijen in Holland, 1550–1700*, Hilversum 1994 (*Hollandse studiën*, 32)

Köhler and Levy-van Halm 1990
N. Köhler and K. Levy-van Halm, *Frans Hals. Schuttersstukken*, The Hague 1990

Kokkedee 2023
L. Kokkedee, *Behold Monsieur Peeckelhaeringh! Frans Hals, salted herring, comic theatre and the development of a fishy buffoon*, MA thesis, University of Amsterdam 2023

Kolfin 2001
E. Kolfin, "Portretten van liefde en lust. Portretten en portretteren in illustraties uit Noord- en Zuidnederlandse boekjes over liefde, c. 1600–1635," *De Zeventiende Eeuw*, 17 (2001), pp. 121–37

Kolfin 2002
E. E. P. Kolfin, *Een geselschap jonge luyden. Productie, functie en betekenis van Noord-Nederlandse voorstellingen van vrolijke gezelschappen 1610–1645*, dissertation, Leiden University, 2002

Kolfin 2005
E. Kolfin, *The Young Gentry at Play: Northern Netherlandish Scenes of Merry Companies 1610–1645*, Leiden 2005

Koppenol 2001
J. Koppenol, "Piero, de zot van Leiden," *Literatuur*, 18 (2001), pp. 234–43

Koppenol 2003
J. Koppenol, "Pieter Cornelisz van der Mersch en de ingekeerde Leidse rederijkerij," in *Conformisten en rebellen. Rederijkerscultuur in de Nederlanden (1400–1650)*, ed. B. Ramakers, Amsterdam 2003, pp. 228–39

Koppenol 2004
J. Koppenol, "Het zakboekje van Piero: profiel van een rederijker," *Neerlandistiek.nl*, 3 (2004), pp. 1–20

Kossmann 1915
E. F. Kossmann, *Nieuwe bijdragen tot de geschiedenis van het Nederlandsch tooneel in de zeventiende en achttiende eeuw*, The Hague 1915

Kramer 2009
F. Kramer, *Mooi vies, knap lelijk. Grotesk realisme in rederijkerskluchten*, Hilversum 2009

Krekeler et al. 2014
A. Krekeler, E. Smeenk-Metz, Z. Benders, and M. van de Laar, "A Technical Study of Johannes Cornelisz Verspronck's Portraits in the Rijksmuseum," *The Rijksmuseum Bulletin*, 62 (2014), pp. 2–23

Kruijswijk and Nesse 2004
M. Kruijswijk and M. Nesse, *Nederlandse jaarfeesten en hun liederen door de eeuwen heen*, Hilversum 2004

Kuile 1974–6
Onno ter Kuile, *Catalogus van de schilderijen / Rijksmuseum Twenthe Enschede*, Enschede 1974–6

Kuus 2000
S. Kuus, "*Kinderen op hun mooist. Kinderkleding in de zestiende en zeventiende eeuw*," in Haarlem and Antwerp 2000, pp. 73–85

L

Lairesse 1740
G. de Lairesse, *Groot Schilderboek*, 2nd edition, Haarlem 1740 (facsimile Soest 1969)

Lammertse 1998
F. Lammertse, with contributions from J. Giltaij and A. Janssen, *Nederlandse genreschilderijen uit de zeventiende eeuw. Eigen collectie Museum Boijmans Van Beuningen*, Rotterdam 1998

Lammertse 2008
F. Lammertse, "Salomon de Bray. Peintre, architect and theorist," in *Painting Family: The De Brays. Master Painters of the 17th Century Holland*, ed. Pieter Biesboer, exh. cat., Frans Hals Museum, Haarlem, and Dulwich Picture Gallery, London, Zwolle 2008, pp. 10–16

Lammertse and Veen 2023
F. Lammertse and J. van der Veen, "Antwerp and Haarlem," in London and Amsterdam 2023, pp. 48–57

Lange 2018
J. Lange, "Die Galerie als Ort des Studiums. Kopien nach Alten Meistern im Kontext der Kasseler Kunstakademie," in *'Geeignet, junge Künstler zu belehren. . .' Die Anfänge der Kasseler Kunstakademie (1777–1830)*, ed. Martina Sitt, Hamburg 2018, pp. 268–88

Lange 2023
J. Lange, "Der Mann mit dem Schlapphut von Frans Hals," in Lange, Gerkens, and Lukatis 2023, pp. 10–39

Lange, Gerkens, and Lukatis 2023
J. Lange, D. Gerkens, and C. Lukatis, *Frans Hals inspiriert. Der Mann mit dem Schlapphut*, Berlin and Munich 2023 (*Hessen Kassel Heritage, Wissenschaftliche Reihe*, 5)

Langereis 2001
S. Langereis, *Geschiedenis als ambacht. Oudheidkunde in de Gouden Eeuw: Arnoldus Buchelius en Petrus Scriverius*, Hilversum 2001

Larsen 1988
E. Larsen, *The Paintings of Anthony van Dyck*, 2 vols., Freren 1988

Lavarini 2000
B. Lavarini, "'Nicht schön sehen, sondern gut sehen': Wilhelm Leibl und die Einflüsse von Gustave Courbet und Frans Hals auf sein Gemälde 'Junge mit Halskrause,'" *monats anzeiger. Kulturgut aus der Forschung des Germanischen Nationalmuseums* 231 (2000), pp. 4–5

Lebrun 1792–6
J. B. P. Lebrun, *Galerie des peintres flamands, hollandais et allemands, ouvrage enrichi de deux cent une planches gravées d'après les meilleurs tableaux de ces maîtres, par les plus habiles artistes de France, de Hollande et d'Allemagne*, 3 vols., Paris 1792–6

Lee 1972
M. Lee Jr., *Dudley Carleton to John Chamberlain 1603–1624: Jacobean Letters*, New Brunswick, NJ, 1972

Leeflang 1997
H. Leeflang, "Dutch Landscape: the urban view: Haarlem and its environs in literature and art, 15th–17th century," in *Natuur en landschap in de Nederlandse kunst 1500–1850/Nature and Landscape in Netherlandish Art 1500–1850*, eds. R. Falkenburg et al., Zwolle 1997 (*Nederlands Kunsthistorisch Jaarboek / Netherlands Yearbook for History of Art*, 48), pp. 53–115

Leeflang 2003
H. Leeflang, "Van ontwerp naar prent. Tekeningen voor prenten van Nederlandse meesters (1550–1700) uit de collectie van het Prentenkabinet van de Universiteit Leiden," special issue, *Delineavit et Sculpsit*, 27 (2003), pp. 1–108

Leek 1972
R.-H. Leek, *Shakespeare in the Netherlands: A Study of Dutch Translations and Dutch Performances of William Shakespeare's Plays*, Auckland 1972

Leesberg 1993–4
M. Leesberg, "Karel van Mander as a painter," *Simiolus*, 22 (1993–4), pp. 5–57

Leesberg 1999
M. Leesberg, *The New Hollstein Dutch and Flemish Etchings, Engravings and Woodcuts 1450–1700*, vol. 6: *Karel van Mander*, Rotterdam and Amsterdam 1999

Lenz 2000
C. Lenz, *Max Beckmann und die Alten Meister*, Munich 2000

Lepper 1988–9
H. Lepper, "Kunsttransfer aus der Rheinprovinz in die Reichshauptstadt," *Aachener Kunstblätter*, 56/57 (1988–9), pp. 183–342

Levy-van Halm 1988
J. Levy-van Halm, "De Haarlemse schuttersstukken," in Haarlem 1988, pp. 104–23

Lichtert 2018
K. Lichtert, "Adriaen Brouwer. Master of Emotions," in Oudenaarde 2018, pp. 79–95

Liedtke 2007
W. Liedtke, *Dutch Paintings in The Metropolitan Museum of Art*, 2 vols., Metropolitan Museum of Art, New York 2007

Liedtke 2011
W. Liedtke, "Frans Hals: Style and Substance," *The Metropolitan Museum of Art Bulletin*, 69 (2011), pp. 1, 4–48

Liedtke 2017
W. Liedtke, "Portrait of Samuel Ampzing" (2017), in *The Leiden Collection Catalogue*, eds. A. K. Wheelock Jr. and L. Yeager-Crasselt, 4th edition, New York 2023–, https://theleidencollection.com/artwork/portrait-of-samuel-ampzing/

Linnebach 1990
A. Linnebach, *Louis Kolitz 1845–1914*, Kassel 1990

Linnik 1960
I. Linnik, "Newly Discovered Paintings by Frans Hals," *Soobcheniia Gosudarstvennogo Ermitazha*, 17 (1960), pp. 40–6

Logan 2021
A. M. Logan with the cooperation of K. L. Belkin, *The Drawings of Peter Paul Rubens: A Critical Catalogue*, Turnhout 2021

London 2021
L. Packer and A. Roy (eds.), *Frans Hals: The Male Portrait*, exh. cat., Wallace Collection, London 2021

London and Amsterdam 2023
B. Cornelis, F. Lammertse, J. Rinnooy Kan, and J. van der Veen (eds.), *Frans Hals*, exh. cat., National Gallery, London, and Rijksmuseum, Amsterdam, London and Amsterdam 2023

London and The Hague 1999
C. White and Q. Buvelot (eds.), *Rembrandts Selbstbildnisse*, exh. cat., National Gallery, London, and Mauritshuis, The Hague, Zwolle 1999

London and The Hague 2007
R. Ekkart and Q. Buvelot (eds.), *Dutch Portraits: The Age of Rembrandt and Frans Hals*, exh. cat., National Gallery, London, and Koninklijk Kabinet voor Schilderijen Mauritshuis, The Hague, London 2007

Loosjes 1789
A. Loosjes Pz., *Frans Hals. Lierzang*, Haarlem 1789

Los Angeles and The Hague 2006
A. T. Woollett and A. van Suchtelen (eds.), *Rubens & Brueghel: A Working Friendship*, exh. cat., J. Paul Getty Museum, Los Angeles, and Mauritshuis, The Hague, Los Angeles 2006
Lützow 1870
C. von Lützow, "Hille Bobbe van Haarlem," *Zeitschrift* für *bildende Kunst*, 5 (1870), pp. 78–80
Luijten and Schuckman 1989
G. Luijten and C. Schuckman, *Hollstein's Dutch and Flemish Etchings, Engravings and Woodcuts ca. 1450–1700*, vol. 33: *Jan van de Velde I to Dirk Vellert*, 2 vols., Roosendaal 1989
Lunsingh Scheurleer et al. 1986–92
T. H. Lunsingh Scheurleer, C. W. Fock, and A. J. van Dissel, *Het Rapenburgh. Geschiedenis van een Leidse gracht*, 6 vols. with separate index, Leiden 1986–92

M

MacLaren and Brown 1991
N. MacLaren and C. Brown, *The Dutch School 1600–1900*, 2 vols., National Gallery Catalogues, London 1991
Madrid 2012
A. Vergara and F. Lammertse, *The Young Van Dyck*, exh. cat., Museo Nacional del Prado, Madrid 2012
Mander 1604
K. van Mander, *Het Schilder-Boeck…*, Haarlem 1604
Mander 1604 (1973)
K. van Mander, *Den grondt der edel vry schilder-const*, ed. H. Miedema, 2 vols., Utrecht 1973
Mander 1618
K. van Mander, *Het Schilder Boeck…*, Amsterdam 1618 (2nd impression)
Mannheim 1931
Schöpferische Kopien, exh. cat., Städtische Kunsthalle, Mannheim 1931
Mans 1998
I. Mans, *Zin der Zotheid. Vijf eeuwen cultuurgeschiedenis van zotten, onnozelen en zwakzinnigen*, Amsterdam 1998
Manteuffel 1920–1
K. Z. von Manteuffel, "Ein Gemälde Willem Buytewechs im Kaiser-Friedrich-Museum," *Berichte aus den Preußischen Kunstsammlungen. Beiblatt*, 42 (1920–1), pp. 44–5
Mantz 1870
P. Mantz, "La collection La Caze au musée du Louvre," *Gazette des Beaux-Arts*, 3 (1870), pp. 393–406
Marandel and Walsh 2019
J. P. Marandel and A. Walsh et al., *Gifts of European Art from The Ahmanson Foundation*, vol. 3: *Dutch Painting, Flemish Painting, Spanish Painting and Sculpture*, Los Angeles 2019
Marchi 1995
N. de Marchi, "The Role of Dutch Auctions and Lotteries in Shaping the Art Market(s) of 17th-Century Holland," *Journal of Economic Behavior and Organization*, 28 (1995), pp. 203–21
Martens and Peeters 2006
M. P. J. Martens and N. Peeters, "Paintings in Antwerp Houses (1532–1567)," in *Mapping Markets for Paintings in Europe 1450–1750*, eds. N. De Marchi and H. J. Van Miegroet, Turnhout 2006 (*Studies in European Urban History* [1100–1800], 6), pp. 35–51
Marx 2021
L. Marx, "Parfums en 'secreetboeken,'" in *Vervlogen geuren in kleuren*, eds. A. van Suchtelen and L. Marx, exh. cat., Mauritshuis, The Hague, Zwolle 2021, pp. 101–7
Mayer 1917
A. L. Mayer, "Moderne Meisterkopien," *Kunst und Künstler: illustrierte Monatsschrift* für *bildende Kunst und Kunstgewerbe*, 15 (1917), pp. 517–29
Mechelen 1621
De Schadt-Kiste Der Philosophen Ende Poeten…, Mechelen 1621
Melion 2023
Walter S. Melion, *Karel van Mander and his Foundation of the Noble, Free Art of Painting*, first English translation, with introduction and commentary, Leiden and Boston 2023 (*Brill's Studies on Art, Art History, and Intellectual History*, 62)
Meyer and Bode 1883
J. Meyer and W. Bode, *Königliche Museen. Gemälde-Galerie. Beschreibendes Verzeichnis der während des Umbaus ausgestellten Gemälde*, Berlin 1883
Meyer and Bode 1878
J. Meyer and W. Bode, *Königliche Museen. Gemälde-Galerie. Beschreibendes Verzeichnis der während des Umbaus ausgestellten Gemälde*, Berlin 1878
Mezger 1991
W. Mezger, *Narrenidee und Fastnachtsbrauch. Studien zur Fortleben des Mittelalters in der europäischen Festkultur*, Constance 1991
Michaelis 1995
R. Michaelis (ed.), *Dokumentation der Verluste*, vol. 1: *Gemäldegalerie*, Berlin 1995
Middelkoop 2019
N. E. Middelkoop, *Schutters, gildebroeders, regenten en regentessen. Het Amsterdamse corporatiestuk 1525–1850*, 3 vols., Amsterdam 2019
Middelkoop 2024
N. E. Middelkoop, "Frans Hals's Portraits of Painters: a Reconnaissance," in Middelkoop and Ekkart 2024 (forthcoming)
Middelkoop and Ekkart 2024
N. E. Middelkoop and R. E. O. Ekkart (eds.), *Frans Hals: Iconography – Technique – Reputation / A Survey of Current Research*, Amsterdam 2024 (forthcoming)
Middelkoop and Grevenstein 1988
N. E. Middelkoop and A. van Grevenstein, *Frans Hals. Leven, werk, restauratie*, Amsterdam 1988
Miedema 1977
H. Miedema, "Realism and Comic Mode: the Peasant," *Simiolus*, 9 (1977), pp. 205–19
Miedema 1980
H. Miedema, *De Archiefbescheiden van het St. Lukasgilde te Haarlem, 1497–1798*, 2 vols., Alphen aan den Rijn 1980
Miedema 1981
H. Miedema, *Kunst, kunstenaar en kunstwerk bij Karel van Mander. Een analyse van zijn levensbeschrijvingen*, Alphen aan den Rijn 1981
Miedema 1986–7
H. Miedema, "Over vakonderwijs aan kunstschilders in de Nederlanden tot de 17de eeuw," *Academies of Art Between Renaissance and Romanticism*, The Hague 1986–7 (*Leids Kunsthistorisch Jaarboek*, 5/6), pp. 268–82
Miedema 1994–9
H. Miedema (ed.), *Karel van Mander: The Lives of the Illustrious Netherlandish and German Painters from the First Edition of the Schilder-boeck (1603–1604)*, 6 vols., Doornspijk 1994–9
Miert 2018
D. van Miert, *The Emancipation of Biblical Philology in the Dutch Republic, 1590–1670*, Oxford 2018
Moes 1909
E. W. Moes, *Frans Hals: sa vie et son œuvre*, Brussels 1909
Moltke 1938–9
J. W. von Moltke, "*Salomon de Bray*," *Marburger Jahrbuch für Kunstwissenschaft*, 11/12 (1938–9), pp. 309–420
Monballieu 1965
A. Monballieu, "P.P. Rubens en het 'Nachtmael' voor St. Winoksbergen (1611), een niet uitgevoerd schilderij van de meester," *Jaarboek Koninklijk Museum voor Schone Kunsten Antwerpen*, 5 (1965), pp. 183–205
Monconys 1666
B. de Monconys, *Journal des voyages de Monsieur de Monconys…*, vol. 2, Lyons 1666
Montias 1982
J. M. Montias, *Artists and Artisans in Delft: A Socio-Economic Study of the Seventeenth Century*, Princeton 1982
Montias 1987
J. M. Montias, "Cost and Value in Seventeenth-Century Dutch Art," *Art History*, 10 (1987), pp. 455–66
Montias 1999
J. M. Montias, "Auction Sales of Works of Art in Amsterdam (1597–1638)," *Nederlands Kunsthistorisch Jaarboek / Netherlands Yearbook for History of Art*, 50 (1999), pp. 145–93
Montias 2002
J. M. Montias, *Art at Auction in 17th-Century Amsterdam*, Amsterdam 2002
Mortier 1989
B. M. du Mortier, "Costume in Frans Hals," in Washington, London, and Haarlem 1989, pp. 45–60
Muller 1853
F. Muller, *Beschrijvende catalogus van 7000 portretten van Nederlanders…*, Amsterdam 1853
Müller Hofstede 1968
J. Müller Hofstede, "Zur Kopfstudie im Werk von Rubens," *Wallraf-Richartz-Jahrbuch*, 3 (1968), pp. 223–52
Müller Hofstede 1987–8
J. Müller Hofstede, "Neue Beiträge zum Œuvre Anton Van Dycks. Teil VI: Zur Kopfstudie bei Rubens, Jordaens und Van Dyck: Die Münchner Ausdrucksstudien und ihr Umfeld im Werk des frühen Van Dyck," *Wallraf-Richartz-Jahrbuch*, 48/49 (1987–8), pp. 144–63
Munich 1869
Ausstellung von Gemälden älterer *Meister im K. Kunstausstellungsgebäude gegenüber der Glyptothek*, Munich 1869
Munich and Cologne 1994
G. Czymmek (ed.), *Wilhelm Leibl zum 150. Geburtstag*, exh. cat., Bayerische Staatsgemäldesammlungen – Neue Pinakothek, Munich, and Wallraf-Richartz-Museum, Cologne, Heidelberg 1994

N

Nadler 2022
S. Nadler, *The Portraitist: Frans Hals and His World*, Chicago 2022
Nehlsen-Marten 2003
B. Nehlsen-Marten, *Dirck Hals 1591–1656: Œuvre und Entwicklung eines Haarlemer Genremalers*, Weimar 2003
Neumeister 2005
M. Neumeister, *Holländische Gemälde im Städel 1500–1800*, vol. 1: *Künstler geboren bis 1615*, Petersberg 2005
New York 2006
M. Iacono (ed.), *Masterpieces of European Painting from the Cleveland Museum of Art*, exh. cat., Frick Collection, New York 2006
New York 2012
J. S. Turner (ed.), *Rembrandt's World: Dutch Drawings from the Clement C. Moore Collection*, exh. cat., Morgan Library and Museum, New York 2012
New York, Richmond, and San Francisco 1967
Axel von Saldern (ed.), *Triumph of Realism. An Exhibition of European and American Realist Paintings, 1850–1910*, exh. cat., Brooklyn Museum, New York, Virginia Museum of Fine Arts, Richmond, and California Palace of the Legion of Honor, San Francisco, New York 1967
Newman 2021
A. D. Newman, "Introduction: Collaboration in the Early Modern Low Countries," in Newman and Nijkamp 2021, pp. 5–30
Newman and Nijkamp 2021
A. D. Newman and L. Nijkamp (eds.), *Many Antwerp Hands: Collaborations in Netherlandish Art*, Turnhout 2021
Nicolaisen 2012
J. Nicolaisen, *Niederländische Malerei 1430–1800: Museum der Bildenden* Künste Leipzig, Leipzig 2012
Noorman and Maal 2022
J. Noorman and R. J. van der Maal, *Het unieke memorieboek van Maria van Nesse (1588–1650). Nieuwe perspectieven op huishoudelijke consumptie*, Amsterdam 2022
Nouwen 1997
M. Nouwen, "Malheimat Holland," in *Max Liebermann. Der Realist und die Phantasie*, exh. cat., Hamburger Kunsthalle, Hamburg, Städelsches Kunstinstitut, Frankfurt am Main, and Museum der bildenden Künste, Leipzig, Hamburg 1997, pp. 11–20

O

Offenberg 2005
G. A. M. Offenberg, "Boudewijn van Offenberg, de vaandrig van Frans Hals," *Haerlem Jaarboek 2004* (2005), pp. 83–106
Orenstein 1996
N. M. Orenstein, *Hendrick Hondius and the Business of Prints in Seventeenth-Century Holland*, Rotterdam 1996
Orlers 1641
J. J. Orlers, *Beschrijvinge der stadt Leyden…*, Leiden 1641
Osnabrugge 2019
M. Osnabrugge, *The Neapolitan Lives and Careers of Netherlandish Immigrant Painters (1575–1655)*, Amsterdam 2019
Oudenaarde 2018
K. Lichtert (ed.), *Adriaen Brouwer: Master of Emotions: Between Rubens and Rembrandt*, exh. cat., MOU Museum Oudenaarde, Oudenaarde 2018

P

Packer 2021a
L. Packer, "Frans Hals and the Male Portrait," in London 2021, pp. 1–35
Packer 2021b
L. Packer, "Hals's Masterpiece: The Laughing Cavalier," in London 2021, pp. 37–57
Packer 2021c
L. Packer, "*The Laughing Kavalier* and the Revival of Frans Hals," in London 2021, pp. 59–80
Paris 1869
Paris Salon de 1869. Explication des ouvrages de peinture, sculpture, architecture, gravure et lithographie des artistes vivants exposés au Palais des Champs-Élysées le 1er Mai 1869, Paris 1869
Palmieri 2019
A. Palmieri, "Vanitas Iconography as a Dramatic Device in Hamlet and Macbeth," *On Vanitas*, 6 (2019), pp. 57–88
Pelc 2002
M. Pelc, *Illustrium Imagines: das Porträtbuch der Renaissance*, Leiden, Boston, and Keulen 2002 (*Studies in Medieval and Reformation Traditions*, 88)
Peltzer 1925
A. R. Peltzer, *Joachim von Sandrarts Academie der Bau-, Bild- und Mahlerey- Künste von 1675*, Munich 1925
Pers 1628a
D. P. Pers, *Bacchus Wonder-wercken: waer in het recht gebruyck en misbruyck des wijns…*, Amsterdam 1628
Pers 1628b
D. P. Pers, *Suyp-Stad of Dronckaerts Leven…*, Amsterdam 1628

Pflugmacher 2001
B. Pflugmacher, *Max Liebermann – sein Briefwechsel mit Alfred Lichtwark*, Hamburg 2001
Philadelphia, London, and Berlin 1984
Von Frans Hals bis Vermeer: Meisterwerke holländischer Genremalerei, exh. cat., Philadelphia Museum of Art, Philadelphia, National Gallery, London, and Gemäldegalerie, Staatliche Museen zu Berlin, Berlin 1984
Pleij 2007
H. Pleij, *Het gevleugelde woord. Geschiedenis van de Nederlandse literatuur 1400–1560*, Amsterdam 2007
Pol 1996
L. C. van de Pol, *Het Amsterdamse hoerdom. Prostitutie in de zeventiende en achttiende eeuw*, Amsterdam 1996
Poensgen 1926
G. Poensgen, "Beiträge zur Kunst des Willem Buytewech," *Jahrbuch der Preußischen Kunstsammlungen*, 43 (1926), pp. 87–118
Polman 1990
M. Polman, *Het Frans Halsmuseum: van Oudemannenhuis tot kunsttempel – bouwgeschiedenis en rondwandeling*, Haarlem 1990
Potgieter 1837
E. J. Potgieter, "Frans Hals en zijne dochter," *De Gids*, 1 (1837), pp. 423–44
Programma 1900
Anonymous, *Officieel programma der feestelijkheden bij gelegenheid der onthulling van het standbeeld van Frans Hals op 14 juni 1900*, Haarlem 1900
Puhlmann 1790
J. G. Puhlmann, *Beschreibung der Gemälde welche sich in der Bildergallerie, den daranstoßenden Zimmern, und dem weißen Saale im Königlichen Schlosse zu Berlin befinden*, Berlin 1790

R

Rakhorst 2013
M. Rakhorst, *Gedragen en vastgelegd. Sieraden tussen 1600 en 1650*, MA thesis, University of Amsterdam 2013
Raleigh and Birmingham 2014
D. P. Weller (ed.), *Small Treasures: Rembrandt, Vermeer, Hals, and Their Contemporaries*, exh. cat., North Carolina Museum of Art, Raleigh, and Birmingham Museum of Art, Birmingham, Raleigh 2014
Raleigh, Indianapolis, and Manchester 2002
D. P. Weller (ed.), *Jan Miense Molenaer: Painter of the Dutch Golden Age*, exh. cat., North Carolina Museum of Art, Raleigh, Columbus Gallery of the Indianapolis Museum of Art, Indianapolis, and Currier Museum of Art, Manchester, NH, Raleigh 2002
Raptschinsky 1937
B. Raptschinsky, "Uit de geschiedenis van den Amsterdamschen handel op Rusland in de XVIIe eeuw. Georg Everhard Klenck," *Jaarboek Amstelodamum*, 34 (1937), pp. 57–83
Raupp 1984
H.-J. Raupp, *Untersuchungen zu Künstlerbildnis und Künstlerdarstellung in den Niederlanden im 17. Jahrhundert*, Hildesheim, Zurich, and New York 1984
Rave 1945
P. O. Rave, *Die Malerei des XIX. Jahrhunderts. 240 Bilder nach Gemälden der National-Galerie*, Berlin 1945
Ree-Scholtens 1995
G. F. van der Ree-Scholtens (ed.), *Deugd boven geweld. Een geschiedenis van Haarlem*, 1245–1995, Hilversum 1995
Rikken 2021
M. Rikken, "Feest in Haarlem," *Bulletin van de Vereniging Rembrandt*, 31 (2021), pp. 14–17
Rikken and Vroom 2018
M. Rikken and W. Vroom, "*Liebermann. Hals's greatest admirer*," in *Frans Hals and the Moderns*, eds. M. Rikken and J. Rozenbroek, Haarlem 2018, pp. 16–19
Rinnooy Kan 2023
J. Rinnooy Kan, "Portrait Prints," in London and Amsterdam 2003, pp. 136–53
Ripa (1593) 1644
C. Ripa, *Iconologia of uytbeeldingen des Verstands: van Cesare Ripa van Perugien. . . uyt het Italiaens vertaelt door D.P. Pers*, Amsterdam 1644 (1st Italian ed. 1593)
Ripa and Pers 1644
C. Ripa, *Iconologia of uytbeeldinghe des verstants. . .*, trans. and ed. D. P. Pers, Amsterdam 1644 (reprint Soest 1971)
Roberts 2012
B. B. Roberts, *Sex and Drugs before Rock 'n' Roll: Youth Culture and Masculinity during Holland's Golden Age*, Amsterdam 2012
Robins and Pennell 1908
E. Robins and J. Pennell, *The Life of James McNeill Whistler*, 2 vols., London and Philadelphia 1908
Robinson 2015
W. W. Robinson, "The Abrams Album: An Album Amicorum of Dutch Drawings from the Seventeenth Century," *Master Drawings*, 53 (2015), no. 1, pp. 1–58
Rodenburg 1619
T. Rodenburg, *Eglentiers poëtens borstweringh*, Amsterdam 1619
Röhrl 1994
B. Röhrl, *Wilhelm Leibl. Leben und Werk*, Hildesheim, Zurich, and New York 1994
Roever 1886
N. de Roever, "Rijfelarijen," *Oud Holland*, 4 (1886), pp. 190–7
Roey 1957
J. van Roey, "'Frans Hals van Antwerpen.' Nieuwe gegevens over de ouders van Frans Hals," *Antwerpen: Tijdschrift der Stad Antwerpen*, 3 (1957), pp. 117–20
Roey 1972
J. van Roey, "De familie van Frans Hals. Nieuwe gegevens uit Antwerpen," *Jaarboek Koninklijk Museum voor Schone Kunsten Antwerpen*, 12 (1972), pp. 145–70
Rooses and Ruelens 1898
M. Rooses and C. Ruelens, *Correspondance de Rubens et documents* épistolaires *concernant sa vie et ses œuvres*, vol. 2, Antwerp 1898
Roscam Abbing 2014
M. Roscam Abbing, "Theodorus Schrevelius, Petrus Scriverius en Frans Hals. Opmerkingen bij enkele nieuwe Hals-documenten," *Haerlem Jaarboek 2013* (2014), pp. 63–98
Roscam Abbing and Tuynman 2018
M. Roscam Abbing and P. Tuynman, *Petrus Scriverius Harlemensis (1567–1660): A Key to the Correspondence, Contacts and Works of an Independent Humanist*, Leiden 2018
Rosen 2020
Y. Rosen, *Pieter Codde (1599–1678): Catalogue Raisonné*, Newcastle-upon-Tyne 2020
Rosenhagen 1908
H. Rosenhagen, *Fritz von Uhde. Des Meisters Gemälde*, Stuttgart and Leipzig 1908
Rosset 2003
T. de Rosset, *Kolekcja Andrzeja Mniszcha, Od wolyńskich chrzaszczy do obrazów Fransa Halsa*, Toruń 2003
Rotterdam 1849
A. Lamme and A. J. Lamme, *Catalogus van schilderijen enz. in het museum te Rotterdam, gesticht door Mr. F.J.O. Boymans*, Museum Boymans, Rotterdam 1849
Rotterdam 2008
At Home in the Golden Age: Masterpieces from the SØR Rusche Collection, exh. cat., Kunsthal Rotterdam, Zwolle 2008
Rotterdam 2015
P. van der Coelen and F. Lammertse (eds.), *De ontdekking van het dagelijks leven. Van Bosch tot Bruegel*, exh. cat., Museum Boijmans Van Beuningen, Rotterdam 2015
Rotterdam and Frankfurt am Main 1999
A. Blankert et al., *Dutch Classicism in Seventeenth-Century Painting*, exh. cat., Museum Boijmans Van Beuningen, Rotterdam, and Städelsches Kunstinstitut, Frankfurt am Main, Rotterdam 1999
Rotterdam and Paris 1974
M. van Berge, J. Giltay, C. van Hasselt, and A. W. F. M. Meij (eds.), *Willem Buytewech 1591–1624*, exh. cat., Museum Boymans-van Beuningen, Rotterdam, and Institut Néerlandais, Paris, Rotterdam and Paris 1974
Rous 2022
B. Rous, *Sluier van de tijd. Het verborgen leven van kunst*, Amsterdam 2022
Roy 2021
A. Roy, "Frans Hals and Portraiture: Style and Painting Technique Interwoven," in London 2021, pp. 93–114
Royalton-Kisch 1988
M. Royalton-Kisch, *Adriaen van de Vennes' Album in the Department of Prints and Drawings in the British Museum*, London and Amsterdam 1988
Ruhmer 1984
E. Ruhmer, *Der Leibl-Kreis und die reine Malerei*, Rosenheim 1984
Ruhmer 1994
E. Ruhmer, "Leibl als Vorbild," in Munich and Cologne 1994, pp. 155–75
Rutgers 2019
J. Rutgers, "Rubens's early involvement in printmaking," in *Early Rubens*, eds. S. and K. Nickel, exh. cat., Art Gallery of Ontario, Toronto, and Legion of Honour, San Francisco, Ontario 2019, pp. 103–14

S

Sammut 2020
A. Sammut, "With a little help from his friends. Rubens and the acquisition of Caravaggio's 'Rosary Madonna' for the Dominican church in Antwerp," in *Ars Amicitiae: The Art of Friendship in the Early Modern Netherlands / Ars amicitiae: de kunst van de vriendschap in de vroegmoderne Nederlanden*, eds. H. Perry Chapman et al., Leiden 2020 (*Netherlands Yearbook for History of Art / Nederlands Kunsthistorisch Jaarboek*, 70), pp. 119–58
San Francisco and Fort Worth 2015
M. Clarke (ed.), *Botticelli to Braque: Masterpieces from the National Galleries of Scotland*, exh. cat., De Young Museum, San Francisco, and Kimbell Art Museum, Fort Worth, Edinburgh 2015
Schapelhouman and Schatborn 1998
M. Schapelhouman and P. Schatborn (eds.), *Dutch Drawings of the Seventeenth Century in the Rijksmuseum, Amsterdam. Artists Born Between 1580 and 1600*, Amsterdam 1998
Schatborn 1973
P. Schatborn, "Olieverfschetsen van Dirck Hals," *Bulletin van het Rijksmuseum*, 21 (1973), pp. 107–16
Schepper 1987
H. de Schepper, *"Belgium Nostrum" 1500–1650. Over integratie en desintegratie van het Nederland*, Antwerp 1987
Schiller 2006
N. G. Schiller, *The Art of Laughter: Society, Civility and Viewing Practices in the Netherlands, 1600–1640*, dissertation, University of Michigan, Ann Arbor 2006
Schiller 2010
N. G. Schiller, "Desire and dissimulation: laughter as an expressive behavior in Karel van Mander's 'Den grondt der edel vry schilder-const' (1604)," in *De hartstochten in de kunst in de vroegmoderne Nederlanden / The Passions in the Arts of the Early Modern Netherlands*, eds. S. S. Dickey and H. Roodenburg, Zwolle 2010 (*Nederlands Kunsthistorisch Jaarboek / Netherlands Yearbook for History of Art*, 60), pp. 82–107
Schmidt 1874
W. Schmidt, "Dirk van Deelen und Adriaen Brouwer," *Zeitschrift für bildende Kunst*, 9 (1874), pp. 95–6
Schnackenburg 1970
B. Schnackenburg, "Die Anfänge des Bauerninterieurs bei Adriaen van Ostade," *Oud Holland*, 85 (1970), pp. 158–69
Schnackenburg 1996
B. Schnackenburg, *Gesamtkatalog Gemäldegalerie Alte Meister Kassel. Staatliche Museen Kassel*, Mainz 1996
Schnackenburg 2001
B. Schnackenburg, "Die 'raue Manier' des jungen Rembrandt. Ein Malstil und seine Herkunft," in *Der junge Rembrandt. Rätsel um seine Anfänge*, eds. B. Schnackenburg and E. van de Wetering, exh. cat., Staatliche Museen Kassel, Gemäldegalerie Alte Meister, Kassel, and Museum Het Rembrandthuis, Amsterdam, Wolfratshausen 2002, pp. 92–121
Schnackenburg 2016
B. Schnackenburg *Jan Lievens. Freund und Rivale des jungen Rembrandt. Mit einem kritischen Katalog des Leidener Frühwerks 1623–1632*, Petersberg 2016
Schneider 1922
A. von Schneider, "Gerard Honthorst und Judith Leyster," *Oud Holland*, 40 (1922), pp. 169–73
Schrevel 1902
A. C. De Schrevel, "Statuts de la Gilde des libraires, imprimeurs, maîtres et maîtresses d'école à Bruges, 19 janvier 1612," *Annales de la Société d'Émulation de Bruges*, 53 (1902), pp. 135–302
Schrevelius 1647
T. Schrevelius, *Harlemum, sive urbis Harlemensis incunabula, incrementa, fortuna varia, in pace, in bello. . .*, Leiden 1647
Schrevelius 1648
T. Schrevelius, *Harlemias, ofte, om beter te seggen, de eerste stichtinghe der stadt Haerlem. . .*, Haarlem 1648
Schrickx 1983
W. Schrickx, "'Pickleherring' and English Actors in Germany," *Shakespeare Survey Online*, 36 (1983), pp. 135–47
Schuckman 1991
C. Schuckman, *Hollstein's Dutch and Flemish Etchings, Engravings and Woodcuts ca. 1450–1700*, vol. 39: *Claes Jansz Visscher to Claes Jansz Visscher II (Nicolaes Visscher II)*, 2 vols., Roosendaal 1991
Schumacher 2006
B. Schumacher, *Philips Wouwerman (1619–1668). The Horse Painter of the Golden Age*, 2 vols., Doornspijk 2006
Scott 1987
M. A. Scott, *Dutch, Flemish, and German Paintings in the Cincinnati Art Museum: Fifteenth through Eighteenth Centuries*, Cincinnati 1987
Sedelmeyer 1897
C. Sedelmeyer, *Illustrated Catalogue of the Fourth Series of 100 Paintings by Old Masters Belonging to the Sedelmeyer Gallery*, Paris 1897
Sedelmeyer 1898
C. Sedelmeyer, *Catalogue of 300 Paintings*, Paris 1898
Seelig 2010
G. Seelig (ed.), *Die holländische Genremalerei in Schwerin. Bestandskatalog Staatliches Museum Schwerin*, Petersberg 2010

Seifert 2020
C. Seifert, "A 'Burgomaster and his wife' indeed: Two portraits by Frans Hals identified," in *Connoisseurship: Essays in Honour of Fred G. Meijer*, eds. C. Dumas, R. Ekkart, and C. van de Puttelaar, Leiden 2020, pp. 275–80

Ševčik 2012
A. K. Ševčik (ed.), *National Gallery Prague. Dutch Paintings of the 17th and 18th centuries*, Prague 2012

Sewter 1952
A. C. Sewter et al., *Catalogue of the Paintings, Drawings and Miniatures in the Barber Institute of Fine Arts*, University of Birmingham, Cambridge 1952

Shearman 1992
J. Shearman, *Only Connect: Art and the Spectator in the Italian Renaissance*, Washington and Princeton 1992

Siccama 1895
H. W. Siccama, *Louis Bernard Coclers et son œuvre*, Amsterdam 1895

Sillevis 1980
John Sillevis, *Max Liebermann en Holland*, The Hague 1980

Sinisgalli 2011
R. Sinisgalli, *Leon Battista Alberti: On Painting. A New Translation and Critical Edition*, Cambridge 2011

Sliggers 1979
B. C. Sliggers, *Dagelijckse aentekeninge van Vincent Laurensz van der Vinne. Reisjournaal van een Haarlems schilder 1652–1655*, Haarlem 1979

Sliggers and Goudriaan 1987
B. C. Sliggers and D. F. Goudriaan, "De Haarlemse kunstenaarsfamilie Van der Vinne," *Jaarboek Centraal Bureau voor Genealogie*, 41 (1987), pp. 148–207

Slive 1958
S. Slive, "Frans Hals' Portrait of Joseph Coymans," *Wadsworth Atheneum Bulletin* (1958), pp. 12–23

Slive 1961
S. Slive, "Frans Hals Studies: 2. St. Luke and St. Matthew at Odessa," *Oud Holland*, 76 (1961), pp. 174–6

Slive 1969
S. Slive, "A Proposed Reconstruction of a Family Portrait by Frans Hals," in *Miscellanea I.Q. van Regteren Altena*, Amsterdam 1969, pp. 114–16

Slive 1970–4
S. Slive, *Frans Hals* (*Kress Foundation Studies in the History of Art*, 4), 3 vols., London 1970–4

Slive 2014
S. Slive, *Frans Hals*, 2nd ed., London 2014

Sluijter 1999
E. J. Sluijter, "Over Brabantse vodden, economische concurrentie, artistieke wedijver en de groei van de markt voor schilderijen in de eerste decennia van de zeventiende eeuw," in *Kunst voor de Markt / Art for the Market, 1500–1700*, eds. R. Falkenburg et al., Zwolle 1999 (*Nederlands Kunsthistorisch Jaarboek / Netherlands Yearbook for History of Art*, 50), pp. 113–43

Smet 1977
R. De Smet, "Een nauwkeuriger datering van Rubens' eerste reis naar Holland in 1612," *Jaarboek Koninklijk Museum voor Schone Kunsten Antwerpen*, 17 (1977), pp. 199–220

Someren 1888–91
J. F. van Someren, *Beschrijvende catalogus van gegraveerde portretten van Nederlanders: vervolg op Frederik Mullers catalogus van 7000 portretten van Nederlanders*, 3 vols., Amsterdam 1888–91

Speet 1995
B. J. M. Speet, *Het hofje van Willem van Heijthuijsen*, Haarlem 1995

Spicer 1992
J. Spicer, "The Renaissance elbow," in *A Cultural History of Gesture: From Antiquity to the Present Day*, eds. J. Bremmer and H. Roodenburg, Ithaca 1992, pp. 84–128

Starter 1621
J. J. Starter, *Friesche Lust-hof*, Amsterdam 1621

Stehr 2011
U. Stehr, "Johann Jakob Schlesinger (1792–1855)," *Jahrbuch der Berliner Museen*, 55 (2011), Beiheft, Berlin 2011

Steinkamp and Evans 2021
M. Steinkamp and E. J. Evans (eds.), *Die Sammlung der Nationalgalerie 1905–1945*, Berlin 2021

Stewart 1978
A. G. Stewart, *Unequal Lovers: A Study of Unequal Couples in Northern Art*, New York 1978

Stock 1930
F. Stock, "Urkunden zur Vorgeschichte des Berliner Museums," *Jahrbuch der Preußischen Kunstsammlungen*, 51 (1930), pp. 205–22

Stockhausen 2000
T. von Stockhausen, *Gemäldegalerie Berlin. Die Geschichte ihrer Erwerbungspolitik 1830–1904*, Berlin 2000

Stockholm 2005
G. Cavalli-Björkman, *Dutch and Flemish Paintings*, vol. 2: *Dutch Paintings, c.1600–1800*, Nationalmuseum, Stockholm 2005

Stokbroo 2022
Anonymous, "Het Museum van Oudheden en kostbare zeldzaamheden van Lucas Stokbroo," *Archeologie in West-Friesland*, 33 (2022), pp. 2–8

Stückelberger 1996
J. Stückelberger, *Rembrandt und die Moderne. Der Dialog mit Rembrandt in der deutschen Kunst um 1900*, Munich 1996

Stukenbrock 1992
C. Stukenbrock, "Frans Hals. Zur Gruppe der lachenden Fischerkinder," *Wallraf-Richartz-Jahrbuch*, 53 (1992), pp. 117–37

Stukenbrock 1993
C. Stukenbrock, *Frans Hals: Fröhliche Kinder, Musikanten und Zecher: Eine Studie zu ausgewählten Motivgruppen und deren Rezeptionsgeschichte*, Frankfurt am Main 1993

Stukenbrock 1994
C. Stukenbrock, "Wilhelm Leibl und die niederländische Malerei des 17. Jahrhunderts," in Munich and Cologne 1994, pp. 114–23

Sumowski 1983–94
W. Sumowski, *Gemälde der Rembrandt-Schüler*, 6 vols., Landau/Pfalz 1983–94

Suffield 1993
B. Suffield, "De overwinning op de vergankelijkheid. De restauratie van een zeldzaam Vanitas-stilleven," *Kijken in het Frans Halsmuseum/De Hallen*, 61 (1993), pp. 588–91

T

Tamis 2016
T. M. Tamis, *Van twee handen geschildert: werkverdeling tussen schilders in de Nederlanden in de zestiende en zeventiende eeuw*, dissertation, University of Amsterdam 2016

Tamis 2021
D. Tamis, "The Appreciation and Reception of Painters' Collaborations in the Low Countries: An Overview, c. 1500–1700," in Newman and Nijkamp 2021, pp. 31–46

Taylor 1969
K. V. H. Taylor, "A Note on the Identity of a Member of the Coymans Family by Frans Hals," *Report and Studies in the History of Art*, 3 (1969), pp. 106–8

E. Thiel 1980
E. Thiel, *Geschichte des Kostüms: die europäische Mode von den Anfängen bis zur Gegenwart*, 8th ed., Berlin 1980

Thiel 1961
P. J. J. van Thiel, "Frans Hals' portret van de Leidse rederijkersnar Pieter Cornelisz. van der Morsch, alias Piero (1543–1628)," *Oud Holland*, 76 (1961), pp. 153–72

Thiel 1980
P. J. J. van Thiel, "De betekenis van het portret van Verdonck door Frans Hals," *Oud Holland*, 94 (1980), nos. 2/3, pp. 112–40

Thiel 1993
P. J. J. van Thiel, "Het portret van Jacobus Hendricksz. Zaffius door Frans Hals," *Oud Holland*, 107 (1993), pp. 84–96

Thiel 1996
P. J. J. van Thiel, "For Instruction and Betterment: Samuel Ampzing's 'Mirror of the Vanity and Unrestrainedness of Our Age,'" *Simiolus*, 24, nos. 2/3, pp. 182–200

Thiel 1999
P. J. J. van Thiel, *Cornelis Cornelisz van Haarlem 1562–1638: A Monograph and Catalogue Raisonné*, Doornspijk 1999

Thiel-Stroman 1989
I. van Thiel-Stroman, "The Frans Hals Documents: Written and Printed Sources, 1582–1679," in Washington, London, and Haarlem 1989, pp. 371–415

Thieme-Becker 1907–50
U. Thieme and F. Becker (eds.), *Allgemeines Lexikon der Bildenden* Künstler von der Antike bis *zur Gegenwart*, Leipzig 1907–50

Thierry de Bye Dólleman 1974a
M. Thierry de Bye Dólleman, "Nieuwe gegevens betreffende Anneke Harmansdr., de eerste echtgenote van Frans Hals," *Haerlem Jaarboek 1973* (1974), pp. 249–57

Thierry de Bye Dólleman 1974b
M. Thierry de Bye Dólleman, "Vier verschillende families 'Hals' te Haarlem," *Jaarboek van het Centraal Bureau voor Genealogie*, 28 (1974), pp. 182–211

Thoré-Bürger 1860
T. Thoré (alias W. Bürger), *Musées de la Hollande*, vol. 2: *Musée van der Hoop, à Amsterdam et musée de Rotterdam*, Paris 1860

Thoré-Bürger 1868
T. Thoré (alias W. Bürger), "Frans Hals," *Gazette des Beaux-Arts*, 24 (1868), pp. 219–32, 431–48

Thoré-Bürger 1869
T. Thoré (alias W. Bürger), "Nouvelle études sur la galerie Suermondt à Aix-la-Chapelle," *Gazette des Beaux-Arts*, 1 (1869), pp. 161–3

Tieze 2009
A. Tieze, *Flämische Gemälde im Städel Museum 1550–1800*, Petersberg 2009

Toledo and Brussels 2018
L. W. Nichols, L. De Belie, and P. Biesboer, *Frans Hals Portraits: A Family Reunion*, exh. cat., Toledo Museum of Art, Toledo, OH, Royal Museums of Fine Arts of Belgium, Brussels 2018

Tomarken 2015
A. Tomarken, "Borrowed Nonsense: The Nugae Venales and the Prologues of Bruscambille," *Humanistica Lovaniensia*, 64 (2015), pp. 321–37

Tonkelaar 2024
E. den Tonkelaar, "From a Parisian Dining Room to a German Private Museum: Frans Hals in the Collections of Count André Mniszech and Marcus Kappel" in Middelkoop and Ekkart 2024 (forthcoming)

Trier 2021
D. Trier, "Eibl, Ludwig." *Allgemeines Künstlerlexikon – Internationale Künstlerdatenbank – Online*, eds. Andreas Beyer, Bénédicte Savoy, and Wolf Tegethoff, Berlin and New York 2021, https://www.degruyter.com/database/AKL/entry/_10202215/html (accessed March 25, 2024)

Trivas 1941
N. S. Trivas, *The Paintings of Frans Hals*, New York 1941

Trumble 2004
A. Trumble, *A Brief History of the Smile*, New York 2004

Tummers 2013
A. Tummers, "Frans Hals: 'Rightly Admired by the Greatest Painters,'" in Haarlem 2013, pp. 13–40

Tummers and Gration 2013
A. Tummers and J. Gration, "Eye to Eye with Frans Hals: The Location and Reception of Some of his Masterpieces," in Haarlem 2013, pp. 71–93

Tummers et al. 2019
A. Tummers, A. Wallert, K. Kleinert, B. Hartwieg, C. Laurenze-Landsbert, J. Dik, R. Groves, A. Anisimov, V. Papadakis, and R. Erdmann, "Supplementing the eye: the technical analysis of Frans Hals's paintings – I," *The Burlington Magazine*, 161 (2019), pp. 934–41

Tummers et al. 2023
A. Tummers, A. G. Anisimov, S. Centeno, A. Eaker, R. Erdman, M. Gallagher, R. M. Groves, B. Hartwieg, K. Kleinert, D. Mahon, A. Wallert, "*Malle Babbe ('Mad Barbara')*, Riddle of Different Versions," *Journal of Art Crime*, 30 (2023), pp. 17–31

Tummers et al. 2024
A. Tummers, A. Wallert, R. G. Erdmann, K. Kleinert, B. Hartwieg, D. Mahon, S. Centeno, R. Groves, A. Anisimov and J. Dik, "The New York 'Malle Babbe': Original, Studio Work or Forgery?," in Middelkoop and Ekkart 2024 (forthcoming)

Turner 2014
S. Turner, *The New Hollstein Dutch and Flemish Etchings, Engravings and Woodcuts 1450–1700*, vol. 29: *Adriaen, Jan, and Theodoor Matham*, 2 vols., Ouderkerk aan den IJssel and Amsterdam 2014

Tuynman 2006
P. Tuynman, "The earliest extant judgement on Rembrandt. Schrevelius and Buchelius, with an aside on Scriverius," in *Rembrandt 2006*, vol. 1: *Essays*, ed. M. Roscam Abbing, Leiden 2006, pp. 217–27

U

Unger and Vosmaer 1873
W. Unger and C. Vosmaer, *Etchings after Frans Hals by Prof. William Unger, with a notice of the life and works of the master by Carel Vosmaer*, Leiden 1873

Utrecht 1792
Catalogus van eene uitmuntende Verzameling kostbare schilderyen . . . Zijnde dit kostbaar kabinet nagelaten door den Hoog Welgeb. Heere J.W. Barchman Wuytiers, auction cat., Utrecht (at the home of the deceased), September 7, 1792, and following days

Utrecht 1991
R. E. O. Ekkart et al., *Knappe koppen. Vier eeuwen professorenportret*, exh. cat., Centraal Museum and Universiteitsmuseum, Utrecht 1991

V

Vaeck 1992
M. van Vaeck, "De Schadt-Kiste Der Philosophen Ende Poeten (Mechelen 1621): een blazoenfeest aan de vooravond van het einde van het Bestand," *De Zeventiende Eeuw*, 8 (1992), pp. 75–80

Valentiner 1921
W. R. Valentiner, *Frans Hals: Des Meisters Gemälde in 318 Abbildungen*, Stuttgart 1921

Valentiner 1923
W. R. Valentiner, *Frans Hals: Des Meisters Gemälde in 322 Abbildungen*, 2nd edition, Stuttgart, Berlin, and Leipzig 1923

Valentiner 1930
E. Valentiner, *Karel van Mander als Maler*, Strasbourg 1930

Valentiner 1932
W. R. Valentiner, "Ein Familienbild des Leendert van der Cooghen," *Pantheon*, 10 (1932), pp. 212–16
Valkhoff 2023
F. Valkhoff, "'Vrouwen die brouwen': The Life and Work of Maritge Claesdr Vooght," *The Rijksmuseum Bulletin*, 71 (2023), pp. 32–41
Vaughan 2005
V. Vaughan, *Performing Blackness on English Stages 1500–1800*, Cambridge 2005
Veen 2002
J. van der Veen, "Delftse verzamelingen in de zeventiende en eerste helft van de achttiende eeuw," in *Schatten in Delft. Burgers verzamelen 1600–1750*, eds. E. Bergvelt, M. Jonker, and A. Wiechmann, exh. cat., Stedelijk Museum Het Prinsenhof, Museum Lambert van Meerten, and Museum Nusantara, Delft, Zwolle 2002, pp. 47–89
Veen 2005
J. van der Veen, "By his Own Hand. The Valuation of Autograph Paintings in the 17th Century," in *A Corpus of Rembrandt-Paintings. Foundation Rembrandt Research Project*, ed. J. Bruyn et al., vol. 4, The Hague et al. 2005, pp. 3–44
Veen 2008
J. van der Veen, "Bij het bereiken van het zeventigste levensjaar. Een opdracht aan Frans Pietersz de Grebber voor de levering van een portret in 1622," in *De verbeelde wereld. Liber amicorum voor Boudewijn Bakker*, eds. J. E. Abrahamse, M. Carasso-Kok, and E. Schmitz, Bussum 2008, pp. 123–6
Veen 2011
J. van der Veen, "Danckerts en Zonen. Prentuitgevers, plaatsnijders en kunstverkopers te Amsterdam, ca. 1625–1700," in *Gedrukt tot Amsterdam. Amsterdamse prentmakers en uitgevers in de Gouden Eeuw*, eds. E. Kolfin and J. van der Veen, exh. cat., Museum het Rembrandthuis, Amsterdam 2011, pp. 58–119
Velde 1607
J. van de Velde, *Exemplaer-boec, inhoudende alderhande gheschriften zeer bequaem ende dienstelyck voor de joncheydt ende allen liefhebbers der pennen*, Amsterdam 1607
Veldman 1994
I. M. Veldman, *The New Hollstein Dutch and Flemish Etchings, Engravings and Woodcuts 1450–1700*, vol. 1: *Maarten van Heemskerck*, 2 vols., Roosendaal and Amsterdam 1994
Veldman 2001
I. M. Veldman, *Crispijn de Passe and His Progeny (1564–1670). A Century of Print Production*, Rotterdam 2001
Venne 2009
H. van de Venne, *Sol et sal vitae amicitia. Het album amicorum van Theodorus Schrevelius 1597–1602. Met een overzicht van zijn leven en werken*, Amersfoort 2009
Verberckmoes 1998
J. Verberckmoes, *Schertsen, schimpen en schateren. Geschiedenis van het lachen in de Zuidelijke Nederlanden, zestiende en zeventiende eeuw*, Nijmegen 1998
Verheggen 2006
E. Verheggen, *Beelden voor passie en hartstocht: bid- en devotieprenten in de Noordelijke Nederlanden, 17de en 18de eeuw*, Zutphen 2006
Verlaan and Grootes 1978
J. E. Verlaan and E. K. Grootes (eds.), *Dirck Pietersz. Pers: Suyp-stad of dronckaerts leven. Tekstuitgave met inleiding en aantekeningen*, Culemborg 1978
Vermeer 1993
W. Vermeer, "'Den Nederduytschen Helicon,'" in *Haarlems Helicon. Literatuur en toneel te Haarlem vóór 1800*, ed. E. K. Grootes, Hilversum 1993, pp. 77–92
Vermeylen and Clippel 2012
F. Vermeylen and K. De Clippel, "Rubens and Goltzius in Dialogue: Artistic Exchanges between Haarlem and Antwerp during the Revolt," *De Zeventiende Eeuw*, 28 (2012), pp. 138–60
Vinde 2007
L. van der Vinde, *Children*, The Hague 2007
Vinken and Jongh 1963
P. J. Vinken and E. de Jongh, "De boosaardigheid van Hals' regenten en regentessen," *Oud Holland*, 78 (1963), pp. 1–26
Vlieghe 1998
H. Vlieghe, *Flemish Art and Architecture 1585–1700*, New Haven and London 1998
Vries 1998
L. de Vries, *Gerard de Lairesse. An Artist between Stage and Studio*, Amsterdam 1998

W

Waagen 1830
G. F. Waagen, Verzeichnis der Gemälde-Sammlung des Königlichen Museums zu Berlin, Berlin im Juli 1830, 1st edition
Waagen 1854
G. F. Waagen, *Treasures of Art in Great Britain being an Account of the Chief Collections of Paintings, Drawings, Sculptures, Illuminated Mss., &c. &c.*, 3 vols., London 1854
Wagner 1973
A. Wagner, *Max Liebermann in Holland*, Bonn 1973
Waldmann 1930
E. Waldmann, *Wilhelm Leibl*, Bielefeld and Leipzig 1930
Wallert and Laar 2011
A. Wallert and M. van de Laar, "Working Methods, Tricks, Materials and Techniques: Top Quality Forgeries," in *Van Meegeren's Vermeers. The Connoisseur's Eye and the Forger's Art*, eds. F. Lammertse and J. van Es, Rotterdam 2011, pp. 67–99
Washington 1995
A. K. Wheelock Jr., *Dutch Paintings of the Seventeenth Century*, Washington 1995
Washington and Detroit 2004
A. K. Wheelock Jr. (ed.), *Gerard ter Borch*, exh. cat., National Gallery of Art, Washington, and Detroit Institute of Arts, Detroit, Washington 2004
Washington, London, and Haarlem 1989
S. Slive (ed.), *Frans Hals*, exh. cat., National Gallery of Art, Washington, Royal Academy of Arts, London, and Frans Halsmuseum, Haarlem, London 1989
Waquet 1991
F. Waquet, "Les savants face à leurs portraits," *Nouvelles de l'estampe*, 117 (1991), pp. 22–8
Wardle 1985
P. Wardle, "Seventeenth-century Silk Lace in the Rijksmuseum," *Bulletin van het Rijksmuseum*, 33 (1985), pp. 207–25
Weber 1987
G. J. M. Weber, "'t Lof van den Pekelharingh.' Von alltäglichen und absonderlichen Heringsstilleben," *Oud Holland*, 101 (1987), pp. 126–40
Weber 1991
G. J. M. Weber, *Der Lobtopos des "lebenden" Bildes. Jan Vos und sein "Zeege der Schilderkunst" von 1654*, Hildesheim, Zürich and New York 1991
Weller 1992
D. P. Weller, *Jan Miense Molenaer (ca. 1609/10–1668): The Life and Art of a Seventeenth-Century Dutch Painter*, dissertation, University of Maryland, College Park 1992
Weller 2007
D. P. Weller, "The Drawings of Jan Miense Molenaer," *Master Drawings*, 45 (2007), no. 2, pp. 147–66
Weller 2002
D. P. Weller, "Jan Miense Molenaer: Painter of the Dutch Golden Age," in Raleigh, Indianapolis, and Manchester 2002, pp. 9–25
Wesbusch 1636
C. P. van Wesbusch, *Haerlemsche Duyn-Vreucht. . .*, Haarlem 1636
Wesenberg 2017
A. Wesenberg, "Ludwig Eibl. Porträtstudie einer alten Frau," in *Malkunst im 19. Jahrhundert. Die Sammlung der Nationalgalerie*, ed. A. Wesenberg, B. Verwiebe, and R. Freyberger, Petersberg 2017, p. 212
Westermann 1995
M. Westermann, "Jan Steen, Frans Hals, and the Edges of Portraiture," *Nederlands Kunsthistorisch Jaarboek / Netherlands Yearbook for History of Art*, 46 (1995), pp. 299–331
Westermann 1997
M. Westermann, *The Amusements of Jan Steen*, Zwolle 1997
Wetering 1991
E. van de Wetering, "Verdwenen tekeningen en het gebruik van afwisbare tekenplankjes en 'tafeletten,'" *Oud Holland*, 105 (1991), pp. 210–27
Wetering 1995
E. van de Wetering, "De schilder," in *Gestalten van de Gouden Eeuw. Een Hollands groepsportret*, eds. H. M. Beliën et al., Amsterdam 1995, pp. 219–39
Wetering 2011
E. van de Wetering, *A Corpus of Rembrandt Paintings*, vol. 5, Dordrecht 2011
Wetering 2017
E. van de Wetering, *Rembrandt's Paintings Revisited: A Complete Survey*, Heidelberg 2017
Weyerman 1729
J. C. Weyerman, *De levensbeschryvingen der Nederlandsche konst-schilders en konst-schilderessen. . .*, vol. 1, The Hague 1729
Wheelock 2004
A. K. Wheelock Jr., "The Artistic Development of Gerard ter Borch," in Washington and Detroit 2004, pp. 1–18
Wheelock 2014a
A. K. Wheelock Jr., "Frans Hals/Willem Coymans/1645," *Dutch Paintings of the Seventeenth Century*, Washington 2014, https://purl.org/nga/collection/artobject/76 (accessed March 26, 2024)
Wheelock 2014b
A. K. Wheelock Jr., "Judith Leyster/Young Boy in Profile/c. 1630," *Dutch Paintings of the Seventeenth Century*, Washington 2014, https://purl.org/nga/collection/artobject/142346 (accessed March 2, 2024)
Widerkehr 2007
L. Widerkehr, *The New Hollstein Dutch and Flemish Etchings, Engravings and Woodcuts 1450–1700*, vol. 16: *Jacob Matham*, 3 vols., Ouderkerk aan den IJssel and Amsterdam 2007
Wijnaendts van Resandt 1924
W. Wijnaendts van Resandt, *Geschiedenis en genealogie van het geslacht De Jonge uit Zierikzee van pl.m. 1420 tot heden*, n.p. 1924
Wijsenbeek-Olthuis and Noordegraaf 1993
T. Wijsenbeek-Olthuis and L. Noordegraaf, "Schilderen voor de kost. Economische achtergronden van het werk van Judith Leyster," in Haarlem and Worcester 1993, pp. 39–54
Wijnman 1932
H. F. Wijnman, "Het geboortejaar van Judith Leyster," *Oud Holland*, 49 (1932), pp. 62–5
Wild 1930a
A. M. de Wild, "*Gemälderöntgenographie*," *Technische Mitteilungen* für *Malerei*, 46 (1930), pp. 231–6
Wild 1930b
A. M. de Wild, "Merkwürdiges Bilderschicksal," *Technische Mitteilungen* für *Malerei* 46 (1930), pp. 283–4
Willemsen 2000
A. Willemsen, "Speelgoed in beeld. De speelcultuur in de Nederlanden rond 1600," in Haarlem and Antwerp 2000, pp. 61–72
Willigen 1870
A. van der Willigen Pzn., *Les artistes de Harlem. Notices historiques avec un précis sur la Gilde de St. Luc*, Haarlem and The Hague 1870
Willigen and Meijer 2003
A. van der Willigen and F. G. Meijer, *A Dictionary of Dutch and Flemish Still-life Painters Working in Oils, 1525–1725*, Leiden 2003
Winkel 1995
M. de Winkel, "Eene der deftigsten dragten," *Nederlands Kunsthistorisch Jaarboek*, 46 (1995), pp. 144–67
Winkel 2006
M. de Winkel, *Fashion and Fancy: Dress and Meaning in Rembrandt's Paintings*, Amsterdam 2006
Winkel 2016
M. de Winkel, "Ambition and Apparel," in Boston 2015, pp. 55–75
Woollett 2006
A. T. Woollett, "Two Celebrated Painters. The Collaborative Ventures of Rubens and Brueghel, ca. 1598–1625," in Los Angeles and The Hague 2006, pp. 1–41
Woodall 2003
J. Woodall, "In Pursuit of Virtue," *Nederlands Kunsthistorisch Jaarboek / Netherlands Yearbook for History of Art*, 54 (2003), pp. 6–24
Worp 1886
J. A. Worp, "Engelsche tooneelspelers op het vasteland in de zestiende en zeventiende eeuw," *Nederlandsch Museum*, 13 (1886), pp. 65–113
Woude 1991
A. van der Woude, "The Volume and Value of Paintings in Holland at the Time of the Dutch Republic," in *Art in History, History in Art: Studies in Seventeenth-Century Dutch Culture*, eds. David Freedberg and Jan De Vries, Santa Monica 1991, pp. 285–329

Z

Zitzewitz 2001
J. von Zitzewitz, *Frans Hals, Malle Babbe*, Berlin 2001

Photographic Credits

Amsterdam
©Rijksmuseum: cat. 1, cat. 2 fig. 2, cat. 3, cat. 7 fig. 1, p. 62 fig. 6, p. 71 fig. 14, p. 72 fig. 15, p. 73 fig. 18, p. 73 fig. 19, P. 87 fig. 35, p. 87 fig. 36, cat. 8 fig. 1, cat. 9 fig. 1, cat. 14 fig. 1, cat. 16a, cat. 16b, cat. 17 fig. 1, cat. 18, cat. 18 fig. 1, cat. 26, cat. 27, cat. 36, p. 207 fig. 4, p. 214 fig. 12, p. 219 fig. 15, p. 220 fig. 16, p. 251 fig. 4, p. 254 fig. 12, cat. 46 fig. 1, cat. 49, p. 287 fig. 14, cat. 53, cat. 54 fig. 1, cat. 60 fig. 1

Antwerp
Koninklijk Museum voor Schone Kunsten (Public Domain) ©Collection KMSKA – Flemish Community, photo: Hugo Maertens: p. 80 fig. 26, cat. 40, p. 338 fig. 3
©Museum Mayer van den Bergh, photo: Bart Huysmans, Michel Wuyts: p. 279 fig. 5

Baltimore
©The Baltimore Museum of Art: The Jacob Epstein Collection, photo: Mitro Hood: p. 339 fig. 5

Berlin
©Staatliche Museen zu Berlin, Nationalgalerie, photo: Andres Kilger: cat. 67
©Staatliche Museen zu Berlin, Nationalgalerie, photo: Reinhard Saczewski: cat. 70
©Staatliche Museen zu Berlin, Gemäldegalerie: p. 13 fig. 3, p. 206 fig. 3, p. 250 fig. 3
©Staatliche Museen zu Berlin, Gemäldegalerie, photo: Jörg P. Anders: cat. 47, cat. 54, cat. 63
©Staatliche Museen zu Berlin, Gemäldegalerie, photo: Dietmar Gunne: p. 12 fig. 2, cat. 2 fig. 1
©Staatliche Museen zu Berlin, Gemäldegalerie, photo: Christoph Schmidt: cat. 2, cat. 12, cat. 13, cat. 14, cat. 14 fig. 2, cat. 25, cat. 28 fig. 1, cat. 29, cat. 35, p. 183 fig. 3, cat. 42, cat. 42 fig. 1, cat. 44 fig. 2, p. 250 fig. 2, p. 252 fig. 7, p. 252 fig. 8, p. 253 fig. 10, p. 254 fig. 13, cat. 45, cat. 52, cat. 56, cat. 57, cat. 59, cat. 62, p. 338 fig. 1
©Staatliche Museen zu Berlin, Gemäldegalerie, photo: Gerald Schulz: p. 10 fig. 1, p. 248 fig. 1
©Staatliche Museen zu Berlin, Gemäldegalerie, photo: Gustav Schwarz: p. 14 fig. 5, p. 15 fig. 6
©Staatliche Museen zu Berlin, Kupferstichkabinett, photo: Dietmar Katz: cat. 33b, cat. 46b
©Staatliche Museen zu Berlin, Kupferstichkabinett, photo: Volker-H. Schneider: cat. 61b
©Zentralarchiv, Stiftung Preußischer Kulturbesitz: p. 14 fig. 4

Birmingham
©The Henry Barber Trust, The Barber Institute of Fine Arts, University of Birmingham, photo: The National Gallery, London: p. 61 fig. 4, cat. 9a

Boston
Rose-Marie and Eijk van Otterloo Collection, Photo ©René Gerritsen Art-Research Photography Amsterdam: p. 72 fig. 17
Susan and Matthew Weatherbie Collection, Photo ©2023 Museum of Fine Arts, Boston: p. 77 fig. 23

Brussels
Royal Museum of Fine Arts of Belgium, ©Brussels, RMFAB / photo: J. Geleyns – Art Photography: p. 285 fig. 12

Cambridge
©Fitzwilliam Museum: p. 276 fig. 1, cat. 64

Chatsworth
©The Devonshire Collections, Chatsworth. Reproduced by permission of the Chatsworth Settlement Trustees. photo: The National Gallery, London: p. 61 fig. 5, p. 86 fig. 31, p. 86 fig. 32, p. 86 fig. 33, p. 86 fig. 34, cat. 9b, cat. 11

Chicago
The Art Institute of Chicago ©Charles H. and Mary F. S. Worcester Collection: p. 286 fig. 13

Cincinnati
©Cincinnati Art Museum / Bequest of Mary M. Emery / Bridgeman Images: p. 159 fig. 6
©Courtesy of the Taft Museum of Art, Cincinnati, Ohio. Tony Walsh Photography: p. 76 fig. 22

Cleveland
©The Cleveland Museum of Art. Leonard C. Hanna, Jr. Fund: cat. 15a

Cologne
Wallraf-Richartz-Museum & Fondation Corboud, photo: ©Rheinisches Bildarchiv Köln, rba_c011279: p. 287 fig. 15, p. 339 fig. 4

Delft
©Collection Museum Prinsenhof Delft. On loan from the Cultural Heritage Agency of the Netherlands, photo: Tom Haartsen: p. 60 fig. 1, p. 60 fig. 2

Dresden
Deutsche Fotothek / Sächsische Landesbibliothek – Staats- und Universitätsbibliothek Dresden ©SLUB / Deutsche Fotothek, Fritz Fischen: p. 334 fig. 8
©Gemäldegalerie Alte Meister, Staatliche Kunstsammlungen Dresden. photo: Hans-Peter Klut: p. 160 fig. 7

Dublin
National Gallery of Ireland: p. 157 fig. 3, cat. 40 fig. 1

Edinburgh
©National Galleries of Scotland: cat. 6, p. 78 fig. 24, p. 79 fig. 25, p. 194 fig. 11

Enschede
©Collection Rijksmuseum Twenthe, photo: Rik Klein Golnk: cat. 24

Fort Worth
©Kimbell Art Museum: p. 182 fig. 2, cat. 37

Frankfurt am Main
©Städel Museum: cat. 50, cat. 51

Haarlem
©Frans Hals Museum, photo: Tom Haartsen: p. 18 fig. 1, p. 20 fig. 2, p. 65 fig. 9, p. 66 fig. 10, p. 68 fig. 11, p. 70 fig. 12, cat. 28, cat. 31, cat. 31 fig. 1, p. 204 fig. 2
©Frans Hals Museum, photo: René Gerritsen: p. 23 fig. 3, p. 24 fig. 4, p. 71 fig. 13, cat. 61a
©Noord-Hollands Archief, photo: Vannessa Timmermans: p. 32 fig. 9
©Noord-Hollands Archief / Image collection of the municipality of Haarlem: p. 281 fig. 8
Teylers Museum: cat. 58 fig. 1

The Hague
©Collection Haags Historisch Museum/ The Hague Historical Museum: p. 72 fig. 16
Hoogsteder & Hoogsteder ©Private collection, by courtesy of the Hoogsteder Museum Foundation: cat. 19, cat. 71
©Mauritshuis: cat. 4, p. 187 fig. 7, p. 156 fig. 2

Hamburg
©bpk / Hamburger Kunsthalle: cat. 48

Hannover
©Wilhelm Busch – Deutsches Museum für Karikatur und Zeichenkunst, Hannover; Wilhelm-Busch-Gesellschaft e. V.: p. 333 fig. 7

Hartford
Wadsworth Atheneum Museum of Art ©photo: The Ella Gallup Sumner and Mary Catlin Sumner Collection Fund: cat. 22 fig. 1

Hull
©Ferens Art Gallery / Bridgeman Images: p. 64 fig. 8

Kassel
©Museumslandschaft Hessen Kassel: cat. 30, cat. 32 fig. 1, p. 207 fig. 5, p. 214 fig. 11, cat. 41, cat. 41 fig. 1, cat. 47 fig. 1, p. 330 fig. 1, p. 330 fig. 2, p. 330 fig. 3, p. 332 fig. 6, cat. 69

Kenwood
The Iveagh Bequest ©Historic England: cat. 17

Leipzig
©bpk / Museum der Bildenden Künste: cat. 39

London
The British Museum ©The Trustees of the British Museum: p. 279 fig. 6
Christie's, London, UK, ©1992 Christie's Images Limited: cat. 61 fig. 1
Guildhall Art Gallery photo: ©London Metropolitan Archives (City of London): p. 212 fig. 9
©The National Gallery: p. 85 fig. 30, cat. 43
Royal Collection Trust / ©His Majesty King Charles III 2023: p. 73 fig. 20
©The Wallace Collection: cat. 20

Los Angeles
Los Angeles County Museum of Art, Gift of The Ahmanson Foundation, Photo ©Museum Associates/LACMA: p. 84 fig. 29, cat. 52 fig. 1

Madrid
©Museo Nacional del Prado: p. 156 fig. 1
©Museo Nacional Thyssen-Bornemisza: p. 61 fig. 3, p. 158 fig. 5

Munich
©Bayerische Staatsgemäldesammlungen München – Alte Pinakothek: cat. 3 fig. 1, p. 75 fig. 21, cat. 56 fig. 1
©Bayerische Staatsgemäldesammlungen München – Neue Pinakothek: cat. 66
©Bayerische Staatsgemäldesammlungen München – Sammlung Moderne Kunst in der Pinakothek der Moderne: p. 335 fig. 9

New York
©The Metropolitan Museum of Art: p. 83 fig. 28, cat. 21, p. 180 fig. 1, p. 213 fig. 10, cat. 37 fig. 1, p. 252 fig. 6, p. 252 fig. 9, p. 253 fig. 11, cat. 46a, p. 277 fig. 2, cat. 50 fig. 1

Nuremberg
©Germanisches Nationalmuseum, Leihgabe Museen der Stadt Nürnberg, Kunstsammlungen, photo: G. Janßen: p. 331 fig. 4, cat. 65

Odessa
photo: Odessa Museum of Western and Eastern Art: cat. 44a, cat. 44 fig. 1, cat. 44b

Paris
©bpk | GrandPalaisRmn, photo: Jean-Gilles Berizzi: cat. 7, p. 184 fig. 4
©bpk | GrandPalaisRmn, photo: Franck Raux: cat. 38

Pittsburgh
©2023 Carnegie Museum of Art: cat. 10

Potsdam
©Stiftung Preußische Schlösser und Gärten Berlin-Brandenburg / Daniel Lindner: p. 185 fig. 5

Poznań
©National Museum in Poznań, Poland: p. 332 fig. 5

Prague
Photo ©National Gallery Prague 2024: cat. 23

Richmond
The Jordan and Thomas A. Saunders III Collection, on loan to the Virginia Museum of Fine Arts, photo: David Stover ©Virginia Museum of Fine Arts: p. 26 fig. 5, p. 27 fig. 6

Rotterdam
©Collection Museum Boijmans Van Beuningen: p. 62 fig. 7

Sarasota
©Bequest of John Ringling, 1936, Collection of The John and Mable Ringling Museum of Art, State Art Museum of Florida: cat. 27 fig. 1

Schwerin
©bpk | Staatliche Schlösser, Gärten und Kunstsammlungen Mecklenburg-Vorpommern, photo: Gabriele Bröcker: cat. 5a, cat. 5b, p. 187 fig. 8, p. 188 fig. 9

Tokyo
National Museum of Western Art, Tokio ©photo: NMWA/DNPartcom: p. 186 fig. 6

Toledo
©The Toledo Museum of Art: cat. 34, cat. 34 fig. 1, cat. 35 fig. 1

Toronto
Bequest of Frank P. Wood, 1955 ©Art Gallery of Ontario: cat. 33a, p. 192 fig. 10, cat. 60

Utrecht
©Centraal Museum Utrecht, photo: Adriaan van Dam: p. 210 fig. 7

Vienna
©Gemäldegalerie der Akademie der bildenden Künste: p. 158 fig. 4
Kunsthistorisches Museum ©KHM-Museumsverband: cat. 8

Washington
©Courtesy National Gallery of Art: p. 278 fig. 3
©Courtesy National Gallery of Art, Andrew W. Mellon Collection: cat. 22, p. 195 fig. 12, p. 202 fig. 1, cat. 58
©Courtesy National Gallery of Art, Gift of Mrs. Thomas M. Evans: cat. 55

Zurich
©David Koetser Gallery: p. 33 fig. 10, p. 284 fig. 9
©Sammlung Rau für UNICEF, Gruppe Köln, Hans G. Scheib: cat. 55 fig. 1

Private Collections
©Fotocollectie RKD – Nederlands Instituut voor Kunstgeschiedenis: p. 81 fig. 27, p. 278 fig. 4, p. 287 fig. 16, p. 289 fig. 19
©2023 Photo Courtesy of Sotheby's, Inc.: p. 209 fig. 6
©Sotheby's / Bridgeman Images : p. 284 fig. 10, cat. 66 fig. 1
©Fürst zu Bentheimsche Domänenkammer: p. 216 fig. 14
photo: Erik Eising: cat. 68
©Courtesy the owner, photo: The National Gallery, London: cat. 32
©Private Collection, Courtesy Richard Nagy Ltd., London: p. 285 fig. 11
©Dorotheum Wien: p. 287 fig. 17
©photo: Courtesy Leonard Joel: p. 288 fig. 18
The Internet Archive, archive.org: p. 30 fig. 7, p. 31 fig. 8, p. 87 fig. 37

Full-Page Details
p. 1: cat. 9 (detail); p. 2: cat. 7 (detail); p. 17: cat. 4 (detail); p. 36: cat. 3 (detail); p. 37: cat. 2 (detail); p. 54: cat. 15a (detail); p. 55: cat. 15b (detail); p. 57: cat. 20 (detail); p. 58: p. 84 fig. 29 (detail); p. 91: p. 65 fig. 9 (detail); p. 92: cat. 11 (detail); p. 93: cat. 18 (detail); p. 150: cat. 10 (detail); p. 151: cat. 21 (detail); p. 153: cat. 32 (detail); p. 154: cat. 33 (detail); pp. 162, 163: cat. 32 (detail); p. 179: p. 207 fig. 5 (detail); p. 196: p. 194 fig. 11 (detail); p. 197: cat. 22 (detail); p. 200: cat. 38 (detail); p. 215: cat. 5b (detail); p. 224: p. 213 fig. 10 (detail); p. 225: cat. 42 (detail); p. 244: cat. 2 (detail); p. 245: cat. 6 (detail); p. 247: cat. 45 (detail); p. 256: cat. 45 (detail); p. 257: cat. 46a (detail), p. 271: cat. 53 (detail); p. 272: p. 278 fig. 3 (detail); p. 294: cat. 58 (detail); p. 295: cat. 60 (detail); p. 327: cat. 64 (detail); p. 328: cat. 69 (detail); p. 336: cat. 11 (detail); p. 337: cat. 15a (detail); p. 370: cat. 20 (detail)

The remaining illustrations originate from the archives of the museum or of the authors. Despite extensive investigation, it was not possible to identify the copyright holders of the illustrations in all cases. Justified claims will be compensated within the scope of customary agreements.

Colophon

This catalogue is published to accompany the exhibition

Frans Hals
Master of the Fleeting Moment

Gemäldegalerie – Staatliche Museen zu Berlin
July 12 – November 3, 2024

An exhibition organized by the Gemäldegalerie – Staatliche Museen zu Berlin, the National Gallery, London, and the Rijksmuseum, Amsterdam, in cooperation with the Frans Hals Museum, Haarlem

The exhibition has been generously supported by the Kuratorium Preußischer Kulturbesitz, the Fontana Stiftung, the Kaiser Friedrich Museumsverein Berlin, and the Ernst von Siemens Kunststiftung.

Catalogue

Edited for the Gemäldegalerie – Staatliche Museen zu Berlin by Dagmar Hirschfelder, Katja Kleinert, Erik Eising

With contributions by Christopher Atkins, Pieter Biesboer, Bart Cornelis, Erik Eising, Michiel Franken, Anina Gröger, Karen Hearn, Dagmar Hirschfelder, Katja Kleinert, Friso Lammertse, Justus Lange, Norbert Middelkoop, Justine Rinnooy Kan, Christian Tico Seifert, Emilie den Tonkelaar, Femke Valkhoff, Jaap van der Veen

Editorial team
Katja Kleinert, Erik Eising, Dagmar Hirschfelder

Image editing
Anna Zimmermann, Randy Fink

Publication management for the Staatliche Museen zu Berlin
Sigrid Wollmeiner, Svenja Lilly Kempf

Copyediting
José Enrique Macián

Translation
Pierre Bouvier (The Life of Frans Hals), Helen Ferguson, Michael Hoyle (The Studio, Laughter), Ilze Mueller

Graphic design and typesetting
Rutger Fuchs Amsterdam

Project management publisher
Angelika Thill

Production publisher
Kati Klaeske

Lithography
Repromayer GmbH Medienproduktion, Reutlingen

Printing and binding
DZS Grafik, Ljubljana

Paper
Condat matt Périgord 135 g/m²

© 2024 Hatje Cantz Verlag, Berlin, Staatliche Museen zu Berlin – Preußischer Kulturbesitz, and the authors

The automated analysis of the work in order to obtain information, in particular about patterns, trends, and correlations in accordance with § German 44b UrhG (text and data mining) is prohibited.

Published by
Hatje Cantz Verlag GmbH
Mommsenstr. 27
10629 Berlin
Germany
www.hatjecantz.com
A Ganske Publishing Group Company

ISBN 978-3-7757-5750-8

Printed in Slovenia

Cover illustration
Frans Hals, *The Laughing Cavalier,* 1624 (cat. 20)
© The Wallace Collection, London

Exhibition

Gemäldegalerie – Staatliche Museen zu Berlin
Matthäikirchplatz 8
10785 Berlin
www.smb.museum/gemaeldegalerie

Director
Dagmar Hirschfelder

Curators
Katja Kleinert
Erik Eising

Conservation
Babette Hartwieg, Sandra Stelzig, Sina Krol, Bertram Lorenz

Storage
Johann Zehentmaier, Laurence Brugger, Agnes Zsiros

Administration
Julie Rowlins, Randy Fink, Anja Deller

Curatorial assistance
Anina Gröger

Voluntary assistant as part of FSJ Kultur
Anna Zimmermann

Exhibition management for the Staatliche Museen zu Berlin
Jörg Völlnagel, Maren Eichhorn

Registrars
Susanne Anger, Ramona Föllmer

Education
Ines Bellin

Press and public relations
Markus Farr, Fabian Fröhlich, Mechtild Kronenberg, Sibylle Niekisch, Corinna Salmen-Mies, Lorena Schierer, Sarah Unger

Merchandising
Sigrid Wollmeiner, Carolin Stanneck

Exhibition design
von wolffersdorff studio, Dießen am Ammersee
under sustainable use of the exhibition architecture of *Late Gothic. The Birth of Modernity* ©Atelier Hansjörg Hartung, Berlin 2021

Exhibition architecture
Matzat Museumstechnik
Malerfachbetrieb Letz GmbH

Exhibition lighting
Victor Kégli, 50Lux

Art handling
Lutz Bertram, Ausstellungstechnik und Objektbetreuung

Exhibition graphics and media design
Ta-Trung GmbH

Media partner
arte, Monopol, Tagesspiegel, tipBerlin, The Berliner, Weltkunst

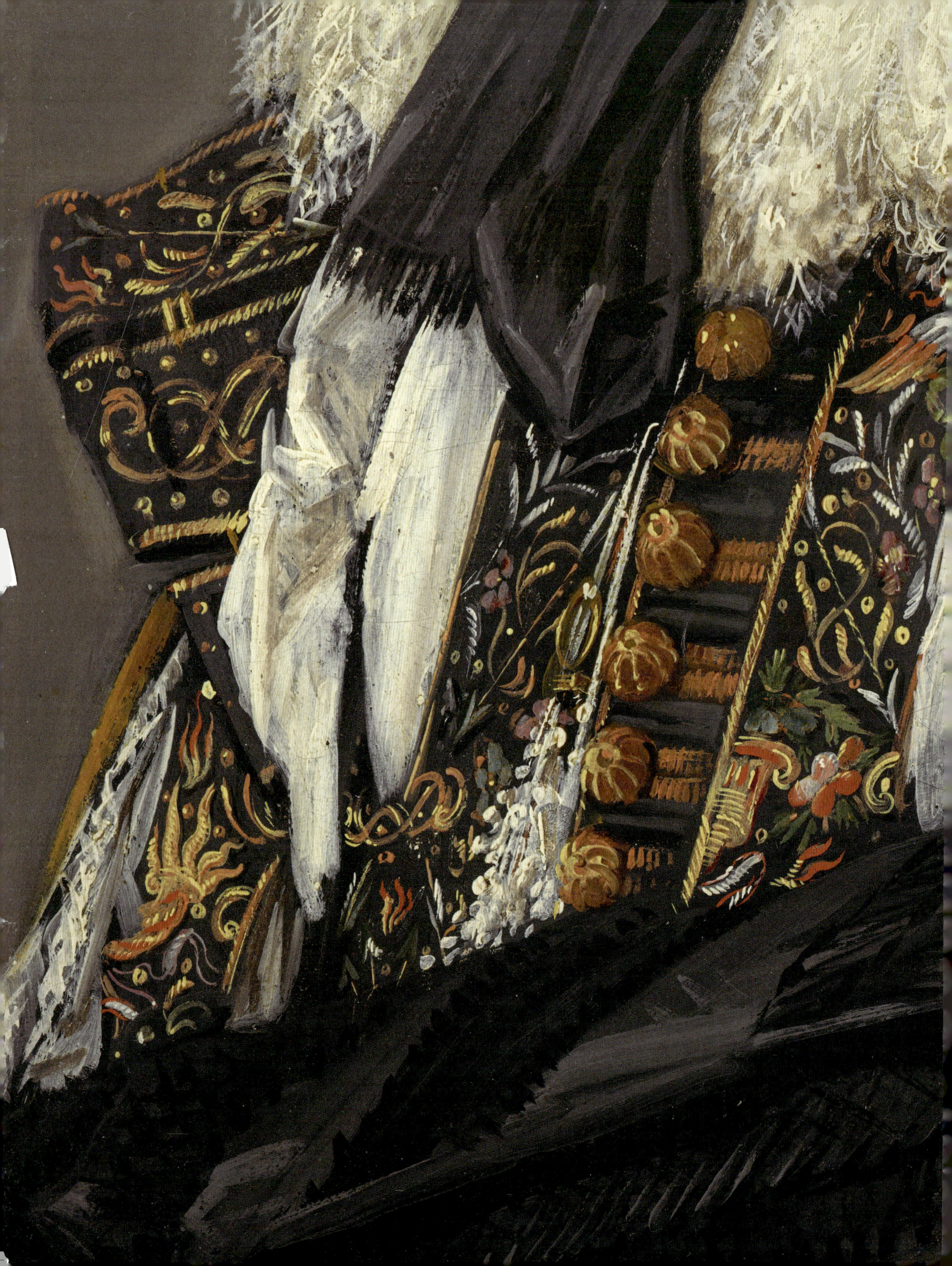